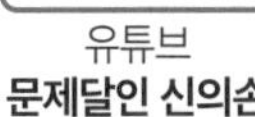
유튜브
문제달인 신의손

네이버 카페
문제달인 신의손

NOTICE

2025년 직업상담사 2급 필기 변경 사항

직업상담사 2급	변경 전(~24.12.31.)	변경 후('25.1.1~)
필기	직업상담학	직업심리
	직업심리학	직업상담 및 취업지원
	직업정보론	직업정보
	노동시장론	노동시장
	노동관계법규	고용노동관계법규(1)
실기	직업상담 실무(필답형)	직업상담 실무(필답형)

1. 필기 시험은 직업상담 과목에 취업지원이 추가되면서 직업훈련 상담, 집단상담 프로그램 운영, 직업상담 협업 및 행정, 취업지원 행사 운영 등 실무적인 부분이 추가됩니다.

2. 노동관계법규는 파견법과 단체법(노조법)이 제외되어 평가 항목 범위가 다소 축소되었습니다.

3. 2차 실기 시험은 기존과 동일하게 필답형이 유지되지만, 신출 항목이 늘어날 것으로 예상되므로 2차 시험에 보다 중점을 두고 학습을 해야 합니다.

4. 대체적으로 2025년 직업상담사 시험도 큰 변화는 없을 것으로 생각됩니다.

GUIDE

직업상담사 2급 필기

교재 구성과 특징

직업상담사 2급 시험의 최단 시간 내 동차합격을 목표로 구성하였습니다.

콕집어 해설

✓ 철저하게 학습자의 눈높이에 맞춰 정답과 오답의 이유를 제시하였습니다.
✓ 반복 출제된 문제라 할지라도 해설을 생략하지 않음으로써 학습자의 암기력 향상을 꾀했습니다.
✓ 해설 내용에 보기 문항을 적시함으로써 수험생으로 하여금 한눈에 알아보도록 하였습니다.

꿰뚫어 보기

✓ 출제된 문제의 심층적 내용을 꿰뚫어 봄으로써 출제 의도를 파악하도록 하였습니다.
✓ 출제된 문제와 비교해서 체크할 사항들을 제시함으로써 학습자의 혼동을 방지하였습니다.
✓ 2차 실기 시험의 기본 실력을 함양할 수 있도록 구성하였습니다.

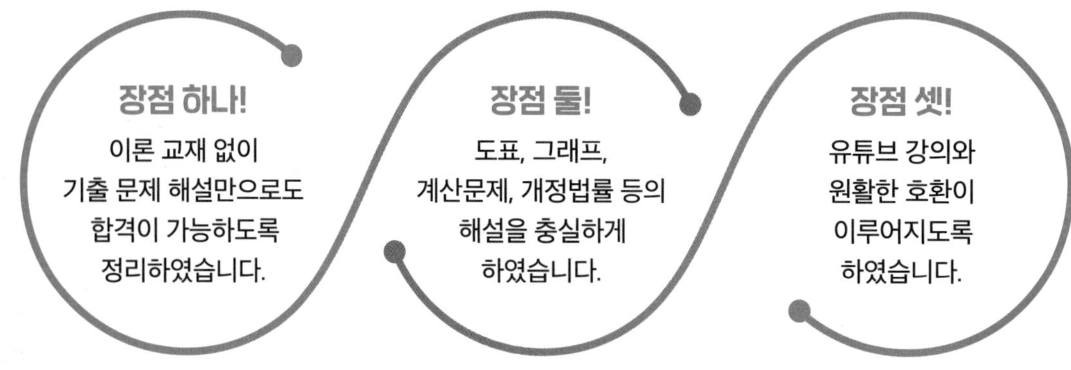

PREFACE

직업상담사 2급 필기

Thanks to

교재 출간에 애써 주신 더배움 최진만 대표님, 홍현애 과장님을 비롯한 모든 직원분들께 감사드립니다.
물심양면으로 지원해 주신 김동혁 샘, 이준서 샘과 유튜브 운영과 관리에 노고가 많았던 KM님, 비비님께도 감사드립니다.
특히, 신의손 강의를 애청해 주시고 따뜻한 댓글로 응원해 주신 모든 구독자님들께 진심으로 감사의 마음 전합니다.
앞으로 더욱 발전된 강의와 교재로 직업상담사 시험을 준비하시는 모든 분들께 희망의 길잡이가 되도록 최선을 다하겠습니다.
감사합니다.

문제달인 신의손

CONTENTS

직업상담사 2급 필기

2024년

2023년

2022년

2021년

2020년

VOCATIONAL
COUNSELOR

2024

직업상담사 2급
1차 필기 기출문제&해설

문제달인 신의손 유튜브 바로가기

2024년 1회

제1과목 | 직업상담학

01 Super가 제시한 흥미사정 기법에 해당하지 않는 것은?

① 표현된 흥미 ② 선호된 흥미
③ 조작된 흥미 ④ 조사된 흥미

콕집어 해설

수퍼(Super)의 흥미사정 기법 [표조조]

- 표현된 흥미 : 내담자에게 직업에 대해 좋고 싫음을 묻는 질문을 한다.
- 조작된 흥미 : 활동에 대해 질문을 하거나 활동에 참여한 사람들이 어떻게 시간을 보내는지 관찰한다.
- 조사된 흥미 : 다양한 활동에 대해 좋고 싫음을 묻는 표준화된 검사를 통해 흥미를 파악한다.

답 ②

02 Super의 진로발달이론에 대한 설명으로 틀린 것은?

① 진로발달은 성장기, 탐색기, 확립기, 유지기, 쇠퇴기를 거쳐 이루어진다.
② 진로선택은 자아개념의 실현과정이다.
③ 진로발달에 있어서 환경의 영향보다는 개인의 흥미, 적성, 가치가 더 중요하다.
④ 자아개념은 직업적 선호와 환경과의 상호작용을 통해 계속 변화한다.

콕집어 해설

수퍼의 진로발달이론

- 개인은 능력, 흥미, 성격에 있어서 차이점이 있다.
- 개인은 각각에 적합한 직업적 능력을 가지고 있다.
- 각 직업군에는 그 직업에 요구되는 능력, 흥미, 성격이 있다.
- 진로선택 및 진로적응은 일생을 통해 변화하는 일련의 계속적인 과정이며, 성장기, 탐색기, 확립기, 유지기, 쇠퇴기로 나눌 수 있다.(①)
- 진로발달은 자아개념을 발달시키고 실천해가는 과정이다.(②)
- 자아개념은 직업적 선호와 환경과의 상호작용을 통해 계속 변화한다.(③, ④)

답 ③

해 진로발달은 개인과 환경 간의 '상호작용'을 통해 발달한다.

꿰뚫어 보기

수퍼(Super)의 진로발달단계 [성탐 확유쇠]

1) 성장기 : 자아개념을 발달시키는 시기이며, 욕구와 환상이 지배적이나 점차 흥미와 능력을 중시하게 된다.
   ☞ 하위단계 : 환상기, 흥미기, 능력기
2) 탐색기 : 미래에 대한 계획을 세우고 적합한 직업을 탐색하는 시기이다.
   ☞ 하위단계 : 잠정기, 전환기, 시행기
3) 확립기 : 자신에게 적합한 분야를 발견해서 생활의 기반을 확립하는 시기이다.
   ☞ 하위단계 : 시행기, 안정기
4) 유지기 : 자신의 자리를 유지하려고 노력하며 안정된 삶을 살아가는 시기이다.
5) 쇠퇴기 : 직업에서 은퇴한 후 새로운 역할과 활동을 찾게 되는 시기이다.

03 상담 과정에서 상담자가 내담자에게 질문하는 형식에 관한 설명으로 옳지 않은 것은?

① 간접적 질문보다는 직접적 질문이 더 효과적이다.
② 폐쇄적 질문보다는 개방적 질문이 더 효과적이다.
③ 이중질문은 상담에서 도움이 되지 않는다.
④ "왜"라는 질문은 가능하면 피해야 한다.

콕집어 해설

상담자가 내담자에게 질문하는 형식
- 폐쇄적 질문보다는 개방적 질문이 더 효과적이다.(②)
- 이중질문은 상담에서 도움이 되지 않는다.(③)
- "왜"라는 질문은 가능하면 피해야 한다.(④)
- 유도질문은 하지 말아야 한다.

답 ①

해 직접적 질문은 내담자를 위축시킬 수 있다.

04 인간중심 상담이론에 관한 설명으로 틀린 것은?

① 실현화 경향성은 자기를 보전, 유지하고 향상시키고자 하는 선천적 성향이다.
② 자아는 성격의 조화와 통합을 위해 노력하는 원형이다.
③ 가치의 조건화는 주요 타자로부터 긍정적 존중을 받기 위해 그들이 원하는 가치와 기준을 내면화하는 것이다.
④ 현상학적 장은 경험적 세계 또는 주관적 경험으로 특정 순간에 개인이 지각하고 경험하는 모든 것을 뜻한다.

콕집어 해설

인간중심 상담이론
- 인간중심적 상담에서는 인간을 선천적인 잠재력과 자기실현의 경향성을 지닌'완전히 기능하는 사람'으로 보기 때문에, 내담자는 상담자의 적극적인 개입이 없어도 자신의 방식을 찾아갈 수 있는 역량을 갖췄다고 생각한다.
- 실현화 경향성은 자기를 보전, 유지하고 향상시키고자 하는 선천적 성향이다(①)
- 일의 세계 및 자아와 관련된 정보의 부족에 관심을 둔다.
- 자아 및 직업과 관련된 정보를 거부하거나 왜곡하는 문제를 찾고자 한다.
- 진로선택과 관련된 내담자의 불안을 줄이고 자기의 책임을 수용하도록 한다.
- 내담자의 주관적 이해를 내담자에 대한 자아 명료화의 근거로 삼는다.
- 가치의 조건화는 주요 타자로부터 긍정적 존중을 받기 위해 그들이 원하는 가치와 기준을 내면화하는 것이다.(③)
- 현상학적 장은 경험적 세계 또는 주관적 경험으로 특정 순간에 개인이 지각하고 경험하는 모든 것을 뜻한다.(④)

답 ②

해 융의 분석심리학에 해당하는 내용이다.

05 자기 인식이 부족한 내담자를 사정할 때 인지에 대한 통찰을 재구조화하거나 발달시키는데 적합한 방법은?

① 직면이나 논리적 분석을 해준다.
② 불안에 대처하도록 심호흡을 시킨다.
③ 은유나 비유를 사용한다.
④ 사고를 재구조화 한다.

콕집어 해설

자기 인식이 부족한 내담자의 사정
- 비난하기 : 직면이나 논리적 분석을 해준다.(①)
- 잘못된 의사결정방식 : 불안에 대처하도록 심호흡을 시킨다.(②)
- 자기인식의 부족 : 은유나 비유를 사용한다.(③)
- 걸러내기 : 사고를 재구조화 한다.(④)

답 ③

06 상담의 비밀보장 원칙에 대한 예외사항이 아닌 것은?

① 상담사가 내담자의 정보를 학문적 목적에만 사용하려고 하는 경우
② 미성년 내담자의 학대를 받고 있다는 사실이 보고되는 경우
③ 내담자가 타인의 생명을 위협할 가능성이 있다고 판단되는 경우
④ 내담자가 자기의 생명을 위협할 가능성이 있다고 판단되는 경우

콕집어 해설

비밀보장 원칙의 예외사항
- 내담자 자신의 생명이나 타인 및 사회의 안전을 위협하는 경우(③, ④)
- 내담자가 감염성이 있는 치명적인 질병이 있는 경우
- 내담자가 아동학대를 하는 경우
- 미성년인 내담자가 학대를 당하고 있는 경우(②)
- 법적으로 정보의 공개가 요구되는 경우

답 ①

07 상담기법 중 내담자가 전달하는 이야기의 표면적 의미를 상담자가 다른 말로 바꾸어서 말하는 것은?

① 탐색적 질문 ② 요약과 재진술
③ 명료화 ④ 적극적 경청

콕집어 해설

상담기법
- 탐색적 질문 : 누가, 무엇을, 어디서 등의 개방형 질문을 사용한다.
- 요약과 재진술 : 내담자가 전달하는 표면적 의미를 상담자가 다른 말로 바꿔서 말하는 것이다.
- 명료화 : 어떤 문제의 혼란스러운 감정과 갈등을 가려내어 분명히 해주는 것이다.
- 적극적 경청 : 내담자의 언어적, 비언어적 표현에 주목하면서 내담자의 생각과 감정을 이해하려고 노력하는 것이다.

답 ②

08 직업상담의 기본 원리에 대한 설명으로 틀린 것은?

① 직업상담은 개인의 특성을 객관적으로 파악한 후, 직업상담자와 내담자 간의 신뢰관계(rapport)를 형성한 뒤에 실시하여야 한다.
② 직업상담에 있어서 가장 핵심적인 요소는 개인의 심리적·정서적 문제의 해결이다.
③ 직업상담은 진로발달이론에 근거하여야 한다.
④ 직업상담은 각종 심리검사를 활용하여 그 결과를 기초로 합리적인 결과를 끌어낼 수 있어야 한다.

콕집어 해설

직업상담의 기본 원리
- 상담자와 내담자 간의 라포가 형성된 관계에서 이루어져야 한다.(①)
- 산업구조변화, 직업정보, 훈련정보 등 변화하는 직업세계에 대한 이해를 토대로 이루어져야 한다.
- 윤리적인 범위 내에서 상담을 전개하여야 한다.
- 각종 심리검사 결과를 기초로 합리적인 판단을 이끌어낼 수 있어야 하지만 심리검사에 대해 과잉의존해서는 안 된다.(④)
- 내담자의 전 생애적 발달과정을 반영할 수 있어야 하므로, 직업상담은 진로발달이론에 근거하여야 한다.(③)
- 가장 핵심적인 요소는 진로의 결정이므로 진로상담 과정 속에 개인의 의사결정에 대한 과정이 포함되어야 한다.(②)

답 ②

09 특성-요인 직업상담의 과정을 순서대로 바르게 나열한 것은?

ㄱ. 분석	ㄴ. 종합	ㄷ. 진단	ㄹ. 예측	ㅁ. 상담

① ㄱ → ㄴ → ㄷ → ㄹ → ㅁ
② ㄱ → ㄴ → ㄷ → ㅁ → ㄹ
③ ㄱ → ㅁ → ㄷ → ㄹ → ㄴ
④ ㄷ → ㄱ → ㄴ → ㄹ → ㅁ

콕집어 해설

윌리암슨(Williamson)의 특성-요인 직업상담 과정

[분종진 예상추]

- 분석 : 내담자 분석을 위해 심리검사 및 자료수집, 표준화검사 등이 사용된다.
- 종합 : 내담자에 대한 이해를 얻기 위해 수집한 자료들을 종합한다.
- 진단 : 내담자 문제의 원인을 탐색하며, 문제해결을 위해 진단하는 단계이다.
- 예측 : 진단의 결과를 통해 직업문제에 대해 예측하는 단계이다.
- 상담 : 내담자와 직업문제에 대해 상담하고 문제를 치료한다.
- 추수지도 : 내담자가 바람직한 행동을 하도록 계속적인 지도를 한다.

답 ①

꿰뚫어 보기

특성-요인 직업상담의 검사 해석 단계에서 이용할 수 있는 상담기법

1) 직접 충고 : 검사결과를 토대로 상담자가 내담자에게 자신의 견해를 솔직하게 표현하는 것이다.
2) 설득 : 상담자가 내담자에게 검사 자료를 제시하며 합리적인 방법으로 설득하는 것이다.
3) 설명 : 상담자가 검사·비검사 자료들을 해석하여 내담자가 이해할 수 있도록 설명하는 것이다.

10 6개의 생각하는 모자(six thinking hats)는 직업상담의 중재와 관련된 단계들 중 무엇을 위한 것인가?

① 직업정보의 수집 ② 의사결정의 촉진
③ 보유기술의 파악 ④ 시간관의 개선

콕집어 해설

6개의 생각하는 모자(six thinking hats)
에드워드 드 보노(Edward de Bono)가 개발한 것으로, '의사결정을 촉진'하기 위한 기법으로 활용된다.

답 ②

꿰뚫어 보기

6개의 생각하는 모자(six thinking hats) [청황 흑백적녹]

- 청색 : 합리적으로 방향성을 조절하는 사회자로서의 역할을 한다.
- 황색 : 낙관적이며, 모든 일이 잘 될 것이라고 생각한다.
- 흑색 : 비관적이고 비판적이며, 모든 일이 잘 안 될 것이라고 생각한다.
- 백색 : 본인과 직업들에 대한 사실들만을 고려한다.
- 적색 : 직관에 의존하고, 직감에 따라 행동한다.
- 녹색 : 새로운 대안들을 찾으려 노력하고, 문제들을 다른 각도에서 바라본다.

11 직업상담의 기본 원리와 가장 거리가 먼 것은?

① 윤리적인 범위 내에서 상담을 전개하여야 한다.
② 산업구조변화, 직업정보, 훈련정보 등 변화하는 직업세계에 대한 이해를 토대로 이루어져야 한다.
③ 각종 심리검사 결과를 기초로 합리적인 판단을 이끌어낼 수 있어야 하지만 심리검사에 대해 과잉의존해서는 안 된다.
④ 개인의 진로 혹은 직업결정에 대한 상담으로 전개되어야 하며, 자칫 의사결정 능력에 대한 훈련으로 전환되지 않도록 유의한다.

콕집어 해설

직업상담의 기본 원리

- 상담자와 내담자 간의 라포가 형성된 관계에서 이루어져야 한다.
- 산업구조변화, 직업정보, 훈련정보 등 변화하는 직업세계에 대한 이해를 토대로 이루어져야 한다.(②)
- 윤리적인 범위 내에서 상담을 전개하여야 한다.(①)
- 각종 심리검사 결과를 기초로 합리적인 판단을 이끌어낼 수 있어야 하지만 심리검사에 대해 과잉의존해서는 안 된다.(③)
- 내담자의 전 생애적 발달과정을 반영할 수 있어야 한다.
- 가장 핵심적인 요소는 진로의 결정이므로 진로상담 과정 속에 개인의 의사결정에 대한 과정이 포함되어야 한다.(④)

답 ④

12 행동주의 상담에서 부적응행동을 감소시키는 데 주로 사용되는 기법은?

① 행동조성법 ② 모델링
③ 노출법 ④ 토큰법

콕집어 해설

행동주의 상담의 부적응행동 감소기법(불안감소기법)

- 노출법(노출방식) : 실제적 노출법, 심상적 노출법, 점진적 노출법, 홍수법 등이 있다.
- 개별적 불안감소기법 : 체계적둔감법, 금지조건형성, 반조건형성, 혐오치료, 주장훈련, 자기표현훈련 등이 있다.

답 ③

해 ①, ②, ④은 '학습촉진기법'이다.

꿰뚫어 보기

불안감소기법 [체금반 혐주자]

1) 체계적둔감법 : 내담자의 불안반응을 체계적으로 증대시켜 둔감화한다.
2) 금지조건형성 : 내담자에게 불안요소를 지속적으로 제시함으로써 불안반응을 감소시킨다.
3) 반조건형성 : 조건 자극과 새로운 자극을 함께 제시해서 불안을 감소시킨다.
4) 혐오치료 : 바람직하지 못한 행동에 혐오자극을 제시함으로써 부적응적 행동을 제거한다.
5) 주장훈련 : 내담자에게 불안이외의 감정을 표현하게 해서 대인관계에 있어서의 불안을 해소시킨다.
6) 자기표현훈련 : 자기표현을 통해 타인과 상호작용함으로써 대인관계에서 비롯되는 불안요인을 제거한다.

학습촉진기법 [강변 사행상]

1) 강화 : 내담자의 행동에 대해 적절하게 긍정적·부정적 반응을 보임으로써 내담자의 바람직한 행동을 강화시킨다.
2) 변별학습 : 자신의 직업결정 능력 등을 검사도구를 사용하여 변별하고 비교해보도록 하는 것이다.
3) 사회적 모델링과 대리학습 : 타인의 행동에 대한 관찰과 모방을 통해 내담자의 학습을 촉진한다.
4) 행동조성 : 행동을 단계별로 세분화하여 단계마다 강화를 제공함으로써 학습을 촉진한다.
5) 상표제도(토큰경제) : 내담자의 바람직한 행동이 이루어질 때마다 그에 상응하는 보상을 하는 것이다.

13 자기보고식 가치사정법이 아닌 것은?

① 과거의 선택 회상하기
② 존경하는 사람 기술하기
③ 난관을 극복한 경험 기술하기
④ 백일몽 말하기

콕집어 해설

자기보고식 가치사정법 [체과절 자백존]

- 체크목록 가치에 순위 매기기
- 과거의 선택 회상하기
- 절정경험 조사하기
- 자유시간과 금전의 사용
- 백일몽 말하기
- 존경하는 사람 기술하기

답 ③

14 크럼볼츠의 사회학습진로이론에 관한 설명으로 틀린 것은?

① 진로의사결정 과정에서 자기효능감과 결과기대를 중요시한다.
② 개인이 환경과의 상호작용을 통해 무엇을 학습했는가를 중요시한다.
③ 개인은 학습경험을 통해 세계를 바라보는 관점이나 신념을 형성한다고 본다.
④ 우연한 사건을 다루는 데 도움이 되는 기술은 호기심, 낙관성, 위험감수 등이다.

콕집어 해설

크럼볼츠의 사회학습진로이론

- 개인이 환경과의 상호작용을 통해 무엇을 학습했는가를 중요시한다.(②)
- 개인은 학습경험을 통해 세계를 바라보는 관점이나 신념을 형성한다고 본다.(③)
- 우연한 사건을 다루는 데 도움이 되는 기술은 호기심, 낙관성, 위험감수 등이다.(④)
- 진로결정에 영향을 미치는 요인으로 유전적 요인과 특별한 능력, 환경 조건과 사건, 학습경험, 과제접근 기술을 제시하였다.

답 ①

해 사회인지적 진로이론에 해당한다.

꿰뚫어 보기

우연히 발생하는 일을 자신의 진로에 유리하게 활용하는 기술 [호인 융낙위]

1) 호기심 : 새로운 학습기회를 탐색하게 해주며 성장감을 느끼게 한다.
2) 인내심 : 좌절에도 불구하고 인내심을 갖고 일관된 노력을 계속한다.
3) 융통성 : 세상을 다양한 관점으로 보는 것이다.
4) 낙관성 : 새로운 기회를 긍정적으로 이해하고 해석하는 것이다.
5) 위험 감수 : 실패의 위험과 불확실한 결과 앞에서도 실행하는 것이다.

15 직업상담사의 역할이 아닌 것은?

① 내담자에게 적합한 직업 결정
② 내담자의 능력, 흥미 및 적성의 평가
③ 직무스트레스, 직무 상실 등으로 인한 내담자 지지
④ 내담자의 삶과 직업목표 명료화

콕집어해설

직업상담사의 역할

- 내담자가 합리적인 진로 및 직업결정을 할 수 있도록 돕는다.(①)
- 직업정보를 수집하거나 분석 등의 활동을 통해 내담자에게 적절한 정보를 제공한다.
- 내담자에게 성격, 흥미, 적성 등의 검사를 실시하고 검사 결과를 분석 또는 해석하여 내담자의 이해를 돕는다.(②)
- 내담자의 직업문제를 진단하고 분류하여 처치한다.
- 직무스트레스, 직무 상실 등으로 인한 내담자를 지지한다(③)
- 내담자가 스스로 문제를 해결하도록 조언을 한다.
- 내담자의 삶과 직업목표를 명료화한다(④)
- 다양한 직업지도 프로그램을 개발한다.
- 직업상담 및 직업지도 프로그램을 실제 적용하고 평가하여 프로그램을 보완한다.

답 ①

해 '진로결정'은 내담자가 스스로 내려야 한다.

16 정신역동적 직업상담에서 Bordin이 제시한 진단범주가 아닌 것은?

① 의존성　　② 자아 갈등
③ 정보의 부족　　④ 개인적 흥미

콕집어해설

보딘(Bordin)의 직업문제 진단범주 [의정 자직확]

- 의존성 : 진로문제를 스스로 해결하지 못하고 타인에게 의존하는 경우
- 정보부족 : 진로관련에 대한 정보의 부족으로 어려움을 겪는 경우
- 자아갈등 : 자아개념들 사이에서 내적갈등으로 인한 혼란
- 직업선택에 대한 불안 : 자신의 선택과 중요한 타인의 요구 간의 충돌에서 비롯되는 불안
- 확신부족 : 진로선택 이후에 자신의 선택에 대한 확신이 부족한 경우

답 ④

17 인지적-정서적 상담에 관한 설명으로 틀린 것은?

① Ellis에 의해 개발되었다.
② 모든 내담자의 행동적-정서적 문제는 비논리적이고 비합리적인 사고에서 발생한 것이다.
③ 성격 자아상태 분석을 실시한다.
④ A-B-C 이론을 적용한다.

콕집어해설

인지적-정서적 상담

- Ellis에 의해 개발되었다.(①)
- 모든 내담자의 행동적-정서적 문제는 비논리적이고 비합리적인 사고에서 발생한 것이다.(②)
- 인지는 인간의 정서를 결정하는 가장 중요한 요소이다.
- 역기능적 사고는 정서장애의 중요한 결정 요인이다.
- 정서적인 문제의 해결은 사고 분석에서 시작하는 것이 효과적이다.
- 유전과 환경 등 다양한 요인들이 불합리한 사고를 초래한다.
- 행동에 대한 과거의 영향보다는 현재에 초점을 둔다.
- A-B-C 이론을 적용한다.(④)

답 ③

꿰뚫어보기

인지적, 정서적, 행동적 상담(REBT)의 기본개념

1) A (선행사건) : 내담자의 감정이나 행동에 영향을 미치는 사건이다.
2) B (비합리적 신념체계) : 선행 사건에 대한 비합리적 신념체계이다.
3) C (결과) : 비합리적 신념으로 인한 부적응적인 정서적·행동적 결과이다.
4) D (논박) : 비합리적 신념을 논리적으로 반박하는 것이다.
5) E (효과) : 논박으로 인해 비합리적 신념이 합리적 신념으로 전환된다.
6) F (감정) : 합리적 신념에서 비롯된 긍정적이고 수용적인 감정이다.

18 다음 상담 장면에서 나타난 진로상담에 대한 내담자의 잘못된 인식은?

> • 내담자 : 진로선택에 대해서 도움을 받고자 합니다.
> • 상담자 : 당신이 현재 생각하고 있는 것부터 이야기를 하시지요.
> • 내담자 : 저는 올바르게 선택하고 싶습니다. 아시겠지만, 저는 실수를 저지르고 싶지 않습니다. 선생님은 제가 틀림없이 올바르게 선택할 수 있도록 도와주실 것으로 생각합니다.

① 진로상담의 정확성에 대한 오해
② 일회성 결정에 대한 편견
③ 적성·심리검사에 대한 과잉신뢰
④ 흥미와 능력개념의 혼동

콕집어해설

진로상담에 대한 내담자의 잘못된 인식
내담자는 상담사의 진로상담에 대해 지나친 기대와 의존성을 가지고 있다.

답 ①

19 직업상담의 목적에 대한 설명으로 틀린 것은?

① 직업상담은 내담자가 이미 결정한 직업계획과 직업선택을 확신·확인하는 과정이다.
② 직업상담은 개인의 직업적 목표를 명확히 해 주는 과정이다.
③ 직업상담은 내담자에게 진로관련 의사결정 능력을 길러주는 과정은 아니다.
④ 직업상담은 직업선택과 직업생활에서의 능동적인 태도를 함양하는 과정이다.

콕집어해설

직업상담의 목적
- 내담자가 이미 잠정적으로 결정한 직업선택을 확고히 해주는 과정이다.(①)
- 개인의 직업목표를 명확히 해주는 과정이다.(②)
- 내담자에게 진로관련 의사결정 능력을 길러주는 과정이다.(③)
- 직업선택과 직업생활에서 능동적 태도를 함양하는 과정이다.(④)
- 내담자의 능력을 향상시키고 성장시킨다.

답 ③

 **꿰뚫어 보기**

기즈버스(Gysbers)의 직업상담 목표
1) 예언과 발달 : 생애진로발달상에서 내담자의 적성과 흥미를 탐색하고 확대하도록 돕는다.
2) 처치와 자극 : 내담자가 자신의 진로발달이나 직업문제에 대한 처치와 해결을 할 수 있도록 돕는다.
3) 결함과 유능 : 내담자가 자신의 결함보다는 유능에 초점을 두도록 돕는다.

20 다음 사례에서 면담 사정 시 사정단계에서 확인해야 하는 내용으로 가장 적합한 것은?

> 중2 남학생인 내담자는 소극적인 성격으로 대인관계에 어려움을 겪고 있고 진로에 대한 고민을 한 적이 없고 학업도 게을리하고 있다.

① 내담자의 잠재력, 내담자의 자기진단
② 인지적 명확성, 정신건강 문제, 내담자의 동기
③ 내담자의 자기진단, 상담자의 정보제공
④ 동기문제 해결, 상담자의 견해 수용

콕집어해설

면담 사정 시 사정단계에서 확인해야 하는 내용
중2 남학생인 내담자는 소극적인 성격으로 대인관계에 어려움을 겪고 있으므로 자신의 강점과 약점을 객관적으로 평가하고, 그 평가를 환경적 상황에 연관시킬 수 있는 능력인 '인지적 명확성'과 '정신건강 문제'를 확인해야 하며, 진로에 대한 고민을 한 적이 없고 학업도 게을리 하고 있으므로 '내담자의 동기'를 확인해야 한다.

답 ②

제2과목 | 직업심리학

21 직무특성 양식 중 개인이 환경과의 상호작용에 있어 반응을 계속하는 시간의 길이는?

① 신속성 ② 속도
③ 인내심 ④ 리듬

콕집어 해설

직업적응이론의 적응유형(방식) [융끈적반]
- 융통성 : 작업환경과 개인환경 간의 부조화를 참아내는 정도이다.
- 끈기(인내) : 환경이 자신에게 맞지 않아도 얼마나 오랫동안 견뎌낼 수 있는지의 정도이다.
- 적극성 : 작업환경을 개인적 방식과 좀 더 조화롭게 만들어 가려고 노력하는 정도이다.
- 반응성 : 작업성격의 변화로 인해 작업환경에 반응하는 정도이다.

답 ③

꿰뚫어 보기

직업적응 이론의 성격양식 [민역리지]
1) 민첩성 : 정확성보다 속도를 중시한다.
2) 역량 : 평균활동 수준을 의미한다.
3) 리듬 : 활동에 대한 다양성을 의미한다.
4) 지구력 : 다양한 활동수준의 기간을 의미한다.

22 크럼볼츠(Krumboltz)의 사회학습 이론에서 진로선택에 영향을 미치는 요인을 모두 고른 것은?

ㄱ. 유전적 요인	ㄴ. 학습경험
ㄷ. 과제접근기술	ㄹ. 환경조건과 사건

① ㄱ, ㄴ ② ㄱ, ㄷ, ㄹ
③ ㄴ, ㄷ, ㄹ ④ ㄱ, ㄴ, ㄷ, ㄹ

콕집어 해설

크롬볼츠의 진로선택에 영향을 미치는 요인 [유환학과]
- 유전적 요인과 특별한 능력 : 개인의 진로 기회를 제한하는 생득적인 특질을 말한다.
- 환경적 조건과 사건 : 개인의 통제를 벗어나는 정치·경제·사회·문화적 사항들이 개인의 진로에 영향을 미친다.
- 학습경험 : 개인이 과거에 학습한 경험은 현재 또는 미래의 교육적·직업적 의사결정에 영향을 미친다.
- 과제접근기술 : 목표설정, 가치 명료화, 대안 형성, 직업적 정보획득 등을 포함하는 기술이다.

답 ④

23 탈진(burnout)에 관한 설명으로 옳지 않은 것은?

① 종업원들이 일정 기간 동안 직무를 수행한 후 경험하는 지친 심리적 상태를 의미한다.
② 탈진검사는 정서적 고갈, 인격 상실, 개인적 성취감 감소 등의 세 가지 구성요소로 측정한다.
③ 탈진에 대한 연구는 대부분 면접과 관찰을 통해 이루어졌다.
④ 탈진 경험은 다양한 직무 스트레스 요인과 직무 스트레스 반응 변인과 상관이 있다.

콕집어 해설

탈진 (burnout)
- 종업원들이 일정 기간 동안 직무를 수행한 후 경험하는 지친 심리적 상태를 의미한다.
- 탈진검사는 정서적 고갈, 인격 상실, 개인적 성취감 감소 등의 세 가지 구성요소로 측정한다.
- 탈진 경험은 다양한 직무 스트레스 요인과 직무 스트레스 반응 변인과 상관이 있다.

답 ③

해 '탈진'에 대한 연구는 주로 동물실험을 통해 이루어졌다.

꿰뚫어 보기

셀리에(Selye)의 일반적응증후군(GAS)

1) 경고(경계)단계 : 정신적·육체적 위험에 갑자기 노출됨으로써 나타나는 최초의 반응단계이다.
맥박이 빨라지고 체온과 혈압이 감소한다.
2) 저항단계 : 스트레스에 대한 저항은 증가되지만 신체의 저항력은 저하된다.
3) 소진(탈진)단계 : 스트레스가 장기간 지속될 경우 스트레스에 대한 적응에너지가 고갈되어 탈진 및 질병과 죽음을 유발할 수 있다.

24 직무 스트레스에 관한 설명으로 틀린 것은?

① 직장 내 소음, 온도와 같은 물리적 요인이 직무 스트레스를 유발할 수 있다.
② 직무 스트레스를 일으키는 심리사회적 요인으로 역할 갈등, 역할 과부하, 역할 모호성 등이 있다.
③ 사회적 지지가 제공되면 우울이나 불안 같은 직무 스트레스 반응이 감소한다.
④ 직무 스트레스는 직무만족과 부정적 관계에 있으며, 모든 스트레스는 항상 직무수행 성과를 떨어뜨린다.

콕집어 해설

직무 스트레스

- 직장 내 소음, 온도와 같은 물리적 요인이 직무 스트레스를 유발할 수 있다.(①)
- 직무 스트레스를 일으키는 심리사회적 요인으로 역할 갈등, 역할 과부하, 역할 모호성 등이 있다.(②)
- 사회적 지지가 제공되면 우울이나 불안 같은 직무 스트레스 반응이 감소한다.(③)
- 스트레스는 주의력 부족과 우울, 불안 등의 부정적 정서를 유발하며, 각종 질병 등을 발생시켜 신체 기능에 여러 영향을 미친다.
- 적절한 수준의 스트레스는 목표 성취를 위한 동기부여를 제공하며, 개인의 발전을 증진시키는 원동력이다.(④)

답 ④

꿰뚫어 보기

직무 스트레스를 조절하는 변인(매개변인)

A/B 성격유형 : 개인속성

1) A성격유형은 경쟁적이고 공격적이며, 신속함과 완벽함을 추구하기 때문에 B성격유형보다 훨씬 많은 스트레스를 받는다.
2) B성격유형은 느긋함과 차분함, 여유로운 일처리와 상황에 대한 수용적 태도를 특징으로 한다.
3) 스트레스 상황에 노출되면 A성격유형이 B성격유형이 더 많은 부정과 투사기제를 사용한다.

통제의 위치(소재) : 개인속성

1) 일상생활에서의 결과에 대해 성패의 원인이 내부에 있는가 또는 외부에 있는가에 따라 '내적 통제자'와 '외적 통제자'로 구분된다.
2) 내적 통제자는 어떤 행위의 결과를 자신의 행동에서 비롯된 것으로 보기 때문에 스트레스 상황에 적절히 대처한다.
3) 외적 통제자는 어떤 행위의 결과를 외부요인에 결부시켜 부정적 사건에 민감한 반응과 비교적 높은 수준의 스트레스를 경험하게 된다.
4) 내적 통제자는 스트레스 상황에 대한 통제력이 더 이상 유용하지 못하다고 판단되면 스트레스에 대한 대처노력을 쉽게 포기하는데, 이는 내적 통제자가 무력감을 자신에게 결부시키기 때문이다.

사회적 지원(지지) : 상황속성

1) 직무수행자의 직무 스트레스를 완화해 주는 조직 내적 또는 외적 요인이다.
2) 조직 내적 요인으로는 직장 상사·동료·부하가 있으며, 외적 요인으로는 가족이 있다.
3) 사회적 지원이 제공되면 우울 또는 불안 같은 직무 스트레스 반응이 감소한다.
4) 사회적 지원은 스트레스의 출처를 약화시키지만 스트레스의 출처에서 비롯된 직무불만족 자체를 감소시키는 것은 아니다.

25 직업적성검사인 GATB에서 측정하는 적성요인에 해당하지 않는 것은?

① 기계적성 ② 공간적성
③ 사무지각 ④ 손의 기교도

콕집어 해설

일반직업적성검사(GATB)의 측정영역

[지언수사 공형운손손]

- 직업적성검사는 개인이 특정직무를 성공적으로 수행할 수 있는지를 측정하는 검사이다.
- 15개의 하위검사를 통해 9가지 적성요인을 검출한다.
- 15개 하위검사 중 11개는 지필검사이고, 4개는 기구검사(수행검사, 동작검사)이다.

측정방식	하위검사명	측정영역
지필	기구대조검사	형태지각(P)
	형태대조검사	형태지각(P)
	명칭비교검사	사무지각(Q)
	타점속도검사	운동반응(K)
	표식검사	운동반응(K)
	종선기입검사	운동반응(K)
	평면도판단검사	공간판단력(S)
	입체공간검사	공간적성(S), 지능(G)
	어휘검사	언어능력(V), 지능(G)
	산수추리검사	수리능력(N), 지능(G)
	계수검사	수리능력(N)
기구검사	환치검사	손의 재치(M)
	회전검사	손의 재치(M)
	조립검사	손가락 재치(F)
	분해검사	손가락 재치(F)

답 ①

꿰뚫어 보기

일반적성검사(GATB)에서 측정하는 검출적성의 측정 내용

측정영역	측정내용
지능 또는 일반학습능력	일반학습능력 및 원리이해 능력, 추리·판단능력
언어능력 또는 언어적성	언어의 뜻과 개념을 이해하고 사용하는 능력
수리능력 또는 수리적성	빠르고 정확하게 계산하는 능력
사무지각	문자, 인쇄물, 전표 등을 세밀하게 구별하는 능력
공간판단력	공간상의 형태를 이해하고 평면과 물체와의 관계를 이해하는 능력
형태지각	실물·도해·표에 나타난 것을 세밀하게 지각하는 능력
운동반응	눈과 손 또는 손가락을 함께 사용하여 빠르고 정확하게 반응하는 능력
손의 재치(정교성)	손을 빠르고 정교하게 움직이는 능력
손가락 재치(정교성)	손가락을 정교하게 조절하는 능력

26 Gottfredson이 제시한 직업포부의 발달단계가 아닌 것은?

① 성역할 지향성
② 힘과 크기의 지향성
③ 사회적 가치 지향성
④ 직업 지향성

콕집어 해설

고트프레드슨(Gottfredson)의 직업포부의 발달단계

[힘성사내]

- 힘과 크기 지향성(3~5세) : 사고과정이 구체화되며, 어른이 된다는 것의 의미를 알게 된다.
- 성역할 지향성(6~8세) : 자아개념이 성의 발달에 의해서 영향을 받게 된다.
- 사회적 가치 지향성(9~13세) : 사회적 가치를 인지하면서 상황 속 자아를 인식하게 된다.
- 내적, 고유한 자아 지향성(14세 이후) : 자아성찰과 사회적 가치의 인식에 따라 직업적 포부가 발달한다.

답 ④

27 **진로발달에서 맥락주의(contextualism)에 관한 설명으로 틀린 것은?**

① 행위는 맥락주의의 주요 관심대상이다.
② 개인보다는 환경의 영향을 강조한다.
③ 행위는 인지적·사회적으로 결정되며 일상의 경험을 반영하는 것이다.
④ 진로연구와 진로상담에 대한 맥락상의 행위설명을 확립하기 위하여 고안된 방법이다.

콕집어 해설

맥락주의(Contextualism)
- 진로연구와 진로상담에 대한 맥락상의 행위 설명을 확립하기 위해 고안된 방법이다.(④)
- 개인과 환경 간의 상호작용에 초점을 둔다.(②)
- 행위는 맥락주의의 주요 관심 대상이다.(①)
- 행위는 인지적·사회적으로 결정되고 일상의 경험을 반영한다.(③)
- 행위체계는 투사와 진로로 구성된다.
- 구성주의 철학을 바탕으로 한다.

답 ②

28 **파슨스(Parsons)가 강조하는 현명한 직업 선택을 위한 필수 요인이 아닌 것은?**

① 자신의 흥미, 적성, 능력, 가치관 등 내면적인 자신에 대한 명확한 이해
② 현대사회가 필요로 하는 전망이 밝은 분야에서의 취업을 위한 구체적인 준비
③ 직업에서의 성공, 이점, 보상, 자격요건, 기회 등 직업 세계에 대한 지식
④ 개인적인 요인과 직업 관련 자격요건, 보수 등의 정보를 기초로 한 현명한 선택

콕집어 해설

파슨스(Parsons)의 직업선택 3요인
- 자신에 대한 이해(①)
- 직업세계에 대한 이해(③)
- 자신과 직업세계와의 합리적 연결(④)

답 ②

29 **스트레스의 원인 중 역할 갈등과 가장 관련이 높은 것은?**

① 직무관련 스트레스원
② 개인관련 스트레스원
③ 조직관련 스트레스원
④ 물리적 환경관련 스트레스원

콕집어 해설

스트레스의 원인
- 직무 관련 스트레스원 : 과제특성, 역할갈등, 역할모호성, 역할 과다/과소
- 조직 관련 스트레스원 : 산업의 조직문화와 풍토

답 ①

꿰뚫어 보기

역할갈등
역할담당자의 역할과 역할전달자의 역할기대가 상충함으로써 발생한다.
1) 개인 간 역할갈등 : 직업에서의 요구와 직업 이외의 요구 간의 갈등에서 발생한다.
2) 개인 내 역할갈등 : 직업에서의 요구와 개인의 가치관이 다를 때 발생한다.
3) 송신자 간 갈등 : 두 명 이상의 요구가 갈등을 일으킬 때 발생한다.
4) 송신자 내 갈등 : 업무 지시자가 서로 배타적이고 양립할 수 없는 요구를 할 때 발생한다.

30 **사회학습이론에 기반한 진로발달 과정의 요인으로 다음 사례와 밀접하게 관련 있는 것은?**

신입사원 A는 직무 매뉴얼을 참고하여 업무수행을 한다. 그러나 이런 방법을 통해 신입사원 때는 좋은 결과를 얻더라도, 승진하여 새로운 업무를 수행할 때는 기존의 업무수행 방법을 수정해야 할지도 모른다.

① 유전적 요인과 특별한 능력
② 직무 적성
③ 학습 경험
④ 과제접근 기술

콕집어해설

사회학습이론(과제접근기술) [유환학과]

- 유전적 요인과 특별한 능력 : 개인의 진로 기회를 제한하는 생득적인 특질을 말한다.
- 환경적 조건과 사건 : 개인의 통제를 벗어나는 정치·경제·사회·문화적 사항들이 개인의 진로에 영향을 미친다.
- 학습경험 : 개인이 과거에 학습한 경험은 현재 또는 미래의 교육적·직업적 의사결정에 영향을 미친다.
- 과제접근기술
  1) 유전적 요인, 환경조건, 학습경험의 상호작용으로 형성된 기술이며, 개인이 환경을 이해하고 대처하며 미래를 예견하는 능력이다.
  2) 목표설정, 가치 명료화, 대안 형성, 직업적 정보획득 등을 포함하는 기술이다.

답 ④

해 새로운 환경을 이해하고 대처하는 능력이다.

31 Klumboltz의 사회학습 진로이론에서 삶에서 일어나는 우연한 일들을 자신의 진로에 유리하게 활용하는데 도움되는 기술이 아닌 것은?

① 호기심(curiosity)
② 독립심(independece)
③ 낙관성(optimism)
④ 위험 감수(risk taking)

콕집어해설

우연한 일들을 진로에 유리하게 활용하는 기술(Klumboltz) [호인 융낙위]

- 호기심 : 새로운 학습기회를 탐색하게 해주며 성장감을 느끼게 한다.
- 인내심 : 좌절에도 불구하고 인내심을 갖고 일관된 노력을 계속한다.
- 융통성 : 세상을 다양한 관점으로 보는 것이다.
- 낙관성 : 새로운 기회를 긍정적으로 이해하고 해석하는 것이다.
- 위험 감수 : 실패의 위험과 불확실한 결과 앞에서도 실행하는 것이다.

답 ②

32 직무에 대한 하위개념 중 특정 목적을 수행하는 작업 활동으로 직무분석의 가장 작은 단위가 되는 것은?

① 임무 ② 과제
③ 직위 ④ 직군

콕집어해설

직무관련 용어

- 직무분석 순서 : 직업 > 직무(임무) > 과업(과제, 작업, 일)의 순이며, 직무분석의 가장 작은 단위는 과제이다.
- 직무관련 용어
  1) 과업(task) : 어떤 특정목적을 달성하기 위해 수행되는 하나의 명확한 작업활동(일·과제·작업)
  2) 임무(duty) : 특정 개인이 수행하는 것으로 여러가지 과업으로 구성됨
  3) 직위(position) : 단일 종업원이 수행하는 과업의 집합
  4) 직군(job group) : 조직 내에서 직무의 성질이 유사한 직렬을 함께 묶은 것이다.

답 ②

꿰뚫어 보기

직무관련 용어

1) 동작(motion) : 작업요소를 구성하는 작업자의 기본행위를 말하며, 신체의 일부를 움직이거나 이동하는 등 작업과 관련한 행위가 포함된다.
2) 작업요소(task element) : 연관된 여러 개의 동작이 하나의 작업요소를 형성하며 작업을 구성하는 하위요소이다. 어떤 직무와 연관된 동작, 정신적 활동 등 더 이상 나뉠 수 없는 최소 단위의 작업이다.
3) 작업(task) : 직무를 단계별로 나눈 것으로 측정가능한 행동을 말하며, 작업자가 수행하는 신체적적·정신적 활동으로써 '일' 또는 '과업으로 표현된다.
4) 직위(position) : 작업자 개개인에게 임무·일·책임이 분명히 존재하여 작업이 수행될 경우 개개인의 작업을 의미한다. 직무상의 지위를 의미하며, 어떤 조직이건 작업자의 수만큼 직위가 있게 된다.
5) 직무(job) : 여러 직위 중 중요하거나 특징적인 면에서 같은 한 무리의 직위라고 할 수 있다. 각각의 직무는 직무분석의 대상이 되며 다른 직업과 독립된 직업결정의 중요한 기준이 된다.
6) 직업(occupation) : 주어진 업무와 과업이 매우 유사한 직무들의 집합이라고 할 수 있으며, 특정한 직업은 작업목적, 작업방법, 중간재료, 최종생산물, 작업자의 행동, 작업자의 특성 등의 관점에서 유사한 관계에 있다.

33 직업상담 장면에서 활용 가능한 성격검사에 관한 설명으로 옳은 것은?

① 특정 분야에 대한 흥미를 측정한다.
② 어떤 특정 분야나 영역의 숙달에 필요한 적응능력을 측정한다.
③ 대개 자기보고식 검사이며, 널리 이용되는 검사는 다면적 인성검사, 성격유형 검사 등이 있다.
④ 비구조적 과제를 제시하고 자유롭게 응답하도록 하여 분석하는 방식으로 웩슬러 검사가 있다.

콕집어 해설

성격검사
비인지적 검사로써, 일상생활에서의 습관적인 행동을 검토하는 습관적 수행검사이며 정서적 검사 중 하나이다. 대개 자기보고식 검사이며, 널리 이용되는 검사는 다면적 인성검사, 성격유형 검사 등이 있다.

답 ③

해 ① '흥미검사'이다.
② '적성검사'이다.
④ 비구조적 과제를 제시하고 자유롭게 응답하도록 하여 분석하는 방식은 투사적 검사로써, 로샤검사·주제통각검사·문장완성검사 등이 있다.

꿰뚫어 보기

심리검사의 측정내용에 따른 분류
1) 인지적 검사(성능검사): 일정 시간 내 자신의 능력을 최대한 발휘하게 하는 극대수행검사(최대수행검사)이다.
ㄱ. 지능검사: 스탠포드-비네 지능검사, 한국판 웩슬러 성인용지능검사(K-WAIS) 등
ㄴ. 적성검사: 일반적성검사(GATB)
ㄷ. 성취도검사: 학업성취도검사
2) 정서적 검사(성향검사): 비인지적 검사로써, 일상생활에서의 습관적인 행동을 검토하는 습관적 수행검사이다.
ㄱ. 성격검사: 마이어스-브릭스 성격유형검사(MBTI), 미네소타 다면적 인성검사(MMPI), 캘리포니아 성격검사(CPI), 로샤검사 등
ㄴ. 흥미검사: 직업선호도검사, 쿠더직업흥미검사, 스트롱-캠벨 흥미검사
ㄷ. 태도검사: 직무만족도검사(JSS) 등

34 소외 양상의 개념에 관한 설명 중 틀린 것은?

① 무기력감(powerlessness): 자유와 통제의 결핍상태
② 무의미감(meaninglessness): 경영정책이나 생산목적 등의 목적으로부터의 단절
③ 자기소원감(self-estrangement): 직무에 자신이 몰두할 수 없는 상태
④ 고립감(isolation): 지루함이나 단조로움을 느끼는 심리적 상태

콕집어 해설

소외양상의 개념
- 무기력감(powerlessness): 자유와 통제의 결핍상태(①)
- 무의미감(meaninglessness): 경영정책이나 생산목적 등의 목적으로부터의 단절(②)
- 고립감(isolation): 자신이 속한 조직의 사회적 협동의 결핍상태(④)
- 자기소원감(self-estrangement): 직무에 자신이 몰두할 수 없는 상태(③)

답 ④

꿰뚫어 보기

비소외적 상태와 소외적 상태(블라우너)
1) 비소외적 상태: 자유와 통제, 사회적 통합, 자기몰입, 목적
2) 소외적 상태: 무기력감, 무의미감, 고립감, 자기상실감

35 최대수행검사 중 적성검사와 성취검사를 구분하는 기준으로 가장 적합한 것은?

① 검사 문항의 유형 ② 검사의 채점 방식
③ 검사 실시의 목적 ④ 검사 규준의 산출 방식

콕집어 해설

최대수행검사(성능검사, 인지적검사, 극대수행검사)
- 개인의 인지적 변인을 측정하는 검사이다.
- 종류
1) 지능검사: 한국판 웩슬러 성인용 지능검사(K-WAIS) 등
2) 적성검사: 일반직업적성검사(GATB)
3) 성취도검사: 학업성취도검사
- 적성검사는 전반적인 학습정도를 측정하고, 성취(도)검사는 교과과정의 제한된 학습내용을 평가하는 '실시 목적'에 따른 구분이다.

답 ③

꿰뚫어 보기

심리검사의 분류

1) 실시 방식에 따른 분류

(1) 실시시간 기준

ㄱ. 속도검사: 시간제한 있고 쉬운 문제들로 구성되어 있으며, 문제해결력보다는 숙련도를 측정한다.

예 웩슬러 지능검사의 소검사

ㄴ. 역량검사: 시간제한 없고 어려운 문제들로 구성되어 있으며, 숙련도보다는 문제해결력을 측정한다.

예 수학 경시대회

(2) 수검자 수 기준

ㄱ. 개인검사: 검사자와 수검자의 일대일 방식으로 이루어지는 검사이며, 수검자의 심층적 분석에 유리하다.

예 한국판 웩슬러 지능검사(K-WAIS), 일반직업적성검사(GATB), 주제통각검사(TAT), 로샤검사 등

ㄴ. 집단검사: 여러 명의 수검자를 한번에 검사하는 방식이며, 시간과 비용면에서 효율적이다.

예 미네소타 다면적인성검사(MMPI), 캘리포니아 성격검사(CPI), 마이어스-브릭스 성격유형검사(MBTI) 등

(3) 검사도구 기준

ㄱ. 지필검사: 종이에 인쇄된 문항에 응답하는 방식이다.

예 각종 국가자격시험, MMPI, MBTI 등

ㄴ. 수행검사: 수검자가 도구를 다루어야 하는 방식이다.

예 운전면허 주행시험, 웩슬러 지능검사의 토막짜기 소검사, 일반 직업적성검사의 동작검사 등

2) 사용목적에 따른 분류

(1) 규준참조검사: 개인의 점수를 다른 사람들의 점수와 비교하는 상대평가 검사이다.

예 심리검사, 선발검사 등

(2) 준거참조검사: 개인의 점수를 어떤 기준검사와 비교하는 절대평가 검사이다.

예 다수의 국가자격시험 등

3) 측정내용에 따른 분류

(1) 인지적 검사(성능검사): 일정 시간 내 자신의 능력을 최대한 발휘하게 하는 극대수행검사(최대수행검사)이다.

ㄱ. 지능검사-스탠포드-비네 지능검사, 한국판 웩슬러 성인용지능검사(K-WAIS) 등

ㄴ. 적성검사-일반적성검사(GATB)

ㄷ. 성취도검사-학업성취도검사

(2) 정서적 검사(성향검사): 비인지적 검사로써, 일상생활에서의 습관적인 행동을 검토하는 습관적 수행검사이다.

ㄱ. 성격검사-MBTI, MMPI, CPI, 로샤검사 등

ㄴ. 흥미검사-직업선호도검사, 쿠더직업흥미검사, 스트롱-캠벨 흥미검사

ㄷ. 태도검사-직무만족도검사(JSS) 등

4) 검사장면에 따른 분류

(1) 축소상황검사: 실제 장면과 같지만 과제나 직무를 매우 축소시킨 검사이다.

(2) 모의장면검사: 실제 장면과 거의 유사한 장면을 인위적으로 만들어 놓은 검사이다.

(3) 경쟁장면검사: 작업장면과 같은 상황에서 실제 문제나 작업을 제시하고 경쟁적으로 문제해결을 요구하는 검사이다.

36 인지적 정보처리 이론에서 제시하는 의사결정 과정의 절차를 바르게 나열한 것은?

ㄱ. 분석단계	ㄴ. 종합단계
ㄷ. 실행단계	ㄹ. 가치평가단계
ㅁ. 의사소통단계	

① ㄱ→ㄴ→ㄷ→ㄹ→ㅁ ② ㄴ→ㄹ→ㄱ→ㄷ→ㅁ

③ ㄷ→ㄱ→ㄴ→ㅁ→ㄹ ④ ㅁ→ㄱ→ㄴ→ㄹ→ㄷ

콕집어 해설

인지적 진로정보처리 의사결정과정 절차

[CASVE (까스 배)]

- 의사소통(Communication): 질문을 받아들여 부호화하며 이를 송출한다.
- 분석(Analysis): 하나의 개념적 틀 안에서 문제를 찾고 이를 분류한다.
- 종합(Synthesis, 통합): 일련의 행위를 형성한다.
- 가치부여(Valuing, 평가): 성공과 실패의 확률에 따라 각각의 행위를 판단하며, 다른 사람에게 미칠 파급효과를 평가한다.
- 실행(Execution, 집행): 책략을 통해 계획을 실행한다.

답 ④

꿰뚫어 보기

인지적 정보처리이론

1) 진로선택은 하나의 문제해결 활동이다.
2) 진로선택은 인지적 과정 및 정의적 과정들의 상호작용의 결과이다.
3) 진로발달 과정은 지식구조의 끊임없는 성장과 변화를 포함한다.
4) 진로성숙은 진로문제를 해결할 수 있는 자신의 능력에 달려 있다.
5) 진로문제 해결은 고도의 기억력을 요하는 과제이다.
6) 진로상담의 최종목표는 진로문제의 해결자이며, 의사결정자인 내담자의 잠재력을 증진시키는 것이다.

37 Crites가 개발한 직업성숙도검사(CMI)에서 태도척도에 해당되지 않는 것은?

① 성실성　② 독립성
③ 지향성　④ 결정성

족집어해설

직업성숙도검사(CMI)의 태도척도　[결참 독지타]

- 결정성 : 선호하는 진로의 방향에 대한 확신의 정도이다.
  예 "나는 선호하는 진로를 자주 바꾸고 있다."
- 참여도(관여도) : 진로선택 과정에 능동적으로 참여하는 정도이다.
  예 "나는 졸업할 때까지는 진로선택 문제에 별로 신경을 쓰지 않겠다."
- 독립성 : 진로선택을 독립적으로 할 수 있는 정도이다.
  예 "나는 부모님이 정해 주시는 직업을 선택하겠다."
- 지향성(성향) : 진로결정에 필요한 사전 이해와 준비의 정도이다.
  예 "일하는 것이 무엇인지에 대해 생각한 바가 거의 없다."
- 타협성 : 진로선택 시 욕구와 현실에 타협하는 정도이다.
  예 "나는 하고 싶기는 하나 할 수 없는 일을 생각하느라 시간을 보내곤 한다."

답 ①

꿰뚫어 보기

CMI의 능력척도　[자직 목계문]

1) 자기평가 : 자신의 성격, 흥미, 태도를 명확히 지각하고 이해하는 능력
2) 직업정보 : 직업세계에 대한 정보 등을 얻고 평가하는 능력
3) 목표선정 : 자기평가와 직업정보를 토대로 직업목표를 선정하는 능력
4) 계획 : 직업목표를 달성하기 위해 계획을 수립하는 능력
5) 문제해결 : 진로결정 과정에서 발생하는 다양한 문제들을 해결하는 능력

38 심리검사의 표준화를 통해 통제하고자 하는 변인이 아닌 것은?

① 검사자 변인　② 피검자 변인
③ 채점자 변인　④ 실시상황 변인

족집어해설

검사의 표준화

- 표준화란 검사재료, 시간제한, 검사순서, 검사장소 등 검사실시의 모든 과정과 응답한 내용을 어떻게 점수화 하는지에 대한 채점절차를 세부적으로 명시하는 것을 말한다.
- 검사의 표준화는 검사실시에 영향을 미치는 외적 변수들을 최소화하는 것을 목표로 한다.

답 ②

해 '피검자 변인은' 통제변인에 해당하지 않는다.

39 다음 중 동일한 검사를 동일한 피검자 집단에 일정 시간 간격을 두고 두 번 실시하여 얻은 두 검사 점수의 상관계수에 의하여 신뢰도를 측정하는 방법은?

① 동형검사 신뢰도
② 검사-재검사 신뢰도
③ 반분검사 신뢰도
④ 문항 내적 일관성 신뢰도

족집어해설

신뢰도 추정방법

- 검사-재검사 신뢰도 : 동일한 수검자에게 동일한 검사를 일정 시간간격을 두고 두 번 실시하여 얻은 두 검사점수의 상관계수에 의해 신뢰도를 측정하는 방법이다.
- 동형검사 신뢰도 : 동일한 수검자에게 첫번째 실시한 검사와 동일한 유형의 검사를 실시하여 두 검사점수의 상관계수에 의해 신뢰도를 측정하는 방법이다.
- 반분신뢰도 : 어떤 집단에게 한 검사를 실시하고 그 검사의 문항을 동형이 되도록 두개의 검사로 나눈 다음, 두 점수의 상관계수를 비교한다.
- 문항내적합치도(문항내적일관성 신뢰도) : 한 검사 내 개개의 문항들을 독립된 검사로 보고 문항들 간의 일관성이나 합치성을 신뢰도로 규정한다.
- 채점자 간 신뢰도 : 채점자들의 평가가 어느 정도 일관성이 있는지를 상관계수로 나타낸 것이다.

답 ②

40 신입사원이 조직에 쉽게 적응하도록 상사가 후견인이 되어 도와주는 경력개발 프로그램은?

① 종업지원 시스템
② 멘토십 시스템
③ 경력지원 시스템
④ 조기발탁 시스템

종업원 (능력)개발 프로그램

- 훈련 프로그램: 컴퓨터 교육에서 대인관계까지 조직 내에서 실시하는 다양한 내용의 훈련프로그램을 말한다.
- 후견인 프로그램(멘토십 시스템): 종업원이 조직에 쉽게 적응하도록 상사가 후견인이 되어 도와주는 프로그램이다.
- 직무순환 프로그램: 종업원에게 다양한 직무를 경험하게 함으로써 여러 분야의 능력을 개발하게 하는 프로그램이다.

답 ②

꿰뚫어 보기

경력개발 프로그램 유형 [자개 정종종]

1) 자기평가 도구: 경력워크숍, 경력연습책자 등
2) 개인상담
3) 정보제공: 사내공모제, 기술목록, 경력자원기관 등
4) 종업원 평가: 평가기관, 심리검사, 조기발탁제 등
5) 종업원 개발: 훈련 프로그램, 후견인 프로그램, 직무순환 프로그램 등

제3과목 | 직업정보론

41 한국표준직업분류에서 대분류와 직능수준과의 관계로 틀린 것은?

① 관리자 - 제4직능 수준 혹은 제3직능 수준
② 사무 종사자 - 제2직능 수준 필요
③ 판매 종사자 - 제2직능 수준 필요
④ 군인 - 제1직능 수준 필요

대분류별 직능수준

- 관리자 - 제4직능 수준 혹은 제3직능 수준
- 사무 종사자 - 제2직능 수준 필요
- 판매 종사자 - 제2직능 수준 필요
- 군인 - 제2직능수준 이상 필요

답 ④

꿰뚫어 보기

대분류별 직능수준 [관전/사서판농기장/단/군]

분류	대분류	직능 수준
1	관리자	제4직능수준 필요 혹은 제3직능수준 필요
2	전문가 및 관련 종사자	
3	사무 종사자	제2직능수준 필요
4	서비스 종사자	
5	판매 종사자	
6	농림·어업 숙련 종사자	
7	기능원 및 관련 기능 종사자	
8	장치·기계조작 및 조립종사자	
9	단순노무종사자	제1직능수준 필요
A	군인	제2직능수준 이상 필요

42 **한국직업전망에서 제공하는 정보에 대한 설명으로 틀린 것은?**

① '하는 일'은 해당 직업 종사자가 일반적으로 수행하는 업무내용과 과정에 대해 서술하였다.
② '관련 학과'는 일반적 입직조건을 고려하여 대학에 개설된 대표 학과명만을 수록하였다.
③ '적성과 흥미'는 해당 직업에 취업하거나 업무를 수행하는데 유리한 적성, 성격, 흥미, 지식 및 기술 등을 수록하였다.
④ '학력'은 '고졸이하', '전문대졸', '대졸', '대학원졸 이상'으로 구분하여 제시하였다.

콕집어 해설

한국직업전망에서 제공하는 일반 직업정보

[대하근성 되적경]

- 대표 직업명 : 다른 직업정보나 통계자료와의 연계성을 높이기 위해 가능한 한국고용직업분류(KECO)의 세분류 수준의 명칭을 사용하였다.
- 하는 일 : 해당 직업 종사자가 일반적으로 수행하는 업무내용과 과정에 대해 서술하였다.(①)
- 근무환경 : 해당 직업 종사자의 일반적인 근무시간, 근무형태, 근무장소, 육체적·정신적 스트레스 정도, 산업안전 등에 대해 서술하였다.
- 성별·연령·학력·임금 : 직업 종사자의 인적 특성과 임금자료는 통계청의 지역별고용조사(2017) 자료를 활용하였다.
  1) 성별 : 직업 종사자의 남녀 비율
  2) 연령 : 20대 이하(29세 이하)/30대(30~39)/40대(40~49)/50대(50~59)/60대 이상(60세 이상)
  3) 학력 : 고졸 이하/전문대졸(2~3년제)/대졸(4~5년제)/대학원졸 이상(④)
  4) 임금 : 하위 25%(25% 미만)/중위 50%(25% 이상 75% 미만)/상위 25%(75% 이상)
- 되는 길
  1) 교육 및 훈련 : 해당 직업에 종사하는 데 필요한 학력과 전공, 직업훈련기관 및 훈련과정 등을 소개하였다.
  2) 관련 학과 : 일반적 입직 조건을 고려하여 대학에 개설된 대표 학과명을 수록하거나, 특성화고등학교, 직업훈련기관, 직업전문학교의 학과명을 수록하였다.(②)
  3) 관련 자격 및 면허 : 해당 직업에 종사하기 위해 반드시 필요하거나 취업에 유리한 국가(기술, 전문)자격을 수록하였다. 그 외에 민간공인자격이나 외국자격 중 업무수행이나 취업에 필요하거나 유용한 것도 수록하였다.
- 적성 및 흥미 : 해당 직업에 취업하거나 업무를 수행하는 데 필요하는 데 유리한 적성, 성격, 흥미, 지식 및 기술 등을 수록하였다.(③)
- 경력개발 : 해당 직업관련 활동분야(취업처)나 이·전직 가능분야를 수록하였다. 직업에 따라 승진이나 창업 등 경력개발 내용이 포함되는 경우도 있다.

답 ②

43 **한국표준산업분류(제10차)의 적용원칙에 관한 설명으로 틀린 것은?**

① 산업활동이 결합되어 있는 경우에는 그 활동단위의 주된 활동에 따라서 분류
② 생산단위는 산출물만을 토대로 가장 정확하게 설명된 항목에 분류
③ 복합적인 활동단위는 우선적으로 최상급 분류단계(대분류)를 정확히 결정하고, 순차적으로 중, 소, 세, 세세분류 단계 항목을 결정
④ 수수료 또는 계약에 의하여 활동을 수행하는 단위는 자기계정과 자기책임 하에서 생산하는 단위와 동일 항목으로 분류

콕집어 해설

한국표준산업분류(KSIC)의 적용원칙

- 생산단위는 산출물뿐만 아니라 투입물과 생산공정 등을 함께 고려하여 그들의 활동을 가장 정확하게 설명된 항목에 분류해야 한다.(②)
- 복합적인 활동단위는 우선적으로 최상급 분류단계(대분류)를 정확히 결정하고, 순차적으로 중, 소, 세, 세세분류 단계 항목을 결정하여야 한다.(③)
- 산업활동이 결합되어 있는 경우에는 그 활동단위의 주된 활동에 따라서 분류하여야 한다.(①)
- 수수료 또는 계약에 의하여 활동을 수행하는 단위는 동일한 산업활동을 자기계정과 자기책임하에서 생산하는 단위와 같은 항목에 분류하여야 한다.(④)
- 동일단위에서 제조한 재화의 소매활동은 별개 활동으로 분류하지 않고 제조활동으로 분류되어야 한다. 그러나 자기가 생산한 재화와 구입한 재화를 함께 판매한다면 그 주된 활동에 따라 분류한다.
- 생산단위의 소유 형태, 법적 조직 유형 또는 운영 방식은 산업분류에 영향을 미치지 않는다.
- 공식적 생산물과 비공식적 생산물, 합법적 생산물과 불법적인 생산물을 달리 분류하지 않는다.

답 ②

44 다음은 한국표준산업분류(제10차)의 분류 정의 중 무엇에 관한 설명인가?

> 각 생산 단위가 노동, 자본, 원료 등 자원을 투입하여, 재화 또는 서비스를 생산 또는 제공하는 일련의 활동 과정

① 산업 ② 산업활동
③ 생산활동 ④ 산업분류

한국표준산업분류(제10차) 분류 정의

산업

1) 산업의 정의 : 유사한 성질을 갖는 산업활동에 주로 종사하는 생산단위의 집합이다.
2) 산업활동 : 각 생산단위가 노동, 자본, 원료 등 자원을 투입하여 재화나 서비스를 생산 또는 제공하는 일련의 활동과정이다.
3) 산업활동의 범위 : 영리적·비영리적 활동이 모두 포함되나, 가정 내의 가사활동은 제외된다.

산업분류

1) 산업분류 정의 : 생산단위가 주로 수행하고 있는 산업활동을 분류 기준과 원칙에 맞춰 그 유사성에 따라 체계적으로 유형화한 것이다.
2) 분류 기준 : ㄱ. 산출물의 특성
ㄴ. 투입물의 특성
ㄷ. 생산활동의 일반적인 결합형태

답 ②

꿰뚫어 보기

생산단위의 활동형태

1) 주된 산업활동이란 산업활동이 복합형태로 이루어질 경우 생산된 재화
또는 제공된 서비스 중 부가가치(액)가 가장 큰 활동을 의미한다.
2) 부차적 산업활동은 주된 산업활동 이외의 재화 생산 및 서비스 제공 활동을 의미한다.
3) 보조활동에는 회계, 운송, 구매, 판매 촉진, 수리서비스 등이 포함된다.

45 인간이 복잡한 정보에 접근하게 되는 구조에 근거를 둔 이론으로 직업선택결정 단계를 전제단계, 계획단계, 인지부조화단계로 구분한 직업 결정모형은?

① 타이드만과 오하라(Tiedeman & O'Hara)의모형
② 힐튼(Hilton)의 모형
③ 브룸(Vroom)의 모형
④ 수(Hsu)의 모형

힐튼(Hilton)의 직업선택 결정모형

인간이 복잡한 정보에 접근하게 되는 구조에 근거를 둔 이론으로 직업선택결정 단계를 전제단계, 계획단계, 인지부조화단계로 구분한다.

답 ②

꿰뚫어 보기

직업선택 결정모형

1) 기술적 직업결정모형 : 사람들의 일반적인 직업결정방식을 나타낸 이론
   예 힐튼(Hilton), 타이드만과 오하라(Tiedman & O'Hara), 브룸(Vroom), 슈(Hsu), 플레처(Fletcher)의 모형
2) 처방적 직업결정모형 : 사람들이 직업을 결정할 때 실수를 줄이고 더 나은 직업을 선택하도록 도우려는 이론
   예 카츠(Katz), 겔라트(Gelatt), 칼도와 쥐토우스키(Kaldor & Zytowski)의 모형

46 다음 설명에 해당하는 직업훈련지원제도는?

> 훈련인프라 부족 등으로 인해 자체적으로 직업훈련을 실시하기 어려운 중소기업들을 위해, 대기업 등이 자체 보유한 우수 훈련 인프라를 활용하여 중소기업이 필요로 하는 기술인력을 양성·공급하고 중소기업 재직자의 직무능력 향상을 지원하는 제도이다.

① 국가인적자원개발컨소시엄
② 사업주지원훈련
③ 국가기간전략산업직종훈련
④ 청년취업아카데미

콕집어 해설

직업훈련지원제도

- 국가인적자원개발컨소시엄 : 중소기업이 필요로 하는 기술인력을 양성·공급하고 중소기업 재직자의 직무능력 향상을 지원하는 제도이다.
- 사업주지원훈련 : 사업주가 직업능력개발훈련을 실시할 경우 비용지원 등을 통해 인적자원개발 및 기업경쟁력 제고를 목적으로 한다.
- 국가기간전략산업직종훈련 : 국가의 기간산업 및 전략산업 등의 분야에서 부족하거나 수요가 증가할 것으로 예상되는 직종에 직업능력개발훈련을 실시하여 기업에서 필요로 하는 기술·기능인력 양성·공급 및 실업문제 해소를 목적으로 한다.
- 청년취업아카데미 : 산업현장에서 요구하는 맞춤형 교육과정을 대학생졸업(예정)자에게 제공하여 청년의 노동시장 조기진입 등 청년고용 창출을 목적으로 한다.
- 일학습병행제 : 근로자가 회사와 학교 등을 오가며 현장훈련과 이론교육을 함께 이수한다.

답 ①

47 국가기술자격 산업기사의 응시요건으로 틀린 것은?

① 응시하려는 종목이 속하는 동일 및 유사 직무 분야에서 1년 이상 실무에 종사한 사람

② 관련학과의 2년제 또는 3년제 전문대학 졸업자 등 또는 그 졸업예정자

③ 고용노동부령이 정하는 기능경기대회 입상자

④ 응시하려는 종목이 속하는 동일 및 유사 직무분야의 다른 종목의 산업기사 등급 이상의 자격을 취득한 사람

콕집어 해설

산업기사

1) 검정기준 : 해당 국가기술자격의 종목에 관한 기술기초이론 지식 또는 숙련기능을 바탕으로 복합적인 기초기술 및 기능업무를 수행할 수 있는 능력 보유
2) 응시자격 : 다음 각 호의 어느 하나에 해당하는 사람
   ㄱ. 기능사 등급 이상의 자격을 취득한 후 응시하려는 종목이 속하는 동일 및 유사 직무분야에 1년 이상 실무에 종사한 사람
   ㄴ. 응시하려는 종목이 속하는 동일 및 유사 직무분야의 다른 종목의 산업기사 등급 이상의 자격을 취득한 사람(④)
   ㄷ. 관련학과의 2년제 또는 3년제 전문대학졸업자 등 또는 그 졸업예정자(②)
   ㄹ. 관련학과의 대학졸업자 등 또는 그 졸업예정자
   ㅁ. 동일 및 유사 직무분야의 산업기사 수준 기술훈련과정 이수자 또는 그 이수예정자
   ㅂ. 응시하려는 종목이 속하는 동일 및 유사 직무분야에서 2년 이상 실무에 종사한사람(①)
   ㅅ. 고용노동부령으로 정하는 기능경기대회 입상자(③)
   ㅇ. 외국에서 동일한 종목에 해당하는 자격을 취득한 사람

답 ①

꿰뚫어 보기

기술사

1) 기사 자격을 취득한 후 응시하려는 종목이 속하는 직무분야에서 4년 이상 실무에 종사한 사람
2) 산업기사 자격을 취득한 후 응시하려는 종목이 속하는 동일 및 유사 직무분야에서 5년 이상 실무에 종사한 사람
3) 기능사 자격을 취득한 후 응시하려는 종목이 속하는 동일 및 유사 직무분야에서 7년 이상 실무에 종사한 사람
4) 응시하려는 종목과 관련된 학과로서 고용노동부장관이 정하는 학과의 대학졸업자 등으로서 졸업 후 응시하려는 종목이 속하는 동일 및 유사 직무분야에서 6년 이상 실무에 종사한 사람
5) 응시하려는 종목이 속하는 동일 및 유사 직무분야의 다른 종목의 기술사 등급의 자격을 취득한 사람
6) 3년제 전문대학 관련학과 졸업자 등으로서 졸업 후 응시하려는 종목이 속하는 동일 및 유사 직무분야에서 7년 이상 실무에 종사한 사람
7) 2년제 전문대학 관련학과 졸업자 등으로서 졸업 후 응시하려는 종목이 속하는 동일 및 유사 직무분야에서 8년 이상 실무에 종사한 사람

8) 국가기술자격의 종목별로 기사의 수준에 해당하는 교육훈련을 실시하는 기관 중 고용노동부령으로 정하는 교육훈련기관의 기술훈련과정 이수자로서 이수 후 응시하려는 종목이 속하는 동일 및 유사 직무분야에서 6년 이상 실무에 종사한 사람
9) 국가기술자격의 종목별로 산업기사의 수준에 해당하는 교육훈련을 실시하는 기관 중 고용노동부령으로 정하는 교육훈련기관의 기술훈련과정 이수자로서 이수 후 동일 및 유사 직무분야에서 8년 이상 실무에 종사한 사람
10) 응시하려는 종목이 속하는 동일 및 유사 직무분야에서 9년 이상 실무에 종사한 사람
11) 외국에서 동일한 종목에 해당하는 자격을 취득한 사람

기능장

1) 응시하려는 종목이 속하는 동일 및 유사 직무분야의 산업기사 또는 기능사 자격을 취득한 후 「근로자직업능력개발법」에 따라 설립된 기능대학의 기능장 과정을 마친 이수자 또는 그 이수예정자
2) 산업기사 등급 이상의 자격을 취득한 후 응시하려는 종목이 속하는 동일 및 유사 직무분야에서 5년 이상 실무에 종사한 사람
3) 기능사 자격을 취득한 후 응시하려는 종목이 속하는 동일 및 유사 직무 분야에서 7년 이상 실무에 종사한 사람
4) 응시하려는 종목이 속하는 동일 및 유사 직무분야에서 9년 이상 실무에 종사한 사람
5) 응시하려는 종목이 속하는 동일 및 유사 직무분야의 다른 종목의 기능장 등급의 자격을 취득한 사람
6) 외국에서 동일한 종목에 해당하는 자격을 취득한 사람

기사

1) 산업기사 등급 이상의 자격을 취득한 후 응시하려는 종목이 속하는 동일 및 유사 직무분야에서 1년 이상 실무에 종사한 사람
2) 기능사 자격을 취득한 후 응시하려는 종목이 속하는 동일 및 유사 직무 분야에서 3년 이상 실무에 종사한 사람
3) 응시하려는 종목이 속하는 동일 및 유사 직무분야의 다른 종목의 기사 등급 이상의 자격을 취득한 사람
4) 관련학과의 대학졸업자 등 또는 그 졸업예정자
5) 3년제 전문대학 관련학과 졸업자 등으로서 졸업 후 응시하려는 종목이 속하는 동일 및 유사 직무분야에서 1년 이상 실무에 종사한 사람
6) 2년제 전문대학 관련학과 졸업자 등으로서 졸업 후 응시하려는 종목이 속하는 동일 및 유사 직무분야에서 2년 이상 실무에 종사한 사람
7) 동일 및 유사 직무분야의 기사 수준 기술훈련과정 이수자 또는 그 이수예정자
8) 동일 및 유사 직무분야의 산업기사 수준 기술훈련과정 이수자로서 이수 후 응시하려는 종목이 속하는 동일 및 유사 직무분야에서 2년 이상 실무에 종사한 사람
9) 응시하려는 종목이 속하는 동일 및 유사 직무분야에서 4년 이상 실무에 종사한 사람
10) 외국에서 동일한 종목에 해당하는 자격을 취득한 사람

기능사

제한 없음

48 공공직업 정보와 비교한 민간직업 정보의 일반적 특성에 관한 설명으로 틀린 것은?

① 필요한 시기에 최대한 활용되도록 한시적으로 신속하게 생산되어 운영된다.
② 국제적으로 인정되는 객관적인 기준에 근거하여 직업을 분류한다.
③ 특정한 목적에 맞게 해당 분야 및 직종을 제한적으로 선택한다.
④ 시사적인 관심이나 흥미를 유도할 수 있도록 해당 직업을 분류한다.

콕집어 해설

민간직업정보의 특성

구분	민간 직업정보	공공 직업정보
정보제공 속성	한시적	지속적
직업분류·구분	생산자의 자의성	기준에 따른 객관성
조사 직업 범위	제한적	포괄적
정보의 구성	완결적 정보체계	기초적 정보체계
타 정보와의 관계	관련성 낮음	관련성 높음
비용	유료	무료

답 ②

49 워크넷에서 제공하는 직업선호도검사 L형의 하위 검사가 아닌 것은?

① 흥미검사　② 성격검사
③ 생활사검사　④ 문제해결능력검사

콕집어 해설

직업선호도검사 (L)형의 하위 검사
- 흥미검사 : 현실형, 탐구형, 예술형, 사회형, 진취형, 관습형
- 성격검사 : 외향성, 호감성, 성실성, 정서적 불안정성, 경험에 대한 개방성
- 생활사 검사 : 대인관계지향, 독립심, 가족친화, 야망, 학업성취, 예술성, 운동선호, 종교성, 직무만족

답 ④

꿰뚫어 보기

직업선호도검사(S형)
- 검사대상 : 만 18세 이상
- 검사시간 : 약 25분 소요
- 주요내용 : 개인의 흥미유형 및 적합직업 탐색
- 측정요인 : 현실형, 탐구형, 예술형, 사회형, 진취형, 관습형

50 직업정보의 관리과정에 대한 설명으로 틀린 것은?

① 직업정보 수집시에는 명확한 목표를 세운다.
② 직업정보 분석시에는 하나의 항목에 초점을 맞춰 집중적으로 분석해야 한다.
③ 직업정보 가공시에는 전문적인 지식이 없어도 이해할 수 있도록 가공해야 한다.
④ 직업정보 가공시에는 직업이 가지고 있는 장·단점을 편견 없이 제공해야 한다.

콕집어 해설

직업정보의 관리과정
- 직업정보 수집시에는 명확한 목표를 세운다.(①)
- 직업정보 분석시에는 여러 측면에서 다각적으로 분석해야 한다.(②)
- 직업정보 가공시에는 전문적인 지식이 없어도 이해할 수 있도록 가공해야 한다.(③)
- 직업정보 가공시에는 직업이 가지고 있는 장·단점을 편견 없이 제공해야 한다.(④)

답 ②

해 하나의 항목에 초점(×)→'다각적 분석'

51 워크넷(직업·진로)에서 제공되는 학과정보 중 공학계열에 해당하는 학과가 아닌 것은?

① 생명과학과 ② 건축학과
③ 안경광학과 ④ 해양공학과

콕집어 해설

학과정보
- 인문계열 : 언어학과, 철학과, 윤리학과, 국제지역학과, 심리학과 등
- 사회계열 : 정치외교학과, 법학과, 경제학과, 행정학과, 비서학과 등
- 교육계열 : 교육학과, 영어교육학과, 유아교육학과 등
- 자연계열 : 생명과학과, 수학과, 지구과학과, 수의학과, 아동가족학과 등
- 공학계열 : 안경광학과, 기계공학과, 건축학과, 조경학과, 해양공학과 등
- 의약계열 : 의학과, 한의학과, 간호학과, 응급구조과, 방사선과 등
- 예·체능계열 : 성악과, 공예학과, 사진학과, 연극영화과, 체육학과 등

답 ①

52 국가기술자격 중 실기시험만 시행할 수 있는 종목이 아닌 것은?

① 금속재창호기능사 ② 항공사진기능사
③ 로더운전기능사 ④ 미장기능사

콕집어 해설

실기시험만 시행할 수 있는 국가기술자격
- 경영·회계·사무 : 한글속기 1급·2급·3급
- 건설 : 거푸집기능사, 건축도장기능사, 건축목공기능사, 도배기능사, 미장기능사
- 방수기능사, 비계기능사, 온수온돌기능사, 조적기능사, 항공사진기능사 등
- 재료 : 금속재창호기능사

답 ③

해 '로더운전기능사'는 필기+실기시험을 시행한다.

꿰뚫어 보기

필기와 실기시험을 시행하는 종목 [정로한 미사]

- 정보처리기능사
- 로더운전기능사
- 한복기능사
- 미용사
- 사진기능사

53 직업훈련의 강화에 따른 효과로 가장 거리가 먼 것은?

① 인력부족 직종의 구인난을 완화시킬 수 있다.
② 재직근로자의 직무능력을 높일 수 있다.
③ 산업구조의 변화에 대응할 수 있다.
④ 마찰적인 실업을 줄일 수 있다.

콕집어 해설

직업훈련의 강화에 따른 효과

- 인력부족 직종의 구인난을 완화시킬 수 있다.
- 재직근로자의 직무능력을 높일 수 있다.
- 산업구조의 변화에 대응할 수 있다.
- 구조적인 실업을 줄일 수 있다.

답 ④

해 '직업정보 제공'에 따른 효과이다.

54 국민내일배움카드의 적용을 받는 자에 해당하는 것은?

①「공무원연금법」을 적용받고 현재 재직 중인 사람
② 만 75세인 사람
③ HRD-Net을 통하여 직업능력개발훈련 동영상 교육을 이수하지 아니하는 사람
④ 대학교 4학년에 재학 중인 졸업예정자

콕집어 해설

국민내일배움카드제 지원 제외 대상자

- 공무원연금법이나 사립학교교직원 연금법을 적용받고 현재 재직 중인 사람(①)
- 만 75세 이상인 사람(②)
- 졸업예정자 이외의 재학생(④)
- 연매출액 1억 5천만원 이상의 자영업자
- 월 임금 300만원 이상인 대기업 근로자(45세 미만)
- 특수형태근로종사자
- 중앙행정기관으로부터 훈련비를 지원받는 훈련에 참여하는 사람
- HRD-Net을 통하여 직업능력개발훈련 동영상 교육을 이수하지 아니하는 사람(③)
- 외국인(단, 고용보험 피보험자는 제외)
- 부정행위에 따른 지원금 등의 반환 명령을 받고 그 납부의 의무를 이행하지 아니하는 사람
- 이 규정 시행일 이전에 직업능력개발훈련을 3회 지원받았음에도 불구하고, 훈련개시일 이후 취업한 기간이 180일 미만이거나 자영업자로서 피보험기간이 180일 미만인 사람

답 ④

발급 가능자

실업, 재직, 자영업 여부에 관계없이 카드발급이 가능하다.

55 한국표준산업분류상 단일 장소에서 이루어지는 단일 산업활동의 통계단위는?

① 기업집단 단위　② 사업체 단위
③ 활동유형 단위　④ 지역 단위

콕집어 해설

통계단위 [하기활 단지사]

구분	하나 이상 장소	단일 장소
하나 이상 산업활동	기업집단단위, 기업체 단위	지역단위
단일 산업활동	활동유형 단위	사업체 단위

답 ②

56 직업정보를 전달하는 유형별 특징에 관한 다음 표의 ( )에 알맞은 것은?

유형	비용	학습자 참여도	접근성
인쇄물	저	(ㄱ)	용이
시청각 자료	(ㄴ)	수동	제한
직업경험	고	적극	(ㄷ)

	ㄱ	ㄴ	ㄷ
①	수동	고	제한
②	수동	고	적극
③	적극	저	제한
④	적극	저	적극

족집어 해설

직업정보 전달 유형별 특징

유형	비용	학습자 참여도	접근성
인쇄물	저	수동	용이
시청각 자료	고	수동	제한
면접	저	적극	제한
관찰	고	수동	제한
직업경험	고	적극	제한

답 ①

57 다음은 제10차 한국표준산업분류 중 어떤 산업분류에 관한 설명인가?

> 작물재배활동과 축산활동을 복합적으로 수행하면서 그 중 한편의 전문화율이 66% 미만인 경우

① 작물재배업
② 축산업
③ 작물재배 및 축산 복합농업
④ 작물재배 및 축산 관련 서비스업

족집어 해설

제10차 한국표준산업분류(KSIC)
제10차 한국산업표준분류에서 작물재배활동과 축산활동을 복합적으로 수행하면서 그 중 한편의 전문화율이 66% 미만인 경우는 대분류 A 농업, 임업 및 어업에 속하는 '작물재배 및 축산 복합농업'이다.

답 ③

꿰뚫어 보기

제10차 개정의 주요 내용
1) A 농업, 임업 및 어업 : 채소작물 재배업에 마늘, 딸기작물 재배업을 포함시켰으며, 어업에서 해면은 해수면으로, 수산 종묘는 수산 종자로 명칭을 변경하였다.
2) D 전기, 가스, 증기 및 공기조절 공급업 : 수도업은 대분류 E로 이동했으며, 태양력 발전업을 세분하였고, 전기판매업 세분류를 신설했다.
3) E 수도, 하수 및 폐기물 처리, 원료재생업 : 수도업을 전기, 가스, 증기 및 공기조절 공급업 대분류에서 이동하여 포함하고 대분류 명칭을 변경하였다.
4) H 운수 및 창고업 : 화물자동차 운송업과 기타 도로화물 운송업을 통합하였으며, 철도운송업을 철도 여객과 화물 운송업으로 세분하였고, 항공운송업을 항공여객과 화물 운송업으로 변경하였다.

58 한국표준직업분류(제7차)에서 포괄적인 업무에 대한 직업분류원칙에 해당하는 것은?

① 최상급 직능수준 우선 원칙
② 포괄성의 원칙
③ 취업시간 우선의 원칙
④ 조사 시 최근의 직업 원칙

콕집어 해설

포괄적인 업무에 대한 직업분류 원칙 [포주최생]

어떤 직업의 경우에 있어서는 직무의 범위가 분류에 명시된 내용과 일치하지 않을 수 있다. 이러한 경우 다음과 같은 순서에 따라 분류원칙을 적용한다.

1) 주된 직무 우선 원칙 : 수행되는 직무내용과 분류 항목에 명시된 직무내용을 비교·평가하여 관련 직무 내용상의 상관성이 가장 많은 항목에 분류한다.
   예 교육과 진료를 겸하는 의과대학 교수는 강의, 평가, 연구 등(교육)과 진료, 처치, 환자상담 등(의료)의 직무내용을 파악하여 관련 항목이 많은 분야로 분류한다.
2) 최상급 직능수준 우선 원칙 : 수행된 직무가 상이한 수준의 훈련과 경험을 통해서 얻어지는 직무능력을 필요로 한다면, 가장 높은 수준의 직무능력을 필요로 하는 일에 분류하여야 한다.
   예 조리와 배달의 직무비중이 같을 경우에는, 조리의 직능수준이 높으므로 조리사로 분류한다.
3) 생산업무 우선 원칙 : 재화의 생산과 공급이 같이 이루어지는 경우는 생산단계에 관련된 업무를 우선적으로 분류한다.
   예 한 사람이 빵을 생산하고 판매도 하는 경우에는, 판매원으로 분류하지 않고 제빵사로 분류한다.

답 ①

해 ② : 직업분류의 일반원칙이다.
③, ④ : 다수 직업 종사자의 분류원칙이다.

꿰뚫어 보기

직업분류의 일반원칙

1) 포괄성의 원칙 : 우리나라에 존재하는 모든 직무는 어떤 수준에서든지 분류에 포괄되어야 한다
2) 배타성의 원칙 : 동일하거나 유사한 직무는 어느 경우에든 같은 단위직업으로 분류되어야 한다.

다수 직업 종사자의 분류원칙 [다취수조]

한 사람이 전혀 상관성이 없는 두 가지 이상의 직업에 종사할 경우에 그 직업을 결정하기 위한 원칙이다.

1) 취업시간 우선의 원칙 : 더 긴 시간을 투자하는 직업으로 결정한다.
2) 수입 우선의 원칙 : 취업시간으로 구별할 수 없을 때는 수입이 많은 직업으로 결정한다.
3) 조사시 최근의 직업원칙 : 위의 두가지로 판별할 수 없을 때는 조사시점을 기준으로 최근에 종사한 직업으로 결정한다.

59 워크넷에서 채용정보 상세검색 시 선택할 수 있는 기업형태가 아닌 것은?

① 대기업 ② 일학습병행기업
③ 가족친화인증기업 ④ 다문화가정지원기업

콕집어 해설

워크넷의 채용정보 중 기업형태별 검색 [대강외벤 가공코일청]

대기업, 강소기업, 외국계기업, 벤처기업, 가족친화인증기업, 공무원·공기업·공공기관, 코스피·코스닥, 일학습병행기업, 청년친화강소기업

답 ④

60 경제활동인구조사에서 종사상 지위로 고용계약기간이 1개월 미만인 임금근로자는?

① 임시근로자 ② 계약직근로자
③ 고용직근로자 ④ 일용근로자

콕집어 해설

종사상 지위

- 종사상 지위란 일한 사람과 직무를 수행하는 직장과의 관계를 의미하며, 종사상 지위별 취업자는 임금근로자와 비임금근로자로 구성된다.
- 임금 근로자에는 상용 · 임시 · 일용 근로자가 해당되고, 비임금 근로자에는 고용원이 있거나 또는 없는 자영업자 그리고 무급가족종사자가 해당된다.
- 종사상 지위로 고용계약기간이 1개월 미만인 임금근로자는 일용 근로자이다.

답 ④

제4과목 | 노동시장론

61 노동공급의 탄력성 값이 0인 경우 노동공급곡선의 형태는?

① 수평이다　② 수직이다
③ 우상향이다　④ 우하향이다

콕집어 해설

노동공급곡선

- 노동공급의 탄력성 값이 0 인 경우에 노동공급곡선의 형태는 수직이며, 노동공급은 완전비탄력적이다.(②)
- 노동공급의 탄력성 값이 ∞인 경우에 노동공급곡선의 형태는 수평이다.

답 ②

62 노동력의 10%가 매년 구직활동을 하고 구직에 평균 3개월이 소요되는 경우 연간 몇 %의 실업률이 나타나게 되는가?

① 2.5%　② 2.7%
③ 3.0%　④ 3.3%

콕집어 해설

연간 실업률

연간실업률은 실업률에 구직 기간을 곱하여 구한다.

즉, 10%× $\frac{1}{4}$ 년(3개월) = 2.5% 이다.

답 ①

꿰뚫어 보기

$$실업률(\%) = \frac{실업자\ 수}{경제활동인구\ 수} \times 100$$

$$= \frac{실업자\ 수}{취업자\ 수 + 실업자\ 수} \times 100$$

63 시장경제를 채택하고 있는 국가의 노동시장에서 직종별 임금 격차가 존재하는 이유와 가장 거리가 먼 것은?

① 직종 간 정보의 흐름이 원활하기 때문이다.
② 직종에 따라 근로환경의 차이가 존재하기 때문이다.
③ 직종에 따라 노동조합 조직율의 차이가 존재하기 때문이다.
④ 노동자들의 특정 직종에 대한 회피와 선호가 다르기 때문이다.

콕집어 해설

직종별 임금격차의 발생 원인

- 직종에 따라 근로환경의 차이가 존재하기 때문이다.(②)
- 직종에 따라 노동조합 조직율의 차이가 존재하기 때문이다.(③)
- 노동자들의 특정 직종에 대한 회피와 선호가 다르기 때문이다.(④)

답 ①

해 '직종간 정보의 원활한 흐름'은 임금격차를 해소시킨다.

64 실업에 관한 설명으로 옳은 것은?

① 정부는 경기적 실업을 줄이기 위하여 기업의 설비투자를 억제시켜야 한다.
② 취업자가 존재하는 상황에서 구직포기자의 증가는 실업률을 감소시킨다.
③ 전업주부가 직장을 가지면 실업률과 경제활동참가율은 모두 낮아진다.
④ 실업급여의 확대는 탐색적 실업을 감소시킨다.

콕집어 해설

실업

- 정부는 경기적 실업을 줄이기 위하여 기업의 설비투자를 증대시켜야 한다.(①)
- 구직포기자는 비경제활동인구로 분류되므로 구직포기자의 증가는 실업률을 감소시킨다.(②)
- 전업주부가 직장을 가지면 실업률은 낮아지고, 경제활동참가율은 높아진다(③)
- 실업급여의 확대는 탐색적 실업을 증가시킬 수 있다.(④)

답 ②

꿰뚫어 보기

실망노동자효과와 부가노동자효과

1) 실망노동자효과(Discouraged Worker Effect) : 불경기시 경제활동인구(실업자)가 구직을 포기함으로써 비경제활동인구로 되기 때문에 실업자가 감소한다.
2) 부가노동자효과(Added Worker Effect) : 가구주가 불황으로 실직하면서 주부 등과 같은 비경제활동인구가 구직활동을 통해 경제활동인구(실업자)로 되기 때문에 실업자가 증가한다.

65 불경기에 발생하는 부가노동자효과(added worker effect)와 실망실업자효과(discouraged worker effect)에 따라 실업률이 변화한다. 실업률에 미치는 효과의 방향성이 옳은 것은? (단, + : 상승효과, - : 감소효과)

① 부가노동자효과 : +, 실망실업자효과 : -
② 부가노동자효과 : -, 실망실업자효과 : -
③ 부가노동자효과 : +, 실망실업자효과 : +
④ 부가노동자효과 : -, 실망실업자효과 : +

콕집어 해설

실망노동자효과와 부가노동자효과

- 실망노동자효과(Discouraged Worker Effect) : 불경기시 경제활동인구(실업자)가 구직을 포기함으로써 비경제활동인구로 되기 때문에 실업자가 감소한다.
- 부가노동자효과(Added Worker Effect) : 가구주가 불황으로 실직하면서 주부 등과 같은 비경제활동인구가 구직활동을 통해 경제활동인구(실업자)로 되기 때문에 실업자가 증가한다.

답 ①

66 개인의 사용시간이 일정할 때 작업장까지의 통근시간 증가가 경제활동참가율과 총 근로시간에 미치는 효과로 옳은 것은?

① 경제활동참가율 증가, 총 근로시간 증가
② 경제활동참가율 감소, 총 근로시간 증가
③ 경제활동참가율 증가, 총 근로시간 감소
④ 경제활동참가율 감소, 총 근로시간 감소

콕집어 해설

통근시간 증가가 경제활동참가율과 총 근로시간에 미치는 효과

가용시간이 일정한 경우, 경제활동참가자의 통근시간이 증가하면 경제활동참가율과 총 근로시간은 감소한다.

답 ④

67 신고전학파가 주장하는 노동조합의 사회적 비용의 증가 요인이 아닌 것은?

① 비노조와의 임금격차와 고용저하에 따른 비효율 배분
② 경직적 인사제도에 의한 기술적 비효율
③ 파업으로 인한 생산중단에 따른 생산적 비효율
④ 작업방해에 의한 구조적 비효율

콕집어 해설

노동조합의 사회적 비용 증가 요인

- 배분적 비효율 : 노동조합은 고임금부문과 저임금부문 간의 임금격차를 발생시키고, 저임금부문에서 고임금부문으로 노동이동을 초래하여 노동자원의 비효율적 배분을 초래한다.(①)
- 기술적 비효율 : 노조의 경직적 인력배치는 노동의 가동률을 저하시키고, 노동과 자본의 대체를 어렵게 하며, 신기술의 도입을 지연시킨다.(②)
- 생산적 비효율 : 노조의 파업행위는 생산중단과 함께 관리직 등의 소모적 투입으로 생산적 비효율을 초래한다.(③)

답 ④

해 구조적 비효율(×)→'생산적 비효율'

68 파업의 경제적 비용과 기능에 관한 설명으로 옳은 것은?

① 사적비용과 사회적 비용은 동일하다.
② 사용자의 사적비용은 직접적인 생산중단에서 오는 이윤의 순감소분과 같다.
③ 사적비용이란 경제의 한 부문에서 발생한 파업으로 인한 타 부문에서의 생산 및 소비의 감소를 의미한다.
④ 서비스 산업부문은 파업에 따른 사회적 비용이 상대적으로 큰 분야이다.

콕집어 해설

파업의 경제적 비용과 기능

- 사적비용은 파업의 경제적 손실에 따른 사용자측의 비용과 노동자측의 비용의 합을 말한다.(③)
- 사회적 비용이란 경제의 한 부문에서 발생한 파업으로 인한 타 부문에서의 생산 및 소비의 감소를 의미한다.(③)
- 사용자의 사적비용은 직접적인 생산중단에서 오는 이윤의 순감소분에 비해 적을 수 있다.(②)
- 서비스 산업부문은 파업에 따른 사회적 비용이 상대적으로 큰 분야이다.(④)

답 ④

해 ① 사적비용과 사회적 비용은 다르다.
③ 사적비용(×)→사회적 비용

꿰뚫어 보기

파업의 경제적 손실

1) 노동조합 측 노동소득의 순상실분은 해당기업에서의 임금소득의 상실보다 훨씬 적을 수 있다.
   ☞ 이유 : 노동조합의 파업수당을 수령하거나 임시직으로 취업하여 소득활동을 할 수도 있기 때문이다.
2) 사용자 이윤의 순감소분은 직접적인 생산중단에서 오는 것보다 적을 수 있다.
   ☞ 이유 : 파업에 대비하여 재고량을 쌓아 놓거나 파업에 참여하지 않은 근로자들을 생산에 투입하기도 하고 파업참여 근로자들의 임금을 줄이는 동시에 생산중단으로 원재료 비용을 절감할 수 있기 때문이다.
3) 파업에 따르는 사회적 비용은 제조업보다 서비스업에서 더 큰 것이 보통이다.
   ☞ 이유 : 파업의 발생으로 경제 전체의 서비스 생산 및 소비수준을 하락시키기 때문이다.
4) 파업에 따르는 생산량감소는 타산업의 생산량증가로 보충하기도 한다.
5) 파업기간이 길어지면 경제적 손실은 증가한다.

69 다음 중 직무급 임금체계의 장점이 아닌 것은?

① 개인별 임금격차에 대한 불만 해소
② 연공급에 비해 실시가 용이
③ 인건비의 효율적 관리
④ 능력위주의 인사풍토 조성

콕집어 해설

직무급 임금체계

직무분석과 직무평가를 기초로 직무의 상대적 가치에 따라 임금을 결정하는 체계이다.

1) 장점
   ㄱ. 동일가치 노동에 대한 동일임금의 원칙을 준수함으로써 임금배분의 공평성을 이룰 수 있다.
   ㄴ. 직무가치의 객관성을 통해 임금수준의 설정에 객관적인 근거를 부여한다.
   ㄷ. 경영조직 및 작업조직을 개선하고 업무방식을 합리화할 수 있다.
   ㄹ. 적재적소의 인력배치와 능력위주의 인사관리를 통해 노동력의 효율적인 이용이 가능하다.
   ㅁ. 불합리한 노무비 상승을 방지할 수 있다.
2) 단점
   ㄱ. 직무평가에 있어서 평가자의 주관이 개입됨으로써 객관성이 떨어질 수 있다.
   ㄴ. 기술변화나 노동시장의 변동에 따라 직무내용을 변경할 필요성이 발생한다.
   ㄷ. 인력의 적정배치가 어려우며, 직무구성 및 인적능력구성이 일치하지 않으면 효과를 거두기 어렵다.
   ㄹ. 직무내용의 정형화로 인해 직무수행에 있어 유연성이 떨어질 수 있다.

답 ②

해 연공급이 실시에 더 용이하다.

꿰뚫어 보기

임금체계

- 연공급 : 연령, 근속, 학력에 따라 임금을 결정하는 체계이다.
  1) 장점
     ㄱ. 위계질서의 확립 및 사기 유지에 유리하다.
     ㄴ. 생활의 안정감과 장래에 대한 기대를 가질 수 있다.
     ㄷ. 기업에 대한 귀속의식이 확대된다.
     ㄹ. 노동력의 장기고용에 유리하다.
     ㅁ. 배치전환 및 평가가 용이하다.

70 노동의 공급곡선에 대한 설명 중 틀린 것은?

① 일정 임금수준 이상이 될 때 노동의 공급곡선은 후방굴절부분을 가진다.
② 임금과 노동시간 사이에 음(-)의 관계가 존재할 경우 임금률의 변화 시 소득효과가 대체효과보다 작다.
③ 임금과 노동시간과의 관계이다.
④ 노동공급의 증가율이 임금상승률보다 높다면 노동공급은 탄력적이다.

콕집어 해설

노동의 공급곡선
- 임금과 노동시간과의 관계이다.(③)
- 일정 임금수준 이상이 될 때 노동의 공급곡선은 후방굴절부분을 가진다.(①)
- 임금과 노동시간 사이에 음(-)의 관계가 존재할 경우 임금률의 변화 시 소득효과가 대체효과보다 크다.(②)
- 노동공급의 증가율이 임금상승률보다 높다면 노동공급은 탄력적이다.(④)

답 ②

해 작다(×)→'크다'
④ '노동공급의 탄력성'은 노동공급의 증가율(%)/임금상승률(%)이므로, 노동공급의 증가율이 임금상승률보다 높다면 노동공급은 탄력적이 된다.

꿰뚫어 보기

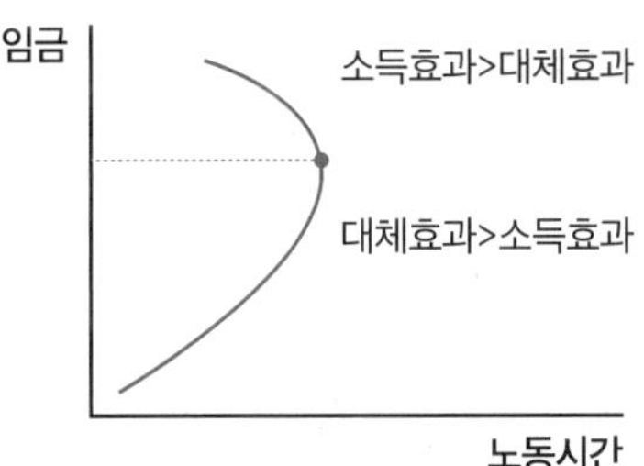

71 노사관계의 3주체(tripartite)를 바르게 짝지은 것은?

① 노동자-사용자-정부
② 노동자-사용자-국회
③ 노동자-사용자-정당
④ 노동자-사용자-사회단체

콕집어 해설

노사관계의 3주체(tripartite) (노·사·정)
- 노동자 및 노동조합
- 사용자 및 사용자단체
- 노동문제와 관련 있는 정부기구

답 ①

꿰뚫어 보기

던롭의 노사관계의 규제여건(환경) [기시주]

1) 기술적 특성 : 근로자의 질이나 양, 생산과정 및 생산방법 등이 노사관계에 영향을 미친다.
2) 시장 또는 예산제약 : 제품시장의 형태와 기업경영에 필요한 비용과 이윤 등이 노사관계에 영향을 미친다.
3) 각 주체들의 세력관계 : 노사관계를 포함한 사회 내 주체들 간의 세력관계가 노사관계에 영향을 미친다.

72 생산물시장과 노동시장이 완전경쟁일 때 노동의 한계생산량이 10개이고, 생산물 가격이 500원이며 시간당 임금이 4000원이라면 이윤을 극대화하기 위한 기업의 반응으로 옳은 것은?

① 임금을 올린다.
② 노동을 자본으로 대체한다.
③ 노동의 고용량을 증대시킨다.
④ 고용량을 줄이고 생산을 감축한다.

콕집어 해설

기업의 이윤극대화
기업의 이윤극대화는, 노동의 한계생산 가치(VMP_L) = 시장임금(W)에서 이루어지므로, $VMP_L > W$이면 고용량을 늘리고, $VMP_L < W$일 때는 고용량을 줄여야 한다.
$VMP_L = 500 \times 10$에서 5,000원이고 시장임금(W)는 4,000원이므로, $VMP_L > W$인 경우이다.
그러므로 노동 고용량을 증대시켜야 한다.

답 ③

73 다음 중 성과급 제도의 장점에 해당하는 것은?

① 직원 간 화합이 용이하다.
② 근로의 능률을 자극할 수 있다.
③ 임금의 계산이 간편하다.
④ 확정적 임금이 보장된다.

콕집어 해설

성과급제도의 장·단점

장점

1) 작업성과와 임금이 정비례하므로 노동자에게 합리성과 공평감을 준다.
2) 작업능률을 자극함으로써 생산성 제고·원가절감·노동자의 소득증대에 효과가 있다.(②)
3) 시간급제보다 원가계산이 용이하다.

단점

1) 직원 간의 화합에 불리하다.(①)
2) 확정적 임금이 보장되지 못한다.(④)
3) 임금의 계산이 복잡하다.(③)
4) 표준단가의 결정과 정확한 작업량의 측정이 어렵다.
5) 무리한 노동의 결과로 과로와 조직적 태업을 유발할 가능성이 있다.
6) 작업량에만 치중하므로 제품의 품질저하가 나타날 수 있다.

답 ②

해 ①, ③, ④는 '고정급제'의 장점이다.

 꿰뚫어 보기

성과급제

1) 노동의 성과를 측정하여 성과에 따라 임금을 산정·지급하는 능률급제이며 변동급제의 임금형태이다.
2) 실시조건
   ㄱ. 생산량이 객관적으로 측정이 가능할 경우
   ㄴ. 근로자의 노력과 생산량과의 관계가 명확할 경우
   ㄷ. 직무가 표준화되어 있고 작업의 흐름이 정규적인 경우
   ㄹ. 생산물의 질이 생산량보다 덜 중요하거나 그 질이 일정한 경우

74 구인처에서 요구하는 기술을 갖춘 근로자가 없어서 발생하는 실업은?

① 구조적 실업　② 잠재적 실업
③ 마찰적 실업　④ 자발적 실업

콕집어 해설

구조적 실업

특징

비수요부족 실업이며, 비자발적이고 장기적 실업이다.

원인

1) 구인처에서 요구하는 자격을 갖춘 근로자가 없는 경우에 발생한다.
2) 지역 간·산업 간 노동력 수급의 불균형 현상에서 발생한다.
3) 기업이 효율성 임금을 지불할 경우 발생할 수 있다.

대책

1) 산업(경제)구조 변화 예측에 따른 인력수급정책
2) 지역간 이동을 촉진시키는 지역이주금 보조
3) 노동자의 전직과 관련된 적절한 재훈련

답 ①

75 다음 중 최저임금제가 고용에 미치는 부정적 효과가 가장 큰 상황은?

① 노동수요곡선과 노동공급곡선이 모두 탄력적일 때
② 노동수요곡선과 노동공급곡선이 모두 비탄력적일 때
③ 노동수요곡선이 탄력적이고 노동공급곡선이 비탄력적일 때
④ 노동수요곡선이 비탄력적이고 노동공급곡선이 탄력적일 때

콕집어 해설

최저임금제가 고용에 미치는 부정적 효과

시장임금보다 높은 수준에서 최저임금을 정하면 일반적으로 노동수요량은 감소하고 노동공급량은 증가하여 실업이 증가하는 데, 노동수요곡선과 노동공급곡선이 모두 탄력적이면 노동수요량은 크게 감소하고 노동공급량은 크게 증가하므로 실업이 크게 발생한다.

답 ①

꿰뚫어 보기

최저임금제도

- 법적 강제력으로 근로자 보호를 위해 임금의 최저 한도를 정한 제도이다.
- 최저임금위원회의 심의·의결을 거쳐 고용노동부장관이 결정한다.
- 2023년도 최저임금은 전년 대비 5.0 % 인상된 9,620원이다.
- 긍정적 효과 [소노공 경기산]
  1) 소득분배 개선
  2) 노동력의 질적 향상
  3) 공정경쟁의 확보
  4) 경기 활성화에 기여
  5) 기업의 근대화 및 산업구조 고도화 촉진
  6) 산업평화 유지
  7) 복지국가의 실현
- 부정적 효과
  1) 고용 감소 및 실업 증가
  2) 경제활동 배분의 왜곡과 전체적인 생산량 감소
  3) 소득분배의 역진성

76 다음 중 사회적 비용이 가장 적은 실업은?

① 마찰적 실업 ② 경기적 실업
③ 구조적 실업 ④ 기술적 실업

콕집어 해설

마찰적 실업

- 개념 : 신규 또는 전직자가 직업을 찾는 과정에서 직업정보 부족으로 인해 일시적으로 발생하는 자발적 실업이며, 사회적 비용이 가장 적은 실업이다.
- 대책 : 구인·구직에 대한 전산망 연결, 직업안선기관의 활성화, 고용실태 및 전망에 관한 자료제공, 퇴직예고제 등

답 ①

꿰뚫어 보기

실업에 대한 대책

1) 경기적 실업 : 재정지출 확대, 조세감면, 금리 인하, 통화량 증대→총수요(유효수요)의 증대
2) 마찰적 실업 : 구인·구직에 대한 전산망 연결, 직업알선기관의 활성화, 고용실태 및 전망에 관한 자료제공, 퇴직예고제 등
3) 구조적 실업 : 경제(산업)구조 변화 예측에 따른 인력수급정책, 근로자의 전직 관련 직업훈련, 지역이주금 보조 등
4) 계절적 실업 : 비수기때의 근로대책, 구인처 확보 등

77 임금의 법적 성격에 관한 학설의 하나인 노동대가설로 설명할 수 있는 임금은?

① 직무수당 ② 휴업수당
③ 휴직수당 ④ 가족수당

콕집어 해설

직무수당

- 노동대가설로 설명할 수 있는 임금은 통상임금이다.
- 통상임금은 정기적이고 일률적으로 근로자에게 지급되는 임금으로서, 기본급과 통상수당으로 구성되며, 통상수당은 직무수당, 특수근무수당, 특수작업수당, 기능수당 등이 포함된다.

답 ①

78 만일 여가(leisure)가 열등재라면, 임금이 증가할 때 노동공급은 어떻게 변하는가?

① 임금수준에 상관없이 임금이 증가할 때 노동공급은 감소한다.
② 임금수준에 상관없이 임금이 증가할 때 노동공급은 증가한다.
③ 낮은 임금수준에서 임금이 증가할 때는 노동공급이 증가하다가 임금수준이 높아지면 임금증가는 노동공급을 감소시킨다.
④ 낮은 임금수준에서 임금이 증가할 때는 노동공급이 감소하다가 임금수준이 높아지면 임금증가는 노동공급을 증가시킨다.

콕집어해설

열등재로서의 여가

기본가정

- 열등재는 소득이 증가할 때 수요가 감소하는 재화이고,
- 정상재는 소득이 증가할때 수요가 증가하는 재화를 의미한다.
- 여가가 정상재인 경우에 노동공급곡선은 실질임금이 낮은 수준에서는 우상향하다가, 임금이 일정수준을 넘어서면 후방으로 굴절하는 후방굴절 노동공급곡선이 된다.
- 여가가 열등재인 경우에 노동공급곡선은 후방굴절하지 않고 임금수준과 무관하게 우상향한다.

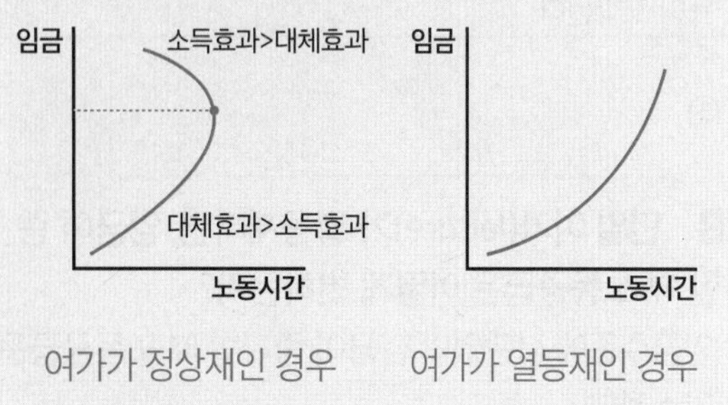

여가가 정상재인 경우　　여가가 열등재인 경우

답 ②

79 경제적 조합주의(economic unionism)에 대한 설명으로 틀린 것은?

① 노동조합운동과 정치와의 연합을 특징으로 한다.
② 경영전권을 인정하며 경영참여를 회피해온 노선이다.
③ 노동조합운동의 목적은 노동자들의 근로조건을 포함한 생활조건의 개선과 유지에 있다.
④ 노사관계를 기본적으로 이해대립의 관계로 보고 있으나 이해조정이 가능한 비적대적 관계로 이해한다.

콕집어해설

경제적 조합주의(economic unionism)

- 노동조합운동의 정치로부터의 독립을 강조한다.(①)
- 경영전권을 인정하며 경영참여를 회피해온 노선이다.(②)
- 노동조합운동의 목적은 노동자들의 근로조건을 포함한 생활조건의 개선과 유지에 있다.(③)
- 노사관계를 기본적으로 이해대립의 관계로 보고 있으나 이해조정이 가능한 비적대적 관계로 이해한다.(④)

답 ①

해 연합(×)→'독립'

80 노동비용을 현금급여와 부가급여로 구분할 때 일반적으로 부가급여와 가장 거리가 먼 것은?

① 초과급여
② 퇴직금
③ 교육훈련비
④ 사업주가 부담하는 사회보험료

콕집어해설

부가급여

사용자가 근로자에게 지급하는 화폐 임금이 아닌 모든 형태의 보상을 말한다.

예 사용자 부담의 퇴직연금 적립금, 사회보험료, 교육훈련비, 유급휴가, 자녀 학자금 지원 등이 있다.

답 ①

해 '초과급여'는 불규칙적으로 지급되는 변동적 임금이다.

꿰뚫어 보기

부가급여 선호 이유

1) 사용자
ㄱ. 임금규제의 회피 수단
ㄴ. 절세효과
ㄷ. 양질의 근로자 유치
ㄹ. 근로자의 장기근속 유도

2) 근로자
ㄱ. 근로소득세 부담 감소
ㄴ. 연기된 보상의 조세상 혜택
ㄷ. 현물형태 급여의 대량 할인

제5과목 | 노동관계법규

81 근로기준법령상 평균임금 계산에서 제외되는 기간이 아닌 것은?

① 사용자의 귀책사유로 휴업한 기간
② 출산전후휴가기간
③ 남성근로자가 신생아의 양육을 위하여 육아휴직한 기간
④ 병역의무 이행을 위하여 유급으로 휴직한 기간

콕집어해설

평균임금 계산에서 제외되는 기간
- 근로계약을 체결하고 수습 중에 있는 근로자가 수습을 시작한 날부터 3개월 이내의 기간
- 사용자의 귀책사유로 휴업한 기간(①)
- 출산전후휴가 기간(②)
- 업무수행으로 인한 부상 또는 질병의 요양을 위하여 휴업한 기간
- 남녀고용평등과 일·가정 양립 지원에 관한 법률에 따른 육아휴직 기간(③)
- 노동조합 및 노동관계조정법에 따른 쟁의행위기간
- 병역법·예비군법 또는 민방위기본법에 의한 의무이행을 위하여 휴직하거나 근로하지 못한 기간(단, 그 기간 중 임금을 지급받은 경우에는 그렇지 아니함)(④)
- 업무 외 부상·질병, 그 밖의 사유로 사용자의 승인을 얻어 휴업한 기간

답 ④

해 유급(×)→'무급'

82 고용보험법령상 육아휴직 급여 신청기간의 연장사유가 아닌 것은?

① 범죄혐의로 인한 형의 집행
② 배우자의 질병
③ 천재지변
④ 자매의 부상

콕집어해설

육아휴직 급여 신청기간 연장 사유
육아휴직 급여를 지급받으려는 사람은 육아휴직을 시작한 날 이후 1개월부터 육아휴직이 끝난 날 이후 12개월 이내에 신청하여야 한다. 다만, 해당기간에 다음 사유로 육아휴직급여를 신청할 수 없었던 사람은 그 사유가 끝난 후 30일 이내에 신청해야 한다.
1) 천재지변(③)
2) 본인이나 배우자의 질병(②)
3) 본인이나 배우자의 직계존속 및 직계비속의 질병부상
4) 병역법에 따른 의무복무
5) 범죄혐의로 인한 구속이나 형의 집행(①)

답 ④

해 '자매의 부상'은 연장사유가 아니다.

83 근로기준법령상 근로자 명부의 기재사항에 해당하지 않는 것은?

① 성명 ② 주소
③ 이력 ④ 재산

콕집어해설

근로자 명부 기재 사항
성명, 성별, 생년월일, 주소, 이력, 종사하는 업무의 종류, 고용 또는 고용 갱신, 연월일, 계약기간을 정한 경우에는 그 기간, 그 밖의 고용에 관한 사항, 해고, 퇴직 또는 사망한 경우에는 그 연월일과 사유를 적는다.

답 ④

해 '재산'은 기재 사항이 아니다.

84 근로기준법령상 여성의 보호에 관한 설명으로 옳은 것은?

① 사용자는 임신 중의 여성이 명시적으로 청구하는 경우 고용노동부장관의 인가를 받으면 휴일에 근로를 시킬 수 있다.
② 여성은 보건·의료, 보도·취재 등의 일시적 사유가 있더라도 갱내(坑內)에서 근로를 할 수 없다.
③ 사용자는 여성 근로자가 청구하면 월 3일의 유급생리휴가를 주어야 한다.
④ 사용자는 여성을 휴일에 근로시키려면 근로자대표의 서면 동의를 받아야 한다.

콕집어해설

여성의 보호

- 사용자는 임신 중의 여성이 명시적으로 청구하는 경우 고용노동부장관의 인가를 받으면 휴일에 근로를 시킬 수 있다. (①)
- 사용자는 여성과 18세 미만의 사람을 갱내에서 근로시키지 못한다. 다만, 보건·의료, 보도·취재 등 대통령령으로 정하는 업무를 수행하기 위하여 일시적으로 필요한 경우에는 그러하지 아니하다.(②)
- 사용자는 여성 근로자가 청구하면 월 1일의 생리휴가를 주어야 한다.(③)
- 사용자는 여성을 휴일에 근로시키려면 근로자의 동의와 고용노동부장관의 동의를 받아야 한다.(④)

답 ①

85 고용보험법령상 ( ) 안에 들어갈 숫자의 연결이 옳은 것은?

> 육아휴직 급여는 육아휴직 시작일을 기준으로 한 월 통상임금의 100분의 (ㄱ)에 해당하는 금액을 월별 지급액으로 한다. 다만 해당 금액이 (ㄴ)만원을 넘는 경우에는 (ㄴ)만원으로 하고, (ㄷ)만원보다 적은 경우에는 (ㄷ)만원으로 한다.

① ㄱ:80, ㄴ:150, ㄷ:70
② ㄱ:80, ㄴ:120, ㄷ:50
③ ㄱ:50, ㄴ:150, ㄷ:50
④ ㄱ:50, ㄴ:120, ㄷ:70

콕집어해설

육아휴직 급여

- 육아휴직급여를 지급받으려는 사람은 육아휴직을 시작한 날 이후 1개월부터 육아휴직이 끝난 날 이후 12개월 이내에 신청해야 한다.
- 육아휴직급여 금액은 시작일부터 3개월까지는 통상임금의 100분의 80, 4개월째부터 육아휴직 종료일 까지는 통상임금의 100분의 50에 해당하는 금액이다.
  다만, 해당 금액이150만원을 넘는 경우에는 150만원으로 하고,70만원보다 적은 경우에는 70만원으로 한다.
- 해당 기간에 다음 사유로 육아휴직급여를 신청할 수 없었던 사람은 그 사유가 끝난 후 30일 이내에 신청해야 한다.
  1) 천재지변
  2) 본인이나 배우자의 질병·부상
  3) 본인이나 배우자의 직계존속 및 직계비속의 질병·부상
  4) 병역법에 따른 의무복무
  5) 범죄혐의로 인한 구속이나 형의 집행

답 ①

86 다음 중 헌법상 보장된 쟁의행위로 볼 수 없는 것은?

① 파업 ② 태업
③ 직장폐쇄 ④ 보이콧

콕집어해설

헌법상 보장된 쟁의행위

- 근로자의 쟁의행위 : 파업, 태업, 보이콧, 피켓팅 등
- 근로자의 쟁의행위는 헌법에서 보장된 단체행동권의 일환으로써, 권리행사에 있어 원칙적으로 어떤 책임도 지지 않는다.

답 ③

해 '직장폐쇄'는 사용자의 쟁의행위로써 헌법상 보장된 것은 아니다.

87 국민평생직업능력 개발법령상 훈련의 목적에 따라 구분한 직업능력개발훈련에 해당하지 않는 것은?

① 양성훈련 ② 집체훈련
③ 향상훈련 ④ 전직훈련

콕집어 해설

직업능력개발훈련의 구분방법

훈련의 목적에 따른 구분

1) 양성훈련 : 근로자에게 기초적 직무수행능력을 습득시키기 위해 실시하는 훈련
2) 향상훈련 : 기초적 직무수행능력을 가지고 있는 근로자에게 더 높은 직무수행능력을 습득시키기 위해 실시하는 훈련
3) 전직훈련 : 근로자에게 유사하거나 새로운 직업에 필요한 직무수행능력을 습득시키기 위해 실시하는 훈련

훈련의 방법에 따른 구분

1) 집체훈련 : 직업능력개발훈련을 실시하기 위해 설치한 훈련전용시설이나 적합한 시설에서 실시하는 훈련(산업체의 생산시설 및 근무장소는 제외)
2) 현장훈련 : 산업체의 생산시설 및 근무장소에서 실시하는 훈련
3) 원격훈련 : 멀리 떨어져 있는 사람에게 정보통신매체 등을 이용하여 실시하는 훈련
4) 혼합훈련 : 집체훈련현장, 훈련원격훈련을 2개 이상 병행하여 실시하는 훈련

답 ②

해 '집체훈련'은 훈련의 방법에 따른 구분이다.

88 직업안정법령상 근로자공급사업에 관한 설명으로 틀린 것은?

① 누구든지 고용노동부장관의 허가를 받지 아니하고는 근로자공급사업을 하지 못한다.
② 국내 근로자공급사업은 「노동조합 및 노동관계조정법」에 따른 노동조합만이 허가를 받을 수 있다.
③ 국외 근로자공급사업을 하려는 자는 1천만원 이상의 자본금만 갖추면 된다.
④ 근로자공급사업 허가의 유효기간은 3년으로 한다.

콕집어 해설

근로자공급사업

- 근로자공급사업은 공급계약에 따라 근로자를 타인에게 사용하게 하는 사업을 말한다.
- 근로자공급사업은 고용노동부장관의 허가를 필요로 한다.(①)
- 근로자공급사업 허가의 유효기간은 3년으로 한다.(④)
- 근로자공급사업은 근로자가 취업하려는 장소를 기준으로, 국내 근로자공급사업과 국외 근로자공급사업으로 구분한다.
- 국내 근로자공급사업의 경우 그 사업의 허가를 받을 수 있는 자는 < 노동조합 및 노동관계조정법 > 에 따른 노동조합이며, 국외 근로자공급사업은 국내에서 제조업, 건설업, 용역업, 그 밖의 서비스업을 하고 있는 자이다.(②)
- 근로자공급사업에는 < 파견근로자보호 등에 관한 법률 > 에 따른 근로자파견사업은 제외한다.
- 국외 근로자공급사업을 하려는 자는 1억원 이상의 자본금을 갖추어야 한다.(③)

답 ③

89 근로기준법의 기본원리와 가장 거리가 먼 것은?

① 강제 근로의 금지　② 근로자단결의 보장
③ 균등한 처우　④ 공민권 행사의 보장

콕집어 해설

근로기준법의 기본원리

- 강제 근로의 금지
- 균등한 처우
- 공민권 행사의 보장
- 최저근로조건 보장
- 근로조건 노사 대등결정
- 근로조건의 준수
- 폭행의 금지
- 중간착취의 배제

답 ②

90 개인정보 보호법령에 관한 설명으로 틀린 것은?

① "정보주체"란 처리되는 정보에 의하여 알아볼 수 있는 사람으로서 그 정보의 주체가 되는 사람을 말한다.

② 개인정보처리자는 개인정보의 처리 목적에 필요한 범위에서 개인정보의 정확성, 완전성 및 최신성이 보장되도록 하여야 한다.

③ 개인정보 보호에 관한 사무를 독립적으로 수행하기 위하여 국무총리 소속으로 개인정보 보호위원회를 둔다.

④ 위원의 임기는 2년으로 하되, 연임할 수 없다.

콕집어해설

개인정보 보호법령

- "정보주체"란 처리되는 정보에 의하여 알아볼 수 있는 사람으로서 그 정보의 주체가 되는 사람을 말한다.
- 개인정보처리자는 개인정보의 처리 목적에 필요한 범위에서 개인정보의 정확성, 완전성 및 최신성이 보장되도록 하여야 한다.
- 개인정보 보호에 관한 사무를 독립적으로 수행하기 위하여 국무총리 소속으로 개인정보 보호위원회를 둔다.
- 위원의 임기는 3년으로 하되, 한 차례만 연임할 수 있다.

답 ④

91 남녀고용과 일·가정 양립 지원에 관한 법령상 직장 내 성희롱 예방 교육에 대한 설명으로 틀린 것은?

① 사업주는 연 1회 이상 직장 내 성희롱 예방을 위한 교육을 하여야 한다.

② 성희롱 예방교육에는 관련 법령, 직장 내 성희롱 예방 시의 처리절차와 조치기준, 피해 근로자의 고충상담 및 구제절차 등이 포함되어야 한다.

③ 사업주 및 근로자 모두가 남성 또는 여성 중 어느 한 성으로 구성된 사업장은 성희롱 예방 교육을 하지 않아도 상관없다.

④ 단순히 교육자료 등을 배포·게시하거나 게시판에 공지하는 데 그치는 등 근로자에게 교육 내용이 제대로 전달되었는지 확인하기 곤란한 경우에는 예방교육을 한 것으로 보지 아니한다.

콕집어해설

직장 내 성희롱 예방 교육

성희롱 예방교육 및 관련 사항

1) 사업주, 상급자 또는 근로자는 직장 내 성희롱을 하여서는 아니 된다.
2) 사업주 및 근로자는 성희롱 예방교육을 받아야 한다.
3) 사업주는 직장 내 성희롱 예방 교육을 연1회 이상 실시하여야 한다.(①)
4) 성희롱 예방교육에는 관련 법령, 직장 내 성희롱 예방 시의 처리절차와 조치기준, 피해 근로자의 고충상담 및 구제절차 등이 포함되어야 한다.(②)
5) 사업주는 성희롱 예방교육의 내용을 근로자가 자유롭게 열람할 수 있는 장소에 항상 게시하거나 갖추어 두어 근로자에게 널리 알려야 한다.
6) 상시 10명 미만의 근로자를 고용하는 사업이나 사업주 및 근로자 모두가 남성 또는 여성 중 어느 한 성으로 구성된 사업의 사업주는 교육자료 또는 홍보물을 게시하거나 배포하는 방법으로 직장 내 성희롱 예방 교육을 할 수 있다.(③)
7) 사업주는 직장 내 성희롱 발생 사실을 알게 된 경우에는 지체 없이 그 사실 확인을 위한 조사를 하여야 한다.
8) 파견근로에 성희롱 예방교육을 실시해야 하는 사업주는 파견사업주가 아닌 사용사업주이다.
9) 성희롱 예방교육은 사업규모나 특성 등을 고려하여 직원연수·조회·회의, 인터넷 등 정보통신망을 이용한 사이버 교육 등을 통해 실시할 수 있다.
10) 단순히 교육자료 등을 배포·게시하거나 전자우편을 보내거나 게시판에 공지하는 데 그치는 등 근로자에게 교육내용이 제대로 전달되었는지 확인하기 곤란한 경우에는 예방교육을 한 것으로 보지 않는다.(④)
11) 고용노동부장관은 성희롱 예방 교육기관이 2년 동안 교육 실적이 없는 경우 그 지정을 취소할 수 있다.

답 ③

92 고용정책 기본법상 고용정책심의회의 위원으로 명시되지 않은 자는?

① 문화체육관광부 제1차관

② 기획재정부 제1차관

③ 교육부차관

④ 과학기술정보통신부 제1차관

콕집어 해설

고용정책심의회의 위원

- 관계 중앙행정기관의 차관 또는 차관급 공무원이 된다.
- 기획재정부 제 1차관, 교육부 차관, 과학기술정보통신부 제1차관, 행정안전부 차관, 산업통상자원부 차관, 보건복지부 차관, 여성가족부 차관, 국토교통부 제1차관, 중소벤처기업부 차관

답 ①

93 근로기준법령상 임금채권의 소멸시효기간은?

① 1년　　② 2년
③ 3년　　④ 5년

콕집어 해설

소멸시효 3년

임금채권, 취업촉진수당, 구직급여, 육아휴직급여, 출산전후휴가 급여, 퇴직금 받을 권리 등

답 ③

94 고용보험법령상 자영업자인 피보험자의 실업급여의 종류에 해당하지 않는 것은?

① 이주비　　② 광역 구직활동비
③ 직업능력개발 수당　　④ 조기재취업 수당

콕집어 해설

자영업자인 피보험자의 실업급여의 종류

- 실업급여 = 구직급여 + 취업촉진 수당
- 취업촉진수당 : 조기재취업 수당, 직업능력개발 수당, 광역 구직활동비, 이주비
- 자영업자인 피보험자에게는 위의 실업급여에서 조기재취업 수당은 제외하며, 각종 연장급여(훈련·개별·특별연장급여 등) 또한 제외된다.

답 ④

해 취업이 없었으므로 재취업도 없다.

95 남녀고용평등과 일·가정 양립에 관한 법령상 상시 300명 미만의 근로자를 사용하는 사업 또는 사업장에서의 배우자 출산휴가에 관한 설명으로 틀린 것은?

① 사업주는 근로자가 배우자 출산휴가를 청구하는 경우에 10일의 휴가를 주어야 한다.
② 사용한 배우자 출산휴가기간은 무급으로 한다.
③ 배우자 출산휴가는 근로자의 배우자가 출산한 날부터 90일이 지나면 청구할 수 없다.
④ 배우자 출산휴가는 1회에 한정하여 나누어 사용할 수 있다.

콕집어 해설

배우자 출산휴가

- 사업주는 근로자가 배우자의 출산을 이유로 휴가를 청구하는 경우 10일의 휴가를 주어야 한다.(①)
  이 경우 사용한 휴가기간은 유급으로 한다.(②)
- 출산전후휴가급여 등이 지급된 경우에는 그 금액의 한도에서 지급책임을 면함
- 배우자 출산휴가는 근로자의 배우자가 출산한 날부터 90일이 지나면 청구할 수 없다.(③)
- 배우자 출산휴가는 1회에 한정하여 나누어 사용할 수 있다.(④)
- 사업주는 배우자 출산휴가를 이유로 근로자를 해고하거나 그 밖의 불리한 처우를 하여서는 아니 된다.

답 ②

해 무급(×)→'유급'

96 다음 (   )안에 알맞은 것은?

> 근로자퇴직급여보장법상 퇴직금제도를 설정하려는 사용자는 계속근로기간 (ㄱ)에 대하여 (ㄴ)의 (ㄷ)을 퇴직금으로 퇴직 근로자에게 지급할 수 있는 제도를 설정하여야 한다.

	ㄱ	ㄴ	ㄷ
①	2년	45일분 이상	평균임금
②	1년	15일분 이상	통상임금
③	1년	30일분 이상	평균임금
④	2년	60일분 이상	통상임금

콕집어 해설

퇴직금제도의 설정

근로자퇴직급여보장법상 퇴직금제도를 설정하려는 사용자는 계속근로기간 1년에 대하여 30일분 이상의 평균임금을 퇴직금으로 퇴직 근로자에게 지급할 수 있는 제도를 설정하여야 한다.

답 ③

97 남녀고용평등과 일·가정 양립 지원에 관한 법률에 관한 설명으로 틀린 것은?

① 고용노동부장관은 남녀고용평등 실현과 일·가정의 양립에 관한 기본계획을 5년마다 수립하여야 한다.

② 사업주는 동일한 사업 내의 동일 가치 노동에 대하여는 동일한 임금을 지급하여야 한다.

③ 사업주가 임금차별을 목적으로 설립한 별개의 사업은 동일한 사업으로 본다.

④ 사업주는 직장 내 성희롱 예방을 위한 교육을 분기별 1회 이상 하여야 한다.

콕집어 해설

남녀고용평등과 일·가정 양립 지원에 관한 법률

- 고용노동부장관은 남녀고용평등 실현과 일·가정의 양립에 관한 기본계획을 5년마다 수립하여야 한다.(①)
- 사업주는 동일한 사업 내의 동일 가치 노동에 대하여는 동일한 임금을 지급하여야 한다.(②)
- 사업주가 임금차별을 목적으로 설립한 별개의 사업은 동일한 사업으로 본다.(③)
- 사업주는 직장 내 성희롱 예방을 위한 교육을 연 1회 이상 하여야 한다.(④)

답 ④

98 고용정책기본법령상 고용정보시스템 구축·운영을 위해 수집해야 할 정보로 명시되지 않은 것은?

① 사업자등록증　② 주민등록등본·초본

③ 장애 정도　④ 부동산등기부등본

콕집어 해설

고용정보시스템 구축·운영을 위해 수집해야 할 정보

사업자등록증, 주민등록등본·초본, 장애 정도, 가족관계등록부, 사회보장급여 수급 이력, 출입국 정보, 범죄사실에 관한 정보, 북한이탈주민확인증명서 등

답 ④

99 남녀고용평등과 일·가정 양립 지원에 관한 법령상 모성 보호에 관한 설명으로 틀린 것은?

① 국가는 출산전후휴가를 사용한 근로자에게 그 휴가기간에 대하여 평균임금에 상당하는 금액을 지급할 수 있다.

② 근로자가 사용한 배우자 출산휴가는 유급으로 한다.

③ 배우자 출산휴가는 근로자의 배우자가 출산한 날부터 90일이 지나면 청구할 수 없다.

④ 원칙적으로 사업주는 근로자가 난임치료휴가를 청구하는 경우에 연간 3일 이내의 휴가를 주어야 한다.

콕집어 해설

모성 보호

- 국가는 출산전후휴가를 사용한 근로자에게 그 휴가기간에 대하여 통상임금에 상당하는 금액을 지급할 수 있다.
- 근로자가 사용한 배우자 출산휴가는 유급으로 한다.
- 배우자 출산휴가는 근로자의 배우자가 출산한 날부터 90일이 지나면 청구할 수 없다.
- 원칙적으로 사업주는 근로자가 난임치료휴가를 청구하는 경우에 연간 3일 이내의 휴가를 주어야 한다.

답 ①

해 평균임금(×)→통상임금

100 고용보험법상 실업급여에 해당하지 않는 것은?

① 구직급여
② 조기(早期)재취업 수당
③ 정리해고 수당
④ 이주비

콕집어 해설

실업급여

- 실업급여 = 구직급여 + 취업촉진수당
- 취업촉진수당 : 조기재취업 수당, 직업능력개발 수당, 광역 구직활동비, 이주비

답 ③

2024년 2회

제1과목 | 직업상담학

01 Perls의 형태주의 상담이론에서 제시한 기본 가정으로 옳은 것은?

① 인간은 전체로서 현상적 장을 경험하고 지각한다.
② 인간의 행동은 행동이 일어난 상황과 관련해서 의미 있게 이해될 수 있다.
③ 인간은 자기의 환경조건과 아동기의 조건을 개선할 수 있는 능력이 있다.
④ 인간은 결코 고정되어 있지 않으며 계속적으로 재창조한다.

콕집어 해설

형태주의 상담의 인간에 대한 가정(펄스)
- 인간은 완성을 추구하는 경향이 있다.
- 인간은 자신의 현재의 욕구에 따라 게슈탈트를 완성한다.
- 인간은 전경과 배경의 원리에 따라 세상을 경험한다.
- 인간의 행동은 그것의 구성요소인 부분의 합보다 큰 전체이다.
- 인간의 행동은 행동이 일어난 상황과 관련해서 의미 있게 이해될 수 있다.

답 ②

02 내담자의 인지적 명확성을 사정할 때 고려할 사항이 아닌 것은?

① 직장을 처음 구하는 사람과 직업전환을 하는 사람의 직업상담에 관한 접근은 동일하게 해야 한다.
② 직장인으로서의 역할이 다른 생애 역할과 복잡하게 얽혀 있는 경우 생애 역할을 함께 고려한다.
③ 직업상담에서는 내담자의 동기를 고려하여 상담이 이루어져야 한다.
④ 우울증과 같은 심리적 문제로 인지적 명확성이 부족한 경우 진로문제에 대한 결정은 당분간 보류하는 것이 좋다.

콕집어 해설

인지적 명확성
- 직장을 처음 구하는 사람에게는 내담자의 자기인식수준에 대한 탐색이 가장 시급하고, 직업전환을 원하는 사람에게는 내담자의 변화에 대한 인지능력 탐색이 선행되어야 한다.(①)
- 직장인으로서의 역할이 다른 생애 역할과 복잡하게 얽혀 있는 경우 생애 역할을 함께 고려한다.(②)
- 직업상담에서는 내담자의 동기를 고려하여 상담이 이루어져야 한다.(③)
- 우울증과 같은 심리적 문제로 인지적 명확성이 부족한 경우 진로문제에 대한 결정은 당분간 보류하는 것이 좋다.(④).

답 ①

해 동일하게(×)→'다르게'

꿰뚫어 보기

인지적 명확성이 부족한 내담자의 유형 및 개입 방법
[단복가구원 무비양파강 걸고잘자~~]

1) 단순 오정보 : 정보 제공하기
2) 복잡한 오정보 : 논리적 분석
3) 가정된 불가능 : 격려
4) 구체성의 결여 : 구체화시키기
5) 원인과 결과의 착오 : 논리적 분석
6) 무력감 : 지시적 상상
7) 비난하기 : 직면, 논리적 분석
8) 양면적 사고 : 역설적 사고
9) 파행적 의사소통 : 저항에 초점 맞추기
10) 강박적 사고 : 합리적·정서적 치료
11) 걸러내기 : 재구조화하기
12) 고정성 : 정보 제공하기
13) 잘못된 의사결정 방식 : 심호흡 시키기
14) 자기인식의 부족 : 은유나 비유 쓰기

03 직업상담에서 의사결정 상태에 따라 내담자를 분류할 때 의사결정자의 유형에 해당하지 않는 것은?

① 확정적 결정형 ② 종속적 결정형
③ 수행적 결정형 ④ 회피적 결정형

콕집어 해설

의사결정자의 유형

- 확정적 결정형 : 스스로 명확한 의사결정을 할 수 있지만 다른 선택대안과 비교하여 자신의 결정이 적절한 것인지 검토한다.
- 수행적 결정형 : 의사결정을 하는데 주변 사람들의 도움이 필요한 경우를 말한다.
- 회피적 결정형 : 주변 사람들과의 대립을 회피하기 위해 의사결정을 하지만 실제로는 결정을 하지 않는다.

답 ②

해 종속적 결정형은 관련이 없다.

하렌(Harren)의 진로의사결정 유형 [합직의]

- 합리적 유형 : 의사결정에 논리적이고 합리적으로 접근하며, 결정에 대한 책임을 수용한다.
- 직관적 유형 : 감정을 사용하여 직관적으로 의사결정을 하며, 결정에 대한 책임은 수용하지만 미래를 위한 활동은 거의 하지 않는다.
- 의존적 유형 : 의사결정에 대해 의존적이며, 개인적 책임을 부정하고 외부로 책임을 돌리는 경향이 높다.

04 다음 상황에 가장 적합한 상담기법은?

- 상담자 : 다른 회사들이 사용해 본 결과 많은 효과가 입증된 그런 두젱 해결빙법을 써보도록 하지요.
- 내담자 : 매우 흥미로운 일이군요. 그러나 그 방법은 K 주식회사에서는 효과가 있었는지 몰라도 우리 회사에서는 안될 것 입니다.

① 가성 사용하기
② 전이된 오류 정정하기
③ 분류 및 재구성 기법 활용하기
④ 저항감 재인식 및 다루기

콕집어 해설

저항감 재인식하기 및 다루기

- 내담자가 상담에 대해 동기화되지 않거나 저항감을 나타내는 경우, 특히 직설, 불신, 상담자 능력 헐뜯기, 함축에 대한 도전 등 고의로 의사소통을 방해하는 경우에 '변형된 오류 수정하기', '내담자와 친숙해지기', '은유 사용하기', '대결하기' 등의 전략으로 내담자의 저항감을 다룬다.
- 제시된 지문은 내담자가 고의로 의사소통을 방해하는 방식 중 '불신의 전술'에 해당한다.

답 ④

꿰뚫어 보기

내담자의 정보수집 및 행동에 대한 이해기법 [가의전분 저근왜반변]

1) 가정 사용하기
2) 의미 있는 질문 및 지시 사용하기
3) 전이된 오류 정정하기
4) 분류 및 재구성하기
5) 저항감 재인식하기 및 다루기
6) 근거 없는 믿음 확인하기
7) 왜곡된 사고 확인하기
8) 반성의 장 마련하기
9) 변명에 초점 맞추기

05 Williamson의 특성 - 요인 직업상담의 단계를 바르게 나열한 것은?

ㄱ. 분석	ㄴ. 종합	ㄷ. 진단
ㄹ. 예측	ㅁ. 상담	ㅂ. 추수지도

① ㄱ → ㄴ → ㄷ → ㄹ → ㅁ → ㅂ
② ㄷ → ㄱ → ㄴ → ㅁ → ㄹ → ㅂ
③ ㄴ → ㄱ → ㄹ → ㄷ → ㅁ → ㅂ
④ ㄱ → ㄷ → ㅁ → ㄴ → ㄹ → ㅂ

콕집어 해설

윌리암슨(Williamson)의 특성-요인 직업상담 과정 [분종진 예상추]

1) 분석 : 내담자 분석을 위해 심리검사 및 자료수집, 표준화검사 등이 사용된다.
2) 종합 : 내담자에 대한 이해를 얻기 위해 수집한 자료들을 종합한다.
3) 진단 : 내담자 문제의 원인을 탐색하며, 문제해결을 위해 진단하는 단계이다.
4) 예측 : 진단의 결과를 통해 직업문제에 대해 예측하는 단계이다.
5) 상담 : 내담자와 직업문제에 대해 상담하고 문제를 치료한다.
6) 추수지도 : 내담자가 바람직한 행동을 하도록 계속적인 지도를 한다.

답 ①

06 Harren이 제시한 진로의사결정 유형 중 의사결정에 대한 개인적 책임을 부정하고 외부로 책임을 돌리는 경향이 높은 유형은?

① 합리적 유형 ② 투사적 유형
③ 직관적 유형 ④ 의존적 유형

콕집어 해설

하렌(Harren)의 진로의사결정 유형 [합직의]

- 합리적 유형 : 의사결정에 논리적이고 합리적으로 접근하며, 결정에 대한 책임을 수용한다.
- 직관적 유형 : 감정을 사용하여 직관적으로 의사결정을 하며, 결정에 대한 책임은 수용하지만 미래를 위한 활동은 거의 하지 않는다.
- 의존적 유형 : 의사결정에 대해 의존적이며, 개인적 책임을 부정하고 외부로 책임을 돌리는 경향이 높다.

답 ④

07 수퍼(Super)의 여성 진로유형 중 학교졸업 후에도 직업을 갖지 않는 진로유형은?

① 안정적인 가사 진로유형
② 전통적인 진로유형
③ 단절 진로유형
④ 불안정 진로유형

콕집어 해설

수퍼(Super)의 여성 진로유형

- 안정적인 가사 진로유형 : 학교졸업 후에도 직업을 갖지 않는 진로유형이다.
- 전통적인 진로유형 : 학교 졸업 후 직장생활을 하다가 결혼하면서 퇴직하고 가정생활에 몰두하는 진로유형이다.
- 단절 진로유형 : 학교 졸업 후 직장생활을 하다가 결혼하면서 퇴직하고 가정생활에 몰두하다가, 자녀가 어느 정도 성장하면 재취업을 통해 자아실현을 추구하는 진로유형이다.
- 불안정 진로유형 : 학교 졸업 후 가정생활과 직장생활을 번갈아 시행하는 진로유형이다.

답 ①

08 다음은 내담자의 무엇을 사정하기 위한 것인가?

내담자에게 과거에 했던 선택의 회상, 절정경험, 자유시간, 그리고 금전사용 계획 등을 조사하고, 존경하는 사람을 쓰게 하는 등의 상담행위

① 내담자의 동기 ② 내담자의 생애역할
③ 내담자의 가치 ④ 내담자의 흥미

콕집어 해설

내담자의 가치사정법 [체과절 자백존]

- 체크목록 가치에 순위 매기기
- 과거의 선택 회상하기
- 절정경험 조사하기
- 자유시간과 금전의 사용
- 백일몽 말하기
- 존경하는 사람 기술하기

답 ③

꿰뚫어 보기

상호역할관계 사정의 기법

1) 질문을 통해 사정하기
   ㄱ. 내담자가 개입하고 있는 생애역할들을 나열하기
   ㄴ. 개개 역할에 소요되는 시간의 양 추정하기
   ㄷ. 내담자의 가치들을 이용해서 순위 정하기
   ㄹ. 상충적·보상적·보완적 역할들 찾아내기
2) 동그라미로 역할관계 그리기 : 내담자의 삶에서 여러 가지 역할을 내담자의 가치순위에 따라 크기를 달리하여 동그라미를 그려 보게 한다.
3) 생애-계획연습으로 전환하기 : 각 생애단계마다 생애역할 목록을 작성해서 역할들 간의 관계를 파악하고, 미래에 충족시킬 것으로 기대되는 역할 등을 탐색한다.

09 직업상담사가 지켜야 할 윤리사항으로 옳은 것은?

① 습득된 직업정보를 가지고 다니면서 직업을 찾아준다.
② 습득된 직업정보를 먼저 가까운 사람들에 알려준다.
③ 상담에 대한 이론적 지식보다는 경험적 훈련과 직관을 앞세워 구직활동을 도와준다
④ 내담자가 자기로부터 도움을 받지 못하고 있음이 분명한 경우에는 상담을 종결하려고 노력한다.

콕집어 해설

직업상담사의 윤리강령

- 상담자는 상담에 대한 이론적, 경험적 훈련과 지식을 갖춘 것을 전제로 한다.
- 상담자는 내담자의 성장, 촉진과 문제해결 및 방안을 위해 시간과 노력상의 최선을 다한다.
- 상담자는 내담자가 이해, 수용할 수 있는 한도 내에서 기법을 활용한다.
- 내담자에 관한 정보를 교육장면이나 연구용으로 사용할 경우에는 내담자와 합의하고 내담자가 노출되지 않도록 해야 한다.
- 상호 합의한 경우를 제외하고는 다른 전문가의 도움을 받고 있는 내담자에게 상담하지 않는다.
- 상담자는 자신의 능력 및 기법의 한계로 인해 내담자를 도울 수 없을 때는 내담자의 문제를 다른 전문직 동료나 기관에 의뢰해야 한다.
- 직업상담사는 소속 기관과의 갈등이 있을 경우 내담자의 복지를 우선적으로 고려해야 한다.
- 직업상담사는 상담관계의 형식, 방법, 목적을 설정하고 그 결과에 대하여 내담자와 협의해야 한다.

답 ④

꿰뚫어 보기

심리검사 사용의 윤리적 문제

1) 평가기법을 이용할 때는 수검자가 이해하기 쉬운 용어로 설명해야 한다.
2) 새로운 기법을 표준화할 때는 기존의 과학적 절차를 충분히 지켜야 한다.
3) 심리검사는 신뢰도와 타당도가 높은 검사를 사용해야 한다.
4) 심리검사의 결과는 사용목적에 맞게 제한적으로 사용되어야 한다.
5) 평가결과가 시대에 뒤떨어질 수 있음을 인정해야 한다.
6) 적절한 훈련이나 교습을 받은 사람들이 심리검사를 실시해야 한다.

10 패터슨(Patterson) 등의 진로정보처리 이론에서 제시된 진로상담 과정에 포함되지 않는 것은?

① 준비 ② 분석
③ 종합 ④ 실행

콕집어 해설

인지적 진로정보처리 상담과정 [CASVE (까스 배)]

- 의사소통(Communication) : 질문을 받아들여 부호화하며 이를 송출한다.
- 분석(Analysis) : 하나의 개념적 틀 안에서 문제를 찾고 분류한다.
- 종합(Synthesis, 통합) : 일련의 행위를 형성한다.
- 가치부여(Valuing, 평가) : 성공과 실패의 확률에 따라 각각의 행위를 판단하며, 타인에게 미칠 파급효과를 평가한다.
- 실행(Execution, 집행) : 책략을 통해 계획을 실행한다.

답 ①

꿰뚫어 보기

인지적 정보처리이론

1) 진로선택은 하나의 문제해결 활동이다.
2) 진로선택은 인지적 과정 및 정의적 과정들의 상호작용의 결과이다.
3) 진로발달 과정은 지식구조의 끊임없는 성장과 변화를 포함한다.
4) 진로성숙은 진로문제를 해결할 수 있는 자신의 능력에 달려 있다.
5) 진로문제 해결은 고도의 기억력을 요하는 과제이다.
6) 진로상담의 최종목표는 진로문제의 해결자이며, 의사결정자인 내담자의 잠재력을 증진시키는 것이다.

11 **행동주의 상담에서 외적인 행동변화를 촉진시키는 방법은?**

① 체계적 둔감법
② 근육이완훈련
③ 인지적 모델링과 사고정지
④ 상표제도

콕집어 해설

행동주의상담의 행동변화 기법

- 내적 행동변화 촉진 : 체계적 둔감법, 근육이완훈련, 인지적 모델링, 인지적 재구조화, 사고중지, 정서적 심상법, 스트레스 접종 [체근인인 사정스]
- 외적 행동변화 촉진 : 상표제도, 모델링, 주장훈련, 역할연기, 행동계약, 자기관리프로그램, 혐오치료, 바이오피드백 [상모주역 행자혐바]

답 ④

꿰뚫어 보기

불안감소기법 [체금반 혐주자]

1) 체계적둔감법 : 내담자의 불안반응을 체계적으로 증대시켜 둔감화한다.
2) 금지조건형성(내적 금지) : 내담자에게 불안요소를 지속적으로 제시함으로써 불안반응을 감소시킨다.
3) 반조건형성 : 조건 자극과 새로운 자극을 함께 제시해서 불안을 감소시킨다.
4) 혐오치료 : 바람직하지 못한 행동에 혐오자극을 제시함으로써 부적응적 행동을 제거한다.
5) 주장훈련 : 내담자에게 불안이외의 감정을 표현하게 해서 대인관계에 있어서의 불안을 해소시킨다.
6) 자기표현훈련 : 자기표현을 통해 타인과 상호작용함으로써 대인관계에서 비롯되는 불안요인을 제거한다.

학습촉진기법 [강변 사행상]

1) 강화 : 내담자의 행동에 대해 적절하게 긍정적·부정적 반응을 보임으로써 내담자의 바람직한 행동을 강화시킨다.
2) 변별학습 : 자신의 직업결정 능력 등을 검사도구를 사용하여 변별하고 비교해보도록 하는 것이다.
3) 사회적 모델링과 대리학습 : 타인의 행동에 대한 관찰과 모방을 통해 내담자의 학습을 촉진한다.
4) 행동조성 : 행동을 단계별로 세분화하여 단계마다 강화를 제공함으로써 학습을 촉진한다.
5) 상표제도(토큰경제) : 내담자의 바람직한 행동이 이루어질 때마다 그에 상응하는 보상을 하는 것이다.

12 **직업카드분류(OCS)는 내담자의 어떤 특성을 사정하기 위한 도구인가?**

① 흥미사정 ② 가치사정
③ 동기사정 ④ 성격사정

콕집어 해설

직업카드분류(OCS)

직업선택의 동기와 가치를 알아보기 위한 방법으로써, 직업카드를 선호군, 혐오군, 미결정 중성군으로 분류하여 '흥미를 사정'하는 기법이다.

답 ①

13 **인간중심 진로상담의 개념에 관한 설명으로 옳지 않은 것은?**

① 일의 세계 및 자아와 관련된 정보의 부족에 관심을 둔다.
② 자아 및 직업과 관련된 정보를 거부하거나 왜곡하는 문제를 찾고자 한다.
③ 진로선택과 관련된 내담자의 불안을 줄이고 자기의 책임을 수용하도록 한다.
④ 상담자의 객관적 이해를 내담자에 대한 자아 명료화의 근거로 삼는다.

콕집어 해설

인간중심 진로상담

- 인간중심적 상담에서는 인간을 선천적인 잠재력과 자기실현의 경향성을 지닌 '완전히 기능하는 사람'으로 보기 때문에, 내담자는 상담자의 적극적인 개입이 없어도 자신의 방식을 찾아갈 수 있는 역량을 갖췄다고 생각한다.
- 일의 세계 및 자아와 관련된 정보의 부족에 관심을 둔다.(①)
- 자아 및 직업과 관련된 정보를 거부하거나 왜곡하는 문제를 찾고자 한다.(②)
- 진로선택과 관련된 내담자의 불안을 줄이고 자기의 책임을 수용하도록 한다.(③)
- 내담자의 주관적 이해를 내담자에 대한 자아 명료화의 근거로 삼는다.(④)

답 ④

14 **왜곡된 사고체계나 신념체계를 가진 내담자에게 실시하면 효과적인 상담기법은?**

① 내담자 중심 상담　② 인지치료
③ 정신분석　④ 행동요법

콕집어해설

인지치료적 직업상담(Beck)

왜곡된 사고체계(잘못된 생각)나 비합리적 신념체계를 가진
내담자에게 효과적인 상담기법이다.

답 ②

꿰뚫어 보기

인지적 오류 유형(Beck) [임잘개선 과이과긍]

1) 임의적 추론(자의적 추론) : 어떤 결론을 지지하는 증거가 없음에도 임의적으로 결론을 내린다.
2) 잘못된 명명 : 극히 드문 일을 근거로 해서 완전히 부정적으로 생각한다.
3) 개인화 : 자신과 관련 없는 사건을 자신 때문에 생겼다고 생각한다.
4) 선택적 추상화 : 상황의 긍정적 양상은 여과시키고 부정적인 세부사항에 머문다.
5) 과일반화 : 한두 가지의 고립된 사건에 근거해서 일반적인 결론을 내리고 그것을 서로 관계없는 상황에 적용한다.
6) 이분법적 사고(흑백논리) : 어떤 현상을 흑과 백의 두가지 종류로만 보고 중간지대는 없다고 여긴다.
7) 과장 및 축소 : 사건의 중요성과 무관하게 특정 의미를 과대 또는 축소하는 것이다.
8) 긍정격하 : 자신의 긍정적 경험을 부정적 경험으로 전환하거나 격하시킨다.

15 **직업상담사의 역할이 아닌 것은?**

① 내담자에게 적합한 직업 결정
② 내담자의 능력, 흥미 및 적성의 평가
③ 직무스트레스, 직무 상실 등으로 인한 내담자 지지
④ 내담자의 삶과 직업목표 명료화

콕집어해설

직업상담사의 역할

- 내담자가 합리적인 진로 및 직업결정을 할 수 있도록 돕는다.(①)
- 직업정보를 수집하거나 분석 등의 활동을 통해 내담자에게 적절한 정보를 제공한다.
- 내담자에게 성격, 흥미, 적성 등의 검사를 실시하고 검사결과를 분석 또는 해석하여 내담자의 이해를 돕는다.(②)
- 내담자의 직업문제를 진단하고 분류하여 처치한다.
- 직무스트레스, 직무 상실 등으로 인한 내담자를 지지한다(③)
- 내담자가 스스로 문제를 해결하도록 조언을 한다.
- 내담자의 삶과 직업목표를 명료화한다(④)
- 다양한 직업지도 프로그램을 개발한다.
- 직업상담 및 직업지도 프로그램을 실제 적용하고 평가하여 프로그램을 보완한다.

답 ①

해 '진로결정'은 내담자가 스스로 내려야 한다.

16 **다음 상담과정에서 필요한 상담기법은?**

> • 내담자 : 전 의사가 될 거예요. 저희 집안은 모두 의사들이거든요.
> • 상담자 : 학생은 의사가 될 것으로 확신하고 있네요.
> • 내담자 : 예. 물론이지요.
> • 상담자 : 의사가 되지 못한다면 어떻게 되나요?
> • 내담자 : 한 번도 그런 경우를 생각해 보지 못했습니다.
> 의사가 안 된다면 내 인생은 매우 끔찍할 것입니다.

① 재구조화　② 합리적 논박
③ 정보제공　④ 직면

콕집어해설

강박적 사고와 상담자의 개입방법

강박적 사고는 내담자가 특정 사고에 집착함으로써 불안과 긴장을 유발하는 경우를 말한다. 상담자는 내담자의 이런 비합리적 신념체계를 합리적 논박을 통해서 합리적 신념체계로 바꾸도록 돕는다.

답 ②

인지적 명확성이 부족한 내담자 유형과 상담자의 개입 방법
[단복가구원 무비양파강 걸고잘자~~]

1) 단순 오정보-정보제공
2) 복잡한 오정보-논리적 분석
3) 가정된 불가능-격려
4) 구체성의 결여-구체화시키기
5) 원과 결과의 착오-논리적 분석
6) 무력감-지시적 상상
7) 비난하기-직면
8) 양면적 사고-역설적 사고
9) 파행적 의사소통-저항에 초점 맞추기
10) 강박적 사고-합리적 논박(REBT기법)
11) 걸러내기-사고의 재구조화
12) 고정성-정보제공
13) 잘못된 의사결정방식-심호흡 시킴
14) 자기인식의 부족-은유나 비유 사용하기

17 진로시간전망 검사 중 코틀(Cottle)이 제시한 원형검사에서 원의 크기가 나타내는 것은?

① 과거, 현재, 미래
② 방향성, 변별성, 통합성
③ 시간차원에 대한 상대적 친밀감
④ 시간차원의 연결 구조

콕집어해설

코틀(Cottle)의 원형검사
- 원의 의미 : 과거, 현재, 미래를 나타낸다.(①)
- 원의 크기 : 시간차원에 대한 상대적 친밀감을 의미한다.(③)
- 원의 배치 : 시간차원의 연결 구조(④)
- 코틀의 원형검사에 기초한 시간전망 개입의 3가지 측면 : 방향성, 변별성, 통합성(②)

답 ③

꿰뚫어 보기

1) 진로시간전망 검사지의 사용목적 [미미 미계목 현계진]
미래의 방향을 이끌어내기 위해
미래에 대한 희망을 심어주기 위해
미래가 실제인 것처럼 느끼도록 하기 위해
계획에 대한 긍정적 태도를 심어주기 위해
목표설정을 촉구하기 위해
현재의 행동을 미래의 결과와 연계시키기 위해
계획기술을 연습시키기 위해
진로인식을 고취시키기 위해

18 아들러(Adler) 이론의 주요 개념인 초기 기억에 관한 설명을 모두 고른 것은?

ㄱ. 중요한 기억은 내담자가 마치 지금 일어나고 있는 것처럼 기술할 수 있다.
ㄴ. 초기기억에 대한 내담자의 지각보다는 경험을 객관적으로 파악하는 것이 중요하다.
ㄷ. 초기기억은 삶, 자기, 타인에 대한 내담자의 현재 세계관과 일치하는 경향이 있다.
ㄹ. 초기기억을 통해 상담자는 내담자의 삶의 목표를 파악하는데 도움을 받을 수 있다.

① ㄱ, ㄴ　　② ㄴ, ㄷ
③ ㄱ, ㄷ, ㄹ　　④ ㄴ, ㄷ, ㄹ

콕집어해설

아들러(Adler)의 '초기 기억'
- 중요한 기억은 내담자가 마치 지금 일어나고 있는 것처럼 기술할 수 있다.(ㄱ)
- 초기기억은 삶, 자기, 타인에 대한 내담자의 현재 세계관과 일치하는 경향이 있다.(ㄷ)
- 초기기억을 통해 상담자는 내담자의 삶의 목표를 파악하는데 도움을 받을 수 있다.(ㄹ)

답 ③

해 초기기억에 대한 내담자의 지각을 중요시 한다.

아들러(Adler)의 개인주의 상담의 목표
1) 개인적 열등감의 극복과 우월성의 추구를 궁극적 목표로 삼는다.
2) 잘못된 동기를 수정하는 데 목표를 둔다.
3) 내담자의 잘못된 행동보다는 잘못된 가치를 수정하는데 초점을 둔다.
4) 내담자가 사회적 관심을 갖도록 돕는다.
5) 사회구성원으로서 사회에 기여하도록 돕는다.
6) 타인과 동질감을 갖도록 돕는다.

19 정신분석적 상담에서 훈습의 단계에 해당하지 않는 것은?

① 환자의 저항
② 분석의 시작
③ 분석자의 저항에 대한 해석
④ 환자의 해석에 대한 반응

콕집어 해설

훈습(정신분석적 상담)
- 훈습은 내담자의 방어와 저항을 점진적으로 탐색하고 해석해 나가는 과정이다.
- 훈습의 단계
  1) 환자의 저항
  2) 분석자의 저항에 대한 해석
  3) 환자의 해석에 대한 반응

답 ②

20 상담 종결 단계에서 다루어야 할 사항이 아닌 것은?

① 상담 종결 단계에 대한 내담자의 준비도를 평가하고 상담을 통해 얻은 학습을 강화시킨다.
② 남아 있는 정서적 문제를 해결하고 내담자와 상담자 간의 의미 있고 밀접했던 관계를 적절하게 끝맺는다.
③ 상담사와 내담자가 협력하여 앞으로 나아갈 방향과 상담목표를 설정하고 확인해 나간다.
④ 학습의 전이를 극대화하고 내담자의 자기 신뢰 및 변화를 유지할 수 있는 자신감을 증가시킨다.

콕집어 해설

상담 종결 단계
- 상담 종결 단계에 대한 내담자의 준비도를 평가하고 상담을 통해 얻은 학습을 강화시킨다.(①)
- 남아 있는 정서적 문제를 해결하고 내담자와 상담자 간의 의미 있고 밀접했던 관계를 적절하게 끝맺는다.(②)
- 학습의 전이를 극대화하고 내담자의 자기 신뢰 및 변화를 유지할 수 있는 자신감을 증가시킨다.(④)

답 ③

해 '상담의 방향과 목표설정'은 상담 초기 단계에서 이루어진다.

제2과목 | 직업심리학

21 직업선택 문제들 중 '비현실성의 문제'와 가장 거리가 먼 것은?

① 흥미나 적성의 유형이나 수준과 관계없이 어떤 직업을 선택해야 할지 결정하지 못한다.
② 자신의 적성수준보다 높은 적성을 요구하는 직업을 선택한다.
③ 자신의 흥미와는 일치하지만, 자신의 적성 수준보다는 낮은 적성을 요구하는 직업을 선택한다.
④ 자신의 적성수준에서 선택을 하지만, 자신의 흥미와는 일치하지 않는 직업을 선택한다.

콕집어 해설

크라이티스(Crites)의 직업선택 문제 [크적결현]

적응성
1) 적응형 : 흥미와 적성이 일치하는 유형
2) 부적응형 : 흥미 또는 적성과 일치하는 분야가 없는 유형

결정성
1) 다재다능형 : 재능이 많아 흥미와 적성이 맞는 직업 사이에서 갈등하는 유형
2) 우유부단형 : 흥미와 적성에 관계없이 직업선택의 결정을 내리지 못하는 유형(①)

현실성(비현실성 문제)
1) 비현실형 : 흥미를 느끼는 분야가 있지만 그 분야에 적성이 없는 유형(②)
2) 불충족형 : 흥미를 느끼는 분야가 있지만 자신의 적성수준보다 낮은 적성을 요구하는 직업을 선택하는 유형(③)
3) 강압형 : 적성 때문에 선택했지만 그 직업에 흥미가 없는 유형(④)

답 ①

22 긴즈버그(Ginzberg)가 제시한 진로발달 단계가 아닌 것은?

① 환상기　② 잠정기
③ 현실기　④ 적응기

콕집어 해설

긴즈버그(Ginzberg)의 진로발달 단계 [환잠현]

- 환상기 : 환상 속에서 비현실적 선택을 하며, 자신의 욕구를 중시한다.
- 잠정기 : 흥미에 따라 직업을 선택하나, 점차 자신의 능력을 고려한다.
  - 하위단계 : 흥미단계, 능력단계, 가치단계, 전환단계 [흥능가전]
- 현실기 : 개인의 욕구 및 능력을 현실적 요건에 부합시킴으로써 현명한 선택을 한다.
  - 하위단계 : 탐색단계, 구체화단계, 특수화(정교화) 단계 [탐구특]

답 ④

꿰뚫어 보기

에릭슨의 심리사회적 발달단계와 위기 [신자 주근자 친생자]

1) 유아기(0~18개월) : 신뢰감 대 불신감
2) 초기아동기(18개월~3세) : 자율성 대 수치심
3) 학령전기 또는 유희기(3~5세) : 주도성 대 죄의식
4) 학령기(5~12세) : 근면성 대 열등감
5) 청소년기(12~20세) : 자아정체감 대 정체감 혼란
6) 성인초기(20~24세) : 친밀감 대 고립감
7) 성인기(24~65세) : 생산성(생성감) 대 침체감
8) 노년기(65세 이후) : 자아통합 대 절망

수퍼(Super)의 진로발달단계 [성탐 확유쇠]

1) 성장기 : 자아개념을 발달시키는 시기이며, 욕구와 환상이 지배적이나 점차 흥미와 능력을 중시하게 된다.
   - 하위단계 : 환상기, 흥미기, 능력기 [환흥능]
2) 탐색기 : 미래에 대한 계획을 세우고 적합한 직업을 탐색하는 시기이다.
   - 하위단계 : 잠정기, 전환기, 시행기 [잠전시]
3) 확립기 : 자신에게 적합한 분야를 발견해서 생활의 기반을 확립하는 시기이다.
   - 하위단계 : 시행기, 안정기
4) 유지기 : 자신의 자리를 유지하려고 노력하며 안정된 삶을 살아가는 시기이다.
5) 쇠퇴기 : 직업에서 은퇴한 후 새로운 역할과 활동을 찾게 되는 시기이다.

고트프레드슨(Gottfredson) [힘성사내]

1) 힘과 크기 지향성(3~5세) : 사고과정이 구체화되며, 어른이 된다는 것의 의미를 알게 된다.
2) 성역할 지향성(6~8세) : 자아개념이 성의 발달에 의해서 영향을 받게 된다.
3) 사회적 가치 지향성(9~13세) : 사회적 가치를 인지하면서 상황속 자아를 인식하게 된다.
4) 내적, 고유한 자아 지향성(14세 이후) : 자아성찰과 사회적 가치의 인식에 따라 직업적 포부가 발달한다.

23 Super의 직업발달이론에 대한 중심 개념으로 볼 수 없는 것은?

① 개인은 각기 적합한 직업군의 적격성이 있다.
② 직업발달과정은 본질적으로 자아개념의 발달 보완 과정이다.
③ 개인의 직업기호와 생애는 자아실현의 과정으로 현실과 타협하지 않는 활동과정이다.
④ 직업과 인생의 만족은 자기의 능력, 흥미, 성격특성 및 가치가 충분히 실현되는 정도이다.

콕집어 해설

Super의 직업발달이론

- 개인은 각기 적합한 직업군의 적격성이 있다.(①)
- 직업발달과정은 본질적으로 자아개념의 발달 보완과정이다.(②)
- 직업과 인생의 만족은 자기의 능력, 흥미, 성격특성 및 가치가 충분히 실현되는 정도이다.(④)
- 사람은 동시에 여러 가지 역할을 함께 수행하며 발달단계마다 다른 역할에 비해 중요한 역할이 있다.
- 인생에서 진로발달 과정은 전 생애에 걸쳐 계속되며 성장, 탐색, 정착, 유지, 쇠퇴 등의 대주기(Maxi Cycle)를 거친다.
- 진로발달에는 대주기 외에 각 단계마다 같은 성장, 탐색, 정착, 유지, 쇠퇴로 구성된 소주기(Mini Cycle)가 있다.
- Super의 이론은 생애진로발달 과정에서 장기적이고 연속적인 선택 과정에 대해 구체적으로 잘 설명한다.
- 개인의 직업기호와 생애는 자아실현의 과정으로 현실과 타협하는 활동과정이다.(③)

답 ③

꿰뚫어 보기

수퍼(Super)의 진로발달단계 [성탐 확유쇠]

1) 성장기: 자아개념을 발달시키는 시기이며, 욕구와 환상이 지배적이나 점차 흥미와 능력을 중시하게 된다.
   하위단계: 환상기, 흥미기, 능력기 [환흥능]
2) 탐색기: 미래에 대한 계획을 세우고 적합한 직업을 탐색하는 시기이다.
   하위단계: 잠정기, 전환기, 시행기 [잠전시]
3) 확립기: 자신에게 적합한 분야를 발견해서 생활의 기반을 확립하는 시기이다.
   하위단계: 시행기, 안정기
4) 유지기: 자신의 자리를 유지하려고 노력하며 안정된 삶을 살아가는 시기이다.
5) 쇠퇴기: 직업에서 은퇴한 후 새로운 역할과 활동을 찾게 되는 시기이다.

24 솔직하고, 성실하며, 말이 적고, 고집이 세면서 직선적인 사람들은 홀랜드(Holland)의 어떤 작업 환경에 잘 어울리는가?

① 탐구적(I) ② 예술적(A)
③ 현실적(R) ④ 관습적(C)

콕집어 해설

홀랜드(Holland)의 직업환경 유형 [현탐예 사진관]

- 현실형: 실제적이며 현장에서 하는 일을 선호하나, 사회성이 부족하다.
  예 기술직, 엔지니어, 농부, 목수, 트럭운전사 등
- 탐구형: 과학적이며 탐구활동을 선호하나, 지도력이 부족하다.
  예 물리학자, 화학자, 생물학자, 심리학자 등
- 예술형: 심미적이며 창조적인 활동을 선호하나, 규범적 성향이 부족하다.
  예 음악가, 문학가, 화가 등
- 사회형: 이타적이며 봉사활동을 선호하나, 기계적 활동 능력이 부족하다.
  예 사회복지사, 종교인, 상담사 등
- 진취형: 진취적이며 적극적인 활동을 선호하나, 체계적 활동 능력이 부족하다.
  예 정치가, 기업가, 영업사원, 보험설계사 등
- 관습형: 꼼꼼하며 질서정연한 일을 선호하나, 융통성이 부족하다.
  예 경리사원, 회계사, 은행원, 도서관 사서 등

답 ③

꿰뚫어 보기

홀랜드의 육각형 모델과 해석 차원 [일변 일정계]

1) 일관성: 어떤 쌍들은 다른 유형의 쌍들보다 더 많은 공통점을 가지고 있다.
2) 변별성(차별성): 개인의 흥미유형은 특정 흥미유형과 매우 유사한 반면, 다른 흥미유형과는 차별적이다.
3) 일치성: 개인의 흥미유형과 개인이 소속되고자 하는 환경의 유형이 서로 부합하는 정도를 말한다.
4) 정체성: 성격적 측면에서는 개인의 목표, 흥미, 재능에 대한 명확성을 말하고, 환경적 측면에서는 조직의 투명성 및 안정성 등을 말한다.
5) 계측성(타산성): 육각형 모델에서 유형들 간의 거리는 가까울수록 직업성격이 유사하며, 멀수록 대조적 성향을 보인다.

25 직업지도 시 '직업적응' 단계에서 이루어지는 것이 아닌 것은?

① 직업생활에 적응하기 위하여 노력한다.
② 여러 가지 직업 중에서 장·단점을 비교한다.
③ 직업전환 및 실업위기에 대응하기 위한 자기만의 계획을 갖는다.
④ 은퇴 후의 생애설계를 한다.

콕집어 해설

직업지도 단계

- 제1단계(직업탐색 및 정보수집): 선택한 직업에 대한 탐색 및 정보를 수집한다.
- 제2단계(직업선택): 여러 가지 직업 중에서 장·단점을 비교하여 자신에게 적합한 직업을 선택하도록 한다.
- 제3단계(조직문화 조사): 자신에게 적합한 조직문화를 조사하도록 한다.
- 제4단계(직업상담): 직업상담을 통해 직업선택의 의사결정을 돕는다.
- 제5단계(취업준비): 이력서를 작성하고 면접을 준비하도록 한다.
- 제6단계(직업적응): 직업생활에 적응할 수 있도록 돕고, 직업전환 및 실업위기에 대한 준비와 은퇴 후의 생애설계를 하도록 한다.

답 ②

해 제2단계인 '직업선택'에 해당한다.

26 직무분석의 방법과 가장 거리가 먼 것은?

① 요소비교법　② 면접법
③ 중요사건법　④ 질문지법

콕집어 해설

직무분석 방법(최초분석법) [면관체 설녹중]

1) 면접법 : 직무분석자가 정확한 표현이 가능한 직무담당자와 면접을 통해 직무를 분석하는 방법이다. 면접의 목적을 알려주고 편안한 분위기를 조성해야 한다. 개방형 질문을 사용하고 유도질문을 삼가며, 쉬운 용어를 사용하고 안정된 속도로 진행해야 한다.
   - 장점 : 정확한 직무지식을 얻을 수 있다. 다양한 직무들에 적용 가능하다.
   - 단점 : 자료 수집에 많은 노력이 소요된다. 수치화된 정보를 얻기 어렵다.
2) 관찰법 : 직무분석자가 직접 현장을 방문하여 작업자의 작업활동을 관찰하고 결과를 기술한다.
   - 장점 : 단순하고 반복적 직무분석에 적합하고, 정확한 결과를 얻을 수 있다.
   - 단점 : 정신적 활동의 직무분석에 적합하지 않고, 분석자의 주관이 개입될 수 있다.
3) 체험법 : 직무분석자가 직무활동을 직접 체험함으로써 생생한 자료를 얻는다.
   - 장점 : 직무의 심층적 내용까지 파악이 가능하다.
   - 단점 : 분석자의 일시적 체험을 확대 해석할 수 있으며, 정확성과 객관성을 보장하기 어렵다.
4) 설문지법 : 작업자들에게 설문지를 배부하고 이들에게 직무에 대해 기술하도록 하는 것이다.
   - 장점 : 모든 직무에 사용 가능하며, 비용이 저렴하고 짧은 시간 내 많은 정보를 얻을 수 있다.
   - 단점 : 질문내용 외의 정보를 얻기가 힘들고, 응답자의 응답 태도와 낮은 회수율이 문제이다.
5) 녹화법 : 단순하고 반복적이며, 장시간 관찰이 불가능할 때 사용된다.
   - 장점 : 열악한 작업환경에 대한 직무분석이 가능하다.
   - 단점 : 녹화 및 촬영 등의 전문 기술이 요구된다.
6) 중요사건기법(결정적 사건법) : 직무수행에 결정적 역할을 한 사건을 중심으로 직무요건을 추론한다.
   - 장점 : 직무수행과 관련된 중요한 지식, 기술, 능력 등을 사례별로 분석할 수 있다.
   - 단점
     ㄱ. 일상적인 수행과 관련된 지식, 기술, 능력이 배제될 수 있다.
     ㄴ. 과거의 결정적 사건들이 왜곡되어 기술될 수 있다.
     ㄷ. 추론과정에서 분석가의 주관이 개입될 수 있다.

답 ①

해 '요소비교법'은 서열법, 분류법, 점수법과 같은 직무평가 방법이다.

꿰뚫어 보기

직무분석방법 [최비데]

1) 최초분석법 : 분석할 직업에 관한 자료가 드물고, 그 분야의 전문가가 거의 없을 때 사용한다.
2) 비교확인법 : 지금까지 분석된 자료를 참고로 현재의 직무 상태를 비교·확인하는 방법이다.
3) 데이컴법 : 교과과정을 개발하고, 교육목표와 내용을 비교적 단시간 내에 추출하기 위해 사용한다.

27 직업적응이론에서 개인의 만족, 조직의 만족, 적응을 매개하는 적응유형 변인은?

① 우연(happenstance)
② 타협(compromise)
③ 적응도(adaptability)
④ 인내력(perseverance)

콕집어 해설

직업적응이론

직업적응이론의 적응유형(방식) [융끈적반]

1) 융통성 : 작업환경과 개인환경 간의 부조화를 참아내는 정도이다.
2) 끈기(인내) : 환경이 자신에게 맞지 않아도 얼마나 오랫동안 견뎌낼 수 있는지의 정도이다.
3) 적극성 : 작업환경을 개인적 방식과 좀 더 조화롭게 만들어 가려고 노력하는 정도이다.
4) 반응성 : 작업성격의 변화로 인해 작업환경에 반응하는 정도이다.

답 ④

꿰뚫어 보기

직업적응이론의 성격유형(방식) [민역리지]

1) 민첩성 : 정확성보다 속도를 중시한다.
2) 역량 : 근로자의 평균활동 수준을 의미한다.
3) 리듬 : 활동에 대한 다양성을 의미한다.
4) 지구력 : 다양한 활동수준의 기간을 의미한다.

28 직무분석 자료의 특성과 가장 거리가 먼 것은?

① 최신의 정보를 반영해야 한다.
② 논리적으로 체계화되어야 한다.
③ 진로상담 목적으로만 사용되어야 한다.
④ 가공하지 않은 원상태의 정보이어야 한다.

직무분석 자료의 특성 [최가 논사다]
- 최신의 정보를 반영해야 한다.(①)
- 가공하지 않은 원상태의 자료이어야 한다.(④)
- 논리적으로 체계화해야 한다.(②)
- 사실 그대로를 반영하여야 한다.
- 다목적으로 활용될 수 있어야 한다.(③)

답 ③

꿰뚫어 보기

직무분석의 활용(Ash)
1) 모집 및 선발
2) 교육 및 훈련
3) 배치 및 경력개발
4) 직무평가 및 직무수행평가
5) 작업환경 개선
6) 정원관리
7) 안전관리

29 신뢰도 계수에 관한 설명으로 틀린 것은?

① 신뢰도 계수는 점수 분포의 분산에 의해 영향을 받는다.
② 측정오차가 크면 신뢰도 계수는 작아진다.
③ 수검자들 간의 개인차가 크면 신뢰도 계수는 작아진다.
④ 추측해서 우연히 맞을 수 있는 문항이 많으면 신뢰도 계수가 작아진다.

콕집어 해설

신뢰도(Reliability)
- 어떤 측정도구를 동일한 현상에 반복 적용하여 동일한 결과를 얻게 되는 것을 그 측정도구의 신뢰도라고 한다.
- 신뢰도 계수는 점수 분포의 분산에 의해 영향을 받는다.(①)
- 측정오차가 크면 신뢰도 계수는 작아진다. (②)
- 추측해서 우연히 맞을 수 있는 문항이 많으면 신뢰도 계수가 작아진다.(④)

답 ③

해 수검자들 간의 개인차가 크면 신뢰도 계수는 커진다.

꿰뚫어 보기

신뢰도 계수
1) 검사 결과의 일관성을 보여주는 값이다.
2) 범위는 0~1 사이의 값을 가지며, '0'에 가까울수록 신뢰도가 낮고 '1'에 가까울수록 신뢰도는 높다.

신뢰도에 영향을 주는 요인 [개문 문검신]
1) 개인차: 검사대상의 개인차가 클수록 신뢰도 계수도 커진다.
2) 문항 수: 문항 수가 많으면 신뢰도는 어느 정도 높아지나, 문항 수를 무조건 늘린다고 해서 신뢰도가 정비례하여 커지는 것은 아니다.
3) 문항반응 수: 문항반응 수는 적정 크기를 유지하는 것이 바람직하며, 이를 초과할 경우 신뢰도는 향상되지 않는다.
4) 검사유형: 속도검사의 경우, 전후절반법으로 신뢰도를 추정하게 되면 후반부로 갈수록 시간이 부족하기 때문에 신뢰도는 낮아진다.
5) 신뢰도 추정방법: 서로 다른 신뢰도 추정방법에 따른 신뢰도 계수는 각기 다를 수밖에 없다.

30 다음 설명에 해당하는 심리검사 용어는?

> 기본적으로 특정 모집단을 대표하는 표본을 구성하고 이들에게 검사를 실시하여 얻은 점수를 체계적으로 분석해서 만들게 된다.

① 규준 ② 표준
③ 준거 ④ 참조

콕집어 해설

규준과 준거
- 규준: 원점수를 표준화된 집단의 검사점수와 비교하기 위한 개념으로 대표집단의 검사점수 분포도를 작성하여 개인의 점수를 해석하기 위한 것이다.
- 준거: 개인이 어떤 일을 수행할 수 있다고 일반인들이 확신하는 수준이며, 목표 설정에 있어서 도달해야 할 기준이다.

답 ①

꿰뚫어 보기

심리검사의 사용목적에 따른 분류

1) 규준참조검사 : 개인의 점수를 다른 사람들의 점수와 비교하는 상대평가 검사이다.
   예 심리검사, 선발검사 등
2) 준거참조검사 : 개인의 점수를 어떤 기준검사와 비교하는 절대평가 검사이다.
   예 다수의 국가자격시험 등

31 다음은 심리검사의 타당도 중 어떤 것을 설명한 것인가?

> • 논리적 사고에 입각한 논리적인 분석과정으로 판단하는 주관적 타당도이다.
> • 본질적으로 해당 분야 전문가의 판단에 의존한다.

① 구성타당도　② 예언타당도
③ 내용타당도　④ 동시타당도

콕집어 해설

심리검사의 타당도

- 타당도는 검사가 측정하고자 하는 바를 얼마나 정확히 측정하느냐를 말한다.
- 신뢰도는 일관성을, 타당도는 정확성을 의미한다.
- 타당도는 신뢰도와 밀접한 관계가 있다.
- 검사의 신뢰도는 타당도 계수의 크기에 영향을 준다.
- 종류 [안내구준]
  1) 안면타당도 : 일반인이 문항을 읽고 얼마나 타당해 보이는지를 평가한다.
  2) 내용타당도 : 전문가의 논리적 분석과정으로 판단하는 주관적인 타당도이다.
  3) 구성타당도 : 수렴타당도, 변별타당도, 요인분석 등이 있다.
  4) 준거타당도 : 동시타당도(공인타당도)와 예언타당도(예측타당도)로 구분한다.
     예언타당도는 미래 시점을 전제로 하기 때문에 시간이 오래 걸린다.

답 ③

꿰뚫어 보기

1) 구성타당도 [수변요]

ㄱ. 수렴타당도 : 검사결과가 해당 속성과 관련 있는 변수들과 높은 상관관계를 가지고 있을수록 수렴타당도가 높다.
  예 지능검사 결과가 이론적으로 지능과 관련 있는 학교 성적과 높은 상관관계를 가지고 있다면 그 지능검사의 수렴타당도는 높다.

ㄴ. 변별타당도 : 검사결과가 해당 속성과 관련 없는 변수들과 낮은 상관관계를 가지고 있을수록 변별타당도가 높다.
  예 지능검사 결과가 이론적으로 지능과 관련 없는 외모와 낮은 상관관계를 가지고 있다면 그 지능검사의 변별타당도는 높다.

ㄷ. 요인분석 : 검사문항들 간의 상관관계를 분석하여 상관성이 높은 문항들을 묶어주는 통계적 방법이다.
  예 수학과 과학 문항이 혼재된 시험을 치렀을 때, 수학과 학생은 수학을, 과학과 학생은 과학을 보통 잘 볼 것이므로 해당 문항들은 두개의 군집, 즉 요인으로 추출될 것이다.

2) 준거타당도

ㄱ. 동시타당도(공인타당도) : 새로운 검사와 준거를 동시에 측정해서 두 결과 간의 상관관계를 추정한다.
  예 근무성적이 좋은 재직자가 검사점수도 높았다면, 해당검사는 준거타당도를 갖췄다고 볼 수 있다.

ㄴ. 예언타당도(예측타당도) : 검사점수와 미래행위 측정치 간의 상관계수를 추정한다.
  예 입사시험 성적이 높은 사람이 이후 근무성적에서도 높은 점수를 받았다면, 해당 입사시험은 예언타당도가 높다고 할 수 있다.

32 다음과 같은 정의를 가진 직업선택 문제는?

> • 자신의 적성 수준보다 높은 적성을 요구하는 직업을 선택한다.
> • 자신이 선택한 직업이 흥미와 일치할 수도 있고, 일치하지 않을 수도 있다.

① 부적응된(maladjusted)
② 우유부단한(undecided)
③ 비현실적인(unrealistic)
④ 강요된(forced)

족집게해설

크라이티스(Crites)의 직업선택 문제 [적결현]

적응성
1) 적응형 : 흥미와 적성이 일치하는 유형
2) 부적응형 : 흥미 또는 적성과 일치하는 분야가 없는 유형

결정성
1) 다재다능형 : 재능이 많아 흥미와 적성이 맞는 직업 사이에서 갈등하는 유형
2) 우유부단형 : 흥미와 적성에 관계없이 직업선택의 결정을 내리지 못하는 유형

현실성(비현실성 문제)
1) 비현실형 : 흥미를 느끼는 분야가 있지만 그 분야에 적성이 없는 유형
2) 불충족형 : 흥미를 느끼는 분야가 있지만 자신의 적성수준보다 낮은 적성을 요구하는 직업을 선택하는 유형
3) 강압형 : 적성 때문에 선택했지만 그 직업에 흥미가 없는 유형

답 ③

33 심리검사를 선택하고 해석하는 과정에 관한 설명으로 틀린 것은?

① 검사는 진행 중인 상담과정의 한 구성요소로만 보아야 한다.
② 검사는 내담자의 의사결정을 돕기 위한 정보를 얻는 하나의 도구이다.
③ 검사는 내담자와 함께 협조해서 선택하는 것이 좋다.
④ 검사의 결과는 가능한 한 내담자에게 제공해서는 안 된다.

족집게해설

심리검사의 선택과 해석
- 검사는 진행 중인 상담과정의 한 구성요소로만 보아야 한다.(①)
- 검사는 내담자의 의사결정을 돕기 위한 정보를 얻는 하나의 도구이다.(②)
- 검사는 내담자와 함께 협조해서 선택하는 것이 좋다.(③)
- 검사의 결과는 가능한 한 내담자에게 가능한 한 이해하기 쉽게 제공해야 한다(④)

답 ④

34 적성검사에서 높은 점수를 받은 사람이 입사 후 업무수행이 우수한 것으로 나타났다면, 이 검사는 어떠한 타당도가 높은 것인가?

① 구성타당도(construct validity)
② 내용타당도(content validity)
③ 예언타당도(predictive validity)
④ 공인타당도(concurrent validity)

족집게해설

준거타당도
- 동시타당도(공인타당도) : 현재 행위에 초점을 맞춘 것으로, 새로운 검사와 준거를 동시에 측정해서 두 결과 간의 상관계수를 추정한다.
  예 근무성적이 좋은 재직자가 검사점수도 높았다면, 해당검사는 준거타당도를 갖췄다고 볼 수 있다.
- 예언타당도(예측타당도) : 미래 행위에 초점을 맞춘 것으로, 검사점수와 미래행위 측정치 간의 상관계수를 추정한다.
  예 입사시험 성적이 높은 사람이 이후 근무성적에서도 높은 점수를 받았다면, 해당 입사시험은 예언타당도가 높다고 할 수 있다.

답 ③

꿰뚫어보기

타당도 [안내구준]
1) 안면타당도 : 일반인이 문항을 읽고 얼마나 타당해 보이는지를 평가한다.
2) 내용타당도 : 전문가의 논리적 분석과정으로 판단하는 주관적인 타당도이다.
3) 구성타당도 : 측정하고자 하는 추상적 개념들이 실제 측정도구에 의해 제대로 측정되었는지의 정도를 말한다. 수렴타당도, 변별타당도, 요인분석 등이 있다.
4) 준거타당도 : 검사와 준거 간의 상관관계를 분석해서 검사의 타당도를 평가하는 방법이다. 동시타당도(공인타당도)와 예언타당도(예측타당도)로 구분한다.

35 지능을 맥락적 지능이론, 경험적 지능이론, 성분적 지능이론으로 구성된 것으로 가정한 지능모형은?

① Jensen의 2수준 지능모형
② Cattell-Horn의 유동성-결정성 지능모형
③ Thurstone의 기본정신능력 모형
④ Sternberg의 삼원지능모형

콕집어 해설

Sternberg의 삼원지능모형

- 맥락적 지능이론 : 개인의 지적행동을 판단하는 기준은 판단의 맥락과 과정에 따라 다르게 결정된다.
- 경험적 지능이론 : 지적능력은 이미 다룬 경험을 쉽게 처리하는 기능과 생소한 경험을 적절히 다룰 수 있는 기능으로 구분할 수 있다.
- 성분적 지능이론 : 메타·수행·획득·파지·전이성분 간의 불균형 정도로 지능의 개인차를 파악할 수 있다.

답 ④

36 사람들이 어떤 상황에 기여한 정도에 따라 보상을 받아야 한다는 법칙은?

① 평등분배 법칙　　② 형평분배 법칙
③ 필요분배 법칙　　④ 요구분배 법칙

콕집어 해설

형평분배 법칙(Adams)

- 형평분배 법칙 : 사람들이 어떤 상황에 기여한 정도에 따라 보상을 받아야 한다는 법칙이다.
- 평등분배 법칙 : 기여도와 관계없이 보상의 기회를 모든 구성원들에게 동일하게 주어야 한다는 법칙이다.
- 필요분배법칙 : 구성원 개인의 필요에 따라 보상을 분배한다는 법칙이다.

답 ②

37 일반적성검사(GATB)에서 측정하는 직업적성이 아닌 것은?

① 손가락 정교성　　② 언어 적성
③ 사무 지각　　④ 과학 적성

콕집어 해설

일반적성검사(GATB)에서 측정하는 직업적성

[지언수사 공형운손손]

지능, 언어능력, 수리능력, 사무지각, 공간적성, 형태지각, 운동반응, 손의 재치, 손가락 재치

답 ④

꿰뚫어 보기

1) 직업적성검사는 개인이 특정직무를 성공적으로 수행할 수 있는지를 측정하는 검사이다.
2) 15개의 하위검사를 통해 9가지 적성요인을 검출한다.
3) 15개 하위검사 중 11개는 지필검사이고, 4개는 기구검사(수행검사, 동작검사)이다.

측정방식	하위검사명	측정영역
지필	기구대조검사	형태지각(P)
	형태대조검사	
	명칭비교검사	사무지각(Q)
	타점속도검사	운동반응(K)
	표식검사	
	종선기입검사	
	평면도판단검사	공간판단력(S)
	입체공간검사	공간적성(S), 지능(G)
	어휘검사	언어능력(V), 지능(G)
	산수추리검사	수리능력(N), 지능(G)
	계수검사	수리능력(N)
기구검사	환치검사	손의 재치(M)
	회전검사	
	조립검사	손가락 재치(F)
	분해검사	

38 스트레스에 대한 방어적 대처 중 직장 상사에게 야단맞은 사람이 부하직원이나 식구들에게 트집을 잡아 화풀이를 하는 것은?

① 합리화(rationalization)
② 동일시(identification)
③ 보상(compensation)
④ 전위(displacement)

스트레스에 대한 방어기제의 비유
- 합리화 : 여우와 신 포도
- 반동형성 : 미운 놈에게 떡 하나 더 준다.
- 전치 : 종로에서 뺨 맞고 한강에서 눈 흘긴다.
- 대치 : 꿩 대신 닭
- 보상 : 작은 고추가 맵다.

답 ④

꿰뚫어 보기

주요 방어기제 [억부합 반투주]

1) 억압(repression) : 죄의식이나 수치스러운 생각 등을 무의식으로 밀어내는 것이다.
2) 부정(denial) : 감당하기 힘든 고통이나 욕구 등을 무의식적으로 부정하는 것이다.
3) 합리화(rationalization) : 수용되기 어려운 자신의 언행을 정당화하는 것이다.
4) 반동형성(reaction formation) : 무의식적 소망이나 충동을 원래 의도와 달리 반대 방향으로 바꾸는 것이다.
5) 투사(projection) : 자신의 행동과 생각을 마치 다른 사람의 것인 양 생각하고 남을 탓하는 것이다.
6) 주지화(intellectualization) : 고통스러운 문제를 둔화시키기 위해 추론, 분석 등의 지적능력을 사용하는 것이다.

39 직업지도 프로그램 선정 시 고려해야 할 사항과 가장 거리가 먼 것은?

① 활용하고자 하는 목적에 부합하여야 한다.
② 실시가 어렵더라도 효과가 뚜렷한 프로그램 이어야 한다.
③ 프로그램의 효과를 평가할 수 있어야 한다.
④ 활용할 프로그램은 비용이 적게 드는 경제성을 지녀야 한다.

콕집어 해설

직업지도 프로그램 선정 시 고려 사항
- 활용하고자 하는 목적에 부합하여야 한다.
- 프로그램의 효과를 평가할 수 있어야 한다.
- 활용할 프로그램은 비용이 적게 드는 경제성을 지녀야 한다.

답 ②

해 실시가 어려운 프로그램은 적합하지 않다.

40 작업자 중심 직무분석의 특징과 가장 거리가 먼 것은?

① 표준화된 분석도구의 개발이 어렵다.
② 직무들에서 요구되는 인간특성의 유사정도를 양적으로 비교할 수 있다.
③ 대표적인 예로서 직위분석질문지(PAQ)가 있다.
④ 과제 중심 직무분석에 비해 보다 폭넓게 활용될 수 있다.

콕집어 해설

작업자 중심 직무분석
- 직무를 수행하는 데 요구되는 지식, 기술, 능력, 경험 등 작업자의 재능에 초점을 둔다.
- 표준화된 분석도구의 개발이 가능하다.(①)
- 직무들에서 요구되는 인간특성의 유사정도를 양적으로 비교할 수 있다.(②)
- 과제 중심 직무분석에 비해 보다 폭넓게 활용될 수 있다.(④)
- 인적 요건을 주로 다루는 '직무명세서(작업자 명세서)'를 작성하는 데 중요 정보를 제공한다.

예 직위분석질문지(PAQ ; Position Analysis Questionnaire)(③)

ㄱ. 직무수행에 요구되는 지식, 기술, 능력 등의 인간적 요건들을 밝히는 데 목적을 둔 표준화된 분석도구이다.
ㄴ. 6가지 범주 : 정보입력, 정신과정, 작업결과, 타인들과의 관계, 직무맥락, 직무요건 [정정작 타직직]

답 ①

꿰뚫어 보기

직무분석의 유형

1) 과제 중심 직무분석
   ㄱ. 직무에서 수행하는 과제나 활동이 어떤 것들인지 파악하는 데 초점을 둔다.
   ㄴ. 직무 자체의 내용을 중점적으로 다루는 직무기술서 작성에 중요 정보를 제공한다.
   ㄷ. 직무 각각에 대해 표준화된 분석도구를 만들 수 없다.
   예 기능적 직무분석(FJA ; Functional Job Analysis) : 직무정보를 자료(Data), 사람(People), 사물(Thing) 기능으로 분석한다.
2) 작업자 중심 직무분석

제3과목 | 직업정보론

41 직업정보 수집 시 2차 자료(secondary data) 유형을 모두 고른 것은?

ㄱ. 한국고용정보원에서 발행하는 직종별 직업사전
ㄴ. 통계청에서 실시한 지역별 고용조사 결과
ㄷ. 한국산업인력공단에서 제공하는 국가기술자격 통계연보
ㄹ. 워크넷에서 제공하는 직업별 탐방기(테마별 직업여행)

① ㄱ, ㄷ　② ㄱ, ㄴ, ㄹ
③ ㄴ, ㄷ, ㄹ　④ ㄱ, ㄴ, ㄷ, ㄹ

콕집어 해설

직업정보 수집 시 1·2차 자료
- 1차 자료 : 정보를 조사하는 사람이 직접 수집 및 분석, 가공한 자료들이다.
- 2차 자료 : 이전에 누군가 이미 수집 및 분석, 가공한 자료로써 대부분의 자료들이 이에 속한다.

답 ④

42 다음의 주요 업무를 수행하는 사업주 직업능력개발훈련기관은?

- 훈련과정 인정
- 실시신고 접수 및 수료자 확정
- 비용신청서 접수 및 지원
- 훈련과정 모니터링

① 전국고용센터　② 한국고용정보원
③ 근로복지공단　④ 한국산업인력공단

콕집어 해설

직업능력개발훈련기관
- 전국고용센터 : HRD-Net 사용인증, 지정 훈련시설 인·지정, 행정처분, 훈련과정 지도·점검, HRD-Net 회원가입 승인, 부정수급액 반환 등의 업무
- 한국고용정보원 : HRD-Net 시스템 운영 및 관리 등의 업무
- 근로복지공단 : 기업규모 결정(대규모기업, 우선지원대상기업 등), 보험료 부과(징수는 국민건강보험공단) 등의 업무
- 한국산업인력공단 : 비용신청서 접수 및 지원, 실시신고 접수 및 수료자 확정, 훈련과정 모니터링, 훈련과정 인정 등

답 ④

43 다음은 한국직업사전(2020) 직무기능 "사물" 항목 중 무엇에 관한 설명인가?

다양한 목적을 수행하고자 사물 또는 사람의 움직임을 통제하는데 있어 일정한 경로를 따라 조작되고 안내되어야 하는 기계 또는 설비를 시동, 정지하고 그 움직임을 제어한다.

① 조작운전　② 정밀작업
③ 제어조작　④ 수동조작

콕집어 해설

한국직업사전(2020) 직무기능 "사물" 항목
사물(Thing) : 설치, 정밀작업, 제어조작, 조작운전, 수동조작, 유지, 투입-인출, 단순작업 등의 활동이며, 물질, 재료, 기계, 공구, 설비 등을 다루는 것을 포함한다.

답 ①

꿰뚫어 보기

직무기능(DPT)
1) 자료(Data) : 종합, 조정, 분석, 수집, 계산, 기록, 비교 등의 활동이며, 계산에서 수를 세는 것은 포함되지 않는다.
2) 사람(People) : 자문, 협의, 교육, 감독, 오락제공, 설득, 말하기-신호, 서비스 제공 등의 활동이며, 인간과 인간처럼 취급되는 동물을 다루는 것을 포함한다.
3) 사물(Thing)

44 다음은 한국직업사전(2020)에 수록된 어떤 직업에 관한 설명인가?

- 직무개요 : 기업을 구성하는 여러 요소(재무, 회계, 인사, 미래비전, 유통 등)에 대한 분석을 통하여 기업이 당면한 문제점과 해결방안을 제시한다.
- 직무기능 : 자료(분석)/사람(자문)/사물(관련 없음)

① 직무분석가 ② 시장조사분석가
③ 환경영향평가원 ④ 경영컨설턴트

콕집어해설

경영컨설턴트

기업을 구성하는 재무, 회계, 인사, 유통 등에 대한 분석을 통하여 기업이 당면한 문제점과 해결 방안을 제시한다.

답 ④

꿰뚫어보기

한국직업사전의 구성

1) 직업코드 : 한국고용직업분류(KECO)의 세분류 4자리 숫자로 표기했다.
2) 본직업명 : 산업현장에서 일반적으로 해당 직업으로 알려진 명칭 또는 그 직무가 통상적으로 호칭되는 것으로 한국직업사전에 그 직무내용이 기술된 명칭이다.
3) 직무개요 : 주로 직무담당자의 활동, 활동의 대상 및 목적, 직무 담당자가 사용하는 기계, 전문적인 지식 등을 간략히 포함한다.
4) 수행직무 : 직무담당자가 직무의 목적을 완수하기 위하여 수행하는 작업내용을 작업 순서에 따라 서술한 것이다.
5) 부가직업정보 : 정규교육, 육체활동, 숙련기간, 직무기능, 작업강도, 작업장소, 작업환경, 자격·면허, 유사명칭, 관련직업, 조사연도, 표준산업분류 코드, 표준직업분류 코드로 구성되어 있다.

45 공공직업정보의 일반적인 특성에 해당되는 것은?

① 필요한 시기에 최대한 활용되도록 한시적으로 신속하게 생산·제공된다.
② 특정 분야 및 대상에 국한되지 않고 전체 산업의 직종을 대상으로 한다.
③ 정보 생산자의 임의적 기준에 따라 관심이나 흥미를 유도할 수 있도록 해당 직업을 분류한다.
④ 유료로 제공된다.

콕집어해설

민간 직업정보와 공공직업정보의 특성

구분	민간 직업정보	공공 직업정보
정보제공 속성	한시적	지속적
직업분류·구분	생산자의 자의성	기준에 따른 객관성
조사 직업 범위	제한적	포괄적
정보의 구성	완결적 정보체계	기초적 정보체계
타 정보와의 관계	관련성 낮음	관련성 높음
비용	유료	무료

답 ②

46 한국직업사전에 대한 설명으로 틀린 것은?

① 수록된 직업들은 직무분석을 바탕으로 조사된 정보들로서 유사한 직무를 기준으로 분류한 것이다.
② 본 직업정보는 직업코드, 본직업명, 직무개요, 수행직무 등이 해당한다.
③ 수록된 각종 정보는 사업체 표본조사를 통해 조사된 내용으로 근로자의 직업(직무)평가 자료로서의 절대적 기준을 제시한다.
④ 급속한 과학기술 발전과 산업구조 변화 등에 따라 변동하는 직업세계를 체계적으로 조사·분석하여 표준화된 직업명과 기초직업정보를 제공할 목적으로 발간된다.

콕집어해설

한국직업사전

- 수록된 직업들은 직무분석을 바탕으로 조사된 정보들로써 유사한 직무를 기준으로 분류한 것이다. (①)
- 본 직업정보는 직업코드, 본직업명, 직무개요, 수행직무 등이 해당한다.(②)
- 급속한 과학기술 발전과 산업구조 변화 등에 따라 변동하는 직업세계를 체계적으로 조사·분석하여 표준화된 직업명과 기초직업정보를 제공할 목적으로 발간된다. (④)

답 ③

해 '절대적 기준'이 될 수 없다.

47 한국표준산업분류(제10차)의 분류기준이 아닌 것은?

① 산출물의 특성
② 투입물의 특성
③ 생산단위의 활동형태
④ 생산활동의 일반적인 결합형태

콕집어 해설

산업분류

1) 산업분류 정의 : 생산단위가 주로 수행하고 있는 산업활동을 분류 기준과 원칙에 맞춰 그 유사성에 따라 체계적으로 유형화한 것이다.
2) 분류 기준
   ㄱ. 산출물의 특성
   ㄴ. 투입물의 특성
   ㄷ. 생산활동의 일반적인 결합형태

답 ③

48 한국표준산업분류(제10차) 분류정의가 틀린 것은?

① 산업은 유사한 성질을 갖는 산업활동에 주로 종사하는 생산단위의 집합이다.
② 각 생산단위가 노동, 자본, 원료 등 자원을 투입하여, 재화 또는 서비스를 생산 또는 제공하는 일련의 활동과정은 산업활동이다.
③ 산업활동 범위에는 영리적, 비영리적 활동이 모두 포함되며, 가정 내 가사 활동도 포함된다.
④ 산업분류는 생산단위가 주로 수행하는 산업활동을 분류 기준과 원칙에 맞춰 그 유사성에 따라 체계적으로 유형화한 것이다.

콕집어 해설

한국표준산업분류(제10차) 분류정의

산업

1) 산업의 정의 : 유사한 성질을 갖는 산업활동에 주로 종사하는 생산단위의 집합이다.(①)
2) 산업활동 : 각 생산단위가 노동, 자본, 원료 등 자원을 투입하여 재화나 서비스를 생산 또는 제공하는 일련의 활동과정이다.(②)
3) 산업활동의 범위 : 영리적·비영리적 활동이 모두 포함되나, 가정 내의 가사활동은 제외된다.(③)

산업분류

1) 산업분류 정의 : 생산단위가 주로 수행하고 있는 산업활동을 분류 기준과 원칙에 맞춰 그 유사성에 따라 체계적으로 유형화한 것이다.(④)
2) 분류 기준
   ㄱ. 산출물의 특성
   ㄴ. 투입물의 특성
   ㄷ. 생산활동의 일반적인 결합형태

답 ③

꿰뚫어 보기

생산단위의 활동형태

1) 주된 산업활동이란 산업활동이 복합형태로 이루어질 경우 생산된 재화 또는 제공된 서비스 중 부가가치(액)가 가장 큰 활동을 의미한다.
2) 부차적 산업활동은 주된 산업활동 이외의 재화 생산 및 서비스 제공 활동을 의미한다.
3) 보조활동에는 회계, 운송, 구매, 판매 촉진, 수리서비스 등이 포함된다.

49 워크넷에서 제공하는 학과정보 중 사회계열에 해당하지 않는 학과는?

① 경찰행정학과　② 국제학부
③ 문헌정보학과　④ 지리학과

콕집어 해설

워크넷 학과정보

- 인문계열 : 언어학과, 철학과, 문헌정보학과, 국제지역학과, 심리학과 등
- 사회계열 : 국제학부, 법학과, 경제학과, 경찰행정학과, 지리학과 등
- 교육계열 : 교육학과, 영어교육학과, 유아교육학과 등
- 자연계열 : 생명공학과, 수학과, 지구과학과, 수의학과, 아동가족학과 등
- 공학계열 : 안경광학과, 기계공학과, 건축학과, 조경학과, 해양공학과 등
- 의약계열 : 의학과, 한의학과, 간호학과, 응급구조과, 방사선과 등
- 예·체능계열 : 성악과, 공예학과, 사진학과, 연극영화과, 체육학과 등

답 ③

50 한국직업사전에서 제공하는 부가 직업정보에 대한 설명으로 틀린 것은?

① 정규교육은 해당 직업의 직무를 수행하는 데 필요한 일반적인 정규교육 수준을 의미하는 것으로 해당 직업 종사자의 평균 학력을 나타낸다.
② 숙련기간은 정규교육 과정을 이수한 후 해당 직업의 직무를 평균적인 수준으로 스스로 수행하기 위하여 필요한 각종 교육기간, 훈련기간 등을 의미한다.
③ 작업강도는 해당 직업의 직무를 수행하는 데 필요한 육체적 힘의 강도를 나타내며, 심리적 · 정신적 노동강도는 고려하지 않았다.
④ 관련 직업은 본직업명과 기본적인 직무에 있어서 공통점이 있으나 직무의 범위, 대상 등에 따라 나누어지는 직업이다.

콕집어 해설

부가 직업정보 [정육숙직 작작작 자유관조 표표(표)]

- 정규교육 : 해당 직업의 직무를 수행하는 데 필요한 일반적인 정규교육수준을 의미하는 것으로, 해당 직업 종사자의 평균 학력을 나타내는 것은 아니다.(①)
- 숙련기간 : 정규교육 과정을 이수한 후 해당 직업의 직무를 평균적으로 수행하는 데 필요한 각종 교육, 훈련, 기간 등을 의미한다.(②)
- 작업강도 : 해당 직업의 직무를 수행하는데 필요한 육체적 힘의 강도를 나타낸 것으로, 심리적·정신적 노동강도는 고려하지 않았다.(③)
- 관련직업 : 본직업명과 기본적인 직무에 있어서 공통점이 있으나 직무의 범위, 대상 등에 따라 나누어지는 직업이며, 직업 수 집계에 포함된다.(④)

답 ①

꿰뚫어 보기

- 육체활동 : 해당 직업의 직무를 수행하기 위해 필요한 신체적 능력을 나타낸다.
- 직무기능 : 해당 직업 종사자가 직무를 수행하는 과정에서 자료, 사람, 사물과 맺는 관련된 특성을 나타낸다.
- 작업장소 : 해당 직업의 직무가 주로 수행되는 장소를 나타낸다.
- 작업환경 : 해당 직업의 직무를 수행하는 작업자에게 직접적으로 물리적·신체적 영향을 미치는 작업장의 환경요인을 나타낸 것이나.
- 자격·면허 : 해당 직업에 취업 시 소지할 경우 유리한 자격증 또는 면허를 나타내는 것으로, 민간에서 발급한 자격증은 제외한다.
- 유사명칭 : 현장에서 본직업명을 명칭만 다르게 부르는 것으로 본직업명과 사실상 동일하므로, 직업 수 집계에서 제외된다.
- 조사연도 : 해당 직업의 직무조사가 실시된 연도를 나타낸다.
- 표준산업분류코드 : 해당 직업을 조사한 산업을 나타내는 것으로 한국표준산업분류의 소분류 산업을 기준으로 하였다.
- 표준직업분류코드 : 해당 직업의 한국고용직업분류 세분류 코드에 해당하는 한국표준직업분류의 세분류 코드를 표기한다.

51 국가기술자격 종목 중 임산가공기사, 임업종묘기사, 산림기사가 공통으로 해당하는 직무분야는?

① 농림어업 ② 건설
③ 안전관리 ④ 환경·에너지

콕집어 해설

국가기술자격 종목의 직무분야
임산가공기사, 임업종묘기사, 산림기사는 직무분야 중 '24 농림어업', 중직무분야 중 '243 임업'에 해당한다.

답 ①

꿰뚫어 보기

- 직무분야 '14 건설'의 중직무분야: '141 건축', '142 토목, '143 조경', '144 도시·교통', '145 건설 배관', '146 건설기계 운전' 등의 국가기술자격 종목들이 포함된다.(②)
  - 예 건축기사, 토목기사, 조경기사, 교통기사, 배관산업기사 등
- 직무분야 '25 안전관리'의 중직무분야: '251 안전관리', '252 비파괴검사' 등의 국가기술자격 종목들이 포함된다.(③)
  - 예 가스기사, 건설안전기사, 소방설비기사, 화재감식평가기사, 침투비파괴검사기사 등
- 직무분야 '26 환경·에너지'의 중직무분야: '261 환경', '262 에너지·기상' 등의 국가기술자격 종목들이 포함된다.(④)
  - 예 대기환경기사, 수질환경기사, 폐기물처리기사, 에너지관리기사, 기상기사 등

52 다음에 해당하는 고용 관련 지원제도는?

> • 기간제·파견·사내하도급근로자 또는 특수형태업무 종사자를 정규직으로 전환
> • 전일제 근로자의 소정근로시간 단축을 허용
> • 시차출퇴근제, 재택근무제 등 유연근무제를 도입하여 활용

① 고용창출장려금 ② 고용안정장려금
③ 고용유지지원금 ④ 고용환경개선지원

콕집어 해설

**고용 관련 지원제

- 고용안정장려금: 재직 근로자의 일자리 질을 높인 사업주를 지원하는 제도이다.
  위의 사항 외에도 출산육아기 고용안정 지원이 있다.
- 고용창출장려금: 취약계층·장년을 신중년 적합직무에 고용하거나 교대제 개편, 실근로시간 단축, 시간선택제 일자리 도입 등 근무형태를 변경하여 고용기회를 확대한 사업주를 지원한다.
- 고용유지지원금: 고용조정이 불가피하게 된 사업주가 고용유지 조치를 실시하는 경우에 지원한다.
- 고용환경개선지원: 근로자가 최적의 여건에서 근무할 수 있도록 환경을 개선한 사업주를 지원한다.

답 ②

53 워크넷에서 제공하는 채용정보 중 기업형태별 검색에 해당하지 않는 것은?

① 벤처기업 ② 외국계기업
③ 환경친화기업 ④ 일학습병행기업

콕집어 해설

기업형태별 검색 [대강외벤 가공코일청]
대기업, 강소기업, 외국계기업, 벤처기업, 가족친화인증기업, 공무원·공기업·공공기관, 코스피·코스닥, 일학습병행기업, 청년친화강소기업

답 ③

54 분야별 고용정책 중 일자리창출 정책과 가장 거리가 먼 것은?

① 고용유지지원금
② 실업크레딧 지원
③ 일자리 함께 하기 지원
④ 사회적기업 육성

콕집어해설

일자리창출 정책

- 고용창출장려금 : 취약계층·장년을 신중년 적합직무에 고용하거나 교대제 개편, 실근로시간 단축, 고용촉진장려금 등 근무형태를 변경하여 고용기회를 확대한 사업주를 지원한다.
- 고용유지지원금 : 고용조정이 불가피하게 된 사업주가 고용유지 조치를 실시하는 경우에 지원한다.
- 고용안정장려금 : 정규직 전환 지원, 시간선택제 전환지원, 출산육아기 고용안정 지원 등 재직 근로자의 일자리 질을 높인 사업주를 지원하는 제도이다.
- 사회적기업 : 사회적기업 육성과 사회적기업가 양성

답 ②

해 '실업크레딧 지원'은 구직급여를 받는 동안 국가에서 국민연금 보험료의 75%를 지원하는 고용안정망 확충을 위한 정책이다.

55 한국표준직업분류의 포괄적인 업무에 대한 직업분류 원칙에 해당되지 않는 것은?

① 주된 직무 우선 원칙
② 최상급 직능수준 우선 원칙
③ 생산업무 우선 원칙
④ 조사 시 최근의 직업 원칙

콕집어해설

포괄적인 업무에 대한 직업분류 원칙 [포주최생]

- 포괄적 업무는 한 사람이 두 개 이상의 직무를 수행하는 경우를 의미한다.
이러한 경우 다음과 같은 순서에 따라 분류원칙을 적용한다.
  1) 주된 직무 우선 원칙 : 수행되는 직무내용과 분류 항목에 명시된 직무내용을 비교·평가하여 관련 직무 내용상의 상관성이 가장 많은 항목에 분류한다.
  예 교육과 진료를 겸하는 의과대학 교수는 강의·평가·연구 등(교육)과 진료·처치·환자상담 등(의료)의 직무내용을 파악하여 관련 항목이 많은 분야로 분류한다.
  2) 최상급 직능수준 우선 원칙 : 수행된 직무가 상이한 수준의 훈련과 경험을 통해서 얻어지는 직무능력을 필요로 한다면, 가장 높은 수준의 직무능력을 필요로 하는 일에 분류하여야 한다.
  예 조리와 배달의 직무비중이 같을 경우에는, 조리의 직능수준이 높으므로 조리사로 분류한다.
  3) 생산업무 우선 원칙 : 재화의 생산과 공급이 같이 이루어지는 경우는 생산단계에 관련된 업무를 우선적으로 분류한다.
  예 한 사람이 빵을 생산하고 판매도 하는 경우에는, 판매원으로 분류하지 않고 제빵사로 분류한다.

답 ④

해 '조사 시 최근의 직업 원칙'은 다수 직업 종사자의 분류원칙이다.

56 한국표준산업분류(2017)의 적용원칙에 대한 설명으로 틀린 것은?

① 생산단위는 산출물뿐만 아니라 투입물과 생산공정 등을 함께 고려하여 그들의 활동을 가장 정확하게 설명된 항목에 분류해야 한다.
② 복합적인 활동단위는 우선적으로 세세분류를 정확히 결정하고, 순차적으로 세, 소, 중, 대분류 단계 항목을 결정하여야 한다.
③ 산업활동이 결합되어 있는 경우에는 그 활동단위의 주된 활동에 따라서 분류하여야 한다.
④ 공식적 생산물과 비공식적 생산물, 합법적생산물과 불법적인 생산물을 달리 분류하지 않는다.

콕집어 해설

한국표준산업분류(2017)의 적용원칙

- 생산단위는 산출물뿐만 아니라 투입물과 생산공정 등을 함께 고려하여 그들의 활동을 가장 정확하게 설명된 항목에 분류해야 한다.(①)
- 복합적인 황동단위는 우선적으로 최상급 분류단계(대분류)를 정확히 결정하고, 순차적으로 중, 소, 세, 세세분류 단계 항목을 결정하여야 한다.(②)
- 산업활동이 결합되어 있는 경우에는 그 활동단위의 주된 활동에 따라서 분류하여야 한다.(③)
- 수수료 또는 계약에 의하여 활동을 수행하는 단위는 동일한 산업활동을 자기계정과 자기책임하에서 생산하는 단위와 같은 항목에 분류하여야 한다.
- 동일단위에서 제조한 재화의 소매활동은 별개 활동으로 분류하지 않고 제조활동으로 분류되어야 한다. 그러나 자기가 생산한 재화와 구입한 재화를 함께 판매한다면 그 주된 활동에 따라 분류한다.
- 생산단위의 소유 형태, 법적 조직 유형 또는 운영 방식은 산업분류에 영향을 미치지 않는다.
- 공식적 생산물과 비공식적 생산물, 합법적 생산물과 불법적인 생산물을 달리 분류하지 않는다.(④)

답 ②

57 2019 한국직업전망의 직업별 일자리 전망 결과에서 '다소 증가'로 전망되지 않은 것은?

① 항공기조종사 ② 경찰관
③ 기자 ④ 손해사정사

콕집어 해설

한국직업전망의 직업별 일자리 전망

다소 증가 : 연예인, 손해사정사, 경호원, 약사, 보육교사, 노무사, 기자, 직업상담사, 스포츠매니저, 임상심리사, 택배원, 경찰관 등

답 ①

해 '항공기조종사'는 '증가'로 전망된다.

 꿰뚫어 보기

- 증가 : 의사, 수의사, 사회복지사, 간호사, 간병인, 컴퓨터보안전문가, 항공기조종사, 변호사, 한의사, 네트워크시스템개발자, 에너지공학기술자 등
- 유지 : 상품판매원, 건축가, 경비원, 초등학교교사, 경리사무원, 조리사, 기계공학기술자, 상품판매원, 금융 및 보험관련 사무원 등
- 다소 감소 : 단순노무자, 사진가, 건축목공업자, 텔레마케터, 조적공, 바텐더, 이용사, 결혼상담원 등
- 감소 : 어업종사자, 인쇄업자 등

58 한국표준직업분류(제7차) 개정 시 대분류 3 "사무 종사자"에 신설된 것은?

① 행정사
② 신용카드 모집인
③ 로봇공학 기술자 및 연구원
④ 문화 관광 및 숲·자연환경 해설사

콕집어 해설

대분류 "사무 종사자"에 신설된 것

행정사, 대학 행정 조교, 증권 사무원, 기타 금융 사무원, 중개 사무원 등이다.

답 ①

59 직업정보의 처리에 대한 설명으로 틀린 것은?

① 직업정보는 전문가가 분석해야 한다.
② 직업정보 제공 시에는 이용자의 수준에 맞게 한다.
③ 직업정보 수집 시에는 명확한 목표를 세운다.
④ 직업정보 제공 시에는 직업의 장점만을 최대한 부각해서 제공한다.

콕집어 해설

직업정보의 처리
- 직업정보는 전문가가 분석해야 한다.(①)
- 직업정보 제공 시에는 이용자의 수준에 맞게 한다.(②)
- 직업정보 수집 시에는 명확한 목표를 세운다.(③)
- 최신의 자료를 수집한다.
- 직업정보는 전문적인 지식이 없어도 이해할 수 있도록 제공해야 한다.
- 직업이 가지고 있는 장·단점을 편견 없이 제공해야 한다.(④)
- 자료를 수집할 때 자료 출처와 일자를 기록한다.

답 ④

꿰뚫어 보기

직업정보의 처리단계 [수분가 (체)제(축)평]

수집→분석→가공→(체계화)→제공→(축적)→평가

60 내용분석법을 통해 직업정보를 수집할 때의 장점이 아닌 것은?

① 정보제공자의 반응성이 높다.
② 장기간의 종단연구가 가능하다.
③ 필요한 경우 재조사가 가능하다.
④ 역사연구 등 소급조사가 가능하다.

콕집어 해설

직업정보 수집 방법

내용분석법

1) 특징
ㄱ. 여러 문서화된 매체들을 중심으로 연구에 필요한 자료들을 수집하는 방법이다.
ㄴ. 문헌연구의 일종이며, 기록된 정보의 내용을 분석하기 위해 양적·질적 분석 방법을 사용한다.
ㄷ. 현재의 내용뿐만 아니라 잠재적인 내용도 분석 대상이다.

2) 장점
ㄱ. 정보 제공자의 반응성이 낮다.(①)
ㄴ. 다양한 심리적 변수를 효과적으로 측정할 수 있다.
ㄷ. 역사적 기록물을 통해 소급 조사와 장기간의 종단 연구가 가능하다.(②, ④)
ㄹ. 연구대상에 영향을 미치지 않고 다른 연구방법과 병용이 가능하다.
ㅁ. 다른 측정방법의 타당성 여부를 조사하기 위해 사용 가능하다.
ㅂ. 다른 방법에 비해 실패 시 위험부담이 적고, 재조사가 가능하다.(③)
ㅅ. 시간과 비용 등이 절약된다.

3) 단점
ㄱ. 기록된 자료에만 의존해야 하고, 자료 입수가 제한적임
ㄴ. 명백히 드러난 내용과 숨겨진 내용을 구분하기가 어려움
ㄷ. 자료의 신뢰도와 타당도 확보의 어려움

답 ①

꿰뚫어 보기

직업정보 수집방법

1) 면접법

(1) 장점
ㄱ. 언어소통이 가능한 모든 사람들을 대상으로 적용할 수 있다.
ㄴ. 조사환경을 통제하고 표준화할 수 있다.
ㄷ. 복잡한 질문의 사용가능과 정확한 응답을 얻어낼 수 있다.
ㄹ. 개별적 상황에 따라 적절한 대응이 가능하다.
ㅁ. 제3자의 영향을 배제할 수 있다.
ㅂ. 질문지법보다 더욱 공정한 표본을 얻을 수 있다.

(2) 단점

ㄱ. 시간과 비용, 노력이 많이 소요되고 절차가 복잡하다.
ㄴ. 면접자에 따라서 면접내용에 대한 편향성이 나타날 수 있다.
ㄷ. 응답자가 불편한 상황에서 응답함으로써 부정적 영향이 미칠 수 있다.
ㄹ. 응답범주에 대한 표준화가 어렵다.

2) 질문지법(설문지법)

(1) 질문 내용 구성할 때 주의사항

ㄱ. 질문 내용은 가급적 구체적인 용어로 표현하는 것이 좋다.
ㄴ. 조사용어는 가치중립적인 것을 사용해야 한다.
ㄷ. 질문은 가능한 한 간단하게 해야 한다.
ㄹ. 유도질문이나 애매하고 막연한 질문, 이중질문은 피해야 한다.
ㅁ. 폐쇄형 질문의 응답범주는 포괄적이고 상호배타적이어야 한다.

(2) 질문 문항 순서

ㄱ. 질문 문항들을 논리적 순서에 따라 자연스럽게 배치한다.
ㄴ. 질문 문항들을 길이와 유형에 따라 변화 있게 배치한다.
ㄷ. 답변이 용이한 질문들은 전반부에 배치한다.
ㄹ. 계속적인 기억이 필요한 질문들을 전반부에 배치한다.
ㅁ. 민감한 질문이나 개방형 질문들은 가급적 질문지의 후반부에 배치한다.
ㅂ. 동일한 척도의 항목들은 모아서 배치한다.
ㅅ. 신뢰도 측정을 위해 짝(pair)으로 된 문항들은 멀리 떨어져 있어야 한다.
ㅇ. 여과 질문들을 적절하게 배치하여 사용한다.
ㅈ. 특별한 질문은 일반질문 뒤에 놓는다.

(3) 장점

ㄱ. 면접법에 비해 시간과 비용, 노력이 적게 소요된다.
ㄴ. 응답자가 익명으로 자유롭게 응답할 수 있다.
ㄷ. 표준화된 질문순서, 지시 등으로 질문의 일관성을 기할 수 있다.
ㄹ. 즉각적인 응답 대신 심사숙고하여 정확하게 응답할 수 있다.

(4) 단점

ㄱ. 읽고 쓸 수 없는 사람을 대상으로 조사가 불가능하다.
ㄴ. 무응답에 대한 통제가 어렵다.
ㄷ. 질문의 요지를 필요에 따라 설명할 수 없으므로 융통성이 결여된다.
ㄹ. 응답자의 비언어적 행위나 개인적인 특성에 관한 자료를 수집하기 어렵다.

제4과목 | 노동시장론

61 효율임금(efficiency wage) 가설에 대한 설명으로 옳은 것은?

① 기업이 생산의 효율성을 달성하기 위해 적정임금을 책정한다.
② 기업이 시장임금보다 높은 임금을 유지해 노동생산성 증가를 도모한다.
③ 기업이 노동생산성에 맞춰 임금을 책정한다.
④ 기업이 생산비 최소화 원리에 따라 임금을 책정한다.

콕집어해설

효율임금(efficiency wage) 가설
- 기업이 시장임금보다 높은 임금을 유지해 노동생산성 증가를 도모한다.
- 장점 : 근로자의 질 향상, 근로자의 사직 감소에 따른 신규채용 및 훈련비용 감소, 대규모 사업장에서의 통제상실 방지, 기업에 대한 충성심과 귀속감을 증대시킨다.
- 단점 : 구조적 실업을 야기하며, 기업 간 임금 격차, 이중 노동시장 형성의 원인이 된다.

답 ②

62 다음 중 생산성을 향상시키는 요인과 가장 거리가 먼 것은?

① 노동조합 조합원 수의 증가
② 자본 절약적 기술혁신
③ 자본의 질적 증가
④ 노동의 질적 향상

콕집어해설

생산성 향상 요인
- 자본 절약적 기술혁신
- 자본의 질적 증가
- 노동의 질적 향상
- 기술진보

답 ①

해 '노동조합 조합원 수의 증가'는 생산성을 향상시키는 요인이라고 보기 어렵다.

63 경기침체로 실업자가 직장을 구하는 것이 더 욱 어렵게 되어 구직활동을 단념함으로써 비경제활동인구가 늘어나고 경제활동인구가 감소하는 것은?

① 실망노동자효과 ② 부가노동자효과
③ 대기실업효과 ④ 추가실업효과

콕집어 해설

실망노동자효과와 부가노동자효과

- 실망노동자효과(Discouraged Worker Effect) : 불경기시 경제활동인구(실업자)가 구직을 포기함으로써 비경제활동인구로 되기 때문에 실업자가 감소한다.
- 부가노동자효과(Added Worker Effect) : 가구주가 불황으로 실직하면서 주부 등과 같은 비경제활동인구가 구직활동을 통해 경제활동인구(실업자)로 되기 때문에 실업자가 증가한다.

답 ①

해 ③ 대기실업효과는 노동조합이 비조직된 기업을 사직하고 상대적으로 높은 임금이 지급되는 조직부문에 취업하기 위해 대기함으로써 발생한다.

64 노조가 임금인상 투쟁을 벌일 때, 고용량 감소효과가 가장 적게 나타나는 경우는?

① 노동수요의 임금탄력성이 0.1일 때
② 노동수요의 임금탄력성이 1일 때
③ 노동수요의 임금탄력성이 2일 때
④ 노동수요의 임금탄력성이 5일 때

콕집어 해설

노동수요의 임금탄력성에 따른 고용량 감소

노동조합의 임금 교섭력은 노동수요의 (임금)탄력성이 비탄력적일수록 유리하다.
노동수요의 (임금)탄력성이 비탄력적이면 임금을 높게 인상해도 고용량 감소가 적기 때문이다.

답 ①

 **꿰뚫어 보기**

아래의 주어진 표를 보고 물음에 답하시오.

시간당 임금	5,000원	6,000원	7,000원	8,000원	9,000원
A기업의 노동수요량	22	21	20	19	18

시간당 임금이 7,000원에서 8,000원으로 인상될 때 A 기업 노동수요의 임금탄력성을 구하시오.(단, 소수 둘째자리로 나타내시오.)

- 노동수요의 (임금)탄력성 $= \dfrac{\text{노동수요량의 변화율(\%)}}{\text{임금의 변화율(\%)}}$

A기업 노동수요의 (임금)탄력성

$$\left| \frac{\frac{19-20}{20} \times 100}{\frac{8000-7000}{7000} \times 100} \right|$$

$$= \left| \frac{-7,000}{20,000} \right|$$

= 0.35(단, 절대값 사용)
∴ A기업의 임금탄력성은 0.35이다.

65 다음 중 1차 노동시장의 특성과 가장 거리가 먼 것은?

① 고용의 안정성
② 승진기회의 평등
③ 자유로운 직업 간 이동 보장
④ 고임금

콕집어 해설

이중노동시장이론

- 노동시장은 1차 노동시장과 2차 노동시장으로 구분되며, 두 시장은 서로 독립적이어서 노동의 이동이 제한적이고 임금 및 고용구조에서도 차이를 보인다.
- 1차 노동시장의 특징
  1) 직무상 학교교육이나 숙련도가 요구됨
  2) 고임금의 보장
  3) 고용의 안정성 확보
  4) 승진 및 승급 기회의 평등 보장
  5) 양호한 근로조건 및 합리적인 노무관리 형성

답 ③

66 **다음 중 최저임금제가 고용에 미치는 부정적 효과가 가장 큰 상황은?**

① 노동수요곡선과 노동공급곡선이 모두 탄력적일 때
② 노동수요곡선과 노동공급곡선이 모두 비탄력적일 때
③ 노동수요곡선이 탄력적이고 노동공급곡선이 비탄력적일 때
④ 노동수요곡선이 비탄력적이고 노동공급곡선이 탄력적일 때

콕집어 해설

최저임금제가 고용에 미치는 부정적 효과
시장임금보다 높은 수준에서 최저임금을 정하면 일반적으로 노동수요량은 감소하고 노동공급량은 증가하여 실업이 증가하는 데, 노동수요곡선과 노동공급곡선이 모두 탄력적이면 노동수요량은 크게 감소하고 노동공급량은 크게 증가하므로 실업이 크게 발생한다.

답 ①

67 **근로기준법에 경영상 이유에 의한 해고, 탄력적 근로시간제 등의 조항이 등장하고 파견근로자 보호 등에 관한 법률이 제정된 이유로 가장 타당한 것은?**

① 획일화되는 사회에 적응하기 위함이다.
② 노동조합의 전투성을 진정시키기 위함이다.
③ 외부자보다는 내부자를 보호하기 위함이다.
④ 불확실한 시장상황에 기업이 신속하게 대응할 수 있도록 하기 위함이다.

콕집어 해설

기업의 인력운영 유연성 확보정책
- 불확실한 시장상황에 기업이 신속하게 대응할 수 있도록 하기 위함이다.
- 노동시장의 유연성 높이기 위한 방책 : 브룬헤스(B. Brunhes)
  1) 외부적 수량적 유연성 : 유연한 해고 등 근로자 수 조정, 고용형태의 다양화
  2) 내부적 수량적 유연성 : 탄력적 근로시간제, 재고용 보장의 일시해고 등
  3) 작업의 외부화 : 파견근로자의 사용 등
  4) 기능적 유연성 : 사내직업훈련의 실시 등
  5) 임금 유연성 : 성과급제나 연봉제의 도입 등과 같은 임금체계의 변화

답 ④

68 **노사 간에 공동결정(co-determination)이라는 광범위한 합의 관행이 존재하고 있는 국가는?**

① 영국 ② 프랑스
③ 미국 ④ 독일

콕집어 해설

노사 간의 공동결정(Co-determination)
- 노동자 또는 노동조합의 대표가 기업의 의사결정기관에 직접 참가하여 기업경영의 여러 문제를 노사공동으로 결정하는 제도를 의미한다.
- 노사 간 공동결정의 대표적인 국가는 '독일'이다.

답 ④

69 **연공급의 특징과 가장 거리가 먼 것은?**

① 기업에 대한 귀속의식 제고
② 전문기술인력 확보 곤란
③ 근로자에 대한 교육훈련의 효과 제고
④ 인건비 부담의 감소

콕집어 해설

연공급
연령, 근속, 학력에 따라 임금을 결정하는 체계이다.
1) 장점
  ㄱ. 위계질서의 확립 및 사기 유지에 유리하다.
  ㄴ. 생활의 안정감과 장래에 대한 기대를 가질 수 있다.
  ㄷ. 기업에 대한 귀속의식이 확대된다.
  ㄹ. 노동력의 장기고용에 유리하다.
  ㅁ. 배치전환 및 평가가 용이하다.
2) 단점
  ㄱ. 동일 직무에 대해 동일 임금을 지급할 수 없다.
  ㄴ. 근로의욕 및 동기부여 효과가 미약하다.
  ㄷ. 무사안일주의 또는 적당주의를 초래할 가능성이 있다.
  ㄹ. 기업의 인건비 부담을 가중시키고 전문기술인력의 확보를 어렵게 한다.
  ㅁ. 인건비 부담이 증가한다.

답 ④

꿰뚫어 보기

임금체계

직능급 : 직능급은 개인의 직무수행능력을 고려하여 학력과 직종에 관계없이 능력에 따라 임금을 관리하는 체계이다.

1) 장점
  ㄱ. 종업원에게 자기계발의 동기를 부여할 수 있다.
  ㄴ. 기존의 획일적 보상에서 벗어나서 능력에 맞는 처우가 될 수 있다.
  ㄷ. 근속에 따른 동일한 직능자격을 받으므로 노사공동체 형성에 기여할 수 있다.
  ㄹ. 최저생계보장이 이루어지고 보상에 있어 직종에 구분이 없으므로, 생산직의 불만을 감소시킬 수 있다.

2) 단점
  ㄱ. 직무수행능력의 파악과 평가가 쉽지 않다.
  ㄴ. 운영시에는 직종 간차이를 고려해야 한다.
  ㄷ. 50세 이후에는 능력개발에 한계가 있으므로 부적절 할 수 있다.

70 다음 중 노동조합의 경제적 효과 중 파급효과에 대한 설명으로 틀린 것은?

① 파급효과는 노동조합이 조직됨으로써 노동조합 조직부문에서의 상대적 노동수요가 감소하고 그 결과 일자리를 잃은 노동자들이 비조직부문의 임금을 하락시키는 효과이다.
② 파급효과는 노동조합의 잠재적인 조직위협에 의해서 비조직부문의 노동자의 임금이 인상되는 효과이다.
③ 파급효과가 매우 강한 경우에는 노동조합이 이중노동시장을 형성시키게 한다.
④ 파급효과가 강한 경우 조직부문의 임금인상이 비조합원을 저임금의 불안정한 직무로 몰아내는 간접효과를 가진다.

콕집어 해설

파급효과(이전효과, 해고효과)

- 파급효과는 노동조합이 조직됨으로써 노동조합 조직부문에서의 상대적 노동수요가 감소하고 그 결과 일자리를 잃은 노동자들이 비조직부문의 임금을 하락시키는 효과이다.(①)
- 파급효과가 강한 경우 조직부문의 임금인상이 비조합원을 저임금의 불안정한 직무로 몰아내는 간접효과를 가진다.(④)
- 파급효과가 매우 강한 경우에는 노동조합이 이중노동시장을 형성시키게 한다.(③)

답 ②

해 노동조합의 잠재적인 조직위협에 의해서 비조직부문의 노동자의 임금이 인상되는 것은 '위협효과'이다.

71 조합원 자격이 있는 노동자만을 채용하고 일단 고용된 노동자라도 조합원 자격을 상실하면 종업원이 될 수 없는 숍 제도는?

① 오픈숍　② 유니온숍
③ 에이젼시숍　④ 클로즈드숍

콕집어 해설

숍(shop)제도

기본 숍(shop)제도

1) 오픈 숍(open shop) : 고용주가 조합원, 비조합원 모두를 고용할 수 있는 제도이다.
   노동조합 확대에 가장 불리하다.
2) 유니온 숍(union shop) : 고용주가 조합원 가입여부와 관계없이 신규채용이 가능하나, 채용 후 일정기간 내 반드시 노동조합에 가입하도록 해야 하는 제도이다.
   오픈숍과 클로즈드숍의 중간 형태이다.
3) 클로즈드 숍(closed shop) : 노동조합에 가입한 노동자만을 채용할 수 있다.
   노동조합 확대가 용이해서 노동조합 측에 가장 유리한 제도이다.

답 ④

72 노동시장과 실업에 관한 설명으로 틀린 것은?

① 최저임금제는 비숙련 노동자에게 해당된다.
② 해고자, 취업대기자, 구직포기자는 실업자에 포함된다.
③ 효율성임금은 노동자의 이직을 막기 위해 시장균형 임금보다 높다.
④ 최저임금, 노동조합 또는 직업탐색 등이 실업의 원인에 포함된다.

족집어 해설

노동시장과 실업

- 최저임금제는 비숙련 노동자에게 해당된다.(①)
- 효율성임금은 노동자의 이직을 막기 위해 시장균형 임금보다 높다.(③)
- 최저임금, 노동조합 또는 직업탐색 등이 실업의 원인에 포함된다.(④)
- 해고자가 적극적 구직활동을 하면 실업자로 분류하고 취업대기자는 취업자로, 구직포기자는 비경제활동인구로 분류된다.(②)

답 ②

73 정보의 유통장애와 가장 관련이 높은 실업은?

① 마찰적 실업 ② 경기적 실업
③ 구조적 실업 ④ 잠재적 실업

족집어 해설

마찰적 실업

- 특징 : 비수요부족 실업이며, 자발적이고 단기적 실업이다.
- 원인 : 신규 또는 전직자가 직업을 찾는 과정에서 직업정보 부족으로 인해 일시적으로 발생한다.
- 대책 : 1) 구인·구직에 대한 전국적인 전산망 연결
  2) 구인·구직 정보제공시스템의 효율성 제고
  3) 직업 알선기관의 활성화
  4) 고용실태 및 전망에 대한 자료제공

답 ①

꿰뚫어 보기

실업의 종류

1) 구조적 실업 : 구인처에서 요구하는 근로자가 없거나 지역 간 노동력 수급의 불균형 현상으로 인해 발생하는 비자발적 실업이다.
2) 마찰적 실업 : 신규 또는 전직자가 직업을 찾는 과정에서 직업정보 부족으로 인해 일시적으로 발생하는 자발적 실업이다.
3) 경기적 실업 : 불경기 때 발생하는 대표적인 수요부족 실업이다.
4) 계절적 실업 : 기후나 계절의 변화에 따라 노동수요의 변화가 심한 부문에서 발생하는 일시적 실업이다.
5) 기술적 실업 : 자본이 노동을 대체하여 실업이 발생한다는 마르크스의 실업이론이다.
노동절약적 기술 도입으로 해고가 이루어짐으로써 발생한다.

74 임금격차의 원인을 모두 고른 것은?

ㄱ. 인적자본 투자의 차이로 인한 생산성 격차
ㄴ. 보상적 격차
ㄷ. 차별

① ㄱ, ㄴ ② ㄱ, ㄷ
③ ㄴ, ㄷ ④ ㄱ, ㄴ, ㄷ

족집어 해설

노동수요 특성별 임금격차

경쟁적 요인

1) 인적자본량
2) 근로자의 생산성 격차
3) 보상적 임금격차
4) 효율임금정책
5) 시장의 단기적 불균형

비경쟁적 요인

1) 시장지배력 및 독점지대의 배당
2) 노동조합의 효과
3) 비효율적 연공급 제도
4) 차별로 인한 격차

답 ④

75 노동수요곡선을 이동(shift)시키는 요인이 아닌 것은?

① 임금의 변화
② 생산성의 변화
③ 제품 생산 기술의 발전
④ 최종상품에 대한 수요의 변화

콕집어 해설

- 노동수요의 변화 : 생산성의 변화, 기술의 변화, 타 생산요소의 공급변화, 자본의 가격 변화, 최종생산물가격의 변화는 노동수요곡선 자체를 이동시킨다.
- 노동수요량의 변화 : 임금의 변화에 따른 노동수요곡선상의 수요점 이동을 말한다.

답 ①

해 '임금의 변화'는 노동수요곡선상의 이동, 즉 노동수요량의 변화이다.

76 실업급여의 효과에 대한 설명으로 가장 적합한 것은?

① 노동시간을 늘리고 경제활동참가도 증대시킨다.
② 노동시간을 단축시키고 경제활동참가도 감소시킨다.
③ 노동시간의 증·감은 불분명하지만 경제활동참가는 증대시킨다.
④ 노동시간, 경제활동참가 모두 불분명하다.

콕집어 해설

실업급여의 효과
경제활동인구는 취업자 및 구직활동에 나선 실업자도 포함하는데, 실업급여는 적극적인 구직활동을 한 사람에게 지급하도록 되어 있으므로 이들의 구직활동은 경제활동참가를 증대시킨다. 하지만 이들의 취업여부는 불분명하기 때문에 노동시간의 증·감 또한 불분명하다.

답 ③

77 다음 중 구조적 실업에 대한 대책과 가장 거리가 먼 것은?

① 경기활성화
② 직업전환교육
③ 이주에 대한 보조금
④ 산업구조변화 예측에 따른 인력수급정책

콕집어 해설

구조적 실업
- 특징 : 비수요부족 실업이며, 비자발적이고 장기적 실업이다.
- 원인
  1) 구인처에서 요구하는 자격을 갖춘 근로자가 없는 경우에 발생한다.
  2) 지역 간·산업 간 노동력 수급의 불균형 현상에서 발생한다.
  3) 기업이 효율성 임금을 지불할 경우 발생할 수 있다.
- 대책
  1) 산업(경제)구조 변화 예측에 따른 인력수급정책
  2) 지역간 이동을 촉진시키는 지역이주금 보조
  3) 노동자의 전직과 관련된 적절한 재훈련

답 ①

해 '경기활성화'는 경기적 실업에 대한 대책이다.

78 임금이 10000원에서 12000원으로 증가할 때 고용량이 120명에서 108명으로 감소한 경우 노동수요의 탄력성은?

① 0.06 ② 0.5
③ 1.0 ④ 2.0

콕집어 해설

노동수요의 임금탄력성

$$노동수요의\ 임금탄력성 = \frac{노동수요량의\ 변화율(\%)}{임금의\ 변화율(\%)}$$

$$= \left| \frac{\frac{108-120}{120} \times 100}{\frac{12000-10000}{10000} \times 100} \right|$$

$$= \left| \frac{-5}{10} \right|$$

= 0.5 (단, 절대값 사용)

답 ②

79 내부노동시장의 형성요인과 가장 거리가 먼 것은?

① 관습 ② 현장훈련
③ 임금수준 ④ 숙련의 특수성

콕집어해설

내부노동시장의 형성요인

- 숙련의 특수성 : 기업이 숙련의 특수성을 보존하기 위해 내부 노동력을 유지하려고 노력함으로써 내부노동시장이 형성된다.
- 현장훈련 : 실제 직무수행에 사용되는 선임자의 기술 및 숙련이 현장훈련을 통해 후임자에게로 전수됨으로써 내부노동시장이 형성된다.
- 기업내 관습 : 고용의 안정성에서 형성된 기업내 관습은 노동관계의 각종 사항을 규율함으로써 내부노동시장을 형성하는 요인이 된다.

답 ③

80 생산물시장과 노동시장이 완전경쟁일 때 노동의 한계생산량이 10개이고, 생산물 가격이 500원이며 시간당 임금이 4000원이라면 이윤을 극대화하기 위한 기업의 반응으로 옳은 것은?

① 임금을 올린다.
② 노동을 자본으로 대체한다.
③ 노동의 고용량을 증대시킨다.
④ 고용량을 줄이고 생산을 감축한다.

콕집어해설

기업의 이윤극대화

기업의 이윤극대화는, 노동의 한계생산 가치(VMP_L) = 시장임금(W)에서 이루어지므로, $VMP_L > W$이면 고용량을 늘리고, $VMP_L < W$일 때는 고용량을 줄여야 한다.

$VMP_L = 500 \times 10$에서 5,000원이고 시장임금(W)는 4,000원이므로, $VMP_L > W$인 경우이다.

그러므로 노동 고용량을 증대시켜야 한다.

답 ③

제5과목 | 노동관계법규

81 근로 3권에 관한 설명으로 옳은 것은?

① 근로자는 자주적인 단결권, 단체교섭권, 단체행동권을 가진다.
② 공무원도 근로자이므로 근로3권을 당연히 갖는다.
③ 주요방위산업체의 근로자는 국가안보를 위해 당연히 단체행동권이 인정되지 않는다.
④ 미취업근로자 개개인에게 주어지는 구체적 권리이다.

콕집어해설

근로 3권(노동 3권)과 제한

- 근로자는 자주적인 단결권, 단체교섭권, 단체행동권을 가진다.(①)
- 단결권 : 근로자들이 자주적으로 노동조합을 설립·운영하고 이에 가입하며, 노동조합을 운영할 수 있는 권리
- 단체교섭권 : 근로자가 근로조건을 유지·개선하기 위하여 단결에 의해서 사용자와 교섭할 수 있는 권리
- 단체행동권 : 단체교섭이 근로자에게 유리하게 전개되도록 하기 위하여 근로자에게 보장된 집단적 행동에 관한 권리
- 공무원인 근로자는 법률이 정하는 자에 한하여 단결권·단체교섭권 및 단체행동권을 가진다.(②)
- 법률이 정하는 주요방위산업체에 종사하는 근로자의 단체행동권은 법률이 정하는 바에 의하여 이를 제한하거나 인정하지 아니할 수 있다.(③)

답 ①

해 ④ '취업근로자'에게 주어지는 권리이다.

꿰뚫어 보기

근로3권의 제한

1) 근로3권도 국가안전보장·질서유지·공공복리를 위하여 필요한 경우에 법률로써 제한을 할 수 있다. 단, 기본권의 본질적 내용은 침해할 수 없다.
2) 공무원인 근로자는 법률이 정하는 자에 한하여 단결권·단체교섭권 및 단체행동권을 가진다.
3) 공무원은 노동운동이나 그 밖에 공무 외의 일을 위한 집단 행위를 하여서는 아니 된다. 다만, 사실상 노무에 종사하는 공무원은 예외로 한다.
4) 사립학교교원 및 국·공립학교교원은 단결권, 단체교섭권 만을 가진다.
   교원의 노동조합 설립 및 운영 등에 관한 법률은 교원 노동조합과 그 조합원의 쟁의행위를 금지하고 있다.
5) 법률이 정하는 주요방위산업체에 종사하는 근로자의 단체행동권은 법률이 정하는 바에 의하여 이를 제한하거나 인정하지 아니할 수 있다.

82 직업안정법령상 일용근로자 이외의 직업소개를 하는 유료직업소개사업자의 장부 및 서류의 비치기간으로 옳은 것은?

① 종사자명부 : 3년
② 구인신청서 : 2년
③ 구직신청서 : 1년
④ 금전출납부 및 금전출납 명세서 : 1년

콕집어 해설

유료직업소개사업자의 장부 및 서류의 비치 기간

종사자명부, 구인신청서, 구직신청서, 금전출납부 및 금전출납 명세서의 비치 기간은 모두 '2년'이다.

답 ②

83 헌법상 근로의 권리로서 명시되어 있지 않은 것은?

① 최저임금제 시행
② 여성근로자의 특별보호
③ 연소근로자의 특별보호
④ 장애인근로자의 특별보호

콕집어 해설

헌법상 근로의 권리

- 모든 국민은 근로의 권리를 가진다. 국가는 사회적·경제적 방법으로 근로자의 고용증진과 적정임금의 보장에 노력하여야 하며, 법률이 정하는 바에 의하여 최저임금제를 시행하여야 한다.(①)
- 모든 국민은 근로의 의무를 진다. 국가는 근로의 의무의 내용과 조건을 민주주의 원칙에 따라 법률로 정한다.
- 근로조건의 기준은 인간의 존엄성을 보장하도록 법률로 정한다.
- 여자의 근로는 특별한 보호를 받으며, 고용·임금 및 근로조건에 있어서 부당한 차별을 받지 아니한다.(②)
- 연소자의 근로는 특별한 보호를 받는다.(③)
- 국가유공자·상이군경 및 전몰군경의 유가족은 법률이 정하는 바에 의하여 우선적으로 근로의 기회를 부여받는다.

답 ④

해 고령자, 장애인 등은 특별한 보호 대상이 아니라, 직업능력개발훈련이 중요시되어야 하는 대상이다.

84 고용보험법령상 용어의 정의로 옳은 것은?

① "피보험자"란 근로기준법상 근로자와 사업주를 말한다.
② "실업"이란 근로의 의사와 능력이 있음에도 불구하고 취업하지 못한 상태에 있는 것을 말한다.
③ "보수"란 사용사로부터 받는 일체의 금품을 말한다.
④ "일용근로자"란 3개월 미만 동안 고용된 자를 말한다

콕집어 해설

고용보험법령상 용어의 정의

- "피보험자"란 고용보험법상 보험에 가입되거나 가입된 것으로 보는 근로자, 자영업자를 말한다.(①)
- "실업"이란 근로의 의사와 능력이 있음에도 불구하고 취업하지 못한 상태에 있는 것을 말한다.(②)
- "보수"란 근로소득에서 대통령령으로 정하는 금품(학자금, 식비 보조 같은 복리 후생)을 뺀 금액을 말한다.(③)
- "일용근로자"란 1개월 미만 동안 고용된 자를 말한다.(④)
- "실업의 인정"이란 직업안정기관의 장이 수급자격자가 실업한 상태에서 적극적으로 직업을 구하기 위하여 노력하고 있다고 인정하는 것을 말한다.
- "이직"이란 피보험자와 사업주 사이의 고용관계가 끝나게 되는 것을 말한다.

답 ②

꿰뚫어 보기

고용보험법

1) 적용범위 사업 및 사업장 : 고용보험법은 근로자를 사용하는 모든 사업 또는 사업장에 적용한다.
다만, 대통령령으로 정하는 다음의 사업에 대하여는 적용하지 아니한다.
   ㄱ. 농업·임업 및 어업 중 법인이 아닌 자가 상시 4명 이하의 근로자를 사용하는 사업
   ㄴ. 총 공사금액이 2천만원 미만인 공사 또는 연면적이 100제곱미터 이하인 건축물의 건축이나 연면적이 200제곱미터 이하인 건축물의 대수선에 관한 공사 (단, 건설업자, 주택건설사업자, 전기공사업자, 정보통신공사업자, 소방시설업자, 문화재수리업자가 시공하는 공사는 적용사업에 포함)·
   ㄷ. 가구 내 고용활동 및 달리 분류되지 아니한 자가소비 생산활동

2) 적용 제외 근로자
   ㄱ. 1개월간 소정근로시간이 60시간 미만인 자(1주간의 소정근로시간이 15시간 미만인 자를 포함), 단 3개월 이상 계속하여 근로를 제공하는 자와 일용근로자는 적용대상에 포함
   ㄴ. 「국가공무원법」과 「지방공무원법」에 따른 공무원(단, 대통령령으로 정하는 바에 따라 별정직공무원 및 임기제공무원의 경우
   본인의 의사에 따라 실업급여에 한하여 가입 가능)
   ㄷ. 「사립학교교직원연금법」의 적용을 받는 자
   ㄹ. 「별정우체국법」에 따른 별정우체국 직원

85 국민평생직업능력 개발법상 용어의 정의에 관한 설명으로 틀린 것은?

① 직업능력개발훈련이란 근로자에게 직업에 필요한 직무수행능력을 습득 · 향상시키기 위하여 실시하는 훈련을 말한다.

② 근로자란 직업의 종류와 관계없이 임금을 목적으로 사업이나 사업장에 근로를 제공하는 자를 말한다.

③ 직업능력개발사업이란 직업능력개발훈련, 직업능력개발훈련 과정 · 매체의 개발 및 직업능력개발에 관한 조사 · 연구 등을 하는 사업을 말한다.

④ 지정직업훈련시설이란 직업능력개발훈련을 위하여 설립 · 설치된 직업전문학교 등의 시설로서 고용노동부장관이 지정한 시설을 말한다.

콕집어 해설

국민평생직업능력개발법상 용어의 정의
- 직업능력개발훈련이란 근로자에게 직업에 필요한 직무수행능력을 습득 · 향상시키기 위하여 실시하는 훈련을 말한다.(①)
- '근로자'란 사업주에게 고용된 사람과 취업할 의사를 가진 사람을 말한다.(②)
- 직업능력개발사업이란 직업능력개발훈련, 직업능력개발훈련 과정 · 매체의 개발 및 직업능력개발에 관한 조사 · 연구 등을 하는 사업을 말한다.(③)
- 지정직업훈련시설이란 직업능력개발훈련을 위하여 설립 · 설치된 직업전문학교 등의 시설로서 고용노동부장관이 지정한 시설을 말한다.(④)

답 ②

해 근로기준법상의 '근로자' 정의이다.

꿰뚫어 보기

근로자의 법률상 정의
- '근로자'란 직업의 종류와 관계없이 임금을 목적으로 사업이나 사업장에 근로를 제공하는 자를 말한다.
  → 근로기준법, 근로복지기본법, 근로자퇴직급여 보장법, 산업안전보건법, 근로자참여 및 협력증진에 관한 법률, 고용상 연령차별금지 및 고령자고용촉진에 관한 법률
- '근로자'란 사업주에게 고용된 사람과 취업할 의사를 가진 사람을 말한다.
  → 고용정책 기본법, 국민평생직업능력 개발법, 남녀고용평등과 일·가정 양립 지원에 관한 법률
- '근로자'라 함은 직업의 종류를 불문하고 임금·급료 기타 이에 준하는 수입에 의하여 생활하는 자를 말한다.
  → 노동조합 및 노동관계조정법

86 다음 중 노동법의 성격에 가장 적합한 원칙은?

① 계약자유의 원칙

② 자기책임의 원칙

③ 소유권 절대의 원칙

④ 당사자의 실질적 대등의 원칙

콕집어 해설

노동법의 성격
노사 간에 실질적 대등의 실현을 위해 근로기준법상 근로조건 노사대등결정의 원칙에 관한 규정을 두고 있다.

답 ④

87 남녀고용평등과 일·가정양립지원에 관한 법령상 남녀의 평등한 기회보장 및 대우에 관한 설명으로 틀린 것은?

① 사업주는 동일한 사업 내의 동일 가치 노동에 대하여는 동일한 임금을 지급하여야 한다.
② 사업주가 임금차별을 목적으로 설립한 별개의 사업은 별개의 사업으로 본다.
③ 사업주는 근로자를 모집하거나 채용할 때 남녀를 차별하여서는 아니 된다.
④ 사업주는 여성 근로자의 출산을 퇴직 사유로 예정하는 근로계약을 체결하여서는 아니 된다.

콕집어 해설

남녀의 평등한 기회보장 및 대우

- 사업주는 동일한 사업 내의 동일 가치 노동에 대하여는 동일한 임금을 지급하여야 한다.(①)
- 사업주가 임금차별을 목적으로 설립한 별개의 사업은 동일한 사업으로 본다.(②)
- 사업주는 근로자를 모집하거나 채용할 때 남녀를 차별하여서는 아니 된다.(③)
- 사업주는 여성 근로자의 출산을 퇴직 사유로 예정하는 근로계약을 체결하여서는 아니 된다.(④)

답 ②

해 별개의 사업(×)→'동일한 사업'

88 국민평생직업능력개발법령상 훈련의 목적에 따라 구분한 직업능력개발훈련에 해당하지 않는 것은?

① 집체훈련 ② 양성훈련
③ 향상훈련 ④ 전직훈련

콕집어 해설

직업능력개발훈련의 구분방법

훈련의 목적에 따른 구분

1) 양성훈련 : 근로자에게 기초적 직무수행능력을 습득시키기 위해 실시하는 훈련
2) 향상훈련 : 기초적 직무수행능력을 가지고 있는 근로자에게 더 높은 직무수행능력을 습득시키기 위해 실시하는 훈련
3) 전직훈련 : 근로자에게 유사하거나 새로운 직업에 필요한 직무수행능력을 습득시키기 위해 실시하는 훈련

훈련의 방법에 따른 구분

1) 집체훈련 : 직업능력개발훈련을 실시하기 위해 설치한 훈련전용시설이나 적합한 시설에서 실시하는 훈련(산업체의 생산시설 및 근무장소는 제외)
2) 현장훈련 : 산업체의 생산시설 및 근무장소에서 실시하는 훈련
3) 원격훈련 : 멀리 떨어져 있는 사람에게 정보통신매체 등을 이용하여 실시하는 훈련
4) 혼합훈련 : 집체훈련·현장훈련·원격훈련을 2개 이상 병행하여 실시하는 훈련

답 ①

해 '집체훈련'은 훈련의 방법에 따른 구분이다.'

꿰뚫어 보기

직업능력개발훈련교사의 양성을 위한 훈련과정은 양성훈련과정, 향상훈련과정, 교직훈련과정으로 구분한다.

89 고용상 연령차별금지 및 고령자고용촉진에 관한 법령상 고령자 고용정보센터의 업무로 명시되지 않은 것은?

① 고령자에 대한 구인·구직 등록
② 고령자 고용촉진을 위한 홍보
③ 고령자에 대한 직장 적응훈련 및 교육
④ 고령자의 실업급여 지급

콕집어 해설

고령자 고용정보센터의 업무
- 고령자에 대한 구인·구직 등록, 직업지도 및 취업알선(①)
- 고령자 고용촉진을 위한 홍보(②)
- 고령자에 대한 직장 적응훈련 및 교육(③)
- 정년연장과 고령자 고용에 관한 인사·노무관리와 작업환경 개선 등에 관한 기술적 상담·교육 및 지도

답 ④

해 '고령자의 실업급여 지급'은 고용보험법령에 규정되어 있으며, 해당 업무는 지방노동행정기관인 고용센터가 담당한다.

90 고용정책 기본법령상 대량고용변동의 신고 시 이직근로자 수에 포함되는 자는?

① 수습 사용된 날부터 3개월 이내의 사람
② 자기의 사정 또는 귀책사유로 이직하는 사람
③ 천재지변으로 인하여 사업의 계속이 불가능하게 되어 이직하는 사람
④ 6개월 미만의 기간을 정하여 고용된 사람으로서 6개월을 초과하여 계속 고용되고 있는 사람

콕집어 해설

대량고용변동 신고 시 이직 근로자 수에 포함되는 사람
- 일용근로자 또는 6개월 미만의 기간을 정하여 고용된 사람으로써 6개월을 초과하여 계속 고용되고 있는 사람(④)
- 6개월을 초과하는 기간을 정하여 고용된 사람으로서 당해 기간을 초과하여 계속 고용되고 있는 사람

답 ④

꿰뚫어 보기

대량 고용변동 신고 시 이직하는 근로자 수에 포함되지 않는 자
1) 일용근로자 또는 기간을 정하여 고용된 사람
2) 수습 사용된 날부터 3개월 이내의 사람
3) 자기의 사정 또는 귀책사유로 이직하는 사람
4) 상시 근무를 요하지 아니하는 사람으로 고용된 사람
5) 천재지변이나 그 밖의 부득이한 사유로 인하여 사업의 계속이 불가능하게 되어 이직하는 사람

91 다음 ( )에 알맞은 것은?

> 남녀고용평등과 일·가정 양립 지원에 관한 법률상 사업주가 근로자에게 육아기 근로시간 단축을 허용하는 경우 단축 후 근로시간은 주당 (ㄱ)시간 이상이어야 하고 (ㄴ)시간을 넘어서는 아니된다.

	ㄱ	ㄴ
①	10	15
②	10	20
③	15	20
④	15	35

콕집어 해설

육아기 근로시간 단축
남녀고용평등과 일·가정 양립 지원에 관한 법률상 사업주가 근로자에게 육아기 근로시간 단축을 허용하는 경우 단축 후 근로시간은 주당 15시간 이상이어야 하고 35시간을 넘어서는 아니된다.

답 ④

92 남녀고용평등과 일·가정 양립에 관한 법령상 상시 300명 미만의 근로자를 사용하는 사업 또는 사업장에서의 배우자 출산휴가에 관한 설명으로 틀린 것은?

① 사업주는 근로자가 배우자 출산휴가를 청구하는 경우에 10일의 휴가를 주어야 한다.
② 사용한 배우자 출산휴가기간은 무급으로 한다.
③ 배우자 출산휴가는 근로자의 배우자가 출산한 날부터 90일이 지나면 청구할 수 없다.
④ 배우자 출산휴가는 1회에 한정하여 나누어 사용할 수 있다.

콕집어 해설

배우자 출산휴가
- 사업주는 근로자가 배우자의 출산을 이유로 휴가를 청구하는 경우 10일의 휴가를 주어야 한다.(①)
이 경우 사용한 휴가기간은 유급으로 한다.(②)
- 출산전후휴가급여 등이 지급된 경우에는 그 금액의 한도에서 지급책임을 면함
- 배우자 출산휴가는 근로자의 배우자가 출산한 날부터 90일이 지나면 청구할 수 없다.(③)
- 배우자 출산휴가는 1회에 한정하여 나누어 사용할 수 있다.(④)
- 사업주는 배우자 출산휴가를 이유로 근로자를 해고하거나 그 밖의 불리한 처우를 하여서는 아니 된다.

답 ②

해 무급(×)→'유급'

 **꿰뚫어 보기**

육아휴직급여를 지급받으려는 사람은 육아휴직을 시작한 날 이후 1개월부터 육아휴직이 끝난 날 이후 12개월 이내에 신청해야 한다. 다만, 해당 기간에 다음 사유로 육아휴직급여를 신청할 수 없었던 사람은 그 사유가 끝난 후 30일 이내에 신청해야 한다.
1) 천재지변
2) 본인이나 배우자의 질병·부상
3) 본인이나 배우자의 직계존속 및 직계비속의 질병·부상
4) 병역법에 따른 의무복무
5) 범죄혐의로 인한 구속이나 형의 집행

93 근로기준법령상 용어의 정의에 관한 설명으로 틀린 것은?

① "근로"란 정신노동과 육체노동을 말한다.
② "사용자"란 사업주 또는 사업 경영 담당자, 그 밖에 근로자에 관한 사항에 대하여 사업주를 위하여 행위하는 자를 말한다.
③ "통상임금"이란 이를 산정하여야 할 사유가 발생한 날 이전 3개월 동안에 그 근로자에게 지급된 임금의 총액을 그 기간의 총일수로 나눈 금액을 말한다.
④ "단시간근로자"란 1주 동안의 소정근로시간이 그 사업장에서 같은 종류의 업무에 종사하는 통상 근로자의 1주 동안의 소정근로시간에 비하여 짧은 근로자를 말한다.

콕집어 해설

근로기준법령상 용어
- '근로'란 정신노동과 육체노동을 말한다.(①)
- '근로자'란 직업의 종류와 관계없이 임금을 목적으로 사업이나 사업장에 근로를 제공하는 자를 말한다.
- '사용자'란 사업주 또는 사업 경영 담당자, 그 밖에 근로자에 관한 사항에 대하여 사업주를 위하여 행위하는 자를 말한다.(②)
- '통상임금'이란 근로자에게 정기적·일률적으로 소정근로시간 또는 총근로시간에 대하여 지급하기로 정하여진 시간급금액·일급금액·주급금액·월급금액 또는 도급금액을 말한다.(③)
- '평균임금'이란 평균임금 산정사유 발생일 이전 3개월 동안에 그 근로자에게 지급된 임금의 총액을 그 기간의 총일수로 나눈 금액을 말한다.(③)
- '단시간근로자'란 1주 동안의 소정근로시간이 그 사업장에서 같은 종류의 업무에 종사하는 통상 근로자의 1주 동안의 소정근로시간에 비하여 짧은 근로자를 말한다.(④)
- 기간제근로자란 기간의 정함이 있는 근로계약을 체결한 근로자를 말한다.

답 ③

94 근로기준법령상 이행강제금에 관한 설명으로 옳은 것은?

① 노동위원회는 구제명령을 받은 후 이행기한까지 구제명령을 이행하지 아니한 사용자에게 3천만원 이하의 이행강제금을 부과한다.
② 노동위원회는 이행강제금 납부의무자가 납부기한까지 이행강제금을 내지 아니하면 즉시 국세 체납처분의 예에 따라 징수할 수 있다.
③ 노동위원회는 최초의 구제명령을 한 날을 기준으로 매년 4회의 범위에서 구제명령이 이행될 때까지 반복하여 이행강제금을 부과·징수할 수 있다.
④ 근로자는 구제명령을 받은 사용자가 이행기한까지 구제명령을 이행하지 아니하면 이행기한이 지난 때부터 30일 이내에 그 사실을 노동위원회에 알려줄 수 있다.

콕집어 해설

이행강제금

- 노동위원회는 이행강제금을 부과하기 30일 전까지 이행강제금을 부과·징수한다는 뜻을 사용자에게 미리 문서로써 알려 주어야 한다.
- 노동위원회는 구제명령을 받은 후 이행기한까지 구제명령을 이행하지 아니한 사용자에게 3천만원 이하의 이행강제금을 부과한다.(①)
- 노동위원회는 이행강제금 납부의무자가 납부기한까지 이행강제금을 내지 아니하면 기간을 정하여 독촉을 하고 지정된 기간에 이행강제금을 내지 아니하면 국세 체납처분의 예에 따라 징수할 수 있다.(②)
- 노동위원회는 최초의 구제명령을 한 날을 기분으로 매년 2회의 범위에서 구제명령이 이행될 때까지 반복하여 이행강제금을 부과·징수 할 수 있다.(③)
- 근로자는 구제명령을 받은 사용자가 이행기한까지 구제명령을 이행하지 아니하면 이행기한이 지난 때부터 15일 이내에 그 사실을 노동위원회에 알려줄 수 있다.(④)

답 ①

해 2천만원 이하→'3천만원 이하'로 개정됨(21년.5月)

95 고용정책기본법령상 고용재난지역에 관한 설명으로 틀린 것은?

① 고용재난지역으로 선포할 것을 대통령에게 건의할 수 있는 자는 기획재정부장관이다.
② 고용재난지역의 선포를 건의 받은 대통령은 국무회의 심의를 거쳐 해당 지역을 고용 재난지역으로 선포할 수 있다.
③ 고용재난지역으로 선포하는 경우 정부는 행정상·재정상·금융상의 특별지원이 포함된 종합대책을 수립·시행할 수 있다.
④ 고용재난조사단은 단장 1명을 포함하여 15명 이하의 단원으로 구성한다.

콕집어 해설

고용재난지역

- 고용재난지역으로 선포할 것을 대통령에게 건의할 수 있는 자는 고용노동부장관이다.(①)
- 고용재난지역의 선포를 건의 받은 대통령은 국무회의 심의를 거쳐 해당 지역을 고용 재난지역으로 선포할 수 있다.(②)
- 고용재난지역으로 선포하는 경우 정부는 행정상·재정상·금융상의 특별지원이 포함된 종합대책을 수립·시행할 수 있다.(③)
- 고용재난조사단은 단장 1명을 포함하여 15명 이하의 단원으로 구성한다.(④)

답 ①

96 근로기준법상 근로감독관에 관한 설명으로 틀린 것은?

① 근로조건의 기준을 확보하기 위하여 고용노동부와 그 소속 기관에 근로감독관을 둔다.
② 근로감독관의 직무에 관한 범죄의 수사는 검사와 근로감독관이 전담하여 수행한다.
③ 근로감독관은 사업장, 기숙사, 그 밖의 부속 건물을 현장조사하고 장부와 서류의 제출을 요구할 수 있다.
④ 의사인 근로감독관이나 근로감독관의 위촉을 받은 의사는 취업을 금지하여야 할 질병에 걸릴 의심이 있는 근로자에 대하여 검진할 수 있다.

콕집어 해설

근로감독관

- 근로조건의 기준을 확보하기 위하여 고용노동부와 그 소속 기관에 근로감독관을 둔다.(①)
- 근로감독관의 직무에 관한 범죄의 수사는 검사와 일반사법경찰관이 수행한다.(②)
- 근로감독관은 사업장, 기숙사, 그 밖의 부속 건물을 현장조사하고 장부와 서류의 제출을 요구할 수 있다.(③)
- 의사인 근로감독관이나 근로감독관의 위촉을 받은 의사는 취업을 금지하여야 할 질병에 걸릴 의심이 있는 근로자에 대하여 검진할 수 있다.(④)

답 ②

해 근로감독관의 직무에 관한 범죄의 수사는 근로감독관이 담당할 수 없다.

97 **근로자퇴직급여 보장법령의 내용으로 옳지 않은 것은?**

① 상시 4명 이하의 근로자를 사용하는 사업 또는 사업장에는 퇴직급여제도를 설정하지 않아도 된다.

② 퇴직연금제도란 확정급여형퇴직연금제도, 확정기여형퇴직연금제도 및 개인형퇴직연금제도를 말한다.

③ 4주간을 평균하여 1주간의 소정근로시간이 15시간 미만인 근로자는 퇴직급여제도를 설정하지 않아도 된다.

④ 퇴직급여제도를 설정하는 경우에 하나의 사업에서 급여 및 부담금 산정방법의 적용 등에 관하여 차등을 두어서는 아니 된다.

콕집어해설

퇴직급여제도

- 이 법은 1명 이상의 근로자를 사용하는 모든 사업장에 적용한다.(①) 다만, 동거하는 친족만을 사용하는 사업 및 가구 내 고용활동에는 적용하지 아니한다.
- 퇴직연금제도란 확정급여형퇴직연금제도, 확정기여형퇴직연금제도 및 개인형퇴직연금제도를 말한다.(②)
- 4주간을 평균하여 1주간의 소정근로시간이 15시간 미만인 근로자는 퇴직급여제도를 설정하지 않아도 된다.(③)
- 퇴직급여제도를 설정하는 경우에 하나의 사업에서 급여 및 부담금 산정방법의 적용 등에 관하여 차등을 두어서는 아니 된다.(④)

답 ①

꿰뚫어 보기

퇴직급여제도

1) 사용자는 퇴직하는 근로자에게 급여를 지급하기 위하여 퇴직급여제도 중 하나 이상의 제도를 설정하여야 한다.
   다만, 계속근로기간이 1년 미만인 근로자, 4주간을 평균하여 1주간의 소정근로시간이 15시간 미만인 근로자에 대하여는 그러하지 아니하다.
2) 퇴직금제도를 설정하려는 사용자는 계속근로기간 1년에 대하여 30일분 이상의 평균임금을 퇴직금으로 퇴직 근로자에게 지급할 수 있는 제도를 설정해야 한다.
3) 사용자가 퇴직급여제도를 설정하거나 설정된 퇴직급여제도를 다른 종류의 퇴직급여제도로 변경하려는 경우에는 근로자의 과반수가 가입한 노동조합이 있는 경우에는 그 노동조합, 근로자의 과반수가 가입한 노동조합이 없는 경우에는 근로자 과반수(근로자대표)의 동의를 받아야 한다.
4) 사용자가 퇴직급여제도의 내용을 변경하려는 경우에는 근로자대표의 의견을 들어야 한다.
   다만, 근로자에게 불리하게 변경하려는 경우에는 근로자대표의 동의를 받아야 한다.
5) 사용자가 퇴직급여제도나 개인형 퇴직연금제도를 설정하지 아니한 경우에는 법정 퇴직금제도를 설정한 것으로 본다.

98 **직업안정법령상 근로자공급사업에 관한 설명으로 틀린 것은?**

① 근로자공급사업 연장허가의 유효기간은 연장전 허가의 유효기간이 끝나는 날부터 5년으로 한다.

② 누구든지 고용노동부장관의 허가를 받지 아니하고는 근로자공급사업을 하지 못한다.

③ 연예인을 대상으로 하는 국외 근로자공급 사업의 허가를 받을 수 있는 자는 민법상 비영리법인으로 한다.

④ 국내 근로자공급사업 허가를 받을 수 있는 자는 「노동조합 및 노동관계조정법」에 따른 노동조합이다.

콕집어해설

근로자공급사업

- 근로자공급사업은 공급계약에 따라 근로자를 타인에게 사용하게 하는 사업을 말한다.
- 근로자공급사업은 고용노동부장관의 허가를 필요로 한다.(②)
- 근로자공급사업 허가의 유효기간은 3년이며, 유효기간이 끝난 후 연장허가의 유효기간 또한 연장 전 허가의 유효기간이 끝나는 날부터 3년이다.(①)
- 근로자공급사업은 근로자가 취업하려는 장소를 기준으로, 국내 근로자공급사업과 국외 근로자공급사업으로 구분한다.
- 국내 근로자공급사업의 경우 그 사업의 허가를 받을 수 있는 자는 < 노동조합 및 노동관계조정법 > 에 따른 노동조합이며, 국외 근로자공급사업은 국내에서 제조업, 건설업, 용역업, 그 밖의 서비스업을 하고 있는 자이다.(④)
- 근로자공급사업에는 < 파견근로자보호 등에 관한 법률 > 에 따른 근로자파견사업은 제외한다.
- 연예인을 대상으로 하는 국외 근로자공급 사업의 허가를 받을 수 있는 자는 민법상 비영리법인으로 한다.(③)

답 ①

99 남녀고용평등과 일·가정 양립 지원에 관한 법률에 명시되어 있는 내용이 아닌 것은?

① 직장 내 성희롱의 금지
② 배우자 출산휴가
③ 육아휴직
④ 생리휴가

콕집어 해설

남녀고용평등과 일·가정 양립 지원에 관한 법률에 명시된 내용
- 직장 내 성희롱의 금지(①)
- 출산전후 휴가에 대한 지원
- 배우자 출산휴가(②)
- 난임치료휴가
- 육아휴직(③)
- 육아기 근로시간 단축
- 남녀차별금지
- 적극적 고용개선 조치
- 직장어린이집 설치 및 지원
- 근로자의 가족 돌봄 등을 위한 지원
- 명예고용평등감독관

답 ④

해 '생리휴가'는 근로기준법의 규정내용이다.

100 고용보험법령상 고용보험기금의 용도에 해당하지 않는 것은?

① 일시 차입금의 상환금과 이자
② 실업급여의 지급
③ 보험료의 반환
④ 국민건강 보험료의 지원

콕집어 해설

고용보험기금의 용도
- 일시 차입금의 상환금과 이자
- 실업급여의 지급
- 보험료의 반환
- 국민연금 보험료의 지원
- 고용안정 · 직업능력개발 사업에 필요한 경비
- 육아휴직 급여 및 출산전후휴가 급여의 지급

답 ④

2024년 3회

제1과목 | 직업상담학

01 상담자가 길을 전혀 잃어버리지 않고 마치 자신이 내담자의 세계에서 경험을 하는 듯한 능력을 의미하는 상담기법은?

① 직면 ② 즉시성
③ 리허설 ④ 감정이입

콕집어 해설

상담기법

- 직면 : 내담자가 모르고 있거나 인정하기를 거부하는 생각에 대해 스스로 모순점을 파악하도록 하는 기법이다.
- 즉시성 : 상담자가 자신의 바람은 물론, 내담자의 느낌 등을 이해하는 것이다.
- 리허설 : 내담자에게 선정된 행동을 연습하게 해서 계약 실행 기회를 최대화하도록 돕는 것이다.
- 감정이입 : 상담자가 길을 전혀 잃어버리지 않고 마치 자신이 내담자의 세계에서 경험을 하는 듯한 능력을 의미하는 것이다.

답 ④

02 내담자의 인지적 명확성을 사정할 때 고려할 사항이 아닌 것은?

① 직장을 처음 구하는 사람과 직업전환을 하는 사람의 직업상담에 관한 접근은 동일하게 해야 한다.
② 직장인으로서의 역할이 다른 생애 역할과 복잡하게 얽혀 있는 경우 생애 역할을 함께 고려한다.
③ 직업상담에서는 내담자의 동기를 고려하여 상담이 이루어져야 한다.
④ 우울증과 같은 심리적 문제로 인지적 명확성이 부족한 경우 진로문제에 대한 결정은 당분간 보류하는 것이 좋다.

콕집어 해설

인지적 명확성

- 직장을 처음 구하는 사람에게는 내담자의 자기인식수준에 대한 탐색이 가장 시급하고, 직업전환을 원하는 사람에게는 내담자의 변화에 대한 인지능력 탐색이 선행되어야 한다.(①)
- 직장인으로서의 역할이 다른 생애 역할과 복잡하게 얽혀 있는 경우 생애 역할을 함께 고려한다.(②)
- 직업상담에서는 내담자의 동기를 고려하여 상담이 이루어져야 한다.(③)
- 우울증과 같은 심리적 문제로 인지적 명확성이 부족한 경우 진로문제에 대한 결정은 당분간 보류하는 것이 좋다.(④).

답 ①

해 동일하게(×)→'다르게'

꿰뚫어 보기

인지적 명확성이 부족한 내담자의 유형 및 개입 방법

[단복가구원 무비양파강 걸고잘자~~]

1) 단순 오정보 : 정보 제공하기
2) 복잡한 오정보 : 논리적 분석
3) 가정된 불가능 : 격려
4) 구체성의 결여 : 구체화시키기
5) 원인과 결과의 착오 : 논리적 분석
6) 무력감 : 지시적 상상
7) 비난하기 : 직면, 논리적 부석
8) 양면적 사고 : 역설적 사고
9) 파행적 의사소통 : 저항에 초점 맞추기
10) 강박적 사고 : 합리적·정서적 치료
11) 걸러내기 : 재구조화하기
12) 고정성 : 정보 제공하기
13) 잘못된 의사결정 방식 : 심호흡 시키기
14) 자기인식의 부족 : 은유나 비유 쓰기

03 진로 선택과 관련된 이론으로 인생초기의 발달 과정을 중시하는 이론은?

① 인지적 정보처리이론
② 정신분석이론
③ 사회학습이론
④ 진로발달이론

콕집어 해설

정신분석이론
- 인간의 행동이 현재의 사건에 의해 발생하거나 우연히 발생하는 것이 아니라, 무의식적이고 비합리적인 생물학적 본능과 생애 초기의 심리성적 사건에 의해서 결정된다고 본다.
- 상담의 목적은 무의식을 의식으로 전환케 하는 것이다.
- 상담은 내담자의 무의식적인 방어에 대해 전이를 통해 탐색하는 것이다.
- 궁극적으로 내담자로 하여금 무의식적인 욕구나 갈등을 통제하도록 하는 것이다.
- 상담사의 중요한 자질은 내담자의 전이를 촉진시키는 '텅 빈스크린'으로서의 역할이다.

답 ②

해 인생초기의 발달과정을 중시하는 상담방법으로는 정신분석적 상담, 개인주의 상담, 교류분석 상담 등이 있다.

꿰뚫어 보기

- 인지적 정보처리이론 : 진로선택에 있어서 인지의 역할과 개인의 정보처리능력을 중시한다.
- 사회학습이론 : 유전적 요인과 특별한 능력, 환경조건과 사건, 학습경험, 과제접근기술 등이 진로를 결정한다고 생각한다.
- 진로발달이론 : 진로 선택의 과정은 개인의 발달과정 및 발달단계에 해당하는 과정이며, 진로성숙의 과정에 대해 기술한다.

04 직업상담의 목표와 거리가 가장 먼 것은?

① 적성과 흥미를 탐색하고 확대한다.
② 진로발달이나 직업문제에 대한 처치를 한다.
③ 새로운 노동시장의 영역을 개척한다.
④ 직업과 관련된 문제해결에 관심을 갖는다.

콕집어 해설

직업상담의 목표
- 적성과 흥미를 탐색하고 확대한다.(①)
- 진로발달이나 직업문제에 대한 처치를 한다.(②)
- 직업과 관련된 문제해결에 관심을 갖는다.(④)
- 내담자의 합리적인 의사결정능력을 증진시킨다.
- 내담자의 성장과 능력을 향상시킨다.

답 ③

해 새로운 노동시장의 영역을 개척하는 것은 직업상담의 목표가 아니다.

꿰뚫어 보기

기즈버스(Gysbers)의 직업상담 목표 [예처결]

1) 예언과 발달 : 생애진로발달상에서 내담자의 적성과 흥미를 탐색하고 확대하도록 돕는다.
2) 처치와 자극 : 내담자가 자신의 진로발달이나 직업문제에 대한 처치와 해결을 할 수 있도록 돕는다.
3) 결함과 유능 : 내담자가 자신의 결함보다는 유능에 초점을 두도록 돕는다.

05 자기인식이 부족한 내담자를 사정할 때 인지에 대한 통찰을 재구조화하거나 발달시키는데 적합한 방법은?

① 직면이나 논리적 분석을 해준다.
② 불안에 대처하도록 심호흡을 시킨다.
③ 은유나 비유를 사용한다.
④ 사고를 재구조화 한다.

콕집어 해설

인지적 명확성이 부족한 내담자 유형과 상담자의 개입방법
- 비난하기 : 직면이나 논리적 분석을 해준다.(①)
- 잘못된 의사결정방식 : 불안에 대처하도록 심호흡을 시킨다.(②)
- 자기인식의 부족 : 은유나 비유를 사용한다.(③)
- 걸러내기 : 사고를 재구조화 한다.(④)

답 ③

꿰뚫어 보기

인지적 명확성이 부족한 내담자의 유형 및 개입 방법
[단복가구원 무비양파강 걸고잘자~~]

1) 단순 오정보-정보 제공하기
2) 복잡한 오정보-논리적인 분석
3) 가정된 불가능-격려
4) 구체성의 결여-구체화시키기
5) 원인과 결과의 착오-논리적 분석
6) 무력감-지시적 상상
7) 비난하기-직면, 논리적 분석
8) 양면적 사고-역설적 사고
9) 파행적 의사소통-저항에 초점 맞추기
10) 강박적 사고-합리적·정서적 치료
11) 걸러내기- 재구조화하기
12) 고정성-정보 제공하기
13) 잘못된 의사결정 방식-심호흡 시키기
14) 자기인식의 부족-은유나 비유 쓰기

06 포괄적 직업상담 과정에 대한 설명으로 틀린 것은?

① 내담자가 직업선택에서 가졌던 문제들을 상담한다.
② 내담자가 자신의 내부와 주변에서 일어나는 일들을 충분히 자각하게 한다.
③ 직업심리검사를 통해 내담자의 문제를 명료화한다.
④ 상담과 검사를 통해 얻어진 자료를 바탕으로 직업정보를 제공한다.

콕집어 해설

포괄적 직업상담(Crites)
- 진단단계(1단계): 내담자의 진로문제를 진단하기 위해 관련 자료를 수집한다.
- 명료화 또는 해석단계(2단계): 상담자와 내담자가 협력해서 의사결정 과정을 방해하는 내담자의 문제를 명료화하거나 해석한다.
- 문제해결단계(3단계): 내담자가 자신의 문제를 확인하고 적극적으로 참여하여 문제해결을 위해 어떤 행동을 취할 것인지를 결정한다.

답 ②

해 자신과 주변의 일들을 자각하는 것은 '형태주의 상담'의 목표이다.

꿰뚫어 보기

형태주의(게슈탈트) 상담의 목표 [형 자자 잠]
1) 자각에 의한 성숙과 통합의 성취
2) 자신에 대한 책임감
3) 잠재력의 실현에 따른 변화와 성장

07 수퍼(Super)의 여성 진로유형 중 학교졸업 후에도 직업을 갖지 않는 진로유형은?

① 안정적인 가사 진로유형
② 전통적인 진로유형
③ 단절 진로유형
④ 불안정 진로유형

콕집어 해설

수퍼(Super)의 여성 진로유형
- 안정적인 가사 진로유형: 학교졸업 후에도 직업을 갖지 않는 진로유형이다.
- 전통적인 진로유형: 학교 졸업 후 직장생활을 하다가 결혼하면서 퇴직하고 가정생활에 몰두하는 진로유형이다.
- 단절 진로유형: 학교 졸업 후 직장생활을 하다가 결혼하면서 퇴직하고 가정생활에 몰두하다가, 자녀가 어느 정도 성장하면 재취업을 통해 자아실현을 추구하는 진로유형이다.
- 불안정 진로유형: 학교 졸업 후 가정생활과 직장생활을 번갈아 시행하는 진로유형이다.

답 ①

08 Super가 제시한 흥미사정 기법에 해당하지 않는 것은?

① 표현된 흥미　　② 선호된 흥미
③ 조작된 흥미　　④ 조사된 흥미

콕집어 해설

수퍼(Super)의 흥미사정 기법 [표조조]
- 표현된 흥미: 내담자에게 직업에 대해 좋고 싫음을 묻는 질문을 한다.
- 조작된 흥미: 활동에 대해 질문을 하거나 활동에 참여한 사람들이 어떻게 시간을 보내는지 관찰한다.
- 조사된 흥미: 다양한 활동에 대해 좋고 싫음을 묻는 표준화된 검사를 통해 흥미를 파악한다.

답 ②

09 진로시간전망 검사지를 사용하는 주요 목적과 가장 거리가 먼 것은?

① 목표설정 촉구 ② 계획기술 연습
③ 진로계획 수정 ④ 진로의식 고취

족집어 해설

진로시간전망 검사지의 사용 목적 [미미 미계목 현계진]

- 미래의 방향을 이끌어내기 위해
- 미래에 대한 희망을 심어주기 위해
- 미래가 실제인 것처럼 느끼도록 하기 위해
- 계획에 대한 긍정적 태도를 심어주기 위해
- 목표설정을 촉구하기 위해
- 현재의 행동을 미래의 결과와 연계시키기 위해
- 계획기술을 연습시키기 위해
- 진로인식을 고취시키기 위해

답 ③

꿰뚫어 보기

진로시간전망 개입의 3가지 측면
[방(미미) 변(미계목) 통(현계진)]

1) 방향성 : 미래에 대한 방향을 제시하고 희망을 심어준다.
2) 변별성 : 미래를 현실처럼 느끼게 하고, 계획에 대한 긍정적 태도를 강화시켜 목표설정을 촉구한다.
시간차원 내 사건의 강도와 확장의 원리를 기초로 수행되는 차원이다.
3) 통합성 : 현재의 행동을 미래의 결과와 연계시키고, 계획기술을 연습시켜서 진로인식을 고취시킨다.

10 교류분석상담의 상담과정에서 내담자 자신의 부모자아, 성인자아, 어린이자아의 내용이나 기능을 이해하는 방법은?

① 구조분석 ② 의사교류분석
③ 게임분석 ④ 생활각본분석

족집어 해설

구조분석의 3가지 자아상태

1) 부모자아(P) : 어릴 때 부모에게서 받은 영향을 재현하는 자아상태로써, 개인의 가치관이나 신념 등을 나타낸다.
2) 성인자아(A) : 현실을 합리적이고 객관적으로 판단하며, 문제에 대한 적절한 해결책을 찾는 자아상태이다.
3) 아동자아(C) : 어린 애처럼 행동하거나 어린 애의 감정을 그대로 표현하는 자아상태이다.

답 ①

꿰뚫어 보기

교류분석 상담의 분석유형 [구교라각]

1) 구조분석 : 내담자의 성격에 대한 자아상태를 부모, 성인, 아동자아로 구분하여 자아의 내용과 기능을 이해하도록 돕는다.
2) (의사)교류분석 : 두 사람 간의 의사소통 과정에서 나타나는 상보교류, 교차교류, 이면교류를 파악하여 효율적인 교류가 이루어지도록 돕는다.
3) 라켓 및 게임분석 : 내담자로 하여금 부적응적인 라켓감정과 이를 유발하는 게임을 깨닫게 하여 긍정적인 자아상태가 되도록 돕는다.
4) (생활)각본분석 : 내담자의 과거 제한적인 각본신념이 효율적인 신념으로 전환되도록 돕는다.

11 Crites가 제시한 직업상담 과정에 포함되지 않는 것은?

① 진단 ② 문제 분류
③ 정보 제공 ④ 문제 구체화

족집어 해설

포괄적 직업상담 과정에 포함되는 것(Crites)

크라이티스는 직업상담과정에 진단, 문제분류, 문제 구체화, 문제해결의 단계가 포함된다고 주장했다.

답 ③

12 직업카드분류(OCS)는 내담자의 어떤 특성을 사정하기 위한 도구인가?

① 흥미사정 ② 가치사정
③ 동기사정 ④ 성격사정

콕집어 해설

직업카드분류(OCS)
직업선택의 동기와 가치를 알아보기 위한 방법으로써, 직업카드를 선호군, 혐오군, 미결정 중성군으로 분류하여 '흥미를 사정'하는 기법이다.

답 ①

13 아들러(A. Adler)의 개인주의 상담에 관한 설명으로 맞는 것을 모두 고른 것은?

ㄱ. 범인류적 유대감을 중시한다.
ㄴ. 인간을 전체적 존재로 본다.
ㄷ. 사회 및 교육문제에 관심을 갖는다.

① ㄱ, ㄴ　② ㄱ, ㄷ
③ ㄴ, ㄷ　④ ㄱ, ㄴ, ㄷ

콕집어 해설

아들러(A. Adler)의 개인주의 상담
- 개인은 사회적 환경에 관해서만 이해할 수 있으며 사회 및 교육문제에 관심을 갖는다.(ㄷ)
- 상담자는 내담자로 하여금 강점이나 장점을 자각하도록 돕고 상담을 주도적으로 이끈다.
- 무의식이 아닌 의식이 그들의 삶을 결정하는 데 책임을 지며 인간을 전체적·동합적 존재로 본다.(ㄴ)
- 인간은 성적 동기보다 사회적 동기에 의해 동기화된다.
- 상담과정은 사건의 객관성보다는 주관적 지각과 해석을 중시한다.
- 범인류적 유대감을 중시하고, 인간을 목적론적 존재로 보아 인간의 행동은 목적적이고 목표 지향적이라고 본다.(ㄱ)
- 인간의 성격은 분리할 수 없는 단위이며 각 개인은 독특한 존재라고 본다.
- 개인은 일, 사회, 성(性) 등 3가지 주요 인생과제에 반응해 야 한다.

답 ④

꿰뚫어 보기

아들러(Adler)의 개인주의 상담의 목표
1) 개인적 열등감의 극복과 우월성의 추구를 궁극적 목표로 삼는다.
2) 잘못된 동기를 수정하는 데 목표를 둔다.
3) 내담자의 잘못된 행동보다는 잘못된 가치를 수정하는데 초점을 둔다.
4) 내담자가 사회적 관심을 갖도록 돕는다.
5) 사회구성원으로서 사회에 기여하도록 돕는다.
6) 타인과 동질감을 갖도록 돕는다.

14 내담자중심 상담이론에 관한 설명으로 틀린 것은?

① Rogers의 상담경험에서 비롯된 이론이다.
② 상담의 기본목표는 개인이 일관된 자아개념을 가지고 자신의 기능을 최대로 발휘하는 사람이 되도록 도울 수 있는 환경을 제공하는 것이다.
③ 특정 기법을 사용하기보다는 내담자와 상담자 간의 안전하고 허용적인 나와 너의 관계를 중시한다.
④ 상담기법으로 적극적 경청, 감정의 반영, 명료화, 공감적 이해, 내담자 정보탐색, 조언, 설득, 가르치기 등이 이용된다.

콕집어 해설

내담자중심 상담이론
- Rogers의 상담경험에서 비롯된 이론이다.(①)
- 상담의 기본목표는 개인이 일관된 자아개념을 가지고 자신의 기능을 최대로 발휘하는 사람이 되도록 도울 수 있는 환경을 제공하는 것이다.(②)
- 특정 기법을 사용하기보다는 내담자와 상담자 간의 안전하고 허용적인 나와 너의 관계를 중시한다.(③)
- 상담기법으로 적극적 경청, 감성의 반영, 명료화, 공감적 이해 등과 같은 비지시적 기법을 이용한다.(④)

답 ④

해 내담자의 정보탐색, 조언, 설득, 가르치기 등과 같은 '지시적 기법'은 사용하지 않는다.

꿰뚫어 보기

내담자중심 접근법에서 상담사가 갖추어야 할 태도 [일공무]
1) 일치성과 진실성 : 진실하고 개방적이어야 한다.
2) 공감적 이해 : 내담자의 내면세계를 마치 자신의 것처럼 느껴야 한다.
3) 무조건적 수용 : 내담자를 무조건적이고 긍정적으로 존중해야 한다.

15 다음 설명에 해당하는 행동주의 상담기법은?

> • 불안을 역제지하는 방법으로 사용한다.
> • 대인관계에서 오는 불안의 제거에 효과적이다.
> • 이 기법의 목표는 내담자로 하여금 광범위한 대인관계의 상황에 효과적으로 대처하기 위해 필요한 기술과 태도를 갖추게 하는 데 있다.

① 모델링 ② 주장훈련
③ 자기관리 프로그램 ④ 행동계약

콕집어 해설

행동주의 상담기법

- 모델링 : 타인의 행동에 대한 관찰과 모방을 통해 내담자의 학습을 촉진한다.
- 주장훈련 : 내담자에게 불안이외의 감정을 표현하게 하여 불안을 역제지하는 방법으로 대인관계에서의 불안을 제거한다.
- 자기관리 프로그램 : 내담자가 자기지시적인 삶을 영위하고 상담자에게 의존하지 않도록 상담자가 내담자의 지식을 공유하면서 자기강화기법을 적극적으로 활용하는 것이다.
- 행동계약 : 둘 이상의 사람들이 기간을 정해 놓고 각자의 해야 할 행동을 정한 후 그 내용을 지키기로 계약을 맺는 것이다.

답 ②

16 직업카드 분류에 관한 설명으로 틀린 것은?

① 내담자를 능동적으로 참여하도록 한다.
② 즉각적인 피드백을 제공한다.
③ 내담자가 제한적으로 반응하도록 구성되어 있다.
④ 상담자가 내담자에 대한 의미 있는 여러 정보를 얻을 수 있다.

콕집어 해설

직업카드 분류

- 내담자를 능동적으로 참여하도록 한다.(①)
- 즉각적인 피드백을 제공한다.(②)
- 내담자가 유연하게 반응하도록 구성되어 있다.(③)
- 상담자가 내담자에 대한 의미 있는 여러 정보를 얻을 수 있다.(④)

답 ③

해 제한적 반응(×)→'유연한 반응'

17 내담자의 정보와 행동을 이해하고 해석할 때 기본이 되는 상담기법 중 '가정 사용하기'에 해당하는 질문이 아닌 것은?

① 당신은 자신의 일이 마음에 듭니까?
② 당신의 직업에서 마음에 드는 것은 어떤 것들입니까?
③ 당신의 직업에서 좋아하지 않는 것은 무엇입니까?
④ 어떤 사람이 상사가 되었으면 좋겠습니까?

콕집어 해설

가정 사용하기

내담자에게 어떤 특정 행동이 존재했다는 것을 가정하고 질문함으로써, 내담자의 방어를 최소화하고 그의 행동을 예측하려는 기법이다.

예

- 당신의 직업에서 마음에 드는 것은 어떤 것들입니까?
  →마음에 드는 것이 있다는 가정(②)
- 당신의 직업에서 좋아하지 않는 것은 무엇입니까?
  →좋아하지 않는 것이 있다는 가정(③)
- 어떤 사람이 상사가 되었으면 좋겠습니까?
  →상사가 될만한 사람이 있다는 가정(④)

답 ①

해 "당신은 자신의 일에서 마음에 드는 게 무엇입니까"로 바꾸어 질문해야 한다.

18 생애진로사정의 구조에 포함되지 않는 것은?

① 진로사정 ② 강점과 장애
③ 훈련 및 평가 ④ 전형적인 하루

콕집어 해설

생애진로사정의 구조 [진전강요]

- 진로사정 : 내담자의 직업경험, 교육 또는 훈련과정과 관련된 문제들, 여가활동 등에 관해 사정한다.
- 전형적인 하루 : 내담자가 의존적 또는 독립적인지, 자발적 또는 체계적인지 성격을 파악하도록 돕는다.
- 강점과 장애 : 내담자가 스스로 생각하는 자신의 주요 강점 및 장애에 대해 질문한다.
- 요약 : 내담자에게 자신에 대해 알게 된 내용을 요약하게 함으로써 자기인식을 증진시킨다.

답 ③

꿰뚫어 보기

생애진로사정을 통해 알 수 있는 정보
1) 내담자의 직업경험과 교육수준을 나타내는 객관적인 사실
2) 내담자의 기술과 유능성에 대한 자기평가 및 상담자의 평가 정보
3) 내담자의 가치관 및 자기인식 정도

19 비구조화 집단에 관한 설명으로 틀린 것은?

① 감수성 훈련, T집단이 해당된다.
② 폭넓고 깊은 상호작용이 이루어질 수 있다.
③ 구조화집단보다 지도자의 전문성이 더욱 요구된다.
④ 비구조화가 중요하기에 지도자가 어떤 계획을 세울 필요는 없다.

콕집어 해설

비구조화 집단
- 미리 정해진 순서나 활동이 없고 정확히 짜여진 프로그램이 없이 참가자들의 자발적 대화와 참여로 진행되는 집단이다.
- 감수성 훈련, T집단이 해당된다.
- 폭넓고 깊은 상호작용이 이루어질 수 있다.
- 구조화집단보다 지도자의 전문성이 더욱 요구된다.
- 비구조적 측면의 산만함을 보완하기 위해 지도자가 어떤 계획을 세울 필요가 있다.

답 ④

꿰뚫어 보기

집단상담의 형태
1) 상담집단 : 구성원의 자기이해 정도, 대인관계 문제 등을 돕기 위한 집단으로써, 안정감과 신뢰감 있는 분위기를 중시한다.
2) 지도집단 : 구조화된 집단상담으로써, 집단지도자의 강연 등을 통해 구성원들에게 정보를 제공하는 것을 목표로 한다.
3) 치료집단 : 주로 병원 등에서 행해지는 집단상담으로써 치료를 목적으로 하는 집단상담이다.
4) 자조집단 : 공통적 문제나 관심을 가진 사람들이 각자의 경험을 공유하기 위하여 자발적으로 형성한 집단이다.
5) 감수성집단 : 구성원들이 자신과 타인에 대한 인식을 증진하도록 함으로써, 효율적인 상호작용이 이루어지도록 한다.
6) T집단(훈련집단) : 비구조화된 상담으로써, 집단성원 모두가 직접 참여하여 스스로의 목표를 설정하고 상호 간 피드백을 해 준다.

20 상담사의 윤리적 태도와 행동으로 옳은 것은

① 내담자와 상담관계 외에도 사적으로 친밀한 관계를 형성한다.
② 과거 상담사와 성적 관계가 있었던 내담자라도 상담관계를 맺을 수 있다.
③ 내담자의 사생활과 비밀보호를 위해 상담 종결 즉시 상담기록을 폐기한다.
④ 비밀보호의 예외 및 한계에 관한 갈등상황에서는 동료 전문가의 자문을 구한다.

콕집어 해설

상담사의 윤리적 태도
- 내담자와 상담관계 외에도 사적으로 친밀한 관계를 형성하는 것은 바람직하지 않다.(①)
- 과거 상담사와 성적 관계가 있었던 내담자라면 상담관계를 맺어선 안된다.(②)
- 내담자의 사생활과 비밀보호를 위해 상담 종결 즉시 상담기록을 폐기해서는 안되며, 법과 규정 등에 따라 일정 기간 보관하고 기간이 경과된 기록은 파기해야 한다.(③)
- 상담사는 자신의 신념, 가치, 제한점 등이 상담에 미칠 영향력을 자각해야 한다.
- 내담자가 의존적 상담관계를 형성하지 않도록 노력해야 한다.
- 비밀보호의 예외 및 한계에 관한 갈등상황에서는 동료 전문가의 자문을 구한다(④)

답 ④

꿰뚫어 보기

비밀보호의 한계
1) 내담자가 자신의 생명이나 타인 및 사회의 안전을 위협하는 경우
2) 내담자가 감염성이 있는 치명적인 질병이 있는 경우
3) 내담자가 아동학대를 하는 경우
4) 미성년인 내담자가 학대를 당하고 있는 경우
5) 법적으로 정보의 공개가 요구되는 경우

제2과목 | 직업심리학

21 진로성숙도검사(CMI) 중 태도척도의 하위영역과 문항의 예가 틀리게 연결된 것은?

① 결정성(decisiveness) - 나는 선호하는 진로를 자주 바꾸고 있다.
② 관여도(involvement) - 나는 졸업할 때까지는 진로선택 문제에 별로 신경을 쓰지 않을 것이다.
③ 타협성(compromise) - 나는 부모님이 정해주시는 직업을 선택하겠다.
④ 지향성(orientation) - 일하는 것이 무엇인지에 대해 생각한 바가 거의 없다.

콕집어 해설

직업성숙도검사(CMI)중 태도척도 [결참 독지타]

- 결정성 : 선호하는 진로의 방향에 대한 확신의 정도이다.
  예 "나는 선호하는 진로를 자주 바꾸고 있다."
- 참여도(관여도) : 진로선택 과정에 능동적으로 참여하는 정도이다.
  예 "나는 졸업할 때까지는 진로선택 문제에 별로 신경을 쓰지 않겠다."
- 독립성 : 진로선택을 독립적으로 할 수 있는 정도이다.
  예 "나는 부모님이 정해 주시는 직업을 선택하겠다."
- 지향성(성향) : 진로결정에 필요한 사전 이해와 준비의 정도이다.
  예 "일하는 것이 무엇인지에 대해 생각한 바가 거의 없다."
- 타협성 : 진로선택 시 욕구와 현실에 타협하는 정도이다.
  예 "나는 하고 싶기는 하나 할 수 없는 일을 생각하느라 시간을 보내곤 한다."

답 ③

해 '독립성'에 대한 설명이다.

꿰뚫어 보기

CMI의 능력척도 [자직 목계문]

1) 자기평가 : 자신의 성격, 흥미, 태도를 명확히 지각하고 이해하는 능력
2) 직업정보 : 직업세계에 대한 지식 등을 얻고 평가하는 능력
3) 목표선정 : 자기평가와 직업정보를 토대로 직업을 선택하는 능력
4) 계획 : 직업목표 선정 후 이를 달성하기 위해 계획을 수립하는 능력
5) 문제해결 : 진로결정 과정에서 발생하는 다양한 문제들을 해결하는 능력

22 적성검사의 결과에서 중앙값이 의미하는 것은?

① 100점 만점에서 50점을 획득하였다.
② 자신이 얻을 수 있는 최고 점수를 얻었다.
③ 적성검사에서 도달해야 할 준거점수를 얻었다.
④ 같은 또래 집단의 점수분포에서 평균 점수를 얻었다.

콕집어 해설

중앙값(중앙치)

- 모든 점수를 크기 순서대로 배열했을 때 가장 중앙에 위치한 값이다.
  예 사례가 홀수인 경우 '5, 6, 8, 9, 10'일 때 중앙값은 '8'이다.
  사례가 짝수인 경우 '5, 6, 7, 8, 9, 10'일 때 중앙값은 $\frac{7+8}{2}$ =7.5이다.
- 점수분포가 정규분포를 따를 때 중앙값은 평균과 일치한다.
- 중앙값은 서열척도 이상(크기 순이 있어야 함)에서 측정이 가능하며, 최빈값은 명명척도 이상, 평균과 표준편차는 등간척도 이상으로 측정된 자료에서만 파악할 수 있다.

답 ④

꿰뚫어 보기

통계의 기본개념

1) 중심경향치로써의 대푯값
   ㄱ. 평균값 : 어떤 분포에서 모든 점수의 합을 전체 사례수로 나누어 얻은 값이다.
      예 4과목 점수가 90, 100, 80, 90 인 경우, 모든 점수를 합하여 이것을 사례수(4과목)으로 나누면 평균값이 '90'이 된다.
   ㄴ. 중앙값 : 모든 점수를 크기 순서대로 배열했을 때 가장 중앙에 위치한 값이다.
      예 사례가 홀수인 경우 '5, 6, 8, 9, 10'일 때 중앙값은 '8'이다.
      사례가 짝수인 경우 '5, 6, 7, 8, 9, 10'일 때 중앙값은 $\frac{7+8}{2}$ =7.5이다.
   ㄷ. 최빈값 : 빈도분포에서 빈도가 가장 높은 점수 또는 급간의 중간 점수이다.

예 사례값이 '1, 2, 2, 2, 3, 3, 4'인 경우 최빈값은 '2'이나, 사례값이 '1, 1, 1, 1, 1, 1, 1'처럼 값이 모두 같으면 최빈값은 없다.

2) 분산의 판단 기준

ㄱ. 범위 : 점수분포에 있어서 최고점수에서 최저점수까지의 거리이다.
범위 = 최고점수-최저점수 + 1
예 '2, 4, 5, 7'의 범위는 7-2+1=6 이다.

ㄴ. 분산 : 변수분포의 모든 변숫값들을 통해 흩어진 정도를 추정한다.

ㄷ. 표준편차 : 평균에서 각 점수들이 평균적으로 이탈된 정도를 말한다.

23 다음에 해당하는 직무 및 조직관련 스트레스 요인은?

직장 내 요구들 간의 모순 혹은 직장의 요구와 직장 밖 요구 사이의 모순이 있을 때 발생한다.

① 역할 갈등 ② 역할 과다
③ 과제 특성 ④ 역할 모호성

콕집어해설

역할갈등

역할담당자의 역할과 역할전달자의 역할기대가 상충함으로써 발생한다.

1) 개인 간 역할갈등 : 직업에서의 요구와 직입 이외의 요구 간의 갈등에서 발생한다.
2) 개인 내 역할갈등 : 직업에서의 요구와 개인의 가치관이 다를 때 발생한다.
3) 송신자 간 갈등 : 두 명 이상의 요구가 갈등을 일으킬 때 발생한다.
4) 송신자 내 갈등 : 업무 지시자가 서로 배타적이고 양립할 수 없는 요구를 할 때 발생한다.

답 ①

꿰뚫어 보기

직무 및 조직 관련 스트레스원

1) 복잡한 과제 및 반복 과제(과제 특성) : 복잡한 과제는 정보과부화를 일으켜서 스트레스를 높일 수 있으며, 지루하게 반복되는 과업의 단조로움은 매우 위험한 스트레스 요인이 될 수 있다.
2) 역할갈등
3) 역할모호성 : 역할담당자가 역할기대자의 역할기대에 대해 명확히 알지 못함으로써 발생한다.
4) 역할과다/역할과소 : 직무에서의 요구가 역할담당자의 능력을 벗어날 때 역할과다가, 역할담당자의 능력을 충분히 활용하지 못할 때는 역할과소가 발생한다.
5) 산업의 조직문화와 풍토 : 미국과 같은 개인주의적·공식적 조직에서는 주로 구조적 변수(의사결정의 참여 등)로, 한국과 같은 집합주의적·비공식적 조직에서는 주로 인간관계 변수(동료와의 관계 등)로 역할갈등이 발생한다.

24 경력개발 프로그램 중 종업원 역량개발 프로그램과 가장 거리가 먼 것은?

① 훈련 프로그램 ② 사내공모제
③ 후견인 프로그램 ④ 직무순환

콕집어해설

종업원 (능력)개발 프로그램

- 훈련 프로그램 : 컴퓨터 교육에서 대인관계까지 조직 내에서 실시하는 다양한 내용의 훈련프로그램을 말한다.
- 후견인 프로그램(멘토십 시스템) : 종업원이 조직에 쉽게 적응하도록 상사가 후견인이 되어 도와주는 프로그램이다.
- 직무순환 프로그램 : 종업원에게 다양한 직무를 경험하게 함으로써 여러 분야의 능력을 개발하게 하는 프로그램이다.

답 ②

해 정보제공에 해당한다.

꿰뚫어 보기

경력개발 프로그램 유형 [자개 정종종]

1) 자기평가 도구 : 경력워크숍, 경력연습책자 등
2) 개인상담
3) 정보제공 : 사내공모제, 기술목록, 경력자원기관 등
4) 종업원 평가 : 평가기관, 심리검사, 조기발탁제 등
5) 종업원 개발 : 훈련 프로그램, 후견인 프로그램, 직무순환 프로그램 등

25 Lofquist와 Dawis의 직업적응 이론에 나오는 4가지 성격양식 차원에 해당하지 않는 것은?

① 민첩성　② 역량
③ 친화성　④ 지구력

콕집어 해설

직업적응 이론에서의 성격양식 차원 [민역리지]
- 민첩성 : 정확성보다 속도를 중시한다.
- 역량 : 근로자의 평균활동 수준을 의미한다.
- 리듬 : 활동에 대한 다양성을 의미한다.
- 지구력 : 다양한 활동수준의 기간을 의미한다.

답 ③

꿰뚫어 보기

직업적응이론의 적응유형(방식) [융끈적반]
1) 융통성 : 작업환경과 개인환경 간의 부조화를 참아내는 정도이다.
2) 끈기(인내) : 환경이 자신에게 맞지 않아도 얼마나 오랫동안 견뎌낼 수 있는지의 정도이다.
3) 적극성 : 작업환경을 개인적 방식과 좀 더 조화롭게 만들어 가려고 노력하는 정도이다.
4) 반응성 : 작업성격의 변화로 인해 작업환경에 반응하는 정도이다.

26 직업적응이론에서 개인의 가치와 직업 환경의 강화인 간의 조화를 측정하는데 사용되는 검사는?

① 미네소타 중요도 검사(MIQ)
② 미네소타 만족 질문지(MSQ)
③ 미네소타 충족 척도(MSS)
④ 미네소타 직업평가 척도(MORS)

콕집어 해설

직업적응이론 관련 검사도구
미네소타 중요도 질문지(MIQ)
1) 개인이 직업 환경에 대해 갖는 20가지 욕구와 6가지 가치관을 측정하며, 190개 문항으로 구성되어 있다.
2) 개인의 가치와 직업 환경의 강화인 간의 조화를 측정하는데 사용된다.
3) 6가지 가치관 : 성취, 이타심, 자율성, 안락함, 안정성, 지위

답 ①

27 사회인지적 관점의 진로이론(SCCT)의 세 가지 중심적인 변인이 아닌 것은?

① 자기효능감　② 자기 보호
③ 결과 기대　④ 개인적 목표

콕집어 해설

사회인지적 진로이론(SCCT)
- 반두라(Bandura)의 사회학습이론을 토대로 렌트, 브라운, 헥케트와 베츠 등이 발전시킴
- 진로이론의 3가지 중심변인 [자결개]
  1) 자기효능감 : 목표과업을 계획하고 수행할 수 있다는 자신의 능력에 대한 신념이다.
  2) 결과기대(성과기대) : 특정과업을 수행했을 때 일어날 결과에 대한 평가를 말한다.
  3) 개인적 목표 : 특정목표를 실행하고 성취하기 위한 개인의 의도를 말한다.

답 ②

꿰뚫어 보기

1) 자기효능감에 영향을 미치는 요인 [성대사생]
   ㄱ. 성취경험(수행성취)
   ㄴ. 대리경험(간접경험)
   ㄷ. 사회적 설득
   ㄹ. 생리적 상태와 반응

2) 3축호혜성 인과적 모형의 변인
   ㄱ. 개인과 신체적 속성
   ㄴ. 외부환경 요인
   ㄷ. 외형적 행동

3) 3가지 영역모형
   ㄱ. 흥미모형 : 자기효능감과 결과기대는 개인의 흥미발달에 직접적인 영향을 미친다.
   ㄴ. 선택모형 : 개인차와 환경에 영향을 받은 학습경험이 자기효능감과 결과기대에 영향을 준다.
   ㄷ. 수행모형 : 개인의 능력, 자기효능감, 결과기대 및 수행목표 등을 통해 수행수준과 수행의 지속성을 설명한다.

28 다음 중 일반적으로 가장 높은 신뢰도 계수를 기대할 수 있는 검사는?

① 표준화된 성취검사　② 표준화된 지능검사
③ 자기보고식 검사　④ 투사식 성격검사

신뢰도 계수

신뢰도 계수는 검사의 일관성을 보여주는 값으로, 일반적으로 가장 높은 신뢰도 계수를 기대할 수 있는 검사는 표준화된 지능검사이다.

답 ②

꿰뚫어 보기

심리검사의 신뢰도에 영향을 주는 요인

1) 개인차 : 검사대상의 개인차가 클수록 신뢰도 계수도 커진다.
2) 문항 수 : 문항 수가 많으면 신뢰도는 어느 정도 높아지나, 문항 수를 무조건 늘린다고 해서 신뢰도가 정비례하여 커지는 것은 아니다.
3) 문항반응 수 : 문항반응 수는 적정 크기를 유지하는 것이 바람직하며, 이를 초과할 경우 신뢰도는 향상되지 않는다.
4) 검사유형 : 속도검사의 경우, 전후절반법으로 신뢰도를 추정하게 되면 후반부로 갈수록 시간이 부족하기 때문에 신뢰도는 낮아진다.
5) 신뢰도 추정방법 : 서로 다른 신뢰도 추정방법에 따른 신뢰도 계수는 각기 다를 수밖에 없다.

29 다음 중 Maslow의 욕구위계이론과 가장 유사성이 많은 직무동기이론은?

① 기대 - 유인가 이론
② Adams의 형평이론
③ Locke의 목표설정이론
④ Alderfer의 존재 - 관계 - 성장이론

콕집어 해설

직무동기이론

- 기대 - 유인가 이론(Vroom) : 작업동기를 노력과 그에 따른 보상결과에 대한 기대로 설명한다.
- 형평이론(Adams) : 개인의 행위는 타인과의 공정성을 유지하는 방향으로 동기가 설정된다.
- 목표설정이론(Locke) : 개인의 행동은 목표에 따라 결정되며, 목표는 행동방향과 동기설정의 지표가 된다.
- 존재 - 관계 - 성장이론(Alderfer) : 좌절과 퇴행의 욕구 전개를 주장하면서, 인간의 욕구를 존재(E)·관계(R)·성장(G) 욕구로 구분했다.

답 ④

해 매슬로우는 만족과 진행의 욕구 전개를, 알더퍼는 좌절과 퇴행의 욕구 전개를 주장했다는 점에서 가장 유사성이 많다.

꿰뚫어 보기

매슬로우(Maslow)의 욕구위계이론

1) 인간욕구의 위계 5단계 **[생안애 자자]**
   ㄱ. 생리적 욕구 : 의·식·주 및 종족 보존 등 최하위 단계의 욕구이자, 모든 욕구들 중 가장 기본적이고 강력한 욕구이다.
   ㄴ. 안전(안정)에 대한 욕구 : 신체적·정신적 위험의 불안과 공포로부터 벗어나려는 욕구이다.
   ㄷ. 애정과 소속에 대한 욕구 : 어떤 단체에 소속되어 애정을 주고받고자 하는 욕구이다.
   ㄹ. 자기존중의 욕구 : 자신에 대한 존중과 타인에게서 받고자 하는 존경에 대한 욕구이다.
   ㅁ. 자아실현의 욕구 : 자신의 재능을 최대한 발휘하여 모든 것을 성취하려는 최고 수준의 욕구이다.
2) 인간욕구의 특성
   ㄱ. 하위 욕구가 더 강하고 우선적이다.
   ㄴ. 상위 욕구의 만족은 지연될 수 있다.
   ㄷ. 하위 욕구는 생존에 필요하고, 상위 욕구는 성장에 필요하다.
   ㄹ. 상위 욕구는 더 좋은 외적 환경을 요구한다.
3) 매슬로우의 '자아실현자'의 특징
   ㄱ. 현실을 객관적으로 인식한다.
   ㄴ. 자신의 일에 몰두하고 만족해 한다.
   ㄷ. 즐거움과 아름다움에 대한 감상 능력이 있다.
   ㄹ. 꾸미기보다는 자연스러운 표현을 선호한다.
   ㅁ. 창의적이고 감성적이며, 많은 것을 경험하려 한다.

30 조직 감축에서 살아남은 구성원들이 조직에 대해 보이는 전형적인 반응은?

① 살아남은 구성원들은 조직에 대해 높은 신뢰감을 가지고 있다.
② 더 많은 일을 해야 하고, 종종 불이익도 감수한다.
③ 살아남은 구성원들은 다른 직무나 낮은 수준의 직무로 이동하는 것을 거부한다.
④ 조직 감축에서 살아남은 데 만족하며 조직 몰입을 더 많이 한다.

콕집어 해설

조직감축에서 살아남은 구성원들의 조직에 대한 반응
- 살아남은 구성원들은 조직에 대한 신뢰감을 상실한다.(①)
- 더 많은 일을 해야 하고, 종종 불이익도 감수한다.(②)
- 살아남은 구성원들은 다른 직무나 낮은 수준의 직무로 이동하는 것을 감수한다.(③)
- 자신도 감축 대상이 될 수 있다는 불안감으로 조직 몰입에 어려움을 겪는다.(④)

답 ②

31 직무만족에 관한 2요인 이론의 설명으로 틀린 것은?

① 낮은 수준의 욕구를 만족하지 못하면 직무 불만족이 생기나 그 역은 성립되지 않는다.
② 자아실현에 의해서만 욕구만족이 생기나 자아실현의 실패로 직무 불만족이 생기는 것은 아니다.
③ 동기요인은 높은 수준의 성과를 얻도록 자극하는 요인이다.
④ 위생요인은 직무 불만족을 가져오는 것이며 만족감을 산출할 힘도 갖고 있는 것이다.

콕집어 해설

허즈버그(Herzberg)의 2요인이론(동기-위생이론)
- 동기요인 : 직무만족을 가져오는 높은 욕구 요인으로써, 일 자체, 성취감, 승진 등을 포함한다.
  이 요인이 충족되지 못해도 불만족은 생기지 않으나, 충족되면 직무성과가 증대된다.
- 위생요인 : 직무불만족을 가져오는 낮은 욕구 요인으로써, 조직의 정책, 봉급, 근무환경 등을 포함한다.
  이 요인을 좋게 하면 불만족은 감소하나, 만족감을 산출할 힘은 갖고 있지 못하다.

답 ④

해 '위생요인'은 만족감을 산출할 힘은 갖고 있지 못하다.

32 미네소타 직업가치 질문지에서 측정하는 6개의 가치요인이 아닌 것은?

① 성취 ② 지위
③ 권력 ④ 이타주의

콕집어 해설

미네소타 직업가치 질문지(MIQ)
- 미네소타 중요도 질문지(MIQ) : 개인이 일의 환경에 대해 갖는 20가지 욕구와 6가지 가치관을 측정하며, 190개 문항으로 구성되어 있다.
- 미네소타 중요도 질문지(MIQ)의 6가지 가치관

[성이자 안안지]

1) 성취 : 자신의 능력을 발휘해서 성취감을 얻으려는 욕구이다.
2) 이타심 : 타인을 돕고 그들과 함께 일하고자 하는 욕구이다.
3) 자율성 : 자신의 의사대로 자유롭게 생각하고 결정하고자 하는 욕구이다.
4) 안락함 : 직무에 대해 편안한 작업환경을 바라는 욕구이다.
5) 안정성 : 혼란스러운 환경을 피하고 정돈되고 예측가능한 환경에서 일하고자 하는 욕구이다.
6) 지위 : 타인이 자신을 어떻게 인식하는지와 사회적 명성에 대한 욕구이다.

답 ③

33 직무분석에 필요한 직무정보를 얻는 출처와 가장 거리가 먼 것은?

① 직무 현직자 ② 현직자의 상사
③ 직무 분석가 ④ 과거 직무 수행자

콕집어 해설

직무정보를 얻는 출처
- 직무 현직자 : 직무에 현재 종사하고 있는 사람으로서 직무정보를 얻기 위해 가장 많이 이용된다.
- 현직자의 상사 : 현직자의 상사가 현직자들보다 직무와 관련하여 비교적 객관성을 확보할 수 있으나, 지나치게 중요시할 경우 실제 직무수행을 담당하는 현직자들의 정당한 의견이 반영되지 않을 수도 있다.
- 직무 분석가 : 직무 분석가는 여러 직무를 평정함으로써 직무수행에 요구되는 능력이 무엇인지를 제공한다.

답 ④

해 과거 직무 수행자는 직무분석에 필요한 직무정보를 얻는 출처와 거리가 멀다.

34 긴즈버그(Ginzberg)가 제시한 진로발달 단계가 아닌 것은?

① 환상기 ② 잠정기
③ 현실기 ④ 적응기

콕집어해설

긴즈버그(Ginzberg)의 진로발달 단계 [환잠현]

- 환상기 : 환상 속에서 비현실적 선택을 하며, 자신의 욕구를 중시한다.
- 잠정기 : 흥미에 따라 직업을 선택하나, 점차 자신의 능력을 고려한다.
  - 하위단계 : 흥미단계, 능력단계, 가치단계, 전환단계 [흥능가전]
- 현실기 : 개인의 욕구 및 능력을 현실적 요건에 부합시킴으로써 현명한 선택을 한다.
  - 하위단계 : 탐색단계, 구체화단계, 특수화(정교화)단계 [탐구특]

답 ④

꿰뚫어 보기

에릭슨의 심리사회적 발달단계와 위기 [신자 주근자 친생자]

1) 유아기(0~18개월) : 신뢰감 대 불신감
2) 초기아동기(18개월~3세) : 자율성 대 수치심
3) 학령전기 또는 유희기(3~5세) : 주도성 대 죄의식
4) 학령기(5~12세) : 근면성 대 열등감
5) 청소년기(12~20세) : 자아정체감 대 정체감 혼란
6) 성인초기(20~24세) : 친밀감 대 고립감
7) 성인기(24~65세) : 생산성(생성감) 대 침체감
8) 노년기(65세 이후) : 자아통합 대 절망

수퍼(Super)의 진로발달단계 [성탐 확 유 쇠]

1) 성장기 : 자아개념을 발달시키는 시기이며, 욕구와 환상이 지배적이나 점차 흥미와 능력을 중시하게 된다.
   - 하위단계 : 환상기, 흥미기, 능력기 [환흥능]
2) 탐색기 : 미래에 대한 계획을 세우고 적합한 직업을 탐색하는 시기이다.
   - 하위단계 : 잠정기, 전환기, 시행기 [잠전시]
3) 확립기 : 자신에게 적합한 분야를 발견해서 생활의 기반을 확립하는 시기이다.
   - 하위단계 : 시행기, 안정기
4) 유지기 : 자신의 자리를 유지하려고 노력하며 안정된 삶을 살아가는 시기이다.
5) 쇠퇴기 : 직업에서 은퇴한 후 새로운 역할과 활동을 찾게 되는 시기이다.

고트프레드슨(Gottfredson) [힘성사내]

1) 힘과 크기 지향성(3~5세) : 사고과정이 구체화되며, 어른이 된다는 것의 의미를 알게 된다.
2) 성역할 지향성(6~8세) : 자아개념이 성의 발달에 의해서 영향을 받게 된다.
3) 사회적 가치 지향성(9~13세) : 사회적 가치를 인지하면서 상황속 자아를 인식하게 된다.
4) 내적, 고유한 자아 지향성(14세 이후) : 자아성찰과 사회적 가치의 인식에 따라 직업적 포부가 발달한다.

35 검사의 신뢰도 중의 하나인 Cronbach's α가 크다는 것이 나타내는 의미는?

① 검사 문항들이 동질적이라는 것을 의미한다.
② 검사의 예언력이 높다는 것을 의미한다.
③ 시간이 흐르더라도 검사 점수가 변하지 않는다는 것을 의미한다.
④ 검사의 채점 과정을 신뢰할 수 있다는 것을 의미한다.

콕집어해설

문항내적합치도 추정방법

- 크론바흐 알파계수 : 문항 수가 세 개 이상의 선택지로 구성된 검사에 사용된다.
  '0~1'의 값을 가지며, 값이 클수록 검사문항들이 동질적임을 의미하므로 '동질성 계수'라고도 한다.
- 쿠더-리처드슨 계수 : 응답 문항이 두 가지일 경우 사용된다.

답 ①

36 심리검사에서 규준에 대한 설명으로 옳은 것은?

① 한 집단의 특성을 가장 간편하게 표현하기 위한 개념으로 그 집단의 대푯값을 말한다.

② 한 집단의 수치가 얼마나 동질적인지를 표현하기 위한 개념으로 점수들이 그 집단의 평균치로부터 벗어난 평균거리를 말한다.

③ 서로 다른 체계로 측정한 점수들을 동일한 조건에서 비교하기 쉬운 개념으로 원점수에서 평균을 뺀 후 표준편차로 나눈 값을 말한다.

④ 원점수를 표준화된 집단의 검사점수와 비교하기 위한 개념으로 대표집단의 검사점수 분포도를 작성하여 개인의 점수를 해석하기 위한 것이다.

콕집어 해설

심리검사의 규준

- 평균 : 한 집단의 특성을 가장 간편하게 표현하기 위한 개념으로 그 집단의 대푯값을 말한다.(①)
- 표준편차 : 한 집단의 수치가 얼마나 동질적인지를 표현하기 위한 개념으로 점수들이 그 집단의 평균치로부터 벗어난 평균거리를 말한다.(②)
- 표준점수 : 서로 다른 체계로 측정한 점수들을 동일한 조건에서 비교하기 쉬운 개념으로 원점수에서 평균을 뺀 후 표준편차로 나눈 값을 말한다.(③)
- 규준 : 원점수를 표준화된 집단의 검사점수와 비교하기 위한 개념으로 대표집단의 검사점수 분포도를 작성하여 개인의 점수를 해석하기 위한 것이다.(④)

답 ④

꿰뚫어 보기

집단 내 규준 [백표표]

1) 백분위 점수 : 표준화된 집단의 점수분포에서 한 개인의 상대적 위치를 나타내는 점수이다.
2) 표준점수 : 표준편차를 사용하여 개인의 점수가 평균으로부터 떨어져 있는 거리를 표시한 것이다.
3) 표준등급 : 원점수를 1~9까지의 구간으로 구분하여 각 구간마다 일정한 점수나 등급을 부여한 것이다.

37 톨버트(Tolbert)가 제시한 개인의 진로발달에 영향을 주는 요인이 아닌 것은?

① 교육 정도(educational degree)

② 직업 흥미(occupational interest)

③ 직업 전망(occupational prospective)

④ 가정·성별·인종(family·sex·race)

콕집어 해설

톨버트(Tolbert)의 개인의 진로발달에 영향을 주는 요인

직업적성, 직업적 흥미, 인성, 직업성숙도와 발달, 성취도, 가정·성별·인종, 장애물, 교육정도, 경제적 조건

답 ③

38 직업발달이란 직업 자아정체감을 형성해 나가는 계속적 과정이라고 간주하는 진로발달이론은?

① Ginzberg의 발달이론

② Super의 발달이론

③ Tiedman과 O'Hara의 발달이론

④ Tuckman의 발달이론

콕집어 해설

타이드만과 오하라의 발달이론 [탐구선명 순개통]

- 직업발달이란 직업 자아정체감을 형성해 나가는 계속적 과정이다.
- 예상기(전직업기)
  1) 탐색기 : 잠정적인 진로목표를 설정하고, 다양한 직업 대안들을 탐색한다.
  2) 구체화기 : 개인의 진로방향을 정하고 직업대안들을 구체화한다.
  3) 선택기 : 직업목표를 결정하고 확실한 의사결정을 선택한다.
  4) 명료화기 : 선택된 의사결정을 분석하고 검토한다.
- 실천기(직업적응기)
  1) 순응기 : 조직에서 인정받고 적응하기 위해 수용적인 태도를 보인다.
  2) 개혁기 : 자신의 주장을 관철시키기 위해 이전의 수용적 태도에서 벗어나 강경한 태도를 보인다.
  3) 통합기 : 자신의 욕구와 조직의 욕구를 균형 있게 조절하여 통합을 이룬다.

답 ③

39 다음에 해당하는 직무 및 조직관련 스트레스 요인은?

> 직장 내 요구들 간의 모순 혹은 직장의 요구와 직장 밖 요구 사이의 모순이 있을 때 발생한다.

① 역할 갈등 ② 역할 과다
③ 과제 특성 ④ 역할 모호성

역할갈등

역할담당자의 역할과 역할전달자의 역할기대가 상충함으로써 발생한다.

1) 개인 간 역할갈등 : 직업에서의 요구와 직업 이외의 요구 간의 갈등에서 발생한다.
2) 개인 내 역할갈등 : 직업에서의 요구와 개인의 가치관이 다를 때 발생한다.
3) 송신자 간 갈등 : 두 명 이상의 요구가 갈등을 일으킬 때 발생한다.
4) 송신자 내 갈등 : 업무 지시자가 서로 배타적이고 양립할 수 없는 요구를 할 때 발생한다.

답 ①

꿰뚫어 보기

직무 및 조직 관련 스트레스원

1) 복잡한 과제 및 반복 과제(과제 특성) · 복잡한 과제는 정부 과부화를 일으켜서 스트레스를 높일 수 있으며, 지루하게 반복되는 과업의 단조로움은 매우 위험한 스트레스 요인이 될 수 있다.
2) 역할갈등
3) 역할모호성 : 역할담당자가 역할기대자의 역할기대에 대해 명확히 알지 못함으로써 발생한다.
4) 역할과다/역할과소 : 직무에서의 요구가 역할담당자의 능력을 벗어날 때 역할과다가, 역할담당자의 능력을 충분히 활용하지 못할 때는 역할과소가 발생한다.
5) 산업의 조직문화와 풍토 : 미국과 같은 개인주의적 · 공식적 조직에서는 주로 구조적 변수(의사결정의 참여 등)로, 한국과 같은 집합주의적 · 비공식적 조직에서는 주로 인간관계 변수(동료와의 관계 등)로 역할갈등이 발생한다.

40 Bandura가 제시한 것으로, 어떤 과제를 수행하는 데 있어서 자신의 능력에 대한 믿음이 과제 시도의 여부와 과제를 어떻게 수행하는지를 결정한다는 것은?

① 자기통제 이론 ② 자기판단 이론
③ 자기개념 이론 ④ 자기효능감 이론

자기효능감 이론(Bandura)

- 어떤 과제를 수행하는 데 있어서 자신의 능력에 대한 믿음이 과제 시도의 여부와 과제를 어떻게 수행하는지를 결정한다.
- 자기효능감은 개인 노력의 강도를 결정한다.

답 ④

꿰뚫어 보기

자기효능감에 영향을 미치는 요인 [성대사생]

1) 성취경험(수행성취)
2) 대리경험(간접경험)
3) 사회적 설득
4) 생리적 상태와 반응

제3과목 | 직업정보론

41 직업정보 수집을 위한 설문지 작성에 관한 설명으로 틀린 것은?

① 폐쇄형 질문의 응답범주는 포괄적(exhaustive)이어야 한다.
② 응답자의 이해능력을 고려하여 설문문항이 작성되어야 한다.
③ 폐쇄형 질문의 응답범주는 상호배타적 (mutually exclusive)이지 않아야 된다.
④ 이중질문(double-barreled question)은 배제되어야 한다.

콕집어 해설

직업정보 수집을 위한 설문지 작성
- 폐쇄형 질문의 응답범주는 포괄적(exhaustive)이어야 한다.(①)
- 응답자의 이해능력을 고려하여 설문문항이 작성되어야 한다.(②)
- 폐쇄형 질문의 응답범주는 상호배타적 (mutually exclusive)이어야 한다.(③)
- 이중질문(double-barreled question)은 배제되어야 한다.(④)

답 ③

꿰뚫어 보기

질문지법(설문지법)을 통한 직업정보 수집

1) 질문 내용 구성할 때 주의사항
ㄱ. 질문 내용은 가급적 구체적인 용어로 표현하는 것이 좋다.
ㄴ. 조사용어는 가치중립적인 것을 사용해야 한다.
ㄷ. 질문은 가능한 한 간단하게 해야 한다.
ㄹ. 유도질문이나 애매하고 막연한 질문, 이중질문은 피해야 한다.
ㅁ. 폐쇄형 질문의 응답범주는 포괄적이고 상호배타적이어야 한다.

2) 질문 문항 순서
ㄱ. 질문 문항들을 논리적 순서에 따라 자연스럽게 배치한다.
ㄴ. 질문 문항들을 길이와 유형에 따라 변화 있게 배치한다.
ㄷ. 답변이 용이한 질문들은 전반부에 배치한다.
ㄹ. 계속적인 기억이 필요한 질문들을 전반부에 배치한다.
ㅁ. 민감한 질문이나 개방형 질문들은 가급적 질문지의 후반부에 배치한다.
ㅂ. 동일한 척도의 항목들은 모아서 배치한다.
ㅅ. 신뢰도 측정을 위해 짝(pair)으로 된 문항들은 멀리 떨어져 있어야 한다.

42 직업선택 결정모형을 기술적 직업결정모형과 처방적 직업결정모형으로 분류할 때 기술적 직업결정모형에 해당하지 않는 것은?

① 브룸(Vroom)의 모형
② 플레처(Fletcher)의 모형
③ 겔라트(Gelatt)의 모형
④ 타이드만과 오하라(Tideman & O'Hara)의 모형

콕집어 해설

직업선택 결정모형
- 기술적 직업결정모형 : 사람들의 일반적인 직업결정방식을 나타낸 이론
  예 힐튼(Hilton), 타이드만과 오하라(Tiedman & O'Hara), 브룸(Vroom), 슈(Hsu), 플레처(Fletcher)의 모형
- 처방적 직업결정모형 : 사람들이 직업을 결정할 때 실수를 줄이고 더 나은 직업을 선택하도록 도우려는 이론
  예 카츠(Katz), 겔라트(Gelatt), 칼도와 쥐토우스키(Kaldor & Zytowski)의 모형

답 ③

43 공공직업정보의 일반적인 특성을 모두 고른 것은?

ㄱ. 필요한 시기에 최대한 활용되도록 한시적으로 신속하게 생산되어 운영한다.
ㄴ. 특정분야 및 대상에 국한하지 않고 전체 산업 및 업종에 걸친 직종을 대상으로 한다.
ㄷ. 특정시기에 국한하지 않고 지속적으로 조사·분석하여 제공된다.
ㄹ. 관련 직업정보간의 비교·활용이 용이하다.

① ㄱ, ㄴ, ㄷ
② ㄱ, ㄴ, ㄹ
③ ㄱ, ㄷ, ㄹ
④ ㄴ, ㄷ, ㄹ

콕집어 해설

공공직업정보의 특성

구분	민간 직업정보	공공 직업정보
정보제공 속성	한시적	지속적
직업분류·구분	생산자의 자의성	기준에 따른 객관성
조사 직업 범위	제한적	포괄적
정보의 구성	완결적 정보체계	기초적 정보체계
타 정보와의 관계	관련성 낮음	관련성 높음
비용	유료	무료

답 ④

44 국가기술자격 서비스분야 등급에서 응시자격의 제한이 없는 종목을 모두 고른 것은?

ㄱ. 사회조사분석사 2급 ㄴ. 스포츠경영관리사
ㄷ. 소비자전문상담사 2급 ㄹ. 임상심리사 2급
ㅁ. 텔레마케팅관리사

① ㄱ,ㄴ,ㄹ ② ㄱ,ㄴ,ㄷ,ㅁ
③ ㄴ,ㄹ,ㅁ ④ ㄱ,ㄴ,ㄷ,ㄹ,ㅁ

콕집어 해설

국가기술자격 중 응시자격에 제한이 없는 서비스분야
직업상담사 2급, 사회조사분석사 2급, 컨벤션기획사 2급, 소비자전문상담사 2급, 전자상거래관리사 2급, 컴퓨터활용능력 1·2 급, 비서 1·2·3급, 한글속기 1·2·3급, 전산회계운용사 1·2·3급, 스포츠경영관리사, 전자상거래운용사, 워드프로세서, 텔레마케팅관리사 등은 응시자격 제한이 없다.

답 ②

꿰뚫어 보기

응시자격 제한 서비스분야

임상심리사 2급 응시자격

1) 임상심리와 관련하여 1년 이상 실습수련을 받은 사람 또는 2년 이상 실무에 종사한 사람으로서 대학졸업자 및 그 졸업예정자
2) 외국에서 동일한 종목에 해당하는 자격을 취득한 사람

국제의료관광코디네이터

1) 업무수행 : 보건의료, 관광, 마케팅, 의학용어 등 관련 지식을 가지고 의료관광 상담, 진료서비스 지원, 의료행위로 인한 리스크 관리, 관광서비스 지원, 통역, 의료관광 마케팅, 행정절차 관리 등의 업무를 수행한다.
2) 응시자격
   ㄱ. 보건의료 또는 관광분야의 관련학과로서 대학졸업자 또는 졸업예정자
   ㄴ. 2년제 전문대학 관련학과 졸업자 등으로서 졸업 후 보건의료 또는 관광분야에서 2년 이상 실무에 종사한 사람
   ㄷ. 관련 자격증(의사, 간호사, 보건교육사, 관광통역안내사, 컨벤션기획사1·2급)을 취득한 사람
   ㄹ. 보건의료 또는 관광분야에서 4년 이상 실무에 종사한 사람

45 다음은 국가기술자격 검정의 기준 중 어떤 등급에 관한 설명인가?

해당 국가기술자격의 종목에 관한 고도의 전문지식과 실무경험에 입각한 계획, 연구, 설계, 분석, 조사, 시험, 시공, 감리, 평가, 진단, 사업관리, 기술관리 등의 업무를 수행할 수 있는 능력 보유

① 기술사 ② 기사
③ 산업기사 ④ 기능장

콕집어 해설

국가기술자격 검정기준
- 기술사 : 고도의 전문지식과 실무경험의 능력 보유
- 기능장 : 최상급 숙련기능과 현장관리의 능력 보유
- 기사 : 공학적 기술이론 보유
- 산업기사 : 기술기초이론 지식과 숙련기능 보유
- 기능사 : 각 종목에 숙련기능 보유

답 ①

46 한국직업사전의 부가 직업정보 중 숙련기간에 대한 설명으로 틀린 것은?

① 정규교육과정을 이수한 후 해당 직업의 직무를 평균적인 수준으로 스스로 수행하기 위하여 필요한 각종 교육기간, 훈련기간 등을 의미한다.
② 해당 직업에 필요한 자격·면허를 취득하는 취업 전 교육 및 훈련기간뿐만 아니라 취업 후에 이루어지는 관련 자격·면허 취득 교육 및 훈련 기간도 포함된다.
③ 자격·면허가 요구되는 직업은 아니지만 해당 직무를 평균적으로 수행하기 위한 각종 교육·훈련, 수습교육, 기타 사내교육, 현장훈련 등의 기간이 포함된다.
④ 5수준의 숙련기간은 4년 초과~10년 이하이다.

콕집어 해설

부가 직업정보 중 숙련기간
- 정규교육과정을 이수한 후 해당 직업의 직무를 평균적인 수준으로 스스로 수행하기 위하여 필요한 각종 교육기간, 훈련기간 등을 의미한다.(①)
- 해당 직업에 필요한 자격·면허를 취득하는 취업 전 교육 및 훈련기간뿐만 아니라 취업 후에 이루어지는 관련 자격·면허 취득 교육 및 훈련 기간도 포함된다.(②)
- 자격·면허가 요구되는 직업은 아니지만 해당직무를 평균적으로 수행하기 위한 각종 교육·훈련, 수습교육, 기타 사내교육, 현장훈련 등의 기간이 포함된다.(③)
- 5수준의 숙련기간은 6개월 초과~1년 이하이다.(④)

답 ④

꿰뚫어 보기

부가 직업정보 중 숙련기간

수준	숙련기간
1	약간의 시범정도
2	시범 후 30일 이하
3	1개월 초과~3개월 이하
4	3개월 초과~6개월 이하
5	6개월 초과~1년 이하
6	1년 초과~2년 이하
7	2년 초과~4년 이하
8	4년 초과~10년 이하
9	10년 초과

47 한국표준직업분류(7차)에서 직업의 성립조건에 대한 설명으로 옳은 것은?

① 사회복지시설 수용자의 시설 내 경제활동은 직업으로 보지 않는다.
② 이자나 주식배당으로 자산 수입이 있는 경우는 직업으로 본다.
③ 자기 집의 가사 활동도 직업으로 본다.
④ 속박된 상태에서의 제반활동이 경제성이나 계속성이 있으면 직업으로 본다.

콕집어 해설

직업으로 보지 않는 활동
- 이자, 주식배당, 임대료(전세금, 월세금) 등과 같은 자산 수입이 있는 경우(②)
- 연금법, 국민기초생활 보장법, 국민연금법 및 고용보험법 등의 사회보장이나 민간보험에 의한 수입이 있는 경우
- 경마, 경륜, 경정, 복권 등에 의한 배당금이나 주식투자에 의한 시세차익이 있는 경우
- 예·적금 인출, 보험금 수취, 차용 또는 토지나 금융자산을 매각하여 수입이 있는 경우
- 자기 집의 가사활동에 전념하는 경우(③)
- 교육기관에 재학하며 학습에만 전념하는 경우
- 시민봉사활동 등에 의한 무급 봉사적인 일에 종사하는 경우
- 사회복지시설 수용자의 시설 내 경제활동(①)
- 수형자의 활동과 같이 법률에 의한 강제노동을 하는 경우(④)
- 도박, 강도, 절도, 사기, 매춘, 밀수와 같은 불법적인 활동의 경우

답 ①

해 ④ 속박된 상태의 경제활동은 직업으로 보지 않는다.

직업의 성립조건 [계경 윤사비]

일의 계속성, 경제성, 윤리성과 사회성, 비속박성

48 워크넷(직업·진로)에서 학과정보를 계열별로 검색하고자 할 때 선택할 수 있는 계열이 아닌 것은?

① 문화관광계열 ② 교육계열
③ 자연계열 ④ 예체능계열

콕집어해설

워크넷 학과정보

- 인문계열 : 언어학과, 철학과, 윤리학과, 국제지역학과, 심리학과 등
- 사회계열 : 정치외교학과, 법학과, 경제학과, 행정학과, 비서학과 등
- 교육계열 : 교육학과, 영어교육학과, 유아교육학과 등
- 자연계열 : 생명과학과, 수학과, 지구과학과, 수의학과, 아동가족학과 등
- 공학계열 : 안경광학과, 기계공학과, 건축학과, 조경학과, 섬유공학과 등
- 의약계열 : 의학과, 한의학과, 간호학과, 응급구조과, 방사선과 등
- 예·체능계열 : 성악과, 공예학과, 사진학과, 연극영화과, 체육학과 등

답 ①

해 문화관광계열은 워크넷(직업·진로)에서 학과정보를 계열별로 검색하고자 할 때 선택할 수 있는 계열이 아니다.

49 한국표준직업분류의 포괄적인 업무에 대한 직업분류 원칙에 해당되지 않는 것은?

① 주된 직무 우선 원칙
② 최상급 직능수준 우선 원칙
③ 생산업무 우선 원칙
④ 조사 시 최근의 직업 원칙

콕집어해설

포괄적인 업무에 대한 직업분류 원칙 [포주최생]

- 포괄적 업무는 한 사람이 두 개 이상의 직무를 수행하는 경우를 의미한다.
  이러한 경우 다음과 같은 순서에 따라 분류원칙을 적용한다.
  1) 주된 직무 우선 원칙 : 수행되는 직무내용과 분류 항목에 명시된 직무내용을 비교·평가하여 관련 직무 내용상의 상관성이 가장 많은 항목에 분류한다.
     예 교육과 진료를 겸하는 의과대학 교수는 강의·평가·연구 등(교육)과 진료·처치·환자상담 등(의료)의 직무내용을 파악하여 관련 항목이 많은 분야로 분류한다.
  2) 최상급 직능수준 우선 원칙 : 수행된 직무가 상이한 수준의 훈련과 경험을 통해서 얻어지는 직무능력을 필요로 한다면, 가장 높은 수준의 직무능력을 필요로 하는 일에 분류하여야 한다.
     예 조리와 배달의 직무비중이 같을 경우에는, 조리의 직능수준이 높으므로 조리사로 분류한다.
  3) 생산업무 우선 원칙 : 재화의 생산과 공급이 같이 이루어지는 경우는 생산단계에 관련된 업무를 우선적으로 분류한다.
     예 한 사람이 빵을 생산하고 판매도 하는 경우에는, 판매원으로 분류하지 않고 제빵사로 분류한다.

답 ④

해 '조사 시 최근의 직업 원칙'은 다수 직업 종사자의 분류원칙이다.

꿰뚫어 보기

직업분류의 일반원칙

1) 포괄성의 원칙 : 우리나라에 존재하는 모든 직무는 어떤 수준에서든지 분류에 포괄되어야 한다.
2) 배타성의 원칙 : 동일하거나 유사한 직무는 어느 경우에든 같은 단위직업으로 분류되어야 한다.

다수 직업 종사자의 분류원칙 [다취수조]

한 사람이 전혀 상관성이 없는 두 가지 이상의 직업에 종사할 경우에 그 직업을 결정하기 위한 원칙이다.

1) 취업시간 우선의 원칙 : 더 긴 시간을 투자하는 직업으로 결정한다.
2) 수입 우선의 원칙 : 취업시간으로 구별할 수 없을 때는 수입이 많은 직업으로 결정한다.
3) 조사 시 최근의 직업원칙 : 위의 두가지로 판별할 수 없을 때는 조사시점을 기준으로 최근에 종사한 직업으로 결정한다.

50 직업성립의 일반요건과 가장 거리가 먼 것은?

① 윤리성 ② 경제성
③ 계속성 ④ 사회보장성

꼭집어해설

직업성립의 요건 [계경 윤사비]

- 계속성 : 직업은 계속해서 하는 일이어야 한다.
- 경제성 : 노동의 대가에 따른 수입이 있어야 한다.
- 윤리성 : 비윤리적인 직업이 아니어야 한다.
- 사회성 : 사회적으로 가치 있는 일이어야 한다.
- 비속박성(자유성) : 속박 상태에서 하는 일이 아니어야 한다.

답 ④

꿰뚫어 보기

일의 계속성 [주 계계계]

1) 매일, 매주, 매월 등 주기적으로 행하는 것
2) 계절적으로 행해지는 것
3) 명확한 주기는 없으나 계속적으로 행해지는 것
4) 현재의 일을 계속적으로 행할 의지와 가능성이 있는 것

51 직업정보의 수집 이후 일반적인 처리과정을 바르게 나열한 것은?

ㄱ. 분석	ㄴ. 체계화	ㄷ. 가공
ㄹ. 제공	ㅁ. 축적	ㅂ. 평가

① ㄱ → ㄴ → ㄷ → ㄹ → ㅁ → ㅂ
② ㄱ → ㄷ → ㄴ → ㄹ → ㅁ → ㅂ
③ ㄴ → ㄷ → ㅁ → ㄱ → ㄹ → ㅂ
④ ㄴ → ㄹ → ㄷ → ㄱ → ㅁ → ㅂ

꼭집어해설

직업정보 처리과정 [수분가 (체)제(축)평]

수집 → 분석 → 가공 → (체계화) → 제공 → (축적) → 평가

답 ②

52 한국직업사전에서 사람과 관련된 직무기능 중 "정책을 수립하거나 의사결정을 하기 위해 생각이나 정보, 의견 등을 교환한다"와 관련 있는 것은?

① 자문 ② 협의
③ 설득 ④ 감독

꼭집어해설

사람과 관련된 직무기능

- 자문 : 전문적인 방식에 따라 사람들의 전인격적인 문제를 상담하고 조언하며 해결책을 제시한다.
- 협의 : 정책을 수립하거나 의사결정을 하기 위해 생각이나 정보, 의견 등을 교환한다.
- 설득 : 상품이나 서비스 등을 구매하도록 권유하고 설득한다.
- 감독 : 작업절차를 결정하거나 작업자들에게 개별 업무를 적절하게 부여하여 작업의 효율성을 높인다.
- 서비스 제공 : 사람들의 요구 또는 필요를 파악하여 서비스를 제공한다. 즉각적인 반응이 수반된다.

답 ②

53 실기능력이 중요하여 고용노동부령이 정하는 필기시험이 면제되는 기능사 종목이 아닌 것은?

① 측량기능사 ② 도화기능사
③ 도배기능사 ④ 방수기능사

꼭집어해설

필기와 실기시험을 시행하는 종목 [정로한 미사]

정보처리기능사, 로더운전기능사, 한복기능사, 미용사, 사진기능사, 측량기능사

답 ①

꿰뚫어 보기

실기시험만 시행할 수 있는 국가기술자격

1) 경영·회계·사무 : 한글속기 1급·2급·3급
2) 건설 : 거푸집기능사, 건축도장기능사, 건축목공기능사, 도배기능사, 미장기능사, 방수기능사, 비계기능사, 온수온돌기능사, 조적기능사, 항공사진기능사, 도화기능사 등
3) 재료 : 금속재창호기능사

54 다음은 한국직업사전의 부가직업정보(작업강도) 중 무엇에 관한 설명인가?

> 최고 20kg의 물건을 들어올리고, 10kg 정도의 물건을 빈번히 들어올리거나 운반한다.

① 아주 가벼운 작업 ② 가벼운 작업
③ 보통 작업 ④ 힘든 작업

콕집어 해설

부가직업정보 중 작업강도
- 아주 가벼운 작업 : 최고 4kg의 물건을 들어올리고, 때때로 장부·대장·소도구 등을 들어올리거나 운반한다.
- 가벼운 작업 : 최고 8kg의 물건을 들어올리고, 4kg 정도의 물건을 빈번히 들어올리거나 운반한다.
- 보통 작업 : 최고 20kg의 물건을 들어올리고, 10kg 정도의 물건을 빈번히 들어올리거나 운반한다.
- 힘든 작업 : 최고 40kg의 물건을 들어올리고, 20kg 정도의 물건을 빈번히 들어올리거나 운반한다.
- 아주 힘든 작업 : 40kg 이상의 물건을 들어올리고, 20kg 이상의 물건을 빈번히 들어올리거나 운반한다.

답 ③

꿰뚫어 보기

한국직업사전의 구성
1) 직업코드 : 한국고용직업분류(KECO)의 세분류 4자리 숫자로 표기했다.
2) 본직업명 : 산업현장에서 일반적으로 해당 직업으로 알려진 명칭 또는 그 직무가 통상적으로 호칭되는 것으로 한국직업사전에 그 직무내용이 기술된 명칭이다.
3) 직무개요 : 주로 식부남낭사의 활동, 활동의 대상 및 목직, 직무 담당자가 사용하는 기계, 전문적인 지식 등을 간략히 포함한다.
4) 수행직무 : 직무담당자가 직무의 목적을 완수하기 위하여 수행하는 작업내용을 작업 순서에 따라 서술한 것이다.
5) 부가직업정보 : 정규교육, 육체활동, 숙련기간, 직무기능, 작업강도, 작업장소, 작업환경, 자격·면허, 유사명칭, 관련직업, 조사연도, 표준산업분류 코드, 표준직업분류 코드로 구성되어 있다.

55 직업상담시 제공하는 직업정보의 기능과 역할에 대한 설명으로 틀린 것은?

① 여러 가지 직업적 대안들의 정보를 제공한다.
② 내담자의 흥미, 적성, 가치 등을 파악하는 것이 직업정보의 주기능이다.
③ 경험이 부족한 내담자에게 다양한 직업들을 간접적으로 접할 기회를 제공한다.
④ 내담자가 자신의 선택이 현실에 비추어 부적당한 선택이었는지를 점검하고 재조정해 볼 수 있는 기초를 제공한다.

콕집어 해설

직업정보의 기능과 역할
- 여러 가지 직업적 대안들의 정보를 제공한다.(①)
- 경험이 부족한 내담자에게 다양한 직업들을 간접적으로 접할 기회를 제공한다.(③)
- 내담자가 자신의 선택이 현실에 비추어 부적당한 선택이었는지를 점검하고 재조정해 볼 수 있는 기초를 제공한다.(④)

답 ②

해 직업정보의 주기능은 내담자의 흥미, 적성, 가치 등을 파악하는 것이 아니다.

꿰뚫어 보기

브레이필드(Brayfield)의 직업정보 기능
1) 정보적 기능 : 직업정보 제공을 통해 내담자의 의사결정을 돕고 직업선택에 대한 지식을 증가시킨다.
2) 재조정 기능 : 내담자가 자신의 선택이 현실에 비추어 부적당했는지를 점검 및 재조정하도록 한다.
3) 동기화 기능 : 내담자가 의사결정과정에 적극적으로 참여하도록 동기화시킨다.

56 한국표준산업분류의 분류구조 및 부호체계에 대한 설명으로 틀린 것은?

① 부호 처리를 할 경우에는 아라비아 숫자만을 사용하도록 했다.
② 권고된 국제분류 ISIC Rev.4를 기본체계로 하였으나 국내 실정을 고려하여 국제분류의 각 단계 항목을 분할, 통합 또는 재그룹화하여 독자적으로 분류 항목과 분류 부호를 설정하였다.
③ 분류 항목 간에 산업 내용의 이동을 가능한 억제하였으나 일부 이동 내용에 대한 연계분석 및 시계열 연계를 위하여 부록에 수록된 신구 연계표를 활용하도록 하였다.
④ 중분류의 번호는 001부터 009까지 부여하였으며, 대분류별 중분류 추가여지를 남겨놓기 위하여 대분류 사이에 번호 여백을 두었다.

콕집어 해설

한국표준산업분류의 분류구조 및 부호체계
- 부호 처리를 할 경우에는 아라비아 숫자만을 사용하도록 했다.(①)
- 권고된 국제분류 ISIC Rev.4를 기본체계로 하였으나 국내 실정을 고려하여 국제분류의 각 단계 항목을 분할, 통합 또는 재그룹화하여 독자적으로 분류 항목과 분류 부호를 설정하였다.(②)
- 분류 항목 간에 산업 내용의 이동을 가능한 억제하였으나 일부 이동 내용에 대한 연계분석 및 시계열 연계를 위하여 부록에 수록된 신구 연계표를 활용하도록 하였다.(③)
- 중분류의 번호는 01부터 99까지 부여하였으며, 대분류별 중분류 추가여지를 남겨놓기 위하여 대분류 사이에 번호 여백을 두었다.(④)

답 ④

해 001부터 009까지(×)→'01부터 99까지'

57 국가기술자격 종목과 해당 직무분야 연결이 옳지 않은 것은?

① 임상심리사1급 - 보건·의료
② 텔레마케팅관리사 - 경영·회계·사무
③ 직업상담사1급 - 사회복지·종교
④ 어로산업기사-농림어업

콕집어 해설

국가기술자격 종목과 직무분야
- 임상심리사1급 : 보건·의료
- 텔레마케팅관리사 : 영업·판매
- 직업상담사1급 : 사회복지·종교
- 어로산업기사 : 농림어업
- 사회조사분석사, 소비자 전문상담사, 컨벤션기획사, 전산회계운용사 : 경영·회계·사무
- 산업안전기사, 건설안전기사 : 안전관리

답 ②

58 국가기술자격 서비스분야 종목 중 응시자격에 제한이 없는 것으로만 짝지어진 것은?

① 직업상담사 2급-임상심리사 2급 - 스포츠경영관리사
② 사회조사분석사 2급-소비자전문상담사 2급 - 텔레마케팅관리사
③ 직업상담사 2급-컨벤션기획사 2급 - 국제의료관광코디네이터
④ 컨벤션기획사 2급 - 스포츠경영관리사-국제의료관광코디네이터

콕집어 해설

국가기술자격 중 응시자격에 제한이 없는 서비스분야
직업상담사 2급, 사회조사분석사 2급, 컨벤션기획사 2급, 소비자전문상담사 2급, 전자상거래관리사 2급, 컴퓨터활용능력 1·2 급, 비서 1·2·3급, 한글속기 1·2·3급, 전산회계운용사 1·2·3급, 스포츠경영관리사, 전자상거래운용사, 워드프로세서, 텔레마케팅관리사 등은 응시자격 제한이 없다.

답 ②

해 임상심리사2급, 국제의료관광코디네이터는 응시자격에 제한이 있다.

꿰뚫어 보기

응시자격의 제한이 있는 서비스분야
1) 국제의료관광코디네이터(International medical tour coordinator)
(1) 업무수행 : 보건의료, 관광, 마케팅, 의학용어 등 관련 지식을 가지고 의료관광, 상담, 진료서비스 지원, 의료행위로 인한 리스크 관리, 관광서비스 지원, 통역, 의료관광 마케팅, 행정절차 관리 등의 업무를 수행한다.

(2) 응시자격

ㄱ. 보건의료 또는 관광분야의 관련학과로서 대학졸업자 또는 졸업예정자, 2년제 전문대학 관련학과 졸업자 등으로서 졸업 후 보건의료 또는 관광분야에서 2년 이상 실무에 종사한 사람

ㄴ. 관련 자격증(의사, 간호사, 보건교육사, 관광통역안내사, 컨벤션기획사1·2급)을 취득한 사람

ㄷ. 보건의료 또는 관광분야에서 4년 이상 실무에 종사한 사람

2) 임상심리사 2급 응시자격

(1) 임상심리와 관련하여 1년 이상 실습수련을 받은 사람 또는 2년 이상 실무에 종사한 사람으로서 대학졸업자 및 그 졸업예정자

(2) 외국에서 동일한 종목에 해당하는 자격을 취득한 사람

3) 컨벤션기획사 1급 : 2급 자격 취득 후 실무 3년 또는 4년 이상 실무에 종사한 사람

59 한국직업사전(2020)의 부가정보 중 "자료"에 관한 설명으로 틀린 것은?

① 종합 : 사실을 발견하고 지식개념 또는 해석을 개발하기 위해 자료를 종합적으로 분석한다.

② 분석 : 조사하고 평가한다. 평가와 관련된 대안적 행위의 제시가 빈번하게 포함된다.

③ 계산 : 사칙연산을 실시하고 사칙연산과 관련하여 규정된 활동을 수행하거나 보고한다. 수를 세는 것도 포힘된다.

④ 기록 : 데이터를 옮겨 적거나 입력하거나 표시한다.

콕집어 해설

한국직업사전의 직무기능 중 자료(Data)

자료(Data) **[종조분수 계기비]**

0. 종합(synthesizing) : 사실을 발견하고 지식개념 또는 해석을 개발하기 위해 자료를 종합적으로 분석한다.(①)
1. 조정(coordinating) : 데이터의 분석에 기초하여 시간, 장소, 작업순서, 활동 등을 결정한다. 결정을 실행하거나 상황을 보고한다.
2. 분석(analyzing) : 조사하고 평가한다. 평가와 관련된 대안적 행위의 제시가 빈번하게 포함된다.(②)
3. 수집(compiling) : 자료, 사람, 사물에 관한 정보를 수집, 대조, 분류한다.
   정보와 관련한 규정된 활동의 활동의 수행 및 보고가 자주 포함된다.
4. 계산(computing) : 사칙연산을 실시하고 사칙연산과 관련하여 규정된 활동을 수행하거나 보고한다. 수를 세는 것은 포함되지 않는다.(③)
5. 기록(copying) : 데이터를 옮겨 적거나 입력하거나 표시한다.(④)
6. 비교(comparing) : 자료, 사람, 사물의 쉽게 관찰되는 기능적·구조적·조합적 특성을 (유사한지 또는 명백한 표준과 현격히 차이가 있는지) 판단한다.

답 ③

꿰뚫어 보기

사람(People)

지문, 협의, 교육, 감독, 오락제공, 설득, 말하기-신호, 서비스 제공 등의 활동이며, 인간과 인간처럼 취급되는 동물을 다루는 것을 포함한다.

사물(Thing)

설치, 정밀작업, 제어조작, 조작운전, 수동조작, 유지, 투입-인출, 단순작업 등의 활동이며, 물질, 재료, 기계, 공구, 설비 등을 다루는 것을 포함한다.

60 한국표준산업분류(제10차)의 산업결정방법에 관한 설명으로 틀린 것은?

① 생산단위의 산업 활동은 그 생산단위가 수행하는 주된 산업 활동의 종류에 따라 결정된다.
② 계절에 따라 정기적으로 산업을 달리하는 사업체의 경우에는 조사시점에 경영하는 사업과는 관계없이 조사대상 기간 중 산출액이 많았던 활동에 의하여 분류된다.
③ 단일사업체의 보조단위는 그 사업체의 일개 부서로 포함하지 않고 별도의 사업체로 처리한다.
④ 휴업 중 또는 자산을 청산 중인 사업체의 산업은 영업 중 또는 청산을 시작하기 이전의 산업활동에 의하여 결정한다.

콕집어해설

한국표준산업분류의 산업결정방법 [생종 계휴단]

- 생산단위의 산업활동은 그 생산단위가 수행하는 주된 산업활동의 종류에 따라 결정된다.(①)
- 해당 활동의 종업원 수 및 노동시간, 임금 및 급여액 또는 설비의 정도에 의하여 결정한다.
- 계절에 따라 정기적으로 산업을 달리하는 사업체의 경우에는 조사시점에서 경영하는 사업과는 관계없이 조사대상기간 중 산출액이 많았던 활동에 의하여 분류된다.(②)
- 휴업 중 또는 자산을 청산 중인 사업체의 산업은 영업 중 또는 청산을 시작하기 이전의 산업활동에 의하여 결정한다.(④)
- 단일사업체의 보조단위는 그 사업체의 일개 부서로 포함한다.(③)

답 ③

제4과목 | 노동시장론

61 다음 중 노동조합의 조직력을 가장 강화시킬수 있는 shop제도는?

① 클로즈드 숍(closed shop)
② 에이전시 숍(agency shop)
③ 오픈 숍(open shop)
④ 메인티넌스 숍(maintenance shop)

콕집어해설

숍(shop) 제도

- 클로즈드 숍(closed shop) : 노동조합에 가입한 노동자만을 채용할 수 있다.
  노동조합 확대가 용이해서 노동조합 측에 가장 유리한 제도이다.
- 에이전시 숍(agency shop) : 조합원·비조합원 구분하지 않고 모든 종업원에게 노동조합의 회비를 징수하는 제도이다.
- 오픈 숍(open shop) : 고용주가 조합원, 비조합원 모두를 고용할 수 있는 제도이다.
  노동조합 확대에 가장 불리하다.
- 메인티넌스 숍(Maintenance Shop) : 노동조합의 가입 및 탈퇴가 자유로우나, 단체협약이 체결되면 그 효력이 지속되는 기간에는 탈퇴할 수 없다.

답 ①

62 다음 중 생산성을 향상시키는 요인과 가장 거리가 먼 것은?

① 노동조합 조합원 수의 증가
② 자본 절약적 기술혁신
③ 자본의 질적 증가
④ 노동의 질적 향상

콕집어해설

생산성 향상 요인

- 자본 절약적 기술혁신
- 자본의 질적 증가
- 노동의 질적 향상
- 기술진보

답 ①

해 '노동조합 조합원 수의 증가'는 생산성을 향상시키는 요인이라고 보기 어렵다.

63 생산성 임금제를 따를 때 실질 생산성 증가율이 5%이고 물가상승률이 2%라고 하면 명목임금의 인상분은?

① 3% ② 5%
③ 7% ④ 10%

콕집어 해설

생산성 임금제에서의 임금결정 방식

명목임금(명목생산성) 증가율 = 실질임금(실질생산성) 증가율 + 물가상승률

명목임금(명목생산성) 증가율 = 5 (%) + 2 (%) = 7 (%)

∴ 7 %

답 ③

64 다음 중 최저임금제 도입의 직접적인 목적과 가장 거리가 먼 것은?

① 고용 확대 ② 구매력 증대
③ 생계비 보장 ④ 경영합리화 유도

콕집어 해설

최저임금제

- 법적 강제력으로 근로자 보호를 위해 임금의 최저 한도를 정한 제도이다.
- 최저임금위원회의 심의·의결을 거쳐 고용노동부장관이 결정한다.
- 2023년도 최저임금은 전년 대비 5.0% 인상된 9,620원이다.
- 긍정적 효과 [소노공 경기산]
  1) 소득분배 개선
  2) 노동력의 질적 향상
  3) 공정경쟁의 확보
  4) 경기 활성화에 기여
  5) 기업의 근대화 및 산업구조 고도화 촉진
  6) 산업평화 유지
  7) 복지국가의 실현
- 부정적 효과
  1) 고용 감소 및 실업 증가
  2) 경제활동 배분의 왜곡과 전체적인 생산량 감소
  3) 소득분배의 역진성

답 ①

해 고용확대(×)→'고용 감소'

④ : 기업은 최저임금제 도입으로 노동비용의 상승에 따른 손실을 최소화하기 위해 구조조정이나 경영합리화 정책을 추구한다.

65 A국의 생산가능인구는 500만 명, 취업자 수는 285만 명, 실업률이 5%일 때 A국의 경제활동참가율은?

① 48% ② 50%
③ 57% ④ 60%

콕집어 해설

경제활동참가율

- 실업률(%) $= \dfrac{\text{실업자 수}}{\text{경제활동인구 수}} \times 100$

$= \dfrac{\text{실업자 수}}{\text{취업자 수} + \text{실업자 수}} \times 100$

- 실업자 수를 x 라고 하면,

$5(\%) = \dfrac{x}{285\text{만 명} + x} \times 100$

$5(\%) \times (285\text{만 명} + x) = 100x$

$100x - 5x = 5 \cdot 285\text{만 명}$

$95x = 1425\text{만 명}$

∴ x = 15만 명

즉, 실업자 수는 150,000명이다.

- 경제활동참가율(%) $= \dfrac{\text{경제활동인구 수}}{\text{생산가능인구 수}} \times 100$

$= \dfrac{\text{취업지 수} + \text{실업자 수}}{\text{생산가능인구 수}} \times 100$

$= \dfrac{285\text{민 명} + 15\text{만 명}}{500\text{만 명}} \times 100$

$= 60(\%)$

∴ 경제활동참가율은 60(%)이다.

답 ④

66 노동공급의 탄력성 결정요인이 아닌 것은?

① 산업구조의 변화
② 노동이동의 용이성 정도
③ 여성 취업기회의 창출가능성 여부
④ 다른 생산요소로의 노동의 대체 가능성

콕집어해설

노동공급의 탄력성 결정요인 [노인여파 노고산]

노동조합의 교섭력 정도, 인구 수, 여성 취업기회의 창출가능성 여부, 파트타임 근무제 보급 정도, 노동이동의 용이성 정도, 고용제도 개선 정도, 산업구조의 변화 등

답 ④

해 다른 생산요소로의 노동의 대체 가능성은 '노동수요의 탄력성 결정요인'이다.

67 근로기준법에 경영상 이유에 의한 해고, 탄력적 근로시간제 등의 조항이 등장하고 파견근로자 보호 등에 관한 법률이 제정된 이유로 가장 타당한 것은?

① 획일화되는 사회에 적응하기 위함이다.
② 노동조합의 전투성을 진정시키기 위함이다.
③ 외부자보다는 내부자를 보호하기 위함이다.
④ 불확실한 시장상황에 기업이 신속하게 대응할 수 있도록 하기 위함이다.

콕집어해설

기업의 인력운영 유연성 확보정책

- 불확실한 시장상황에 기업이 신속하게 대응할 수 있도록 하기 위함이다.
- 노동시장의 유연성 높이기 위한 방책: 브룬헤스(B. Brunhes)
  1) 외부적 수량적 유연성: 유연한 해고 등 근로자 수 조정, 고용형태의 다양화
  2) 내부적 수량적 유연성: 탄력적 근로시간제, 재고용 보장의 일시해고 등
  3) 작업의 외부화: 파견근로자의 사용 등
  4) 기능적 유연성: 사내직업훈련의 실시 등
  5) 임금 유연성: 성과급제나 연봉제의 도입 등과 같은 임금체계의 변화

답 ④

68 직업이나 직종의 여하를 불문하고 동일산업에 종사하는 노동자가 조직하는 노동조합의 형태는?

① 직업별 노동조합 ② 산업별 노동조합
③ 기업별 노동조합 ④ 일반 노동조합

콕집어해설

산업별 노동조합(Industrial Union)

- 동종의 산업에 종사하는 근로자들이 직종과 기업을 초월해 횡적으로 조직한 노동조합 형태이다.
- 미숙련 근로자들의 권익을 보호하기 위하여 발달한 노동조합이다.
- 전 세계적으로 채택되고 있는 조직형태이다.
- 임시직 근로자를 조직하기 용이해지며, 각 산업분야의 정보자료 수집·분석도 용이해진다.
- 기업별 특수성을 고려하기 어렵다는 단점이 있다.

답 ②

꿰뚫어 보기

노동조합의 형태

1) 기업별 노동조합(Company Union)
  ㄱ. 하나의 기업에 종사하는 근로자들이 직종의 구별 없이 종단적으로 조직한 노동조합의 형태이다.
  ㄴ. 일반적으로 근로자의 횡단적 연대의식이 뚜렷하지 못하다.
  ㄷ. 독과점 대기업에서 쉽게 찾을 수 있다.
  ㄹ. 우리나라 노동조합의 주된 조직 형태이며, 노동시장의 지배력과 조직으로서의 역량이 극히 약하다.
  ㅁ. 사용자와의 관계가 긴밀하고, 노동조합이 회사의 사정에 정통하여 노사분규의 가능성이 낮다.
  ㅂ. 노동조합이 어용화될 위험성이 크다.
2) 직업별(직종별) 노동조합(Craft Union)
  ㄱ. 동일직업, 동일직종에 종사하는 근로자가 산업·기업의 구별 없이 개인가맹 형태로 결성한 횡적 노동조합이다.
  ㄴ. 노동운동사상 가장 일찍 발달한 조직형태이다.
  ㄷ. 산업혁명 초기 숙련 근로자가 노동시장을 독점하기 위한 조직으로 결성하였다.
  ㄹ. 저임금의 미숙련 근로자나 여성, 연소근로자는 가입이 어려웠다.

69 노동자 7명의 평균생산량이 20단위일 때, 노동자를 추가로 1명 더 고용하여 평균생산량이 18 단위로 감소하였다면, 이 때 추가로 고용된 노동자의 한계생산량은?

① 4단위　② 5단위
③ 6단위　④ 7단위

콕집어 해설

노동자의 한계생산량(MP_L)

- 노동의 평균생산량(AP_L) = $\frac{총생산량(TP)}{노동투입량(L)}$

- 노동의 한계생산량 (MP_L) = $\frac{총생산량의\ 증가분(\Delta TP)}{노동투입량의\ 증가분(\Delta L)}$

- 노동자 7명의 평균생산량이 20단위이므로, 총생산량(TP) = 노동투입량(L) × 노동의 평균생산량 (AP_L) = 7 × 20 = 140

∴ 140 단위

노동자 8명의 평균생산량이 18단위이므로, 이 때의 총생산량(TP) = 8 × 18 = 144

∴ 144 단위

따라서, 노동의 한계생산량(MP_L) = $\frac{144 - 140}{8 - 7}$ = 4

∴ 노동의 한계생산량(MP_L)은 4단위이다.

답 ①

70 다음 중 성과급 제도의 장점에 해당하는 것은?

① 직원 간 화합이 용이하다.
② 근로의 능률을 자극할 수 있다.
③ 임금의 계산이 간편하다.
④ 확정적 임금이 보장된다.

콕집어 해설

성과급제도의 장·단점

장점

1) 작업성과와 임금이 정비례하므로 노동자에게 합리성과 공평감을 준다.
2) 작업능률을 자극함으로써 생산성 제고·원가절감·노동자의 소득증대에 효과가 있다.(②)
3) 시간급제보다 원가계산이 용이하다.

단점

1) 직원 간의 화합에 불리하다.(①)
2) 확정적 임금이 보장되지 못한다.(④)
3) 임금의 계산이 복잡하다.(③)
4) 표준단가의 결정과 정확한 작업량의 측정이 어렵다.
5) 무리한 노동의 결과로 과로와 조직적 태업을 유발할 가능성이 있다.
6) 작업량에만 치중하므로 제품의 품질저하가 나타날 수 있다.

답 ②

해 ①, ③, ④는 '고정급제'의 장점이다.

꿰뚫어 보기

성과급제

1) 노동의 성과를 측정하여 성과에 따라 임금을 산정·지급하는 능률급제이며 변동급제의 임금형태이다.
2) 실시조건
　ㄱ. 생산량이 객관적으로 측정이 가능할 경우
　ㄴ. 근로자의 노력과 생산량과의 관계가 명확할 경우
　ㄷ. 직무가 표준화되어 있고 작업의 흐름이 정규적인 경우
　ㄹ. 생산물의 질이 생산량보다 덜 중요하거나 그 질이 일정한 경우

71 연장근로 등 일정량 이상의 노동을 기피하는 풍조가 확산된다면, 이 현상에 대한 분석도구로 가장 적합한 것은?

① 최저임금제 ② 후방굴절형 노동공급곡선
③ 화폐적 환상 ④ 노동의 수요독점

콕집어해설

후방굴절형 노동공급곡선

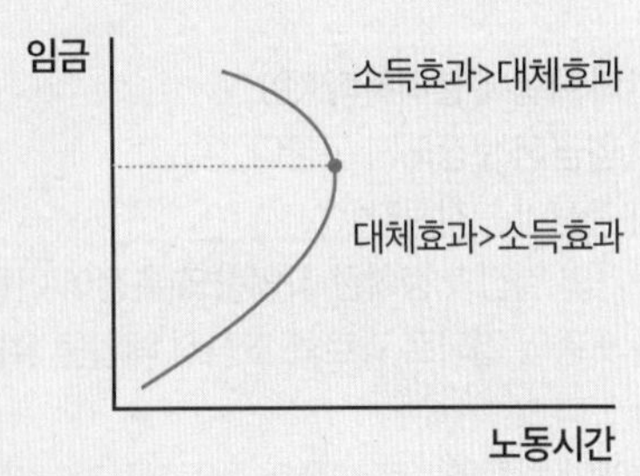

- 대체효과 : 임금이 상승하면 여가에 활용하는 시간이 상대적으로 비싸짐으로 근로자는 여가를 줄이고 노동시간을 늘린다. 그러므로 대체효과가 소득효과보다 클 경우 노동공급곡선은 우상향한다.
- 소득효과 : 임금상승으로 실질소득이 증가하므로 근로자는 노동시간을 줄이고 여가시간과 소비재 구입을 늘린다. 그러므로 소득효과가 대체효과보다 클 경우 노동공급곡선은 후방굴절한다.

답 ②

72 노동시장과 실업에 관한 설명으로 틀린 것은?

① 최저임금제는 비숙련 노동자에게 해당된다.
② 해고자, 취업대기자, 구직포기자는 실업자에 포함된다.
③ 효율성임금은 노동자의 이직을 막기 위해 시장균형 임금보다 높다.
④ 최저임금, 노동조합 또는 직업탐색 등이 실업의 원인에 포함된다.

콕집어해설

노동시장과 실업

- 최저임금제는 비숙련 노동자에게 해당된다.(①)
- 효율성임금은 노동자의 이직을 막기 위해 시장균형 임금보다 높다.(③)
- 최저임금, 노동조합 또는 직업탐색 등이 실업의 원인에 포함된다.(④)
- 해고자가 적극적 구직활동을 하면 실업자로 분류하고 취업대기자는 취업자로, 구직포기자는 비경제활동인구로 분류된다.(②)

답 ②

73 실업률과 물가상승률간 역의 상관관계를 나타내는 곡선은?

① 래퍼곡선 ② 필립스곡선
③ 로렌츠곡선 ④ 테일러곡선

콕집어해설

필립스곡선(Phillips Curve)

영국 경제학자 필립스(Phillips)가 제시한 인플레이션율(임금 또는 물가상승률)과 실업률 간에 역의 관계가 있음을 설명했다.

답 ②

해 ① 래퍼곡선(Laffer Curve) : 미국 경제학자 래퍼(A. Laffer)가 제시한 조세수입과 세율 간의 관계를 나타낸 곡선이다.
③ 로렌츠곡선(Lorenz Curve) : 미국 통계학자 로렌츠(M. Lorenz)가 창안한 소득분포의 불평등도를 측정하는 방법이다.

74 다음 중 가장 적극적인 근로자의 경영참가 형태는?

① 단체교섭에 의한 참가
② 단체행동에 의한 참가
③ 노사협의회에 의한 참가
④ 근로자중역, 감사역제에 의한 참가

콕집어 해설

근로자의 경영참가형태

- 단체교섭에 의한 참가 : 노사 간의 단체교섭에 의한 경영참가 형태이며, 노사 간의 대립관계를 토대로 한다.
- 노사협의회에 의한 참가 : 근로자와 사용자 간의 참여와 협력을 바탕으로 근로자의 복지와 기업의 건전한 발전을 도모하기 위해 구성하는 협의기구이다.
- 근로자중역, 감사역제에 의한 참가 : 근로자가 기업경영의 의사결정에 직접 참가한다는 점에서 생산자협동조합과 함께 가장 적극적인 근로자 경영참가 형태이다.

답 ④

꿰뚫어 보기

노동자 자주관리 기업

- 노동자 경영참여 방식 중 산업민주화 정도가 가장 높은 형태로써, 기업 등의 경영권이 자본이나 국가에 있지 않고 노동자 집단에 귀속되어 있는 것을 말한다.
  산업민주주의에 입각한 민주적 의사결정 방식을 강조한다.

75 실업 - 결원곡선(Beveridge curve)에 관한 설명으로 틀린 것은?

① 종축에서는 결원 수, 횡축에서는 실업자 수를 표시한다.
② 원점에서 멀어질수록 구조적 실업자 수가 증가함을 의미한다.
③ 마찰적 실업과 구조적 실업을 구분하는 것이 가능하다.
④ 현재의 실업자 수에서 현재의 결원 수를 뺀 것이 수요부족실업자 수이다.

콕집어 해설

실업 - 결원곡선(Beveridge curve)

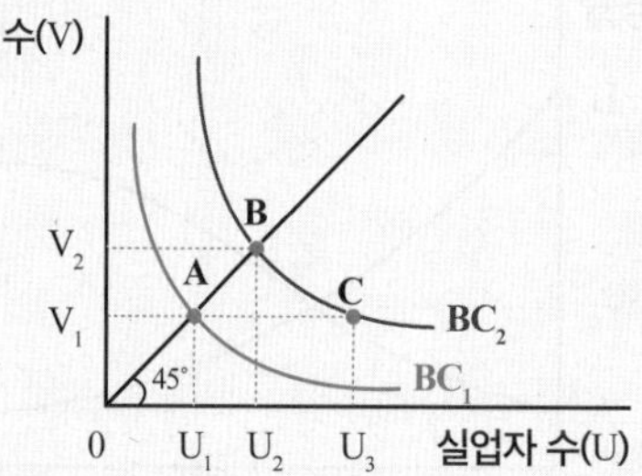

- 실업과 결원의 관계를 나타내며, 실업의 구조와 완전고용률에 대해 설명한다.
- 종축은 결원 수, 횡축은 실업자 수를 표시하며, 실업자 수가 증가하면 결원 수가 감소하고 그 반대의 관계도 성립함으로 곡선은 우하향한다.(①)
- 노동수요와 노동공급이 같은 경우 실업자 수와 결원 수가 균형을 이루며 45도 직선상에서 완전고용상태가 된다.
- 원점에서 멀어질수록 구조적 실업자 수가 증가함을 의미한다.(②)
  즉, BC_1이 BC_2로 이동하는 경우 동일한 결원 수에 더 많은 실업자 수 ($U_3 - U_1$)가 대응함으로써 노동시장이 구조적으로 악화되어 있음을 보여준다.
- 현재의 실업자 수에서 현재의 결원 수를 뺀 것이 수요부족실업자 수이다.(④)
- 실업 - 결원곡선에 의해 수요부족실업과 비수요부족실업(마찰적 · 구조적실업)을 구분하는 것은 가능하나, 마찰적 실업과 구조적 실업을 구분하기는 어렵다.(③)
  즉, 현재의 노동시장 상황이 BC_2라고 할 때 실업자 수와 결원 수가 만나는 C점이 완전고용상태인 B점만큼의 차이($U_3 - U_2$)를 보이게 되는데, 이같은 실업자 수의 차이를 수요부족실업으로 간주할 수 있다. 하지만 마찰적 실업과 구조적 실업을 구분하는 것은 어렵다.

답 ③

해 가능하다(×)→'불가능'하다.

76 다음 힉스(Hicks, J.R.)의 교섭모형에 대한 설명으로 틀린 것은?

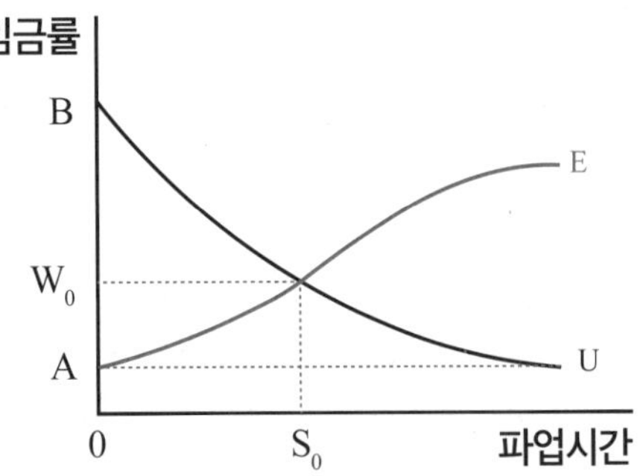

① AE 곡선은 사용자의 양보곡선이다.
② BU 곡선은 노동조합의 저항곡선이다.
③ A는 노동조합이 없거나 노동조합이 파업을 하기 이전 사용자들이 지불하려고 하는 임금수준이다.
④ 노동조합이 W_0보다 더 높은 임금을 요구하면 사용자는 쉽게 수락하겠지만, 그때는 노동조합 내부에서 교섭대표자들과 일반조합원 간의 마찰이 불가피하다.

콕집어 해설

힉스(Hicks, J.R.)의 교섭모형
- AE 곡선은 사용자의 양보곡선이다.
- BU 곡선은 노동조합의 저항곡선이다.
- A는 노동조합이 없거나 노동조합이 파업을 하기 이전 사용자들이 지불하려고 하는 임금수준이다.
- 노동조합이 W_0보다 더 낮은 임금을 요구하면 사용자는 쉽게 수락하겠지만, 그때는 노동조합 내부에서 교섭대표자들과 일반조합원 간의 마찰이 불가피하다.

답 ④

해 W_0보다 더 높은 임금을 요구(×)→더 '낮은 임금' 요구

77 다음 중 구조적 실업에 대한 대책과 가장 거리가 먼 것은?
① 경기활성화
② 직업전환교육
③ 이주에 대한 보조금
④ 산업구조변화 예측에 따른 인력수급정책

콕집어 해설

구조적 실업
- 특징 : 비수요부족 실업이며, 비자발적이고 장기적 실업이다.
- 원인
  1) 구인처에서 요구하는 자격을 갖춘 근로자가 없는 경우에 발생한다.
  2) 지역 간·산업 간 노동력 수급의 불균형 현상에서 발생한다.
  3) 기업이 효율성 임금을 지불할 경우 발생할 수 있다.
- 대책
  1) 산업(경제)구조 변화 예측에 따른 인력수급정책
  2) 지역간 이동을 촉진시키는 지역이주금 보조
  3) 노동자의 전직과 관련된 적절한 재훈련

답 ①

해 '경기활성화'는 경기적 실업에 대한 대책이다.

78 노동공급곡선이 그림과 같을 때 임금이 W0 이상으로 상승한 경우의 설명으로 옳은 것은?

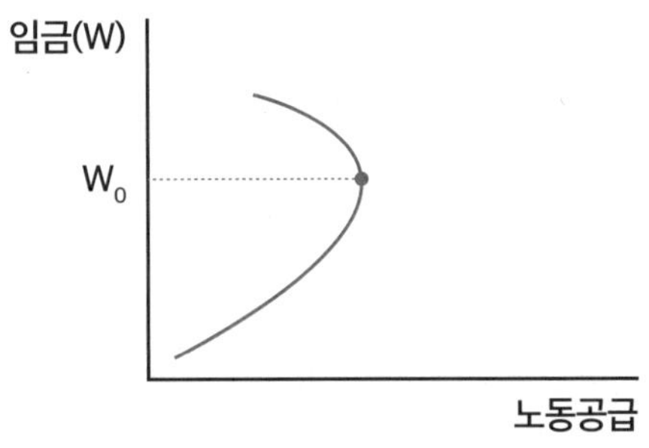

① 대체효과가 소득효과를 압도한다.
② 소득효과가 대체효과를 압도한다.
③ 대체효과가 규모효과를 압도한다.
④ 규모효과가 대체효과를 압도한다.

콕집어 해설

임금상승으로 인한 소득효과가 대체효과보다 클 경우
소득효과가 대체효과보다 클 경우 임금상승으로 실질소득이 증가하므로 근로자는 노동시간을 줄이고 여가시간과 소비재 구입을 늘린다. 따라서, 노동공급곡선은 후방굴절한다.

답 ②

79 **효율임금정책이 높은 생산성을 가져오는 원인에 관한 설명으로 틀린 것은?**

① 고임금은 노동자의 직장상실비용을 증대시켜서 작업 중에 태만하지 않게 한다.
② 고임금 지불기업은 그렇지 않은 기업에 비해 신규노동자의 훈련에 많은 비용을 지출한다.
③ 고임금은 노동자의 기업에 대한 충성심과 귀속감을 증대시킨다.
④ 고임금 지불기업은 신규채용 시 지원노동자의 평균자질이 높아져 보다 양질의 노동자를 고용할 수 있다.

콕집어해설

효율성임금(efficiency wage)

- 개념 : 근로자의 생산성을 높이기 위해 시장임금보다 더 높은 임금을 지급하는 것이다.
- 장점
  1) 우수한 근로자 채용 및 노동의 질 향상(④)
  2) 근로자의 사직 감소에 따른 신규채용 및 훈련에 드는 비용감소(②)
  3) 대규모 사업장에서의 통제 상실 방지(①)
  4) 기업에 대한 충성심과 귀속감의 증대(③)
- 단점
  1) 기업 간 임금격차
  2) 이중노동시장의 형성
  3) 지역 또는 산업 간 노동력 수급의 불균형으로 구조적 실업 초래

답 ②

80 **노동조합으로 인해 비노조부문의 임금이 하락하고 있다면 이는 어떤 경우인가?**

① 이전효과(spillover effect)만 나타나는 경우
② 위협효과(threat effect)만 나타나는 경우
③ 대기실업효과만 나타나는 경우
④ 비노동조합부문에서 노동수요곡선을 좌측으로 이동하는 효과가 나타나는 경우

콕집어해설

이전효과(spillover effect)

해고효과 또는 파급효과라고 하며, 노동조합의 임금인상에 의해 축출된 노동자들이 비조직부문으로 몰려 그곳의 임금을 하락시킴으로써 임금격차를 크게 만든다.

답 ①

해 ② 위협효과란 비조직부문의 기업주들이 노동조합이 결성될 것을 두려워해서 미리 임금을 올려줌으로써 임금격차가 줄어드는 현상을 말한다.
③ 대기실업효과란 노동조합이 비조직된 기업을 사직하고 상대적으로 높은 임금이 지급되는 조직부문에 취업하기 위해 여가를 선호함으로써 임금격차가 줄어드는 현상을 말한다.
④ 비노동조합부문에서 노동공급곡선이 우하향(노동공급 증가)으로 이동하는 효과가 나타나는 경우이다.

81 다음 ( )에 알맞은 것은? [개정]

2025년 적용 최저임금은 전년대비 1.7% 상승한 시간급 ( )원이다.

① 9,480 ② 9,620
③ 9,860 ④ 10,030

콕집어 해설

최저임금(2025년)
- 2025년 최저임금은 전년대비 1.7% 인상한 시급 1만 30원이다.
- 최저임금은 최저임금위원회의 심의를 거쳐 고용노동부 장관이 결정⊠고시한다.
- 임금의 최저수준을 정하고, 사용자에게 이 수준 이상의 임금을 지급하도록 법으로 강제함으로써 저임금 근로자를 보호한다.
- 최저임금 적용을 받는 사용자는 최저임금액을 근로자가 쉽게 볼 수 있는 장소에 게시하거나 그 외 적당한 방법으로 근로자에게 널리 알려야 한다.

답 ④

꿰뚫어 보기

최저임금제의 긍정적 기능 [소노공 경기산]
1) 소득분배 개선
2) 노동력의 질적 향상
3) 공정경쟁의 확보
4) 경기 활성화에 기여
5) 기업의 근대화 및 산업구조 고도화 촉진
6) 산업평화 유지

82 헌법 제32조에 관한 설명으로 옳지 않은 것은?

① 근로조건의 기준은 인간의 존엄성을 보장하도록 법률로 정한다.
② 국가는 법률이 정하는 바에 의하여 최저임금제를 시행하여야 한다.
③ 고령자의 근로는 특별한 보호를 받는다.
④ 여자의 근로는 특별한 보호를 받는다.

콕집어 해설

헌법 제32조(근로권)
- 모든 국민은 근로의 권리를 가진다. 국가는 사회적·경제적 방법으로 근로자의 고용증진과 적정임금의 보장에 노력하여야 하며, 법률이 정하는 바에 의하여 최저임금제를 시행하여야 한다.(②)
- 모든 국민은 근로의 의무를 진다. 국가는 근로의 의무의 내용과 조건을 민주주의 원칙에 따라 법률로 정한다.
- 근로조건의 기준은 인간의 존엄성을 보장하도록 법률로 정한다.(①)
- 여자의 근로는 특별한 보호를 받으며, 고용·임금 및 근로조건에 있어서 부당한 차별을 받지 아니한다.(④)
- 연소자의 근로는 특별한 보호를 받는다.
- 국가유공자·상이군경 및 전몰군경의 유가족은 법률이 정하는 바에 의하여 우선적으로 근로의 기회를 부여받는다.

답 ③

해 고령자, 장애인 등은 특별한 보호 대상이 아니라, 직업능력개발훈련이 중요시되어야 하는 대상이다.

꿰뚫어 보기

직업능력개발훈련이 중요시되어야 하는 대상
1) 고령자, 장애인
2) 국민기초생활 수급권자
3) 국가유공자와 그 유족 또는 가족이나 보훈보상대상자와 그 유족 또는 가족
4) 5·18 민주유공자와 그 유족 또는 가족
5) 제대군인 및 전역예정자
6) 여성근로자
7) 중소기업의 근로자
8) 일용근로자, 단시간근로자, 기간을 정하여 근로계약을 체결한 근로자, 일시적 사업에 고용된 근로자, 파견근로자

83 기간제 및 단시간근로자 보호 등에 관한 법률상 사용자가 기간제근로자와 근로계약을 체결하는 때에 서면으로 명시하여야 하는 사항을 모두 고른 것은?

ㄱ. 근로계약기간에 관한 사항
ㄴ. 근로시간 · 휴게에 관한
ㄷ. 휴일 · 휴가에 관한 사항 사항
ㄹ. 취업의 장소와 종사하여야 할 업무에 관한 사항

① ㄱ, ㄴ
② ㄴ, ㄷ, ㄹ
③ ㄱ, ㄷ, ㄹ
④ ㄱ, ㄴ, ㄷ, ㄹ

콕집어해설

기간제근로자와 근로계약 체결 시 서면 명시사항
- 근로계약기간에 관한 사항
- 근로시간 · 휴게에 관한 사항
- 임금의 구성항목 · 계산방법 및 지불방법에 관한 사항
- 휴일 · 휴가에 관한 사항
- 취업의 장소와 종사하여야 할 업무에 관한 사항

답 ④

84 헌법상 근로권의 내용에 대한 설명으로 틀린 것은?

① 모든 국민은 근로의 권리와 함께 근로의 의무를 진다.
② 최저임금제는 법률에 의하여 시행된다.
③ 근로의 권리의 행사를 위한 입법으로는 직업안정법, 근로자직업능력개발법 등이 있다.
④ 법인도 근로권의 주체로서 보호받을 수 있다.

콕집어해설

헌법 제32조(근로권)
- 모든 국민은 근로의 권리를 가진다.(①)
- 근로의 권리의 행사를 위한 입법으로는 직업안정법, 근로자직업능력개발법 등이 있다.(③)
- 국가는 사회적·경제적 방법으로 근로자의 고용증진과 적정임금의 보장에 노력하여야 하며, 법률이 정하는 바에 의하여 최저임금제를 시행하여야 한다.(②)
- 모든 국민은 근로의 의무를 진다. 국가는 근로의 의무의 내용과 조건을 민주주의 원칙에 따라 법률로 정한다.(①)
- 근로조건의 기준은 인간의 존엄성을 보장하도록 법률로 정한다.
- 여자의 근로는 특별한 보호를 받으며, 고용·임금 및 근로조건에 있어서 부당한 차별을 받지 아니한다.
- 연소자의 근로는 특별한 보호를 받는다.
- 국가유공자·상이군경 및 전몰군경의 유가족은 법률이 정하는 바에 의하여 우선적으로 근로의 기회를 부여받는다.

답 ④

해 '근로의 권리'는 자연인의 권리이므로 법인은 근로권의 주체가 될 수 없다.

85 직업안정법령상 직업정보제공사업자의 준수사항으로 틀린 것은?

① 구인자의 업체명이 표시되어 있지 아니한 구인광고를 게재하지 아니할 것
② 직업정보제공매체의 구인 · 구직의 광고에는 구인 · 구직자의 주소 또는 전화번호를 기재하지 아니할 것
③ 구직자의 이력서 발송을 대행하거나 구직자에게 취업추천서를 발부하지 아니할 것
④ 직업정보제공사업의 광고문에 "취업추천" · "취업지원" 등의 표현을 사용하지 아니할 것

콕집어 해설

직업정보제공사업자의 준수사항

- 구인자의 업체명(또는 성명)이 표시되어 있지 아니하거나 구인자의 연락처가 사서함 등으로 표시되어 구인자의 신원이 확실하지 아니한 구인광고를 게재하지 아니할 것
- 직업정보제공매체의 구인·구직의 광고에는 구인·구직자의 주소 또는 전화번호를 기재하고, 직업정보제공사업자의 주소 또는 전화번호는 기재하지 아니할 것
- 직업정보제공매체 또는 직업정보제공사업의 광고문에 "(무료)취업상담"·"취업추천"·"취업 지원" 등의 표현을 사용하지 아니할 것
- 구직자의 이력서 발송을 대행하거나 구직자에게 취업추천서를 발부하지 아니할 것
- 직업정보제공매체에 정보이용자들이 알아보기 쉽게 신고로 부여받은 신고번호를 표시할 것
- 최저임금에 미달되는 구인정보, 「성매매알선 등 행위의 처벌에 관한법률」에 따른 금지행위가 행하여지는 업소에 대한 구인광고를 게재하지 아니할 것

답 ②

해 기재하지 아니할 것(×)→기재할 것

86 다음 ( )에 알맞은 것은?

> 사업주는 훈련계약을 체결할 때에는 해당 직업능력개발훈련을 받는 사람이 직업능력개발훈련을 이수한 후에 사업주가 지정하는 업무에 일정 기간 종사하도록 할 수 있다.
> 이 경우 그 기간은 (ㄱ)년 이내로 하되, 직업능력개발훈련기간의 (ㄴ)배를 초과할 수 없다.

	ㄱ	ㄴ
①	5	5
②	3	3
③	5	3
④	3	5

콕집어 해설

훈련계약의 체결

사업주는 훈련계약을 체결할 때에는 해당 직업능력개발훈련을 받는 사람이 직업능력개발훈련을 이수한 후에 사업주가 지정하는 업무에 일정 기간 종사하도록 할 수 있다. 이 경우 그 기간은 5년 이내로 하되, 직업능력개발훈련기간의 3배를 초과할 수 없다.

답 ③

87 고용보험법령상 ( )에 들어갈 숫자로 옳은 것은?

> 배우자의 질병으로 육아휴직 급여를 신청할 수 없었던 사람은 그 사유가 끝난 후 ( )일 이내에 신청하여야 한다.

① 10　② 30
③ 60　④ 90

콕집어 해설

육아휴직급여 신청

육아휴직급여를 지급받으려는 사람은 육아휴직을 시작한 날 이후 1개월부터 육아휴직이 끝난 날 이후 12개월 이내에 신청해야 한다. 다만, 해당 기간에 다음 사유로 육아휴직급여를 신청할 수 없었던 사람은 그 사유가 끝난 후 30일 이내에 신청해야 한다.

1) 천재지변
2) 본인이나 배우자의 질병·부상
3) 본인이나 배우자의 직계존속 및 직계비속의 질병·부상
4) 병역법에 따른 의무복무
5) 범죄혐의로 인한 구속이나 형의 집행

답 ②

꿰뚫어 보기

배우자 출산휴가

1) 사업주는 근로자가 배우자의 출산을 이유로 휴가를 청구하는 경우 10일의 휴가를 주어야 한다.
   이 경우 사용한 휴가기간은 유급으로 한다.
2) 출산전후휴가급여 등이 지급된 경우에는 그 금액의 한도에서 지급책임을 면함
3) 배우자 출산휴가는 근로자의 배우자가 출산한 날부터 90일이 지나면 청구할 수 없다.
4) 배우자 출산휴가는 1회에 한정하여 나누어 사용할 수 있다.
5) 사업주는 배우자 출산휴가를 이유로 근로자를 해고하거나 그 밖의 불리한 처우를 하여서는 아니 된다.

88 고용상 연령차별금지 및 고령자고용촉진에 관한 법령상 준고령자의 정의로 옳은 것은?

① 40세 이상 45세 미만인 사람
② 45세 이상 50세 미만인 사람
③ 50세 이상 55세 미만인 사람
④ 55세 이상 60세 미만인 사람

콕집어 해설

준고령자와 고령자의 정의
- '준고령자'는 50세 이상 55세 미만인 사람으로서 고령자가 아닌 사람을 말한다.
- '고령자'란 인구와 취업자의 구성 등을 고려하여 55세 이상인 자를 말한다.

답 ③

89 고용보험법상 심사의 청구에 관한 설명으로 틀린 것은?

① 심사의 청구는 시효중단에 관하여 재판상의 청구로 본다.
② 심사의 청구는 원처분 등을 한 직업안정기관을 거쳐 고용보험심사관에게 하여야 한다.
③ 결정은 심사청구인 및 직업안정기관의 장에게 결정서의 정본을 보낸 날부터 효력이 발생한다.
④ 고용보험심사관은 심사청구인의 신청에 의하여 원처분 등의 집행을 정지시키지 아니한다.

콕집어 해설

고용보험법상 심사의 청구
- 심사의 청구는 시효중단에 관하여 재판상의 청구로 본다.(①)
- 피보험자격의 취득·상실 확인에 대한 심사의 청구는 근로복지공단을 거쳐 고용보험심사관에게 하고, 실업급여 및 육아휴직 급여와 출산전후휴가 급여 등에 관한 처분에 대한 심사의 청구는 직업안정기관을 거쳐 고용보험심사관에게 하여야 한다.(②)
- 결정은 심사청구인 및 직업안정기관의 장에게 결정서의 정본을 보낸 날부터 효력이 발생한다.(③)
- 심사의 청구는 원처분 등의 집행을 정지시키지 아니한다.(④)
  다만, 고용보험심사관은 원처분 등의 집행에 의하여 발생하는 중대한 위해를 피하기 위하여 긴급한 필요가 있다고 인정하면 직권으로 그 집행을 정지시킬 수 있다.

답 ②

90 직업안정법에 관한 설명으로 틀린 것은?

① 국외 무료직업소개사업을 하려는 자는 고용노동부장관의 허가를 받아야 한다.
② 국외 유료직업소개사업을 하려는 자는 고용노동부장관에게 등록하여야 한다.
③ 구인자가 직업안정기관에서 구직자를 소개받은 때에는 그 채용 여부를 직업안정기관의 장에게 통보하여야 한다.
④ 누구든지 국외에 취업할 근로자를 모집한 경우에는 고용노동부장관에게 신고하여야 한다.

콕집어 해설

직업소개사업 [무신 유등]
- 무료직업소개사업: 근로자가 취업하려는 장소를 기준으로,
  1) 국내 무료직업소개사업: 국내 무료직업소개사업을 하려는 자는 주된 사업소의 소재지를 관할하는 특별자치도지사·시장·군수 및 구청장에게 신고해야 한다.
  2) 국외 무료직업소개사업: 국외 무료직업소개사업을 하려는 자는 고용노동부장관에게 신고해야 한다.(①)
- 유료직업소개사업: 근로자가 취업하려는 장소를 기준으로,
  1) 국내 유료직업소개사업: 국내 유료직업소개사업을 하려는 자는 주된 사업소의 소재지를 관할하는 특별자치도지사·시장·군수 및 구청장에게 등록해야 한다.
  2) 국외 유료직업소개사업: 국외 유료직업소개사업을 하려는 자는 고용노동부장관에게 등록해야 한다.(②)
- 근로자공급사업: 고용노동부장관의 허가를 받아야 한다.
- 근로자파견사업: 고용노동부장관의 허가를 받아야 한다.
- 구인자가 직업안정기관에서 구직자를 소개받은 때에는 그 채용 여부를 직업안정기관의 장에게 통보하여야 한다.(③)
- 누구든지 국외에 취업할 근로자를 모집한 경우에는 모집한 후 15일 이내에 고용노동부장관에게 신고하여야 한다.(④)

답 ①

해 허가(×)→신고

91 고용정책 기본법상 기본원칙으로 틀린 것은?

① 근로의 권리 확보
② 근로자의 직업선택의 자유 존중
③ 사업주의 고용관리에 관한 통제
④ 구직자(求職者)의 자발적인 취업노력 촉진

콕집어 해설

고용정책 기본법상 기본원칙
- 근로자의 직업선택의 자유와 근로의 권리가 확보되도록 할 것(①, ②)
- 사업주의 자율적인 고용관리를 존중할 것(③)
- 구직자의 자발적인 취업노력을 촉진할 것(④)
- 고용정책은 효율적이고 성과지향적으로 수립·시행할 것
- 고용정책은 여러 사항을 고려하여 균형있게 수립·시행할 것
- 고용정책은 국가·지방단체 간, 공공부문·민간부문 간 및 근로자·사업주·정부 간의 협력을 바탕으로 수립·시행할 것

답 ③

92 남녀고용평등과 일·가정 양립지원에 관한 법령에 규정된 내용으로 틀린 것은?

① 사업주는 근로자를 모집할 때 남녀를 차별하여서는 아니 된다.
② 사업주는 동일한 사업 내의 동일 가치 노동에 대하여는 동일한 임금을 지급하여야 한다.
③ 사업주는 직장 내 성희롱 예방을 위한 교육을 연 2회 이상 하여야 한다.
④ 고용노동부장관은 남녀고용평등 실현과 일·가정의 양립에 관한 기본계획을 5년마다 수립하여야 한다.

콕집어 해설

남녀고용평등과 일·가정 양립지원에 관한 법령
- 사업주는 근로자를 모집할 때 남녀를 차별하여서는 아니 된다.(①)
- 사업주는 동일한 사업 내의 동일 가치 노동에 대하여는 동일한 임금을 지급하여야 한다.(②)
- 사업주는 직장 내 성희롱 예방을 위한 교육을 연 1회 이상 하여야 한다.(③)
- 고용노동부장관은 남녀고용평등 실현과 일·가정의 양립에 관한 기본계획을 5년마다 수립하여야 한다.(④)

답 ③

해 연 2회 이상(×)→'연 1회 이상'

 **꿰뚫어 보기**

차별

1) 사업주가 근로자에게 성별, 혼인, 가족 안에서의 지위, 임신 또는 출산 등의 사유로 합리적인 이유 없이 채용 또는 근로의 조건을 다르게 하거나 그 밖의 불리한 조치를 하는 경우를 말한다.
2) 사업주가 채용조건이나 근로조건은 동일하게 적용하더라도 그 조건을 충족할 수 있는 남성 또는 여성이 다른 한 성(性)에 비하여 현저히 적고 그에 따라 특정 성에게 불리한 결과를 초래하며 그 조건이 정당한 것임을 증명할 수 없는 경우도 포함한다.
3) '차별'에 해당하지 않는 경우
   ㄱ. 직무의 성격에 비추어 특정 성이 불가피하게 요구되는 경우
   ㄴ. 여성 근로자의 임신·출산·수유 등 모성보호를 위한 조치를 하는 경우
   ㄷ. 그 밖에 이 법 또는 다른 법률에 따라 적극적 고용개선조치를 하는 경우

93 직업안정법상 직업소개사업을 겸업할 수 있는 것은?

①「결혼중개업의 관리에 관한 법률」상 결혼중개업
②「공중위생관리법」상 숙박업
③「식품위생법」상 식품접객업 중 유흥주점영업
④「식품위생법」상 식품접객업 중 일반음식점영업

콕집어 해설

직업소개업과 겸업이 금지되는 사업
-「결혼중개업의 관리에 관한 법률」상 결혼중개업(①)
-「공중위생관리법」상 숙박업(②)
-「식품위생법」상 식품접객업 중 단란주점영업, 유흥주점영업(③)
- 식품위생법의 식품접객업 중 대통령령으로 정하는 영업 휴게음식점영업 중 주로 다류를 조리·판매하는 영업(영업자 또는 종업원이 영업장을 벗어나 다류를 배달 판매하면서 소요시간에 따라 대가를 받는 형태로 운영하는 경우로 한정)

답 ④

94 고용보험법상 구직급여의 산정 기초가 되는 임금일액의 산정방법으로 틀린 것은?

① 수급자격의 인정과 관련된 마지막 이직 당시 산정된 평균임금을 기초일액으로 한다.
② 마지막 사업에서 이직 당시 일용근로자였던 자의 경우에는 산정된 금액이 근로기준법에 따른 그 근로자의 통상임금보다 적을 경우에는 그 통상임금액을 기초일액으로 한다.
③ 기초일액을 산정하는 것이 곤란한 경우와 보험료를 보험료징수법에 따른 기준보수를 기준으로 낸 경우에는 기준보수를 기초일액으로 한다.
④ 산정된 기초일액이 그 수급자격자의 이직 전 1일 소정근로시간에 이직일 당시 적용되던 최저임금법에 따른 시간 단위에 해당하는 최저임금액을 곱한 금액보다 낮은 경우에는 최저기초일액을 기초일액으로 한다.

콕집어 해설

임금일액의 산정방법

- 수급자격의 인정과 관련된 마지막 이직 당시 산정된 평균임금을 기초일액으로 한다.(①)
- 구직급여의 산정 기초가 되는 임금일액이 근로기준법에 따른 그 근로자의 통상임금보다 적을 경우에는 그 통상임금액을 기초일액으로 한다. 다만, 마지막 사업에서 이직 당시 일용근로자였던 자의 경우에는 그러하지 아니하다.(②)
- 기초일액을 산정하는 것이 곤란한 경우와 보험료를 보험료징수법에 따른 기준보수를 기준으로 낸 경우에는 기준보수를 기초일액으로 한다.(③)
- 산정된 기초일액이 그 수급자격자의 이직 전 1일 소정근로시간에 이직일 당시 적용되던 최저임금법에 따른 시간 단위에 해당하는 최저임금액을 곱한 금액보다 낮은 경우에는 최저기초일액을 기초일액으로 한다.(④)

답 ②

95 고용보험법령상 다음 사례에서 구직급여의 소정 급여일수는?

> 장애인 근로자 A씨(40세)가 4년간 근무하던 회사를 퇴사하여 직업안정기관으로부터 구직급여 수급자격을 인정받았다.

① 120일 ② 150일
③ 180일 ④ 210일

콕집어 해설

구직급여의 소정 급여일수

구분		피보험기간				
		1년 미만	1년 이상 3년 미만	3년 이상 5년 미만	5년 이상 10년 미만	10년 이상
이직일 현재 연령	50세 미만	120일	150일	180일	210일	240일
	50세 이상및 장애인	120일	180일	210일	240일	270일

답 ④

꿰뚫어보기

구직급여 수급요건

- 이직일 이전 18개월간 동안 피보험 단위기간이 통산하여 180일 이상일 것
- 근로의 의사와 능력이 있음에도 불구하고 취업(영리를 목적으로 사업을 영위하는 경우를 포함)하지 못한 상태에 있을 것
- 이직사유가 수급자격의 제한 사유에 해당하지 아니할 것
- 재취업을 위한 노력을 적극적으로 할 것(
- 수급자격 인정신청일 이전 1개월 동안의 근로일수가 10일 미만이거나 건설일용근로자로서 수급자격 인정신청일 이전 14일간 연속하여 근로내역이 없을 것
- 최종 이직 당시의 기준기간 동안의 피보험 단위기간 중 다른 사업에서 수급자격의 제한 사유에 해당하는 사유로 이직한 사실이 있는 경우에는 그 피보험 단위기간 중 90일 이상을 일용근로자로 근로하였을 것

96 노동기본권에 관하여 헌법에 명시된 내용으로 틀린 것은?

① 공무원인 근로자는 법률이 정하는 자에 한하여 단결권·단체교섭권 및 단체행동권을 가진다.
② 근로자는 근로조건의 향상을 위하여 자주적인 단결권·단체교섭권 및 단체행동권을 가진다.
③ 공익사업에 종사하는 근로자의 단체행동권은 법률이 정하는 바에 의하여 이를 제한하거나 인정하지 아니할 수 있다.
④ 법률이 정하는 주요 방위산업에 종사하는 근로자의 단체행동권은 법률이 정하는 바에 의하여 이를 제한하거나 인정하지 아니할 수 있다.

콕집어해설

근로3권의 제한

- 근로자는 근로조건의 향상을 위하여 자주적인 단결권·단체교섭권 및 단체행동권을 가진다.(②)
- 근로3권도 국가안전보장·질서유지·공공복리를 위하여 필요한 경우에 법률로써 제한을 할 수 있다.
  단, 기본권의 본질적 내용은 침해할 수 없다.
- 공무원인 근로자는 법률이 정하는 자에 한하여 단결권·단체교섭권 및 단체행동권을 가진다.(①)
- 공무원은 노동운동이나 그 밖에 공무 외의 일을 위한 집단 행위를 하여서는 아니 된다. 다만, 사실상 노무에 종사하는 공무원은 예외로 한다.
- 사립학교교원 및 국·공립학교교원은 단결권, 단체교섭권만을 가진다.
- 교원의 노동조합 설립 및 운영 등에 관한 법률은 교원 노동조합과 그 조합원의 쟁의행위를 금지하고 있다.
- 법률이 정하는 주요방위산업체에 종사하는 근로자의 단체행동권은 법률이 정하는 바에 의하여 이를 제한하거나 인정하지 아니할 수 있다.(④)

답 ③

해 '공익사업에 종사하는 근로자'에 대해 명시된 내용은 없다.

97 고용정책 기본법령상 고용정책심의회에 관한 설명으로 틀린 것은?

① 정책심의회는 위원장 1명을 포함한 20명 이내의 위원으로 구성한다.
② 근로자와 사업주를 대표하는 자는 심의 위원으로 참여할 수 있다.
③ 특별시·광역시·특별자치시·도 및 특별자치도에 지역고용심의회를 둔다.
④ 고용정책심의회를 효율적으로 운영하기 위하여 분야별 전문위원회를 둘 수 있다.

콕집어해설

고용정책심의회

- 정책심의회는 위원장 1명을 포함한 30명 이내의 위원으로 구성한다.(①)
- 근로자와 사업주를 대표하는 자는 심의 위원으로 참여할 수 있다.(②)
- 특별시·광역시·특별자치시·도 및 특별자치도에 지역고용심의회를 둔다.(③)
- 고용정책심의회를 효율적으로 운영하기 위하여 분야별 전문위원회를 둘 수 있다.(④)
- 고용정책심의회의 전문위원회는 위원장 1명을 포함한 20명 이내의 위원으로 구성한다.

답 ①

해 20명(×)→'30명'

98 근로기준법령상 임금에 관한 설명으로 틀린 것은?

① 고용노동부장관은 체불사업주의 명단을 공개할 경우 체불사업주에게 3개월 이상의 기간을 정하여 소명 기회를 주어야 한다.
② 단체협약에 특별한 규정이 있는 경우에는 임금의 일부를 공제하거나 통화 이외의 것으로 지급할 수 있다.
③ 사용자는 도급으로 사용하는 근로자에게 근로시간에 따라 일정액의 임금을 보장하여야 한다.
④ 사용자는 고용노동부장관의 승인을 받은 경우 통상임금의 100분의 70에 못 미치는 휴업수당을 지급할 수 있다.

콕집어해설

임금

- 고용노동부장관은 체불사업주의 명단을 공개할 경우 체불사업주에게 3개월 이상의 기간을 정하여 소명 기회를 주어야 한다.(①)
- 단체협약에 특별한 규정이 있는 경우에는 임금의 일부를 공제하거나 통화 이외의 것으로 지급할 수 있다.(②)
- 사용자는 도급으로 사용하는 근로자에게 근로시간에 따라 일정액의 임금을 보장하여야 한다.(③)
- 사용자는 부득이한 사유로 사업을 계속하는 것이 불가능하여 노동위원회의 승인을 받은 경우에는 100분의 70에 못 미치는 휴업수당을 지급할 수 있다.(④)

답 ④

해 고용노동부장관(×)→노동위원회

99 채용절차의 공정화에 관한 법률에 관한 설명으로 틀린 것은?

① 고용노동부장관은 입증자료의 표준양식을 정하여 구인자에게 그 사용을 권장할 수 있다.

② 원칙적으로 상시 30명 이상의 근로자를 사용하는 사업장의 채용절차에 적용한다.

③ 채용서류란 기초심사자료, 입증자료, 심층심사자료를 말한다.

④ 심층심사자료란 작품집, 연구실적물 등 구직자의 실력을 알아볼 수 있는 모든 물건 및 자료를 말한다.

콕집어해설

채용절차의 공정화

- 고용노동부장관은 기초심사자료의 표준양식을 정하여 구인자에게 그 사용을 권장할 수 있다.(①)
- 원칙적으로 상시 30명 이상의 근로자를 사용하는 사업장의 채용절차에 적용한다.(②)
- 채용서류란 기초심사자료, 입증자료, 심층심사자료를 말한다.(③)
- 심층심사자료란 작품집, 연구실적물 등 구직자의 실력을 알아볼 수 있는 모든 물건 및 자료를 말한다.(④)

답 ①

해 입증자료(×)→기초심사자료

100 파견근로자 보호 등에 관한 법률에 관한 설명으로 틀린 것은?

① 파견사업주는 근로자를 파견근로자로서 고용하고자 할 때에는 미리 당해 근로자에게 그 취지를 서면으로 알려주어야 한다.

② 파견사업주는 정당한 이유 없이 파견근로자 또는 파견근로자로서 고용되고자 하는 자와 그 고용관계의 종료 후 사용사업주에게 고용되는 것을 금지하는 내용의 근로계약을 체결하여서는 아니 된다.

③ 파견사업주는 파견사업관리대장을 작성 · 보존하여야 한다.

④ 파견사업주는 파견근로자의 적절한 파견근로를 위하여 사용사업관리책임자를 선임하여야 한다.

콕집어해설

파견근로자 보호 등에 관한 법률

- 파견사업주는 근로자를 파견근로자로서 고용하고자 할 때에는 미리 당해 근로자에게 그 취지를 서면으로 알려주어야 한다.(①)
- 파견사업주는 정당한 이유 없이 파견근로자 또는 파견근로자로서 고용되고자 하는 자와 그 고용관계의 종료 후 사용사업주에게 고용되는 것을 금지하는 내용의 근로계약을 체결하여서는 아니 된다.(②)
- 파견사업주는 파견사업관리대장을 작성 · 보존하여야 한다.(③)
- 파견사업주는 파견근로자의 적절한 파견근로를 위하여 파견사업관리책임자를 선임하여야 한다.(④)

답 ④

해 파견사업주는 '파견사업관리책임사'를, 사용사업주는 '사용사업관리책임자'를 각각 선임하여야 한다.

꿰뚫어 보기

파견근로자보호 등에 관한 법률

1) 근로자파견사업의 허가의 유효기간은 3년으로 한다.
2) 사용사업주는 파견근로자를 사용하고 있는 업무에 근로자를 직접 고용하고자 하는 경우에는 당해 파견근로자를 우선적으로 고용하도록 노력하여야 한다.
3) 근로자파견이라 함은 파견사업주가 근로자를 고용한 후 그 고용관계를 유지하면서 근로자파견계약의 내용에 따라 사용사업주의 지휘 · 명령을 받아 사용사업주를 위한 근로에 종사하게 하는 것을 말한다.
4) 사용사업주는 고용노동부장관의 허가를 받지 않고 근로자파견사업을 행하는 자로부터 근로자파견의 역무를 제공받은 경우에 해당 파견근로자를 직접 고용하여야 한다.

VOCATIONAL
COUNSELOR

2023

직업상담사 2급
1차 필기 기출문제&해설

문제달인 신의순 유튜브 바로가기

2023년 1회

제1과목 | 직업상담학

01 직업상담의 문제유형에 대한 Crites의 분류 중 가능성이 많아서 흥미를 느끼는 직업들과 적성에 맞는 직업들 사이에 결정을 내리지 못하는 것은?

① 다재다능형　② 우유부단형
③ 불충족형　④ 비현실형

콕집어 해설

크라이티스(Crites)의 직업선택 문제 [크적결현]

적응성
1) 적응형 : 흥미와 적성이 일치하는 유형
2) 부적응형 : 흥미 또는 적성과 일치하는 분야가 없는 유형

결정성
1) 다재다능형 : 재능이 많아 흥미와 적성이 맞는 직업 사이에서 갈등하는 유형
2) 우유부단형 : 흥미와 적성에 관계없이 직업선택의 결정을 내리지 못하는 유형

현실성(비현실성 문제)
1) 비현실형 : 흥미를 느끼는 분야가 있지만 그 분야에 적성이 없는 유형
2) 불충족형 : 흥미를 느끼는 분야가 있지만 자신의 적성수준보다 낮은 적성을 요구하는 직업을 선택하는 유형
3) 강압형 : 적성 때문에 선택했지만 그 직업에 흥미가 없는 유형

답 ①

02 생애진로사정의 과정에 해당하지 않는 것은?

① 내담자의 과거 직업에 대한 전문지식 분석
② 내담자의 과거 직업경력에 대한 정보수집
③ 내담자의 가계도(genogram) 작성
④ 내담자가 가진 자원과 장애물에 대한 평가

콕집어 해설

생애진로사정의 구조 [진전강요]

- 진로사정 : 내담자의 직업경험, 교육 또는 훈련과정과 관련된 문제들, 여가활동 등에 관해 사정한다.
- 전형적인 하루 : 내담자가 의존적 또는 독립적인지, 자발적 또는 체계적인지 성격을 파악하도록 돕는다.
- 강점과 장애 : 내담자가 스스로 생각하는 자신의 주요 강점 및 장애에 대해 질문한다.
- 요약 : 내담자에게 자신에 대해 알게 된 내용을 요약하게 함으로써 자기인식을 증진시킨다.

답 ①

해 - 생애진로사정은 내담자의 과거 직업경력에 대한 기본적인 정보를 수집하는 것이며, 전문지식을 분석하는 것은 아니다.
- ③ : '내담자의 가계도(genogram) 작성'은 내담자 정보를 수집하는 데 유용하다.

꿰뚫어 보기

생애진로사정을 통해 알 수 있는 정보
1) 내담자의 직업경험과 교육수준을 나타내는 객관적인 사실
2) 내담자의 기술과 유능성에 대한 자기평가 및 상담자의 평가 정보
3) 내담자의 가치관 및 자기인식 정도

03 다음 내담자를 상담할 경우 가장 먼저 해야 할 것은?

> 갑자기 구조조정 대상이 되어 직장을 떠난 40대 후반의 남성이 상담을 받으러 왔다. 전혀 눈 마주침도 못하며, 상당히 위축되어 있는 상태이고 미래에 대한 불안감을 호소하고 있다.

① 관계 형성　② 상담자의 전문성 소개
③ 상담 구조 설명　④ 상담목표 설정

족집어 해설

상담초기의 관계형성

- 상담초기의 관계형성은 상담자와 내담자 간의 친근감 및 신뢰감을 쌓는 가장 중요한 단계이다.
- 상담자는 인간존중의 가치를 가지고 내담자를 대해야 한다.
- 상담자는 친절하고 부드러운 태도를 내담자에게 보여야 한다.
- 상담자는 내담자의 말에 자신의 경험인 듯한 반응을 보여야 한다.
- 상담자는 내담자 쪽으로 자세를 기울인다거나 적극적인 표정이나 반응을 통해 내담자의 말에 경청하고 있음을 표현해야 한다.
- 상담자는 내담자의 표현을 비판해서는 안되며, 내담자가 처한 현실과 감정을 있는 그대로 수용해야 한다.

답 ①

꿰뚫어 보기

직업상담의 단계

1) 초기 : 상담관계형성(라포형성), 문제의 심각도 평가(문제진단), 상담의 구조화, 상담 목표 설정 및 전략 수립
2) 중기 : 내담자의 변화를 위한 개입, 내담자 문제해결 위한 구체적 시도, 내담자의 저항 해결
3) 종결 : 합의한 목표달성 및 평가, 상담 종결문제 다루기, 이별 감정 다루기 등

04 상담의 목표와 거리가 가장 먼 것은?

① 적성과 흥미를 탐색하고 확대한다.
② 진로발달이나 직업문제에 대한 처치를 한다.
③ 새로운 노동시장의 영역을 개척한다.
④ 직업과 관련된 문제해결에 관심을 갖는다.

족집어 해설

직업상담의 목표

- 적성과 흥미를 탐색하고 확대한다.(①)
- 진로발달이나 직업문제에 대한 처치를 한다.(②)
- 직업과 관련된 문제해결에 관심을 갖는다.(④)
- 내담자의 합리적인 의사결정능력을 증진시킨다.
- 내담자의 성장과 능력을 향상시킨다.

답 ③

해 새로운 노동시장의 영역을 개척하는 것은 직업상담의 목표가 아니다.

꿰뚫어 보기

기즈버스(Gysbers)의 직업상담 목표 [예처결]

1) 예언과 발달 : 생애진로발달상에서 내담자의 적성과 흥미를 탐색하고 확대하도록 돕는다.
2) 처치와 자극 : 내담자가 자신의 진로발달이나 직업문제에 대한 처치와 해결을 할 수 있도록 돕는다.
3) 결함과 유능 : 내담자가 자신의 결함보다는 유능에 초점을 두도록 돕는다.

05 행동주의적 상담기법 중 학습촉진기법이 아닌 것은?

① 강화 ② 변별학습
③ 대리학습 ④ 체계적 둔감화

족집어 해설

학습촉진기법 [강변 사행상]

1) 강화 : 내담자의 행동에 대해 적절하게 긍정적·부정적 반응을 보임으로써 내담자의 바람직한 행동을 강화시킨다.
2) 변별학습 : 자신의 직업결정 능력 등을 검사도구를 사용하여 변별하고 비교해보도록 하는 것이다.
3) 사회적 모델링과 대리학습 : 타인의 행동에 대한 관찰과 모방을 통해 내담자의 학습을 촉진한다.
4) 행동조성 : 행동을 단계별로 세분화하여 단계마다 강화를 제공함으로써 학습을 촉진한다.
5) 상표제도(토큰경제) : 내담자의 바람직한 행동이 이루어질 때마다 그에 상응하는 보상을 하는 것이다.

답 ④

해 불안감소기법이다.

꿰뚫어 보기

행동주의의 불안감소기법 [체금반 혐주자]

1) 체계적둔감법 : 내담자의 불안반응을 체계적으로 증대시켜 둔감화한다.
2) 금지조건형성(내적 금지) : 내담자에게 불안요소를 지속적으로 제시함으로써 불안반응을 감소시킨다.
3) 반조건형성 : 조건 자극과 새로운 자극을 함께 제시해서 불안을 감소시킨다.
4) 혐오치료 : 바람직하지 못한 행동에 혐오자극을 제시함으로써 부적응적 행동을 제거한다.
5) 주장훈련 : 내담자에게 불안이외의 감정을 표현하게 해서 대인관계에 있어서의 불안을 해소시킨다.
6) 자기표현훈련 : 자기표현을 통해 타인과 상호작용함으로써 대인관계에서 비롯되는 불안요인을 제거한다.

06 인간중심 상담이론에 관한 설명으로 틀린 것은?

① 실현화 경향성은 자기를 보전, 유지하고 향상시키고자 하는 선천적 성향이다.
② 자아는 성격의 조화와 통합을 위해 노력하는 원형이다.
③ 가치의 조건화는 주요 타자로부터 긍정적 존중을 받기 위해 그들이 원하는 가치와 기준을 내면화하는 것이다.
④ 현상학적 장은 경험적 세계 또는 주관적 경험으로 특정 순간에 개인이 지각하고 경험하는 모든 것을 뜻한다.

콕집어 해설

인간중심 상담이론
- 인간중심적 상담에서는 인간을 선천적인 잠재력과 자기실현의 경향성을 지닌'완전히 기능하는 사람'으로 보기 때문에, 내담자는 상담자의 적극적인 개입이 없어도 자신의 방식을 찾아갈 수 있는 역량을 갖췄다고 생각한다.
- 실현화 경향성은 자기를 보전, 유지하고 향상시키고자 하는 선천적 성향이다(①)
- 일의 세계 및 자아와 관련된 정보의 부족에 관심을 둔다.
- 자아 및 직업과 관련된 정보를 거부하거나 왜곡하는 문제를 찾고자 한다.
- 진로선택과 관련된 내담자의 불안을 줄이고 자기의 책임을 수용하도록 한다.
- 내담자의 주관적 이해를 내담자에 대한 자아 명료화의 근거로 삼는다.
- 가치의 조건화는 주요 타자로부터 긍정적 존중을 받기 위해 그들이 원하는 가치와 기준을 내면화하는 것이다.(③)
- 현상학적 장은 경험적 세계 또는 주관적 경험으로 특정 순간에 개인이 지각하고 경험하는 모든 것을 뜻한다.(④)

답 ②

해 융의 분석심리학에 해당하는 내용이다.

07 상담이론과 직업상담사의 역할의 연결이 바르지 않은 것은?

① 인지상담 - 수동적이고 수용적인 태도
② 정신분석적 상담 - 텅 빈 스크린
③ 내담자 중심의 상담 - 촉진적인 관계형성 분위기 조성
④ 행동주의상담 - 능동적이고 지시적인 역할

콕집어 해설

직업상담 과정과 상담사의 역할
- 인지상담 : 상담자는 적극적이고 수용적이며, 교육적인 치료를 수행한다.
- 정신분석적 상담 : 상담자의 '텅 빈 스크린'으로서의 역할을 강조하였으며, 이는 상담자의 익명성 및 중립성과 연관된다.
- 내담자 중심의 상담 : 상담자와 내담자 간의 촉진적인 관계형성 분위기 조성을 강조한다.
- 행동주의상담 : 상담자는 내담자의 문제행동에 대해 능동적이고 지시적인 역할을 수행한다.

답 ①

해 수동적(×)→적극적

08 실업 충격을 완화시키기 위한 프로그램이 아닌 것은?

① 실업 스트레스 대처 프로그램
② 취업동기 증진 프로그램
③ 진로개발 프로그램
④ 구직활동 증진 프로그램

콕집어 해설

실업 충격 완화 프로그램
- 실업 스트레스 대처 프로그램
- 취업동기 증진 프로그램
- 구직활동 증진 프로그램
- 직업전환 프로그램
- 직업복귀 프로그램

답 ③

09 자기인식이 부족한 내담자를 사정할 때 인지에 대한 통찰을 재구조화하거나 발달시키는데 적합한 방법은?

① 직면이나 논리적 분석을 해준다.
② 불안에 대처하도록 심호흡을 시킨다.
③ 은유나 비유를 사용한다.
④ 사고를 재구조화 한다.

콕집어해설

인지적 명확성이 부족한 내담자의 유형 및 개입 방법 [단복가구원 무비양파강 걸고잘자~ ~]

1) 단순 오정보-정보 제공하기
2) 복잡한 오정보-논리적 분석
3) 가정된 불가능-격려
4) 구체성의 결여-구체화시키기
5) 원인과 결과의 착오-논리적 분석
6) 무력감-지시적 상상
7) 비난하기-직면, 논리적 분석
8) 양면적 사고-역설적 사고
9) 파행적 의사소통-저항에 초점 맞추기
10) 강박적 사고-합리적·정서적 치료
11) 걸러내기- 재구조화하기
12) 고정성-정보 제공하기
13) 잘못된 의사결정 방식-심호흡 시키기
14) 자기인식의 부족-은유나 비유 쓰기

답 ③

10 6개의 생각하는 모자(six thinking hats)는 직업상담의 중재와 관련된 단계들 중 무엇을 위한 것인가?

① 직업정보의 수집 ② 의사결정의 촉진
③ 보유기술의 파악 ④ 시간관의 개선

콕집어해설

6개의 생각하는 모자(six thinking hats)
에드워드 드 보노(Edward de Bono)가 개발한 것으로, '의사결정을 촉진'하기 위한 기법으로 활용된다.

답 ②

꿰뚫어보기

6개의 생각하는 모자(six thinking hats) [청황 흑백적녹]
- 청색 : 합리적으로 방향성을 조절하는 사회자로서의 역할을 한다.
- 황색 : 낙관적이며, 모든 일이 잘 될 것이라고 생각한다.
- 흑색 : 비관적이고 비판적이며, 모든 일이 잘 안 될 것이라고 생각한다.
- 백색 : 본인과 직업들에 대한 사실들만을 고려한다.
- 적색 : 직관에 의존하고, 직감에 따라 행동한다.
- 녹색 : 새로운 대안들을 찾으려 노력하고, 문제들을 다른 각도에서 바라본다.

11 융(Jung)이 제안한 4단계 치료과정을 순서대로 나열한 것은?

① 고백→교육→명료화→변형
② 고백→명료화→교육→변형
③ 고백→변형→명료화→교육
④ 명료화→고백→교육→변형

콕집어해설

융(Jung)의 4단계 치료과정 [고명교변]
- 고백단계(제1단계) : 내담자는 의식적·무의식적 비밀을 고백함으로써 치료자와 치료적 동맹관계를 형성한다.
- 명료화단계(제2단계) : 내담자가 자신의 무의식적 내용을 명료화하여 통찰과 의식의 확장을 얻도록 하는 것을 목표로 한다.
- 교육단계(제3단계) : 내담자의 페르소나와 자아에 초점을 맞춰 현실적인 사회에 적응하도록 한다.
- 변형단계(제4단계) : 내담자와 치료자 간의 상호작용을 통해 의식과 무의식에 관한 문제들을 해결하고 자기실현을 이루는 과정이다.

답 ②

12 Super의 진로발달이론에 대한 설명으로 틀린 것은?

① 진로발달은 성장기, 탐색기, 확립기, 유지기, 쇠퇴기를 거쳐 이루어진다.
② 진로선택은 자아개념의 실현과정이다.
③ 진로발달에 있어서 환경의 영향보다는 개인의 흥미, 적성, 가치가 더 중요하다.
④ 자아개념은 직업적 선호와 환경과의 상호작용을 통해 계속 변화한다.

콕집어 해설

수퍼의 진로발달이론
- 개인은 능력, 흥미, 성격에 있어서 차이점이 있다.
- 개인은 각각에 적합한 직업적 능력을 가지고 있다.
- 각 직업군에는 그 직업에 요구되는 능력, 흥미, 성격이 있다.
- 진로선택 및 진로적응은 일생을 통해 변화하는 일련의 계속적인 과정이며, 성장기, 탐색기, 확립기, 유지기, 쇠퇴기로 나눌 수 있다.(①)
- 진로발달은 자아개념을 발달시키고 실천해가는 과정이다.(②)
- 자아개념은 직업적 선호와 환경과의 상호작용을 통해 계속 변화한다.(③, ④)

답 ③

해 진로발달은 개인과 환경 간의 '상호작용'을 통해 발달한다.

꿰뚫어 보기

수퍼(Super)의 진로발달단계 [성탐 확유쇠]
1) 성장기 : 자아개념을 발달시키는 시기이며, 욕구와 환상이 지배적이나 점차 흥미와 능력을 중시하게 된다.
   ☞ 하위단계 : 환상기, 흥미기, 능력기
2) 탐색기 : 미래에 대한 계획을 세우고 적합한 직업을 탐색하는 시기이다.
   ☞ 하위단계 : 잠정기, 전환기, 시행기
3) 확립기 : 자신에게 적합한 분야를 발견해서 생활의 기반을 확립하는 시기이다.
   ☞ 하위단계 : 시행기, 안정기
4) 유지기 : 자신의 자리를 유지하려고 노력하며 안정된 삶을 살아가는 시기이다.
5) 쇠퇴기 : 직업에서 은퇴한 후 새로운 역할과 활동을 찾게 되는 시기이다.

13 상담자가 길을 전혀 잃어버리지 않고 마치 자신이 내담자의 세계에서 경험을 하는 듯한 능력을 의미하는 상담기법은?

① 직면 ② 즉시성
③ 리허설 ④ 감정이입

콕집어 해설

상담기법
- 직면 : 내담자가 모르고 있거나 인정하기를 거부하는 생각에 대해 스스로 모순점을 파악하도록 하는 기법이다.
- 즉시성 : 상담자가 자신의 바람은 물론, 내담자의 느낌 등을 이해하는 것이다.
- 리허설 : 내담자에게 선정된 행동을 연습하게 해서 계약 실행 기회를 최대화하도록 돕는 것이다.
- 감정이입 : 상담자가 길을 전혀 잃어버리지 않고 마치 자신이 내담자의 세계에서 경험을 하는 듯한 능력을 의미하는 것이다.

답 ④

14 직업상담사의 역할과 가장 거리가 먼 것은?

① 직업정보의 수집 및 분석
② 직업관련 이론의 개발과 강의
③ 직업관련 심리검사의 실시 및 해석
④ 구인, 구직, 직업적응, 경력개발 등 직업관련 상담

콕집어 해설

직업상담사의 역할
- 직업정보의 수집 및 분석(①)
- 직업관련 심리검사의 실시 및 해석(③)
- 구인, 구직, 직업적응, 경력개발 등 직업관련 상담(④)

답 ②

해 직업관련 이론의 개발과 강의는 관련 분야 학자들의 역할이다.

15 인간중심 상담에서 중요하게 요구되는 상담자의 태도로 옳은 것은?

ㄱ. 해석	ㄴ. 진솔성
ㄷ. 공감적 이해	ㄹ. 무조건적 수용
ㅁ. 맞닥뜨림	

① ㄱ, ㄴ, ㄷ ② ㄴ, ㄷ, ㄹ
③ ㄱ, ㄹ, ㅁ ④ ㄴ, ㄷ, ㅁ

콕집어 해설

인간중심 상담에서 요구되는 상담자의 태도 [일공무]
- 일치성과 진실성(진솔성) : 상담자는 진실하고 개방적이어야 한다.
- 공감적 이해 : 상담자는 내담자의 내면세계를 마치 자신의 내면세계인 것처럼 느껴야 한다.
- 무조건적인 수용 : 상담자는 내담자를 무조건적이고 긍정적으로 존중해야 한다.

답 ②

16 정신역동적 직업상담에서 Bordin이 제시한 진단범주가 아닌 것은?

① 의존성 ② 자아 갈등
③ 정보의 부족 ④ 개인적 흥미

콕집어 해설

보딘(Bordin)의 직업문제 진단범수 [의정 자직확]
- 의존성 : 진로문제를 스스로 해결하지 못하고 타인에게 의존하는 경우
- 정보부족 : 진로관련에 대한 정보의 부족으로 어려움을 겪는 경우
- 자아갈등 : 자아개념들 사이에서 내적갈등으로 인한 혼란
- 직업선택에 대한 불안 : 자신의 선택과 중요한 타인의 요구 간의 충돌에서 비롯되는 불안
- 확신부족 : 진로선택 이후에 자신의 선택에 대한 확신이 부족한 경우

답 ④

꿰뚫어 보기

보딘의 직업상담 과정 [(보) 탐핵변]
1) 탐색과 계약설정(제1단계) : 내담자의 정신역동적 상태에 대한 탐색 및 상담전략에 대한 계약설정이 이루어진다.
2) 핵심결정(제2단계) : 내담자는 핵심결정을 통해 자신의 목표를 성격변화 등으로 확대할 것인지 고민한다.
3) 변화를 위한 노력(제3단계) : 내담자는 자아인식 및 자아이해를 확대해 나가며 지속적으로 변화를 모색한다.

보딘의 직업상담 기법 [명비소]
1) 명료화 : 내담자의 문제를 요약해줌으로써 명료하게 재인식시켜 주는 것이다.
2) 비교 : 두가지 이상의 주제들 사이에 나타난 유사성이나 차이점들을 비교한다.
3) 소망-방어체계에 대한 해석 : 내담자로 하여금 진로에 대한 자신의 내적 동기와 진로결정과정 사이의 관계를 인식하도록 돕는다.

17 Roe는 가정의 정서적 분위기, 즉 부모와 자녀 간의 상호작용을 세 가지 유형으로 구분하였는데 이에 해당하지 않는 것은?

① 정서집중형 ② 반발형
③ 회피형 ④ 수용형

콕집어 해설

로(Roe)의 부모와 자녀 간의 상호작용 [수정회]

수용형
1) 애정형 : 수용적으로 대하며, 부모와 자녀 간의 친밀감이 형성되고 자녀에 대해 애정과 관심을 기울이며 독립심을 길러준다.
2) 무관심형 : 수용적으로 대하지만 부모와 자녀 간의 친밀감이 형성되지 않은 관계이다.

정서집중형
1) 과보호형 : 자녀를 과보호함으로써 의존적으로 만든다.
2) 과요구형 : 자녀에게 엄격한 훈련을 시키고 무리한 요구를 한다.

회피형
1) 거부형 : 자녀의 의견을 전적으로 무시하고, 자녀의 부족한 면을 지적하며 자녀의 욕구에 응답을 거부한다.
2) 무시형 : 자녀와 별로 접촉하지 않으려 하고, 부모로서의 책임을 회피한다.

답 ②

18 다음에 대해 가장 수준이 높은 공감적 이해와 관련된 반응은?

> 우리 집은 왜 그리 시끄러운지 모르겠어요.
> 집에서 영 공부할 마음이 없어요.

① 시끄러워도 좀 참고하지 그러니.
② 그래, 집이 시끄러우니까 공부하는데 많이 힘들지?
③ 식구들이 좀 더 조용히 해주면 공부를 더 잘 할 수 있을 것 같단 말이지.
④ 공부하기 싫으니까 핑계도 많구나.

족집어 해설

공감적 이해 5가지 수준

- 수준 1 : 상대방의 언어 및 행동 표현의 내용에 주의를 기울이지 않으므로, 상대방이 명백하게 표현한 감정조차도 제대로 인식하지 못한다.
  예 공부하기 싫으니까 핑계도 많구나.(④)
- 수준 2 : 상대방이 표현한 감정에 어느 정도 반응하긴 하나, 중요한 감정은 제외하고 상대방이 표현한 의미를 왜곡시켜서 제대로 된 소통이 이루어지지 못한다.
  예 시끄러워도 좀 참고하지 그러니.(①)
- 수준 3 : 본질적으로 상대방의 표현과 같은 정서와 의미를 표현하여 상호 교류하지만 보다 내면적인 감정에는 반응하지 못한다. 대인관계에서의 기초적 수준의 공감 반응이다.
  예 그래, 집이 시끄러우니까 공부하는데 많이 힘들지?(②)
- 수준 4 : 상대방이 스스로 표현한 것보다 더 내면적인 감정을 표현하면서 의사소통한다.
  예 네가 공부할 때는 식구들이 좀 조용히 해 주었으면 좋겠단 말이지?
- 수준 5 : 가장 높은 수준의 공감적 이해로, 상대방의 표면적 감정은 물론 내면적인 감정에 대해 정확하게 반응하는 것이다.
  예 식구들이 좀 더 조용히 해주면 공부를 더 잘 할 수 있을 것 같단 말이지.(③)

답 ③

19 상담사가 비밀유지를 파기할 수 있는 경우와 거리가 가장 먼 것은?

① 내담자가 자살을 시도할 계획이 있는 경우
② 비밀을 유지하지 않는 것이 효과적이라고 슈퍼바이저가 말하는 경우
③ 내담자가 타인을 해칠 가능성이 있는 경우
④ 아동학대와 관련된 경우

족집어 해설

비밀보호의 한계

- 내담자가 자신의 생명이나 타인 및 사회의 안전을 위협하는 경우(①, ③)
- 내담자가 감염성이 있는 치명적인 질병이 있는 경우
- 내담자가 아동학대를 하는 경우(④)
- 미성년인 내담자가 학대를 당하고 있는 경우
- 법적으로 정보의 공개가 요구되는 경우

답 ②

20 포괄적 직업상담에서 초기, 중간, 마지막 단계 중 중간 단계에서 주로 사용하는 접근법은?

① 발달적 접근법　② 정신역동적 접근법
③ 내담자 중심 접근법　④ 행동주의적 접근법

콕집어해설

Crites의 포괄적 직업상담

크라이티스가 다양한 상담이론을 절충 및 통합해서 제시한 이론이다.

포괄적 직업상담 과정

1) 진단(제1단계)
   ㄱ. 발달적 접근법과 내담자 중심 접근법이 사용된다.
   ㄴ. 내담자의 진로문제를 진단하기 위해 관련 자료를 수집한다.
2) 명료화 또는 해석(제2단계)
   ㄱ. 정신역동적 접근법을 활용한다.
   ㄴ. 상담자와 내담자가 협력해서 의사결정 과정을 방해하는 내담자의 문제를 명료화하거나 해석한다.
3) 문제해결(제3단계)
   ㄱ. 특성-요인적 접근법과 행동주의적 접근법을 사용한다.
   ㄴ. 상담자는 능동적·지시적 태도로 내담자의 문제해결에 개입한다.
   ㄷ. 내담자가 자신의 문제를 확인하고 적극적으로 참여하여 문제해결을 위해 어떤 행동을 취할 것인지를 결정한다

답 ②

제2과목 | 직업심리학

21 다음 중 채점자 간 신뢰도가 가장 높게 나타나는 유형은?

① 에세이 검사　② 사지선다형 검사
③ 투사법　④ 직접 행동 관찰법

콕집어해설

채점자 간 신뢰도

- 사지선다형 검사: 4개의 보기 중 수검자가 정답을 고르는 방식으로, 채점에 대한 신뢰도와 객관도가 높다.
- 에세이 검사: 제시되는 특정 문제에 대해 문장을 기술하는 방식이다.
- 투사법: 수검자가 자유롭게 반응을 만들어서 완성하는 방식이다.
- 직접 행동 관찰법: 특정 문제해결에 임하는 수검자의 행동을 관찰하는 것이다.

답 ②

꿰뚫어보기

채점자 오류 유형

1) 관용의 오류: 채점자가 후한 점수를 주는 성향으로 나타나는 오류이다.
2) 논리적 오류: 특정 행동에 대한 판단이 다른 특성의 평정에 영향을 미치는 것을 말한다.
3) 중앙집중경향의 오류: 제일 높기나 낮은 점수를 피하고 중간 점수를 주는 성향을 말한다.
4) 후광효과(인상)의 오류: 수검자의 인상이 채점자의 점수나 평정에 영향을 미치는 것을 말한다.

22 스트레스 요인과 상황에 관한 설명으로 <u>틀린</u> 것은??

① 좌절(Frustration)-원하는 목표가 지연되거나 차단될 때이다.
② 과잉부담(Overload)-개인의 능력을 벗어난 일이나 요구일 때이다.
③ 갈등(Conflict)-두 가지의 긍정적인 일들이 갈등을 일으킬 때이다.
④ 생활의 변화(Life Change)-부정적인 사건이 제한된 시간 내에 많을 때이다.

콕집어 해설

스트레스 요인과 상황

- 좌절(Frustration) - 원하는 목표가 지연되거나 차단될 때이다.(①)
- 과잉부담(Overload) - 개인의 능력을 벗어난 일이나 요구일 때이다.(②)
- 갈등(Conflict) - 두 가지의 긍정적인 일들이 갈등을 일으킬 때이다.(③)
- 생활의 변화(Life Change) - 익숙하던 생활환경이 바뀔 때이다.(④)

답 ④

꿰뚫어 보기

홈즈와 라헤(Holmes & Rahe)의 생활변화 단위

1) 0~150 미만 : 스트레스가 거의 없음
2) 150~190 : 경도의 생활위기, 35% 질병 발생 가능
3) 200~299 : 중등도의 생활위기, 50% 질병 발생 가능
4) 300 이상 : 중증도의 생활위기, 80% 질병 발생 가능

23 Holland의 성격유형 중 구조화된 환경을 선호하고, 질서정연하고 체계적인 자료정리를 좋아하는 것은?

① 실제형 ② 탐구형
③ 사회형 ④ 관습형

콕집어 해설

홀랜드(Holland)의 육각형 모델 [현탐예 사진관]

- 현실형(실제형) : 실제적이며 현장에서 하는 일을 선호하나, 사회성이 부족하다.
  예 기술직, 엔지니어, 농부, 목수 등
- 탐구형 : 과학적이며 탐구활동을 선호하나, 지도력이 부족하다.
  예 물리학자, 화학자, 생물학자 등
- 예술형 : 심미적이며 창조적인 활동을 선호하나, 규범적 성향이 부족하다.
  예 음악가, 문학가, 화가 등
- 사회형 : 이타적이며 봉사활동을 선호하나, 기계적 활동 능력이 부족하다.
  예 사회복지사, 종교인, 상담사 등
- 진취형 : 진취적이며 적극적인 활동을 선호하나, 체계적 활동 능력이 부족하다.
  예 기업가, 정치인, 영업사원, 보험설계사 등
- 관습형 : 체계적이고 질서정연한 일을 선호하나, 융통성이 부족하다.
  예 경리사원, 회계사, 은행원 등

답 ④

꿰뚫어 보기

홀랜드 이론이 적용된 검사도구

1) 직업선호도검사(VPI ; Vocation Preference Inventory)
2) 자기방향탐색검사(SDS ; Self Directd Search)
3) 직업탐색검사(VEIK ; Vocational Exploration and Insigt Kit)
4) 자기직업상황검사(MVS ; My Vocational Situation)
5) 경력의사결정검사(CDM ; Career Decision Making)
6) 스트롱-캠벨 흥미검사(SCII ; Strong-Campbell Interest Inventory)

24 Maslow의 욕구단계 이론 중 자아실현과 존중의 욕구 수준에 상응하는 내용으로 적합한 것은?

① Alderfer의 ERG 이론 중 존재욕구
② Herzberg의 2요인 이론 중 위생요인
③ McClelland의 성취동기 이론 중 성취동기
④ Adams의 공정성 이론 중 인정동기

콕집어 해설

매슬로우(Maslow)의 욕구위계이론

매슬로우의 제1단계(생리적 욕구)와 제2단계(안전에 대한 욕구)는 알더퍼(Alderfer)의 존재 욕구에 상응하며, 매슬로우의 제4단계(자기존중의 욕구)와 제5단계(자아실현의 욕구)는 맥클리랜드(McClelland)의 성취동기 이론 중 성취동기에 상응한다.

답 ③

꿰뚫어 보기

매슬로우(Maslow)의 욕구위계이론 [생안애 자자]

1) 인간욕구의 위계 5단계
   - ㄱ. 생리적 욕구 : 의·식·주 및 종족 보존 등 최하위 단계의 욕구이자, 모든 욕구들 중 가장 기본적이고 강력한 욕구이다.
   - ㄴ. 안전(안정)에 대한 욕구 : 신체적·정신적 위험의 불안과 공포로부터 벗어나려는 욕구이다.
   - ㄷ. 애정과 소속에 대한 욕구 : 어떤 단체에 소속되어 애정을 주고받고자 하는 욕구이다.
   - ㄹ. 자기존중의 욕구 : 자신에 대한 존중과 타인에게서 받고자 하는 존경에 대한 욕구이다.
   - ㅁ. 자아실현의 욕구 : 자신의 재능을 최대한 발휘하여 모든 것을 성취하려는 최고 수준의 욕구이다.

2) 인간욕구의 특성
   - ㄱ. 하위 욕구가 더 강하고 우선적이다.
   - ㄴ. 상위 욕구의 만족은 지연될 수 있다.
   - ㄷ. 하위 욕구는 셍존에 필요하고, 싱위 욕구는 싱장에 필요하다.
   - ㄹ. 상위 욕구는 더 좋은 외적 환경을 요구한다.

3) 메슬로우의 '지이 실현지'의 특징
   - ㄱ. 현실을 객관적으로 인식한다.
   - ㄴ. 자신의 일에 몰두하고 만족해한다.
   - ㄷ. 즐거움과 아름다움에 대한 감상 능력이 있다.
   - ㄹ. 꾸미기보다는 자연스러운 표현을 선호한다.
   - ㅁ. 창의적이고 감성적이며, 많은 것을 경험하려 한다.

25 직업적성검사인 GATB에서 측정하는 적성요인에 해당하지 않는 것은?

① 기계적성　　② 공간적성
③ 사무지각　　④ 손의 기교도

콕집어 해설

일반직업적성검사(GATB)의 측정영역

[지언수사 공형운손손]

- 직업적성검사는 개인이 특정직무를 성공적으로 수행할 수 있는지를 측정하는 검사이다.
- 15개의 하위검사를 통해 9가지 적성요인을 검출한다.
- 15개 하위검사 중 11개는 지필검사이고, 4개는 기구검사(수행검사, 동작검사)이다.

측정방식	하위검사명	측정영역
지필	기구대조검사	형태지각(P)
	형태대조검사	형태지각(P)
	명칭비교검사	사무지각(Q)
	타점속도검사	운동반응(K)
	표식검사	운동반응(K)
	종선기입검사	운동반응(K)
	평면도판단검사	공간판단력(S)
	입체공간검사	공간적성(S), 지능(G)
	어휘검사	언어능력(V), 지능(G)
	산수추리검사	수리능력(N), 지능(G)
	계수검사	수리능력(N)
기구검사	환치검사	손의 재치(M)
	회진김사	손의 재지(M)
	조립검사	손가락 재치(F)
	분해검사	손가락 재치(F)

답 ①

꿰뚫어 보기

일반적성검사(GATB)에서 측정하는 검출적성의 측정 내용

측정영역	측정내용
지능 또는 일반학습능력	일반학습능력 및 원리이해 능력, 추리·판단능력
언어능력 또는 언어적성	언어의 뜻과 개념을 이해하고 사용하는 능력
수리능력 또는 수리적성	빠르고 정확하게 계산하는 능력
사무지각	문자, 인쇄물, 전표 등을 세밀하게 구별하는 능력
공간판단력	공간상의 형태를 이해하고 평면과 물체와의 관계를 이해하는 능력
형태지각	실물·도해·표에 나타난 것을 세밀하게 지각하는 능력
운동반응	눈과 손 또는 손가락을 함께 사용하여 빠르고 정확하게 반응하는 능력
손의 재치(정교성)	손을 빠르고 정교하게 움직이는 능력
손가락 재치(정교성)	손가락을 정교하게 조절하는 능력

26 다음에 해당하는 직무 및 조직관련 스트레스 요인은?

> 직장 내 요구들 간의 모순 혹은 직장의 요구와 직장 밖 요구 사이의 모순이 있을 때 발생한다.

① 역할 갈등　② 역할 과다
③ 과제 특성　④ 역할 모호성

콕집어 해설

역할갈등

역할담당자의 역할과 역할전달자의 역할기대가 상충함으로써 발생한다.

1) 개인 간 역할갈등 : 직업에서의 요구와 직업 이외의 요구 간의 갈등에서 발생한다.
2) 개인 내 역할갈등 : 직업에서의 요구와 개인의 가치관이 다를 때 발생한다.
3) 송신자 간 갈등 : 두 명 이상의 요구가 갈등을 일으킬 때 발생한다.
4) 송신자 내 갈등 : 업무 지시자가 서로 배타적이고 양립할 수 없는 요구를 할 때 발생한다.

답 ①

꿰뚫어 보기

직무 및 조직 관련 스트레스원

1) 복잡한 과제 및 반복 과제(과제 특성) : 복잡한 과제는 정보과부화를 일으켜서 스트레스를 높일 수 있으며, 지루하게 반복되는 과업의 단조로움은 매우 위험한 스트레스 요인이 될 수 있다.
2) 역할갈등
3) 역할모호성 : 역할담당자가 역할기대자의 역할기대에 대해 명확히 알지 못함으로써 발생한다.
4) 역할과다/역할과소 : 직무에서의 요구가 역할담당자의 능력을 벗어날 때 역할과다가, 역할담당자의 능력을 충분히 활용하지 못할 때는 역할과소가 발생한다.
5) 산업의 조직문화와 풍토 : 미국과 같은 개인주의적·공식적 조직에서는 주로 구조적 변수(의사결정의 참여 등)로, 한국과 같은 집합주의적·비공식적 조직에서는 주로 인간관계 변수(동료와의 관계 등)로 역할갈등이 발생한다.

27 신뢰도 추정에 관한 설명으로 옳지 않은 것은?

① 속도검사의 경우 기우양분법으로 반분신뢰도를 추정하면 신뢰도 계수가 과대 추정되는 경향이 있다.
② 신뢰도 추정에 영향을 미치는 요인은 상관계수에 영향을 미치는 요인과 유사하다.
③ 신뢰도 추정에 영향을 미치는 요인 중 가장 중요한 요인은 표본의 동질성이다.
④ 정서반응과 같은 불안정한 심리적 특성의 신뢰도를 정확히 추정하기 위해서는 검사-재검사의 기간을 충분히 두어야 한다.

콕집어 해설

신뢰도 추정

- 속도검사의 경우 기우양분법으로 반분신뢰도를 추정하면 신뢰도 계수가 과대 추정되는 경향이 있다.(①)
- 신뢰도 추정에 영향을 미치는 요인은 상관계수에 영향을 미치는 요인과 유사하다.(②)
- 신뢰도 추정에 영향을 미치는 요인 중 가장 중요한 요인은 표본의 동질성이다.(③)
- 정서반응과 같은 불안정한 심리적 특성의 신뢰도를 정확히 추정하기 위해서는 검사-재검사의 기간을 짧게 두어야 한다.(④)

답 ④

꿰뚫어 보기

신뢰도 추정방법

1) 검사-재검사 신뢰도 : 동일한 수검자에게 동일한 검사를 일정 시간간격을 두고 두 번 실시하여 얻은 두 검사점수의 상관계수에 의해 신뢰도를 측정하는 방법이다.
2) 동형검사 신뢰도 : 동일한 수검자에게 첫번째 실시한 검사와 동일한 유형의 검사를 실시하여 두 검사점수의 상관계수에 의해 신뢰도를 측정하는 방법이다.
3) 반분 신뢰도 : 어떤 집단에게 한 검사를 실시하고 그 검사의 문항을 동형이 되도록 두개의 검사로 나눈 다음, 두 점수의 상관계수를 비교한다.
4) 문항내적합치도(문항내적일관성 신뢰도) : 한 검사 내 개개의 문항들을 독립된 검사로 보고 문항들 간의 일관성이나 합치성을 신뢰도로 규정한다.
5) 채점자 간 신뢰도 : 채점자들의 평가가 어느 정도 일관성이 있는지를 상관계수로 나타낸 것이다.

28 파슨스(Parsons)가 강조하는 현명한 직업 선택을 위한 필수 요인이 아닌 것은?

① 자신의 흥미, 적성, 능력, 가치관 등 내면적인 자신에 대한 명확한 이해
② 현대사회가 필요로 하는 전망이 밝은 분야에서의 취업을 위한 구체적인 준비
③ 직업에서의 성공, 이점, 보상, 자격요건, 기회 등 직업 세계에 대한 지식
④ 개인적인 요인과 직업 관련 자격요건, 보수 등의 정보를 기초로 한 현명한 선택

콕집어 해설

파슨스(Parsons)의 직업선택 3요인
- 자신에 대한 이해(①)
- 직업세계에 대한 이해(③)
- 자신과 직업세계와의 합리적 연결(④)

답 ②

29 스트레스의 예방 및 대처 방안으로 틀린 것은?

① 가치관을 전환해야 한다.
② 과정중심적 사고방식에서 목표지향적 초고속 심리로 전환해야 한다.
③ 균형있는 생활을 해야 한다.
④ 취미·오락을 통해 생활 장면을 전환하는 활동을 규칙적으로 해야 한다.

콕집어 해설

스트레스 예방 및 대처 방안
- 가치관을 전환시킨다.(①)
- 목표지향에서 과정중심의 사고방식으로 전환한다.(②)
- 균형 잡힌 생활을 한다.(③)
- 스트레스에 정면으로 도전하는 정신을 함양한다.
- 운동 등을 통해 스트레스 해소책을 마련한다.
- 마음 깊이 쌓인 분노를 없애야 한다.
- 취미·오락을 통해 생활 장면을 전환하는 활동을 규칙적으로 해야 한다.(④).

답 ②

30 사회학습이론에 기반한 진로발달 과정의 요인으로 다음 사례와 밀접하게 관련 있는 것은?

신입사원 A는 직무 매뉴얼을 참고하여 업무수행을 한다. 그러나 이런 방법을 통해 신입사원 때는 좋은 결과를 얻더라도, 승진하여 새로운 업무를 수행할 때는 기존의 업무수행 방법을 수정해야 할지도 모른다.

① 유전적 요인과 특별한 능력
② 직무 적성
③ 학습 경험
④ 과제접근 기술

콕집어 해설

사회학습이론(과제접근기술) [유환학과]

- 유전적 요인과 특별한 능력 : 개인의 진로 기회를 제한하는 생득적인 특질을 말한다.
- 환경적 조건과 사건 : 개인의 통제를 벗어나는 정치·경제·사회·문화적 사항들이 개인의 진로에 영향을 미친다.
- 학습경험 : 개인이 과거에 학습한 경험은 현재 또는 미래의 교육적·직업적 의사결정에 영향을 미친다.
- 과제접근기술
  1) 유전적 요인, 환경조건, 학습경험의 상호작용으로 형성된 기술이며, 개인이 환경을 이해하고 대처하며 미래를 예견하는 능력이다.
  2) 목표설정, 가치 명료화, 대안 형성, 직업적 정보획득 등을 포함하는 기술이다.

답 ④

해 새로운 환경을 이해하고 대처하는 능력이다.

31 타당도에 관한 설명으로 틀린 것은?

① 안면타당도는 전문가가 문항을 읽고 얼마나 타당해 보이는지를 평가하는 방법이다.

② 검사의 신뢰도는 타당도 계수의 크기에 영향을 준다.

③ 구성타당도를 평가하는 방법으로 요인분석 방법이 있다.

④ 예언타당도는 타당도를 구하는데 시간이 많이 걸린다는 단점이 있다.

콕집어 해설

타당도 [안내구준]

- 타당도는 검사가 측정하고자 하는 바를 얼마나 정확히 측정하느냐를 말한다.
- 신뢰도는 일관성을, 타당도는 정확성을 의미한다.
- 타당도는 신뢰도와 밀접한 관계가 있다.
- 검사의 신뢰도는 타당도 계수의 크기에 영향을 준다.(②)
- 종류
  1) 안면타당도 : 일반인이 문항을 읽고 얼마나 타당해 보이는지를 평가한다.(①)
  2) 내용타당도 : 전문가의 논리적 분석과정으로 판단하는 주관적인 타당도이다.
  3) 구성타당도 : 측정하고자 하는 개념들이 실제 측정도구에 의해 얼마나 제대로 측정되었는지의 정도를 말한다.
     수렴타당도, 변별타당도, 요인분석법이 있다.(③)
  4) 준거타당도 : 검사와 준거 간의 상관관계를 분석해서 검사의 타당도를 평가하는 방법이다.
     ㄱ. 동시타당도(공인타당도)와 예언타당도(예측타당도)로 구분한다.
     ㄴ. 예언타당도는 미래 시점을 전제로 하기 때문에 시간이 오래 걸린다.(④)

답 ①

해 전문가(×)→'일반인'

꿰뚫어 보기

1) 구성타당도 [수변요]

ㄱ. 수렴타당도 : 검사결과가 해당 속성과 관련 있는 변수들과 높은 상관관계를 가지고 있을수록 수렴타당도가 높다.
   예 지능검사 결과가 지능과 관련 있는 학교성적과 높은 상관관계를 가지고 있다면 그 지능검사의 수렴타당도는 높다.

ㄴ. 변별타당도 : 검사결과가 해당 속성과 관련 없는 변수들과 낮은 상관관계를 가지고 있을수록 변별타당도가 높다.
   예 지능검사 결과가 지능과 관련 없는 외모와 낮은 상관관계를 가지고 있다면 그 지능검사의 변별타당도는 높다.

ㄷ. 요인분석 : 검사문항들 간의 상관관계를 분석하여 상관성이 높은 문항들을 묶어주는 통계적 방법이다.
   예 수학과 과학 문항이 혼재된 시험을 치렀을 때, 수학과 학생은 수학을, 과학과 학생은 과학을 보통 잘 볼 것이므로 해당 문항들은 두개의 군집, 즉 요인으로 추출될 것이다.

2) 준거타당도

ㄱ. 동시타당도(공인타당도) : 새로운 검사와 준거를 동시에 측정해서 두 결과 간의 상관계수를 추정한다.

예 근무성적이 좋은 재직자가 검사점수도 높았다면, 해당 검사는 준거타당도를 갖췄다고 볼 수 있다.

ㄴ. 예언타당도(예측타당도) : 검사점수와 미래행위 측정치 간의 상관계수를 추정한다.

예 입사시험 성적이 높은 사람이 이후 근무성적에서도 높은 점수를 받았다면, 해당 입사시험은 예언타당도가 높다고 할 수 있다.

32 직무만족에 관한 2요인 이론의 설명으로 틀린 것은?

① 낮은 수준의 욕구를 만족하지 못하면 직무 불만족이 생기나 그 역은 성립되지 않는다.
② 자아실현에 의해서만 욕구만족이 생기나 자아실현의 실패로 직무 불만족이 생기는 것은 아니다.
③ 동기요인은 높은 수준의 성과를 얻도록 자극하는 요인이다.
④ 위생요인은 직무 불만족을 가져오는 것이며 만족감을 산출할 힘도 갖고 있는 것이다.

콕집어해설

허즈버그(Herzberg)의 2요인이론(동기-위생이론)

- 동기요인 : 직무만족을 가져오는 높은 욕구 요인으로써, 일 자체, 성취감, 승진 등을 포함한다.
  이 요인이 충족되지 못해도 불만족은 생기지 않으나, 충족되면 직무성과가 증대된다.
- 위생요인 : 직무불만족을 가져오는 낮은 욕구 요인으로써, 조직의 정책, 봉급, 근무환경 등을 포함한다.
  이 요인을 좋게 하면 불만족은 감소하나, 만족감을 산출할 힘은 갖고 있지 못하다.

답 ④

해 '위생요인'은 만족감을 산출할 힘은 갖고 있지 못하다.

33 Holland의 유형학에 기초한 진로관련 검사는?

① 마이어스-브리그스 유형지표(MBTI)
② 스트롱-켐벨 흥미검사(SCII)
③ 다면적 인성검사(MMPI)
④ 진로개발검사(CDI)

콕집어해설

홀랜드(Holland)의 이론에 기초한 진로관련 검사

- 직업선호도검사(VPI : Vocation Preference Inventory)
- 자기방향탐색검사(SDS : Self Directd Search)
- 직업탐색검사(VEIK : Vocational Exploration and Insigt Kit)
- 자기직업상황검사(MVS : My Vocational Situation)
- 경력의사결정검사(CDM : Career Decision Making)
- 스트롱-켐벨 흥미검사(SCII : Strong-Campbell Interest Inventory)

답 ②

꿰뚫어 보기

- 마이어스-브리그스 유형지표(MBTI) : 융(Jung)의 심리유형 이론을 바탕으로 외향형/내향형, 감각형/직관형, 사고형/감정형, 판단형/인식형의 4가지 지표를 통해 16가지의 성격유형으로 구분한다.
- 미네소타 다면적 인성검사(MMPI) : 수검자의 검사태도를 측정하는 4가지 타당도 척도와 주요 비정상행동을 측정하는 10가지 임상척도로 이루어진 성격검사이다.
- 진로개발검사(CDI) : 수퍼(Super)의 진로발달이론을 토대로 진로발달 및 직업성숙도, 진로결정을 위한 준비도, 경력관련 의사결정에 대한 참여 준비도 등을 측정하기 위한 것이다.

34 문항분석에서 다음의 P는 무엇인가?

$$P = \frac{R}{N} \times 100$$

단, R : 어떤 문항에 정답을 한 수, N : 총 사례 수

① 문항 난이도 ② 문항 변별도
③ 오답 능률도 ④ 문항 오답률

콕집어해설

문항 난이도

문항의 쉽고 어려운 정도를 나타낸 것이다.

답 ①

해 ② '문항 변별도'는 각각의 문항에서 높은 점수를 얻은 사람과 낮은 점수를 얻은 사람을 구별해 줄 수 있는 변별력을 의미한다.
③ '오답 능률도'는 응답자가 오답지를 정답으로 선택할 가능성을 의미한다.
④ '문항 오답률'은 전체 문항 중 오답을 선택한 비율을 말한다.

꿰뚫어 보기

문항 난이도

1) 문항의 쉽고 어려운 정도를 나타낸 것이다.
2) 전체 응답자 중 특정 문항을 맞힌 사람들의 비율이다.
3) 0.00에서 1.00의 범위 내에 있으며, 1.0은 모든 피검자가 답을 맞힌 쉬운 문항을 가리킨다.
4) 문항 난이도 지수가 높을수록 쉬운 문제이며, 문항 난이도 지수가 0.50일 때 검사점수의 분산도는 최대이다.
5) 문항이 어려울수록 검사점수의 변량이 낮아져서 검사의 신뢰도는 낮아진다.

35 최대수행검사 중 적성검사와 성취검사를 구분하는 기준으로 가장 적합한 것은?

① 검사 문항의 유형　② 검사의 채점 방식
③ 검사 실시의 목적　④ 검사 규준의 산출 방식

콕집어 해설

최대수행검사(성능검사, 인지적검사, 극대수행검사)

- 개인의 인지적 변인을 측정하는 검사이다.
- 종류
  1) 지능검사 : 한국판 웩슬러 성인용 지능검사(K-WAIS) 등
  2) 적성검사 : 일반직업적성검사(GATB)
  3) 성취도검사 : 학업성취도검사
- 적성검사는 전반적인 학습정도를 측정하고, 성취(도)검사는 교과과정의 제한된 학습내용을 평가하는 '실시 목적'에 따른 구분이다.

답 ③

꿰뚫어 보기

심리검사의 분류

1) 실시 방식에 따른 분류

(1) 실시시간 기준

ㄱ. 속도검사 : 시간제한 있고 쉬운 문제들로 구성되어 있으며, 문제해결력보다는 숙련도를 측정한다.
예 웩슬러 지능검사의 소검사

ㄴ. 역량검사 : 시간제한 없고 어려운 문제들로 구성되어 있으며, 숙련도보다는 문제해결력을 측정한다.
예 수학 경시대회

(2) 수검자 수 기준

ㄱ. 개인검사 : 검사자와 수검자의 일대일 방식으로 이루어지는 검사이며, 수검자의 심층적 분석에 유리하다.
예 한국판 웩슬러 지능검사(K-WAIS), 일반직업적성검사(GATB), 주제통각검사(TAT), 로샤검사 등

ㄴ. 집단검사 : 여러 명의 수검자를 한번에 검사하는 방식이며, 시간과 비용면에서 효율적이다.
예 미네소타 다면적인성검사(MMPI), 캘리포니아 성격검사(CPI), 마이어스-브릭스 성격유형검사(MBTI) 등

(3) 검사도구 기준

ㄱ. 지필검사 : 종이에 인쇄된 문항에 응답하는 방식이다.
예 각종 국가자격시험, MMPI, MBTI 등

ㄴ. 수행검사 : 수검자가 도구를 다루어야 하는 방식이다.
예 운전면허 주행시험, 웩슬러 지능검사의 토막짜기 소검사, 일반 직업적성검사의 동작검사 등

2) 사용목적에 따른 분류

(1) 규준참조검사 : 개인의 점수를 다른 사람들의 점수와 비교하는 상대평가 검사이다.
예 심리검사, 선발검사 등

(2) 준거참조검사 : 개인의 점수를 어떤 기준검사와 비교하는 절대평가 검사이다.
예 다수의 국가자격시험 등

3) 측정내용에 따른 분류

(1) 인지적 검사(성능검사) : 일정 시간 내 자신의 능력을 최대한 발휘하게 하는 극대수행검사(최대수행검사)이다.

ㄱ. 지능검사-스탠포드-비네 지능검사, 한국판 웩슬러 성인용지능검사(K-WAIS) 등
ㄴ. 적성검사-일반적성검사(GATB)
ㄷ. 성취도검사-학업성취도검사

(2) 정서적 검사(성향검사) : 비인지적 검사로써, 일상생활에서의 습관적인 행동을 검토하는 습관적 수행검사이다.

ㄱ. 성격검사-MBTI, MMPI, CPI, 로샤검사 등
ㄴ. 흥미검사-직업선호도검사, 쿠더직업흥미검사, 스트롱-캠벨 흥미검사
ㄷ. 태도검사-직무만족도검사(JSS) 등

4) 검사장면에 따른 분류

(1) 축소상황검사 : 실제 장면과 같지만 과제나 직무를 매우 축소시킨 검사이다.

(2) 모의장면검사 : 실제 장면과 거의 유사한 장면을 인위적으로 만들어 놓은 검사이다.

(3) 경쟁장면검사 : 작업장면과 같은 상황에서 실제 문제나 작업을 제시하고 경쟁적으로 문제해결을 요구하는 검사이다.

36 Super가 제시한 진로발달 단계를 순서대로 바르게 나열한 것은?

ㄱ. 성장(Growth) ㄴ. 탐색(Exploratory)
ㄷ. 유지(Maintenance) ㄹ. 쇠퇴(Decline)
ㅁ. 확립(Establishment)

① ㄴ→ㄱ→ㅁ→ㄷ→ㄹ
② ㄱ→ㄴ→ㄷ→ㅁ→ㄹ
③ ㄴ→ㅁ→ㄱ→ㄷ→ㄹ
④ ㄱ→ㄴ→ㅁ→ㄷ→ㄹ

콕집어 해설

수퍼(Super)의 진로발달 단계 [성탐 확유쇠]

1) 성장기 : 자아개념을 발달시키는 시기이며, 욕구와 환상이 지배적이나 점차 흥미와 능력을 중시하게 된다.
   하위단계 : 환상기, 흥미기, 능력기 [환흥능]
2) 탐색기 : 미래에 대한 계획을 세우고 적합한 직업을 탐색하는 시기이다.
   하위단계 : 잠정기, 전환기, 시행기 [잠전시]
3) 확립기 : 자신에게 적합한 분야를 발견해서 생활의 기반을 확립하는 시기이다.
   하위단계 : 시행기, 안정기
4) 유지기 : 자신의 자리를 유지하려고 노력하며 안정된 삶을 살아가는 시기이다.
5) 쇠퇴기 : 직업에서 은퇴한 후 새로운 역할과 활동을 찾게 되는 시기이다.

답 ④

꿰뚫어 보기

수퍼의 진로발달단계 중 하위단계

1) 성장기의 하위단계 [환흥능]
   ㄱ. 환상기 : 환상적 역할을 중시하며, 욕구가 지배적이다.
   ㄴ. 흥미기 : 진로목표 결정에 흥미가 중요 요인이 된다.
   ㄷ. 능력기 : 진로의 요구조건과 능력을 중시하게 된다.
2) 탐색기의 하위단계 [잠전시]
   ㄱ. 잠정기 : 자신의 욕구, 흥미, 능력 등을 고려해서 잠정적으로 진로를 선택한다.
   ㄴ. 전환기 : 교육 및 훈련 등을 통해 현실적 요인을 더 중시하게 된다.
   ㄷ. 시행기 : 자신에게 맞는 진로를 선택해 종사하며, 적합 여부를 시험해 본다.
3) 확립기의 하위단계
   ㄱ. 시행기 : 선택한 진로가 맞지 않으면, 한두 차례 변화를 시도한다.
   ㄴ. 안정기 : 진로유형이 안정된 시기로, 개인은 만족감과 소속감 등을 갖는다.

37 조직 구성원의 경력개발을 위하여 전문가로부터 개인의 능력, 성격, 기술 등에 관해 종합적인 평가를 받는 프로그램은?

① 평가 기관(Assessment Center)
② 경력자원 기관(Career Resource Center)
③ 경력 워크숍(Career Workshop)
④ 경력연습 책자(Career Workbook)

콕집어 해설

경력개발 프로그램

- 평가 기관(Assessment Center) : 조직 구성원의 경력개발을 위하여 전문가로부터 개인의 능력, 성격, 기술 등에 관해 종합적인 평가를 받는 프로그램이다.
  미국의 AT&T사에서 처음 운영한 것으로, 새로운 인재개발을 위해 직원들의 관리능력을 평가하기 위한 방법이다.
- 경력자원 기관(Career Resource Center) : 직원들의 경력개발을 위해 다양한 자료를 비치하고 있는 소규모의 도서관 형태를 말한다.
- 경력 워크숍(Career Workshop) : 신입사원을 대상으로 6개월 이내 자신이 도달하고 싶은 목표를 설정하고 계획을 제출하게 함으로써 자율적으로 경력목표를 달성하도록 돕는다.
- 경력연습 책자(Career Workbook) : 자신의 장·단점을 파악하고 목표달성을 위해 구체적인 행동계획을 세우는 과제들로 구성되어 있다.

답 ①

꿰뚫어 보기

경력개발 프로그램 유형 [자개 정종종]

1) 자기평가 도구 : 경력워크숍, 경력연습책자 등
2) 개인상담
3) 정보제공 : 사내공모제, 기술목록, 경력자원기관 등
4) 종업원 평가 : 평가기관, 심리검사, 조기발탁제 등
5) 종업원 개발 : 훈련 프로그램, 후견인 프로그램, 직무순환 프로그램 등

38 **조직에서의 스트레스를 매개하거나 조절하는 요인들 중 개인 속성이 아닌 것은?**

① type A형과 같은 성격 유형
② 친구나 부모와 같은 주변인의 사회적 지지
③ 상황을 개인이 통제할 수 있느냐에 대한 신념
④ 부정적인 사건들에서 빨리 벗어나는 능력

콕집어 해설

직무 스트레스를 조절하는 변인(매개변인)

A/B 성격유형(개인속성)

1) A성격유형은 경쟁적이고 공격적이며, 신속함과 완벽함을 추구하기 때문에 B성격유형보다 훨씬 많은 스트레스를 받는다.
2) B성격유형은 느긋함과 차분함, 여유로운 일처리와 상황에 대한 수용적 태도를 특징으로 한다.
3) 스트레스 상황에 노출되면 A성격유형이 B성격유형보다 더 많은 부정과 투사기제를 사용한다.

통제의 위치(개인속성)

1) 일상생활에서의 결과에 대해 성패의 원인이 내부에 있는가 또는 외부에 있는가에 따라 '내적 통제자'와 '외적 통제자'로 구분된다.
2) 내적 통제자는 어떤 행위의 결과를 자신의 행동에서 비롯된 것으로 보기 때문에 스트레스 상황에 적절히 대처한다.
3) 외적 통제자는 어떤 행위의 결과를 외부요인에 결부시켜 부정적 사건에 민감한 반응과 비교적 높은 수준의 스트레스를 경험하게 된다.
4) 내적 통제자는 스트레스 상황에 대한 통제력이 더 이상 유용하지 못하다고 판단되면 스트레스에 대한 대처노력을 쉽게 포기하는데, 이는 내적 통제자가 무력감을 자신에게 결부시키기 때문이다.

사회적 지원(상황속성)

1) 직무수행자의 직무 스트레스를 완화해 주는 조직 내적 또는 외적 요인이다.
2) 조직 내적 요인으로는 직장 상사·동료·부하가 있으며, 외적 요인으로는 가족이 있다.
3) 사회적 지원이 제공되면 우울 또는 불안 같은 직무 스트레스 반응이 감소한다.
4) 사회적 지원은 스트레스의 출처를 약화시키지만 스트레스의 출처에서 비롯된 직무불만족 자체를 감소시키는 것은 아니다.

답 ②

해 개인속성이 아니라 '상황속성'에 해당한다.

39 **직무분석의 의의에 대한 설명으로 틀린 것은?**

① 조직 내에서 직무들의 상대적인 가치를 결정하는 것이다.
② 직무를 구성하고 있는 내용과 직무를 수행하기 위해 요구되는 조건을 밝히는 절차이다.
③ 작업방법, 작업공정의 개선, 직업소개 등 다양한 목적으로 활용된다.
④ 인사관리, 노무관리를 원활히 수행해 나가기 위해 필요한 정보를 획득하는 데 유용하다.

콕집어 해설

직무분석의 의의

- 직무를 구성하고 있는 내용과 직무를 수행하기 위해 요구되는 조건을 밝히는 절차이다.(②)
- 작업방법, 작업공정의 개선, 직업소개 등 다양한 목적으로 활용된다.(③)
- 인사관리, 노무관리를 원활히 수행해 나가기 위해 필요한 정보를 획득하는 데 유용하다.(④)

답 ①

해 ①은 직무평가의 내용이다.

직무분석의 활용(Ash)

1) 직무분석의 목적 : 해당 직무에서 어떤 활동이 이루어지고 작업조건이 어떠한지를 기술하고, 직무를 수행하는 사람에게 요구되는 지식, 기술, 능력 등의 정보를 활용하는 데 있다.
2) 직무평가의 목적 : 조직 내에서 직무들의 내용과 성질을 고려하여 직무들 간의 상대적인 가치를 결정함으로써 여러 직무들에 대해 서로 다른 임금수준을 결정하는 데 있다.
3) 직무수행평가의 목적 : 개인이 직무를 얼마나 잘 수행하는지를 알아내어 인사관리와 개인발전 및 연구에 활용하는 데 있다.
4) 준거개발의 목적 : 직무수행의 결과를 예측하기 위하여 여러 직무들의 준거를 개발하고 선발결정을 하는데 있다.

40 Selye가 제시한 스트레스의 단계에 해당하지 않는 것은?

① 경계단계(Alarm Stage)
② 저항단계(Resistance Stage)
③ 재발단계(Recurrence Stage)
④ 탈진단계(Exhaustion Stage)

콕집어 해설

셀리에(Selye)의 일반적응증후군(GAS)

- 경고(경계)단계 : 정신적 · 육체적 위험에 갑자기 노출됨으로써 나타나는 최초의 반응단계이다.
- 저항단계 : 스트레스에 대한 저항은 증가되지만 신체의 저항력은 저하된다.
- 소진(탈진)단계 : 스트레스가 장기간 지속될 경우 스트레스에 대한 적응에너지가 고갈되어 탈진 및 질병과 죽음을 유발할 수 있다.

답 ③

제3과목 | 직업정보론

41 국가기술자격 산업기사 등급의 응시자격 기준으로 틀린 것은?

① 고용노동부령으로 정하는 기능경기대회 입상자
② 동일 및 유사 직무분야의 산업기사 수준 기술훈련과정 이수자 또는 그 이수 예정자
③ 응시하려는 종목이 속하는 동일 및 유사 직무분야의 다른 종목의 산업기사 등급 이상의 자격을 취득한 사람
④ 응시하려는 종목이 속하는 동일 및 유사직무분야에서 1년 이상 실무에 종사한 사람

콕집어 해설

산업기사 응시자격

- 기능사 등급 이상의 자격을 취득한 후 응시하려는 종목이 속하는 동일 및 유사 직무분야에 1년 이상 실무에 종사한 사람
- 응시하려는 종목이 속하는 동일 및 유사 직무분야의 다른 종목의 산업기사 등급 이상의 자격을 취득한 사람(③)
- 관련학과의 2년제 또는 3년제 전문대학졸업자 등 또는 그 졸업예정자
- 관련학과의 대학졸업자 등 또는 그 졸업예정자
- 동일 및 유사 직무분야의 산업기사 수준 기술훈련과정 이수자 또는 그 이수예정자(②)
- 응시하려는 종목이 속하는 동일 및 유사 직무분야에서 2년 이상 실무에 종사한사람(④)
- 고용노동부령으로 정하는 기능경기대회 입상자(①)
- 외국에서 동일한 종목에 해당하는 자격을 취득한 사람

답 ④

꿰뚫어 보기

국가기술자격 검정기준

1) 기술사 : 고도의 전문지식과 실무경험의 능력 보유
2) 기능장 : 최상급 숙련기능과 현장관리의 능력 보유
3) 기 사 : 공학적 기술이론 보유
4) 산업기사 : 기술기초이론 지식과 숙련기능 보유
5) 기능사 : 각 종목에 숙련기능 보유

42 한국직업사전(2020)의 작업강도 중 무엇에 관한 설명인가?

최고 20kg의 물건을 들어올리고 10kg 정도의 물건을 빈번히 들어 올리거나 운반한다.

① 가벼운 작업　② 보통 작업
③ 힘든 작업　④ 아주 힘든 작업

콕집어 해설

부가직업정보 중 작업강도

- 아주 가벼운 작업 : 최고 4kg의 물건을 들어올리고, 때때로 장부·대장·소도구 등을 들어올리거나 운반한다.
- 가벼운 작업 : 최고 8kg의 물건을 들어올리고, 4kg 정도의 물건을 빈번히 들어올리거나 운반한다.
- 보통 작업 : 최고 20kg의 물건을 들어올리고, 10kg 정도의 물건을 빈번히 들어올리거나 운반한다.
- 힘든 작업 : 최고 40kg의 물건을 들어올리고, 20kg 정도의 물건을 빈번히 들어올리거나 운반한다.
- 아주 힘든 작업 : 40kg 이상의 물건을 들어올리고, 20kg 이상의 물건을 빈번히 들어올리거나 운반한다.

답 ②

꿰뚫어 보기

부가 직업정보　[정육숙직 작작작 / 자유관조 표표(표)]

1) 정규교육 : 해당 직업의 직무를 수행하는 데 필요한 일반적인 정규교육수준을 의미하는 것으로, 해당 직업 종사자의 평균 학력을 나타내는 것은 아니다.
2) 육체활동 : 해당 직업의 직무를 수행하기 위해 필요한 신체적 능력을 나타낸다.
3) 숙련기간 : 해당 직업의 직무를 평균적으로 수행하는 데 필요한 각종 교육, 훈련, 숙련기간을 의미한다. 단, 향상훈련은 포함되지 않는다.
4) 직무기능 : 해당 직업 종사자가 직무를 수행하는 과정에서 자료, 사람, 사물과 맺는 관련된 특성을 나타낸다.
5) 작업장소 : 해당 직업의 직무가 주로 수행되는 장소를 나타낸다.
6) 작업환경 : 해당 직업의 직무를 수행하는 작업자에게 직접적으로 물리적·신체적 영향을 미치는 작업장의 환경요인을 나타낸 것이다.
7) 작업강도 : 해당 직업의 직무를 수행하는데 필요한 육체적 힘의 강도를 나타낸 것으로, 심리적·정신적 노동강도는 고려하지 않았다.
8) 자격·면허 : 해당 직업에 취업 시 소지할 경우 유리한 자격증 또는 면허를 나타내는 것으로, 민간에서 발급한 자격증은 제외한다.
9) 유사명칭 : 현장에서 본직업명을 명칭만 다르게 부르는 것으로 본직업명과 사실상 동일하므로, 직업 수 집계에서 제외된다.
10) 관련직업 : 본직업명과 기본적인 직무에 있어서 공통점이 있으나 직무의 범위,대상 등에 따라 나누어지는 직업이며, 직업 수 집계에 포함된다.
11) 조사연도 : 해당 직업의 직무조사가 실시된 연도를 나타낸다.
12) 표준산업분류코드 : 해당 직업을 조사한 산업을 나타내는 것으로 한국표준산업분류의 소분류 산업을 기준으로 하였다.
13) 표준직업분류코드 : 해당 직업의 한국고용직업분류 세분류 코드에 해당하는 한국표준직업분류의 세분류 코드를 표기한다.

43 직업정보에 대한 설명으로 틀린 것은?

① 직업정보는 경험이 부족한 내담자들에게 다양한 직업을 접할 기회를 제공한다.
② 직업정보는 수집→체계화→분석→가공→제공→축적→평가 등의 단계를 거쳐 처리된다.
③ 직업정보를 수집할 때는 항상 최신의 자료인지 확인한다.
④ 동일한 정보라 할지라도 다각적인 분석을 시도하여 해석을 풍부하게 한다.

콕집어 해설

직업정보

- 직업정보는 경험이 부족한 내담자들에게 다양한 직업을 접할 기회를 제공한다.
- 직업정보는 수집→분석→가공→체계화→제공→축적→평가 등의 단계를 거쳐 처리된다.
- 직업정보를 수집할 때는 항상 최신의 자료인지 확인한다.
- 동일한 정보라 할지라도 다각적인 분석을 시도하여 해석을 풍부하게 한다.

답 ②

꿰뚫어 보기

직업정보 수집·제공 시 고려해야 할 사항
1) 직업정보 수집시에는 명확한 목표를 세운다.
2) 최신의 자료를 수집한다.
3) 직업정보는 전문적인 지식이 없어도 이해할 수 있도록 제공해야 한다.
4) 직업이 가지고 있는 장 · 단점을 편견 없이 제공해야 한다.
5) 자료를 수집할 때 자료 출처와 일자를 기록한다.

44 실기능력이 중요하여 고용노동부령이 정하는 필기시험이 면제되는 기능사 종목이 아닌 것은?

① 측량기능사 ② 도화기능사
③ 도배기능사 ④ 방수기능사

 콕집어 해설

필기와 실기시험을 시행하는 종목 [정로한 미사]
정보처리기능사, 로더운전기능사, 한복기능사, 미용사, 사진기능사, 측량기능사

답 ①

꿰뚫어 보기

실기시험만 시행할 수 있는 국가기술자격
1) 경영 · 회계 · 사무 : 한글속기 1급 · 2급 · 3급
2) 건설 : 거푸집기능사, 건축도장기능사, 건축목공기능사, 도배기능사, 미장기능시, 방수기능시, 비계기능사, 온수온돌기능사, 조적기능사, 항공사진기능사, 도화기능사 등
3) 재료 : 금속재창호기능사

45 인간이 복잡한 정보에 접근하게 되는 구조에 근거를 둔 이론으로 직업선택결정 단계를 전제단계, 계획단계, 인지부조화단계로 구분한 직업 결정모형은?

① 타이드만과 오하라(Tiedeman & O'Hara)의모형
② 힐튼(Hilton)의 모형
③ 브룸(Vroom)의 모형
④ 수(Hsu)의 모형

콕집어 해설

힐튼(Hilton)의 직업선택 결정모형
인간이 복잡한 정보에 접근하게 되는 구조에 근거를 둔 이론으로 직업선택결정 단계를 전제단계, 계획단계, 인지부조화단계로 구분한다.

답 ②

꿰뚫어 보기

직업선택 결정모형
1) 기술적 직업결정모형 : 사람들의 일반적인 직업결정방식을 나타낸 이론
   예 힐튼(Hilton), 타이드만과 오하라(Tiedman & O'Hara), 브룸(Vroom), 슈(Hsu), 플레처(Fletcher)의 모형
2) 처방적 직업결정모형 : 사람들이 직업을 결정할 때 실수를 줄이고 더 나은 직업을 선택하도록 도우려는 이론
   예 카츠(Katz), 겔라트(Gelatt), 칼도와 쥐토우스키(Kaldor & Zytowski)의 모형

46 직업정보 수집방법으로서 면접법에 관한 설명으로 가장 적합하지 않은 것은?

① 표준화 면접은 비표준화 면접보다 타당도가 높다.
② 면접법은 질문지법보다 응답범주의 표준화가 어렵다.
③ 면접법은 질문지법보다 제3자의 영향을 배제할 수 있다.
④ 표준화 면접에는 개방형 및 폐쇄형 질문을 모두 사용할 수 있다.

콕집어 해설

면접법

장점
1) 언어소통이 가능한 모든 사람들을 대상으로 적용할 수 있다.
2) 조사환경을 통제하고 표준화할 수 있다.
3) 복잡한 질문의 사용가능과 정확한 응답을 얻어낼 수 있다.
4) 개별적 상황에 따라 적절한 대응이 가능하다.
5) 제3자의 영향을 배제할 수 있다.(③)
6) 질문시법보나 너욱 공성한 표본을 얻을 수 있다.
7) 표준화 면접에는 개방형 및 폐쇄형 질문을 모두 사용할 수 있다.(④)

단점
1) 시간과 비용, 노력이 많이 소요되고 절차가 복잡하다.
2) 면접자에 따라서 면접내용에 대한 편향성이 나타날 수 있다.
3) 응답자가 불편한 상황에서 응답함으로써 부정적 영향이 미칠 수 있다.
4) 응답범주에 대한 표준화가 어렵다.(②)

답 ①

해 표준화 면접은 비표준화 면접보다 타당도가 낮다.

47 한국표준직업분류(7차) 직업분류 원칙 중 다수직업 종사자의 분류 원칙에 해당하지 않는 것은?

① 수입 우선의 원칙
② 취업시간 우선의 원칙
③ 조사시 최근의 직업 원칙
④ 생산업무 우선 원칙

콕집어 해설

다수직업 종사자의 분류 원칙 [다취수조]

한 사람이 전혀 상관성이 없는 두 가지 이상의 직업에 종사할 경우에 그 직업을 결정하기 위한 원칙이다.

1) 취업시간 우선의 원칙 : 더 긴 시간을 투자하는 직업으로 결정한다.
2) 수입 우선의 원칙 : 취업시간으로 구별할 수 없을 때는 수입이 많은 직업으로 결정한다.
3) 조사 시 최근의 직업원칙 : 위의 두가지로 판별할 수 없을 때는 조사시점을 기준으로 최근에 종사한 직업으로 결정한다.

답 ④

해 '생산업무 우선 원칙'은 포괄적인 업무에 대한 직업분류 원칙이다.

꿰뚫어 보기

직업분류의 일반원칙

1) 포괄성의 원칙 : 우리나라에 존재하는 모든 직무는 어떤 수준에서든지 분류에 포괄되어야 한다.
2) 배타성의 원칙 : 동일하거나 유사한 직무는 어느 경우에든 같은 단위직업으로 분류되어야 한다.

포괄적인 업무에 대한 직업분류 원칙 [포주최생]

포괄적 업무는 한 사람이 두 개 이상의 직무를 수행하는 경우를 의미한다. 이러한 경우 다음과 같은 순서에 따라 분류원칙을 적용한다.

1) 주된 직무 우선 원칙 : 수행되는 직무내용과 분류 항목에 명시된 직무내용을 비교·평가하여 관련 직무 내용상의 상관성이 가장 많은 항목에 분류한다.
   예 교육과 진료를 겸하는 의과대학 교수는 강의, 평가, 연구 등(교육)과 진료, 처치, 환자상담 등(의료)의 직무내용을 파악하여 관련 항목이 많은 분야로 분류한다.
2) 최상급 직능수준 우선 원칙 : 수행된 직무가 상이한 수준의 훈련과 경험을 통해서 얻어지는 직무능력을 필요로 한다면, 가장 높은 수준의 직무능력을 필요로 하는 일에 분류하여야 한다.
   예 조리와 배달의 직무비중이 같을 경우에는, 조리의 직능수준이 높으므로 조리사로 분류한다.
3) 생산업무 우선 원칙 : 재화의 생산과 공급이 같이 이루어지는 경우는 생산단계에 관련된 업무를 우선적으로 분류한다.
   예 한 사람이 빵을 생산하고 판매도 하는 경우에는, 판매원으로 분류하지 않고 제빵사로 분류한다.

48 공공직업정보의 일반적인 특성에 대한 설명으로 틀린 것은?

① 전 산업 및 직종을 대상으로 지속적으로 조사·분석한다.
② 보편적 항목으로 이루어진 기초정보가 많다.
③ 관련 직업 간 비교가 용이하다.
④ 단시간에 조사하고 특정 목적에 맞게 직종을 제한적으로 선택한다.

콕집어 해설

민간직업정보와 공공직업정보의 특성

구분	민간 직업정보	공공 직업정보
정보제공 속성	한시적	지속적
직업분류·구분	생산자의 자의성	기준에 따른 객관성
조사 직업 범위	제한적	포괄적
정보의 구성	완결적 정보체계	기초적 정보체계
타 정보와의 관계	관련성 낮음	관련성 높음
비용	유료	무료

답 ④

해 민간 직업정보의 특성이다.

49 직업정보를 제공하는 유형별 방식의 설명이 다. (   )에 가장 알맞은 것은?

종류	비용	학습자 참여도	접근성
인쇄물	(A)	수동	용이
면접	저	(B)	제한적
직업경험	고	적극	(C)

① A : 고 B : 적극 C : 용이
② A : 고 B : 수동 C : 제한적
③ A : 저 B : 적극 C : 제한적
④ A : 저 B : 수동 C : 용이

콕집어 해설

직업정보 전달 유형별 특징

종류	비용	학습자 참여도	접근성
인쇄물	저	수동	용이
시청각 자료	고	수동	제한적
면접	저	적극	제한적
관찰	고	수동	제한적
직업경험	고	적극	제한적

답 ③

50 직업정보의 관리과정에 대한 설명으로 틀린 것은?

① 직업정보 수집시에는 명확한 목표를 세운다.
② 직업정보 분석시에는 하나의 항목에 초점을 맞춰 집중적으로 분석해야 한다.
③ 직업정보 가공시에는 전문적인 지식이 없어도 이해할 수 있도록 가공해야 한다.
④ 직업정보 가공시에는 직업이 가지고 있는 장·단점을 편견 없이 제공해야 한다.

콕집어 해설

직업정보의 관리과정
- 직업정보 수집시에는 명확한 목표를 세운다.(①)
- 직업정보 분석시에는 여러 측면에서 다각적으로 분석해야 한다.(②)
- 직업정보 가공시에는 전문적인 지식이 없어도 이해할 수 있도록 가공해야 한다.(③)
- 직업정보 가공시에는 직업이 가지고 있는 장·단점을 편견 없이 제공해야 한다.(④)

답 ②

해 하나의 항목에 초점(×)→'다각적 분석'

51 한국표준직업분류(2018)에서 직업으로 보지 않는 활동을 모두 고른 것은?

ㄱ. 이자, 주식배당 등과 같은 자산 수입이 있는 경우
ㄴ. 예·적금 인출, 보험금 수취, 차용 또는 토지나 금융자산을 매각하여 수입이 있는 경우
ㄷ. 사회복지시설 수용자의 시설 내 경제활동
ㄹ. 수형자의 활동과 같이 법률에 의한 강제노동을 하는 경우

① ㄱ, ㄷ ② ㄴ, ㄹ
③ ㄱ, ㄴ, ㄷ ④ ㄱ, ㄴ, ㄷ, ㄹ

콕집어 해설

직업으로 보지 않는 활동
- 이자, 주식배당, 임대료(전세금, 월세금) 등과 같은 자산 수입이 있는 경우(ㄱ)
- 연금법, 국민기초생활 보장법, 국민연금법 및 고용보험법 등의 사회보장이나 민간보험에 의한 수입이 있는 경우
- 경마, 경륜, 경정, 복권 등에 의한 배당금이나 주식투자에 의한 시세차익이 있는 경우
- 예·적금 인출, 보험금 수취, 차용 또는 토지나 금융자산을 매각하여 수입이 있는 경우(ㄴ)
- 자기 집의 가사 활동에 전념하는 경우
- 교육기관에 재학하며 학습에만 전념하는 경우
- 시민봉사활동 등에 의한 무급 봉사적인 일에 종사하는 경우
- 사회복지시설 수용자의 시설 내 경제활동(ㄷ)
- 수형자의 활동과 같이 법률에 의한 강제노동을 하는 경우(ㄹ)
- 도박, 강도, 절도, 사기, 매춘, 밀수와 같은 불법적인 활동의 경우

답 ④

52 국가기술자격 서비스분야 종목 중 응시자격에 제한이 없는 것으로만 짝지어진 것은?

① 직업상담사 2급-임상심리사 2급-스포츠경영관리사
② 사회조사분석사 2급-소비자전문상담사 2급-텔레마케팅관리사
③ 직업상담사 2급-컨벤션기획사 2급-국제의료관광코디네이터
④ 컨벤션기획사 2급-스포츠경영관리사-국제의료관광코디네이터

족집어 해설

응시자격에 제한이 없는 서비스분야

직업상담사 2급, 사회조사분석사 2급, 컨벤션기획사 2급, 소비자전문상담사 2급, 전자상거래관리사 2급, 컴퓨터활용능력 1·2 급, 비서 1·2·3급, 한글속기 1·2·3급, 전산회계운용사 1·2·3급, 스포츠경영관리사, 전자상거래운용사, 워드프로세서, 텔레마케팅관리사 등은 응시자격 제한이 없다.

답 ②

해 임상심리사2급, 국제의료관광코디네이터는 응시자격에 제한이 있다.

꿰뚫어 보기

1) 국제의료관광코디네이터(International medical tour coordinator)

(1) 업무수행 : 보건의료, 관광, 마케팅, 의학용어 등 관련 지식을 가지고 의료관광, 상담, 진료서비스 지원, 의료행위로 인한 리스크 관리, 관광서비스 지원, 통역, 의료관광 마케팅, 행정절차 관리 등의 업무를 수행한다.

(2) 응시자격

ㄱ. 보건의료 또는 관광분야의 관련학과로서 대학졸업자 또는 졸업예정자, 2년제 전문대학 관련학과 졸업자 등으로서 졸업 후 보건의료 또는 관광분야에서 2년 이상 실무에 종사한 사람

ㄴ. 관련 자격증(의사, 간호사, 보건교육사, 관광통역안내사, 컨벤션기획사1·2급)을 취득한 사람

ㄷ. 보건의료 또는 관광분야에서 4년 이상 실무에 종사한 사람

2) 임상심리사 2급 응시자격

(1) 임상심리와 관련하여 1년 이상 실습수련을 받은 사람 또는 2년 이상 실무에 종사한 사람으로서 대학졸업자 및 그 졸업예정자

(2) 외국에서 동일한 종목에 해당하는 자격을 취득한 사람

53 한국표준산업분류의 분류기준이 아닌 것은?

① 산출물의 특성
② 투입물의 특성
③ 생산단위의 활동형태
④ 생산활동의 일반적인 결합형태

족집어 해설

한국표준산업분류(KSIC)의 산업분류

1) 산업분류 정의 : 생산단위가 주로 수행하고 있는 산업활동을 분류 기준과 원칙에 맞춰 그 유사성에 따라 체계적으로 유형화한 것이다.

2) 분류 기준

ㄱ. 산출물의 특성
ㄴ. 투입물의 특성
ㄷ. 생산활동의 일반적인 결합형태

답 ③

해 주된 산업활동, 부차적 산업활동, 보조적 활동으로 이루어져 있다.

꿰뚫어 보기

산업

1) 산업의 정의 : 유사한 성질을 갖는 산업활동에 주로 종사하는 생산단위의 집합이다.

2) 산업활동 : 각 생산단위가 노동, 자본, 원료 등 자원을 투입하여 재화나 서비스를 생산 또는 제공하는 일련의 활동과정이다.

3) 산업활동의 범위 : 영리적·비영리적 활동이 모두 포함되나, 가정 내의 가사활동은 제외된다.

54 한국표준산업분류의 적용원칙으로 틀린 것은?

① 생산단위는 산출물뿐만 아니라 투입물과 생산공정 등을 함께 고려하여 그들의 활동을 가장 정확하게 설명된 항목에 분류해야 한다.
② 복합적인 활동단위는 우선적으로 세세분류를 정확히 결정하고, 순차적으로 세·소·중·대분류 단계 항목을 결정하여야 한다.
③ 산업활동이 결합되어 있는 경우에는 그 활동단위의 주된 활동에 따라서 분류하여야 한다.
④ 수수료 또는 계약에 의하여 활동을 수행하는 단위는 동일한 산업활동을 자기계정과 자기 책임 하에서 생산하는 단위와 같은 항목에 분류하여야 한다.

콕집어 해설

한국표준산업분류(KSIC)의 적용원칙

- 생산단위는 산출물뿐만 아니라 투입물과 생산공정 등을 함께 고려하여 그들의 활동을 가장 정확하게 설명된 항목에 분류해야 한다.(①)
- 복합적인 활동단위는 우선적으로 최상급 분류단계(대분류)를 정확히 결정하고, 순차적으로 중, 소, 세, 세세분류 단계 항목을 결정하여야 한다.(②)
- 산업활동이 결합되어 있는 경우에는 그 활동단위의 주된 활동에 따라서 분류하여야 한다.(③)
- 수수료 또는 계약에 의하여 활동을 수행하는 단위는 동일한 산업활동을 자기계정과 자기책임하에서 생산하는 단위와 같은 항목에 분류하여야 한다.(④)
- 동일단위에서 제조한 재화의 소매활동은 별개 활동으로 분류하지 않고 제조활동으로 분류되어야 한다. 그러나 자기가 생산한 재화와 구입한 재화를 함께 판매한다면 그 주된 활동에 따라 분류한다.
- 생산단위의 소유 형태, 법적 조직 유형 또는 운영 방식은 산업분류에 영향을 미치지 않는다.
- 공식적 생산물과 비공식적 생산물, 합법적 생산물과 불법적인 생산물을 달리 분류하지 않는다.

답 ②

55 **한국표준산업분류상 단일 장소에서 이루어지는 단일 산업활동의 통계단위는?**

① 기업집단 단위　② 사업체 단위
③ 활동유형 단위　④ 지역 단위

콕집어 해설

통계단위 [하기활 단지사]

구분	하나 이상 장소	단일 장소
하나 이상 산업활동	기업집단단위, 기업체 단위	지역단위
단일 산업활동	활동유형 단위	사업체 단위

답 ②

56 **워크넷에 대한 설명으로 틀린 것은?**

① 직업심리검사, 취업가이드, 취업지원프로그램 등 각종 취업지원서비스를 제공한다.
② 기업회원은 허위구인 방지를 위해 고용센터에 방문하여 구인신청서를 작성해야 한다.
③ 청년친화 강소기업, 공공기관, 시간선택제 일자리, 기업공채 등의 채용정보를 제공한다.
④ 직종별, 근무지역별, 기업형태별 채용정보를 제공한다.

콕집어 해설

워크넷

- 직업심리검사, 취업가이드, 취업지원프로그램 등 각종 취업지원서비스를 제공한다.(①)
- 기업회원은 워크넷에서 인재정보를 검색할 수 있고, 워크넷을 통해 구인신청서를 작성하고 구인신청 후 고용센터 담당자의 인증을 받게 된다.(②)
- 청년친화 강소기업, 공공기관, 시간선택제일자리, 기업공채 등의 채용정보를 제공한다.(③)
- 직종별, 근무지역별, 기업형태별 채용정보를 제공한다.(④)

답 ②

해 고용센터에 방문하여 구인신청서를 작성하는 것이 아니라, 워크넷을 통해 구인신청서를 작성한다.

57 **한국직업사전에 수록되어 있는 정보 중 유사명칭에 대한 설명으로 틀린 것은?**

① 직업 수 집계에서 제외된다.
② 본직업명을 명칭만 다르게 해서 부르는 것이다.
③ 한국직업사전의 부가 직업정보에 해당한다.
④ 본직업명을 직무의 범위, 대상 등에 따라 나눈 것이다.

콕집어 해설

부가 직업정보(유사명칭)

유사명칭: 현장에서 본직업명을 명칭만 다르게 부르는 것으로 본직업명과 사실상 동일하므로, 직업 수 집계에서 제외된다.

답 ④

해 '관련직업'을 말한다.

꿰뚫어 보기

육체활동

1) 균형감각 : 손, 발, 다리 등을 이용하여 사다리, 계단, 밧줄 등을 올라가거나 움직이는 물체 위를 걷거나 뛸 때 신체의 균형을 유지하는 것이다.
2) 웅크림 : 몸을 앞으로 굽히거나 뒤로 젖히는 동작, 무릎을 꿇거나 손과 발로 이동하는 동작 등을 하는 것이다.
3) 손사용 : 일정기간의 손사용 숙련기간을 거쳐 통상적인 손 사용이 아닌, 정밀함과 숙련을 필요로 한다.
4) 언어력 : 말로 생각이나 의사를 교환하거나 표현하는 것으로 정보나 오락 제공을 목적으로 말을 하는 것이다.
5) 청각 : 단순히 일상적인 대화내용 청취여부가 아니라, 작동하는 기계의 소리를 듣고 이상 유무를 판단하거나 논리적인 결정을 내리는 청취활동을 하는 것이다.
6) 시각 : 일상적인 눈 사용이 아닌 시각적 인식을 통해 반복적인 판단을 하거나 물체의 길이나 넓이 및 재질과 형태 등을 알아내기 위한 거리와 공간관계를 판단하며, 색의 차이도 판단할 수 있어야 한다.

58 **한국표준직업분류의 대분류에서 제4직능 수준 혹은 제3직능 수준을 필요로 하는 것은?**

① 관리자 ② 사무 종사자
③ 서비스 종사자 ④ 기능원 및 관련 기능 종사자

족집어해설

한국표준직업분류의 대분류와 직능수준

[관전/사서판농기장/단/군]

분류	대분류	직능 수준
1	관리자	제4직능수준 필요 혹은 제3직능수준 필요
2	전문가 및 관련 종사자	
3	사무 종사자	제2직능수준 필요
4	서비스 종사자	
5	판매 종사자	
6	농림·어업 숙련 종사자	
7	기능원 및 관련 기능 종사자	
8	장치·기계조작 및 조립종사자	
9	단순노무종사자	제1직능수준 필요
A	군인	제2직능수준 이상 필요

답 ①

59 **경제활동인구조사에서 종사상 지위로 고용계약기간이 1개월 미만인 임금근로자는?**

① 임시근로자 ② 계약직근로자
③ 고용직근로자 ④ 일용근로자

족집어해설

종사상 지위

- 종사상 지위란 일한 사람과 직무를 수행하는 직장과의 관계를 의미하며, 종사상 지위별 취업자는 임금근로자와 비임금근로자로 구성된다.
- 임금 근로자에는 상용 · 임시 · 일용 근로자가 해당되고, 비임금 근로자에는 고용원이 있거나 또는 없는 자영업자 그리고 무급가족종사자가 해당된다.
- 종사상 지위로 고용계약기간이 1개월 미만인 임금근로자는 일용 근로자이다.

답 ④

60 **2022년 1월 워크넷 구인 · 구직 및 취업동향에서 신규구인인원 420명, 신규구직건 수 800건, 취업건수가 210건이라면 구인배수는? (단, 소수 3째 자리에서 반올림)**

① 0.53 ② 0.79
③ 1.50 ④ 3.81

족집어해설

구인배수

구인배수 = 신규구인인원 / 신규구직건수
= 420/800
= 0.525
∴ 약 0.53(소수 3째 자리에서 반올림)

답 ①

제4과목 | 노동시장론

61 생산성 임금제를 따를 때 실질 생산성 증가율이 5%이고 물가상승률이 2%라고 하면 명목임금의 인상분은?

① 3% ② 5%
③ 7% ④ 10%

족집어해설

생산성 임금제에서의 임금결정 방식
명목임금(명목생산성) 증가율 = 실질임금(실질생산성) 증가율 + 물가상승률
명목임금(명목생산성) 증가율 = 5 (%) + 2 (%) = 7 (%)
∴7 %

답 ③

꿰뚫어 보기

노동수요의 결정요인 [임상 타노생]
1) 임금(노동의 가격)
2) 상품에 대한 수요
3) 타 생산요소의 가격변화
4) 노동생산성의 변화
5) 생산기술의 진보

62 다음 표에서 실업률은?

총인구	생산가능인구	취업자	실업자
100만 명	60만 명	36만 명	4만 명

① 4.0% ② 6.7%
③ 10.0% ④ 12.5%

족집어해설

실업률
- 실업률 = $\frac{\text{실업자 수}}{\text{경제활동인구 수}} \times 100$
- 경제활동인구 수 = 취업자 수 + 실업자 수
= 36(만) + 4(만) = 40(만)

그러므로 실업률(%) = $\frac{\text{4만 명}}{\text{40만 명}} \times 100$ = 10.0(%)이다.

답 ③

꿰뚫어 보기

1) 경제인구의 구성
15세이상 인구 수(= 생산가능인구 수)
ㄱ. 경제활동인구 수 = 취업자 수 + 실업자 수
ㄴ. 비경제활동인구 수
2) 경제활동참가율(%) = $\frac{\text{경제활동인구 수}}{\text{15세이상 인구 수}} \times 100$
3) 실업률(%) = $\frac{\text{실업자 수}}{\text{경제활동인구 수}} \times 100$
4) 취업률(%) = $\frac{\text{취업자 수}}{\text{경제활동인구 수}} \times 100$
5) 고용률(%) = $\frac{\text{취업자 수}}{\text{15세이상인구 수}} \times 100$

63 시장경제를 채택하고 있는 국가의 노동시장에서 직종별 임금 격차가 존재하는 이유와 가장 거리가 먼 것은?

① 직종 간 정보의 흐름이 원활하기 때문이다.
② 직종에 따라 근로환경의 차이가 존재하기 때문이다.
③ 직종에 따라 노동조합 조직율의 차이가 존재하기 때문이다.
④ 노동자들의 특정 직종에 대한 회피와 선호가 다르기 때문이다.

족집어해설

직종별 임금격차의 발생 원인
- 직종에 따라 근로환경의 차이가 존재하기 때문이다.(②)
- 직종에 따라 노동조합 조직율의 차이가 존재하기 때문이다.(③)
- 노동자들의 특정 직종에 대한 회피와 선호가 다르기 때문이다.(④)

답 ①

해 '직종간 정보의 원활한 흐름'은 임금격차를 해소시킨다.

꿰뚫어 보기

노동수요 특성별 임금격차
1) 경쟁적 요인
ㄱ. 인적자본량
ㄴ. 근로자의 생산성 격차
ㄷ. 보상적 임금격차
ㄹ. 효율임금정책
ㅁ. 시장의 단기적 불균형
2) 비경쟁적 요인
ㄱ. 시장지배력 및 독점지대의 배당
ㄴ. 노동조합의 효과
ㄷ. 비효율적 연공급 제도

64 **노조가 임금인상 투쟁을 벌일 때, 고용량 감소효과가 가장 적게 나타나는 경우는?**

① 노동수요의 임금탄력성이 0.1일 때
② 노동수요의 임금탄력성이 1일 때
③ 노동수요의 임금탄력성이 2일 때
④ 노동수요의 임금탄력성이 5일 때

콕집어 해설

노동수요의 임금탄력성에 따른 고용량 감소

노동조합의 임금 교섭력은 노동수요의 (임금)탄력성이 비탄력적일수록 유리하다.

노동수요의 (임금)탄력성이 비탄력적이면 임금을 높게 인상해도 고용량 감소가 적기 때문이다.

답 ①

꿰뚫어 보기

아래의 주어진 표를 보고 물음에 답하시오.

시간당 임금	5,000원	6,000원	7,000원	8,000원	9,000원
A기업의 노동수요량	22	21	20	19	18

시간당 임금이 7,000원에서 8,000원으로 인상될 때 A 기업 노동수요의 임금탄력성을 구하시오.(단, 소수 둘째자리로 나타내시오.)

- 노동수요의 (임금)탄력성 = $\dfrac{\text{노동수요량의 변화율}(\%)}{\text{임금의 변화율}(\%)}$

A기업 노동수요의 (임금)탄력성

$$\left| \dfrac{\dfrac{19-20}{20} \times 100}{\dfrac{8000-7000}{7000} \times 100} \right|$$

$$= \left| \dfrac{-7,000}{20,000} \right|$$

= 0.35(단, 절대값 사용)

∴ A기업의 임금탄력성은 0.35이다.

65 **불경기에 발생하는 부가노동자효과(added worker effect)와 실망실업자효과(discouraged worker effect)에 따라 실업률이 변화한다. 실업률에 미치는 효과의 방향성이 옳은 것은? (단, + : 상승효과, - : 감소효과)**

① 부가노동자효과 : +, 실망실업자효과 : -
② 부가노동자효과 : -, 실망실업자효과 : -
③ 부가노동자효과 : +, 실망실업자효과 : +
④ 부가노동자효과 : -, 실망실업자효과 : +

콕집어 해설

실망노동자효과와 부가노동자효과

- 실망노동자효과(Discouraged Worker Effect) : 불경기시 경제활동인구(실업자)가 구직을 포기함으로써 비경제활동인구로 되기 때문에 실업자가 감소한다.
- 부가노동자효과(Added Worker Effect) : 가구주가 불황으로 실직하면서 주부 등과 같은 비경제활동인구가 구직활동을 통해 경제활동인구(실업자)로 되기 때문에 실업자가 증가한다.

답 ①

66 **경기적 실업에 대한 대책으로 가장 적합한 것은?**

① 지역 간 이동 촉진
② 총수요의 증대
③ 퇴직자 취업 알선
④ 구인·구직에 대한 전산망 확대

콕집어 해설

경기적 실업

- 개념 : 경기침체 시에 총수요 부족으로 인해 발생하는 실업이다.
- 대책 : 재정지출 확대와 조세감면 및 금리 인하 등의 정책을 통해 통화량을 증가시킴으로써 총수요(유효수요)를 증대시킨다.

답 ②

꿰뚫어 보기

실업의 종류

1) 구조적 실업 : 구인처에서 요구하는 근로자가 없거나 지역 간 노동력 수급의 불균형 현상으로 인해 발생하는 비자발적 실업이다.

2) 마찰적 실업 : 신규 또는 전직자가 직업을 찾는 과정에서 직업정보 부족으로 인해 일시적으로 발생하는 자발적 실업이다.
3) 경기적 실업 : 불경기 때 발생하는 대표적인 수요부족 실업이다.
4) 계절적 실업 : 기후나 계절의 변화에 따라 노동수요의 변화가 심한 부문에서 발생하는 일시적 실업이다.
5) 기술적 실업 : 자본이 노동을 대체하여 실업이 발생한다는 마르크스의 실업이론이다.

67 직업이나 직종의 여하를 불문하고 동일산업에 종사하는 노동자가 조직하는 노동조합의 형태는?

① 직업별 노동조합 ② 산업별 노동조합
③ 기업별 노동조합 ④ 일반 노동조합

콕집어 해설

산업별 노동조합(Industrial Union)
- 동종의 산업에 종사하는 근로자들이 직종과 기업을 초월해 횡적으로 조직한 노동조합 형태이다.
- 미숙련 근로자들의 권익을 보호하기 위하여 발달한 노동조합이다.
- 전 세계적으로 채택되고 있는 조직형태이다.
- 임시직 근로자를 조직하기 용이해지며, 각 산업분야의 정보자료 수집·분석도 용이해진다.
- 기업별 특수성을 고려하기 어렵다는 단점이 있다.

답 ②

꿰뚫어 보기

노동조합의 형태
1) 기업별 노동조합(Company Union)
ㄱ. 하나의 기업에 종사하는 근로자들이 직종의 구별 없이 종단적으로 조직한 노동조합의 형태이다.
ㄴ. 일반적으로 근로자의 횡단적 연대의식이 뚜렷하지 못하다.
ㄷ. 독과점 대기업에서 쉽게 찾을 수 있다.
ㄹ. 우리나라 노동조합의 주된 조직 형태이며, 노동시장의 지배력과 조직으로서의 역량이 극히 약하다.
ㅁ. 사용자와의 관계가 긴밀하고, 노동조합이 회사의 사정에 정통하여 노사분규의 가능성이 낮다.
ㅂ. 노동조합이 어용화될 위험성이 크다.
2) 직업별(직종별) 노동조합(Craft Union)
ㄱ. 동일직업, 동일직종에 종사하는 근로자가 산업·기업의 구별 없이 개인가맹 형태로 결성한 횡적 노동조합이다.
ㄴ. 노동운동사상 가장 일찍 발달한 조직형태이다.
ㄷ. 산업혁명 초기 숙련 근로자가 노동시장을 독점하기 위한 조직으로 결성하였다.
ㄹ. 저임금의 미숙련 근로자나 여성, 연소근로자는 가입이 어려웠다.
3) 일반 노동조합(General Union)
ㄱ. 제2차 세계대전 이후 주로 완전 미숙련 노동자들이나 잡역 노동자들을 중심으로 만들어진 단일 노동조합이다.
ㄴ. 노동자들의 최저생활에 필요한 조건들을 확보하는 측면에서 효과적이다.
ㄷ. 노조민주주의의 실현을 저해하며, 단체교섭의 상대방이 명확하지 못하다.

68 1960년대 선진국에서 실업률과 물가상승률 간의 상충관계를 개선하고자 실시했던 정책은?

① 재정정책 ② 금융정책
③ 인력정책 ④ 소득정책

콕집어 해설

소득정책
- 1960년대 선진국에서 실업률과 물가상승률 간의 상충관계를 개선하고자 실시했던 정책이다.
- 임금억제에 이용될 가능성이 크다.
- 성장산업의 위축을 초래할 수 있다.
- 행정적 관리비용을 증가시킬 수 있다.
- 급격한 물가상승기에 일시적으로 사용하면 효과를 거둘 수 있나.

답 ④

69 다음은 어떤 숍제도에 관한 설명인가?

> 기업이 노동자를 채용할 때는 노동조합에 가입하지 않은 노동자를 채용할 수 있지만 일단 채용된 노동자는 일정 기간 내에 노동조합에 가입하여야 하며 또한 조합에서 탈퇴하거나 제명되는 경우 종업원 자격을 상실하도록 되어 있는 제도

① 클로즈드숍(closed shop)
② 오픈숍(open shop)
③ 에이전시숍(agency shop)
④ 유니온숍(union shop)

콕집어 해설

숍(shop)제도

기본 숍(shop)제도

1) 오픈 숍(open shop) : 고용주가 조합원, 비조합원 모두를 고용할 수 있는 제도이다.
   노동조합 확대에 가장 불리하다.
2) 유니온 숍(union shop) : 고용주가 조합원 가입여부와 관계없이 신규채용이 가능하나, 채용 후 일정기간 내 반드시 노동조합에 가입하도록 해야 하는 제도이다.
   오픈숍과 클로즈드숍의 중간 형태이다.
3) 클로즈드 숍(closed shop) : 노동조합에 가입한 노동자만을 채용할 수 있다.
   노동조합 확대가 용이해서 노동조합 측에 가장 유리한 제도이다.

답 ④

꿰뚫어 보기

변형된 숍(shop) 제도

1) 에이전시 숍(agency shop) : 조합원·비조합원 구분하지 않고 모든 종업원에게 노동조합의 회비를 징수하는 제도이다.
2) 프레퍼렌셜 숍(Preferential Shop) : 채용이나 단체교섭의 결과를 조합원에게 우선적으로 적용하는 등 조합원과 비조합원을 차등적으로 대하는 제도이다.
3) 메인티넌스 숍(Maintenance Shop) : 노동조합의 가입 및 탈퇴가 자유로우나, 단체협약이 체결되면 그 효력이 지속되는 기간에는 탈퇴할 수 없다.

70 노동의 공급곡선에 대한 설명 중 틀린 것은?

① 일정 임금수준 이상이 될 때 노동의 공급곡선은 후방굴절부분을 가진다.
② 임금과 노동시간 사이에 음(-)의 관계가 존재할 경우 임금률의 변화 시 소득효과가 대체효과보다 작다.
③ 임금과 노동시간과의 관계이다.
④ 노동공급의 증가율이 임금상승률보다 높다면 노동공급은 탄력적이다.

콕집어 해설

노동의 공급곡선

- 임금과 노동시간과의 관계이다.(③)
- 일정 임금수준 이상이 될 때 노동의 공급곡선은 후방굴절부분을 가진다.(①)
- 임금과 노동시간 사이에 음(-)의 관계가 존재할 경우 임금률의 변화 시 소득효과가 대체효과보다 크다.(②)
- 노동공급의 증가율이 임금상승률보다 높다면 노동공급은 탄력적이다.(④)

답 ②

해 작다(×)→'크다'

④ '노동공급의 탄력성'은 노동공급의 증가율(%)/임금상승률(%)이므로, 노동공급의 증가율이 임금상승률보다 높다면 노동공급은 탄력적이 된다.

꿰뚫어 보기

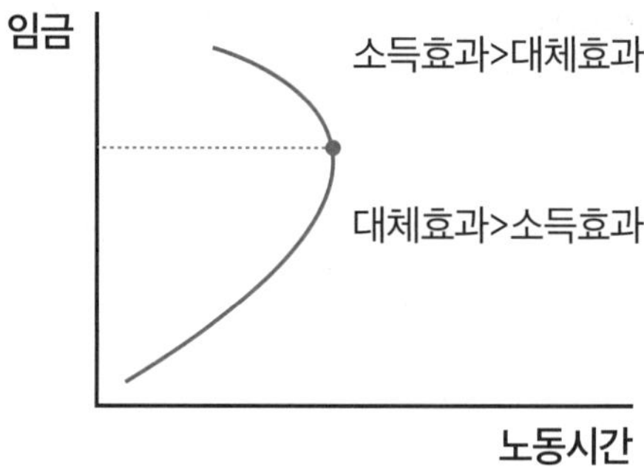

71 다음 표에서 어떤 도시근로자의 실질임금을 구할 경우 ㄱ, ㄴ, ㄷ, ㄹ의 크기를 바르게 나타낸 것은?

구분	'12년	'15년	'18년	'22년
도매물가지수	95	100	100	120
소비자물가지수	90	100	115	125
명목임금(만원)	130	140	160	180
실질임금(만원)	ㄱ	ㄴ	ㄷ	ㄹ

① ㄱ > ㄷ > ㄴ > ㄹ
② ㄱ > ㄹ > ㄴ > ㄷ
③ ㄹ > ㄷ > ㄱ > ㄴ
④ ㄹ > ㄴ > ㄷ > ㄱ

콕집어 해설

실질임금

- 실질임금 = $\dfrac{\text{명목임금}}{\text{소비자 물가지수}} \times 100$
- '12년 실질임금(ㄱ) = $\dfrac{130\text{만원}}{90} \times 100$ ≒144.4(만원)
- '15년 실질임금(ㄴ) = $\dfrac{140\text{만원}}{100} \times 100$ =140.0(만원)
- '18년 실질임금(ㄷ) = $\dfrac{160\text{만원}}{115} \times 100$ ≒139.1(만원)
- '22년 실질임금(ㄹ) = $\dfrac{180\text{만원}}{125} \times 100$ =144.0(만원)

답 ②

해 '실질임금'은 물가상승 효과를 제거한 임금의 실질적인 구매력을 말한다.

72 노동수요곡선을 이동(shift)시키는 요인이 아닌 것은?

① 임금의 변화
② 생산성의 변화
③ 제품 생산 기술의 발전
④ 최종상품에 대한 수요의 변화

콕집어 해설

- 노동수요의 변화 : 생산성의 변화, 기술의 변화, 타 생산요소의 공급변화, 자본의 가격 변화, 최종생산물가격의 변화는 노동수요곡선 자체를 이동시킨다.
- 노동수요량의 변화 : 임금의 변화에 따른 노동수요곡선상의 수요점 이동을 말한다.

답 ①

해 '임금의 변화'는 노동수요곡선상의 이동, 즉 노동수요량의 변화이다.

73 기업별 조합의 상부조합(산업별 또는 지역별)과 개별 사용자 간, 또는 사용자단체와 기업별 조합과의 사이에서 행해지는 단체교섭은?

① 기업별교섭 ② 대각선교섭
③ 통일교섭 ④ 방사선교섭

콕집어 해설

단체교섭의 방식

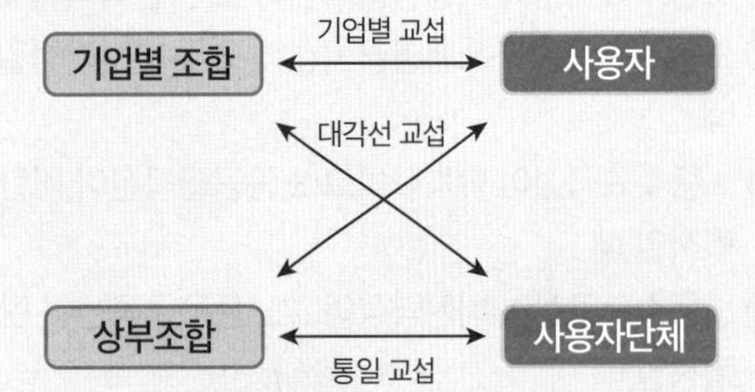

- 기업별교섭 : 기업단위 노조와 사용자 간의 단체교섭이다.
- 대각선교섭 : 기업별 조합의 상부조합과 개별 사용자 간, 또는 기업별 조합과 사용자단체 간에 행해지는 단체교섭이다.
- 통일교섭 : 전국적 또는 지역적인 산업별·직업별 노동조합과 전국적 또는 지역적인 사용자단체 간의 단체교섭이다.
- 방사선교섭 : 대각선 교섭을 두 개 이상 동시에 행하는 단체교섭이다.

답 ②

74 다음 중 직무급 임금체계에 관한 설명으로 가장 적합한 것은?

① 정기승급에 의한 생활안정으로 근로자의 기업에 대한 귀속의식을 고양시킨다.
② 기업풍토, 업무내용 등에서 보수성이 강한 기업에 적합하다.
③ 근로자의 능력을 직능고과의 평가결과에 따라 임금을 결정한다.
④ 노동의 양뿐만 아니라 노동의 질을 동시에 평가하는 임금결정방식이다.

콕집어 해설

직무급 임금체계

- 동일한 직무에 대하여 동일한 임금을 지급하는 원칙을 추구한다.
- 노동의 양뿐만 아니라 노동의 질을 동시에 평가하는 임금결정방식이다.
- 직무의 상대적 가치를 기초로 임금이 지급되므로 직무의 가치서열과 직무평가가 선행되어야 한다.

답 ④

해 ①, ②는 연공급, ③은 직능급에 대한 설명이다.

75 다음 중 최저임금제가 고용에 미치는 부정적 효과가 가장 큰 상황은?

① 노동수요곡선과 노동공급곡선이 모두 탄력적일 때
② 노동수요곡선과 노동공급곡선이 모두 비탄력적일 때
③ 노동수요곡선이 탄력적이고 노동공급곡선이 비탄력적일 때
④ 노동수요곡선이 비탄력적이고 노동공급곡선이 탄력적일 때

콕집어 해설

최저임금제가 고용에 미치는 부정적 효과

시장임금보다 높은 수준에서 최저임금을 정하면 일반적으로 노동수요량은 감소하고 노동공급량은 증가하여 실업이 증가하는 데, 노동수요곡선과 노동공급곡선이 모두 탄력적이면 노동수요량은 크게 감소하고 노동공급량은 크게 증가하므로 실업이 크게 발생한다.

답 ①

꿰뚫어 보기

최저임금제도

- 법적 강제력으로 근로자 보호를 위해 임금의 최저 한도를 정한 제도이다.
- 최저임금위원회의 심의·의결을 거쳐 고용노동부장관이 결정한다.
- 2024년도 최저임금은 전년 대비 2.5 % 인상된 9,860원이다.
- 긍정적 효과 [소노공 경기산]
  1) 소득분배 개선
  2) 노동력의 질적 향상
  3) 공정경쟁의 확보
  4) 경기 활성화에 기여
  5) 기업의 근대화 및 산업구조 고도화 촉진
  6) 산업평화 유지
  7) 복지국가의 실현
- 부정적 효과
  1) 고용 감소 및 실업 증가
  2) 경제활동 배분의 왜곡과 전체적인 생산량 감소
  3) 소득분배의 역진성

76 노동자 7명의 평균생산량이 20단위일 때, 노동자를 추가로 1명 더 고용하여 평균생산량이 18단위로 감소하였다면, 이때 추가로 고용된 노동자의 한계생산량은?

① 4단위 ② 5단위
③ 6단위 ④ 7단위

콕집어 해설

노동자의 한계생산량(MP_L)

- 노동의 평균생산량(AP_L) $= \dfrac{\text{총생산량(TP)}}{\text{노동투입량(L)}}$
- 노동의 한계생산량(MP_L) $= \dfrac{\text{총생산량의 증가분}(\triangle TP)}{\text{노동투입량의 증가분}(\triangle L)}$
- 노동자 7명의 평균생산량이 20단위이므로,
  총생산량(TP) = 노동투입량(L) × 노동의 평균생산량(AP_L)
  $= 7 \times 20 = 140$
  ∴ 140 단위
- 노동자 8명의 평균생산량이 18단위이므로,
  이 때의 총생산량(TP) $= 8 \times 18 = 144$
  ∴ 144 단위
  따라서, 노동의 한계생산량(MP_L) $= \dfrac{144 - 140}{8 - 7} = 4$
  ∴ 노동의 한계생산량(MP_L)은 4단위이다.

답 ①

77 A국의 생산가능인구는 500만 명, 취업자 수는 285만 명, 실업률이 5%일 때 A국의 경제활동참가율은?

① 48% ② 50%
③ 57% ④ 60%

콕집어 해설

경제활동참가율

- 실업률(%) = $\frac{\text{실업자 수}}{\text{경제활동인구 수}} \times 100$

$= \frac{\text{실업자 수}}{\text{취업자 수 + 실업자 수}} \times 100$

- 실업자 수를 x 라고 하면,

$5(\%) = \frac{x}{285\text{만 명} + x} \times 100$

$5(\%) \times (285\text{만 명} + x) = 100x$

$100x - 5x = 5 \cdot 285\text{만 명}$

$95x = 1425\text{만 명}$

$\therefore x = 15\text{만 명}$

즉, 실업자 수는 150,000명이다.

- 경제활동참가율(%) = $\frac{\text{경제활동인구 수}}{\text{생산가능인구 수}} \times 100$

$= \frac{\text{취업자 수 + 실업자 수}}{\text{생산가능인구 수}} \times 100$

$= \frac{285\text{만 명} + 15\text{만 명}}{500\text{만 명}} \times 100$

$= 60(\%)$

∴ 경제활동참가율은 60(%)이다.

답 ④

78 다음 중 가장 적극적인 근로자의 경영참가 형태는?

① 단체교섭에 의한 참가

② 단체행동에 의한 참가

③ 노사협의회에 의한 참가

④ 근로자중역, 감사역제에 의한 참가

콕집어 해설

근로자의 경영참가형태

- 단체교섭에 의한 참가 : 노사 간의 단체교섭에 의한 경영참가 형태이며, 노사 간의 대립관계를 토대로 한다.
- 노사협의회에 의한 참가 : 근로자와 사용자 간의 참여와 협력을 바탕으로 근로자의 복지와 기업의 건전한 발전을 도모하기 위해 구성하는 협의기구이다.
- 근로자중역, 감사역제에 의한 참가 : 근로자가 기업경영의 의사결정에 직접 참가한다는 점에서 생산자협동조합과 함께 가장 적극적인 근로자 경영참가 형태이다.

답 ④

79 다음 중 비수요부족실업이 아닌 것은?

① 마찰적 실업 ② 경기적 실업

③ 구조적 실업 ④ 계절적 실업

콕집어 해설

비수요부족실업

- 마찰적 실업 : 신규 또는 전직자가 직업을 찾는 과정에서 정보부족으로 인해 일시적으로 발생하는 비수요부족 실업이며, 자발적 실업이다.
- 구조적 실업 : 구인처가 요구하는 자격을 갖춘 근로자가 없을 때 발생하는 비수요부족 실업이며, 비자발적이고 장기적 실업이다.
- 계절적 실업 : 기후나 계절의 변화에 따라 노동수요의 변화가 심한 부문에서 발생하는 비수요부족 실업이며, 일시적 실업이다.

답 ②

해 '경기적 실업'은 불경기 때 생산물시장에서의 총수요 감소가 노동시장에서 노동의 총수요 감소로 이어지면서 발생하는 대표적인 수요부족 실업이다.

80 노동비용을 현금급여와 부가급여로 구분할 때 일반적으로 부가급여와 가장 거리가 먼 것은?

① 초과급여
② 퇴직금
③ 교육훈련비
④ 사업주가 부담하는 사회보험료

콕집어 해설

부가급여
사용자가 근로자에게 지급하는 화폐 임금이 아닌 모든 형태의 보상을 말한다.
예 사용자 부담의 퇴직연금 적립금, 사회보험료, 교육훈련비, 유급휴가, 자녀 학자금 지원 등이 있다.

답 ①

해 '초과급여'는 불규칙적으로 지급되는 변동적 임금이다.

꿰뚫어 보기

부가급여 선호 이유
1) 사용자
ㄱ. 임금규제의 회피 수단
ㄴ. 절세효과
ㄷ. 양질의 근로자 유치
ㄹ. 근로자의 장기근속 유도
2) 근로자
ㄱ. 근로소득세 부담 감소
ㄴ. 연기된 보상의 조세상 혜택
ㄷ. 현물형태 급여의 대량 할인

제5과목 | 노동관계법규

81 국민평생 직업능력개발법령에 관한 설명으로 틀린 것은?

① 「제대군인지원에 관한 법률」에 따른 제대군인 및 전역예정자의 직업능력개발훈련은 중요시되어야 한다.
② 「산업재해보상보험법」에 따른 근로복지공단은 직업능력개발훈련시설을 설치할 수 없다.
③ 이 법에서 "근로자"란 사업주에게 고용된 사람과 취업할 의사가 있는 사람을 말한다.
④ 직업능력개발훈련은 훈련의 목적에 따라 양성훈련, 향상훈련, 전직훈련으로 구분한다.

콕집어 해설

국민평생 직업능력개발법령
- 제대군인 및 전역예정자의 직업능력개발훈련은 중요시되어야 한다.(①)
- 직업능력개발훈련시설을 설치할 수 있는 단체는 근로복지공단, 한국 산업인력공단, 한국장애인고용공단이다.(②)
- 고용정책 기본법, 국민평생 직업능력개발법, 남녀고용평등과 일·가정 양립 지원에 관한 법률에서 "근로자"란 사업주에게 고용된 사람과 취업할 의사가 있는 사람을 말한다. (③)
- 직업능력개발훈련은 훈련의 목적에 따라 양성훈련, 향상훈련, 전직훈련으로 구분한다.(④)

답 ②

해 근로자직업능력개발법→'국민평생직업능력개발법'으로 개정(21.8月)

꿰뚫어 보기

직업능력개발훈련의 구분방법
훈련의 목적에 따른 구분
1) 양성훈련 : 근로자에게 기초적 직무수행능력을 습득시키기 위해 실시하는 훈련
2) 향상훈련 : 기초적 직무수행능력을 가지고 있는 근로자에게 더 높은 직무수행능력을 습득시키기 위해 실시하는 훈련
3) 전직훈련 : 근로자에게 유사하거나 새로운 직업에 필요한 직무수행능력을 습득시키기 위해 실시하는 훈련

훈련의 방법에 따른 구분

1) 집체훈련 : 직업능력개발훈련을 실시하기 위해 설치한 훈련전용시설이나 적합한 시설에서 실시하는 훈련(산업체의 생산시설 및 근무장소는 제외)
2) 현장훈련 : 산업체의 생산시설 및 근무장소에서 실시하는 훈련
3) 원격훈련 : 멀리 떨어져 있는 사람에게 정보통신매체 등을 이용하여 실시하는 훈련
4) 혼합훈련 : 집체훈련·현장훈련·원격훈련을 2개 이상 병행하여 실시하는 훈련

82 직업안정법에 관한 설명으로 틀린 것은?

① 국외 무료직업소개사업을 하려는 자는 고용노동부장관의 허가를 받아야 한다.
② 국외 유료직업소개사업을 하려는 자는 고용노동부장관에게 등록하여야 한다.
③ 구인자가 직업안정기관에서 구직자를 소개받은 때에는 그 채용 여부를 직업안정기관의 장에게 통보하여야 한다.
④ 누구든지 국외에 취업할 근로자를 모집한 경우에는 고용노동부장관에게 신고하여야 한다.

콕집어해설

직업소개사업 [무신 유등]

- 무료직업소개사업 : 근로자가 취업하려는 장소를 기준으로,
  1) 국내 무료직업소개사업 : 국내 무료직업소개사업을 하려는 자는 주된 사업소의 소재지를 관할하는 특별자치도지사·시장·군수 및 구청장에게 신고해야 한다.
  2) 국외 무료직업소개사업 : 국외 무료직업소개사업을 하려는 자는 고용노동부장관에게 신고해야 한다.(①)
- 유료직업소개사업 : 근로자가 취업하려는 장소를 기준으로,
  1) 국내 유료직업소개사업 : 국내 유료직업소개사업을 하려는 자는 주된 사업소의 소재지를 관할하는 특별자치도지사·시장·군수 및 구청장에게 등록해야 한다.
  2) 국외 유료직업소개사업 : 국외 유료직업소개사업을 하려는 자는 고용노동부장관에게 등록해야 한다.(②)
- 근로자공급사업 : 고용노동부장관의 허가를 받아야 한다.
- 근로자파견사업 : 고용노동부장관의 허가를 받아야 한다.
- 구인자가 직업안정기관에서 구직자를 소개받은 때에는 그 채용 여부를 직업안정기관의 장에게 통보하여야 한다.(③)
- 누구든지 국외에 취업할 근로자를 모집한 경우에는 모집한 후 15일 이내에 고용노동부장관에게 신고하여야 한다.(④)

답 ①

해 허가(×)→신고

83 국민평생 직업능력개발법령상 근로자의 정의로서 가장 적합한 것은?

① 1주 동안의 소정근로시간이 그 사업장에서 같은 종류의 업무에 종사하는 통상 근로자의 1주 동안의 소정근로시간에 비하여 짧은 자
② 직업의 종류와 관계없이 임금을 목적으로 사업이나 사업장에 근로를 제공하는 사람
③ 직업의 종류를 불문하고 임금·급료 기타 이에 준하는 수입에 의하여 생활하는 자
④ 사업주에게 고용된 사람과 취업할 의사가 있는 사람

콕집어 해설

근로자의 법률상 정의

- '근로자'란 직업의 종류와 관계없이 임금을 목적으로 사업이나 사업장에 근로를 제공하는 자를 말한다.(②)
  → 근로기준법, 근로복지기본법, 근로자퇴직급여 보장법, 산업안전보건법, 근로자참여 및 협력증진에 관한 법률, 고용상 연령차별금지 및 고령자고용촉진에 관한 법률
- '근로자'란 사업주에게 고용된 사람과 취업할 의사를 가진 사람을 말한다.
  → 고용정책 기본법, 국민평생직업능력개발법
  남녀고용평등과 일·가정 양립 지원에 관한 법률
- '근로자'라 함은 직업의 종류를 불문하고 임금·급료 기타 이에 준하는 수입에 의하여 생활하는 자를 말한다.(③)
  → 노동조합 및 노동관계조정법

답 ④

해 ①: '단시간근로자'에 대한 정의임

84 고용보험법령상 다음 사례에서 구직급여의 소정 급여일수는?

장애인 근로자 A씨(40세)가 4년간 근무하던 회사를 퇴사하여 직업안정기관으로부터 구직급여 수급자격을 인정받았다.

① 120일　② 150일
③ 180일　④ 210일

콕집어 해설

구직급여의 소정 급여일수

구분		피보험기간				
		1년 미만	1년 이상 3년 미만	3년 이상 5년 미만	5년 이상 10년 미만	10년 이상
이직일 현재 연령	50세 미만	120일	150일	180일	210일	240일
	50세 이상및 장애인	120일	180일	210일	240일	270일

답 ④

꿰뚫어 보기

구직급여 수급요건

- 이직일 이전 18개월간 동안 피보험 단위기간이 통산하여 180일 이상일 것
- 근로의 의사와 능력이 있음에도 불구하고 취업(영리를 목적으로 사업을 영위하는 경우를 포함)하지 못한 상태에 있을 것
- 이직사유가 수급자격의 제한 사유에 해당하지 아니할 것
- 재취업을 위한 노력을 적극적으로 할 것(
- 수급자격 인정신청일 이전 1개월 동안의 근로일수가 10일 미만이거나 건설일용근로자로서 수급자격 인정신청일 이전 14일간 연속하여 근로내역이 없을 것
- 최종 이직 당시의 기준기간 동안의 피보험 단위기간 중 다른 사업에서 수급자격의 제한 사유에 해당하는 사유로 이직한 사실이 있는 경우에는 그 피보험 단위기간 중 90일이상을 일용근로자로 근로하였을 것

85 고용보험법령상 (　　) 안에 들어갈 숫자의 연결이 옳은 것은?

육아휴직 급여는 육아휴직 시작일을 기준으로 한 월 통상임금의 100분의 (ㄱ)에 해당하는 금액을 월별 지급액으로 한다. 다만 해당 금액이 (ㄴ)만원을 넘는 경우에는 (ㄴ)만원으로 하고, (ㄷ)만원보다 적은 경우에는 (ㄷ)만원으로 한다.

① ㄱ:80　ㄴ:150　ㄷ:70
② ㄱ:80　ㄴ:120　ㄷ:50
③ ㄱ:50　ㄴ:150　ㄷ:50
④ ㄱ:50　ㄴ:120　ㄷ:70

콕집어 해설

육아휴직 급여

- 육아휴직급여를 지급받으려는 사람은 육아휴직을 시작한 날 이후 1개월부터 육아휴직이 끝난 날 이후 12개월 이내에 신청해야 한다.
- 육아휴직급여 금액은 시작일부터 3개월까지는 통상임금의 100분의 80, 4개월째부터 육아휴직 종료일 까지는 통상임금의 100분의 50에 해당하는 금액이다.
  다만, 해당 금액이150만원을 넘는 경우에는 150만원으로 하고,70만원보다 적은 경우에는 70만원으로 한다.
- 해당 기간에 다음 사유로 육아휴직급여를 신청할 수 없었던 사람은 그 사유가 끝난 후 30일 이내에 신청해야 한다.
  1) 천재지변
  2) 본인이나 배우자의 질병·부상
  3) 본인이나 배우자의 직계존속 및 직계비속의 질병·부상
  4) 병역법에 따른 의무복무
  5) 범죄혐의로 인한 구속이나 형의 집행

답 ①

육아휴직 급여 신청

1) 피보험자가 육아휴직 급여 기간 중에 이직 또는 새로 취업한 경우에는 해당 신청서에 그 사실을 기재하여야 한다.
2) 피보험자가 육아휴직 급여 기간 중에 그 사업에서 이직한 경우에는 이직하였을 때부터 육아휴직 급여를 지급하지 아니하는 것이 원칙이다.
3) 피보험자가 사업주로부터 육아휴직을 이유로 금품을 지급받은 경우 대통령령으로 정하는 바에 따라 급여를 감액하여 지급할 수 있다.
4) 거짓이나 그 밖의 부정한 방법으로 육아휴직 급여를 받았거나 받으려 한 자에게는 급여를 받은 날 또는 받으려 한 날부터의 육아휴직 급여를 지급하지 아니하는 것이 원칙이다.

86 직업안정법의 용어 정의로 틀린 것은?

① "고용서비스"란 구인자 또는 구직자에 대한 고용정보의 제공, 직업소개, 직업지도 또는 직업능력개발 등 고용을 지원하는 서비스를 말한다.
② "직업안정기관"이란 직업소개, 직업지도 등 직업안정업무를 수행하는 지방고용노동행정 기관을 말한다.
③ "모집"이란 근로자를 고용하려는 자가 취업하려는 사람에게 피고용인이 되도록 권유하거나 다른 사람으로 하여금 권유하게 하는 것을 말한다.
④ "근로자공급사업"이란 공급계약에 따라 근로자를 타인에게 사용하게 하는 사업을 말하는 것으로서, 파견근로자보호 등에 관한 법률에 의한 근로자파견사업도 포함한다.

콕집어 해설

직업안정법령상 용어 정의

- 고용서비스 : 구인자 또는 구직자에 대한 고용정보의 제공, 직업소개, 직업지도 또는 직업능력개발 등 고용을 지원하는 서비스를 말한다.(①)
- 직업안정기관 : 직업소개, 직업지도 등 직업안정업무를 수행하는 지방고용노동행정기관을 말한다.(②)
- 모집 : 근로자를 고용하려는 자가 취업하려는 사람에게 피고용인이 되도록 권유하거나 다른 사람으로 하여금 권유하게 하는 것을 말한다.(③)
- 근로자공급사업 : 공급계약에 따라 근로자를 타인에게 사용하게 하는 사업을 말한다. 단, 파견근로자 보호 등에 관한 법률에 의한 근로자파견사업은 제외한다.(④)

답 ④

해 '근로자파견사업'은 제외한다.

직업안정법령상 용어 정의

1) 직업소개 : 구인 또는 구직의 신청을 받아 구직자 또는 구인자를 탐색하거나 구직자를 모집하여 구인자와 구직자 간에 고용계약이 성립되도록 알선하는 것을 말한다(결정하는 것이 아님)
2) 직업소개사업 : '무료직업소개사업'이란 수수료 · 회비 또는 그 밖의 어떤 금품도 받지 아니하고 하는 직업소개사업을 말한다.
   '유료직업소개사업'이란 무료직업소개사업이 아닌 직업소개사업을 말한다.

3) 직업지도 : 취업하려는 사람이 그 능력과 소질에 알맞은 직업을 쉽게 선택할 수 있도록 하기 위한 직업적성검사·직업정보제공·직업상담·실습·권유 또는 조언, 그 밖에 직업에 관한 지도를 말한다.
4) 직업정보제공사업 : 신문, 잡지, 그 밖의 간행물 또는 유선·무선방송이나 컴퓨터 통신 등으로 구인·구직정보 등 직업정보를 제공하는 사업을 말한다.

87 남녀고용평등과 일·가정 양립 지원에 관한 법률에 대한 설명으로 틀린 것은?

① 근로자란 사업주에게 고용된 자와 취업할 의사를 가진 자를 말한다.
② 사업주가 임금차별을 목적으로 설립한 별개의 사업은 동일한 사업으로 본다.
③ 사업주는 육아기 근로시간 단축을 하고 있는 근로자의 명시적 청구가 있으면 단축된 근로 시간 외에 주 12시간 이내에서 연장근로를 시킬 수 있다.
④ 사업주는 사업을 계속할 수 없는 경우에도 육아휴직 중인 근로자를 육아휴직 기간에 해고하지 못한다.

콕집어 해설

남녀고용평등과 일 · 가정 양립 지원에 관한 법률
- 근로자란 사업주에게 고용된 자와 취업할 의사를 가진 자를 말한다.(①)
- 사업주가 임금차별을 목적으로 설립한 별개의 사업은 동일한 사업으로 본다.(②)
- 사업주는 육아기 근로시간 단축을 하고 있는 근로자의 명시적 청구가 있으면 단축된 근로 시간 외에 주 12시간 이내에서 연장근로를 시킬 수 있다.(③)
- 사업주는 육아휴직을 이유로 해고나 그 밖의 불리한 처우를 하여서는 아니 되며, 육아휴직 기간에는 그 근로자를 해고하지 못한다. 다만, 사업을 계속할 수 없는 경우에는 그러하지 아니하다.(④)

답 ④

88 남녀고용평등과 일·가정 양립 지원에 관한 법령상 ( ) 안에 들어갈 숫자의 연결이 옳은 것은?

> 제19조의4(육아휴직과 육아기 근로시간 단축의 사용형태)
> ① 근로자는 육아휴직을 (ㄱ)회에 한정하여 나누어 사용할 수 있다.
> ② 근로자는 육아기 근로시간 단축을 나누어 사용할 수 있다. 이 경우 나누어 사용하는 (ㄴ)회의 기간은 (ㄷ)개월 이상이 되어야 한다.

	ㄱ	ㄴ	ㄷ
①	1	2	2
②	2	1	2
③	1	2	3
④	2	1	3

콕집어 해설

육아휴직과 육아기 근로시간 단축의 사용형태
- 근로자는 육아휴직을 2회에 한정하여 나누어 사용할 수 있다.
- 근로자는 육아기 근로시간 단축을 나누어 사용할 수 있다. 이 경우 나누어 사용하는 1회의 기간은 3개월 이상이 되어야 한다.

답 ④

89 근로기준법령상 이행강제금에 관한 설명으로 틀린 것은?

① 노동위원회는 구제명령을 받은 후 이행기한까지 구제명령을 이행하지 아니한 사용자에게 3천만원 이하의 이행강제금을 부과한다.
② 노동위원회는 이행강제금을 부과하기 30일 전까지 이행강제금을 부과·징수한다는 뜻을 사용자에게 미리 문서로써 알려 주어야 한다.
③ 근로자는 구제명령을 받은 사용자가 이행기한까지 구제명령을 이행하지 아니하면 이행기한이 지난 때부터 30일 이내에 그 사실을 노동위원회에 알려줄 수 있다.
④ 노동위원회는 이행강제금 납부의무자가 납부기한까지 이행강제금을 내지 아니하면 기간을 정하여 독촉을 하고 지정된 기간에 이행강제금을 내지 아니하면 국세 체납처분의 예에 따라 징수할 수 있다.

콕집어 해설

이행강제금

- 노동위원회는 구제명령을 받은 후 이행기한까지 구제명령을 이행하지 아니한 사용자에게 3천만원 이하의 이행강제금을 부과한다.(①)
- 노동위원회는 이행강제금을 부과하기 30일 전까지 이행강제금을 부과·징수한다는 뜻을 사용자에게 미리 문서로써 알려 주어야 한다.(②)
- 노동위원회는 최초의 구제명령을 한 날을 기분으로 매년 2회의 범위에서 구제명령이 이행될 때까지 반복하여 이행강제금을 부과 · 징수 할 수 있다.
- 근로자는 구제명령을 받은 사용자가 이행기한까지 구제명령을 이행하지 아니하면 이행기한이 지난 때부터 15일 이내에 그 사실을 노동위원회에 알려줄 수 있다.(③)
- 노동위원회는 이행강제금 납부의무자가 납부기한까지 이행강제금을 내지 아니하면 기간을 정하여 독촉을 하고 지정된 기간에 이행강제금을 내지 아니하면 국세 체납처분의 예에 따라 징수할 수 있다.(④)

답 ③

해 30일 이내(×)→'15일 이내'

90 개인정보 보호법령에 관한 설명으로 틀린 것은?

① "정보주체"란 처리되는 정보에 의하여 알아볼 수 있는 사람으로서 그 정보의 주체가 되는 사람을 말한다.

② 개인정보처리자는 개인정보의 처리 목적에 필요한 범위에서 개인정보의 정확성, 완전성 및 최신성이 보장되도록 하여야 한다.

③ 개인정보 보호에 관한 사무를 독립적으로 수행하기 위하여 국무총리 소속으로 개인정보 보호위원회를 둔다.

④ 위원의 임기는 2년으로 하되, 연임할 수 없다.

콕집어 해설

개인정보 보호법령

- "정보주체"란 처리되는 정보에 의하여 알아볼 수 있는 사람으로서 그 정보의 주체가 되는 사람을 말한다.
- 개인정보처리자는 개인정보의 처리 목적에 필요한 범위에서 개인정보의 정확성, 완전성 및 최신성이 보장되도록 하여야 한다.
- 개인정보 보호에 관한 사무를 독립적으로 수행하기 위하여 국무총리 소속으로 개인정보 보호위원회를 둔다.
- 위원의 임기는 3년으로 하되, 한 차례만 연임할 수 있다.

답 ④

꿰뚫어 보기

개인정보 보호위원회

1) 개인정보 보호에 관한 사무를 독립적으로 수행하기 위하여 국무총리 소속으로 개인정보 보호위원회를 둔다.
2) 보호위원회는 정부조직법에 따른 중앙행정기관으로 본다.
3) 보호위원회는 상임위원 2명(위원장 1명, 부위원장 1명)을 포함한 9명의 위원으로 구성한다.
4) 보호위원회의 위원은 개인정보 보호에 관한 경력과 전문지식이 풍부한 다음 사람 중에서 위원장과 부위원장은 국무총리의 제청으로, 그외 위원 중 2명은 위원장의 제청으로, 2명은 대통령이 소속되거나 소속되었던 정당의 교섭단체 추천으로, 3명은 그 외의 교섭단체 추천으로 대통령이 임명 또는 위촉한다.
5) 위원장과 부위원장은 정무직 공무원으로 임명한다.
6) 위원의 임기는 3년으로 하되, 한 차례만 연임할 수 있다.
7) 위원은 직무와 관련된 영리업무에 종사하여서는 아니 된다.
8) 보호위원회의 회의는 위원장이 필요하다고 인정하거나 재적위원 4분의 1이상의 요구가 있는 경우에 위원장이 소집한다.
9) 보호위원회의 회의는 재적위원 과반수의 출석으로 개의하고, 출석위원 과반수의 찬성으로 의결한다.

91 남녀고용평등과 일·가정 양립 지원에 관한 법령상 직장 내 성희롱의 금지 및 예방에 관한 설명으로 틀린 것은?

① 사업주, 상급자 또는 근로자는 직장 내 성희롱을 하여서는 아니 된다.
② 사업주는 성희롱 예방 교육을 고용노동부장관이 지정하는 기관에 위탁하여 실시할 수 있다.
③ 누구든지 직장 내 성희롱 발생 사실을 알게 된 경우 그 사실을 해당 사업주에게 신고할 수 있다.
④ 사업주는 직장 내 성희롱 예방 교육을 연 2회 이상 하여야 한다.

족집어해설

직장 내 성희롱 및 관련 사항

- 사업주, 상급자 또는 근로자는 직장 내 성희롱을 하여서는 아니 된다.(①)
- 사업주 및 근로자는 성희롱 예방교육을 받아야 한다.
- 사업주는 성희롱 예방 교육을 고용노동부장관이 지정하는 기관에 위탁하여 실시할 수 있다.(②)
- 누구든지 직장 내 성희롱 발생 사실을 알게 된 경우 그 사실을 해당 사업주에게 신고할 수 있다.(③)
- 사업주는 직장 내 성희롱 예방 교육을 연1회 이상 실시하여야 한다.(④)
- 사업주는 성희롱 예방교육의 내용을 근로자가 자유롭게 열람할 수 있는 장소에 항상 게시하거나 갖추어 두어 근로자에게 널리 알려야 한다.
- 사업주는 직장 내 성희롱 발생 사실을 알게 된 경우에는 지체 없이 그 사실 확인을 위한 조사를 하여야 한다.
- 파견근로에 성희롱 예방교육을 실시해야 하는 사업주는 파견사업주가 아닌 사용사업주이다.
- 성희롱 예방교육은 사업규모나 특성 등을 고려하여 직원연수·조회·회의, 인터넷 등 정보통신망을 이용한 사이버 교육 등을 통해 실시할 수 있다.
- 단순히 교육자료 등을 배포·게시하거나 전자우편을 보내거나 게시판에 공지하는 데 그치는 등 근로자에게 교육내용이 제대로 전달되었는지 확인하기 곤란한 경우에는 예방교육을 한 것으로 보지 않는다.
- 고용노동부장관은 성희롱 예방 교육기관이 2년 동안 교육 실적이 없는 경우 그 지정을 취소할 수 있다.

답 ④

92 고용상 연령차별금지 및 고령자고용촉진에 관한 법령상 제조업의 고령자 기준고용률은?

① 그 사업장의 상시 근로자 수의 100분의 2
② 그 사업장의 상시 근로자 수의 100분의 3
③ 그 사업장의 상시 근로자 수의 100분의 4
④ 그 사업장의 상시 근로자 수의 100분의 6

족집어해설

고령자 기준고용률

- 제조업 : 상시 근로자 수의 100분의 2
- 운수업, 부동산 및 임대업 : 상시 근로자 수의 100분의 6
- 기타 : 상시 근로자 수의 100분의 3

답 ①

꿰뚫어 보기

- '고령자'란 인구와 취업자의 구성 등을 고려하여 55세 이상인 자를 말한다.
- '준고령자'란 50세 이상 55세 미만인 사람으로 고령자가 아닌 자를 말한다.

93 고용보험법령상 심사 및 재심사청구에 관한 설명으로 옳지 않은 것은?

① 실업급여에 관한 처분에 이의가 있는 자는 고용보험심사관에게 심사를 청구할 수 있다.
② 심사 및 재심사의 청구는 시효중단에 관하여 재판상의 청구로 본다.
③ 재심사청구인은 법정대리인 외에 자신의 형제자매를 대리인으로 선임할 수 없다.
④ 고용보험심사관은 원칙적으로 심사청구를 받으면 30일 이내에 그 심사청구에 대한 결정을 하여야 한다.

콕집어 해설

고용보험법상 심사의 청구

- 실업급여에 관한 처분에 이의가 있는 자는 고용보험심사관에게 심사를 청구할 수 있다.(①)
- 심사의 청구는 시효중단에 관하여 재판상의 청구로 본다.(②)
- 심사의 청구는 원처분 등의 집행을 정지시키지 아니한다.
  다만, 고용보험심사관은 원처분 등의 집행에 의하여 발생하는 중대한 위해를 피하기 위하여 긴급한 필요가 있다고 인정하면 직권으로 그 집행을 정지시킬 수 있다.
- 고용보험심사관은 원칙적으로 심사청구를 받으면 30일 이내에 그 심사청구에 대한 결정을 하여야 한다.(④)
- 피보험자격의 취득·상실 확인에 대한 심사의 청구는 근로복지공단을, 실업급여 및 육아휴직 급여와 출산전후휴가 급여 등에 관한 처분에 대한 심사의 청구는 직업안정기관을 거쳐 고용보험심사관에게 하여야 한다.
- 결정은 심사청구인 및 직업안정기관의 장에게 결정서의 정본을 보낸 날부터 효력이 발생한다.
- 재심사청구인은 법정대리인 외에 자신의 형제자매를 대리인으로 선임할 수 있다.(③)

답 ③

94 헌법이 보장하는 근로3권의 설명으로 <u>틀린</u> 것은?

① 단결권은 근로조건의 향상을 도모하기 위하여 근로자와 그 단체에게 부여된 단결체 조직 및 활동, 가입, 존립보호 등을 위한 포괄적 개념이다.
② 단결권이 근로자 집단의 근로조건의 향상을 추구하는 주체라면, 단체교섭권은 그 목적 활동이고, 단체협약은 그 결실이라고 본다.
③ 단체교섭의 범위는 근로자들의 경제적·사회적 지위 향상에 관한 것으로 단체교섭의 주체는 원칙적으로 근로자 개인이 된다.
④ 단체행동권의 보장은 개개 근로자와 노동조합의 민·형사상 책임을 면제시키는 것이므로 시민법에 대한 중대한 수정을 의미한다.

콕집어 해설

근로3권(노동3권)

- 노동3권은 단결권, 단체교섭권, 단체행동권이다.
- 단결권의 주체는 근로자 및 노동조합이며, 단체교섭권 및 단체행동권의 행사주체는 노동조합이다(근로자 개인은 행사주체가 될 수 없음)(③)
- 사용자는 단체행동권의 주체는 아니지만 노동조합의 단체행동권 행사에 대항하여 쟁의행위를 할 수 있는데, 이것을 직장폐쇄라고 한다. 즉, 사용자는 단체행동권의 주체는 될 수 없으나 쟁의행위의 주체는 될 수 있다.
- 단결권은 근로조건의 향상을 도모하기 위하여 근로자와 그 단체에게 부여된 단결체 조직 및 활동, 가입, 존립보호 등을 위한 포괄적 개념이다.(①)
- 단결권이 근로자 집단의 근로조건의 향상을 추구하는 주체라면, 단체교섭권은 그 목적 활동이고, 단체협약은 그 결실이라고 본다.(②)
- 단체행동권의 보장은 개개 근로자와 노동조합의 민·형사상 책임을 면제시키는 것이므로 시민법에 대한 중대한 수정을 의미한다.(④)
- 외국인은 근로3권의 주체는 될 수 있으나, 근로권의 주체는 될 수 없다.

답 ③

해 근로자 개인은 단체교섭권 및 단체행동권의 행사주체가 될 수 없음

95 남녀고용평등과 일·가정 양립에 관한 법령상 상시 300명 미만의 근로자를 사용하는 사업 또는 사업장에서의 배우자 출산휴가에 관한 설명으로 <u>틀린</u> 것은?

① 사업주는 근로자가 배우자 출산휴가를 청구하는 경우에 10일의 휴가를 주어야 한다.
② 사용한 배우자 출산휴가기간은 무급으로 한다.
③ 배우자 출산휴가는 근로자의 배우자가 출산한 날부터 90일이 지나면 청구할 수 없다.
④ 배우자 출산휴가는 1회에 한정하여 나누어 사용할 수 있다.

콕집어해설

배우자 출산휴가

- 사업주는 근로자가 배우자의 출산을 이유로 휴가를 청구하는 경우 10일의 휴가를 주어야 한다.(①)
  이 경우 사용한 휴가기간은 유급으로 한다.(②)
- 출산전후휴가급여 등이 지급된 경우에는 그 금액의 한도에서 지급책임을 면함
- 배우자 출산휴가는 근로자의 배우자가 출산한 날부터 90일이 지나면 청구할 수 없다.(③)
- 배우자 출산휴가는 1회에 한정하여 나누어 사용할 수 있다.(④)
- 사업주는 배우자 출산휴가를 이유로 근로자를 해고하거나 그 밖의 불리한 처우를 하여서는 아니 된다.

답 ②

해 무급(×)→'유급'

 **꿰뚫어 보기**

육아휴직급여를 지급받으려는 사람은 육아휴직을 시작한 날 이후 1개월부터 육아휴직이 끝난 날 이후 12개월 이내에 신청해야 한다. 다만, 해당 기간에 다음 사유로 육아휴직급여를 신청할 수 없었던 사람은 그 사유가 끝난 후 30일 이내에 신청해야 한다.

1) 천재지변
2) 본인이나 배우자의 질병·부상
3) 본인이나 배우자의 직계존속 및 직계비속의 질병·부상
4) 병역법에 따른 의무복무
5) 범죄혐의로 인한 구속이나 형의 집행

96 고용보험법령상 피보험자격의 상실일에 해당하지 않는 것은?

① 피보험자가 적용 제외 근로자에 해당하게 된 경우에는 그 적용 제외 대상자가 된 날
② 피보험자가 이직한 경우에는 이직한 날의 다음 날
③ 피보험자가 사망한 경우에는 사망한 날의 다음 날
④ 보험관계가 소멸한 경우에는 그 보험관계가 소멸한 날의 다음 날

콕집어해설

고용보험법령상 피보험자격의 상실일

- 피보험자가 적용제외 근로자에 해당하게 된 경우에는 그 적용제외 대상자가 된 날(①)
- 보험관계가 소멸한 경우에는 그 보험관계가 소멸한 날(④)
- 피보험자가 이직한 경우에는 이직한 날의 다음 날(②)
- 피보험자가 사망한 경우에는 사망한 날의 다음날(③)
- 피보험자격 취득일 : '그날'
- 피보험자격 상실일 : 이직 · 사망만 '다음날'이고, 나머지는 '그날'임

답 ④

 **꿰뚫어 보기**

피보험자격의 취득일

1) 피보험자는 이 법이 적용되는 사업에 고용된 날에 피보험자격을 취득
2) 적용제외 근로자였던 자가 이 법의 적용을 받게 된 경우에는 그 적용을 받게 된 날
3) 보험관계 성립일 전에 고용된 근로자의 경우에는 그 보험관계가 성립한 날
4) 자영업자인 피보험자는 그 보험관계가 성립한 날

97 고용보험법령상 용어정의에 관한 설명으로 틀린 것은?

① '실업의 인정'이란 직업안정기관의 장이 수급자격자가 실업한 상태에서 적극적으로 직업을 구하기 위하여 노력하고 있다고 인정하는 것을 말한다.
② 3개월 동안 고용된 자는 '일용근로자'에 해당한다.
③ '이직'은 피보험자와 사업주 사이의 고용관계가 끝나게 되는 것을 말한다.
④ '실업'은 근로의 의사와 능력이 있음에도 불구하고 취업하지 못한 상태에 있는 것을 말한다.

콕집어해설

고용보험법령상 용어정의
- '실업의 인정'이란 직업안정기관의 장이 수급자격자가 실업한 상태에서 적극적으로 직업을 구하기 위하여 노력하고 있다고 인정하는 것을 말한다.(①)
- 1개월 미만 동안 고용된 자는 '일용근로자'에 해당한다.(②)
- '이직'은 피보험자와 사업주 사이의 고용관계가 끝나게 되는 것을 말한다.(③)
- '실업'은 근로의 의사와 능력이 있음에도 불구하고 취업하지 못한 상태에 있는 것을 말한다.(④)

답 ②

해 3개월(×)→'1개월 미만'

98 직업안정법령상 (　　)안에 들어갈 공통적인 숫자는?

근로자공급사업 허가의 유효기간은 (　　)년으로 하되, 유효기간이 끝난 후 계속하여 근로자공급사업을 하려는 자는 연장허가를 받아야 하며, 이 경우 연장허가의 유효기간은 연장 전 허가의 유효기간이 끝나는 날부터 (　　)년으로 한다.

① 1　② 2
③ 3　④ 5

콕집어해설

근로자공급사업 허가 유효기간
근로자공급사업 허가와 연장허가의 유효기간은 '3년'이다.

답 ③

99 국민평생 직업능력개발법상 재해위로금에 관한 설명으로 틀린 것은?

① 직업능력개발훈련을 받는 근로자가 직업능력개발훈련 중에 그 직업능력개발훈련으로 인하여 재해를 입은 경우에는 재해 위로금을 지급하여야 한다.
② 위탁에 의한 직업능력개발훈련을 받는 근로자에 대하여는 그 위탁자가 재해 위로금을 부담한다.
③ 위탁받은 자의 훈련시설의 결함이나 그 밖에 위탁받은 자에게 책임이 있는 사유로 인하여 재해가 발생한 경우에는 위탁받은 자가 재해 위로금을 지급하여야 한다.
④ 재해위로금의 산정기준이 되는 평균임금을 산업재해보상보험법에 따라 고용노동부장관이 매년 정하여 고시하는 최고 보상기준금액을 상한으로 하고 최저 보상기준 금액은 적용하지 아니한다.

콕집어해설

재해위로금
- 직업능력개발훈련을 받는 근로자가 직업능력개발훈련 중에 그 직업능력개발훈련으로 인하여 재해를 입은 경우에는 재해 위로금을 지급하여야 한다.(①)
- 위탁에 의한 직업능력개발훈련을 받는 근로자에 대하여는 그 위탁자가 재해 위로금을 부담한다.(②)
- 위탁받은 자의 훈련시설의 결함이나 그 밖에 위탁받은 자에게 책임이 있는 사유로 인하여 재해가 발생한 경우에는 위탁받은 자가 재해 위로금을 지급하여야 한다.(③)
- 재해위로금의 산정기준이 되는 평균임금을 산업재해보상보험법에 따라 고용노동부장관이 매년 정하여 고시하는 최고 보상기준금액 및 최저 보상기준 금액을 각각 그 상한 및 하한으로 한다.(④)

답 ④

해 최저 보상기준 금액을 하한으로 적용한다.

100 **고용보험법상 실업급여에 해당하지 않는 것은?**

① 구직급여
② 조기(早期)재취업 수당
③ 정리해고 수당
④ 이주비

콕집어 해설

실업급여

- 실업급여 = 구직급여 + 취업촉진수당
- 취업촉진수당 : 조기재취업 수당, 직업능력개발 수당, 광역 구직활동비, 이주비

답 ③

2023년 2회

제1과목 | 직업상담학

01 6개의 생각하는 모자(Six Thinking Hats) 기법에서 모자의 색상별 역할에 관한 설명으로 옳은 것은?

① 청색 - 낙관적이며, 모든 일이 잘 될 것이라고 생각한다.
② 적색 - 직관에 의존하고, 직감에 따라 행동한다.
③ 흑색 - 본인과 직업들에 대한 사실들만을 고려한다.
④ 황색 - 새로운 대안들을 찾으려 노력하고, 문제들을 다른 각도에서 바라본다.

콕집어 해설

6개의 생각하는 모자(six thinking hats)
에드워드 드 보노(Edward de Bono)가 개발한 것으로, '의사결정을 촉진'하기 위한 기법으로 활용된다.
- 청색 : 합리적으로 방향성을 조절하는 사회자로서의 역할을 한다.
- 황색 : 낙관적이며, 모든 일이 잘 될 것이라고 생각한다.
- 흑색 : 비관적이고 비판적이며, 모든 일이 잘 안 될 것이라고 생각한다.
- 백색 : 본인과 직업들에 대한 사실들만을 고려한다.
- 적색 : 직관에 의존하고, 직감에 따라 행동한다.
- 녹색 : 새로운 대안들을 찾으려 노력하고, 문제들을 다른 각도에서 바라본다.

답 ②

02 하렌(V. Harren)의 진로의사결정 유형에 해당하는 것은?

① 운명론적 - 계획적 - 지연적
② 합리적 - 의존적 - 직관적
③ 주장적 - 소극적 - 공격적
④ 계획적 - 직관적 - 순응적

콕집어 해설

하렌(Harren)의 진로의사결정 유형 [합직의]
- 합리적 유형 : 의사결정에 논리적이고 합리적으로 접근하며, 결정에 대한 책임을 수용한다.
- 직관적 유형 : 감정을 사용하여 직관적으로 의사결정을 하며, 결정에 대한 책임은 수용하지만 미래를 위한 활동은 거의 하지 않는다.
- 의존적 유형 : 의사결정에 대해 의존적이며, 개인적 책임을 부정하고 외부로 책임을 돌리는 경향이 높다.

답 ②

꿰뚫어 보기

의사결정자 하위유형
1) 확정적 결정형 : 스스로 명확한 의사결정을 할 수 있지만 다른 선택대안과 비교하여 자신의 결정이 적절한 것인지 검토한다.
2) 수행적 결정형 : 의사결정을 하는데 주변 사람들의 도움이 필요한 경우를 말한다.
3) 회피적 결정형 : 주변 사람들과의 대립을 회피하기 위해 의사결정을 하지만 실제로는 결정을 하지 않는다.

03 상담의 초기면접 단계에서 일반적으로 고려할 사항이 아닌 것은?

① 통찰의 확대 ② 목표의 설정
③ 상담의 구조화 ④ 문제의 평가

콕집어 해설

직업상담의 단계
- 초기 : 상담관계형성(라포형성), 문제의 심각도 평가(문제진단), 상담의 구조화, 상담 목표 설정 및 전략 수립
- 중기 : 내담자의 변화를 위한 개입, 내담자 문제해결 위한 구체적 시도, 통찰의 확대, 내담자의 저항 해결
- 종결 : 합의한 목표달성 및 평가, 상담 종결문제 다루기, 이별 감정 다루기 등

답 ①

해 중기면접 단계이다.

꿰뚫어 보기

직업상담의 5단계 과정(I) [관진 목개평]

1) 관계형성 : 상담자와 내담자 간의 상호존중을 바탕으로 신뢰감의 관계를 형성한다.
2) 진단 및 측정 : 표준화된 심리검사를 통해 내담자의 흥미, 적성 등을 진단하고 측정한다.
3) 목표설정 : 내담자가 원하는 목표를 설정하고 목표의 우선순위를 결정한다.
4) 개입 : 상담자는 처치나 중재 등의 개입을 통하여 내담자의 목표달성을 돕는다.
5) 평가 : 상담자와 내담자는 상담목표의 도달 정도와 개입이 얼마나 효과적이었는지를 평가한다.

직업상담 5단계 과정(II) [관상 문훈종]

1) 관계수립 및 문제의 평가 : 상담자는 내담자와 수용적 상담관계를 수립하여 내담자의 진로선택 시 발생하는 문제들을 평가한다.
2) 상담목표의 설정 : 상담자는 내담자와 함께 상담목표를 설정한다.
3) 문제해결을 위한 개입 : 상담자는 직업정보 수집과 의사결정 촉진 등의 방법을 동원하여 내담자의 문제해결을 위해 개입한다.
4) 훈습 : 상담자의 개입과정 연장으로써 내담자의 진로 준비과정을 재확인한다.
5) 종결 : 상담자는 내담자와 함께 합의한 목표에 충분히 도달했는지를 확인한다.

04 다음 상황에 가장 적합한 상담기법은?

- 상담자 : 다른 회사들이 사용해 본 결과 많은 효과가 입증된 그런 투쟁 해결방법을 써보도록 하지요.
- 내담자 : 매우 흥미로운 일이군요. 그러나 그 방법은 K 주식회사에서는 효과가 있었는지 몰라도 우리 회사에서는 안될 것 입니다.

① 가정 사용하기
② 전이된 오류 정정하기
③ 분류 및 재구성 기법 활용하기
④ 저항감 재인식 및 다루기

콕집어 해설

저항감 재인식하기 및 다루기

- 내담자가 상담에 대해 동기화되지 않거나 저항감을 나타내는 경우, 특히 직설, 불신, 상담자 능력 헐뜯기, 함축에 대한 도전 등 고의로 의사소통을 방해하는 경우에 '변형된 오류 수정하기', '내담자와 친숙해지기', '은유 사용하기', '대결하기' 등의 전략으로 내담자의 저항감을 다룬다.
- 제시된 지문은 내담자가 고의로 의사소통을 방해하는 방식 중 '불신의 전술'에 해당한다.

답 ④

꿰뚫어 보기

내담자의 정보수집 및 행동에 대한 이해기법

[가의전분 저근왜반변]

1) 가정 사용하기
2) 의미 있는 질문 및 지시 사용하기
3) 전이된 오류 정정하기
4) 분류 및 재구성하기
5) 저항감 재인식하기 및 다루기
6) 근거 없는 믿음 확인하기
7) 왜곡된 사고 확인하기
8) 반성의 장 마련하기
9) 변명에 초점 맞추기

05 Williamson의 특성-요인 직업상담의 단계를 바르게 나열한 것은?

ㄱ. 분석	ㄴ. 종합	ㄷ. 진단
ㄹ. 예측	ㅁ. 상담	ㅂ. 추수지도

① ㄱ → ㄴ → ㄷ → ㄹ → ㅁ → ㅂ
② ㄷ → ㄱ → ㄴ → ㅁ → ㄹ → ㅂ
③ ㄴ → ㄱ → ㄹ → ㄷ → ㅁ → ㅂ
④ ㄱ → ㄷ → ㅁ → ㄴ → ㄹ → ㅂ

콕집어 해설

윌리암슨(Williamson)의 특성-요인 직업상담 과정

[분종진 예상추]

1) 분석 : 내담자 분석을 위해 심리검사 및 자료수집, 표준화검사 등이 사용된다.
2) 종합 : 내담자에 대한 이해를 얻기 위해 수집한 자료들을 종합한다.
3) 진단 : 내담자 문제의 원인을 탐색하며, 문제해결을 위해 진단하는 단계이다.
4) 예측 : 진단의 결과를 통해 직업문제에 대해 예측하는 단계이다.
5) 상담 : 내담자와 직업문제에 대해 상담하고 문제를 치료한다.
6) 추수지도 : 내담자가 바람직한 행동을 하도록 계속적인 지도를 한다.

답 ①

06 생애진로사정에 관한 설명으로 틀린 것은?

① 상담사와 내담자가 처음 만났을 때 이용할 수 있는 비구조화된 면접기법이며 표준화된 진로사정 도구의 사용이 필수적이다.
② Adler의 심리학 이론에 기초하여 내담자와 환경과의 관계를 이해하는데 도움을 주는 면접기법이다.
③ 비판단적이고 비위협적인 대화 분위기로써 내담자와 긍정적인 관계를 형성하는데 도움이 된다.
④ 생애진로사정에서는 작업자, 학습자, 개인의 역할 등을 포함한 다양한 생애역할에 대한 정보를 탐색해 간다.

콕집어 해설

생애진로사정

- 상담자와 내담자가 처음 만났을 때 이용할 수 있는 구조화된 면접 기법이다.(①)
- 내담자에 대한 가장 기초적 직업상담 정보를 얻는 질적인 평가 절차이다.
- 검사실시나 해석의 예비적 단계에서 유용하다.
- 아들러의 개인심리학에 기초하여 내담자와 환경과의 관계를 이해하는데 도움을 제공한다.(②)
- 아들러는 개인과 세계의 관계를 일, 사회, 성의 3가지로 구분하였다.
- 내담자의 객관적 사실과 태도, 신념, 가치관은 물론 여가, 친구관계 등 일과 직접 관련 없는 주제도 포함한다.
- 비판단적이고 비위협적인 대화 분위기로써 내담자와 긍정적인 관계를 형성하는데 도움이 된다.(③)
- 생애진로사정에서는 작업자, 학습자, 개인의 역할 등을 포함한 다양한 생애역할에 대한 정보를 탐색해간다.(④)

답 ①

해 비구조화된(X)→구조화된

꿰뚫어 보기

생애진로사정의 구조 [진전강요]

1) 진로사정 : 내담자의 직업경험, 교육 또는 훈련과정과 관련된 문제들, 여가활동 등에 관해 사정한다.
2) 전형적인 하루 : 내담자가 의존적 또는 독립적인지, 자발적 또는 체계적인지 성격을 파악하도록 돕는다.
3) 강점과 장애 : 내담자가 스스로 생각하는 자신의 주요 강점 및 장애에 대해 질문한다.
4) 요약 : 내담자에게 자신에 대해 알게 된 내용을 요약하게 함으로써 자기인식을 증진시킨다.

생애진로사정을 통해 알 수 있는 정보

1) 내담자의 직업경험과 교육수준을 나타내는 객관적 정보를 얻을 수 있다.
2) 내담자의 기술과 유능성에 대한 자기평가 및 상담자의 평가정보를 얻을 수 있다.
3) 내담자의 가치관 및 자기인식의 정도를 얻을 수 있다.

07 상담 과정에서 상담자가 내담자에게 질문하는 형식에 관한 설명으로 옳지 않은 것은?

① 간접적 질문보다는 직접적 질문이 더 효과적이다.
② 폐쇄적 질문보다는 개방적 질문이 더 효과적이다.
③ 이중질문은 상담에서 도움이 되지 않는다.
④ "왜"라는 질문은 가능하면 피해야 한다.

콕집어 해설

상담자가 내담자에게 질문하는 형식
- 폐쇄적 질문보다는 개방적 질문이 더 효과적이다.(②)
- 이중질문은 상담에서 도움이 되지 않는다.(③)
- "왜"라는 질문은 가능하면 피해야 한다.(④)
- 유도질문은 하지 말아야 한다.

답 ①

해 직접적 질문은 내담자를 위축시킬 수 있다.

08 직업상담의 기초 기법에 관한 설명으로 틀린 것은?

① 적극적 경청 : 내담자의 내면적 감정을 반영하는 것으로 이를 통해 내담자의 감정을 충분히 이해하고 수용할 수 있다.
② 명료화 : 내담자의 말 속에 포함되어 있는 불분명한 측면을 상담자가 분명하게 밝히는 반응이다.
③ 수용 : 상담자가 내담자의 이야기에 주의를 집중하고 있고, 내담자를 인격적으로 존중하고 있음을 보여주는 기법이다.
④ 해석 : 내담자가 새로운 방식으로 자신의 문제들을 볼 수 있도록 사건들의 의미를 설정해 주는 것이다.

콕집어 해설

상담 기법
- 적극적 경청 : 내담자의 언어적, 비언어적 표현에 주목하면서 내담자의 생각과 감정을 이해하려고 노력하는 것이다.
- 명료화 : 내담자의 말 속에 포함되어 있는 불분명한 측면을 상담자가 분명하게 밝히는 반응이다.
- 수용 : 상담자가 내담자의 얘기에 집중하고 있으며, 내담자를 인격적으로 존중하고 있음을 보여주는 기법이다.
- 해석 : 내담자가 새로운 방식으로 자신의 문제들을 볼 수 있도록 사건들의 의미를 설정해 주는 것이다.

답 ①

해 '공감'에 해당한다.

꿰뚫어 보기

상담 기법
1) 공감 : 내담자가 전달하려는 내용에서 더 나아가 내면적 감정까지도 반영하는 것이다.
2) 반영 : 내담자의 생각과 말을 상담자가 다른 참신한 말로 부연하는 것이다.
3) 직면 : 내담자가 모르고 있거나 인정하기를 거부하는 생각에 대해 스스로 모순점을 파악하도록 하는 기법이다.
4) 요약과 재진술 : 내담자가 전달하는 표면적 의미를 상담자가 다른 말로 바꿔서 말하는 것이다.

09 정신역동적 진로상담에서 보딘(Bordin)이 제시한 진단범주에 포함되지 않는 것은?

① 독립성
② 자아갈등
③ 정보의 부족
④ 진로선택에 따르는 불안

콕집어 해설

보딘의 진단범주(직업문제유형, 심리적 원인)

[의정 자직확]

- 의존성 : 진로문제를 스스로 해결하지 못하고 타인에게 의존하는 경우
- 정보부족 : 진로관련에 대한 정보의 부족으로 어려움을 겪는 경우
- 자아갈등(내적갈등) : 자아개념들 사이에서 내적갈등으로 인한 혼란
- 직업선택에 대한 불안 : 자신의 선택과 중요한 타인의 요구 간의 충돌에서 비롯되는 불안
- 확신부족 : 진로선택 이후에 자신의 선택에 대한 확신이 부족한 경우

답 ①

보딘의 직업상담 과정 [탐핵변]
1) 탐색과 계약설정(제1단계) : 내담자의 정신역동적 상태에 대한 탐색 및 상담전략에 대한 계약설정이 이루어진다.
2) 핵심결정(제2단계) : 내담자는 핵심결정을 통해 자신의 목표를 성격 변화 등으로 확대할 것인지 고민한다.
3) 변화를 위한 노력(제3단계) : 내담자는 자아인식 및 자아이해를 확대해 나가며 지속적으로 변화를 모색한다.

보딘의 직업상담 기법 [명비소]

1) 명료화 : 내담자의 문제를 요약해줌으로써 명료하게 재인식시켜 주는 것이다.
2) 비교 : 두가지 이상의 주제들 사이에 나타난 유사성이나 차이점들을 비교한다.
3) 소망-방어체계에 대한 해석 : 내담자로 하여금 진로에 대한 자신의 내적 동기와 진로결정과정 사이의 관계를 인식하도록 돕는다.

10 패터슨(Patterson) 등의 진로정보처리 이론에서 제시된 진로상담 과정에 포함되지 않는 것은?

① 준비 ② 분석
③ 종합 ④ 실행

콕집어 해설

인지적 진로정보처리 상담과정 [CASVE (까스 배)]

- 의사소통(Communication) : 질문을 받아들여 부호화하며 이를 송출한다.
- 분석(Analysis) : 하나의 개념적 틀 안에서 문제를 찾고 분류한다.
- 종합(Synthesis, 통합) : 일련의 행위를 형성한다.
- 가치부여(Valuing, 평가) : 성공과 실패의 확률에 따라 각각의 행위를 판단하며, 타인에게 미칠 파급효과를 평가한다.
- 실행(Execution, 집행) : 책략을 통해 계획을 실행한다.

답 ①

꿰뚫어 보기

인지적 정보처리이론

1) 진로선택은 하나의 문제해결 활동이다.
2) 진로선택은 인지적 과정 및 정의적 과정들의 상호작용의 결과이다.
3) 진로발달 과정은 지식구조의 끊임없는 성장과 변화를 포함한다.
4) 진로성숙은 진로문제를 해결할 수 있는 자신의 능력에 달려 있다.
5) 진로문제 해결은 고도의 기억력을 요하는 과제이다.
6) 진로상담의 최종목표는 진로문제의 해결자이며, 의사결정자인 내담자의 잠재력을 증진시키는 것이다.

11 다음 중 윌리암슨(Williamson)이 분류한 진로선택의 문제에 해당하지 않는 것은?

① 직업선택의 확신부족
② 현명하지 못한 직업선택
③ 가치와 흥미의 불일치
④ 직업 무선택

콕집어 해설

윌리암슨(Williamson)의 진로선택 문제(변별진단)
(=직업선택 문제유형 분류, 직업문제 분류범주, 진로선택 유형진단 등)

- 직업 무선택 또는 미선택 : 직접 직업을 결정한 경험이 없거나, 선호하는 몇 가지의 직업이 있음에도 어느 것을 선택할지를 결정하지 못하는 경우
- 직업선택의 확신부족 : 직업을 선택했지만 자신의 선택에 자신이 없어 타인에게서 성공하리라는 위안을 받고자 하는 경우
- 흥미와 적성의 불일치 : 흥미를 느끼는 직업에 대해서 수행능력이 부족하거나, 적성에 맞는 직업에 대해서 흥미를 느끼지 못하는 경우
- 어리석은 선택 : 자신의 능력보다 훨씬 낮은 능력이 요구되는 직업을 선택하거나 안정된 직업만을 추구하는 경우

답 ③

해 가치(×)→'적성'

12 게슈탈트 상담이론에서 주장하는 접촉-경계의 혼란을 일으키는 현상에 대한 설명으로 옳지 않은 것은?

① 투사(projection)는 자신의 생각이나 요구, 감정 등을 타인의 것으로 지각하는 것을 말한다.
② 반전(retroflection)은 다른 사람이나 환경에 대하여 하고 싶은 행동을 자기 자신에게 하는 것을 말한다.
③ 융합(confluence)은 밀접한 관계에 있는 사람들이 어떤 갈등이나 불일치도 용납하지 않는 의존적 관계를 말한다.
④ 편향(deflection)은 외고집으로 다른 사람의 의견을 전혀 받아들이지 않고 자기 틀에서만 사고하고 행동하는 것을 말한다.

콕집어 해설

게슈탈트 상담이론에서의 접촉-경계의 혼란 유형

[내투 반융편]

- 내사: 부모나 사회의 영향을 받거나 스스로의 경험에 의해 형성된 것을 말한다.
- 투사: 자신의 생각이나 요구, 감정 등을 타인의 것으로 지각하는 것을 말한다.(①)
- 반전: 다른 사람이나 환경에 대하여 하고 싶은 행동을 자기 자신에게 하는 것을 말한다.(②)
- 융합: 밀접한 관계에 있는 사람들이 어떤 갈등이나 불일치도 용납하지 않는 의존적 관계를 말한다.(③)
- 편향: 감당하기 힘든 내적갈등이나 환경 등에 압도당하지 않기 위해 자신의 감각을 둔화시켜 이들과의 접촉을 피하는 것이다.(④)

답 ④

13 직업상담의 과정 중 역할사정에서 상호역할관계를 사정하는 방법이 아닌 것은?

① 질문을 통해 사정하기
② 동그라미로 역할관계 그리기
③ 역할의 위계적 구조 작성하기
④ 생애-계획연습으로 전환시키기

콕집어 해설

상호역할관계 사정 방법

- 질문을 통해 사정하기
  1) 내담자가 개입하고 있는 생애역할들을 나열하기
  2) 개개 역할에 소요되는 시간의 양 추정하기
  3) 내담자의 가치들을 이용해서 순위 정하기
  4) 상충적·보상적·보완적 역할들 찾아내기
- 동그라미로 역할관계 그리기: 내담자의 문제들을 파악해서 가치순위에 따라 크기를 달리하여 동그라미로 역할관계를 그리게 한다.
- 생애-계획연습으로 전환하기: 각 생애단계마다 생애역할목록을 작성해서 역할들 간의 관계를 파악하고, 미래에 충족시킬 것으로 기대되는 역할 등을 탐색한다.

답 ③

14 수퍼(Super)의 발달적 직업상담에서 의사결정에 이르는 단계를 바르게 나열한 것은?

ㄱ. 문제탐색
ㄴ. 태도와 감정의 탐색과 처리
ㄷ. 심층적 탐색
ㄹ. 현실검증
ㅁ. 자아수용
ㅂ. 의사결정

① ㄱ → ㄴ → ㄷ → ㄹ → ㅂ → ㅁ
② ㄱ → ㄷ → ㄴ → ㄹ → ㅂ → ㅁ
③ ㄱ → ㄷ → ㅁ → ㄹ → ㄴ → ㅂ
④ ㄱ → ㄷ → ㄹ → ㅁ → ㄴ → ㅂ

콕집어 해설

수퍼(Super)의 발달적 직업상담 과정 [문심자 현태의]

- 문제탐색 및 자아개념 묘사(1단계): 비지시적 방법으로 문제를 탐색하고 자아개념을 묘사한다.
- 심층적 탐색(2단계): 지시적 방법으로 심층적 탐색을 위한 문제를 설정한다.
- 자아수용 및 자아통찰(3단계): 비지시적 방법으로 사고와 느낌을 명료화하여 자아수용 및 자아통찰을 얻는다.
- 현실검증(4단계): 지시적 방법으로 심리검사, 직업정보, 과외활동 등을 통해서 얻어진 객관적 자료들을 탐색하여 현실을 검증한다.
- 태도와 감정의 탐색과 처리(5단계): 비지시적 방법으로 현실검증에서 얻어진 태도와 감정을 탐색하고 처리한다.
- 의사결정(6단계): 비지시적 방법으로 대안적 행위에 대한 검토를 통해 의사를 결정한다.

답 ③

15 직업상담사의 역할이 아닌 것은?

① 내담자에게 적합한 직업 결정
② 내담자의 능력, 흥미 및 적성의 평가
③ 직무스트레스, 직무 상실 등으로 인한 내담자 지지
④ 내담자의 삶과 직업목표 명료화

콕집어 해설

직업상담사의 역할
- 내담자가 합리적인 진로 및 직업결정을 할 수 있도록 돕는다.(①)
- 직업정보를 수집하거나 분석 등의 활동을 통해 내담자에게 적절한 정보를 제공한다.
- 내담자에게 성격, 흥미, 적성 등의 검사를 실시하고 검사 결과를 분석 또는 해석하여 내담자의 이해를 돕는다.(②)
- 내담자의 직업문제를 진단하고 분류하여 처치한다.
- 직무스트레스, 직무 상실 등으로 인한 내담자를 지지한다(③)
- 내담자가 스스로 문제를 해결하도록 조언을 한다.
- 내담자의 삶과 직업목표를 명료화한다(④)
- 다양한 직업지도 프로그램을 개발한다.
- 직업상담 및 직업지도 프로그램을 실제 적용하고 평가하여 프로그램을 보완한다.

답 ①

해 '진로결정'은 내담자가 스스로 내려야 한다.

16 Yalom이 제시한 실존주의 상담에서의 4가지 궁극적 관심사에 해당하지 않는 것은?

① 죽음　② 자유
③ 고립　④ 공허

콕집어 해설

얄롬(Yalom)의 실존주의 궁극적 관심사 [죽자고무]
- 죽음 : 죽음의 불가피성은 삶을 더욱 가치 있게 만든다.
- 자유 : 인간은 자기결정적인 존재로서, 자신의 삶을 선택할 자유와 책임이 있다.
- 고립(소외) : 인간은 자신의 실존적 고립에 대해 인정하고 직면함으로써 타인과 보다 성숙한 관계를 맺을 수 있다.
- 무의미성 : 인간은 자신의 삶에서 끊임없이 어떤 의미를 추구한다.

답 ④

해 공허(×)→'무의미성'

꿰뚫어 보기

실존주의 학자들의 궁극적 관심사 [자삶죽진]
1) 자유와 책임 : 인간은 자기결정적 존재로서, 자신의 삶을 선택할 자유와 책임이 있다.
2) 삶의 의미성 : 인간은 자신의 삶의 의미를 찾기 위해 노력한다.
3) 죽음과 비존재 : 인간은 자신이 죽는다는 것을 스스로 자각한다.
4) 진실성 : 인간은 자신의 실존을 회복하기 위한 진실성 있는 노력을 해야 한다.

17 상담관계의 틀을 구조화하기 위해서 다루어야 할 요소와 가장 거리가 먼 것은?

① 상담자의 역할과 책임　② 내담자의 성격
③ 상담의 목표　④ 상담시간과 장소

콕집어 해설

상담의 구조화
상담자는 내담자가 상담의 목표를 달성하기 위해 상담목표(③), 상담성격, 상담시간과 장소(④), 상담자와 내담자의 역할한계(①), 지켜야할 규칙 등을 설명한다.

답 ②

해 '내담자의 성격'은 제 각각이므로 구조화의 요소가 아니다.

18 진로시간전망 검사지의 사용목적과 가장 거리가 먼 것은?

① 진로 태도를 인식하기 위해
② 미래의 방향을 끌어내기 위해
③ 계획에 대해 긍정적 태도를 강화하기 위해
④ 현재의 행동을 미래의 결과와 연계시키기 위해

콕집어 해설

진로시간전망 검사지의 사용목적 [미미 미계목 현계진]

- 미래의 방향을 이끌어내기 위해
- 미래에 대한 희망을 심어 주기 위해
- 미래가 실제인 것처럼 느끼도록 하기 위해
- 계획에 대한 긍정적 태도를 심어 주기 위해
- 목표설정을 촉구하기 위해
- 현재의 행동을 미래의 결과와 연계시키기 위해
- 계획기술을 연습시키기 위해
- 진로인식을 고취시키기 위해

답 ①

19 행동주의 상담에서 외적인 행동변화를 촉진시키는 방법은?

① 체계적 둔감법
② 근육이완훈련
③ 인지적 모델링과 사고정지
④ 상표제도

콕집어 해설

행동주의상담의 행동변화 기법

- 내적 행동변화 촉진 : 체계적 둔감법, 근육이완훈련, 인지적 모델링, 인지적 재구조화, 사고중지, 정서적 심상법, 스트레스 접종 [체근인인 사정스]
- 외적 행동변화 촉진 : 상표제도, 모델링, 주장훈련, 역할연기, 행동계약, 자기관리프로그램, 혐오치료, 바이오피드백

[상모주역 행자혐바]

답 ④

불안감소기법 [체금반 혐주자]

1) 체계적둔감법 : 내담자의 불안반응을 체계적으로 증대시켜 둔감화한다.
2) 금지조건형성(내적 금지) : 내담자에게 불안요소를 지속적으로 제시함으로써 불안반응을 감소시킨다.
3) 반조건형성 : 조건 자극과 새로운 자극을 함께 제시해서 불안을 감소시킨다.
4) 혐오치료 : 바람직하지 못한 행동에 혐오자극을 제시함으로써 부적응적 행동을 제거한다.
5) 주장훈련 : 내담자에게 불안이외의 감정을 표현하게 해서 대인관계에 있어서의 불안을 해소시킨다.
6) 자기표현훈련 : 자기표현을 통해 타인과 상호작용함으로써 대인관계에서 비롯되는 불안요인을 제거한다.

학습촉진기법 [강변 사행상]

1) 강화 : 내담자의 행동에 대해 적절하게 긍정적·부정적 반응을 보임으로써 내담자의 바람직한 행동을 강화시킨다.
2) 변별학습 : 자신의 직업결정 능력 등을 검사도구를 사용하여 변별하고 비교해보도록 하는 것이다.
3) 사회적 모델링과 대리학습 : 타인의 행동에 대한 관찰과 모방을 통해 내담자의 학습을 촉진한다.
4) 행동조성 : 행동을 단계별로 세분화하여 단계마다 강화를 제공함으로써 학습을 촉진한다.
5) 상표제도(토큰경제) : 내담자의 바람직한 행동이 이루어질 때마다 그에 상응하는 보상을 하는 것이다.

20 상담 종결 단계에서 다루어야 할 사항이 아닌 것은?

① 상담 종결 단계에 대한 내담자의 준비도를 평가하고 상담을 통해 얻은 학습을 강화시킨다.
② 남아 있는 정서적 문제를 해결하고 내담자와 상담자 간의 의미 있고 밀접했던 관계를 적절하게 끝맺는다.
③ 상담사와 내담자가 협력하여 앞으로 나아갈 방향과 상담목표를 설정하고 확인해 나간다.
④ 학습의 전이를 극대화하고 내담자의 자기 신뢰 및 변화를 유지할 수 있는 자신감을 증가시킨다.

콕집어 해설

상담 종결 단계

- 상담 종결 단계에 대한 내담자의 준비도를 평가하고 상담을 통해 얻은 학습을 강화시킨다.(①)
- 남아 있는 정서적 문제를 해결하고 내담자와 상담자 간의 의미 있고 밀접했던 관계를 적절하게 끝맺는다.(②)
- 학습의 전이를 극대화하고 내담자의 자기 신뢰 및 변화를 유지할 수 있는 자신감을 증가시킨다.(④)

답 ③

해 '상담의 방향과 목표설정'은 상담 초기 단계에서 이루어진다.

제2과목 | 직업심리학

21 **Holland의 성격유형 중 구조화된 환경을 선호하고, 질서정연하고 체계적인 자료정리를 좋아하는 것은?**

① 실제형 ② 탐구형
③ 사회형 ④ 관습형

족집어 해설

홀랜드(Holland)의 육각형 모델 [현탐예 사진관]

- 현실형(실제형) : 실제적이며 현장에서 하는 일을 선호하나, 사회성이 부족하다.
  예 기술직, 엔지니어, 농부, 목수 등
- 탐구형 : 과학적이며 탐구활동을 선호하나, 지도력이 부족하다.
  예 물리학자, 화학자, 생물학자 등
- 예술형 : 심미적이며 창조적인 활동을 선호하나, 규범적 성향이 부족하다.
  예 음악가, 문학가, 화가 등
- 사회형 : 이타적이며 봉사활동을 선호하나, 기계적 활동 능력이 부족하다.
  예 사회복지사, 종교인, 상담사 등
- 진취형 : 진취적이며 적극적인 활동을 선호하나, 체계적 활동 능력이 부족하다.
  예 기업가, 정치인, 영업사원, 보험설계사 등
- 관습형 : 체계적이고 질서정연한 일을 선호하나, 융통성이 부족하다.
  예 경리사원, 회계사, 은행원 등

답 ④

꿰뚫어 보기

홀랜드 이론이 적용된 검사도구

1) 직업선호도검사(VPI ; Vocation Preference Inventory)
2) 자기방향탐색검사(SDS ; Self Directd Search)
3) 직업탐색검사(VEIK ; Vocational Exploration and Insigt Kit)
4) 자기직업상황검사(MVS ; My Vocational Situation)
5) 경력의사결정검사(CDM ; Career Decision Making)
6) 스트롱-캠벨 흥미검사(SCII ; Strong-Campbell Interest Inventory)

22 **Strong 검사에 관한 설명으로 옳은 것은?**

① 기본흥미척도(BIS)는 Holland의 6가지 유형을 제공한다.
② Strong 진로탐색검사는 진로성숙도 검사와 직업흥미검사로 구성되어 있다.
③ 업무, 학습, 리더십, 모험심을 알아보는 기본흥미척도(BIS)가 포함되어 있다.
④ 개인특성척도(BSS)는 일반직업분류(GOT)의 하위척도로서 특정흥미분야를 파악하는데 도움이 된다.

족집어 해설

Strong 직업흥미검사

- Strong 진로탐색검사는 1부 진로성숙도 검사와 2부 직업흥미검사로 구성되어 있다.(②)
- 일반직업분류(GOT) : 홀랜드의 직업선택이론 6가지 유형으로 구성되어 있다.(①)
- 기본흥미척도(BIS) : GOT를 특정 흥미들로 세분하여, 6가지 흥미유형에 대한 보다 구체적인 정보를 얻을 수 있다.(④)
- 개인특성척도(PSS) : 업무 유형, 학습 유형, 리더십 유형, 모험심 유형들에 대한 개인의 선호도를 측정한다.(③)

답 ②

23 **적성검사에서 높은 점수를 받은 사람이 입사 후 업무수행이 우수한 것으로 나타났다면, 이 검사는 어떠한 타당도가 높은 것인가?**

① 구성타당도(construct validity)
② 내용타당도(content validity)
③ 예언타당도(predictive validity)
④ 공인타당도(concurrent validity)

콕집어 해설

예언타당도(predictive validity)

- 준거타당도 정의: 검사와 준거 간의 상관관계를 분석해서 검사의 타당도를 평가하는 방법이다.

준거타당도 종류

- 동시타당도(공인타당도): 현재 행위에 초점을 맞춘 것으로, 새로운 검사와 준거를 동시에 측정해서 두 결과 간의 상관계수를 추정한다.
  예 근무성적이 좋은 재직자가 검사점수도 높았다면, 해당검사는 준거타당도를 갖췄다고 볼 수 있다.
- 예언타당도(예측타당도): 미래 행위에 초점을 맞춘 것으로, 검사점수와 미래행위 측정치 간의 상관계수를 추정한다.
  예 입사시험 성적이 높은 사람이 이후 근무성적에서도 높은 점수를 받았다면, 해당 입사시험은 예언타당도가 높다고 할 수 있다.

답 ③

꿰뚫어 보기

타당도 [안내구준]

1) 안면타당도: 일반인이 문항을 읽고 얼마나 타당해 보이는지를 평가한다.
2) 내용타당도: 전문가의 논리적 분석과정으로 판단하는 주관적인 타당도이다.
3) 구성타당도: 측정하고자 하는 추상적 개념들이 실제 측정도구에 의해 제대로 측정되었는지의 정도를 말한다.
   수렴타당도, 변별타당도, 요인분석 등이 있다.
4) 준거타당도: 검사와 준거 간의 상관관계를 분석해서 검사의 타당도를 평가하는 방법이다.
   동시타당도(공인타당도)와 예언타당도(예측타당도)로 구분한다.

24 강화계획 중 자동차 영업사원이 판매 대수에 따라 일정한 성과급을 받는 것은?

①고정간격 ② 고정비율
③ 변동간격 ④ 변동비율

콕집어 해설

강화계획

- 고정간격: 일정 시간이 경과하면 반응의 수에 관계없이 강화를 부여한다.
  예 정기적인 주급, 월급 등
- 변동간격: 불규칙한 시간에 강화를 부여한다.
  예 비정기적인 포상휴가
- 고정비율: 일정한 횟수의 목표행동을 할 때마다 강화를 부여한다.
  예 자동차 영업사원의 성과급 보수
- 변동비율: 불규칙한 횟수의 비율을 변화시켜 강화를 부여한다.
  예 카지노의 슬롯머신, 복권 등

답 ②

25 직업지도 시 '직업적응' 단계에서 이루어지는 것이 아닌 것은?

① 직업생활에 적응하기 위하여 노력한다.
② 여러 가지 직업 중에서 장·단점을 비교한다.
③ 직업전환 및 실업위기에 대응하기 위한 자기만의 계획을 갖는다.
④ 은퇴 후의 생애설계를 한다.

콕집어 해설

직업지도 단계

- 제1단계(직업탐색 및 정보수집): 선택한 직업에 대한 탐색 및 정보를 수집한다.
- 제2단계(직업선택): 여러 가지 직업 중에서 장·단점을 비교하여 자신에게 적합한 직업을 선택하도록 한다.
- 제3단계(조직문화 조사): 자신에게 적합한 조직문화를 조사하도록 한다.
- 제4단계(직업상담): 직업상담을 통해 직업선택의 의사결정을 돕는다.
- 제5단계(취업준비): 이력서를 작성하고 면접을 준비하도록 한다.
- 제6단계(직업적응): 직업생활에 적응할 수 있도록 돕고, 직업전환 및 실업위기에 대한 준비와 은퇴 후의 생애설계를 하도록 한다.

답 ②

해 제2단계인 '직업선택'에 해당한다.

26 다음 중 특성-요인이론에 관한 설명으로 가장 적합한 것은?

① 자신이 선택한 투자에 최대한의 보상을 받을 수 있는 직업을 선택한다.
② 개인적 흥미나 능력 등을 심리검사나 객관적 수단을 통해 밝혀낸다.
③ 사회·문화적 환경 또는 사회구조와 같은 요인이 직업선택에 영향을 준다.
④ 동기, 인성, 욕구와 같은 개인의 심리적 수단에 의해 직업을 선택한다.

콕집어 해설

특성-요인 이론
- 심리검사 이론과 개인차 심리학에 기초하며, 진단 과정을 중시한다.
- '직업과 사람 연결시키기'라는 심리학적 관점을 토대로 한다.
- 상담자 중심의 상담방법이며, 과학적이고 합리적인 문제해결 방법을 추구한다.
- 내담자에 대한 정서적 이해보다 문제의 객관적 이해에 중점을 둔다.
- 내담자를 객관적으로 이해하기 위해 사례나 사례연구를 중요시한다.
- 개인의 흥미나 능력 등에 대한 표준화 검사의 실시와 결과의 해석을 강조한다.
- 상담자는 교육자의 역할로써, 주도적인 역할을 수행한다.

답 ②

해 특성-요인이론은 '심리검사'나 '객관적 수단'을 중시한다.

꿰뚫어 보기

특성-요인 이론의 기본 가설(클라인과 바이너)
1) 인간은 신뢰롭고 타당하게 측정할 수 있는 독특한 특성을 가지고 있다.
2) 직업은 그 직업에서의 성공을 위해 구체적 특성을 지닐 것을 요구한다.
3) 진로선택은 인지적 과정이므로 개인의 특성과 직업의 특성을 짝짓는 것이 가능하다.
4) 개인의 특성과 직업적 요구사항이 긴밀한 관계를 맺을수록 직업적 성공의 가능성이 커진다.

27 Krumboltz의 사회학습이론에 관한 설명으로 틀린 것은?

① 진로결정에 영향을 미치는 요인으로 유전적 요인과 특별한 능력, 환경조건과 사건, 학습경험, 과제접근기술 등 4가지를 제시하고 있다.
② 강화이론, 고전적 행동주의이론, 인지적 정보처리이론에 기원을 두고 있다.
③ 진로결정 요인들이 상호작용하여 자기관찰 일반화와 세계관 일반화를 형성한다.
④ 학과 전환 등 진로의사결정과 관련된 개인의 행동에 대해서는 관심을 두지 않고 있다.

콕집어 해설

크롬볼츠(Krumboltz)의 사회학습이론
- 진로결정에 영향을 미치는 요인으로 유전적 요인과 특별한 능력, 환경조건과 사건, 학습경험, 과제접근기술 등 4가지를 제시하고 있다.(①)
- 강화이론, 고전적 행동주의이론, 인지적 정보처리이론에 기원을 두고 있다.(②)
- 진로결정 요인들이 상호작용하여 자기관찰 일반화와 세계관 일반화를 형성한다.(③)
- 학과 전환 등 진로의사결정과 관련된 개인의 행동에 대해서 관심을 둔다.(④)

답 ④

꿰뚫어 보기

크롬볼츠(Krumboltz)의 진로선택에 영향을 미치는 요인

[유환학과]

1) 유전적 요인과 특별한 능력 : 개인의 진로 기회를 제한하는 생득적인 특질을 말한다.
2) 환경적 조건과 사건 : 개인의 통제를 벗어나는 정치·경제·사회·문화적 사항들이 개인의 진로에 영향을 미친다.
3) 학습경험 : 개인이 과거에 학습한 경험은 현재 또는 미래의 교육적·직업적 의사결정에 영향을 미친다.
4) 과제접근기술
  ㄱ. 유전적 요인, 환경조건, 학습경험의 상호작용으로 형성된 기술이며, 개인이 직면한 문제해결과 과업의 성패에 영향을 미친다.
  ㄴ. 목표설정, 가치 명료화, 대안 형성, 직업적 정보획득 등을 포함하는 기술이다.

28 직업적응 이론에 관한 설명으로 틀린 것은?

① 직업적응은 미네소타 만족 질문지(MSQ)와 미네소타 충족 척도(MSS)를 통해 측정할 수 있다.
② 직업적응은 개인이 직업 환경과 조화를 이루어 만족하고 유지하도록 노력하는 역동적인 과정이다.
③ 직업적응 이론에서는 평가과정에서 주관적인 평가를 먼저 실시하고 이후에 검사도구를 통한 객관적인 평가를 실시할 것을 권유한다.
④ 개인은 자신과 환경의 부조화 정도가 받아들일 수 있는 범위라도 부조화를 줄이기 위해 대처행동을 통해 환경에 적응하게 된다.

콕집어 해설

직업적응 이론
- 직업적응은 미네소타 만족 질문지(MSQ)와 미네소타 충족 척도(MSS)를 통해 측정할 수 있다.(①)
- 직업적응은 개인이 직업 환경과 조화를 이루어 만족하고 유지하도록 노력하는 역동적인 과정이다.(②)
- 직업적응 이론에서는 평가과정에서 주관적인 평가를 먼저 실시하고 이후에 검사도구를 통한 객관적인 평가를 실시할 것을 권유한다.(③)
- 개인은 자신과 환경의 부조화 정도가 받아들일 수 있는 범위라면 융통성과 끈기를 발휘하며 별다른 대처행동을 하지 않지만, 범위를 넘어서면 적극성과 반응성을 통해 부조화를 줄이기 위한 노력을 한다.(④)
- 부조화가 개인의 적응행동을 통해 변화시킬 수 있는 범위를 넘어서게 되면 개인은 이직이나 퇴사를 고려하게 된다.

답 ④

꿰뚫어 보기

직업적응이론의 적응유형(방식) [융끈적반]
1) 융통성 : 작업환경과 개인환경 간의 부조화를 참아내는 정도이다.
2) 끈기(인내) : 환경이 자신에게 맞지 않아도 얼마나 오랫동안 견뎌낼 수 있는지의 정도이다.
3) 적극성 : 작업환경을 개인적 방식과 좀 더 조화롭게 만들어 가려고 노력하는 정도이다.
4) 반응성 : 작업성격의 변화로 인해 작업환경에 반응하는 정도이다.

29 심리검사 중 질적 측정도구에 해당하지 않는 것은?

① 역할 놀이 ② 제노그램
③ 카드 분류 ④ 경력진단 검사

콕집어 해설

질적 측정도구 [자카제역]
- 자기효능감 척도 : 어떤 과제를 어느 정도 수준으로 수행할 수 있는 능력을 갖추었다고 스스로 판단하는지의 정도를 측정한다.
- (직업)카드분류 : 내담자의 가치관, 흥미, 직무기술, 라이프 스타일 등의 선호형태를 측정하는 데 유용하다.
- 제노그램(직업가계도) : 내담자의 가족이나 선조들의 직업 특징에 대한 시각적 표상을 얻기 위해 도표를 만드는 방식이다.
- 역할놀이(역할극) : 내담자의 수행 행동을 나타낼 수 있는 업무상황을 제시해 준다.

답 ④

30 다음 설명에 해당하는 심리검사 용어는?

> 기본적으로 특정 모집단을 대표하는 표본을 구성하고 이들에게 검사를 실시하여 얻은 점수를 체계적으로 분석해서 만들게 된다.

① 규준 ② 표준
③ 준거 ④ 참조

콕집어 해설

규준과 준거
- 규준 : 원점수를 표준화된 집단의 검사점수와 비교하기 위한 개념으로 대표집단의 검사점수 분포도를 작성하여 개인의 점수를 해석하기 위한 것이다.
- 준거 : 개인이 어떤 일을 수행할 수 있다고 일반인들이 확신하는 수준이며, 목표 설정에 있어서 도달해야 할 기준이다.

답 ①

꿰뚫어 보기

심리검사의 사용목적에 따른 분류
1) 규준참조검사 : 개인의 점수를 다른 사람들의 점수와 비교하는 상대평가 검사이다.

예 심리검사, 선발검사 등

2) 준거참조검사 : 개인의 점수를 어떤 기준검사와 비교하는 절대평가 검사이다.

예 다수의 국가자격시험 등

31 심리검사의 문항분석에 대한 설명으로 옳은 것은?

① 문항난이도 분석은 전체의 피검자 수를 답을 맞힌 피검자의 수로 곱한 것이다.

② 문항난이도 지수는 0.00에서 1.00의 범위내에 있으며, 1.0은 모든 피검자가 답을 맞히기 쉬운 문항을 가리킨다.

③ 문항의 변별도 분석은 하위점수 피검자 수에서 상위점수 피검자 수를 뺀 다음 양 집단의 피검자 수로 나눈 것이다.

④ 문항변별도 분석은 하나의 검사가 단일한 구성개념이나 속성을 평가하고자 하는 목적의 달성정도를 검토할 때 사용한다.

콕집어 해설

심리검사의 문항분석

- 문항난이도 분석은 문항의 답을 맞힌 피검자 수를 전체의 피검사 수로 나눈 것이다.(①)
- 문항난이도 지수는 0.00에서 1.00의 범위내에 있으며, 1.0은 모든 피검지기 답을 맞히기 쉬운 문항을 가리킨다.(②)
- 문항의 변별도 분석은 상위점수 피검자 수에서 하위점수 피검자 수를 뺀 다음 양 집단의 피검자 수로 나눈 것이다.(③)
- 요인분석은 하나의 검사가 단일한 구성개념이나 속성을 평가하고자 하는 목적의 달성정도를 검토할 때 사용한다.(④)

답 ②

32 자료취급-대인관계-사물조작(DPT) 부호 중 사물조작에 해당하지 않는 것은?

① 정밀작업(precision working)

② 관리(tending)

③ 단순취급(handling)

④ 대조(comparing)

콕집어 해설

DPT 부호(기능적 직무분석)

- 자료(D) : 종합(0), 조정(1), 분석(2), 수집(3), 계산(4), 기록(5), 대조(6)
- 사람(P) : 자문(0), 교섭(1), 교육(2), 감독(3), 위안(4), 설득(5), 대화(6), 봉사(7)
- 사물(T) : 설치(0), 정밀작업(1), 제어(2), 운전(3), 수동조작(4), 관리(5), 자재공급(6), 단순취급(7)

답 ④

해 자료(D)에 해당한다.

33 직무 스트레스에 대한 대처 방안 중의 하나로 이솝우화에 나오는 여우와 신포도 이야기처럼 생각하는 것은?

① 투사(projection)

② 억압(repression)

③ 합리화(rationalization)

④ 주지화(intellectualization)

콕집어 해설

주요 방어기제 [억부합 반투주]

- 억압(repression) : 죄의식이나 수치스러운 생각 등을 무의식으로 밀어내는 것이다.(②)
- 부정(denial) : 감당하기 힘든 고통이나 욕구 등을 무의식적으로 부정하는 것이다.
- 합리화(rationalization) : 수용되기 어려운 자신의 언행을 정당화하는 것이다.(③)
- 반동형성(reaction formation) : 무의식적 소망이나 충동을 원래 의도와 달리 반대 방향으로 바꾸는 것이다.
- 투사(projection) : 자신의 행동과 생각을 마치 다른 사람의 것인 양 생각하고 남을 탓하는 것이다.(①)
- 주지화(intellectualization) : 고통스러운 문제를 둔화시키기 위해 추론, 분석 등의 지적능력을 사용하는 것이다.(④)

답 ③

꿰뚫어 보기

방어기제의 비유

1) 합리화 : 여우와 신 포도
2) 반동형성 : 미운 놈에게 떡 하나 더 준다.
3) 전치 : 종로에서 뺨 맞고 한강에서 눈 흘긴다.
4) 대치 : 꿩 대신 닭
5) 보상 : 작은 고추가 맵다.

34 역할 갈등의 발생에 대한 설명으로 틀린 것은?

① 직업에서의 요구와 직업 이외의 요구가 다를 때 발생한다.
② 개인이 수행하는 직무의 요구와 개인의 가치관이 다를 때 발생한다.
③ 개인에게 요구하는 두 사람 이상의 요구가 다를 때 발생한다.
④ 개인의 책임한계와 목표가 명확하지 않아서 역할이 분명하지 않을 때 발생한다.

콕집어해설

역할 갈등

역할담당자의 역할과 역할전달자의 역할기대가 상충함으로써 발생한다.

1) 개인 간 역할갈등 : 직업에서의 요구와 직업 이외의 요구 간의 갈등에서 발생한다.(①)
2) 개인 내 역할갈등 : 직업에서의 요구와 개인의 가치관이 다를 때 발생한다.(②)
3) 송신자 간 갈등 : 두 명 이상의 요구가 갈등을 일으킬 때 발생한다.(③)
4) 송신자 내 갈등 : 업무 지시자가 서로 배타적이고 양립할 수 없는 요구를 할 때 발생한다.

답 ④

해 '역할모호성'에 대한 내용이다.

35 지능을 맥락적 지능이론, 경험적 지능이론, 성분적 지능이론으로 구성된 것으로 가정한 지능모형은?

① Jensen의 2수준 지능모형
② Cattell - Horn의 유동성 - 결정성 지능모형
③ Thurstone의 기본정신능력 모형
④ Sternberg의 삼원지능모형

콕집어해설

Sternberg의 삼원지능모형

- 맥락적 지능이론 : 개인의 지적행동을 판단하는 기준은 판단의 맥락과 과정에 따라 다르게 결정된다.
- 경험적 지능이론 : 지적능력은 이미 다룬 경험을 쉽게 처리하는 기능과 생소한 경험을 적절히 다룰 수 있는 기능으로 구분할 수 있다.
- 성분적 지능이론 : 메타·수행·획득·파지·전이성분 간의 불균형 정도로 지능의 개인차를 파악할 수 있다.

답 ④

꿰뚫어 보기

- Jensen의 2수준 지능모형에서 1수준은 정보를 수용, 저장한 후 재생하는 능력이고, 2수준은 정보를 변환하거나 조작할 때 필요한 능력이다.
- Cattell - Horn의 유동성 - 결정성 지능모형은 선천적인 유동성 지능과 후천적으로 획득된 결정성 지능으로 구분한다.
- Spearman의 지능 2요인설은 모든 지적활동에 포함되어 있는 일반요인과 특정과제를 수행하는 데 필요한 구체적 능력인 특수요인으로 구분한다.
- Thurstone은 스피어만의 2요인 중 일반요인의 기본정신능력이 언어력, 추리력, 수리력, 공간력 등 7개 요인으로 구성되었다는 기본정신능력모형을 제시하였다.

36 Roe의 욕구이론에서 제시한 직업군의 주요 특징으로 옳은 것은?

① 사업직(business) : 대인관계가 중요하며 타인을 도와주는 행동을 취한다.
② 기술직(technology) : 대인관계가 중요하며 사물을 다루는데 관심을 둔다.
③ 서비스직(service) : 사람의 욕구와 복지에 관련된 직업군이다.
④ 단체직(organization) : 조직 내에서 인간관계의 질을 강조하는 직업군이다.

콕집어 해설

로(Roe)의 직업 분류 8가지 장(Field)

[서비단기 옥과예일]

- 서비스직 : 사람의 욕구와 복지에 관련된 직업군이며, 교육, 사회봉사, 임상심리직 등이 있다.(③)
- 비즈니스직 : 대인관계를 중시하지만 타인을 도와주기보다는 일대일 만남으로 상대방을 설득하여 제품을 판매하며, 보험, 부동산직 등이 있다.(①)
- 단체직 : 조직 내에서 인간관계는 형식적이며 기업의 조직 및 기능과 관련된 사업, 행정직 등이 있다.(④)
- 기술직 : 사물을 다루는데 관심을 두고 대인관계를 그다지 중시하지 않는다. 상품의 생산·유지·운송과 관련된 기계직, 정보통신직 등이 있다.(②)
- 옥외활동직 : 천연자원을 개발, 보존, 수확하는 농업, 어업, 축산직 등이 있다.
- 과학직 : 과학이론 및 이론을 적용시키는 연구직, 교수직업 등이 있다.
- 예능직 : 창조적 예술과 연예 활동하는 음악과 배우직 등이 있다.
- 일반문화직 : 개인보다는 인류의 활동에 흥미를 가지는 고고학자 등이 있다.

답 ③

꿰뚫어 보기

로(Roe)의 직업 분류

1) 일의 세계를 8가지 장(Field)과 6가지 수준(Level)의 2차원 체계로 조직한다.
2) 8가지 직업군은 서비스, 비즈니스(사업상 접촉), 단체직(조직), 기술직, 옥외활동직, 과학직, 예능직, 일반문화직이다.
3) 6가지 수준은 고급 전문관리, 중급 전문관리, 준 전문관리, 숙련, 반숙련, 비숙련이며, '수준 1'이 가장 높고 '수준 6'이 가장 낮다.

37 경력개발을 위해 종업원들에게 다양한 직무를 경험하게 함으로써 여러 분야의 능력을 개발시키려는 제도는?

① 사내공모제　　② 조기발탁제
③ 후견인제　　④ 직무순환제

콕집어 해설

경력개발 프로그램

- 사내공모제 : 기업이 신규사업에 진출하기 위하여 사내에서 널리 인재를 모집하는 제도이다.
- 조기발탁제 : 근속연수, 학력, 연령 등에 관계없이 성적이 우수한 직원들을 조기에 승진시키는 인사제도이다.
- 후견인 프로그램(멘토십 시스템) : 종업원이 조직에 쉽게 적응하도록 상사가 후견인이 되어 도와주는 프로그램이다.
- 직무순환 프로그램 : 종업원에게 다양한 직무를 경험하게 함으로써 여러 분야의 능력을 개발하게 하는 프로그램이다.

답 ④

꿰뚫어 보기

경력개발 프로그램 유형 [자개 정종종]

1) 자기평가 도구 : 경력워크숍, 경력연습책자 등
2) 개인상담
3) 정보제공 : 사내공모제, 기술목록, 경력자원기관 등
4) 종업원 평가 : 평가기관, 심리검사, 조기발탁제 등
5) 종업원 개발 : 훈련 프로그램, 후견인 프로그램, 직무순환 프로그램 등

38 다음 중 Maslow의 욕구위계이론과 가장 유사성이 많은 직무동기이론은?

① 기대-유인가 이론
② Adams의 형평이론
③ Locke의 목표설정이론
④ Alderfer의 존재-관계-성장이론

콕집어 해설

직무동기이론

- 기대-유인가 이론(Vroom) : 작업동기를 노력과 그에 따른 보상결과에 대한 기대로 설명한다.
- 형평이론(Adams) : 개인의 행위는 타인과의 공정성을 유지하는 방향으로 동기가 설정된다.
- 목표설정이론(Locke) : 개인의 행동은 목표에 따라 결정되며, 목표는 행동방향과 동기설정의 지표가 된다.
- 존재-관계-성장이론(Alderfer) : 좌절과 퇴행의 욕구 전개를 주장하면서, 인간의 욕구를 존재(E)·관계(R)·성장(G) 욕구로 구분했다.

답 ④

해 매슬로우는 만족과 진행의 욕구 전개를, 알더퍼는 좌절과 퇴행의 욕구 전개를 주장했다는 점에서 가장 유사성이 많다.

꿰뚫어 보기

매슬로우(Maslow)의 욕구위계이론

1) 인간욕구의 위계 5단계 **[생안애 자자]**

ㄱ. 생리적 욕구 : 의·식·주 및 종족 보존 등 최하위 단계의 욕구이자, 모든 욕구들 중 가장 기본적이고 강력한 욕구이다.

ㄴ. 안전(안정)에 대한 욕구 : 신체적·정신적 위험의 불안과 공포로부터 벗어나려는 욕구이다.

ㄷ. 애정과 소속에 대한 욕구 : 어떤 단체에 소속되어 애정을 주고받고자 하는 욕구이다.

ㄹ. 자기존중의 욕구 : 자신에 대한 존중과 타인에게서 받고자 하는 존경에 대한 욕구이다.

ㅁ. 자아실현의 욕구 : 자신의 재능을 최대한 발휘하여 모든 것을 성취하려는 최고 수준의 욕구이다.

2) 인간욕구의 특성

ㄱ. 하위 욕구가 더 강하고 우선적이다.

ㄴ. 상위 욕구의 만족은 지연될 수 있다.

ㄷ. 하위 욕구는 생존에 필요하고, 상위 욕구는 성장에 필요하다.

ㄹ. 상위 욕구는 더 좋은 외적 환경을 요구한다.

3) 매슬로우의 '자아실현자'의 특징

ㄱ. 현실을 객관적으로 인식한다.

ㄴ. 자신의 일에 몰두하고 만족해 한다.

ㄷ. 즐거움과 아름다움에 대한 감상 능력이 있다.

ㄹ. 꾸미기보다는 자연스러운 표현을 선호한다.

ㅁ. 창의적이고 감성적이며, 많은 것을 경험하려 한다.

39 직업적성검사인 GATB에서 측정하는 적성요인에 해당하지 않는 것은?

① 기계적성　　② 공간적성

③ 사무지각　　④ 손의 기교도

콕집어 해설

일반직업적성검사(GATB)의 측정영역

[지언수사 공형운손손]

- 직업적성검사는 개인이 특정직무를 성공적으로 수행할 수 있는지를 측정하는 검사이다.
- 15개의 하위검사를 통해 9가지 적성요인을 검출한다.
- 15개 하위검사 중 11개는 지필검사이고, 4개는 기구검사(수행검사, 동작검사)이다.

측정방식	하위검사명	측정영역
지필	기구대조검사	형태지각(P)
	형태대조검사	형태지각(P)
	명칭비교검사	사무지각(Q)
	타점속도검사	운동반응(K)
	표식검사	운동반응(K)
	종선기입검사	운동반응(K)
	평면도판단검사	공간판단력(S)
	입체공간검사	공간적성(S), 지능(G)
	어휘검사	언어능력(V), 지능(G)
	산수추리검사	수리능력(N), 지능(G)
	계수검사	·수리능력(N)
기구검사	환치검사	손의 재치(M)
	회전검사	손의 재치(M)
	조립검사	손가락 재치(F)
	분해검사	손가락 재치(F)

답 ①

꿰뚫어보기

일반적성검사(GATB)에서 측정하는 검출적성의 측정 내용

측정영역	측정내용
지능 또는 일반학습능력	일반학습능력 및 원리이해 능력, 추리·판단능력
언어능력 또는 언어적성	언어의 뜻과 개념을 이해하고 사용하는 능력
수리능력 또는 수리적성	빠르고 정확하게 계산하는 능력
사무지각	문자, 인쇄물, 전표 등을 세밀하게 구별하는 능력
공간판단력	공간상의 형태를 이해하고 평면과 물체와의 관계를 이해하는 능력
형태지각	실물·도해·표에 나타난 것을 세밀하게 지각하는 능력
운동반응	눈과 손 또는 손가락을 함께 사용하여 빠르고 정확하게 반응하는 능력
손의 재치(정교성)	손을 빠르고 정교하게 움직이는 능력
손가락 재치(정교성)	손가락을 정교하게 조절하는 능력

40 작업자 중심 직무분석의 특징과 가장 거리가 먼 것은?

① 표준화된 분석도구의 개발이 어렵다.

② 직무들에서 요구되는 인간특성의 유사정도를 양적으로 비교할 수 있다.

③ 대표적인 예로서 직위분석질문지(PAQ)가 있다.

④ 과제 중심 직무분석에 비해 보다 폭넓게 활용될 수 있다.

콕집어해설

작업자 중심 직무분석

- 직무를 수행하는 데 요구되는 지식, 기술, 능력, 경험 등 작업자의 재능에 초점을 둔다.
- 표준화된 분석도구의 개발이 가능하다.(①)
- 직무들에서 요구되는 인간특성의 유사정도를 양적으로 비교할 수 있다.(②)
- 과제 중심 직무분석에 비해 보다 폭넓게 활용될 수 있다.(④)
- 인적 요건을 주로 다루는 '직무명세서(작업자 명세서)'를 작성하는 데 중요 정보를 제공한다.

예 직위분석질문지(PAQ ; Position Analysis Questionaire)(③)

ㄱ. 직무수행에 요구되는 지식, 기술, 능력 등의 인간적 요건들을 밝히는 데 목적을 둔 표준화된 분석도구이다.

ㄴ. 6가지 범주 : 정보입력, 정신과정, 작업결과, 타인들과의 관계, 직무맥락, 직무요건 [정정작 타직직]

답 ①

꿰뚫어보기

직무분석의 유형

1) 과제 중심 직무분석

ㄱ. 직무에서 수행하는 과제나 활동이 어떤 것들인지 파악하는 데 초점을 둔다.

ㄴ. 직무 자체의 내용을 중점적으로 다루는 직무기술서 작성에 중요 정보를 제공한다.

ㄷ. 직무 각각에 대해 표준화된 분석도구를 만들 수 없다.

예 기능적 직무분석(FJA ; Functional Job Analysis) : 직무정보를 자료(Data), 사람(People), 사물(Thing) 기능으로 분석한다.

2) 작업자 중심 직무분석

제3과목 | 직업정보론

41 다음은 직업정보 수집을 위한 자료수집방법을 비교한 표이다. ( )에 알맞은 것은?

기준	(ㄱ)	(ㄴ)	(ㄷ)
비용	높음	보통	보통
응답자료의 정확성	높음	보통	낮음
응답률	높음	보통	낮음
대규모 표본관리	곤란	보통	용이

	ㄱ	ㄴ	ㄷ
①	전화조사	우편조사	면접조사
②	면접조사	우편조사	전화조사
③	면접조사	전화조사	우편조사
④	전화조사	면접조사	우편조사

콕집어 해설

직업정보 수집을 위한 자료수집방법

기준	면접조사	전화조사	우편조사
비용	높음	보통	보통
응답자료의 정확성	높음	보통	낮음
응답률	높음	보통	낮음
대규모 표본관리	곤란	보통	용이

답 ③

42 한국표준산업분류의 적용원칙에 대한 설명으로 옳은 것은?

① 생산단위는 투입물과 생산공정을 배제한 산출물만을 고려하여 그들의 활동을 가장 정확하게 설명된 항목에 분류하여야 한다.

② 복합적인 활동단위는 우선적으로 세세분류를 정확히 결정하고, 순차적으로 세·소·중·대분류 단계 항목을 결정하여야 한다.

③ 산업활동이 결합되어 있는 경우에는 그 활동단위의 주된 활동에 따라서 분류하여야 한다.

④ 수수료 또는 계약에 의하여 활동을 수행하는 단위는 동일한 산업활동을 자기계정과 자기책임하에서 생산하는 단위와 다른 항목에 분류하여야 한다.

콕집어 해설

한국표준산업분류(KSIC)의 적용원칙

- 생산단위는 산출물뿐만 아니라 투입물과 생산공정 등을 함께 고려하여 그들의 활동을 가장 정확하게 설명된 항목에 분류해야 한다.(①)
- 복합적인 활동단위는 우선적으로 최상급 분류단계(대분류)를 정확히 결정하고, 순차적으로 중, 소, 세, 세세분류 단계 항목을 결정하여야 한다.(②)
- 산업활동이 결합되어 있는 경우에는 그 활동단위의 주된 활동에 따라서 분류하여야 한다.(③)
- 수수료 또는 계약에 의하여 활동을 수행하는 단위는 동일한 산업활동을 자기계정과 자기책임하에서 생산하는 단위와 같은 항목에 분류하여야 한다.(④)
- 동일단위에서 제조한 재화의 소매활동은 별개 활동으로 분류하지 않고 제조활동으로 분류되어야 한다. 그러나 자기가 생산한 재화와 구입한 재화를 함께 판매한다면 그 주된 활동에 따라 분류한다.
- 생산단위의 소유 형태, 법적 조직 유형 또는 운영 방식은 산업분류에 영향을 미치지 않는다.
- 공식적 생산물과 비공식적 생산물, 합법적 생산물과 불법적인 생산물을 달리 분류하지 않는다.

답 ③

43 한국고용직업분류(KECO)에 대한 설명으로 <u>틀린</u> 것은?

① 10진법 중심의 분류이다.

② 직능유형(skill type) 중심이다.

③ 대분류보다는 중분류 중심체계이다.

④ 직업분류의 기본 원칙인 포괄성과 배타성을 고려하여 분류하였다.

족집어 해설

한국고용직업분류(KECO)
- 10진법 중심의 분류이다.(①)
- 직능유형(skill type) 중심이다.(②)
- 대분류 10개 항목 중심체계이다.(③)
- 직업분류의 기본 원칙인 포괄성과 배타성을 고려하여 분류하였다.(④)
- 4차 산업혁명에 대비하여 정보화기반기술 융·복합, 신산업·신기술 연구·개발 등 연구직 및 공학기술직을 대분류 항목으로 신설하였고, 저출산·고령화 등에 따른 수요확대와 직능유형을 고려하여 보건·의료직도 대분류 항목으로 하였다.

답 ③

해 중분류 중심체계(×)→'대분류 중심체계'

44 워크넷에서 제공하는 채용정보 중 기업형태별 검색에 해당하지 않는 것은?

① 대기업 ② 가족친화인증기업
③ 외국계기업 ④ 금융권기업

족집어 해설

워크넷의 기업형태별 검색 [대강외벤 가공코일청]
- 대기업
- 강소기업
- 외국계기업
- 벤처기업
- 가족친화인증기업
- 공무원·공기업·공공기관
- 코스피·코스닥
- 일학습병행기업
- 청년친화강소기업

답 ④

45 공공직업정보의 일반적인 특성에 해당되는 것은?

① 필요한 시기에 최대한 활용되도록 한시적으로 신속하게 생산·제공된다.
② 특정 분야 및 대상에 국한되지 않고 전체 산업의 직종을 대상으로 한다.
③ 정보 생산자의 임의적 기준에 따라 관심이나 흥미를 유도할 수 있도록 해당 직업을 분류한다.
④ 유료로 제공된다.

족집어 해설

민간 직업정보와 공공직업정보의 특성

구분	민간 직업정보	공공 직업정보
정보제공 속성	한시적	지속적
직업분류·구분	생산자의 자의성	기준에 따른 객관성
조사 직업 범위	제한적	포괄적
정보의 구성	완결적 정보체계	기초적 정보체계
타 정보와의 관계	관련성 낮음	관련성 높음
비용	유료	무료

답 ②

46 한국표준직업분류의 대분류와 직능수준이 틀리게 연결된 것은?

① 관리자 - 제4직능 수준 혹은 제3직능 수준 필요
② 판매 종사자 - 제2직능 수준 필요
③ 농림·어업 숙련 종사자 - 제3직능 수준 필요
④ 단순노무 종사자 - 제1직능 수준 필요

콕집어 해설

한국표준직업분류의 대분류와 직능수준

[관전/사서판농기장/단/군]

분류	대분류	직능 수준
1	관리자	제4직능수준 필요 혹은 제3직능수준 필요
2	전문가 및 관련 종사자	
3	사무 종사자	제2직능수준 필요
4	서비스 종사자	
5	판매 종사자	
6	농림·어업 숙련 종사자	
7	기능원 및 관련 기능 종사자	
8	장치·기계조작 및 조립종사자	
9	단순노무종사자	제1직능수준 필요
A	군인	제2직능수준 이상 필요

답 ③

47 한국표준산업분류(2017)에서 생산단위의 활동형태에 관한 설명으로 틀린 것은?

① 모 생산단위의 생산품을 포장하기 위한 캔, 상자 및 유사제품의 생산은 보조단위로 본다.

② 주된 산업활동이란 산업활동이 복합형태로 이루어질 경우 생산된 재화 또는 제공된 서비스 중 부가가치(액)가 가장 큰 활동을 의미한다.

③ 부차적 산업활동은 주된 산업활동 이외의 재화 생산 및 서비스 제공 활동을 의미한다.

④ 보조활동에는 회계, 운송, 구매, 판매 촉진, 수리서비스 등이 포함된다.

콕집어 해설

생산단위의 활동형태

- 모 생산단위의 생산품을 포장하기 위한 캔, 상자 및 유사제품의 생산은 보조단위가 아닌 별개의 활동으로 본다.(①)
- 주된 산업활동이란 산업활동이 복합형태로 이루어질 경우 생산된 재화 또는 제공된 서비스 중 부가가치(액)가 가장 큰 활동을 의미한다.(②)
- 부차적 산업활동은 주된 산업활동 이외의 재화 생산 및 서비스 제공 활동을 의미한다.(③)
- 보조활동에는 회계, 운송, 구매, 판매 촉진, 수리서비스 등이 포함된다.(④)

답 ①

해 보조 단위(×) → '별개 활동'

꿰뚫어 보기

보조단위가 아닌 별개의 활동으로 간주해야 하는 활동 형태

1) 고정자산 형성의 일부인 재화의 생산, 예를 들면 자기계정을 위한 건설활동을 하는 경우 이에 관한 별도의 자료를 이용할 수 있으면 건설활동으로 분류
2) 모 생산단위에서 사용되는 재화나 서비스를 보조적으로 생산하더라도 그 생산되는 재화나 서비스의 대부분을 다른 사업체에 판매하는 경우
3) 모 생산단위가 생산하는 생산품의 구성부품이 되는 재화(예 모 생산단위의 생산품을 포장하기 위한 캔, 상자 및 유사제품의 생산)를 생산하는 경우
4) 연구 및 개발활동은 통상적인 생산과정에서 소비되는 서비스를 제공하는 것이 아니므로 그 자체의 본질적인 성질에 따라 전문, 과학 및 기술 서비스업으로 분류된다.

48 한국표준산업분류의 산업결정방법에 관한 설명으로 틀린 것은?

① 생산단위의 산업활동은 그 생산단위가 수행하는 주된 산업활동의 종류에 따라 결정된다.
② 계절에 따라 정기적으로 산업을 달리하는 사업체의 경우에는 조사시점에 경영하는 사업과는 관계없이 조사대상 기간 중 산출액이 많았던 활동에 의하여 분류된다.
③ 단일사업체의 보조단위는 그 사업체의 일개 부서로 포함하지 않고 별도의 사업체로 처리한다.
④ 휴업 중 또는 자산을 청산중인 사업체의 산업은 영업 중 또는 청산을 시작하기 이전의 산업활동에 의하여 결정하며, 설립 중인 사업체는 개시하는 산업활동에 따라 결정한다.

콕집어 해설

한국표준산업분류의 산업결정방법 [생종 계휴단]
- 생산단위의 산업활동은 그 생산단위가 수행하는 주된 산업활동의 종류에 따라 결정된다.(①)
- 해당 활동의 종업원 수 및 노동시간, 임금 및 급여액 또는 설비의 정도에 의하여 결정한다.
- 계절에 따라 정기적으로 산업을 달리하는 사업체의 경우에는 조사시점에서 경영하는 사업과는 관계없이 조사대상기간 중 산출액이 많았던 활동에 의하여 분류된다.(②)
- 휴업 중 또는 자산을 청산 중인 사업체의 산업은 영업 중 또는 청산을 시작하기 이전의 산업활동에 의하여 결정하며, 설립중인 사업체의 산업은 개시하는 산업활동에 따라 결정한다.(④)
- 단일사업체의 보조단위는 그 사업체의 일개 부서로 포함한다.(③)

답 ③

49 직업정보 분석 시 유의사항이 아닌 것은?

① 직업정보원과 제공원을 제시한다.
② 동일한 정보도 다각적인 분석을 시도하여 해석을 풍부하게 한다.
③ 전문지식이 없는 개인을 위해 비전문적인 시각에서 분석한다.
④ 분석과 해석은 원자료의 생산일, 자료표집방법, 대상, 자료의 양 등을 검토해야 한다.

콕집어 해설

직업정보 분석 시 유의점
- 전문가나 전문적인 시각에서 분석한다.(③)
- 수집된 정보는 목적에 맞도록 몇 번이고 분석하여 가장 최신의 객관적이며 정확한 자료를 선정한다.
- 동일한 정보라 할지라도 다각적인 분석을 시도하여 해석을 풍부히 한다.(②)
- 직업정보원과 제공원에 대해 제시한다.(①)
- 다양한 정보를 충분히 검토하여 효율적으로 검색·활용할 수 있게 분류한다.
- 다른 통계와의 관련성을 고려하여, 숫자로 표현할 수 없는 정보라도 삭제하거나 배제하지 않는다.
- 분석과 해석은 원자료의 생산일, 자료 표집방법, 대상, 자료의 양 등을 검토해야 한다.(④)

답 ③

50 한국직업사전에서 제공하는 부가 직업정보에 대한 설명으로 틀린 것은?

① 정규교육은 해당 직업의 직무를 수행하는 데 필요한 일반적인 정규교육 수준을 의미하는 것으로 해당 직업 종사자의 평균 학력을 나타낸다.
② 숙련기간은 정규교육 과정을 이수한 후 해당 직업의 직무를 평균적인 수준으로 스스로 수행하기 위하여 필요한 각종 교육기간, 훈련기간 등을 의미한다.
③ 작업강도는 해당 직업의 직무를 수행하는 데 필요한 육체적 힘의 강도를 나타내며, 심리적 · 정신적 노동강도는 고려하지 않았다.
④ 관련 직업은 본직업명과 기본적인 직무에 있어서 공통점이 있으나 직무의 범위, 대상 등에 따라 나누어지는 직업이다.

콕집어 해설

부가 직업정보 [정육숙직 작작작 자유관조 표표(표)]

- 정규교육 : 해당 직업의 직무를 수행하는 데 필요한 일반적인 정규교육수준을 의미하는 것으로, 해당 직업 종사자의 평균 학력을 나타내는 것은 아니다.(①)
- 숙련기간 : 정규교육 과정을 이수한 후 해당 직업의 직무를 평균적으로 수행하는 데 필요한 각종 교육, 훈련, 기간 등을 의미한다.(②)
- 작업강도 : 해당 직업의 직무를 수행하는데 필요한 육체적 힘의 강도를 나타낸 것으로, 심리적·정신적 노동강도는 고려하지 않았다.(③)
- 관련직업 : 본직업명과 기본적인 직무에 있어서 공통점이 있으나 직무의 범위, 대상 등에 따라 나누어지는 직업이며, 직업 수 집계에 포함된다.(④)

답 ①

꿰뚫어 보기

- 육체활동 : 해당 직업의 직무를 수행하기 위해 필요한 신체적 능력을 나타낸다.
- 직무기능 : 해당 직업 종사자가 직무를 수행하는 과정에서 자료, 사람, 사물과 맺는 관련된 특성을 나타낸다.
- 작업장소 : 해당 직업의 직무가 주로 수행되는 장소를 나타낸다.
- 작업환경 : 해당 직업의 직무를 수행하는 작업자에게 직접적으로 물리적·신체적 영향을 미치는 작업장의 환경요인을 나타낸 것이다.
- 자격·면허 : 해당 직업에 취업 시 소지할 경우 유리한 자격증 또는 면허를 나타내는 것으로, 민간에서 발급한 자격증은 제외한다.
- 유사명칭 : 현장에서 본직업명을 명칭만 다르게 부르는 것으로 본직업명과 사실상 동일하므로, 직업 수 집계에서 제외된다.
- 조사연도 : 해당 직업의 직무조사가 실시된 연도를 나타낸다.
- 표준산업분류코드 : 해당 직업을 조사한 산업을 나타내는 것으로 한국표준산업분류의 소분류 산업을 기준으로 하였다.
- 표준직업분류코드 : 해당 직업의 한국고용직업분류 세분류 코드에 해당하는 한국표준직업분류의 세분류 코드를 표기한다.

51 경제활동인구조사의 주요 산식으로 틀린 것은?

① 잠재경제활동인구 = 잠재취업가능자 + 잠재구직자

② 경제활동참가율 = $\frac{\text{경제활동인구 수}}{\text{15세이상 인구 수}} \times 100$

③ 고용률 = $\frac{\text{취업자 수}}{\text{15세이상 인구 수}} \times 100$

④ 실업률 = $\frac{\text{실업자}}{\text{15세이상 인구 수}} \times 100$

콕집어 해설

경제활동인구조사의 주요 산식

- 잠재경제활동인구 = 잠재취업가능자 + 잠재구직자
- 경제활동참가율 = $\frac{\text{경제활동인구 수}}{\text{15세이상 인구 수}} \times 100$
- 고용률 = $\frac{\text{취업자 수}}{\text{15세이상인구 수}} \times 100$
- 실업률 = $\frac{\text{실업자 수}}{\text{경제활동인구 수}} \times 100$
- 취업률 = $\frac{\text{취업자 수}}{\text{경제활동인구 수}} \times 100$

답 ④

해 15세 이상 인구(×)→경제활동 인구

꿰뚫어 보기

1) 15세 이상 인구(생산가능 인구) = 경제활동인구 + 비경제활동인구
2) 경제활동인구 = 취업자 + 실업자
3) 취업자 = 임금 근로자 + 비임금 근로자
4) 비임금 근로자 = 자영업자 + 무급 가족종사자

52 질문지를 사용한 조사를 통해 직업정보를 수집하고자 한다. 질문지 문항 작성 방법에 대한 설명으로 틀린 것은?

① 객관식 문항의 응답 항목은 상호배타적이어야 한다.

② 응답하기 쉬운 문항일수록 설문지의 앞에 배치하는 것이 좋다.

③ 신뢰도 측정을 위해 짝(pair)으로 된 문항들은 함께 배치하는 것이 좋다.

④ 이중(double-barreled)질문과 유도질문은 피하는 것이 좋다.

콕집어 해설

질문지 문항 작성 방법

질문 내용 구성할 때 주의사항

1) 질문 내용은 가급적 구체적인 용어로 표현하는 것이 좋다.
2) 조사용어는 가치중립적인 것을 사용해야 한다.
3) 질문은 가능한 한 간단하게 해야 한다.
4) 유도질문이나 애매하고 막연한 질문, 이중질문은 피해야 한다.(④)
5) 폐쇄형 질문의 응답범주는 포괄적이고 상호배타적이어야 한다.(①)
6) 조사주제와 직접 관련이 없는 문항은 줄인다.
7) 응답의 고정반응을 피하도록 질문형식을 다양화한다.

질문 문항 순서

1) 질문 문항들을 논리적 순서에 따라 자연스럽게 배치한다.
2) 질문 문항들을 길이와 유형에 따라 변화 있게 배치한다.
3) 답변이 용이한 질문들은 전반부에 배치한다.(②)
4) 계속적인 기억이 필요한 질문들을 전반부에 배치한다.
5) 민감한 질문이나 개방형 질문들은 가급적 질문지의 후반부에 배치한다.
6) 동일한 척도의 항목들은 모아서 배치한다.
7) 신뢰도 측정을 위해 짝(pair)으로 된 문항들은 멀리 떨어져 있어야 한다.(③)
8) 여과 질문들을 적절하게 배치하여 사용한다.
9) 특별한 질문은 일반질문 뒤에 놓는다.

답 ③

꿰뚫어 보기

질문지법의 장점

1) 면접법에 비해 시간과 비용, 노력이 적게 소요된다.
2) 응답자가 익명으로 자유롭게 응답할 수 있다.
3) 표준화된 질문순서, 지시 등으로 질문의 일관성을 기할 수 있다.
4) 즉각적인 응답 대신 심사숙고하여 정확하게 응답할 수 있다.

질문지법의 단점

1) 읽고 쓸 수 없는 사람을 대상으로 조사가 불가능하다.
2) 무응답에 대한 통제가 어렵다.
3) 질문의 요지를 필요에 따라 설명할 수 없으므로 융통성이 결여된다.
4) 응답자의 비언어적 행위나 개인적인 특성에 관한 자료를 수집하기 어렵다.

53 워크넷에서 제공하는 학과정보 중 사회계열에 해당하지 <u>않는</u> 학과는?

① 경찰행정학과　② 국제학부
③ 문헌정보학과　④ 지리학과

콕집어 해설

워크넷 학과정보

- 인문계열 : 언어학과, 철학과, 문헌정보학과, 국제지역학과, 심리학과 등
- 사회계열 : 국제학부, 법학과, 경제학과, 경찰행정학과, 지리학과 등
- 교육계열 : 교육학과, 영어교육학과, 유아교육학과 등
- 자연계열 : 생명공학과, 수학과, 지구과학과, 수의학과, 아동가족학과 등
- 공학계열 : 안경광학과, 기계공학과, 건축학과, 조경학과, 해양공학과 등
- 의약계열 : 의학과, 한의학과, 간호학과, 응급구조과, 방사선과 등
- 예·체능계열 : 성악과, 공예학과, 사진학과, 연극영화과, 체육학과 등

답 ③

54 국가직무능력표준(NCS)에 대한 설명으로 <u>틀린</u> 것은?

① 국가직무능력표준은 산업현장에서 직무를 수행하기 위해 요구되는 지식, 기술, 태도 등의 내용을 국가가 체계화한 것이다.
② 국가직무능력표준 분류는 직무의 유형(Type)을 중심으로 단계적으로 구성하였다.
③ 국가직무능력표준을 활용하여 교육·훈련 프로그램 및 자격종목을 설계할 수 있다.
④ 국가직무능력표준의 수준체계는 1수준~5수준의 5단계로 구성된다.

콕집어 해설

국가직무능력표준(NCS)의 특징

- 국가직무능력표준은 산업현장에서 직무를 수행하기 위해 요구되는 지식, 기술, 태도 등의 내용을 국가가 체계화한 것이다.(①)
- 국가직무능력표준 분류는 직무의 유형(Type)을 중심으로 단계적으로 구성하였다.(②)
- 국가직무능력표준을 활용하여 교육·훈련 프로그램 및 자격종목을 설계할 수 있다.(③)
- 한국고용직업분류를 중심으로 분류하였으며, 대분류·중분류·소분류·세분류 순으로 구성되어 있다.
- 국가직무능력표준의 수준체계는 1수준~8수준의 8단계로 구성되며, 8수준이 가장 높고 1수준이 가장 낮은 단계이다.(④)

답 ④

해 1수준~5수준의 5단계(×) → '1수준~8수준의 8단계'

NCS 수준 체계의 구분

- 8수준: '최고도의 이론'~
- 7수준: '전문화된 이론'~
- 6수준: '독립적인 권한'~
- 5수준: '포괄적인 권한'~ [6독 5포]
- 4수준: '일반적인 권한'~
- 3수준: '제한된 권한'~ [4일 3제]
- 2수준: '일반적 지시와 감독'~
- 1수준: '구체적 지시와 철저한 감독'~

55 한국표준직업분류의 포괄적인 업무에 대한 직업분류 원칙에 해당되지 않는 것은?

① 주된 직무 우선 원칙
② 최상급 직능수준 우선 원칙
③ 생산업무 우선 원칙
④ 조사 시 최근의 직업 원칙

콕집어 해설

포괄적인 업무에 대한 직업분류 원칙 [포주최생]

- 포괄적 업무는 한 사람이 두 개 이상의 직무를 수행하는 경우를 의미한다.
  이러한 경우 다음과 같은 순서에 따라 분류원칙을 적용한다.
  1) 주된 직무 우선 원칙: 수행되는 직무내용과 분류 항목에 명시된 직무내용을 비교·평가하여 관련 직무 내용상의 상관성이 가장 많은 항목에 분류한다.
     예 교육과 진료를 겸하는 의과대학 교수는 강의·평가·연구 등(교육)과 진료·처치·환자상담 등(의료)의 직무내용을 파악하여 관련 항목이 많은 분야로 분류한다.
  2) 최상급 직능수준 우선 원칙: 수행된 직무가 상이한 수준의 훈련과 경험을 통해서 얻어지는 직무능력을 필요로 한다면, 가장 높은 수준의 직무능력을 필요로 하는 일에 분류하여야 한다.
     예 조리와 배달의 직무비중이 같을 경우에는, 조리의 직능수준이 높으므로 조리사로 분류한다.
  3) 생산업무 우선 원칙: 재화의 생산과 공급이 같이 이루어지는 경우는 생산단계에 관련된 업무를 우선적으로 분류한다.
     예 한 사람이 빵을 생산하고 판매도 하는 경우에는, 판매원으로 분류하지 않고 제빵사로 분류한다.

답 ④

해 '조사 시 최근의 직업 원칙'은 다수 직업 종사자의 분류원칙이다.

56 국가기술자격 종목과 해당 직무분야 연결이 옳지 않은 것은?

① 임상심리사1급 - 보건·의료
② 텔레마케팅관리사 - 경영·회계·사무
③ 직업상담사1급 - 사회복지·종교
④ 어로산업기사-농림어업

콕집어해설

국가기술자격 종목과 직무분야
- 임상심리사1급 : 보건·의료
- 텔레마케팅관리사 : 영업·판매
- 직업상담사1급 : 사회복지·종교
- 어로산업기사 : 농림어업
- 사회조사분석사, 소비자 전문상담사, 컨벤션기획사, 전산회계운용사 : 경영·회계·사무
- 산업안전기사, 건설안전기사 : 안전관리

답 ②

57 직업정보를 가공할 때 유의해야 할 사항으로 틀린 것은?

① 시청각적 효과를 첨가한다.
② 직업에 대한 장·단점을 편견 없이 제공한다.
③ 가장 최신의 자료를 활용하되, 표준화된 정보를 활용한다.
④ 직업은 전문적인 것이므로 가능하면 전문적인 용어를 사용하여 가공한다.

콕집어해설

직업정보 가공 시 유의사항
- 이용자가 전문적인 지식이 없어도 이해할 수 있도록 가공한다.(④)
- 직업에 대한 장·단점을 편견없이 제공한다.(②)
- 가장 최신의 자료를 활용하되 표준화된 정보를 활용한다.(③)
- 효율적인 정보제공을 위해 시각적 효과를 부가한다.(①)
- 정보의 생명력을 측정하여 활용법을 선정한다.
- 이용자에게 동기를 부여할 수 있도록 구상한다.

답 ④

해 전문적인 용어(×)→'누구나 이해하기 쉬운 용어'로 가공해야 한다.

58 직업정보의 일반적인 정보관리순서로 가장 적합한 것은?

① 수집→분석→가공→체계화→제공→평가
② 수집→제공→분석→가공→평가→체계화
③ 수집→분석→평가→가공→제공→체계화
④ 수집→분석→체계화→제공→가공→평가

콕집어해설

직업정보의 일반적인 정보관리순서[수분가 (체)제(축)평]
수집→분석→가공→(체계화)→제공→(축적)→평가

답 ①

59 국가기술자격 중 응시자격의 제한이 없는 서비스분야는?

① 스포츠경영관리사
② 임상심리사2급
③ 컨벤션기획사1급
④ 국제의료관광코디네이터

콕집어해설

국가기술자격 중 응시자격에 제한이 없는 서비스분야
직업상담사 2급, 사회조사분석사 2급, 컨벤션기획사 2급, 소비자전문상담사 2급, 전자상거래관리사 2급, 컴퓨터활용능력 1·2 급, 비서 1·2·3급, 한글속기 1·2·3급, 전산회계운용사 1·2·3급, 스포츠경영관리사, 전자상거래운용사, 워드프로세서, 텔레마케팅관리사 등은 응시자격 제한이 없다.

답 ①

꿰뚫어 보기

응시자격의 제한이 있는 서비스분야
1) 국제의료관광코디네이터(International medical tour coordinator)
(1) 업무수행:보건의료, 관광, 마케팅, 의학용어 등 관련 지식을 가지고 의료관광, 상담, 진료서비스 지원, 의료행위로 인한 리스크 관리, 관광서비스 지원, 통역, 의료관광 마케팅, 행정절차 관리 등의 업무를 수행한다.
(2) 응시자격
ㄱ. 보건의료 또는 관광분야의 관련학과로서 대학졸업자 또는 졸업예정자, 2년제 전문대학 관련학과 졸업자 등으로서 졸업 후 보건의료 또는 관광분야에서 2년 이상 실무에 종사한 사람
ㄴ. 관련 자격증(의사, 간호사, 보건교육사, 관광통역안내사, 컨벤션기획사1·2급)을 취득한 사람
ㄷ. 보건의료 또는 관광분야에서 4년 이상 실무에 종사한 사람

2) 임상심리사 2급 응시자격
ㄱ. 임상심리와 관련하여 1년 이상 실습수련을 받은 사람 또는 2년 이상 실무에 종사한 사람으로서 대학졸업자 및 그 졸업예정자
ㄴ. 외국에서 동일한 종목에 해당하는 자격을 취득한 사람

60 내용분석법을 통해 직업정보를 수집할 때의 장점이 아닌 것은?

① 정보제공자의 반응성이 높다.
② 장기간의 종단연구가 가능하다.
③ 필요한 경우 재조사가 가능하다.
④ 역사연구 등 소급조사가 가능하다.

콕집어해설

직업정보 수집 방법
내용분석법
1) 특징
ㄱ. 여러 문서화된 매체들을 중심으로 연구에 필요한 자료들을 수집하는 방법이다.
ㄴ. 문헌연구의 일종이며, 기록된 정보의 내용을 분석하기 위해 양적·질적 분석 방법을 사용한다.
ㄷ. 현재의 내용뿐만 아니라 잠재적인 내용도 분석 대상이다.
2) 장점
ㄱ. 정보 제공자의 반응성이 낮다.(①)
ㄴ. 다양한 심리적 변수를 효과적으로 측정할 수 있다.
ㄷ. 역사적 기록물을 통해 소급 조사와 장기간의 종단연구가 가능하다.(②, ④)
ㄹ. 연구대상에 영향을 미치지 않고 다른 연구방법과 병용이 가능하다.
ㅁ. 다른 측정방법의 타당성 여부를 조사하기 위해 사용 가능하다.
ㅂ. 다른 방법에 비해 실패 시 위험부담이 적고, 재조사가 가능하다.(③)
ㅅ. 시간과 비용 등이 절약된다.
3) 단점
ㄱ. 기록된 자료에만 의존해야 하고, 자료 입수가 제한적임
ㄴ. 명백히 드러난 내용과 숨겨진 내용을 구분하기가 어려움
ㄷ. 자료의 신뢰도와 타당도 확보의 어려움

답 ①

꿰뚫어 보기

직업정보 수집방법
1) 면접법
ㄱ. 장점
a. 언어소통이 가능한 모든 사람들을 대상으로 적용할 수 있다.
b. 조사환경을 통제하고 표준화할 수 있다.
c. 복잡한 질문의 사용가능과 정확한 응답을 얻어낼 수 있다.
d. 개별적 상황에 따라 적절한 대응이 가능하다.
e. 제3자의 영향을 배제할 수 있다.
f. 질문지법보다 더욱 공정한 표본을 얻을 수 있다.
ㄴ. 단점
a. 시간과 비용, 노력이 많이 소요되고 절차가 복잡하다.
b. 면접자에 따라서 면접내용에 대한 편향성이 나타날 수 있다.
c. 응답자가 불편한 상황에서 응답함으로써 부정적 영향이 미칠 수 있다.
d. 응답범주에 대한 표준화가 어렵다.
2) 질문지법(설문지법)
ㄱ. 질문 내용 구성할 때 주의사항
a. 질문 내용은 가급적 구체적인 용어로 표현하는 것이 좋다.
b. 조사용어는 가치중립적인 것을 사용해야 한다.
c. 질문은 가능한 한 간단하게 해야 한다.
d. 유도질문이나 애매하고 막연한 질문, 이중질문은 피해야 한다.
e. 폐쇄형 질문의 응답범주는 포괄적이고 상호배타적이어야 한다.
ㄴ. 질문 문항 순서
a. 질문 문항들을 논리적 순서에 따라 자연스럽게 배치한다.
b. 질문 문항들을 길이와 유형에 따라 변화 있게 배치한다.
c. 답변이 용이한 질문들은 전반부에 배치한다.
d. 계속적인 기억이 필요한 질문들을 전반부에 배치한다.
e. 민감한 질문이나 개방형 질문들은 가급적 질문지의 후반부에 배치한다.
f. 동일한 척도의 항목들은 모아서 배치한다.
g. 신뢰도 측정을 위해 짝(pair)으로 된 문항들은 멀리 떨어져 있어야 한다.
h. 여과 질문들을 적절하게 배치하여 사용한다.
i. 특별한 질문은 일반질문 뒤에 놓는다.

ㄷ. 장점

a. 면접법에 비해 시간과 비용, 노력이 적게 소요된다.
b. 응답자가 익명으로 자유롭게 응답할 수 있다.
c. 표준화된 질문순서, 지시 등으로 질문의 일관성을 기할 수 있다.
d. 즉각적인 응답 대신 심사숙고하여 정확하게 응답할 수 있다.

ㄹ. 단점

a. 읽고 쓸 수 없는 사람을 대상으로 조사가 불가능하다.
b. 무응답에 대한 통제가 어렵다.
c. 질문의 요지를 필요에 따라 설명할 수 없으므로 융통성이 결여된다.
d. 응답자의 비언어적 행위나 개인적인 특성에 관한 자료를 수집하기 어렵다.

제4과목 | 노동시장론

61 특별한 기능이나 직업 또는 숙련도에 따라 조직된 배타적이며 동일직업의식이 강한 노동조합은?

① 일반노동조합 ② 산업별 노동조합
③ 직종별 노동조합 ④ 기업별 노동조합

콕집어 해설

직업별(직종별) 노동조합(Craft Union)

- 노동운동사상 가장 일찍 발달한 조직형태이다.
- 동일직업, 동일직종에 종사하는 근로자가 산업 · 기업의 구별 없이 개인가맹 형태로 결성한 횡적 노동조합이다.
- 특별한 기능이나 직업 또는 숙련도에 따라 조직된 배타적이며 동일직업의식이 강한 노동조합이다.
- 산업혁명 초기 숙련 근로자가 노동시장을 독점하기 위한 조직으로 결성하였다.
- 저임금의 미숙련 근로자나 여성, 연소근로자는 가입이 어려웠다.

답 ③

꿰뚫어 보기

기업별 노동조합(Company Union)

1) 하나의 기업에 종사하는 근로자들이 직종의 구별 없이 종단적으로 조직한 노동조합의 형태이다.
2) 일반적으로 근로자의 횡단적 연대의식이 뚜렷하지 못하다.
3) 독과점 대기업에서 쉽게 찾을 수 있다.
4) 우리나라 노동조합의 주된 조직 형태이며, 노동시장의 지배력과 조직으로서의 역량이 극히 약하다.
5) 사용자와의 관계가 긴밀하고, 노동조합이 회사의 사정에 정통하여 노사분규의 가능성이 낮다.
6) 노동조합이 어용화될 위험성이 크다.

산업별 노동조합(Industrial Union)

1) 동종의 산업에 종사하는 근로자들이 직종과 기업을 초월해 횡적으로 조직한 노동조합 형태이다.
2) 미숙련 근로자들의 권익을 보호하기 위하여 발달한 노동조합이다.
3) 전 세계적으로 채택되고 있는 조직형태이다.
4) 임시직 근로자를 조직하기 용이해지며, 각 산업분야의 정보자료 수집·분석도 용이해진다.
5) 기업별 특수성을 고려하기 어렵다는 단점이 있다.

일반 노동조합(General Union)

1) 제2차 세계대전 이후 주로 완전 미숙련 노동자들이나 잡역 노동자들을 중심으로 만들어진 단일 노동조합이다.
2) 노동자들의 최저생활에 필요한 조건들을 확보하는 측면에서 효과적이다.
3) 노조민주주의의 실현을 저해하며, 단체교섭의 상대방이 명확하지 못하다.

62 노동 수요측면에서 비정규직 증가의 원인과 가장 거리가 먼 것은?

① 세계화에 따른 기업 간 경쟁 환경의 변화
② 정규직 근로자 해고의 어려움
③ 고학력 취업자의 증가
④ 정규노동자 고용비용의 증가

콕집어 해설

비정규직 증가의 원인

- 세계화에 따른 기업간 경쟁 환경의 변화(①)
- 정규직 근로자 해고의 어려움(②)
- 정규노동자 고용비용의 증가(④)
- 여성의 경제활동 참여 증대
- 비정규적인 프리랜서 선호 경향

답 ③

해 '고학력 취업자의 증가'는 정규직 증가 요인이다.

63 숍 제도에 대한 설명으로 틀린 것은?

① 클로즈드숍(Closed Shop)하에서 노동조합은 노동공급을 독점할 수 있다.
② 유니언숍(Union Shop)하에서 노동자는 일정한 기간 내에 노동조합에 가입해야 한다.
③ 에이전시숍(Agency Shop)은 노조원에게만 조합비를 받는 제도이다.
④ 오픈숍(Open Shop)하에서 노동조합은 상대적으로 노동력의 공급을 독점하기 어렵다.

콕집어 해설

숍(shop)제도

기본 숍(shop)제도

1) 오픈 숍(open shop) : 고용주가 조합원, 비조합원 모두를 고용할 수 있는 제도이다.
   노동조합 확대에 가장 불리하다.
2) 유니온 숍(union shop) : 고용주가 조합원 가입여부와 관계없이 신규채용이 가능하나, 채용 후 일정기간 내 반드시 노동조합에 가입하도록 해야 하는 제도이다.
   오픈숍과 클로즈드숍의 중간 형태이다.
3) 클로즈드 숍(closed shop) : 노동조합에 가입한 노동자만을 채용할 수 있다.
   노동조합 확대가 용이해서 노동조합 측에 가장 유리한 제도이다.

답 ③

해 조합원·비조합원 구분하지 않고 모든 종업원에게 노동조합의 회비를 징수하는 제도이다.

꿰뚫어 보기

변형된 숍(shop) 제도

1) 에이전시 숍(agency shop) : 조합원·비조합원 구분하지 않고 모든 종업원에게 노동조합의 회비를 징수하는 제도이다.
2) 프레퍼렌셜 숍(Preferential Shop) : 채용이나 단체교섭의 결과를 조합원에게 우선적으로 적용하는 등 조합원과 비조합원을 차등적으로 대하는 제도이다.
3) 메인티넌스 숍(Maintenance Shop) : 노동조합의 가입 및 탈퇴가 자유로우나, 단체협약이 체결되면 그 효력이 지속되는 기간에는 탈퇴할 수 없다.

64 경쟁시장에서 이윤을 극대화하는 어느 기업은 노동자에게 하루에 50,000원의 임금을 지급하고 있으며, 현재 14명을 고용하고 있다. 이 회사 제품은 개당 100원에 팔리고 있다고 하면, 14번째 노동자는 하루에 몇 개를 생산해야 하는가?

① 50개
② 500개
③ 1,000개
④ 주어진 정보로는 알 수 없다.

콕집어 해설

이윤극대화 조건

완전경쟁 노동시장에서의 이윤의 극대화는, 노동의 한계생산물 가치($VMP_L = P \times MP_L$) = 임금(W)에서 고용량을 결정해야 달성된다. (단, P는 가격, MP_L은 노동의 한계생산)

$VMP_L = 100 \times MP_L = 50,000(W)$이므로, $MP_L = 500$이다.

그러므로 14번째 노동자의 하루 생산량은 500(개)이다.

답 ②

65 다음 중 1차 노동시장의 특성과 가장 거리가 먼 것은?

① 고용의 안정성
② 승진기회의 평등
③ 자유로운 직업 간 이동 보장
④ 고임금

콕집어 해설

이중노동시장이론

- 노동시장은 1차 노동시장과 2차 노동시장으로 구분되며, 두 시장은 서로 독립적이어서 노동의 이동이 제한적이고 임금 및 고용구조에서도 차이를 보인다.
- 1차 노동시장의 특징
  1) 직무상 학교교육이나 숙련도가 요구됨
  2) 고임금의 보장
  3) 고용의 안정성 확보
  4) 승진 및 승급 기회의 평등 보장
  5) 양호한 근로조건 및 합리적인 노무관리 형성

답 ③

66 노동수요탄력성의 크기에 영향을 미치는 요인과 거리가 가장 먼 것은?

① 생산물 수요의 가격탄력성
② 총 생산비에 대한 노동비용의 비중
③ 노동의 대체곤란성
④ 대체생산요소의 수요탄력성

콕집어 해설

노동수요탄력성의 크기에 영향을 미치는 요인

- 생산물 수요의 가격탄력성이 클수록 노동수요탄력성도 커진다.(①)
- 총 생산비에 대한 노동비용의 비중이 클수록 노동수요탄력성도 커진다.(②)
- 노동의 대체가능성이 작을수록 노동수요탄력성은 작아진다.(③)
- 대체생산요소의 공급탄력성이 클수록 노동수요탄력성도 커진다.(④)

답 ④

해 대체생산요소의 수요탄력성(×)→대체생산요소의 '공급탄력성'

67 내부노동시장이 형성되는 요인과 가장 거리가 먼 것은?

① 숙련의 특수성　② 교육수준
③ 현장훈련　④ 관습

콕집어 해설

내부노동시장의 형성요인(도린저와 피오르)

- 숙련의 특수성 : 기업이 숙련의 특수성을 보존하기 위해 내부 노동력을 유지하려고 노력함으로써 내부노동시장이 형성된다.
- 현장훈련 : 실제 직무수행에 사용되는 선임자의 기술 및 숙련이 현장훈련을 통해 후임자에게루 전수됨으로써 내부노동시장이 형성된다.
- 기업내 관습 : 고용의 안정성에서 형성된 기업내 관습은 노동관계의 각종 사항을 규율함으로써 내부노동시장을 형성하는 요인이 된다.
- 기업의 규모와 장기근속 : 기업의 규모와 장기근속은 조직 내 업무분담과 인원을 관리하기 위한 조직을 형성시킴으로써 내부노동시장을 형성하게 된다.

답 ②

꿰뚫어 보기

내부노동시장

1) 개념 : 하나의 기업이나 사업장 내에서 이루어지는 노동시장이다.

2) 특징

(1) 내부노동시장에서의 임금, 직무배치 및 승진은 기업 내 정해진 규칙과 절차에 의해 결정된다.

(2) 제1차 노동자와 장기노동자로 구성된다.

(3) 고용계약 형태가 단순하고 승진제도가 중요한 역할을 한다.

3) 장·단점

(1) 장점

ㄱ. 우수한 인적자원의 확보

ㄴ. 승진 또는 배치전환을 통한 동기유발 효과

ㄷ. 생산성 향상을 통한 경쟁력 제고

ㄹ. 고임금 및 장기 고용유지를 위한 지불능력 보유

(2) 단점

ㄱ. 인력의 경직성

ㄴ. 관리비용의 증가

ㄷ. 높은 노동비용

ㄹ. 기술변화로 인한 재훈련비용의 증가

68 파업의 경제적 손실에 대한 설명으로 틀린 것은?

① 노동조합 측 노동소득의 순상실분은 해당기업에서의 임금소득의 상실보다 훨씬 적을 수 있다.

② 사용자 이윤의 순감소분은 직접적인 생산중단에서 오는 것보다 항상 더 크다.

③ 파업에 따르는 사회적 비용은 제조업보다 서비스업에서 더 큰 것이 보통이다.

④ 파업에 따르는 생산량감소는 타산업의 생산량증가로 보충하기도 한다.

콕집어 해설

파업의 경제적 손실

- 노동조합 측 노동소득의 순상실분은 해당기업에서의 임금소득의 상실보다 훨씬 적을 수 있다.(①)
  - ☞ 이유 : 노동조합의 파업수당을 수령하거나 임시직으로 취업하여 소득활동을 할 수도 있기 때문이다.
- 사용자 이윤의 순감소분은 직접적인 생산중단에서 오는 것보다 적을 수 있다.(②)
  - ☞ 이유 : 파업에 대비하여 재고량을 쌓아 놓거나 파업에 참여하지 않은 근로자들을 생산에 투입하기도 하고 파업참여 근로자들의 임금을 줄이는 동시에 생산중단으로 원재료 비용을 절감할 수 있기 때문이다.
- 파업에 따르는 사회적 비용은 제조업보다 서비스업에서 더 큰 것이 보통이다.(③)
  - ☞ 이유 : 파업의 발생으로 경제 전체의 서비스 생산 및 소비수준을 하락시키기 때문이다.
- 파업에 따르는 생산량감소는 타산업의 생산량증가로 보충하기도 한다.(④)
- 파업기간이 길어지면 경제적 손실은 증가한다.

답 ②

69 A국의 생산가능인구는 500만 명, 취업자 수는 285만 명, 실업률이 5%일 때 A국의 경제활동참가율은?

① 48% ② 50%

③ 57% ④ 60%

콕집어해설

경제활동참가율

- 실업률(%) = $\frac{\text{실업자 수}}{\text{경제활동인구 수}} \times 100$

$= \frac{\text{실업자 수}}{\text{취업자 수 + 실업자 수}} \times 100$

- 실업자 수를 x 라고 하면,

$5(\%) = \frac{x}{285\text{만 명} + x} \times 100$

$5(\%) \times (285\text{만 명} + x) = 100x$

$100x - 5x = 5 \cdot 285\text{만 명}$

$95x = 1425\text{만 명}$

$\therefore x = 15\text{만 명}$

즉, 실업자 수는 150,000명이다.

- 경제활동참가율(%) = $\frac{\text{경제활동인구 수}}{\text{생산가능인구 수}} \times 100$

$= \frac{\text{취업자 수 + 실업자 수}}{\text{생산가능인구 수}} \times 100$

$= \frac{285\text{만 명} + 15\text{만 명}}{500\text{만 명}} \times 100$

$= 60(\%)$

∴ 경제활동참가율은 60(%)이다.

답 ④

70 다음 중 노동조합의 경제적 효과 중 파급효과에 대한 설명으로 틀린 것은?

① 파급효과는 노동조합이 조직됨으로써 노동조합 조직부문에서의 상대적 노동수요가 감소하고 그 결과 일자리를 잃은 노동자들이 비조직부문의 임금을 하락시키는 효과이다.

② 파급효과는 노동조합의 잠재적인 조직위협에 의해서 비조직부문의 노동자의 임금이 인상되는 효과이다.

③ 파급효과가 매우 강한 경우에는 노동조합이 이중노동시장을 형성시키게 한다.

④ 파급효과가 강한 경우 조직부문의 임금인상이 비조합원을 저임금의 불안정한 직무로 몰아내는 간접효과를 가진다.

콕집어해설

파급효과(이전효과, 해고효과)

- 파급효과는 노동조합이 조직됨으로써 노동조합 조직부문에서의 상대적 노동수요가 감소하고 그 결과 일자리를 잃은 노동자들이 비조직부문의 임금을 하락시키는 효과이다.(①)
- 파급효과가 강한 경우 조직부문의 임금인상이 비조합원을 저임금의 불안정한 직무로 몰아내는 간접효과를 가진다.(④)
- 파급효과가 매우 강한 경우에는 노동조합이 이중노동시장을 형성시키게 한다.(③)

답 ②

해 노동조합의 잠재적인 조직위협에 의해서 비조직부문의 노동자의 임금이 인상되는 것은 '위협효과'이다.

71 다음 중 성과급 제도의 장점에 해당하는 것은?

① 직원 간 화합이 용이하다.

② 근로의 능률을 자극할 수 있다.

③ 임금의 계산이 간편하다.

④ 확정적 임금이 보장된다.

콕집어해설

성과급제도의 장·단점

장점

1) 작업성과와 임금이 정비례하므로 노동자에게 합리성과 공평감을 준다.
2) 작업능률을 자극함으로써 생산성 제고·원가절감·노동자의 소득증대에 효과가 있다.(②)
3) 시간급제보다 원가계산이 용이하다.

단점

1) 직원 간의 화합에 불리하다.(①)
2) 확정적 임금이 보장되지 못한다.(④)
3) 임금의 계산이 복잡하다.(③)
4) 표준단가의 결정과 정확한 작업량의 측정이 어렵다.
5) 무리한 노동의 결과로 과로와 조직적 태업을 유발할 가능성이 있다.
6) 작업량에만 치중하므로 제품의 품질저하가 나타날 수 있다.

답 ②

해 ①, ③, ④는 '고정급제'의 장점이다.

꿰뚫어 보기

성과급제

1) 노동의 성과를 측정하여 성과에 따라 임금을 산정·지급하는 능률급제이며 변동급제의 임금형태이다.
2) 실시조건
   ㄱ. 생산량이 객관적으로 측정이 가능할 경우
   ㄴ. 근로자의 노력과 생산량과의 관계가 명확할 경우
   ㄷ. 직무가 표준화되어 있고 작업의 흐름이 정규적인 경우
   ㄹ.생산물의 질이 생산량보다 덜 중요하거나 그 질이 일정한 경우

72 다음은 근로자의 노동투입량, 시간당 임금 및 노동의 한계수입생산을 나타낸 것이다. 기업이 노동투입량을 5000시간에서 6000시간으로 증가시킬 때 노동의 한계비용은?

노동투입량(시간)	시간당 임금(원)	한계수입생산(원)
3,000	4,000	20,000
4,000	5,000	18,000
5,000	6,000	17,000
6,000	7,000	15,000
7,000	8,000	14,000
8,000	9,000	12,000
9,000	10,000	11,000

① 42000원　② 12000원
③ 6000원　④ 2800원

콕집어해설

노동의 한계비용(MC_L)

$MC_L = \Delta C/\Delta L$(ΔC는 총노동비용의 증가분, ΔL은 노동투입량의 증가분)

$$= \frac{(6000\text{시간} \times 7000\text{원}) - (5000\text{시간} \times 6000\text{원})}{6000\text{단위} - 5000\text{단위}}$$

$$= \frac{42,000,000 - 30,000,000}{1000\text{단위}}$$

= 12,000(원)

답 ②

73 다음 중 임금교섭 이전 노동조합의 전략을 바르게 짝지은 것은?

> ㄱ. 재고의 비축
> ㄴ. 파업투표(Strike Votes)
> ㄷ. 파업기금의 비축
> ㄹ. 생산공장의 이전(협상에 영향을 주지 않는 곳으로)
> ㅁ. 임금 이외의 수입원 확보

① ㄱ, ㄴ, ㄹ　② ㄱ, ㄷ, ㅁ
③ ㄴ, ㄷ, ㄹ　④ ㄴ, ㄷ, ㅁ

콕집어해설

임금교섭 이전 노동조합의 전략

노동조합 간 상호협력, 조합원 간 단결, 파업기금 비축(ㄷ), 저축장려, 임금 이외의 수입원 확보(ㅁ), 고충의 수집 및 정리, 파업투표(ㄴ) 등

답 ④

해 ㄱ, ㄹ은 사용자 측의 전략이다.

꿰뚫어 보기

사용자 측의 전략 : 재고 비축, 생산공장의 이전(협상에 영향을 주지 않는 곳으로), 직장폐쇄, 타 기업체와 협력, 파업인력 대체 등

74 정부가 노동시장에서 구인·구직 정보의 흐름을 원활하게 하면 직접적으로 줄어드는 실업의 유형은?

① 마찰적 실업　② 경기적 실업
③ 구조적 실업　④ 계절적 실업

콕집어 해설

실업의 유형 및 대책

마찰적 실업

1) 개념 : 신규 또는 전직자가 직업을 찾는 과정에서 직업 정보 부족으로 인해 발생하는 일시적이며, 자발적인 실업이다.
2) 대책 : 구인·구직에 대한 전산망 연결, 직업알선기관의 활성화, 고용실태 및 전망에 관한 자료제공, 퇴직예고제 등

경기적 실업

1) 개념 : 불경기 때 발생하는 대표적인 수요부족 실업이다.
2) 대책 : 재정지출 확대, 조세감면, 금리 인하, 통화량 증대 등을 통한 총수요(유효수요) 확대

구조적 실업

1) 개념 : 구인처에서 요구하는 근로자가 없거나 지역 간 노동력 수급의 불균형 현상으로 인해 발생하는 비자발적 실업이다.
2) 대책 : 경제(산업)구조 변화 예측에 따른 인력수급정책, 근로자의 전직 관련 직업훈련, 지역이주금 보조 등

계절적 실업

1) 개념 : 기후나 계절의 변화에 따라 노동수요의 변화가 심한 부문에서 발생하는 일시적 실업이다.
2) 대책 : 비수기때의 근로대책, 구인처 확보 등

답 ①

75 노동수요곡선을 이동(shift)시키는 요인이 아닌 것은?

① 임금의 변화
② 생산성의 변화
③ 제품 생산 기술의 발전
④ 최종상품에 대한 수요의 변화

콕집어 해설

- 노동수요의 변화 : 생산성의 변화, 기술의 변화, 타 생산요소의 공급변화, 자본의 가격 변화, 최종생산물가격의 변화는 노동수요곡선 자체를 이동시킨다.
- 노동수요량의 변화 : 임금의 변화에 따른 노동수요곡선상의 수요점 이동을 말한다.

답 ①

해 '임금의 변화'는 노동수요곡선상의 이동, 즉 노동수요량의 변화이다.

76 다음은 무엇에 관한 설명인가?

> 경제학자 스펜스(Spence)는 고학력자의 임금이 높은 것은 교육이 생산성을 높이는 역할을 하는 것이 아니라 처음부터 생산성이 높다는 것을 교육을 통해 보여주는 것이라는 견해를 제시했다.

① 인적자본 이론
② 혼잡가설
③ 고학력자의 맹목적 우대
④ 교육의 신호모형

콕집어 해설

신호모형(신호가설)

- 교육은 노동자들의 선천적 재능을 보여주거나 숨겨져 있는 생산성을 신호로 나타내줄 뿐이고, 직접적으로 생산성을 높이는 것은 아니라고 보는 마이클 스펜스(M. Spence)의 주장이다.
- 선별가설과 함께 인적자본이론에 대한 비판적 견해이다.

답 ④

해 ① '인적자본이론'은 신고전학파의 주장으로, 인적자본의 효율적인 투자에 의한 생산성 향상을 강조한다.
② '혼잡가설'은 특정 직종에 다수의 사람이 몰리면서 그 부문의 임금을 하락시키는 것을 말한다.

77 시간당 임금이 5000원에서 6000원으로 인상될 때, 노동수요량이 10000에서 9000으로 감소한다면 노동수요의 임금탄력성은?(단, 노동수요의 임금탄력성은 절댓값이다.)

① 0.2 ② 0.5
③ 1 ④ 2

콕집어 해설

노동수요의 임금탄력성

$$\text{노동수요의 임금탄력성} = \frac{\text{노동수요량의 변화율(\%)}}{\text{임금의 변화율(\%)}}$$

$$= \left| \frac{\frac{9000-10000}{10000} \times 100}{\frac{6000-5000}{5000} \times 100} \right|$$

$$= \left| \frac{-10}{20} \right|$$

= 0.5(단, 절대값 사용)

답 ②

78 불경기에 발생하는 부가노동자효과(Added Worker Effect)와 실망실업자효과(Discouraged Worker Effect)에 따라 실업률이 변화한다. 다음 중 실업률에 미치는 효과의 방향성이 옳은 것은? (단, + : 상승효과, - : 감소효과)

① 부가노동자효과 : +, 실망실업자효과 : -
② 부가노동자효과 : -, 실망실업자효과 : -
③ 부가노동자효과 : +, 실망실업자효과 : +
④ 부가노동자효과 : -, 실망실업자효과 : +

콕집어 해설

실망실업자효과와 부가노동자효과

- 실망실업자효과(Discouraged Worker Effect) : 불경기시 경제활동인구(실업자)가 구직을 포기함으로써 비경제활동인구로 되기 때문에 실업자가 감소한다.
- 부가노동자효과(Added Worker Effect) : 가구주가 불황으로 실직하면서 주부 등과 같은 비경제활동인구가 구직활동을 통해 경제활동인구(실업자)로 되기 때문에 실업자가 증가한다.

답 ①

79 이원적 노사관계론의 구조를 바르게 나타낸 것은?

	제1차 관계	제2차 관계
①	경영 대 노동조합관계	경영 대 정부기관관계
②	경영 대 노동조합관계	경영 대 종업원관계
③	경영 대 종업원관계	경영 대 노동조합관계
④	경영 대 종업원관계	정부기관 대 노동조합관계

콕집어 해설

이원적 노사관계론의 구조

- 제1차 관계(경영 대 종업원관계) : 노사 간의 친화, 우호, 협력을 바탕으로 한다.
- 제2차 관계(경영 대 노동조합관계) : 노사 간에 임금, 근로조건 개선 등을 둘러싼 상반된 이해관계이다.

답 ③

80 생산물시장과 노동시장이 완전경쟁일 때 노동의 한계생산량이 10개이고, 생산물 가격이 500원이며 시간당 임금이 4000원이라면 이윤을 극대화하기 위한 기업의 반응으로 옳은 것은?

① 임금을 올린다.
② 노동을 자본으로 대체한다.
③ 노동의 고용량을 증대시킨다.
④ 고용량을 줄이고 생산을 감축한다.

콕집어 해설

기업의 이윤극대화

기업의 이윤극대화는, 노동의 한계생산 가치(VMP_L) = 시장임금(W)에서 이루어지므로, $VMP_L > W$이면 고용량을 늘리고, $VMP_L < W$일 때는 고용량을 줄여야 한다.
$VMP_L = 500 \times 10$에서 5,000원이고 시장임금(W)는 4,000원이므로, $VMP_L > W$인 경우이다.
그러므로 노동 고용량을 증대시켜야 한다.

답 ③

제5과목 | 노동관계법규

81 남녀고용평등과 일·가정 양립 지원에 관한 법령상 고용에 있어서 남녀의 평등한 기회와 대우를 보장하여야 할 사항으로 명시되지 않은 것은?

① 모집과 채용 ② 임금
③ 근로시간 ④ 교육

콕집어 해설

남녀의 평등한 기회보장과 대우
- 모집과 채용(①)
- 임금(②)
- 임금 외의 금품
- 교육·배치 및 승진(④)
- 정년·퇴직 및 해고

답 ③

82 국민평생직업능력 개발법상 직업능력개발훈련의 기본원칙과 거리가 먼 것은?

① 근로자 개인의 희망 · 적성 · 능력에 맞게 생애에 걸쳐 체계적으로 실시되어야 한다.
② 민간의 자율과 창의성이 존중되고 직업능력개발훈련이 필요한 근로자에 대하여 균등한 기회가 보장되도록 실시되어야 한다.
③ 신기술을 필요로 하는 업무에 종사하는 근로자에 대한 직업능력개발훈련은 중요시되어야 한다.
④ 교육 관계 법에 따른 학교교육 및 산업현장과 긴밀하게 연계될 수 있도록 하여야 한다.

콕집어 해설

직업능력개발훈련의 기본원칙
- 근로자 개인의 희망 · 적성 · 능력에 맞게 생애에 걸쳐 체계적으로 실시되어야 한다.(①)
- 민간의 자율과 창의성이 존중되고 직업능력개발훈련이 필요한 근로자에 대하여 균등한 기회가 보장되도록 실시되어야 한다.(②)
- 교육 관계 법에 따른 학교교육 및 산업현장과 긴밀하게 연계될 수 있도록 하여야 한다.(④)

답 ③

해 '신기술을 필요로 하는 업무에 종사하는 근로자'는 직업능력개발훈련의 중요 대상이 아니다.

꿰뚫어 보기

직업능력개발훈련이 중요시되어야 하는 대상
1) 고령자, 장애인
2) 국민기초생활 수급권자
3) 국가유공자와 그 유족 또는 가족이나 보훈보상대상자와 그 유족 또는 가족
4) 5·18 민주유공자와 그 유족 또는 가족
5) 제대군인 및 전역예정자
6) 여성근로자
7) 중소기업의 근로자
8) 일용근로자, 단시간근로자, 기간을 정하여 근로계약을 체결한 근로자, 일시적 사업에 고용된 근로자, 파견근로자

83 고용정책 기본법상 지역고용정책기본계획의 수립 · 시행에 관한 설명으로 틀린 것은?

① 특별시장 · 광역시장 · 특별자치시장 · 도지사 및 특별자치도지사는 지역고용심의회의 심의를 거쳐 지역 주민의 고용촉진과 고용안정 등에 관한 지역고용정책기본계획을 수립 · 시행하여야 한다.
② 특별시장 · 광역시장 · 특별자치시장 · 도지사 및 특별자치도지사는 지역고용정책기본계획을 수립한 때에는 고용노동부장관이 수립한 고용정책에 관한 기본계획과 일치되도록 하여야 한다.
③ 특별시장 · 광역시장 · 특별자치시장 · 도지사 및 특별자치도지사는 지역고용정책기본계획을 세우기 위하여 필요하면 관계 중앙행정정기관의 장 및 관할 지역의 직업안정기관의 장에게 협조를 요청할 수 있다.
④ 국가는 특별시장 · 광역시장 · 특별자치시장 · 도지사 및 특별자치도지사가 지역고용정책기본계획을 수립 · 시행하는 데에 필요한 지원을 할 수 있다.

콕집어 해설

지역고용정책기본계획의 수립과 시행

- 고용노동부장관은 관계 중앙행정기관의 장과 협의하여 5년마다 국가의 고용정책에 관한 기본계획을 수립하여야 한다.
- 특별시장 · 광역시장 · 특별자치시장 · 도지사 및 특별자치도지사는 지역고용심의회의 심의를 거쳐 지역 주민의 고용촉진과 고용안정 등에 관한 지역고용정책기본계획을 수립 · 시행하여야 한다.(①)
- 특별시장 · 광역시장 · 특별자치시장 · 도지사 및 특별자치도지사는 지역고용정책기본계획을 수립할 때에는 고용노동부장관이 수립한 고용정책에 관한 기본계획과 조화되도록 하여야 한다.(②)
- 특별시장 · 광역시장 · 특별자치시장 · 도지사 및 특별자치도지사는 지역고용정책기본계획을 세우기 위하여 필요하면 관계 중앙행정기관의 장 및 관할 지역의 직업안정기관의 장에게 협조를 요청할 수 있다.(③)
- 국가는 특별시장 · 광역시장 · 특별자치시장 · 도지사 및 특별자치도지사가 지역고용정책기본계획을 수립 · 시행하는 데에 필요한 지원을 할 수 있다.(④)

답 ②

해 일치(×) → '조화'

꿰뚫어 보기

고용정책 기본법상 기본원칙

1) 근로자의 직업선택의 자유와 근로의 권리가 확보되도록 할 것
2) 사업주의 자율적인 고용관리를 존중할 것
3) 구직자의 자발적인 취업노력을 촉진할 것
4) 고용정책은 효율적이고 성과지향적으로 수립·시행할 것
5) 고용정책은 여러 사항을 고려하여 균형있게 수립·시행할 것
6) 고용정책은 국가·지방단체 간, 공공부문·민간부문 간 및 근로자·사업주·정부 간의 협력을 바탕으로 수립·시행할 것

84 고용상 연령차별금지 및 고령자고용촉진에 관한 법령상 준고령자의 정의로 옳은 것은?

① 40세 이상 45세 미만인 사람
② 45세 이상 50세 미만인 사람
③ 50세 이상 55세 미만인 사람
④ 55세 이상 60세 미만인 사람

콕집어 해설

준고령자의 정의

- '고령자'는 55세 이상인 사람을 말한다.
- '준고령자'는 50세 이상 55세 미만인 사람으로 한다.

답 ③

85 국민평생직업능력 개발법상 용어의 정의에 관한 설명으로 틀린 것은?

① 직업능력개발훈련이란 근로자에게 직업에 필요한 직무수행능력을 습득 · 향상시키기 위하여 실시하는 훈련을 말한다.
② 근로자란 직업의 종류와 관계없이 임금을 목적으로 사업이나 사업장에 근로를 제공하는 자를 말한다.
③ 직업능력개발사업이란 직업능력개발훈련, 직업능력개발훈련 과정 · 매체의 개발 및 직업능력개발에 관한 조사 · 연구 등을 하는 사업을 말한다.
④ 지정직업훈련시설이란 직업능력개발훈련을 위하여 설립 · 설치된 직업전문학교 등의 시설로서 고용노동부장관이 지정한 시설을 말한다.

콕집어 해설

국민평생직업능력개발법상 용어의 정의

- 직업능력개발훈련이란 근로자에게 직업에 필요한 직무수행능력을 습득 · 향상시키기 위하여 실시하는 훈련을 말한다.(①)
- '근로자'란 사업주에게 고용된 사람과 취업할 의사를 가진 사람을 말한다.(②)
- 직업능력개발사업이란 직업능력개발훈련, 직업능력개발훈련 과정 · 매체의 개발 및 직업능력개발에 관한 조사 · 연구 등을 하는 사업을 말한다.(③)
- 지정직업훈련시설이란 직업능력개발훈련을 위하여 설립 · 설치된 직업전문학교 등의 시설로서 고용노동부장관이 지정한 시설을 말한다.(④)

답 ②

해 근로기준법상의 '근로자' 정의이다.

꿰뚫어 보기

근로자의 법률상 정의

- '근로자'란 직업의 종류와 관계없이 임금을 목적으로 사업이나 사업장에 근로를 제공하는 자를 말한다.

→근로기준법, 근로복지기본법, 근로자퇴직급여 보장법, 산업안전보건법, 근로자참여 및 협력증진에 관한 법률, 고용상 연령차별금지 및 고령자고용촉진에 관한 법률

- '근로자'란 사업주에게 고용된 사람과 취업할 의사를 가진 사람을 말한다.
  →고용정책 기본법, 국민평생직업능력 개발법, 남녀고용평등과 일·가정 양립 지원에 관한 법률
- '근로자'라 함은 직업의 종류를 불문하고 임금·급료 기타 이에 준하는 수입에 의하여 생활하는 자를 말한다.
  →노동조합 및 노동관계조정법

86 헌법상 노동3권에 해당하지 않는 것은?

① 단결권　② 단체교섭권
③ 단체행동권　④ 단체투쟁권

콕집어 해설

노동 3권(근로 3권)

- 단결권 : 근로자들이 자주적으로 노동조합을 설립·운영하고 이에 가입하며, 노동조합을 운영할 수 있는 권리
- 단체교섭권 : 근로자가 근로조건을 유지·개선하기 위하여 단결에 의해서 사용자와 교섭할 수 있는 권리
- 단체행동권 : 단체교섭이 근로자에게 유리하게 전개되도록 하기 위하여 근로자에게 보장된 집단적 행동에 관한 권리

답 ④

꿰뚫어 보기

근로3권의 제한

1) 근로3권도 국가안전보장·질서유지·공공복리를 위하여 필요한 경우에 법률로써 제한을 할 수 있다. 단, 기본권의 본질적 내용은 침해할 수 없다.
2) 공무원인 근로자는 법률이 정하는 자에 한하여 단결권·단체교섭권 및 단체행동권을 가진다.
3) 공무원은 노동운동이나 그 밖에 공무 외의 일을 위한 집단행위를 하여서는 아니 된다. 다만, 사실상 노무에 종사하는 공무원은 예외로 한다.
4) 사립학교교원 및 국·공립학교교원은 단결권, 단체교섭권만을 가진다.
   교원의 노동조합 설립 및 운영 등에 관한 법률은 교원 노동조합과 그 조합원의 쟁의행위를 금지하고 있다.
5) 법률이 정하는 주요방위산업체에 종사하는 근로자의 단체행동권은 법률이 정하는 바에 의하여 이를 제한하거나 인정하지 아니할 수 있다.

87 채용절차의 공정화에 관한 법령상 500만 원 이하의 과태료 부과 행위에 해당하는 것은?

① 채용서류 보관의무를 이행하지 아니한 구인자
② 구직자에 대한 고지의무를 이행하지 아니한 구인자
③ 시정명령을 이행하지 아니한 구인자
④ 지식재산권을 자신에게 귀속하도록 강요한 구인자

콕집어 해설

채용절차상의 500만원 이하의 과태료 부과대상

- 채용광고의 내용 또는 근로조건을 변경한 구인자
- 지식재산권을 자신에게 귀속하도록 강요한 구인자
- 그 직무의 수행에 필요하지 아니한 개인정보를 기초심사자료에 기재하도록 요구하거나 입증자료로 수집한 구인자

답 ④

꿰뚫어 보기

그 외 과태료

- 3천만원 이하의 과태료 : 채용강요 등의 행위를 한 자
- 300만원 이하의 과태료
  1) 채용서류 보관의무를 이행하지 아니한 구인자(①)
  2) 구직자에 대한 고지의무를 이행하지 아니한 구인자(②)
  3) 시정명령을 이행하지 아니한 구인자(③)

88 직업안정법상 고용노동부장관의 허가를 받아야 하는 것은?

① 근로자공급사업　② 유료직업소개사업
③ 직업정보제공사업　④ 국외 취업자의 모집

콕집어 해설

근로자공급사업

- 근로자공급사업은 고용노동부장관의 허가를 받아야 한다.
- 근로자공급사업 허가의 유효기간은 3년이며, 유효기간이 끝난 후 연장허가의 유효기간 또한 연장 전 허가의 유효기간이 끝나는 날부터 3년이다.

답 ①

꿰뚫어 보기

- 무료직업소개사업 : 근로자가 취업하려는 장소를 기준으로,
  1) 국내 무료직업소개사업 : 국내 무료직업소개사업을 하려는 자는 주된 사업소의 소재지를 관할하는 특별자치도지사·시장·군수 및 구청장에게 신고해야 한다.
  2) 국외 무료직업소개사업 : 국외 무료직업소개사업을 하려는 자는 고용노동부장관에게 신고해야 한다.
- 유료직업소개사업 : 근로자가 취업하려는 장소를 기준으로,
  1) 국내 유료직업소개사업 : 국내 유료직업소개사업을 하려는 자는 주된 사업소의 소재지를 관할하는 특별자치도지사·시장·군수 및 구청장에게 등록해야 한다.
  2) 국외 유료직업소개사업 : 국외 유료직업소개사업을 하려는 자는 고용노동부장관에게 등록해야 한다.
  - 근로자공급사업 : 고용노동부장관의 허가
  - 근로자파견사업 : 고용노동부장관의 허가
  - 직업정보제공사업 : 고용노동부장관에게 신고

89 다음 (　　)에 알맞은 것은?

> 근로기준법상 사용자는 근로자가 사망 또는 퇴직한 경우에는 그 지급 사유가 발생한 때로부터 (　　)이내에 임금, 보상금, 그 밖에 일체의 금품을 지급하여야 한다. 다만, 특별한 사정이 있을 경우에는 당사자 사이의 합의에 의하여 기일을 연장할 수 있다.

① 14일　　② 30일
③ 60일　　④ 90일

콕집어 해설

금품청산

- 근로기준법상 사용자는 근로자가 사망 또는 퇴직한 경우에는 그 지급 사유가 발생한 때로부터 14일 이내에 임금, 보상금, 그 밖에 일체의 금품을 지급하여야 한다. 다만, 특별한 사정이 있을 경우에는 당사자 사이의 합의에 의하여 기일을 연장할 수 있다.
- 사용자가 당해 사업장에서 사망 또는 퇴직한 근로자의 임금지급을 지연하는 경우 연 100분의 20의 이율로 지연 이자를 지급해야 한다.

답 ①

90 고용정책 기본법령상 대량고용변동의 신고 시 이직근로자 수에 포함되는 자는?

① 수습 사용된 날부터 3개월 이내의 사람
② 자기의 사정 또는 귀책사유로 이직하는 사람
③ 천재지변으로 인하여 사업의 계속이 불가능하게 되어 이직하는 사람
④ 6개월 미만의 기간을 정하여 고용된 사람으로서 6개월을 초과하여 계속 고용되고 있는 사람

콕집어 해설

대량고용변동 신고 시 이직 근로자 수에 포함되는 사람

- 일용근로자 또는 6개월 미만의 기간을 정하여 고용된 사람으로써 6개월을 초과하여 계속 고용되고 있는 사람
- 6개월을 초과하는 기간을 정하여 고용된 사람으로서 당해 기간을 초과하여 계속 고용되고 있는 사람(④)

답 ④

꿰뚫어 보기

대량 고용변동 신고 시 이직하는 근로자 수에 포함되지 않는 자

1) 일용근로자 또는 기간을 정하여 고용된 사람
2) 수습 사용된 날부터 3개월 이내의 사람
3) 자기의 사정 또는 귀책사유로 이직하는 사람
4) 상시 근무를 요하지 아니하는 사람으로 고용된 사람
5) 천재지변이나 그 밖의 부득이한 사유로 인하여 사업의 계속이 불가능하게 되어 이직하는 사람

91 남녀고용평등과 일·가정 양립 지원에 관한 법률상 차별에 관한 설명으로 틀린 것은?

① 사업주가 근로자에게 성별, 혼인, 가족 안에서의 지위, 임신 또는 출산 등의 사유로 합리적인 이유 없이 채용 또는 근로의 조건을 다르게 하거나 그 밖의 불리한 조치를 하는 경우를 차별이라고 한다.

② 사업주가 채용조건이나 근로조건은 동일하게 적용하더라도 그 조건을 충족할 수 있는 남성 또는 여성이 다른 한 성에 비하여 현저히 적고 그에 따라 특정 성에게 불리한 결과를 초래하며 그 조건이 정당한 것임을 증명할 수 없는 경우는 차별에 포함된다.

③ 직무의 성격에 비추어 특정 성이 불가피하게 요구되는 경우라도 특정 성에게 불리한 결과를 초래할 경우 차별에 해당된다.

④ 여성 근로자의 임신·출산·수유 등 모성보호를 위한 조치를 하는 경우는 차별에 해당되지 않는다.

콕집어 해설

차별과 차별의 예외 사항

차별의 정의

1) 사업주가 근로자에게 성별, 혼인, 가족 안에서의 지위, 임신 또는 출산 등의 사유로 합리적인 이유 없이 채용 또는 근로의 조건을 다르게 하거나 그 밖의 불리한 조치를 하는 경우(①)
2) 사업주가 채용조건이나 근로조건은 동일하게 적용하더라도 그 조건을 충족할 수 있는 남성 또는 여성이 다른 한 성(性)에 비하여 현저히 적고 그에 따라 특정 성에게 불리한 결과를 초래하며 그 조건이 정당한 것임을 증명할 수 없는 경우(②)
3) 사업주가 임금 외에 근로자의 생활을 보조하기 위한 금품의 지급 또는 자금의 융자를 특정 성의 직원에게만 하는 경우

차별의 예외 사항

1) 직무의 성격에 비추어 특정 성이 불가피하게 요구되는 경우(③)
2) 여성 근로자의 임신·출산·수유 등 모성보호를 위한 조치를 하는 경우(④)
3) 그 밖에 이 법 또는 다른 법률에 따라 적극적 고용개선조치를 하는 경우
4) '적극적 고용개선조치'란 현존하는 남녀 간의 고용차별을 없애거나 고용평등을 촉진하기 위하여 잠정적으로 특정 성을 우대하는 조치를 말한다.

답 ③

92 근로자퇴직급여 보장법령상 퇴직금의 중간정산 사유에 해당하지 않는 것은?

① 무주택자인 근로자가 본인 명의로 주택을 구입하는 경우

② 사용자가 기존의 정년을 보장하는 조건으로 단체협약을 통하여 일정 나이를 기준으로 임금을 줄이는 제도를 시행하는 경우

③ 3개월 이상 요양을 필요로 하는 근로자 배우자의 질병에 대한 의료비를 해당 근로자가 본인 연간 임금총액의 1천분의 115를 초과하여 부담하는 경우

④ 퇴직금 중간정산을 신청하는 날부터 거꾸로 계산하여 5년 이내에 근로자가 「채무자 회생 및 파산에 관한 법률」에 따라 파산선고를 받은 경우

콕집어 해설

퇴직금의 중간정산 사유

- 무주택자인 근로자가 본인 명의로 주택을 구입하는 경우(①)
- 무주택자인 근로자가 주거를 목적으로 전세금 또는 보증금을 부담하는 경우
  이 경우 근로자가 하나의 사업에 근로하는 동안 1회로 한정한다.
- 사용자가 기존의 정년을 보장하는 조건으로 단체협약을 통하여 일정 나이를 기준으로 임금을 줄이는 제도를 시행하는 경우(②)
- 6개월 이상 요양을 필요로 하는 근로자 본인, 배우자, 근로자 또는 그 배우자의 부양가족 질병에 대한 의료비를 해당 근로자가 본인 연간 임금총액의 1천분의 125를 초과하여 부담하는 경우(③)
- 퇴직금 중간정산을 신청하는 날부터 거꾸로 계산하여 5년 이내에 근로자가 「채무자 회생 및 파산에 관한 법률」에 따라 파산선고를 받은 경우(④)
- 퇴직금 중간정산을 신청하는 날부터 거꾸로 계산하여 5년 이내에 근로자가 개인회생절차개시 결정을 받은 경우

답 ③

93 직업안정법령상 근로자공급사업에 관한 설명으로 틀린 것은?

① 누구든지 고용노동부장관의 허가를 받지 아니하고는 근로자공급사업을 하지 못한다.
② 국내 근로자공급사업은 「노동조합 및 노동관계조정법」에 따른 노동조합만이 허가를 받을 수 있다.
③ 국외 근로자공급사업을 하려는 자는 1천만원 이상의 자본금만 갖추면 된다.
④ 근로자공급사업 허가의 유효기간은 3년으로 한다.

콕집어 해설

근로자공급사업

- 근로자공급사업은 공급계약에 따라 근로자를 타인에게 사용하게 하는 사업을 말한다.
- 근로자공급사업은 고용노동부장관의 허가를 필요로 한다.(①)
- 근로자공급사업 허가의 유효기간은 3년으로 한다.(④)
- 근로자공급사업은 근로자가 취업하려는 장소를 기준으로, 국내 근로자공급사업과 국외 근로자공급사업으로 구분한다.
- 국내 근로자공급사업의 경우 그 사업의 허가를 받을 수 있는 자는 < 노동조합 및 노동관계조정법 > 에 따른 노동조합이며, 국외 근로자공급사업은 국내에서 제조업, 건설업, 용역업, 그 밖의 서비스업을 하고 있는 자이다.(②)
- 근로자공급사업에는 < 파견근로자보호 등에 관한 법률 > 에 따른 근로자파견사업은 제외한다.
- 국외 근로자공급사업을 하려는 자는 1억원 이상의 자본금을 갖추어야 한다.(③)

답 ③

94 파견근로자보호 등에 관한 법률상 근로자파견 대상업무가 아닌 것은?

① 주유원의 업무
② 행정, 경영 및 재정 전문가의 업무
③ 음식 조리 종사자의 업무
④ 선원법에 따른 선원의 업무

콕집어 해설

근로자파견사업을 해서는 안되는 사업

건설현장업무, 항만하역사업, 철도여객사업, 선원업무, 분진작업, 의료업무, 여객·화물차 등 운송업무, 기타 유해하거나 위험한 업무 등

답 ④

꿰뚫어 보기

근로자파견사업

1) 근로자파견사업 허가의 유효기간은 '3년'으로 한다.
2) 파견사업주, 사용사업주, 파견근로자 간의 합의가 있는 경우에는 파견기간을 연장할 수 있다.
3) 「고용상 연령차별금지 및 고령자고용촉진에 관한 법률」의 고령자인 파견근로자에 대하여는 2년을 초과하여 근로자파견기간을 연장할 수 있다.
4) 파견사업주는 그가 고용한 근로자 중 파견근로자로 고용하지 아니한 자를 근로자파견의 대상으로 하려는 경우에는 미리 해당 근로자에게 그 취지를 서면으로 알리고 그의 동의를 받아야 한다.
5) 파견사업주는 쟁의행위 중인 사업장에 그 쟁의행위로 중단된 업무의 수행을 위하여 근로자를 파견하여서는 아니 된다.
6) 파견사업주는 근로자파견을 할 경우에는 파견근로자의 성명·성별·연령·학력·자격 기타 직업능력에 관한 사항을 사용사업주에게 통지하여야 한다.

95 고용정책기본법령상 고용재난지역에 관한 설명으로 틀린 것은?

① 고용재난지역으로 선포할 것을 대통령에게 건의할 수 있는 자는 기획재정부장관이다.
② 고용재난지역의 선포를 건의 받은 대통령은 국무회의 심의를 거쳐 해당 지역을 고용 재난지역으로 선포할 수 있다.
③ 고용재난지역으로 선포하는 경우 정부는 행정상·재정상·금융상의 특별지원이 포함된 종합대책을 수립·시행할 수 있다.
④ 고용재난조사단은 단장 1명을 포함하여 15명 이하의 단원으로 구성한다.

콕집어해설

고용재난지역

- 고용재난지역으로 선포할 것을 대통령에게 건의할 수 있는 자는 고용노동부장관이다.(①)
- 고용재난지역의 선포를 건의 받은 대통령은 국무회의 심의를 거쳐 해당 지역을 고용 재난지역으로 선포할 수 있다.(②)
- 고용재난지역으로 선포하는 경우 정부는 행정상·재정상·금융상의 특별지원이 포함된 종합대책을 수립·시행할 수 있다.(③)
- 고용재난조사단은 단장 1명을 포함하여 15명 이하의 단원으로 구성한다.(④)

답 ①

96 근로기준법령상 용어의 정의에 관한 설명으로 틀린 것은?

① "근로"란 정신노동과 육체노동을 말한다.
② "사용자"란 사업주 또는 사업 경영 담당자, 그 밖에 근로자에 관한 사항에 대하여 사업주를 위하여 행위하는 자를 말한다.
③ "통상임금"이란 이를 산정하여야 할 사유가 발생한 날 이전 3개월 동안에 그 근로자에게 지급된 임금의 총액을 그 기간의 총일수로 나눈 금액을 말한다.
④ "단시간근로자"란 1주 동안의 소정근로시간이 그 사업장에서 같은 종류의 업무에 종사하는 통상 근로자의 1주 동안의 소정근로시간에 비하여 짧은 근로자를 말한다.

콕집어해설

근로기준법령상 용어

- '근로'란 정신노동과 육체노동을 말한다.(①)
- '근로자'란 직업의 종류와 관계없이 임금을 목적으로 사업이나 사업장에 근로를 제공하는 자를 말한다.
- '사용자'란 사업주 또는 사업 경영 담당자, 그 밖에 근로자에 관한 사항에 대하여 사업주를 위하여 행위하는 자를 말한다.(②)
- '통상임금'이란 근로자에게 정기적·일률적으로 소정근로시간 또는 총근로시간에 대하여 지급하기로 정하여진 시간급금액·일급금액·주급금액·월급금액 또는 도급금액을 말한다.(③)
- '평균임금'이란 평균임금 산정사유 발생일 이전 3개월 동안에 그 근로자에게 지급된 임금의 총액을 그 기간의 총일수로 나눈 금액을 말한다.(③)
- '단시간근로자'란 1주 동안의 소정근로시간이 그 사업장에서 같은 종류의 업무에 종사하는 통상 근로자의 1주 동안의 소정근로시간에 비하여 짧은 근로자를 말한다.(④)
- 기간제근로자란 기간의 정함이 있는 근로계약을 체결한 근로자를 말한다.

답 ③

97 남녀고용평등과 일·가정 양립 지원에 관한 법령상 ( ) 안에 들어갈 숫자의 연결이 옳은 것은?

> 제19조의4(육아휴직과 육아기 근로시간 단축의 사용형태)
> ① 근로자는 육아휴직을 (ㄱ)회에 한정하여 나누어 사용할 수 있다.
> ② 근로자는 육아기 근로시간 단축을 나누어 사용할 수 있다. 이 경우 나누어 사용하는 (ㄴ)회의 기간은 (ㄷ)개월 이상이 되어야 한다.

	ㄱ	ㄴ	ㄷ
①	1	2	2
②	2	1	2
③	1	2	3
④	2	1	3

콕집어 해설

육아휴직과 육아기 근로시간 단축의 사용형태

- 근로자는 육아휴직을 2회에 한정하여 나누어 사용할 수 있다.
- 근로자는 육아기 근로시간 단축을 나누어 사용할 수 있다. 이 경우 나누어 사용하는 1회의 기간은 3개월 이상이 되어야 한다.

답 ④

98 남녀고용평등과 일·가정 양립 지원에 관한 법령상 육아기 근로시간 단축에 관한 설명으로 <u>틀린</u> 것은?

① 사업주는 육아기 근로시간 단축을 하고 있는 근로자의 명시적 청구가 있으면 단축된 근로시간 외에 주 15시간 이내에서 연장근로를 시킬 수 있다.
② 원칙적으로 사업주는 근로자가 초등학교 2학년 이하의 자녀를 양육하기 위하여 근로시간의 단축을 신청하는 경우에 이를 허용하여야 한다.
③ 사업주가 근로자에게 육아기 근로시간 단축을 허용하는 경우 단축 후 근로시간은 주당 15시간 이상이어야 하고 35시간을 넘어서는 아니 된다.
④ 육아기 근로시간 단축을 한 근로자에 대하여 평균임금을 산정하는 경우에는 그 근로자의 육아기 근로시간 단축 기간을 평균임금 산정기간에서 제외한다.

콕집어 해설

육아기 근로시간 단축

- 사업주는 육아기 근로시간 단축을 하고 있는 근로자의 명시적 청구가 있으면 단축된 근로시간 외에 주 12시간 이내에서 연장근로를 시킬 수 있다.(①)
- 원칙적으로 사업주는 근로자가 초등학교 2학년 이하의 자녀를 양육하기 위하여 근로시간의 단축을 신청하는 경우에 이를 허용하여야 한다. (②)
- 사업주가 근로자에게 육아기 근로시간 단축을 허용하는 경우 단축 후 근로시간은 주당 15시간 이상이어야 하고 35시간을 넘어서는 아니 된다. (③)
- 육아기 근로시간 단축을 한 근로자에 대하여 평균임금을 산정하는 경우에는 그 근로자의 육아기 근로시간 단축 기간을 평균임금 산정기간에서 제외한다. (④)

답 ①

해 15시간 이내(×)→12시간 이내

99 남녀고용평등과 일·가정 양립 지원에 관한 법령상 다음 (　　)안에 각각 알맞은 것은?

> 제18조의2(배우자 출산휴가)
> ① 사업주는 근로자가 배우자의 출산을 이유로 휴가(이하 "배우자 출산휴가"라 한다)를 청구하는 경우에 (ㄱ)일의 휴가를 주어야 한다.
> (이하 생략)
> ③ 배우자 출산휴가는 근로자의 배우자가 출산한 날부터 (ㄴ)일이 지나면 청구할 수 없다.

① ㄱ : 5　ㄴ : 30
② ㄱ : 5　ㄴ : 90
③ ㄱ : 10　ㄴ : 30
④ ㄱ : 10　ㄴ : 90

콕집어 해설

배우자 출산휴가

- 사업주는 근로자가 배우자의 출산을 이유로 휴가를 청구하는 경우 10일의 휴가를 주어야 한다.
  이 경우 사용한 휴가기간은 유급으로 한다.
- 출산전후휴가급여 등이 지급된 경우에는 그 금액의 한도에서 지급책임을 면함
- 배우자 출산휴가는 근로자의 배우자가 출산한 날부터 90일이 지나면 청구할 수 없다.
- 배우자 출산휴가는 1회에 한정하여 나누어 사용할 수 있다.
- 사업주는 배우자 출산휴가를 이유로 근로자를 해고하거나 그 밖의 불리한 처우를 하여서는 아니 된다.

답 ④

100 **고용보험법령상 고용보험기금의 용도에 해당하지 않는 것은?**

① 일시 차입금의 상환금과 이자
② 실업급여의 지급
③ 보험료의 반환
④ 국민건강 보험료의 지원

콕집어 해설

고용보험기금의 용도

- 일시 차입금의 상환금과 이자
- 실업급여의 지급
- 보험료의 반환
- 국민연금 보험료의 지원
- 고용안정 · 직업능력개발 사업에 필요한 경비
- 육아휴직 급여 및 출산전후휴가 급여의 지급

답 ④

2023년 3회

제1과목 | 직업상담학

01 인간중심상담의 실현화 경향성에 관한 설명으로 틀린 것은?

① 유기체의 성장과 향상, 즉 발달을 촉진하고 지지한다.
② 성숙의 단계에 포함된 성장의 모든 국면에 영향을 준다.
③ 동물을 제외한 살아있는 모든 사람에게서 볼 수 있다.
④ 유기체를 향상시키는 활동으로부터 도출된 기쁨과 만족을 강조한다.

콕집어 해설

실현화 경향성(Rogers)
- '실현화 경향성'이란 생득적으로 스스로 유지하거나 발달시키며, 잠재적으로 가지고 있는 역량을 키우려는 모든 유기체의 경향성이다.
- 유기체의 성장과 향상, 즉 발달을 촉진하고 지지한다.(①)
- 성숙의 단계에 포함된 성장의 모든 국면에 영향을 준다.(②)
- 사람이나 동물뿐만 아니라 모든 살아있는 것에게서 볼 수 있다.(③)
- 유기체를 향상시키는 활동으로부터 도출된 기쁨과 만족을 강조한다.(④)

답 ③

02 상담 윤리강령의 역할과 기능을 모두 고른 것은?

ㄱ. 내담자의 복리 증진
ㄴ. 지역사회의 도덕적 기대 존중
ㄷ. 상담자 자신의 사생활과 인격 보호
ㄹ. 직무수행 중의 갈등 해결 지침 제공
ㅁ. 전문직으로서의 상담기능 보장

① ㄱ, ㄴ, ㄷ ② ㄴ, ㄷ, ㄹ
③ ㄱ, ㄴ, ㄹ, ㅁ ④ ㄱ, ㄴ, ㄷ, ㄹ, ㅁ

콕집어 해설

상담 윤리강령의 역할과 기능
- 내담자의 복리 증진(ㄱ)
- 지역사회의 도덕적 기대 존중과 전문직으로서의 상담기능 보장(ㄴ)
- 상담자 자신의 사생활과 인격 보호(ㄷ)
- 직무수행 중의 갈등 해결 지침 제공(ㄹ)
- 전문직으로서의 상담기능 보장(ㅁ)

답 ④

꿰뚫어 보기

직업상담사의 윤리강령
1) 담자는 상담에 대한 이론적, 경험적 훈련과 지식을 갖출 것을 전제로 한다.
2) 상담자는 내담자의 성장, 촉진과 문제해결 및 방안을 위해 시간과 노력상의 최선을 다한다.
3) 상담자는 내담자가 이해할 수 있는 한도 내에서 기법을 활용한다.
4) 내담자에 관한 정보를 교육장면이나 연구용으로 사용할 경우에는 내담자와 합의하고 내담자가 노출되지 않도록 해야 한다.
5) 상호 합의한 경우를 제외하고는 다른 전문가의 도움을 받고 있는 내담자에게 상담하지 않는다.
6) 상담자는 자신의 능력 및 기법의 한계로 인해 내담자를 도울 수 없을 때는 내담자의 문제를 다른 전문직 동료나 기관에 의뢰해야 한다.

03 Erikson의 심리사회성 발달이론에서 다음과 같은 현상이 나타나는 시기는?

> 이 시기는 40~50세로 인생의 여러 가지 측면에서 안정되고 성숙된 시기인데 단순히 자신과 자기 세대의 이익과 번영에만 관심을 쏟는 것이 아니라 자기 자손들의 세대와 역사적 미래를 위해 보다 나은 세계를 만드는 데 헌신한다.

① 친밀감(intimacy) - 고립감(isolation)
② 근면성(industry) - 열등감(inferiority)
③ 생성감(generativity) - 침체감(stagnation)
④ 자아정체감(ego - identity) - 역할혼란(role confusion)

콕집어 해설

에릭슨의 심리사회적 발달단계와 위기 [신자 주근자 친생자]

1) 유아기(0~18개월): 신뢰감 대 불신감
2) 초기아동기(18개월~3세): 자율성 대 수치심
3) 학령전기 또는 유희기(3~5세): 주도성 대 죄의식
4) 학령기(5~12세): 근면성 대 열등감
5) 청소년기(12~20세): 자아정체감 대 정체감 혼란
6) 성인초기(20~24세): 친밀감 대 고립감
7) 성인기(24~65세): 생산성(생성감) 대 침체감
8) 노년기(65세 이후): 자아통합 대 절망

답 ③

04 Beck의 인지행동상담에서 사용하는 주된 상담기법이 아닌 것은?

① 정서적 기법　② 반응적 기법
③ 언어적 기법　④ 행동적 기법

콕집어 해설

벡(Beck)의 인지행동상담 기법 [정언행]

- 정서적 기법: 정서도식의 활성화를 통해 내담자의 부정적인 자동적 사고를 끌어낸다.
- 언어적 기법: 소크라테스식 질문을 통해 내담자의 자동적 사고가 현실적으로 타당한지를 내담자 스스로 평가하도록 한다.
- 행동적 기법: 인지변화를 목적으로 행동실험을 수행하게 함으로써 인지변화를 촉구한다

답 ②

꿰뚫어 보기

인지적 오류 유형(Beck) [임잘개선 과이과긍]

1) 임의적 추론(자의적 추론): 어떤 결론을 지지하는 증거가 없음에도 임의적으로 결론을 내린다.
2) 잘못된 명명: 극히 드문 일을 근거로 해서 완전히 부정적으로 생각한다.
3) 개인화: 자신과 관련 없는 사건을 자신 때문에 생겼다고 생각한다.
4) 선택적 추상화: 상황의 긍정적 양상은 여과시키고 부정적인 세부사항에 머문다.
5) 과일반화: 한두 가지의 고립된 사건에 근거해서 일반적인 결론을 내리고 그것을 서로 관계없는 상황에 적용한다.
6) 이분법적 사고(흑백논리): 어떤 현상을 흑과 백의 두가지 종류로만 보고 중간지대는 없다고 여긴다.
7) 과장 및 축소: 사건의 중요성과 무관하게 특정 의미를 과대 또는 축소하는 것이다.
8) 긍정격하: 자신의 긍정적 경험을 부정적 경험으로 전환하거나 격하시킨다.

05 자기인식이 부족한 내담자를 사정할 때 인지에 대한 통찰을 재구조화하거나 발달시키는데 적합한 방법은?

① 직면이나 논리적 분석을 해준다.
② 불안에 대처하도록 심호흡을 시킨다.
③ 은유나 비유를 사용한다.
④ 사고를 재구조화 한다.

콕집어 해설

인지적 명확성이 부족한 내담자 유형과 상담자의 개입방법

- 비난하기: 직면이나 논리적 분석을 해준다.(①)
- 잘못된 의사결정방식: 불안에 대처하도록 심호흡을 시킨다.(②)
- 자기인식의 부족: 은유나 비유를 사용한다.(③)
- 걸러내기: 사고를 재구조화 한다.(④)

답 ③

꿰뚫어 보기

인지적 명확성이 부족한 내담자의 유형 및 개입 방법

[단복가구원 무비양파강 걸고잘자~~]

1) 단순 오정보-정보 제공하기
2) 복잡한 오정보-논리적인 분석
3) 가정된 불가능-격려
4) 구체성의 결여-구체화시키기
5) 원인과 결과의 착오-논리적 분석
6) 무력감-지시적 상상
7) 비난하기-직면, 논리적 분석
8) 양면적 사고-역설적 사고
9) 파행적 의사소통-저항에 초점 맞추기
10) 강박적 사고-합리적·정서적 치료
11) 걸러내기- 재구조화하기
12) 고정성-정보 제공하기
13) 잘못된 의사결정 방식-심호흡 시키기
14) 자기인식의 부족-은유나 비유 쓰기

06 진로개발프로그램을 운영하는 방법의 하나인 집단진로상담에 관한 설명으로 옳은 것은?

① 참여하고자 하는 학생들 중 사전조사를 통해서 책임의식이 있는 학생들로 선발한다.
② 참여하는 학생들은 목표와 기대가 동일하기 때문에 개인차를 고려하지 않는다.
③ 프로그램 단계별로 나타나는 집단의 역동성은 문제를 복잡하게 만들기 때문에 무시하는 것이 좋다.
④ 다양한 정보습득과 경험을 해야 하기 때문에 참여 학생들은 진로발달상 이질적일수록 좋다.

콕집어 해설

집단진로상담

- 참여하고자 하는 학생들 중 사전조사를 통해서 책임의식이 있는 학생들로 선발한다.(①)
- 참여하는 학생들은 목표와 기대가 서로 다르기 때문에 개인차를 고려해야 한다.(②)
- 프로그램 단계별로 나타나는 집단의 역동성을 중시해야 한다.(③)
- 다양한 정보습득과 경험을 해야 하기 때문에 참여 학생들은 진로발달상 비슷한 수준일수록 좋다.(④)

답 ①

꿰뚫어 보기

집단직업상담의 요소(Tolbert) [목과비 집리일]

1) 목표 : 진로발달의 기대수준과 일치하는 적응적이고 현실적인 직업 자아개념을 확립한다.
2) 과정 : 집단직업상담의 과정은 자기탐색, 상호작용, 개인적 정보의 검토 및 목표와의 연결, 직업적·교육적 정보의 획득 및 검토, 합리적 의사결정 등 5가지 유형의 활동으로 이루어진다.

[자상 개직합]

3) 비밀유지 : 구성원들은 집단직업상담의 과정에서 이루어진 토론 내용에 대해 비밀을 유지해야 한다.
4) 집단구성 : 구성원들 간의 상호작용과 피드백을 촉진하기 위해서, 어느 정도의 이질성이 있는 6~10명 정도의 구성원으로 집단을 구성한다.
5) 리더 : 집단의 리더는 집단상담과 직업정보에 대해 잘 알고 있어야 한다.
6) 일정 : 가능한 모임의 횟수를 최소화하여야 한다.

07 특성-요인 상담의 목표가 아닌 것은?

① 내담자가 잠재적인 모든 개성을 발달시키는 데 주력한다.
② 내담자가 자기 자신의 가능성을 확인하고 그 가능성을 활용할 수 있게 한다.
③ 내담자가 자신이 필요로 하는 정보를 수집, 분석, 종합할 수 있도록 한다.
④ 내담자가 자신의 문제를 해결하도록 한다.

콕집어 해설

특성-요인 상담의 목표

- 내담자가 자기 자신의 가능성을 확인하고 그 가능성을 활용할 수 있게 한다.(②)
- 내담자가 자신이 필요로 하는 정보를 수집, 분석, 종합할 수 있도록 한다.(③)
- 내담자가 자신의 문제를 해결하도록 한다.(④)
- 내담자가 합리적인 의사결정을 통해 올바른 선택을 하도록 한다.

답 ①

해 내담자가 잠재적인 모든 개성을 발달시키는 데 주력함으로써 자아실현을 촉진하는 것을 목표로 하는 것은 '인간중심(내담자 중심) 상담'이다.

꿰뚫어 보기

특성-요인 이론의 기본 가설

1) 인간은 신뢰롭고 타당하게 측정할 수 있는 독특한 특성을 가지고 있다.
2) 직업은 그 직업에서의 성공을 위해 구체적 특성을 지닐 것을 요구한다.
3) 진로선택은 인지적 과정이므로 개인의 특성과 직업의 특성을 짝짓는 것이 가능하다.
4) 개인의 특성과 직업적 요구사항이 긴밀한 관계를 맺을수록 직업적 성공의 가능성이 커진다.

08 내담자중심 상담의 상담목표가 아닌 것은?

① 내담자의 내적 기준에 대한 신뢰를 증가시키도록 도와주는 것
② 경험에 보다 개방적이 되도록 도와주는 것
③ 지속적인 성장 경향성을 촉진시켜 주는 것
④ 내담자의 자유로운 선택과 책임의식을 증가시켜 주는 것

콕집어 해설

내담자중심 상담의 목표(Rogers)

- 경험에 보다 개방적이 되도록 도와주는 것(②)
- 내담자의 내적 기준에 대한 신뢰를 증가시키도록 도와주는 것(①)
- 자신에 대한 신뢰
- 지속적인 성장 경향성을 촉진시켜 주는 것(③)

답 ④

해 내담자의 자유로운 선택과 책임의식을 증가시켜 주는 것은 '실존주의 상담'의 목표이다.

09 다음 면담에서 인지적 명확성이 부족한 내담자의 유형과 상담자 개입방법이 바르게 짝지어진 것은?

- 내담자 : 난 사업을 할까 생각중이에요. 그런데 그 분야에서 일하는 여성들은 대부분 이혼을 한대요.
- 상담자 : 선생님은 사업을 하면 이혼을 할까봐 두려워 하시는군요. 직장여성들의 이혼율과 다른 분야에 종사하는 여성들에 대한 통계를 알아보도록 하죠.

① 구체성의 결여 - 구체화시키기
② 파행적 의사소통 - 저항에 다시 초점 맞추기
③ 강박적 사고 - RET 기법
④ 원인과 결과 착오 - 논리적 분석

콕집어 해설

인지적 명확성이 부족한 내담자의 유형 및 개입 방법

[단복가구원 무비양파강 걸고잘자~~]

1) 단순 오정보-정보 제공하기
2) 복잡한 오정보-논리적 분석
3) 가정된 불가능-격려
4) 구체성의 결여-구체화시키기
5) 원인과 결과의 착오-논리적 분석
6) 무력감-지시적 상상
7) 비난하기-직면, 논리적 분석
8) 양면적 사고-역설적 사고
9) 파행적 의사소통-저항에 초점 맞추기
10) 강박적 사고-합리적·정서적 치료
11) 걸러내기- 재구조화하기
12) 고정성-정보 제공하기
13) 잘못된 의사결정 방식-심호흡 시키기
14) 자기인식의 부족-은유나 비유 쓰기

답 ④

10 교류분석상담의 상담과정에서 내담자 자신의 부모자아, 성인자아, 어린이자아의 내용이나 기능을 이해하는 방법은?

① 구조분석　　② 의사교류분석
③ 게임분석　　④ 생활각본분석

콕집어 해설

구조분석의 3가지 자아상태

1) 부모자아(P) : 어릴 때 부모에게서 받은 영향을 재현하는 자아상태로써, 개인의 가치관이나 신념 등을 나타낸다.
2) 성인자아(A) : 현실을 합리적이고 객관적으로 판단하며, 문제에 대한 적절한 해결책을 찾는 자아상태이다.
3) 아동자아(C) : 어린 애처럼 행동하거나 어린 애의 감정을 그대로 표현하는 자아상태이다.

답 ①

교류분석 상담의 분석유형 [구교라각]

1) 구조분석 : 내담자의 성격에 대한 자아상태를 부모, 성인, 아동자아로 구분하여 자아의 내용과 기능을 이해하도록 돕는다.
2) (의사)교류분석 : 두 사람 간의 의사소통 과정에서 나타나는 상보교류, 교차교류, 이면교류를 파악하여 효율적인 교류가 이루어지도록 돕는다.
3) 라켓 및 게임분석 : 내담자로 하여금 부적응적인 라켓감정과 이를 유발하는 게임을 깨닫게 하여 긍정적인 자아상태가 되도록 돕는다.
4) (생활)각본분석 : 내담자의 과거 제한적인 각본신념이 효율적인 신념으로 전환되도록 돕는다.

11 Cottle의 원형검사시 세 가지 원을 그릴 때 원의 상대적 배치에 따른 시간관계성에 관한 설명으로 틀린 것은?

① 중복되지 않고 경계선에 접해 있는 원은 시간차원의 연결을 의미하며, 구별된 사건의 선형적 흐름을 뜻한다.
② 어떤 것도 접해 있지 않은 원은 시간차원의 완전성을 의미한다.
③ 부분적으로 중첩된 원들은 시간차원의 연합을 나타낸다.
④ 완전히 중첩된 원들은 시간차원의 통합을 의미한다.

콕집어 해설

원의 배치에 따른 시간차원의 연결 구조

- 어떤 것도 접해 있지 않은 원 : 시간차원의 고립을 의미하며, 자신의 미래를 향상시키기 위해 어떤 노력도 하지 않는다.(②)
- 경계선에 접해 있는 원 : 시간차원의 연결을 의미하며, 사건들이 개별적으로 구분되어 있음을 나타낸다.(①)
- 부분적으로 중첩된 원 : 시간차원의 연합을 의미하며, 과거가 현재에, 현재가 미래에 영향을 미친다는 것을 나타낸다.(③)
- 완전히 중첩된 원 : 시간차원의 통합을 의미하며, 오로지 현재에서 과거를 기억하고 미래를 예측한다는 것을 나타낸다.(④)

답 ②

해 완전성(×)→'고립'

코틀(Cottle)의 원형검사

- 원의 의미 : 과거, 현재, 미래를 나타낸다.
- 원의 크기 : 시간차원에 대한 상대적 친밀감을 의미한다.
- 원의 배치 : 시간차원의 연결 구조
- 코틀의 원형검사에 기초한 시간전망 개입의 3가지 측면 : 방향성, 변별성, 통합성

12 특성-요인 직업상담의 과정을 순서대로 바르게 나열한 것은?

ㄱ. 분석	ㄴ. 종합	ㄷ. 진단	ㄹ. 예측	ㅁ. 상담

① ㄱ→ㄴ→ㄷ→ㄹ→ㅁ
② ㄱ→ㄴ→ㄷ→ㅁ→ㄹ
③ ㄱ→ㅁ→ㄷ→ㄹ→ㄴ
④ ㄷ→ㄱ→ㄴ→ㄹ→ㅁ

콕집어 해설

윌리암슨(Williamson)의 특성-요인 직업상담 과정

[분종진 예상추]

- 분석 : 내담자 분석을 위해 심리검사 및 자료수집, 표준화 검사 등이 사용된다.
- 종합 : 내담자에 대한 이해를 얻기 위해 수집한 자료들을 종합한다.
- 진단 : 내담자 문제의 원인을 탐색하며, 문제해결을 위해 진단하는 단계이다.
- 예측 : 진단의 결과를 통해 직업문제에 대해 예측하는 단계이다.
- 상담 : 내담자와 직업문제에 대해 상담하고 문제를 치료한다.
- 추수지도 : 내담자가 바람직한 행동을 하도록 계속적인 지도를 한다.

답 ①

꿰뚫어 보기

특성-요인 직업상담의 검사 해석 단계에서 이용할 수 있는 상담기법

1) 직접 충고 : 검사결과를 토대로 상담자가 내담자에게 자신의 견해를 솔직하게 표현하는 것이다.
2) 설득 : 상담자가 내담자에게 검사 자료를 제시하며 합리적인 방법으로 설득하는 것이다.
3) 설명 : 상담자가 검사·비검사 자료들을 해석하여 내담자가 이해할 수 있도록 설명하는 것이다.

13 내담자중심 직업상담에서 Snyder가 제시한 상담자가 보일 수 있는 반응 중 다음은 어떤 반응에 해당하는가?

상담자가 내담자의 생각을 변화시키려 시도하거나 내담자의 생각에 상담자의 가치를 주입하려 하는 범주

① 안내를 수반하는 범주
② 지시적 상담범주
③ 감정에 대한 비지시적 상담범주
④ 감정에 대한 준지시적 상담범주

콕집어 해설

Snyder의 상담반응 범주화

- 안내를 수반하는 범주 : 내담자가 무엇을 얘기해야 하는지에 대해 상담자가 제시해 주는, 면접의 방향을 결정짓는 범주이다.
- 감정에 대한 비지시적 상담범주 : 상담자의 해석이나 충고, 비평이나 제안 없이 내담자가 표현하는 감정을 재진술하는 범주이다.
- 감정에 대한 준지시적 상담범주 : 상담자가 내담자의 감정에 대해 해석하는 범주이다.
- 지시적 상담범주 : 상담자가 내담자의 생각을 변화시키려 시도하거나 내담자의 생각에 상담자의 가치를 주입하려 하는 범주이다.

답 ②

꿰뚫어 보기

내담자의 변명의 종류(스나이더)

- 책임을 회피하기 : 부정, 알리바이, 비난
- 결과를 다르게 하기 : 축소, 정당화, 훼손
- 책임을 변형시키기 : "그걸 의미한 것은 아니었어요"
  "그렇게 할 수밖에 없었어요"
  "이건 정말 내가 아니에요"

14 내담자중심 상담이론의 특징이 아닌 것은?

① 동일한 상담원리를 정상적인 상태에 있는 사람이나 정신적으로 부적응 상태에 있는 사람 모두에게 적용한다.
② 상담은 모든 건설적인 대인관계의 실제 사례 중 단지 하나에 불과하다.
③ 실험에 기초한 귀납적인 접근방법이며 실험적 방법을 상담과정에 적용한다.
④ 상담의 과정과 그 결과에 대한 연구조사를 통하여 개발되어 왔다.

콕집어 해설

내담자중심 상담이론의 특징(Rogers)
- 내담자중심의 상담을 중시한다.
- 기법보다는 태도를 중시한다.
- 동일한 상담원리를 정상적인 상태에 있는 사람이나 정신적으로 부적응 상태에 있는 사람 모두에게 적용한다.(①)
- 상담자와 내담자 간의 관계형성을 강조한다.
- 상담은 모든 건설적인 대인관계의 실제 사례 중 단지 하나에 불과하다.(②)
- 지적인 면보다 정의적인 면을 중시한다.
- 상담의 과정과 그 결과에 대한 연구조사를 통하여 개발되어 왔다.(④)

답 ③

해 행동주의적 접근방법이다.

15 다음 설명에 해당하는 행동주의 상담기법은?

• 불안을 역제지하는 방법으로 사용한다.
• 대인관계에서 오는 불안의 제거에 효과적이다.
• 이 기법의 목표는 내담자로 하여금 광범위한 대인관계의 상황에 효과적으로 대처하기 위해 필요한 기술과 태도를 갖추게 하는 데 있다.

① 모델링 ② 주장훈련
③ 자기관리 프로그램 ④ 행동계약

콕집어 해설

행동주의 상담기법
- 모델링 : 타인의 행동에 대한 관찰과 모방을 통해 내담자의 학습을 촉진한다.
- 주장훈련 : 내담자에게 불안이외의 감정을 표현하게 하여 불안을 역제지하는 방법으로 대인관계에서의 불안을 제거한다.
- 자기관리 프로그램 : 내담자가 자기지시적인 삶을 영위하고 상담자에게 의존하지 않도록 상담자가 내담자의 지식을 공유하면서 자기강화기법을 적극적으로 활용하는 것이다.
- 행동계약 : 둘 이상의 사람들이 기간을 정해 놓고 각자의 해야 할 행동을 정한 후 그 내용을 지키기로 계약을 맺는 것이다.

답 ②

16 직업상담의 문제유형에서 Williamson의 분류 중 '직업 무선택'에 해당하는 것은?

① 직업을 선택하기는 하였으나, 자신의 선택에 대해 자신감이 없고 타인으로부터 자기가 성공하리라는 위안을 받고자 추구하는 경우
② 내담자가 직접 직업을 결정한 경험이 없거나, 선호하는 몇 가지의 직업이 있음에도 불구하고 어느 것을 선택할지를 결정하지 못하는 경우
③ 흥미를 느끼는 직업에 대해서 수행능력이 부족하거나, 적성에 맞는 직업에 대해서 흥미를 느끼지 못하는 경우
④ 자신의 능력보다 훨씬 낮은 능력이 요구되는 직업을 선택하거나 안정된 직업만을 추구하는 경우

콕집어 해설

윌리암슨(Williamson)의 변별진단 범주
(=직업선택 문제유형 분류, 직업문제 분류범주, 진로선택 유형진단 등)
- 직업 무선택 또는 미선택 : 직접 직업을 결정한 경험이 없거나, 선호하는 몇 가지의 직업이 있음에도 어느 것을 선택할지를 결정하지 못하는 경우(②)
- 직업선택의 확신부족(불확실한 선택) : 직업을 선택했지만 자신의 선택에 자신이 없어 타인에게서 성공하리라는 위안을 받고자 하는 경우(①)
- 흥미와 적성의 불일치(흥미와 적성의 모순) : 흥미를 느끼는 직업에 대해서 수행능력이 부족하거나, 적성에 맞는 직업에 대해서 흥미를 느끼지 못하는 경우(③)
- 어리석은 선택(현명하지 못한 직업선택) : 자신의 능력보다 훨씬 낮은 능력이 요구되는 직업을 선택하거나 안정된 직업만을 추구하는 경우(④)

답 ②

꿰뚫어 보기

특성-요인 이론의 인간본성에 대한 가정(Williamson)
1) 인간은 선과 악의 잠재력을 모두 지니고 있다.
2) 인간은 자신만의 독특한 세계관을 가진다.
3) 인간은 선을 실현하는 과정에서 타인의 도움을 필요로 한다.
4) 인간의 선한 생활을 결정하는 것은 자기 자신이다.
5) 선의 본질은 자아의 완전한 실현이다.

17 직업상담 시 흥미사정의 목적과 가장 거리가 먼 것은?

① 여가선호와 직업선호 구별하기
② 직업탐색 조장하기
③ 직업·교육상 불만족 원인 규명하기
④ 기술과 능력 범위 탐색하기

콕집어 해설

흥미사정의 목적
- 여가선호와 직업선호 구별하기
- 자기인식 발전시키기
- 직업탐색 조장하기
- 직업대안 규명하기
- 직업상 · 교육상 불만족 원인 규명하기

답 ④

꿰뚫어 보기

일반 흥미사정 기법 [흥직직]
1) 흥미평가기법 : 종이에 쓰여진 알파벳에 따라 흥밋거리를 기입하게 해서 내담자의 흥미를 사정하는 기법이다.
2) 직업선호도검사 : 홀랜드의 흥미유형과 연관지어 내담자의 흥미를 사정한다.
3) 직업카드분류법 : 직업선택의 동기를 알아보기 위해 직업카드를 선호군, 혐오군, 미결정 중성군으로 분류하도록 한다.
4) 작업경험 분석 : 내담자가 과거에 경험했던 작업들을 분석하여 직업 관련 선호도를 찾아내는 기법이다.

18 생애진로사정 시 전형적인 하루를 탐색할 때 초섬을 누어야 하는 요소는?

① 독립적 또는 의존적 성격인가?
② 여가시간에 무엇을 하는가?
③ 살아가면서 필요한 자원은 무엇인가?
④ 하루를 살면서 가장 좋았던 것은 무엇인가?

콕집어 해설

생애진로사정의 구조 [진전강요]
- 진로사정 : 내담자의 직업경험, 교육 또는 훈련과정과 관련된 문제들, 여가활동 등에 관해 사정한다.(②, ④)
- 전형적인 하루 : 내담자가 생활을 어떻게 조직하는지를 시간의 흐름에 따라 체계적으로 기술한다. 내담자가 의존적 또는 독립적인지, 자발적 또는 체계적인지 성격을 파악하도록 돕는다.(①)
- 강점과 장애 : 내담자가 스스로 생각하는 자신의 주요 강점 및 장애에 대해 질문한다.(③)
- 요약 : 내담자에게 자신에 대해 알게 된 내용을 요약하게 해서 자기인식을 증진시킨다.

답 ①

꿰뚫어 보기

생애진로사정
1) 상담자와 내담자가 처음 만났을 때 이용할 수 있는 구조화된 면접 기법이며, 내담자에 대한 가장 기초적 직업상담 정보를 얻는 질적인 평가 절차이다.
2) 검사실시나 해석의 예비적 단계에서 유용하다.
3) 아들러의 개인심리학에 기초하여 내담자와 환경과의 관계를 이해하는데 도움을 제공한다.
4) 아들러는 개인과 세계의 관계를 일, 사회, 성의 3가지로 구분하였다.
5) 내담자의 객관적 사실과 태도, 신념, 가치관은 물론 여가, 친구관계 등 일과 직접 관련 없는 주제도 포함한다.

19 Brayfield가 제시한 직업정보의 기능에 해당하지 않는 것은?

① 정보적 기능　② 재조징 기능
③ 동기화 기능　④ 결정화 기능

콕집어 해설

직업정보의 기능(브레이필드) [정재동]
- 정보적 기능 : 직업정보 제공을 통해 내담자의 의사결정을 돕고 직업선택에 대한 지식을 증가시킨다.
- 재조정 기능 : 내담자가 자신의 선택이 현실에 비추어 부적당했는지를 점검 및 재조정하도록 한다.
- 동기화 기능 : 내담자가 의사결정과정에 적극적으로 참여하도록 동기화시킨다.

답 ④

20 **상담사의 윤리적 태도와 행동으로 옳은 것은?**

① 내담자와 상담관계 외에도 사적으로 친밀한 관계를 형성한다.
② 과거 상담사와 성적 관계가 있었던 내담자라도 상담관계를 맺을 수 있다.
③ 내담자의 사생활과 비밀보호를 위해 상담 종결 즉시 상담기록을 폐기한다.
④ 비밀보호의 예외 및 한계에 관한 갈등상황에서는 동료 전문가의 자문을 구한다.

콕집어 해설

상담사의 윤리적 태도
- 내담자와 상담관계 외에도 사적으로 친밀한 관계를 형성하는 것은 바람직하지 않다.(①)
- 과거 상담사와 성적 관계가 있었던 내담자라면 상담관계를 맺어선 안된다.(②)
- 내담자의 사생활과 비밀보호를 위해 상담 종결 즉시 상담기록을 폐기해서는 안되며, 법과 규정 등에 따라 일정 기간 보관하고 기간이 경과된 기록은 파기해야 한다.(③)
- 상담사는 자신의 신념, 가치, 제한점 등이 상담에 미칠 영향력을 자각해야 한다.
- 내담자가 의존적 상담관계를 형성하지 않도록 노력해야 한다.
- 비밀보호의 예외 및 한계에 관한 갈등상황에서는 동료 전문가의 자문을 구한다(④)

답 ④

꿰뚫어 보기

비밀보호의 한계
1) 내담자가 자신의 생명이나 타인 및 사회의 안전을 위협하는 경우
2) 내담자가 감염성이 있는 치명적인 질병이 있는 경우
3) 내담자가 아동학대를 하는 경우
4) 미성년인 내담자가 학대를 당하고 있는 경우
5) 법적으로 정보의 공개가 요구되는 경우

제2과목 | 직업심리학

21 **작업자 중심 직무분석의 특징과 가장 거리가 먼 것은?**

① 표준화된 분석도구의 개발이 어렵다.
② 직무들에서 요구되는 인간특성의 유사정도를 양적으로 비교할 수 있다.
③ 대표적인 예로서 직위분석질문지(PAQ)가 있다.
④ 과제 중심 직무분석에 비해 보다 폭넓게 활용될 수 있다.

콕집어 해설

작업자 중심 직무분석
- 직무를 수행하는 데 요구되는 지식, 기술, 능력, 경험 등 작업자의 재능에 초점을 둔다.
- 표준화된 분석도구의 개발이 가능하다.(①)
- 직무들에서 요구되는 인간특성의 유사정도를 양적으로 비교할 수 있다.(②)
- 과제 중심 직무분석에 비해 보다 폭넓게 활용될 수 있다.(④)
- 인적 요건을 주로 다루는 '직무명세서(작업자 명세서)'를 작성하는 데 중요 정보를 제공한다.

예 직위분석질문지(PAQ ; Position Analysis Questionnaire)(③)
ㄱ. 직무수행에 요구되는 지식, 기술, 능력 등의 인간적 요건들을 밝히는 데 목적을 둔 표준화된 분석도구이다.
ㄴ. 6가지 범주 : 정보입력, 정신과정, 작업결과, 타인들과의 관계, 직무맥락, 직무요건 [정정작 타직직]

답 ①

꿰뚫어 보기

직무분석의 유형
1) 과제 중심 직무분석
ㄱ. 직무에서 수행하는 과제나 활동이 어떤 것들인지 파악하는 데 초점을 둔다.
ㄴ. 직무 자체의 내용을 중점적으로 다루는 직무기술서 작성에 중요 정보를 제공한다.
ㄷ. 직무 각각에 대해 표준화된 분석도구를 만들 수 없다.
예 기능적 직무분석(FJA ; Functional Job Analysis) : 직무정보를 자료(Data), 사람(People), 사물(Thing) 기능으로 분석한다.
2) 작업자 중심 직무분석

22 수퍼(Super)의 진로발달이론의 설명으로 틀린 것은?

① 이론의 핵심 기저는 직업적 자아개념이다.
② 직업선택은 타협과 선택이 상호작용하는 일련의 적응과정이다.
③ 진로발달은 유아기에 시작하여 성인초기에 완성된다.
④ 직업발달과정은 본질적으로 자아개념을 발달시키고 실천해 나가는 과정이다.

콕집어 해설

수퍼(Super)의 발달이론
- 개인은 각기 적합한 직업군의 적격성이 있다.(①)
- 개인의 직업기호와 생애는 자아실현의 과정으로 현실과 타협하는 활동과정이다.(②)
- 인생에서 진로발달 과정은 전 생애에 걸쳐 계속되며 성장, 탐색, 정착, 유지, 쇠퇴 등의 대주기(Maxi Cycle)를 거친다(③)
- 직업발달과정은 본질적으로 자아개념을 발달시키고 실천해 나가는 과정이다.(④)
- 직업과 인생의 만족은 자기의 능력, 흥미, 성격특성 및 가치가 충분히 실현되는 정도이다.
- 사람은 동시에 여러 가지 역할을 함께 수행하며 발달단계마다 다른 역할에 비해 중요한 역할이 있다.
- 진로발달에는 대주기 외에 각 단계마다 같은 성장, 탐색, 정착, 유지, 쇠퇴로 구성된 소주기(Mini Cycle)가 있다.
- Super의 이론은 생애진로발달 과정에서 장기적이고 연속적인 선택 과정에 대해 구체적으로 잘 설명한다.

답 ③

꿰뚫어 보기

수퍼(Super)의 진로발달단계 [성탐 확유쇠]
1) **성**장기 : 자아개념을 발달시키는 시기이며, 욕구와 환상이 지배적이나 점차 흥미와 능력을 중시하게 된다.
   하위단계 : **환**상기, **흥**미기, **능**력기 [환흥능]
2) **탐**색기 : 미래에 대한 계획을 세우고 적합한 직업을 탐색하는 시기이다.
   하위단계 : **잠**정기, **전**환기, **시**행기 [잠전시]
3) **확**립기 : 자신에게 적합한 분야를 발견해서 생활의 기반을 확립하는 시기이다.
   하위단계 : 시행기, 안정기
4) **유**지기 : 자신의 자리를 유지하려고 노력하며 안정된 삶을 살아가는 시기이다.
5) **쇠**퇴기 : 직업에서 은퇴한 후 새로운 역할과 활동을 찾게 되는 시기이다.

23 직무분석에 관한 설명으로 옳은 것은?

① 직무 관련 정보를 수집하는 절차이다.
② 직무의 내용과 성질을 고려하여 직무들 간의 상대적 가치를 결정하는 절차이다.
③ 작업자의 직무수행 수준을 평가하는 절차이다.
④ 작업자의 직무기술과 지식을 개선하는 공식적 절차이다.

콕집어 해설

직무분석
- 직무분석 : 직무 관련 정보를 수집하는 절차이다.(①)
- 직무평가 : 직무의 내용과 성질을 고려하여 직무들 간의 상대적 가치를 결정하는 절차이다.(②)
- 직무수행평가 : 작업자의 직무수행 수준을 평가하는 절차이다.(③)
- 교육훈련 : 작업자의 직무기술과 지식을 개선하는 공식적 절차이다.(④)

답 ①

꿰뚫어 보기

직무분석방법 [최비데]
1) **최**초분석법 : 분석할 직업에 관한 자료가 드물고, 그 분야의 전문가가 거의 없을 때 사용한다.
   면접법, 관찰법, 체험법, 설문지법, 녹화법, 중요사건기법 등이 있다.
2) **비**교확인법 : 지금까지 분석된 자료를 참고로 현재의 직무 상태를 비교·확인하는 방법이다.
3) **데**이컴법 : 교과과정을 개발하고, 교육목표와 내용을 비교적 단시간 내에 추출하기 위해 사용한다.

24 솔직하고, 성실하며, 말이 적고, 고집이 세면서 직선적인 사람들은 홀랜드(Holland)의 어떤 작업환경에 잘 어울리는가?

① 탐구적(I)　　② 예술적(A)
③ 현실적(R)　　④ 관습적(C)

콕집어 해설

홀랜드(Holland)의 직업환경 유형 [현탐예 사진관]

- 현실형 : 실제적이며 현장에서 하는 일을 선호하나, 사회성이 부족하다.
  예 기술직, 엔지니어, 농부, 목수, 트럭운전사 등
- 탐구형 : 과학적이며 탐구활동을 선호하나, 지도력이 부족하다.
  예 물리학자, 화학자, 생물학자, 심리학자 등
- 예술형 : 심미적이며 창조적인 활동을 선호하나, 규범적 성향이 부족하다.
  예 음악가, 문학가, 화가 등
- 사회형 : 이타적이며 봉사활동을 선호하나, 기계적 활동 능력이 부족하다.
  예 사회복지사, 종교인, 상담사 등
- 진취형 : 진취적이며 적극적인 활동을 선호하나, 체계적 활동 능력이 부족하다.
  예 정치가, 기업가, 영업사원, 보험설계사 등
- 관습형 : 꼼꼼하며 질서정연한 일을 선호하나, 융통성이 부족하다.
  예 경리사원, 회계사, 은행원, 도서관 사서 등

답 ③

꿰뚫어 보기

홀랜드의 육각형 모델과 해석 차원 [일변 일정계]

1) 일관성 : 어떤 쌍들은 다른 유형의 쌍들보다 더 많은 공통점을 가지고 있다.
2) 변별성(차별성) : 개인의 흥미유형은 특정 흥미유형과 매우 유사한 반면, 다른 흥미유형과는 차별적이다.
3) 일치성 : 개인의 흥미유형과 개인이 소속되고자 하는 환경의 유형이 서로 부합하는 정도를 말한다.
4) 정체성 : 성격적 측면에서는 개인의 목표, 흥미, 재능에 대한 명확성을 말하고, 환경적 측면에서는 조직의 투명성 및 안정성 등을 말한다.
5) 계측성(타산성) : 육각형 모델에서 유형들 간의 거리는 가까울수록 직업성격이 유사하며, 멀수록 대조적 성향을 보인다.

25 Lofquist와 Dawis의 직업적응 이론에 나오는 4가지 성격양식 차원에 해당하지 않는 것은?

① 민첩성 ② 역량
③ 친화성 ④ 지구력

콕집어 해설

직업적응 이론의 4가지 성격양식 [민역리지]

- 민첩성 : 정확성보다 속도를 중시한다.
- 역량 : 근로자의 평균활동 수준을 의미한다.
- 리듬 : 활동에 대한 다양성을 의미한다.
- 지구력 : 다양한 활동수준의 기간을 의미한다.

답 ③

꿰뚫어 보기

직업적응이론의 적응유형(방식) [융끈적반]

1) 융통성 : 작업환경과 개인환경 간의 부조화를 참아내는 정도이다.
2) 끈기(인내) : 환경이 자신에게 맞지 않아도 얼마나 오랫동안 견뎌낼 수 있는지의 정도이다.
3) 적극성 : 작업환경을 개인적 방식과 좀 더 조화롭게 만들어 가려고 노력하는 정도이다.
4) 반응성 : 작업성격의 변화로 인해 작업환경에 반응하는 정도이다.

26 심리검사의 유형과 그 예를 짝지은 것으로 틀린 것은?

① 직업흥미검사 - VPI ② 직업적성검사 - AGCT
③ 성격검사 - CPI ④ 직업가치검사 - MIQ

콕집어 해설

심리검사의 유형

- 직업선호도검사(VPI) : 직업과 관련된 흥미를 측정하는 직업흥미검사이다.
- 육군일반분류검사(AGCT) : 제2차세계대전 때 미국 육군이 신병을 분류하기 위해 시행한 집단지능검사이다.
- 캘리포니아 성격검사(CPI) : 일반인의 성격을 측정하는 성격검사이다.
- 미네소타 중요도 검사(MIQ) : 근로자의 욕구와 가치요인을 측정하는 직업가치검사이다.

답 ②

꿰뚫어 보기

심리검사의 분류

1) 실시 방식에 따른 분류
   ㄱ. 실시시간 기준
      a. 속도검사 : 시간제한 있고 쉬운 문제들로 구성되어 있으며, 문제해결력보다는 숙련도를 측정한다.
         예 웩슬러 지능검사의 소검사

b. 역량검사 : 시간제한 없고 어려운 문제들로 구성되어 있으며, 숙련도보다는 문제해결력을 측정한다.
예 수학 경시대회

ㄴ. 수검자 수 기준

a. 개인검사 : 검사자와 수검자의 일대일 방식으로 이루어지는 검사이며, 수검자의 심층적 분석에 유리하다.
예 한국판 웩슬러 지능검사(K-WAIS), 일반직업적성검사(GATB), 주제통각검사(TAT), 로샤검사 등

b. 집단검사 : 여러 명의 수검자를 한번에 검사하는 방식이며, 시간과 비용면에서 효율적이다.
예 미네소타 다면적인성검사(MMPI), 캘리포니아 성격검사(CPI), 마이어스-브릭스 성격유형검사(MBTI) 등

ㄷ. 검사도구 기준

a. 지필검사 : 종이에 인쇄된 문항에 응답하는 방식이다.
예 각종 국가자격시험, MMPI, MBTI 등

b. 수행검사 : 수검자가 도구를 다뤄야 하는 방식이다.
예 운전면허 주행시험, 웩슬러 지능검사의 토막짜기 소검사, 일반 직업적성검사의 동작검사 등

2) 사용목적에 따른 분류

ㄱ. 규준참조검사 : 개인의 점수를 다른 사람들의 점수와 비교하는 상대평가 검사이다.
예 심리검사, 선발검사 등

ㄴ. 준거참조검사 : 개인의 점수를 어떤 기준검사와 비교하는 절대평가 검사이다.
예 다수의 국가자격시험 등

3) 측정내용에 따른 분류

ㄱ. 인지적 검사(성능검사) : 일정 시간 내 자신의 능력을 최대한 발휘하게 하는 극대수행검사(최대수행검사)이다.

a. 지능검사 : 스탠포드-비네 지능검사, 한국판 웩슬러 성인용지능검사(K-WAIS) 등

b. 적성검사 : 일반적성검사(GATB)

c. 성취도검사 : 학업성취도검사

ㄴ. 정서적 검사(성향검사) : 비인지적 검사로써, 일상생활에서의 습관적인 행동을 검토하는 습관적 수행검사이다.

a. 성격검사 : MBTI, MMPI, CPI, 로샤검사 등

b. 흥미검사 : 직업선호도검사, 쿠더직업흥미검사, 스트롱-캠벨 흥미검사

c. 태도검사 : 직무만족도검사(JSS) 등

4) 검사장면에 따른 분류

ㄱ. 축소상황검사 : 실제 장면과 같지만 과제나 직무를 매우 축소시킨 검사이다.

ㄴ. 모의장면검사 : 실제 장면과 거의 유사한 장면을 인위적으로 만들어 놓은 검사이다.

ㄷ. 경쟁장면검사 : 작업장면과 같은 상황에서 실제 문제나 작업을 제시하고 경쟁적으로 문제해결을 요구하는 검사이다.

27 조직 구성원에게 다양한 직무를 경험하게 함으로써 여러 분야의 능력을 개발시키는 경력개발 프로그램은?

① 직무 확충(Job Enrichment)
② 직무 순환(Job Rotation)
③ 직무 확대(Job Enlargement)
④ 직무 재분류(Job Reclassification)

콕집어 해설

종업원 (능력)개발 프로그램
- 훈련 프로그램 : 컴퓨터 교육에서 대인관계까지 조직 내에서 실시하는 다양한 내용의 훈련프로그램을 말한다.
- 후견인 프로그램(멘토십 시스템) : 종업원이 조직에 쉽게 적응하도록 상사가 후견인이 되어 도와주는 프로그램이다.
- 직무순환 프로그램 : 종업원에게 다양한 직무를 경험하게 함으로써 여러 분야의 능력을 개발하게 하는 프로그램이다.

답 ②

해 ① '직무확충'은 상위 직무내용 일부를 하위 직무로 이관시키는 것이다.
③ '직무확대'는 직무의 양적 확대를 의미한다.
④ '직무재분류'는 직무의 종류 및 중요도에 따라 재분류하는 것이다.

꿰뚫어 보기

경력개발 프로그램 유형 [자개 정종종]
1) 자기평가 도구 : 경력워크숍, 경력연습책자 등
2) 개인상담
3) 정보제공 : 사내공모세, 기술목록, 경력자원기관 등
4) 종업원 평가 : 평가기관, 심리검사, 조기발탁제 등
5) 종업원 개발 : 훈련 프로그램, 후견인 프로그램, 직무순환 프로그램 등

28 직업적응 이론과 관련하여 개발된 검사도구가 아닌 것은?

① MIQ(Minnesota Importance Questionnaire)
② JDQ(Job Description Questionnaire)
③ MSQ(Minnesota Satisfaction Questionnaire)
④ CMI(Career Maturity Inventory)

콕집어 해설

직업적응이론 관련 검사도구

- 미네소타 중요도 질문지(MIQ) : 개인이 일의 환경에 대해 갖는 20가지 욕구와 6가지 가치관을 측정하며, 190개 문항으로 구성되어 있다.
- 미네소타 직무기술 질문지(MJDQ) : 일의 환경이 MIQ에서 정의한 20가지 욕구를 만족시키는 정도를 측정한다.
- 미네소타 직무만족 질문지(MSQ) : 직무만족의 원인이 되는 일의 강화 요인을 측정하는 도구이다.

답 ④

해 CMI는 크라이티스가 개발한 '진로성숙도검사'이다.

꿰뚫어 보기

미네소타 중요도 질문지(MIQ)의 6가지 가치관

[성이자 안안지]

1 성취
2 이타심
3 자율성(자발성)
4 안락함(편안함)
5 안정성(안전성)
6 지위

29 직무 스트레스를 조절하는 변인과 가장 거리가 먼 것은?

① 성격 유형　② 역할 모호성
③ 통제 소재　④ 사회적 지원

콕집어 해설

직무 스트레스의 조절변인(매개변인)

- A/B 성격유형(개인속성)
  1) A성격유형은 경쟁적이고 공격적이며, 신속함과 완벽함을 추구하기 때문에 B성격유형보다 훨씬 많은 스트레스를 받는다.
  2) B성격유형은 느긋함과 차분함, 여유로운 일처리와 상황에 대한 수용적 태도를 특징으로 한다.
  3) 스트레스 상황에 노출되면 A성격유형이 B성격유형보다 더 많은 부정과 투사기제를 사용한다.
- 통제의 위치(개인속성)
  1) 일상생활에서의 결과에 대해 성패의 원인이 내부에 있는가 또는 외부에 있는가에 따라 '내적 통제자'와 '외적 통제자'로 구분된다.
  2) 내적 통제자는 어떤 행위의 결과를 자신의 행동에서 비롯된 것으로 보기 때문에 스트레스 상황에 적절히 대처한다.
  3) 외적 통제자는 어떤 행위의 결과를 외부요인에 결부시켜 부정적 사건에 민감한 반응과 비교적 높은 수준의 스트레스를 경험하게 된다.
  4) 내적 통제자는 스트레스 상황에 대한 통제력이 더 이상 유용하지 못하다고 판단되면 스트레스에 대한 대처노력을 쉽게 포기하는데, 이는 내적 통제자가 무력감을 자신에게 결부시키기 때문이다.
- 사회적 지원(상황속성)
  1) 직무수행자의 직무 스트레스를 완화해 주는 조직 내적 또는 외적 요인이다.
  2) 조직 내적 요인으로는 직장 상사·동료·부하가 있으며, 외적 요인으로는 가족이 있다.
  3) 사회적 지원이 제공되면 우울 또는 불안 같은 직무 스트레스 반응이 감소한다.
  4) 사회적 지원은 스트레스의 출처를 약화시키지만 스트레스의 출처에서 비롯된 직무불만족 자체를 감소시키는 것은 아니다.

답 ②

해 '역할 모호성'은 직무 및 조직 관련 스트레스이다.

30 조직 감축에서 살아남은 구성원들이 조직에 대해 보이는 전형적인 반응은?

① 살아남은 구성원들은 조직에 대해 높은 신뢰감을 가지고 있다.
② 더 많은 일을 해야 하고, 종종 불이익도 감수한다.
③ 살아남은 구성원들은 다른 직무나 낮은 수준의 직무로 이동하는 것을 거부한다.
④ 조직 감축에서 살아남은 데 만족하며 조직 몰입을 더 많이 한다.

콕집어 해설

조직감축에서 살아남은 구성원들의 조직에 대한 반응
- 살아남은 구성원들은 조직에 대한 신뢰감을 상실한다.(①)
- 더 많은 일을 해야 하고, 종종 불이익도 감수한다.(②)
- 살아남은 구성원들은 다른 직무나 낮은 수준의 직무로 이동하는 것을 감수한다.(③)
- 자신도 감축 대상이 될 수 있다는 불안감으로 조직 몰입에 어려움을 겪는다.(④)

답 ②

31 톨버트(Tolbert)가 제시한 개인의 진로발달에 영향을 주는 요인이 아닌 것은?

① 교육 정도(educational degree)
② 직업 흥미(occupational interest)
③ 직업 전망(occupational prospective)
④ 가정·성별·인종(family·sex·race)

콕집어 해설

톨버트(Tolbert)의 개인의 진로발달에 영향을 주는 요인

1) 직업적성	2) 직업적 흥미
3) 인성	4) 직업성숙도와 발달
5) 성취도	6) 가정·성별·인종
7) 장애물	8) 교육정도
9) 경제적 조건	

답 ③

32 직무 스트레스에 대한 대처 방안 중의 하나로 이솝우화에 나오는 여우와 신포도 이야기처럼 생각하는 것은?

① 투사(projection)
② 억압(repression)
③ 합리화(rationalization)
④ 주지화(intellectualization)

콕집어 해설

주요 방어기제 [억부합 반투주]
- 억압(repression): 죄의식이나 수치스러운 생각 등을 무의식으로 밀어내는 것이다.(②)
- 부정(denial): 감당하기 힘든 고통이나 욕구 등을 무의식적으로 부정하는 것이다.
- 합리화(rationalization): 수용되기 어려운 자신의 언행을 정당화하는 것이다.(③)
- 반동형성(reaction formation): 무의식적 소망이나 충동을 원래 의도와 달리 반대 방향으로 바꾸는 것이다.
- 투사(projection): 자신의 행동과 생각을 마치 다른 사람의 것인 양 생각하고 남을 탓하는 것이다.(①)
- 주지화(intellectualization): 고통스러운 문제를 둔화시키기 위해 추론, 분석 등의 지적능력을 사용하는 것이다.(④)

답 ③

꿰뚫어 보기

방어기제의 비유
1) 합리화: 여우와 신 포도
2) 반동형성: 미운 놈에게 떡 하나 더 준다.
3) 전치: 종로에서 뺨 맞고 한강에서 눈 흘긴다.
4) 대치: 꿩 대신 닭
5) 보상: 작은 고추가 맵다.

33 역할 갈등의 발생에 대한 설명으로 틀린 것은?

① 직업에서의 요구와 직업 이외의 요구가 다를 때 발생한다.
② 개인이 수행하는 직무의 요구와 개인의 가치관이 다를 때 발생한다.
③ 개인에게 요구하는 두 사람 이상의 요구가 다를 때 발생한다.
④ 개인의 책임한계와 목표가 명확하지 않아서 역할이 분명하지 않을 때 발생한다.

콕집어 해설

역할 갈등

역할담당자의 역할과 역할전달자의 역할기대가 상충함으로써 발생한다.

1) 개인 간 역할갈등 : 직업에서의 요구와 직업 이외의 요구 간의 갈등에서 발생한다.(①)
2) 개인 내 역할갈등 : 직업에서의 요구와 개인의 가치관이 다를 때 발생한다.(②)
3) 송신자 간 갈등 : 두 명 이상의 요구가 갈등을 일으킬 때 발생한다.(③)
4) 송신자 내 갈등 : 업무 지시자가 서로 배타적이고 양립할 수 없는 요구를 할 때 발생한다.

답 ④

해 '역할모호성'에 대한 내용이다.

꿰뚫어 보기

직무 및 조직 관련 스트레스원

1) 복잡한 과제 및 반복 과제 : 복잡한 과제는 정보 과부화를 일으켜서 스트레스를 높일 수 있으며, 지루하게 반복되는 과업의 단조로움은 매우 위험한 스트레스 요인이 될 수 있다.
2) 역할갈등 : 역할담당자의 역할과 역할전달자의 역할기대가 상충함으로써 발생한다.
3) 역할모호성 : 역할담당자가 역할기대자의 역할기대에 대해 명확히 알지 못함으로써 발생한다.
   개인의 책임한계와 목표가 명확하지 않아서 역할이 분명하지 않을 때 발생한다.
4) 역할과다/역할과소 : 직무에서의 요구가 역할담당자의 능력을 벗어날 때 역할과다가, 역할담당자의 능력을 충분히 활용하지 못할 때는 역할과소가 발생한다.
5) 산업의 조직문화와 풍토 : 미국과 같은 개인주의적·공식적 조직에서는 주로 구조적 변수(의사결정의 참여 등)로, 한국과 같은 집합주의적·비공식적 조직에서는 주로 인간관계 변수(동료와의 관계 등)로 역할갈등이 발생한다.

34 다음에 해당하는 규준은?

> 학교에서 실시하는 성취도 검사나 적성검사의 점수를 정해진 범주에 집어넣어 학생들 간의 점수차가 작을 때 생길 수 있는 지나친 확대해석을 미연에 방지할 수 있다.

① 백분위 점수 ② 표준점수
③ 표준등급 ④ 학년규준

콕집어 해설

규준 [백표표]

- 백분위 점수 : 표준화된 집단의 점수분포에서 한 개인의 상대적 위치를 나타내는 점수이다.
- 표준점수 : 분포의 표준편차를 사용하여 개인의 점수가 평균으로부터 떨어져 있는 거리를 표시한 것이다.
- 표준등급 : 원점수를 1~9까지의 구간으로 구분하여 각 구간마다 일정한 점수나 등급을 부여한 것이다.

답 ③

해 ④ '학년규준'은 학년별 평균이나 중앙치를 이용해서 규준을 제작한다.

35 검사의 신뢰도 중의 하나인 Cronbach's α가 크다는 것이 나타내는 의미는?

① 검사 문항들이 동질적이라는 것을 의미한다.
② 검사의 예언력이 높다는 것을 의미한다.
③ 시간이 흐르더라도 검사 점수가 변하지 않는다는 것을 의미한다.
④ 검사의 채점 과정을 신뢰할 수 있다는 것을 의미한다.

콕집어 해설

문항내적합치도 추정방법

- 크론바흐 알파계수 : 문항 수가 세 개 이상의 선택지로 구성된 검사에 사용된다.
  '0~1'의 값을 가지며, 값이 클수록 검사문항들이 동질적임을 의미하므로 '동질성 계수'라고도 한다.
- 쿠더-리처드슨 계수 : 응답 문항이 두 가지일 경우 사용된다.

답 ①

36 진로정보처리 이론에서 진로문제해결의 과정을 의미하는 CASVE에 해당하지 않는 것은?

① 의사소통(communication)
② 분석(analysis)
③ 종합(synthesis)
④ 승격(elevation)

콕집어 해설

인지적 진로정보처리 상담과정 [CASVE (까스 배)]
- 의사소통(Communication) : 질문을 받아들여 부호화하며 이를 송출한다.
- 분석(Analysis) : 하나의 개념적 틀 안에서 문제를 찾고 이를 분류한다.
- 종합(Synthesis, 통합) : 일련의 행위를 형성한다.
- 가치부여(Valuing, 평가) : 성공과 실패의 확률에 따라 각각의 행위를 판단하며, 다른 사람에게 미칠 파급효과를 평가한다.
- 실행(Execution, 집행) : 책략을 통해 계획을 실행한다.

답 ④

인지적 정보처리이론
1) 진로선택은 하나의 문제해결 활동이다.
2) 진로선택은 인지적 과정 및 정의적 과정들의 상호작용의 결과이다.
3) 진로발달 과정은 지식구조의 끊임없는 성장과 변화를 포함한다.
4) 진로성숙은 진로문제를 해결할 수 있는 자신의 능력에 달려 있다.
5) 진로문제 해결은 고도의 기억력을 요하는 과제이다.
6) 진로상담의 최종목표는 진로문제의 해결자이며, 의사결정자인 내담자의 잠재력을 증진시키는 것이다.

37 표준화 검사의 특징으로 틀린 것은?

① 검사의 실시와 채점이 객관적이다.
② 체계적 오차와 무선적 오차가 없다.
③ 신뢰도와 타당도가 비교적 높다.
④ 규준집단에 비교해서 피검사자의 상대적 위치를 알 수 있다.

콕집어 해설

표준화 검사의 특징
- 검사의 실시와 채점이 객관적이다.(①)
- 체계적 오차와 무선적 오차가 있을 수 있다.(②)
- 신뢰도와 타당도가 비교적 높다.(③)
- 규준집단에 비교해서 피검사자의 상대적 위치를 알 수 있다.(④)

답 ②

해 검사를 표준화한다 해도 체계적·무선적 오차는 발생할 수 있다.

꿰뚫어 보기

- 체계적 오차 : 응답자 개인이나 검사 자체의 특성으로 인해 발생하는 오차이다.
- 무선적 오차 : 검사과정에서 통제되지 않은 요인들에 의해 우연히 발생하는 오차이다.

38 검사 결과로 제시되는 백분위 "95"에 관한 의미로 옳은 것은?

① 검사 점수를 95% 신뢰할 수 있다는 의미이다.
② 전체 문제 중에서 95%를 맞추었다는 의미이다.
③ 내담자의 점수보다 높은 사람들이 전체의 95%가 된다는 의미이다.
④ 내담자의 점수보다 낮은 사람들이 전체의 95%가 된다는 의미이다.

콕집어 해설

백분위 점수
- 표준화된 집단의 점수분포에서 한 개인의 상대적 위치를 나타내는 점수이다.
- 점수 유형 중 그 의미가 단순하고 계산이 용이하며 보편적 적용이 가능하다.
- 백분위가 95인 것은 내담자보다 낮은 점수를 받은 사람들이 95%임을 의미한다.

답 ④

39 Williamson이 분류한 임상적 상담 과정을 바르게 나열한 것은?

① 분석→종합→진단→예후→상담→추수
② 분석→진단→종합→상담→예후→추수
③ 진단→분석→종합→예후→상담→추수
④ 진단→종합→분석→상담→예후→추수

족집어 해설

윌리암슨(Williamson)의 특성 - 요인 직업상담 과정

[분종진 예상추]

- **분**석 : 내담자 분석을 위해 심리검사 및 자료수집, 표준화 검사 등이 사용된다.
- **종**합 : 내담자에 대한 이해를 얻기 위해 수집한 자료들을 종합한다.
- **진**단 : 내담자 문제의 원인을 탐색하며, 문제해결을 위해 진단하는 단계이다.
- **예**측(예후) : 진단의 결과를 통해 직업문제에 대해 예측하는 단계이다.
- **상**담 : 내담자와 직업문제에 대해 상담하고 문제를 치료한다.
- **추**수지도(사후지도) : 내담자가 바람직한 행동을 하도록 계속적인 지도를 한다.

답 ①

꿰뚫어 보기

특성 - 요인 직업상담의 검사 해석단계에서 이용할 수 있는 상담기법

1) 직접 충고 : 검사결과를 토대로 상담자가 내담자에게 자신의 견해를 직접적으로 솔직하게 표현하는 것이다.
2) 설득 : 상담자가 내담자에게 검사 자료를 제시하며 합리적인 의사결정을 하도록 설득하는 것이다.
3) 설명 : 상담자가 검사자료 및 정보를 내담자가 이해할 수 있도록 설명하여 내담자의 진로선택을 돕는 것이다.

40 Bandura가 제시한 것으로, 어떤 과제를 수행하는 데 있어서 자신의 능력에 대한 믿음이 과제 시도의 여부와 과제를 어떻게 수행하는지를 결정한다는 것은?

① 자기통제 이론　② 자기판단 이론
③ 자기개념 이론　④ 자기효능감 이론

자기효능감 이론(Bandura)

- 어떤 과제를 수행하는 데 있어서 자신의 능력에 대한 믿음이 과제 시도의 여부와 과제를 어떻게 수행하는지를 결정한다.
- 자기효능감은 개인 노력의 강도를 결정한다.

답 ④

꿰뚫어 보기

자기효능감에 영향을 미치는 요인 [성대사생]

1) **성**취경험(수행성취)
2) **대**리경험(간접경험)
3) **사**회적 설득
4) **생**리적 상태와 반응

제3과목 | 직업정보론

41 다음 ( )에 알맞은 것은? [개정]

> 2024년 적용 최저임금은 전년대비 2.5% 상승한 시간급 ( )원이다.

① 7,860 ② 9,160
③ 9,620 ④ 9,860

콕집어 해설

최저임금(2024년)
- 2024년 최저임금은 전년대비 2.5% 인상된 시급 9,860원이다.
- 최저임금은 최저임금위원회의 심의를 거쳐 고용노동부 장관이 결정·고시한다.
- 임금의 최저수준을 정하고, 사용자에게 이 수준 이상의 임금을 지급하도록 법으로 강제함으로써 저임금 근로자를 보호한다.
- 최저임금 적용을 받는 사용자는 최저임금액을 근로자가 쉽게 볼 수 있는 장소에 게시하거나 그 외 적당한 방법으로 근로자에게 널리 알려야 한다.

답 ④

꿰뚫어 보기

최저임금제의 긍정적 기능 [소노공 경기산]
1) 소득분배 개신
2) 노동력의 질적 향상
3) 공정경쟁의 확보
4) 경기 활성화에 기여
5) 기업의 근대화 및 산업구조 고도화 촉진
6) 산업평화 유지

42 한국직업사전(2020)의 작업강도 중 무엇에 관한 설명인가?

> 최고 20kg의 물건을 들어올리고 10kg 정도의 물건을 빈번히 들어 올리거나 운반한다.

① 가벼운 작업 ② 보통 작업
③ 힘든 작업 ④ 아주 힘든 작업

콕집어 해설

부가직업정보 중 작업강도
- 아주 가벼운 작업 : 최고 4kg의 물건을 들어올리고, 때때로 장부·대장·소도구 등을 들어올리거나 운반한다.
- 가벼운 작업 : 최고 8kg의 물건을 들어올리고, 4kg 정도의 물건을 빈번히 들어올리거나 운반한다.
- 보통 작업 : 최고 20kg의 물건을 들어올리고, 10kg 정도의 물건을 빈번히 들어올리거나 운반한다.
- 힘든 작업 : 최고 40kg의 물건을 들어올리고, 20kg 정도의 물건을 빈번히 들어올리거나 운반한다.
- 아주 힘든 작업 : 40kg 이상의 물건을 들어올리고, 20kg 이상의 물건을 빈번히 들어올리거나 운반한다.

답 ②

꿰뚫어 보기

부가 직업정보 [정육숙직 작작작 / 자유관조 표표(표)]
1) 정규교육 : 해당 직업의 직무를 수행하는 데 필요한 일반적인 정규교육수준을 의미하는 것으로, 해당 직업 종사자의 평균 학력을 나타내는 것은 아니다.
2) 육체활동 : 해당 직업의 직무를 수행하기 위해 필요한 신체적 능력을 나타낸다.
3) 숙련기간 : 해당 직업의 직무를 평균적으로 수행하는 데 필요한 각종 교육, 훈련, 숙련기간을 의미한다. 단, 향상훈련은 포함되지 않는다.
4) 직무기능 : 해당 직업 종사자가 직무를 수행하는 과정에서 자료, 사람, 사물과 맺는 관련된 특성을 나타낸다.
5) 작업장소 : 해당 직업의 직무가 주로 수행되는 장소를 나타낸다.
6) 작업환경 : 해당 직업의 직무를 수행하는 작업자에게 직접적으로 물리적·신체적 영향을 미치는 작업장의 환경요인을 나타낸 것이다.
7) 작업강도 : 해당 직업의 직무를 수행하는데 필요한 육체적 힘의 강도를 나타낸 것으로, 심리적·정신적 노동강도는 고려하지 않았다.
8) 자격·면허 : 해당 직업에 취업 시 소지할 경우 유리한 자격증 또는 면허를 나타내는 것으로, 민간에서 발급한 자격증은 제외한다.
9) 유사명칭 : 현장에서 본직업명을 명칭만 다르게 부르는 것으로 본직업명과 사실상 동일하므로, 직업 수 집계에서 제외된다.
10) 관련직업 : 본직업명과 기본적인 직무에 있어서 공통점이 있으나 직무의 범위,대상 등에 따라 나누어지는 직업이며, 직업 수 집계에 포함된다.
11) 조사연도 : 해당 직업의 직무조사가 실시된 연도를 나타낸다.

12) 표준산업분류코드 : 해당 직업을 조사한 산업을 나타내는 것으로 한국표준산업분류의 소분류 산업을 기준으로 하였다.

13) 표준직업분류코드 : 해당 직업의 한국고용직업분류 세분류 코드에 해당하는 한국표준직업분류의 세분류 코드를 표기한다.

43 질문지를 활용한 면접조사를 통해 직업정보를 수집할 때, 면접자가 지켜야 할 일반적 원칙으로 틀린 것은?

① 질문지를 숙지하고 있어야 한다.
② 응답자와 친숙한 분위기를 형성해야 한다.
③ 개방형 질문인 경우에는 응답 내용을 해석·요약하여 기록해야 한다.
④ 면접자는 응답자가 이질감을 느끼지 않도록 복장이나 언어사용에 유의해야 한다.

콕집어 해설

직업정보를 수집 시 면접자가 지켜야 할 원칙
- 질문지를 숙지하고 있어야 한다.
- 응답자와 친숙한 분위기를 형성해야 한다.
- 개방형 질문인 경우에는 응답 내용을 그대로 기록해야 한다.
- 면접자는 응답자가 이질감을 느끼지 않도록 복장이나 언어사용에 유의해야 한다.

답 ③

해 응답 내용 해석·요약(×)→응답 내용 그대로 기록

44 워크넷에서 제공하는 학과정보 중 사회계열에 해당하지 않는 학과는?

① 경찰행정학과 ② 국제학부
③ 문헌정보학과 ④ 지리학과

콕집어 해설

워크넷 학과정보
- 인문계열 : 언어학과, 철학과, 문헌정보학과, 국제지역학과, 심리학과 등
- 사회계열 : 국제학부, 법학과, 경제학과, 경찰행정학과, 지리학과 등
- 교육계열 : 교육학과, 영어교육학과, 유아교육학과 등
- 자연계열 : 생명공학과, 수학과, 지구과학과, 수의학과, 아동가족학과 등
- 공학계열 : 안경광학과, 기계공학과, 건축학과, 조경학과, 해양공학과 등
- 의약계열 : 의학과, 한의학과, 간호학과, 응급구조과, 방사선과 등
- 예·체능계열 : 성악과, 공예학과, 사진학과, 연극영화과, 체육학과 등

답 ③

45 다음은 국가기술자격 검정의 기준 중 어떤 등급에 관한 설명인가?

> 해당 국가기술자격의 종목에 관한 고도의 전문지식과 실무경험에 입각한 계획, 연구, 설계, 분석, 조사, 시험, 시공, 감리, 평가, 진단, 사업관리, 기술관리 등의 업무를 수행할 수 있는 능력 보유

① 기술사 ② 기사
③ 산업기사 ④ 기능장

콕집어 해설

국가기술자격 검정기준
- 기술사 : 고도의 전문지식과 실무경험의 능력 보유
- 기능장 : 최상급 숙련기능과 현장관리의 능력 보유
- 기사 : 공학적 기술이론 보유
- 산업기사 : 기술기초이론 지식과 숙련기능 보유
- 기능사 : 각 종목에 숙련기능 보유

답 ①

꿰뚫어 보기

기술사 응시 자격

1) 기사 자격을 취득한 후 응시하려는 종목이 속하는 직무분야에서 4년 이상 실무에 종사한 사람

2) 산업기사 자격을 취득한 후 응시하려는 종목이 속하는 동일 및 유사 직무분야에서 5년 이상 실무에 종사한 사람
3) 기능사 자격을 취득한 후 응시하려는 종목이 속하는 동일 및 유사 직무분야에서 7년 이상 실무에 종사한 사람
4) 응시하려는 종목과 관련된 학과로서 고용노동부장관이 정하는 학과의 대학졸업자 등으로서 졸업 후 응시하려는 종목이 속하는 동일 및 유사 직무분야에서 6년 이상 실무에 종사한 사람
5) 응시하려는 종목이 속하는 동일 및 유사 직무분야의 다른 종목의 기술사 등급의 자격을 취득한 사람
6) 3년제 전문대학 관련학과 졸업자 등으로서 졸업 후 응시하려는 종목이 속하는 동일 및 유사 직무분야에서 7년 이상 실무에 종사한 사람
7) 2년제 전문대학 관련학과 졸업자 등으로서 졸업 후 응시하려는 종목이 속하는 동일 및 유사 직무분야에서 8년 이상 실무에 종사한 사람
8) 국가기술자격의 종목별로 기사의 수준에 해당하는 교육훈련을 실시하는 기관 중 고용노동부령으로 정하는 교육훈련기관의 기술훈련과정 이수자로서 이수 후 응시하려는 종목이 속하는 동일 및 유사 직무분야에서 6년 이상 실무에 종사한 사람
9) 국가기술자격의 종목별로 산업기사의 수준에 해당하는 교육훈련을 실시하는 기관 중 고용노동부령으로 정하는 교육훈련기관의 기술훈련과정 이수자로서 이수 후 동일 및 유사 직무분야에서 8년 이상 실무에 종사한 사람
10) 응시하려는 종목이 속하는 동일 및 유사 직무분야에서 9년 이상 실무에 종사한 사람
11) 외국에서 동일한 종목에 해당하는 자격을 취득한 사람

46 워크넷에서 채용정보 상세검색 시 선택할 수 있는 기업형태가 아닌 것은?

① 대기업 ② 일학습병행기업
③ 가족친화인증기업 ④ 다문화가정지원기업

콕집어 해설

워크넷에서의 기업형태별 검색 [대강외벤 가공코일청]
대기업, 강소기업, 외국계기업, 벤처기업, 가족친화인증기업, 공무원·공기업·공공기관, 코스피·코스닥, 일학습병행기업, 청년친화강소기업

답 ④

47 한국표준직업분류(제7차)의 대분류별 주요 개정 내용으로 틀린 것은?

① 대분류 1 : '방송·출판 및 영상 관련 관리자'를 '영상 관련 관리자'로 항목명을 변경
② 대분류 2 : '한의사'를 '전문 한의사'와 '일반 한의사'로 세분
③ 대분류 4 : '문화 관광 및 숲·자연환경 해설사'를 신설
④ 대분류 5 : '자동차 영업원'을 신차와 중고차 영업원으로 세분

콕집어 해설

한국표준직업분류(제7차)의 대분류별 주요 개정 내용
- 대분류 1 : '영상 관련 관리자'를 '방송·출판 및 영상 관련 관리자'로 항목명을 변경
- 대분류 2 : '한의사'를 '전문 한의사'와 '일반 한의사'로 세분
- 대분류 4 : '문화 관광 및 숲·자연환경 해설사'를 신설
- 대분류 5 : '자동차 영업원'을 신차와 중고차 영업원으로 세분

답 ①

48 한국표준산업분류의 적용원칙에 대한 설명으로 옳은 것은?

① 생산단위는 투입물과 생산공정을 배제한 산출물만을 고려하여 그들의 활동을 가장 정확하게 설명된 항목에 분류하여야 한다.
② 복합적인 활동단위는 우선적으로 세세분류를 정확히 결정하고, 순차적으로 세·수·중·대분류 단계 항목을 결정하여야 한다.
③ 산업활동이 결합되어 있는 경우에는 그 활동단위의 주된 활동에 따라서 분류하여야 한다.
④ 수수료 또는 계약에 의하여 활동을 수행하는 단위는 동일한 산업활동을 자기계정과 자기책임하에서 생산하는 단위와 다른 항목에 분류하여야 한다.

콕집어 해설

한국표준산업분류(KSIC)의 적용원칙
- 생산단위는 산출물뿐만 아니라 투입물과 생산공정 등을 함께 고려하여 그들의 활동을 가장 정확하게 설명된 항목에 분류해야 한다.(①)
- 복합적인 활동단위는 우선적으로 최상급 분류단계(대분류)를 정확히 결정하고, 순차적으로 중, 소, 세, 세세분류 단계 항목을 결정하여야 한다.(②)
- 산업활동이 결합되어 있는 경우에는 그 활동단위의 주된 활동에 따라서 분류하여야 한다.(③)
- 수수료 또는 계약에 의하여 활동을 수행하는 단위는 동일한 산업활동을 자기계정과 자기책임하에서 생산하는 단위와 같은 항목에 분류하여야 한다.(④)
- 동일단위에서 제조한 재화의 소매활동은 별개 활동으로 분류하지 않고 제조활동으로 분류되어야 한다. 그러나 자기가 생산한 재화와 구입한 재화를 함께 판매한다면 그 주된 활동에 따라 분류한다.
- 생산단위의 소유 형태, 법적 조직 유형 또는 운영 방식은 산업분류에 영향을 미치지 않는다.
- 공식적 생산물과 비공식적 생산물, 합법적 생산물과 불법적인 생산물을 달리 분류하지 않는다.

답 ③

49 민간직업정보와 공공직업정보의 일반적 특성에 대한 설명으로 틀린 것은?

① 민간직업정보와 공공직업정보는 모두 유료로 구매하여 활용해야 한다.
② 민간직업정보는 불연속적이고 단기적이며, 공공직업정보는 연속적이고 장기적이다.
③ 민간직업정보는 다른 정보와의 연계 및 비교 가능성이 낮고, 공공직업정보는 다른 정보와의 연계 및 비교 가능성이 높다.
④ 민간직업정보에 조사·수록되는 직업의 범위는 제한적인 경우가 많으나, 공공직업정보는 전산업이나 직종에 걸쳐 포괄적인 경우가 많다.

콕집어 해설

민간직업정보와 공공직업정보의 특성

구분	민간 직업정보	공공 직업정보
정보제공 속성	한시적	지속적
직업분류·구분	생산자의 자의성	기준에 따른 객관성
조사 직업 범위	제한적	포괄적
정보의 구성	완결적 정보체계	기초적 정보체계
타 정보와의 관계	관련성 낮음	관련성 높음
비용	유료	무료

답 ①

50 직업성립의 일반요건과 가장 거리가 먼 것은?

① 윤리성　　② 경제성
③ 계속성　　④ 사회보장성

콕집어 해설

직업성립의 요건 [계경 윤사비]
- 계속성 : 직업은 계속해서 하는 일이어야 한다.
- 경제성 : 노동의 대가에 따른 수입이 있어야 한다.
- 윤리성 : 비윤리적인 직업이 아니어야 한다.
- 사회성 : 사회적으로 가치 있는 일이어야 한다.
- 비속박성 : 속박 상태에서 하는 일이 아니어야 한다.

답 ④

꿰뚫어 보기

일의 계속성 [주 계계계]
1) 매일, 매주, 매월 등 주기적으로 행하는 것
2) 계절적으로 행해지는 것
3) 명확한 주기는 없으나 계속적으로 행해지는 것
4) 현재의 일을 계속적으로 행할 의지와 가능성이 있는 것

51 한국표준산업분류의 분류기준이 아닌 것은?

① 산출물의 특성
② 투입물의 특성
③ 생산단위의 활동형태
④ 생산활동의 일반적인 결합형태

콕집어 해설

한국표준산업분류(KSIC)의 산업분류

1) 산업분류 정의 : 생산단위가 주로 수행하고 있는 산업활동을 분류 기준과 원칙에 맞춰 그 유사성에 따라 체계적으로 유형화한 것이다.
2) 분류 기준
   ㄱ. 산출물의 특성
   ㄴ. 투입물의 특성
   ㄷ. 생산활동의 일반적인 결합형태

답 ③

해 주된 산업활동, 부차적 산업활동, 보조적 활동으로 이루어져 있다.

꿰뚫어 보기

산업

1) 산업의 정의 : 유사한 성질을 갖는 산업활동에 주로 종사하는 생산단위의 집합이다.
2) 산업활동 : 각 생산단위가 노동, 자본, 원료 등 자원을 투입하여 재화나 서비스를 생산 또는 제공하는 일련의 활동과정이다.
3) 산업활동의 범위 : 영리적·비영리적 활동이 모두 포함되나, 가정 내의 가사활동은 제외된다.

52 한국표준직업분류의 직업분류 원칙에 대한 설명으로 틀린 것은?

① 동일하거나 유사한 직무는 어느 경우에든 같은 단위직업으로 분류한다.

② 2개 이상의 직무를 수행하는 경우는 수행되는 직무내용과 관련 분류 항목에 명시된 직무내용을 비교·평가하여 관련 직무내용상의 상관성이 가장 높은 항목에 분류한다.

③ 수행된 직무가 상이한 수준의 훈련과 경험을 통해 얻어지는 직무능력을 필요로 한다면, 가장 높은 수준의 직무능력을 필요로 하는 일에 분류한다.

④ 재화의 생산과 공급이 같이 이루어지는 경우는 공급단계에 관련된 업무를 우선적으로 분류한다.

콕집어 해설

직업분류 원칙

직업분류의 일반원칙

1) 포괄성의 원칙 : 우리나라에 존재하는 모든 직무는 어떤 수준에서든지 분류에 포괄되어야 한다.
2) 배타성의 원칙 : 동일하거나 유사한 직무는 어느 경우에든 같은 단위직업으로 분류되어야 한다.(①)

포괄적인 업무에 대한 직업분류 원칙 [포주최생]

한 사람이 두 가지 이상의 직무를 수행하는 경우 다음과 같은 순서에 따라 분류원칙을 적용한다.

1) 주된 직무 우선 원칙 : 수행되는 직무내용과 분류 항목에 명시된 직무내용을 비교·평가하여 관련 직무 내용상의 상관성이 가장 많은 항목에 분류한다.(②)
   예 교육과 진료를 겸하는 의과대학 교수는 강의·평가·연구 등(교육)과 진료·처치·환자상담 등(의료)의 직무내용을 파악하여 관련 항목이 많은 분야로 분류한다.
2) 최상급 직능수준 우선 원칙 : 수행된 직무가 상이한 수준의 훈련과 경험을 통해서 얻어지는 직무능력을 필요로 한다면, 가장 높은 수준의 직무능력을 필요로 하는 일에 분류하여야 한다.(③)
   예 조리와 배달의 직무비중이 같을 경우에는, 조리의 직능수준이 높으므로 조리사로 분류한다.
3) 생산업무 우선 원칙 : 재화의 생산과 공급이 같이 이루어지는 경우는 생산단계에 관련된 업무를 우선적으로 분류한다.(④)
   예 한 사람이 빵을 생산하고 판매도 하는 경우에는, 판매원으로 분류하지 않고 제빵사로 분류한다.

답 ④

해 공급단계(×)→'생산단계'

꿰뚫어 보기

다수 직업 종사자의 분류원칙 [다취수조]

한 사람이 전혀 상관성이 없는 두 가지 이상의 직업에 종사할 경우에 그 직업을 결정하기 위한 원칙이다.

1) 취업시간 우선의 원칙 : 더 긴 시간을 투자하는 직업으로 결정한다.
2) 수입 우선의 원칙 : 취업시간으로 구별할 수 없을 때는 수입이 많은 직업으로 결정한다.
3) 조사시 최근의 직업원칙 : 위의 두가지로 판별할 수 없을 때는 조사시점을 기준으로 최근에 종사한 직업으로 결정한다.

53 국가기술자격 산업기사 등급의 응시자격 기준으로 틀린 것은?

① 고용노동부령으로 정하는 기능경기대회 입상자
② 동일 및 유사 직무분야의 산업기사 수준 기술훈련과정 이수자 또는 그 이수 예정자
③ 응시하려는 종목이 속하는 동일 및 유사 직무분야의 다른 종목의 산업기사 등급 이상의 자격을 취득한 사람
④ 응시하려는 종목이 속하는 동일 및 유사직무분야에서 1년 이상 실무에 종사한 사람

콕집어 해설

산업기사 응시자격

- 기능사 등급 이상의 자격을 취득한 후 응시하려는 종목이 속하는 동일 및 유사 직무분야에 1년 이상 실무에 종사한 사람
- 응시하려는 종목이 속하는 동일 및 유사 직무분야의 다른 종목의 산업기사 등급 이상의 자격을 취득한 사람(③)
- 관련학과의 2년제 또는 3년제 전문대학졸업자 등 또는 그 졸업예정자
- 관련학과의 대학졸업자 등 또는 그 졸업예정자
- 동일 및 유사 직무분야의 산업기사 수준 기술훈련과정 이수자 또는 그 이수예정자(②)
- 응시하려는 종목이 속하는 동일 및 유사 직무분야에서 2년 이상 실무에 종사한사람(④)
- 고용노동부령으로 정하는 기능경기대회 입상자(①)
- 외국에서 동일한 종목에 해당하는 자격을 취득한 사람

답 ④

해 1년(×)→'2년'

 **꿰뚫어 보기**

응시자격

기술사

1) 기사 자격을 취득한 후 응시하려는 종목이 속하는 직무분야에서 4년 이상 실무에 종사한 사람
2) 산업기사 자격을 취득한 후 응시하려는 종목이 속하는 동일 및 유사 직무분야에서 5년 이상 실무에 종사한 사람
3) 기능사 자격을 취득한 후 응시하려는 종목이 속하는 동일 및 유사 직무분야에서 7년 이상 실무에 종사한 사람
4) 응시하려는 종목과 관련된 학과로서 고용노동부장관이 정하는 학과의 대학졸업자 등으로서 졸업 후 응시하려는 종목이 속하는 동일 및 유사 직무분야에서 6년 이상 실무에 종사한 사람
5) 응시하려는 종목이 속하는 동일 및 유사 직무분야의 다른 종목의 기술사 등급의 자격을 취득한 사람
6) 3년제 전문대학 관련학과 졸업자 등으로서 졸업 후 응시하려는 종목이 속하는 동일 및 유사 직무분야에서 7년 이상 실무에 종사한 사람
7) 2년제 전문대학 관련학과 졸업자 등으로서 졸업 후 응시하려는 종목이 속하는 동일 및 유사 직무분야에서 8년 이상 실무에 종사한 사람
8) 국가기술자격의 종목별로 기사의 수준에 해당하는 교육훈련을 실시하는 기관 중 고용노동부령으로 정하는 교육훈련기관의 기술훈련과정 이수자로서 이수 후 응시하려는 종목이 속하는 동일 및 유사 직무분야에서 6년 이상 실무에 종사한 사람
9) 국가기술자격의 종목별로 산업기사의 수준에 해당하는 교육훈련을 실시하는 기관 중 고용노동부령으로 정하는 교육훈련기관의 기술훈련과정 이수자로서 이수 후 동일 및 유사 직무분야에서 8년 이상 실무에 종사한 사람
10) 응시하려는 종목이 속하는 동일 및 유사 직무분야에서 9년 이상 실무에 종사한 사람
11) 외국에서 동일한 종목에 해당하는 자격을 취득한 사람

기능장

1) 응시하려는 종목이 속하는 동일 및 유사 직무분야의 산업기사 또는 기능사 자격을 취득한 후 「근로자직업능력개발법」에 따라 설립된 기능대학의 기능장 과정을 마친 이수자 또는 그 이수예정자
2) 산업기사 등급 이상의 자격을 취득한 후 응시하려는 종목이 속하는 동일 및 유사 직무분야에서 5년 이상 실무에 종사한 사람
3) 기능사 자격을 취득한 후 응시하려는 종목이 속하는 동일 및 유사 직무 분야에서 7년 이상 실무에 종사한 사람
4) 응시하려는 종목이 속하는 동일 및 유사 직무분야에서 9년 이상 실무에 종사한 사람

5) 응시하려는 종목이 속하는 동일 및 유사 직무분야의 다른 종목의 기능장 등급의 자격을 취득한 사람
6) 외국에서 동일한 종목에 해당하는 자격을 취득한 사람

기사

1) 산업기사 등급 이상의 자격을 취득한 후 응시하려는 종목이 속하는 동일 및 유사 직무분야에서 1년 이상 실무에 종사한 사람
2) 기능사 자격을 취득한 후 응시하려는 종목이 속하는 동일 및 유사 직무 분야에서 3년 이상 실무에 종사한 사람
3) 응시하려는 종목이 속하는 동일 및 유사 직무분야의 다른 종목의 기사 등급 이상의 자격을 취득한 사람
4) 관련학과의 대학졸업자 등 또는 그 졸업예정자
5) 3년제 전문대학 관련학과 졸업자 등으로서 졸업 후 응시하려는 종목이 속하는 동일 및 유사 직무분야에서 1년 이상 실무에 종사한 사람
6) 2년제 전문대학 관련학과 졸업자 등으로서 졸업 후 응시하려는 종목이 속하는 동일 및 유사 직무분야에서 2년 이상 실무에 종사한 사람
7) 동일 및 유사 직무분야의 기사 수준 기술훈련과정 이수자 또는 그 이수예정자
8) 동일 및 유사 직무분야의 산업기사 수준 기술훈련과정 이수자로서 이수 후 응시하려는 종목이 속하는 동일 및 유사 직무분야에서 2년 이상 실무에 종사한 사람
9) 응시하려는 종목이 속하는 동일 및 유사 직무분야에서 4년 이상 실무에 종사한 사람
10) 외국에서 동일한 종목에 해당하는 자격을 취득한 사람

기능사

제한 없음

54 한국표준산업분류의 분류구조 및 부호체계에 관한 설명으로 옳은 것은?

① 부호처리를 할 경우에는 알파벳 문자와 아라비아 숫자를 함께 사용하도록 했다.
② 권고된 국제분류 ISIC Rev.4를 기본체계로 하였으나, 국내실정을 고려하여 독자적으로 분류항목과 분류부호를 설정하였다.
③ 중분류의 번호는 001 부터 999까지 부여하였으며, 대분류별 중분류 추가여지를 남겨놓기 위하여 대분류 사이에 번호 여백을 두었다.
④ 소분류 이하 모든 분류의 끝자리 숫자는 01에서 시작하여 99에서 끝나도록 하였다.

콕집어 해설

한국표준산업분류의 분류구조 및 부호체계
- 부호 처리를 할 경우에는 아라비아 숫자만을 사용하도록 했다.(①)
- 권고된 국제분류 ISIC Rev.4를 기본체계로 하였으나 국내 실정을 고려하여 국제분류의 각 단계 항목을 분할, 통합 또는 재그룹화 하여 독자적으로 분류 항목과 분류 부호를 설정하였다.(②)
- 분류 항목 간에 산업 내용의 이동을 가능한 억제하였으나 일부 이동 내용에 대한 연계분석 및 시계열 연계를 위하여 부록에 수록된 신구 연계표를 활용하도록 하였다.
- 중분류의 번호는 01부터 99까지 부여하였으며, 대분류별 중분류 추가여지를 남겨놓기 위하여 대분류 사이에 번호 여백을 두었다.(③)
- 소분류 이하 모든 분류의 끝자리 숫자는 '0'에서 시작하여 '9'에서 끝나도록 하였다.(④)

답 ②

55 직업상담시 제공하는 직업정보의 기능과 역할에 대한 설명으로 틀린 것은?

① 여러 가지 직업적 대안들의 정보를 제공한다.
② 내담자의 흥미, 적성, 가치 등을 파악하는 것이 직업정보의 주기능이다.
③ 경험이 부족한 내담자에게 다양한 직업들을 간접적으로 접할 기회를 제공한다.
④ 내담자가 자신의 선택이 현실에 비추어 부직딩한 신택이었는지를 점검하고 재조정해 볼 수 있는 기초를 제공한다.

콕집어 해설

직업정보의 기능과 역할
- 여러 가지 직업적 대안들의 정보를 제공한다.(①)
- 경험이 부족한 내담자에게 다양한 직업들을 간접적으로 접할 기회를 제공한다.(③)
- 내담자가 자신의 선택이 현실에 비추어 부적당한 선택이었는지를 점검하고 재조정해 볼 수 있는 기초를 제공한다.(④)

답 ②

해 직업정보의 주기능은 내담자의 흥미, 적성, 가치 등을 파악하는 것이 아니다.

꿰뚫어 보기

브레이필드(Brayfield)의 직업정보 기능

1) 정보적 기능 : 직업정보 제공을 통해 내담자의 의사결정을 돕고 직업선택에 대한 지식을 증가시킨다.
2) 재조정 기능 : 내담자가 자신의 선택이 현실에 비추어 부적당했는지를 점검 및 재조정하도록 한다.
3) 동기화 기능 : 내담자가 의사결정과정에 적극적으로 참여하도록 동기화시킨다.

56 한국직업사전의 부가직업정보 중 '수준 4'에 해당하는 숙련기간은?

① 시범 후 30일 이하　② 3개월 초과~6개월 이하
③ 1년 초과~2년 이하　④ 4년 초과~10년 이하

콕집어 해설

부가 직업정보 중 숙련기간

수준	숙련기간
1	약간의 시범정도
2	시범 후 30일 이하
3	1개월 초과~3개월 이하
4	3개월 초과~6개월 이하
5	6개월 초과~1년 이하
6	1년 초과~2년 이하
7	2년 초과~4년 이하
8	4년 초과~10년 이하
9	10년 초과

답 ②

꿰뚫어 보기

숙련기간

1) 정규교육과정을 이수한 후 해당 직업의 직무를 평균적인 수준으로 스스로 수행하기 위하여 필요한 각종 교육기간, 훈련기간 등을 의미한다.
2) 해당 직업에 필요한 자격·면허를 취득하는 취업 전 교육 및 훈련기간뿐만 아니라, 취업 후에 이루어지는 관련 자격·면허 취득 교육 및 훈련 기간도 포함된다.
3) 자격·면허가 요구되는 직업은 아니지만 해당직무를 평균적으로 수행하기 위한 각종 교육·훈련, 수습교육, 기타 사내교육, 현장훈련 등의 기간이 포함된다.
4) 해당직무를 평균적인 수준 이상으로 수행하기 위한 향상훈련은 숙련기간에 포함되지 않는다.

57 다음은 한국표준직업분류(2007)의 어떤 직능 수준에 해당하는 설명인가?

> 일반적으로 중등교육을 마치고 1~3년 정도의 추가적인 교육과정(ISCED 수준 5b) 정도의 정규교육 또는 직업훈련을 필요로 한다.

① 제1직능 수준　② 제2직능 수준
③ 제3직능 수준　④ 제4직능 수준

콕집어 해설

직능수준(Skill Level)

- 직능수준은 직무수행능력의 높낮이를 말하는 것으로 정규교육, 직업훈련, 직업경험, 선천적 능력과 사회 문화적 환경 등에 의해 결정된다.
- 제3직능수준 : 복잡한 과업과 실제적인 업무를 수행할 정도의 전문적인 지식을 보유하고 수리계산이나 의사소통 능력이 상당히 높아야 한다.
  보통 중등교육을 마치고 1~3년 정도의 추가적인 교육과정 정도의 정규교육 또는 직업훈련을 필요로 한다.

답 ③

꿰뚫어 보기

직능수준(Skill Level)

1) 제1직능수준
   - 일반적으로 단순·반복적이며 육체적인 힘을 요하는 업무를 수행하며, 간단한 수작업 공구나 진공청소기, 전기장비들을 이용하고, 과일을 따거나 채소를 뽑고 단순 조립 등의 작업을 수행한다.
   - 최소한의 문자이해와 수리적 사고능력이 요구되는 간단한 직무교육으로 누구나 수행할 수 있다.
   - 초등교육이나 기초적인 교육을 필요로 한다.
   - 단순노무종사자가 이에 해당한다.
2) 제2직능수준
   - 일반적으로 완벽하게 읽고 쓸 수 있는 능력과 정확한 계산능력, 그리고 상당한 정도의 의사소통 능력을 필요로 한다.
   - 보통 중등 이상 교육과정의 정규교육이수 또는 이에 상응하는 직업훈련이나 직업경험을 필요로 한다.
3) 제4직능수준
   - 매우 높은 수준의 이해력과 창의력 및 의사소통 능력이 필요하다.
   - 일반적으로 4년 이상의 학사, 석사나 그와 동등한 학위가 수여되는 교육수준의 정규교육 또는 훈련을 필요로 한다.

58 한국표준산업분류상 단일 장소에서 이루어지는 단일 산업활동의 통계단위는?

① 기업집단 단위　② 사업체 단위
③ 활동유형 단위　④ 지역 단위

콕집어 해설

통계단위 [하기활 단지사]

구분	하나 이상 장소	단일 장소
하나 이상 산업활동	기업집단단위, 기업체 단위	지역단위
단일 산업활동	활동유형 단위	사업체 단위

답 ②

59 국가직무능력표준(NCS)에 관한 설명으로 틀린 것은?

① 산업현장에서 직무를 수행하기 위해 요구되는 지식·기술·태도 등의 내용을 국가가 표준화한 것이다.
② 한국고용직업분류 등을 참고하여 분류하였으며, 대분류→중분류→소분류→세분류 순으로 구성되어 있다.
③ 능력단위는 NCS분류의 하위 단위로서 능력단위요소, 직업기초능력 등으로 구성되어 있다.
④ 직무는 NCS분류의 중분류를 의미하고, 원칙상 중분류 단위에서 표준이 개발된다.

콕집어 해설

국가직무능력표준(NCS)
- 국가직무능력표준은 산업현장에서 직무를 수행하기 위해 요구되는 지식, 기술, 태도 등의 내용을 국가가 체계화한 것이다.(①)
- 한국고용직업분류를 중심으로 분류하였으며, 대분류·중분류·소분류·세분류 순으로 구성되어 있다.(②)
- 국가직무능력표준 분류는 직무의 유형(Type)을 중심으로 단계적으로 구성하였다.
- 직무는 NCS 분류의 세분류를 의미하고, 원칙상 세분류 단위에서 표준이 개발된다.(④)
- 국가직무능력표준을 활용하여 교육·훈련 프로그램 및 자격종목을 설계할 수 있다.
- 능력단위는 NCS 분류의 하위 단위로서 능력단위요소, 수행준거 등으로 구성되어 있다.(③)
- 국가직무능력표준의 수준체계는 1수준~8수준의 8단계로 구성되며, 8수준이 가장 높고 1수준이 가장 낮은 단계이다.

답 ④

해 중분류(×)→'세분류'

꿰뚫어 보기

NCS 수준 체계의 구분
- 8수준 : '최고도의 이론'~
- 7수준 : '전문화된 이론'~
- 6수준 : '독립적인 권한'~
- 5수준 : '포괄적인 권한'~ [6독 5포]
- 4수준 : '일반적인 권한'~
- 3수준 : '제한된 권한'~ [4일 3제]
- 2수준 : '일반적 지시와 감독'~
- 1수준 : '구체적 지시와 철저한 감독'~

60 **한국표준산업분류(제10차)의 산업결정방법에 관한 설명으로 틀린 것은?**

① 생산단위의 산업 활동은 그 생산단위가 수행하는 주된 산업 활동의 종류에 따라 결정된다.

② 계절에 따라 정기적으로 산업을 달리하는 사업체의 경우에는 조사시점에 경영하는 사업과는 관계없이 조사대상 기간 중 산출액이 많았던 활동에 의하여 분류된다.

③ 단일사업체의 보조단위는 그 사업체의 일개 부서로 포함하지 않고 별도의 사업체로 처리한다.

④ 휴업 중 또는 자산을 청산 중인 사업체의 산업은 영업 중 또는 청산을 시작하기 이전의 산업활동에 의하여 결정한다.

콕집어 해설

한국표준산업분류의 산업결정방법 [생종 계휴단]

- 생산단위의 산업활동은 그 생산단위가 수행하는 주된 산업활동의 종류에 따라 결정된다.(①)
- 해당 활동의 종업원 수 및 노동시간, 임금 및 급여액 또는 설비의 정도에 의하여 결정한다.
- 계절에 따라 정기적으로 산업을 달리하는 사업체의 경우에는 조사시점에서 경영하는 사업과는 관계없이 조사대상기간 중 산출액이 많았던 활동에 의하여 분류된다.(②)
- 휴업 중 또는 자산을 청산 중인 사업체의 산업은 영업 중 또는 청산을 시작하기 이전의 산업활동에 의하여 결정한다.(④)
- 단일사업체의 보조단위는 그 사업체의 일개 부서로 포함한다.(③)

답 ③

제4과목 | 노동시장론

61 **노동수요탄력성의 크기에 영향을 미치는 요인과 거리가 가장 먼 것은?**

① 생산물 수요의 가격탄력성

② 총 생산비에 대한 노동비용의 비중

③ 노동의 대체곤란성

④ 대체생산요소의 수요탄력성

콕집어 해설

노동수요탄력성의 크기에 영향을 미치는 요인

- 생산물 수요의 가격탄력성이 클수록 노동수요탄력성도 커진다.(①)
- 총 생산비에 대한 노동비용의 비중이 클수록 노동수요탄력성도 커진다.(②)
- 노동의 대체가능성이 작을수록 노동수요탄력성은 작아진다.(③)
- 대체생산요소의 공급탄력성이 클수록 노동수요탄력성도 커진다.(④)

답 ④

해 대체생산요소의 수요탄력성(×)→대체생산요소의 '공급탄력성'

62 **후방굴절형(backward-bending) 노동공급곡선에서 후방으로 굴절된 부분은?**

① 임금변동에 따른 대체효과만이 존재하는 부분이다.

② 임금변동에 따른 소득효과만이 존재하는 부분이다.

③ 임금변동에 따른 대체효과가 소득효과보다 큰 부분이다.

④ 임금변동에 따른 소득효과가 대체효과보다 큰 부분이다.

콕집어 해설

후방굴절형(backward-bending) 노동공급곡선

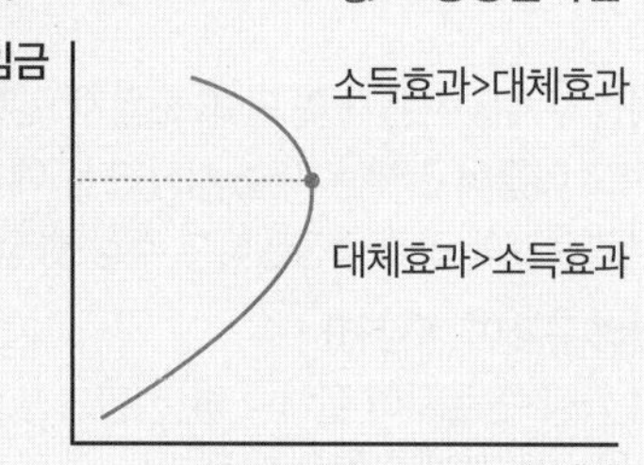

소득의 증가에 따른 노동시간의 효과

1) 대체효과 : 임금이 상승하면 여가에 활용하는 시간이 상대적으로 비싸짐으로 근로자는 여가를 줄이고 노동시간을 늘린다. 따라서, 대체효과가 소득효과보다 클 경우 임금의 상승은 노동공급의 증가를 유발하므로 노동공급곡선은 우상향한다.
2) 소득효과 : 임금상승으로 실질소득이 증가하므로 근로자는 노동시간을 줄이고 여가시간과 소비재 구입을 늘린다. 따라서, 소득효과가 대체효과보다 클 경우 임금의 상승은 노동공급의 감소를 유발하므로 노동공급곡선은 후방굴절한다.

답 ④

63 다음 중 노동에 대한 수요가 유발수요(derived demand)인 것을 가장 잘 나타내는 것은?

① 사무자동화로 사무직에 대한 수요가 감소하고 있다.
② 자동차회사 노동자의 임금상승은 자동차 조립라인에서의 로봇에 대한 수요를 증가시킨다.
③ 휘발유 가격의 상승은 경소형차에 대한 수요를 증가시킨다.
④ 자동차 생산을 증가시킨다는 경영진의 결정은 자동차공장 노동자에 대한 수요를 증가시킨다.

콕집어 해설

노동에 대한 수요가 유발수요(derived demand)인 이유

노동에 대한 수요는 최종 생산물에 대한 소비자의 수요에서 유발되므로 '유발수요', '파생수요', '간접수요'라고 한다.

답 ④

해 자동차 생산을 증가시킨다는 경영진의 결정은 곧, 자동차에 대한 소비자의 수요가 증가했음을 나타내고 이에 따라 자동차공장 노동자에 대한 수요가 증가했으므로 '유발수요'라고 한다.

64 경쟁노동시장 경제모형의 기본 가정과 가장 거리가 먼 것은?

① 내부노동시장은 존재하지 않는다.
② 노동자와 고용주는 완전정보를 갖는다.
③ 노동자는 능력이나 숙련도의 차이가 있다.
④ 노동자 개인이나 개별 고용주는 시장임금에 아무런 영향을 행사할 수 없다.

콕집어 해설

경쟁노동시장이론(신고전학파이론)

기본가정

1) 노동자나 고용주는 시장임금에 어떤 영향도 미칠 수 없다.(④)
2) 노동자와 고용주는 완전한 정보를 갖는다.(②)
3) 모든 노동자는 노동력(숙련 및 노력)에 있어서 동질적이다.(③)
4) 노동시장의 진입과 퇴출이 자유롭다.
5) 노사의 단체가 없으며, 정부의 임금규제도 없다.
6) 내부노동시장은 존재하지 않으며, 모든 직무의 공석은 외부노동시장을 통해 채워진다.(①)
7) 직무의 성격은 동일하며, 임금의 차이만 존재한다.

답 ③

꿰뚫어 보기

분단노동시장가설

1) 신고전학파의 경쟁노동시장가설을 비판한 제도학파의 노동시장이론이다.
2) 사회제도의 힘에 의해 임금과 고용이 결정된다고 주장한다.
3) 노동시장은 하나의 연속적이고 경쟁적 시장이 아니라, 상호 간 이동이 단절되어 있고 임금과 근로조건이 현저한 차이를 보이는 분단된 상태의 시장이다.
4) 소득불평등은 개인의 교육, 훈련, 능력, 성별, 연령보다는 시장구조, 계급구조 등 제도적 요인에서 비롯된다.
5) 인적자본이론가들의 교육훈련은 빈곤퇴치에 실패했으며, 생산성의 향상보다는 채용 시 선별장치로 이용할 뿐이다.
6) 노동시장의 공급 측면에 대한 정부개입 또는 지원을 지나치게 강조하는 것에 대해 부정적이다.
7) 공공적인 고용기회의 확대나 임금보조, 차별대우 철폐를 주장한다.
8) 내부노동시장의 중요성을 강조한다.
9) 노동의 인간화를 도모하기 위한 의식적인 정책노력이 필요하다.
10) 소수인종에 대한 현실적 차별을 비판한다.

65 A국의 생산가능인구는 500만 명, 취업자 수는 285만 명, 실업률이 5%일 때 A국의 경제활동참가율은?

① 48% ② 50%
③ 57% ④ 60%

콕집어해설

경제활동참가율

- 실업률(%) = $\frac{\text{실업자 수}}{\text{경제활동인구 수}} \times 100$

  $= \frac{\text{실업자 수}}{\text{취업자 수 + 실업자 수}} \times 100$

- 실업자 수를 x 라고 하면,

  $5(\%) = \frac{x}{285\text{만 명} + x} \times 100$

  $5(\%) \times (285\text{만 명} + x) = 100x$

  $100x - 5x = 5 \cdot 285\text{만 명}$

  $95x = 1425\text{만 명}$

  $\therefore x = 15\text{만 명}$

  즉, 실업자 수는 150,000명이다.

- 경제활동참가율(%) = $\frac{\text{경제활동인구 수}}{\text{생산가능인구 수}} \times 100$

  $= \frac{\text{취업자 수 + 실업자 수}}{\text{생산가능인구 수}} \times 100$

  $= \frac{285\text{만 명} + 15\text{만 명}}{500\text{만 명}} \times 100$

  $= 60(\%)$

  ∴ 경제활동참가율은 60(%)이다.

답 ④

66 던롭(Dunlop)이 노사관계를 규제하는 여건 혹은 환경으로 지적한 사항이 아닌 것은?

① 시민의식 ② 기술적 특성
③ 시장 또는 예산제약 ④ 각 주체의 세력관계

콕집어해설

던롭(Dunlop)의 노사관계 시스템이론

개념

노사관계의 주체를 사용자 및 단체, 노동자 및 단체, 정부로 규정하고 이들의 관계는 기술, 시장 또는 예산제약, 각 주체의 세력관계에 의해 결정된다고 주장했다.

노사관계의 규제여건(환경) [기시주]

1) 기술적 특성 : 근로자의 질이나 양, 생산과정 및 생산방법 등이 노사관계에 영향을 미친다.
2) 시장 또는 예산제약 : 제품시장의 형태와 기업경영에 필요한 비용과 이윤 등이 노사관계에 영향을 미친다.
3) 각 주체들의 세력관계 : 노사관계를 포함한 사회 내 주체들 간의 세력관계가 노사관계에 영향을 미친다.

답 ①

67 파업의 경제적 비용과 기능에 관한 설명으로 옳은 것은?

① 사적비용과 사회적 비용은 동일하다.
② 사용자의 사적비용은 직접적인 생산중단에서 오는 이윤의 순감소분과 같다.
③ 사적비용이란 경제의 한 부문에서 발생한 파업으로 인한 타 부문에서의 생산 및 소비의 감소를 의미한다.
④ 서비스 산업부문은 파업에 따른 사회적 비용이 상대적으로 큰 분야이다.

콕집어해설

파업의 경제적 비용과 기능

- 사적비용은 파업의 경제적 손실에 따른 사용자측의 비용과 노동자측의 비용의 합을 말한다.(③)
- 사회적 비용이란 경제의 한 부문에서 발생한 파업으로 인한 타 부문에서의 생산 및 소비의 감소를 의미한다.(③)
- 사용자의 사적비용은 직접적인 생산중단에서 오는 이윤의 순감소분에 비해 적을 수 있다.(②)
- 서비스 산업부문은 파업에 따른 사회적 비용이 상대적으로 큰 분야이다.(④)

답 ④

해 ① 사적비용과 사회적 비용은 다르다.
③ 사적비용(×)→사회적 비용

꿰뚫어 보기

파업의 경제적 손실

1) 노동조합 측 노동소득의 순상실분은 해당기업에서의 임금소득의 상실보다 훨씬 적을 수 있다.
   - 이유 : 노동조합의 파업수당을 수령하거나 임시직으로 취업하여 소득활동을 할 수도 있기 때문이다.
2) 사용자 이윤의 순감소분은 직접적인 생산중단에서 오는 것보다 적을 수 있다.
   - 이유 : 파업에 대비하여 재고량을 쌓아 놓거나 파업에 참여하지 않은 근로자들을 생산에 투입하기도 하고 파업참여 근로자들의 임금을 줄이는 동시에 생산중단으로 원재료 비용을 절감할 수 있기 때문이다.
3) 파업에 따르는 사회적 비용은 제조업보다 서비스업에서 더 큰 것이 보통이다.
   - 이유 : 파업의 발생으로 경제 전체의 서비스 생산 및 소비수준을 하락시키기 때문이다.
4) 파업에 따르는 생산량감소는 타산업의 생산량증가로 보충하기도 한다.
5) 파업기간이 길어지면 경제적 손실은 증가한다.

68 임금이 하방경직적인 이유와 가장 거리가 먼 것은?

① 장기노동계약
② 물가의 지속적 상승
③ 강력한 노동조합의 존재
④ 노동자의 역선택 발생 가능성

콕집어 해설

임금의 하방경직성

1) 개념 : 한번 오른 임금이 경제여건의 변화에도 떨어지지 않은 채 그 수준을 유지하려는 경향을 말한다.
2) 이유 [최강 노화장 효]
   ㄱ. 최저임금제의 실시
   ㄴ. 강력한 노동조합의 존재(③)
   ㄷ. 노동자의 역선택 발생 가능성(④)
   ㄹ. 화폐환상
   ㅁ. 장기 근로계약(①)
   ㅂ. 효율성 임금정책

답 ②

69 실업률을 하락시키는 변화로 옳은 것을 모두 고른 것은?(단, 취업자 수 및 실업자 수는 0보다 크다.)

ㄱ. 취업자가 비경제활동인구로 전환
ㄴ. 실업자가 비경제활동인구로 전환
ㄷ. 비경제활동인구가 취업자로 전환
ㄹ. 비경제활동인구가 실업자로 전환

① ㄱ, ㄴ　　② ㄱ, ㄹ
③ ㄴ, ㄷ　　④ ㄷ, ㄹ

콕집어 해설

실업률을 하락시키는 변화

- 실업률 $= \dfrac{\text{실업자 수}}{\text{경제활동인구 수}} \times 100$

$= \dfrac{\text{실업자 수}}{\text{취업자 수} + \text{실업자 수}} \times 100$

- 실업자 수의 증감에 따라 실업률도 함께 증감한다.
- 취업자 수가 증가하면 실업률은 감소, 취업자 수가 감소하면 실업률은 증가한다.
  ㄱ : 취업자 수 감소→실업률 증가
  ㄴ : 실업자 수 감소→실업률 감소
  ㄷ : 취업자 수 증가→실업률 감소
  ㄹ : 실업자 수 증가→실업률 증가

답 ③

70 다음 중 성과급 제도의 장점에 해당하는 것은?

① 직원 간 화합이 용이하다.
② 근로의 능률을 자극할 수 있다.
③ 임금의 계산이 간편하다.
④ 확정적 임금이 보장된다.

콕집어 해설

성과급제도의 장·단점

장점

1) 작업성과와 임금이 정비례하므로 노동자에게 합리성과 공평감을 준다.
2) 작업능률을 자극함으로써 생산성 제고·원가절감·노동자의 소득증대에 효과가 있다.(②)
3) 시간급제보다 원가계산이 용이하다.

단점

1) 직원 간의 화합에 불리하다.(①)
2) 확정적 임금이 보장되지 못한다.(④)
3) 임금의 계산이 복잡하다.(③)
4) 표준단가의 결정과 정확한 작업량의 측정이 어렵다.
5) 무리한 노동의 결과로 과로와 조직적 태업을 유발할 가능성이 있다.
6) 작업량에만 치중하므로 제품의 품질저하가 나타날 수 있다.

답 ②

해 ①, ③, ④는 '고정급제'의 장점이다.

꿰뚫어 보기

성과급제

1) 노동의 성과를 측정하여 성과에 따라 임금을 산정·지급하는 능률급제이며 변동급제의 임금형태이다.
2) 실시조건
   ㄱ. 생산량이 객관적으로 측정이 가능할 경우
   ㄴ. 근로자의 노력과 생산량과의 관계가 명확할 경우
   ㄷ. 직무가 표준화되어 있고 작업의 흐름이 정규적인 경우
   ㄹ. 생산물의 질이 생산량보다 덜 중요하거나 그 질이 일정한 경우

71 다음 중 수요부족실업에 해당되는 것은?

① 마찰적 실업　　② 구조적 실업
③ 계절적 실업　　④ 경기적 실업

콕집어 해설

수요부족실업

경기적 실업

1) 원인 : 불경기 때 생산물시장에서의 총수요 감소가 노동시장에서 노동의 총수요 감소로 이어지면서 발생하는 대표적인 수요부족 실업이다.
2) 대책 : 재정지출 확대, 조세감면, 금리 인하, 통화량 증대 등을 통해 총수요(유효수요)를 증대시켜야 한다.

답 ④

꿰뚫어 보기

마찰적 실업

1) 원인 : 신규 또는 전직자가 직업을 찾는 과정에서 직업정보 부족으로 인해 일시적으로 발생하는 자발적 실업이다.
2) 대책 : 구인·구직에 대한 전산망 연결, 직업알선기관의 활성화, 고용실태 및 전망에 관한 자료제공, 퇴직예고제 등

구조적 실업

1) 원인 : 구인처에서 요구하는 근로자가 없거나 지역 간 노동력 수급의 불균형 현상으로 인해 발생하는 비자발적 실업이다.
2) 대책 : 경제(산업)구조 변화 예측에 따른 인력수급정책, 근로자의 전직 관련 직업훈련, 지역이주금 보조 등

계절적 실업

1) 원인 : 기후나 계절의 변화에 따라 노동수요의 변화가 심한 부문에서 발생하는 일시적 실업이다.
2) 대책 : 비수기때의 근로대책, 구인처 확보 등

72 임금기금설(wage-fund theory)에 관한 설명으로 틀린 것은?

① 임금기금의 규모는 일정하므로 시장임금의 크기는 임금기금을 노동자의 수로 나눈 값이 된다.
② 임금기금설은 노동공급측면의 역할을 중시한 노동의 장기적인 자연가격결정론에 해당된다.
③ 임금기금설은 고임금이 고실업률을 야기한다고 하여 고용이론에 영향을 주었다.
④ 임금기금설에 따라 노동조합의 교섭력을 통한 임금의 인상이 불가능하다는 노동조합무용론이 제기되었다.

콕집어 해설

임금기금설(wage-fund theory)

- 임금기금의 규모는 일정하므로 시장임금의 크기는 임금기금을 노동자의 수로 나눈 값이 된다.(①)
- 임금기금설은 노동수요측면의 역할을 중시하며, 근로자의 임금 총액은 정해져 있고 이 기금은 시간이 지남에 따라 변할 수 있다고 주장하였다.(②)
- 임금기금설은 고임금이 고실업률을 야기한다고 하여 고용이론에 영향을 주었다.(③)
- 임금기금설에 따라 노동조합의 교섭력을 통한 임금의 인상이 불가능하다는 노동조합무용론이 제기되었다.(④)

답 ②

해 노동공급측면(×)→'노동수요측면' 중시

- '노동공급측면'의 역할을 중시한 것은 임금생존비설(임금철칙설)이다.
- '노동수요측면'의 역할을 중시한 것은 임금기금설과 노동가치설이다.

73 내부노동시장에 대한 설명으로 틀린 것은?

① 근로자의 단기적 생산성과 임금이 연관된다.
② 기업비용부담으로 기업차원의 교육훈련이 체계적으로 실시된다.
③ 내부 승진이 많다.
④ 장기적 고용관계로 직장안정성이 높다.

콕집어 해설

내부노동시장

- 하나의 기업 또는 사업장 내에서 이루어지는 노동시장이다.
- 내부노동시장에서의 임금, 직무, 배치, 승진은 외부노동시장과 단절된 채 기업 내부에서 정해진 규칙과 절차에 의해 결정된다.
- 근로자의 장기적 생산성과 임금이 연관된다.(①)
- 기업비용부담으로 기업차원의 교육훈련이 체계적으로 실시된다.(②)
- 내부 승진이 많다.(③)
- 장기적 고용관계로 직장안정성이 높다.(④)

답 ①

 **꿰뚫어 보기**

내부노동시장의 형성요인

1) 숙련의 특수성: 기업이 숙련의 특수성을 보존하기 위해 내부 노동력을 유지하려고 노력함으로써 내부노동시장이 형성된다.
2) 현장훈련: 실제 직무수행에 사용되는 선임자의 기술 및 숙련이 현장훈련을 통해 후임자에게로 전수됨으로써 내부노동시장이 형성된다.
3) 기업내 관습: 고용의 안정성에서 형성된 기업내 관습은 노동관계의 각종 사항을 규율함으로써 내부노동시장을 형성하는 요인이 된다.
4) 기업의 규모와 장기근속: 기업의 규모와 장기근속은 조직 내 업무분담과 인원을 관리하기 위한 조직을 형성시킴으로써 내부노동시장을 형성하게 된다.

74 유보임금(reservation wage)에 관한 옳은 설명으로만 짝지어진 것은?

ㄱ. 유보임금의 상승은 실업기간을 연장한다.
ㄴ. 유보임금의 상승은 기대임금을 하락시킨다.
ㄷ. 유보임금은 기업이 근로자에게 제시한 최고의 임금이다.
ㄹ. 유보임금은 근로자가 받고자 하는 최저의 임금이다.

① ㄱ, ㄷ　② ㄴ, ㄷ
③ ㄴ, ㄹ　④ ㄱ, ㄹ

콕집어 해설

유보임금(의중임금, 요구임금, 눈높이임금)

- 노동자가 노동을 공급하기 위해 받고자 하는 최소한의 임금이다(ㄹ).
- 유보임금의 상승은 기대임금의 상승으로 이어져서 구직자의 취업을 더욱 어렵게 해서 실업기간을 연장시킨다(ㄱ,ㄴ).
- 시장임금이 자신의 유보임금보다 적을 경우, 그 근로자는 노동시장에 진입하지 않을 것이다.

답 ④

75 실업 - 결원곡선(Beveridge curve)에 관한 설명으로 틀린 것은?

① 종축에서는 결원 수, 횡축에서는 실업자 수를 표시한다.

② 원점에서 멀어질수록 구조적 실업자 수가 증가함을 의미한다.

③ 마찰적 실업과 구조적 실업을 구분하는 것이 가능하다.

④ 현재의 실업자 수에서 현재의 결원 수를 뺀 것이 수요부족실업자 수이다.

콕집어해설

실업 - 결원곡선(Beveridge curve)

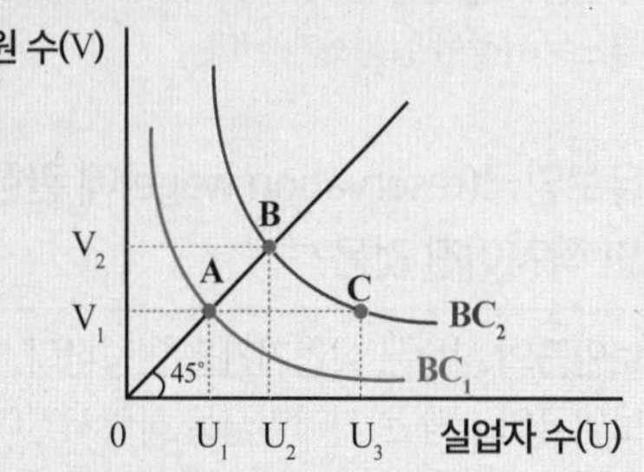

- 실업과 결원의 관계를 나타내며, 실업의 구조와 완전고용률에 대해 설명한다.
- 종축은 결원 수, 횡축은 실업자 수를 표시하며, 실업자 수가 증가하면 결원 수가 감소하고 그 반대의 관계도 성립함으로 곡선은 우하향한다.(①)
- 노동수요와 노동공급이 같은 경우 실업자 수와 결원 수가 균형을 이루며 45도 직선상에서 완전고용상태가 된다.
- 원점에서 멀어질수록 구조적 실업자 수가 증가함을 의미한다.(②)
  즉, BC_1이 BC_2로 이동하는 경우 동일한 결원 수에 더 많은 실업자 수 ($U_3 - U_1$)가 대응함으로써 노동시장이 구조적으로 악화되어 있음을 보여준다.
- 현재의 실업자 수에서 현재의 결원 수를 뺀 것이 수요부족실업자 수이다.(④)
- 실업 - 결원곡선에 의해 수요부족실업과 비수요부족실업(마찰적 · 구조적실업)을 구분하는 것은 가능하나, 마찰적 실업과 구조적 실업을 구분하기는 어렵다.(③)
  즉, 현재의 노동시장 상황이 BC_2라고 할 때 실업자 수와 결원 수가 만나는 C점이 완전고용상태인 B점만큼의 차이($U_3 - U_2$)를 보이게 되는데, 이같은 실업자 수의 차이를 수요부족실업으로 간주할 수 있다. 하지만 마찰적 실업과 구조적 실업을 구분하는 것은 어렵다.

답 ③

해 가능하다(×)→'불가능'하다.

76 경제적 조합주의(economic unionism)에 대한 설명으로 틀린 것은?

① 노동조합운동과 정치와의 연합을 특징으로 한다.

② 경영전권을 인정하며 경영참여를 회피해온 노선이다.

③ 노동조합운동의 목적은 노동자들의 근로조건을 포함한 생활조건의 개선과 유지에 있다.

④ 노사관계를 기본적으로 이해대립의 관계로 보고 있으나 이해조정이 가능한 비적대적 관계로 이해한다.

콕집어해설

경제적 조합주의(economic unionism)

- 노동조합운동의 정치로부터의 독립을 강조한다.(①)
- 경영전권을 인정하며 경영참여를 회피해온 노선이다.(②)
- 노동조합운동의 목적은 노동자들의 근로조건을 포함한 생활조건의 개선과 유지에 있다.(③)
- 노사관계를 기본적으로 이해대립의 관계로 보고 있으나 이해조정이 가능한 비적대적 관계로 이해한다.(④)

답 ①

해 연합(×)→'독립'

77 시간당 임금이 5000원에서 6000원으로 인상될 때, 노동수요량이 10000에서 9000으로 감소한다면 노동수요의 임금탄력성은?(단, 노동수요의 임금탄력성은 절댓값이다.)

① 0.2　　② 0.5

③ 1　　④ 2

콕집어해설

노동수요의 임금탄력성

$$\text{노동수요의 임금탄력성} = \frac{\text{노동수요량의 변화율(\%)}}{\text{임금의 변화율(\%)}}$$

$$= \left| \frac{\frac{9000 - 10000}{10000} \times 100}{\frac{6000 - 5000}{5000} \times 100} \right|$$

$$= \left| \frac{-10}{20} \right|$$

= 0.5(단, 절대값 사용)

답 ②

78 이윤극대화를 추구하는 어떤 커피숍 종업원의 임금은 시간당 6,000원이고, 커피 1잔의 가격은 3,000원일 때 이 종업원의 한계생산은?

① 커피 1잔 ② 커피 2잔
③ 커피 3잔 ④ 커피 4잔

콕집어해설

기업의 이윤극대화

노동의 한계생산물가치($VMP_L = P \cdot MP_L$) = 시장임금(W)에서 이루어진다.(단, P는 가격, MP_L은 한계생산량)

$VMP_L = 3,000 \times MP_L = 6,000(W)$이므로 MP_L은 2이다.

그러므로 이 종업원의 한계생산은 커피 2잔이다.

답 ②

79 다음 중 노동공급의 감소로 발생되는 현상은?

① 사용자의 경쟁심화로 임금수준의 하락을 초래한다.
② 고용수준의 증가를 가져온다.
③ 임금수준의 상승을 초래한다.
④ 일시적인 초과 노동공급현상을 유발한다.

콕집어해설

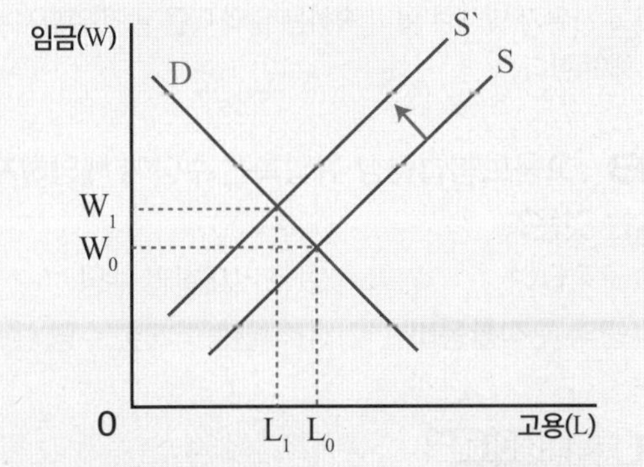

- 노동공급곡선이 S에서 S'으로 이동함을 의미한다.
- 고용수준의 감소를 가져온다($L_0 \rightarrow L_1$)
- 임금수준의 상승을 초래한다($W_0 \rightarrow W_1$)
- 일시적인 초과 노동수요현상을 유발한다.

답 ③

80 노동조합으로 인해 비노조부문의 임금이 하락하고 있다면 이는 어떤 경우인가?

① 이전효과(spillover effect)만 나타나는 경우
② 위협효과(threat effect)만 나타나는 경우
③ 대기실업효과만 나타나는 경우
④ 비노동조합부문에서 노동수요곡선을 좌측으로 이동하는 효과가 나타나는 경우

콕집어해설

이전효과(spillover effect)

해고효과 또는 파급효과라고 하며, 노동조합의 임금인상에 의해 축출된 노동자들이 비조직부문으로 몰려 그곳의 임금을 하락시킴으로써 임금격차를 크게 만든다.

답 ①

해 ② 위협효과란 비조직부문의 기업주들이 노동조합이 결성될 것을 두려워해서 미리 임금을 올려줌으로써 임금격차가 줄어드는 현상을 말한다.

③ 대기실업효과란 노동조합이 비조직된 기업을 사직하고 상대적으로 높은 임금이 지급되는 조직부문에 취업하기 위해 여가를 선호함으로써 임금격차가 줄어드는 현상을 말한다.

④ 비노동조합부문에서 노동공급곡선이 우하향(노동공급 증가)으로 이동하는 효과가 나타나는 경우이다.

제5과목 | 노동관계법규

81 직업안정법령상 직업정보제공사업자의 준수 사항으로 틀린 것은?

① 구인자의 업체명이 표시되어 있지 아니한 구인광고를 게재하지 아니할 것
② 직업정보제공매체의 구인·구직의 광고에는 구인·구직자의 주소 또는 전화번호를 기재하지 아니할 것
③ 구직자의 이력서 발송을 대행하거나 구직자에게 취업추천서를 발부하지 아니할 것
④ 직업정보제공사업의 광고문에 "취업추천"·"취업지원" 등의 표현을 사용하지 아니할 것

콕집어 해설

직업정보제공사업자의 준수사항
- 구인자의 업체명(또는 성명)이 표시되어 있지 아니하거나 구인자의 연락처가 사서함 등으로 표시되어 구인자의 신원이 확실하지 아니한 구인광고를 게재하지 아니할 것
- 직업정보제공매체의 구인·구직의 광고에는 구인·구직자의 주소 또는 전화번호를 기재하고, 직업정보제공사업자의 주소 또는 전화번호는 기재하지 아니할 것
- 직업정보제공매체 또는 직업정보제공사업의 광고문에 "(무료)취업상담"·"취업추천"·"취업 지원" 등의 표현을 사용하지 아니할 것
- 구직자의 이력서 발송을 대행하거나 구직자에게 취업추천서를 발부하지 아니할 것
- 직업정보제공매체에 정보이용자들이 알아보기 쉽게 신고로 부여받은 신고번호를 표시할 것
- 최저임금에 미달되는 구인정보, 「성매매알선 등 행위의 처벌에 관한법률」에 따른 금지행위가 행하여지는 업소에 대한 구인광고를 게재하지 아니할 것

답 ②

해 기재하지 아니할 것(×)→기재할 것

82 고용보험법령상 피보험자격의 신고에 관한 설명으로 틀린 것은?

① 사업주가 피보험자격에 관한 사항을 신고하지 아니하면 근로자가 신고할 수 있다.
② 사업주는 그 사업에 고용된 근로자의 피보험자격의 취득 및 상실 등에 관한 사항을 고용노동부장관에게 신고하여야 한다.
③ 자영업자인 피보험자는 피보험자격의 취득 및 상실에 관한 신고를 하지 아니한다.
④ 피보험자격의 취득 및 상실 등에 관한 신고는 그 사유가 발생한 날로부터 14일 이내에 하여야 한다.

콕집어 해설

피보험자격의 신고
- 사업주가 피보험자격에 관한 사항을 신고하지 아니하면 근로자가 신고할 수 있다.
- 사업주는 그 사업에 고용된 근로자의 피보험자격의 취득 및 상실 등에 관한 사항을 고용노동부장관에게 신고하여야 한다.
- 자영업자인 피보험자는 피보험자격의 취득 및 상실에 관한 신고를 하지 아니한다.

답 ④

해 그 사유가 발생한 날이 속하는 달의 다음 달 15일까지 신고해야 한다.

83 고용보험법령상 취업촉진 수당에 해당하지 않는 것은?

① 구직급여 ② 조기재취업 수당
③ 광역 구직활동비 ④ 직업능력개발 수당

콕집어 해설

취업촉진 수당 [조직광이]
- 실업급여 = 구직급여 + 취업촉진 수당
- 취업촉진수당 : 조기재취업 수당, 직업능력개발 수당, 광역 구직활동비, 이주비

답 ①

84 남녀고용평등 및 일·가정 양립 지원에 관한 법령상 육아기 근로시간 단축에 관한 설명이다. ( )에 들어갈 내용으로 옳은 것은?

> 사업주가 근로자에게 육아기 근로시간 단축을 허용하는 경우 단축 후 근로시간은 주당 (ㄱ)시간 이상이어야하고 (ㄴ)시간을 넘어서는 아니된다.

	ㄱ	ㄴ
①	10	15
②	10	20
③	15	30
④	15	35

콕집어해설

육아기 근로시간 단축
사업주가 해당 근로자에게 육아기 근로시간 단축을 허용하는 경우 단축 후 근로시간은 주당 15시간 이상이어야 하고 35시간을 넘어서는 아니 된다.

답 ④

85 근로기준법령상 이행강제금에 관한 설명으로 <u>틀린</u> 것은?

① 노동위원회는 구제명령을 받은 후 이행기한까지 구제명령을 이행하지 아니한 사용자에게 3천만원 이하의 이행강제금을 부과한다.
② 노동위원회는 이행강제금을 부과하기 30일 전까지 이행강제금을 부과·징수한다는 뜻을 사용자에게 미리 문서로써 알려 주어야 한다.
③ 근로자는 구제명령을 받은 사용자가 이행기한까지 구제명령을 이행하지 아니하면 이행기한이 지난 때부터 30일 이내에 그 사실을 노동위원회에 알려줄 수 있다.
④ 노동위원회는 이행강제금 납부의무자가 납부기한까지 이행강제금을 내지 아니하면 기간을 정하여 독촉을 하고 지정된 기간에 이행강제금을 내지 아니하면 국세 체납처분의 예에 따라 징수할 수 있다.

콕집어해설

이행강제금
- 노동위원회는 구제명령을 받은 후 이행기한까지 구제명령을 이행하지 아니한 사용자에게 3천만원 이하(개정됨)의 이행강제금을 부과한다.(①)
- 노동위원회는 이행강제금을 부과하기 30일 전까지 이행강제금을 부과·징수한다는 뜻을 사용자에게 미리 문서로써 알려 주어야 한다.(②)
- 노동위원회는 최초의 구제명령을 한 날을 기준으로 매년 2회의 범위에서 구제명령이 이행될 때까지 반복하여 이행강제금을 부과·징수 할 수 있다.
- 근로자는 구제명령을 받은 사용자가 이행기한까지 구제명령을 이행하지 아니하면 이행기한이 지난 때부터 15일 이내에 그 사실을 노동위원회에 알려줄 수 있다.(③)
- 노동위원회는 이행강제금 납부의무자가 납부기한까지 이행강제금을 내지 아니하면 기간을 정하여 독촉을 하고 지정된 기간에 이행강제금을 내지 아니하면 국세 체납처분의 예에 따라 징수할 수 있다.(④)

답 ③

해 30일 이내(x)→'15일 이내'

86 국민평생직업능력개발법령상 실시방법에 따라 구분한 직업능력개발훈련에 해당하지 <u>않는</u> 것은?

① 집체훈련　　② 향상훈련
③ 현장훈련　　④ 원격훈련

콕집어 해설

직업능력개발훈련의 구분방법

훈련의 목적에 따른 구분

1) 양성훈련 : 근로자에게 기초적 직무수행능력을 습득시키기 위해 실시하는 훈련
2) 향상훈련 : 기초적 직무수행능력을 가지고 있는 근로자에게 더 높은 직무수행능력을 습득시키기 위해 실시하는 훈련
3) 전직훈련 : 근로자에게 유사하거나 새로운 직업에 필요한 직무수행능력을 습득시키기 위해 실시하는 훈련

훈련의 방법에 따른 구분

1) 집체훈련 : 직업능력개발훈련을 실시하기 위해 설치한 훈련전용시설이나 적합한 시설에서 실시하는 훈련(산업체의 생산시설 및 근무장소는 제외)
2) 현장훈련 : 산업체의 생산시설 및 근무장소에서 실시하는 훈련
3) 원격훈련 : 멀리 떨어져 있는 사람에게 정보통신매체 등을 이용하여 실시하는 훈련
4) 혼합훈련 : 집체훈련·현장훈련·원격훈련을 2개 이상 병행하여 실시하는 훈련

답 ②

꿰뚫어 보기

직업능력개발훈련교사의 양성을 위한 훈련과정은 양성훈련과정, 향상훈련과정, 교직훈련과정으로 구분한다.

87 국민평생직업능력개발법상 직업능력개발훈련의 기본원칙으로 명시되지 않은 것은?

① 직업능력개발훈련은 근로자 개인의 희망·적성·능력에 맞게 근로자의 생애에 걸쳐 체계적으로 실시되어야 한다.

② 직업능력개발훈련은 민간의 자율과 창의성이 존중되도록 하여야 하며 노사의 참여와 협력을 바탕으로 실시되어야 한다.

③ 제조업의 생산직에 종사하는 근로자의 직업능력개발훈련은 중요시되어야 한다.

④ 직업능력개발훈련은 근로자의 직무능력과 고용가능성을 높일 수 있도록 지역·산업현장의 수요가 반영되어야 한다.

콕집어 해설

직업능력개발훈련 기본원칙

- 직업능력개발훈련은 근로자 개인의 희망·적성·능력에 맞게 근로자의 생애에 걸쳐 체계적으로 실시되어야 한다.(①)
- 직업능력개발훈련은 민간의 자율과 창의성이 존중되도록 하여야 하며, 노사의 참여와 협력을 바탕으로 실시되어야 한다.(②)
- 직업능력개발훈련은 근로자의 성별, 연령, 신체적 조건, 고용형태, 신앙 또는 사회적 신분 등에 따라 차별하여 실시되어서는 아니 된다.
- 직업능력개발훈련은 근로자의 직무능력과 고용가능성을 높일 수 있도록 지역·산업현장의 수요가 반영되어야 한다.(④)
- 직업능력개발훈련은 학교교육 및 산업현장과 긴밀하게 연계될 수 있도록 하여야 한다.

답 ③

해 제조업 근로자는 직업능력개발훈련의 중요 대상이 아니다.

꿰뚫어 보기

직업능력개발훈련이 중요시되어야 하는 대상

1) 고령자, 장애인
2) 국민기초생활 수급권자
3) 국가유공자와 그 유족 또는 가족이나 보훈보상대상자와 그 유족 또는 가족
4) 5·18 민주유공자와 그 유족 또는 가족
5) 제대군인 및 전역예정자
6) 여성근로자
7) 중소기업의 근로자
8) 일용근로자, 단시간근로자, 기간을 정하여 근로계약을 체결한 근로자, 일시적 사업에 고용된 근로자, 파견근로자

88 채용절차의 공정화에 관한 법률에 관한 설명으로 틀린 것은?

① "기초심사자료"란 구직자의 응시원서, 이력서 및 자기소개서를 말한다.

② 고용노동부장관은 기초심사자료의 표준양식을 정하여 구인자에게 그 사용을 권장할 수 있다.

③ 구직자는 구인자에게 제출하는 채용서류를 거짓으로 작성하여서는 아니 된다.

④ 이 법은 지방자치단체가 공무원을 채용하는 경우에도 적용한다.

콕집어 해설

채용절차의 공정화에 관한 법률

- "기초심사자료"란 구직자의 응시원서, 이력서 및 자기소개서를 말한다.(①)
- 고용노동부장관은 기초심사자료의 표준양식을 정하여 구인자에게 그 사용을 권장할 수 있다.(②)
- "입증자료"란 학위증명서, 경력증명서, 자격증명서 등 기초심사자료에 기재한 사항을 증명하는 일체의 자료를 말한다.
- "심층심사자료"란 작품집, 연구실적물 등 구직자의 실력을 알아볼 수 있는 일체의 물건 및 자료를 말한다.
- "채용서류"란 기초심사자료, 입증자료, 심층심사자료를 말한다.
- 구직자는 구인자에게 제출하는 채용서류를 거짓으로 작성하여서는 아니 된다.(③)
- 이 법은 상시 30명 이상의 근로자를 사용하는 사업 또는 사업장의 채용절차에 적용한다. 다만, 지방자치단체가 공무원을 채용하는 경우에는 적용하지 아니한다.(④)

답 ④

89 근로기준법령상 여성의 보호에 관한 설명으로 옳은 것은?

① 사용자는 임신 중의 여성이 명시적으로 청구하는 경우 고용노동부장관의 인가를 받으면 휴일에 근로를 시킬 수 있다.

② 여성은 보건·의료, 보도·취재 등의 일시적 사유가 있더라도 갱내(坑內)에서 근로를 할 수 없다.

③ 사용자는 여성 근로자가 청구하면 월 3일의 유급생리휴가를 주어야 한다.

④ 사용자는 여성을 휴일에 근로시키려면 근로자대표의 서면 동의를 받아야 한다.

콕집어 해설

여성의 보호

- 사용자는 임신 중의 여성이 명시적으로 청구하는 경우 고용노동부장관의 인가를 받으면 휴일에 근로를 시킬 수 있다. (①)
- 사용자는 여성과 18세 미만의 사람을 갱내에서 근로시키지 못한다. 다만, 보건·의료, 보도·취재 등 대통령령으로 정하는 업무를 수행하기 위하여 일시적으로 필요한 경우에는 그러하지 아니하다.(②)
- 사용자는 여성 근로자가 청구하면 월 1일의 생리휴가를 주어야 한다.(③)
- 사용자는 여성을 휴일에 근로시키려면 근로자의 동의와 고용노동부장관의 동의를 받아야 한다.(④)

답 ①

90 직업안정법에 관한 설명으로 틀린 것은?

① 국외 무료직업소개사업을 하려는 자는 고용노동부장관의 허가를 받아야 한다.

② 국외 유료직업소개사업을 하려는 자는 고용노동부장관에게 등록하여야 한다.

③ 구인자가 직업안정기관에서 구직자를 소개받은 때에는 그 채용 여부를 직업안정기관의 장에게 통보하여야 한다.

④ 누구든지 국외에 취업할 근로자를 모집한 경우에는 고용노동부장관에게 신고하여야 한다.

콕집어 해설

직업소개사업 [무신 유등]

- 무료직업소개사업 : 근로자가 취업하려는 장소를 기준으로,
  1) 국내 무료직업소개사업 : 국내 무료직업소개사업을 하려는 자는 주된 사업소의 소재지를 관할하는 특별자치도지사·시장·군수 및 구청장에게 신고해야 한다.
  2) 국외 무료직업소개사업 : 국외 무료직업소개사업을 하려는 자는 고용노동부장관에게 신고해야 한다.(①)
- 유료직업소개사업 : 근로자가 취업하려는 장소를 기준으로,
  1) 국내 유료직업소개사업 : 국내 유료직업소개사업을 하려는 자는 주된 사업소의 소재지를 관할하는 특별자치도지사·시장·군수 및 구청장에게 등록해야 한다.
  2) 국외 유료직업소개사업 : 국외 유료직업소개사업을 하려는 자는 고용노동부장관에게 등록해야 한다.(②)
- 근로자공급사업 : 고용노동부장관의 허가를 받아야 한다.
- 근로자파견사업 : 고용노동부장관의 허가를 받아야 한다.
- 구인자가 직업안정기관에서 구직자를 소개받은 때에는 그 채용 여부를 직업안정기관의 장에게 통보하여야 한다.(③)
- 누구든지 국외에 취업할 근로자를 모집한 경우에는 모집한 후 15일 이내에 고용노동부장관에게 신고하여야 한다.(④)

답 ①

해 허가(×)→신고

91 헌법 제32조에 명시된 내용이 아닌 것은?

① 연소자의 근로는 특별한 보호를 받는다.

② 근로조건의 기준은 인간의 존엄성을 보장하도록 법률로 정한다.

③ 여자의 근로는 특별한 보호를 받으며, 고용·임금 및 근로조건에 있어서 부당한 차별을 받지 아니한다.

④ 국가는 사회적·경제적 방법으로 근로자의 고용의 증진과 최저임금의 보장에 노력하여야 한다.

콕집어 해설

헌법 제32조(근로권)

- 모든 국민은 근로의 권리를 가진다. 국가는 사회적·경제적 방법으로 근로자의 고용증진과 적정임금의 보장에 노력하여야 하며, 법률이 정하는 바에 의하여 최저임금제를 시행하여야 한다.(④)
- 모든 국민은 근로의 의무를 진다. 국가는 근로의 의무의 내용과 조건을 민주주의 원칙에 따라 법률로 정한다.
- 근로조건의 기준은 인간의 존엄성을 보장하도록 법률로 정한다.(②)
- 여자의 근로는 특별한 보호를 받으며, 고용·임금 및 근로조건에 있어서 부당한 차별을 받지 아니한다.(③)
- 연소자의 근로는 특별한 보호를 받는다.(①)
- 국가유공자·상이군경 및 전몰군경의 유가족은 법률이 정하는 바에 의하여 우선적으로 근로의 기회를 부여받는다.

답 ④

해 최저임금의 보장에 노력(×)→최저임금제를 시행하여야 한다.

92 고용상 연령차별금지 및 고령자고용촉진에 관한 법령상 (　　) 안에 알맞은 것은?

> 상시 (　　)명 이상의 근로자를 사용하는 사업장의 사업주는 기준고용률 이상의 고령자를 고용하도록 노력하여야 한다.

① 50　　② 100

③ 200　　④ 300

콕집어 해설

고령자 기준고용률

상시 300명 이상의 근로자를 사용하는 사업주는 기준 고용률 이상의 고령자를 고용하도록 노력하여야 한다.

1) 제조업 : 상시 근로자 수의 100분의 2
2) 운수업·부동산 및 임대업 : 상시 근로자 수의 100분의 6
3) 기타 : 상시 근로자 수의 100분의 3

답 ④

93 고용정책기본법령상 고용정책심의회의 전문위원회에 명시되지 않은 것은?

① 지역고용전문위원회
② 고용보험전문위원회
③ 장애인고용촉진전문위원회
④ 건설근로자고용개선전문위원회

콕집어 해설

고용정책심의회의 전문위원회
- 고용정책심의회의 전문위원회는 위원장 1명을 포함한 20명 이내의 위원으로 구성한다.
- 지역고용전문위원회, 고용서비스전문위원회, 장애인고용촉진전문위원회. 사회적기업육성전문위원회, 적극적 고용개선전문위원회. 건설근로자고용개선전문위원회

답 ②

고용정책심의회의 위원
- 관계 중앙행정기관의 차관 또는 차관급 공무원이 된다. 기획재정부 제 1차관, 교육부 차관, 과학기술정보통신부 제1차관, 행정안전부 차관, 산업통상자원부 차관, 보건복지부 차관, 여성가족부 차관, 국토교통부 제1차관, 중소벤처기업부 차관
- 정책심의회는 위원장 1명을 포함한 30명 이내의 위원으로 구성한다
- 근로자와 사업주를 대표하는 자는 심의 위원으로 참여할 수 있다.
- 특별시·광역시·특별자치시·도 및 특별자치도에 지역고용심의회를 둔다.
- 고용정책심의회를 효율적으로 운영하기 위하여 분야별 진문위원회를 둘 수 있다.

94 국민평생 직업능력개발법령상 근로자의 정의로서 가장 적합한 것은?

① 1주 동안의 소정근로시간이 그 사업장에서 같은 종류의 업무에 종사하는 통상 근로자의 1주 동안의 소정근로시간에 비하여 짧은 자
② 직업의 종류와 관계없이 임금을 목적으로 사업이나 사업장에 근로를 제공하는 사람
③ 직업의 종류를 불문하고 임금·급료 기타 이에 준하는 수입에 의하여 생활하는 자
④ 사업주에게 고용된 사람과 취업할 의사가 있는 사람

콕집어 해설

근로자의 법률상 정의
- '근로자'란 직업의 종류와 관계없이 임금을 목적으로 사업이나 사업장에 근로를 제공하는 자를 말한다.(②)
  → 근로기준법, 근로복지기본법, 근로자퇴직급여 보장법, 산업안전보건법, 근로자참여 및 협력증진에 관한 법률, 고용상 연령차별금지 및 고령자고용촉진에 관한 법률
- '근로자'란 사업주에게 고용된 사람과 취업할 의사를 가진 사람을 말한다.
  → 고용정책 기본법, 국민평생직업능력개발법 남녀고용평등과 일·가정 양립 지원에 관한 법률
- '근로자'라 함은 직업의 종류를 불문하고 임금·급료 기타 이에 준하는 수입에 의하여 생활하는 자를 말한다.(③)
  → 노동조합 및 노동관계조정법

답 ④

해 ①: '단시간근로자'에 대한 정의임

95 고용보험법령상 다음 사례에서 구직급여의 소정 급여일수는?

> 장애인 근로자 A씨(40세)가 4년간 근무하던 회사를 퇴사하여 직업안정기관으로부터 구직급여 수급자격을 인정받았다.

① 120일 ② 150일
③ 180일 ④ 210일

콕집어 해설

구직급여의 소정 급여일수

구분		피보험기간				
		1년 미만	1년 이상 3년 미만	3년 이상 5년 미만	5년 이상 10년 미만	10년 이상
이직일 현재 연령	50세 미만	120일	150일	180일	210일	240일
	50세 이상및 장애인	120일	180일	210일	240일	270일

답 ④

꿰뚫어 보기

구직급여 수급요건

- 이직일 이전 18개월간 동안 피보험 단위기간이 통산하여 180일 이상일 것
- 근로의 의사와 능력이 있음에도 불구하고 취업(영리를 목적으로 사업을 영위하는 경우를 포함)하지 못한 상태에 있을 것
- 이직사유가 수급자격의 제한 사유에 해당하지 아니할 것
- 재취업을 위한 노력을 적극적으로 할 것
- 수급자격 인정신청일 이전 1개월 동안의 근로일수가 10일 미만이거나 건설일용근로자로서 수급자격 인정신청일 이전 14일간 연속하여 근로내역이 없을 것
- 최종 이직 당시의 기준기간 동안의 피보험 단위기간 중 다른 사업에서 수급자격의 제한 사유에 해당하는 사유로 이직한 사실이 있는 경우에는 그 피보험 단위기간 중 90일이상을 일용근로자로 근로하였을 것

96 헌법상 노동기본권 등에 관한 설명으로 틀린 것은?

① 국가는 근로자의 고용의 증진과 적정임금의 보장에 노력하여야 한다.

② 여자의 근로는 특별한 보호를 받으며 고용·임금 및 근로조건에 있어서 부당한 차별을 받지 아니한다.

③ 국가는 법률이 정하는 바에 의하여 최저임금제를 시행하여야 한다.

④ 공무원인 근로자는 자주적인 단결권·단체교섭권 및 단체행동권을 가진다.

콕집어 해설

헌법상 노동기본권

- 국가는 근로자의 고용의 증진과 적정임금의 보장에 노력하여야 한다.(①)
- 여자의 근로는 특별한 보호를 받으며 고용·임금 및 근로조건에 있어서 부당한 차별을 받지 아니한다.(②)
- 국가는 법률이 정하는 바에 의하여 최저임금제를 시행하여야 한다.(③)
- 공무원인 근로자는 법률이 정하는 자에 한하여 단결권·단체교섭권 및 단체행동권을 가진다.(④)

답 ④

해 '법률이 정하는 자'에 한하여

꿰뚫어 보기

헌법상 근로의 권리

- 모든 국민은 근로의 권리를 가진다. 국가는 사회적·경제적 방법으로 근로자의 고용증진과 적정임금의 보장에 노력하여야 하며, 법률이 정하는 바에 의하여 최저임금제를 시행하여야 한다.
- 모든 국민은 근로의 의무를 진다. 국가는 근로의 의무의 내용과 조건을 민주주의 원칙에 따라 법률로 정한다.
- 근로조건의 기준은 인간의 존엄성을 보장하도록 법률로 정한다.
- 여자의 근로는 특별한 보호를 받으며, 고용·임금 및 근로조건에 있어서 부당한 차별을 받지 아니한다.
- 연소자의 근로는 특별한 보호를 받는다.
- 국가유공자·상이군경 및 전몰군경의 유가족은 법률이 정하는 바에 의하여 우선적으로 근로의 기회를 부여받는다.

97 헌법상 노동 3권에 해당되지 않는 것은?

① 단체교섭권 ② 평등권

③ 단결권 ④ 단체행동권

콕집어 해설

노동 3권(근로 3권)

- 단결권 : 근로자들이 자주적으로 노동조합을 설립운영하고 이에 가입하며, 노동조합을 운영할 수 있는 권리
- 단체교섭권 : 근로자가 근로조건을 유지개선하기 위하여 단결에 의해서 사용자와 교섭할 수 있는 권리
- 단체행동권 : 단체교섭이 근로자에게 유리하게 전개되도록 하기 위하여 근로자에게 보장된 집단적 행동에 관한 권리

답 ②

꿰뚫어 보기

근로3권의 제한

1) 근로3권도 국가안전보장질서·유지공공복리를 위하여 필요한 경우에 법률로써 제한을 할 수 있다. 단, 기본권의 본질적 내용은 침해할 수 없다.
2) 공무원인 근로자는 법률이 정하는 자에 한하여 단결권·단체교섭권 및 단체행동권을 가진다.
3) 공무원은 노동운동이나 그 밖에 공무 외의 일을 위한 집단행위를 하여서는 아니 된다. 다만, 사실상 노무에 종사하는 공무원은 예외로 한다.
4) 사립학교교원 및 국공립학교교원은 단결권, 단체교섭권만을 가진다. 교원의 노동조합 설립 및 운영 등에 관한 법률은 교원 노동조합과 그 조합원의 쟁의행위를 금지하고 있다.

5) 법률이 정하는 주요방위산업체에 종사하는 근로자의 단체행동권은 법률이 정하는 바에 의하여 이를 제한하거나 인정하지 아니할 수 있다.

98 근로기준법상 평균임금에 관한 설명으로 틀린 것은?

① 평균임금은 이를 산정하여야 할 사유가 발생한 날 이전 3개월 동안에 그 근로자에게 지급된 임금의 총액을 그 기간의 총일수로 나눈 금액을 말한다.
② 일용근로자의 평균임금은 고용노동부장관이 사업이나 직업에 따라 정하는 금액으로 한다.
③ 평균임금이 그 근로자의 통상임금보다 적으면 그 통상임금액을 평균임금으로 한다.
④ 근로자에게 정기적이고 일률적으로 지급하기로 정한 시간급 금액, 일급 금액, 주급 금액, 월급 금액 또는 도급 금액을 말한다.

평균임금
- 평균임금 산정사유 발생일 이전 3개월간에 그 근로자에게 지급된 임금총액을 그 기간의 총일수로 나눈 금액을 말하며, 취업 후 3개월 미만인 경우도 이에 준한다.(①)
- 일용근로자의 평균임금은 고용노동부장관이 사업이나 직업에 따라 정하는 금액으로 한다.(②)
- 평균임금이 그 근로자의 통상임금보다 적으면 그 통상임금액을 평균임금으로 한다.(③)

답 ④

해 '통상임금'에 대한 설명이다.

꿰뚫어 보기

평균임금 계산에서 제외되는 기간
1) 근로계약을 체결하고 수습 중에 있는 근로자가 수습을 시작한 날부터 3개월 이내의 기간
2) 사용자의 귀책사유로 휴업한 기간
3) 출산전후휴가 기간
4) 업무수행으로 인한 부상 또는 질병의 요양을 위하여 휴업한 기간
5) 남녀고용평등과 일·가정 양립 지원에 관한 법률에 따른 육아휴직 기간
6) 노동조합 및 노동관계조정법에 따른 쟁의행위기간
7) 병역법·예비군법 또는 민방위기본법에 의한 의무이행을 위하여 휴직하거나 근로하지 못한 기간(단, 그 기간 중 임금을 지급받은 경우에는 그렇지 아니함)
8) 업무 외 부상·질병, 그 밖의 사유로 사용자의 승인을 얻어 휴업한 기간

99 직업안정법상 직업안정기관에서 하는 업무가 아닌 것은?

① 고용정보의 제공 ② 직업소개
③ 직업지도 ④ 근로자 파견

직업안정기관의 업무
- 직업소개
- 직업지도
- 고용정보의 제공

답 ④

꿰뚫어 보기

직업안정법령상 용어 정의
1) 직업소개 : 구인 또는 구직의 신청을 받아 구직자 또는 구인자를 탐색하거나 구직자를 모집하여 구인자와 구직자 간에 고용계약이 성립되도록 알선하는 것을 말한다(결정하는 것이 아님)
2) 직업소개사업 : '무료직업소개사업'이란 수수료·회비 또는 그 밖의 어떤 금품도 받지 아니하고 하는 직업소개사업을 말한다. '유료직업소개사업'이란 무료직업소개사업이 아닌 직업소개사업을 말한다.
3) 직업지도 : 취업하려는 사람이 그 능력과 소질에 알맞은 직업을 쉽게 선택할 수 있도록 하기 위한 직업적성검사·직업정보제공·직업상담·실습·권유 또는 조언, 그 밖에 직업에 관한 지도를 말한다.
4) 직업정보제공사업 : 신문, 잡지, 그 밖의 간행물 또는 유선·무선방송이나 컴퓨터 통신 등으로 구인·구직정보 등 직업정보를 제공하는 사업을 말한다.
5) 고용서비스 : 구인자 또는 구직자에 대한 고용정보의 제공, 직업소개, 직업지도 또는 직업능력개발 등 고용을 지원하는 서비스를 말한다.
6) 직업안정기관 : 직업소개, 직업지도 등 직업안정업무를 수행하는 지방고용노동행정기관을 말한다.
7) 모집 : 근로자를 고용하려는 자가 취업하려는 사람에게 피고용인이 되도록 권유하거나 다른 사람으로 하여금 권유하게 하는 것을 말한다.
8) 근로자공급사업 : 공급계약에 따라 근로자를 타인에게 사용하게 하는 사업을 말한다. 단, 파견근로자 보호 등에 관한 법률에 의한 근로자파견사업은 제외한다.

100 파견근로자 보호 등에 관한 법률에 관한 설명으로 틀린 것은?

① 파견사업주는 근로자를 파견근로자로서 고용하고자 할 때에는 미리 당해 근로자에게 그 취지를 서면으로 알려주어야 한다.

② 파견사업주는 정당한 이유 없이 파견근로자 또는 파견근로자로서 고용되고자 하는 자와 그 고용관계의 종료 후 사용사업주에게 고용되는 것을 금지하는 내용의 근로계약을 체결하여서는 아니 된다.

③ 파견사업주는 파견사업관리대장을 작성 · 보존하여야 한다.

④ 파견사업주는 파견근로자의 적절한 파견근로를 위하여 사용사업관리책임자를 선임하여야 한다.

콕집어 해설

파견근로자 보호 등에 관한 법률

- 파견사업주는 근로자를 파견근로자로서 고용하고자 할 때에는 미리 당해 근로자에게 그 취지를 서면으로 알려주어야 한다.(①)
- 파견사업주는 정당한 이유 없이 파견근로자 또는 파견근로자로서 고용되고자 하는 자와 그 고용관계의 종료 후 사용사업주에게 고용되는 것을 금지하는 내용의 근로계약을 체결하여서는 아니 된다.(②)
- 파견사업주는 파견사업관리대장을 작성 · 보존하여야 한다.(③)
- 파견사업주는 파견근로자의 적절한 파견근로를 위하여 파견사업관리책임자를 선임하여야 한다.(④)

답 ④

해 파견사업주는 '파견사업관리책임자'를, 사용사업주는 '사용사업관리책임자'를 각각 선임하여야 한다.

꿰뚫어 보기

파견근로자보호 등에 관한 법률

1) 근로자파견사업의 허가의 유효기간은 3년으로 한다.
2) 사용사업주는 파견근로자를 사용하고 있는 업무에 근로자를 직접 고용하고자 하는 경우에는 당해 파견근로자를 우선적으로 고용하도록 노력하여야 한다.
3) 근로자파견이라 함은 파견사업주가 근로자를 고용한 후 그 고용관계를 유지하면서 근로자파견계약의 내용에 따라 사용사업주의 지휘 · 명령을 받아 사용사업주를 위한 근로에 종사하게 하는 것을 말한다.
4) 사용사업주는 고용노동부장관의 허가를 받지 않고 근로자파견사업을 행하는 자로부터 근로자파견의 역무를 제공받은 경우에 해당 파견근로자를 직접 고용하여야 한다.

VOCATIONAL
COUNSELOR

2022

직업상담사 2급
1차 필기 기출문제&해설

문제달인 신의손 유튜브 바로가기

2022년 1회

제1과목 | 직업상담학

01 실존주의 상담에 관한 설명으로 틀린 것은?

① 정형화된 상담 모형과 상담자 훈련프로그램이 마련되어 있지 않은 것이 한계점이다.
② 인간을 자기인식 능력을 지닌 존재로 본다.
③ 상담자는 내담자가 스스로 삶의 의미와 목적을 발견하고, 삶을 주체적으로 선택하고 책임지도록 돕는 것을 목표로 한다.
④ 실존주의 상담에서 가정하는 인간의 궁극적 관심사는 무의식의 자각이다.

콕집어 해설

실존주의 상담
- 실존주의 상담의 목표는 내담자의 치료가 아니라, 내담자가 자신의 현재상태를 인식하고 피해자적 역할로부터 벗어날 수 있도록 돕는 것이다.
- 실존주의 상담은 대면적 관계를 중시한다.
- 인간을 자기인식 능력을 지닌 존재로 본다.(②)
- 자유와 책임의 양면성에 대한 지각을 중시한다.
- 내담자가 자신의 행동들의 가치를 판단하고 행동변화를 위한 계획을 세우도록 돕는다.
- 상담자는 내담자가 스스로 삶의 의미와 목적을 발견하고, 삶을 주체적으로 선택하고 책임지도록 돕는 것을 목표로 한다.(③)
- 정형화된 상담 모형과 상담자 훈련프로그램이 마련되어 있지 않은 것이 한계점이다.(①)

답 ④

해 실존주의 상담에서의 궁극적 관심사는 자유와 책임, 삶의 의미성, 죽음과 비존재, 진실성 등이다.

꿰뚫어 보기

실존주의 상담에서 가정하는 양식의 세계 [고주공영]
1) 고유세계(Eigenwelt) : 개인 자신의 세계이자, 개인이 자신에게 가지는 관계를 의미한다.
2) 주변세계(Umwelt) : 인간이 접하며 살아가는 환경 혹은 생물학적 세계를 의미한다.
3) 공존세계(Miltwelt) : 인간이 사회적 존재로서 함께 살아가는 공동체 세계를 의미한다.
4) 영적세계(Ubenwelt) : 개인이 추구하는 믿음과 신념의 영적세계를 의미한다.

02 상담의 초기면접 단계에서 일반적으로 고려할 사항이 아닌 것은?

① 통찰의 확대　　② 목표의 설정
③ 상담의 구조화　　④ 문제의 평가

콕집어 해설

직업상담의 단계
- 초기 : 상담관계형성(라포형성), 문제의 심각도 평가(문제진단), 상담의 구조화, 상담 목표 설정 및 전략 수립
- 중기 : 내담자의 변화를 위한 개입, 내담자 문제해결 위한 구체적 시도, 통찰의 확대, 내담자의 저항 해결
- 종결 : 합의한 목표달성 및 평가, 상담 종결문제 다루기, 이별 감정 다루기 등

답 ①

해 중기면접 단계이다.

꿰뚫어 보기

직업상담의 5단계 과정(I) [관진 목개평]
1) 관계형성 : 상담자와 내담자 간의 상호존중을 바탕으로 신뢰감의 관계를 형성한다.
2) 진단 및 측정 : 표준화된 심리검사를 통해 내담자의 흥미, 적성 등을 진단하고 측정한다.
3) 목표설정 : 내담자가 원하는 목표를 설정하고 목표의 우선순위를 결정한다.
4) 개입 : 상담자는 처치나 중재 등의 개입을 통하여 내담자의 목표달성을 돕는다.
5) 평가 : 상담자와 내담자는 상담목표의 도달 정도와 개입이 얼마나 효과적이었는지를 평가한다.

직업상담 5단계 과정(II) [관상 문훈종]
1) 관계수립 및 문제의 평가 : 상담자는 내담자와 수용적 상담관계를 수립하여 내담자의 진로선택 시 발생하는 문제들을 평가한다.

2) 상담목표의 설정 : 상담자는 내담자와 함께 상담목표를 설정한다.
3) 문제해결을 위한 개입 : 상담자는 직업정보 수집과 의사결정 촉진 등의 방법을 동원하여 내담자의 문제해결을 위해 개입한다.
4) 훈습 : 상담자의 개입과정 연장으로써 내담자의 진로 준비과정을 재확인한다.
5) 종결 : 상담자는 내담자와 함께 합의한 목표에 충분히 도달했는지를 확인한다.

03 Gysbers가 제시한 직업상담의 목적에 관한 설명으로 옳은 것은?

① 생애진로발달에 관심을 두고, 효과적인 사람이 되는 데 필요한 지식과 기능을 습득하게 한다.
② 직업선택, 의사결정 기술의 습득 등이 주요한 목적이고, 직업상담 과정에는 진단, 문제분류, 문제 구체화 등이 들어가야 한다.
③ 자기관리 상담모드가 주요한 목적이고, 직업 정보 탐색과 직업결정, 상담만족 등에 효과가 있다.
④ 직업정보를 스스로 탐색하게 하고 자신을 사정하게 하는 능력을 갖추도록 돕는다.

콕집어해설

Gysbers의 직업상담 목적 [예처결]
- 예언과 발달 : 생애진로발달상에서 내담자의 적성과 흥미를 탐색하고 확대하도록 돕는다.
- 처치와 자극 : 내담자가 자신의 진로발달이나 직업문제에 대한 처치와 해결을 할 수 있도록 돕는다.
- 결함과 유능 : 내담자가 자신의 결함보다는 유능에 초점을 두도록 돕는다

답 ①

04 인간중심 상담이론에 관한 설명으로 틀린 것은?

① 실현화 경향성은 자기를 보전, 유지하고 향상시키고자 하는 선천적 성향이다.
② 자아는 성격의 조화와 통합을 위해 노력하는 원형이다.
③ 가치의 조건화는 주요 타자로부터 긍정적 존중을 받기 위해 그들이 원하는 가치와 기준을 내면화하는 것이다.
④ 현상학적 장은 경험적 세계 또는 주관적 경험으로 특정 순간에 개인이 지각하고 경험하는 모든 것을 뜻한다.

콕집어해설

인간중심 상담이론
- 인간중심적 상담에서는 인간을 선천적인 잠재력과 자기실현의 경향성을 지닌'완전히 기능하는 사람'으로 보기 때문에, 내담자는 상담자의 적극적인 개입이 없어도 자신의 방식을 찾아갈 수 있는 역량을 갖췄다고 생각한다.
- 실현화 경향성은 자기를 보전, 유지하고 향상시키고자 하는 선천적 성향이다(①)
- 일의 세계 및 자아와 관련된 정보의 부족에 관심을 둔다.
- 자아 및 직업과 관련된 정보를 거부하거나 왜곡하는 문제를 찾고자 한다.
- 진로선택과 관련된 내담자의 불안을 줄이고 자기이 책임을 수용하도록 한다.
- 내담자의 주관적 이해를 내담자에 대한 자아 명료화의 근거로 삼는다.
- 가치의 조건화는 주요 타자로부터 긍정적 존중을 받기 위해 그들이 원하는 가치와 기준을 내면화하는 것이다.(③)
- 현상학적 장은 경험적 세계 또는 주관적 경험으로 특정 순간에 개인이 지각하고 경험하는 모든 것을 뜻한다.(④)

답 ②

해 융의 분석심리학에 해당하는 내용이다.

05 **자기 인식이 부족한 내담자를 사정할 때 인지에 대한 통찰을 재구조화하거나 발달시키는데 적합한 방법은?**

① 직면이나 논리적 분석을 해준다.
② 불안에 대처하도록 심호흡을 시킨다.
③ 은유나 비유를 사용한다.
④ 사고를 재구조화 한다.

콕집어 해설

자기 인식이 부족한 내담자의 사정
- 비난하기 : 직면이나 논리적 분석을 해준다.(①)
- 잘못된 의사결정방식 : 불안에 대처하도록 심호흡을 시킨다.(②)
- 자기인식의 부족 : 은유나 비유를 사용한다.(③)
- 걸러내기 : 사고를 재구조화 한다.(④)

답 ③

꿰뚫어 보기

인지적 명확성이 부족한 내담자 유형과 상담자의 개입방법
[단복가구원 무비양파강 걸고잘자~]

1) 단순 오정보→정보제공
2) 복잡한 오정보→논리적 분석
3) 가정된 불가능→격려
4) 구체성의 결여→구체화시키기
5) 원인과 결과의 착오→논리적 분석
6) 무력감→지시적 상상
7) 비난하기→직면
8) 양면적 사고→역설적 사고
9) 파행적 의사소통→저항에 초점 맞추기
10) 강박적 사고→합리적 논박(REBT기법)
11) 걸러내기→사고의 재구조화
12) 고정성→정보제공
13) 잘못된 의사결정방식→심호흡 시킴
14) 자기인식의 부족→은유나 비유 사용하기

06 **직업상담의 문제유형에 대한 Crites의 분류 중 '부적응형'에 관한 설명으로 옳은 것은?**

① 적성에 따라 직업을 선택했지만 그 직업에 흥미를 느끼지 못하는 사람
② 흥미를 느끼는 분야는 있지만 그 분야에 필요한 적성을 가지고 있지 못하는 사람
③ 흥미나 적성의 유형이나 수준과는 상관없이 어떤 분야를 선택할지 결정하지 못하는 사람
④ 흥미를 느끼는 분야도 없고 적성에 맞는 분야도 없는 사람

콕집어 해설

Crites의 직업상담 문제유형 분류 [크적결현]

적응성
1) 적응형 : 흥미와 적성이 일치하는 유형
2) 부적응형 : 흥미 또는 적성과 일치하는 분야가 없는 유형(④)

결정성
1) 다재다능형 : 재능이 많아 흥미와 적성이 맞는 직업 사이에서 갈등하는 유형
2) 우유부단형 : 흥미와 적성에 관계없이 직업선택의 결정을 내리지 못하는 유형(③)

현실성(비현실성 문제)
1) 비현실형 : 흥미를 느끼는 분야가 있지만 그 분야에 적성이 없는 유형(②)
2) 불충족형 : 흥미를 느끼는 분야가 있지만 자신의 적성수준보다 낮은 적성을 요구하는 직업을 선택하는 유형
3) 강압형 : 적성 때문에 선택했지만 그 직업에 흥미가 없는 유형(①)

답 ④

07 **직업상담 시 한계의 오류를 가진 내담자들이 자신의 견해를 제한하는 방법에 해당하지 않는 것은?**

① 예외를 인정하지 않는 것
② 불가능을 가정하는 것
③ 왜곡되게 판단하는 것
④ 어쩔 수 없음을 가정하는 것

콕집어 해설

전이된 오류 중 한계의 오류
- 예외를 인정하지 않는 것 : '항상, 절대로, 아무도, 모두' 등의 용어를 자주 사용한다.
- 불가능을 가정하는 것 : '할 수 없다, 안 된다, 해서는 안 된다' 등의 용어를 자주 사용한다.
- 어쩔 수 없음을 가정하는 것 : '해야만 한다, 어쩔 수 없다' 등의 용어를 자주 사용한다.

답 ③

꿰뚫어 보기

전이된 오류 [정한논]

1) 정보의 오류 : 내담자가 직업세계에 대해 충분한 정보를 알고 있다고 잘못 생각하는 경우 발생한다.
   예 삭제, 불확실한 인물의 인용, 불분명한 동사의 사용, 참고자료 불충분, 제한된 어투의 사용
2) 한계의 오류 : 내담자가 제한된 기회 및 선택에 대한 견해를 가짐으로써 발생한다.
3) 논리적 오류 : 내담자가 논리적으로 맞지 않는 진술을 함으로써 발생한다.

08 직업상담 시 흥미사정의 목적과 가장 거리가 먼 것은?

① 여가선호와 직업선호 구별하기
② 직업탐색 조장하기
③ 직업·교육상 불만족 원인 규명하기
④ 기술과 능력 범위 탐색하기

콕집어 해설

흥미사정의 목적
- 여가선호와 직업선호 구별하기
- 자기인식 발전시키기
- 직업탐색 조장하기
- 직업대안 규명하기
- 직업상 · 교육상 불만족 원인 규명하기

답 ④

꿰뚫어 보기

일반 흥미사정 기법 [흥직직]

1) 흥미평가기법 : 종이에 쓰여진 알파벳에 따라 흥밋거리를 기입하게 해서 내담자의 흥미를 사정하는 기법이다.
2) 직업선호도검사 : 홀랜드의 흥미유형과 연관지어 내담자의 흥미를 사정한다.
3) 직업카드분류법 : 직업선택의 동기를 알아보기 위해 직업카드를 선호군, 혐오군, 미결정 중성군으로 분류하도록 한다.
4) 작업경험 분석 : 내담자가 과거에 경험했던 작업들을 분석하여 직업 관련 선호도를 찾아내는 기법이다.

09 특성 - 요인 직업상담의 과정을 순서대로 바르게 나열한 것은?

ㄱ. 분석	ㄴ. 종합	ㄷ. 진단	ㄹ. 예측	ㅁ. 상담

① ㄱ → ㄴ → ㄷ → ㄹ → ㅁ
② ㄱ → ㄴ → ㄷ → ㅁ → ㄹ
③ ㄱ → ㅁ → ㄷ → ㄹ → ㄴ
④ ㄷ → ㄱ → ㄴ → ㄹ → ㅁ

콕집어 해설

윌리암슨(Williamson)의 특성 - 요인 직업상담 과정 [분종진 예상추]
- 분석 : 내담자 분석을 위해 심리검사 및 자료수집, 표준화 검사 등이 사용된다.
- 종합 : 내담자에 대한 이해를 얻기 위해 수집한 자료들을 종합한다.
- 진단 : 내담자 문제의 원인을 탐색하며, 문제해결을 위해 진단하는 단계이다.
- 예측 : 진단의 결과를 통해 직업문제에 대해 예측하는 단계이다.
- 상담 : 내담자와 직업문제에 대해 상담하고 문제를 치료한다.
- 추수지도 : 내담자가 바람직한 행동을 하도록 계속적인 지도를 한다.

답 ①

꿰뚫어 보기

특성 - 요인 직업상담의 검사 해석 단계에서 이용할 수 있는 상담기법

1) 직접 충고 : 검사결과를 토대로 상담자가 내담자에게 자신의 견해를 솔직하게 표현하는 것이다.
2) 설득 : 상담자가 내담자에게 검사 자료를 제시하며 합리적인 방법으로 설득하는 것이다.
3) 설명 : 상담자가 검사·비검사 자료들을 해석하여 내담자가 이해할 수 있도록 설명하는 것이다.

10 **행동주의적 접근의 상담기법 중 공포와 불안이 원인이 되는 부적응 행동이나 회피행동을 치료하는데 가장 효과적인 기법은?**

① 타임아웃 기법 ② 모델링 기법
③ 체계적 둔감법 ④ 행동조성법

콕집어 해설

체계적 둔감법
개념 : 내담자의 불안반응을 체계적으로 증대시켜 둔감화한다.

체계적 둔감화의 3단계
1) 근육이완훈련(제1단계) : 근육을 이완시켜 몸의 긴장을 풀게 한다.
2) 불안위계목록작성(제2단계) : 낮은 자극에서 높은 자극의 순서로 불안위계목록을 작성한다.
3) 둔감화(제3단계) : 불안상황을 단계적으로 상상하도록 하여 불안반응을 점차 경감시킨다.

답 ③

해 ① : '타임아웃 기법'은 내담자가 긍정적 강화를 받을 기회를 박탈하는 것으로 행동주의 상담기법 중 하나이다.

꿰뚫어 보기

불안감소기법 [체금반 혐주자]
1) 체계적둔감법 : 내담자의 불안반응을 체계적으로 증대시켜 둔감화한다.
2) 금지조건형성 : 내담자에게 불안요소를 지속적으로 제시함으로써 불안반응을 감소시킨다.
3) 반조건형성 : 조건 자극과 새로운 자극을 함께 제시해서 불안을 감소시킨다.
4) 혐오치료 : 바람직하지 못한 행동에 혐오자극을 제시함으로써 부적응적 행동을 제거한다.
5) 주장훈련 : 내담자에게 불안이외의 감정을 표현하게 해서 대인관계에 있어서의 불안을 해소시킨다.
6) 자기표현훈련 : 자기표현을 통해 타인과 상호작용함으로써 대인관계에서 비롯되는 불안요인을 제거한다.

학습촉진기법 [강변 사행상]
1) 강화 : 내담자의 행동에 대해 적절하게 긍정적·부정적 반응을 보임으로써 내담자의 바람직한 행동을 강화시킨다.
2) 변별학습 : 자신의 직업결정 능력 등을 검사도구를 사용하여 변별하고 비교해보도록 하는 것이다.
3) 사회적 모델링과 대리학습 : 타인의 행동에 대한 관찰과 모방을 통해 내담자의 학습을 촉진한다.
4) 행동조성 : 행동을 단계별로 세분화하여 단계마다 강화를 제공함으로써 학습을 촉진한다.
5) 상표제도(토큰경제) : 내담자의 바람직한 행동이 이루어질 때마다 그에 상응하는 보상을 하는 것이다.

11 **레빈슨의 성인발달이론에 관한 설명으로 틀린 것은?**

① 인생주기를 네 개의 계절로 구분한다.
② 성인 초기의 주요 과업은 꿈의 형성과 멘토 관계의 형성이다.
③ 안정기는 삶을 침체시키거나 새롭게 만드는 시기이다.
④ 인생 구조에는 직업, 가족, 결혼, 종교와 같은 요소들이 포함된다.

콕집어 해설

레빈슨의 성인발달이론
- 인생주기를 네 개의 계절로 구분한다.(①)
- 성인 초기의 주요 과업은 꿈의 형성과 멘토 관계의 형성이다.(②)
- 인생 구조에는 직업, 가족, 결혼, 종교와 같은 요소들이
- 포함된다.(④)

답 ③

해 안정기는 삶을 안정시키거나 새로운 삶의 구조를 형성하는 시기이다.

12 **직업상담에서 내담자의 생애진로 주제를 확인하는 가장 중요한 이유는?**

① 내담자의 사고과정을 이해하고 행동을 통찰하도록 도와주기 때문이다.
② 상담을 상담자 입장에서 원만하게 이끌 수 있도록 해주기 때문이다.
③ 작업자, 지도자, 개인역할이 고려되어야 하기 때문이다.
④ 내담자의 생각을 읽을 수 있게 해주기 때문이다.

콕집어 해설

내담자의 생애진로 주제를 확인하는 이유
- 내담자의 생애진로 주제를 확인함으로써 내담자의 삶의 가치관과
- 사고과정을 이해할 수 있고 내담자가 자신의 행동에 대해 올바르게 통찰할 수 있도록 도와줄 수 있다.

답 ①

13 내담자에 대한 상담목표의 특성이 아닌 것은?

① 구체적이어야 한다.
② 내담자가 원하고 바라는 것이어야 한다.
③ 실현가능해야 한다.
④ 인격성장을 도와야 한다.

콕집어 해설

성공적인 상담목표의 특성
- 내담자가 원하고 바라는 것이어야 한다.(②)
- 실현가능해야 한다.(③)
- 변화될 수 있으며 구체적이어야 한다.(①)
- 상담자의 기술과 양립 가능해야만 한다.

답 ④

14 크럼볼츠의 사회학습진로이론에 관한 설명으로 틀린 것은?

① 진로의사결정 과정에서 자기효능감과 결과기대를 중요시한다.
② 개인이 환경과의 상호작용을 통해 무엇을 학습했는가를 중요시한다.
③ 개인은 학습경험을 통해 세계를 바라보는 관점이나 신념을 형성한다고 본다.
④ 우연한 사건을 다루는 데 도움이 되는 기술은 호기심, 낙관성, 위험감수 등이다.

콕집어 해설

크럼볼츠의 사회학습진로이론
- 개인이 환경과의 상호작용을 통해 무엇을 학습했는가를 중요시한다.(②)
- 개인은 학습경험을 통해 세계를 바라보는 관점이나 신념을 형성한다고 본다.(③)
- 우연한 사건을 다루는 데 도움이 되는 기술은 호기심, 낙관성, 위험감수 등이다.(④)
- 진로결정에 영향을 미치는 요인으로 유전적 요인과 특별한 능력, 환경 조건과 사건, 학습경험, 과제접근 기술을 제시하였다.

답 ①

해 사회인지적 진로이론에 해당한다.

꿰뚫어 보기

우연히 발생하는 일을 자신의 진로에 유리하게 활용하는 기술 [호인 융낙위]
1) 호기심 : 새로운 학습기회를 탐색하게 해주며 성장감을 느끼게 한다.
2) 인내심 : 좌절에도 불구하고 인내심을 갖고 일관된 노력을 계속한다.
3) 융통성 : 세상을 다양한 관점으로 보는 것이다.
4) 낙관성 : 새로운 기회를 긍정적으로 이해하고 해석하는 것이다.
5) 위험 감수 : 실패의 위험과 불확실한 결과 앞에서도 실행하는 것이다.

15 타이드만(Tiedman)은 어떤 발달단계를 기초로 진로발달이론을 설명하였는가?

① 피아제의 인지발달단계
② 에릭슨의 심리사회발달단계
③ 콜버그의 도덕발달단계
④ 반두라의 인지사회발달단계

콕집어 해설

타이드만(Tiedman)의 진로발달이론
- 진로발달단계를 개인이 자아정체감을 지속적으로 구별해 내고 발달 과제를 처리하는 과정으로 설명하였다.
- 진로발달을 직업정체감을 형성해 가는 과정으로 보았으며, 새로운 경험을 쌓을수록 개인의 정체감은 발달한다고 하였다.
- 에릭슨(Erikson)의 심리사회적 발달단계를 토대로 하여, 개인이 심리사회적 위기를 해결하는 과정을 통해 자아가 성숙되는 동시에 일에 대한 태도가 발달된다고 보았다.

답 ②

 **꿰뚫어 보기**

에릭슨의 심리사회적 발달단계와 위기술 [신자 주근자 친생자]
1) 유아기(0~18개월) : 신뢰감 대 불신감
2) 초기아동기(18개월~3세) : 자율성 대 수치심
3) 학령전기 또는 유희기(3~5세) : 주도성 대 죄의식
4) 학령기(5~12세) : 근면성 대 열등감
5) 청소년기(12~20세) : 자아정체감 대 정체감 혼란
6) 성인초기(20~24세) : 친밀감 대 고립감
7) 성인기(24~65세) : 생산성(생성감) 대 침체감
8) 노년기(65세 이후) : 자아통합 대 절망

16 상담 윤리강령의 역할과 기능을 모두 고른 것은?

> ㄱ. 내담자의 복리 증진
> ㄴ. 지역사회의 도덕적 기대 존중
> ㄷ. 상담자 자신의 사생활과 인격 보호
> ㄹ. 직무수행 중의 갈등 해결 지침 제공
> ㅁ. 전문직으로서의 상담기능 보장

① ㄱ, ㄴ, ㄷ ② ㄴ, ㄷ, ㄹ
③ ㄱ, ㄴ, ㄹ, ㅁ ④ ㄱ, ㄴ, ㄷ, ㄹ, ㅁ

콕집어 해설

상담 윤리강령의 역할과 기능

- 내담자의 복리 증진(ㄱ)
- 지역사회의 도덕적 기대 존중과 전문직으로서의 상담기능 보장(ㄴ)
- 상담자 자신의 사생활과 인격 보호(ㄷ)
- 직무수행 중의 갈등 해결 지침 제공(ㄹ)
- 전문직으로서의 상담기능 보장(ㅁ)

답 ④

꿰뚫어 보기

직업상담사의 윤리강령

1) 담자는 상담에 대한 이론적, 경험적 훈련과 지식을 갖출 것을 전제로 한다.
2) 상담자는 내담자의 성장, 촉진과 문제해결 및 방안을 위해 시간과 노력상의 최선을 다한다.
3) 상담자는 내담자가 이해할 수 있는 한도 내에서 기법을 활용한다.
4) 내담자에 관한 정보를 교육장면이나 연구용으로 사용할 경우에는 내담자와 합의하고 내담자가 노출되지 않도록 해야 한다.
5) 상호 합의한 경우를 제외하고는 다른 전문가의 도움을 받고 있는 내담자에게 상담하지 않는다.
6) 상담자는 자신의 능력 및 기법의 한계로 인해 내담자를 도울 수 없을 때는 내담자의 문제를 다른 전문직 동료나 기관에 의뢰해야 한다.

17 인지적-정서적 상담에 관한 설명으로 틀린 것은?

① Ellis에 의해 개발되었다.
② 모든 내담자의 행동적-정서적 문제는 비논리적이고 비합리적인 사고에서 발생한 것이다.
③ 성격 자아상태 분석을 실시한다.
④ A-B-C 이론을 적용한다.

콕집어 해설

인지적-정서적 상담

- Ellis에 의해 개발되었다.(①)
- 모든 내담자의 행동적-정서적 문제는 비논리적이고 비합리적인 사고에서 발생한 것이다.(②)
- 인지는 인간의 정서를 결정하는 가장 중요한 요소이다.
- 역기능적 사고는 정서장애의 중요한 결정 요인이다.
- 정서적인 문제의 해결은 사고 분석에서 시작하는 것이 효과적이다.
- 유전과 환경 등 다양한 요인들이 불합리한 사고를 초래한다.
- 행동에 대한 과거의 영향보다는 현재에 초점을 둔다.
- A-B-C 이론을 적용한다.(④)

답 ③

꿰뚫어 보기

인지적, 정서적, 행동적 상담(REBT)의 기본개념

1) A (선행사건) : 내담자의 감정이나 행동에 영향을 미치는 사건이다.
2) B (비합리적 신념체계) : 선행 사건에 대한 비합리적 신념체계이다.
3) C (결과) : 비합리적 신념으로 인한 부적응적인 정서적·행동적 결과이다.
4) D (논박) : 비합리적 신념을 논리적으로 반박하는 것이다.
5) E (효과) : 논박으로 인해 비합리적 신념이 합리적 신념으로 전환된다.
6) F (감정) : 합리적 신념에서 비롯된 긍정적이고 수용적인 감정이다.

18 하렌(Harren)이 제시한 진로의사결정 유형 중 의사결정에 대한 개인적 책임을 부정하고 외부로 책임을 돌리는 경향이 높은 유형은?

① 유동적 유형 ② 투사적 유형
③ 직관적 유형 ④ 의존적 유형

콕집어 해설

하렌(Harren)의 진로의사결정 유형 [합직의]

- 합리적 유형 : 의사결정에 논리적이고 합리적으로 접근하며, 결정에 대한 책임을 수용한다.
- 직관적 유형 : 감정을 사용하여 직관적으로 의사결정을 하며, 결정에 대한 책임은 수용하지만 미래를 위한 활동은 거의 하지 않는다.
- 의존적 유형 : 의사결정에 대해 의존적이며, 개인적 책임을 부정하고 외부로 책임을 돌리는 경향이 높다.

답 ④

19 다음 중 효과적인 적극적 경청을 위한 지침과 가장 거리가 먼 것은?

① 내담자의 음조를 경청한다.
② 사실 중심적으로 경청한다.
③ 내담자의 표현의 불일치를 인식한다.
④ 내담자가 보이는 일반화, 빠뜨린 내용, 왜곡을 경청한다.

콕집어 해설

효과적인 적극적 경청을 위한 지침

내담자의 음조를 경청한다.(①)
내담자의 표현의 불일치를 인식한다.(③)
내담자가 보이는 일반화, 빠뜨린 내용, 왜곡을 경청한다.(④)
내담자가 말하는 것에 수용적 태도를 보인다.
내담자가 표현하는 언어적·비언어적 의미까지 이해한다.

답 ②

20 진로시간전망 검사지를 사용하는 주요 목적과 가장 거리가 먼 것은?

① 목표설정 촉구 ② 계획기술 연습
③ 진로계획 수정 ④ 진로의식 고취

콕집어 해설

진로시간전망 검사지의 사용 목적 [미미 미계목 현계진]

- 미래의 방향을 이끌어내기 위해
- 미래에 대한 희망을 심어주기 위해
- 미래가 실제인 것처럼 느끼도록 하기 위해
- 계획에 대한 긍정적 태도를 심어주기 위해
- 목표설정을 촉구하기 위해
- 현재의 행동을 미래의 결과와 연계시키기 위해
- 계획기술을 연습시키기 위해
- 진로인식을 고취시키기 위해

답 ③

꿰뚫어 보기

진로시간전망 개입의 3가지 측면

[방(미미) 변(미계목) 통(현계진)]

1) 방향성 : 미래에 대한 방향을 제시하고 희망을 심어준다.
2) 변별성 : 미래를 현실처럼 느끼게 하고, 계획에 대한 긍정적 태도를 강화시켜 목표설정을 촉구한다.
   시간차원 내 사건의 강도와 확장의 원리를 기초로 수행되는 차원이다.
3) 통합성 : 현재의 행동을 미래의 결과와 연계시키고, 계획기술을 연습시켜서 진로인식을 고취시킨다.

제2과목 | 직업심리학

21 다음은 로(Roe)가 제안한 8가지 직업 군집 중 어디에 해당하는가?

- 상품과 재화의 생산·유지·운송과 관련된 직업을 포함하는 군집이다.
- 운송과 정보통신에 관련된 직업뿐만 아니라 공학, 기능, 기계무역에 관계된 직업들도 이 영역에 속한다.
- 대인관계는 상대적으로 덜 중요하며 사물을 다루는 데 관심을 둔다.

① 기술직(Technology)
② 서비스직(Service)
③ 비즈니스직(Business Contact)
④ 옥외활동직(Outdoor)

콕집어 해설

로(Roe)의 직업 분류 8가지 장(Field) [서비단기 옥과예일]

- 서비스직 : 사람 지향적이며 교육, 사회봉사, 임상심리직 등이 있다.
- 비즈니스직 : 일대일 만남으로 상대방을 설득하여 제품을 판매하며, 보험, 부동산직 등이 있다.
- 단체직 : 기업의 조직 및 기능과 관련된 사업, 행정직 등이 있다.
- 기술직 : 상품의 생산·유지·운송과 관련된 기계직, 정보통신직 등이 있다.
- 옥외활동직 : 천연자원을 개발, 보존, 수확하는 농업, 어업, 축산직 등이 있다.
- 과학직 : 과학이론 및 이론을 적용시키는 연구직, 교수직업 등이 있다.
- 예능직 : 창조적 예술과 연예 활동하는 음악과 배우직 등이 있다.
- 일반문화직 : 개인보다는 인류의 활동에 흥미를 가지는 고고학자 등이 있다.

답 ①

꿰뚫어 보기

로(Roe)의 욕구이론에 따른 5가지 가설 [잠유 흥심욕]

1) 개인이 가지고 있는 잠재적 특성의 발달에는 한계가 있다.
2) 개인의 유전적 특성의 발달 정도는 자신의 경험과 사회·경제적 배경 및 문화 배경에 의해 영향을 받는다.
3) 개인의 흥미와 태도는 자신의 경험에 따라 발달유형이 결정된다.
4) 심리적 에너지는 흥미를 결정하는 중요한 요소이다.
5) 개인의 욕구와 만족의 강도는 성취동기의 유발 정도에 따라 결정된다.

22 직업적성검사인 GATB에서 측정하는 적성요인에 해당하지 않는 것은?

① 기계적성 ② 공간적성
③ 사무지각 ④ 손의 기교도

콕집어 해설

일반직업적성검사(GATB)의 측정영역

[지언수사 공형운손손]

- 직업적성검사는 개인이 특정직무를 성공적으로 수행할 수 있는지를 측정하는 검사이다.
- 15개의 하위검사를 통해 9가지 적성요인을 검출한다.
- 15개 하위검사 중 11개는 지필검사이고,
- 4개는 기구검사(수행검사, 동작검사)이다.

측정방식	하위검사명	측정영역
지필	기구대조검사	형태지각(P)
지필	형태대조검사	형태지각(P)
지필	명칭비교검사	사무지각(Q)
지필	타점속도검사	운동반응(K)
지필	표식검사	운동반응(K)
지필	종선기입검사	운동반응(K)
지필	평면도판단검사	공간판단력(S)
지필	입체공간검사	공간적성(S), 지능(G)
지필	어휘검사	언어능력(V), 지능(G)
지필	산수추리검사	수리능력(N), 지능(G)
지필	계수검사	수리능력(N)
기구검사	환치검사	손의 재치(M)
기구검사	회전검사	손의 재치(M)
기구검사	조립검사	손가락 재치(F)
기구검사	분해검사	손가락 재치(F)

답 ①

꿰뚫어 보기

일반적성검사(GATB)에서 측정하는 검출적성의 측정내용

측정영역	측정내용
지능 또는 일반학습능력	일반학습능력 및 원리이해능력, 추리·판단능력
언어능력 또는 언어적성	언어의 뜻과 개념을 이해하고 사용하는 능력
수리능력 또는 수리적성	빠르고 정확하게 계산하는 능력
사무지각	문자, 인쇄물, 전표 등을 세밀하게 구별하는 능력
공간판단력	공간상의 형태를 이해하고 평면과 물체와의 관계를 이해하는 능력
형태지각	실물·도해·표에 나타난 것을 세밀하게 지각하는 능력
운동반응	눈과 손 또는 손가락을 함께 사용하여 빠르고 정확하게 반응하는 능력
손의 재치(정교성)	손을 빠르고 정교하게 움직이는 능력
손가락 재치(정교성)	손가락을 정교하게 조절하는 능력

23 직무특성 양식 중 개인이 환경과의 상호작용에 있어 반응을 계속하는 시간의 길이는?

① 신속성　　② 속도
③ 인내심　　④ 리듬

콕집어 해설

직업적응이론에서 적응양식 [융끈적반]

- 융통성 : 작업환경과 개인환경 간의 부조화를 참아내는 정도이다.
- 끈기(인내) : 환경이 자신에게 맞지 않아도 얼마나 오랫동안 견뎌낼 수 있는지의 정도이다.
- 적극성 : 작업환경을 개인적 방식과 좀 더 조화롭게 만들어 가려고 노력하는 정도이다.
- 반응성 : 작업성격의 변화로 인해 작업환경에 반응하는 정도이다.

답 ③

꿰뚫어 보기

직업적응 이론의 4가지 성격양식 [민역리지]

1) 민첩성 : 정확성보다 속도를 중시한다.
2) 역량 : 근로자의 평균활동 수준을 의미한다.
3) 리듬 : 활동에 대한 다양성을 의미한다.
4) 지구력 : 다양한 활동수준의 기간을 의미한다.

24 직무 스트레스에 관한 설명으로 틀린 것은?

① 직장 내 소음, 온도와 같은 물리적 요인이 직무 스트레스를 유발할 수 있다.
② 직무 스트레스를 일으키는 심리사회적 요인으로 역할 갈등, 역할 과부하, 역할 모호성 등이 있다.
③ 사회적 지지가 제공되면 우울이나 불안 같은 직무 스트레스 반응이 감소한다.
④ 직무 스트레스는 직무만족과 부정적 관계에 있으며, 모든 스트레스는 항상 직무수행 성과를 떨어뜨린다.

콕집어 해설

직무 스트레스

- 직장 내 소음, 온도와 같은 물리적 요인이 직무 스트레스를 유발할 수 있다.(①)
- 직무 스트레스를 일으키는 심리사회적 요인으로 역할 갈등, 역할 과부하, 역할 모호성 등이 있다.(②)
- 사회적 지지가 제공되면 우울이나 불안 같은 직무 스트레스 반응이 감소한다.(③)
- 스트레스는 주의력 부족과 우울, 불안 등의 부정적 정서를 유발하며, 각종 질병 등을 발생시켜 신체 기능에 여러 영향을 미친다.
- 적절한 수준의 스트레스는 목표 성취를 위한 동기부여를 제공하며, 개인의 발전을 증진시키는 원동력이다.(④)

답 ④

꿰뚫어 보기

직무 스트레스를 조절하는 변인(매개변인)

A/B 성격유형 : 개인속성

1) A성격유형은 경쟁적이고 공격적이며, 신속함과 완벽함을 추구하기 때문에 B성격유형보다 훨씬 많은 스트레스를 받는다.
2) B성격유형은 느긋함과 차분함, 여유로운 일처리와 상황에 대한 수용적 태도를 특징으로 한다.
3) 스트레스 상황에 노출되면 A성격유형이 B성격유형이 더 많은 부정과 투사기제를 사용한다.

통제의 위치(소재) : 개인속성

1) 일상생활에서의 결과에 대해 성패의 원인이 내부에 있는가 또는 외부에 있는가에 따라 '내적 통제자'와 '외적 통제자'로 구분된다.
2) 내적 통제자는 어떤 행위의 결과를 자신의 행동에서 비롯된 것으로 보기 때문에 스트레스 상황에 적절히 대처한다.
3) 외적 통제자는 어떤 행위의 결과를 외부요인에 결부시켜 부정적 사건에 민감한 반응과 비교적 높은 수준의 스트레스를 경험하게 된다.
4) 내적 통제자는 스트레스 상황에 대한 통제력이 더 이상 유용하지 못하다고 판단되면 스트레스에 대한 대처노력을 쉽게 포기하는데, 이는 내적 통제자가 무력감을 자신에게 결부시키기 때문이다.

사회적 지원(지지) : 상황속성

1) 직무수행자의 직무 스트레스를 완화해 주는 조직 내적 또는 외적 요인이다.
2) 조직 내적 요인으로는 직장 상사·동료·부하가 있으며, 외적 요인으로는 가족이 있다.
3) 사회적 지원이 제공되면 우울 또는 불안 같은 직무 스트레스 반응이 감소한다.
4) 사회적 지원은 스트레스의 출처를 약화시키지만 스트레스의 출처에서 비롯된 직무불만족 자체를 감소시키는 것은 아니다.

25 진로 심리검사 결과 해석에 관한 설명으로 틀린 것은?

① 검사결과는 가능성보다 확실성의 관점에서 제시되어야 한다.
② 내담자가 검사결과를 잘 이해할 수 있도록 안내하고 격려해야 한다.
③ 검사결과로 나타난 강점과 약점 모두를 객관적으로 검토해야 한다.
④ 검사결과는 내담자가 이용 가능한 다른 정보와 관련하여 제시되어야 한다.

콕집어 해설

심리검사의 결과 해석

- 해석에 대한 내담자의 반응을 고려해야 한다.
- 검사결과로 나타난 강점과 약점 모두를 객관적으로 검토해야 한다(③)
- 검사결과는 내담자가 이용 가능한 다른 정보와 관련하여 제시되어야 한다(④)
- 내담자가 검사결과를 잘 이해할 수 있도록 안내하고 격려해야 한다.(②)
- 검사는 내담자와 함께 협조해서 선택하는 것이 좋다.
- 내담자의 방어를 최소화하기 위해 상담자는 중립적이고 무비판적이어야 한다.
- 내담자에게 검사의 점수보다는 진점수의 범위를 말해주는 것이 좋다.
- 검사결과를 내담자와 함께 해석하며 내담자 스스로 자신의 진로를 결정하도록 도와주어야 한다.

답 ①

해 검사결과는 확실성보다 가능성의 관점에서 제시되어야 한다.

26 작업자 중심 직무분석의 특징과 가장 거리가 먼 것은?

① 표준화된 분석도구의 개발이 어렵다.
② 직무들에서 요구되는 인간특성의 유사정도를 양적으로 비교할 수 있다.
③ 대표적인 예로서 직위분석질문지(PAQ)가 있다.
④ 과제 중심 직무분석에 비해 보다 폭넓게 활용될 수 있다.

콕집어 해설

작업자 중심 직무분석
- 직무를 수행하는 데 요구되는 지식, 기술, 능력, 경험 등 작업자의 재능에 초점을 둔다.
- 표준화된 분석도구의 개발이 가능하다.(①)
- 직무들에서 요구되는 인간특성의 유사정도를 양적으로 비교할 수 있다.(②)
- 과제 중심 직무분석에 비해 보다 폭넓게 활용될 수 있다.(④)
- 인적 요건을 주로 다루는 '직무명세서(작업자 명세서)'를 작성하는 데 중요 정보를 제공한다.

  예 직위분석질문지(PAQ ; Position Analysis Questionaire)(③)

  ㄱ. 직무수행에 요구되는 지식, 기술, 능력 등의 인간적 요건들을 밝히는 데 목적을 둔 표준화된 분석도구이다.

  ㄴ. 6가지 범주 : 정보입력, 정신과정, 작업결과, 타인들과의 관계, 직무맥락, 직무요건 [정정작 타직직]

답 ①

꿰뚫어 보기

직무분석의 유형
1) 과제 중심 직무분석
   ㄱ. 직무에서 수행하는 과제나 활동이 어떤 것들인지 파악하는 데 초점을 둔다.
   ㄴ. 직무 자체의 내용을 중점적으로 다루는 직무기술서 작성에 중요 정보를 제공한다.
   ㄷ. 직무 각각에 대해 표준화된 분석도구를 만들 수 없다.
      예 기능적 직무분석(FJA ; Functional Job Analysis) : 직무정보를 자료(Data), 사람(People), 사물(Thing) 기능으로 분석한다.
2) 작업자 중심 직무분석

27 수퍼(Super)의 진로발달이론의 설명으로 틀린 것은?

① 이론의 핵심 기저는 직업적 자아개념이다.
② 직업선택은 타협과 선택이 상호작용하는 일련의 적응과정이다.
③ 진로발달은 유아기에 시작하여 성인초기에 완성된다.
④ 직업발달과정은 본질적으로 자아개념을 발달시키고 실천해 나가는 과정이다.

콕집어 해설

수퍼(Super)의 발달이론
- 개인은 각기 적합한 직업군의 적격성이 있다.(①)
- 개인의 직업기호와 생애는 자아실현의 과정으로 현실과 타협하는 활동과정이다.(②)
- 인생에서 진로발달 과정은 전 생애에 걸쳐 계속되며 성장, 탐색, 정착, 유지, 쇠퇴 등의 대주기(Maxi Cycle)를 거친다(③)
- 직업발달과정은 본질적으로 자아개념을 발달시키고 실천해 나가는 과정이다.(④)
- 직업과 인생의 만족은 자기의 능력, 흥미, 성격특성 및 가치가 충분히 실현되는 정도이다.
- 사람은 동시에 여러 가지 역할을 함께 수행하며 발달단계마다 다른 역할에 비해 중요한 역할이 있다.
- 진로발달에는 대주기 외에 각 단계마다 같은 성장, 탐색, 정착, 유지, 쇠퇴로 구성된 소주기(Mini Cycle)가 있다.
- Super의 이론은 생애진로발달 과정에서 장기적이고 연속적인 선택 과정에 대해 구체적으로 잘 설명한다.

답 ③

꿰뚫어 보기

수퍼(Super)의 진로발달단계 [성탐 확유쇠]
1) 성장기 : 자아개념을 발달시키는 시기이며, 욕구와 환상이 지배적이나 점차 흥미와 능력을 중시하게 된다.
   하위단계 : 환상기, 흥미기, 능력기 [환흥능]
2) 탐색기 : 미래에 대한 계획을 세우고 적합한 직업을 탐색하는 시기이다.
   하위단계 : 잠정기, 전환기, 시행기 [잠전시]
3) 확립기 : 자신에게 적합한 분야를 발견해서 생활의 기반을 확립하는 시기이다.
   하위단계 : 시행기, 안정기
4) 유지기 : 자신의 자리를 유지하려고 노력하며 안정된 삶을 살아가는 시기이다.
5) 쇠퇴기 : 직업에서 은퇴한 후 새로운 역할과 활동을 찾게 되는 시기이다.

28 조직에 영향을 미치는 직무 스트레스의 결과와 가장 거리가 먼 것은?

① 직무수행 감소
② 직무 불만족
③ 상사의 부당한 지시
④ 결근 및 이직

콕집어 해설

직무 스트레스의 결과

직무수행 감소, 직무 불만족, 결근 및 이직 등의 부정적 결과가 나타난다.

답 ③

해 상사의 부당한 지시는 '스트레스의 원인'에 해당한다.

꿰뚫어 보기

스트레스의 예방 및 대처

1) 가치관을 전환시킨다.
2) 목표지향에서 과정중심의 사고방식으로 전환한다.
3) 균형 잡힌 생활을 한다.
4) 스트레스에 정면으로 도전하는 정신을 함양한다.
5) 운동 등을 통해 스트레스 해소책을 마련한다.
6) 마음 깊이 쌓인 분노를 없애야 한다.

29 스트레스의 원인 중 역할 갈등과 가장 관련이 높은 것은?

① 직무관련 스트레스원
② 개인관련 스트레스원
③ 조직관련 스트레스원
④ 물리적 환경관련 스트레스원

콕집어 해설

스트레스의 원인

- 직무 관련 스트레스원 : 과제특성, 역할갈등, 역할모호성, 역할 과다/과소
- 조직 관련 스트레스원 : 산업의 조직문화와 풍토

답 ①

꿰뚫어 보기

역할갈등

역할담당자의 역할과 역할전달자의 역할기대가 상충함으로써 발생한다.

1) 개인 간 역할갈등 : 직업에서의 요구와 직업 이외의 요구 간의 갈등에서 발생한다.
2) 개인 내 역할갈등 : 직업에서의 요구와 개인의 가치관이 다를 때 발생한다.
3) 송신자 간 갈등 : 두 명 이상의 요구가 갈등을 일으킬 때 발생한다.
4) 송신자 내 갈등 : 업무 지시자가 서로 배타적이고 양립할 수 없는 요구를 할 때 발생한다.

30 파슨스의 특성요인이론에 관한 설명으로 옳은 것은?

① 개인의 특성과 직업의 요구가 일치할수록 직업적 성공 가능성이 크다.
② 특성은 특정 직무의 수행에서 요구하는 조건을 의미한다.
③ 개인의 진로발달 과정을 설명하고 있다.
④ 심리검사를 통해 가변적인 특성을 측정한다.

콕집어 해설

파슨스의 특성요인이론 가설

- 인간은 신뢰롭고 타당하게 측정할 수 있는 독특한 특성을 지니고 있다.
- 직업은 개인에게 그 직업에서의 성공을 위한 구체적인 특성을 지닐 것을 요구한다.
- 진로선택은 다소 직접적인 인지과정이므로 개인의 특성과 직업의 특성을 짝짓는 것이 가능하다.
- 개인의 특성과 직업의 요구사항이 서로 밀접한 관계를 맺을수록 직업적 성공의 가능성은 커진다.

답 ①

꿰뚫어 보기

파슨스(Parsons)의 직업선택 3요인

1) 자신에 대한 이해
2) 직업세계에 대한 이해
3) 자신과 직업세계와의 합리적 연결

31 다음에 해당하는 규준은?

> 학교에서 실시하는 성취도검사나 적성검사의 점수를 정해진 범주에 집어넣어 학생들 간의 점수차가 작을 때 생길 수 있는 지나친 확대 해석을 미연에 방지할 수 있다.

① 백분위 점수　　② 표준점수
③ 표준등급　　④ 학년규준

콕집어 해설

집단 내 규준 [백표표]

- **백**분위 점수 : 특정 집단의 점수분포에서 한 개인의 상대적 위치를 나타내는 점수이다.
- **표**준점수 : 표준편차를 사용하여 개인의 점수가 평균으로부터 떨어져 있는 거리를 표시한 것이다.
- **표**준등급 : 원점수를 1~9까지의 구간으로 구분하여 각 구간마다 일정한 점수나 등급을 부여한 것이다.

답 ③

해 ④ : '학년규준'은 학년별 평균이나 중앙치를 이용해서 규준을 제작한다.

심리검사의 규준

1) 평균 : 한 집단의 특성을 가장 간편하게 표현하기 위한 개념으로 그 집단의 대푯값을 말한다.
2) 표준편차 : 한 집단의 수치가 얼마나 동질적인지를 표현하기 위한 개념으로 점수들이 그 집단의 평균치로부터 벗어난 평균거리를 말한다.
3) 규준 : 원점수를 표준화된 집단의 검사점수와 비교하기 위한 개념으로 대표집단의 검사점수 분포도를 작성하여 개인의 점수를 해석하기 위한 것이다.

32 "어떤 흥미검사(A)의 신뢰도가 높다"고 하는 말의 의미는?

① 어떤 사람이 흥미검사를 처음 치렀을 때 받은 점수가 얼마 후 다시 치렀을 때의 점수와 비슷하다.
② 흥미검사(A)가 원래 재고자 했던 흥미영역을 재고 있다.
③ 그 흥미검사(A)와 그와 유사한 목적을 가진 다른 종류의 흥미검사(A)의 점수가 유사 하다.
④ 흥미검사(A)가 흥미에 대해 가장 포괄적으로 측정하고 있다.

콕집어 해설

신뢰도(Reliability)

- 개념 : 어떤 측정도구를 동일한 현상에 반복 적용하여 동일한 결과를 얻게 되는 것을 그 측정도구의 신뢰도라고 한다.
  측정 오차가 작을수록 일반적으로 신뢰도는 높다.
- 신뢰도 계수
  1) 검사 결과의 일관성을 보여주는 값이다.
  2) 범위는 0~1 사이의 값을 가지며, '0'에 가까울수록 신뢰도가 낮고 '1'에 가까울수록 신뢰도는 높다.

답 ①

꿰뚫어 보기

신뢰도에 영향을 주는 요인 [개문 문검신]

1) **개**인차 : 검사대상의 개인차가 클수록 신뢰도 계수도 커진다.
2) **문**항 수 : 문항 수가 많으면 신뢰도는 어느 정도 높아지나, 문항 수를 무조건 늘린다고 해서 신뢰도가 정비례하여 커지는 것은 아니다.
3) **문**항반응 수 : 문항반응 수는 적정 크기를 유지하는 것이 바람직하며, 이를 초과할 경우 신뢰도는 향상되지 않는다.
4) **검**사유형 : 속도검사의 경우, 전후절반법으로 신뢰도를 추정하게 되면 후반부로 갈수록 시간이 부족하기 때문에 신뢰도는 낮아진다.
5) **신**뢰도 추정방법 : 서로 다른 신뢰도 추정방법에 따른 신뢰도 계수는 각기 다를 수밖에 없다.

33 직업선택 문제들 중 '비현실성의 문제'와 가장 거리가 먼 것은?

① 흥미나 직싱의 유형이나 수준과 관계없이 어떤 직업을 선택해야 할지 결정하지 못한다.
② 자신의 적성수준보다 높은 적성을 요구하는 직업을 선택한다.
③ 자신의 흥미와는 일치하지만, 자신의 적성 수준보다는 낮은 적성을 요구하는 직업을 선택한다.
④ 자신의 적성수준에서 선택을 하지만, 자신의 흥미와는 일치하지 않는 직업을 선택한다.

콕집어 해설

크라이티스(Crites)의 직업선택 문제 [크적결현]

적응성

1) 적응형 : 흥미와 적성이 일치하는 유형
2) 부적응형 : 흥미 또는 적성과 일치하는 분야가 없는 유형

결정성

1) 다재다능형 : 재능이 많아 흥미와 적성이 맞는 직업 사이에서 갈등하는 유형
2) 우유부단형 : 흥미와 적성에 관계없이 직업선택의 결정을 내리지 못하는 유형(①)

현실성(비현실성 문제)

1) 비현실형 : 흥미를 느끼는 분야가 있지만 그 분야에 적성이 없는 유형(②)
2) 불충족형 : 흥미를 느끼는 분야가 있지만 자신의 적성수준보다 낮은 적성을 요구하는 직업을 선택하는 유형(③)
3) 강압형 : 적성 때문에 선택했지만 그 직업에 흥미가 없는 유형(④)

답 ①

34 소외 양상의 개념에 관한 설명 중 틀린 것은?

① 무기력감(powerlessness) : 자유와 통제의 결핍상태
② 무의미감(meaninglessness) : 경영정책이나 생산목적 등의 목적으로부터의 단절
③ 자기소원감(self-estrangement) : 직무에 자신이 몰두할 수 없는 상태
④ 고립감(isolation) : 지루함이나 단조로움을 느끼는 심리적 상태

콕집어 해설

소외양상의 개념

- 무기력감(powerlessness) : 자유와 통제의 결핍상태(①)
- 무의미감(meaninglessness) : 경영정책이나 생산목적 등의 목적으로부터의 단절(②)
- 고립감(isolation) : 자신이 속한 조직의 사회적 협동의 결핍상태(④)
- 자기소원감(self-estrangement) : 직무에 자신이 몰두할 수 없는 상태(③)

답 ④

꿰뚫어 보기

비소외적 상태와 소외적 상태(블라우너)

1) 비소외적 상태 : 자유와 통제, 사회적 통합, 자기몰입, 목적
2) 소외적 상태 : 무기력감, 무의미감, 고립감, 자기상실감

35 다음은 어떤 학자와 가장 관련이 있는가?

- 학습경험을 강조하는 동시에 개인의 타고난 재능의 영향을 강조하였다.
- 이 이론에 따라 개발된 진로신념검사는 개인의 진로를 방해하는 사고를 평가하는 데 목적이 있다.

① 오하라(R. O'Hara) ② 스키너 (B. Skinner)
③ 반두라 (A. Bandura) ④ 크럼볼츠(J. Krumboltz)

콕집어 해설

크롬볼츠(Krumboltz)의 사회학습이론

- 반두라(Bandura)의 학습이론을 적용하여 진로의사결정 방법에 관한 이론을 발전시켰다.
- 진로선택 과정에서 개인이 환경과의 상호작용을 통해 무엇을 학습했는지를 강조한다.
- 진로결정에 영향을 미치는 환경적 요인으로 '유전적 요인과 특별한 능력', '환경조건과 사건', 심리적 요인으로 '학습경험' 및 '과제접근기술'을 제시하였다.
- 강화이론, 고전적 행동주의이론, 인지적 정보처리이론에 기원을 두고 있다.
- 진로결정 요인들이 상호작용하여 자기관찰 일반화와 세계관 일반화를 형성한다.
- 진로신념검사(CBI) : 크롬볼츠가 개발했으며, 내담자로 하여금 자아인식 및 세계관에 대한 문제를 확인하도록 돕는다.

답 ④

꿰뚫어 보기

크롬볼츠의 진로선택에 영향을 미치는 요인 [유환학과]

1) 유전적 요인과 특별한 능력 : 개인의 진로 기회를 제한하는 생득적인 특질을 말한다.
2) 환경적 조건과 사건 : 개인의 통제를 벗어나는 정치·경제·사회·문화적 사항들이 개인의 진로에 영향을 미친다.
3) 학습경험 : 개인이 과거에 학습한 경험은 현재 또는 미래의 교육적·직업적 의사결정에 영향을 미친다.
4) 과제접근기술 : 목표설정, 가치 명료화, 대안 형성, 직업적 정보획득 등을 포함하는 기술이다.

36 홀랜드(Holland)가 제시한 육각형 모델과 대표적인 직업유형을 바르게 짝지은 것은?

① 현실적(R) 유형 - 비행기조종사
② 탐구적(I) 유형 - 종교지도자
③ 관습적(C) 유형 - 정치가
④ 사회적(S) 유형 - 배우

콕집어 해설

홀랜드(Holland)의 직업환경 유형 [현탐예 사진관]

- 현실형 : 실제적이며 현장에서 하는 일을 선호하나, 사회성이 부족하다.
  예 기술직, 엔지니어, 농부, 목수, 트럭운전사 등
- 탐구형 : 과학적이며 탐구활동을 선호하나, 지도력이 부족하다.
  예 물리학자, 화학자, 생물학자, 심리학자 등
- 예술형 : 심미적이며 창조적인 활동을 선호하나, 규범적 성향이 부족하다.
  예 음악가, 문학가, 화가 등
- 사회형 : 이타적이며 봉사활동을 선호하나, 기계적 활동 능력이 부족하다.
  예 사회복지사, 종교인, 상담사 등
- 진취형 : 진취적이며 적극적인 활동을 선호하나, 체계적 활동 능력이 부족하다.
  예 정치가, 기업가, 영업사원, 보험설계사 등
- 관습형 : 꼼꼼하며 질서정연한 일을 선호하나, 융통성이 부족하다.
  예 경리사원, 회계사, 은행원, 도서관 사서 등

답 ①

꿰뚫어 보기

홀랜드의 육각형 모델과 해석 차원 [일변 일정계]

1) 일관성 : 어떤 쌍들은 다른 유형의 쌍들보다 더 많은 공통점을 가지고 있다.
2) 변별성(차별성) : 개인의 흥미유형은 특정 흥미유형과 매우 유사한 반면, 다른 흥미유형과는 차별적이다.
3) 일치성 : 개인의 흥미유형과 개인이 소속되고자 하는 환경의 유형이 서로 부합하는 정도를 말한다.
4) 정체성 : 성격적 측면에서는 개인의 목표, 흥미, 재능에 대한 명확성을 말하고, 환경적 측면에서는 조직의 투명성 및 안정성 등을 말한다.
5) 계측성(타산성) : 육각형 모델에서 유형들 간의 거리는 가까울수록 직업성격이 유사하며, 멀수록 대조적 성향을 보인다.

37 다음은 무엇에 관한 설명인가?

> 한 검사가 그 준거로 사용된 현재의 어떤 행동이나 특성과 관련된 정도를 나타내는 타당도

① 공인타당도 ② 구성타당도
③ 내용타당도 ④ 예언타당도

콕집어 해설

동시타당도(공인타당도)

현재 행위에 초점을 맞춘 것으로, 새로운 검사와 준거를 동시에 측정해서 두 결과 간의 상관계수를 추정한다.

예 근무성적이 좋은 재직자가 검사점수도 높았다면, 해당 검사는 준거타당도를 갖췄다고 볼 수 있다.

답 ①

꿰뚫어 보기

타당도 [안내구준]

1) 안면타당도 : 일반인이 문항을 읽고 얼마나 타당해 보이는지를 평가한다.
2) 내용타당도 : 전문가의 논리적 분석과정으로 판단하는 주관적인 타당도이다.
3) 구성타당도 : 측정하고자 하는 추상적 개념들이 실제 측정도구에 의해 제대로 측정되었는지의 정도를 말한다.
   수렴타당도, 변별타당도, 요인분석 등이 있다.
4) 준거타당도 : 검사와 준거 간의 상관관계를 분석해서 검사의 타당도를 평가하는 방법이다.
   동시타당도(공인타당도)와 예언타당도(예측타당도)로 구분한다.

38 진로나 적성을 측정하는 검사로 적합하지 않은 것은?

① 진로사고검사 ② 자기탐색검사
③ 안전운전검사 ④ 주제통각검사

콕집어 해설

진로나 적성측정 검사

진로사고검사나 자기탐색검사는 진로 탐색에 활용되는 검사이며, 안전운전검사는 운전에 관한 적성을 탐색하는 검사이다.

답 ④

해 회화통각검사(TAT)라고도 하며, 투사적 그림검사이다.
피험자의 갈등, 욕구, 경험, 감정 등을 확인하는데 활용된다.

39 직무분석 자료의 분석 시 고려해야 할 사항으로 가장 거리가 먼 것은?

① 논리적으로 체계화되어야 한다.
② 여러 가지 목적으로 활용될 수 있어야 한다.
③ 필요에 따라 가공된 정보로 구성해야 한다.
④ 가장 최신의 정보를 반영하고 있어야 한다.

콕집어 해설

직무분석 자료의 특성 [최가 논사다]

- 최신의 정보를 반영해야 한다.(④)
- 가공하지 않은 원상태의 자료이어야 한다.(③)
- 논리적으로 체계화해야 한다.(①)
- 사실 그대로를 반영하여야 한다.
- 다목적으로 활용될 수 있어야 한다.(②)

답 ③

꿰뚫어 보기

직무분석의 활용(Ash)

1) 모집 및 선발
2) 교육 및 훈련
3) 배치 및 경력개발
4) 직무평가 및 직무수행평가
5) 작업환경 개선
6) 정원관리
7) 안전관리

40 경력개발을 위한 교육훈련을 실시할 때 가장 먼저 고려해야 하는 사항은?

① 사용 가능한 훈련방법에는 어떤 것들이 있는지에 대한 고찰
② 현시점에서 어떤 훈련이 필요한지에 대한 요구분석
③ 훈련프로그램의 효과를 평가하고 개선할 수 있는 방안을 계획하고 수립
④ 훈련방법에 따른 구체적인 프로그램 개발

콕집어 해설

니즈평가(need assessment)

- 경력개발 프로그램을 설계할 때 누구를 대상으로 어떤 경력평가 프로그램을 만들지 알아보는 평가이다.
- 경력개발을 위한 교육훈련을 실시할 때 가장 먼저 고려되는 과정이다.
- 경력개발 프로그램 설계 시 목표집단에 설문조사나 면접 등을 실시하여 자료를 수집 및 분석하게 된다.
- 요구분석을 통해 해당 조직의 가장 중요한 문제점이 무엇인지 파악하게 된다.

답 ②

제3과목 | 직업정보론

41 고용노동통계조사의 각 항목별 조사대상의 연결이 틀린 것은?

① 시도별 임금 및 근로시간조사 : 상용 5인 이상 사업체
② 임금체계, 정년제, 임금피크 제조사 : 상용 1인 이상 사업체
③ 직종별사업체 노동력조사 : 근로자 1인 이상 33천개 사업체
④ 지역별사업체 노동력조사 : 종사자 1인 이상 200천개 사업체

콕집어 해설

고용노동통계조사 각 항목별 조사대상
- 시도별 임금 및 근로시간조사 : 상용 5인 이상 사업체
- 임금체계, 정년제, 임금피크 제조사 : 상용 1인 이상 사업체
- 직종별사업체 노동력조사 : 근로자 5인 이상 33천개 사업체
- 지역별사업체 노동력조사 : 종사자 1인 이상 200천개 사업체

답 ③

해 근로자 1인(×)→5인 이상

꿰뚫어 보기

고용노동통계조사의 조사주기
- 시도별 임금 및 근로시간 조사 : 연 1회
- 기업체 노동비용 조사 : 연 1회
- 사업체 노동력 조사 : 월 1회
- 지역별 사업체 노동력 조사 : 연 2회
- 직종별 사업체 노동력 조사 : 연 2회

42 한국표준직업분류(제7차)의 특정 직종의 분류요령에 관한 설명으로 틀린 것은?

① 행정 관리 및 입법기능을 수행하는 자는 '대분류 1 관리자'에 분류된다.
② 자영업주 및 고용주는 수행되는 일의 형태나 직무내용에 따라 정의된 개념이다.
③ 연구 및 개발업무 종사자는 '대분류 2 전문가 및 관련 종사자'에서 그 전문 분야에 따라 분류된다.
④ 군인은 별도로 '대분류 A 군인'에 분류된다.

콕집어 해설

특정 직종의 분류요령
- 행정 관리 및 입법기능을 수행하는 자는 '대분류 1 관리자'에 분류된다.
- 자영업주 및 고용주는 고용형태나 종사상 지위에 따라 정의된 개념이다.
- 연구 및 개발업무 종사자는 '대분류 2 전문가 및 관련 종사자'에서 그 전문 분야에 따라 분류된다.
- 군인은 별도로 '대분류 A 군인'에 분류된다.

답 ②

해 수행되는 일의 형태나 직무내용(×)→고용형태 또는 종사상 지위

43 직업정보에 대한 설명으로 틀린 것은?

① 직업정보는 경험이 부족한 내담자들에게 다양한 직업을 접할 기회를 제공한다.
② 직업정보는 수집→체계화→분석→가공→제공→축적→평가 등의 단계를 거쳐 처리된다.
③ 직업정보를 수집할 때는 항상 최신의 자료인지 확인한다.
④ 동일한 정보라 할지라도 다각적인 분석을 시도하여 해석을 풍부하게 한다.

콕집어 해설

직업정보
- 직업정보는 경험이 부족한 내담자들에게 다양한 직업을 접할 기회를 제공한다.
- 직업정보는 수집→분석→가공→체계화→제공→축적→평가 등의 단계를 거쳐 처리된다.
- 직업정보를 수집할 때는 항상 최신의 자료인지 확인한다.
- 동일한 정보라 할지라도 다각적인 분석을 시도하여 해석을 풍부하게 한다.

답 ②

꿰뚫어 보기

직업정보 수집·제공 시 고려해야 할 사항

1) 직업정보 수집시에는 명확한 목표를 세운다.
2) 최신의 자료를 수집한다.
3) 직업정보는 전문적인 지식이 없어도 이해할 수 있도록 제공해야 한다.
4) 직업이 가지고 있는 장 · 단점을 편견 없이 제공해야 한다.
5) 자료를 수집할 때 자료 출처와 일자를 기록한다.

44 민간직업정보의 일반적인 특징과 가장 거리가 먼 것은?

① 한시적으로 정보가 수집 및 가공되어 제공된다.
② 객관적인 기준을 가지고 전체 직업에 관한 일반적인 정보를 제공한다.
③ 직업정보 제공자의 특정한 목적에 따라 직업을 분류한다.
④ 통상적으로 직업정보를 유료로 제공한다.

콕집어 해설

민간직업정보와 공공직업정보의 특징

구분	민간 직업정보	공공 직업정보
정보제공 속성	한시적	지속적
직업분류·구분	생산자의 자의성	기준에 따른 객관성
조사 직업 범위	제한적	포괄적
정보의 구성	완결적 정보체계	기초적 정보체계
타 정보와의 관계	관련성 낮음	관련성 높음
비용	유료	무료

답 ②

해 공공 직업정보의 특징이다.

45 다음은 한국표준산업분류(제10차)의 분류 정의 중 무엇에 관한 설명인가?

> 각 생산 단위가 노동, 자본, 원료 등 자원을 투입하여, 재화 또는 서비스를 생산 또는 제공하는 일련의 활동 과정

① 산업 ② 산업활동
③ 생산활동 ④ 산업분류

콕집어 해설

한국표준산업분류(제10차) 분류 정의

산업
1) 산업의 정의 : 유사한 성질을 갖는 산업활동에 주로 종사하는 생산단위의 집합이다.
2) 산업활동 : 각 생산단위가 노동, 자본, 원료 등 자원을 투입하여 재화나 서비스를 생산 또는 제공하는 일련의 활동과정이다.
3) 산업활동의 범위 : 영리적·비영리적 활동이 모두 포함되나, 가정 내의 가사활동은 제외된다.

산업분류
1) 산업분류 정의 : 생산단위가 주로 수행하고 있는 산업활동을 분류 기준과 원칙에 맞춰 그 유사성에 따라 체계적으로 유형화한 것이다.
2) 분류 기준 : ㄱ. 산출물의 특성
ㄴ. 투입물의 특성
ㄷ. 생산활동의 일반적인 결합형태

답 ②

꿰뚫어 보기

생산단위의 활동형태

1) 주된 산업활동이란 산업활동이 복합형태로 이루어질 경우 생산된 재화
또는 제공된 서비스 중 부가가치(액)가 가장 큰 활동을 의미한다.
2) 부차적 산업활동은 주된 산업활동 이외의 재화 생산 및 서비스 제공 활동을 의미한다.
3) 보조활동에는 회계, 운송, 구매, 판매 촉진, 수리서비스 등이 포함된다.

46 국가직무능력표준(NCS)에 관한 설명으로 틀린 것은?

① 산업현장에서 직무를 수행하기 위해 요구되는 지식·기술·태도 등의 내용을 국가가 표준화한 것이다.
② 한국고용직업분류 등을 참고하여 분류하였으며, 대분류→중분류→소분류→세분류 순으로 구성되어 있다.
③ 능력단위는 NCS분류의 하위 단위로서 능력단위요소, 직업기초능력 등으로 구성되어 있다.
④ 직무는 NCS분류의 중분류를 의미하고, 원칙상 중분류 단위에서 표준이 개발된다.

콕집어 해설

국가직무능력표준(NCS)

- 국가직무능력표준은 산업현장에서 직무를 수행하기 위해 요구되는 지식, 기술, 태도 등의 내용을 국가가 체계화한 것이다.(①)
- 한국고용직업분류를 중심으로 분류하였으며, 대분류·중분류·소분류·세분류 순으로 구성되어 있다.(②)
- 국가직무능력표준 분류는 직무의 유형(Type)을 중심으로 단계적으로 구성하였다.
- 직무는 NCS 분류의 세분류를 의미하고, 원칙상 세분류 단위에서 표준이 개발된다.(④)
- 국가직무능력표준을 활용하여 교육·훈련 프로그램 및 자격종목을 설계할 수 있다.
- 능력단위는 NCS 분류의 하위 단위로서 능력단위요소, 수행준거 등으로 구성되어 있다.(③)
- 국가직무능력표준의 수준체계는 1수준~8수준의 8단계로 구성되며, 8수준이 가장 높고 1수준이 가장 낮은 단계이다.

답 ④

해 중분류(×)→'세분류'

꿰뚫어 보기

NCS 수준 체계의 구분

- 8수준 : '최고도의 이론' ~
- 7수준 : '전문화된 이론' ~
- 6수준 : '독립적인 권한' ~
- 5수준 : '포괄적인 권한' ~ [6독 5포]
- 4수준 : '일반적인 권한' ~
- 3수준 : '제한된 권한' ~ [4일 3제]
- 2수준 : '일반적 지시와 감독' ~
- 1수준 : '구체적 지시와 철저한 감독' ~

47 한국표준산업분류(제10차)의 적용 원칙으로 틀린 것은?

① 생산단위는 산출물뿐만 아니라 투입물과 생산공정 등을 함께 고려하여 그들의 활동을 가장 정확하게 설명된 항목에 분류해야 한다.
② 산업활동이 결합되어 있는 경우에는 그 활동 단위의 주된 활동에 따라서 분류해야 한다.
③ 수수료 또는 계약에 의하여 활동을 수행하는 단위는 동일한 산업활동을 자기계정과 자기책임 하에서 생산하는 단위와 같은 항목에 분류해야 한다.
④ 공식적 생산물과 비공식적 생산물, 합법적 생산물과 불법적인 생산물을 달리 분류해야 한다.

콕집어 해설

한국표준산업분류의 적용원칙 [생복 산수공]

- 생산단위는 산출물뿐만 아니라 투입물과 생산공정 등을 함께 고려하여 그들의 활동을 가장 정확하게 설명된 항목에 분류해야 한다.(①)
- 복합적인 활동단위는 우선적으로 최상급 분류단계(대분류)를 정확히 결정하고, 순차적으로 중, 소, 세, 세세분류 단계 항목을 결정하여야 한다.
- 산업활동이 결합되어 있는 경우에는 그 활동단위의 주된 활동에 따라서 분류하여야 한다.(②)
- 수수료 또는 계약에 의하여 활동을 수행하는 단위는 동일한 산업활동을 자기계정과 자기책임하에서 생산하는 단위와 같은 항목에 분류하여야 한다.(③)
- 동일단위에서 제조한 재화의 소매활동을 별개 활동으로 분류하지 않고 제조활동으로 분류되어야 한다. 그러나 자기가 생산한 재화와 구입한 재화를 함께 판매한다면 그 주된 활동에 따라 분류한다.
- 생산단위의 소유 형태, 법적 조직 유형 또는 운영 방식은 산업분류에 영향을 미치지 않는다.
- 공식적 생산물과 비공식적 생산물, 합법적 생산물과 불법적인 생산물을 달리 분류하지 않는다.(④)

답 ④

꿰뚫어 보기

한국표준산업분류의 산업결정방법 [생종 계휴단]

1) 생산단위의 산업활동은 그 생산단위가 수행하는 주된 산업활동의 종류에 따라 결정된다.
2) 해당 활동의 종업원 수 및 노동시간, 임금 및 급여액 또는 설비의 정도에 의하여 결정한다.
3) 계절에 따라 정기적으로 산업을 달리하는 사업체의 경우에는 조사시점에서 경영하는 사업과는 관계없이 조사대상기간 중 산출액이 많았던 활동에 의하여 분류된다.
4) 휴업 중 또는 자산을 청산 중인 사업체의 산업은 영업 중 또는 청산을 시작하기 이전의 산업활동에 의하여 결정한다.
5) 단일사업체의 보조단위는 그 사업체의 일개 부서로 포함한다.

48 국가기술자격 중 한국산업인력공단에서 시행하지 않는 것은?

① 3D프린터개발산업기사
② 빅데이터분석기사
③ 로봇기구개발기사
④ 반도체설계산업기사

콕집어 해설

한국산업인력공단에서 시행하는 국가기술자격

- 3D프린터개발산업기사
- 로봇기구개발기사
- 반도체설계산업기사
- 화재감식평가기사, 토목기사, 건축산업기사, 소방설비산업기사, 가스기능사, 환경기능사, 임상심리사2급, 직업상담사2급 등

답 ②

해 한국 데이터산업진흥원에서 시행한다.

49 직업정보를 제공하는 유형별 방식의 설명이다. ( )에 가장 알맞은 것은?

종류	비용	학습자 참여도	접근성
인쇄물	(A)	수동	용이
면접	저	(B)	제한적
직업경험	고	적극	(C)

① A : 고 B : 적극 C : 용이
② A : 고 B : 수동 C : 제한적
③ A : 저 B : 적극 C : 제한적
④ A : 저 B : 수동 C : 용이

콕집어 해설

직업정보 전달 유형별 특징

종류	비용	학습자 참여도	접근성
인쇄물	저	수동	용이
시청각 자료	고	수동	제한적
면접	저	적극	제한적
관찰	고	수동	제한적
직업경험	고	적극	제한적

답 ③

50 경제활동인구조사의 주요 산식으로 틀린 것은?

① 잠재경제활동인구 = 잠재취업가능자 + 잠재구직자
② 경제활동참가율 = $\frac{\text{경제활동인구 수}}{\text{15세이상 인구 수}} \times 100$
③ 고용률 = $\frac{\text{취업자 수}}{\text{15세이상 인구 수}} \times 100$
④ 실업률 = $\frac{\text{실업자}}{\text{15세이상 인구 수}} \times 100$

콕집어 해설

경제활동인구조사의 주요 산식

- 잠재경제활동인구 = 잠재취업가능자 + 잠재구직자
- 경제활동참가율 = $\frac{\text{경제활동인구 수}}{\text{15세이상 인구 수}} \times 100$
- 고용률 = $\frac{\text{취업자 수}}{\text{15세이상인구 수}} \times 100$
- 실업률 = $\frac{\text{실업자 수}}{\text{경제활동인구 수}} \times 100$
- 취업률 = $\frac{\text{취업자 수}}{\text{경제활동인구 수}} \times 100$

답 ④

해 15세 이상 인구(×)→경제활동 인구

꿰뚫어 보기

1) 15세 이상 인구(생산가능 인구) = 경제활동인구 + 비경제활동인구
2) 경제활동인구 = 취업자 + 실업자
3) 취업자 = 임금 근로자 + 비임금 근로자
4) 비임금 근로자 = 자영업자 + 무급 가족종사자

51 워크넷에서 제공하는 직업선호도검사 L형의 하위 검사가 아닌 것은?

① 흥미검사 ② 성격검사
③ 생활사검사 ④ 문제해결능력검사

콕집어 해설

직업선호도검사 (L)형의 하위 검사

- 흥미검사 : 현실형, 탐구형, 예술형, 사회형, 진취형, 관습형
- 성격검사 : 외향성, 호감성, 성실성, 정서적 불안정성, 경험에 대한 개방성
- 생활사 검사 : 대인관계지향, 독립심, 가족친화, 야망, 학업성취, 예술성, 운동선호, 종교성, 직무만족

답 ④

꿰뚫어 보기

직업선호도검사(S형)

- 검사대상 : 만 18세 이상
- 검사시간 : 약 25분 소요
- 주요내용 : 개인의 흥미유형 및 적합직업 탐색
- 측정요인 : 현실형, 탐구형, 예술형, 사회형, 진취형, 관습형

52 질문지를 사용한 조사를 통해 직업정보를 수집하고자 한다. 질문지 문항 작성 방법에 대한 설명으로 틀린 것은?

① 객관식 문항의 응답 항목은 상호배타적이어야 한다.
② 응답하기 쉬운 문항일수록 설문지의 앞에 배치하는 것이 좋다.
③ 신뢰도 측정을 위해 짝(pair)으로 된 문항들은 함께 배치하는 것이 좋다.
④ 이중(double-barreled)질문과 유도질문은 피하는 것이 좋다.

콕집어 해설

질문지 문항 작성 방법

질문 내용 구성할 때 주의사항

1) 질문 내용은 가급적 구체적인 용어로 표현하는 것이 좋다.
2) 조사용어는 가치중립적인 것을 사용해야 한다.
3) 질문은 가능한 한 간단하게 해야 한다.
4) 유도질문이나 애매하고 막연한 질문, 이중질문은 피해야 한다.(④)
5) 폐쇄형 질문의 응답범주는 포괄적이고 상호배타적이어야 한다.(①)
6) 조사주제와 직접 관련이 없는 문항은 줄인다.
7) 응답의 고정반응을 피하도록 질문형식을 다양화한다.

질문 문항 순서

1) 질문 문항들을 논리적 순서에 따라 자연스럽게 배치한다.
2) 질문 문항들을 길이와 유형에 따라 변화 있게 배치한다.
3) 답변이 용이한 질문들은 전반부에 배치한다.(②)
4) 계속적인 기억이 필요한 질문들을 전반부에 배치한다.
5) 민감한 질문이나 개방형 질문들은 가급적 질문지의 후반부에 배치한다.
6) 동일한 척도의 항목들은 모아서 배치한다.
7) 신뢰도 측정을 위해 짝(pair)으로 된 문항들은 멀리 떨어져 있어야 한다.(③)
8) 여과 질문들을 적절하게 배치하여 사용한다.
9) 특별한 질문은 일반질문 뒤에 놓는다.

답 ③

꿰뚫어 보기

질문지법의 장점

1) 면접법에 비해 시간과 비용, 노력이 적게 소요된다.
2) 응답자가 익명으로 자유롭게 응답할 수 있다.
3) 표준화된 질문순서, 지시 등으로 질문의 일관성을 기할 수 있다.
4) 즉각적인 응답 대신 심사숙고하여 정확하게 응답할 수 있다.

질문지법의 단점

1) 읽고 쓸 수 없는 사람을 대상으로 조사가 불가능하다.
2) 무응답에 대한 통제가 어렵다.
3) 질문의 요지를 필요에 따라 설명할 수 없으므로 융통성이 결여된다.
4) 응답자의 비언어적 행위나 개인적인 특성에 관한 자료를 수집하기 어렵다.

53 한국표준산업분류(제10차)의 분류구조 및 부호체계에 대한 설명으로 틀린 것은?

① 분류구조는 대분류(알파벳 문자 사용), 중분류(2자리 숫자 사용), 소분류(3자리 숫자 사용), 세분류(4자리 숫자 사용)의 4단계로 구성된다.
② 부호처리를 할 경우에는 아라비아 숫자만을 사용토록 했다.
③ 권고된 국제분류 ISIC Rev.4를 기본체계로 하였으나, 국내 실정을 고려하여 국제분류의 각 단계 항목을 분할, 통합 또는 재그룹화하여 독자적으로 분류 항목과 분류 부호를 설정하였다.
④ 중분류의 번호는 01부터 99까지 부여하였으며, 대분류별 중분류 추가 여지를 남겨놓기 위하여 대분류 사이에 번호 여백을 두었다.

콕집어 해설

한국표준산업분류의 분류구조 및 부호체계

- 분류구조는 대분류(알파벳 문자 사용), 중분류(2자리 숫자 사용), 소분류(3자리 숫자 사용), 세분류(4자리 숫자 사용), 세세분류(5자리 숫자 사용)의 5단계로 구성된다.(①)
- 부호처리를 할 경우에는 아라비아 숫자만을 사용토록 했다.(②)
- 권고된 국제분류 ISIC Rev.4를 기본체계로 하였으나, 국내실정을 고려하여 국제분류의 각 단계 항목을 분할, 통합 또는 재그룹화하여 독자적으로 분류 항목과 분류 부호를 설정하였다.(③)
- 중분류의 번호는 01부터 99까지 부여하였으며, 대분류별 중분류 추가여지를 남겨놓기 위하여 대분류 사이에 번호 여백을 두었다.(③)
- 소분류 이하 모든 분류의 끝자리 숫자는 '0'에서 시작하여 '9'에서 끝나도록 하였으며, '9'는 기타 항목을 의미하며 앞에서 명확하게 분류되어 남아 있는 활동이 없는 경우에는 '9' 기타 항목이 필요 없는 경우도 있다.

답 ①

해 4단계(×)→'5단계'

54 국민내일배움카드의 적용을 받는 자에 해당하는 것은?

① 「공무원연금법」을 적용받고 현재 재직 중인 사람
② 만 75세인 사람
③ HRD-Net을 통하여 직업능력개발훈련 동영상 교육을 이수하지 아니하는 사람
④ 대학교 4학년에 재학 중인 졸업예정자

콕집어 해설

국민내일배움카드제 지원 제외 대상자

- 공무원연금법이나 사립학교교직원 연금법을 적용받고 현재 재직 중인 사람(①)
- 만 75세 이상인 사람(②)
- 졸업예정자 이외의 재학생(④)
- 연매출액 1억 5천만원 이상의 자영업자
- 월 임금 300만원 이상인 대기업 근로자(45세 미만)
- 특수형태근로종사자
- 중앙행정기관으로부터 훈련비를 지원받는 훈련에 참여하는 사람
- HRD-Net을 통하여 직업능력개발훈련 동영상 교육을 이수하지 아니하는 사람(③)
- 외국인(단, 고용보험 피보험자는 제외)
- 부정행위에 따른 지원금 등의 반환 명령을 받고 그 납부의 의무를 이행하지 아니하는 사람
- 이 규정 시행일 이전에 직업능력개발훈련을 3회 지원받았음에도 불구하고, 훈련개시일 이후 취업한 기간이 180일 미만이거나 자영업자로서 피보험기간이 180일 미만인 사람

답 ④

꿰뚫어 보기

발급 가능자

실업, 재직, 자영업 여부에 관계없이 카드발급이 가능하다.

55 국가기술자격 산업기사 등급의 응시 자격 기준으로 틀린 것은?

① 고용노동부령으로 정하는 기능경기대회 입상자

② 동일 및 유사 직무분야의 산업기사 수준 기술훈련과정 이수자 또는 그 이수 예정자

③ 응시하려는 종목이 속하는 동일 및 유사 직무분야의 다른 종목의 산업기사 등급 이상의 자격을 취득한 사람

④ 응시하려는 종목이 속하는 동일 및 유사 직무분야에서 1년 이상 실무에 종사한 사람

콕집어 해설

산업기사 등급 응시자격

- 기능사 등급 이상의 자격을 취득한 후 응시하려는 종목이 속하는 동일 및 유사 직무분야에 1년 이상 실무에 종사한 사람
- 응시하려는 종목이 속하는 동일 및 유사 직무분야의 다른 종목의 산업기사 등급 이상의 자격을 취득한 사람(③)
- 관련학과의 2년제 또는 3년제 전문대학졸업자 등 또는 그 졸업예정자 관련학과의 대학졸업자 등 또는 그 졸업예정자
- 동일 및 유사 직무분야의 산업기사 수준 기술훈련과정 이수자 또는 그 이수예정자(②)
- 응시하려는 종목이 속하는 동일 및 유사 직무분야에서 2년 이상 실무에 종사한사람(④)
- 고용노동부령으로 정하는 기능경기대회 입상자(①)
- 외국에서 동일한 종목에 해당하는 자격을 취득한 사람

답 ④

꿰뚫어 보기

국가기술자격 검정기준

1) 기술사: 고도의 전문지식과 실무경험의 능력 보유
2) 기능장: 최상급 숙련기능과 현장관리의 능력 보유
3) 기사: 공학적 기술이론 보유
4) 산업기사: 기술기초이론 지식과 숙련기능 보유
5) 기능사: 각 종목에 숙련기능 보유

56 2022년도에 신설되어 시행되는 국가기술자격 종목은?

① 방재기사 ② 신발산업기사

③ 보석감정산업기사 ④ 정밀화학기사

콕집어 해설

2022년도에 신설된 국가기술자격 종목

- 정밀화학기사: 고용노동부(주무부), 한국산업인력공단(수탁기관)
- 제과 산업기사: 식품의약품안전처(주무부), 수탁기관 미정
- 제빵 산업기사: 식품의약품안전처(주무부), 수탁기관 미정

답 ④

꿰뚫어 보기

- 폐지 : 철도토목산업기사, 메카트로닉스기사, 반도체설계기사, 연삭기능사 자격증
- 통합 : 치공구설계산업기사 '기계설계산업기사'로 통합
- 변경 : 굴삭기운전기능사 '굴착기운전기능사'로 변경

57 한국표준직업분류(제7차)의 대분류별 주요 개정 내용으로 틀린 것은?

① 대분류 1 : '방송·출판 및 영상 관련 관리자'를 '영상 관련 관리자'로 항목명을 변경
② 대분류 2 : '한의사'를 '전문 한의사'와 '일반 한의사'로 세분
③ 대분류 4 : '문화 관광 및 숲·자연환경 해설사'를 신설
④ 대분류 5 : '자동차 영업원'을 신차와 중고차 영업원으로 세분

콕집어 해설

한국표준직업분류(제7차)의 대분류별 주요 개정 내용
- 대분류 1 : '영상 관련 관리자'를 '방송·출판 및 영상 관련 관리자'로 항목명을 변경
- 대분류 2 : '한의사'를 '전문 한의사'와 '일반 한의사'로 세분
- 대분류 4 : '문화 관광 및 숲·자연환경 해설사'를 신설
- 대분류 5 : '자동차 영업원'을 신차와 중고차 영업원으로 세분

답 ①

58 한국직업사전(2020)의 부가 직업정보 중 정규교육에 관한 설명으로 틀린 것은?

① 우리나라 정규교육과정의 연한을 고려하여 6단계로 분류하였다.
② 4수준은 12년 초과~14년 이하(전문대졸 정도)이다.
③ 독학, 검정고시 등을 통해 정규교육과정을 이수하였다고 판단되는 기간도 포함된다.
④ 해당 직업 종사자의 평균 학력을 나타내는 것이다.

콕집어 해설

정규교육(부가 직업정보)'
- 우리나라 정규교육과정의 연한을 고려하여 초등~대학원까지 6수준으로 분류하였다.
- 4수준은 12년 초과~14년 이하(전문대졸 정도)이다.
- 독학, 검정고시 등을 통해 정규교육과정을 이수하였다고 판단되는 기간도 포함된다.
- 해당 직업 종사자의 평균 학력을 나타내는 것은 아니다.

답 ④

꿰뚫어 보기

한국직업사전의 구성
1) 직업코드 : 한국고용직업분류(KECO)의 세분류 4자리 숫자로 표기했다.
2) 본직업명 : 산업현장에서 일반적으로 해당 직업으로 알려진 명칭 또는 그 직무가 통상적으로 호칭되는 것으로 한국직업사전에 그 직무내용이 기술된 명칭이다.
3) 직무개요 : 주로 직무담당자의 활동, 활동의 대상 및 목적, 직무 담당자가 사용하는 기계, 전문적인 지식 등을 간략히 포함한다.
4) 수행직무 : 직무담당자가 직무의 목적을 완수하기 위하여 수행하는 작업내용을 작업 순서에 따라 서술한 것이다.
5) 부가직업정보 : 정규교육, 육체활동, 숙련기간, 직무기능, 작업강도, 작업장소, 작업환경, 자격·면허, 유사명칭, 관련직업, 조사연도, 표준산업분류 코드, 표준직업분류 코드로 구성되어 있다.

59 워크넷에서 제공하는 학과정보 중 공학계열에 해당하는 학과가 아닌 것은?

① 생명공학과 ② 건축학과
③ 안경광학과 ④ 해양공학과

콕집어 해설

워크넷 학과정보

1) 인문계열 : 언어학과, 철학과, 윤리학과, 국제지역학과, 심리학과 등
2) 사회계열 : 정치외교학과, 법학과, 경제학과, 행정학과, 비서학과 등
3) 교육계열 : 교육학과, 영어교육학과, 유아교육학과 등
4) 자연계열 : 생명공학과, 수학과, 지구과학과, 수의학과, 아동가족학과 등
5) 공학계열 : 안경광학과, 기계공학과, 건축학과, 조경학과, 해양공학과 등
6) 의약계열 : 의학과, 한의학과, 간호학과, 응급구조과, 방사선과 등
7) 예·체능계열 : 성악과, 공예학과, 사진학과, 연극영화과, 체육학과 등

답 ①

60 워크넷에서 채용정보 상세검색 시 선택할 수 있는 기업형태가 아닌 것은?

① 대기업
② 일학습병행기업
③ 가족친화인증기업
④ 다문화가정지원기업

콕집어 해설

워크넷에서의 기업형태별 검색 [대강외벤 가공코일청]

대기업, 강소기업, 외국계기업, 벤처기업, 가족친화인증기업, 공무원·공기업·공공기관, 코스피·코스닥, 일학습병행기업, 청년친화강소기업

답 ④

제4과목 | 노동시장론

61 경기적 실업에 대한 대책으로 가장 적합한 것은?

① 지역 간 이동 촉진
② 총수요의 증대
③ 퇴직자 취업 알선
④ 구인·구직에 대한 전산망 확대

콕집어 해설

경기적 실업

- 개념 : 경기침체 시에 총수요 부족으로 인해 발생하는 실업이다.
- 대책 : 재정지출 확대와 조세감면 및 금리 인하 등의 정책을 통해 통화량을 증가시킴으로써 총수요(유효수요)를 증대시킨다.

답 ②

꿰뚫어 보기

실업의 종류

1) 구조적 실업 : 구인처에서 요구하는 근로자가 없거나 지역 간 노동력 수급의 불균형 현상으로 인해 발생하는 비자발적 실업이다.
2) 마찰적 실업 : 신규 또는 진직자가 직입을 찾는 과정에서 직업정보 부족으로 인해 일시적으로 발생하는 자발적 실업이다.
3) 경기적 실업 : 불경기 때 발생하는 대표적인 수요부족 실업이다.
4) 계절적 실업 : 기후나 계절의 변화에 따라 노동수요의 변화가 심한 부문에서 발생하는 일시적 실업이다.
5) 기술적 실업 : 자본이 노동을 대체하여 실업이 발생한다는 마르크스의 실업이론이다.

62 마찰적 실업의 원인에 해당하는 것을 모두 고른 것은?

ㄱ. 노동자들이 자신에게 가장 잘 맞는 직장을 찾는데 시간이 걸리기 때문이다.
ㄴ. 기업이 생산성을 제고하기 위해 시장균형임금 보다 높은 수준의 임금을 지불하는 경향이 있기 때문이다.
ㄷ. 노동조합의 존재로 인해 조합원의 임금이 생산성보다 높게 설정되기 때문이다.

① ㄱ ② ㄴ
③ ㄱ, ㄴ ④ ㄴ, ㄷ

콕집어 해설

마찰적 실업
- 특징 : 비수요부족 실업이며, 자발적이고 단기적 실업이다
- 원인 : 신규 또는 전직자가 직업을 찾는 과정에서 일시적으로 발생한다.
- 대책 : 1) 구인·구직에 대한 전국적인 전산망 연결
  2) 구인·구직 정보제공시스템의 효율성 제고
  3) 직업 알선기관의 활성화
  4) 고용실태 및 전망에 대한 자료제공

답 ①

해 ㄴ, ㄷ은 구조적 실업에 해당한다.

꿰뚫어 보기

마찰적 실업과 구조적 실업의 공통점 및 차이점

1) 공통점
  ㄱ. 비수요부족실업이다.
  ㄴ. 해고에 대한 사전예고와 통보를 통해 실업을 감소시킬 수 있다.
2) 차이점 : 마찰적 실업은 직업정보 부족으로,
  ㄱ. 구조적 실업은 경제구조 자체의 변화로 발생한다.
  ㄴ. 마찰적 실업은 자발적, 구조적 실업은 비자발적 실업이다.
  ㄷ. 마찰적 실업은 단기적, 구조적 실업은 장기적 실업이다.

63 노동시장에 관한 설명으로 틀린 것은?

① 재화시장은 불완전경쟁이더라도 노동시장이 완전경쟁이면 개별기업의 한계요소비용은 일정하다.
② 재화시장과 노동시장이 모두 완전경쟁일 때 재화가격이 상승하면 노동수요곡선이 오른쪽으로 이동한다.
③ 재화시장과 노동시장이 모두 완전경쟁일 때 임금이 하락하면 노동수요량은 장기에 더 크게 증가한다.
④ 재화시장이 불완전경쟁이고 노동시장이 완전경쟁일 때 임금은 한계수입생산보다 낮은 수준으로 결정된다.

콕집어 해설

노동시장의 특성
- 재화시장은 불완전경쟁이더라도 노동시장이 완전경쟁이면 개별기업의 한계요소비용은 일정하다.(①)
- 재화시장과 노동시장이 모두 완전경쟁일 때 재화가격이 상승하면 노동수요곡선이 오른쪽으로 이동한다.(②)
- 재화시장과 노동시장이 모두 완전경쟁일 때 임금이 하락하면 노동수요량은 장기에 더 크게 증가한다.(③)
- 재화시장이 불완전경쟁이고 노동시장이 완전경쟁일 때 임금은 한계수입생산과 동일한 수준으로 결정된다.(④)

답 ④

64 실업에 관한 설명으로 옳은 것은?

① 정부는 경기적 실업을 줄이기 위하여 기업의 설비투자를 억제시켜야 한다.
② 취업자가 존재하는 상황에서 구직포기자의 증가는 실업률을 감소시킨다.
③ 전업주부가 직장을 가지면 실업률과 경제활동참가율은 모두 낮아진다.
④ 실업급여의 확대는 탐색적 실업을 감소시킨다.

콕집어 해설

실업
- 정부는 경기적 실업을 줄이기 위하여 기업의 설비투자를 증대시켜야 한다.(①)
- 구직포기자는 비경제활동인구로 분류되므로 구직포기자의 증가는 실업률을 감소시킨다.(②)
- 전업주부가 직장을 가지면 실업률은 낮아지고, 경제활동참가율은 높아진다(③)
- 실업급여의 확대는 탐색적 실업을 증가시킬 수 있다.(④)

답 ②

실망노동자효과와 부가노동자효과

1) 실망노동자효과(Discouraged Worker Effect) : 불경기시 경제활동인구(실업자)가 구직을 포기함으로써 비경제활동인구로 되기 때문에 실업자가 감소한다.
2) 부가노동자효과(Added Worker Effect) : 가구주가 불황으로 실직하면서 주부 등과 같은 비경제활동인구가 구직활동을 통해 경제활동인구(실업자)로 되기 때문에 실업자가 증가한다.

65 A 국가의 경제활동참가율은 50% 이고, 생산가능인구와 취업자가 각각 100만 명, 40만 명이라고 할 때, 이 국가의 실업률은?

① 5% ② 10%
③ 15% ④ 20%

콕집어 해설

실업률

경제활동참가율(%) = $\frac{\text{경제활동인구 수}}{\text{15세이상 인구 수}}$ × 100 이므로,

50(%) = $\frac{\text{경제활동인구 수}}{\text{100만 명}}$ × 100 을 계산하면 경제활동인구는 50만 명이다.

경제활동인구 수 = 취업자 수 + 실업자 수 이므로, 실업자 수는 10만 명이다.

실업률(%) = $\frac{\text{실업자 수}}{\text{경제활동인구 수}}$ × 100 이므로

= $\frac{\text{10만 명}}{\text{50만 명}}$ × 100 = 20(%)

그러므로 실업률은 20%이다.

답 ④

주요 산식

1) 경제인구의 구성
15세이상 인구 수(= 생산가능인구 수)
ㄱ. 경제활동인구 수 = 취업자 수 + 실업자 수
ㄴ. 비경제활동인구 수

2) 경제활동참가율(%) = $\frac{\text{경제활동인구 수}}{\text{15세이상 인구 수}}$ × 100

3) 실업률(%) = $\frac{\text{실업자 수}}{\text{경제활동인구 수}}$ × 100

4) 취업률(%) = $\frac{\text{취업자 수}}{\text{경제활동인구 수}}$ × 100

5) 고용률(%) = $\frac{\text{취업자 수}}{\text{15세이상인구 수}}$ × 100

66 임금의 보상격차에 관한 설명으로 틀린 것은?

① 근무조건이 열악한 곳으로 전출되면 임금이 상승한다.
② 성별격차도 일종의 보상격차이다.
③ 물가가 높은 곳에서 근무하면 임금이 상승한다.
④ 더 높은 비용이 소요되는 훈련을 요구하는 직종의 임금이 상대적으로 높다.

콕집어 해설

임금의 보상격차(균등화 임금격차)
- 개념 : 특정 직업에 존재하는 불리한 측면을 높은 임금으로 보상해 줌으로써, 다른 직종과 균등한 상태로 유지시켜 주는 임금격차를 의미한다.
- 근무조건이 열악한 곳으로 전출되면 임금이 상승한다.
- 물가가 높은 곳에서 근무하면 임금이 상승한다.
- 더 높은 비용이 소요되는 훈련을 요구하는 직종의 임금이 상대적으로 높다.

답 ②

해 성별격차는 차별이다.

꿰뚫어 보기

보상적 임금격차를 가져오는 직업의성격

1) 고용의 안정성 여부
2) 작업의 쾌적성 여부
3) 교육 및 훈련비용
4) 책임의 정도
5) 성공 또는 실패의 가능성
예 상대적으로 열악한 작업환경과 위험한 업무를 수행하는 광부의 임금은 일반 공장 근로자의 임금보다 높다.

67 **단체교섭에 관한 설명으로 틀린 것은?**

① 단체협약은 노동조합과 사용자단체가 단체교섭 후 협의된 사항을 문서로 남긴 것으로 강제적 효력이 있다.
② 경영자가 정당한 사유없이 단체교섭을 거부하는 행위는 불법행위에 해당한다.
③ 이익분쟁은 임금 및 근로조건 등에 합의하지 못해 발생하는 분쟁이다.
④ 노동자들이 하는 쟁의행위에는 파업, 태업, 직장폐쇄 등의 방법이 있다.

콕집어해설

단체교섭
- 단체협약은 노동조합과 사용자단체가 단체교섭 후 협의된 사항을 문서로 남긴 것으로 강제적 효력이 있다.(①)
- 경영자가 정당한 사유없이 단체교섭을 거부하는 행위는 불법행위에 해당한다.(②)
- 이익분쟁은 임금 및 근로조건 등에 합의하지 못해 발생하는 분쟁이다.(③)
- 노동자들이 하는 쟁의행위에는 파업, 태업, 불매운동, 피켓팅 등의 방법이 있다.(④)

답 ④

해 '직장폐쇄'는 사용자측의 대응 행위이다.

던롭(Dunlop)의 노사관계 시스템이론
- 개념 : 노사관계의 주체를 사용자 및 단체, 노동자 및 단체, 정부로 규정하고 이들의 관계는 기술, 시장 또는 예산제약, 각 주체의 세력관계에 의해 결정된다고 주장했다.
- 노사관계의 규제여건(환경) **[기시주]**

1) 기술적 특성 : 근로자의 질이나 양, 생산과정 및 생산방법 등이 노사관계에 영향을 미친다.
2) 시장 또는 예산제약 : 제품시장의 형태와 기업경영에 필요한 비용과 이윤 등이 노사관계에 영향을 미친다.
3) 각 주체들의 세력관계 : 노사관계를 포함한 사회 내 주체들 간의 세력관계가 노사관계에 영향을 미친다.

68 **유니언숍(union shop)에 대한 설명으로 옳은 것은?**

① 조합원이 아닌 근로자는 채용 후 일정기간 내에 조합에 가입해야 한다.
② 조합원이 아닌 자는 채용이 안된다.
③ 노동조합의 노동공급원이 독점되며, 관련 노동시장에 강력한 영향을 미친다.
④ 채용 전후 근로자의 조합 가입이 완전히 자유롭다.

콕집어해설

숍(shop)제도
기본 숍(shop)제도
1) 오픈 숍(open shop) : 고용주가 조합원, 비조합원 모두를 고용할 수 있는 제도이다.
노동조합 확대에 가장 불리하다.
2) 유니온 숍(union shop) : 고용주가 조합원 가입여부와 관계없이 신규채용이 가능하나, 채용 후 일정기간 내 반드시 노동조합에 가입하도록 해야 하는 제도이다.
오픈숍과 클로즈드숍의 중간 형태이다.
3) 클로즈드 숍(closed shop) : 노동조합에 가입한 노동자만을 채용할 수 있다.
노동조합 확대가 용이해서 노동조합 측에 가장 유리한 제도이다.

답 ①

꿰뚫어 보기

변형된 숍(shop) 제도
1) 에이전시 숍(agency shop) : 조합원·비조합원 구분하지 않고 모든 종업원에게 노동조합의 회비를 징수하는 제도이다.
2) 프레퍼렌셜 숍(Preferential Shop) : 채용이나 단체교섭의 결과를 조합원에게 우선적으로 적용하는 등 조합원과 비조합원을 차등적으로 대하는 제도이다.
3) 메인티넌스 숍(Maintenance Shop) : 노동조합의 가입 및 탈퇴가 자유로우나, 단체협약이 체결되면 그 효력이 지속되는 기간에는 탈퇴할 수 없다.

69 다음 중 직무급 임금체계의 장점이 아닌 것은?

① 개인별 임금격차에 대한 불만 해소
② 연공급에 비해 실시가 용이
③ 인건비의 효율적 관리
④ 능력위주의 인사풍토 조성

콕집어 해설

직무급 임금체계

직무분석과 직무평가를 기초로 직무의 상대적 가치에 따라 임금을 결정하는 체계이다.

1) 장점
ㄱ. 동일가치 노동에 대한 동일임금의 원칙을 준수함으로써 임금배분의 공평성을 이룰 수 있다.
ㄴ. 직무가치의 객관성을 통해 임금수준의 설정에 객관적인 근거를 부여한다.
ㄷ. 경영조직 및 작업조직을 개선하고 업무방식을 합리화할 수 있다.
ㄹ. 적재적소의 인력배치와 능력위주의 인사관리를 통해 노동력의 효율적인 이용이 가능하다.
ㅁ. 불합리한 노무비 상승을 방지할 수 있다.

2) 단점
ㄱ. 직무평가에 있어서 평가자의 주관이 개입됨으로써 객관성이 떨어질 수 있다.
ㄴ. 기술변화나 노동시장의 변동에 따라 직무내용을 변경할 필요성이 발생한다.
ㄷ. 인력의 적정배치가 어려우며, 직무구성 및 인적능력 구성이 일치하지 않으면 효과를 거두기 어렵다.
ㄹ. 직무내용의 정형화로 인해 직무수행에 있어 유연성이 떨어질 수 있다.

답 ②

해 연공급이 실시에 더 용이하다.

꿰뚫어 보기

임금체계

- 연공급 : 연령, 근속, 학력에 따라 임금을 결정하는 체계이다.

1) 장점
ㄱ. 위계질서의 확립 및 사기 유지에 유리하다.
ㄴ. 생활의 안정감과 장래에 대한 기대를 가질 수 있다.
ㄷ. 기업에 대한 귀속의식이 확대된다.
ㄹ. 노동력의 장기고용에 유리하다.
ㅁ. 배치전환 및 평가가 용이하다.

2) 단점
ㄱ. 동일 직무에 대해 동일 임금을 지급할 수 없다.
ㄴ. 근로의욕 및 동기부여 효과가 미약하다.
ㄷ. 무사안일주의 또는 적당주의를 초래할 가능성이 있다.
ㄹ. 기업의 인건비 부담을 가중시키고 전문기술인력의 확보를 어렵게 한다.

- 직능급 : 직능급은 개인의 직무수행능력을 고려하여 학력과 직종에 관계없이 능력에 따라 임금을 관리하는 체계이다.

1) 장점
ㄱ. 종업원에게 자기계발의 동기를 부여할 수 있다.
ㄴ. 기존의 획일적 보상에서 벗어나서 능력에 맞는 처우가 될 수 있다.
ㄷ. 근속에 따른 동일한 직능자격을 받으므로 노사공동체 형성에 기여할 수 있다.
ㄹ. 최저생계보장이 이루어지고 보상에 있어 직종에 구분이 없으므로, 생산직의 불만을 감소시킬 수 있다.

2) 단점
ㄱ. 직무수행능력의 파악과 평가가 쉽지 않다.
ㄴ. 운영시에는 직종 간차이를 고려해야 한다.
ㄷ. 50세 이후에는 능력개발에 한계가 있으므로 부적절할 수 있다.

70 노동수요곡선이 이동하는 이유가 아닌 것은?

① 임금수준의 변화
② 생산방법의 변화
③ 자본의 가격변화
④ 생산물에 대한 수요의 변화

콕집어 해설

노동수요곡선을 이동(shift)시키는 요인

- 생신성의 변화, 기술의 변화, 타 생신요소의 공급변화, 자본의 가격 변화, 생산물에 대한 수요의 변화는 노동수요곡선 자체를 이동시키며, 이를 '노동수요의 변화'라고 한다.
- 임금수준의 변화는 노동수요곡선상의 수요점을 이동시키며, 이를 '노동수요량의 변화'라고 한다.

답 ①

71 **이원적 노사관계론의 구조를 바르게 나타낸 것은?**

① 제1차 관계 : 경영 대 노동조합관계, 제2차 관계 : 경영 대 정부기관관계
② 제1차 관계 : 경영 대 노동조합관계, 제2차 관계 : 경영 대 종업원관계
③ 제1차 관계 : 경영 대 종업원관계, 제2차 관계 : 경영 대 노동조합관계
④ 제1차 관계 : 경영 대 종업원관계, 제2차 관계 : 정부기관 대 노동조합관계

콕집어 해설

이원적 노사관계론의 구조
- 제1차 관계(경영 대 종업원관계) : 노사 간의 친화, 우호, 협력을 바탕으로 한다.
- 제2차 관계(경영 대 노동조합관계) : 노사 간에 임금, 근로조건 개선 등을 둘러싼 상반된 이해관계이다.

답 ③

72 **산업별 노동조합의 특성과 가장 거리가 먼 것은?**

① 기업별 특수성을 고려하기 어려워진다.
② 임시직, 일용직 근로자를 조직하기 용이해진다.
③ 해당 산업분야의 정보자료 수집·분석이 용이해진다.
④ 숙련공만의 이익옹호단체가 되기 쉽다.

콕집어 해설

산업별 노동조합(Industrial Union)
- 동종의 산업에 종사하는 근로자들이 직종과 기업을 초월해 횡적으로 조직한 노동조합 형태이다.
- 미숙련 근로자들의 권익을 보호하기 위하여 발달한 노동조합이다.(④)
- 전 세계적으로 채택되고 있는 조직형태이다.
- 임시직 근로자를 조직하기 용이해지며, 각 산업분야의 정보자료 수집·분석도 용이해진다.(②,③)
- 기업별 특수성을 고려하기 어렵다는 단점이 있다.(①)

답 ④

해 직업별(직종별) 노동조합(Craft Union)이다.

꿰뚫어 보기

노동조합의 형태

1) 기업별 노동조합(Company Union)
   ㄱ. 하나의 기업에 종사하는 근로자들이 직종의 구별 없이 종단적으로 조직한 노동조합의 형태이다.
   ㄴ. 일반적으로 근로자의 횡단적 연대의식이 뚜렷하지 못하다.
   ㄷ. 독과점 대기업에서 쉽게 찾을 수 있다.
   ㄹ. 우리나라 노동조합의 주된 조직 형태이며, 노동시장의 지배력과 조직으로서의 역량이 극히 약하다.
   ㅁ. 사용자와의 관계가 긴밀하고, 노동조합이 회사의 사정에 정통하여 노사분규의 가능성이 낮다.
   ㅂ. 노동조합이 어용화될 위험성이 크다.

2) 직업별(직종별) 노동조합(Craft Union)
   ㄱ. 동일직업, 동일직종에 종사하는 근로자가 산업 · 기업의 구별 없이 개인 가맹 형태로 결성한 횡적 노동조합이다.
   ㄴ. 노동운동사상 가장 일찍 발달한 조직형태이다.
   ㄷ. 산업혁명 초기 숙련 근로자가 노동시장을 독점하기 위한 조직으로 결성하였다.
   ㄹ. 저임금의 미숙련 근로자나 여성, 연소근로자는 가입이 어려웠다.

3) 일반 노동조합(General Union)
   ㄱ. 제2차 세계대전 이후 주로 완전 미숙련 노동자들이나 잡역 노동자들을 중심으로 만들어진 단일 노동조합이다.
   ㄴ. 노동자들의 최저생활에 필요한 조건들을 확보하는 측면에서 효과적이다.
   ㄷ. 노조민주주의의 실현을 저해하며, 단체교섭의 상대방이 명확하지 못하다.

73 **노동의 수요탄력성이 0.5이고 다른 조건이 일정할 때 임금이 5% 상승한다면 고용량의 변화는?**

① 0.5% 감소한다. ② 2.5% 감소한다.
③ 5% 감소한다. ④ 5.5% 감소한다.

콕집어 해설

노동수요의 임금탄력성

$$\text{노동수요의 임금탄력성} = \frac{\text{노동수요량의 변화율(\%)}}{\text{임금의 변화율(\%)}}$$

$$0.5 = \frac{\text{노동수요량의 변화율(\%)}}{\text{5(\%) 상승}}$$

그러므로 노동수요량은 2.5% 감소한다.

답 ②

74 구인처에서 요구하는 기술을 갖춘 근로자가 없어서 발생하는 실업은?

① 구조적 실업　② 잠재적 실업
③ 마찰적 실업　④ 자발적 실업

콕집어해설

구조적 실업

특징

비수요부족 실업이며, 비자발적이고 장기적 실업이다.

원인

1) 구인처에서 요구하는 자격을 갖춘 근로자가 없는 경우에 발생한다.
2) 지역 간·산업 간 노동력 수급의 불균형 현상에서 발생한다.
3) 기업이 효율성 임금을 지불할 경우 발생할 수 있다.

대책

1) 산업(경제)구조 변화 예측에 따른 인력수급정책
2) 지역간 이동을 촉진시키는 지역이주금 보조
3) 노동자의 전직과 관련된 적절한 재훈련

답 ①

75 다음 중 최저임금제가 고용에 미치는 부정적 효과가 가장 큰 상황은?

① 노동수요곡선과 노동공급곡선이 모두 탄력적일 때
② 노동수요곡선과 노동공급곡선이 모두 비탄력적일 때
③ 노동수요곡선이 탄력적이고 노동공급곡선이 비탄력적일 때
④ 노동수요곡선이 비탄력적이고 노동공급곡선이 탄력적일 때

콕집어해설

최저임금제가 고용에 미치는 부정적 효과

시장임금보다 높은 수준에서 최저임금을 정하면 일반적으로 노동수요량은 감소하고 노동공급량은 증가하여 실업이 증가하는 데, 노동수요곡선과 노동공급곡선이 모두 탄력적이면 노동수요량은 크게 감소하고 노동공급량은 크게 증가하므로 실업이 크게 발생한다.

답 ①

꿰뚫어보기

최저임금제도

- 법적 강제력으로 근로자 보호를 위해 임금의 최저 한도를 정한 제도이다.
- 최저임금위원회의 심의·의결을 거쳐 고용노동부장관이 결정한다.
- 2023년도 최저임금은 전년 대비 5.0 % 인상된 9,620원이다.
- 긍정적 효과　**[소노공 경기산]**
  1) **소**득분배 개선
  2) **노**동력의 질적 향상
  3) **공**정경쟁의 확보
  4) **경**기 활성화에 기여
  5) **기**업의 근대화 및 산업구조 고도화 촉진
  6) **산**업평화 유지
  7) 복지국가의 실현
- 부정적 효과
  1) 고용 감소 및 실업 증가
  2) 경제활동 배분의 왜곡과 전체적인 생산량 감소
  3) 소득분배의 역진성

76 유보임금(reservation wage)에 관한 설명으로 옳은 것을 모두 고른 것은?

ㄱ. 유보임금의 상승은 실업기간을 연장한다.
ㄴ. 유보임금의 상승은 기대임금을 하락시킨다.
ㄷ. 유보임금은 기업이 근로자에게 제시한 최고의 임금이다.
ㄹ. 유보임금은 근로자가 받고자 하는 최저의 임금이다.

① ㄱ, ㄷ　② ㄱ, ㄹ
③ ㄴ, ㄷ　④ ㄴ, ㄹ

콕집어해설

유보임금(의중임금, 요구임금, 눈높이임금)

- 노동자가 노동을 공급하기 위해 받고자 하는 최소한의 임금이다(ㄹ)
- 유보임금의 상승은 기대임금의 상승으로 이어져서 구직자의 취업을 더욱 어렵게 해서 실업기간을 연장시킨다(ㄱ, ㄴ)
- 시장임금이 자신의 유보임금보다 적을 경우, 그 근로자는 노동시장에 진입하지 않을 것이다.

답 ②

77 **완전경쟁적인 노동시장에서 노동의 한계생산을 증가시키는 기술진보와 함께 보다 많은 노동자들이 노동시장에 참여하는 변화가 발생할 때 노동시장에서 발생하는 변화로 옳은 것은? (단, 다른 조건들은 일정하다고 가정한다.)**

① 균형노동고용량은 반드시 증가하지만 균형임금의 변화는 불명확하다.

② 균형임금은 반드시 상승하지만 균형노동고용량의 변화는 불명확하다.

③ 임금과 균형노동고용량 모두 반드시 증가한다.

④ 임금과 균형노동고용량의 변화는 모두 불명확하다.

콕집어 해설

균형노동고용량과 균형임금

기술 진보로 인해 제품에 대한 수요 증가로 노동 수요가 증가하고, 보다 많은 노동자들의 참여로 노동 공급 또한 증가하게 되므로 균형노동고용량은 반드시 증가하지만 균형임금의 변화는 불명확하다.

답 ①

78 **연봉제의 장점과 가장 거리가 먼 것은?**

① 전문성의 촉진

② 개인의 능력에 기초한 생산성 향상

③ 구성원 상호 간의 친밀감 증진

④ 임금 관리 용이

콕집어 해설

연봉제

- 근로자가 수행한 성과결과에 따라 임금을 1년 단위로 계약하는 제도이다.
- 생산량이나 판매액에 따라 급여가 결정되는 인센티브제도나 고정적으로 임금수준이 결정되는 연공급과는 구별되는 동기부여형·능력중시형 임금체계이다.
- 연봉제를 실시하려면 정확한 직무분석·목표관리제도·인사고과 등이 전제되어야 한다.

1) 장점
- 전문성의 촉진으로 능력주의, 성과주의를 실현할 수 있다.(①)
- 개인의 능력에 기초한 생산성 향상이 기대된다.(②)
- 종업원들의 동기 부여와 임금 관리에 용이하다.(④)

2) 단점

연봉제는 근로자 상호 간에 위화감을 조성하며, 지나친 경쟁을 유발하고 불안감을 증대할 수 있다는 단점이 있다.

답 ③

임금관리의 주요 구성요소

- 임금수준(적정성) : 일정 기간동안 한 기업 내의 모든 근로자에게 지급되는 평균임금을 의미한다.
- 임금체계(공정성) : 개별 근로자의 임금결정기준을 의미한다.
  예 연공급, 직능급, 직무급 등
- 임금형태(합리성) : 임금의 계산 및 지불방법과 연관된다.
  예 고정급제(시간급제), 성과급제(능률급제), 연봉제 등

79 경제적 조합주의(economic unionism)에 대한 설명으로 틀린 것은?

① 노동조합운동과 정치와의 연합을 특징으로 한다.
② 경영전권을 인정하며 경영참여를 회피해온 노선이다.
③ 노동조합운동의 목적은 노동자들의 근로조건을 포함한 생활조건의 개선과 유지에 있다.
④ 노사관계를 기본적으로 이해대립의 관계로 보고 있으나 이해조정이 가능한 비적대적 관계로 이해한다.

콕집어해설

경제적 조합주의(economic unionism)
- 노동조합운동의 정치로부터의 독립을 강조한다.(①)
- 경영전권을 인정하며 경영참여를 회피해온 노선이다.(②)
- 노동조합운동의 목적은 노동자들의 근로조건을 포함한 생활조건의 개선과 유지에 있다.(③)
- 노사관계를 기본적으로 이해대립의 관계로 보고 있으나 이해조정이 가능한 비적대적 관계로 이해한다.(④)

답 ①

해 연합(×)→독립

80 개인의 후방굴절형(상단부분에서 좌상향으로 굽어짐) 노동공급곡선에 대한 설명으로 옳은 것은?

① 임금이 상승함에 따라 노동시간을 증가시키려고 한다.
② 소득-여가 간의 선호체계분석에서 소득효과가 대체효과를 압도한 결과이다.
③ 소득-여가 간의 선호체계분석에서 대체효과가 소득효과를 압도한 결과이다.
④ 임금이 하락함에 따라 노동시간을 줄이려는 의지를 강력하게 표현하고 있다.

콕집어해설

후방굴절형 노동공급곡선
- 대체효과가 소득효과보다 클 경우 임금의 상승은 노동공급의 증가를 유발하므로 노동공급곡선은 우상향한다.
- 소득효과가 대체효과보다 클 경우 임금상승으로 실질소득이 증가하므로 근로자는 노동시간을 줄이고 여가시간과 소비재 구입을 늘린다.

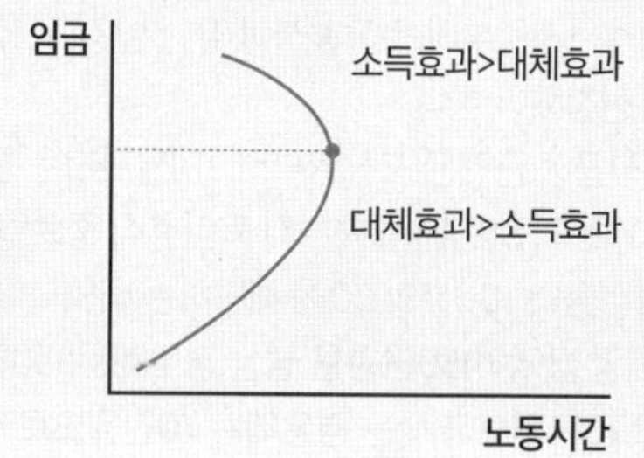

답 ②

대체효과와 소득효과
- 대체효과: 임금이 상승하면 여가에 활용하는 시간이 상대적으로 비싸짐으로 근로자는 여가를 줄이고 노동시간을 늘린다. 그러므로 대체효과가 소득효과보다 클 경우 노동공급곡선은 우상향한다.
- 소득효과: 임금상승으로 실질소득이 증가하므로 근로자는 노동시간을 줄이고 여가시간과 소비재 구입을 늘린다. 그러므로 소득효과가 대체효과보다 클 경우 노동공급곡선은 후방굴절한다.

81 고용보험법령상 (   ) 안에 들어갈 숫자의 연결이 옳은 것은?

> 육아휴직 급여는 육아휴직 시작일을 기준으로 한 월 통상임금의 100분의 (ㄱ)에 해당하는 금액을 월별 지급액으로 한다. 다만 해당 금액이 (ㄴ)만원을 넘는 경우에는 (ㄴ)만원으로 하고, (ㄷ)만원보다 적은 경우에는 (ㄷ)만원으로 한다.

① ㄱ:80, ㄴ:150, ㄷ:70
② ㄱ:80, ㄴ:120, ㄷ:50
③ ㄱ:50, ㄴ:150, ㄷ:50
④ ㄱ:50, ㄴ:120, ㄷ:70

콕집어 해설

육아휴직 급여

- 육아휴직급여를 지급받으려는 사람은 육아휴직을 시작한 날 이후 1개월부터 육아휴직이 끝난 날 이후 12개월 이내에 신청해야 한다.
- 육아휴직급여 금액은 시작일부터 3개월까지는 통상임금의 100분의 80, 4개월째부터 육아휴직 종료일 까지는 통상임금의 100분의 50에 해당하는 금액이다.
  다만, 해당 금액이150만원을 넘는 경우에는 150만원으로 하고,70만원보다 적은 경우에는 70만원으로 한다.
- 해당 기간에 다음 사유로 육아휴직급여를 신청할 수 없었던 사람은 그 사유가 끝난 후 30일 이내에 신청해야 한다.
  1) 천재지변
  2) 본인이나 배우자의 질병·부상
  3) 본인이나 배우자의 직계존속 및 직계비속의 질병·부상
  4) 병역법에 따른 의무복무
  5) 범죄혐의로 인한 구속이나 형의 집행

답 ①

꿰뚫어 보기

육아휴직 급여 신청

1) 피보험자가 육아휴직 급여 기간 중에 이직 또는 새로 취업한 경우에는 해당 신청서에 그 사실을 기재하여야 한다.
2) 피보험자가 육아휴직 급여 기간 중에 그 사업에서 이직한 경우에는 이직하였을 때부터 육아휴직 급여를 지급하지 아니하는 것이 원칙이다.
3) 피보험자가 사업주로부터 육아휴직을 이유로 금품을 지급받은 경우 대통령령으로 정하는 바에 따라 급여를 감액하여 지급할 수 있다.
4) 거짓이나 그 밖의 부정한 방법으로 육아휴직 급여를 받았거나 받으려 한 자에게는 급여를 받은 날 또는 받으려 한 날부터의 육아휴직 급여를 지급하지 아니하는 것이 원칙이다.

82 국민평생 직업능력개발법령에 관한 설명으로 틀린 것은?

① 「제대군인지원에 관한 법률」에 따른 제대군인 및 전역예정자의 직업능력개발훈련은 중요시되어야 한다.
② 「산업재해보상보험법」에 따른 근로복지공단은 직업능력개발훈련시설을 설치할 수 없다.
③ 이 법에서 "근로자"란 사업주에게 고용된 사람과 취업할 의사가 있는 사람을 말한다.
④ 직업능력개발훈련은 훈련의 목적에 따라 양성훈련, 향상훈련, 전직훈련으로 구분한다.

콕집어 해설

국민평생 직업능력개발법령

- 제대군인 및 전역예정자의 직업능력개발훈련은 중요시되어야 한다.(①)
- 직업능력개발훈련시설을 설치할 수 있는 단체는 근로복지공단, 한국 산업인력공단, 한국장애인고용공단이다.(②)
- 고용정책 기본법, 국민평생 직업능력개발법, 남녀고용평등과 일·가정 양립 지원에 관한 법률에서 "근로자"란 사업주에게 고용된 사람과 취업할 의사가 있는 사람을 말한다. (③)
- 직업능력개발훈련은 훈련의 목적에 따라 양성훈련, 향상훈련, 전직훈련으로 구분한다.(④)

답 ②

 근로자직업능력개발법→'국민평생직업능력개발법'으로 개정(21.8月)

꿰뚫어 보기

직업능력개발훈련의 구분방법

훈련의 목적에 따른 구분

1) 양성훈련 : 근로자에게 기초적 직무수행능력을 습득시키기 위해 실시하는 훈련
2) 향상훈련 : 기초적 직무수행능력을 가지고 있는 근로자에게 더 높은 직무수행능력을 습득시키기 위해 실시하는 훈련
3) 전직훈련 : 근로자에게 유사하거나 새로운 직업에 필요한 직무수행능력을 습득시키기 위해 실시하는 훈련

훈련의 방법에 따른 구분

1) 집체훈련 : 직업능력개발훈련을 실시하기 위해 설치한 훈련전용시설이나 적합한 시설에서 실시하는 훈련(산업체의 생산시설 및 근무장소는 제외)
2) 현장훈련 : 산업체의 생산시설 및 근무장소에서 실시하는 훈련
3) 원격훈련 : 멀리 떨어져 있는 사람에게 정보통신매체 등을 이용하여 실시하는 훈련
4) 혼합훈련 : 집체훈련 · 현장훈련 · 원격훈련을 2개 이상 병행하여 실시하는 훈련

83 근로기준법령상 용어의 정의로 틀린 것은?

① "근로"란 정신노동과 육체노동을 말한다.
② "근로계약"이란 근로자가 사용자에게 근로를 제공하고 사용자는 이에 대하여 임금을 지급하는 것을 목적으로 체결된 계약을 말한다.
③ "단시간근로자"란 1일의 소정근로시간이 통상 근로자의 1일의 소정근로시간에 비하여 짧은 근로자를 말한다.
④ "사용자"란 사업주 또는 사업 경영 담당자, 그 밖에 근로자에 관한 사항에 대하여 사업주를 위하여 행위하는 자를 말한다.

콕집어해설

근로기준법령상 용어

- '근로'란 정신노동과 육체노동을 말한다.(①)
- '근로계약'이란 근로자가 사용자에게 근로를 제공하고 사용자는 이에 대하여 임금을 지급하는 것을 목적으로 체결된 계약을 말한다.(②)
- '근로자'란 직업의 종류와 관계없이 임금을 목적으로 사업이나 사업장에 근로를 제공하는 자를 말한다.
- '사용자'란 사업주 또는 사업 경영 담당자, 그 밖에 근로자에 관한 사항에 대하여 사업주를 위하여 행위하는 자를 말한다.(④)
- '통상임금'이란 근로자에게 정기적·일률적으로 소정근로시간 또는 총근로시간에 대하여 지급하기로 정하여진 시간급금액·일급금액·주급금액·월급금액 또는 도급금액을 말한다.
- '평균임금'이란 평균임금 산정사유 발생일 이전 3개월 동안에 그 근로자에게 지급된 임금의 총액을 그 기간의 총일수로 나눈 금액을 말한다.
- '단시간근로자'란 1주 동안의 소정근로시간이 그 사업장에서 같은 종류의 업무에 종사하는 통상 근로자의 1주 동안의 소정근로시간에 비하여 짧은 근로자를 말한다.(③)
- '기간제근로자'란 기간의 정함이 있는 근로계약을 체결한 근로자를 말한다.

답 ③

해 1일 근로 시간(×)→1주 근로시간

84 근로기준법령상 여성의 보호에 관한 설명으로 옳은 것은?

① 사용자는 임신 중의 여성이 명시적으로 청구하는 경우 고용노동부장관의 인가를 받으면 휴일에 근로를 시킬 수 있다.
② 여성은 보건·의료, 보도·취재 등의 일시적 사유가 있더라도 갱내(坑內)에서 근로를 할 수 없다.
③ 사용자는 여성 근로자가 청구하면 월 3일의 유급생리휴가를 주어야 한다.
④ 사용자는 여성을 휴일에 근로시키려면 근로자대표의 서면 동의를 받아야 한다.

콕집어 해설

여성의 보호

- 사용자는 임신 중의 여성이 명시적으로 청구하는 경우 고용노동부장관의 인가를 받으면 휴일에 근로를 시킬 수 있다. (①)
- 사용자는 여성과 18세 미만의 사람을 갱내에서 근로시키지 못한다. 다만, 보건·의료, 보도·취재 등 대통령령으로 정하는 업무를 수행하기 위하여 일시적으로 필요한 경우에는 그러하지 아니하다.(②)
- 사용자는 여성 근로자가 청구하면 월 1일의 생리휴가를 주어야 한다.(③)
- 사용자는 여성을 휴일에 근로시키려면 근로자의 동의와 고용노동부장관의 동의를 받아야 한다.(④)

답 ①

85 국민평생 직업능력개발법령상 원칙적으로 직업능력개발훈련의 대상 연령은?

① 13세 이상　　② 15세 이상
③ 18세 이상　　④ 20세 이상

콕집어 해설

직업능력개발훈련의 대상 연령

직업능력개발훈련은 15세 이상인 사람에게 실시한다.

답 ②

직업능력개발훈련

- 직업능력개발훈련의 대상에는 취업할 의사가 있는 사람뿐만 아니라 사업주에게 고용된 사람도 포함된다.
- 고용노동부장관은 직업능력개발 훈련의 상호인정이 가능하도록 직업능력개발훈련과 관련된 기술 등에 관한 표준을 정할 수 있다.

86 근로자퇴직급여보장법령상 퇴직금의 중간정산 사유에 해당하지 않는 것은?

① 무주택자인 근로자가 본인 명의로 주택을 구입하는 경우
② 중간정산 신청일부터 거꾸로 계산하여 10년 이내에 근로자가 「민법」에 따라 파산 선고를 받은 경우
③ 사용자가 기존의 정년을 보장하는 조건으로 단체협약 등을 통하여 근속시점을 기준으로 임금을 줄이는 제도를 시행하는 경우
④ 재난으로 피해를 입은 경우로서 고용노동부 장관이 정하여 고시하는 사유에 해당하는 경우

콕집어 해설

퇴직금의 중간정산 사유

- 무주택자인 근로자가 본인 명의로 주택을 구입하는 경우(①)
- 무주택자인 근로자가 주거를 목적으로 전세금 또는 보증금을 부담하는 경우
  이 경우 근로자가 하나의 사업에 근로하는 동안 1회로 한정한다.
- 사용자가 기존의 정년을 보장하는 조건으로 단체협약을 통하여 일정 나이를 기준으로 임금을 줄이는 제도를 시행하는 경우(③)
- 6개월 이상 요양을 필요로 하는 근로자 본인, 배우자, 근로자 또는 그 배우자의 부양가족 질병에 대한 의료비를 해당 근로자가 본인 연간 임금총액의 1천분의 125를 초과하여 부담하는 경우
- 퇴직금 중간정산을 신청하는 날부터 거꾸로 계산하여 5년 이내에 근로자가 「채무자 회생 및 파산에 관한 법률」에 따라 파산선고를 받은 경우(②)
- 퇴직금 중간정산을 신청하는 날부터 거꾸로 계산하여 5년 이내에 근로자가 개인회생절차개시 결정을 받은 경우
- 재난으로 피해를 입은 경우로서 고용노동부 장관이 정하여 고시하는 사유에 해당하는 경우(④)

답 ②

해 10년(×)→5년 이내

87 **남녀고용평등과 일·가정 양립 지원에 관한 법령상 육아기 근로시간 단축에 관한 설명으로 틀린 것은?**

① 사업주는 육아기 근로시간 단축을 하고 있는 근로자의 명시적 청구가 있으면 단축된 근로시간 외에 주 15시간 이내에서 연장근로를 시킬 수 있다.
② 원칙적으로 사업주는 근로자가 초등학교 2학년 이하의 자녀를 양육하기 위하여 근로시간의 단축을 신청하는 경우에 이를 허용하여야 한다.
③ 사업주가 근로자에게 육아기 근로시간 단축을 허용하는 경우 단축 후 근로시간은 주당 15시간 이상이어야 하고 35시간을 넘어서는 아니 된다.
④ 육아기 근로시간 단축을 한 근로자에 대하여 평균임금을 산정하는 경우에는 그 근로자의 육아기 근로시간 단축 기간을 평균임금 산정기간에서 제외한다.

답 ①

해 15시간 이내(×)→12시간 이내

88 **채용절차의 공정화에 관한 법령상 500만 원 이하의 과태료 부과 행위에 해당하는 것은?**

① 채용서류 보관의무를 이행하지 아니한 구인자
② 구직자에 대한 고지의무를 이행하지 아니한 구인자
③ 시정명령을 이행하지 아니한 구인자
④ 지식재신권을 자신에게 귀속하도록 깅요한 구인자

콕집어해설

채용절차상의 500만원 이하의 과태료 부과대상
- 채용광고의 내용 또는 근로조건을 변경한 구인자
- 지식재산권을 자신에게 귀속하도록 강요한 구인자
- 그 직무의 수행에 필요하지 아니한 개인정보를 기초심사자료에 기재하도록 요구하거나 입증자료로 수집한 구인자

답 ④

그 외 과태료
- 3천만원 이하의 과태료 : 채용강요 등의 행위를 한 자
- 300만원 이하의 과태료
  1) 채용서류 보관의무를 이행하지 아니한 구인자(①)
  2) 구직자에 대한 고지의무를 이행하지 아니한 구인자(②)
  3) 시정명령을 이행하지 아니한 구인자(③)

89 **근로기준법의 기본원리와 가장 거리가 먼 것은?**

① 강제 근로의 금지　② 근로자단결의 보장
③ 균등한 처우　④ 공민권 행사의 보장

콕집어해설

근로기준법의 기본원리
- 강제 근로의 금지
- 균등한 처우
- 공민권 행사의 보장
- 최저근로조건 보장
- 근로조건 노사 대등결정
- 근로조건의 준수
- 폭행의 금지
- 중간착취의 배제

답 ②

90 **기간제 및 단시간근로자 보호 등에 관한 법령상 2년을 초과하여 기간제 근로자로 사용할 수 있는 경우가 아닌 것은?**

① 휴직 등으로 결원이 발생하여 해당 근로자가 복귀할 때까지 그 업무를 대신할 필요가 있는 경우
② 근로자가 학업 등을 이수함에 따라 그 이수에 필요한 기간을 정한 경우
③ 특정한 업무의 완성에 필요한 기간을 정한 경우
④ 「의료법」에 따른 간호사 자격을 소지하고 해당 분야에 종사한 경우

콕집어해설

2년 초과하여 기간제 근로자로 사용할 수 있는 경우
- 휴직·파견 등으로 결원이 발생하여 해당 근로자가 복귀할 때까지 그 업무를 대신할 필요가 있는 경우(①)
- 근로자가 학업·직업훈련 등을 이수함에 따라 그 이수에 필요한 기간을 정한 경우(②)
- 사업의 완료 또는 특정한 업무의 완성에 필요한 기간을 정한 경우(③)
- 전문적 지식·기술의 활용이 필요한 경우와 정부의 복지정책·실업대책 등에 따라 일자리를 제공하는 경우
- 고령자와 근로계약을 체결하는 경우

답 ④

91 **남녀고용평등과 일·가정 양립 지원에 관한 법령상 근로자의 가족 돌봄 등을 위한 지원에 관한 설명으로 틀린 것은?**

① 사업주는 대체인력 채용이 불가능한 경우 근로자가 신청한 가족돌봄휴직을 허용하지 않을 수 있다.

② 원칙적으로 가족돌봄휴가 기간은 연간 최장 10일로 하며, 일 단위로 사용할 수 있다.

③ 가족돌봄휴직 기간은 연간 최장 90일로 하며, 이를 나누어 사용할 수 있다.

④ 가족돌봄휴직 및 가족돌봄휴가 기간은 근속기간에서 제외한다.

콕집어 해설

근로자의 가족 돌봄 등을 위한 지원

- 사업주는 대체인력 채용이 불가능한 경우 근로자가 신청한 가족돌봄휴직을 허용하지 않을 수 있다.(①)
- 원칙적으로 가족돌봄휴가 기간은 연간 최장 10일로 하며, 일 단위로 사용할 수 있다.(②)
- 가족돌봄휴직 기간은 연간 최장 90일로 하며, 이를 나누어 사용할 수 있다.(③)
- 가족돌봄휴직 및 가족돌봄휴가 기간은 근속기간에 포함한다. 다만, 평균임금 산정기간에서는 제외한다.(④)

답 ④

해 제외(×)→포함

92 **직업안정법에 관한 설명으로 틀린 것은?**

① 국외 무료직업소개사업을 하려는 자는 고용노동부장관의 허가를 받아야 한다.

② 국외 유료직업소개사업을 하려는 자는 고용노동부장관에게 등록하여야 한다.

③ 구인자가 직업안정기관에서 구직자를 소개받은 때에는 그 채용 여부를 직업안정기관의 장에게 통보하여야 한다.

④ 누구든지 국외에 취업할 근로자를 모집한 경우에는 고용노동부장관에게 신고하여야 한다.

콕집어 해설

직업소개사업 [무신 유등]

- 무료직업소개사업 : 근로자가 취업하려는 장소를 기준으로,
  1) 국내 무료직업소개사업 : 국내 무료직업소개사업을 하려는 자는 주된 사업소의 소재지를 관할하는 특별자치도지사·시장·군수 및 구청장에게 신고해야 한다.
  2) 국외 무료직업소개사업 : 국외 무료직업소개사업을 하려는 자는 고용노동부장관에게 신고해야 한다.(①)
- 유료직업소개사업 : 근로자가 취업하려는 장소를 기준으로,
  1) 국내 유료직업소개사업 : 국내 유료직업소개사업을 하려는 자는 주된 사업소의 소재지를 관할하는 특별자치도지사·시장·군수 및 구청장에게 등록해야 한다.
  2) 국외 유료직업소개사업 : 국외 유료직업소개사업을 하려는 자는 고용노동부장관에게 등록해야 한다.(②)
- 근로자공급사업 : 고용노동부장관의 허가를 받아야 한다.
- 근로자파견사업 : 고용노동부장관의 허가를 받아야 한다.
- 구인자가 직업안정기관에서 구직자를 소개받은 때에는 그 채용 여부를 직업안정기관의 장에게 통보하여야 한다.(③)
- 누구든지 국외에 취업할 근로자를 모집한 경우에는 모집한 후 15일 이내에 고용노동부장관에게 신고하여야 한다.(④)

답 ①

해 허가(×)→신고

93 **고용보험법령상 고용보험기금의 용도에 해당하지 않는 것은?**

① 일시 차입금의 상환금과 이자

② 실업급여의 지급

③ 보험료의 반환

④ 국민건강 보험료의 지원

콕집어 해설

고용보험기금의 용도

- 일시 차입금의 상환금과 이자
- 실업급여의 지급
- 보험료의 반환
- 국민연금 보험료의 지원
- 고용안정 · 직업능력개발 사업에 필요한 경비
- 육아휴직 급여 및 출산전후휴가 급여의 지급

답 ④

94 고용보험법령상 자영업자인 피보험자의 실업급여의 종류에 해당하지 않는 것은?

① 이주비 ② 광역 구직활동비
③ 직업능력개발 수당 ④ 조기재취업 수당

족집어 해설

자영업자인 피보험자의 실업급여의 종류
- 실업급여 = 구직급여 + 취업촉진 수당
- 취업촉진수당 : 조기재취업 수당, 직업능력개발 수당, 광역 구직활동비, 이주비
- 자영업자인 피보험자에게는 위의 실업급여에서 조기재취업 수당은 제외하며, 각종 연장급여(훈련·개별·특별연장급여 등) 또한 제외된다.

답 ④

해 취업이 없었으므로 재취업도 없다.

95 헌법 제32조에 명시된 내용이 아닌 것은?

① 연소자의 근로는 특별한 보호를 받는다.
② 근로조건의 기준은 인간의 존엄성을 보장하도록 법률로 정한다.
③ 여자의 근로는 특별한 보호를 받으며, 고용·임금 및 근로조건에 있어서 부당한 차별을 받지 아니한다.
④ 국가는 사회적·경제적 방법으로 근로자의 고용의 증진과 최저임금의 보장에 노력하여야 한다.

족집어 해설

헌법 제32조(근로권)
- 모든 국민은 근로의 권리를 가진다. 국가는 사회적·경제적 방법으로 근로자의 고용증진과 적정임금의 보장에 노력하여야 하며, 법률이 정하는 바에 의하여 최저임금제를 시행하여야 한다.(④)
- 모든 국민은 근로의 의무를 진다. 국가는 근로의 의무의 내용과 조건을 민주주의 원칙에 따라 법률로 정한다.
- 근로조건의 기준은 인간의 존엄성을 보장하도록 법률로 정한다.(②)
- 여자의 근로는 특별한 보호를 받으며, 고용·임금 및 근로조건에 있어서 부당한 차별을 받지 아니한다.(③)
- 연소자의 근로는 특별한 보호를 받는다.(①)
- 국가유공자·상이군경 및 전몰군경의 유가족은 법률이 정하는 바에 의하여 우선적으로 근로의 기회를 부여받는다.

답 ④

해 최저임금의 보장에 노력(×) → 최저임금제를 시행하여야 한다.

96 직업안정법령상 근로자공급사업의 허가를 받을 수 있는 자는?

① 파산선고를 받고 복권되지 아니한 자
② 미성년자, 피성년후견인 및 피한정후견인
③ 이 법을 위반한 자로서, 벌금형이 확정된 후 2년이 지나지 아니한 자
④ 근로자공급사업의 허가가 취소된 후 7년이 지난 자

족집어 해설

근로자공급사업의 허가를 받을 수 없는 자
- 파산선고를 받고 복권되지 아니한 자
- 미성년자, 피성년후견인 및 피한정후견인
- 이 법을 위반한 자로서, 벌금형이 확정된 후 2년이 지나지 아니한 자
- 근로자공급사업의 허가가 취소된 후 5년이 지나지 아니한 자

답 ④]

꿰뚫어 보기

근로자공급사업
- 근로자공급사업은 공급계약에 따라 근로자를 타인에게 사용하게 하는 사업을 말한다.
- 근로자공급사업은 고용노동부장관의 허가를 필요로 하며, 허가의 유효기간은 3년으로 한다.
- 근로자공급사업은 근로자가 취업하려는 장소를 기준으로, 국내 근로자공급사업과 국외 근로자공급사업으로 구분한다.
- 국내 근로자공급사업의 경우 그 사업의 허가를 받을 수 있는 자는 < 노동조합 및 노동관계조정법 > 에 따른 노동조합이며, 국외 근로자공급사업은 국내에서 제조업, 건설업, 용역업, 그 밖의 서비스업을 하고 있는 자이다.
- 근로자공급사업에는 < 파견근로자보호 등에 관한 법률 > 에 따른 근로자파견사업은 제외한다.
- 국외 근로자공급사업을 하려는 자는 1억원 이상의 자본금을 갖추어야 한다.

97 **고용상 연령차별금지 및 고령자고용촉진에 관한 법령상 (　　) 안에 알맞은 것은?**

> 상시 (　　)명 이상의 근로자를 사용하는 사업장의 사업주는 기준고용률 이상의 고령자를 고용하도록 노력하여야 한다.

① 50　　② 100
③ 200　　④ 300

콕집어 해설

고령자 기준고용률

상시 300명 이상의 근로자를 사용하는 사업주는 기준 고용률 이상의 고령자를 고용하도록 노력하여야 한다.

1) 제조업 : 상시 근로자 수의 100분의 2
2) 운수업·부동산 및 임대업 : 상시 근로자 수의 100분의 6
3) 기타 : 상시 근로자 수의 100분의 3

답 ④

98 **고용정책기본법령상 지역고용심의회에 관한 설명으로 틀린 것은?**

① 지역고용심의회는 위원장 1명을 포함한 30명 이내의 위원으로 구성한다.
② 위원장은 시·도지사가 된다.
③ 시·도의 고용촉진, 직업능력개발 및 실업대책에 관한 중요사항을 심의한다.
④ 지역고용심의회 전문위원회의 위원은 시·도지사가 임명하거나 위촉한다.

콕집어 해설

지역고용심의회

- 지역고용심의회는 위원장 1명을 포함한 20명 이내의 위원으로 구성한다.
- 위원장은 시·도지사가 된다.
- 시·도의 고용촉진, 직업능력개발 및 실업대책에 관한 중요사항을 심의한다.
- 지역고용심의회 전문위원회의 위원은 시·도지사가 임명하거나 위촉한다.

답 ①

해 30명(×)→20명

99 **남녀고용평등과 일·가정 양립 지원에 관한 법령상 모성 보호에 관한 설명으로 틀린 것은?**

① 국가는 출산전후휴가를 사용한 근로자에게 그 휴가기간에 대하여 평균임금에 상당하는 금액을 지급할 수 있다.
② 근로자가 사용한 배우자 출산휴가는 유급으로 한다.
③ 배우자 출산휴가는 근로자의 배우자가 출산한 날부터 90일이 지나면 청구할 수 없다.
④ 원칙적으로 사업주는 근로자가 난임치료휴가를 청구하는 경우에 연간 3일 이내의 휴가를 주어야 한다.

콕집어 해설

모성 보호

- 국가는 출산전후휴가를 사용한 근로자에게 그 휴가기간에 대하여 통상임금에 상당하는 금액을 지급할 수 있다.
- 근로자가 사용한 배우자 출산휴가는 유급으로 한다.
- 배우자 출산휴가는 근로자의 배우자가 출산한 날부터 90일이 지나면 청구할 수 없다.
- 원칙적으로 사업주는 근로자가 난임치료휴가를 청구하는 경우에 연간 3일 이내의 휴가를 주어야 한다.

답 ①

해 평균임금(×)→통상임금

100 고용정책기본법령상 고용정책심의회의 전문위원회에 명시되지 않은 것은?

① 지역고용전문위원회
② 고용보험전문위원회
③ 장애인고용촉진전문위원회
④ 건설근로자고용개선전문위원회

족집어 해설

고용정책심의회의 전문위원회

- 고용정책심의회의 전문위원회는 위원장 1명을 포함한 20명 이내의 위원으로 구성한다.
- 지역고용전문위원회, 고용서비스전문위원회, 장애인고용촉진전문위원회. 사회적기업육성전문위원회, 적극적 고용개선전문위원회. 건설근로자고용개선전문위원회

답 ②

꿰뚫어 보기

고용정책심의회의 위원

- 관계 중앙행정기관의 차관 또는 차관급 공무원이 된다. 기획재정부 제 1차관, 교육부 차관, 과학기술정보통신부 제1차관, 행정안전부 차관, 산업통상자원부 차관, 보건복지부 차관, 여성가족부 차관, 국토교통부 제1차관, 중소벤처기업부 차관
- 정책심의회는 위원장 1명을 포함한 30명 이내의 위원으로 구성한다.
- 근로자와 사업주를 대표하는 자는 심의 위원으로 참여할 수 있다.
- 특별시·광역시·특별자치시·도 및 특별자치도에 지역고용심의회를 둔다.
- 고용정책심의회를 효율적으로 운영하기 위하여 분야별 전문위원회를 둘 수 있다.

2022년 2회

제1과목 직업상담학

01 하렌(V. Harren)의 진로의사결정 유형에 해당하는 것은?

① 운명론적 - 계획적 - 지연적
② 합리적 - 의존적 - 직관적
③ 주장적 - 소극적 - 공격적
④ 계획적 - 직관적 - 순응적

콕집어 해설

하렌(Harren)의 진로의사결정 유형 [합직의]

- 합리적 유형 : 의사결정에 논리적이고 합리적으로 접근하며, 결정에 대한 책임을 수용한다.
- 직관적 유형 : 감정을 사용하여 직관적으로 의사결정을 하며, 결정에 대한 책임은 수용하지만 미래를 위한 활동은 거의 하지 않는다.
- 의존적 유형 : 의사결정에 대해 의존적이며, 개인적 책임을 부정하고 외부로 책임을 돌리는 경향이 높다.

답 ②

꿰뚫어 보기

의사결정자 하위유형

1) 확정적 결정형 : 스스로 명확한 의사결정을 할 수 있지만 다른 선택대안과 비교하여 자신의 결정이 적절한 것인지 검토한다.
2) 수행적 결정형 : 의사결정을 하는데 주변 사람들의 도움이 필요한 경우를 말한다.
3) 회피적 결정형 : 주변 사람들과의 대립을 회피하기 위해 의사결정을 하지만 실제로는 결정을 하지 않는다.

02 행동주의적 상담기법 중 학습촉진기법이 아닌 것은?

① 강화 ② 변별학습
③ 대리학습 ④ 체계적 둔감화

콕집어 해설

학습촉진기법 [강변 사행상]

- 강화 : 내담자의 행동에 대해 적절하게 긍정적·부정적 반응을 보임으로써 내담자의 바람직한 행동을 강화시킨다.
- 변별학습 : 자신의 직업결정 능력 등을 검사도구를 사용하여 변별하고 비교해보도록 하는 것이다.
- 사회적 모델링과 대리학습 : 타인의 행동에 대한 관찰과 모방을 통해 내담자의 학습을 촉진한다.
- 행동조성 : 행동을 단계별로 세분화하여 단계마다 강화를 제공함으로써 학습을 촉진한다.
- 상표제도(토큰경제) : 내담자의 바람직한 행동이 이루어질 때마다 그에 상응하는 보상을 하는 것이다.

답 ④

해 불안감소기법이다.

꿰뚫어 보기

불안감소기법 [체금반 혐주자]

1) 체계적둔감법 : 내담자의 불안반응을 체계적으로 증대시켜 둔감화한다.
2) 금지조건형성 : 내담자에게 불안요소를 지속적으로 제시함으로써 불안반응을 감소시킨다.
3) 반조건형성 : 조건 자극과 새로운 자극을 함께 제시해서 불안을 감소시킨다.
4) 혐오치료 : 바람직하지 못한 행동에 혐오자극을 제시함으로써 부적응적 행동을 제거한다.
5) 주장훈련 : 내담자에게 불안이외의 감정을 표현하게 해서 대인관계에 있어서의 불안을 해소시킨다.
6) 자기표현훈련 : 자기표현을 통해 타인과 상호작용함으로써 대인관계에서 비롯되는 불안요인을 제거한다.

03 진로수첩이 내담자에게 미치는 유용성이 아닌 것은?

① 자기평가를 통해 자신감과 자기 인식을 증진시킨다.
② 일 관련 태도 및 흥미에 대한 지식을 증진시킨다.
③ 다양한 경험들이 어떻게 직무관련 태도나 기술로 전환될 수 있는지에 대해 이해를 발전시킨다.
④ 진로, 교육, 훈련 계획을 개발하기 위한 상담도구를 제공한다.

콕집어 해설

진로수첩의 유용성
- 진로수첩은 자신에 관한 진로관련 정보를 이해하기 쉬운 방식으로 조직하는 것이다.
- 자기 평가를 통해 자신감과 자기 인식을 증진시킨다.(①)
- 일 관련 태도 및 흥미에 대한 지식을 증진시킨다.(②)
- 다양한 경험들이 어떻게 직무관련 태도나 기술로 전환될 수 있는지에 대해 이해를 발전시킨다.(③)
- 교육 및 진로계획을 향상시킨다.

답 ④

해 진로수첩이 상담도구를 제공하는 것은 아니다.

04 다음 상황에 가장 적합한 상담기법은?

- 상담자 : 다른 회사들이 사용해 본 결과 많은 효과가 입증된 그런 투쟁 해결방법을 써보도록 하지요.
- 내담자 : 매우 흥미로운 일이군요. 그러나 그 방법은 K 주식회사에서는 효과가 있었는지 몰라도 우리 회사에서는 안될 것 입니다.

① 가정 사용하기
② 전이된 오류 정정하기
③ 분류 및 재구성 기법 활용하기
④ 저항감 재인식 및 다루기

콕집어 해설

저항감 재인식하기 및 다루기
- 내담자가 상담에 대해 동기화되지 않거나 저항감을 나타내는 경우, 특히 직설, 불신, 상담자 능력 헐뜯기, 함축에 대한 노선 등 고의로 의사소통을 방해하는 경우에 '변형된 오류 수정하기', '내담자와 친숙해지기', '은유 사용하기', '대결하기' 등의 전략으로 내담자의 저항감을 다룬다.
- 제시된 지문은 내담자가 고의로 의사소통을 방해하는 방식 중 '불신의 전술'에 해당한다.

답 ④

꿰뚫어 보기

내담자의 정보수집 및 행동에 대한 이해기법

[가의전분 저근왜반변]

1) 가정 사용하기
2) 의미 있는 질문 및 지시 사용하기
3) 전이된 오류 정정하기
4) 분류 및 재구성하기
5) 저항감 재인식하기 및 다루기
6) 근거 없는 믿음 확인하기
7) 왜곡된 사고 확인하기
8) 반성의 장 마련하기
9) 변명에 초점 맞추기

05 생애진로사정의 구조에서 중요주제에 해당하지 않는 것은?

① 요약　　② 평가
③ 강점과 장애　　④ 전형적인 하루

콕집어 해설

생애진로사정의 구조 [진전강요]
- 진로사정 : 내담자의 직업경험, 교육 또는 훈련과정과 관련된 문제들, 여가활동 등에 관해 사정한다.
- 전형적인 하루 : 내담자가 의존적 또는 독립적인지, 자발적 또는 체계적인지 성격을 파악하도록 돕는다.
- 강점과 장애 : 내담자가 스스로 생각하는 자신의 주요 강점 및 장애에 대해 질문한다.
- 요약 : 내담자에게 자신에 대해 알게 된 내용을 요약하게 함으로써 자기인식을 증진시킨다.

답 ②

꿰뚫어 보기

생애진로사정을 통해 알 수 있는 정보
1) 내담자의 직업경험과 교육수준을 나타내는 객관적인 사실
2) 내담자의 기술과 유능성에 대한 자기평가 및 상담자의 평가 정보
3) 내담자의 가치관 및 자기인식 정도

06 집단상담의 특징에 관한 설명으로 틀린 것은?

① 집단상담은 상담사들이 제한된 시간 내에 적은 비용으로 보다 많은 내담자들에게 접근하는 것을 가능하게 한다.

② 효과적인 집단에는 언제나 직접적인 대인적 교류가 있으며 이것이 개인적 탐색을 도와 개인의 성장과 발달을 촉진시킨다.

③ 집단은 집단과정의 다양한 문제에 많은 시간을 사용하게 되어 내담자의 개인적인 문제를 등한시할 수 있다.

④ 집단에서는 구성원 각자의 사적인 경험을 구성원 모두가 공유하지 않기 때문에 비밀유지가 쉽다.

족집어 해설

집단상담의 특징

집단상담의 장점

1) 내담자들이 개인상담에 비해 받아들이기가 더 쉽다.
2) 시간과 경제적인 측면에서 효율적이다. (①)
3) 집단 구성원들 간의 피드백을 통해 자기탐색을 돕는다.(②)
4) 타인과 상호교류를 할 수 있는 능력이 개발된다.
5) 타인을 통한 대리학습의 기회가 부여된다.
6) 구체적인 실천경험과 현실검증의 기회를 가진다.

집단상담의 단점

1) 개인의 문제가 심층적으로 다루어지지 않을 수 있다.(③)
2) 적합한 집단을 구성하기가 어렵다.
3) 비밀을 유지하기가 힘들다.(④)
4) 개인의 특성이 발휘되기 어렵다.
5) 집단상담에 대한 경험이 부족한 지도자는 집단의 운영을 어렵게 한다.

답 ④

꿰뚫어 보기

집단직업상담의 요소(Tolbert) [목과비 집리일]

1) 목표 : 진로발달의 기대수준과 일치하는 적응적이고 현실적인 직업 자아개념을 확립한다.
2) 과정 : 집단직업상담의 과정은 자기탐색, 상호작용, 개인적 정보의 검토 및 목표와의 연결, 직업적·교육적 정보의 획득 및 검토, 합리적2 의사결정 등의5가지 유형의 활동으로 이루어진다. [자상 개직합]
3) 비밀유지 : 구성원들은 집단직업상담의 과정에서 이루어진 토론 내용에 대해 비밀을 유지해야 한다.
4) 집단구성 : 구성원들 간의 상호작용과 피드백을 촉진하기 위해서, 어느 정도의 이질성이 있는 6~10명 정도의 구성원으로 집단을 구성한다.
5) 리더 : 집단의 리더는 집단상담과 직업정보에 대해 잘 알고 있어야 한다.
6) 일정 : 가능한 모임의 횟수를 최소화하여야 한다.

07 Williamson의 직업문제 분류범주에 포함되지 않는 것은?

① 진로 무선택

② 흥미와 적성의 차이

③ 진로선택에 대한 불안

④ 진로선택 불확실

족집어 해설

윌리암슨(Williamson)의 진로선택 문제(변별진단)

(=직업선택 문제유형 분류, 직업문제 분류범주, 진로선택 유형진단 등)

- 직업 무선택 또는 미선택 : 직접 직업을 결정한 경험이 없거나, 선호하는 몇 가지의 직업이 있음에도 어느 것을 선택할지를 결정하지 못하는 경우
- 직업선택의 확신부족(불확실한 선택) : 직업을 선택했지만 자신의 선택에 자신이 없어 타인에게서 성공하리라는 위안을 받고자 하는 경우
- 흥미와 적성의 불일치(흥미와 적성의 모순) : 흥미를 느끼는 직업에 대해서 수행능력이 부족하거나, 적성에 맞는 직업에 대해서 흥미를 느끼지 못하는 경우
- 어리석은 선택(현명하지 못한 직업선택) : 자신의 능력보다 훨씬 낮은 능력이 요구되는 직업을 선택하거나 안정된 직업만을 추구하는 경우

답 ③

해 보딘의 직업문제 심리적 원인에 해당한다.

꿰뚫어 보기

보딘(Bordin)의 직업문제 심리적 원인 [의정 자직확]

1) 의존성 : 진로문제를 스스로 해결하지 못하고 타인에게 의존하는 경우
2) 정보부족 : 진로관련에 대한 정보의 부족으로 어려움을 겪는 경우
3) 자아갈등(내적갈등) : 자아개념들 사이에서 내적갈등으로 인한 혼란
4) 직업선택에 대한 불안 : 자신의 선택과 중요한 타인의 요구간의 충돌에서 비롯되는 불안
5) 확신부족 : 진로선택 이후에 자신의 선택에 대한 확신이 부족한 경우

08 다음에서 사용된 상담기법은?

A는 저조한 성적으로 인해 학교생활에 어려움을 겪고 있다. 상담사는 A가 평소 PC 게임하는 것을 매우 좋아한다는 사실을 알고 A가 계획한 일일 학습량을 달성하는 경우, PC 게임을 1시간 동안 하도록 개입하였다.

① 프리맥의 원리, 정적강화
② 정적강화, 자기교수훈련
③ 체계적 둔감법, 자기교수훈련
④ 부적강화, 자극통제

콕집어 해설

상담기법

- 프리맥의 원리 : 낮은 비율로 발생하는 행동을 증가시키기 위해 높은 비율의 행동을 낮은 비율의 행동과 연관시키는 강화의 한 형태이다.
- 정적강화 : 어떤 행동이 일어난 직후 그가 기분 좋아하는 것을 주어 그 행동의 빈도를 높이는 것을 말한다.
- 자기교수훈련 : 내담자가 부정적인 자기기술들이 무엇인지 깨닫도록 도움을 주는 것이다.
- 부적강화 : 불쾌자극을 제거하여 바람직한 반응의 확률을 높이는 것이다.
  예 발표자에게 자율학습 면제를 통보하여 발표를 유도하는 행위

답 ①

09 직업상담사가 지켜야 할 윤리사항으로 옳은 것은?

① 습득된 직업정보를 가지고 다니면서 직업을 찾아준다.
② 습득된 직업정보를 먼저 가까운 사람들에 알려준다.
③ 상담에 대한 이론적 지식보다는 경험적 훈련과 직관을 앞세워 구직활동을 도와준다
④ 내담자가 자기로부터 도움을 받지 못하고 있음이 분명한 경우에는 상담을 종결하려고 노력한다.

콕집어 해설

직업상담사의 윤리강령

- 상담자는 상담에 대한 이론적, 경험적 훈련과 지식을 갖춘 것을 전제로 한다.
- 상담자는 내담자의 성장, 촉진과 문제해결 및 방안을 위해 시간과 노력상의 최선을 다한다.
- 상담자는 내담자가 이해, 수용할 수 있는 한도 내에서 기법을 활용한다.
- 내담자에 관한 정보를 교육장면이나 연구용으로 사용할 경우에는 내담자와 합의하고 내담자가 노출되지 않도록 해야 한다.
- 상호 합의한 경우를 제외하고는 다른 전문가의 도움을 받고 있는 내담자에게 상담하지 않는다.
- 상담자는 자신의 능력 및 기법의 한계로 인해 내담자를 도울 수 없을 때는 내담자의 문제를 다른 전문직 동료나 기관에 의뢰해야 한다.
- 직업상담사는 소속 기관과의 갈등이 있을 경우 내담자의 복지를 우선적으로 고려해야 한다.
- 직업상담사는 상담관계의 형식, 방법, 목적을 설정하고 그 결과에 대하여 내담자와 협의해야 한다.

답 ④

꿰뚫어 보기

심리검사 사용의 윤리적 문제

1) 평가기법을 이용할 때는 수검자가 이해하기 쉬운 용어로 설명해야 한다.
2) 새로운 기법을 표준화할 때는 기존의 과학적 절차를 충분히 지켜야 한다.
3) 심리검사는 신뢰도와 타당도가 높은 검사를 사용해야 한다.
4) 심리검사의 결과는 사용목적에 맞게 제한적으로 사용되어야 한다.
5) 평가결과가 시대에 뒤떨어질 수 있음을 인정해야 한다.
6) 적절한 훈련이나 교습을 받은 사람들이 심리검사를 실시해야 한다.

10 직업상담사의 직무내용과 가장 거리가 먼 것은?

① 직업문제에 대한 심리치료
② 직업관련 임금평가
③ 직업상담 프로그램의 개발과 운영
④ 구인·구직상담, 직업적응, 직업전환, 은퇴 후 등의 직업상담

콕집어해설

직업상담사의 직무내용
- 직업문제에 대한 심리치료
- 직업상담 프로그램의 개발과 운영
- 구인·구직상담
- 직업적응, 직업전환, 은퇴 후 등의 직업상담

답 ②

직업상담사의 자질
1) 내담자에 대해 존중하는 자세를 지녀야 한다.
2) 진로발달과 의사결정에 관한 지식을 갖추어야 한다.
3) 직업정보에 대해 과학적인 분석력을 지녀야 한다.
4) 직업문제에 대한 전문성이 있어야 한다.
5) 내담자가 믿고 따를 수 있는 매력이 있어야 한다.

11 발달적 직업상담에서 직업정보가 갖추어야 할 조건이 아닌 것은?

① 부모와 개인의 직업적 수준과 그 차이, 그리고 그들의 적성, 흥미, 가치들 간의 관계
② 사회경제적 측면에서 수준별 직업의 유형 및 그러한 직업들의 특성
③ 근로자의 이직 시 직업의 이동 방향과 비율을 결정하는 요인에 대한 정보
④ 특정 직업분야의 접근가능성과 개인의 적성, 가치관, 성격특성 등의 요인들 간의 관계

콕집어해설

발달적 직업상담에서의 직업정보
- 부모와 개인의 직업적 수준과 그 차이, 그리고 그들의 적성, 흥미, 가치들 간의 관계(①)
- 사회경제적 측면에서 수준별 직업의 유형 및 그러한 직업들의 특성(②)
- 높은 수준의 직업은 어떤 수준을 의미하며, 낮은 수준의 직업에서 높은 수준의 직업으로 옮겨갈 수 있는 방법과 이 때 필요한 지식과 기술에 대한 정보
- 일반적인 사람들이 이직 시 직업의 이동 방향과 비율을 결정하는 요인에 대한 정보(③)
- 특정 직업분야의 접근가능성과 개인의 적성, 가치관, 성격특성 등의 요인들 간의 관계(④)

답 ③

해 직업 이동의 일반적 현상이 아닌, 근로자의 이직에 국한되어 있다.

12 인지적 명확성 문제의 원인 중 경미한 정신건강 문제의 특성으로 옳은 것은?

① 심각한 약물남용 장애
② 잘못된 결정방식이 진지한 결정 방해
③ 경험 부족에서 오는 고정관념
④ 심한 가치관 고착에 따른 고정성

콕집어해설

정신건강 문제
- 심각한 정신건강 문제 : 심각한 약물남용 장애, 심각한 정신분열증 등(①)
- 경미한 정신건강 문제 : 잘못된 결정방식이 진지한 결정 방해, 낮은 자기효능감, 공포증이나 말더듬증 등(②)
- 고정관념 : 경험부족에서 오는 고정관념, 심한 가치관 고착에 따른 고정성 등(③, ④)
- 정보결핍 : 정보의 부족이나 왜곡으로 인한 문제
- 외적요인 : 불화, 사별, 실직 등으로 인한 문제

답 ②

13 상담 시 상담사의 질문으로 바람직하지 않은 것은?

① "당신이 선호하는 직업이 있다면 무엇인가요? 그런 이유를 말씀해 주시겠어요?"
② "당신이 특별히 좋아하는 것이 있다면 말씀해 주시겠어요?"
③ "직업상담을 해야겠다고 결정했나요?"
④ "어떻게 생각해야 할지 이해가 잘 가지 않는군요.
잘 모르겠어요. 제가 좀 더 확실하게 이해할 수 있도록 도와주시겠어요?"

콕집어 해설

가정 사용하기
내담자에게 어떤 특정 행동이 존재했다는 것을 가정하고 질문함으로써, 내담자의 방어를 최소화하고 그의 행동을 예측하려는 기법이다.

답 ③

해 "직업상담을 해야겠다고 결정한 이유를 말씀해 주시겠어요?"처럼 개방적 형태의 질문을 하는 것이 바람직하다.

14 왜곡된 사고체계나 신념체계를 가진 내담자에게 실시하면 효과적인 상담기법은?

① 내담자 중심 상담 ② 인지치료
③ 정신분석 ④ 행동요법

콕집어 해설

인지치료적 직업상담(Beck)
왜곡된 사고체계(잘못된 생각)나 비합리적 신념체계를 가진
내담자에게 효과적인 상담기법이다.

답 ②

꿰뚫어 보기

인지적 오류 유형(Beck) [임잘개선 과이과긍]

1) 임의적 추론(자의적 추론) : 어떤 결론을 지지하는 증거가 없음에도 임의적으로 결론을 내린다.
2) 잘못된 명명 : 극히 드문 일을 근거로 해서 완전히 부정적으로 생각한다.
3) 개인화 : 자신과 관련 없는 사건을 자신 때문에 생겼다고 생각한다.
4) 선택적 추상화 : 상황의 긍정적 양상은 여과시키고 부정적인 세부사항에 머문다.
5) 과일반화 : 한두 가지의 고립된 사건에 근거해서 일반적인 결론을 내리고 그것을 서로 관계없는 상황에 적용한다.
6) 이분법적 사고(흑백논리) : 어떤 현상을 흑과 백의 두가지 종류로만 보고 중간지대는 없다고 여긴다.
7) 과장 및 축소 : 사건의 중요성과 무관하게 특정 의미를 과대 또는 축소하는 것이다.
8) 긍정격하 : 자신의 긍정적 경험을 부정적 경험으로 전환하거나 격하시킨다.

15 상담을 효과적으로 진행하는데 장애가 되는 면담 태도는?

① 내담자와 유사한 언어를 사용하는 태도
② 분석하고 충고하는 태도
③ 비방어적 태도로 내담자를 편안하게 만드는 태도
④ 경청하는 태도

콕집어 해설

상담에 효과적인 태도
- 내담자와 유사한 언어를 사용하는 태도
- 비방어적 태도로 내담자를 편안하게 만드는 태도
- 경청하는 태도
- 내담자와 눈을 맞추며 가끔 미소짓는 행위

답 ②

해 분석하고 충고하며 가르치는 듯한 태도 등은 비효과적이다.

16 직업상담에서 특성-요인이론에 관한 설명으로 옳은 것은?

① 대부분의 사람들은 여섯 가지 유형으로 성격 특성을 분류할 수 있다.
② 각각의 개인은 신뢰할 만하고 타당하게 측정될 수 있는 고유한 특성의 집합이다.
③ 개인은 일을 통해 개인적 욕구를 성취하도록 동기화되어 있다.
④ 직업적 선택은 개인의 발달적 특성이다.

콕집어 해설

특성-요인 이론의 기본 가설

- 인간은 신뢰롭고 타당하게 측정할 수 있는 독특한 특성을 가지고 있다.
- 직업은 그 직업에서의 성공을 위해 구체적 특성을 지닐 것을 요구한다.
- 진로선택은 인지적 과정이므로 개인의 특성과 직업의 특성을 짝짓는 것이 가능하다.
- 개인의 특성과 직업적 요구사항이 긴밀한 관계를 맺을수록 직업적 성공의 가능성이 커진다.
- 고도로 개별적이고 과학적인 방법을 통해 개인과 직업을 연결하는 것이 핵심이다.

답 ②

해 ①: 홀랜드의 직업적 인성이론이다.
③: 맥클리랜드의 성취동기이론이다.
④: 수퍼나 긴즈버그 같은 진로발달 학자들의 견해이다.

꿰뚫어 보기

특성-요인 이론의 인간본성에 대한 가정(Williamson)

1) 인간은 선과 악의 잠재력을 모두 지니고 있다.
2) 선의 본질은 자아의 완전한 실현이다
3) 인간의 선한 생활을 결정하는 것은 자기 자신이다.
4) 인간은 선을 실현하는 과정에서 타인의 도움을 필요로 한다.
5) 인간은 자신만의 독특한 세계관을 가진다.

17 아들러(Adler)의 개인심리학적 상담의 목표로 옳지 않은 것은?

① 사회적 관심을 갖도록 돕는다.
② 내담자의 잘못된 목표를 수정하도록 돕는다.
③ 패배감을 극복하고 열등감을 감소시킬 수 있도록 돕는다.
④ 전이해석을 통해 중요한 타인과의 관계 패턴을 알아차리도록 돕는다.

콕집어 해설

아들러(Adler)의 개인주의 상담의 목표

- 개인적 열등감의 극복과 우월성의 추구를 궁극적 목표로 삼는다.
- 잘못된 동기를 수정하는 데 목표를 둔다.
- 내담자의 잘못된 행동보다는 잘못된 가치를 수정하는데 초점을 둔다.
- 내담자가 사회적 관심을 갖도록 돕는다.
- 사회구성원으로서 사회에 기여하도록 돕는다.
- 타인과 동질감을 갖도록 돕는다.

답 ④

해 정신분석 상담에 해당한다.

18 직업카드 분류법에 관한 설명으로 틀린 것은?

① 내담자의 흥미, 가치, 능력 등을 탐색하는 방법으로 활용된다.
② 내담자의 흥미나 능력 수준이 다른 사람에 비하여 얼마나 높은지 알 수 없다.
③ 다른 심리검사에 비하여 내담자가 자신을 탐색하는 과정에 보다 능동적으로 참여하게 하는 방법이다.
④ 표준화되어 있는 객관적 검사방법의 일종이다.

콕집어 해설

직업카드분류(OCS)

- 내담자의 흥미, 가치, 능력 등을 탐색하는 방법으로 활용된다.(①)
- 내담자의 흥미나 능력 수준이 다른 사람에 비하여 얼마나 높은지 알 수 없다.(②)
- 다른 심리검사에 비하여 내담자가 자신을 탐색하는 과정에 보다 능동적으로 참여하게 하는 방법이다.(③)
- 직업선택의 동기와 가치를 알아보기 위한 방법으로써, 직업카드를 선호군, 혐오군, 미결정 중성군으로 분류하여 '흥미를 사정'하는 기법이다.
- 즉각적인 피드백을 제공하여 내담자에 대한 의미 있는 여러 정보를 얻을 수 있다.

답 ④

해 비표준화되어 있는 검사방법의 일종이다.

직업상담시 질적 측정도구 [자카제역]

1) 자기효능감척도 : 어떤 과제를 어느 정도 수준으로 수행할 수 있는 능력을 갖추었다고 스스로 판단하는지의 정도를 측정한다.
2) 카드분류 : 내담자의 가치관, 흥미, 직무기술, 라이프스타일 등의 선호형태를 측정하는 데 유용하다.
3) 제노그램(직업가계도) : 내담자의 가족이나 선조들의 직업 특징에 대한 시각적 표상을 얻기 위해 도표를 만드는 것이다.
4) 역할놀이 : 내담자의 수행행동을 나타낼 수 있는 업무상황을 제시해 준다.

19 정신분석적 상담에서 훈습의 단계에 해당하지 않는 것은?

① 환자의 저항
② 분석의 시작
③ 분석자의 저항에 대한 해석
④ 환자의 해석에 대한 반응

콕집어 해설

훈습(정신분석적 상담)

- 훈습은 내담자의 방어와 저항을 점진적으로 탐색하고 해석해 나가는 과정이다.
- 훈습의 단계
  1) 환자의 저항
  2) 분석자의 저항에 대한 해석
  3) 환자의 해석에 대한 반응

답 ②

20 내담자 중심 상담에서 사용되는 상담기법이 아닌 것은?

① 적극적 경청 ② 역할연기
③ 감정의 반영 ④ 공감적 이해

콕집어 해설

내담자 중심 상담기법(비지시적 상담기법)

- 적극적 경청 : 내담자의 언어적, 비언어적 표현에 주목하면서 내담자의 생각과 감정을 이해하려고 노력하는 것이다.
- 감정의 반영 : 내담자의 생각과 말을 상담자가 다른 참신한 말로 부연하는 것이다.
- 공감적 이해 : 내담자가 전달하려는 내용에서 더 나아가 내면적 감정까지도 반영하는 것이다.

답 ②

해 역할연기 : 과거나 미래의 한 장면을 현재의 장면으로 상상하게 하여 실제 행동으로 연기해 보도록 하는 형태주의 상담기법이다.

꿰뚫어 보기

상담 기법

1) 직면 : 내담자가 모르고 있거나 인정하기를 거부하는 생각에 대해 스스로 모순점을 파악하도록 하는 기법이다.
2) 요약과 재진술 : 내담자가 전달하는 표면적 의미를 상담자가 다른 말로 바꿔서 말하는 것이다.
3) 명료화 : 내담자의 말 속에 포함되어 있는 불분명한 측면을 상담자가 분명하게 밝히는 반응이다.
4) 수용 : 상담자가 내담자의 얘기에 집중하고 있으며, 내담자를 인격적으로 존중하고 있음을 보여주는 기법이다.
5) 해석 : 내담자가 새로운 방식으로 자신의 문제들을 볼 수 있도록 사건들의 의미를 설정해 주는 것이다.

제2과목 · 직업심리학

21 직무분석에 관한 설명으로 옳은 것은?

① 직무 관련 정보를 수집하는 절차이다.
② 직무의 내용과 성질을 고려하여 직무들 간의 상대적 가치를 결정하는 절차이다.
③ 작업자의 직무수행 수준을 평가하는 절차이다.
④ 작업자의 직무기술과 지식을 개선하는 공식적 절차이다.

콕집어 해설

직무분석
- 직무분석 : 직무 관련 정보를 수집하는 절차이다.(①)
- 직무평가 : 직무의 내용과 성질을 고려하여 직무들 간의 상대적 가치를 결정하는 절차이다.(②)
- 직무수행평가 : 작업자의 직무수행 수준을 평가하는 절차이다.(③)
- 교육훈련 : 작업자의 직무기술과 지식을 개선하는 공식적 절차이다.(④)

답 ①

꿰뚫어 보기

직무분석방법 [최비데]

1) 최초분석법 : 분석할 직업에 관한 자료가 드물고, 그 분야의 전문가가 거의 없을 때 사용한다.
면접법, 관찰법, 체험법, 설문지법, 녹화법, 중요사건기법 등이 있다.
2) 비교확인법 : 지금까지 분석된 자료를 참고로 현재의 직무 상태를 비교·확인하는 방법이다.
3) 데이컴법 : 교과과정을 개발하고, 교육목표와 내용을 비교적 단시간 내에 추출하기 위해 사용한다.

22 Maslow의 욕구단계 이론 중 자아실현과 존중의 욕구 수준에 상응하는 내용으로 적합한 것은?

① Alderfer의 ERG 이론 중 존재욕구
② Herzberg의 2요인 이론 중 위생요인
③ McClelland의 성취동기 이론 중 성취동기
④ Adams의 공정성 이론 중 인정동기

콕집어 해설

매슬로우(Maslow)의 욕구위계이론
매슬로우의 제1단계(생리적 욕구)와 제2단계(안전에 대한 욕구)는 알더퍼(Alderfer)의 존재 욕구에 상응하며, 매슬로우의 제4단계(자기존중의 욕구)와 제5단계(자아실현의 욕구)는 맥클리랜드(McClelland)의 성취동기 이론 중 성취동기에 상응한다.

답 ③

꿰뚫어 보기

매슬로우(Maslow)의 욕구위계이론 [생안애 자자]

1) 인간욕구의 위계 5단계
ㄱ. 생리적 욕구 : 의·식·주 및 종족 보존 등 최하위 단계의 욕구이자, 모든 욕구들 중 가장 기본적이고 강력한 욕구이다.
ㄴ. 안전(안정)에 대한 욕구 : 신체적·정신적 위험의 불안과 공포로부터 벗어나려는 욕구이다.
ㄷ. 애정과 소속에 대한 욕구 : 어떤 단체에 소속되어 애정을 주고받고자 하는 욕구이다.
ㄹ. 자기존중의 욕구 : 자신에 대한 존중과 타인에게서 받고자 하는 존경에 대한 욕구이다.
ㅁ. 자아실현의 욕구 : 자신의 재능을 최대한 발휘하여 모든 것을 성취하려는 최고 수준의 욕구이다.
2) 인간욕구의 특성
ㄱ. 하위 욕구가 더 강하고 우선적이다.
ㄴ. 상위 욕구의 만족은 지연될 수 있다.
ㄷ. 하위 욕구는 생존에 필요하고, 상위 욕구는 성장에 필요하다.
ㄹ. 상위 욕구는 더 좋은 외적 환경을 요구한다.
3) 매슬로우의 '자아실현자'의 특징
ㄱ. 현실을 객관적으로 인식한다.
ㄴ. 자신의 일에 몰두하고 만족해한다.
ㄷ. 즐거움과 아름다움에 대한 감상 능력이 있다.
ㄹ. 꾸미기보다는 자연스러운 표현을 선호한다.
ㅁ. 창의적이고 감성적이며, 많은 것을 경험하려 한다.

23 직업적성 검사의 측정에 관한 설명으로 옳은 것은?

① 개인이 맡은 특정 직무를 성공적으로 수행할 수 있는지를 측정한다.
② 일반적인 지적 능력을 알아내어 광범위한 분야에서 그 사람이 성공적으로 수행할 수 있는지를 측정한다.
③ 직업과 관련된 흥미를 알아내어 직업에 관한 의사결정에 도움을 주기 위한 것이다.
④ 개인이 가지고 있는 기질이라든지 성향 등을 측정하는 것으로 개인에게 습관적으로 나타날 수 있는 어떤 특징을 측정한다.

콕집어 해설

직업적성 검사(GATB)
- 미국에서 개발한 검사를 토대로 표준화한 것으로써, 직무수행에 대한 능력을 측정한다.
- 15개의 하위검사 중, 11개의 지필검사와 4개의 수행검사를 통해 9개 분야의 적성을 측정할 수 있다.

답 ①

해 ②: 지능검사
③: 흥미검사
④: 성격검사

꿰뚫어 보기

직업적성 검사(GATB) [시언수사 공형운손손]

측정방식	하위검사명	측정영역
지필	기구대조검사	형태지각(P)
	형태대조검사	
	명칭비교검사	사무지각(Q)
	타점속도검사	운동반응(K)
	표식검사	
	종선기입검사	
	평면도판단검사	공간판단력(S)
	입체공간검사	공간적성(S), 지능(G)
	어휘검사	언어능력(V), 지능(G)
	산수추리검사	수리능력(N), 지능(G)
	계수검사	수리능력(N)
기구검사	환치검사	손의 재치(M)
	회전검사	
	조립검사	손가락 재치(F)
	분해검사	

24 솔직하고, 성실하며, 말이 적고, 고집이 세면서 직선적인 사람들은 홀랜드(Holland)의 어떤 작업환경에 잘 어울리는가?

① 탐구적(I) ② 예술적(A)
③ 현실적(R) ④ 관습적(C)

콕집어 해설

홀랜드(Holland)의 직업환경 유형 [현탐예 사진관]
- 현실형: 실제적이며 현장에서 하는 일을 선호하나, 사회성이 부족하다.
  예 기술직, 엔지니어, 농부, 목수, 트럭운전사 등
- 탐구형: 과학적이며 탐구활동을 선호하나, 지도력이 부족하다.
  예 물리학자, 화학자, 생물학자, 심리학자 등
- 예술형: 심미적이며 창조적인 활동을 선호하나, 규범적 성향이 부족하다.
  예 음악가, 문학가, 화가 등
- 사회형: 이타적이며 봉사활동을 선호하나, 기계적 활동 능력이 부족하다.
  예 사회복지사, 종교인, 상담사 등
- 진취형: 진취적이며 적극적인 활동을 선호하나, 체계적 활동 능력이 부족하다.
  예 정치가, 기업가, 영업사원, 보험설계사 등
- 관습형: 꼼꼼하며 질서정연한 일을 선호하나, 융통성이 부족하다.
  예 경리사원, 회계사, 은행원, 도서관 사서 등

답 ③

꿰뚫어 보기

홀랜드의 육각형 모델과 해석 차원 [일변 일정계]
1) 일관성: 어떤 쌍들은 다른 유형의 쌍들보다 더 많은 공통점을 가지고 있다.
2) 변별성(차별성): 개인의 흥미유형은 특정 흥미유형과 매우 유사한 반면, 다른 흥미유형과는 차별적이다.
3) 일치성: 개인의 흥미유형과 개인이 소속되고자 하는 환경의 유형이 서로 부합하는 정도를 말한다.
4) 정체성: 성격적 측면에서는 개인의 목표, 흥미, 재능에 대한 명확성을 말하고, 환경적 측면에서는 조직의 투명성 및 안정성 등을 말한다.
5) 계측성(타산성): 육각형 모델에서 유형들 간의 거리는 가까울수록 직업성격이 유사하며, 멀수록 대조적 성향을 보인다.

25 **수퍼(D. Super)의 진로발달이론에 관한 설명으로 틀린 것은?**

① 개인은 능력이나 흥미, 성격에 있어서 각각 차이점을 갖고 있다.
② 진로발달이란 진로에 관한 자아개념의 발달이다.
③ 진로발달단계의 과정에서 재순환은 일어날 수 없다.
④ 진로성숙도는 가설적인 구인이며 단일한 특질이 아니다.

콕집어 해설

수퍼(Super)의 발달이론
- 개인은 능력이나 흥미, 성격에 있어서 각각 차이점을 갖고 있다.(①)
- 진로발달이란 진로에 관한 자아개념의 발달이다.(②)
- 진로발달단계의 과정에서 재순환이 일어날 수 있다(③)
- 진로성숙도는 가설적인 구인이며 단일한 특질이 아니다.(④)
- 개인의 직업기호와 생애는 자아실현의 과정으로 현실과 타협하는 활동과정이다.
- 인생에서 진로발달 과정은 전 생애에 걸쳐 계속되며 성장, 탐색, 정착, 유지, 쇠퇴 등의 대주기(Maxi Cycle)를 거친다.
- 직업발달과정은 본질적으로 자아개념을 발달시키고 실천해 나가는 과정이다.
- 직업과 인생의 만족은 자기의 능력, 흥미, 성격특성 및 가치가 충분히 실현되는 정도이다.

답 ③

26 **파슨스(Parsons)의 특성·요인이론에 관한 설명으로 틀린 것은?**

① 개인의 특성과 직업의 요구가 일치할수록 직업적 성공 가능성이 크다.
② 사람들은 신뢰할 수 있고 타당하게 측정될 수 있는 특성을 지니고 있다.
③ 특성은 특정 직무의 수행에서 요구하는 조건을 의미한다.
④ 직업선택은 직접적인 인지과정이기 때문에 개인은 자신의 특성과 직업이 요구하는 특성을 연결할 수 있다.

콕집어 해설

파슨스의 특성요인이론 가설
- 인간은 신뢰롭고 타당하게 측정할 수 있는 독특한 특성을 지니고 있다.(②)
- 직업은 개인에게 그 직업에서의 성공을 위한 구체적인 특성을 지닐 것을 요구한다.
- 진로선택은 다소 직접적인 인지과정이므로 개인의 특성과 직업의 특성을 짝짓는 것이 가능하다.(④)
- 개인의 특성과 직업의 요구사항이 서로 밀접한 관계를 맺을수록 직업적 성공의 가능성은 커진다.(①)
- '특성(trait)'은 흥미, 적성, 성격, 가치 등 각 직업에서의 성공 여부에 영향을 미치는 개인의 특성이다.
- '요인(factor)'은 성실, 책임, 직업성취도 등 특정한 직업에서의 성공을 위해 요구되는 조건이다.(③)

답 ③

해 특성(trait)이 아니라, '요인(factor)'이다.

 **꿰뚫어보기**

파슨스(Parsons)의 직업선택 3요인
1) 자신에 대한 이해
2) 직업세계에 대한 이해
3) 자신과 직업세계와의 합리적 연결

27 **데이비스(R. Dawis)와 롭퀴스트(L. Lofquist)의 직업적응이론에 관한 설명으로 틀린 것은?**

① 개인과 직업 환경의 조화를 6가지 유형으로 제안한다.
② 성격은 성격양식과 성격구조로 설명된다.
③ 개인이 직업 환경과의 조화를 이루기 위해 역동적 적응과정을 경험한다.
④ 지속성은 환경과의 상호작용을 얼마나 오랫동안 유지하는지를 의미한다.

콕집어 해설

직업적응이론(Dawis & Lofquist)

- 개인의 욕구와 능력을 환경의 요구사항과 관련시켜 진로행동을 설명하고, 개인과 환경 간의 상호작용을 통한 욕구충족을 강조한다.
- 직업적응은 개인이 직업 환경과 조화를 이루어 만족하고 유지하도록 노력하는 역동적인 과정이다.
- 개인의 환경과의 조화유지 노력을 직업적응이라고 하며, 직무만족, 직무유지, 직무효율성 등과 관련 지어 설명하였다.
- 개인은 자신과 환경의 부조화 정도가 받아들일 수 있는 범위라면 융통성과 끈기를 발휘하며 별다른 대처행동을 하지 않지만, 범위를 넘어서면 적극성과 반응성을 통해 부조화를 줄이기 위한 노력을 한다.
- 부조화가 개인의 적응행동을 통해 변화시킬 수 있는 범위를 넘어서게 되면 개인은 이직이나 퇴사를 고려하게 된다.
- 직업적응 이론에서는 평가과정에서 주관적인 평가를 먼저 실시하고 이후에 검사도구를 통한 객관적인 평가를 실시할 것을 권유한다.
- 직업적응은 미네소타 만족 질문지(MSQ)와 미네소타 충족 척도(MSS)를 통해 측정할 수 있다.

답 ①

해 홀랜드(Holland)의 직업환경 이론이다.

28 스트레스에 관한 설명으로 옳은 것은?

① 스트레스에 대한 일반적응징후는 경계, 저항, 탈진 단계로 진행된다.
② 1년간 생활변동 단위(life change unit)의 합이 90인 사람은 대단히 심한 스트레스를 겪는 사람이다.
③ A유형의 사람은 B유형의 사람보다 스트레스에 더 인내력이 있다.
④ 사회적 지지가 스트레스의 대처와 극복에 미치는 영향력은 거의 없다.

콕집어 해설

스트레스

- 스트레스에 대한 일반적응징후는 경계, 저항, 탈진 단계로 진행된다.(①)
- 1년간 생활변동 단위(life change unit)의 합이 0~150 미만인 사람은 생활위기와 관련된 질병발생 가능성이 없고, 150~199인 사람은 '경도의 생활위기', 200~299인 사람은 '중등도의 생활위기', 300 이상인 사람은 '중증도의 생활위기'로 인해 질병의 발생 가능성이 있음을 나타낸다.(②)
- A유형의 사람은 B유형의 사람보다 스트레스에 더 인내력이 없다.(③)
- 사회적 지지가 스트레스의 대처와 극복에 미치는 영향력은 매우 크다.(④)

답 ①

 **꿰뚫어 보기**

셀리에(Selye)의 일반적응증후군(GAS)

- 경고(경계)단계 : 정신적·육체적 위험에 갑자기 노출됨으로써 나타나는 최초의 반응단계이다.
  맥박이 빨라지고 체온과 혈압이 감소한다.
- 저항단계 : 스트레스에 대한 저항은 증가되지만 신체의 저항력은 저하된다.
- 소진(탈진)단계 : 스트레스가 장기간 지속될 경우 스트레스에 대한 적응에너지가 고갈되어 탈진 및 질병과 죽음을 유발할 수 있다.

29 신뢰도 계수에 관한 설명으로 틀린 것은?

① 신뢰도 계수는 점수 분포의 분산에 의해 영향을 받는다.
② 측정오차가 크면 신뢰도 계수는 작아진다.
③ 수검자들 간의 개인차가 크면 신뢰도 계수는 작아진다.
④ 추측해서 우연히 맞을 수 있는 문항이 많으면 신뢰도 계수가 작아진다.

콕집어 해설

신뢰도(Reliability)

- 어떤 측정도구를 동일한 현상에 반복 적용하여 동일한 결과를 얻게 되는 것을 그 측정도구의 신뢰도라고 한다.
- 신뢰도 계수는 점수 분포의 분산에 의해 영향을 받는다.(①)
- 측정오차가 크면 신뢰도 계수는 작아진다. (②)
- 추측해서 우연히 맞을 수 있는 문항이 많으면 신뢰도 계수가 작아진다.(④)

답 ③

해 수검자들 간의 개인차가 크면 신뢰도 계수는 커진다.

신뢰도 계수

1) 검사 결과의 일관성을 보여주는 값이다.
2) 범위는 0~1 사이의 값을 가지며, '0'에 가까울수록 신뢰도가 낮고 '1'에 가까울수록 신뢰도는 높다.

신뢰도에 영향을 주는 요인 [개문 문검신]

1) 개인차 : 검사대상의 개인차가 클수록 신뢰도 계수도 커진다.
2) 문항 수 : 문항 수가 많으면 신뢰도는 어느 정도 높아지나, 문항 수를 무조건 늘린다고 해서 신뢰도가 정비례하여 커지는 것은 아니다.
3) 문항반응 수 : 문항반응 수는 적정 크기를 유지하는 것이 바람직하며, 이를 초과할 경우 신뢰도는 향상되지 않는다.
4) 검사유형 : 속도검사의 경우, 전후절반법으로 신뢰도를 추정하게 되면 후반부로 갈수록 시간이 부족하기 때문에 신뢰도는 낮아진다.
5) 신뢰도 추정방법 : 서로 다른 신뢰도 추정방법에 따른 신뢰도 계수는 각기 다를 수밖에 없다.

30 규준점수에 관한 설명으로 틀린 것은?

① Z점수 0에 해당하는 웩슬러(Wechsler) 지능검사 편차 IQ는 100이다.
② 백분위 50과 59인 두 사람의 원점수 차이는 백분위 90과 99인 두 사람의 원점수 차이와 같다.
③ 평균과 표준편차가 60, 15인 규준집단에서 원점수 90의 T 점수는 70이다.
④ 백분위 50에 해당하는 스테나인(stanine)의 점수는 5이다.

콕집어 해설

규준점수

- z점수 0은 평균값에 해당하고, 웩슬러 지능검사 편차 IQ는 평균값을 100으로 설정했다.(①)
- 백분위 점수는 상대적인 위치만 알 수 있고, 원점수를 알 수는 없다.(②)
- z점수: $\frac{90-60}{15} = 2$ 이고,
  T점수 : 10 × Z 점수 + 50 = 70 이다.(③)
- 백분위 50은 평균에 해당하므로 그 때의 스테나인(stanine)의 점수는 5이다.(④)

답 ②

꿰뚫어 보기

집단 내 규준 [백표표]

1) 백분위 점수 : 표준화된 집단의 점수분포에서 한 개인의 상대적 위치를 나타내는 점수이다.
2) 표준점수 : 분포의 표준편차를 사용하여 개인의 점수가 평균으로부터 떨어져 있는 거리를 표시한 것이다.
3) 표준등급 : 원점수를 1~9까지의 구간으로 구분하여 각각의 구간마다 일정한 점수나 등급을 부여한 것이다.

표준점수

1) Z 점수 : 원점수를 평균이 0, 표준편차가 1인 Z분포상의 점수로 변환한 점수이다.
   $Z = \frac{\text{원점수} - \text{평균}}{\text{표준편차}}$
2) T 점수 : 소수점과 음수값을 가지는 Z점수의 단점을 보완하기 위해, 원점수를 변환해서 평균이 50, 표준편차가 10인 분포로 만든 것이다.
   T = 10×Z점수 + 50

31 크롬볼츠(J. Krumboltz)의 사회학습 진로이론에 관한 설명으로 틀린 것은?

① 도구적 학습경험이란 행동과 결과의 관계를 학습하게 되는 것을 의미한다.
② 과제접근기술이란 개인이 어떤 과제를 성취하기 위해 동원하는 기술이다.
③ 우연히 일어난 일들을 개인의 진로에 긍정적으로 활용하는 것이 중요하다.
④ 개인의 진로선택에 영향을 미치는 요인에서 유전적 재능이나 체력 등의 요소를 간과했다.

콕집어 해설

크롬볼츠(Krumboltz)의 사회학습이론
- 반두라(Bandura)의 학습이론을 적용하여 진로의사결정 방법에 관한 이론을 발전시켰다.
- 진로선택 과정에서 개인이 환경과의 상호작용을 통해 무엇을 학습했는지를 강조한다.
- 진로결정에 영향을 미치는 환경적 요인으로 '유전적 요인과 특별한 능력', '환경조건과 사건', 심리적 요인으로 '학습경험' 및 '과제접근기술'을 제시하였다.
- 도구적 학습경험이란 행동과 결과의 관계를 학습하게 되는 것을 의미한다.(①)
- 과제접근기술이란 개인이 어떤 과제를 성취하기 위해 동원하는 기술이다.(②)
- 우연히 일어난 일들을 개인의 진로에 긍정적으로 활용하는 것이 중요하다.(③)
- 개인의 진로선택에 영향을 미치는 요인에서 유전적 재능이나 체력 등의 요소를 중시했다.(④)

답 ④

해 간과(×)→중시했다.

꿰뚫어 보기

크롬볼츠의 진로선택에 영향을 미치는 요인 [유환학과]

1) 유전적 요인과 특별한 능력 : 개인의 진로 기회를 제한하는 생득적인 특질을 말한다.
2) 환경적 조건과 사건 : 개인의 통제를 벗어나는 정치·경제·사회·문화적 사항들이 개인의 진로에 영향을 미친다.
3) 학습경험 : 개인이 과거에 학습한 경험은 현재 또는 미래의 교육적·직업적 의사결정에 영향을 미친다.
4) 과제접근기술 : 목표설정, 가치 명료화, 대안 형성, 직업적 정보획득 등을 포함하는 기술이다.

32 스트레스에 대처하기 위한 포괄적인 노력과 가장 거리가 먼 것은?

① 과정중심적 사고방식에서 목표 지향적 초고속 사고로 전환해야 한다.
② 가치관을 전환해야 한다.
③ 스트레스에 정면으로 도전하는 마음가짐이 있어야 한다.
④ 균형 있는 생활을 해야 한다.

콕집어 해설

스트레스의 예방 및 대처
- 가치관을 전환시킨다.
- 목표지향에서 과정중심의 사고방식으로 전환한다.
- 균형 잡힌 생활을 한다.
- 스트레스에 정면으로 도전하는 정신을 함양한다.
- 운동 등을 통해 스트레스 해소책을 마련한다.
- 마음 깊이 쌓인 분노를 없애야 한다.

답 ①

꿰뚫어 보기

직무 스트레스의 결과

1) 직무수행 감소
2) 직무 불만족
3) 결근 및 이직
4) 약물, 알코올 등에 지나친 의존
5) 공격적 행동으로 인한 대인관계 악화

33 갓프레드슨(L. Gottfredson)의 진로발달이론에서 제시한 진로포부발달 단계가 아닌 것은?

① 내적 자아 확립단계 ② 서열 획득단계
③ 안정성 확립단계 ④ 사회적 가치 획득단계

콕집어 해설

고트프레드슨(Gottfredson) [힘성사내]
- 힘과 크기 지향성(3~5세) : 사고과정이 구체화되며, 어른이 된다는 것의 의미를 알게 된다.(②)
- 성역할 지향성(6~8세) : 자아개념이 성의 발달에 의해서 영향을 받게 된다.
- 사회적 가치 지향성(9~13세) : 사회적 가치를 인지하면서 상황 속 자아를 인식하게 된다.(④)
- 내적, 고유한 자아 지향성(14세 이후) : 자아성찰과 사회적 가치의 인식에 따라 직업적 포부가 발달한다. (①)

답 ③

꿰뚫어 보기

진로발달이론 학자

긴즈버그의 진로발달 과정 [환잠현]

1) 환상기 : 환상 속에서 비현실적 선택을 하며, 자신의 욕구를 중시한다.
2) 잠정기 : 흥미에 따라 직업을 선택하나, 점차 자신의 능력을 고려한다.
   하위단계 : 흥미단계, 능력단계, 가치단계, 전환단계 [홍능가전]
3) 현실기 : 개인의 욕구 및 능력을 현실적 요건에 부합시킴으로써 현명한 선택을 한다.
   하위단계 : 탐색단계, 구체화단계, 특수화(정교화)단계 [탐구특]

에릭슨의 심리사회적 발달단계와 위기 [신자 주근자 친생자]

1) 유아기(0~18개월) : 신뢰감 대 불신감
2) 초기아동기(18개월~3세) : 자율성 대 수치심
3) 학령전기 또는 유희기(3~5세) : 주도성 대 죄의식
4) 학령기(5~12세) : 근면성 대 열등감
5) 청소년기(12~20세) : 자아정체감 대 정체감 혼란
6) 성인초기(20~24세) : 친밀감 대 고립감
7) 성인기(24~65세) : 생산성(생성감) 대 침체감
8) 노년기(65세 이후) : 자아통합 대 절망

수퍼(Super)의 진로발달단계 [성탐 확유쇠]

1) 성장기 : 자아개념을 발달시키는 시기이며, 욕구와 환상이 지배적이나 점차 흥미와 능력을 중시하게 된다.
   하위단계 : 환상기, 흥미기, 능력기 [환흥능]
2) 탐색기 : 미래에 대한 계획을 세우고 적합한 직업을 탐색하는 시기이다.
   하위단계 : 잠정기, 전환기, 시행기 [잠전시]
3) 확립기 : 자신에게 적합한 분야를 발견해서 생활의 기반을 확립하는 시기이다.
   하위단계 : 시행기, 안정기
4) 유지기 : 자신의 자리를 유지하려고 노력하며 안정된 삶을 살아가는 시기이다.
5) 쇠퇴기 : 직업에서 은퇴한 후 새로운 역할과 활동을 찾게 되는 시기이다.

34 적성검사에서 높은 점수를 받은 사람이 입사 후 업무수행이 우수한 것으로 나타났다면, 이 검사는 어떠한 타당도가 높은 것인가?

① 구성타당도(construct validity)
② 내용타당도(content validity)
③ 예언타당도(predictive validity)
④ 공인타당도(concurrent validity)

콕집어 해설

준거타당도

- 동시타당도(공인타당도) : 현재 행위에 초점을 맞춘 것으로, 새로운 검사와 준거를 동시에 측정해서 두 결과 간의 상관계수를 추정한다.
  예 근무성적이 좋은 재직자가 검사점수도 높았다면, 해당검사는 준거타당도를 갖췄다고 볼 수 있다.
- 예언타당도(예측타당도) : 미래 행위에 초점을 맞춘 것으로, 검사점수와 미래행위 측정치 간의 상관계수를 추정한다.
  예 입사시험 성적이 높은 사람이 이후 근무성적에서도 높은 점수를 받았다면, 해당 입사시험은 예언타당도가 높다고 할 수 있다.

답 ③

꿰뚫어 보기

타당도 [안내구준]

1) 안면타당도 : 일반인이 문항을 읽고 얼마나 타당해 보이는지를 평가한다.
2) 내용타당도 : 전문가의 논리적 분석과정으로 판단하는 주관적인 타당도이다.
3) 구성타당도 : 측정하고자 하는 추상적 개념들이 실제 측정도구에 의해 제대로 측정되었는지의 정도를 말한다.
   수렴타당도, 변별타당도, 요인분석 등이 있다.
4) 준거타당도 : 검사와 준거 간의 상관관계를 분석해서 검사의 타당도를 평가하는 방법이다.
   동시타당도(공인타당도)와 예언타당도(예측타당도)로 구분한다.

35 심리검사에 관한 설명으로 틀린 것은?

① 행동표본을 측정할 수 있다.
② 개인 간 비교가 가능하다.
③ 심리적 속성을 직접적으로 측정한다.
④ 심리평가의 근거자료 중 하나이다.

족집어 해설

심리검사
- 행동표본을 측정할 수 있다.
- 개인 간 비교가 가능하다.
- 심리평가의 근거자료 중 하나이다.

답 ③

해 심리적 속성을 직접적으로 측정하는 것은 아니다.

꿰뚫어 보기

심리검사의 분류

실시 방식에 따른 분류

1) 실시시간 기준
  ㄱ. 속도검사 : 시간제한 있고 쉬운 문제들로 구성되어 있으며, 문제해결력보다는 숙련도를 측정한다.
  예 웩슬러 지능검사의 소검사
  ㄴ. 역량검사 : 시간제한 없고 어려운 문제들로 구성되어 있으며, 숙련도보다는 문제해결력을 측정한다.
  예 수학 경시대회
2) 수검자 수 기준
  ㄱ. 개인검사 : 검사자와 수검자의 일대일 방식으로 이루어지는 검사이며, 수검자의 심층적 분석에 유리하다.
  예 한국판 웩슬러 지능검사(K-WAIS), 일반직업적성검사(GATB),주제통각검사(TAT), 로샤검사 등
  ㄴ. 집단검사 : 여러 명의 수검자를 한번에 검사하는 방식이며, 시간과 비용면에서 효율적이다.
  예 미네소타 다면적인성검사(MMPI), 캘리포니아 성격검사(CPI)
  마이어스-브릭스 성격유형검사(MBTI) 등
3) 검사도구 기준
  ㄱ. 지필검사 : 종이에 인쇄된 문항에 응답하는 방식이다.
  예 각종 국가자격시험, MMPI, MBTI 등
  ㄴ. 수행검사 : 수검자가 도구를 다뤄야 하는 방식이다.
  예 운전면허 주행시험, 웩슬러 지능검사의 토막짜기 소검사, 일반 직업적성검사의 동작검사 등

사용목적에 따른 분류

1) 규준참조검사 : 개인의 점수를 다른 사람들의 점수와 비교하는 상대평가 검사이다.
  예 심리검사, 선발검사 등
2) 준거참조검사 : 개인의 점수를 어떤 기준검사와 비교하는 절대평가 검사이다.
  예 다수의 국가자격시험 등

측정내용에 따른 분류

1) 인지적 검사(성능검사) : 일정 시간 내 자신의 능력을 최대한 발휘하게 하는 극대수행검사(최대수행검사)이다.
  ㄱ. 지능검사 : 스탠포드-비네 지능검사, 한국판 웩슬러 성인용지능검사(K-WAIS) 등
  ㄴ. 적성검사 : 일반적성검사(GATB)
  ㄷ. 성취도검사 : 학업성취도검사
2) 정서적 검사(성향검사) : 비인지적 검사로써, 일상생활에서의 습관적인 행동을 검토하는 습관적 수행검사이다.
  ㄱ. 성격검사 : MBTI, MMPI, CPI, 로샤검사 등
  ㄴ. 흥미검사 : 직업선호도검사, 쿠더직업흥미검사, 스트롱-캠벨 흥미검사
  ㄷ. 태도검사 : 직무만족도검사(JSS) 등

검사장면에 따른 분류

1) 축소상황검사 : 실제 장면과 같지만 과제나 직무를 매우 축소시킨 검사이다.
2) 모의장면검사 : 실제 장면과 거의 유사한 장면을 인위적으로 만들어 놓은 검사이다.
3) 경쟁장면검사 : 작업장면과 같은 상황에서 실제 문제나 작업을 제시하고 경쟁적으로 문제해결을 요구하는 검사이다.

36 작업자 중심 직무분석에 관한 설명으로 틀린 것은?

① 직무를 수행하는데 요구되는 인간의 재능들에 초점을 두어서 지식, 기술, 능력, 경험과 같은 작업자의 개인적 요건들에 의해 직무가 표현된다.
② 직책분석설문지(PAQ)를 통해 직무분석을 실시할 수 있다.
③ 각 직무에서 이루어지는 과제나 활동들이 서로 다르기 때문에 분석하고자 하는 직무 각각에 대해 표준화된 분석도구를 만들 수 없다.
④ 직무분석으로부터 얻어진 결과는 작업자 명세서를 작성할 때 중요한 정보를 제공한다.

콕집어 해설

작업자 중심 직무분석
- 직무를 수행하는 데 요구되는 지식, 기술, 능력, 경험 등 작업자의 재능에 초점을 둔다.(①)
- 표준화된 분석도구의 개발이 가능하다.(③)
- 직무들에서 요구되는 인간특성의 유사정도를 양적으로 비교할 수 있다.
- 과제 중심 직무분석에 비해 보다 폭넓게 활용될 수 있다.
- 인적 요건을 주로 다루는 '직무명세서(작업자 명세서)'를 작성하는 데 중요 정보를 제공한다.(④)

  예 직위분석질문지(PAQ; Position Analysis Questionaire)(②)
- ㄱ. 직무수행에 요구되는 지식, 기술, 능력 등의 인간적 요건들을 밝히는 데 목적을 둔 표준화된 분석도구이다.
- ㄴ. 6가지 범주 : 정보입력, 정신과정, 작업결과, 타인들과의 관계, 직무맥락, 직무요건 [정정작 타직직]

답 ③

꿰뚫어 보기

직무분석의 유형

과제 중심 직무분석
1) 직무에서 수행하는 과제나 활동이 어떤 것들인지 파악하는 데 초점을 둔다.
2) 직무 자체의 내용을 중점적으로 다루는 '직무기술서' 작성에 중요 정보를 제공한다.
3) 직무 각각에 대해 표준화된 분석도구를 만들 수 없다.

   예 기능적 직무분석(FJA; Functional Job Analysis) : 직무정보를 자료(Data), 사람(People), 사물(Thing) 기능으로 분석한다.

작업자 중심 직무분석

37 경력개발 단계를 성장, 탐색, 확립, 유지, 쇠퇴의 5단계로 구분한 학자는?

①Bordin ② Colby
③ Super ④ Parsons

콕집어 해설

수퍼(Super)의 진로발달단계 [성탐 확유쇠]
- 성장기 : 자아개념을 발달시키는 시기이며, 욕구와 환상이 지배적이나 점차 흥미와 능력을 중시하게 된다.

  하위단계 : 환상기, 흥미기, 능력기 [환흥능]
- 탐색기 : 미래에 대한 계획을 세우고 적합한 직업을 탐색하는 시기이다.

  하위단계 : 잠정기, 전환기, 시행기 [잠전시]
- 확립기 : 자신에게 적합한 분야를 발견해서 생활의 기반을 확립하는 시기이다.

  하위단계 : 시행기, 안정기
- 유지기 : 자신의 자리를 유지하려고 노력하며 안정된 삶을 살아가는 시기이다.
- 쇠퇴기 : 직업에서 은퇴한 후 새로운 역할과 활동을 찾게 되는 시기이다.

답 ③

꿰뚫어 보기

수퍼의 진로발달단계 중 하위단계

1) 성장기의 하위단계 [환흥능]
   ㄱ. 환상기 : 욕구가 지배적이며, 환상적인 역할수행이 중시된다.
   ㄴ. 흥미기 : 진로의 목표를 결정하는 데 흥미가 중요 요인이 된다.
   ㄷ. 능력기 : 직업에서 요구하는 조건을 고려하며 능력을 중시하게 된다.
2) 탐색기의 하위단계 [잠전시]
   ㄱ. 잠정기 : 자신의 욕구, 흥미, 능력 가치 등이 잠정적인 진로의 기초가 된다.
   ㄴ. 전환기 : 현실적 요인들이 점차 직업의식과 직업활동의 기초가 된다.
   ㄷ. 시행기 : 자신이 적합하다고 본 직업을 최초로 가지게 된다.
3) 확립기의 하위단계
   ㄱ. 시행기 : 선택한 진로가 맞지 않으면, 한두 차례 변화를 시도한다.
   ㄴ. 안정기 : 진로유형이 안정된 시기로, 개인은 만족감과 소속감 등을 갖는다.

38 조직에서의 스트레스를 매개하거나 조절하는 요인들 중 개인 속성이 아닌 것은?

① Type A형과 같은 성격 유형
② 친구나 부모와 같은 주변인의 사회적 지지
③ 상황을 개인이 통제할 수 있느냐에 대한 신념
④ 부정적인 사건들에서 빨리 벗어나는 능력

족집어 해설

직무 스트레스를 조절하는 변인(매개변인)

A/B 성격유형 : 개인속성
1) A성격유형은 경쟁적이고 공격적이며, 신속함과 완벽함을 추구하기 때문에 B성격유형보다 훨씬 많은 스트레스를 받는다.
2) B성격유형은 느긋함과 차분함, 여유로운 일처리와 상황에 대한 수용적 태도를 특징으로 한다.
3) 스트레스 상황에 노출되면 A성격유형이 B성격유형이 더 많은 부정과 투사기제를 사용한다.

통제의 위치(소재) : 개인속성
1) 일상생활에서의 결과에 대해 성패의 원인이 내부에 있는가 또는 외부에 있는가에 따라 '내적 통제자'와 '외적 통제자'로 구분된다.
2) 내적 통제자는 어떤 행위의 결과를 자신의 행동에서 비롯된 것으로 보기 때문에 스트레스 상황에 적절히 대처한다.
3) 외적 통제자는 어떤 행위의 결과를 외부요인에 결부시켜 부정적 사건에 민감한 반응과 비교석 높은 수준의 스트레스를 경험하게 된다
4) 내적 통제자는 스트레스 상황에 대한 통제력이 더 이상 유용하지 못하다고 판단되면 스트레스에 대한 대처노력을 쉽게 포기하는데, 이는 내적 통제자가 무력감을 자신에게 결부시키기 때문이다.

사회적 지원(지지) : 상황속성
1) 직무수행자의 직무 스트레스를 완화해 주는 조직 내적 또는 외적 요인이다.
2) 조직 내적 요인으로는 직장 상사·동료·부하가 있으며, 외적 요인으로는 가족이 있다.
3) 사회적 지원이 제공되면 우울 또는 불안 같은 직무 스트레스 반응이 감소한다.
4) 사회적 지원은 스트레스의 출처를 약화시키지만 스트레스의 출처에서 비롯된 직무불만족 자체를 감소시키는 것은 아니다.

답 ②

꿰뚫어 보기

스트레스 관리전략
- 1차적 관리전략(출처지향적 관리) : 조직수준의 관리전략으로 스트레스의 출처를 예측하여 수정한다.
  예 직무재설계, 직무확대, 참여적 관리 등
- 2차적 관리전략(반응지향적 관리) : 개인수준의 관리전략으로 스트레스로 인한 다양한 증상을 완화한다.
  예 이완훈련, 신체적·정서적 배출, 시간관리 등
- 3차적 관리전략(증후지향적 관리) : 스트레스로 인한 각종 부정적 결과들을 치료한다.
  예 심리치료, 약물치료 등

39 직업지도 프로그램 선정 시 고려해야 할 사항과 가장 거리가 먼 것은?

① 활용하고자 하는 목적에 부합하여야 한다.
② 실시가 어렵더라도 효과가 뚜렷한 프로그램 이어야 한다.
③ 프로그램의 효과를 평가할 수 있어야 한다.
④ 활용할 프로그램은 비용이 적게 드는 경제성을 지녀야 한다.

족집어 해설

직업지도 프로그램 선정 시 고려 사항
- 활용하고자 하는 목적에 부합하여야 한다.
- 프로그램의 효과를 평가할 수 있어야 한다.
- 활용할 프로그램은 비용이 적게 드는 경제선을 지녀야 한다.

답 ②

해 실시가 어려운 프로그램은 적합하지 않다.

40 Strong 검사에 관한 설명으로 옳은 것은?

① 기본흥미척도(BIS)는 Holland의 6가지 유형을 제공한다.
② Strong 진로탐색검사는 진로성숙도 검사와 직업흥미검사로 구성되어 있다.
③ 업무, 학습, 리더십, 모험심을 알아보는 기본흥미척도(BIS)가 포함되어 있다.
④ 개인특성척도(BSS)는 일반직업분류(GOT)의 하위척도로서 특정흥미분야를 파악하는데 도움이 된다.

콕집어 해설

Strong 직업흥미검사

- Strong 진로탐색검사는 1부 진로성숙도 검사와 2부 직업흥미검사로 구성되어 있다.(②)
- 일반직업분류(GOT) : 홀랜드의 직업선택이론 6가지 유형으로 구성되어 있다.(①)
- 기본흥미척도(BIS) : GOT를 특정 흥미들로 세분하여, 6가지 흥미유형에 대한 보다 구체적인 정보를 얻을 수 있다.(④)
- 개인특성척도(PSS) : 업무 유형, 학습 유형, 리더십 유형, 모험심 유형들에 대한 개인의 선호도를 측정한다.(③)

답 ②

제3과목 · 직업정보론

41 워크넷에서 제공하는 성인용 직업적성검사의 적성요인과 하위검사의 연결로 틀린 것은?

① 언어력 - 어휘력 검사, 문장독해력 검사
② 수리력 - 계산능력 검사, 자료해석력 검사
③ 추리력 - 수열추리력 1, 2검사, 도형추리력 검사
④ 사물지각력 - 조각맞추기 검사, 그림맞추기 검사

콕집어 해설

성인용 직업적성검사의 적성요인과 하위검사(워크넷)

- 언어력 : 어휘력 검사, 문장독해력 검사
- 수리력 : 계산능력 검사, 자료해석력 검사
- 추리력 : 수열추리력 1, 2검사, 도형추리력 검사
- 사물지각력 : 지각 속도 검사

답 ④

해 '조각맞추기 검사, 그림맞추기 검사'는 공간 지각력에 대한 하위검사이다.

꿰뚫어 보기

적성 요인 : 총 11개의 적성요인을 측정하며 위의 요인 외에 공간지각력, 상황판단력, 기계능력, 집중력, 색채지각력, 사고유창력, 문제해결능력 등이 있다.

42 한국직업사전(2020)의 작업강도 중 무엇에 관한 설명인가?

최고 20kg의 물건을 들어올리고 10kg 정도의 물건을 빈번히 들어 올리거나 운반한다.

① 가벼운 작업 ② 보통 작업
③ 힘든 작업 ④ 아주 힘든 작업

콕집어해설

부가직업정보 중 작업강도

- 아주 가벼운 작업 : 최고 4kg의 물건을 들어올리고, 때때로 장부·대장·소도구 등을 들어올리거나 운반한다.
- 가벼운 작업 : 최고 8kg의 물건을 들어올리고, 4kg 정도의 물건을 빈번히 들어올리거나 운반한다.
- 보통 작업 : 최고 20kg의 물건을 들어올리고, 10kg 정도의 물건을 빈번히 들어올리거나 운반한다.
- 힘든 작업 : 최고 40kg의 물건을 들어올리고, 20kg 정도의 물건을 빈번히 들어올리거나 운반한다.
- 아주 힘든 작업 : 40kg 이상의 물건을 들어올리고, 20kg 이상의 물건을 빈번히 들어올리거나 운반한다.

답 ②

꿰뚫어 보기

부가 직업정보 [정육숙직 작작작 / 자유관조 표표(표)]

1) 정규교육 : 해당 직업의 직무를 수행하는 데 필요한 일반적인 정규교육수준을 의미하는 것으로, 해당 직업 종사자의 평균 학력을 나타내는 것은 아니다.
2) 육체활동 : 해당 직업의 직무를 수행하기 위해 필요한 신체적 능력을 나타낸다.
3) 숙련기간 : 해당 직업의 직무를 평균적으로 수행하는 데 필요한 각종 교육, 훈련, 숙련기간을 의미한다. 단, 향상훈련은 포함되지 않는다.
4) 직무기능 : 해당 직업 종사자가 직무를 수행하는 과정에서 자료, 사람, 사물과 맺는 관련된 특성을 나타낸다.
5) 작업장소 : 해당 직업의 직무가 주로 수행되는 장소를 나타낸다.
6) 작업환경 : 해당 직업의 직무를 수행하는 작업자에게 직접적으로 물리적·신체적 영향을 미치는 작업장의 환경요인을 나타낸 것이다.
7) 작업강도 : 해당 직업의 직무를 수행하는데 필요한 육체적 힘의 강도를 나타낸 것으로, 심리적·정신적 노동강도는 고려하지 않았다.
8) 자격·면허 : 해당 직업에 취업 시 소지할 경우 유리한 자격증 또는 면허를 나타내는 것으로, 민간에서 발급한 자격증은 제외한다.
9) 유사명칭 : 현장에서 본직업명을 명칭만 다르게 부르는 것으로 본직업명과 사실상 동일하므로, 직업 수 집계에서 제외된다.
10) 관련직업 : 본직업명과 기본적인 직무에 있어서 공통점이 있으나 직무의 범위,대상 등에 따라 나누어지는 직업이며, 직업 수 집계에 포함된다.(④)
11) 조사연도 : 해당 직업의 직무조사가 실시된 연도를 나타낸다.
12) 표준산업분류코드 : 해당 직업을 조사한 산업을 나타내는 것으로 한국표준산업분류의 소분류 산업을 기준으로 하였다.
13) 표준직업분류코드 : 해당 직업의 한국고용직업분류 세분류 코드에 해당하는 한국표준직업분류의 세분류 코드를 표기한다.

43 **워크넷에서 채용정보 상세검색에 관한 설명으로 틀린 것은?**

① 최대 10개의 직종 선택이 가능하다.
② 연령별 채용정보를 검색할 수 있다.
③ 재택근무 가능 여부를 검색할 수 있다.
④ 희망임금은 연봉, 월급, 일급, 시급별로 입력할 수 있다.

콕집어해설

워크넷 채용정보 상세검색

- 워크넷의 메인 메뉴는 채용정보, 직업·진로, 고용복지정책, 훈련정보, 인재정보 등이다.
- 최대 10개의 직종선택이 가능하다.(①)
- 재택근무 가능 여부를 검색할 수 있다.(③)
- 이메일 입사지원이 가능한 채용정보를 검색할 수 있다.
- 희망임금은 연봉, 월급, 일급, 시급별로 입력할 수 있다.(④)

답 ②

해 '고용상 연령차별금지 및 고령자고용촉진에 관한 법률'상 채용정보 검색조건에서 '연령'이 삭제되었다.

44 **다음은 한국직업사전(2020)에 수록된 어떤 직업에 관한 설명인가?**

- 직무개요 : 기업을 구성하는 여러 요소(재무, 회계, 인사, 미래비전, 유통 등)에 대한 분석을 통하여 기업이 당면한 문제점과 해결방안을 제시한다.
- 직무기능 : 자료(분석)/사람(자문)/사물(관련 없음)

① 직무분석가 ② 시장조사분석가
③ 환경영향평가원 ④ 경영컨설턴트

콕집어해설

경영컨설턴트

기업을 구성하는 재무, 회계, 인사, 유통 등에 대한 분석을 통하여 기업이 당면한 문제점과 해결 방안을 제시한다.

답 ④

꿰뚫어 보기

한국직업사전의 구성

1) 직업코드 : 한국고용직업분류(KECO)의 세분류 4자리 숫자로 표기했다.
2) 본직업명 : 산업현장에서 일반적으로 해당 직업으로 알려진 명칭 또는 그 직무가 통상적으로 호칭되는 것으로 한국직업사전에 그 직무내용이 기술된 명칭이다.
3) 직무개요 : 주로 직무담당자의 활동, 활동의 대상 및 목적, 직무 담당자가 사용하는 기계, 전문적인 지식 등을 간략히 포함한다.
4) 수행직무 : 직무담당자가 직무의 목적을 완수하기 위하여 수행하는 작업내용을 작업 순서에 따라 서술한 것이다.
5) 부가직업정보 : 정규교육, 육체활동, 숙련기간, 직무기능, 작업강도, 작업장소, 작업환경, 자격·면허, 유사명칭, 관련직업, 조사연도, 표준산업분류 코드, 표준직업분류 코드로 구성되어 있다.

45 2023년 적용 최저임금은 얼마인가?

① 8,590원 ② 8,720원
③ 9,160원 ④ 9,620원

콕집어 해설

최저임금(2023년)

- 2023년 최저임금은 전년대비 5.0% 인상한 시급 9,620원이다.
- 최저임금은 최저임금위원회의 심의를 거쳐 고용노동부 장관이 결정·고시한다.
- 임금의 최저수준을 정하고, 사용자에게 이 수준 이상의 임금을 지급하도록 법으로 강제함으로써 저임금 근로자를 보호한다.
- 최저임금 적용을 받는 사용자는 최저임금액을 근로자가 쉽게 볼 수 있는 장소에 게시하거나 그 외 적당한 방법으로 근로자에게 널리 알려야 한다.

답 ④

꿰뚫어 보기

최저임금제의 긍정적 기능 [소노공 경기산]

1) 소득분배 개선
2) 노동력의 질적 향상
3) 공정경쟁의 확보
4) 경기 활성화에 기여
5) 기업의 근대화 및 산업구조 고도화 촉진
6) 산업평화 유지

46 국민내일배움카드 제도를 지원받을 수 있는 자는?

① 만 65세인 사람
② 「사립학교교직원 연금법」을 적용받고 현재 재직 중인 사람
③ 「군인연금법」을 적용받고 현재 재직 중인 사람
④ 지방자치단체로부터 훈련비를 지원받는 훈련에 참여하는 사람

콕집어 해설

국민내일배움카드제 지원 제외 대상자

- 공무원연금법이나 사립학교교직원 연금법을 적용 받고 현재 재직 중인 사람(②,③)
- 만 75세 이상인 사람
- 졸업예정자 이외의 재학생
- 연매출액 1억 5천만원 이상의 자영업자
- 월 임금 300만원 이상인 대기업 근로자(45세 미만)
- 특수형태근로종사자
- 중앙행정기관이나 지방자치단체로부터 훈련비를 지원받는 훈련에 참여하는 사람(④)
- HRD-Net을 통하여 직업능력개발훈련 동영상 교육을 이수하지 아니하는 사람
- 외국인(단, 고용보험 피보험자는 제외)
- 부정행위에 따른 지원금 등의 반환 명령을 받고 그 납부의 의무를 이행하지 아니하는 사람
- 이 규정 시행일 이전에 직업능력개발훈련을 3회 지원받았음에도 불구하고, 훈련개시일 이후 취업한 기간이 180일 미만이거나 자영업자로서
- 피보험기간이 180일 미만인 사람

답 ①

꿰뚫어 보기

국민내일배움카드

- 구직자에게 일정한 금액을 지원하여 그 범위 이내에서 직업능력개발훈련에 참여할 수 있도록 하고, 훈련이력 등을 개인별로 통합·관리하는 제도이다.
- 2008년에 도입한 직업능력개발계좌제(2011년부터 '내일배움카드제'라는 별칭 사용)에서 분리하여 운영해 온 실업자와 재직자 내일배움카드를 통합·개편하여 2020년 1월 1일부터 도입·시행하고 있다.

발급 가능자

실업, 재직, 자영업 여부에 관계없이 카드발급이 가능하다.

47 직업정보관리에 관한 설명으로 틀린 것은?

① 직업정보의 범위는 개인, 직업, 미래에 대한 정보 등으로 구성되어 있다.
② 직업정보원은 정부부처, 정부투자출연기관, 단체 및 협회, 연구소, 기업과 개인 등이 있다.
③ 직업정보 가공 시 전문적인 지식이 없어도 이해할 수 있도록 가급적 평이한 언어로 제공하여야 한다.
④ 개인의 정보는 보호되어야 하기 때문에 구직 시 연령, 학력 및 경력 등의 취업과 관련된 정보는 제한적으로 제공되어야 한다.

콕집어 해설

직업정보관리
- 직업정보의 범위는 개인, 직업, 미래에 대한 정보 등으로 구성되어 있다.
- 직업정보원은 정부부처, 정부투자출연기관, 단체 및 협회, 연구소, 기업과 개인 등이 있다.
- 직업정보 가공 시 전문적인 지식이 없어도 이해할 수 있도록 가급적 평이한 언어로 제공하여야 한다.

답 ④

해 구직 시 경력 등은 제공되어야 한다.

48 질문지를 활용한 면접조사를 통해 직업정보를 수집할 때, 면접자가 지켜야 할 일반적 원칙으로 틀린 것은?

① 질문지를 숙지하고 있어야 한다.
② 응답자와 친숙한 분위기를 형성해야 한다.
③ 개방형 질문인 경우에는 응답 내용을 해석·요약하여 기록해야 한다.
④ 면접자는 응답자가 이질감을 느끼지 않도록 복장이나 언어사용에 유의해야 한다.

콕집어 해설

직업정보를 수집 시 면접자가 지켜야 할 원칙
- 질문지를 숙지하고 있어야 한다.
- 응답자와 친숙한 분위기를 형성해야 한다.
- 개방형 질문인 경우에는 응답 내용을 그대로 기록해야 한다.
- 면접자는 응답자가 이질감을 느끼지 않도록 복장이나 언어사용에 유의해야 한다.

답 ③

해 응답 내용 해석·요약(×)→응답 내용 그대로 기록

49 워크넷에서 제공하는 학과정보 중 사회계열에 해당하지 않는 학과는?

① 경찰행정학과　② 국제학부
③ 문헌정보학과　④ 지리학과

콕집어 해설

워크넷 학과정보
- 인문계열 : 언어학과, 철학과, 문헌정보학과, 국제지역학과, 심리학과 등
- 사회계열 : 국제학부, 법학과, 경제학과, 경찰행정학과, 지리학과 등
- 교육계열 : 교육학과, 영어교육학과, 유아교육학과 등
- 자연계열 : 생명공학과, 수학과, 지구과학과, 수의학과, 아동가족학과 등
- 공학계열 : 안경광학과, 기계공학과, 건축학과, 조경학과, 해양공학과 등
- 의약계열 : 의학과, 한의학과, 간호학과, 응급구조과, 방사선과 등
- 예·체능계열 : 성악과, 공예학과, 사진학과, 연극영화과, 체육학과 등

답 ③

50 2022년 신규 정기검정으로 시행되는 국가기술자격 종목은?

① 방재기사　② 떡제조기능사
③ 가구제작산업기사　④ 정밀화학기사

콕집어 해설

2022년도에 신설된 국가기술자격 종목
- 정밀화학기사 : 고용노동부(주무부), 한국산업인력공단(수탁기관)
- 제과 산업기사 : 식품의약품안전처(주무부), 수탁기관 미정
- 제빵 산업기사 : 식품의약품안전처(주무부), 수탁기관 미정

답 ④

꿰뚫어보기

- 폐지 : 철도토목산업기사, 메카트로닉스기사, 반도체설계기사, 연삭기능사 자격증
- 통합 : 치공구설계산업기사→'기계설계산업기사'로 통합
- 변경 : 굴삭기운전기능사→'굴착기운전기능사'로 변경

51 **다음은 국가기술자격 검정의 기준 중 어떤 등급에 관한 설명인가?**

> 해당 국가기술자격의 종목에 관한 고도의 전문지식과 실무경험에 입각한 계획, 연구, 설계, 분석, 조사, 시험, 시공, 감리, 평가, 진단, 사업관리, 기술관리 등의 업무를 수행할 수 있는 능력 보유

① 기술사　　　② 기사
③ 산업기사　　④ 기능장

족집게해설

국가기술자격 검정기준
- 기술사 : 고도의 전문지식과 실무경험의 능력 보유
- 기능장 : 최상급 숙련기능과 현장관리의 능력 보유
- 기사 : 공학적 기술이론 보유
- 산업기사 : 기술기초이론 지식과 숙련기능 보유
- 기능사 : 각 종목에 숙련기능 보유

답 ①

꿰뚫어 보기

기술사 응시 자격

1) 기사 자격을 취득한 후 응시하려는 종목이 속하는 직무분야에서 4년 이상 실무에 종사한 사람
2) 산업기사 자격을 취득한 후 응시하려는 종목이 속하는 동일 및 유사 직무분야에서 5년 이상 실무에 종사한 사람
3) 기능사 자격을 취득한 후 응시하려는 종목이 속하는 동일 및 유사 직무분야에서 7년 이상 실무에 종사한 사람
4) 응시하려는 종목과 관련된 학과로서 고용노동부장관이 정하는 학과의 대학졸업자 등으로서 졸업 후 응시하려는 종목이 속하는 동일 및 유사 직무분야에서 6년 이상 실무에 종사한 사람
5) 응시하려는 종목이 속하는 동일 및 유사 직무분야의 다른 종목의 기술사 등급의 자격을 취득한 사람
6) 3년제 전문대학 관련학과 졸업자 등으로서 졸업 후 응시하려는 종목이 속하는 동일 및 유사 직무분야에서 7년 이상 실무에 종사한 사람
7) 2년제 전문대학 관련학과 졸업자 등으로서 졸업 후 응시하려는 종목이 속하는 동일 및 유사 직무분야에서 8년 이상 실무에 종사한 사람
8) 국가기술자격의 종목별로 기사의 수준에 해당하는 교육훈련을 실시하는 기관 중 고용노동부령으로 정하는 교육훈련기관의 기술훈련과정 이수자로서 이수 후 응시하려는 종목이 속하는 동일 및 유사 직무분야에서 6년 이상 실무에 종사한 사람
9) 국가기술자격의 종목별로 산업기사의 수준에 해당하는 교육훈련을 실시하는 기관 중 고용노동부령으로 정하는 교육훈련기관의 기술훈련과정 이수자로서 이수 후 동일 및 유사 직무분야에서 8년 이상 실무에 종사한 사람
10) 응시하려는 종목이 속하는 동일 및 유사 직무분야에서 9년 이상 실무에 종사한 사람
11) 외국에서 동일한 종목에 해당하는 자격을 취득한 사람

52 **직업정보로서 갖추어야 할 요건에 대한 설명으로 틀린 것은?**

① 직업정보는 객관성이 담보되어야 한다.
② 직업정보 활용의 효율성 측면에서 이용 대상자의 진로발달단계나 수준, 이용 목적에 적합한 직업정보를 개발하여 제공되는 것이 바람직하다.
③ 우연히 획득되거나 출처가 불명확한 직업정보라도 내용이 풍부하다면 직업정보로서 가치가 있다고 판단한다.
④ 직업정보는 개발년도를 명시하여 부적절한 과거의 직업세계나 노동시장 정보가 구직자나 청소년에게 제공되지 않도록 하는 것이 바람직하다.

족집게해설

직업정보가 갖추어야 할 요건
- 직업정보는 객관성이 담보되어야 한다.(①)
- 직업정보 활용의 효율성 측면에서 이용대상자의 진로발달단계나 수준, 이용 목적에 적합한 직업정보를 개발하여 제공하는 것이 바람직하다.(②)
- 직업정보는 명확한 목표를 세우고 계획적으로 수집하여야 하며, 직업정보 제공원을 분명하게 제공해야 정보로서의 가치가 인정된다.(③)
- 직업정보는 개발 년도를 명시하여 부적절한 과거의 직업세계나 노동시장 정보가 구직자나 청소년에게 제공되지 않도록 하는 것이 바람직하다.(④)

답 ③

53 다음은 한국표준산업분류(제10차)에서 산업분류 결정방법이다. ( )에 알맞은 것은?

> 계절에 따라 정기적으로 산업을 달리하는 사업체의 경우에는 조사시점에서 경영하는 사업과 관계 없이 조사대상 기간 중 ( )이 많았던 활동에 의하여 분류

① 급여액 ② 근로소득세액
③ 산출액 ④ 부가가치액

콕집어해설

한국표준산업분류의 산업결정방법 [생종 계휴단]

- 생산단위의 산업활동은 그 생산단위가 수행하는 주된 산업활동의 종류에 따라 결정된다.
- 해당 활동의 종업원 수 및 노동시간, 임금 및 급여액 또는 설비의 정도에 의하여 결정한다.
- 계절에 따라 정기적으로 산업을 달리하는 사업체의 경우에는 조사시점에서 경영하는 사업과는 관계없이 조사대상기간 중 산출액이 많았던 활동에 의하여 분류된다.(③)
- 휴업 중 또는 자산을 청산 중인 사업체의 산업은 영업 중 또는 청산을 시작하기 이전의 산업활동에 의하여 결정한다.
- 단일사업체의 보조단위는 그 사업체의 일개 부서로 포함한다.

답 ③

꿰뚫어 보기

한국표준산업분류의 적용원칙 [생복 산수공]

1) 생산단위는 산출물뿐만 아니라 투입물과 생산공정 등을 함께 고려하여 그들의 활동을 가장 정확하게 설명된 항목에 분류해야 한다.
2) 복합적인 활동단위는 우선적으로 최상급 분류단계(대분류)를 정확히 결정하고, 순차적으로 중, 소, 세, 세세분류 단계 항목을 결정하여야 한다.
3) 산업활동이 결합되어 있는 경우에는 그 활동단위의 주된 활동에 따라서 분류하여야 한다.
4) 수수료 또는 계약에 의하여 활동을 수행하는 단위는 동일한 산업활동을 자기계정과 자기책임하에서 생산하는 단위와 같은 항목에 분류하여야 한다.
5) 동일단위에서 제조한 재화의 소매활동을 별개 활동으로 분류하지 않고 제조활동으로 분류되어야 한다. 그러나 자기가 생산한 재화와 구입한 재화를 함께 판매한다면 그 주된 활동에 따라 분류한다.
6) 생산단위의 소유 형태, 법적 조직 유형 또는 운영 방식은 산업분류에 영향을 미치지 않는다.
7) 공식적 생산물과 비공식적 생산물, 합법적 생산물과 불법적인 생산물을 달리 분류하지 않는다.

54 분야별 고용정책 중 일자리창출 정책과 가장 거리가 먼 것은?

① 고용유지지원금
② 실업크레딧 지원
③ 일자리 함께 하기 지원
④ 사회적기업 육성

콕집어해설

일자리창출 정책

- 고용창출장려금: 취약계층·장년을 신중년 적합직무에 고용하거나 교대제 개편, 실근로시간 단축, 고용촉진장려금 등 근무형태를 변경하여 고용기회를 확대한 사업주를 지원한다.
- 고용유지지원금: 고용조정이 불가피하게 된 사업주가 고용유지 조치를 실시하는 경우에 지원한다.
- 고용안정장려금: 정규직 전환 지원, 시간선택제 전환지원, 출산육아기 고용안정 지원 등 재직 근로자의 일자리 질을 높인 사업주를 지원하는 제도이다.
- 사회적기업: 사회적기업 육성과 사회적기업가 양성

답 ②

해 '실업크레딧 지원'은 구직급여를 받는 동안 국가에서 국민연금 보험료의 75%를 지원하는 고용안정망 확충을 위한 정책이다.

55 다음은 한국표준직업분류(제7차)에서 직업분류의 일반 원칙이다. ( )에 알맞은 것은?

> 동일하거나 유사한 직무는 어느 경우에든 같은 단위직업으로 분류되어야 한다는 점이다. 하나의 직무가 동일한 직업단위 수준에서 2개 혹은 그 이상의 직업으로 분류될 수 있다면 ( )의 원칙을 위반한 것이라 할 수 있다.

① 단일성 ② 배타성
③ 포괄성 ④ 경제성

콕집어 해설

직업분류의 일반 원칙

- 포괄성의 원칙 : 우리나라에 존재하는 모든 직무는 어떤 수준에서든지 분류에 포괄되어야 한다.
- 배타성의 원칙 : 동일하거나 유사한 직무는 어느 경우에든 같은 단위직업으로 분류되어야 한다.

답 ②

꿰뚫어 보기

포괄적인 업무에 대한 직업분류 원칙 [포주최생]

어떤 직업의 경우에 있어서는 직무의 범위가 분류에 명시된 내용과 일치하지 않을 수 있다. 이러한 경우 다음과 같은 순서에 따라 분류원칙을 적용한다.

1) 주된 직무 우선 원칙 : 수행되는 직무내용과 분류 항목에 명시된 직무내용을 비교·평가하여 관련 직무 내용상의 상관성이 가장 많은 항목에 분류한다.
   예 교육과 진료를 겸하는 의과대학 교수는 강의, 평가, 연구 등(교육)과 진료, 처치, 환자상담 등(의료)의 직무내용을 파악하여 관련 항목이 많은 분야로 분류한다.
2) 최상급 직능수준 우선 원칙 : 수행된 직무가 상이한 수준의 훈련과 경험을 통해서 얻어지는 직무능력을 필요로 한다면, 가장 높은 수준의 직무능력을 필요로 하는 일에 분류하여야 한다.
   예 조리와 배달의 직무비중이 같을 경우에는, 조리의 직능수준이 높으므로 조리사로 분류한다.
3) 생산업무 우선 원칙 : 재화의 생산과 공급이 같이 이루어지는 경우는 생산단계에 관련된 업무를 우선적으로 분류한다.
   예 한 사람이 빵을 생산하고 판매도 하는 경우에는, 판매원으로 분류하지 않고 제빵사로 분류한다.

다수 직업 종사자의 분류원칙 [다취수조]

한 사람이 전혀 상관성이 없는 두 가지 이상의 직업에 종사할 경우에 그 직업을 결정하기 위한 원칙이다.

1) 취업시간 우선의 원칙 : 더 긴 시간을 투자하는 직업으로 결정한다.
2) 수입 우선의 원칙 : 취업시간으로 구별할 수 없을 때는 수입이 많은 직업으로 결정한다.
3) 조사시 최근의 직업원칙 : 위의 두가지로 판별할 수 없을 때는 조사시점을 기준으로 최근에 종사한 직업으로 결정한다.

56 한국표준산업분류(제10차)의 주요 개정내용으로 틀린 것은?

① 채소작물 재배업에 마늘, 딸기 작물 재배업을 포함
② 안경 및 안경렌즈 제조업을 의료용기기 제조업에서 사진장비 및 기타 광학기기 제조업으로 이동
③ 산업용 기계 및 장비 수리업은 국제표준산업분류(ISIC)에 맞춰 수리업에서 제조업 중 중분류를 신설하여 이동
④ 어업에서 해면은 해수면으로, 수산 종묘는 수산 종자로 명칭을 변경

콕집어 해설

한국표준산업분류(제10차)의 주요 개정내용

- 채소작물 재배업에 마늘, 딸기 작물 재배업을 포함
- 안경 및 안경렌즈 제조업을 사진장비 및 기타 광학기기 제조업에서 의료용기기 제조업으로 이동
- 산업용 기계 및 장비 수리업은 국제표준산업분류(ISIC)에 맞춰 수리업에서 제조업 중 중분류를 신설하여 이동
- 어업에서 해면은 해수면으로, 수산 종묘는 수산 종자로 명칭을 변경

답 ②

꿰뚫어 보기

주요 개정 내용

- A 농업, 임업 및 어업 : 채소작물 재배업에 마늘, 딸기작물 재배업을 포함시켰으며, 어업에서 해면은 해수면으로, 수산 종묘는 수산 종자로 명칭을 변경하였다.
- D 전기, 가스, 증기 및 공기조절 공급업 : 수도업은 대분류 E로 이동했으며, 태양력 발전업을 세분하였고, 전기판매업 세분류를 신설했다.
- E 수도, 하수 및 폐기물 처리, 원료재생업 : 수도업을 전기, 가스, 증기 및 공기조절 공급업 대분류에서 이동하여 포함하고 대분류 명칭을 변경하였다
- F건설업 : 전문직별 공사업에서 2종 이상의 공사 내용으로 수행하는 개량·보수·보강공사를 시설물 유지관리 공사업으로 신설하였다.
- G도매 및 소매업 : 세분류에서 종이 원지·판지·종이상자 도매업과 면세점을 신설하였다.
- H 운수 및 창고업 : 화물자동차 운송업과 기타 도로화물 운송업을 통합하였으며, 철도운송업을 철도 여객과 화물 운송업으로 세분하였고, 항공운송업을 항공여객과 화물 운송업으로 변경하였다.

- ㅣ 숙박 및 음식점업 : 교육 프로그램을 중심으로 운영하는 숙박시설을 갖춘 청소년 수련시설을 교육 서비스업으로 이동하였다.
- ㄴ 부동산업 : 부동산 이외 임대업 중분류는 사업시설 관리, 사업지원 및 임대 서비스업 대분류로 이동하였다.
- O 공공 행정, 국방 및 사회보장 행정 : 포괄범위를 고려하여 통신행정을 우편 및 통신행정으로 변경하였으며, 나머지 행정 부문은 정부 직제 및 기능 등을 고려하여 기존 분류를 유지하였다.

57 한국표준산업분류(제10차)의 산업분류 적용 원칙으로 틀린 것은?

① 자본재로 주로 사용되는 산업용 기계 및 장비의 전문적인 수리활동은 경상적인 유지·수리를 포함하여 "95 개인 및 소비용품 수리업"으로 분류

② 생산단위는 산출물뿐만 아니라 투입물과 생산공정 등을 함께 고려하여 그들의 활동을 가장 정확하게 설명한 항목에 분류

③ 산업활동이 결합되어 있는 경우에는 그 활동단위의 주된 활동에 따라 분류

④ 공식적인 생산물과 비공식적 생산물, 합법적 생산물과 불법적인 생산물을 달리 분류하지 않음

족집어 해설

한국표준산업분류의 적용원칙 [생복 산수공]

- 생산단위는 산출물뿐만 아니라 투입물과 생산공정 등을 함께 고려하여 그들의 활동을 가장 정확히게 설명된 항목에 분류해야 한다.(②)
- 복합적인 활동단위는 우선적으로 최상급 분류단계(대분류)를 정확히 결정하고, 순차적으로 중, 소, 세, 세세분류 단계 항목을 결정하여야 한다.
- 산업활동이 결합되어 있는 경우에는 그 활동단위의 주된 활동에 따라서 분류하여야 한다.(③)
- 수수료 또는 계약에 의하여 활동을 수행하는 단위는 동일한 산업활동을 자기계정과 자기책임하에서 생산하는 단위와 같은 항목에 분류하여야 한다.
- 동일단위에서 제조한 재화의 소매활동을 별개 활동으로 분류하지 않고 제조활동으로 분류되어야 한다. 그러나 자기가 생산한 재화와 구입한 재화를 함께 판매한다면 그 주된 활동에 따라 분류한다.
- 생산단위의 소유 형태, 법적 조직 유형 또는 운영 방식은 산업분류에 영향을 미치지 않는다.
- 공식적 생산물과 비공식적 생산물, 합법적 생산물과 불법적인 생산물을 달리 분류하지 않는다.(④)

답 ①

해 자본재(고정자본 형성)로 사용되는 산업용 기계와 장비를 전문적으로 수리하는 경우는 제조업으로 분류한다. 단, 컴퓨터 및 주변 기기, 개인 및 가정용품 등과 자동차를 수리하는 경우는 수리업으로 분류한다.

꿰뚫어 보기

한국표준산업분류의 산업결정방법 [생종 계휴단]

1) 생산단위의 산업활동은 그 생산단위가 수행하는 주된 산업활동의 종류에 따라 결정된다.
2) 해당 활동의 종업원 수 및 노동시간, 임금 및 급여액 또는 설비의 정도에 의하여 결정한다.
3) 계절에 따라 정기적으로 산업을 달리하는 사업체의 경우에는 조사시점에서 경영하는 사업과는 관계없이 조사대상기간 중 산출액이 많았던 활동에 의하여 분류된다.
4) 휴업 중 또는 자산을 청산 중인 사업체의 산업은 영업 중 또는 청산을 시작하기 이전의 산업활동에 의하여 결정한다.
5) 단일사업체의 보조단위는 그 사업체의 일개 부서로 포함한다.

58 한국표준직업분류(제7차)의 대분류 항목과 직능 수준과의 관계가 올바르게 연결된 것은?

① 전문가 및 관련 종사자 - 제4직능 수준 혹은 제3직능 수준 필요

② 사무 종사자 - 제3직능 수준 필요

③ 단순노무 종사자 - 제2직능 수준 필요

④ 군인 - 제1직능 수준 필요

한국표준직업분류의 대분류와 직능수준

[관전/사서판농기장/단/군]

분류	대분류	직능 수준
1	관리자	제4직능수준 필요 혹은 제3직능수준 필요
2	전문가 및 관련 종사자	
3	사무 종사자	제2직능수준 필요
4	서비스 종사자	
5	판매 종사자	
6	농림·어업 숙련 종사자	
7	기능원 및 관련 기능 종사자	
8	장치·기계조작 및 조립종사자	
9	단순노무종사자	제1직능수준 필요
A	군인	제2직능수준 이상 필요

답 ①

꿰뚫어 보기

직능수준(Skill Level)

- 제1직능수준: 일반적으로 단순·반복적이며 육체적인 힘을 요하는 업무를 수행하며, 간단한 수작업 공구나 진공청소기, 전기장비들을 이용하고, 과일을 따거나 채소를 뽑고 단순 조립 등의 작업을 수행한다.
  최소한의 문자이해와 수리적 사고능력이 요구되는 간단한 직무교육으로 누구나 수행할 수 있다. 초등교육이나 기초적인 교육을 필요로 하며, 단순노무종사자가 이에 해당한다.
- 제2직능수준: 일반적으로 완벽하게 읽고 쓸 수 있는 능력과 정확한 계산능력, 그리고 상당한 정도의 의사소통 능력을 필요로 한다. 보통 중등 이상 교육과정의 정규교육이수 또는 이에 상응하는 직업훈련이나 직업경험을 필요로 한다.
- 제3직능수준: 복잡한 과업과 실제적인 업무를 수행할 정도의 전문적인 지식을 보유하고 수리계산이나 의사소통 능력이 상당히 높아야 한다.
  보통 중등교육을 마치고 1~3년 정도의 추가적인 교육과정 정도의 정규교육 또는 직업훈련을 필요로 한다.
- 제4직능수준: 매우 높은 수준의 이해력과 창의력 및 의사소통 능력이 필요하다.
  일반적으로 4년 이상의 학사, 석사나 그와 동등한 학위가 수여되는 교육수준의 정규교육 또는 훈련을 필요로 한다.

59 직업정보의 처리에 대한 설명으로 틀린 것은?

① 직업정보는 전문가가 분석해야 한다.
② 직업정보 제공 시에는 이용자의 수준에 맞게 한다.
③ 직업정보 수집 시에는 명확한 목표를 세운다.
④ 직업정보 제공 시에는 직업의 장점만을 최대한 부각해서 제공한다.

직업정보의 처리

- 직업정보는 전문가가 분석해야 한다.(①)
- 직업정보 제공 시에는 이용자의 수준에 맞게 한다.(②)
- 직업정보 수집 시에는 명확한 목표를 세운다.(③)
- 최신의 자료를 수집한다.
- 직업정보는 전문적인 지식이 없어도 이해할 수 있도록 제공해야 한다.
- 직업이 가지고 있는 장·단점을 편견 없이 제공해야 한다.(④)
- 자료를 수집할 때 자료 출처와 일자를 기록한다.

답 ④

꿰뚫어 보기

직업정보의 처리단계 [수분가 (체)제(축)평]

수집→분석→가공→(체계화)→제공→(축적)→평가

60 Q-net(www.q-net.or.kr)에서 제공하는 국가별 자격제도 정보가 아닌 것은?

① 영국의 자격제도 ② 프랑스의 자격제도
③ 호주의 자격제도 ④ 스위스의 자격제도

Q-Net에서 제공하는 국가별 자격제도 정보
외국자격정보는 미국, 영국, 프랑스, 독일, 호주, 일본 등 6개 국가의 자격제도 운영현황을 제공하고 있다.

답 ④

꿰뚫어 보기

Q-Net에서 제공하는 자격정보
- Q-net의 자격정보에는 국가자격, 민간자격 및 외국자격이 있으며, 국가자격정보는 국가기술자격과 국가전문자격으로 구분된다.
- 국가기술자격은 한국산업인력공단, 대한상공회의소, 영화진흥위원회 한국원자력안전기술원, 한국인터넷진흥원 등의 기관이 시행한다.
- 국가전문자격은 고용노동부, 보건복지부, 국토교통부, 지식경제부 등 정부 각 부처가 시행한다.
- 민간자격정보는 국가공인민간자격과 등록민간자격 정보를 제공하며, 민간자격에 대한 상세한 정보는 민간자격정보서비스(www.pqi.or.kr)에서 확인할 수 있다.

제4과목 노동시장론

61 다음 중 사회적 비용이 상대적으로 가장 적게 유발되는 실업은?

① 경기적 실업 ② 계절적 실업
③ 마찰적 실업 ④ 구조적 실업

마찰적 실업
- 특징 : 비수요부족 실업이며, 자발적이고 단기적 실업이다.
  사회적 비용이 상대적으로 가장 적게 유발되는 실업이다.
- 원인 : 신규 또는 전직자가 직업을 찾는 과정에서 일시적으로 발생한다.
- 대책
  1) 구인·구직에 대한 전국적인 전산망 연결
  2) 구인·구직 정보제공시스템의 효율성 제고
  3) 직업 알선기관의 활성화
  4) 고용실태 및 전망에 대한 자료제공

답 ③

꿰뚫어 보기

실업의 종류
1) 구조적 실업 : 구인처에서 요구하는 근로자가 없거나 지역간 노동력 수급의 불균형 현상으로 인해 발생하는 비지발적 실업이다.
2) 마찰적 실업 : 신규 또는 전직자가 직업을 찾는 과정에서 직업정보 부족으로 인해 일시적으로 발생하는 자발적 실업이다.
3) 경기적 실업 : 불경기 때 발생하는 대표적인 수요부족 실업이다.
4) 계절적 실업 : 기후나 계절의 변화에 따라 노동수요의 변화가 심한 부문에서 발생하는 일시적 실업이다.
5) 기술적 실업 : 자본이 노동을 대체하여 실업이 발생한다는 마르크스의 실업이론이다.

62 불경기에 발생하는 부가노동자효과(added worker effect)와 실망실업자효과(discouraged worker effect)에 따라 실업률이 변화한다. 실업률에 미치는 효과의 방향성이 옳은 것은? (단, + : 상승효과, - : 감소효과)

① 부가노동자효과 : +, 실망실업자효과 : -
② 부가노동자효과 : -, 실망실업자효과 : -
③ 부가노동자효과 : +, 실망실업자효과 : +
④ 부가노동자효과 : -, 실망실업자효과 : +

콕집어 해설

실망노동자효과와 부가노동자효과

- 실망노동자효과(Discouraged Worker Effect) : 불경기시 경제활동인구(실업자)가 구직을 포기함으로써 비경제활동인구로 되기 때문에 실업자가 감소한다.
- 부가노동자효과(Added Worker Effect) : 가구주가 불황으로 실직하면서 주부 등과 같은 비경제활동인구가 구직활동을 통해 경제활동인구(실업자)로 되기 때문에 실업자가 증가한다.

답 ①

63 개별기업수준에서 노동에 대한 수요곡선을 이동시키는 요인을 모두 고른 것은?

ㄱ. 기술의 변화
ㄴ. 임금의 변화
ㄷ. 최종생산물가격의 변화
ㄹ. 자본의 가격 변화

① ㄱ, ㄴ, ㄷ ② ㄱ, ㄴ, ㄹ
③ ㄱ, ㄷ, ㄹ ④ ㄴ, ㄷ, ㄹ

콕집어 해설

노동수요곡선을 이동(shift)시키는 요인

- 생산성의 변화, 기술의 변화, 타 생산요소의 공급변화, 자본의 가격 변화, 최종생산물에 대한 가격이나 수요의 변화는 노동수요곡선 자체를 이동시키며, 이를 '노동수요의 변화'라고 한다.
- 임금수준의 변화는 노동수요곡선상의 수요점을 이동시키며, 이를 '노동수요량의 변화'라고 한다.

답 ③

64 노조가 임금인상 투쟁을 벌일 때, 고용량 감소효과가 가장 적게 나타나는 경우는?

① 노동수요의 임금탄력성이 0.1일 때
② 노동수요의 임금탄력성이 1일 때
③ 노동수요의 임금탄력성이 2일 때
④ 노동수요의 임금탄력성이 5일 때

콕집어 해설

노동수요의 임금탄력성에 따른 고용량 감소

노동조합의 임금 교섭력은 노동수요의 (임금)탄력성이 비탄력적일수록 유리하다.
노동수요의 (임금)탄력성이 비탄력적이면 임금을 높게 인상해도 고용량 감소가 적기 때문이다.

답 ①

꿰뚫어 보기

아래의 주어진 표를 보고 물음에 답하시오.

시간당 임금	5,000원	6,000원	7,000원	8,000원	9,000원
A기업의 노동수요량	22	21	20	19	18

시간당 임금이 7,000원에서 8,000원으로 인상될 때 A 기업 노동수요의 임금탄력성을 구하시오.(단, 소수 둘째자리로 나타내시오.)

- 노동수요의 (임금)탄력성 = $\frac{\text{노동수요량의 변화율(\%)}}{\text{임금의 변화율(\%)}}$

A기업 노동수요의 (임금)탄력성

$$\left| \frac{\frac{19-20}{20} \times 100}{\frac{8000-7000}{7000} \times 100} \right|$$

$$= \left| \frac{-7,000}{20,000} \right|$$

= 0.35(단, 절대값 사용)

∴ A기업의 임금탄력성은 0.35이다.

65 일부 사람들이 실업급여를 계속 받기 위해 채용될 가능성이 매우 낮은 곳에서만 일자리를 탐색하며 실업상태를 유지하고 있다. 다음 중 이러한 사람들이 실업자가 아니라 일할 의사가 없다는 이유로 비경제활동인구로 분류될 때 나타나는 현상으로 옳은 것은?

① 실업률과 경제활동참가율 모두 높아진다.
② 실업률과 경제활동참가율 모두 낮아진다.
③ 실업률은 낮아지는 반면, 경제활동참가율은 높아진다.
④ 실업률은 높아지는 반면, 경제활동참가율은 낮아진다.

콕집어 해설

- 실업률(%) = $\frac{\text{실업자 수}}{\text{경제활동인구 수}} \times 100$ 이므로, 실업자가 비경제활동인구로 분류되었다면 실업률은 낮아진다.
- 경제활동참가율 = $\frac{\text{경제활동인구 수}}{\text{15세이상 인구 수}} \times 100$ 이므로, 경제활동인구가 비경제활동인구로 분류되었다면 경제활동참가율도 낮아진다.

답 ②

66 노동조합측 쟁의수단에 해당하지 <u>않는</u> 것은?

① 태업 ② 보이콧
③ 피케팅 ④ 직장폐쇄

콕집어 해설

노동조합측 쟁의수단
- 파업 : 근로제공을 전면적으로 거부하는 방법
- 태업 : 고의적으로 불성실하게 근무함으로서 업무 능력을 저하시키는 행위
- 보이콧 : 상품 구입을 거절할 것을 호소하는 행위
- 피케팅 : 비조합원 등의 사업장 출입을 저지하고 파업에 동조하도록 호소하는 행위

답 ④

해 직장폐쇄 : 사용자측의 쟁의 수단이다.

67 임금에 대한 설명으로 <u>틀린</u> 것은?

① 산업사회에서 사회적 신분의 기준이 되기도 한다.
② 임금수준은 인적 자원의 효율적 배분과는 무관하다.
③ 가장 중요한 소득원천 중의 하나이다.
④ 유효수요에 영향을 미쳐 경제의 안정과 성장에 밀접한 관련이 있다.

콕집어 해설

임금
- 산업사회에서 사회적 신분의 기준이 되기도 한다.(①)
- 임금수준은 인적 자원의 효율적 배분과 관계가 깊다.(②)
- 가장 중요한 소득원천 중의 하나이다.(③)
- 유효수요에 영향을 미쳐 경제의 안정과 성장에 밀접한 관련이 있다.(④)
- 기업주에게는 실질임금이 중요성을 가지나 노동자에게는 명목임금이 중요하다.
- 임금은 인적자본에 대한 투자수요결정의 변수로서 중요한 역할을 한다.

답 ②

68 2차 노동시장의 특징에 해당되는 것은?

① 높은 임금 ② 높은 안정성
③ 높은 이직률 ④ 높은 승진률

콕집어 해설

이중노동시장이론
- 노동시장은 1차 노동시장과 2차 노동시장으로 구분되며, 두 시장은 서로 독립적이어서 노동의 이동이 제한적이고 임금 및 고용구조에서도 차이를 보인다.
- 1차 노동시장의 특징
  1) 직무상 학교교육이나 숙련도가 요구됨
  2) 고임금의 보장
  3) 고용의 안정성 확보
  4) 승진 및 승급 기회의 평등 보장
  5) 양호한 근로조건 및 합리적인 노무관리 형성

답 ③

꿰뚫어 보기

분단노동시장가설의 주요 이론

신고전학파의 경쟁노동시장가설을 비판한 제도학파의 노동시장이론이다.

1) 이중노동시장이론 : 노동시장이 1차·2차 노동시장으로 구분되고 두 시장 간 노동력 이동은 매우 제한적이며 임금 및 고용구조에서도 많은 차이를 보인다는 이론이다.

2) 내부노동시장이론 : 기업 내의 규칙이나 관리가 노동시장의 기능을 대신함으로써 기업 내부에 노동시장이 형성되어 내부시장과 외부시장으로 분리된다는 이론이다.

69 연공급의 특징과 가장 거리가 먼 것은?

① 기업에 대한 귀속의식 제고
② 전문기술인력 확보 곤란
③ 근로자에 대한 교육훈련의 효과 제고
④ 인건비 부담의 감소

콕집어 해설

연공급

연령, 근속, 학력에 따라 임금을 결정하는 체계이다.

1) 장점
   ㄱ. 위계질서의 확립 및 사기 유지에 유리하다.
   ㄴ. 생활의 안정감과 장래에 대한 기대를 가질 수 있다.
   ㄷ. 기업에 대한 귀속의식이 확대된다.
   ㄹ. 노동력의 장기고용에 유리하다.
   ㅁ. 배치전환 및 평가가 용이하다.

2) 단점
   ㄱ. 동일 직무에 대해 동일 임금을 지급할 수 없다.
   ㄴ. 근로의욕 및 동기부여 효과가 미약하다.
   ㄷ. 무사안일주의 또는 적당주의를 초래할 가능성이 있다.
   ㄹ. 기업의 인건비 부담을 가중시키고 전문기술인력의 확보를 어렵게 한다.
   ㅁ. 인건비 부담이 증가한다.

답 ④

꿰뚫어 보기

임금체계

직능급 : 직능급은 개인의 직무수행능력을 고려하여 학력과 직종에 관계없이 능력에 따라 임금을 관리하는 체계이다.

1) 장점
   ㄱ. 종업원에게 자기계발의 동기를 부여할 수 있다.
   ㄴ. 기존의 획일적 보상에서 벗어나서 능력에 맞는 처우가 될 수 있다.
   ㄷ. 근속에 따른 동일한 직능자격을 받으므로 노사공동체 형성에 기여할 수 있다.
   ㄹ. 최저생계보장이 이루어지고 보상에 있어 직종에 구분이 없으므로, 생산직의 불만을 감소시킬 수 있다.

2) 단점
   ㄱ. 직무수행능력의 파악과 평가가 쉽지 않다.
   ㄴ. 운영시에는 직종 간차이를 고려해야 한다.
   ㄷ. 50세 이후에는 능력개발에 한계가 있으므로 부적절 할 수 있다.

70 A국의 취업자가 200만 명, 실업자가 10만 명, 비경제활동인구가 100만 명이라고 할 때, A국의 경제활동참가율은?

① 약 66.7%　　② 약 67.7%
③ 약 69.2%　　④ 약 70.4%

콕집어 해설

경제활동참가율

- 15세 이상 인구 수 = 경제활동인구 수 + 비경제활동인구 수
  = 210만 명 + 100만 명 = 310만 명
- 경제활동인구 수 = 취업자 수 + 실업자 수
  = 200만명 + 10만 명 = 210만명
- 경제활동참가율 = $\frac{\text{경제활동인구 수}}{\text{15세이상 인구 수}} \times 100$ 이므로,

  경제활동참가율 = $\frac{\text{200만 명 + 10만 명}}{\text{310만 명}} \times 100$

  ≒ 67.7(%)

답 ②

꿰뚫어 보기

주요 산식

1) 경제인구의 구성
   15세이상 인구 수(= 생산가능인구 수)
   ㄱ. 경제활동인구 수 = 취업자 수 + 실업자 수
   ㄴ. 비경제활동인구 수

2) 경제활동참가율(%) = $\frac{\text{경제활동인구 수}}{\text{15세이상 인구 수}} \times 100$

3) 실업률(%) = $\frac{\text{실업자 수}}{\text{경제활동인구 수}} \times 100$

4) 취업률(%) = $\frac{\text{취업자 수}}{\text{경제활동인구 수}} \times 100$

5) 고용률(%) = $\frac{\text{취업자 수}}{\text{15세이상인구 수}} \times 100$

71 조합원 자격이 있는 노동자만을 채용하고 일단 고용된 노동자라도 조합원 자격을 상실하면 종업원이 될 수 없는 숍 제도는?

① 오픈숍 ② 유니온숍
③ 에이젼시숍 ④ 클로즈드숍

콕집어 해설

숍(shop)제도

기본 숍(shop)제도

1) 오픈 숍(open shop) : 고용주가 조합원, 비조합원 모두를 고용할 수 있는 제도이다.
노동조합 확대에 가장 불리하다.
2) 유니온 숍(union shop) : 고용주가 조합원 가입여부와 관계없이 신규채용이 가능하나, 채용 후 일정기간 내 반드시 노동조합에 가입하도록 해야 하는 제도이다.
오픈숍과 클로즈드숍의 중간 형태이다.
3) 클로즈드 숍(closed shop) : 노동조합에 가입한 노동자만을 채용할 수 있다.
노동조합 확대가 용이해서 노동조합 측에 가장 유리한 제도이다.

답 ④

꿰뚫어 보기

변형된 숍(shop) 제도

1) 에이전시 숍(agency shop) : 조합원·비조합원 구분하지 않고 모든 종업원에게 노동조합의 회비를 징수하는 제도이다.
2) 프레퍼렌셜 숍(Preferential Shop) : 채용이나 단체교섭의 결과를 조합원에게 우선적으로 적용하는 등 조합원과 비조합원을 차등적으로 대하는 제도이다.
3) 메인티넌스 숍(Maintenance Shop) : 노동조합의 가입 및 탈퇴가 자유로우나, 단체협약이 체결되면 그 효력이 지속되는 기간에는 탈퇴할 수 없다.

72 기업별 노동조합에 관한 설명으로 틀린 것은?

① 노동자들의 횡단적 연대가 뚜렷하지 않고, 동종, 동일산업이라도 기업 간의 시설규모, 지불능력의 차이가 큰 곳에서 조직된다.
② 노동조합이 회사의 사정에 정통하여 무리한 요구로 인한 노사분규의 가능성이 낮다.
③ 사용자와의 밀접한 관계로 공동체 의식을 통한 노사협력 관계를 유지할 수 있어 어용화의 가능성이 낮다.
④ 각 직종 간의 구체적 요구조건을 공평하게 처리하기 곤란하여 직종 간에 반목과 대립이 발생할 수 있다.

콕집어 해설

기업별 노동조합(Company Union)

- 하나의 기업에 종사하는 근로자들이 직종의 구별 없이 종단적으로 조직한 노동조합의 형태이다.
- 일반적으로 근로자의 횡단적 연대의식이 뚜렷하지 못하다.
- 독과점 대기업에서 쉽게 찾을 수 있다.
- 우리나라 노동조합의 주된 조직 형태이며, 노동시장의 지배력과 조직으로서의 역량이 극히 약하다.
- 사용자와의 관계가 긴밀하고, 노동조합이 회사의 사정에 정통하여 노사분규의 가능성이 낮다.
- 노동조합이 어용화될 위험성이 크다.
- 각 직종 간의 구체적 요구조건을 공평하게 처리하기 곤란하여 직종 간에 반목과 대립이 발생할 수 있다.

답 ③

꿰뚫어 보기

노동조합의 형태

1) 산업별 노동조합(Industrial Union)
ㄱ. 동종의 산업에 종사하는 근로자들이 직종과 기업을 초월해 횡적으로 조직한 노동조합 형태이다.
ㄴ. 미숙련 근로자들의 권익을 보호하기 위하여 발달한 노동조합이다.
ㄷ. 전 세계적으로 채택되고 있는 조직형태이다.
ㄹ. 임시직 근로자를 조직하기 용이해지며, 각 산업분야의 정보자료 수집·분석도 용이해진다.
ㅁ. 기업별 특수성을 고려하기 어렵다는 단점이 있다.
2) 직업별(직종별) 노동조합(Craft Union)
ㄱ. 동일직업, 동일직종에 종사하는 근로자가 산업·기업의 구별 없이 개인가맹 형태로 결성한 횡적 노동조합이다.
ㄴ. 노동운동사상 가장 일찍 발달한 조직형태이다.

ㄷ. 산업혁명 초기 숙련 근로자가 노동시장을 독점하기 위한 조직으로 결성하였다.
ㄹ. 저임금의 미숙련 근로자나 여성, 연소근로자는 가입이 어려웠다.

3) 일반 노동조합(General Union)
ㄱ. 제2차 세계대전 이후 주로 완전 미숙련 노동자들이나 잡역 노동자들을 중심으로 만들어진 단일 노동조합이다.
ㄴ. 노동자들의 최저생활에 필요한 조건들을 확보하는 측면에서 효과적이다.
ㄷ. 노조민주주의의 실현을 저해하며, 단체교섭의 상대방이 명확하지 못하다.

73 최저임금제도의 기대효과로 가장 거리가 먼 것은?

① 소득분배의 개선 ② 기업 간 공정경쟁의 확보
③ 산업평화의 유지 ④ 실업의 해소

족집어해설

최저임금제의 기대효과 [소노공 경기산]
- 소득분배 개선
- 노동력의 질적 향상
- 공정경쟁의 확보
- 경기 활성화에 기여
- 기업의 근대화 및 산업구조 고도화 촉진
- 산업평화 유지

답 ④

최저임금(2023년)
- 2023년 최저임금은 전년대비 5.0% 인상된 시급 9,620원이다.
- 최저임금은 최저임금위원회의 심의를 거쳐 고용노동부장관이 결정·고시한다.
- 임금의 최저수준을 정하고, 사용자에게 이 수준 이상의 임금을 지급하도록 법으로 강제함으로써 저임금 근로자를 보호한다.
- 최저임금 적용을 받는 사용자는 최저임금액을 근로자가 쉽게 볼 수 있는 장소에 게시하거나 그 외 적당한 방법으로 근로자에게 널리 알려야 한다.

최저임금제가 고용에 미치는 부정적 효과
시장임금보다 높은 수준에서 최저임금을 정하면 일반적으로 노동수요량은 감소하고 노동공급량은 증가하여 실업이 증가하게 된다.

74 임금격차의 원인을 모두 고른 것은?

ㄱ. 인적자본 투자의 차이로 인한 생산성 격차
ㄴ. 보상적 격차
ㄷ. 차별

① ㄱ, ㄴ ② ㄱ, ㄷ
③ ㄴ, ㄷ ④ ㄱ, ㄴ, ㄷ

족집어해설

노동수요 특성별 임금격차
경쟁적 요인
1) 인적자본량
2) 근로자의 생산성 격차
3) 보상적 임금격차
4) 효율임금정책
5) 시장의 단기적 불균형

비경쟁적 요인
1) 시장지배력 및 독점지대의 배당
2) 노동조합의 효과
3) 비효율적 연공급 제도
4) 차별로 인한 격차

답 ④

75 다음 중 가장 적극적인 근로자의 경영참가 형태는?

① 단체교섭에 의한 참가
② 단체행동에 의한 참가
③ 노사협의회에 의한 참가
④ 근로자중역, 감사역제에 의한 참가

족집어해설

근로자의 경영참가형태
- 단체교섭에 의한 참가 : 노사 간의 단체교섭에 의한 경영참가 형태이며, 노사 간의 대립관계를 토대로 한다.
- 노사협의회에 의한 참가 : 근로자와 사용자 간의 참여와 협력을 바탕으로 근로자의 복지와 기업의 건전한 발전을 도모하기 위해 구성하는 협의기구이다.
- 근로자중역, 감사역제에 의한 참가 : 근로자가 기업경영의 의사결정에 직접 참가한다는 점에서 생산자협동조합과 함께 가장 적극적인 근로자 경영참가 형태이다.

답 ④

꿰뚫어 보기

노동자 자주관리 기업
- 노동자 경영참여 방식 중 산업민주화 정도가 가장 높은 형태로써, 기업 등의 경영권이 자본이나 국가에 있지 않고 노동자 집단에 귀속되어 있는 것을 말한다.
- 산업민주주의에 입각한 민주적 의사결정 방식을 강조한다.

76 선별가설(screening hypothesis)에 대한 설명과 가장 거리가 먼 것은?

① 교육훈련이 생산성을 직접 높이는 것은 아니고 유망한 근로자를 식별해주는 역할을 한다.
② 빈곤문제 해결을 위해서는 교육훈련 기회를 확대하는 것이 중요하다.
③ 학력이 높은 사람이 소득이 높은 것은 교육 때문이 아니고 원래 능력이 우수하기 때문이다.
④ 근로자들은 자신의 능력과 재능을 보여주기 위해 교육에 투자한다.

콕집어 해설

선별가설(screening hypothesis)
- 교육훈련이 생산성을 직접 높이는 것은 아니고 유망한 근로자를 식별해주는 역할을 한다.
- 빈곤문제 해결을 위해서 교육훈련 기회를 확대하는 것은 아무런 의미가 없다.
- 학력이 높은 사람이 소득이 높은 것은 교육 때문이 아니고 원래 능력이 우수하기 때문이다.
- 근로자들은 자신의 능력과 재능을 보여주기 위해 교육에 투자한다.

답 ②

77 직무급 임금체계에 관한 설명으로 가장 적합한 것은?

① 정기승급에 의한 생활안정으로 근로자의 기업에 대한 귀속의식을 고양시킨다.
② 기업풍토, 업무내용 등에서 보수성이 강한 기업에 적합하다.
③ 근로자의 능력을 직능고과의 평가결과에 따라 임금을 결정한다.
④ 노동의 양뿐만 아니라 노동의 질을 동시에 평가하는 임금 결정 방식이다.

콕집어 해설

직무급 임금체계
직무분석과 직무평가를 기초로 직무의 상대적 가치에 따라 임금을 결정함으로써, 노동의 양뿐만 아니라 노동의 질을 동시에 평가하는 임금 결정 방식이다.

1) 장점
ㄱ. 동일가치 노동에 대한 동일임금의 원칙을 준수함으로써 임금배분의 공평성을 이룰 수 있다.
ㄴ. 직무가치의 객관성을 통해 임금수준의 설정에 객관적인 근거를 부여한다.
ㄷ. 경영조직 및 작업조직을 개선하고 업무방식을 합리화할 수 있다.
ㄹ. 적재적소의 인력배치와 능력위주의 인사관리를 통해 노동력의 효율적인 이용이 가능하다.
ㅁ. 불합리한 노무비 상승을 방지할 수 있다.

2) 단점
ㄱ. 직무평가에 있어서 평가자의 주관이 개입됨으로써 객관성이 떨어질 수 있다.
ㄴ. 기술변화나 노동시장의 변동에 따라 직무내용을 변경할 필요성이 발생한다.
ㄷ. 인력의 적정배치가 어려우며, 직무구성 및 인적능력 구성이 일치하지 않으면 효과를 거두기 어렵다.
ㄹ. 직무내용의 정형화로 인해 직무수행에 있어 유연성이 떨어질 수 있다.

답 ④

78 단체교섭에서 사용자의 교섭력에 관한 설명으로 가장 거리가 먼 것은?

① 기업의 재정능력이 좋으면 사용자의 교섭력이 높아진다.
② 사용자 교섭력의 원천 중 하나는 직장폐쇄(lockout)를 할 수 있는 권리이다.
③ 사용자는 쟁의행위기간 중 그 쟁의행위로 중단된 업무를 원칙적으로 도급 또는 하도급을 줄 수 있다.
④ 비조합원이 조합원의 일을 대신할 수 있는 여지가 크다면, 그만큼 사용자의 교섭력이 높아진다.

콕집어 해설

사용자의 교섭력 원천
- 기업의 재정능력이 좋으면 사용자의 교섭력이 높아진다.(①)
- 사용자 교섭력의 원천 중 하나는 직장폐쇄(lockout)를 할 수 있는 권리이다.(②)
- 사용자는 쟁의행위기간 중 그 쟁의행위로 중단된 업무를 원칙적으로 도급 또는 하도급을 줄 수 없다.(③)
- 비조합원이 조합원의 일을 대신할 수 있는 여지가 크다면, 그만큼 사용자의 교섭력이 높아진다.(④)
- 다른 기업과의 유대관계가 좋으면 사용자의 교섭력이 높아진다.

답 ③

꿰뚫어 보기

단체교섭방식

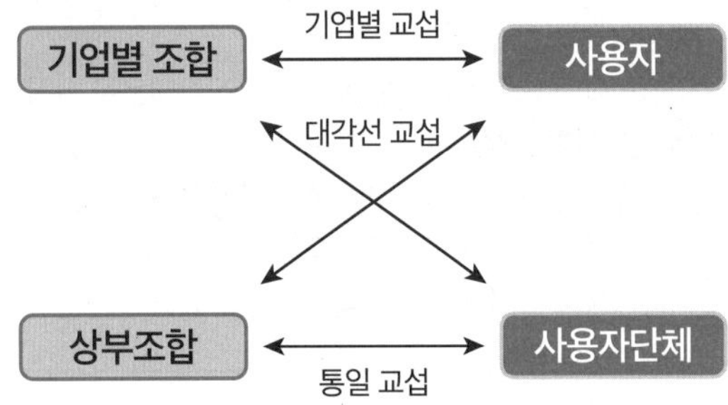

- 기업별교섭 : 기업단위 노조와 사용자 간의 단체교섭이다.
- 대각선교섭 : 기업별 조합의 상부조합과 개별 사용자 간, 또는 기업별 조합과 사용자단체 간에 행해지는 단체교섭이다.
- 통일교섭 : 전국적 또는 지역적인 산업별·직업별 노동조합과 전국적 또는 지역적인 사용자단체 간의 단체교섭이다.
- 방사선교섭 : 대각선 교섭을 두 개 이상 동시에 행하는 단체교섭이다.

79 실업에 관한 설명으로 옳은 것은?

① 마찰적 실업은 자연실업률 측정에 포함되지 않는다.
② 더 좋은 직장을 구하기 위해 잠시 직장을 그만둔 경우는 경기적 실업에 해당한다.
③ 경기적 실업은 자연실업률 측정에 포함된다.
④ 현재의 실업률에서 실망실업자가 많아지면 실업률은 하락한다.

콕집어 해설

실업
- 자연실업률은 경기 변동과 관계없이 정상적인 상태에서 발생하는 실업인
마찰적·구조적 실업만 존재하는 경우를 일컫는다.
- 마찰적 실업은 자연실업률 측정에 포함된다(①)
- 더 좋은 직장을 구하기 위해 잠시 직장을 그만둔 경우는 마찰적 실업에 해당한다.(②)
- 경기적 실업은 자연실업률 측정에 포함되지 않는다(③)
- 현재의 실업률에서 실망실업자가 많아지면 실업률은 하락한다.(④)

답 ④

80 내부노동시장의 형성요인과 가장 거리가 먼 것은?

① 관습　　② 현장훈련
③ 임금수준　　④ 숙련의 특수성

콕집어 해설

내부노동시장의 형성요인
- 숙련의 특수성 : 기업이 숙련의 특수성을 보존하기 위해 내부 노동력을 유지하려고 노력함으로써 내부노동시장이 형성된다.
- 현장훈련 : 실제 직무수행에 사용되는 선임자의 기술 및 숙련이 현장훈련을 통해 후임자에게로 전수됨으로써 내부노동시장이 형성된다.
- 기업내 관습 : 고용의 안정성에서 형성된 기업내 관습은 노동관계의 각종 사항을 규율함으로써 내부노동시장을 형성하는 요인이 된다.

답 ③

꿰뚫어 보기

내부노동시장

1) 하나의 기업 또는 사업장 내에서 이루어지는 노동시장이다.
2) 내부노동시장에서의 임금, 직무, 배치, 승진은 외부노동시장과 단절된 채, 기업 내부에서 정해진 규칙과 절차에 의해 결정된다.
3) 근로자의 장기적 생산성과 임금이 연관된다.
4) 기업비용부담으로 기업차원의 교육훈련이 체계적으로 실시된다.
5) 내부 승진이 많다.
6) 장기적 고용관계로 직장안정성이 높다.

내부노동시장의 장·단점

1) 장점
   ㄱ. 우수한 인적자원의 확보
   ㄴ. 승진 또는 배치전환을 통한 동기유발 효과
   ㄷ. 생산성 향상을 통한 경쟁력 제고
   ㄹ. 고임금 및 장기 고용유지를 위한 지불능력 보유
2) 단점
   ㄱ. 인력의 경직성
   ㄴ. 관리비용의 증가
   ㄷ. 높은 노동비용
   ㄹ. 기술변화로 인한 재훈련비용의 증가

제5과목 노동관계법규

81 파견근로자보호 등에 관한 법률상 사용사업주가 파견근로자를 직접 고용할 의무가 발생하는 경우가 아닌 것은?

① 고용노동부장관의 허가를 받지 않고 근로자파견 사업을 하는 자로부터 근로자파견의 역무를 제공받은 경우
② 제조업의 직접생산공정업무에서 일시적·간헐적으로 사용기간 내에 파견근로자를 사용한 경우
③ 건설공사현장에서 이루어지는 업무에서 부상으로 결원이 생겨 파견근로자를 사용한 경우
④ 건설공사현장에서 이루어지는 업무에서 연차 유급휴가로 결원이 생겨 파견근로자를 사용한 경우

콕집어 해설

사용사업주가 파견근로자를 직접 고용할 의무가 발생하는 경우

- 고용노동부장관의 허가를 받지 않고 근로자파견 사업을 하는 자로부터 근로자파견의 역무를 제공받은 경우
- 건설공사현장에서 이루어지는 업무에서 부상으로 결원이 생겨 파견근로자를 사용한 경우
- 건설공사현장에서 이루어지는 업무에서 연차 유급휴가로 결원이 생겨 파견근로자를 사용한 경우

답 ②

해 위법적 상황에서 파견근로자를 사용한 경우, 사용사업주는 파견근로자를 직접 고용할 의무가 발생한다.

꿰뚫어 보기

근로자파견사업

1) 근로자파견사업 허가의 유효기간은 '3년'으로 한다.
2) 파견사업주, 사용사업주파견근로자 간의 합의가 있는 경우에는 파견기간을 연장할 수 있다.
3) 「고용상 연령차별금지 및 고령자고용촉진에 관한 법률」의 고령자인 파견근로자에 대하여는 2년을 초과하여 근로자파견기간을 연장할 수 있다.
4) 파견사업주는 그가 고용한 근로자 중 파견근로자로 고용하지 아니한 자를 근로자파견의 대상으로 하려는 경우에는 미리 해당 근로자에게 그 취지를 서면으로 알리고 그의 동의를 받아야 한다.

5) 파견사업주는 쟁의행위 중인 사업장에 그 쟁의행위로 중단된 업무의 수행을 위하여 근로자를 파견하여서는 아니 된다.
6) 파견사업주는 근로자파견을 할 경우에는 파견근로자의 성명·성별·연령·학력·자격 기타 직업능력에 관한 사항을 사용사업주에게 통지하여야 한다.

82 국민평생 직업능력개발법령상 근로자의 정의로서 가장 적합한 것은?

① 1주 동안의 소정근로시간이 그 사업장에서 같은 종류의 업무에 종사하는 통상 근로자의 1주 동안의 소정근로시간에 비하여 짧은 자
② 직업의 종류와 관계없이 임금을 목적으로 사업이나 사업장에 근로를 제공하는 사람
③ 직업의 종류를 불문하고 임금·급료 기타 이에 준하는 수입에 의하여 생활하는 자
④ 사업주에게 고용된 사람과 취업할 의사가 있는 사람

콕집어 해설

근로자의 법률상 정의

- '근로자'란 직업의 종류와 관계없이 임금을 목적으로 사업이나 사업장에 근로를 제공하는 자를 말한다.(②)
  →근로기준법, 근로복지기본법, 근로자퇴직급여 보장법, 산업안전보건법, 근로자참여 및 협력증진에 관한 법률, 고용상 연령차별금지 및 고령자고용촉진에 관한 법률
- '근로자'란 사업주에게 고용된 사람과 취업할 의사를 가진 사람을 말한다.
  →고용정책 기본법, 국민평생직업능력개발법
  남녀고용평등과 일·가정 양립 지원에 관한 법률
- '근로자'라 함은 직업의 종류를 불문하고 임금·급료 기타 이에 준하는 수입에 의하여 생활하는 자를 말한다.(③)
  →노동조합 및 노동관계조정법

답 ④

해 - 근로자직업능력개발법→'국민평생직업능력개발법'으로 개정(21.8月)
- ①: '단시간근로자'에 대한 정의임

83 고용보험법령상 다음 사례에서 구직급여의 소정 급여일수는?

장애인 근로자 A씨(40세)가 4년간 근무하던 회사를 퇴사하여 직업안정기관으로부터 구직급여 수급자격을 인정받았다.

① 120일 ② 150일
③ 180일 ④ 210일

콕집어 해설

구직급여의 소정 급여일수

구분		피보험기간				
		1년 미만	1년 이상 3년 미만	3년 이상 5년 미만	5년 이상 10년 미만	10년 이상
이직일 현재 연령	50세 미만	120일	150일	180일	210일	240일
	50세 이상및 장애인	120일	180일	210일	240일	270일

답 ④

꿰뚫어 보기

구직급여 수급요건

- 이직일 이전 18개월간 동안 피보험 단위기간이 통산하여 180일 이상일 것
- 근로의 의사와 능력이 있음에도 불구하고 취업(영리를 목적으로 사업을 영위하는 경우를 포함)하지 못한 상태에 있을 것
- 이직사유가 수급자격의 제한 사유에 해당하지 아니할 것
- 재취업을 위한 노력을 적극적으로 할 것(
- 수급자격 인정신청일 이전 1개월 동안의 근로일수가 10일 미만이거나 건설일용근로자로서 수급자격 인정신청일 이전 14일간 연속하여 근로내역이 없을 것
- 최종 이직 당시의 기준기간 동안의 피보험 단위기간 중 다른 사업에서 수급자격의 제한 사유에 해당하는 사유로 이직한 사실이 있는 경우에는 그 피보험 단위기간 중 90일 이상을 일용근로자로 근로하였을 것

84 고용보험법령상 용어의 정의로 옳은 것은?

① "피보험자"란 근로기준법상 근로자와 사업주를 말한다.
② "실업"이란 근로의 의사와 능력이 있음에도 불구하고 취업하지 못한 상태에 있는 것을 말한다.
③ "보수"란 사용자로부터 받는 일체의 금품을 말한다.
④ "일용근로자"란 3개월 미만 동안 고용된 자를 말한다.

족집어 해설

고용보험법령상 용어의 정의

- "피보험자"란 고용보험법상 보험에 가입되거나 가입된 것으로 보는 근로자, 자영업자를 말한다.(①)
- "실업"이란 근로의 의사와 능력이 있음에도 불구하고 취업하지 못한 상태에 있는 것을 말한다.(②)
- "보수"란 근로소득에서 대통령령으로 정하는 금품(학자금, 식비 보조 같은 복리 후생)을 뺀 금액을 말한다.(③)
- "일용근로자"란 1개월 미만 동안 고용된 자를 말한다.(④)
- "실업의 인정"이란 직업안정기관의 장이 수급자격자가 실업한 상태에서 적극적으로 직업을 구하기 위하여 노력하고 있다고 인정하는 것을 말한다.
- "이직"이란 피보험자와 사업주 사이의 고용관계가 끝나게 되는 것을 말한다.

답 ②

꿰뚫어 보기

고용보험법

1) 적용범위 사업 및 사업장 : 고용보험법은 근로자를 사용하는 모든 사업 또는 사업장에 적용한다.
다만, 대통령령으로 정하는 다음의 사업에 대하여는 적용하지 아니한다.
ㄱ. 농업·임업 및 어업 중 법인이 아닌 자가 상시 4명 이하의 근로자를 사용하는 사업
ㄴ. 총 공사금액이 2천만원 미만인 공사 또는 연면적이 100제곱미터 이하인 건축물의 건축이나 연면적이 200제곱미터 이하인 건축물의 대수선에 관한 공사 (단, 건설업자, 주택건설사업자, 전기공사업자, 정보통신공사업자, 소방시설업자, 문화재수리업자가 시공하는 공사는 적용사업에 포함) ·
ㄷ. 가구 내 고용활동 및 달리 분류되지 아니한 자가소비 생산활동

2) 적용 제외 근로자
ㄱ. 1개월간 소정근로시간이 60시간 미만인 자(1주간의 소정근로시간이 15시간 미만인 자를 포함), 단 3개월 이상 계속하여 근로를 제공하는 자와 일용근로자는 적용대상에 포함
ㄴ. 「국가공무원법」과 「지방공무원법」에 따른 공무원(단, 대통령령으로 정하는 바에 따라 별정직공무원 및 임기제공무원의 경우
본인의 의사에 따라 실업급여에 한하여 가입 가능)
ㄷ. 「사립학교교직원연금법」의 적용을 받는 자
ㄹ. 「별정우체국법」에 따른 별정우체국 직원

85 국민평생 직업능력개발법령상 고용노동부장관이 반드시 지정직업훈련시설의 지정을 취소해야 하는 경우에 해당하는 것은?

① 시정명령에 따르지 아니한 경우
② 변경지정을 받지 아니하고 지정 내용을 변경하는 등 부정한 방법으로 지정직업훈련시설을 운영한 경우
③ 훈련생을 모집할 때 거짓 광고를 한 경우
④ 거짓으로 지정을 받은 경우

족집어 해설

지정직업훈련시설의 지정을 취소해야 하는 경우
거짓으로 지정을 받은 경우나 결격 사유의 어느 하나에 해당하는 경우에는 반드시 그 지정을 취소해야 한다.

답 ④

86 근로기준법상 미성년자의 근로계약에 관한 설명으로 틀린 것은?

① 원칙적으로 15세 이상 18세 미만인 사람의 근로시간은 1일에 7시간, 1주에 35시간을 초과하지 못한다.
② 미성년자는 독자적으로 임금을 청구할 수 없다.
③ 고용노동부장관은 근로계약이 미성년자에게 불리하다고 인정하는 경우에는 이를 해지할 수 있다.
④ 친권자나 후견인은 미성년자의 근로계약을 대리할 수 없다.

콕집어 해설

미성년자의 근로계약

- 원칙적으로 15세 이상 18세 미만인 사람의 근로시간은 1일에 7시간, 1주에 35시간을 초과하지 못한다.
- 미성년자는 독자적으로 임금을 청구할 수 있다.
- 친권자, 후견인 또는 고용노동부장관은 근로계약이 미성년자에게 불리하다고 인정하는 경우에는 이를 해지할 수 있다.
- 친권자나 후견인은 미성년자의 근로계약을 대리할 수 없다.

답 ②

 없다(×)→있다

꿰뚫어 보기

근로계약

- 근로기준법에서 정하는 기준에 미치지 못하는 근로조건을 정한 근로계약은 그 부분에 한하여 무효로 한다.
- 근로계약은 기간을 정하지 아니한 것과 일정한 사업의 완료에 필요한 기간을 정한 것 외에는 그 기간은 1년을 초과하지 못한다.
- 단시간근로자의 근로조건은 그 사업장의 같은 종류의 업무에 종사하는 통상 근로자의 근로시간을 기준으로 산정한 비율에 따라 결정되어야 한다.
- 명시된 근로조건이 사실과 다를 경우에 근로자는 근로조건 위반을 이유로 손해배상을 청구할 수 있으며 즉시 근로계약을 해제할 수 있다.
- 사용자는 근로계약 불이행에 대한 위약금을 예정하는 계약을 체결한 경우 500만원 이하의 벌금에 처한다.

87 헌법상 노동기본권 등에 관한 설명으로 틀린 것은?

① 국가는 근로자의 고용의 증진과 적정임금의 보장에 노력하여야 한다.
② 여자의 근로는 특별한 보호를 받으며 고용·임금 및 근로조건에 있어서 부당한 차별을 받지 아니한다.
③ 국가는 법률이 정하는 바에 의하여 최저임금제를 시행하여야 한다.
④ 공무원인 근로자는 자주적인 단결권·단체교섭권 및 단체행동권을 가진다.

콕집어 해설

헌법상 노동기본권

- 국가는 근로자의 고용의 증진과 적정임금의 보장에 노력하여야 한다.(①)
- 여자의 근로는 특별한 보호를 받으며 고용·임금 및 근로조건에 있어서 부당한 차별을 받지 아니한다.(②)
- 국가는 법률이 정하는 바에 의하여 최저임금제를 시행하여야 한다.(③)
- 공무원인 근로자는 법률이 정하는 자에 한하여 단결권·단체교섭권 및 단체행동권을 가진다.(④)

답 ④

 '법률이 정하는 자'에 한하여

꿰뚫어 보기

헌법상 근로의 권리

- 모든 국민은 근로의 권리를 가진다. 국가는 사회적·경제적 방법으로 근로자의 고용증진과 적정임금의 보장에 노력하여야 하며, 법률이 정하는 바에 의하여 최저임금제를 시행하여야 한다.
- 모든 국민은 근로의 의무를 진다. 국가는 근로의 의무의 내용과 조건을 민주주의 원칙에 따라 법률로 정한다.
- 근로조건의 기준은 인간의 존엄성을 보장하도록 법률로 정한다.
- 여자의 근로는 특별한 보호를 받으며, 고용·임금 및 근로조건에 있어서 부당한 차별을 받지 아니한다.
- 연소자의 근로는 특별한 보호를 받는다.
- 국가유공자·상이군경 및 전몰군경의 유가족은 법률이 정하는 바에 의하여 우선적으로 근로의 기회를 부여받는다.

88 개인정보보호법령상 개인정보 보호위원회(이하 "보호위원회"라 한다)에 관한 설명으로 틀린 것은?

① 대통령 소속으로 보호위원회를 둔다.
② 보호위원회는 상임위원 2명을 포함한 9명의 위원으로 구성한다.
③ 보호위원회의 회의는 재적위원 과반수의 출석으로 개의하고, 출석위원 과반수의 찬성으로 의결한다.
④ 「정당법」에 따른 당원은 보호위원회 위원이 될 수 없다.

콕집어해설

개인정보 보호위원회

- 개인정보 보호에 관한 사무를 독립적으로 수행하기 위하여 국무총리 소속으로 개인정보 보호위원회를 둔다.(①)
- 보호위원회는 상임위원 2명(위원장 1명, 부위원장 1명)을 포함한 9명의 위원으로 구성한다.(②)
- 보호위원회의 위원은 개인정보 보호에 관한 경력과 전문지식이 풍부한 다음 사람 중에서 위원장과 부위원장은 국무총리의 제청으로, 그 외 위원 중 2명은 위원장의 제청으로, 2명은 대통령이 소속되거나 소속되었던 정당의 교섭단체 추천으로, 3명은 그 외의 교섭단체 추천으로 대통령이 임명 또는 위촉한다.
- 「정당법」에 따른 당원은 보호위원회 위원이 될 수 없다.(④)
- 보호위원회의 회의는 위원장이 필요하다고 인정하거나 재적위원 4분의 1이상의 요구가 있는 경우에 위원장이 소집한다.
- 보호위원회의 회의는 재적위원 과반수의 출석으로 개의하고, 출석위원 과반수의 찬성으로 의결한다.(③)

답 ①

해 대통령 소속(×)→국무총리 소속

꿰뚫어 보기

개인정보 보호법령

- "정보주체"란 처리되는 정보에 의하여 알아볼 수 있는 사람으로서 그 정보의 주체가 되는 사람을 말한다
- 개인정보처리자는 개인정보의 처리 목적에 필요한 범위에서 개인정보의 정확성, 완전성 및 최신성이 보장되도록 하여야 한다.
- 보호위원회는 정부조직법에 따른 중앙행정기관으로 본다.
- 위원장과 부위원장은 정무직 공무원으로 임명한다.
- 위원의 임기는 3년으로 하되, 한 차례만 연임할 수 있다.
- 위원은 직무와 관련된 영리업무에 종사하여서는 아니 된다.

89 고용상 연령차별금지 및 고령자고용촉진에 관한 법령상 고령자 고용정보센터의 업무로 명시되지 않은 것은?

① 고령자에 대한 구인·구직 등록

② 고령자 고용촉진을 위한 홍보

③ 고령자에 대한 직장 적응훈련 및 교육

④ 고령자의 실업급여 지급

콕집어해설

고령자 고용정보센터의 업무

- 고령자에 대한 구인·구직 등록, 직업지도 및 취업알선(①)
- 고령자 고용촉진을 위한 홍보(②)
- 고령자에 대한 직장 적응훈련 및 교육(③)
- 정년연장과 고령자 고용에 관한 인사·노무관리와 작업환경 개선 등에 관한 기술적 상담·교육 및 지도

답 ④

해 '고령자의 실업급여 지급'은 고용보험법령에 규정되어 있으며, 해당 업무는 지방노동행정기관인 고용센터가 담당한다.

90 직업안정법령상 신고를 하지 아니하고 할 수 있는 무료직업소개사업이 아닌 것은?

① 한국산업인력공단이 하는 직업소개

② 한국장애인고용공단이 장애인을 대상으로 하는 직업소개

③ 국민체육진흥공단이 체육인을 대상으로 하는 직업소개

④ 근로복지공단이 업무상 재해를 입은 근로자를 대상으로 하는 직업소개

콕집어해설

신고를 안하고 할 수 있는 무료직업소개사업

- 한국산업인력공단이 하는 직업소개
- 한국장애인고용공단이 장애인을 대상으로 하는 직업소개
- 근로복지공단이 업무상 재해를 입은 근로자를 대상으로 하는 직업소개

답 ③

해 한국산업인력공단, 한국장애인고용공단, 근로복지공단은 공공직업훈련시설을 설치할 수 있는 공공단체이기도 하다.

꿰뚫어 보기

직업소개사업 [무신 유등]

- 무료직업소개사업: 근로자가 취업하려는 장소를 기준으로,
  1) 국내 무료직업소개사업: 국내 무료직업소개사업을 하려는 자는 주된 사업소의 소재지를 관할하는 특별자치도지사·시장·군수 및 구청장에게 신고해야 한다.
  2) 국외 무료직업소개사업: 국외 무료직업소개사업을 하려는 자는 고용노동부장관에게 신고해야 한다.

- 유료직업소개사업 : 근로자가 취업하려는 장소를 기준으로,
  1) 국내 유료직업소개사업 : 국내 유료직업소개사업을 하려는 자는 주된 사업소의 소재지를 관할하는 특별자치도지사 · 시장 · 군수 및 구청장에게 등록해야 한다.
  2) 국외 유료직업소개사업 : 국외 유료직업소개사업을 하려는 자는 고용노동부장관에게 등록해야 한다.
- 근로자공급사업 : 고용노동부장관의 허가
- 근로자파견사업 : 고용노동부장관의 허가
- 직업정보제공사업 : 고용노동부장관에게 신고

91 고용보험법령상 실업급여에 관한 설명으로 틀린 것은?

① 실업급여로서 지급된 금품에 대하여는 국가나 지방자치단체의 공과금을 부과하지 아니한다.
② 실업급여를 받을 권리는 양도하거나 담보로 제공할 수 없다.
③ 실업급여수급계좌의 해당 금융기관은 이 법에 따른 실업급여만이 실업급여수급계좌에 입금되도록 관리하여야 한다.
④ 구직급여에는 조기재취업 수당, 직업능력개발 수당, 광역 구직활동비, 이주비가 있다.

콕집어 해설

실업급여
- 실업급여로서 지급된 금품에 대하여는 국가나 지방자치단체의 공과금을 부과하지 아니한다. (①)
- 실업급여를 받을 권리는 양도하거나 담보로 제공할 수 없다.(②)
- 실업급여수급계좌의 해당 금융기관은 고용보험법에 따른 실업급여만이 실업급여수급계좌에 입금되도록 관리하여야 한다.(③)
- 취업촉진수당 : 조기재취업 수당, 직업능력개발 수당, 광역 구직활동비, 이주비(④)

답 ④

꿰뚫어 보기

실업급여
- 구직급여 + 취업촉진수당
- 취업촉진수당 : 조기재취업 수당, 직업능력개발 수당, 광역 구직활동비, 이주비 [조직광이]

92 근로기준법령상 사용자가 3년간 보존하여야 하는 근로계약에 관한 중요한 서류로 명시되지 않은 것은?

① 임금대장
② 휴가에 관한 서류
③ 고용 · 해고 · 퇴직에 관한 서류
④ 퇴직금 중간정산에 관한 증명서류

콕집어 해설

사용자가 3년간 보존하여야 하는 중요한 서류
- 근로계약서
- 임금대장(①)
- 임금의 결정 · 지급 방법과 임금계산의 기초에 관한 서류
- 고용 · 해고 · 퇴직에 관한 서류(③)
- 승급 · 감급에 관한 서류
- 휴가에 관한 서류(②)
- 연소자의 증명에 관한 서류 등

답 ④

93 직업안정법령상 직업소개사업을 겸업할 수 있는 자는?

① 식품접객업 중 유흥주점영업자
② 숙박업자
③ 경비용역업자
④ 결혼중개업자

콕집어 해설

직업소개사업을 겸업할 수 없는 자
- 결혼중개업의 관리에 관한 법률상의 결혼중개업자
- 공중위생관리법상의 숙박업자
- 식품위생법상의 식품접객업 중 대통령령으로 정하는 영업을 하는 자
  1) 휴게음식점영업 중 주로 다류를 조리 · 판매하는 영업(영업자 또는 종업원이 영업장을 벗어나 다류를 배달 판매하면서 소요 시간에 따라 대가를 받는 형태로 운영하는 경우로 한정)
  2) 식품위생법 시행령상의 단란주점영업, 유흥주점영업

답 ③

뚫어보기

유료직업소개사업의 등록을 할 수 있는 자

- 국가공무원 또는 지방공무원으로 2년 이상 근무한 경력이 있는 자
- 직업상담사 1급 또는 2급의 국가기술자격이 있는 자
- 교원자격증을 가지고 있는 자로서 교사근무경력이 2년 이상인자
- 사회복지사 자격증을 가진 사람
- 조합원이 100인 이상인 단위노동조합에서 노동조합업무전담자로 2년 이상 근무한 경력이 있는 자
- 상시사용근로자 300인 이상인 사업장에서 노무관리업무전담자로 2년 이상 근무한 경력이 있는 자
- 「공인노무사법」에 의한 공인노무사 자격을 가진 자

94 **근로기준법령상 이행강제금에 관한 설명으로 옳은 것은?**

① 노동위원회는 구제명령을 받은 후 이행기한까지 구제명령을 이행하지 아니한 사용자에게 3천만원 이하의 이행강제금을 부과한다.
② 노동위원회는 이행강제금 납부의무자가 납부기한까지 이행강제금을 내지 아니하면 즉시 국세 체납처분의 예에 따라 징수할 수 있다.
③ 노동위원회는 최초의 구제명령을 한 날을 기준으로 매년 4회의 범위에서 구제명령이 이행될 때까지 반복하여 이행강제금을 부과·징수할 수 있다.
④ 근로자는 구제명령을 받은 사용자가 이행기한까지 구제명령을 이행하지 아니하면 이행기한이 지난 때부터 30일 이내에 그 사실을 노동위원회에 알려줄 수 있다.

콕집어해설

이행강제금

- 노동위원회는 이행강제금을 부과하기 30일 전까지 이행강제금을 부과·징수한다는 뜻을 사용자에게 미리 문서로써 알려 주어야 한다.
- 노동위원회는 구제명령을 받은 후 이행기한까지 구제명령을 이행하지 아니한 사용자에게 3천만원 이하의 이행강제금을 부과한다.(①)
- 노동위원회는 이행강제금 납부의무자가 납부기한까지 이행강제금을 내지 아니하면 기간을 정하여 독촉을 하고 지정된 기간에 이행강제금을 내지 아니하면 국세 체납처분의 예에 따라 징수할 수 있다.(②)
- 노동위원회는 최초의 구제명령을 한 날을 기분으로 매년 2회의 범위에서 구제명령이 이행될 때까지 반복하여 이행강제금을 부과·징수 할 수 있다.(③)
- 근로자는 구제명령을 받은 사용자가 이행기한까지 구제명령을 이행하지 아니하면 이행기한이 지난 때부터 15일 이내에 그 사실을 노동위원회에 알려줄 수 있다.(④)

답 ①

해 2천만원 이하→'3천만원 이하'로 개정됨(21년.5月)

95 **남녀고용평등과 일·가정 양립 지원에 관한 법령상 고용에 있어서 남녀의 평등한 기회와 대우를 보장하여야 할 사항으로 명시되지 않은 것은?**

① 모집과 채용　② 임금
③ 근로시간　④ 교육·배치 및 승진

콕집어해설

남녀의 평등한 기회보장과 대우

- 모집과 채용(①)
- 임금(②)
- 임금 외의 금품
- 교육·배치 및 승진(④)
- 정년·퇴직 및 해고

답 ③

96 기간제 및 단시간근로자 보호 등에 관한 법률상 차별시정제도에 대한 설명으로 틀린 것은?

① 기간제근로자는 차별적 처우를 받은 경우 노동위원회에 차별적 처우가 있은 날부터 6개월이 경과하기 전에 그 시정을 신청할 수 있다.
② 기간제근로자가 차별적 처우의 시정신청을 하는 때에는 차별적 처우의 내용을 구체적으로 명시하여야 한다.
③ 노동위원회는 차별적 처우의 시정신청에 따른 심문의 과정에서 관계당사자 쌍방 또는 일방의 신청 또는 직권에 의하여 조정(調停)절차를 개시할 수 있다.
④ 시정신청을 한 근로자는 사용자가 확정된 시정명령을 이행하지 아니하는 경우 이를 중앙노동위원회에 신고하여야 한다.

콕집어 해설

차별시정제도

- 기간제근로자는 차별적 처우를 받은 경우 노동위원회에 차별적 처우가 있은 날부터 6개월이 경과하기 전에 그 시정을 신청할 수 있다.(①)
- 기간제근로자가 차별적 처우의 시정신청을 하는 때에는 차별적 처우의 내용을 구체적으로 명시하여야 한다.(②)
- 노동위원회는 차별적 처우의 시정신청에 따른 심문의 과정에서 관계당사자 쌍방 또는 일방의 신청 또는 직권에 의하여 조정(調停)절차를 개시할 수 있다.(③)
- 시정신청을 한 근로자는 사용자가 확정된 시정명령을 이행하지 아니하는 경우 이를 고용노동부장관에게 신고할 수 있다.(④)

답 ④

해 중앙노동위원회(×)→고용노동부장관
신고하여야 한다(×)→신고할 수 있다.

꿰뚫어 보기

시정명령

- 지방노동위원회의 기각결정에 대하여 불복이 있는 관계당사자는 기각결정서의 송달을 받은 날부터 10일 이내에 중앙노동위원회에 재심을 신청할 수 있다.
- 중앙노동위원회의 재심결정에 대하여 불복이 있는 관계당사자는 재심결정서의 송달을 받은 날부터 15일 이내에 행정소송을 제기할 수 있다.

97 다음 ( )에 알맞은 것은?

> 고용정책 기본법령상 ( ) 이상의 근로자를 사용하는 사업주는 매년 근로자의 고용형태 현황을 공시하여야 한다.

① 50 ② 100
③ 200 ④ 300

콕집어 해설

고용형태 현황 공시

고용정책기본법령상 상시 300명 이상의 근로자를 사용하는 사업주는 매년 근로자의 고용형태 현황을 작성하여 해당 연도 4월 30일까지 공시하여야 한다.

답 ④

98 남녀고용평등과 일·가정 양립 지원에 관한 법령상 다음 ( )안에 각각 알맞은 것은?

> 제18조의2(배우자 출산휴가)
> ① 사업주는 근로자가 배우자의 출산을 이유로 휴가(이하 "배우자 출산휴가"라 한다)를 청구하는 경우에 (ㄱ)일의 휴가를 주어야 한다.
> (이하 생략)
> ③ 배우자 출산휴가는 근로자의 배우자가 출산한 날부터 (ㄴ)일이 지나면 청구할 수 없다.

① ㄱ : 5 ㄴ : 30 ② ㄱ : 5 ㄴ : 90
③ ㄱ : 10 ㄴ : 30 ④ ㄱ : 10 ㄴ : 90

콕집어 해설

배우자 출산휴가

- 사업주는 근로자가 배우자의 출산을 이유로 휴가를 청구하는 경우 10일의 휴가를 주어야 한다.
  이 경우 사용한 휴가기간은 유급으로 한다.
- 출산전후휴가급여 등이 지급된 경우에는 그 금액의 한도에서 지급책임을 면함
- 배우자 출산휴가는 근로자의 배우자가 출산한 날부터 90일이 지나면 청구할 수 없다.
- 배우자 출산휴가는 1회에 한정하여 나누어 사용할 수 있다.
- 사업주는 배우자 출산휴가를 이유로 근로자를 해고하거나 그 밖의 불리한 처우를 하여서는 아니 된다.

답 ④

99 남녀고용평등과 일·가정 양립 지원에 관한 법률에 명시되어 있는 내용이 아닌 것은?

① 직장 내 성희롱의 금지
② 배우자 출산휴가
③ 육아휴직
④ 생리휴가

콕집어 해설

남녀고용평등과 일·가정 양립 지원에 관한 법률에 명시된 내용

- 직장 내 성희롱의 금지(①)
- 출산전후 휴가에 대한 지원
- 배우자 출산휴가(②)
- 난임치료휴가
- 육아휴직(③)
- 육아기 근로시간 단축
- 남녀차별금지
- 적극적 고용개선 조치
- 직장어린이집 설치 및 지원
- 근로자의 가족 돌봄 등을 위한 지원
- 명예고용평등감독관

답 ④

해 '생리휴가'는 근로기준법의 규정내용이다.

100 고용정책 기본법상 근로자의 고용촉진 및 사업주의 인력 확보 지원시책이 아닌 것은?

① 구직자와 구인자에 대한 지원
② 학생 등에 대한 직업지도
③ 취업취약계층의 고용촉진 지원
④ 업종별·지역별 고용조정의 지원

콕집어 해설

근로자의 고용촉진 및 사업주의 인력 확보 지원시책

- 구직자와 구인자에 대한 지원
- 학생 등에 대한 직업지도
- 취업취약계층의 고용촉진 지원
- 청년, 여성, 고령자 고용촉진 지원

답 ④

해 '고용조정 지원 및 고용안정대책'에 해당한다.

2022년 3회

제1과목 · 직업상담학

01 다음 내용은 어떤 오류가 발생한 경우인가?

> 내담자들은 자신의 직업세계에 대해서 충분한 정보를 알고 있다고 잘못 생각하는 경우가 많다. 예를들어, "내 상사가 그러는데 나는 책임감이 없대요"라고 반응하는 경우이다.

① 삭제　　② 참고자료
③ 어투의 사용　　④ 불분명한 동사사용

콕집어 해설

정보의 오류

- 삭제 : 내담자의 경험에서 중요 부분이 빠졌을 때
  예 내 상사가 그러는데 나는 책임감이 없대요.
  → 어떤 책임감을 말하는 거죠?
- 불확실한 인물의 인용 : 내담자가 불확실한 인물을 인용했을 때
  예 그들은 나를 잘 몰라요 → 그들이 누군데요?
- 불분명한 동사의 사용 : 내담자가 불분명한 동사를 사용했을 때
  예 내 친구는 나를 무시해요 → 어떻게 무시하나요?
- 참고자료 불충분 : 내담자가 사람, 장소, 사건 등을 구체적으로 말하지 않는 경우
  예 나는 확신할 수 없어요 → 무엇을 확신할 수 없다는 겁니까?
- 제한된 어투 : 내담자가 한계적 표현으로 자신의 세계를 제한하려고 하는 경우
  예 나는 이렇게 해야만 합니다 → 만일 하지 않으면 어떻게 되나요?

답 ①

전이된 오류 [정한논]

1) 정보의 오류 : 내담자가 직업세계에 대해 충분한 정보를 알고 있다고 잘못 생각하는 경우 발생한다.
   예 삭제, 불확실한 인물의 인용, 불분명한 동사의 사용, 참고자료 불충분, 제한된 어투의 사용
2) 한계의 오류 : 내담자가 제한된 기회 및 선택에 대한 견해를 가짐으로써 발생한다.
3) 논리적 오류 : 내담자가 논리적으로 맞지 않는 진술을 함으로써 발생한다.

02 다음 내담자를 상담할 경우 가장 먼저 해야 할 것은?

> 갑자기 구조조정 대상이 되어 직장을 떠난 40대 후반의 남성이 상담을 받으러 왔다. 전혀 눈 마주침도 못하며, 상당히 위축되어 있는 상태이고 미래에 대한 불안감을 호소하고 있다.

① 관계 형성　　② 상담자의 전문성 소개
③ 상담 구조 설명　　④ 상담목표 설정

콕집어 해설

상담초기의 관계형성

- 상담초기의 관계형성은 상담자와 내담자 간의 친근감 및 신뢰감을 쌓는 가장 중요한 단계이다.
- 상담자는 인간존중의 가치를 가지고 내담자를 대해야 한다.
- 상담자는 친절하고 부드러운 태도를 내담자에게 보여야 한다.
- 상담자는 내담자의 말에 자신의 경험인 듯한 반응을 보여야 한다.
- 상담자는 내담자 쪽으로 자세를 기울인다거나 적극적인 표정이나 반응을 통해 내담자의 말에 경청하고 있음을 표현해야 한다.
- 상담자는 내담자의 표현을 비판해서는 안되며, 내담자가 처한 현실과 감정을 있는 그대로 수용해야 한다.

답 ①

꿰뚫어 보기

직업상담의 단계

1) 초기 : 상담관계형성(라포형성), 문제의 심각도 평가(문제진단), 상담의 구조화, 상담 목표 설정 및 전략 수립
2) 중기 : 내담자의 변화를 위한 개입, 내담자 문제해결 위한 구체적 시도, 내담자의 저항 해결
3) 종결 : 합의한 목표달성 및 평가, 상담 종결문제 다루기, 이별 감정 다루기 등

03 6개의 생각하는 모자(Six Thinking Hats) 기법에서 모자의 색상별 역할에 관한 설명으로 옳은 것은?

① 청색 - 낙관적이며, 모든 일이 잘 될 것이라고 생각한다.
② 적색 - 직관에 의존하고, 직감에 따라 행동한다.
③ 흑색 - 본인과 직업들에 대한 사실들만을 고려한다.
④ 황색 - 새로운 대안들을 찾으려 노력하고, 문제들을 다른 각도에서 바라본다.

콕집어 해설

6개의 생각하는 모자(six thinking hats)
에드워드 드 보노(Edward de Bono)가 개발한 것으로, '의사결정을 촉진'하기 위한 기법으로 활용된다.
- 청색 : 합리적으로 방향성을 조절하는 사회자로서의 역할을 한다.
- 황색 : 낙관적이며, 모든 일이 잘 될 것이라고 생각한다.
- 흑색 : 비관적이고 비판적이며, 모든 일이 잘 안 될 것이라고 생각한다.
- 백색 : 본인과 직업들에 대한 사실들만을 고려한다.
- 적색 : 직관에 의존하고, 직감에 따라 행동한다.
- 녹색 : 새로운 대안들을 찾으려 노력하고, 문제들을 다른 각도에서 바라본다.

답 ②

04 직업상담의 목표와 거리가 가장 먼 것은?

① 적성과 흥미를 탐색하고 확대한다.
② 진로발달이나 직업문제에 대한 처치를 한다.
③ 새로운 노동시장의 영역을 개척한다.
④ 직업과 관련된 문제해결에 관심을 갖는다.

콕집어 해설

직업상담의 목표
- 적성과 흥미를 탐색하고 확대한다.(①)
- 진로발달이나 직업문제에 대한 처치를 한다.(②)
- 직업과 관련된 문제해결에 관심을 갖는다.(④)
- 내담자의 합리적인 의사결정능력을 증진시킨다.
- 내담자의 성장과 능력을 향상시킨다.

답 ③

해 새로운 노동시장의 영역을 개척하는 것은 직업상담의 목표가 아니다.

 **꿰뚫어 보기**

기즈버스(Gysbers)의 직업상담 목표 [예처결]
1) 예언과 발달 : 생애진로발달상에서 내담자의 적성과 흥미를 탐색하고 확대하도록 돕는다.
2) 처치와 자극 : 내담자가 자신의 진로발달이나 직업문제에 대한 처치와 해결을 할 수 있도록 돕는다.
3) 결함과 유능 : 내담자가 자신의 결함보다는 유능에 초점을 두도록 돕는다.

05 생애진로사정의 과정에 해당하지 않는 것은?

① 내담자의 과거 직업에 대한 전문지식 분석
② 내담자의 과거 직업경력에 대한 정보수집
③ 내담자의 가계도(genogram) 작성
④ 내담자가 가진 자원과 장애물에 대한 평가

콕집어 해설

생애진로사정의 구조 [진전강요]
- 진로사정 : 내담자의 직업경험, 교육 또는 훈련과정과 관련된 문제들, 여가활동 등에 관해 사정한다.
- 전형적인 하루 : 내담자가 의존적 또는 독립적인지, 자발적 또는 체계적인지 성격을 파악하도록 돕는다.
- 강점과 장애 : 내담자가 스스로 생각하는 자신의 주요 강점 및 장애에 대해 질문한다.
- 요약 : 내담자에게 자신에 대해 알게 된 내용을 요약하게 함으로써 자기인식을 증진시킨다.

답 ①

해 - 내담자의 과거 직업경력에 대한 기본적인 정보를 수집하는 것이며, 전문지식을 분석하는 것은 아니다.
- ③ : '내담자의 가계도(genogram) 작성'은 내담자 정보를 수집하는 데 유용하다.

꿰뚫어 보기

생애진로사정을 통해 알 수 있는 정보
1) 내담자의 직업경험과 교육수준을 나타내는 객관적인 사실
2) 내담자의 기술과 유능성에 대한 자기평가 및 상담자의 평가 정보
3) 내담자의 가치관 및 자기인식 정도

06 직업상담에서 특성 - 요인이론에 관한 설명으로 옳은 것은?

① 대부분의 사람들은 여섯 가지 유형으로 성격 특성을 분류할 수 있다.
② 각각의 개인은 신뢰할 만하고 타당하게 측정될 수 있는 고유한 특성의 집합이다.
③ 개인은 일을 통해 개인적 욕구를 성취하도록 동기화 되어 있다.
④ 직업적 선택은 개인의 발달적 특성이다.

콕집어 해설

특성 - 요인이론의 기본 가설

- 인간은 신뢰롭고 타당하게 측정할 수 있는 독특한 특성을 가지고 있다.
- 직업은 그 직업에서의 성공을 위해 구체적 특성을 지닐 것을 요구한다.
- 진로선택은 인지적 과정이므로 개인의 특성과 직업의 특성을 짝짓는 것이 가능하다.
- 개인의 특성과 직업적 요구사항이 긴밀한 관계를 맺을수록 직업적 성공의 가능성이 커진다.
- 고도로 개별적이고 과학적인 방법을 통해 개인과 직업을 연결하는 것이 핵심이다.

답 ②

해 ①: 홀랜드의 직업적 인성이론이다.
③: 맥클리랜드의 성취동기이론이다.
④: 수퍼나 긴즈버그 같은 진로발달 학자들의 견해이다.

꿰뚫어 보기

특성 - 요인 이론의 인간본성에 대한 가정(Williamson)

1) 인간은 선과 악의 잠재력을 모두 지니고 있다.
2) 선의 본질은 자아의 완전한 실현이다
3) 인간의 선한 생활을 결정하는 것은 자기 자신이다.
4) 인간은 선을 실현하는 과정에서 타인의 도움을 필요로 한다.
5) 인간은 자신만의 독특한 세계관을 가진다.

07 Bordin의 분류에서 다음에 해당하는 직업문제의 심리적 원인은?

> 한 개인이 어떤 일을 하고 싶은데 중요한 타인이 다른 일을 해 주기를 원하거나, 직업들과 관련된 긍정적 유인가와 부정적 유인가 사이에서 내적갈등을 경험하고 있다.

① 직업선택에 대한 불안
② 정보의 부족
③ 의존성
④ 자아 갈등

콕집어 해설

보딘(Bordin)의 진단범주(직업문제유형, 심리적 원인) [의정 자직확]

- 의존성: 진로문제를 스스로 해결하지 못하고 타인에게 의존하는 경우이다.
- 정보 부족: 진로관련에 대한 정보의 부족으로 어려움을 겪는 경우이다.
- 자아갈등: 자아개념들 사이에서 내적갈등으로 인해 혼란을 겪는 경우이다.
- 직업선택에 대한 불안: 자신의 선택과 중요한 타인의 요구 간의 충돌에서 비롯되는 불안이다.
- 확신부족: 진로선택 이후에 자신의 선택에 대한 확신이 부족한 경우이다.

답 ①

꿰뚫어 보기

보딘의 직업상담 과정 [보탐핵변]

1) 탐색과 계약설정(제1단계): 내담자의 정신역동적 상태에 대한 탐색 및 상담전략에 대한 계약설정이 이루어진다.
2) 핵심결정(제2단계): 내담자는 핵심결정을 통해 자신의 목표를 성격 변화 등으로 확대할 것인지 고민한다.
3) 변화를 위한 노력(제3단계): 내담자는 자아인식 및 자아이해를 확대해 나가며 지속적으로 변화를 모색한다.

보딘의 직업상담 기법 [명비소]

1) 명료화: 내담자의 문제를 요약해줌으로써 명료하게 재인식시켜 주는 것이다.
2) 비교: 두가지 이상의 주제들 사이에 나타난 유사성이나 차이점들을 비교한다.
3) 소망 - 방어체계에 대한 해석: 내담자로 하여금 진로에 대한 자신의 내적 동기와 진로결정과정 사이의 관계를 인식하도록 돕는다.

08 직업상담의 문제 유형에 대한 Crites의 분류 중 '부적응형'에 대한 설명으로 옳은 것은?

① 적성에 따라 직업을 선택했지만 그 직업에 흥미를 느끼지 못하는 사람
② 흥미를 느끼는 분야는 있지만 그 분야에 필요한 적성을 가지고 있지 못하는 사람
③ 흥미나 적성의 유형이나 수준과는 상관없이 어떤 분야를 선택할지 결정하지 못하는 사람
④ 흥미를 느끼는 분야도 없고 적성에 맞는 분야도 없는 사람

콕집어 해설

크라이티스(Crites)의 직업상담 문제 유형 [(크) 적결현)]

적응성
1) 적응형 : 흥미와 적성이 일치하는 유형
2) 부적응형 : 흥미를 느끼는 분야도 없고 적성에 맞는 분야도 없는 유형(④)

결정성
1) 다재다능형 : 재능이 많아 흥미와 적성이 맞는 직업 사이에서 갈등하는 유형
2) 우유부단형 : 흥미나 적성의 유형이나 수준과는 상관없이 어떤 분야를 선택할지 결정하지 못하는 유형(③)

현실성(비현실성 문제)
1) 비현실형 : 흥미를 느끼는 분야가 있지만 그 분야에 적성이 없는 유형(②)
2) 불충족형 : 흥미를 느끼는 분야가 있지만 자신의 적성수준보다 낮은 적성을 요구하는 직업을 선택하는 유형
3) 강압형 : 적성 때문에 선택했지만 그 직업에 흥미가 없는 유형(①)

답 ④

09 진로시간전망 검사지를 사용하는 주요 목적과 가장 거리가 먼 것은?

① 목표설정 촉구　　② 계획기술 연습
③ 진로계획 수정　　④ 진로의식 고취

콕집어 해설

진로시간전망 검사지의 사용목적 [미미 미계목 현계진]
미래의 방향을 이끌어내기 위해
미래에 대한 희망을 심어주기 위해
미래가 실제인 것처럼 느끼도록 하기 위해
계획에 대한 긍정적 태도를 심어주기 위해
목표설정을 촉구하기 위해
현재의 행동을 미래의 결과와 연계시키기 위해
계획기술을 연습시키기 위해
진로인식을 고취시키기 위해

답 ③

꿰뚫어 보기

코틀의 원형검사에 기초한 시간전망개입 3가지 측면
방(미미) 변(미계목) 통(현계진)

- **방**향성 : 미래에 대한 방향을 제시하고 희망을 심어준다.
- **변**별성 : 미래를 현실처럼 느끼게 하고, 계획에 대한 긍정적 태도를 강화시켜 목표설정을 촉구한다.
  시간차원 내 사건의 강도와 확장의 원리를 기초로 수행되는 차원이다.
- **통**합성 : 현재의 행동을 미래의 결과와 연계시키고, 계획기술을 연습시켜서 진로인식을 고취시킨다.

10 특성-요인 상담의 목표가 아닌 것은?

① 내담자가 잠재적인 모든 개성을 발달시키는 데 주력한다.
② 내담자가 자기 자신의 가능성을 확인하고 그 가능성을 활용할 수 있게 한다.
③ 내담자가 자신이 필요로 하는 정보를 수집, 분석, 종합할 수 있도록 한다.
④ 내담자가 자신의 문제를 해결하도록 한다.

콕집어 해설

특성-요인 상담의 목표
- 내담자가 자기 자신의 가능성을 확인하고 그 가능성을 활용할 수 있게 한다.(②)
- 내담자가 자신이 필요로 하는 정보를 수집, 분석, 종합할 수 있도록 한다.(③)
- 내담자가 자신의 문제를 해결하도록 한다.(④)
- 내담자가 합리적인 의사결정을 통해 올바른 선택을 하도록 한다.

답 ①

해 내담자가 잠재적인 모든 개성을 발달시키는 데 주력함으로써 자아실현을 촉진하는 것을 목표로 하는 것은 '인간중심(내담자 중심) 상담'이다.

꿰뚫어 보기

특성-요인 이론의 기본 가설

1) 인간은 신뢰롭고 타당하게 측정할 수 있는 독특한 특성을 가지고 있다.
2) 직업은 그 직업에서의 성공을 위해 구체적 특성을 지닐 것을 요구한다.
3) 진로선택은 인지적 과정이므로 개인의 특성과 직업의 특성을 짝짓는 것이 가능하다.
4) 개인의 특성과 직업적 요구사항이 긴밀한 관계를 맺을수록 직업적 성공의 가능성이 커진다.

11 Crites가 제시한 직업상담 과정에 포함되지 않는 것은?

① 진단 ② 문제 분류
③ 정보 제공 ④ 문제 구체화

콕집어 해설

포괄적 직업상담 과정에 포함되는 것(Crites)

크라이티스는 직업상담과정에 진단, 문제분류, 문제 구체화, 문제해결의 단계가 포함된다고 주장했다.

답 ③

꿰뚫어 보기

크라이티스(Crites)의 포괄적 직업상담 과정 3단계

- 진단단계(1단계) : 내담자의 진로문제를 진단하기 위해 관련 자료를 수집한다.
- 명료화 또는 해석단계(2단계) : 상담자와 내담자가 협력해서 의사결정 과정을 방해하는 내담자의 문제를 명료화하거나 해석한다.
- 문제해결단계(3단계) : 내담자가 자신의 문제를 확인하고 적극적으로 참여하여 문제해결을 위해 어떤 행동을 취할 것인지를 결정한다.

12 행동주의 상담에서 부적응행동을 감소시키는 데 주로 사용되는 기법은?

① 행동조성법 ② 모델링
③ 노출법 ④ 토큰법

콕집어 해설

행동주의 상담의 부적응행동 감소기법(불안감소기법)

- 노출법(노출방식) : 실제적 노출법, 심상적 노출법, 점진적 노출법, 홍수법 등이 있다.
- 개별적 불안감소기법 : 체계적둔감법, 금지조건형성, 반조건형성, 혐오치료, 주장훈련, 자기표현훈련 등이 있다.

답 ③

해 ①, ②, ④은 '학습촉진기법'이다.

꿰뚫어 보기

불안감소기법 [체금반 혐주자]

1) 체계적둔감법 : 내담자의 불안반응을 체계적으로 증대시켜 둔감화한다.
2) 금지조건형성 : 내담자에게 불안요소를 지속적으로 제시함으로써 불안반응을 감소시킨다.
3) 반조건형성 : 조건 자극과 새로운 자극을 함께 제시해서 불안을 감소시킨다.
4) 혐오치료 : 바람직하지 못한 행동에 혐오자극을 제시함으로써 부적응적 행동을 제거한다.
5) 주장훈련 : 내담자에게 불안이외의 감정을 표현하게 해서 대인관계에 있어서의 불안을 해소시킨다.
6) 자기표현훈련 : 자기표현을 통해 타인과 상호작용함으로써 대인관계에서 비롯되는 불안요인을 제거한다.

학습촉진기법 [강변 사행상]

1) 강화 : 내담자의 행동에 대해 적절하게 긍정적·부정적 반응을 보임으로써 내담자의 바람직한 행동을 강화시킨다.
2) 변별학습 : 자신의 직업결정 능력 등을 검사도구를 사용하여 변별하고 비교해보도록 하는 것이다.
3) 사회적 모델링과 대리학습 : 타인의 행동에 대한 관찰과 모방을 통해 내담자의 학습을 촉진한다.
4) 행동조성 : 행동을 단계별로 세분화하여 단계마다 강화를 제공함으로써 학습을 촉진한다.
5) 상표제도(토큰경제) : 내담자의 바람직한 행동이 이루어질 때마다 그에 상응하는 보상을 하는 것이다.

13 개방적 질문의 형태에 가장 거리가 먼 것은?

① 시험이 끝나고서 기분이 어떠했습니까?
② 지난주에 무슨 일이 있었습니까?
③ 당신은 학교를 좋아하지요?
④ 당신은 누이동생을 어떻게 생각하는지요?

콕집어 해설

개방적 질문
- 개방적 질문은 내담자에게 충분히 말할 수 있는 시간을 주고, 많은 대답을 선택할 기회를 주는 것이다.
- 내담자의 심층적 정보를 얻는 데 적합하나, 개방적 질문에 익숙하지 않은 내담자에게는 답변에 대한 부담감을 줄 수 있다.

답 ③

해 '예/아니오'와 같이 제한된 응답을 요구하는 폐쇄적 질문이다.

14 내담자중심 상담이론에 관한 설명으로 틀린 것은?

① Rogers의 상담경험에서 비롯된 이론이다.
② 상담의 기본목표는 개인이 일관된 자아개념을 가지고 자신의 기능을 최대로 발휘하는 사람이 되도록 도울 수 있는 환경을 제공하는 것이다.
③ 특정 기법을 사용하기보다는 내담자와 상담자 간의 안전하고 허용적인 나와 너의 관계를 중시한다.
④ 상담기법으로 적극적 경청, 감정의 반영, 명료화, 공감적 이해, 내담자 정보탐색, 조언, 설득, 가르치기 등이 이용된다.

콕집어 해설

내담자중심 상담이론
- Rogers의 상담경험에서 비롯된 이론이다.(①)
- 상담의 기본목표는 개인이 일관된 자아개념을 가지고 자신의 기능을 최대로 발휘하는 사람이 되도록 도울 수 있는 환경을 제공하는 것이다.(②)
- 특정 기법을 사용하기보다는 내담자와 상담자 간의 안전하고 허용적인 나와 너의 관계를 중시한다.(③)
- 상담기법으로 적극적 경청, 감정의 반영, 명료화, 공감적 이해 등과 같은 비지시적 기법을 이용한다.(④)

답 ④

해 내담자의 정보탐색, 조언, 설득, 가르치기 등과 같은 '지시적 기법'은 사용하지 않는다.

꿰뚫어 보기

내담자중심 접근법에서 상담사가 갖추어야 할 태도 [일공무]
1) 일치성과 진실성 : 진실하고 개방적이어야 한다.
2) 공감적 이해 : 내담자의 내면세계를 마치 자신의 것처럼 느껴야 한다.
3) 무조건적 수용 : 내담자를 무조건적이고 긍정적으로 존중해야 한다.

15 진로수첩이 내담자에게 미치는 유용성이 아닌 것은?

① 자기 평가를 통해 자신감과 자기 인식을 증진시킨다.
② 일 관련 태도 및 흥미에 대한 지식을 증진시킨다.
③ 다양한 경험들이 어떻게 직무관련 태도나 기술로 전환될 수 있는지에 대해 이해를 발전시킨다.
④ 진로, 교육, 훈련 계획을 개발하기 위한 상담도구를 제공한다.

콕집어 해설

진로수첩의 유용성
- 진로수첩은 자신에 관한 진로관련 정보를 이해하기 쉬운 방식으로 조직하는 것이다.
- 자기 평가를 통해 자신감과 자기 인식을 증진시킨다.(①)
- 일 관련 태도 및 흥미에 대한 지식을 증진시킨다.(②)
- 다양한 경험들이 어떻게 직무관련 태도나 기술로 전환될 수 있는지에 대해 이해를 발전시킨다.(③)
- 교육 및 진로계획을 향상시킨다.

답 ④

해 진로수첩이 상담도구를 제공하는 것은 아니다.

16 대안개발과 의사결정 시 사용하는 인지적 기법으로 다음 설명에 해당하는 인지치료 과정의 단계는?

> 상담자는 두 부분의 개입을 하게 된다. 첫번째는 낡은 사고에 대한 평가이며, 두 번째는 낡은 사고나 새로운 사고의 적절성을 검증하는 실험을 해보는 것이다. 의문문 형태의 개입은 상담자가 정답을 제시하기보다는 내담자 스스로 해결방법에 다가가도록 유도한다.

① 2단계　　② 3단계
③ 4단계　　④ 5단계

콕집어 해설

대안개발과 의사결정 시 사용하는 인지치료과정의 단계

- 제1단계 : 내담자가 느끼는 감정의 본질을 확인한다.
- 제2단계 : 내담자의 감정과 결부된 사고나 가치관 등을 확인한다.
- 제3단계 : 내담자의 사고나 가치관 등을 1~2개의 문장으로 요약·정리한다.
- 제4단계 : 상담사는 내담자의 낡은 사고에 대한 평가와 새로운 사고의 적절성을 검증하는 두 부분의 개입을 통해 내담자 스스로 해결방법에 다가가도록 유도한다.
- 제5단계 : 내담자에게 과제를 부여하여 새로운 사고와 가치관들의 적절성을 검증한다.

답 ③

17 상담이론과 그와 관련된 상담기법을 바르게 짝지은 것은?

① 정신분석적 상담 - 인지적 재구성
② 행동치료 - 저항의 해석
③ 인지적 상담 - 이완기법
④ 형태치료 - 역할연기, 감정에 머무르기

콕집어 해설

형태주의(게슈탈트) 상담기법

- 꿈 작업 : 꿈을 현실로 재현하도록 하여 꿈의 각 부분을 연기하게 한다.
- 빈 의자 기법 : 내담자가 빈 의자를 앞에 놓고 어떤 사람이 실제 앉아 있는 것처럼 상상하면서 이야기를 한다.
- 과장하기 : 내담자로 하여금 행동이나 언어를 과장하여 표현하게 함으로써 자신의 감정을 명확히 자각하도록 한다.
- 자기부분들과의 대화 : 내담자에게 자신의 내재되어 있는 상반된 자아와 대화를 시도하게 함으로써 자기 부분들을 통합시킨다.
- 숙제(과제) : 내담자에게 상담 상황에서 학습한 사실들을 실생활에 적용시킬 수 있는 기회를 제공한다.
- 역할연기 : 과거나 미래의 한 장면을 현재의 장면으로 상상하게 하여 실제 행동으로 연기해 보도록 한다.

답 ④

해 ① : 행동주의 상담
② : 정신분석 상담
③ : 행동주의 상담

18 비구조화 집단에 관한 설명으로 틀린 것은?

① 감수성 훈련, T집단이 해당된다.
② 폭넓고 깊은 상호작용이 이루어질 수 있다.
③ 구조화집단보다 지도자의 전문성이 더욱 요구된다.
④ 비구조화가 중요하기에 지도자가 어떤 계획을 세울 필요는 없다.

콕집어 해설

비구조화 집단

- 미리 정해진 순서나 활동이 없고 정확히 짜여진 프로그램이 없이 참가자 들의 자발적 대화와 참여로 진행되는 집단이다.
- 감수성 훈련, T집단이 해당된다.
- 폭넓고 깊은 상호작용이 이루어질 수 있다.
- 구조화집단보다 지도자의 전문성이 더욱 요구된다.
- 비구조적 측면의 산만함을 보완하기 위해 지도자가 어떤 계획을 세울 필요 가 있다.

답 ④

꿰뚫어 보기

집단상담의 형태

1) 상담집단 : 구성원의 자기이해 정도, 대인관계 문제 등을 돕기 위한 집단으로써, 안정감과 신뢰감 있는 분위기를 중시한다.
2) 지도집단 : 구조화된 집단상담으로써, 집단지도자의 강연 등을 통해 구성원들에게 정보를 제공하는 것을 목표로 한다.
3) 치료집단 : 주로 병원 등에서 행해지는 집단상담으로써 치료를 목적으로 하는 집단상담이다.
4) 자조집단 : 공통적 문제나 관심을 가진 사람들이 각자의 경험을 공유하기 위하여 자발적으로 형성한 집단이다.
5) 감수성집단 : 구성원들이 자신과 타인에 대한 인식을 증진하도록 함으로써, 효율적인 상호작용이 이루어지도록 한다.
6) T집단(훈련집단) : 비구조화된 상담으로써, 집단성원 모두가 직접 참여하여 스스로의 목표를 설정하고 상호 간 피드백을 해 준다.

19 자기 인식이 부족한 내담자를 사정할 때 인지에 대한 통찰을 재구조화하거나 발달시키는데 적합한 방법은?

① 직면이나 논리적 분석을 해준다.
② 불안에 대처하도록 심호흡을 시킨다.
③ 은유나 비유를 사용한다.
④ 사고를 재구조화 한다.

 **콕집어 해설**

자기 인식이 부족한 내담자의 사정
- 비난하기 : 직면이나 논리적 분석을 해준다.(①)
- 잘못된 의사결정방식 : 불안에 대처하도록 심호흡을 시킨다.(②)
- 자기인식의 부족 : 은유나 비유를 사용한다.(③)
- 걸러내기 : 사고를 재구조화 한다.(④)

답 ③

꿰뚫어 보기

인지적 명확성이 부족한 내담자 유형과 상담자의 개입방법
[단복가구원 무비양파강 걸고잘자~]

1) 단순 오정보 : 정보 제공하기
2) 복잡한 오정보 : 논리적 분석
3) 가정된 불가능 : 격려
4) 구체성의 결여 : 구체화시키기
5) 원인과 결과의 착오 : 논리적 분석
6) 무력감 : 지시적 상상
7) 비난하기 : 직면, 논리적 분석
8) 양면적 사고 : 역설적 사고
9) 파행적 의사소통 : 저항에 초점 맞추기
10) 강박적 사고 : 합리적·정시적 치료
11) 걸러내기 : 재구조화하기
12) 고정성 : 정보 제공하기
13) 잘못된 의사결정 방식 : 심호흡 시키기
14) 자기인식의 부족 : 은유나 비유 쓰기

20 하렌(V. Harren)의 진로의사결정 유형에 해당하는 것은?

① 운명론적 - 계획적 - 지연적
② 합리적 - 의존적 - 직관적
③ 주장적 - 소극적 - 공격적
④ 계획적 - 직관적 - 순응적

콕집어 해설

하렌(Harren)의 진로의사결정 유형 [합직의]
- 합리적 유형 : 의사결정에 논리적이고 합리적으로 접근하며, 결정에 대한 책임을 수용한다.
- 직관적 유형 : 감정을 사용하여 직관적으로 의사결정을 하며, 결정에 대한 책임은 수용하지만 미래를 위한 활동은 거의 하지 않는다.
- 의존적 유형 : 의사결정에 대해 의존적이며, 개인적 책임을 부정하고 외부로 책임을 돌리는 경향이 높다.

답 ②

꿰뚫어 보기

의사결정자 하위유형
1) 확정적 결정형 : 스스로 명확한 의사결정을 할 수 있지만 다른 선택대안과 비교하여 자신의 결정이 적절한 것인지 검토한다.
2) 수행적 결정형 : 의사결정을 하는데 주변 사람들의 도움이 필요한 경우를 말한다.
3) 회피적 결정형 : 주변 사람들과의 대립을 회피하기 위해 의사결정을 하지만 실제로는 결정을 하지 않는다.

제2과목 직업심리학

21 스트레스에 관한 설명으로 옳은 것은?

① 스트레스 수준과 수행은 U형 관계를 가진다.
② B유형 행동은 관상동맥성 질환과 밀접한 관련이 있다.
③ 외적통제자는 스트레스 상황에 노출되더라도 크게 위험을 느끼지 않는다.
④ 코티졸은 부신피질에서 방출하는 스트레스 통제 호르몬이다.

콕집어 해설

스트레스
- 스트레스 수준과 수행은 역U형 관계를 가진다.(①)
- A유형 행동은 관상동맥성 질환과 밀접한 관련이 있다.(②)
- 내적통제자는 스트레스 상황에 노출되더라도 크게 위험을 느끼지 않는다.(③)
- 코티졸은 부신피질에서 방출하는 스트레스 통제 호르몬이다.(④)

답 ④

꿰뚫어 보기

스트레스 이론
1) 17-OHCS(당류부신피질 호르몬) : 스트레스의 생리적 지표이며, 코티졸이 이 호르몬에 포함된다.
2) 코티졸 : 부신피질에서 방출하는 스트레스 통제 호르몬이다.
   ㄱ. 급성 스트레스→교감 신경계의 활성화→부신피질에서 에피네프린(아드레날린) 생성→코티졸 분비→혈중 포도당 증가→스트레스에 대처
   ㄴ. 장기 스트레스→코티졸 과다 분비→만성 피로→코티졸 기능파괴→스트레스에 대한 신체기능 저하
3) 결과 : 호흡과 심장 박동이 빨라지고 혈압이 높아짐
   주의 집중이 어렵고, 불안과 우울 등 부정적 정서를 유발함

22 Holland의 성격유형 중 구조화된 환경을 선호하고, 질서정연하고 체계적인 자료정리를 좋아하는 것은?

① 실제형 ② 탐구형
③ 사회형 ④ 관습형

콕집어 해설

홀랜드(Holland)의 육각형 모델 [현탐예 사진관]
- 현실형(실제형) : 실제적이며 현장에서 하는 일을 선호하나, 사회성이 부족하다.
  예 기술직, 엔지니어, 농부, 목수 등
- 탐구형 : 과학적이며 탐구활동을 선호하나, 지도력이 부족하다.
  예 물리학자, 화학자, 생물학자 등
- 예술형 : 심미적이며 창조적인 활동을 선호하나, 규범적 성향이 부족하다.
  예 음악가, 문학가, 화가 등
- 사회형 : 이타적이며 봉사활동을 선호하나, 기계적 활동 능력이 부족하다.
  예 사회복지사, 종교인, 상담사 등
- 진취형 : 진취적이며 적극적인 활동을 선호하나, 체계적 활동 능력이 부족하다.
  예 기업가, 정치인, 영업사원, 보험설계사 등
- 관습형 : 체계적이고 질서정연한 일을 선호하나, 융통성이 부족하다.
  예 경리사원, 회계사, 은행원 등

답 ④

꿰뚫어 보기

홀랜드 이론이 적용된 검사도구
1) 직업선호도검사(VPI ; Vocation Preference Inventory)
2) 자기방향탐색검사(SDS ; Self Directd Search)
3) 직업탐색검사(VEIK ; Vocational Exploration and Insigt Kit)
4) 자기직업상황검사(MVS ; My Vocational Situation)
5) 경력의사결정검사(CDM ; Career Decision Making)
6) 스트롱-캠벨 흥미검사(SCII ; Strong-Campbell Interest Inventory)

23 어떤 검사가 측정하고 있는 것이 이론적으로 관련이 깊은 속성과는 실제로 높은 상관관계를 보이고, 관계가 없는 것과는 낮은 상관관계를 보이는 타당도는 어떤 것인가?

① 준거관련 타당도 ② 동시타당도
③ 수렴 및 변별 타당도 ④ 예언타당도

족집어 해설

수렴 및 변별 타당도

- 구성타당도의 개념 : 측정하고자 하는 개념들이 실제 측정도구에 의해 얼마나 제대로 측정되었는지의 정도를 말한다.
- 구성타당도의 종류 [수변요]
  1) 수렴타당도 : 검사결과가 해당속성과 관련 있는 변수들과 높은 상관관계를 가지고 있을 때 수렴타당도는 높다.
     예 지능검사 결과가 이론적으로 지능과 관련 있는 학교성적과 높은 상관관계를 가지고 있다면 그 지능검사의 수렴타당도는 높다.
  2) 변별타당도 : 검사결과가 해당속성과 관련 없는 변수들과 낮은 상관관계를 가지고 있을 때 변별타당도는 높다.
     예 지능검사 결과가 이론적으로 지능과 관련 없는 외모와 낮은 상관관계를 가지고 있다면 그 지능검사의 변별타당도는 높다.
  3) 요인분석 : 검사를 구성하는 문항들 간의 상관관계를 분석하여 상관이 높은 문항들을 묶어주는 통계적 방법이다.
     예 수학과 과학 문항이 혼재된 시험을 치렀을 때, 수학과 학생은 수학을, 과학과 학생은 과학을 보통 잘 볼 것이므로 해당 문항들은 두개의 군집, 즉 요인으로 추출될 것이다.

답 ③

꿰뚫어 보기

준거타당도의 개념

검사와 준거 간의 상관관계를 분석해서 검사의 타당도를 평가하는 방법이다.

준거타당도의 종류

1) 동시타당도(공인타당도) : 현재 행위에 초점을 맞춘 것으로, 새로운 검사와 준거를 동시에 측정해서 두 결과 간의 상관관계를 추정한다.
   예 근무성적이 좋은 재직자가 검사점수도 높았다면, 해당 검사는 준거타당도를 갖췄다고 볼 수 있다.
2) 예언타당도(예측타당도) : 미래 행위에 초점을 맞춘 것으로, 검사점수와 미래행위 측정치 간의 상관계수를 추정한다.
   예 입사시험 성적이 높은 사람이 이후 근무성적에서도 높은 점수를 받았다면, 해당 입사시험은 예언타당도가 높다고 할 수 있다.

24 경력개발 프로그램 중 종업원 개발 프로그램과 가장 거리가 먼 것은?

① 훈련 프로그램 ② 평가 프로그램
③ 후견인 프로그램 ④ 직무순환 프로그램

족집어 해설

종업원 (능력)개발 프로그램

- 훈련 프로그램 : 컴퓨터 교육에서 대인관계까지 조직 내에서 실시하는 다양한 내용의 25. 훈련프로그램을 말한다.
- 후견인 프로그램(멘토십 시스템) : 종업원이 조직에 쉽게 적응하도록 상사가 후견인이 되어 도와주는 프로그램이다.
- 직무순환 프로그램 : 종업원에게 다양한 직무를 경험하게 함으로써 여러 분야의 능력을 개발하게 하는 프로그램이다.

답 ②

꿰뚫어 보기

경력개발 프로그램 유형 [자개 정종종]

1) 자기평가 도구 : 경력워크숍, 경력연습책자 등
2) 개인상담
3) 정보제공 : 사내공모제, 기술목록, 경력자원기관 등
4) 종업원 평가 : 평가기관, 심리검사, 조기발탁제 등
5) 종업원 개발 : 훈련 프로그램, 후견인 프로그램, 직무순환 프로그램 등

25 다음에 해당하는 진로발달 이론은?

> 진로선택은 하나의 문제해결 활동이며, 진로발달은 지식구조의 끊임없는 성장과 변화를 포함한다. 진로상담의 최종목표는 진로문제의 해결자이고 의사결정자인 내담자의 잠재력을 증진시키는 것이다.

① 사회인지적 진로이론
② 인지적 정보처리적 진로이론
③ 목표중심적 진로이론
④ 자기효능감 중심의 진로이론

콕집어해설

진로발달 이론

인지적 정보처리이론

1) 진로선택은 하나의 문제해결 활동이다.
2) 진로선택은 인지적 과정 및 정의적 과정들의 상호작용의 결과이다.
3) 진로발달 과정은 지식구조의 끊임없는 성장과 변화를 포함한다.
4) 진로성숙은 진로문제를 해결할 수 있는 자신의 능력에 달려 있다.
5) 진로문제 해결은 고도의 기억력을 요하는 과제이다.
6) 진로상담의 최종목표는 진로문제의 해결자이며, 의사결정자인 내담자의 잠재력을 증진시키는 것이다.

사회인지적 진로이론

1) 반두라(Bandura)의 사회학습이론을 토대로 렌트, 브라운, 헥케트와 베츠 등이 발전시킴
2) 진로이론의 3가지 중심변인 [자결개]
   ㄱ. 자기효능감 : 목표과업을 계획하고 수행할 수 있다는 자신의 능력에 대한 신념이다.
   ㄴ. 결과기대(성과기대) : 특정과업을 수행했을 때 일어날 결과에 대한 평가를 말한다.
   ㄷ. 개인적 목표 : 특정목표를 실행하고 성취하기 위한 개인의 의도를 말한다.

자기효능감 중심이론

어떤 과제를 수행하는 데 있어서 자신의 능력에 대한 믿음이 과제 시도의 여부와 과제를 어떻게 수행하는지를 결정한다.

자기효능감은 선택권의 제한과 자신의 능력을 발휘하지 못했던 경험 등에 의해 영향을 받는다고 주장한다.

답 ②

꿰뚫어 보기

인지적 진로정보처리 상담과정 [CASVE(까스 배)]

1) 의사소통(Communication) : 질문을 받아들여 부호화하며 이를 송출한다.
2) 분석(Analysis) : 하나의 개념적 틀 안에서 문제를 찾고 이를 분류한다.
3) 종합(Synthesis, 통합) : 일련의 행위를 형성한다.
4) 가치부여(Valuing, 평가) : 성공과 실패의 확률에 따라 각각의 행위를 판단하며, 다른 사람에게 미칠 파급효과를 평가한다.
5) 실행(Execution, 집행) : 책략을 통해 계획을 실행한다.

26 Krumboltz의 사회학습이론에서 개인의 진로에 영향을 미치는 요인에 해당하지 않는 것은?

① 유전적 요인 ② 부모 특성
③ 환경 조건과 사건 ④ 과제접근 기술

콕집어해설

Krumboltz의 사회학습이론 [유환학과]

- 유전적 요인과 특별한 능력 : 개인의 진로 기회를 제한하는 생득적인 특질을 말한다.
- 환경적 조건과 사건 : 개인의 통제를 벗어나는 정치·경제·사회·문화적 사항들이 개인의 진로에 영향을 미친다.
- 학습경험 : 개인이 과거에 학습한 경험은 현재 또는 미래의 교육적·직업적 의사결정에 영향을 미친다.
- 과제접근기술
  1) 유전적 요인, 환경조건, 학습경험의 상호작용으로 형성된 기술이며, 개인이 직면한 문제해결과 과업의 성패에 영향을 미친다.
  2) 목표설정, 가치 명료화, 대안 형성, 직업적 정보획득 등을 포함하는 기술이다.

답 ②

27 Lofquist와 Dawis의 직업적응 이론에 나오는 4가지 성격양식 차원에 해당하지 않는 것은?

① 민첩성 ② 역량
③ 친화성 ④ 지구력

직업적응 이론의 4가지 성격양식 [민역리지]
- 민첩성 : 정확성보다 속도를 중시한다.
- 역량 : 근로자의 평균활동 수준을 의미한다.
- 리듬 : 활동에 대한 다양성을 의미한다.
- 지구력 : 다양한 활동수준의 기간을 의미한다.

답 ③

꿰뚫어 보기

직업적응이론의 적응유형(방식) [융끈적반]
1) 융통성 : 작업환경과 개인환경 간의 부조화를 참아내는 정도이다.
2) 끈기(인내) : 환경이 자신에게 맞지 않아도 얼마나 오랫동안 견뎌낼 수 있는지의 정도이다.
3) 적극성 : 작업환경을 개인적 방식과 좀 더 조화롭게 만들어 가려고 노력하는 정도이다.
4) 반응성 : 작업성격의 변화로 인해 작업환경에 반응하는 정도이다.

28 다음 중 Maslow의 욕구위계이론과 가장 유사성이 많은 직무동기이론은?

① 기대-유인가 이론
② Adams의 형평이론
③ Locke의 목표설정이론
④ Alderfer의 존재-관계-성장이론

콕집어 해설

직무동기이론
- 기대-유인가 이론(Vroom) : 작업동기를 노력과 그에 따른 보상결과에 대한 기대로 설명한다.
- 형평이론(Adams) : 개인의 행위는 타인과의 공정성을 유지하는 방향으로 동기가 설정된다.
- 목표설정이론(Locke) : 개인의 행동은 목표에 따라 결정되며, 목표는 행동방향과 동기설정의 지표가 된다.
- 존재-관계-성장이론(Alderfer) : 좌절과 퇴행의 욕구 전개를 주장하면서, 인간의 욕구를 존재(E)·관계(R)·성장(G) 욕구로 구분했다.

답 ④

해 매슬로우는 만족과 진행의 욕구 전개를, 알더퍼는 좌절과 퇴행의 욕구 전개를 주장했다는 점에서 가장 유사성이 많다.

꿰뚫어 보기

매슬로우(Maslow)의 욕구위계이론
1) 인간욕구의 위계 5단계 [생안애 자자]
ㄱ. 생리적 욕구 : 의·식·주 및 종족 보존 등 최하위 단계의 욕구이자, 모든 욕구들 중 가장 기본적이고 강력한 욕구이다.
ㄴ. 안전(안정)에 대한 욕구 : 신체적·정신적 위험의 불안과 공포로부터 벗어나려는 욕구이다.
ㄷ. 애정과 소속에 대한 욕구 : 어떤 단체에 소속되어 애정을 주고받고자 하는 욕구이다.
ㄹ. 자기존중의 욕구 : 자신에 대한 존중과 타인에게서 받고자 하는 존경에 대한 욕구이다.
ㅁ. 자아실현의 욕구 : 자신의 재능을 최대한 발휘하여 모든 것을 성취하려는 최고 수준의 욕구이다.
2) 인간욕구의 특성
ㄱ. 하위 욕구가 더 강하고 우선적이다.
ㄴ. 상위 욕구의 만족은 지연될 수 있다.
ㄷ. 하위 욕구는 생존에 필요하고, 상위 욕구는 성장에 필요하다.
ㄹ. 상위 욕구는 더 좋은 외적 환경을 요구한다.
3) 매슬로우의 '자아실현자'의 특징
ㄱ. 현실을 객관적으로 인식한다.
ㄴ. 자신의 일에 몰두하고 만족해 한다.
ㄷ. 즐거움과 아름다움에 대한 감상 능력이 있다.
ㄹ. 꾸미기보다는 자연스러운 표현을 선호한다.
ㅁ. 창의적이고 감성적이며, 많은 것을 경험하려 한다.

29 직무분석의 방법과 가장 거리가 먼 것은?

① 요소비교법 ② 면접법
③ 중요사건법 ④ 질문지법

콕집어 해설

직무분석 방법(최초분석법) [면관체 설녹중]

1) 면접법 : 직무분석자가 정확한 표현이 가능한 직무담당자와 면접을 통해 직무를 분석하는 방법이다.
면접의 목적을 알려주고 편안한 분위기를 조성해야 한다. 개방형 질문을 사용하고 유도질문을 삼가며, 쉬운 용어를 사용하고 안정된 속도로 진행해야 한다.
   - 장점 : 정확한 직무지식을 얻을 수 있다.
     다양한 직무들에 적용 가능하다.
   - 단점 : 자료 수집에 많은 노력이 소요된다.
     수치화된 정보를 얻기 어렵다.
2) 관찰법 : 직무분석자가 직접 현장을 방문하여 작업자의 작업활동을 관찰하고 결과를 기술한다.
   - 장점 : 단순하고 반복적 직무분석에 적합하고, 정확한 결과를 얻을 수 있다.
   - 단점 : 정신적 활동의 직무분석에 적합하지 않고, 분석자의 주관이 개입될 수 있다.
3) 체험법 : 직무분석자가 직무활동을 직접 체험함으로써 생생한 자료를 얻는다.
   - 장점 : 직무의 심층적 내용까지 파악이 가능하다.
   - 단점 : 분석자의 일시적 체험을 확대 해석할 수 있으며, 정확성과 객관성을 보장하기 어렵다.
4) 설문지법 : 작업자들에게 설문지를 배부하고 이들에게 직무에 대해 기술하도록 하는 것이다.
   - 장점 : 모든 직무에 사용 가능하며, 비용이 저렴하고 짧은 시간 내 많은 정보를 얻을 수 있다.
   - 단점 : 질문내용 외의 정보를 얻기가 힘들고, 응답자의 응답 태도와 낮은 회수율이 문제이다.
5) 녹화법 : 단순하고 반복적이며, 장시간 관찰이 불가능할 때 사용된다.
   - 장점 : 열악한 작업환경에 대한 직무분석이 가능하다.
   - 단점 : 녹화 및 촬영 등의 전문 기술이 요구된다.
6) 중요사건기법(결정적 사건법) : 직무수행에 결정적 역할을 한 사건을 중심으로 직무요건을 추론한다.
   - 장점 : 직무수행과 관련된 중요한 지식, 기술, 능력 등을 사례별로 분석할 수 있다.
   - 단점
     ㄱ. 일상적인 수행과 관련된 지식, 기술, 능력이 배제될 수 있다.
     ㄴ. 과거의 결정적 사건들이 왜곡되어 기술될 수 있다.
     ㄷ. 추론과정에서 분석가의 주관이 개입될 수 있다.

답 ①

해 '요소비교법'은 서열법, 분류법, 점수법과 같은 직무평가 방법이다.

직무분석방법 [최비데]

1) 최초분석법 : 분석할 직업에 관한 자료가 드물고, 그 분야의 전문가가 거의 없을 때 사용한다.
2) 비교확인법 : 지금까지 분석된 자료를 참고로 현재의 직무 상태를 비교·확인하는 방법이다.
3) 데이컴법 : 교과과정을 개발하고, 교육목표와 내용을 비교적 단시간 내에 추출하기 위해 사용한다.

30 심리검사의 유형과 그 예를 짝지은 것으로 틀린 것은?

① 직업흥미검사-VPI ② 직업적성검사-AGCT
③ 성격검사-CPI ④ 직업가치검사 - MIQ

콕집어 해설

심리검사의 유형
- 직업선호도검사(VPI) : 직업과 관련된 흥미를 측정하는 직업흥미검사이다.
- 육군일반분류검사(AGCT) : 제2차세계대전 때 미국 육군이 신병을 분류하기 위해 시행한 집단지능검사이다.
- 캘리포니아 성격검사(CPI) : 일반인의 성격을 측정하는 성격검사이다.
- 미네소타 중요도 검사(MIQ) : 근로자의 욕구와 가치요인을 측정하는 직업가치검사이다.

답 ②

꿰뚫어 보기

심리검사의 분류

1) 실시 방식에 따른 분류
   ㄱ. 실시시간 기준
      a. 속도검사 : 시간제한 있고 쉬운 문제들로 구성되어 있으며, 문제해결력보다는 숙련도를 측정한다.
         예 웩슬러 지능검사의 소검사
      b. 역량검사 : 시간제한 없고 어려운 문제들로 구성되어 있으며, 숙련도보다는 문제해결력을 측정한다.
         예 수학 경시대회
   ㄴ. 수검자 수 기준
      a. 개인검사 : 검사자와 수검자의 일대일 방식으로 이루어지는 검사이며, 수검자의 심층적 분석에 유리하다.
         예 한국판 웩슬러 지능검사(K-WAIS), 일반직업적성검사(GATB), 주제통각검사(TAT), 로샤검사 등
      b. 집단검사 : 여러 명의 수검자를 한번에 검사하는 방식이며, 시간과 비용면에서 효율적이다.

예 미네소타 다면적인성검사(MMPI), 캘리포니아 성격검사(CPI), 마이어스-브릭스 성격유형검사(MBTI) 등

ㄷ. 검사도구 기준

a. 지필검사 : 종이에 인쇄된 문항에 응답하는 방식이다.

예 각종 국가자격시험, MMPI, MBTI 등

b. 수행검사 : 수검자가 도구를 다뤄야 하는 방식이다.

예 운전면허 주행시험, 웩슬러 지능검사의 토막짜기 소검사, 일반 직업적성검사의 동작검사 등

2) 사용목적에 따른 분류

ㄱ. 규준참조검사 : 개인의 점수를 다른 사람들의 점수와 비교하는 상대평가 검사이다.

예 심리검사, 선발검사 등

ㄴ. 준거참조검사 : 개인의 점수를 어떤 기준검사와 비교하는 절대평가 검사이다.

예 다수의 국가자격시험 등

3) 측정내용에 따른 분류

ㄱ. 인지적 검사(성능검사) : 일정 시간 내 자신의 능력을 최대한 발휘하게 하는 극대수행검사(최대수행검사)이다.

a. 지능검사 : 스탠포드-비네 지능검사, 한국판 웩슬러 성인용지능검사(K-WAIS) 등

b. 적성검사 : 일반적성검사(GATB)

c. 성취도검사 : 학업성취도검사

ㄴ. 정서적 검사(성향검사) : 비인지적 검사로써, 일상생활에서의 습관적인 행동을 검토하는 습관적 수행검사이다.

a. 성격검사 : MBTI, MMPI, CPI, 로샤검사 등

b. 흥미검사 : 직업선호도검사, 쿠더직업흥미검사, 스트롱-캠벨 흥미검사

c. 태노검사 : 식부반속노검사(JSS) 능

4) 검사장면에 따른 분류

ㄱ. 축소상황검사 : 실제 장면과 같지만 과제나 직무를 매우 축소시킨 검사이다.

ㄴ. 모의장면검사 : 실제 장면과 거의 유사한 장면을 인위적으로 만들어 놓은 검사이다.

ㄷ. 경쟁장면검사 : 작업장면과 같은 상황에서 실제 문제나 작업을 제시하고 경쟁적으로 문제해결을 요구하는 검사이다.

31 검사 점수의 표준오차에 관한 설명으로 옳은 것은?

① 검사의 표준오차는 클수록 좋다.

② 검사의 표준오차는 검사 점수의 타당도를 나타내는 수치다.

③ 표준오차를 고려할 때 오차 범위 안의 점수 차이는 무시해도 된다.

④ 검사의 표준오차는 표준편차의 다른 표현이다.

족집어해설

표준오차

- 검사의 표준오차는 작을수록 좋다.(①)
- 표준오차가 작을수록 표본의 대표성이 높다.
- 검사의 표준오차는 검사 점수의 신뢰도를 나타내는 수치다.(②)
- 표준오차를 고려할 때 오차 범위 안의 점수 차이는 무시해도 된다.(③)
- 검사의 표준오차와 표준편차는 서로 다른 개념이다.(④)
- 표준오차는 표본들의 평균이 모집단의 평균과 어느 정도 떨어져서 분포되어 있는지를 나타내며, 표준편차는 변숫값이 평균값에서 어느 정도 떨어져 있는지를 나타낸다.

답 ③

꿰뚫어 보기

집단 내 규준 [백표표]

1) 백분위 점수 : 특정 집단의 점수분포에서 한 개인의 상대적 위치를 나타내는 점수이다.

2) 표준점수 : 표준편차를 사용하여 개인의 점수가 평균으로부터 떨어져 있는 거리를 표시한 것이다.

3) 표준등급 : 원점수를 1~9까지의 구간으로 구분하여 각 구간마다 일정한 점수나 등급을 부여한 것이다.

표준점수 계산

1) Z 점수 : 원점수를 평균이 0, 표준편차가 1인 Z분포상의 점수로 변환한 점수이다.

$$Z = \frac{원점수 - 평균}{표준편차}$$

2) T 점수 : 소수점과 음수값을 가지는 Z점수의 단점을 보완하기 위해, 원점수를 변환해서 평균이 50, 표준편차가 10인 분포로 만든 것이다.

T = 10 × Z점수 + 50

32 Roe의 직업분류체계에 관한 설명으로 틀린 것은?

① 일의 세계를 8가지 장(field)과 6가지 수준(level)으로 구성된 2차원의 체계로 조직화했다.
② 원주상의 순서대로 8가지 장(field)은 서비스, 사업상 접촉, 조직, 기술, 옥외, 과학, 예술과 연예, 일반문화이다.
③ 서비스 장(field)들은 사람지향적이며 교육, 사회봉사, 임상심리 및 의술이 포함된다.
④ 6가지 수준(level)은 근로자의 직업과 관련된 정교화, 책임, 보수, 훈련의 정도를 묘사하며, 수준 1이 가장 낮고, 수준 6이 가장 높다.

콕집어해설

로(Roe)의 직업 분류
- 일의 세계를 8가지 장(Field)과 6가지 수준(Level)의 2차원 체계로 조직(①)
- 8가지 직업군은 서비스, 비즈니스(사업상 접촉), 단체직(조직), 기술직, 옥외활동직, 과학직, 예능직, 일반문화직이다.(②)
- 서비스 장(field)들은 사람 지향적이며 교육, 사회봉사, 임상심리 및 의술이 포함된다.(③)
- 6가지 수준은 고급 전문관리, 중급 전문관리, 준 전문관리, 숙련, 반숙련, 비숙련이며, '수준 1'이 가장 높고 '수준 6'이 가장 낮다.(④)

답 ④

꿰뚫어 보기

로(Roe)의 직업 분류 8가지 장(Field) [서비단기 옥과예일]
1) 서비스직 : 사람 지향적이며 교육, 사회봉사, 임상심리직 등이 있다.
2) 비즈니스직 : 일대일 만남으로 상대방을 설득하여 제품을 판매하며, 보험, 부동산직 등이 있다.
3) 단체직 : 기업의 조직 및 기능과 관련된 사업, 행정직 등이 있다.
4) 기술직 : 상품의 생산·유지·운송과 관련된 기계직, 정보통신직 등이 있다.
5) 옥외활동직 : 천연자원을 개발, 보존, 수확하는 농업, 어업, 축산직 등이 있다.
6) 과학직 : 과학이론 및 이론을 적용시키는 연구직, 교수직업 등이 있다.
7) 예능직 : 창조적 예술과 연예 활동하는 음악과 배우직 등이 있다.
8) 일반문화직 : 개인보다는 인류의 활동에 흥미를 가지는 고고학자 등이 있다.

33 직업상담에 사용되는 질적 측정도구가 아닌 것은?

① 역할놀이　② 제노그램
③ 카드분류　④ 욕구 및 근로 가치 설문

콕집어해설

질적 측정도구 [자카제역]
- 자기효능감 척도 : 어떤 과제를 어느 정도 수준으로 수행할 수 있는 능력을 갖추었다고 스스로 판단하는지의 정도를 측정한다.
- (직업)카드분류 : 내담자의 가치관, 흥미, 직무기술, 라이프 스타일 등의 선호형태를 측정하는 데 유용하다.
- 제노그램(직업가계도) : 내담자의 가족이나 선조들의 직업 특징에 대한 시각적 표상을 얻기 위해 도표를 만드는 방식이다.
- 역할놀이(역할극) : 내담자의 수행 행동을 나타낼 수 있는 업무상황을 제시해 준다.

답 ④

해 '욕구 및 근로 가치 설문'은 양적 평가도구이다.

꿰뚫어 보기

아이작슨과 브라운(Isaacson & Brown)의 직업검사도구 분류
1) 양적 평가도구 : 욕구 및 근로가치 설문, 흥미검사, 성격검사 등
2) 질적 평가도구 : 자기효능감 척도, 카드분류, 직업가계도, 역할놀이

34 긴즈버그(Ginzberg)가 제시한 진로발달 단계가 아닌 것은?

① 환상기　② 잠정기
③ 현실기　④ 적응기

콕집어해설

긴즈버그(Ginzberg)의 진로발달 단계 [환잠현]
- 환상기 : 환상 속에서 비현실적 선택을 하며, 자신의 욕구를 중시한다.
- 잠정기 : 흥미에 따라 직업을 선택하나, 점차 자신의 능력을 고려한다.
  하위단계 : 흥미단계, 능력단계, 가치단계, 전환단계 [흥능가전]
- 현실기 : 개인의 욕구 및 능력을 현실적 요건에 부합시킴으로써 현명한 선택을 한다.
  하위단계 : 탐색단계, 구체화단계, 특수화(정교화)단계 [탐구특]

답 ④

꿰뚫어 보기

에릭슨의 심리사회적 발달단계와 위기 [신자 주근자 친생자]

1) 유아기(0~18개월) : 신뢰감 대 불신감
2) 초기아동기(18개월~3세) : 자율성 대 수치심
3) 학령전기 또는 유희기(3~5세) : 주도성 대 죄의식
4) 학령기(5~12세) : 근면성 대 열등감
5) 청소년기(12~20세) : 자아정체감 대 정체감 혼란
6) 성인초기(20~24세) : 친밀감 대 고립감
7) 성인기(24~65세) : 생산성(생성감) 대 침체감
8) 노년기(65세 이후) : 자아통합 대 절망

수퍼(Super)의 진로발달단계 [성탐 확유쇠]

1) 성장기 : 자아개념을 발달시키는 시기이며, 욕구와 환상이 지배적이나 점차 흥미와 능력을 중시하게 된다.
   하위단계 : 환상기, 흥미기, 능력기 [환흥능]
2) 탐색기 : 미래에 대한 계획을 세우고 적합한 직업을 탐색하는 시기이다.
   하위단계 : 잠정기, 전환기, 시행기 [잠전시]
3) 확립기 : 자신에게 적합한 분야를 발견해서 생활의 기반을 확립하는 시기이다.
   하위단계 : 시행기, 안정기
4) 유지기 : 자신의 자리를 유지하려고 노력하며 안정된 삶을 살아가는 시기이다.
5) 쇠퇴기 : 직업에서 은퇴한 후 새로운 역할과 활동을 찾게 되는 시기이다.

고트프레드슨(Gottfredson) [힘성사내]

1) 힘과 크기 지향성(3~5세) : 사고과정이 구체화되며, 어른이 된다는 것의 의미를 알게 된다.
2) 성역할 지향성(6~8세) : 자아개념이 성의 발달에 의해서 영향을 받게 된다.
3) 사회적 가치 지향성(9~13세) : 사회적 가치를 인지하면서 상황속 자아를 인식하게 된다.
4) 내적, 고유한 자아 지향성(14세 이후) : 자아성찰과 사회적 가치의 인식에 따라 직업적 포부가 발달한다.

35 진로성숙도 검사(CMI)의 태도척도 영역과 이를 측정하는 문항의 예가 바르게 짝지어진 것은?

① 결정성 - 나는 선호하는 진로를 자주 바꾸고 있다.
② 독립성 - 나는 졸업할 때까지는 진로선택 문제에 별로 신경을 쓰지 않겠다.
③ 타협성 - 일하는 것이 무엇인지에 대해 생각한 바가 거의 없다.
④ 성향 - 나는 하고 싶기는 하나 할 수 없는 일을 생각하느라 시간을 보내곤 한다.

콕집어 해설

직업성숙도검사(CMI)의 태도척도 [결참 독지타]

- 결정성 : 선호하는 진로의 방향에 대한 확신의 정도이다.
  예 "나는 선호하는 진로를 자주 바꾸고 있다."
- 참여도(관여도) : 진로선택 과정에 능동적으로 참여하는 정도이다.
  예 "나는 졸업할 때까지는 진로선택 문제에 별로 신경을 쓰지 않겠다."
- 독립성 : 진로선택을 독립적으로 할 수 있는 정도이다.
  예 "나는 부모님이 정해 주시는 직업을 선택하겠다."
- 지향성(성향) : 진로결정에 필요한 사전 이해와 준비의 정도이다.
  예 "일하는 것이 무엇인지에 대해 생각한 바가 거의 없다."
- 타협성 : 진로선택 시 욕구와 현실에 타협하는 정도이다.
  예 "나는 하고 싶기는 하나 할 수 없는 일을 생각하느라 시간을 보내곤 한다."

답 ①

꿰뚫어 보기

CMI의 능력척도 [자직 목계문]

1) 자기평가 : 자신의 성격, 흥미, 태도를 명확히 지각하고 이해하는 능력
2) 직업정보 : 직업세계에 대한 지식 등을 얻고 평가하는 능력
3) 목표선정 : 자기평가와 직업정보를 토대로 직업을 선택하는 능력
4) 계획 : 직업목표 선정 후 이를 달성하기 위해 계획을 수립하는 능력
5) 문제해결 : 진로결정 과정에서 발생하는 다양한 문제들을 해결하는 능력

36 직무수행 관련 성격 5요인(Big 5) 모델의 요인이 아닌 것은?

① 외향성 ② 친화성
③ 성실성 ④ 지배성

콕집어 해설

성격의 5요인(Big Five) [외호 성정경]
- 외향성 : 타인과의 상호작용을 원하고 타인의 관심을 끌고자 하는 정도를 측정한다.
- 호감성(친화성) : 타인과 편안하고 조화로운 관계를 유지하려는 정도를 측정한다.
- 성실성 : 사회적 규범이나 원칙 등을 기꺼이 지키려는 정도를 측정한다.
- 정서적 불안정성 : 정서적으로 얼마나 안정되어 있는지의 정도를 측정한다.
- 경험에 대한 개방성 : 세계에 대한 관심 및 호기심, 다양한 경험에 대한 포용력 정도를 측정한다.

답 ④

37 윌리암슨(Williamson)이 제시한 상담의 과정을 바르게 나열한 것은?

ㄱ. 분석	ㄴ. 종합	ㄷ. 상담
ㄹ. 진단	ㅁ. 추수지도	ㅂ. 처방

① ㄱ → ㄴ → ㄹ → ㅂ → ㄷ → ㅁ
② ㄱ → ㄴ → ㄹ → ㄷ → ㅁ → ㅂ
③ ㄱ → ㄹ → ㅂ → ㄷ → ㅁ → ㄴ
④ ㄹ → ㅂ → ㄴ → ㄱ → ㄷ → ㅁ

콕집어 해설

윌리암슨의 특성-요인 직업상담 과정 [분종진 예상추]
- 분석 : 내담자 분석을 위해 심리검사 및 자료수집, 표준화검사 등이 사용된다.
- 종합 : 내담자에 대한 이해를 얻기 위해 수집한 자료들을 종합한다.
- 진단 : 내담자 문제의 원인을 탐색하며, 문제해결을 위해 진단하는 단계이다.
- 예측(예후, 처방) : 진단의 결과를 통해 직업문제에 대해 예측하는 단계이다.
- 상담 : 내담자와 직업문제에 대해 상담하고 문제를 치료한다.
- 추수지도(사후지도) : 내담자가 바람직한 행동을 하도록 계속적인 지도를 한다.

답 ①

38 다음에 해당하는 직무 및 조직관련 스트레스 요인은?

> 직장 내 요구들 간의 모순 혹은 직장의 요구와 직장 밖 요구 사이의 모순이 있을 때 발생한다.

① 역할 갈등 ② 역할 과다
③ 과제 특성 ④ 역할 모호성

콕집어 해설

역할갈등

역할담당자의 역할과 역할전달자의 역할기대가 상충함으로써 발생한다.
1) 개인 간 역할갈등 : 직업에서의 요구와 직업 이외의 요구 간의 갈등에서 발생한다.
2) 개인 내 역할갈등 : 직업에서의 요구와 개인의 가치관이 다를 때 발생한다.
3) 송신자 간 갈등 : 두 명 이상의 요구가 갈등을 일으킬 때 발생한다.
4) 송신자 내 갈등 : 업무 지시자가 서로 배타적이고 양립할 수 없는 요구를 할 때 발생한다.

답 ①

꿰뚫어 보기

직무 및 조직 관련 스트레스원

1) 복잡한 과제 및 반복 과제(과제 특성) : 복잡한 과제는 정보 과부화를 일으켜서 스트레스를 높일 수 있으며, 지루하게 반복되는 과업의 단조로움은 매우 위험한 스트레스 요인이 될 수 있다.
2) 역할갈등
3) 역할모호성 : 역할담당자가 역할기대자의 역할기대에 대해 명확히 알지 못함으로써 발생한다.
4) 역할과다/역할과소 : 직무에서의 요구가 역할담당자의 능력을 벗어날 때 역할과다가, 역할담당자의 능력을 충분히 활용하지 못할 때는 역할과소가 발생한다.
5) 산업의 조직문화와 풍토 : 미국과 같은 개인주의적·공식적 조직에서는 주로 구조적 변수(의사결정의 참여 등)로, 한국과 같은 집합주의적·비공식적 조직에서는 주로 인간관계 변수(동료와의 관계 등)로 역할갈등이 발생한다.

39 직업적성검사인 GATB에서 측정하는 적성요인에 해당하지 않는 것은?

① 기계적성　　② 공간적성
③ 사무지각　　④ 손의 기교도

콕집어 해설

일반직업적성검사(GATB)의 측정영역

[지언수사 공형운손손]

- 직업적성검사는 개인이 특정직무를 성공적으로 수행할 수 있는지를 측정하는 검사이다.
- 15개의 하위검사를 통해 9가지 적성요인을 검출한다.
- 15개 하위검사 중 11개는 지필검사이고, 4개는 기구검사(수행검사, 동작검사)이다.

측정방식	하위검사명	측정영역
지필	기구대조검사	형태지각(P)
	형태대조검사	형태지각(P)
	명칭비교검사	사무지각(Q)
	타점속도검사	운동반응(K)
	표식검사	운동반응(K)
	종선기입검사	운동반응(K)
	평면도판단검사	공간판단력(S)
	입체공간검사	공간적성(S), 지능(G)
	어휘검사	언어능력(V), 지능(G)
	산수추리검사	수리능력(N), 지능(G)
	계수검사	수리능력(N)
기구검사	환치검사	손의 재치(M)
	회전검사	손의 재치(M)
	조립검사	손가락 재치(F)
	분해검사	손가락 재치(F)

답 ①

꿰뚫어 보기

일반적성검사(GATB)에서 측정하는 검출적성의 측정 내용

측정영역	측정내용
지능 또는 일반학습능력	일반학습능력 및 원리이해 능력, 추리·판단능력
언어능력 또는 언어적성	언어의 뜻과 개념을 이해하고 사용하는 능력
수리능력 또는 수리적성	빠르고 정확하게 계산하는 능력
사무지각	문자, 인쇄물, 전표 등을 세밀하게 구별하는 능력
공간판단력	공간상의 형태를 이해하고 평면과 물체와의 관계를 이해하는 능력
형태지각	실물·도해·표에 나타난 것을 세밀하게 지각하는 능력
운동반응	눈과 손 또는 손가락을 함께 사용하여 빠르고 정확하게 반응하는 능력
손의 재치(정교성)	손을 빠르고 정교하게 움직이는 능력
손가락 재치(정교성)	손가락을 정교하게 조절하는 능력

40 과업지향적 직무분석방법 중 기능적 직무분석의 세 가지 차원이 아닌 것은?

① 기술(skill) ② 자료(data)
③ 사람(people) ④ 사물(things)

과업지향적 직무분석방법
- 직무에서 수행하는 과제나 활동이 어떤 것들인지 파악하는 데 초점을 둔다.
- 직무 자체의 내용을 중점적으로 다루는 '직무기술서' 작성에 중요 정보를 제공한다.
- 직무 각각에 대해 표준화된 분석도구를 만들 수 없다.

예 기능적 직무분석(FJA; Functional Job Analysis) : 직무정보를 자료(Data), 사람(People), 사물(Thing) 기능으로 분석한다.

답 ①

꿰뚫어 보기

직무분석의 유형

1) 과제 중심 직무분석

ㄱ. 직무에서 수행하는 과제나 활동이 어떤 것들인지 파악하는 데 초점을 둔다.

ㄴ. 직무 자체의 내용을 중점적으로 다루는 '직무기술서' 작성에 중요 정보를 제공한다.

ㄷ. 직무 각각에 대해 표준화된 분석도구를 만들 수 없다.

예 기능적 직무분석(FJA; Functional Job Analysis) : 직무정보를 자료(Data), 사람(People), 사물(Thing) 기능으로 분석한다.

2) 작업자 중심 직무분석

ㄱ. 직무를 수행하는 데 요구되는 지식, 기술, 능력, 경험 등 작업자의 재능에 초점을 둔다.

ㄴ. 인적 요건을 주로 다루는 '직무명세서(작업자 명세서)'를 작성하는 데 중요 정보를 제공한다.

예 직위분석질문지(PAQ; Position Analysis Questionaire)

a. 직무수행에 요구되는 지식, 기술, 능력 등의 인간적 요건들을 밝히는 데 목적을 둔 표준화된 분석도구이다.

b. 6가지 범주 : 정보입력, 정신과정, 작업결과, 타인들과의 관계, 직무맥락, 직무요건 **[정정작 타직직]**

제3과목 · 직업정보론

41 공공직업정보와 비교한 민간직업정보의 일반적 특성에 관한 설명으로 틀린 것은?

① 필요한 시기에 최대한 활용되도록 한시적으로 신속하게 생산되어 운영된다.
② 국제적으로 인정되는 객관적인 기준에 근거하여 직업을 분류한다.
③ 특정한 목적에 맞게 해당분야 및 직종을 제한적으로 선택한다.
④ 시사적인 관심이나 흥미를 유도할 수 있도록 해당 직업을 분류한다.

콕집어 해설

민간직업정보의 일반적 특성

구분	민간 직업정보	공공 직업정보
정보제공 속성	한시적	지속적
직업분류·구분	생산자의 자의성	기준에 따른 객관성
조사 직업 범위	제한적	포괄적
정보의 구성	완결적 정보체계	기초적 정보체계
타 정보와의 관계	관련성 낮음	관련성 높음
비용	유료	무료

답 ②

해 공공직업정보의 특성이다.

42 한국표준산업분류의 산업결정방법에 관한 설명으로 틀린 것은?

① 생산단위의 산업활동은 그 생산단위가 수행하는 주된 산업활동의 종류에 따라 결정된다.
② 계절에 따라 정기적으로 산업을 달리하는 사업체의 경우에는 조사시점의 경영하는 산업에 의해 결정된다.
③ 휴업 중 또는 자산을 청산중인 사업체의 산업은 영업 중 또는 청산을 시작하기 전의 산업활동에 의해 결정된다.
④ 설립중인 사업체의 산업은 개시하는 산업활동에 따라 결정한다.

콕집어 해설

한국표준산업분류의 산업결정방법 [생종 계휴단]

- 생산단위의 산업활동은 그 생산단위가 수행하는 주된 산업활동의 종류에 따라 결정된다.(①)
- 해당 활동의 종업원 수 및 노동시간, 임금 및 급여액 또는 설비의 정도에 의하여 결정한다.
- 계절에 따라 정기적으로 산업을 달리하는 사업체의 경우에는 조사시점에서 경영하는 사업과는 관계없이 조사대상기간 중 산출액이 많았던 활동에 의하여 분류된다.(②)
- 휴업 중 또는 자산을 청산 중인 사업체의 산업은 영업 중 또는 청산을 시작하기 이전의 산업활동에 의하여 결정하며, 설립중인 사업체의 산업은 개시하는 산업활동에 따라 결정한다.(③, ④)
- 단일사업체의 보조단위는 그 사업체의 일개 부서로 포함하며, 여러 사업체를 관리하는 중앙보조단위는 별도의 사업체로 처리한다.

답 ②

해 조사시점(×)→'조사대상기간 중 산출액이 많았던 활동'

꿰뚫어 보기

한국표준산업분류(KSIC)의 적용원칙 [생복 산수공]

1) 생산단위는 산출물뿐만 아니라 투입물과 생산공정 등을 함께 고려하여 그들의 활동을 가장 정확하게 설명된 항목에 분류해야 한다.
2) 복합적인 활동단위는 우선적으로 최상급 분류단계(대분류)를 정확히 결정하고, 순차적으로 중, 소, 세, 세세분류 단계 항목을 결정하여야 한다.
3) 산업활동이 결합되어 있는 경우에는 그 활동단위의 주된 활동에 따라서 분류하여야 한다
4) 수수료 또는 계약에 의하여 활동을 수행하는 단위는 동일한 산업활동을 자기계정과 자기책임하에서 생산하는 단위와 같은 항목에 분류하여야 한다.
5) 동일단위에서 제조한 재화의 소매활동을 별개 활동으로 분류하지 않고 제조활동으로 분류되어야 한다. 그러나 자기가 생산한 재화와 구입한 재화를 함께 판매한다면 그 주된 활동에 따라 분류한다.
6) 생산단위의 소유 형태, 법적 조직 유형 또는 운영 방식은 산업분류에 영향을 미치지 않는다.
7) 공식적 생산물과 비공식적 생산물, 합법적 생산물과 불법적인 생산물을 달리 분류하지 않는다.

43 다음은 한국표준직업분류(2007)의 어떤 직능 수준에 해당하는 설명인가?

일반적으로 중등교육을 마치고 1~3년 정도의 추가적인 교육과정(ISCED 수준 5b) 정도의 정규교육 또는 직업훈련을 필요로 한다.

① 제1직능 수준　② 제2직능 수준
③ 제3직능 수준　④ 제4직능 수준

콕집어 해설

직능수준(Skill Level)

- 직능수준은 직무수행능력의 높낮이를 말하는 것으로 정규교육, 직업훈련, 직업경험, 선천적 능력과 사회 문화적 환경 등에 의해 결정된다.
- 제3직능수준 : 복잡한 과업과 실제적인 업무를 수행할 정도의 전문적인 지식을 보유하고 수리계산이나 의사소통 능력이 상당히 높아야 한다.
  보통 중등교육을 마치고 1~3년 정도의 추가적인 교육과정 정도의 정규교육 또는 직업훈련을 필요로 한다.

답 ③

꿰뚫어 보기

직능수준(Skill Level)

1) 제1직능수준
  - 일반적으로 단순·반복적이며 육체적인 힘을 요하는 업무를 수행하며, 간단한 수작업 공구나 진공청소기, 전기장비들을 이용하고, 과일을 따거나 채소를 뽑고 단순 조립 등의 작업을 수행한다.
  - 최소한의 문자이해와 수리적 사고능력이 요구되는 간단한 직무교육으로 누구나 수행할 수 있다.
  - 초등교육이나 기초적인 교육을 필요로 한다.
  - 단순노무종사자가 이에 해당한다.
2) 제2직능수준
  - 일반적으로 완벽하게 읽고 쓸 수 있는 능력과 정확한 계산능력, 그리고 상당한 정도의 의사소통 능력을 필요로 한다.
  - 보통 중등 이상 교육과정의 정규교육이수 또는 이에 상응하는 직업훈련이나 직업경험을 필요로 한다.
3) 제4직능수준
  - 매우 높은 수준의 이해력과 창의력 및 의사소통 능력이 필요하다.
  - 일반적으로 4년 이상의 학사, 석사나 그와 동등한 학위가 수여되는 교육수준의 정규교육 또는 훈련을 필요로 한다.

44 국가기술자격 서비스분야 등급에서 응시자격의 제한이 없는 종목을 모두 고른 것은?

ㄱ. 사회조사분석사 2급	ㄴ. 스포츠경영관리사
ㄷ. 소비자전문상담사 2급	ㄹ. 임상심리사 2급
ㅁ. 텔레마케팅관리사	

① ㄱ, ㄴ, ㄹ　② ㄱ, ㄴ, ㄷ, ㅁ
③ ㄴ, ㄹ, ㅁ　④ ㄱ, ㄴ, ㄷ, ㄹ, ㅁ

콕집어 해설

국가기술자격 중 응시자격에 제한이 없는 서비스분야

직업상담사 2급, 사회조사분석사 2급, 컨벤션기획사 2급, 소비자전문상담사 2급, 전자상거래관리사 2급, 컴퓨터활용능력 1·2 급, 비서 1·2·3급, 한글속기 1·2·3급, 전산회계운용사 1·2·3급, 스포츠경영관리사, 전자상거래운용사, 워드프로세서, 텔레마케팅관리사 등은 응시자격 제한이 없다.

답 ②

꿰뚫어 보기

응시자격 제한 서비스분야

임상심리사 2급 응시자격

1) 임상심리와 관련하여 1년 이상 실습수련을 받은 사람 또는 2년 이상 실무에 종사한 사람으로서 대학졸업자 및 그 졸업예정자
2) 외국에서 동일한 종목에 해당하는 자격을 취득한 사람

국제의료관광코디네이터

1) 업무수행 : 보건의료, 관광, 마케팅, 의학용어 등 관련 지식을 가지고 의료관광 상담, 진료서비스 지원, 의료행위로 인한 리스크 관리, 관광서비스 지원, 통역, 의료관광 마케팅, 행정절차 관리 등의 업무를 수행한다.
2) 응시자격
  ㄱ. 보건의료 또는 관광분야의 관련학과로서 대학졸업자 또는 졸업예정자
  ㄴ. 2년제 전문대학 관련학과 졸업자 등으로서 졸업 후 보건의료 또는 관광분야에서 2년 이상 실무에 종사한 사람
  ㄷ. 관련 자격증(의사, 간호사, 보건교육사, 관광통역안내사, 컨벤션기획사1·2급)을 취득한 사람
  ㄹ. 보건의료 또는 관광분야에서 4년 이상 실무에 종사한 사람

45 2022년도에 신설되어 시행되는 국가기술자격 종목은?

① 방재기사　② 신발산업기사
③ 보석감정산업기사　④ 정밀화학기사

콕집어 해설

2022년도에 신설된 국가기술자격 종목
- 정밀화학기사 : 고용노동부(주무부), 한국산업인력공단(수탁기관)
- 제과 산업기사 : 식품의약품안전처(주무부), 수탁기관 미정
- 제빵 산업기사 : 식품의약품안전처(주무부), 수탁기관 미정

답 ④

꿰뚫어 보기

- 폐지 : 철도토목산업기사, 메카트로닉스기사, 반도체설계기사, 연삭기능사 자격증
- 통합 : 치공구설계산업기사→'기계설계산업기사'로 통합
- 변경 : 굴삭기운전기능사→'굴착기운전기능사'로 변경

46 국가직무능력표준(NCS)에 대한 설명으로 틀린 것은?

① 국가직무능력표준은 산업현장에서 직무를 수행하기 위해 요구되는 지식, 기술, 태도 등의 내용을 국가가 체계화한 것이다.
② 국가직무능력표준 분류는 직무의 유형(Type)을 중심으로 단계적으로 구성하였다.
③ 국가직무능력표준을 활용하여 교육·훈련 프로그램 및 자격종목을 설계할 수 있다.
④ 국가직무능력표준의 수준체계는 1수준~5수준의 5단계로 구성된다.

콕집어 해설

국가직무능력표준(NCS)의 특징
- 국가직무능력표준은 산업현장에서 직무를 수행하기 위해 요구되는 지식, 기술, 태도 등의 내용을 국가가 체계화한 것이다.(①)
- 국가직무능력표준 분류는 직무의 유형(Type)을 중심으로 단계적으로 구성하였다.(②)
- 국가직무능력표준을 활용하여 교육·훈련 프로그램 및 자격종목을 설계할 수 있다.(③)
- 한국고용직업분류를 중심으로 분류하였으며, 대분류·중분류·소분류·세분류 순으로 구성되어 있다.
- 국가직무능력표준의 수준체계는 1수준~8수준의 8단계로 구성되며, 8수준이 가장 높고 1수준이 가장 낮은 단계이다.(④)

답 ④

해 1수준~5수준의 5단계(×)→'1수준~8수준의 8단계'

꿰뚫어 보기

NCS 수준 체계의 구분
- 8수준 : '최고도의 이론'~
- 7수준 : '전문화된 이론'~
- 6수준 : '독립적인 권한'~
- 5수준 : '포괄적인 권한'~　[6독 5포]
- 4수준 : '일반적인 권한'~
- 3수준 : '제한된 권한'~　[4일 3제]
- 2수준 : '일반적 지시와 감독'~
- 1수준 : '구체적 지시와 철저한 감독'~

47 다음은 직업정보 수집을 위한 자료수집방법을 비교한 표이다. (　　)에 알맞은 것은?

기준	(ㄱ)	(ㄴ)	(ㄷ)
비용	높음	보통	보통
응답자료의 정확성	높음	보통	낮음
응답률	높음	보통	낮음
대규모 표본관리	곤란	보통	용이

	ㄱ	ㄴ	ㄷ
①	전화조사	우편조사	면접조사
②	면접조사	우편조사	전화조사
③	면접조사	전화조사	우편조사
④	전화조사	면접조사	우편조사

콕집어 해설

직업정보 수집을 위한 자료수집방법

기준	면접조사	전화조사	우편조사
비용	높음	보통	보통
응답자료의 정확성	높음	보통	낮음
응답률	높음	보통	낮음
대규모 표본관리	곤란	보통	용이

답 ③

48 한국표준직업분류에서 대분류와 직능수준과의 관계로 틀린 것은?

① 관리자 - 제4직능 수준 혹은 제3직능 수준
② 사무 종사자 - 제2직능 수준 필요
③ 판매 종사자 - 제2직능 수준 필요
④ 군인 - 제1직능 수준 필요

콕집어 해설

대분류별 직능수준
- 관리자 : 제4직능 수준 혹은 제3직능 수준
- 사무 종사자 : 제2직능 수준 필요
- 판매 종사자 : 제2직능 수준 필요
- 군인 : 제2직능수준 이상 필요

답 ④

대분류별 직능수준 [관전/사서판농기장/단/군]

분류	대분류	직능 수준
1	관리자	제4직능수준 필요 혹은 제3직능수준 필요
2	전문가 및 관련 종사자	
3	사무 종사자	제2직능수준 필요
4	서비스 종사자	
5	판매 종사자	
6	농림·어업 숙련 종사자	
7	기능원 및 관련 기능 종사자	
8	장치·기계조작 및 조립종사자	
9	단순노무종사자	제1직능수준 필요
A	군인	제2직능수준 이상 필요

49 한국표준직업분류의 포괄적인 업무에 대한 직업분류 원칙에 해당되지 않는 것은?

① 주된 직무 우선 원칙
② 최상급 직능수준 우선 원칙
③ 생산업무 우선 원칙
④ 조사 시 최근의 직업 원칙

콕집어 해설

포괄적인 업무에 대한 직업분류 원칙 [포주최생]

- 포괄적 업무는 한 사람이 두 개 이상의 직무를 수행하는 경우를 의미한다.
  이러한 경우 다음과 같은 순서에 따라 분류원칙을 적용한다.
  1) 주된 직무 우선 원칙 : 수행되는 직무내용과 분류 항목에 명시된 직무내용을 비교·평가하여 관련 직무 내용상의 상관성이 가장 많은 항목에 분류한다.
     예 교육과 진료를 겸하는 의과대학 교수는 강의·평가·연구 등(교육)과 진료·처치·환자상담 등(의료)의 직무내용을 파악하여 관련 항목이 많은 분야로 분류한다.
  2) 최상급 직능수준 우선 원칙 : 수행된 직무가 상이한 수준의 훈련과 경험을 통해서 얻어지는 직무능력을 필요로 한다면, 가장 높은 수준의 직무능력을 필요로 하는 일에 분류하여야 한다.
     예 조리와 배달의 직무비중이 같을 경우에는, 조리의 직능수준이 높으므로 조리사로 분류한다.
  3) 생산업무 우선 원칙 : 재화의 생산과 공급이 같이 이루어지는 경우는 생산단계에 관련된 업무를 우선적으로 분류한다.
     예 한 사람이 빵을 생산하고 판매도 하는 경우에는, 판매원으로 분류하지 않고 제빵사로 분류한다.

답 ④

해 '조사 시 최근의 직업 원칙'은 다수 직업 종사자의 분류원칙이다.

꿰뚫어 보기

직업분류의 일반원칙

1) 포괄성의 원칙 : 우리나라에 존재하는 모든 직무는 어떤 수준에서든지 분류에 포괄되어야 한다.
2) 배타성의 원칙 : 동일하거나 유사한 직무는 어느 경우에든 같은 단위직업으로 분류되어야 한다.

다수 직업 종사자의 분류원칙 [다취수조]

한 사람이 전혀 상관성이 없는 두 가지 이상의 직업에 종사할 경우에 그 직업을 결정하기 위한 원칙이다.

1) 취업시간 우선의 원칙 : 더 긴 시간을 투자하는 직업으로 결정한다.
2) 수입 우선의 원칙 : 취업시간으로 구별할 수 없을 때는 수입이 많은 직업으로 결정한다.
3) 조사 시 최근의 직업원칙 : 위의 두가지로 판별할 수 없을 때는 조사시점을 기준으로 최근에 종사한 직업으로 결정한다.

50 워크넷에서 제공하는 학과정보 중 공학계열에 해당하는 학과가 아닌 것은?

① 생명공학과 ② 건축학과
③ 안경광학과 ④ 해양공학과

콕집어 해설

워크넷 학과정보

1) 인문계열 : 언어학과, 철학과, 윤리학과, 국제지역학과, 심리학과 등
2) 사회계열 : 정치외교학과, 법학과, 경제학과, 행정학과, 비서학과 등
3) 교육계열 : 교육학과, 영어교육학과, 유아교육학과 등
4) 자연계열 : 생명공학과, 수학과, 시구과학과, 수의학과, 아동가족학과 등
5) 공학계열 : 안경광학과, 기계공학과, 건축학과, 조경학과, 해양공학과 등
6) 의약계열 : 의학과, 한의학과, 간호학과, 응급구조과, 방사선과 등
7) 예·체능계열 : 성악과, 공예학과, 사진학과, 연극영화과, 체육학과 등

답 ①

51 직업정보 분석에 관한 설명으로 틀린 것은?

① 직업정보는 직업전문가에 의해 분석되어야 한다.
② 수집된 정보에 대하여는 목적에 맞도록 몇 번이고 분석하여 가장 최신의 객관적이며 정확한 자료를 선정한다.
③ 동일한 정보라 할지라도 다각적인 분석을 시도하여 해석을 풍부히 한다.
④ 직업정보원과 제공원에 관한 정보는 알 필요가 없다.

직업정보 분석 시 유의점

- 전문가나 전문적인 시각에서 분석한다.(①)
- 수집된 정보는 목적에 맞도록 몇 번이고 분석하여 가장 최신의 객관적이며 정확한 자료를 선정한다.(②)
- 동일한 정보라 할지라도 다각적인 분석을 시도하여 해석을 풍부히 한다.(③)
- 직업정보원과 제공원에 대해 제시한다.(④)
- 다양한 정보를 충분히 검토하여 효율적으로 검색·활용할 수 있게 분류한다.
- 다른 통계와의 관련성을 고려하여, 숫자로 표현할 수 없는 정보라도 삭제하거나 배제하지 않는다.

답 ④

꿰뚫어 보기

직업정보 가공시 유의사항

1) 이용자가 전문적인 지식이 없어도 이해할 수 있도록 가공한다.
2) 직업에 대한 장·단점을 편견없이 제공한다.
3) 가장 최신의 자료를 활용하되 표준화된 정보를 활용한다.
4) 효율적인 정보제공을 위해 시각적 효과를 추가한다.
5) 정보의 생명력을 측정하여 활용법을 선정한다.
6) 이용자에게 동기를 부여할 수 있도록 구상한다.

52 내용분석법을 통해 직업정보를 수집할 때의 장점이 아닌 것은?

① 정보제공자의 반응성이 높다.
② 장기간의 종단연구가 가능하다.
③ 필요한 경우 재조사가 가능하다.
④ 역사연구 등 소급조사가 가능하다.

콕집어 해설

직업정보 수집 방법

내용분석법

1) 특징

ㄱ. 여러 문서화된 매체들을 중심으로 연구에 필요한 자료들을 수집하는 방법이다.

ㄴ. 문헌연구의 일종이며, 기록된 정보의 내용을 분석하기 위해 양적·질적 분석 방법을 사용한다.

ㄷ. 현재의 내용뿐만 아니라 잠재적인 내용도 분석 대상이다.

2) 장점

ㄱ. 정보 제공자의 반응성이 낮다.(①)

ㄴ. 다양한 심리적 변수를 효과적으로 측정할 수 있다.

ㄷ. 역사적 기록물을 통해 소급 조사와 장기간의 종단연구가 가능하다.(②, ④)

ㄹ. 연구대상에 영향을 미치지 않고 다른 연구방법과 병용이 가능하다.

ㅁ. 다른 측정방법의 타당성 여부를 조사하기 위해 사용 가능하다.

ㅂ. 다른 방법에 비해 실패 시 위험부담이 적고, 재조사가 가능하다.(③)

ㅅ. 시간과 비용 등이 절약된다.

3) 단점

ㄱ. 기록된 자료에만 의존해야 하고, 자료 입수가 제한적임

ㄴ. 명백히 드러난 내용과 숨겨진 내용을 구분하기가 어려움

ㄷ. 자료의 신뢰도와 타당도 확보의 어려움

답 ①

꿰뚫어 보기

직업정보 수집방법

1) 면접법

ㄱ. 장점

a. 언어소통이 가능한 모든 사람들을 대상으로 적용할 수 있다.

b. 조사환경을 통제하고 표준화할 수 있다.

c. 복잡한 질문의 사용가능과 정확한 응답을 얻어낼 수 있다.

d. 개별적 상황에 따라 적절한 대응이 가능하다.

e. 제3자의 영향을 배제할 수 있다.

f. 질문지법보다 더욱 공정한 표본을 얻을 수 있다.

ㄴ. 단점

a. 시간과 비용, 노력이 많이 소요되고 절차가 복잡하다.

b. 면접자에 따라서 면접내용에 대한 편향성이 나타날 수 있다.

c. 응답자가 불편한 상황에서 응답함으로써 부정적 영향이 미칠 수 있다.

d. 응답범주에 대한 표준화가 어렵다.

2) 질문지법(설문지법)

ㄱ. 질문 내용 구성할 때 주의사항

a. 질문 내용은 가급적 구체적인 용어로 표현하는 것이 좋다.

b. 조사용어는 가치중립적인 것을 사용해야 한다.

c. 질문은 가능한 한 간단하게 해야 한다.

d. 유도질문이나 애매하고 막연한 질문, 이중질문은 피해야 한다.

e. 폐쇄형 질문의 응답범주는 포괄적이고 상호배타적이어야 한다.

ㄴ. 질문 문항 순서

a. 질문 문항들을 논리적 순서에 따라 자연스럽게 배치한다.

b. 질문 문항들을 길이와 유형에 따라 변화 있게 배치한다.

c. 답변이 용이한 질문들은 전반부에 배치한다.

d. 계속적인 기억이 필요한 질문들을 전반부에 배치한다.

e. 민감한 질문이나 개방형 질문들은 가급적 질문지의 후반부에 배치한다.

f. 동일한 척도의 항목들은 모아서 배치한다.

g. 신뢰도 측정을 위해 짝(pair)으로 된 문항들은 멀리 떨어져 있어야 한다.

h. 여과 질문들을 적절하게 배치하여 사용한다.

i. 특별한 질문은 일반질문 뒤에 놓는다.

ㄷ. 장점

a. 면접법에 비해 시간과 비용, 노력이 적게 소요된다.

b. 응답자가 익명으로 자유롭게 응답할 수 있다.

c. 표준화된 질문순서, 지시 등으로 질문의 일관성을 기할 수 있다.

d. 즉각적인 응답 대신 심사숙고하여 정확하게 응답할 수 있다.

ㄹ. 단점

a. 읽고 쓸 수 없는 사람을 대상으로 조사가 불가능하다.

b. 무응답에 대한 통제가 어렵다.

c. 질문의 요지를 필요에 따라 설명할 수 없으므로 융통성이 결여된다.

d. 응답자의 비언어적 행위나 개인적인 특성에 관한 자료를 수집하기 어렵다.

53 제10차 한국표준산업분류의 산업분류에 관한 설명으로 **틀린** 것은?

① 산업은 유사한 성질을 갖는 산업활동에 주로 종사하는 생산단위의 집합이다.
② 각 생산단위가 노동, 자본, 원료 등 자원을 투입하여 재화 또는 서비스를 생산·제공하는 일련의 활동과정이 산업활동이다.
③ 산업활동 범위에는 가정 내 가사활동도 포함된다.
④ 산업분류는 생산단위가 주로 수행하는 산업활동을 분류 기준과 원칙에 맞춰 그 유사성에 따라 체계적으로 유형화한 것이다.

콕집어 해설

한국표준산업분류(KSIC)의 산업/산업분류

산업

1) 산업의 정의 : 유사한 성질을 갖는 산업활동에 주로 종사하는 생산단위의 집합이다.(①)
2) 산업활동 : 각 생산단위가 노동, 자본, 원료 등 자원을 투입하여 재화나 서비스를 생산 또는 제공하는 일련의 활동과정이다.(②)
3) 산업활동의 범위 : 영리적·비영리적 활동이 모두 포함되나, 가정 내의 가사활동은 제외된다.(③)

산업분류

1) 산업분류 정의 : 생산단위가 주로 수행하고 있는 산업활동을 분류 기준과 원칙에 맞춰 그 유사성에 따라 체계적으로 유형화한 것이다.(④)
2) 분류 기준
   ㄱ. 산출물의 특성
   ㄴ. 투입물의 특성
   ㄷ. 생산활동의 일반적인 결합형태

답 ③

꿰뚫어 보기

생산단위의 활동형태

1) 주된 산업활동 : 생산된 재화나 제공된 서비스 중에서 부가가치가 가장 큰 활동이다.
2) 부차적 산업활동 : 주된 활동 이외의 재화 생산 및 서비스 제공 활동을 말한다.
3) 보조적 활동 : 주된 활동과 부차적 활동을 지원하며 회계, 운송, 구매, 창고, 수리 서비스 등이 포함된다.

54 다음은 한국직업사전의 부가직업정보(작업강도) 중 무엇에 관한 설명인가?

최고 20kg의 물건을 들어올리고, 10kg 정도의 물건을 빈번히 들어올리거나 운반한다.

① 아주 가벼운 작업　　② 가벼운 작업
③ 보통 작업　　④ 힘든 작업

콕집어 해설

부가직업정보 중 작업강도

- 아주 가벼운 작업 : 최고 4kg의 물건을 들어올리고, 때때로 장부·대장·소도구 등을 들어올리거나 운반한다.
- 가벼운 작업 : 최고 8kg의 물건을 들어올리고, 4kg 정도의 물건을 빈번히 들어올리거나 운반한다.
- 보통 작업 : 최고 20kg의 물건을 들어올리고, 10kg 정도의 물건을 빈번히 들어올리거나 운반한다.
- 힘든 작업 : 최고 40kg의 물건을 들어올리고, 20kg 정도의 물건을 빈번히 들어올리거나 운반한다.
- 아주 힘든 작업 : 40kg 이상의 물건을 들어올리고, 20kg 이상의 물건을 빈번히 들어올리거나 운반한다.

답 ③

꿰뚫어 보기

한국직업사전의 구성

1) 직업코드 : 한국고용직업분류(KECO)의 세분류 4자리 숫자로 표기했다.
2) 본직업명 : 산업현장에서 일반적으로 해당 직업으로 알려진 명칭 또는 그 직무가 통상적으로 호칭되는 것으로 한국직업사전에 그 직무내용이 기술된 명칭이다.
3) 직무개요 : 주로 직무담당자의 활동, 활동의 대상 및 목적, 직무 담당자가 사용하는 기계, 전문적인 지식 등을 간략히 포함한다.
4) 수행직무 : 직무담당자가 직무의 목적을 완수하기 위하여 수행하는 작업내용을 작업 순서에 따라 서술한 것이다.
5) 부가직업정보 : 정규교육, 육체활동, 숙련기간, 직무기능, 작업강도, 작업장소, 작업환경, 자격·면허, 유사명칭, 관련직업, 조사연도, 표준산업분류 코드, 표준직업분류 코드로 구성되어 있다.

55 워크넷에서 채용정보 상세검색 시 선택할 수 있는 기업형태가 아닌 것은?

① 대기업 ② 일학습병행기업
③ 가족친화인증기업 ④ 다문화가정지원기업

콕집어 해설

워크넷에서의 기업형태별 검색 [대강외벤 가공코일청]
대기업, 강소기업, 외국계기업, 벤처기업, 가족친화인증기업, 공무원·공기업·공공기관, 코스피·코스닥, 일학습병행기업, 청년친화강소기업

답 ④

56 직업정보의 일반적인 정보관리순서로 가장 적합한 것은?

① 수집→분석→가공→체계화→제공→평가
② 수집→제공→분석→가공→평가→체계화
③ 수집→분석→평가→가공→제공→체계화
④ 수집→분석→체계화→제공→가공→평가

콕집어 해설

직업정보의 일반적인 정보관리순서 [수분가 (체)제(축)평]
수집→분석→가공→(체계화)→제공→(축적)→평가

답 ①

57 다음의 주요 업무를 수행하는 사업주 직업능력개발훈련기관은?

- 훈련과정 인정
- 실시신고 접수 및 수료자 확정
- 비용신청서 접수 및 지원
- 훈련과정 모니터링

① 전국고용센터 ② 한국고용정보원
③ 근로복지공단 ④ 한국산업인력공단

콕집어 해설

직업능력개발훈련기관
- 전국고용센터 : HRD-Net 사용인증, 지정 훈련시설 인·지정, 행정처분, 훈련과정 지도·점검, HRD-Net 회원가입 승인, 부정수급액 반환 등의 업무
- 한국고용정보원 : HRD-Net 시스템 운영 및 관리 등의 업무
- 근로복지공단 : 기업규모 결정(대규모기업, 우선지원대상기업 등), 보험료 부과(징수는 국민건강보험공단) 등의 업무
- 한국산업인력공단 : 비용신청서 접수 및 지원, 실시신고 접수 및 수료자 확정, 훈련과정 모니터링, 훈련과정 인정 등

답 ④

58 국민내일배움카드의 지원대상에 해당하지 않는 것은?

① 「한부모가족지원법」에 따른 지원대상자
② 「고용보험법 시행령」에 따른 기간제근로자인 피보험자
③ 「수산업·어촌 발전 기본법」에 따른 어업인으로서 어업 이외의 직업에 취업하려는 사람
④ 만 75세 이상인 사람

콕집어 해설

국민내일배움카드제 지원 제외 대상자

- 공무원연금법이나 사립학교교직원 연금법을 적용받고 현재 재직 중인 사람
- 만 75세 이상인 사람
- 졸업예정자 이외의 재학생
- 연매출액 1억 5천만원 이상의 자영업자
- 월 임금 300만원 이상인 대기업 근로자(45세 미만)
- 특수형태근로종사자
- 중앙행정기관으로부터 훈련비를 지원받는 훈련에 참여하는 사람
- HRD-Net을 통하여 직업능력개발훈련 동영상 교육을 이수하지 아니하는 사람
- 외국인(단, 고용보험 피보험자는 제외)
- 부정행위에 따른 지원금 등의 반환 명령을 받고 그 납부의 의무를 이행하지 아니하는 사람
- 이 규정 시행일 이전에 직업능력개발훈련을 3회 지원받았음에도 불구하고, 훈련개시일 이후 취업한 기간이 180일 미만이거나 자영업자로서 피보험기간이 180일 미만인 사람

답 ④

59 **한국직업사전(2020)의 부가정보 중 "자료"에 관한 설명으로 틀린 것은?**

① 종합 : 사실을 발견하고 지식개념 또는 해석을 개발하기 위해 자료를 종합적으로 분석한다.
② 분석 : 조사하고 평가한다. 평가와 관련된 대안적 행위의 제시가 빈번하게 포함된다.
③ 계산 : 사칙연산을 실시하고 사칙연산과 관련하여 규정된 활동을 수행하거나 보고한다. 수를 세는 것도 포함된다.
④ 기록 : 데이터를 옮겨 적거나 입력하거나 표시한다.

콕집어 해설

한국직업사전의 직무기능 중 자료(Data)

자료(Data) [종조분수 계기비]

0. 종합(synthesizing) : 사실을 발견하고 지식개념 또는 해석을 개발하기 위해 자료를 종합적으로 분석한다.(①)
1. 조정(coordinating) : 데이터의 분석에 기초하여 시간, 장소, 작업순서, 활동 등을 결정한다. 결정을 실행하거나 상황을 보고한다.
2. 분석(analyzing) : 조사하고 평가한다. 평가와 관련된 대안적 행위의 제시가 빈번하게 포함된다.(②)
3. 수집(compiling) : 자료, 사람, 사물에 관한 정보를 수집, 대조, 분류한다.
   정보와 관련한 규정된 활동의 활동의 수행 및 보고가 자주 포함된다.
4. 계산(computing) : 사칙연산을 실시하고 사칙연산과 관련하여 규정된 활동을 수행하거나 보고한다. 수를 세는 것은 포함되지 않는다.(③)
5. 기록(copying) : 데이터를 옮겨 적거나 입력하거나 표시한다.(④)
6. 비교(comparing) : 자료, 사람, 사물의 쉽게 관찰되는 기능적·구조적·조합적 특성을 (유사한지 또는 명백한 표준과 현격히 차이가 있는지) 판단한다.

답 ③

 **꿰뚫어 보기**

사람(People)

자문, 협의, 교육, 감독, 오락제공, 설득, 말하기-신호, 서비스 제공 등의 활동이며, 인간과 인간처럼 취급되는 동물을 다루는 것을 포함한다.

사물(Thing)

설치, 정밀작업, 제어조작, 조작운전, 수동조작, 유지, 투입-인출, 단순작업 등의 활동이며, 물질, 재료, 기계, 공구, 설비 등을 다루는 것을 포함한다.

60 국가기술자격 산업기사 등급의 응시 자격 기준으로 틀린 것은?

① 고용노동부령으로 정하는 기능경기대회 입상자
② 동일 및 유사 직무분야의 산업기사 수준 기술훈련과정 이수자 또는 그 이수 예정자
③ 응시하려는 종목이 속하는 동일 및 유사 직무분야의 다른 종목의 산업기사 등급 이상의 자격을 취득한 사람
④ 응시하려는 종목이 속하는 동일 및 유사 직무분야에서 1년 이상 실무에 종사한 사람

콕집어 해설

산업기사 등급 응시자격

- 기능사 등급 이상의 자격을 취득한 후 응시하려는 종목이 속하는 동일 및 유사 직무분야에 1년 이상 실무에 종사한 사람
- 응시하려는 종목이 속하는 동일 및 유사 직무분야의 다른 종목의 산업기사 등급 이상의 자격을 취득한 사람(③)
- 관련학과의 2년제 또는 3년제 전문대학졸업자 등 또는 그 졸업예정자 관련학과의 대학졸업자 등 또는 그 졸업예정자
- 동일 및 유사 직무분야의 산업기사 수준 기술훈련과정 이수자 또는 그 이수예정자(②)
- 응시하려는 종목이 속하는 동일 및 유사 직무분야에서 2년 이상 실무에 종사한사람(④)
- 고용노동부령으로 정하는 기능경기대회 입상자(①)
- 외국에서 동일한 종목에 해당하는 자격을 취득한 사람

답 ④

꿰뚫어 보기

국가기술자격 검정기준

1) 기술사 : 고도의 전문지식과 실무경험의 능력 보유
2) 기능장 : 최상급 숙련기능과 현장관리의 능력 보유
3) 기사 : 공학적 기술이론 보유
4) 산업기사 : 기술기초이론 지식과 숙련기능 보유
5) 기능사 : 각 종목에 숙련기능 보유

제4과목 노동시장론

61 다음 표에서 실업률은?

총인구	생산가능인구	취업자	실업자
100만 명	60만 명	36만 명	4만 명

① 4.0% ② 6.7%
③ 10.0% ④ 12.5%

콕집어 해설

실업률

- 실업률 = $\frac{\text{실업자 수}}{\text{경제활동인구 수}} \times 100$
- 경제활동인구 수 = 취업자 수 + 실업자 수
= 36(만) + 4(만) = 40(만)

그러므로 실업률(%) = $\frac{\text{4만 명}}{\text{40만 명}} \times 100 = 10.0(\%)$이다.

답 ③

꿰뚫어 보기

1) 경제인구의 구성
15세이상 인구 수(=생산가능인구 수)
ㄱ. 경제활동인구 수 = 취업자 수 + 실업자 수
ㄴ. 비경제활동인구 수

2) 경제활동참가율(%) = $\frac{\text{경제활동인구 수}}{\text{15세이상 인구 수}} \times 100$

3) 실업률(%) = $\frac{\text{실업자 수}}{\text{경제활동인구 수}} \times 100$

4) 취업률(%) = $\frac{\text{취업자 수}}{\text{경제활동인구 수}} \times 100$

5) 고용률(%) = $\frac{\text{취업자 수}}{\text{15세이상인구 수}} \times 100$

62 숍 제도에 대한 설명으로 틀린 것은?

① 클로즈드숍(Closed Shop)하에서 노동조합은 노동공급을 독점할 수 있다.
② 유니언숍(Union Shop)하에서 노동자는 일정한 기간 내에 노동조합에 가입해야 한다.
③ 에이전시숍(Agency Shop)은 노조원에게만 조합비를 받는 제도이다.
④ 오픈숍(Open Shop)하에서 노동조합은 상대적으로 노동력의 공급을 독점하기 어렵다.

콕집어해설

숍(shop)제도

기본 숍(shop)제도

1) 오픈 숍(open shop) : 고용주가 조합원, 비조합원 모두를 고용할 수 있는 제도이다.
   노동조합 확대에 가장 불리하다.
2) 유니온 숍(union shop) : 고용주가 조합원 가입여부와 관계없이 신규채용이 가능하나, 채용 후 일정기간 내 반드시 노동조합에 가입하도록 해야 하는 제도이다.
   오픈숍과 클로즈드숍의 중간 형태이다.
3) 클로즈드 숍(closed shop) : 노동조합에 가입한 노동자만을 채용할 수 있다.
   노동조합 확대가 용이해서 노동조합 측에 가장 유리한 제도이다.

답 ③

변형된 숍(shop) 제도

1) 에이전시 숍(agency shop) : 조합원·비조합원 구분하지 않고 모든 종업원에게 노동조합의 회비를 징수하는 제도이다.
2) 프레퍼렌셜 숍(Preferential Shop) : 채용이나 단체교섭의 결과를 조합원에게 우선적으로 적용하는 등 조합원과 비조합원을 차등적으로 대하는 제도이다.
3) 메인티넌스 숍(Maintenance Shop) : 노동조합의 가입 및 탈퇴가 자유로우나, 단체협약이 체결되면 그 효력이 지속되는 기간에는 탈퇴할 수 없다.

63 다음 사례에 해당하는 것은?

A는 디헝미트에서 주당 20시간 근무하고 있는 단시간 근로자(파트타임근로자)이다. 시간당 임금이 7천원에서 9천원으로 인상되어 A는 주당 근로시간을 30시간으로 확대하기로 하였다.

① 수요효과 ② 공급효과
③ 소득효과 ④ 대체효과

콕집어해설

소득의 증가에 따른 노동시간의 효과

- 대체효과 : 임금이 상승하면 여가에 활용하는 시간이 상대적으로 비싸짐으로 근로자는 여가를 줄이고 노동시간을 늘린다.
- 소득효과 : 임금상승으로 실질소득이 증가하므로 근로자는 노동시간을 줄이고 여가시간과 소비재 구입을 늘린다.

답 ④

64 다음 중 최저임금제 도입의 직접적인 목적과 가장 거리가 먼 것은?

① 고용 확대 ② 구매력 증대
③ 생계비 보장 ④ 경영합리화 유도

콕집어해설

최저임금제

- 법적 강제력으로 근로자 보호를 위해 임금의 최저 한도를 정한 제도이다.
- 최저임금위원회의 심의·의결을 거쳐 고용노동부장관이 결정한다.
- 2023년도 최저임금은 전년 대비 5.0% 인상된 9,620원이다.
- 긍정적 효과 [소노공 경기산]
  1) 소득분배 개선
  2) 노동력의 질적 향상
  3) 공정경쟁의 확보
  4) 경기 활성화에 기여
  5) 기업의 근대화 및 산업구조 고도화 촉진
  6) 산업평화 유지
  7) 복지국가의 실현
- 부정적 효과
  1) 고용 감소 및 실업 증가
  2) 경제활동 배분의 왜곡과 전체적인 생산량 감소
  3) 소득분배의 역진성

답 ①

해 고용확대(×)→'고용 감소'
④ : 기업은 최저임금제 도입으로 노동비용의 상승에 따른 손실을 최소화하기 위해 구조조정이나 경영합리화 정책을 추구한다.

꿰뚫어 보기

최저임금제의 노동시장 파급 효과
1) 노동 공급량의 증가
2) 노동 수요량의 감소
3) 실업의 발생
4) 숙련직의 임금 상승 유발
5) 부가급여의 축소 유발

65 소득정책의 효과에 대한 설명으로 틀린 것은?

① 성장산업의 위축을 초래할 수 있다.
② 행정적 관리비용을 절감할 수 있다.
③ 임금억제에 이용될 가능성이 크다.
④ 급격한 물가상승기에 일시적으로 사용하면 효과를 거둘 수 있다.

콕집어 해설

소득정책의 효과
- 소득정책은 물가나 임금의 과도한 상승을 억제하기 위한 정책이다.
- 성장산업의 위축을 초래할 수 있다.(①)
- 행정적 관리비용을 증가시킬 수 있다.(②)
- 임금억제에 이용될 가능성이 크다.(③)
- 급격한 물가상승기에 일시적으로 사용하면 효과를 거둘 수 있다.(④)

답 ②

해 행정직 관리자 수의 증가로 비용이 증가한다.

66 다음 중 노동조합의 경제적 효과 중 파급효과에 대한 설명으로 틀린 것은?

① 파급효과는 노동조합이 조직됨으로써 노동조합 조직부문에서의 상대적 노동수요가 감소하고 그 결과 일자리를 잃은 노동자들이 비조직부문의 임금을 하락시키는 효과이다.
② 파급효과는 노동조합의 잠재적인 조직위협에 의해서 비조직부문의 노동자의 임금이 인상되는 효과이다.
③ 파급효과가 매우 강한 경우에는 노동조합이 이중노동시장을 형성시키게 한다.
④ 파급효과가 강한 경우 조직부문의 임금인상이 비조합원을 저임금의 불안정한 직무로 몰아내는 간접효과를 가진다.

콕집어 해설

파급효과(이전효과, 해고효과)
- 파급효과는 노동조합이 조직됨으로써 노동조합 조직부문에서의 상대적 노동수요가 감소하고 그 결과 일자리를 잃은 노동자들이 비조직부문의 임금을 하락시키는 효과이다.(①)
- 파급효과가 강한 경우 조직부문의 임금인상이 비조합원을 저임금의 불안정한 직무로 몰아내는 간접효과를 가진다.(④)
- 파급효과가 매우 강한 경우에는 노동조합이 이중노동시장을 형성시키게 한다.(③)

답 ②

해 노동조합의 잠재적인 조직위협에 의해서 비조직부문의 노동자의 임금이 인상되는 것은 '위협효과'이다.

67 노동의 임금탄력성에 관한 설명 중 옳은 것을 모두 고른 것은?

ㄱ. 상품수요가 가격탄력적이면 노동수요의 임금탄력성이 높다.
ㄴ. 숙련정도가 높을수록 노동수요의 임금탄력성은 감소한다.
ㄷ. 생산비 중 인건비가 차지하는 비중이 크면 노동수요의 임금탄력성이 높다.

① ㄱ, ㄴ ② ㄱ, ㄷ
③ ㄴ, ㄷ ④ ㄱ, ㄴ, ㄷ

콕집어 해설

노동수요의 탄력성 결정요인
- 상품에 대한 수요의 탄력성(ㄱ)
- 총생산비에 대한 노동비용의 비중(ㄷ)
- 다른 요소와의 대체가능성(ㄴ)
- 다른 생산요소의 공급탄력성

답 ④

해 ㄴ : 숙련도가 높으면 대체가능성이 낮으므로 노동수요는 비탄력적이 된다.

꿰뚫어 보기

노동수요의 결정요인 [임상 타노생]

1) 임금(노동의 가격)
2) 상품에 대한 수요
3) 타 생산요소의 가격변화
4) 노동생산성의 변화
5) 생산기술의 진보

68 다음 중 성과급 제도의 장점에 해당하는 것은?

① 직원 간 화합이 용이하다.
② 근로의 능률을 자극할 수 있다.
③ 임금의 계산이 간편하다.
④ 확정적 임금이 보장된다.

콕집어 해설

성과급 제도의 장·단점

장점
1) 작업성과와 임금이 정비례하므로 노동자에게 합리성과 공평감을 준다.
2) 작업능률을 자극함으로써 생산성 제고·원가절감·노동자의 소득증대에 효과가 있다.(②)
3) 시간급제보다 원가계산이 용이하다.

단점
1) 직원 간의 화합에 불리하다.(①)
2) 확정적 임금이 보장되지 못한다.(④)
3) 임금의 계산이 복잡하다.(③)
4) 표준단가의 결정과 정확한 작업량의 측정이 어렵다.
5) 무리한 노동의 결과로 과로와 조직적 태업을 유발할 가능성이 있다.
6) 작업량에만 치중하므로 제품의 품질저하가 나타날 수 있다.

답 ②

해 ①, ③, ④는 '고정급제'의 장점이다.

꿰뚫어 보기

성과급제

1) 노동의 성과를 측정하여 성과에 따라 임금을 산정·지급하는 능률급제이며 변동급제의 임금형태이다.
2) 실시조건
   ㄱ. 생산량이 객관적으로 측정이 가능할 경우
   ㄴ. 근로자의 노력과 생산량과의 관계가 명확할 경우
   ㄷ. 직무가 표준화되어 있고 작업의 흐름이 정규적인 경우
   ㄹ. 생산물의 질이 생산량보다 덜 중요하거나 그 질이 일정한 경우

69 노동자 7명의 평균생산량이 20단위일 때, 노동자를 추가로 1명 더 고용하여 평균생산량이 18단위로 감소하였다면, 이때 추가로 고용된 노동자의 한계생산량은?

① 4단위 ② 5단위
③ 6단위 ④ 7단위

콕집어 해설

노동자의 한계생산량(MP_L)

- 노동의 평균생산량(AP_L) = $\frac{\text{총생산량(TP)}}{\text{노동투입량(L)}}$
- 노동의 한계생산량(MP_L)
  = $\frac{\text{총생산량의 증가분}(\triangle TP)}{\text{노동투입량의 증가분}(\triangle L)}$
- 노동자 7명의 평균생산량이 20단위이므로,
  총생산량(TP) = 노동투입량(L) × 노동의 평균생산량(AP_L)
  = 7 × 20 = 140
  ∴ 140 단위
- 노동자 8명의 평균생산량이 18단위이므로,
  이 때의 총생산량(TP) = 8 × 18 = 144
  ∴ 144 단위
  따라서, 노동의 한계생산량(MP_L) = $\frac{144 - 140}{8 - 7}$ = 4
  ∴ 노동의 한계생산량(MP_L)은 4단위이다.

답 ①

70 생산성 임금제를 따를 때 실질 생산성 증가율이 5%이고 물가상승률이 2%라고 하면 명목임금의 인상분은?

① 3% ② 5%
③ 7% ④ 10%

콕집어 해설

생산성 임금제에서의 임금결정 방식
- 명목임금(명목생산성) 증가율 = 실질임금(실질생산성) 증가율 + 물가상승률
- 명목임금(명목생산성) 증가율 = 5 (%) + 2 (%) = 7 (%)
  ∴ 7%

답 ③

71 다음 중 수요부족실업에 해당되는 것은?

① 마찰적 실업 ② 구조적 실업
③ 계절적 실업 ④ 경기적 실업

콕집어 해설

수요부족실업

경기적 실업
1) 원인 : 불경기 때 생산물시장에서의 총수요 감소가 노동시장에서 노동의 총수요 감소로 이어지면서 발생하는 대표적인 수요부족 실업이다.
2) 대책 : 재정지출 확대, 조세감면, 금리 인하, 통화량 증대 등을 통해 총수요(유효수요)를 증대시켜야 한다.

답 ④

꿰뚫어 보기

마찰적 실업
1) 원인 : 신규 또는 전직자가 직업을 찾는 과정에서 직업정보 부족으로 인해 일시적으로 발생하는 자발적 실업이다.
2) 대책 : 구인·구직에 대한 전산망 연결, 직업알선기관의 활성화, 고용실태 및 전망에 관한 자료제공, 퇴직예고제 등

구조적 실업
1) 원인 : 구인처에서 요구하는 근로자가 없거나 지역 간 노동력 수급의 불균형 현상으로 인해 발생하는 비자발적 실업이다.
2) 대책 : 경제(산업)구조 변화 예측에 따른 인력수급정책, 근로자의 전직 관련 직업훈련, 지역이주금 보조 등

계절적 실업
1) 원인 : 기후나 계절의 변화에 따라 노동수요의 변화가 심한 부문에서 발생하는 일시적 실업이다.
2) 대책 : 비수기때의 근로대책, 구인처 확보 등

72 임금의 보상격차에 관한 설명으로 틀린 것은?

① 근무조건이 열악한 곳으로 전출되면 임금이 상승한다.
② 성별격차도 일종의 보상격차이다.
③ 물가가 높은 곳에서 근무하면 임금이 상승한다.
④ 더 높은 비용이 소요되는 훈련을 요구하는 직종의 임금이 상대적으로 높다.

콕집어 해설

임금의 보상격차(균등화 임금격차)
- 개념 : 특정 직업에 존재하는 불리한 측면을 높은 임금으로 보상해 줌으로써, 다른 직종과 균등한 상태로 유지시켜 주는 임금격차를 의미한다.
- 근무조건이 열악한 곳으로 전출되면 임금이 상승한다.(①)
- 물가가 높은 곳에서 근무하면 임금이 상승한다.(③)
- 더 높은 비용이 소요되는 훈련을 요구하는 직종의 임금이 상대적으로 높다.(④)

답 ②

꿰뚫어 보기

보상적 임금격차를 가져오는 직업의성격
1) 고용의 안정성 여부
2) 작업의 쾌적성 여부
3) 교육 및 훈련비용
4) 책임의 정도
5) 성공 또는 실패의 가능성

예 상대적으로 열악한 작업환경과 위험한 업무를 수행하는 광부의 임금은 일반 공장 근로자의 임금보다 높다.

73 기업별 노동조합에 관한 설명으로 틀린 것은?

① 노동자들의 횡단적 연대가 뚜렷하지 않고, 동종, 동일산업이라도,기업 간의 시설규모, 지불능력의 차이가 큰 곳에서 조직된다.

② 노동조합이 회사의 사정에 정통하여 무리한 요구로 인한 노사분규의 가능성이 낮다.

③ 사용자와의 밀접한 관계로 공동체 의식을 통한 노사협력 관계를 유지할 수 있어 어용화의 가능성이 낮다.

④ 각 직종 간의 구체적 요구조건을 공평하게 처리하기 곤란하여 직종 간에 반목과 대립이 발생할 수 있다.

콕집어 해설

기업별 노동조합(Company Union)

- 하나의 기업에 종사하는 근로자들이 직종의 구별 없이 종단적으로 조직한 노동조합의 형태이다.
- 일반적으로 근로자의 횡단적 연대의식이 뚜렷하지 못하다.
- 독과점 대기업에서 쉽게 찾을 수 있다.
- 우리나라 노동조합의 주된 조직 형태이며, 노동시장의 지배력과 조직으로서의 역량이 극히 약하다.
- 사용자와의 관계가 긴밀하고, 노동조합이 회사의 사정에 정통하여 노사분규의 가능성이 낮다.
- 노동조합이 어용화될 위험성이 크다.
- 각 직종 간의 구체적 요구조건을 공평하게 처리하기 곤란하여 직종 간에 반목과 대립이 발생할 수 있다.

답 ③

꿰뚫어 보기

노동조합의 형태

1) 산업별 노동조합(Industrial Union)

ㄱ. 동종의 산업에 종사하는 근로자들이 직종과 기업을 초월해 횡적으로 조직한 노동조합 형태이다.
ㄴ. 미숙련 근로자들의 권익을 보호하기 위하여 발달한 노동조합이다.
ㄷ. 전 세계적으로 채택되고 있는 조직형태이다.
ㄹ. 임시직 근로자를 조직하기 용이해지며, 각 산업분야의 정보자료 수집·분석도 용이해진다.
ㅁ. 기업별 특수성을 고려하기 어렵다는 단점이 있다.

2) 직업별(직종별) 노동조합(Craft Union)

ㄱ. 동일직업, 동일직종에 종사하는 근로자가 산업 · 기업의 구별 없이 개인가맹 형태로 결성한 횡적 노동조합이다.
ㄴ. 노동운동사상 가장 일찍 발달한 조직형태이다.
ㄷ. 산업혁명 초기 숙련 근로자가 노동시장을 독점하기 위한 조직으로 결성하였다.
ㄹ. 저임금의 미숙련 근로자나 여성, 연소근로자는 가입이 어려웠다.

3) 일반 노동조합(General Union)

ㄱ. 제2차 세계대전 이후 주로 완전 미숙련 노동자들이나 잡역 노동자들을 중심으로 만들어진 단일 노동조합이다.
ㄴ. 노동자들의 최저생활에 필요한 조건들을 확보하는 측면에서 효과적이다.
ㄷ. 노조민주주의의 실현을 저해하며, 단체교섭의 상대방이 명확하지 못하다.

74 다음 중 가장 적극적인 근로자의 경영참가 형태는?

① 단체교섭에 의한 참가

② 단체행동에 의한 참가

③ 노사협의회에 의한 참가

④ 근로자중역, 감사역제에 의한 참가

콕집어 해설

근로자의 경영참가형태

- 단체교섭에 의한 참가 : 노사 간의 단체교섭에 의한 경영참가 형태이며, 노사 간의 대립관계를 토대로 한다.
- 노사협의회에 의한 참가 : 근로자와 사용자 간의 참여와 협력을 바탕으로 근루자의 복지와 기업의 건전한 발전을 도모하기 위해 구성하는 협의기구이다.
- 근로자중역, 감사역제에 의한 참가 : 근로자가 기업경영의 의사결정에 직접 참가한다는 점에서 생산자협동조합과 함께 가장 적극적인 근로자 경영참가 형태이다.

답 ④

꿰뚫어 보기

노동자 자주관리 기업

- 노동자 경영참여 방식 중 산업민주화 정도가 가장 높은 형태로써, 기업 등의 경영권이 자본이나 국가에 있지 않고 노동자 집단에 귀속되어 있는 것을 말한다.
- 산업민주주의에 입각한 민주적 의사결정 방식을 강조한다.

75 노사관계의 주체를 사용자 및 단체, 노동자 및 단체, 정부로 규정하고 이들 간의 관계는 기술, 시장 또는 예산상의 제약, 권력구조에 의해 결정된다는 노사관계이론은?

① 시스템이론 ② 수렴이론
③ 분산이론 ④ 단체교섭이론

족집어 해설

던롭(Dunlop)의 노사관계 시스템이론

- 개념 : 노사관계의 주체를 사용자 및 단체, 노동자 및 단체, 정부로 규정하고 이들의 관계는 기술, 시장 또는 예산제약, 각 주체의 세력관계에 의해 결정된다고 주장했다.
- 노사관계의 규제여건(환경) [기시주]
  1) 기술적 특성 : 근로자의 질이나 양, 생산과정 및 생산방법 등이 노사관계에 영향을 미친다.
  2) 시장 또는 예산제약 : 제품시장의 형태와 기업경영에 필요한 비용과 이윤 등이 노사관계에 영향을 미친다.
  3) 각 주체들의 세력관계 : 노사관계를 포함한 사회 내 주체들 간의 세력관계가 노사관계에 영향을 미친다.

답 ①

76 노동 수요측면에서 비정규직 증가의 원인과 가장 거리가 먼 것은?

① 세계화에 따른 기업 간 경쟁 환경의 변화
② 정규직 근로자 해고의 어려움
③ 고학력 취업자의 증가
④ 정규노동자 고용비용의 증가

족집어 해설

비정규직 증가의 원인

- 세계화에 따른 기업간 경쟁 환경의 변화(①)
- 정규직 근로자 해고의 어려움(②)
- 정규노동자 고용비용의 증가(④)
- 여성의 경제활동 참여 증대
- 비정규적인 프리랜서 선호 경향

답 ③

해 '고학력 취업자의 증가'는 정규직 증가 요인이다.

77 시장경제를 채택하고 있는 국가의 노동시장에서 직종별 임금 격차가 존재하는 이유와 가장 거리가 먼 것은?

① 직종 간 정보의 흐름이 원활하기 때문이다.
② 직종에 따라 근로환경의 차이가 존재하기 때문이다.
③ 직종에 따라 노동조합 조직율의 차이가 존재하기 때문이다.
④ 노동자들의 특정 직종에 대한 회피와 선호가 다르기 때문이다.

족집어 해설

직종별 임금격차의 발생 원인

- 직종에 따라 근로환경의 차이가 존재하기 때문이다.(②)
- 직종에 따라 노동조합 조직율의 차이가 존재하기 때문이다.(③)
- 노동자들의 특정 직종에 대한 회피와 선호가 다르기 때문이다.(④)

답 ①

해 '직종간 정보의 원활한 흐름'은 임금격차를 해소시킨다.

꿰뚫어 보기

노동수요 특성별 임금격차

1) 경쟁적 요인
   ㄱ. 인적자본량
   ㄴ. 근로자의 생산성 격차
   ㄷ. 보상적 임금격차
   ㄹ. 효율임금정책
   ㅁ. 시장의 단기적 불균형
2) 비경쟁적 요인
   ㄱ. 시장지배력 및 독점지대의 배당
   ㄴ. 노동조합의 효과
   ㄷ. 비효율적 연공급 제도

78 노동조합에 관한 설명으로 옳은 것은?

① 노조부문과 비노조부문 간의 임금격차를 해소시킨다.
② 집단적 소리로서의 기능을 하여 비효율을 제거하고 생산성을 증진시킬 수 있다.
③ 시장기능에 의해 결정된 임금수준을 반드시 수용한다.
④ 노동조합의 임금수준은 일반적으로 비노조부문의 임금수준에 비해 낮게 책정되어 있다.

콕집어 해설

노동조합의 두 얼굴(Freeman & Medoff)

부정적 기능(독점)
1) 노동력 공급을 독점하여 시장질서를 파괴한다.
2) 기업의 생산효율성을 방해한다.
3) 단체협상을 통해 적정임금 이상의 임금인상을 요구한다.
4) 신기술 도입을 부정함으로써 기업의 기술개발에 악영향을 미친다.

긍정적 기능(집단적 목소리)
1) 조합원들의 의사를 대변한다.
2) 기업경영을 합리적인 방향으로 이끌도록 한다.
3) 저임금을 높임으로써 임금의 형평성을 유도한다.
4) 조합원들의 전체적인 불만 수준을 낮춘다.
5) 비효율을 제거하고 생산성을 증진시킨다.

답 ②

해 ①: 노조부문과 비노조부문 간의 임금격차를 증대시킨다.
③: 시장기능에 의해 결정된 임금수준을 수용하지 않는다.
④: 노동조합의 임금수준은 일반적으로 비노조부문의 임금수준에 비해 높게 책정되어 있다.

79 효율임금정책이 높은 생산성을 가져오는 원인에 관한 설명으로 틀린 것은?

① 고임금은 노동자의 직장상실 비용을 증대시켜서 작업 중에 태만하지 않게 한다.
② 고임금 지불기업은 그렇지 않은 기업에 비해 신규노동자의 훈련에 많은 비용을 지출한다.
③ 고임금은 노동자의 기업에 대한 충성심과 귀속감을 증대시킨다.
④ 고임금 지불기업은 신규채용 시 지원노동자의 평균자질이 높아져 보다 양질의 노동자를 고용할 수 있다.

콕집어 해설

효율성임금(efficiency wage)
- 개념: 근로자의 생산성을 높이기 위해 시장임금보다 더 높은 임금을 지급하는 것이다.
- 장점
  1) 우수한 근로자 채용 및 노동의 질 향상(④)
  2) 근로자의 사직 감소에 따른 신규채용 및 훈련에 드는 비용감소(②)
  3) 대규모 사업장에서의 통제 상실 방지(①)
  4) 기업에 대한 충성심과 귀속감의 증대(③)
- 단점
  1) 기업 간 임금격차
  2) 이중노동시장의 형성
  3) 지역 또는 산업 간 노동력 수급의 불균형으로 구조적 실업 초래

답 ②

80 사용자의 부가급여 선호 이유가 아닌 것은?

① 절세(節稅)효과 ② 근로자 유치
③ 장기근속 유도 ④ 퇴직금부담 감소

콕집어 해설

부가급여
- 의미: 사용자가 근로자에게 지급하는 화폐 임금이 아닌 모든 형태의 보상을 말한다.
  예 사용자 부담의 퇴직연금 적립금, 사회보험료, 교육훈련비, 유급휴가, 자녀 학자금 지원 등이 있다.
- 선호 이유
  1) 사용자
     ㄱ. 임금규제의 회피 수단
     ㄴ. 절세효과
     ㄷ. 양질의 근로자 유치
     ㄹ. 근로자의 장기근속 유도
  2) 근로자
     ㄱ. 근로소득세 부담 감소
     ㄴ. 연기된 보상의 조세상 혜택
     ㄷ. 현물형태 급여의 대량 할인

답 ④

제5과목 · 노동관계법규

81 국민평생직업능력개발법령에 관한 설명으로 틀린 것은?

① 「제대군인지원에 관한 법률」에 따른 제대군인 및 전역예정자의 직업능력개발훈련은 중요시되어야 한다.

② 「산업재해보상보험법」에 따른 근로복지공단은 직업능력개발훈련시설을 설치할 수 없다.

③ 이 법에서 "근로자"란 사업주에게 고용된 사람과 취업할 의사가 있는 사람을 말한다.

④ 직업능력개발훈련은 훈련의 목적에 따라 양성훈련, 향상훈련, 전직훈련으로 구분한다.

족집어 해설

국민평생직업능력개발법령

- 제대군인 및 전역예정자의 직업능력개발훈련은 중요시되어야 한다.(①)
- 직업능력개발훈련시설을 설치할 수 있는 단체는 근로복지공단, 한국 산업인력공단, 한국장애인고용공단이다.(②)
- 고용정책 기본법, 국민평생직업능력개발법, 남녀고용평등과 일·가정 양립 지원에 관한 법률에서 "근로자"란 사업주에게 고용된 사람과 취업할 의사가 있는 사람을 말한다. (③)
- 직업능력개발훈련은 훈련의 목적에 따라 양성훈련, 향상훈련, 전직훈련으로 구분한다.(④)

답 ②

해 근로자직업능력개발법→'국민평생직업능력개발법'으로 개정(21.8月)

꿰뚫어 보기

직업능력개발훈련의 구분방법

훈련의 목적에 따른 구분

1) 양성훈련 : 근로자에게 기초적 직무수행능력을 습득시키기 위해 실시하는 훈련
2) 향상훈련 : 기초적 직무수행능력을 가지고 있는 근로자에게 더 높은 직무수행능력을 습득시키기 위해 실시하는 훈련
3) 전직훈련 : 근로자에게 유사하거나 새로운 직업에 필요한 직무수행능력을 습득시키기 위해 실시하는 훈련

훈련의 방법에 따른 구분

1) 집체훈련 : 직업능력개발훈련을 실시하기 위해 설치한 훈련전용시설이나 적합한 시설에서 실시하는 훈련(산업체의 생산시설 및 근무장소는 제외)
2) 현장훈련 : 산업체의 생산시설 및 근무장소에서 실시하는 훈련
3) 원격훈련 : 멀리 떨어져 있는 사람에게 정보통신매체 등을 이용하여 실시하는 훈련
4) 혼합훈련 : 집체훈련·현장훈련·원격훈련을 2개 이상 병행하여 실시하는 훈련

82 기간제 및 단시간근로자 보호 등에 관한 법률상 사용자가 기간제근로자와 근로계약을 체결하는 때에 서면으로 명시하여야 하는 사항이 아닌 것은?

① 근로계약기간에 관한 사항

② 휴일 · 휴가에 관한 사항

③ 임금의 구성항목 · 계산방법 및 지불방법에 관한 사항

④ 근로일 및 근로일별 근로시간

족집어 해설

기간제근로자 근로계약 체결 시 서면 명시사항

- 근로계약기간에 관한 사항(①)
- 근로시간·휴게에 관한 사항
- 임금의 구성항목 · 계산방법 및 지불방법에 관한 사항(③)
- 휴일·휴가에 관한 사항(②)
- 임금의 구성항목 · 계산방법 및 지불방법에 관한 사항
- 취업의 장소와 종사하여야 할 업무에 관한 사항

답 ④

해 '근로일 및 근로일별 근로시간'은 단시간근로자에 한한다.

83 국민평생 직업능력개발법령에서 직업능력개발훈련의 기본원칙과 거리가 먼 것은?

① 근로자 개인의 희망 · 적성 · 능력에 맞게 생애에 걸쳐 체계적으로 실시되어야 한다.
② 민간의 자율과 창의성이 존중되고 직업능력개발훈련이 필요한 근로자에 대하여 균등한 기회가 보장되도록 실시되어야 한다.
③ 신기술을 필요로 하는 업무에 종사하는 근로자에 대한 직업능력개발훈련은 중요시되어야 한다.
④ 교육 관계 법에 따른 학교교육 및 산업현장과 긴밀하게 연계될 수 있도록 하여야 한다.

콕집어 해설

직업능력개발훈련의 기본원칙
- 근로자 개인의 희망 · 적성 · 능력에 맞게 생애에 걸쳐 체계적으로 실시되어야 한다.(①)
- 민간의 자율과 창의성이 존중되고 직업능력개발훈련이 필요한 근로자에 대하여 균등한 기회가 보장되도록 실시되어야 한다.(②)
- 교육 관계 법에 따른 학교교육 및 산업현장과 긴밀하게 연계될 수 있도록 하여야 한다.(④)

답 ③

해 '신기술을 필요로 하는 업무에 종사하는 근로자'는 직업능력개발훈련의 중요 대상이 아니다.

꿰뚫어 보기

직업능력개발훈련이 중요시되어야 하는 대상
1) 고령자, 장애인
2) 국민기초생활 수급권자
3) 국가유공자와 그 유족 또는 가족이나 보훈보상대상자와 그 유족 또는 가족
4) 5·18 민주유공자와 그 유족 또는 가족
5) 제대군인 및 전역예정자
6) 여성근로자
7) 중소기업의 근로자
8) 일용근로자, 단시간근로자, 기간을 정하여 근로계약을 체결한 근로자, 일시적 사업에 고용된 근로자, 파견근로자

84 헌법상 근로권의 내용에 대한 설명으로 틀린 것은?

① 모든 국민은 근로의 권리와 함께 근로의 의무를 진다.
② 최저임금제는 법률에 의하여 시행된다.
③ 근로의 권리의 행사를 위한 입법으로는 직업안정법, 근로자직업능력개발법 등이 있다.
④ 법인도 근로권의 주체로서 보호받을 수 있다.

콕집어 해설

헌법 제32조(근로권)
- 모든 국민은 근로의 권리를 가진다.(①)
- 근로의 권리의 행사를 위한 입법으로는 직업안정법, 근로자직업능력개발법 등이 있다.(③)
- 국가는 사회적·경제적 방법으로 근로자의 고용증진과 적정임금의 보장에 노력하여야 하며, 법률이 정하는 바에 의하여 최저임금제를 시행하여야 한다.(②)
- 모든 국민은 근로의 의무를 진다. 국가는 근로의 의무의 내용과 조건을 민주주의 원칙에 따라 법률로 정한다.(①)
- 근로조건의 기준은 인간의 존엄성을 보장하도록 법률로 정한다.
- 여자의 근로는 특별한 보호를 받으며, 고용·임금 및 근로조건에 있어서 부당한 차별을 받지 아니한다.
- 연소자의 근로는 특별한 보호를 받는다.
- 국가유공자·상이군경 및 전몰군경의 유가족은 법률이 정하는 바에 의하여 우선적으로 근로의 기회를 부여받는다.

답 ④

해 '근로의 권리'는 자연인의 권리이므로 법인은 근로권의 주체가 될 수 없다.

85 고용보험법령상 (　　) 안에 들어갈 숫자의 연결이 옳은 것은?

> 육아휴직 급여는 육아휴직 시작일을 기준으로 한 월 통상임금의 100분의 (ㄱ)에 해당하는 금액을 월별 지급액으로 한다. 다만 해당 금액이 (ㄴ)만원을 넘는 경우에는 (ㄴ)만원으로 하고, (ㄷ)만원보다 적은 경우에는 (ㄷ)만원으로 한다.

① ㄱ:80　ㄴ:150　ㄷ:70
② ㄱ:80　ㄴ:120　ㄷ:50
③ ㄱ:50　ㄴ:150　ㄷ:50
④ ㄱ:50　ㄴ:120　ㄷ:70

콕집어 해설

육아휴직 급여

- 육아휴직급여를 지급받으려는 사람은 육아휴직을 시작한 날 이후 1개월부터 육아휴직이 끝난 날 이후 12개월 이내에 신청해야 한다.
- 육아휴직급여 금액은 시작일부터 3개월까지는 통상임금의 100분의 80, 4개월째부터 육아휴직 종료일 까지는 통상임금의 100분의 50에 해당하는 금액이다. 다만, 해당 금액이150만원을 넘는 경우에는 150만원으로 하고,70만원보다 적은 경우에는 70만원으로 한다.
- 해당 기간에 다음 사유로 육아휴직급여를 신청할 수 없었던 사람은 그 사유가 끝난 후 30일 이내에 신청해야 한다.
  1) 천재지변
  2) 본인이나 배우자의 질병·부상
  3) 본인이나 배우자의 직계존속 및 직계비속의 질병·부상
  4) 병역법에 따른 의무복무
  5) 범죄혐의로 인한 구속이나 형의 집행

답 ①

86 근로기준법상 취업규칙에 반드시 기재하여야 하는 사항이 아닌 것은?

① 업무의 시작시간
② 임금의 산정기간
③ 근로자의 식비 부담
④ 근로계약기간

콕집어 해설

취업규칙 기재사항

- 업무의 시작과 종료 시각, 휴게시간, 휴일, 휴가 및 교대 근로에 관한사항(①)
- 임금의 결정·계산·지급방법, 임금의 산정기간 지급시기 및 승급에 관한 사항(②)
- 가족수당의 계산과 지급방법에 관한 사항
- 퇴직에 관한 사항
- 퇴직금, 상여 및 최저임금에 관한 사항
- 근로자의 식비, 작업용품 등의 부담에 관한 사항(③)
- 근로자를 위한 교육시설에 관한 사항
- 출산전후휴가·육아휴직 등 여성근로자의 모성보호에 관한 사항
- 안전과 보건에 관한 사항
- 근로자의 성별·연령 또는 신체적 조건 등의 특성에 따른 사업장 환경의 개선에 관한 사항
- 업무상과 업무 외의 재해부조에 관한 사항
- 표창과 제재에 관한 사항
- 그 밖에 해당 사업 또는 사업장의 근로자 전체에 적용될 사항

답 ④

87 직업안정법의 용어 정의로 틀린 것은?

① "고용서비스"란 구인자 또는 구직자에 대한 고용정보의 제공, 직업소개, 직업지도 또는 직업능력개발 등 고용을 지원하는 서비스를 말한다.
② "직업안정기관"이란 직업소개, 직업지도 등 직업안정업무를 수행하는 지방고용노동행정 기관을 말한다.
③ "모집"이란 근로자를 고용하려는 자가 취업하려는 사람에게 피고용인이 되도록 권유하거나 다른 사람으로 하여금 권유하게 하는 것을 말한다.
④ "근로자공급사업"이란 공급계약에 따라 근로자를 타인에게 사용하게 하는 사업을 말하는 것으로서, 파견근로자보호 등에 관한 법률에 의한 근로자파견사업도 포함한다.

콕집어 해설

직업안정법령상 용어 정의

- 고용서비스 : 구인자 또는 구직자에 대한 고용정보의 제공, 직업소개, 직업지도 또는 직업능력개발 등 고용을 지원하는 서비스를 말한다.(①)
- 직업안정기관 : 직업소개, 직업지도 등 직업안정업무를 수행하는 지방고용노동행정기관을 말한다.(②)
- 모집 : 근로자를 고용하려는 자가 취업하려는 사람에게 피고용인이 되도록 권유하거나 다른 사람으로 하여금 권유하게 하는 것을 말한다.(③)
- 근로자공급사업 : 공급계약에 따라 근로자를 타인에게 사용하게 하는 사업을 말한다. 단, 파견근로자 보호 등에 관한 법률에 의한 근로자파견사업은 제외한다.(④)

답 ④

해 '근로자파견사업'은 제외한다.

직업안정법령상 용어 정의

1) 직업소개 : 구인 또는 구직의 신청을 받아 구직자 또는 구인자를 탐색하거나 구직자를 모집하여 구인자와 구직자 간에 고용계약이 성립되도록 알선하는 것을 말한다(결정하는 것이 아님)
2) 직업소개사업 : '무료직업소개사업'이란 수수료·회비 또는 그 밖의 어떤 금품도 받지 아니하고 하는 직업소개사업을 말한다.
   '유료직업소개사업'이란 무료직업소개사업이 아닌 직업소개사업을 말한다.
3) 직업지도 : 취업하려는 사람이 그 능력과 소질에 알맞은 직업을 쉽게 선택할 수 있도록 하기 위한 직업적성검사·직업정보제공·직업상담·실습·권유 또는 조언, 그 밖에 직업에 관한 지도를 말한다.
4) 직업정보제공사업 : 신문, 잡지, 그 밖의 간행물 또는 유선·무선방송이나 컴퓨터 통신 등으로 구인·구직정보 등 직업정보를 제공하는 사업을 말한다.

88 고용상 연령차별금지 및 고령자고용촉진에 관한 법령상 준고령자의 정의로 옳은 것은?

① 40세 이상 45세 미만인 사람
② 45세 이상 50세 미만인 사람
③ 50세 이상 55세 미만인 사람
④ 55세 이상 60세 미만인 사람

콕집어 해설

준고령자의 정의

- '고령자'는 55세 이상인 사람을 말한다.
- '준고령자'는 50세 이상 55세 미만인 사람으로 한다.

답 ③

89 고용보험법상 심사의 청구에 관한 설명으로 틀린 것은?

① 심사의 청구는 시효중단에 관하여 재판상의 청구로 본다.
② 심사의 청구는 원처분 등을 한 직업안정기관을 거쳐 고용보험심사관에게 하여야 한다.
③ 결정은 심사청구인 및 직업안정기관의 장에게 결정서의 정본을 보낸 날부터 효력이 발생한다.
④ 고용보험심사관은 심사청구인의 신청에 의하여 원처분 등의 집행을 정지시키지 아니한다.

콕집어 해설

고용보험법상 심사의 청구

- 심사의 청구는 시효중단에 관하여 재판상의 청구로 본다.(①)
- 피보험자격의 취득·상실 확인에 대한 심사의 청구는 근로복지공단을 거쳐 고용보험심사관에게 하고, 실업급여 및 육아휴직 급여와 출산전후휴가 급여 등에 관한 처분에 대한 심사의 청구는 직업안정기관을 거쳐 고용보험심사관에게 하여야 한다.(②)
- 결정은 심사청구인 및 직업안정기관의 장에게 결정서의 정본을 보낸 날부터 효력이 발생한다.(③)
- 심사의 청구는 원처분 등의 집행을 정지시키지 아니한다.(④)
  다만, 고용보험심사관은 원처분 등의 집행에 의하여 발생하는 중대한 위해를 피하기 위하여 긴급한 필요가 있다고 인정하면 직권으로 그 집행을 정지시킬 수 있다.

답 ②

90 **파견근로자보호 등에 관한 법령에 대한 설명으로 틀린 것은?**

① 근로자파견사업의 허가의 유효기간은 3년으로 한다.
② 파견사업주는 그가 고용한 근로자 중 파견근로자로 고용하지 아니한 자를 근로자파견의 대상으로 하려는 경우에는 고용노동부장관의 승인을 받아야 한다.
③ 파견사업주는 쟁의행위 중인 사업장에 그 쟁의행위로 중단된 업무의 수행을 위하여 근로자를 파견하여서는 아니 된다.
④ 파견사업주는 근로자파견을 할 경우에는 파견근로자의 성명·성별·연령·학력·자격 기타 직업능력에 관한 사항을 사용사업주에게 통지하여야 한다.

콕집어 해설

파견근로자보호 등에 관한 법령
- 근로자파견사업의 허가의 유효기간은 3년으로 한다.(①)
- 건설공사현장에서 이루어지는 업무에 대하여는 근로자파견사업을 하여서는 아니된다.
- 파견사업주는 그가 고용한 근로자 중 파견근로자로 고용하지 아니한 자를 근로자파견의 대상으로 하려는 경우에는 미리 해당 근로자에게 그 취지를 서면으로 알리고 그의 동의를 받아야 한다.(②)
- 파견사업주, 사용사업주파견근로자 간의 합의가 있는 경우에는 파견기간을 연장할 수 있다.
- 파견사업주는 쟁의행위 중인 사업장에 그 쟁의행위로 중단된 업무의 수행을 위하여 근로자를 파견하여서는 아니된다.(③)
- 파견사업주는 근로자파견을 할 경우에는 파견근로자의 성명·성별·연령·학력·자격 기타 직업능력에 관한 사항을 사용사업주에게 통지하여야 한다.(④)
- 「고용상 연령차별금지 및 고령자고용촉진에 관한 법률」의 고령자인 파견근로자에 대하여는 2년을 초과하여 근로자파견기간을 연장할 수 있다.

답 ②

해 고용노동부장관의 승인(×)→'근로자의 동의'

꿰뚫어 보기

근로자파견사업을 해서는 안되는 사업

건설현장업무, 항만하역사업, 철도여객사업, 선원업무, 분진작업, 유해하거나 위험한 업무, 의료업무, 여객·화물차 등 운송업무

91 **고용정책 기본법령상 대량고용변동의 신고 시 이직근로자 수에 포함되는 자는?**

① 수습 사용된 날부터 3개월 이내의 사람
② 자기의 사정 또는 귀책사유로 이직하는 사람
③ 천재지변으로 인하여 사업의 계속이 불가능하게 되어 이직하는 사람
④ 6개월 미만의 기간을 정하여 고용된 사람으로서 6개월을 초과하여 계속 고용되고 있는 사람

콕집어 해설

대량고용변동 신고 시 이직 근로자 수에 포함되는 사람
- 일용근로자 또는 6개월 미만의 기간을 정하여 고용된 사람으로써 6개월을 초과하여 계속 고용되고 있는 사람(④)
- 6개월을 초과하는 기간을 정하여 고용된 사람으로서 당해 기간을 초과하여 계속 고용되고 있는 사람

답 ④

꿰뚫어 보기

대량 고용변동 신고 시 이직하는 근로자 수에 포함되지 않는 자

1) 일용근로자 또는 기간을 정하여 고용된 사람
2) 수습 사용된 날부터 3개월 이내의 사람
3) 자기의 사정 또는 귀책사유로 이직하는 사람
4) 상시 근무를 요하지 아니하는 사람으로 고용된 사람
5) 천재지변이나 그 밖의 부득이한 사유로 인하여 사업의 계속이 불가능하게 되어 이직하는 사람

92 **고용정책 기본법령상 고용재난지역에 대한 행정상 · 재정상 · 금융상의 특별지원 내용을 모두 고른 것은?**

ㄱ. 국가재정법에 따른 예비비의 사용
ㄴ. 소상공인을 대상으로 한 조세 관련 법령에 따른 조세감면
ㄷ. 고용보험·산업재해보상보험 보험료 또는 징수금 체납처분의 유예
ㄹ. 중앙행정기관 및 지방자치단체가 실시하는 일자리 사업에 대한 특별지원

① ㄱ, ㄴ, ㄷ　　② ㄱ, ㄷ, ㄹ
③ ㄴ, ㄹ　　④ ㄱ, ㄴ, ㄷ, ㄹ

콕집어해설

고용재난지역에 대한 특별지원
- 국가재정법에 따른 예비비의 사용 및 지방재정법에 따른 특별지원(ㄱ)
- 소상공인을 대상으로 한 조세 관련 법령에 따른 조세감면(ㄴ)
- 고용보험·산업재해보상보험 보험료 또는 징수금 체납처분의 유예(ㄷ)
- 중앙행정기관 및 지방자치단체가 실시하는 일자리 사업에 대한 특별지원(ㄹ)
- 중소벤처기업창업 및 진흥기금에서의 융자 요청 및 신용보증기금의 우선적 신용보증과 보증조건 우대의 요청

답 ④

93 근로기준법령상 상시 4명 이하의 근로자를 사용하는 사업 또는 사업장에 적용하는 법규정을 모두 고른 것은?

ㄱ. 근로기준법 제9조 (중간착취의 배제)
ㄴ. 근로기준법 제18조 (단시간근로자의 근로조건)
ㄷ. 근로기준법 제21조 (전차금 상계의 금지)
ㄹ. 근로기준법 제60조 (연차 유급휴가)
ㅁ. 근로기준법 제72조 (갱내근로의 금지)

① ㄱ, ㄷ, ㄹ ② ㄴ, ㄹ
③ ㄷ, ㅁ ④ ㄱ, ㄴ, ㄷ, ㅁ

콕집어해설

상시 4명 이하의 사업장 근로기준법 적용범위
- 중간착취의 배제(ㄱ)
- 단시간근로자의 근로조건(ㄴ)
- 전차금 상계의 금지(ㄷ)
- 갱내근로의 금지(ㅁ)
- 주휴일에 관한 규정
- 해고의 예고에 관한 규정

답 ④

해 연차유급휴가, 부당해고 등의 구제신청에 관한 규정은 적용하지 않는다.

94 고용보험법상 구직급여의 산정 기초가 되는 임금일액의 산정방법으로 틀린 것은?

① 수급자격의 인정과 관련된 마지막 이직 당시 산정된 평균임금을 기초일액으로 한다.
② 마지막 사업에서 이직 당시 일용근로자였던 자의 경우에는 산정된 금액이 근로기준법에 따른 그 근로자의 통상임금보다 적을 경우에는 그 통상임금액을 기초일액으로 한다.
③ 기초일액을 산정하는 것이 곤란한 경우와 보험료를 보험료징수법에 따른 기준보수를 기준으로 낸 경우에는 기준보수를 기초일액으로 한다.
④ 산정된 기초일액이 그 수급자격자의 이직 전 1일 소정근로시간에 이직일 당시 적용되던 최저임금법에 따른 시간 단위에 해당하는 최저임금액을 곱한 금액보다 낮은 경우에는 최저기초일액을 기초일액으로 한다.

콕집어해설

임금일액의 산정방법
- 수급자격의 인정과 관련된 마지막 이직 당시 산정된 평균임금을 기초일액으로 한다.(①)
- 구직급여의 산정 기초가 되는 임금일액이 근로기준법에 따른 그 근로자의 통상임금보다 적을 경우에는 그 통상임금액을 기초일액으로 한다. 다만, 마지막 사업에서 이직 당시 일용근로자였던 자의 경우에는 그러하지 아니하다.(②)
- 기초일액을 산정하는 것이 곤란한 경우와 보험료를 보험료징수법에 따른 기준보수를 기준으로 낸 경우에는 기준보수를 기초일액으로 한다.(③)
- 산정된 기초일액이 그 수급자격자의 이직 전 1일 소정근로시간에 이직일 당시 적용되던 최저임금법에 따른 시간 단위에 해당하는 최저임금액을 곱한 금액보다 낮은 경우에는 최저기초일액을 기초일액으로 한다.(④)

답 ②

95 **남녀고용평등과 일·가정 양립지원에 관한 법령상 ( )에 들어갈 숫자가 순서대로 나열된 것은?**

> - 사업주는 근로자가 배우자 출산휴가를 청구하는 경우에 (ㄱ)일의 휴가를 주어야 한다.
> - 배우자 출산휴가는 근로자의 배우자가 출산한 날부터 (ㄴ)일이 지나면 청구할 수 없다.

① ㄱ:10, ㄴ:60 ② ㄱ:10, ㄴ:90
③ ㄱ:15, ㄴ:60 ④ ㄱ:15, ㄴ:90

콕집어해설

배우자 출산휴가

- 사업주는 근로자가 배우자의 출산을 이유로 휴가를 청구하는 경우 10일의 휴가를 주어야 한다.
  이 경우 사용한 휴가기간은 유급으로 한다.
- 출산전후휴가급여 등이 지급된 경우에는 그 금액의 한도에서 지급책임을 면함
- 배우자 출산휴가는 근로자의 배우자가 출산한 날부터 90일이 지나면 청구할 수 없다.
- 배우자 출산휴가는 1회에 한정하여 나누어 사용할 수 있다.
- 사업주는 배우자 출산휴가를 이유로 근로자를 해고하거나 그 밖의 불리한 처우를 하여서는 아니 된다.

답 ②

96 **고용보험법령상 피보험자격의 상실일에 해당하지 않는 것은?**

① 피보험자가 적용 제외 근로자에 해당하게 된 경우에는 그 적용 제외 대상자가 된 날
② 피보험자가 이직한 경우에는 이직한 날의 다음 날
③ 피보험자가 사망한 경우에는 사망한 날의 다음 날
④ 보험관계가 소멸한 경우에는 그 보험관계가 소멸한 날의 다음 날

콕집어해설

고용보험법령상 피보험자격의 상실일

- 피보험자가 적용제외 근로자에 해당하게 된 경우에는 그 적용제외 대상자가 된 날(①)
- 보험관계가 소멸한 경우에는 그 보험관계가 소멸한 날(④)
- 피보험자가 이직한 경우에는 이직한 날의 다음 날(②)
- 피보험자가 사망한 경우에는 사망한 날의 다음날(③)
- 피보험자격 취득일:'그날'
- 피보험자격 상실일:이직·사망만 '다음날'이고, 나머지는 '그날'임

답 ④

꿰뚫어 보기

피보험자격의 취득일

1) 피보험자는 이 법이 적용되는 사업에 고용된 날에 피보험자격을 취득
2) 적용제외 근로자였던 자가 이 법의 적용을 받게 된 경우에는 그 적용을 받게 된 날
3) 보험관계 성립일 전에 고용된 근로자의 경우에는 그 보험관계가 성립한 날
4) 자영업자인 피보험자는 그 보험관계가 성립한 날

97 **고용정책 기본법령상 고용정책심의회에 관한 설명으로 틀린 것은?**

① 정책심의회는 위원장 1명을 포함한 20명 이내의 위원으로 구성한다.
② 근로자와 사업주를 대표하는 자는 심의 위원으로 참여할 수 있다.
③ 특별시·광역시·특별자치시·도 및 특별자치도에 지역고용심의회를 둔다.
④ 고용정책심의회를 효율적으로 운영하기 위하여 분야별 전문위원회를 둘 수 있다.

콕집어 해설

고용정책심의회

- 정책심의회는 위원장 1명을 포함한 30명 이내의 위원으로 구성한다.(①)
- 근로자와 사업주를 대표하는 자는 심의 위원으로 참여할 수 있다.(②)
- 특별시·광역시·특별자치시·도 및 특별자치도에 지역고용심의회를 둔다.(③)
- 고용정책심의회를 효율적으로 운영하기 위하여 분야별 전문위원회를 둘 수 있다.(④)
- 고용정책심의회의 전문위원회는 위원장 1명을 포함한 20명 이내의 위원으로 구성한다.

답 ①

해 20명(×)→'30명'

98 근로자퇴직급여 보장법령의 내용으로 옳지 않은 것은?

① 상시 4명 이하의 근로자를 사용하는 사업 또는 사업장에는 퇴직급여제도를 설정하지 않아도 된다.

② 퇴직연금제도란 확정급여형퇴직연금제도, 확정기여형퇴직연금제도 및 개인형퇴직연금제도를 말한다.

③ 4주간을 평균하여 1주간의 소정근로시간이 15시간 미만인 근로자는 퇴직급여제도를 설정하지 않아도 된다.

④ 퇴직급여제도를 설정하는 경우에 하나의 사업에서 급여 및 부담금 산정방법의 적용 등에 관하여 차등을 두어서는 아니 된다.

콕집어 해설

퇴직급여제도

- 이 법은 1명 이상의 근로자를 사용하는 모든 사업장에 적용한다.(①)
  다만, 동거하는 친족만을 사용하는 사업 및 가구 내 고용활동에는 적용하지 아니한다.
- 퇴직연금제도란 확정급여형퇴직연금제도, 확정기여형퇴직연금제도 및 개인형퇴직연금제도를 말한다.(②)
- 4주간을 평균하여 1주간의 소정근로시간이 15시간 미만인 근로자는 퇴직급여제도를 설정하지 않아도 된다.(③)
- 퇴직급여제도를 설정하는 경우에 하나의 사업에서 급여 및 부담금 산정방법의 적용 등에 관하여 차등을 두어서는 아니 된다.(④)

답 ①

 **꿰뚫어 보기**

퇴직급여제도

1) 사용자는 퇴직하는 근로자에게 급여를 지급하기 위하여 퇴직급여제도 중 하나 이상의 제도를 설정하여야 한다.
   다만, 계속근로기간이 1년 미만인 근로자, 4주간을 평균하여 1주간의 소정근로시간이 15시간 미만인 근로자에 대하여는 그러하지 아니하다.
2) 퇴직금제도를 설정하려는 사용자는 계속 근로기간 1년에 대하여 30일분 이상의 평균임금을 퇴직금으로 퇴직 근로자에게 지급할 수 있는 제도를 설정해야 한다.
3) 사용자가 퇴직급여제도를 설정하거나 설정된 퇴직급여제도를 다른 종류의 퇴직급여제도로 변경하려는 경우에는 근로자의 과반수가 가입한 노동조합이 있는 경우에는 그 노동조합, 근로자의 과반수가 가입한 노동조합이 없는 경우에는 근로자 과반수(근로자대표)의 동의를 받아야 한다.
4) 사용자가 퇴직급여제도의 내용을 변경하려는 경우에는 근로자대표의 의견을 들어야 한다.
   다만, 근로자에게 불리하게 변경하려는 경우에는 근로자대표의 동의를 받아야 한다.
5) 사용자가 퇴직급여제도나 개인형 퇴직연금제도를 설정하지 아니한 경우에는 법정 퇴직금제도를 설정한 것으로 본다.

99 채용절차의 공정화에 관한 법률에 관한 설명으로 틀린 것은?

① 고용노동부장관은 입증자료의 표준양식을 정하여 구인자에게 그 사용을 권장할 수 있다.
② 원칙적으로 상시 30명 이상의 근로자를 사용하는 사업장의 채용절차에 적용한다.
③ 채용서류란 기초심사자료, 입증자료, 심층심사자료를 말한다.
④ 심층심사자료란 작품집, 연구실적물 등 구직자의 실력을 알아볼 수 있는 모든 물건 및 자료를 말한다.

족집어해설

채용절차의 공정화

- 고용노동부장관은 기초심사자료의 표준양식을 정하여 구인자에게 그 사용을 권장할 수 있다.(①)
- 원칙적으로 상시 30명 이상의 근로자를 사용하는 사업장의 채용절차에 적용한다.(②)
- 채용서류란 기초심사자료, 입증자료, 심층심사자료를 말한다.(③)
- 심층심사자료란 '작품집, 연구실적물 등 구직자의 실력을 알아볼 수 있는 모든 물건 및 자료를 말한다.(④)

답 ①

해 입증자료(×)→기초심사자료

100 근로기준법령상 이행강제금에 관한 설명으로 옳은 것은?

① 노동위원회는 구제명령을 받은 후 이행기한까지 구제명령을 이행하지 아니한 사용자에게 3천만원 이하의 이행강제금을 부과한다.
② 노동위원회는 이행강제금 납부의무자가 납부기한까지 이행강제금을 내지 아니하면 즉시 국세 체납처분의 예에 따라 징수할 수 있다.
③ 노동위원회는 최초의 구제명령을 한 날을 기준으로 매년 4회의 범위에서 구제명령이 이행될 때까지 반복하여 이행강제금을 부과·징수할 수 있다.
④ 근로자는 구제명령을 받은 사용자가 이행기한까지 구제명령을 이행하지 아니하면 이행기한이 지난 때부터 30일 이내에 그 사실을 노동위원회에 알려줄 수 있다.

족집어해설

이행강제금

- 노동위원회는 이행강제금을 부과하기 30일 전까지 이행강제금을 부과·징수한다는 뜻을 사용자에게 미리 문서로써 알려 주어야 한다.
- 노동위원회는 구제명령을 받은 후 이행기한까지 구제명령을 이행하지 아니한 사용자에게 3천만원 이하의 이행강제금을 부과한다.(①)
- 노동위원회는 이행강제금 납부의무자가 납부기한까지 이행강제금을 내지 아니하면 기간을 정하여 독촉을 하고 지정된 기간에 이행강제금을 내지 아니하면 국세 체납처분의 예에 따라 징수할 수 있다.(②)
- 노동위원회는 최초의 구제명령을 한 날을 기분으로 매년 2회의 범위에서 구제명령이 이행될 때까지 반복하여 이행강제금을 부과 · 징수할 수 있다.(③)
- 근로자는 구제명령을 받은 사용자가 이행기한까지 구제명령을 이행하지 아니하면 이행기한이 지난 때부터 15일 이내에 그 사실을 노동위원회에 알려줄 수 있다.(④)

답 ①

해 2천만원 이하→'3천만원 이하'로 개정됨(21년. 5月)

VOCATIONAL
COUNSELOR

2021

직업상담사 2급
1차 필기 기출문제&해설

문제달인 신의손 유튜브 바로가기

2021년 1회

제1과목 | 직업상담학

01 Williamson이 분류한 직업선택의 주요 문제 영역이 아닌 것은?

① 직업 무선택 ② 직업선택의 확신 부족
③ 정보의 부족 ④ 현명하지 못한 직업선택

콕집어 해설

윌리암슨(Williamson)의 진로선택 문제(변별진단)
(=직업선택 문제유형 분류, 직업문제 분류범주, 진로선택 유형진단 등)
- 직업 무선택 또는 미선택 : 직접 직업을 결정한 경험이 없거나, 선호하는 몇 가지의 직업이 있음에도 어느 것을 선택할지를 결정하지 못하는 경우
- 직업선택의 확신부족(불확실한 선택) : 직업을 선택했지만 자신의 선택에 자신이 없어 타인에게서 성공하리라는 위안을 받고자 하는 경우
- 흥미와 적성의 불일치(흥미와 적성의 모순) : 흥미를 느끼는 직업에 대해서 수행능력이 부족하거나, 적성에 맞는 직업에 대해서 흥미를 느끼지 못하는 경우
- 어리석은 선택(현명하지 못한 직업선택) : 자신의 능력보다 훨씬 낮은 능력이 요구되는 직업을 선택하거나 안정된 직업만을 추구하는 경우

답 ③

해 보딘의 직업선택 문제유형이다.

윌리암슨(Williamson)의 특성-요인 직업상담 과정
[분종진 예상추]
1) 분석 : 내담자 분석을 위해 심리검사 및 자료수집, 표준화검사 등이 사용된다.
2) 종합 : 내담자에 대한 이해를 얻기 위해 수집한 자료들을 종합한다.
3) 진단 : 내담자 문제의 원인을 탐색하며, 문제해결을 위해 진단하는 단계이다.
4) 예측 : 진단의 결과를 통해 직업문제에 대해 예측하는 단계이다.
5) 상담 : 내담자와 직업문제에 대해 상담하고 문제를 치료한다.
6) 추수지도 : 내담자가 바람직한 행동을 하도록 계속적인 지도를 한다.

02 실존주의 상담에 관한 설명으로 옳은 것은?

① 인간은 과거와 환경에 의해 결정되는 것이 아니라 현재의 사고, 감정, 느낌, 행동의 전체성과 통합을 추구하는 존재이다.
② 인간은 자신의 삶 속에서 스스로를 불행하게 만드는 요인이 무엇인가를 이해할 수 있을 뿐만 아니라 자신의 나아갈 방향을 찾고 건설적인 변화를 이끌 수 있다.
③ 치료가 상담목표가 아니라 내담자로 하여금 자신의 현재 상태에 대해 인식하고 피해자적 역할로부터 벗어날 수 있도록 돕는 것이다.
④ 과거 사건에 대한 개인의 지각과 해석이 현재의 행동에 어떠한 영향을 미치는가에 중점을 두고 개인의 선택과 책임, 삶의 의미, 성공추구 등을 강조한다.

콕집어 해설

실존주의 상담
- 실존주의 상담의 목표는 내담자의 치료가 아니라, 내담자가 자신의 현재상태를 인식하고 피해자적 역할로부터 벗어날 수 있도록 돕는 것이다.
- 실존주의 상담은 대면적 관계를 중시한다.
- 인간에게 자기지각의 능력이 있다고 가정한다.
- 자유와 책임의 양면성에 대한 지각을 중시한다.
- 내담자가 자신의 행동들의 가치를 판단하고 행동변화를 위한 계획을 세우도록 돕는다.

답 ③

해 ① 형태주의 상담이다.
② 내담자 중심 상담이다.
④ 교류분석적 상담이다.

꿰뚫어 보기

실존주의 상담에서 가정하는 양식의 세계

1) 고유세계(Eigenwelt) : 개인 자신의 세계이자, 개인이 자신에게 가지는 관계를 의미한다.
2) 주변세계(Umwelt) : 인간이 접하며 살아가는 환경 혹은 생물학적 세계를 의미한다.
3) 공존세계(Miltwelt) : 인간이 사회적 존재로서 함께 살아가는 공동체 세계를 의미한다.
4) 영적세계(Ubenwelt) : 개인이 추구하는 믿음과 신념의 영적세계를 의미한다.

03 상담 과정에서 상담자가 내담자에게 질문하는 형식에 관한 설명으로 옳지 않은 것은?

① 간접적 질문보다는 직접적 질문이 더 효과적이다.
② 폐쇄적 질문보다는 개방적 질문이 더 효과적이다.
③ 이중질문은 상담에서 도움이 되지 않는다.
④ "왜"라는 질문은 가능하면 피해야 한다.

콕집어 해설

상담자가 내담자에게 질문하는 형식
- 폐쇄적 질문보다는 개방적 질문이 더 효과적이다.(②)
- 이중질문은 상담에서 도움이 되지 않는다.(③)
- "왜"라는 질문은 가능하면 피해야 한다.(④)
- 유도질문은 하지 말아야 한다.

답 ①

해 직접적 질문은 내담자를 위축시킬 수 있다.

04 자기인식이 부족한 내담자를 사정할 때 인지에 대한 통찰을 재구조화하거나 발달시키는데 적합한 방법은?

① 직면이나 논리적 분석을 해준다.
② 불안에 대처하도록 심호흡을 시킨다.
③ 은유나 비유를 사용한다.
④ 사고를 재구조화 한다.

콕집어 해설

인지적 명확성이 부족한 내담자의 유형 및 개입 방법
[단복가구원 무비양파강 걸고잘자~~]
- 단순 오정보 : 정보 제공하기
- 복잡한 오정보 : 논리적 분석
- 가정된 불가능 : 격려
- 구체성의 결여 : 구체화시키기
- 원인과 결과의 착오 : 논리적 분석
- 무력감 : 지시적 상상
- 비난하기 : 직면, 논리적 분석
- 양면적 사고 : 역설적 사고
- 파행적 의사소통 : 저항에 초점 맞추기
- 강박적 사고 : 합리적·정서적 치료
- 걸러내기 : 재구조화하기
- 고정성 : 정보 제공하기
- 잘못된 의사결정 방식 : 심호흡 시키기
- 자기인식의 부족 : 은유나 비유 쓰기

답 ③

05 직업상담의 기초 기법에 관한 설명으로 틀린 것은?

① 적극적 경청 : 내담자의 내면적 감정을 반영하는 것으로 이를 통해 내담자의 감정을 충분히 이해하고 수용할 수 있다.
② 명료화 : 내담자의 말 속에 포함되어 있는 불분명한 측면을 상담자가 분명하게 밝히는 반응이다.
③ 수용 : 상담자가 내담자의 이야기에 주의를 집중하고 있고, 내담자를 인격적으로 존중하고 있음을 보여주는 기법이다.
④ 해석 : 내담자가 새로운 방식으로 자신의 문제들을 볼 수 있도록 사건들의 의미를 설정해 주는 것이다.

콕집어 해설

상담 기법

- 적극적 경청 : 내담자의 언어적, 비언어적 표현에 주목하면서 내담자의 생각과 감정을 이해하려고 노력하는 것이다.
- 명료화 : 내담자의 말 속에 포함되어 있는 불분명한 측면을 상담자가 분명하게 밝히는 반응이다.
- 수용 : 상담자가 내담자의 얘기에 집중하고 있으며, 내담자를 인격적으로 존중하고 있음을 보여주는 기법이다.
- 해석 : 내담자가 새로운 방식으로 자신의 문제들을 볼 수 있도록 사건들의 의미를 설정해 주는 것이다.

답 ①

해 '공감'에 해당한다.

상담 기법

1) 공감 : 내담자가 전달하려는 내용에서 더 나아가 내면적 감정까지도 반영하는 것이다.
2) 반영 : 내담자의 생각과 말을 상담자가 다른 참신한 말로 부연하는 것이다.
3) 직면 : 내담자가 모르고 있거나 인정하기를 거부하는 생각에 대해 스스로 모순점을 파악하도록 하는 기법이다.
4) 요약과 재진술 : 내담자가 전달하는 표면적 의미를 상담자가 다른 말로 바꿔서 말하는 것이다.

06 정신역동적 직업상담에서 Bordin이 제시한 상담자의 반응범주에 해당하지 않는 것은?

① 소망 - 방어체계 ② 비교
③ 명료화 ④ 진단

콕집어 해설

정신역동적 진로상담기법(Bordin) [명비소]

- 명료화 : 내담자의 문제를 요약해줌으로써 명료하게 재인식시켜 주는 것이다.
- 비교 : 두가지 이상의 주제들 사이에 나타난 유사성이나 차이점들을 비교한다.
- 소망 - 방어체계에 대한 해석 : 내담자로 하여금 진로에 대한 자신의 내적 동기와 진로결정과정 사이의 관계를 인식하도록 돕는다.

답 ④

꿰뚫어 보기

보딘의 직업상담 과정 [(보) 탐핵변]

1) 탐색과 계약설정(제1단계) : 내담자의 정신역동적 상태에 대한 탐색 및 상담전략에 대한 계약설정이 이루어진다.
2) 핵심결정(제2단계) : 내담자는 핵심결정을 통해 자신의 목표를 성격 변화 등으로 확대할 것인지 고민한다.
3) 변화를 위한 노력(제3단계) : 내담자는 자아인식 및 자아이해를 확대해 나가며 지속적으로 변화를 모색한다.

07 생애진로사정의 구조 중 전형적인 하루에서 검토되어야 할 성격차원은?

① 의존적 - 독립적 성격차원
② 판단적 - 인식적 성격차원
③ 외향적 - 내성적 성격차원
④ 감각적 - 직관적 성격차원

콕집어 해설

생애진로사정의 구조 [진전강요]

- 진로사정 : 내담자의 직업경험, 교육 또는 훈련과정과 관련된 문제들, 여가활동 등에 관해 사정한다.
- 전형적인 하루 : 내담자가 의존적 또는 독립적인지, 자발적 또는 체계적인지 성격을 파악하도록 돕는다.
- 강점과 장애 : 내담자가 스스로 생각하는 자신의 주요 강점 및 장애에 대해 질문한다.
- 요약 : 내담자에게 자신에 대해 알게 된 내용을 요약하게 함으로써 자기인식을 증진시킨다.

답 ①

꿰뚫어 보기

생애진로사정을 통해 알 수 있는 정보

1) 내담자의 직업경험과 교육수준을 나타내는 객관적인 사실
2) 내담자의 기술과 유능성에 대한 자기평가 및 상담자의 평가 정보
3) 내담자의 가치관 및 자기인식 정도

08 직업상담의 기본 원리에 대한 설명으로 틀린 것은?

① 직업상담은 개인의 특성을 객관적으로 파악한 후, 직업상담자와 내담자 간의 신뢰관계(rapport)를 형성한 뒤에 실시하여야 한다.
② 직업상담에 있어서 가장 핵심적인 요소는 개인의 심리적·정서적 문제의 해결이다.
③ 직업상담은 진로발달이론에 근거하여야 한다.
④ 직업상담은 각종 심리검사를 활용하여 그 결과를 기초로 합리적인 결과를 끌어낼 수 있어야 한다.

족집어 해설

직업상담의 기본 원리
- 상담자와 내담자 간의 라포가 형성된 관계에서 이루어져야 한다.(①)
- 산업구조변화, 직업정보, 훈련정보 등 변화하는 직업세계에 대한 이해를 토대로 이루어져야 한다.
- 윤리적인 범위 내에서 상담을 전개하여야 한다.
- 각종 심리검사 결과를 기초로 합리적인 판단을 이끌어낼 수 있어야 하지만 심리검사에 대해 과잉의존해서는 안 된다.(④)
- 내담자의 전 생애적 발달과정을 반영할 수 있어야 하므로, 직업상담은 진로발달이론에 근거하여야 한다.(③)
- 가장 핵심적인 요소는 진로의 결정이므로 진로상담 과정 속에 개인의 의사결정에 대한 과정이 포함되어야 한다.(②)

답 ②

09 다음은 무엇에 관한 설명인가?

> 행동주의 직업상담에서 내담자가 직업선택에 대해서 무력감을 느끼게 되고, 그로 인해 발생된 불안 때문에 직업 결정을 못하게 되는 것

① 무결단성　　② 우유부단
③ 미결정성　　④ 부적응성

족집어 해설

행동주의 직업상담의 특징(굿스타인)
- 무결단성 : 내담자가 직업선택 시 무력감과 불안으로 인해 결정을 하지 못한다.
- 우유부단 : 내담자의 제한된 경험과 정보부족으로 직업 선택 시 문제가 발생한다.

답 ①

10 발달적 직업상담에 관한 설명으로 틀린 것은?

① 내담자의 직업 의사결정문제와 직업 성숙도 사이의 일치성에 초점을 둔다.
② 내담자의 진로발달과 함께 일반적 발달 모두를 향상시키는 것을 목표로 하고 있다.
③ 정밀검사는 특성-요인 직업상담처럼 직업상담의 초기에 내담자에게 종합진단을 실시하는 것이다.
④ 직업상담사가 사용할 수 있는 기법에는 진로 자서전과 의사결정 일기가 있다.

족집어 해설

발달적 직업상담
- 진로 선택의 과정이 개인의 발달과정 및 발달단계라고 주장하며, 진로성숙의 과정에 대해서도 기술한다.
- 내담자의 직업 의사결정문제와 직업 성숙도 사이의 일치성에 초점을 둔다.(①)
- 내담자의 진로발달과 함께 일반적 발달 모두를 향상시키는 것을 목표로 하고 있다.(②)
- 직업상담사가 사용할 수 있는 기법에는 진로 자서전과 의사결정 일기가 있다.(④)

답 ③

해 정밀검사(×)→집중검사
정밀검사는 진로상담 전 과정에 걸쳐 개별검사를 실시하도록 고안된 검사이다.

11 다음은 어떤 직업상담 접근방법에 관한 설명인가?

> 모든 내담자는 공통적으로 자기와 경험의 불일치로 인해서 고통을 받고 있기 때문에 직업상담 과정에서 내담자가 지니고 있는 직업문제를 진단하는 것 자체가 불필요 하다고 본다.

① 내담자 중심 직업상담
② 특성-요인 직업상담
③ 정신 역동적 직업상담
④ 행동주의 직업상담

족집어 해설

내담자 중심 직업상담
- Rogers의 상담경험에서 비롯된 이론이다.
- 상담의 기본목표는 개인이 일관된 자아개념을 가지고 자신의 기능을 최대로 발휘하는 사람이 되도록 도울 수 있는 환경을 제공하는 것이다.
- 특정 기법을 사용하기보다는 내담자와 상담자 간의 안전하고 허용적인 나와 너의 관계를 중시한다.
- 상담기법으로 적극적 경청, 감정의 반영, 명료화, 공감적 이해 등과 같은 비지시적 기법을 이용한다.
- 내담자의 직업문제 진단을 불필요 하다고 본다.

답 ①

해 ② '특성-요인 직업상담'은 상담자 중심의 상담방법으로써, 검사의 실시와 사례연구 등을 통한 과학적인 문제해결을 추구한다.
③ '정신역동적상담'은 정신분석학에 바탕을 두고 정신분석학과 특성-요인상담, 내담자중심 직업상담의 개념을 통합한 이론이다.
④ '행동주의 직업상담'은 내담자의 부적응 행동을 바람직한 행동으로 대치시키는 데 초점을 둔다.

12 성공적인 상담결과를 위한 상담목표의 특징으로 옳지 않은 것은?

① 변화될 수 없으며 구체적이어야 한다.
② 실현가능해야 한다.
③ 내담자가 원하고 바라는 것이어야 한다.
④ 상담자의 기술과 양립 가능해야만 한다.

족집어 해설

성공적인 상담목표의 특징
- 내담자가 원하고 바라는 것이어야 한다.
- 실현가능해야 한다.
- 변화될 수 있으며 구체적이어야 한다.
- 상담자의 기술과 양립 가능해야만 한다.

답 ①

해 변화될 수 없다(×)→변화될 수 있다.

13 자기보고식 가치사정법이 아닌 것은?

① 과거의 선택 회상하기
② 존경하는 사람 기술하기
③ 난관을 극복한 경험 기술하기
④ 백일몽 말하기

족집어 해설

자기보고식 가치사정법 [체과절 자백존]
- 체크목록 가치에 순위 매기기
- 과거의 선택 회상하기
- 절정경험 조사하기
- 자유시간과 금전의 사용
- 백일몽 말하기
- 존경하는 사람 기술하기

답 ③

14 Herr가 제시한 직업상담사의 직무내용에 해당되지 않는 것은?

① 상담자는 특수한 상담기법을 통해서 내담자의 문제를 확인하도록 한다.
② 상담자는 좋은 결정을 가져오기 위한 예비행동을 설명한다.
③ 직업선택이 근본적인 관심사인 내담자에 대해서는 직업상담 실시를 보류하도록 한다.
④ 내담자에 관한 부가적 정보를 종합한다.

족집어 해설

직업상담사의 직무내용(Herr)
- 상담의 목적 및 상담자와 내담자의 역할을 확인한다.
- 상담자는 특수한 상담기법을 통해서 내담자의 문제를 확인하도록 한다.(①)
- 상담자는 좋은 결정을 가져오기 위한 예비행동을 설명한다.(②)
- 직업선택이 근본적인 관심사인 내담자에 대해서는 직업상담 실시를 확정한다.(③)
- 의사결정의 틀을 설명한다.
- 내담자에 관한 모든 정보를 종합한다.
- 내담자에 관한 부가적인 정보를 종합한다.(④)
- 내담자로 하여금 대안을 평가하도록 한다.
- 상담관계를 종결한다.

답 ③

해 보류(×)→확정

15 포괄적 직업상담에 관한 설명으로 틀린 것은?

① 논리적인 것과 경험적인 것을 의미 있게 절충시킨 모형이다.
② 진단은 변별적이고 역동적인 성격을 가지고 있다.
③ 상담의 진단단계에서는 주로 특성-요인 이론과 행동주의 이론으로 접근한다.
④ 문제해결 단계에서는 도구적(조작적) 학습에 초점을 맞춘다.

콕집어해설

포괄적 직업상담(Crites)
- 정신분석이론, 행동주의이론, 인간중심이론, 특성-요인 이론 등 다양한 상담이론을 통합하였으며, 특히 모든 상담의 진단과정을 고려하였다.(①)
- 진단은 변별적이고 역동적인 성격을 가지고 있다.(②)
- 직업상담의 과정에는 진단, 문제분류, 문제구체화, 문제해결의 단계 등이 포함되어야 한다.
- 직업상담의 목적에는 직업선택, 의사결정기술의 습득, 일반적 적응의 고양 등이 포함되어야 한다.
- 상담초기(진단단계)엔 발달적 접근법과 내담자 중심 접근법을, 중간엔 정신역동적 상담을 활용하며 마지막 단계에는 특성-요인 이론과 행동주의 이론으로 문제해결에 개입한다.(③)
- 문제해결 단계에서는 도구적(조작적) 학습에 초점을 맞춘다.(④)

답 ③

16 대안개발과 의사결정 시 사용하는 인지적 기법으로 다음 설명에 해당하는 인지치료 과정의 단계는?

> 상담자는 두 부분의 개입을 하게 된다. 첫번째는 낡은 사고에 대한 평가이며, 두 번째는 낡은 사고나 새로운 사고의 적절성을 검증하는 실험을 해보는 것이다. 의문문 형태의 개입은 상담자가 정답을 제시하기보다는 내담자 스스로 해결방법에 다가가도록 유도한다.

① 2단계　② 3단계
③ 4단계　④ 5단계

콕집어해설

대안개발과 의사결정 시 사용하는 인지치료과정의 단계
- 제1단계 : 내담자가 느끼는 감정의 본질을 확인한다.
- 제2단계 : 내담자의 감정과 결부된 사고나 가치관 등을 확인한다.
- 제3단계 : 내담자의 사고나 가치관 등을 1~2개의 문장으로 요약·정리한다.
- 제4단계 : 상담사는 내담자의 낡은 사고에 대한 평가와 새로운 사고의 적절성을 검증하는 두 부분의 개입을 통해 내담자 스스로 해결방법에 다가가도록 유도한다.
- 제5단계 : 내담자에게 과제를 부여하여 새로운 사고와 가치관들의 적절성을 검증한다.

답 ③

17 직업상담사의 윤리에 관한 설명으로 옳은 것은?

① 내담자 개인 및 사회에 임박한 위험이 있다고 판단되더라도 개인정보와 상담내용에 대한 비밀을 유지해야 한다.
② 자기와 능력 및 기법의 한계를 넘어서는 문제에 대해서는 다른 전문가에게 의뢰해야 한다.
③ 심층적인 심리상담이 아니므로 직업상담은 비밀 유지 의무가 없다.
④ 상담을 통해 내담자가 도움을 받지 못하더라도 내담자보다 먼저 종결을 제안해서는 안 된다.

콕집어해설

상담사의 윤리
- 상담사는 직업상담에 대한 비밀 유지 의무가 있다.(③)
- 내담자 개인 및 사회에 임박한 위험이 있다고 판단되는 경우는 비밀 유지 예외에 해당한다.(①)
- 자기의 능력 및 기법의 한계를 넘어서는 문제에 대해서는 다른 전문가에게 의뢰해야 한다.(②)
- 상담을 통해 내담자가 도움을 받지 못하는 경우에 상담사는 내담자보다 먼저 종결을 제안할 수 있다.(④)

답 ②

꿰뚫어 보기

비밀보호의 한계

1) 내담자가 자신의 생명이나 타인 및 사회의 안전을 위협하는 경우
2) 내담자가 감염성이 있는 치명적인 질병이 있는 경우
3) 내담자가 아동학대를 하는 경우
4) 미성년인 내담자가 학대를 당하고 있는 경우
5) 법적으로 정보의 공개가 요구되는 경우

18 다음 상담 장면에서 나타난 진로상담에 대한 내담자의 잘못된 인식은?

- 내담자 : 진로선택에 대해서 도움을 받고자 합니다.
- 상담자 : 당신이 현재 생각하고 있는 것부터 이야기를 하시지요.
- 내담자 : 저는 올바르게 선택하고 싶습니다. 아시겠지만, 저는 실수를 저지르고 싶지 않습니다. 선생님은 제가 틀림없이 올바르게 선택할 수 있도록 도와주실 것으로 생각합니다.

① 진로상담의 정확성에 대한 오해
② 일회성 결정에 대한 편견
③ 적성 · 심리검사에 대한 과잉신뢰
④ 흥미와 능력개념의 혼동

콕집어 해설

진로상담에 대한 내담자의 잘못된 인식

내담자는 상담사의 진로상담에 대해 지나친 기대와 의존성을 가지고 있다.

답 ①

19 엘리스(Ellis)가 개발한 인지적 - 정서적 상담에서 정서적이고 행동적인 결과를 야기하는 것은?

① 선행사건 ② 논박
③ 신념 ④ 효과

콕집어 해설

엘리스(Ellis)의 인지적 - 정서적 상담

개인의 '비합리적 신념체계'는 부적절한 정서와 행동의 결과를 야기한다.

답 ③

꿰뚫어 보기

Ellis의 인지 · 정서 · 행동적 상담(REBT)의 기본원리

[인역정 유행인]

1) 인지는 인간의 정서를 결정하는 가장 중요한 요소이다.
2) 역기능적 사고는 정서장애의 중요한 결정요인이다.
3) 정서적 문제의 해결은 사고분석에서 시작하는 게 효과적이다.
4) 유전과 환경을 포함한 다양한 요인들이 불합리한 사고의 원인이 된다.
5) 행동에 대한 과거의 영향보다는 현재에 초점을 둔다.
6) 인간이 지닌 신념은 변화한다고 믿는다.

20 특성 - 요인 상담의 특징으로 옳지 않은 것은?

① 상담자 중심의 상담방법이다.
② 문제의 객관적 이해보다는 내담자에 대한 정서적 이해에 중점을 둔다.
③ 내담자에게 정보를 제공하고 학습기술과 사회적 적응기술을 알려주는 것을 중요시한다.
④ 사례연구를 상담의 중요한 자료로 삼는다.

콕집어 해설

특성 - 요인 상담의 특징

- 상담자 중심의 상담방법이며, 과학적이고 합리적인 문제해결 방법을 추구한다.(①)
- 상담자는 교육자의 역할로써, 주도적인 역할을 수행한다.
- 문제의 정서적 이해보다는 내담자에 대한 객관적 이해에 중점을 둔다.(②)
- 내담자에게 정보를 제공하고 학습기술과 사회적 적응기술을 알려주는 것을 중요시한다.(③)
- 사례연구를 상담의 중요한 자료로 삼는다.(④)
- 개인의 흥미나 능력 등에 대한 표준화 검사의 실시와 결과의 해석을 강조한다.

답 ②

제2과목 | 직업심리학

21 검사의 구성타당도 분석방법으로 적합하지 않은 것은?

① 기대표 작성
② 확인적 요인분석
③ 관련 없는 개념을 측정하는 검사와의 상관계수 분석
④ 유사한 특성을 측정하는 기존 검사와의 상관계수 분석

콕집어해설

구성타당도 [수변요]

- 수렴타당도 : 검사결과가 해당 속성과 관련 있는 변수들과 높은 상관관계를 가지고 있을수록 수렴타당도가 높다(④)
  예 지능검사 결과가 이론적으로 지능과 관련 있는 학교성적과 높은 상관관계를 가지고 있다면 그 지능검사의 수렴타당도는 높다.
- 변별타당도 : 검사결과가 해당 속성과 관련 없는 변수들과 낮은 상관관계를 가지고 있을수록 변별타당도가 높다(③)
  예 지능검사 결과가 이론적으로 지능과 관련 없는 외모와 낮은 상관관계를 가지고 있다면 그 지능검사의 변별타당도는 높다.
- 요인분석 : 검사문항들 간의 상관관계를 분석하여 상관성이 높은 문항들을 묶어주는 통계적 방법이다(②)
  예 수학과 과학 문항이 혼재된 시험을 치렀을 때, 수학과 학생은 수학을, 과학과 학생은 과학을 보통 잘 볼 것이므로 해당 문항들은 두개의 군집, 즉 요인으로 추출될 것이다.

답 ①

해 ① 준거타당도, ② 요인분석, ③ 변별타당도, ④ 수렴타당도

꿰뚫어 보기

준거타당도

1) 동시타당도(공인타당도) : 새로운 검사와 준거를 동시에 측정해서 두 결과 간의 상관계수를 추정한다.
   예 근무성적이 좋은 재직자가 검사점수도 높았다면, 해당 검사는 준거타당도를 갖췄다고 볼 수 있다.
2) 예언타당도(예측타당도) : 검사점수와 미래행위 측정치 간의 상관계수를 추정한다.
   예 입사시험 성적이 높은 사람이 이후 근무성적에서도 높은 점수를 받았다면, 해당 입사시험은 예언타당도가 높다고 할 수 있다.

22 직무수행 관련 성격 5요인(Big 5) 모델의 요인이 아닌 것은?

① 외향성 ② 친화성
③ 성실성 ④ 지배성

콕집어해설

성격의 5요인(Big Five) [외호 성정경]

- 외향성 : 타인과의 상호작용을 원하고 타인의 관심을 끌고자 하는 정도를 측정한다.
- 호감성(친화성) : 타인과 편안하고 조화로운 관계를 유지하려는 정도를 측정한다.
- 성실성 : 사회적 규범이나 원칙 등을 기꺼이 지키려는 정도를 측정한다.
- 정서적 불안정성 : 정서적으로 얼마나 안정되어 있는지의 정도를 측정한다.
- 경험에 대한 개방성 : 세계에 대한 관심 및 호기심, 다양한 경험에 대한 포용력 정도를 측정한다.

답 ④

23 탈진(burnout)에 관한 설명으로 옳지 않은 것은?

① 종업원들이 일정 기간 동안 직무를 수행한 후 경험하는 지친 심리적 상태를 의미한다.
② 탈진검사는 정서적 고갈, 인격 상실, 개인적 성취감 감소 등의 세 가지 구성요소로 측정한다.
③ 탈진에 대한 연구는 내부분 면섭과 관찰을 통해 이루어졌다.
④ 탈진 경험은 다양한 직무 스트레스 요인과 직무 스트레스 반응 변인과 상관이 있다.

콕집어해설

탈진 (burnout)

- 종업원들이 일정 기간 동안 직무를 수행한 후 경험하는 지친 심리적 상태를 의미한다.
- 탈진검사는 정서적 고갈, 인격 상실, 개인적 성취감 감소 등의 세 가지 구성요소로 측정한다.
- 탈진 경험은 다양한 직무 스트레스 요인과 직무 스트레스 반응 변인과 상관이 있다.

답 ③

해 '탈진'에 대한 연구는 주로 동물실험을 통해 이루어졌다.

꿰뚫어 보기

셀리에(Selye)의 일반적응증후군(GAS)

1) 경고(경계)단계 : 정신적·육체적 위험에 갑자기 노출됨으로써 나타나는 최초의 반응단계이다.
맥박이 빨라지고 체온과 혈압이 감소한다.
2) 저항단계 : 스트레스에 대한 저항은 증가되지만 신체의 저항력은 저하된다.
3) 소진(탈진)단계 : 스트레스가 장기간 지속될 경우 스트레스에 대한 적응에너지가 고갈되어 탈진 및 질병과 죽음을 유발할 수 있다.

24 미네소타 직업분류체계 III와 관련하여 발전한 직업발달 이론은?

① Krumboltz의 사회학습이론
② Super의 평생발달이론
③ Ginzberg의 발달이론
④ Lofquist와 Dawis의 직업적응이론

콕집어 해설

직업적응 이론

- 미네소타 직업분류체계 III와 관련하여 발전한 직업발달 이론이다.
- 직업적응은 미네소타 만족 질문지(MSQ)와 미네소타 충족 척도(MSS)를 통해 측정할 수 있다.
- 직업적응은 개인이 직업 환경과 조화를 이루어 만족하고 유지하도록 노력하는 역동적인 과정이다.
- 직업적응 이론에서는 평가과정에서 주관적인 평가를 먼저 실시하고 이후에 검사도구를 통한 객관적인 평가를 실시할 것을 권유한다.
- 개인은 자신과 환경의 부조화 정도가 받아들일 수 있는 범위라면 융통성과 끈기를 발휘하며 별다른 대처행동을 하지 않지만, 범위를 넘어서면 적극성과 반응성을 통해 부조화를 줄이기 위한 노력을 한다.
- 부조화가 개인의 적응행동을 통해 변화시킬 수 있는 범위를 넘어서게 되면 개인은 이직이나 퇴사를 고려하게 된다.

답 ④

25 홀랜드(Holland) 이론의 직업환경 유형과 대표 직업 간 연결이 틀린 것은?

① 현실형(R) - 목수, 트럭운전사
② 탐구형(I) - 심리학자, 분자공학자
③ 사회형(S) - 정치가, 사업가
④ 관습형 (C) - 사무원, 도서관 사서

콕집어 해설

홀랜드(Holland)의 직업환경 유형 [현탐예 사진관]

- 현실형 : 실제적이며 현장에서 하는 일을 선호하나, 사회성이 부족하다.
  예 기술직, 엔지니어, 농부, 목수, 트럭운전사 등
- 탐구형 : 과학적이며 탐구활동을 선호하나, 지도력이 부족하다.
  예 물리학자, 화학자, 생물학자, 심리학자 등
- 예술형 : 심미적이며 창조적인 활동을 선호하나, 규범적 성향이 부족하다.
  예 음악가, 문학가, 화가 등
- 사회형 : 이타적이며 봉사활동을 선호하나, 기계적 활동 능력이 부족하다.
  예 사회복지사, 종교인, 상담사 등
- 진취형 : 진취적이며 적극적인 활동을 선호하나, 체계적 활동 능력이 부족하다.
  예 정치가, 기업가, 영업사원, 보험설계사 등
- 관습형 : 꼼꼼하며 질서정연한 일을 선호하나, 융통성이 부족하다.
  예 경리사원, 회계사, 은행원, 도서관 사서 등

답 ③

꿰뚫어 보기

홀랜드 이론이 적용된 검사도구

1) 직업선호도검사(VPI : Vocation Preference Inventory)
2) 자기방향탐색검사(SDS : Self Directd Search)
3) 직업탐색검사(VEIK : Vocational Exploration and Insigt Kit)
4) 자기직업상황검사(MVS : My Vocational Situation)
5) 경력의사결정검사(CDM : Career Decision Making)
6) 스트롱 - 캠벨 흥미검사(SCII : Strong - Campbell Interest Inventory)

26 경력개발 프로그램 중 종업원 역량개발 프로그램과 가장 거리가 먼 것은?

① 훈련 프로그램　② 사내공모제
③ 후견인 프로그램　④ 직무순환

족집어 해설

종업원 (능력)개발 프로그램

- 훈련 프로그램 : 컴퓨터 교육에서 대인관계까지 조직 내에서 실시하는 다양한 내용의 훈련프로그램을 말한다.
- 후견인 프로그램(멘토십 시스템) : 종업원이 조직에 쉽게 적응하도록 상사가 후견인이 되어 도와주는 프로그램이다.
- 직무순환 프로그램 : 종업원에게 다양한 직무를 경험하게 함으로써 여러 분야의 능력을 개발하게 하는 프로그램이다.

답 ②

해 정보제공에 해당한다.

꿰뚫어 보기

경력개발 프로그램 유형 [자개 정종종]

1) 자기평가 도구 : 경력워크숍, 경력연습책자 등
2) 개인상담
3) 정보제공 : 사내공모제, 기술목록, 경력자원기관 등
4) 종업원 평가 : 평가기관, 심리검사, 조기발탁제 등
5) 종업원 개발 : 훈련 프로그램, 후견인 프로그램, 직무순환 프로그램 등

27 직무분석을 통해 작성되는 결과물로서, 해당 직무를 수행하는 작업자가 갖추어야 할 자격요건을 기록한 것은?

① 직무 기술서(job description)
② 직무 명세서(job specification)
③ 직무 프로파일(job profile)
④ 직책 기술서(position description)

족집어 해설

직무 명세서(job specification)

직무분석을 통해 해당 직무를 수행하는 작업자가 갖추어야 할 자격요건들을 기록한 것이다.

답 ②

해 ① 직무 기술서(job description)는 직무분석을 통해 직무수행과 관련된 과업 및 직무행동을 일정한 양식에 기술한 문서이다.

꿰뚫어 보기

직무분석의 유형

1) 과제 중심 직무분석

(1) 직무에서 수행하는 과제나 활동이 어떤 것들인지 파악하는 데 초점을 둔다.
(2) 직무 자체의 내용을 중점적으로 다루는 '직무기술서' 작성에 중요 정보를 제공한다.
(3) 직무 각각에 대해 표준화된 분석도구를 만들 수 없다.
  예 기능적 직무분석(FJA : Functional Job Analysis) : 직무정보를 자료(Data), 사람(People), 사물(Thing) 기능으로 분석한다.

2) 작업자 중심 직무분석

(1) 직무를 수행하는 데 요구되는 지식, 기술, 능력, 경험 등 작업자의 재능에 초점을 둔다.
(2) 인적 요건을 주로 다루는 '직무명세서(작업자 명세서)'를 작성하는 데 중요 정보를 제공한다.
  예 직위분석질문지(PAQ : Position Analysis Questionaire)
    ㄱ. 직무수행에 요구되는 지식, 기술, 능력 등의 인간적 요건들을 밝히는 데 목적을 둔 표준화된 분석도구이다.
    ㄴ. 6가지 범주 : 정보입력, 정신과정, 작업결과, 타인들과의 관계, 직무맥락, 직무요건 [정정작 타직직]

28 파슨스(Parsons)가 강조하는 현명한 직업 선택을 위한 필수 요인이 아닌 것은?

① 자신의 흥미, 직성, 능력, 가치관 등 내면적인 자신에 대한 명확한 이해
② 현대사회가 필요로 하는 전망이 밝은 분야에서의 취업을 위한 구체적인 준비
③ 직업에서의 성공, 이점, 보상, 자격요건, 기회 등 직업 세계에 대한 지식
④ 개인적인 요인과 직업 관련 자격요건, 보수 등의 정보를 기초로 한 현명한 선택

족집어 해설

파슨스(Parsons)의 직업선택 3요인

- 자신에 대한 이해(①)
- 직업세계에 대한 이해(③)
- 자신과 직업세계와의 합리적 연결(④)

답 ②

29 다운사이징(downsizing)과 조직구조의 수평화로 대변되는 최근의 조직변화에 적합한 종업원 경력개발 프로그램에 관한 설명으로 가장 거리가 먼 것은?

① 직무를 통해서 다양한 능력을 본인 스스로 학습할 수 있도록 많은 프로젝트에 참여시킨다.
② 표준화된 작업규칙, 고정된 작업시간, 엄격한 직무기술을 강화한 학습 프로그램에 참여시킨다.
③ 불가피하게 퇴직한 사람들을 위한 퇴직자 관리 프로그램을 운영한다.
④ 새로운 직무를 수행하는데 요구되는 능력 및 지식과 관련된 재교육을 실시한다.

콕집어 해설

최근의 조직변화에 적합한 종업원 경력개발 프로그램
- 개인의 자율적 능력개발과 수평이동에 중점을 둔다.
- 직무를 통해서 다양한 능력을 본인 스스로 학습할 수 있도록 많은 프로젝트에 참여시킨다.(①)
- 새로운 직무를 수행하는데 요구되는 능력 및 지식과 관련된 재교육을 실시한다.(④)
- 경력개발은 단기적이고 평생학습 단계로 이어져야 한다.
- 불가피하게 퇴직한 사람들을 위한 퇴직자 관리 프로그램을 운영한다.(③)

답 ②

해 전통적 경력개발 방향이다.

30 과업지향적 직무분석 방법 중 기능적 직무분석의 세 가지 차원이 아닌 것은?

① 기술(skill) ② 자료(data)
③ 사람(people) ④ 사물(things)

콕집어 해설

과제 중심 직무분석
1) 직무에서 수행하는 과제나 활동이 어떤 것들인지 파악하는 데 초점을 둔다.
2) 직무 자체의 내용을 중점적으로 다루는 직무기술서 작성에 중요 정보를 제공한다.
3) 직무 각각에 대해 표준화된 분석도구를 만들 수 없다.
   예 기능적 직무분석(FJA : Functional Job Analysis) : 직무정보를 자료(Data), 사람(People), 사물(Thing) 기능으로 분석한다.

답 ①

31 신뢰도의 종류 중 검사 내 문항들 간의 동질성을 나타내는 것은?

① 동등형 신뢰도
② 내적일치 신뢰도
③ 검사-재검사 신뢰도
④ 평가자 간 신뢰도

콕집어 해설

신뢰도 추정방법
- 검사-재검사 신뢰도 : 동일한 수검자에게 동일한 검사를 일정 시간간격을 두고 두 번 실시하여 얻은 두 검사점수의 상관계수에 의해 신뢰도를 추정하는 방법이다.
- 동형검사 신뢰도 : 동일한 수검자에게 첫번째 실시한 검사와 동일한 유형의 검사를 실시하여 두 검사점수의 상관계수에 의해 신뢰도를 추정하는 방법이다.
- 반분신뢰도 : 하나의 검사를 반으로 나누어 두 검사 간의 동질성과 일치성을 비교하는 방법이다.
- 문항 내적 합치도(문항 내적 일관성 신뢰도) : 한 검사 내 개개의 문항들을 독립된 검사로 보고 문항들 간의 동질성이나 합치성을 신뢰도로 규정한다.
- 채점자 간 신뢰도 : 채점자들의 평가가 어느 정도 일관성이 있는지를 상관계수로 나타낸 것이다.

답 ②

32 조직에서 자신이 생각하는 역할과 상급자가 생각하는 역할 간 차이에 기인한 스트레스원은?

① 역할 과다 ② 역할 모호성
③ 역할 갈등 ④ 과제 곤란도

콕집어 해설

역할갈등
역할담당자의 역할과 역할전달자의 역할기대가 상충함으로써 발생한다.
1) 개인 간 역할갈등 : 직업에서의 요구와 직업 이외의 요구 간의 갈등에서 발생한다.
2) 개인 내 역할갈등 : 직업에서의 요구와 개인의 가치관이 다를 때 발생한다.
3) 송신자 간 갈등 : 두 명 이상의 요구가 갈등을 일으킬 때 발생한다.
4) 송신자 내 갈등 : 업무 지시자가 서로 배타적이고 양립할 수 없는 요구를 할 때 발생한다.

답 ③

꿰뚫어 보기

직무 및 조직 관련 스트레스원

1) 복잡한 과제 및 반복 과제 : 복잡한 과제는 정보 과부화를 일으켜서 스트레스를 높일 수 있으며, 지루하게 반복되는 과업의 단조로움은 매우 위험한 스트레스 요인이 될 수 있다.
2) 역할갈등
3) 역할모호성 : 역할담당자가 역할기대자의 역할기대에 대해 명확히 알지 못함으로써 발생한다.
4) 역할과다/역할과소 : 직무에서의 요구가 역할담당자의 능력을 벗어날 때 역할과다가, 역할담당자의 능력을 충분히 활용하지 못할 때는 역할과소가 발생한다.
5) 산업의 조직문화와 풍토 : 미국과 같은 개인주의적·공식적 조직에서는 주로 구조적 변수(의사결정의 참여 등)로, 한국과 같은 집합주의적·비공식적 조직에서는 주로 인간관계 변수(동료와의 관계 등)로 역할갈등이 발생한다.

33 직업상담 장면에서 활용 가능한 성격검사에 관한 설명으로 옳은 것은?

① 특정 분야에 대한 흥미를 측정한다.
② 어떤 특정 분야나 영역의 숙달에 필요한 적응능력을 측정한다.
③ 대개 자기보고식 검사이며, 널리 이용되는 검사는 다면적 인성검사, 성격유형 검사 등이 있다.
④ 비구조적 과제를 제시하고 자유롭게 응답하도록 하여 분석하는 방식으로 웩슬러 검사가 있다.

콕집어 해설

성격검사

비인지적 검사로써, 일상생활에서의 습관적인 행동을 검토하는 습관적 수행검사이며 정서적 검사 중 하나이다. 대개 자기보고식 검사이며, 널리 이용되는 검사는 다면적 인성검사, 성격유형 검사 등이 있다.

답 ③

해 ① '흥미검사'이다.
② '적성검사'이다.
④ 비구조적 과제를 제시하고 자유롭게 응답하도록 하여 분석하는 방식은 투사적 검사로써, 로샤검사·주제통각검사·문장완성검사 등이 있다.

꿰뚫어 보기

심리검사의 측정내용에 따른 분류

1) 인지적 검사(성능검사) : 일정 시간 내 자신의 능력을 최대한 발휘하게 하는 극대수행검사(최대수행검사)이다.
   ㄱ. 지능검사 : 스탠포드-비네 지능검사, 한국판 웩슬러 성인용지능검사(K-WAIS) 등
   ㄴ. 적성검사 : 일반적성검사(GATB)
   ㄷ. 성취도검사 : 학업성취도검사
2) 정서적 검사(성향검사) : 비인지적 검사로써, 일상생활에서의 습관적인 행동을 검토하는 습관적 수행검사이다.
   ㄱ. 성격검사 : 마이어스-브릭스 성격유형검사(MBTI), 미네소타 다면적 인성검사(MMPI), 캘리포니아 성격검사(CPI), 로샤검사 등
   ㄴ. 흥미검사 : 직업선호도검사, 쿠더직업흥미검사, 스트롱-캠벨 흥미검사
   ㄷ. 태도검사 : 직무만족도검사(JSS) 등

34 로(Roe)의 욕구이론에 관한 설명으로 옳은 것은?

① 부모-자녀 간의 상호작용을 자녀에 대한 정서집중형, 회피형, 수용형의 유형으로 구분한다.
② 청소년기 부모-자녀 간의 관계에서 생긴 욕구가 직업선택에 영향을 미친다는 이론이다.
③ 부모의 사랑을 제대로 받지 못하고 거부적인 분위기에서 성장한 사람은 다른 사람들과 함께 일하고 접촉하는 서비스 직종의 직업을 선호한다.
④ 직업군을 10가지로 분류한다.

콕집어 해설

로(Roe)의 욕구이론

- 아동기에 형성된 욕구에 대한 반응으로 직업선택이 이루어진다고 본다.(②)
- 가정 분위기의 유형을 수용형, 정서집중형, 회피형으로 구분하였다.(①)
- 직업군을 8가지로, 직업수준을 6가지로 분류하였다.(④)
- 매슬로우가 제시한 욕구의 단계를 기초로 해서 초기의 인생경험과 직업선택의 관계에 관한 가정을 발전시켰다.

답 ①

해 ③ 부모의 사랑을 제대로 받지 못하고 거부적인 분위기에서 성장한 사람은 다른 사람들과 함께 일하고 접촉하는 직업을 기피한다.

꿰뚫어 보기

로(Roe)의 직업 분류 8가지 장(Field)　[서비단기 옥과예일]

1) 서비스직 : 사람 지향적이며 교육, 사회봉사, 임상심리직 등이 있다.
2) 비즈니스직 : 일대일 만남으로 상대방을 설득하여 제품을 판매하며, 보험, 부동산직 등이 있다.
3) 단체직 : 기업의 조직 및 기능과 관련된 사업, 행정직 등이 있다.
4) 기술직 : 상품의 생산·유지·운송과 관련된 기계직, 정보통신직 등이 있다.
5) 옥외활동직 : 천연자원을 개발, 보존, 수확하는 농업, 어업, 축산직 등이 있다.
6) 과학직 : 과학이론 및 이론을 적용시키는 연구직, 교수직업 등이 있다.
7) 예능직 : 창조적 예술과 연예 활동하는 음악과 배우직 등이 있다.
8) 일반문화직 : 개인보다는 인류의 활동에 흥미를 가지는 고고학자 등이 있다.

35 홀랜드(Holland)의 성격이론에서 제시한 유형 중 일관성이 가장 낮은 것은?

① 현실적(R) - 탐구적(I)　② 예술적(A) - 관습적(C)
③ 설득적(E) - 사회적(S)　④ 사회적(S) - 예술적(A)

콕집어 해설

홀랜드(Holland)의 성격이론

- 현실적(R)↔사회적(S)
- 탐구적(I)↔진취적(E)
- 예술적(A)↔관습적(C)

답 ②

꿰뚫어 보기

홀랜드의 육각형 모델과 해석 차원　[일변 일정계]

1) 일관성 : 어떤 쌍들은 다른 유형의 쌍들보다 더 많은 공통점을 가지고 있다.
2) 변별성(차별성) : 개인의 흥미유형은 특정 흥미유형과 매우 유사한 반면, 다른 유형과는 차별적이다.
3) 일치성 : 개인의 흥미유형과 개인이 소속되고자 하는 환경의 유형이 서로 부합하는 정도를 말한다.
   개인이 자기 자신의 인성유형과 동일하거나 유사한 환경에서 일하고 생활할 때를 의미한다.
4) 정체성 : 성격적 측면에서는 개인의 목표, 흥미, 재능에 대한 명확성을 말하고, 환경적 측면에서는 조직의 투명성 및 안정성 등을 말한다.
5) 계측성(타산성) : 육각형 모델에서 유형들 간의 거리는 가까울수록 서로 유사한 성향을 보이며, 멀어질수록 대조적 성향을 보인다.
   육각형 모델에서 유형들 간의 거리는 그 이론적 관계에 반비례한다.

36 인지적 정보처리 이론에서 제시하는 의사결정 과정의 절차를 바르게 나열한 것은?

ㄱ. 분석단계	ㄴ. 종합단계
ㄷ. 실행단계	ㄹ. 가치평가단계
ㅁ. 의사소통단계	

① ㄱ→ㄴ→ㄷ→ㄹ→ㅁ
② ㄴ→ㄹ→ㄱ→ㄷ→ㅁ
③ ㄷ→ㄱ→ㄴ→ㅁ→ㄹ
④ ㅁ→ㄱ→ㄴ→ㄹ→ㄷ

콕집어 해설

인지적 진로정보처리 의사결정과정 절차

[CASVE (까스 배)]

- 의사소통(Communication) : 질문을 받아들여 부호화하며 이를 송출한다.
- 분석(Analysis) : 하나의 개념적 틀 안에서 문제를 찾고 이를 분류한다.
- 종합(Synthesis, 통합) : 일련의 행위를 형성한다.
- 가치부여(Valuing, 평가) : 성공과 실패의 확률에 따라 각각의 행위를 판단하며, 다른 사람에게 미칠 파급효과를 평가한다.
- 실행(Execution, 집행) : 책략을 통해 계획을 실행한다.

답 ④

꿰뚫어 보기

인지적 정보처리이론

1) 진로선택은 하나의 문제해결 활동이다.
2) 진로선택은 인지적 과정 및 정의적 과정들의 상호작용의 결과이다.
3) 진로발달 과정은 지식구조의 끊임없는 성장과 변화를 포함한다.
4) 진로성숙은 진로문제를 해결할 수 있는 자신의 능력에 달려 있다.
5) 진로문제 해결은 고도의 기억력을 요하는 과제이다.
6) 진로상담의 최종목표는 진로문제의 해결자이며, 의사결정자인 내담자의 잠재력을 증진시키는 것이다.

37 수퍼(Super)의 발달이론에 관한 설명으로 옳은 것은?

① 대부분의 사람들을 여섯 가지 유형 중 하나로 분류한다.
② 개인분석, 직업분석, 과학적 조언의 조화를 주장한다.
③ 생애역할의 중요성과 직업적 자아개념을 강조한다.
④ 부모의 자녀 양육방식을 발달적으로 전개한다.

콕집어해설

수퍼(Super)의 발달이론

수퍼(Super) : 진로성숙은 각 생애단계마다 성장기, 탐색기, 확립기, 유지기, 쇠퇴기를 거친다는 발달단계별 특징 및 과제를 강조했다.
생애역할의 중요성과 직업적 자아개념을 강조한다.

답 ③

해 ① 홀랜드(Holland), ② 파슨스(Parsons), ④ 로(Roe)

38 다음 중 규준의 범주에 포함될 수 없는 점수는?

① 표준점수 ② Stanine 점수
③ 백분위 점수 ④ 표집점수

콕집어해설

집단 내 규준 [백표표]

- 백분위 점수 : 특정 집단(표준하된 집단)의 점수분포에서 한 개인의 상대적 위치를 나타내는 점수이다.
- 표준점수 : 표준편차를 사용하여 개인의 점수가 평균으로부터 떨어져 있는 거리를 표시한 것이다.
- 표준등급 : 원점수를 1~9까지의 구간으로 구분하여 각 구간마다 일정한 점수나 등급을 부여한 것이다. 'Stanine 점수'라고도 한다.

답 ④

꿰뚫어 보기

표준점수

1) Z 점수 : 원점수를 평균이 0, 표준편차가 1인 Z분포상의 점수로 변환한 점수이다.

$$Z = \frac{원점수 - 평균}{표준편차}$$

2) T 점수 : 소수점과 음수값을 가지는 Z점수의 단점을 보완하기 위해, 원점수를 변환해서 평균이 50, 표준편차가 10인 분포로 만든 것이다.
T = 10 × Z점수 + 50

39 직무 및 일반 스트레스에 관한 설명으로 옳지 않은 것은?

① 17-OHCS라는 당류부신피질 호르몬은 스트레스의 생리적 지표로서 매우 중요하게 사용된다.
② A성격 유형이 B성격 유형보다 더 높은 스트레스 수준을 유지한다.
③ Yerkes와 Dodson의 역U자형 가설은 스트레스 수준이 적당하면 작업능률도 최대가 된다고 한다.
④ 일반적응증후군(GAS)에 따르면 저항단계, 경고단계, 탈진단계를 거치면서 사람에게 나쁜 결과를 가져다준다.

콕집어해설

직무 및 일반 스트레스

- 17-OHCS라는 당류부신피질 호르몬은 스트레스의 생리적 지표로서 매우 중요하게 사용된다.(①)
- A성격 유형이 B성격 유형보다 더 높은 스트레스 수준을 유지한다.(②)
- Yerkes와 Dodson의 역U자형 가설은 스트레스 수준이 적당하면 작업능률도 최대가 된다고 한다.(③)
- 일반적응증후군(GAS)에 따르면 경고→저항→소진(탈진)단계로 진행된다.(④)

답 ④

40 심리검사의 유형 중 객관적 검사의 장점이 아닌 것은?

① 검사실시의 간편성 ② 객관성의 증대
③ 반응의 풍부함 ④ 높은 신뢰도

콕집어해설

객관적 검사의 장점

- 검사실시의 간편성
- 객관성의 증대
- 높은 신뢰도
- 채점의 용이함

답 ③

해 '투사적 검사'의 장점이다.

제3과목 | 직업정보론

41 워크넷에서 제공하는 청소년 직업흥미검사의 하위척도가 아닌 것은?

① 활동척도 ② 자신감척도
③ 직업척도 ④ 가치관척도

콕집어 해설

청소년 직업흥미검사의 하위척도

- 활동척도 : 다양한 직업 및 일상생활의 활동을 묘사하는 문항들로 구성되어 있으며, 그 활동들의 선호를 측정한다.
- 자신감척도 : 문항구성 내용은 활동척도와 같으며, 그 활동들에 대한 개인의 자신감 정도를 측정한다.
- 직업척도 : 다양한 직업명의 문항들로 구성되어 있으며, 해당 직업에서 수행하는 일에 관한 설명이 함께 제시된다.

답 ④

42 한국표준직업분류(제7차)에서 표준직업 분류와 직능수준과의 관계가 옳지 않은 것은?

① 관리자 : 제4직능 수준 혹은 제3직능 수준 필요
② 전문가 및 관련 종사자 : 제4직능 수준 혹은 제3직능 수준 필요
③ 군인 : 제1직능 수준 이상 필요
④ 단순노무 종사자 : 제1직능 수준 필요

콕집어 해설

한국표준직업분류의 대분류와 직능수준

[관전/사서판농기장/단/군]

1 관리자 : 제4직능 수준 혹은 제3직능 수준 필요
2 전문가 및 관련 종사자 : 제4직능 수준 혹은 제3직능 수준 필요
3 사무종사자 : 제2직능 수준 필요
4 서비스 종사자 : 제2직능 수준 필요
5 판매 종사자 : 제2직능 수준 필요
6 농림·어업 숙련 종사자 : 제2직능 수준 필요
7 기능원 및 관련 기능 종사자 : 제2직능 수준 필요
8 장치·기계조작 및 조립 종사자 : 제2직능 수준 필요
9 단순 노무 종사자 : 제1직능 수준 필요
A 군인 : 제2직능 수준 이상 필요

답 ③

해 '제2직능 수준 이상'이 필요하다.

43 직업정보를 제공하는 유형별 방식의 설명이다. (   )에 알맞은 것은?

종류	비용	학습자참여도	접근성
인쇄물	(ㄱ)	수동	용이
면접	저	(ㄴ)	제한적
직업경험	고	적극	(ㄷ)

	ㄱ	ㄴ	ㄷ
①	고	적극	용이
②	고	수동	제한적
③	저	적극	제한적
④	저	수동	용이

콕집어 해설

직업정보 전달 유형별 특징

종류	비용	학습자참여도	접근성
인쇄물	저	수동	용이
시청각 자료	고	수동	제한적
면접	저	적극	제한적
관찰	고	수동	제한적
직업경험	고	적극	제한적

답 ③

44 국민내일배움카드의 지원대상에 해당하지 않는 것은?

①「한부모가족지원법」에 따른 지원대상자
②「고용보험법 시행령」에 따른 기간제근로자인 피보험자
③「수산업·어촌 발전 기본법」에 따른 어업인으로서 어업 이외의 직업에 취업하려는 사람
④ 만 75세 이상인 사람

콕집어해설

국민내일배움카드제 지원 제외 대상자

- 공무원연금법이나 사립학교교직원 연금법을 적용받고 현재 재직 중인 사람
- 만 75세 이상인 사람
- 졸업예정자 이외의 재학생
- 연매출액 1억 5천만원 이상의 자영업자
- 월 임금 300만원 이상인 대기업 근로자(45세 미만)
- 특수형태근로종사자
- 중앙행정기관으로부터 훈련비를 지원받는 훈련에 참여하는 사람
- HRD-Net을 통하여 직업능력개발훈련 동영상 교육을 이수하지 아니하는 사람
- 외국인(단, 고용보험 피보험자는 제외)
- 부정행위에 따른 지원금 등의 반환 명령을 받고 그 납부의 의무를 이행하지 아니하는 사람
- 이 규정 시행일 이전에 직업능력개발훈련을 3회 지원받았음에도 불구하고, 훈련개시일 이후 취업한 기간이 180일 미만이거나 자영업자로서 피보험기간이 180일 미만인 사람

답 ④

45 **한국표준산업분류(제10차)의 적용원칙에 관한 설명으로 틀린 것은?**

① 산업활동이 결합되어 있는 경우에는 그 활동단위의 주된 활동에 따라서 분류
② 생산단위는 산출물만을 토대로 가장 정확하게 설명된 항목에 분류
③ 복합적인 활동단위는 우선적으로 최상급 분류단계(대분류)를 정확히 결정하고, 순차적으로 중, 소, 세, 세세분류 단계 항목을 결정
④ 수수료 또는 계약에 의하여 활동을 수행하는 단위는 자기계정과 자기책임 하에서 생산하는 단위와 동일 항목으로 분류

콕집어해설

한국표준산업분류(KSIC)의 적용원칙

- 생산단위는 산출물뿐만 아니라 투입물과 생산공정 등을 함께 고려하여 그들의 활동을 가장 정확하게 설명된 항목에 분류해야 한다.(②)
- 복합적인 활동단위는 우선적으로 최상급 분류단계(대분류)를 정확히 결정하고, 순차적으로 중, 소, 세, 세세분류 단계 항목을 결정하여야 한다.(③)
- 산업활동이 결합되어 있는 경우에는 그 활동단위의 주된 활동에 따라서 분류하여야 한다.(①)
- 수수료 또는 계약에 의하여 활동을 수행하는 단위는 동일한 산업활동을 자기계정과 자기책임하에서 생산하는 단위와 같은 항목에 분류하여야 한다.(④)
- 동일단위에서 제조한 재화의 소매활동은 별개 활동으로 분류하지 않고 제조활동으로 분류되어야 한다. 그러나 자기가 생산한 재화와 구입한 재화를 함께 판매한다면 그 주된 활동에 따라 분류한다.
- 생산단위의 소유 형태, 법적 조직 유형 또는 운영 방식은 산업분류에 영향을 미치지 않는다.
- 공식적 생산물과 비공식적 생산물, 합법적 생산물과 불법적인 생산물을 달리 분류하지 않는다.

답 ②

46 **직업정보 수집방법으로서 면접법에 관한 설명으로 가장 적합하지 않은 것은?**

① 표준화 면접은 비표준화 면접보다 타당도가 높다.
② 면접법은 질문지법보다 응답범주의 표준화가 어렵다.
③ 면접법은 질문지법보다 제3자의 영향을 배제할 수 있다.
④ 표준화 면접에는 개방형 및 폐쇄형 질문을 모두 사용할 수 있다.

콕집어 해설

면접법

장점

1) 언어소통이 가능한 모든 사람들을 대상으로 적용할 수 있다.
2) 조사환경을 통제하고 표준화할 수 있다.
3) 복잡한 질문의 사용가능과 정확한 응답을 얻어낼 수 있다.
4) 개별적 상황에 따라 적절한 대응이 가능하다.
5) 제3자의 영향을 배제할 수 있다.(③)
6) 질문지법보다 더욱 공정한 표본을 얻을 수 있다.
7) 표준화 면접에는 개방형 및 폐쇄형 질문을 모두 사용할 수 있다.(④)

단점

1) 시간과 비용, 노력이 많이 소요되고 절차가 복잡하다.
2) 면접자에 따라서 면접내용에 대한 편향성이 나타날 수 있다.
3) 응답자가 불편한 상황에서 응답함으로써 부정적 영향이 미칠 수 있다.
4) 응답범주에 대한 표준화가 어렵다.(②)

답 ①

해 표준화 면접은 비표준화 면접보다 타당도가 낮다.

47 한국표준산업분류(제10차)의 산업결정방법에 관한 설명으로 틀린 것은?

① 생산단위의 산업 활동은 그 생산단위가 수행하는 주된 산업 활동의 종류에 따라 결정된다.
② 계절에 따라 정기적으로 산업을 달리하는 사업체의 경우에는 조사시점에 경영하는 사업과는 관계없이 조사대상 기간 중 산출액이 많았던 활동에 의하여 분류된다.
③ 단일사업체의 보조단위는 그 사업체의 일개 부서로 포함하지 않고 별도의 사업체로 처리한다.
④ 휴업 중 또는 자산을 청산 중인 사업체의 산업은 영업 중 또는 청산을 시작하기 이전의 산업활동에 의하여 결정한다.

콕집어 해설

한국표준산업분류의 산업결정방법 [생종 계휴단]

- 생산단위의 산업활동은 그 생산단위가 수행하는 주된 산업활동의 종류에 따라 결정된다.(①)
- 해당 활동의 종업원 수 및 노동시간, 임금 및 급여액 또는 설비의 정도에 의하여 결정한다.
- 계절에 따라 정기적으로 산업을 달리하는 사업체의 경우에는 조사시점에서 경영하는 사업과는 관계없이 조사대상기간 중 산출액이 많았던 활동에 의하여 분류된다.(②)
- 휴업 중 또는 자산을 청산 중인 사업체의 산업은 영업 중 또는 청산을 시작하기 이전의 산업활동에 의하여 결정한다.(④)
- 단일사업체의 보조단위는 그 사업체의 일개 부서로 포함한다.(③)

답 ③

48 공공직업 정보와 비교한 민간직업 정보의 일반적 특성에 관한 설명으로 틀린 것은?

① 필요한 시기에 최대한 활용되도록 한시적으로 신속하게 생산되어 운영된다.
② 국제적으로 인정되는 객관적인 기준에 근거하여 직업을 분류한다.
③ 특정한 목적에 맞게 해당 분야 및 직종을 제한적으로 선택한다.
④ 시사적인 관심이나 흥미를 유도할 수 있도록 해당 직업을 분류한다.

콕집어 해설

민간직업정보의 특성

구분	민간 직업정보	공공 직업정보
정보제공 속성	한시적	지속적
직업분류·구분	생산자의 자의성	기준에 따른 객관성
조사 직업 범위	제한적	포괄적
정보의 구성	완결적 정보체계	기초적 정보체계
타 정보와의 관계	관련성 낮음	관련성 높음
비용	유료	무료

답 ②

49 국가기술자격 직업상담사 1급 응시자격으로 옳은 것은?

① 해당 실무에 2년 이상 종사한 사람
② 해당 실무에 3년 이상 종사한 사람
③ 관련학과 대학졸업자 및 졸업예정자
④ 해당 종목의 2급 자격을 취득한 후 해당 실무에 1년 이상 종사한 사람

콕집어 해설

직업상담사 1급 응시자격
- 해당 실무에 3년 이상 종사한 사람
- 해당 종목의 2급 자격을 취득한 후 해당 실무에 2 년 이상 종사한 사람

답 ②

50 한국표준산업분류(제10차) 주요 개정내용으로 틀린 것은?

① 어업에서 해수면은 해면으로, 수산 종자는 수산 종묘로 명칭을 변경
② 수도업은 국내 산업 연관성을 고려하고 국제표준산업분류(ISIC)에 맞춰 대분류 E로 이동
③ 산업 성장세를 고려하여 태양력 발전업을 신설
④ 세분류에서 종이 원지·판지·종이상자 도매업, 면세점, 의복 소매업을 신설

콕집어 해설

한국표준산업분류(제10차) 주요 개정내용
- A 농업, 임업 및 어업 : 채소작물 재배업에 마늘, 딸기작물 재배업을 포함시켰으며, 어업에서 해면은 해수면으로, 수산 종묘는 수산 종자로 명칭을 변경하였다.(①)
- D 전기, 가스, 증기 및 공기조절 공급업 : 수도업은 대분류 E로 이동했으며, 태양력 발전업을 세분하였고, 전기판매업 세분류를 신설했다.(②, ③)
- G도매 및 소매업 : 세분류에서 종이 원지·판지·종이상자 도매업과 면세점을 신설하였다.(④)

답 ①

해 해면(×)→해수면, 수산 종묘(×)→수산 종자

51 다음은 어떤 국가기술자격 등급의 검정기준에 해당하는가?

해당 국가기술자격의 종목에 관한 공학적 기술이론 지식을 가지고 설계·시공·분석 등의 업무를 수행할 수 있는 능력의 유무

① 기능장　　② 기사
③ 산업기사　　④ 기능사

콕집어 해설

국가기술자격 검정 기준
- 기술사 : 고도의 전문지식과 실무경험에 입각한 기술업무의 수행능력
- 기능장 : 최상급 숙련기능을 갖추고 현장관리 업무의 수행능력
- 기사 : 공학적 기술이론 지식
- 산업기사 : 기술 기초이론과 숙련기능
- 기능사 : 숙련기능

답 ②

52 직업정보 수집·제공 시 고려해야 할 사항과 가장 거리가 먼 것은?

① 명확한 목표를 가지고 계획적으로 수집한다.
② 최신의 자료를 수집한다.
③ 자료를 수집할 때 자료 출처와 일자를 기록한다.
④ 직업정보는 전문성이 있으므로 전문용어를 사용하여 제공한다.

콕집어 해설

직업정보 수집·제공 시 고려해야 할 사항
- 직업정보 수집시에는 명확한 목표를 세운다.(①)
- 최신의 자료를 수집한다.(②)
- 직업정보는 전문적인 지식이 없어도 이해할 수 있도록 제공해야 한다.(④)
- 직업이 가지고 있는 장·단점을 편견 없이 제공해야 한다.
- 자료를 수집할 때 자료 출처와 일자를 기록한다.(③)

답 ④

53 직업훈련의 강화에 따른 효과로 가장 거리가 먼 것은?

① 인력부족 직종의 구인난을 완화시킬 수 있다.
② 재직근로자의 직무능력을 높일 수 있다.
③ 산업구조의 변화에 대응할 수 있다.
④ 마찰적인 실업을 줄일 수 있다.

콕집어 해설

직업훈련의 강화에 따른 효과
- 인력부족 직종의 구인난을 완화시킬 수 있다.
- 재직근로자의 직무능력을 높일 수 있다.
- 산업구조의 변화에 대응할 수 있다.
- 구조적인 실업을 줄일 수 있다.

답 ④

해 '직업정보 제공'에 따른 효과이다.

54 국가기술자격종목과 그 직무분야의 연결이 틀린 것은?

① 직업상담사2급 - 사회복지 · 종교
② 소비자전문상담사2급 - 경영 · 회계 · 사무
③ 임상심리사2급 - 보건 · 의료
④ 컨벤션기획사2급 - 이용 · 숙박 · 여행 · 오락 · 스포츠

콕집어 해설

국가기술자격 종목과 직무분야
- 임상심리사2급 - 보건 · 의료(③)
- 텔레마케팅관리사 - 영업 · 판매
- 직업상담사 2급 - 사회복지 · 종교(①)
- 어로산업기사-농림어업
- 사회조사분석사, 소비자 전문상담사, 컨벤션기획사, 전산회계운용사 - 경영 · 회계 · 사무(②, ④)
- 산업안전기사, 건설안전기사-안전관리
- 세탁기능사-섬유 · 의복

답 ④

55 한국직업사전(2020)의 부가정보 중 "자료"에 관한 설명으로 틀린 것은?

① 종합 : 사실을 발견하고 지식개념 또는 해석을 개발하기 위해 자료를 종합적으로 분석한다.
② 분석 : 조사하고 평가한다. 평가와 관련된 대안적 행위의 제시가 빈번하게 포함된다.
③ 계산 : 사칙연산을 실시하고 사칙연산과 관련하여 규정된 활동을 수행하거나 보고한다. 수를 세는 것도 포함된다.
④ 기록 : 데이터를 옮겨 적거나 입력하거나 표시한다.

콕집어 해설

한국직업사전의 직무기능 중 자료(Data)
- 0 종합(synthesizing) : 사실을 발견하고 지식개념 또는 해석을 개발하기 위해 자료를 종합적으로 분석한다.(①)
- 1 조정(coordinating) : 데이터의 분석에 기초하여 시간, 장소, 작업순서, 활동 등을 결정한다. 결정을 실행하거나 상황을 보고한다.
- 2 분석(analyzing) : 조사하고 평가한다. 평가와 관련된 대안적 행위의 제시가 빈번하게 포함된다.(②)
- 3 수집(compiling) : 자료, 사람, 사물에 관한 정보를 수집, 대조, 분류한다.
  정보와 관련한 규정된 활동의 수행 및 보고가 자주 포함된다.
- 4 계산(computing) : 사칙연산을 실시하고 사칙연산과 관련하여 규정된 활동을 수행하거나 보고한다. 수를 세는 것은 포함되지 않는다.(③)
- 5 기록(copying) : 데이터를 옮겨 적거나 입력하거나 표시한다.(④)
- 6 비교(comparing) : 자료, 사람, 사물의 쉽게 관찰되는 기능적 · 구조적 · 조합적 특성을 (유사한지 또는 명백한 표준과 현격히 차이가 있는지) 판단한다.

답 ③

꿰뚫어 보기

- 사람(People) : 자문, 협의, 교육, 감독, 오락제공, 설득, 말하기 - 신호, 서비스 제공 등의 활동이며, 인간과 인간처럼 취급되는 동물을 다루는 것을 포함한다.
- 사물(Thing) : 설치, 정밀작업, 제어조작, 조작운전, 수동조작, 유지, 투입 - 인출, 단순작업 등의 활동이며, 물질, 재료, 기계, 공구, 설비 등을 다루는 것을 포함한다.

56 다음은 무엇에 대한 설명인가?

> 근로자를 감원하지 않고 고용을 유지하거나 실직자를 채용하여 고용을 늘리는 사업주를 지원하여 근로자의 고용안정 및 취업취약계층의 고용촉진을 지원한다.

① 실업급여사업 ② 고용안정사업
③ 취업알선사업 ④ 직업상담사업

콕집어 해설

고용안정사업

- 근로자를 감원하지 않고 고용을 유지하거나 실직자를 채용하여 고용을 늘리는 사업주를 지원하여 근로자의 고용안정 및 취업취약계층의 고용촉진을 지원한다.
- 고용창출장려금, 고용안정장려금, 고용유지지원금, 청년고용장려금, 장년·고령자 고용장려금, 고용 환경개선 장려금 등이 있다.

답 ②

 꿰뚫어 보기

고용 관련 지원제

1) 고용안정장려금 : 재직 근로자의 일자리 질을 높인 사업주를 지원하는 제도이다.
2) 고용창출장려금 : 취약계층·장년을 신중년 적합직무에 고용하거나 교대제 개편, 실근로시간 단축, 시간선택제 일자리 도입 등 근무형태를 변경하여 고용기회를 확대한 사업주를 지원한다.
3) 고용유지지원금 : 고용조정이 불가피하게 된 사업주가 고용유지 조치를 실시하는 경우에 지원한다.
4) 고용환경개선지원 : 근로자가 최적의 여건에서 근무할 수 있도록 환경을 개선한 사업주를 지원한다.

57 직업정보 조사를 위한 설문지 작성법과 거리가 가장 먼 것은?

① 이중질문은 피한다.
② 조사주제와 직접 관련이 없는 문항은 줄인다.
③ 응답률을 높이기 위해 민감한 질문은 앞에 배치한다.
④ 응답의 고정반응을 피하도록 질문형식을 다양화한다.

콕집어 해설

설문지 작성법

질문 내용 구성할 때 주의사항

1) 질문 내용은 가급적 구체적인 용어로 표현하는 것이 좋다.
2) 조사용어는 가치중립적인 것을 사용해야 한다.
3) 질문은 가능한 한 간단하게 해야 한다.
4) 유도질문이나 애매하고 막연한 질문, 이중질문은 피해야 한다.(①)
5) 폐쇄형 질문의 응답범주는 포괄적이고 상호배타적이어야 한다.
6) 조사주제와 직접 관련이 없는 문항은 줄인다.(②)
7) 응답의 고정반응을 피하도록 질문형식을 다양화한다.(④)

질문 문항 순서

1) 질문 문항들을 논리적 순서에 따라 자연스럽게 배치한다.
2) 질문 문항들을 길이와 유형에 따라 변화 있게 배치한다.
3) 답변이 용이한 질문들은 전반부에 배치한다.
4) 계속적인 기억이 필요한 질문들을 전반부에 배치한다.
5) 민감한 질문이나 개방형 질문들은 가급적 질문지의 후반부에 배치한다.(③)
6) 동일한 척도의 항목들은 모아서 배치한다.
7) 신뢰도 측정을 위해 짝(pair)으로 된 문항들은 멀리 떨어져 있어야 한다.
8) 여과 질문들을 적절하게 배치하여 사용한다.
9) 특별한 질문은 일반질문 뒤에 놓는다.

답 ③

 꿰뚫어 보기

질문지법의 장점

1) 면접법에 비해 시간과 비용, 노력이 적게 소요된다.
2) 응답자가 익명으로 자유롭게 응답할 수 있다.
3) 표준화된 질문순서, 지시 등으로 질문의 일관성을 기할 수 있다.
4) 즉각적인 응답 대신 심사숙고하여 정확하게 응답할 수 있다.

질문지법의 단점

1) 읽고 쓸 수 없는 사람을 대상으로 조사가 불가능하다.
2) 무응답에 대한 통제가 어렵다.
3) 질문의 요지를 필요에 따라 설명할 수 없으므로 융통성이 결여된다.
4) 응답자의 비언어적 행위나 개인적인 특성에 관한 자료를 수집하기 어렵다.

58 한국표준직업분류(제7차)에서 포괄적인 업무에 대한 직업분류원칙에 해당하는 것은?

① 최상급 직능수준 우선 원칙
② 포괄성의 원칙
③ 취업시간 우선의 원칙
④ 조사 시 최근의 직업 원칙

콕집어 해설

포괄적인 업무에 대한 직업분류 원칙 [포주최생]

어떤 직업의 경우에 있어서는 직무의 범위가 분류에 명시된 내용과 일치하지 않을 수 있다. 이러한 경우 다음과 같은 순서에 따라 분류원칙을 적용한다.

1) 주된 직무 우선 원칙 : 수행되는 직무내용과 분류 항목에 명시된 직무내용을 비교·평가하여 관련 직무 내용상의 상관성이 가장 많은 항목에 분류한다.
   예 교육과 진료를 겸하는 의과대학 교수는 강의, 평가, 연구 등(교육)과 진료, 처치, 환자상담 등(의료)의 직무내용을 파악하여 관련 항목이 많은 분야로 분류한다.
2) 최상급 직능수준 우선 원칙 : 수행된 직무가 상이한 수준의 훈련과 경험을 통해서 얻어지는 직무능력을 필요로 한다면, 가장 높은 수준의 직무능력을 필요로 하는 일에 분류하여야 한다.
   예 조리와 배달의 직무비중이 같을 경우에는, 조리의 직능수준이 높으므로 조리사로 분류한다.
3) 생산업무 우선 원칙 : 재화의 생산과 공급이 같이 이루어지는 경우는 생산단계에 관련된 업무를 우선적으로 분류한다.
   예 한 사람이 빵을 생산하고 판매도 하는 경우에는, 판매원으로 분류하지 않고 제빵사로 분류한다.

답 ①

해 ② : 직업분류의 일반원칙이다.
③, ④ : 다수 직업 종사자의 분류원칙이다.

직업분류의 일반원칙

1) 포괄성의 원칙 : 우리나라에 존재하는 모든 직무는 어떤 수준에서든지 분류에 포괄되어야 한다.
2) 배타성의 원칙 : 동일하거나 유사한 직무는 어느 경우에든 같은 단위직업으로 분류되어야 한다.

다수 직업 종사자의 분류원칙 [다취수조]

한 사람이 전혀 상관성이 없는 두 가지 이상의 직업에 종사할 경우에 그 직업을 결정하기 위한 원칙이다.

1) 취업시간 우선의 원칙 : 더 긴 시간을 투자하는 직업으로 결정한다.
2) 수입 우선의 원칙 : 취업시간으로 구별할 수 없을 때는 수입이 많은 직업으로 결정한다.
3) 조사시 최근의 직업원칙 : 위의 두가지로 판별할 수 없을 때는 조사시점을 기준으로 최근에 종사한 직업으로 결정한다.

59 워크넷(직업·진로)에서 제공하는 정보가 아닌 것은?

① 학과정보 ② 직업동영상
③ 직업심리검사 ④ 국가직무능력표준(NCS)

콕집어 해설

워크넷(직업·진로)에서 제공하는 정보

채용정보, 학과정보, 직업심리검사, 직업동영상, 훈련정보, 인재정보 등을 제공한다.

답 ④

해 국가직무능력표준은 산업현장에서 직무를 수행하기 위해 요구되는 지식, 기술, 태도 등의 내용을 국가가 체계화한 것이다.

60 직업정보의 처리단계를 옳게 나열한 것은?

① 분석→가공→수집→체계화→제공→축적→평가
② 수집→분석→체계화→가공→축적→제공→평가
③ 분석→수집→가공→체계화→축적→제공→평가
④ 수집→분석→가공→체계화→제공→축적→평가

콕집어 해설

직업정보의 처리단계 [수분가 (체)제(축)평]

수집→분석→가공→(체계화)→제공→(축적)→평가

답 ④

제4과목 | 노동시장론

61 다음은 어떤 숍제도에 관한 설명인가?

기업이 노동자를 채용할 때는 노동조합에 가입하지 않은 노동자를 채용할 수 있지만 일단 채용된 노동자는 일정 기간 내에 노동조합에 가입하여야 하며 또한 조합에서 탈퇴하거나 제명되는 경우 종업원 자격을 상실하도록 되어 있는 제도

① 클로즈드숍(closed shop)
② 오픈숍(open shop)
③ 에이전시숍(agency shop)
④ 유니온숍(union shop)

콕집어 해설

숍(shop)제도

기본 숍(shop)제도

1) 오픈 숍(open shop) : 고용주가 조합원, 비조합원 모두를 고용할 수 있는 제도이다.
노동조합 확대에 가장 불리하다.
2) 유니온 숍(union shop) : 고용주가 조합원 가입여부와 관계없이 신규채용이 가능하나, 채용 후 일정기간 내 반드시 노동조합에 가입하도록 해야 하는 제도이다.
오픈숍과 클로즈드숍의 중간 형태이다.
3) 클로즈드 숍(closed shop) : 노동조합에 가입한 노동자만을 채용할 수 있다.
노동조합 확대가 용이해서 노동조합 측에 가장 유리한 제도이다.

답 ④

꿰뚫어 보기

변형된 숍(shop) 제도

1) 에이전시 숍(agency shop) : 조합원·비조합원 구분하지 않고 모든 종업원에게 노동조합의 회비를 징수하는 제도이다.
2) 프레퍼렌셜 숍(Preferential Shop) : 채용이나 단체교섭의 결과를 조합원에게 우선적으로 적용하는 등 조합원과 비조합원을 차등적으로 대하는 제도이다.
3) 메인티넌스 숍(Maintenance Shop) : 노동조합의 가입 및 탈퇴가 자유로우나, 단체협약이 체결되면 그 효력이 지속되는 기간에는 탈퇴할 수 없다.

62 노동 수요측면에서 비정규직 증가의 원인과 가장 거리가 먼 것은?

① 세계화에 따른 기업 간 경쟁 환경의 변화
② 정규직 근로자 해고의 어려움
③ 고학력 취업자의 증가
④ 정규노동자 고용비용의 증가

콕집어 해설

비정규직 증가의 원인

- 세계화에 따른 기업간 경쟁 환경의 변화(①)
- 정규직 근로자 해고의 어려움(②)
- 정규노동자 고용비용의 증가(④)
- 여성의 경제활동 참여 증대
- 비정규적인 프리랜서 선호 경향

답 ③

해 '고학력 취업자의 증가'는 정규직 증가 요인이다.

63 시장경제를 채택하고 있는 국가의 노동시장에서 직종별 임금 격차가 존재하는 이유와 가장 거리가 먼 것은?

① 직종 간 정보의 흐름이 원활하기 때문이다.
② 직종에 따라 근로환경의 차이가 존재하기 때문이다.
③ 직종에 따라 노동조합 조직율의 차이가 존재하기 때문이다.
④ 노동자들의 특정 직종에 대한 회피와 선호가 다르기 때문이다.

콕집어 해설

직종별 임금격차의 발생 원인

- 직종에 따라 근로환경의 차이가 존재하기 때문이다.(②)
- 직종에 따라 노동조합 조직율의 차이가 존재하기 때문이다.(③)
- 노동자들의 특정 직종에 대한 회피와 선호가 다르기 때문이다.(④)

답 ①

해 '직종간 정보의 원활한 흐름'은 임금격차를 해소시킨다.

꿰뚫어 보기

노동수요 특성별 임금격차

1) 경쟁적 요인
  ㄱ. 인적자본량
  ㄴ. 근로자의 생산성 격차
  ㄷ. 보상적 임금격차
  ㄹ. 효율임금정책
  ㅁ. 시장의 단기적 불균형
2) 비경쟁적 요인
  ㄱ. 시장지배력 및 독점지대의 배당
  ㄴ. 노동조합의 효과
  ㄷ. 비효율적 연공급 제도

64 다음 중 산업민주화 정도가 가장 높은 형태의 기업은?

① 노동자 자주관리 기업
② 노동자 경영참여 기업
③ 전문경영인 경영 기업
④ 중앙집권적 기업

콕집어 해설

노동자 자주관리 기업

- 노동자 경영참여 방식 중 산업민주화 정도가 가장 높은 형태로써, 기업 등의 경영권이 자본이나 국가에 있지 않고 노동자 집단에 귀속되어 있는 것을 말한다.
- 산업민주주의에 입각한 민주적 의사결정 방식을 강조한다.

답 ①

꿰뚫어 보기

근로자의 경영참가형태

1) 단체교섭에 의한 참가 : 노사 간의 단체교섭에 의한 경영참가 형태이며, 노사 간의 대립관계를 토대로 한다.
2) 노사협의회에 의한 참가 : 근로자와 사용자 간의 참여와 협력을 바탕으로 근로자의 복지와 기업의 건전한 발전을 도모하기 위해 구성하는 협의기구이다.
3) 근로자중역, 감사역제에 의한 참가 : 근로자가 기업경영의 의사결정에 직접 참가한다는 점에서 '생산자협동조합'과 함께 가장 적극적인 근로자 경영참가 형태이다.

65 내국인들이 취업하기를 기피하는 3D 직종에 대해 외국인력의 수입 또는 불법 이민이 국내 내국인 노동시장에 미치는 영향으로 옳은 것은?

① 임금과 고용이 높아진다.
② 임금과 고용이 낮아진다.
③ 임금은 높아지고 고용은 낮아진다.
④ 임금과 고용의 변화가 없다.

콕집어 해설

외국 노동자 수의 증가가 내국인 노동시장에 미치는 영향

노동공급의 증가로 인해 임금이 낮아지고 고용도 감소한다.

답 ②

66 다음 중 수요부족실업에 해당되는 것은?

① 마찰적 실업　② 구조적 실업
③ 계절적 실업　④ 경기적 실업

콕집어 해설

실업

- 경기적 실업 : 불경기 때 생산물시장에서의 총수요 감소가 노동시장에서 노동의 총수요 감소로 이어지면서 발생하는 대표적인 수요부족 실업이다.
- 마찰적 실업 : 신규 또는 전직자가 직업을 찾는 과정에서 정보부족으로 인해 일시적으로 발생하는 비수요부족 실업이며, 자발적 실업이다.
- 구조적 실업 : 구인처가 요구하는 자격을 갖춘 근로자가 없을 때 발생하는 비수요부족 실업이며, 비자발적이고 장기적 실업이다.
- 계절적 실업 : 기후나 계절의 변화에 따라 노동수요의 변화가 심한 부문에서 발생하는 비수요부족 실업이며, 일시적 실업이다.

답 ④

67 케인즈(Keynes)의 실업이론에 관한 설명으로 틀린 것은?

① 노동의 공급은 실질임금의 함수이며, 노동에 대한 수요는 명목임금의 함수이다.
② 노동자들은 화폐환상을 갖고 있어 명목임금의 하락에 저항하므로 명목임금은 하방경직성을 갖는다.
③ 비자발적 실업의 원인을 유효수요의 부족으로 설명하였다.
④ 실업의 해소방안으로 재정투자의 확대, 통화량의 증대 등을 주장하였다.

콕집어 해설

케인즈(Keynes)의 실업이론
- 노동의 공급은 명목임금의 함수이며, 노동에 대한 수요는 실질임금의 함수이다.(①)
- 노동자들은 화폐환상을 갖고 있어 명목임금의 하락에 저항하므로 명목임금은 하방경직성을 갖는다.(②)
- 비자발적 실업의 원인을 유효수요의 부족으로 설명하였다.(③)
- 실업의 해소방안으로 재정투자의 확대, 통화량의 증대 등을 주장하였다.(④)

답 ①

68 파업의 경제적 비용과 기능에 관한 설명으로 옳은 것은?

① 사적 비용과 사회적 비용은 동일하다.
② 사용자의 사적비용은 직접적인 생산중단에서 오는 이윤의 순감소분과 같다.
③ 사적비용이란 경제의 한 부문에서 발생한 파업으로 인한 타 부문에서의 생산 및 소비의 감소를 의미한다.
④ 서비스 산업부문은 파업에 따른 사회적 비용이 상대적으로 큰 분야이다.

콕집어 해설

파업의 경제적 비용과 기능
- 사적비용은 파업의 경제적 손실에 따른 사용자측의 비용과 노동자측의 비용의 합을 말한다.
- 사회적 비용이란 경제의 한 부문에서 발생한 파업으로 인한 타 부문에서의 생산 및 소비의 감소를 의미한다.(③)
- 사용자의 사적비용은 직접적인 생산중단에서 오는 이윤의 순감소분에 비해 적을 수 있다.(②)
- 서비스 산업부문은 파업에 따른 사회적 비용이 상대적으로 큰 분야이다.(④)

답 ④

해 ① 사적 비용과 사회적 비용은 다르다.

꿰뚫어 보기

파업의 경제적 손실
1) 노동자 측 노동소득의 순상실분은 해당기업에서의 임금소득의 상실보다 훨씬 적을 수 있다.
이유) 노동조합의 파업수당을 수령하거나 임시직으로 취업하여 소득활동을 할 수도 있고, 저축소득 등이 있기 때문이다.
2) 사용자 이윤의 순감소분은 직접적인 생산중단에서 오는 것보다 적을 수 있다.
이유) 파업에 대비하여 재고량을 쌓아 놓거나 파업에 참여하지 않은 근로자들을 생산에 투입하기도 하고 파업참여 근로자들의 임금을 줄이는 동시에 생산중단으로 원재료 비용을 절감할 수 있기 때문이다.
3) 파업에 따르는 사회적 비용은 제조업보다 서비스업에서 더 큰 것이 보통이다.
이유) 파업의 발생으로 경제 전체의 서비스 생산 및 소비수준을 하락시키기 때문이다.
4) 파업에 따르는 생산량감소는 타산업의 생산량증가로 보충하기도 한다.
5) 파업기간이 길어지면 경제적 손실은 증가한다.

69 임금-물가 악순환설, 지불능력설, 한계생산력설 등에 영향을 미친 임금결정이론은?

① 임금생존비설 ② 임금철칙설
③ 노동가치설 ④ 임금기금설

콕집어 해설

임금결정이론

- 임금생존비설(임금철칙설): 임금은 노동자 및 그 가족의 생활을 유지할 수 있을 정도의 수준에서 결정되며, 노동공급측면의 역할을 중시한다.
- 노동가치설: 노동수요는 자본가의 자본축적과 생산확대에 의해 증가하게 되고, 이때 임금상승을 막고자 자본가는 노동절약적 기계를 도입함으로써 임금인하를 꾀하게 된다.
  노동수요측면의 역할을 중시한다.
- 임금기금설: 임금기금의 규모는 일정하므로 시장임금의 크기는 임금기금을 노동자의 수로 나눈 값이며, 노동수요측면의 역할을 중시한다.

답 ④

 꿰뚫어 보기

임금기금설(wage-fund theory)

1) 임금기금의 규모는 일정하므로 시장임금의 크기는 임금기금을 노동자의 수로 나눈 값이 된다.
2) 임금기금설은 노동수요측면의 역할을 중시하며, 근로자의 임금 총액은 정해져 있고 이 기금은 시간이 지남에 따라 변할 수 있다고 주장하였다.
3) 임금기금설은 고임금이 고실업률을 야기한다고 하여 고용이론에 영향을 주었다.
4) 임금기금설에 따라 노동조합의 교섭력을 통한 임금의 인상이 불가능하다는 노동조합무용론이 제기되었다.
5) 임금-물가 악순환설, 지불능력설, 한계생산력설 등에 영향을 미쳤다.

70 임금체계에 대한 설명으로 <u>틀린</u> 것은?

① 직무급은 조직의 안정화에 따른 위계질서 확립이 용이하다는 장점이 있다.

② 연공급의 단점 중 하나는 직무성과와 관련 없는 비합리적인 인건비 지출이 생긴다는 점이다.

③ 직능급은 직무수행능력을 기준으로 하여 각 근로자의 임금을 결정하는 임금체계이다.

④ 연공급의 기본적인 구조는 연령, 근속, 학력, 남녀별 요소에 따라 임금을 결정하는 것으로 정기승급의 축적에 따라 연령별로 필요생계비를 보장해 주는 원리에 기초하고 있다.

콕집어 해설

임금체계

- 연공급: 연령, 근속, 학력에 따라 임금을 결정하는 체계이다.(④)

1) 장점
   ㄱ. 위계질서의 확립 및 사기 유지에 유리하다.(①)
   ㄴ. 생활의 안정감과 장래에 대한 기대를 가질 수 있다.
   ㄷ. 기업에 대한 귀속의식이 확대된다.
   ㄹ. 노동력의 장기고용에 유리하다.
   ㅁ. 배치전환 및 평가가 용이하다.
2) 단점
   ㄱ. 동일 직무에 대해 동일 임금을 지급할 수 없다.
   ㄴ. 근로의욕 및 동기부여 효과가 미약하다.
   ㄷ. 무사안일주의 또는 적당주의를 초래할 가능성이 있다.
   ㄹ. 기업의 인건비 부담을 가중시키고 전문기술인력의 확보를 어렵게 한다.(②)

- 직능급: 직능급은 개인의 직무수행능력을 고려하여 학력과 직종에 관계없이 능력에 따라 임금을 관리하는 체계이다.(③)

1) 장점
   ㄱ. 종업원에게 자기계발의 동기를 부여할 수 있다.
   ㄴ. 기존의 획일적 보상에서 벗어나서 능력에 맞는 처우가 될 수 있다.
   ㄷ. 근속에 따른 동일한 직능자격을 받으므로 노사공동체 형성에 기여할 수 있다.
   ㄹ. 최저생계보장이 이루어지고 보상에 있어 직종에 구분이 없으므로, 생산직의 불만을 감소시킬 수 있다.
2) 단점
   ㄱ. 직무수행능력의 파악과 평가가 쉽지 않다.
   ㄴ. 운영시에는 직종 간차이를 고려해야 한다.
   ㄷ. 50세 이후에는 능력개발에 한계가 있으므로 부적절할 수 있다.

- 직무급 : 직무분석과 직무평가를 기초로 직무의 상대적 가치에 따라 임금을 결정하는 체계이다.

1) 장점

ㄱ. 동일가치 노동에 대한 동일임금의 원칙을 준수함으로써 임금배분의 공평성을 이룰 수 있다.

ㄴ. 직무가치의 객관성을 통해 임금수준의 설정에 객관적인 근거를 부여한다.

ㄷ. 경영조직 및 작업조직을 개선하고 업무방식을 합리화할 수 있다.

ㄹ. 적재적소의 인력배치와 능력위주의 인사관리를 통해 노동력의 효율적인 이용이 가능하다.

ㅁ. 불합리한 노무비 상승을 방지할 수 있다.

2) 단점

ㄱ. 직무평가에 있어서 평가자의 주관이 개입됨으로써 객관성이 떨어질 수 있다.

ㄴ. 기술변화나 노동시장의 변동에 따라 직무내용을 변경할 필요성이 발생한다.

ㄷ. 인력의 적정배치가 어려우며, 직무구성 및 인적능력 구성이 일치하지 않으면 효과를 거두기 어렵다.

ㄹ. 직무내용의 정형화로 인해 직무수행에 있어 유연성이 떨어질 수 있다.

답 ①

71 노동조합의 기능에 대한 설명으로 틀린 것은?

① 임금을 인상시키는 기능을 수행한다.

② 근로조건을 개선하는 기능을 한다.

③ 각종 공제활동 및 복지활동을 할 수 있다.

④ 특정 정당과 연계하여 정치적 영향력을 발휘할 수 없다.

콕집어 해설

노동조합의 기능

- 임금을 인상시키는 기능을 수행한다.(①)
- 근로조건을 개선하는 기능을 한다.(②)
- 각종 공제활동 및 복지활동을 할 수 있다.(③)
- 특정 정당과 연계하여 정치적 영향력을 발휘할 수 있다.(④)
- 근로자의 입장을 대변할 수 있다.

답 ④

72 다음 중 분단노동시장 이론과 가장 거리가 먼 것은?

① 빈곤퇴치를 위한 정책적인 노력이 쉽게 성공하지 못하고 있다.

② 내부노동시장과 외부노동시장은 현격하게 다른 특성을 갖는다.

③ 근로자는 임금을 중심으로 경쟁하는 것이 아니라 직무를 중심으로 경쟁하기도 한다.

④ 고학력 실업자가 증가하면 단순노무직의 임금도 하락한다.

콕집어 해설

분단노동시장 이론

- 신고전학파의 경쟁노동시장가설을 비판한 제도학파의 노동시장이론이다.
- 노동시장은 하나의 연속적이고 경쟁적 시장이 아니라, 상호 간 이동이 단절되어 있고 임금과 근로조건이 현저한 차이를 보이는 분단된 상태의 시장이다. (④)
- 사회제도의 힘에 의해 임금과 고용이 결정된다고 주장한다.
- 소득불평등은 개인의 교육, 훈련, 능력, 성별, 연령보다는 시장구조, 계급구조 등 제도적 요인에서 비롯된다.
- 인적자본이론가들의 교육훈련은 빈곤퇴치에 실패했으며, 생산성의 향상보다는 채용시 선별장치로 이용할 뿐이다.(①)
- 내부노동시장과 외부노동시장은 현격하게 다른 특성을 갖는다.(②)
- 내부노동시장의 중요성을 강조한다.
- 근로자는 임금을 중심으로 경쟁하는 것이 아니라 직무를 중심으로 경쟁하기도 한다.(③)
- 노동시장의 공급 측면에 대한 정부개입 또는 지원을 지나치게 강조하는 것에 대해 부정적이다.
- 공공적인 고용기회의 확대나 임금보조, 차별대우 철폐를 주장한다.
- 노동의 인간화를 도모하기 위한 의식적인 정책노력이 필요하다.

답 ④

해 1차 노동시장(고학력)과 2차 노동시장(단순노무직)은 단절되어 있으므로 서로 영향을 미치지 않는다.

73 다음 중 성과급 제도의 장점에 해당하는 것은?

① 직원 간 화합이 용이하다.
② 근로의 능률을 자극할 수 있다.
③ 임금의 계산이 간편하다.
④ 확정적 임금이 보장된다.

콕집어 해설

성과급제도의 장·단점
장점
1) 작업성과와 임금이 정비례하므로 노동자에게 합리성과 공평감을 준다.
2) 작업능률을 자극함으로써 생산성 제고·원가절감·노동자의 소득증대에 효과가 있다.
3) 시간급제보다 원가계산이 용이하다.
단점
1) 표준단가의 결정과 정확한 작업량의 측정이 어렵다.
2) 무리한 노동의 결과로 과로와 조직적 태업을 유발할 가능성이 있다.
3) 노동자의 수입이 불안정하고 미숙련자에게는 불리하다.
4) 작업량에만 치중하므로 제품의 품질저하가 나타날 수 있다.
5) 기계설비의 소모가 심하다.

답 ②

해 ①, ③, ④는 '고정급제'의 장점이다.

꿰뚫어 보기

성과급제
1) 노동의 성과를 측정하여 성과에 따라 임금을 산정·지급하는 능률급제이며 변동급제의 임금형태이다.
2) 실시조건
ㄱ. 생산량이 객관적으로 측정이 가능할 경우
ㄴ. 근로자의 노력과 생산량과의 관계가 명확할 경우
ㄷ. 직무가 표준화되어 있고 작업의 흐름이 정규적인 경우
ㄹ. 생산물의 질이 생산량보다 덜 중요하거나 그 질이 일정한 경우

74 이윤극대화를 추구하는 어떤 커피숍 종업원의 임금은 시간당 6,000원이고, 커피 1잔의 가격은 3,000원일 때 이 종업원의 한계생산은?

① 커피 1잔 ② 커피 2잔
③ 커피 3잔 ④ 커피 4잔

콕집어 해설

기업의 이윤극대화
노동의 한계생산물가치($VMP_L = P \cdot MP_L$) = 시장임금(W)에서 이루어진다.(단, P는 가격, MP_L은 한계생산량)
$VMP_L = 3{,}000 \times MP_L = 6{,}000(W)$이므로 MP_L은 2이다.
그러므로 이 종업원의 한계생산은 커피 2잔이다.

답 ②

75 기혼여성의 경제활동참가율은 60%이고 실업률은 20%일 때, 기혼여성의 고용률은?

① 12% ② 48%
③ 56% ④ 86%

콕집어 해설

고용률
실업률 = $\dfrac{\text{실업자 수}}{\text{경제활동인구 수}} \times 100$ 이고,
15세 이상 인구 수를 100%에 해당하는 100명으로 가정할 때 경제활동참가율 60%는 60명이 경제활동인구에 해당하는 것을 의미한다.
그러므로, 실업률 공식에 대입하면
$20(\%) = \dfrac{x}{60} \times 100$
∴ 실업자 수(x) = 12(명)
실업자 수가 12명 이므로,
취업자 수는 경제활동인구 수(60)-실업자 수(12)에서 48명이다.
고용률 = $\dfrac{\text{취업자 수}}{\text{15세이상 인구 수}} \times 100$
$= \dfrac{48}{100} \times 100$
$= 48(\%)$
∴ 고용률은 48 % 이다.

답 ②

꿰뚫어 보기

1) 경제인구의 구성
15세이상 인구 수(=생산가능인구 수)
ㄱ. 경제활동인구 수 = 취업자 수 + 실업자 수
ㄴ. 비경제활동인구 수
2) 경제활동참가율(%) = $\dfrac{\text{경제활동인구 수}}{\text{15세이상 인구 수}} \times 100$
3) 실업률(%) = $\dfrac{\text{실업자 수}}{\text{경제활동인구 수}} \times 100$

4) 취업률(%) = $\frac{\text{취업자 수}}{\text{경제활동인구 수}} \times 100$

5) 고용률(%) = $\frac{\text{취업자 수}}{\text{15세이상인구 수}} \times 100$

76 숙련 노동시장과 비숙련 노동시장이 완전히 단절되어 있다고 할 때 비숙련 외국근로자의 유입에 따라 가장 큰 피해를 입는 집단은?

① 국내 소비자 ② 국내 비숙련공
③ 노동집약적 기업주 ④ 기술집약적 기업주

콕집어 해설

비숙련 외국근로자의 유입에 따라 가장 큰 피해를 입는 집단

숙련 노동시장과 비숙련 노동시장이 완전히 단절되어 있다고 할 때, 비숙련 외국근로자의 유입에 따라 비숙련 노동시장의 노동공급이 초과공급 상태가 되어 그들과 직접 경쟁해야 하는 국내 비숙련공이 임금하락과 고용감소 등의 가장 큰 피해를 입게 된다.

답 ②

해 국내 소비자와 기술집약적 기업주는 영향이 거의 없고, 노동집약적 기업주는 이익을 볼 수도 있다.

77 임금이 하방경직적인 이유와 가장 거리가 먼 것은?

① 장기노동계약
② 물가의 지속저 산승
③ 강력한 노동조합의 존재
④ 노동자의 역선택 발생 가능성

콕집어 해설

임금의 하방경직성

1) 개념 : 한번 오른 임금이 경제여건의 변화에도 떨어지지 않은 채 그 수준을 유지하려는 경향을 말한다.

2) 이유 [최강 노화장 효]

ㄱ. 최저임금제의 실시
ㄴ. 강력한 노동조합의 존재(③)
ㄷ. 노동자의 역선택 발생 가능성(④)
ㄹ. 화폐환상
ㅁ. 장기 근로계약(①)
ㅂ. 효율성 임금정책

답 ②

78 만일 여가(leisure)가 열등재라면, 임금이 증가할 때 노동공급은 어떻게 변하는가?

① 임금수준에 상관없이 임금이 증가할 때 노동공급은 감소한다.
② 임금수준에 상관없이 임금이 증가할 때 노동공급은 증가한다.
③ 낮은 임금수준에서 임금이 증가할 때는 노동공급이 증가하다가 임금수준이 높아지면 임금증가는 노동공급을 감소시킨다.
④ 낮은 임금수준에서 임금이 증가할 때는 노동공급이 감소하다가 임금수준이 높아지면 임금증가는 노동공급을 증가시킨다.

콕집어 해설

열등재로서의 여가

기본가정

- 열등재는 소득이 증가할 때 수요가 감소하는 재화이고,
- 정상재는 소득이 증가할때 수요가 증가하는 재화를 의미한다.
- 여가가 정상재인 경우에 노동공급곡선은 실질임금이 낮은 수준에서는 우상향하다가, 임금이 일정수준을 넘어서면 후방으로 굴절하는 후방굴절 노동공급곡선이 된다.
- 여가가 열등재인 경우에 노동공급곡선은 후방굴절하지 않고 임금수준과 무관하게 우상향한다.

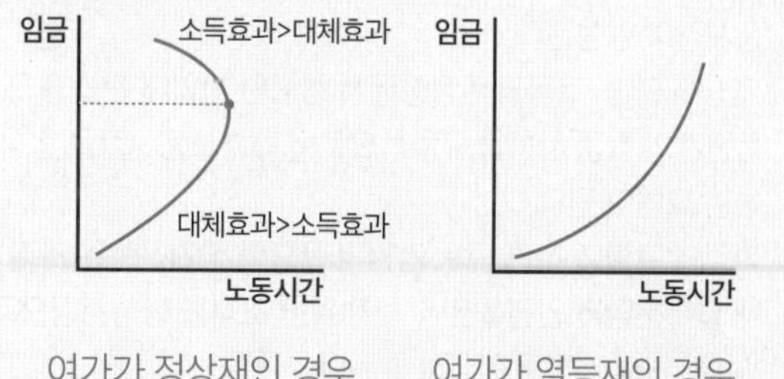

여가가 정상재인 경우 여가가 열등재인 경우

답 ②

79 기업특수적 인적자본형성의 원인이 아닌 것은?

① 기업 간 차별화된 제품생산
② 생산공정의 특유성
③ 생산장비의 특유성
④ 일반적 직업훈련의 차이

 콕집어 해설

기업특수적 인적자본형성의 원인
- 기업 간 차별화된 제품생산
- 생산공정의 특유성
- 생산장비의 특유성

답 ④

꿰뚫어 보기

내부노동시장
1) 하나의 기업 또는 사업장 내에서 이루어지는 노동시장이다.
2) 내부노동시장에서의 임금, 직무, 배치, 승진은 외부노동시장과 단절된 채, 기업 내부에서 정해진 규칙과 절차에 의해 결정된다.
3) 근로자의 장기적 생산성과 임금이 연관된다.
4) 기업비용부담으로 기업차원의 교육훈련이 체계적으로 실시된다.
5) 내부 승진이 많다.
6) 장기적 고용관계로 직장안정성이 높다.

내부노동시장의 형성요인
1) 숙련의 특수성 : 기업이 숙련의 특수성을 보존하기 위해 내부 노동력을 유지하려고 노력함으로써 내부노동시장이 형성된다.
2) 현장훈련 : 실제 직무수행에 사용되는 선임자의 기술 및 숙련이 현장훈련을 통해 후임자에게로 전수됨으로써 내부노동시장이 형성된다.
3) 기업내 관습 : 고용의 안정성에서 형성된 기업내 관습은 노동관계의 각종 사항을 규율함으로써 내부노동시장을 형성하는 요인이 된다.
4) 기업의 규모와 장기근속 : 기업의 규모와 장기근속은 조직 내 업무분담과 인원을 관리하기 위한 조직을 형성시킴으로써 내부노동시장을 형성하게 된다.

내부노동시장의 장·단점
1) 장점
  ㄱ. 우수한 인적자원의 확보
  ㄴ. 승진 또는 배치전환을 통한 동기유발 효과
  ㄷ. 생산성 향상을 통한 경쟁력 제고
  ㄹ. 고임금 및 장기 고용유지를 위한 지불능력 보유
2) 단점
  ㄱ. 인력의 경직성
  ㄴ. 관리비용의 증가
  ㄷ. 높은 노동비용
  ㄹ. 기술변화로 인한 재훈련비용의 증가

80 마찰적 실업을 해소하기 위한 정책이 아닌 것은?

① 구인 및 구직에 대한 전국적 전산망 연결
② 직업안내와 직업상담 등 직업알선기관에 의한 효과적인 알선
③ 고용실태 및 전망에 관한 자료제공
④ 노동자의 전직과 관련된 재훈련 실시

콕집어 해설

마찰적 실업
- 특징 : 비수요부족 실업이며, 자발적이고 단기적 실업이다.
- 원인 : 신규 또는 전직자가 직업을 찾는 과정에서 일시적으로 발생한다.
- 대책
  1) 구인·구직에 대한 전국적인 전산망 연결
  2) 구인·구직 정보제공시스템의 효율성 제고
  3) 직업 알선기관의 활성화
  4) 고용실태 및 전망에 대한 자료제공

답 ④

해 '구조적 실업'의 대책이다.

꿰뚫어 보기

마찰적 실업과 구조적 실업의 공통점 및 차이점
1) 공통점
  ㄱ. 비수요부족실업이다.
  ㄴ. 해고에 대한 사전예고와 통보를 통해 실업을 감소시킬 수 있다.
2) 차이점
  ㄱ. 마찰적 실업은 직업정보 부족으로, 구조적 실업은 경제구조 자체의 변화로 발생한다.
  ㄴ. 마찰적 실업은 자발적, 구조적 실업은 비자발적 실업이다.
  ㄷ. 마찰적 실업은 단기적, 구조적 실업은 장기적 실업이다.

81 다음 (   )에 알맞은 것은?

> 헌법상 국가는 (   )으로 근로자의 고용의 증진과 적정 임금의 보장에 노력하여야 한다.

① 법률적 방법 ② 사회적 방법
③ 경제적 방법 ④ 사회적·경제적 방법

콕집어 해설

국가의 고용증진의 의무
국가는 사회적·경제적 방법으로 근로자의 고용의 증진에 노력하여야 한다.(헌법 제32조 제1항)

답 ④

82 국민평생직업능력개발법상 직업능력개발훈련의 기본원칙으로 명시되지 않은 것은?

① 직업능력개발훈련은 근로자 개인의 희망·적성·능력에 맞게 근로자의 생애에 걸쳐 체계적으로 실시되어야 한다.
② 직업능력개발훈련은 민간의 자율과 창의성이 존중되도록 하여야 하며 노사의 참여와 협력을 바탕으로 실시되어야 한다.
③ 제조업의 생산직에 종사하는 근로자의 직업능력개발훈련은 중요시되어야 한다.
④ 직업능력개발훈련은 근로자의 직무능력과 고용가능성을 높일 수 있도록 지역·산업현장의 수요가 반영되어야 한다.

콕집어 해설

직업능력개발훈련 기본원칙
- 직업능력개발훈련은 근로자 개인의 희망·적성·능력에 맞게 근로자의 생애에 걸쳐 체계적으로 실시되어야 한다.(①)
- 직업능력개발훈련은 민간의 자율과 창의성이 존중되도록 하여야 하며, 노사의 참여와 협력을 바탕으로 실시되어야 한다.(②)
- 직업능력개발훈련은 근로자의 성별, 연령, 신체적 조건, 고용형태, 신앙 또는 사회적 신분 등에 따라 차별하여 실시되어서는 아니 된다.
- 직업능력개발훈련은 근로자의 직무능력과 고용가능성을 높일 수 있도록 지역·산업현장의 수요가 반영되어야 한다.(④)
- 직업능력개발훈련은 학교교육 및 산업현장과 긴밀하게 연계될 수 있도록 하여야 한다.

답 ③

해 제조업 근로자는 직업능력개발훈련의 중요 대상이 아니다.

꿰뚫어 보기

직업능력개발훈련이 중요시되어야 하는 대상
1) 고령자, 장애인
2) 국민기초생활 수급권자
3) 국가유공자와 그 유족 또는 가족이나 보훈보상대상자와 그 유족 또는 가족
4) 5·18 민주유공자와 그 유족 또는 가족
5) 제대군인 및 전역예정자
6) 여성근로자
7) 중소기업의 근로자
8) 일용근로자, 단시간근로자, 기간을 정하여 근로계약을 체결한 근로자, 일시적 사업에 고용된 근로자, 파견근로자

83 근로기준법령상 고용노동부 장관에게 경영상의 이유에 의한 해고계획의 신고를 할 때 포함해야 하는 사항이 아닌 것은?

① 퇴직금
② 해고 사유
③ 해고 일정
④ 근로자대표와 협의한 내용

콕집어 해설

경영상의 이유에 의한 해고계획 시 신고사항
- 해고 사유
- 해고 예정 인원
- 해고 일정
- 근로자 대표와 협의한 내용

답 ①

꿰뚫어 보기

경영상 이유에 의한 해고

1) 사용자가 경영상 이유에 의하여 근로자를 해고하려면 긴박한 경영상의 필요가 있어야 한다.
2) 사용자는 해고를 피하기 위한 노력을 다하여야 하며, 합리적이고 공정한 해고의 기준을 정하고 이에 따라 대상자를 선정하여야 한다.
3) 사용자는 해고를 피하기 위한 방법과 해고의 기준 등에 관하여 그 사업 또는 사업장에 근로자의 과반수로 조직된 노동조합이 있는 경우에는 그 노동조합에 해고를 하려는 날의 50일 전까지 통보하고 성실하게 협의하여야 한다.
4) 사용자는 대통령령으로 정하는 일정한 규모 이상의 인원을 해고하려면 최초로 해고하려는 날의 30일 전까지 고용노동부장관에게 신고하여야 한다.

84 고용상 연령차별금지 및 고령자고용촉진에 관한 법령상 제조업의 고령자 기준고용률은?

① 그 사업장의 상시 근로자 수의 100분의 2
② 그 사업장의 상시 근로자 수의 100분의 3
③ 그 사업장의 상시 근로자 수의 100분의 4
④ 그 사업장의 상시 근로자 수의 100분의 6

콕집어 해설

고령자 기준고용률
- 제조업 : 상시 근로자 수의 100분의 2
- 운수업, 부동산 및 임대업 : 상시 근로자 수의 100분의 6
- 기타 : 상시 근로자 수의 100분의 3

답 ①

꿰뚫어 보기

- '고령자'란 인구와 취업자의 구성 등을 고려하여 55세 이상인 자를 말한다.
- '준고령자'란 50세 이상 55세 미만인 사람으로 고령자가 아닌 자를 말한다.

85 남녀고용평등과 일·가정 양립 지원에 관한 법령상 육아휴직에 관한 설명으로 틀린 것은?

① 육아휴직의 기간은 1년 이내로 한다.
② 육아휴직 기간은 근속기간에 포함한다.
③ 기간제근로자의 육아휴직 기간은 사용기간에 포함된다.
④ 육아휴직 기간에는 그 근로자를 해고하지 못한다.

콕집어 해설

육아휴직
- 사용자는 근로자가 만8세 이하 또는 초등학교 2학년 이하의 자녀(입양자녀 포함)를 양육하기 위하여 육아휴직을 신청하는 경우에 이를 허용해야 한다.
- 육아휴직기간은 1년 이내로 하며, 그 기간은 근속기간에 포함한다.(①, ②)
- 기간제근로자의 육아휴직 기간은 <기간제 및 단시간근로자 보호 등에 관한 법률>에 따른 사용기간에 산입하지 않는다.(③)
- 파견근로자의 육아휴직기간은 <파견근로자 보호 등에 관한 법률>에 따른 근로자파견기간에 산입하지 않는다.
- 사업주는 육아휴직을 마친 후에는 휴직 전과 같은 업무 또는 같은 수준의 임금을 지급하는 직무에 복귀시켜야 한다.
- 사업주는 육아휴직기간에는 그 근로자를 해고하지 못한다.(④)

답 ③

86 근로자퇴직급여 보장법령상 퇴직금의 중간정산 사유에 해당하지 않는 것은?

① 무주택자인 근로자가 본인 명의로 주택을 구입하는 경우
② 사용자가 기존의 정년을 보장하는 조건으로 단체협약을 통하여 일정 나이를 기준으로 임금을 줄이는 제도를 시행하는 경우
③ 3개월 이상 요양을 필요로 하는 근로자 배우자의 질병에 대한 의료비를 해당 근로자가 본인 연간 임금총액의 1천분의 115를 초과하여 부담하는 경우
④ 퇴직금 중간정산을 신청하는 날부터 거꾸로 계산하여 5년 이내에 근로자가 「채무자 회생 및 파산에 관한 법률」에 따라 파산선고를 받은 경우

콕집어 해설

퇴직금의 중간정산 사유

- 무주택자인 근로자가 본인 명의로 주택을 구입하는 경우(①)
- 무주택자인 근로자가 주거를 목적으로 전세금 또는 보증금을 부담하는 경우
  이 경우 근로자가 하나의 사업에 근로하는 동안 1회로 한정한다.
- 사용자가 기존의 정년을 보장하는 조건으로 단체협약을 통하여 일정 나이를 기준으로 임금을 줄이는 제도를 시행하는 경우(②)
- 6개월 이상 요양을 필요로 하는 근로자 본인, 배우자, 근로자 또는 그 배우자의 부양가족 질병에 대한 의료비를 해당 근로자가 본인 연간 임금총액의 1천분의 125를 초과하여 부담하는 경우(③)
- 퇴직금 중간정산을 신청하는 날부터 거꾸로 계산하여 5년 이내에 근로자가 「채무자 회생 및 파산에 관한 법률」에 따라 파산선고를 받은 경우(④)
- 퇴직금 중간정산을 신청하는 날부터 거꾸로 계산하여 5년 이내에 근로자가 개인회생절차개시 결정을 받은 경우

답 ③

87 고용보험법령상 육아휴직 급여에 관한 설명이다. (　　) 안에 들어갈 내용이 옳게 연결된 것은?

> • 육아휴직 시작일부터 3개월까지 : 육아휴직 시작일을 기준으로 한 월 통상임금의 100분의 (　ㄱ　)에 해당하는 금액
> • 육아휴직 4개월째부터 육아휴직 종료일까지 : 육아휴직 시작일을 기준으로 한 월 통상임금의 100분의 (　ㄴ　)에 해당하는 금액

	ㄱ	ㄴ
①	60	30
②	70	50
③	80	30
④	80	50

콕집어 해설

육아휴직급여 신청

- 육아휴직급여를 지급받으려는 사람은 육아휴직을 시작한 날 이후 1개월부터 육아휴직이 끝난 날 이후 12개월 이내에 신청해야 한다.
- 육아휴직급여 금액은 시작일부터 3개월까지는 통상임금의 100분의 80, 4개월째부터 육아휴직 종료일 까지는 통상임금의 100분의 50에 해당하는 금액이다.
  다만, 해당 기간에 다음 사유로 육아휴직급여를 신청할 수 없었던 사람은 그 사유가 끝난 후 30일 이내에 신청해야 한다.
  1) 천재지변
  2) 본인이나 배우자의 질병·부상
  3) 본인이나 배우자의 직계존속 및 직계비속의 질병·부상
  4) 병역법에 따른 의무복무
  5) 범죄혐의로 인한 구속이나 형의 집행

답 ④

꿰뚫어 보기

육아휴직 급여

1) 피보험자가 육아휴직 급여 기간 중에 이직 또는 새로 취업한 경우에는 해당 신청서에 그 사실을 기재하여야 한다.
2) 피보험자가 육아휴직 급여 기간 중에 그 사업에서 이직한 경우에는 이직하였을때부터 육아휴직 급여를 지급하지 아니하는 것이 원칙이다.
3) 피보험자가 사업주로부터 육아휴직을 이유로 금품을 지급받은 경우 대통령령으로 정하는 바에 따라 급여를 감액하여 지급할 수 있다.
4) 거짓이나 그 밖의 부정한 방법으로 육아휴직 급여를 받았거나 받으려 한 자에게는 급여를 받은 날 또는 받으려 한 날부터의 육아휴직 급여를 지급하지 아니하는 것이 원칙이다.

88 직업안정법령상 근로자공급사업에 관한 설명으로 <u>틀린</u> 것은?

① 누구든지 고용노동부장관의 허가를 받지 아니하고는 근로자공급사업을 하지 못한다.
② 국내 근로자공급사업은 「노동조합 및 노동관계조정법」에 따른 노동조합만이 허가를 받을 수 있다.
③ 국외 근로자공급사업을 하려는 자는 1천만원 이상의 자본금만 갖추면 된다.
④ 근로자공급사업 허가의 유효기간은 3년으로 한다.

콕집어 해설

근로자공급사업

- 근로자공급사업은 공급계약에 따라 근로자를 타인에게 사용하게 하는 사업을 말한다.
- 근로자공급사업은 고용노동부장관의 허가를 필요로 한다.(①)
- 근로자공급사업 허가의 유효기간은 3년으로 한다.(④)
- 근로자공급사업은 근로자가 취업하려는 장소를 기준으로, 국내 근로자공급사업과 국외 근로자공급사업으로 구분한다.
- 국내 근로자공급사업의 경우 그 사업의 허가를 받을 수 있는 자는 < 노동조합 및 노동관계조정법 > 에 따른 노동조합이며, 국외 근로자공급사업은 국내에서 제조업, 건설업, 용역업, 그 밖의 서비스업을 하고 있는 자이다.(②)
- 근로자공급사업에는 < 파견근로자보호 등에 관한 법률 > 에 따른 근로자파견사업은 제외한다.
- 국외 근로자공급사업을 하려는 자는 1억원 이상의 자본금을 갖추어야 한다.(③)

답 ③

89 남녀고용평등과 일·가정 양립 지원에 관한 법령상 배우자 출산휴가에 관한 설명으로 틀린 것은?

① 사업주는 근로자가 배우자 출산휴가를 청구하는 경우에 10일의 휴가를 주어야 한다.

② 사용한 배우자 출산휴가기간은 유급으로 한다.

③ 배우자 출산휴가는 근로자의 배우자가 출산한 날부터 30일이 지나면 청구할 수 없다.

④ 배우자 출산휴가는 1회에 한정하여 나누어 사용할 수 있다.

콕집어 해설

배우자 출산휴가

- 사업주는 근로자가 배우자의 출산을 이유로 휴가를 청구하는 경우 10일의 휴가를 주어야 한다.
  이 경우 사용한 휴가기간은 유급으로 한다.(①, ②)
- 출산전후휴가급여 등이 지급된 경우에는 그 금액의 한도에서 지급책임을 면함
- 배우자 출산휴가는 근로자의 배우자가 출산한 날부터 90일이 지나면 청구할 수 없다.(③)
- 배우자 출산휴가는 1회에 한정하여 나누어 사용할 수 있다.(④)
- 사업주는 배우자 출산휴가를 이유로 근로자를 해고하거나 그 밖의 불리한 처우를 하여서는 아니 된다.

답 ③

90 고용보험법령상 심사 및 재심사청구에 관한 설명으로 옳지 않은 것은?

① 실업급여에 관한 처분에 이의가 있는 자는 고용보험심사관에게 심사를 청구할 수 있다.

② 심사 및 재심사의 청구는 시효중단에 관하여 재판상의 청구로 본다.

③ 재심사청구인은 법정대리인 외에 자신의 형제자매를 대리인으로 선임할 수 없다.

④ 고용보험심사관은 원칙적으로 심사청구를 받으면 30일 이내에 그 심사청구에 대한 결정을 하여야 한다.

콕집어 해설

고용보험법상 심사의 청구

- 실업급여에 관한 처분에 이의가 있는 자는 고용보험심사관에게 심사를 청구할 수 있다.(①)
- 심사의 청구는 시효중단에 관하여 재판상의 청구로 본다.(②)
- 심사의 청구는 원처분 등의 집행을 정지시키지 아니한다.
  다만, 고용보험심사관은 원처분 등의 집행에 의하여 발생하는 중대한 위해를 피하기 위하여 긴급한 필요가 있다고 인정하면 직권으로 그 집행을 정지시킬 수 있다.
- 고용보험심사관은 원칙적으로 심사청구를 받으면 30일 이내에 그 심사청구에 대한 결정을 하여야 한다.(④)
- 피보험자격의 취득·상실 확인에 대한 심사의 청구는 근로복지공단을, 실업급여 및 육아휴직 급여와 출산전후휴가 급여 등에 관한 처분에 대한 심사의 청구는 직업안정기관을 거쳐 고용보험심사관에게 하여야 한다.
- 결정은 심사청구인 및 직업안정기관의 장에게 결정서의 정본을 보낸 날부터 효력이 발생한다.
- 재심사청구인은 법정대리인 외에 자신의 형제자매를 대리인으로 선임할 수 있다.(③)

답 ③

91 고용보험법령상 취업 촉진 수당의 종류가 아닌 것은?

① 특별연장급여　② 조기재취업 수당
③ 광역 구직활동비　④ 이주비

콕집어 해설

취업촉진 수당 [조직광이]

- 실업급여 = 구직급여 + 취업촉진 수당
- 취업촉진수당 : 조기재취업 수당, 직업능력개발 수당, 광역 구직활동비, 이주비

답 ①

92 직업안정법령상 유료직업소개사업의 등록을 할 수 있는 자에 해당되지 않는 것은?

① 지방공무원으로 2년 이상 근무한 경력이 있는 자
② 조합원이 100인 이상인 단위노동조합에서 노동조합업무전담자로 2년 이상 근무한 경력이 있는 자
③ 상시사용근로자 300인 이상인 사업장에서 노무관리업무전담자로 1년 이상 근무한 경력이 있는 자
④ 「공인노무사법」에 의한 공인노무사 자격을 가진 자

콕집어 해설

유료직업소개사업의 등록을 할 수 있는 자

- 국가공무원 또는 지방공무원으로 2년 이상 근무한 경력이 있는 자(①)
- 직업상담사 1급 또는 2급의 국가기술자격이 있는 자
- 교원자격증을 가지고 있는 자로서 교사근무경력이 2년 이상인자
- 사회복지사 자격증을 가진 사람
- 조합원이 100인 이상인 단위노동조합에서 노동조합업무전담자로 2년 이상 근무한 경력이 있는 자(②)
- 상시사용근로자 300인 이상인 사업장에서 노무관리업무전담자로 2년 이상 근무한 경력이 있는 자(③)
- 「공인노무사법」에 의한 공인노무사 자격을 가진 자(④)

답 ③

해 1년 이상(×)→'2년 이상'

꿰뚫어 보기

다음 어느 하나에 해당하는 사업을 경영하는 자는 직업소개사업을 하거나 직업소개사업을 하는 법인의 임원이 될 수 없다.

1) 결혼중개업의 관리에 관한 법률상의 결혼중개업
2) 공중위생관리법상의 숙박업
3) 식품위생법상의 식품접객업 중 대통령령으로 정하는 영업
   ㄱ. 휴게음식점영업 중 주로 다류를 조리·판매하는 영업(영업자 또는 종업원이 영업장을 벗어나 다류를 배달 판매하면서 소요 시간에 따라 대가를 받는 형태로 운영하는 경우로 한정)
   ㄴ. 식품위생법 시행령상의 단란주점영업, 유흥주점영업

93 근로기준법령상 임금채권의 소멸시효기간은?

① 1년　② 2년
③ 3년　④ 5년

콕집어해설

소멸시효 3년
임금채권, 취업촉진수당, 구직급여, 육아휴직급여, 출산전후휴가 급여, 퇴직금 받을 권리 등

답 ③

94 파견근로자보호 등에 관한 법률상 근로자파견 대상업무가 아닌 것은?

① 주유원의 업무
② 행정, 경영 및 재정 전문가의 업무
③ 음식 조리 종사자의 업무
④ 선원법에 따른 선원의 업무

콕집어해설

근로자파견사업을 해서는 안되는 사업
건설현장업무, 항만하역사업, 철도여객사업, 선원업무, 분진작업, 의료업무, 여객·화물차 등 운송업무, 기타 유해하거나 위험한 업무 등

답 ④

꿰뚫어 보기

근로자파견사업
1) 근로자파견사업 허가의 유효기간은 '3년'으로 한다.
2) 파견사업주, 사용사업주, 파견근로자 간의 합의가 있는 경우에는 파견기간을 연장할 수 있다.
3) 「고용상 연령차별금지 및 고령자고용촉진에 관한 법률」의 고령자인 파견근로자에 대하여는 2년을 초과하여 근로자파견기간을 연장할 수 있다.
4) 파견사업주는 그가 고용한 근로자 중 파견근로자로 고용하지 아니한 자를 근로자파견의 대상으로 하려는 경우에는 미리 해당 근로자에게 그 취지를 서면으로 알리고 그의 동의를 받아야 한다.
5) 파견사업주는 쟁의행위 중인 사업장에 그 쟁의행위로 중단된 업무의 수행을 위하여 근로자를 파견하여서는 아니 된다.
6) 파견사업주는 근로자파견을 할 경우에는 파견근로자의 성명·성별·연령·학력·자격·기타 직업능력에 관한 사항을 사용사업주에게 통지하여야 한다.

95 고용정책 기본법령상 근로자의 정의로 옳은 것은?

① 직업의 종류를 불문하고 임금, 급료 기타 이에 준하는 수입에 의하여 생활하는 사람
② 직업의 종류와 관계없이 임금을 목적으로 사업이나 사업장에 근로를 제공하는 사람
③ 사업주에게 고용된 사람과 취업할 의사를 가진 사람
④ 기간의 정함이 있는 근로계약을 체결한 사람

콕집어해설

근로자의 법률상 정의
- '근로자'란 직업의 종류와 관계없이 임금을 목적으로 사업이나 사업장에 근로를 제공하는 자를 말한다.
  → 근로기준법, 근로복지기본법, 근로자퇴직급여 보장법, 산업안전보건법, 근로자참여 및 협력증진에 관한 법률, 고용상 연령차별금지 및 고령자고용촉진에 관한 법률
- '근로자'란 사업주에게 고용된 사람과 취업할 의사를 가진 사람을 말한다.
  → 고용정책 기본법, 국민평생직업능력 개발법, 남녀고용평등과 일·가정 양립 지원에 관한 법률
- '근로자'라 함은 직업의 종류를 불문하고 임금·급료 기타 이에 준하는 수입에 의하여 생활하는 자를 말한다.
  → 노동조합 및 노동관계조정법

답 ③

96 채용절차의 공정화에 관한 법률에 관한 설명으로 틀린 것은?

① "기초심사자료"란 구직자의 응시원서, 이력서 및 자기소개서를 말한다.
② 고용노동부장관은 기초심사자료의 표준양식을 정하여 구인자에게 그 사용을 권장할 수 있다.
③ 구직자는 구인자에게 제출하는 채용서류를 거짓으로 작성하여서는 아니 된다.
④ 이 법은 지방자치단체가 공무원을 채용하는 경우에도 적용한다.

콕집어 해설

채용절차의 공정화에 관한 법률

- "기초심사자료"란 구직자의 응시원서, 이력서 및 자기소개서를 말한다.(①)
- 고용노동부장관은 기초심사자료의 표준양식을 정하여 구인자에게 그 사용을 권장할 수 있다.(②)
- "입증자료"란 학위증명서, 경력증명서, 자격증명서 등 기초심사자료에 기재한 사항을 증명하는 일체의 자료를 말한다.
- "심층심사자료"란 작품집, 연구실적물 등 구직자의 실력을 알아볼 수 있는 일체의 물건 및 자료를 말한다.
- "채용서류"란 기초심사자료, 입증자료, 심층심사자료를 말한다.
- 구직자는 구인자에게 제출하는 채용서류를 거짓으로 작성하여서는 아니 된다.(③)
- 이 법은 상시 30명 이상의 근로자를 사용하는 사업 또는 사업장의 채용절차에 적용한다. 다만, 지방자치단체가 공무원을 채용하는 경우에는 적용하지 아니한다.(④)

답 ④

97 근로기준법령상 취업규칙에 관한 설명으로 틀린 것은?

① 상시 10명 이상의 근로자를 사용하는 사용자는 취업규칙을 작성하여 고용노동부장관에게 신고하여야 한다.

② 사용자는 취업규칙의 작성 시 해당 사업장에 근로자의 과반수로 조직된 노동조합이 있는 경우에는 그 노동조합의 동의를 받아야 한다.

③ 고용노동부장관은 법령이나 단체협약에 어긋나는 취업규칙의 변경을 명할 수 있다.

④ 취업규칙에서 정한 기준에 미달하는 근로조건을 정한 근로계약은 그 부분에 관하여는 무효로 한다.

콕집어 해설

취업규칙

- 상시 10명 이상의 근로자를 사용하는 사용자는 취업규칙을 작성하여 고용노동부장관에게 신고하여야 한다.(①)
- 사용자는 취업규칙의 작성 또는 변경에 관하여 원칙적으로 해당 사업 또는 사업장에 근로자의 과반수로 조직된 노동조합이 있는 경우에는 그 노동조합, 근로자의 과반수로 조직된 노동조합이 없는 경우에는 근로자의 과반수의 의견을 들어야 한다. 다만, 취업규칙을 근로자에게 불리하게 변경하는 경우에는 그 동의를 받아야 한다.(②)
- 취업규칙에서 근로자에 대하여 감급(減給)의 제재를 정할 경우에 그 감액은 1회의 금액이 평균임금의 1일분의 2분의 1을, 총액이 1임금지급기의 임금 총액의 10분의 1을 초과하지 못한다.
- 취업규칙은 법령이나 해당 사업 또는 사업장에 대하여 적용되는 단체협약과 어긋나서는 아니 되며, 고용노동부장관은 법령이나 단체협약에 어긋나는 취업규칙의 변경을 명할 수 있다.(③)
- 취업규칙에서 정한 기준에 미달하는 근로조건을 정한 근로계약은 그 부분에 관하여는 무효로 한다.(④)

답 ②

해 동의(×)→'의견'

꿰뚫어 보기

취업규칙 기재사항

1) 업무의 시작과 종료 시각, 휴게시간, 휴일, 휴가 및 교대근로에 관한사항
2) 임금의 결정·계산·지급방법, 임금의 산정기간 지급시기 및 승급에 관한 사항
3) 가족수당의 계산과 지급방법에 관한 사항
4) 퇴직에 관한 사항
5) 퇴직금, 상여 및 최저임금에 관한 사항
6) 근로자의 식비, 작업용품 등의 부담에 관한 사항
7) 근로자를 위한 교육시설에 관한 사항
8) 출산전후휴가·육아휴직 등 여성근로자의 모성보호에 관한 사항
9) 안전과 보건에 관한 사항
10) 근로자의 성별·연령 또는 신체적 조건 등의 특성에 따른 사업장 환경의 개선에 관한 사항
11) 업무상과 업무 외의 재해부조에 관한 사항
12) 직장 내 괴롭힘의 예방 및 발생시 조치 등에 관한 사항
13) 표창과 제재에 관한 사항
14) 그 밖에 해당 사업 또는 사업장의 근로자 전체에 적용될 사항

98 고용정책기본법령상 고용정보시스템 구축·운영을 위해 수집해야 할 정보로 명시되지 않은 것은?

① 사업자등록증 ② 주민등록등본·초본
③ 장애 정도 ④ 부동산등기부등본

족집어 해설

고용정보시스템 구축·운영을 위해 수집해야 할 정보
사업자등록증, 주민등록등본·초본, 장애 정도, 가족관계등록부, 사회보장급여 수급 이력, 출입국 정보, 범죄사실에 관한 정보, 북한이탈주민확인증명서 등

답 ④

99 남녀고용평등과 일·가정 양립 지원에 관한 법령상 적용 범위에 관한 설명으로 틀린 것은?

① 근로자를 사용하는 모든 사업 또는 사업장에 적용하는 것이 원칙이다.
② 동거하는 친족만으로 이루어지는 사업장에 대하여는 법의 전부를 적용하지 아니한다.
③ 가사사용인에 대하여는 법의 전부를 적용하지 아니한다.
④ 선원법이 적용되는 사업 또는 사업장에는 모든 규정이 적용되지 아니한다.

족집어 해설

남녀고용평등과 일·가정 양립 지원에 관한 법률의 적용
- 근로자를 사용하는 모든 사업 또는 사업장에 적용하는 것이 원칙이다.(①)
- 대통령령에 따라 동거하는 친족만으로 이루어지는 사업 또는 사업장과 가사사용인에 대하여는 법의 전부를 적용하지 아니한다.(②, ③)

답 ④

100 국민평생직업능력개발법령상 훈련의 목적에 따라 구분한 직업능력개발훈련에 해당하지 않는 것은?

① 집체훈련 ② 양성훈련
③ 향상훈련 ④ 전직훈련

족집어 해설

직업능력개발훈련의 구분방법
훈련의 목적에 따른 구분
1) 양성훈련 : 근로자에게 기초적 직무수행능력을 습득시키기 위해 실시하는 훈련
2) 향상훈련 : 기초적 직무수행능력을 가지고 있는 근로자에게 더 높은 직무수행능력을 습득시키기 위해 실시하는 훈련
3) 전직훈련 : 근로자에게 유사하거나 새로운 직업에 필요한 직무수행능력을 습득시키기 위해 실시하는 훈련

훈련의 방법에 따른 구분
1) 집체훈련 : 직업능력개발훈련을 실시하기 위해 설치한 훈련전용시설이나 적합한 시설에서 실시하는 훈련(산업체의 생산시설 및 근무장소는 제외)
2) 현장훈련 : 산업체의 생산시설 및 근무장소에서 실시하는 훈련
3) 원격훈련 : 멀리 떨어져 있는 사람에게 정보통신매체 등을 이용하여 실시하는 훈련
4) 혼합훈련 : 집체훈련·현장훈련·원격훈련을 2개 이상 병행하여 실시하는 훈련

답 ①

해 '집체훈련'은 훈련의 방법에 따른 구분이다.'

꿰뚫어 보기

직업능력개발훈련교사의 양성을 위한 훈련과정은 양성훈련과정, 향상훈련과정, 교직훈련과정으로 구분한다.

2021년 2회

제1과목 | 직업상담학

01 심리상담과 비교하여 진로상담 과정의 특징으로 옳지 않은 것은?

① 진로검사결과에만 의지하는 태도에서 벗어나 보다 유연한 관점에서 진로선택에 임하려는 융통성이 요구된다.
② 내담자가 놓인 경제 현실 및 진로 상황에 따라 개인의 진로선택 및 의사결정이 상당히 변화될 수 있다.
③ 진로상담은 인지적 통찰이나 결정 이외에 행동 차원에서의 실행능력 배양 및 기술함양을 더욱 중시한다.
④ 실제 진로상담에서는 내담자의 심리적인 특성과 진로문제가 얽혀 있는 경우는 많지 않다.

콕집어 해설

진로상담의 특징
- 진로검사결과에만 의지하는 태도에서 벗어나 보다 유연한 관점에서 진로선택에 임하려는 융통성이 요구된다.(①)
- 내담자가 놓인 경제 현실 및 진로 상황에 따라 개인의 진로선택 및 의사결정이 상당히 변화될 수 있다.(②)
- 진로상담은 인지적 통찰이나 결정 이외에 행동 차원에서의 실행능력 배양 기술함양을 더욱 중시한다.(③)
- 실제 진로상담에서는 내담자의 심리적인 특성과 진로문제가 얽혀 있는 경우가 많다.(④)

답 ④

02 생애진로사정에 관한 설명으로 틀린 것은?

① 상담사와 내담자가 처음 만났을 때 이용할 수 있는 비구조화된 면접기법이며 표준화된 진로사정 도구의 사용이 필수적이다.
② Adler의 심리학 이론에 기초하여 내담자와 환경과의 관계를 이해하는데 도움을 주는 면접기법이다.
③ 비판단적이고 비위협적인 대화 분위기로써 내담자와 긍정적인 관계를 형성하는데 도움이 된다.
④ 생애진로사정에서는 작업자, 학습자, 개인의 역할 등을 포함한 다양한 생애역할에 대한 정보를 탐색해 간다.

콕집어 해설

생애진로사정
- 상담자와 내담자가 처음 만났을 때 이용할 수 있는 구조화된 면접 기법이다.(①)
- 내담자에 대한 가장 기초적 직업상담 정보를 얻는 질적인 평가 절차이다.
- 검사실시나 해석의 예비적 단계에서 유용하다.
- 아들러의 개인심리학에 기초하여 내담자와 환경과의 관계를 이해하는데 도움을 제공한다.(②)
- 아들러는 개인과 세계의 관계를 일, 사회, 성의 3가지로 구분하였다.
- 내담자의 객관적 사실과 태도, 신념, 가치관은 물론 여가, 친구관계 등 일과 직접 관련 없는 주제도 포함한다.
- 비판단적이고 비위협적인 대화 분위기로써 내담자와 긍정적인 관계를 형성하는데 도움이 된다.(③)
- 생애진로사정에서는 작업자, 학습자, 개인의 역할 등을 포함한 다양한 생애역할에 대한 정보를 탐색해간다.(④)

답 ①

해 비구조화된(X)→구조화된

꿰뚫어 보기

생애진로사정의 구조 [진전강요]

1) 진로사정 : 내담자의 직업경험, 교육 또는 훈련과정과 관련된 문제들, 여가활동 등에 관해 사정한다.
2) 전형적인 하루 : 내담자가 의존적 또는 독립적인지, 자발적 또는 체계적인지 성격을 파악하도록 돕는다.

3) 강점과 장애 : 내담자가 스스로 생각하는 자신의 주요 강점 및 장애에 대해 질문한다.
4) 요약 : 내담자에게 자신에 대해 알게 된 내용을 요약하게 함으로써 자기인식을 증진시킨다.

생애진로사정을 통해 알 수 있는 정보

1) 내담자의 직업경험과 교육수준을 나타내는 객관적 정보를 얻을 수 있다.
2) 내담자의 기술과 유능성에 대한 자기평가 및 상담자의 평가정보를 얻을 수 있다.
3) 내담자의 가치관 및 자기인식의 정도를 얻을 수 있다.

03 직업상담에서 의사결정 상태에 따라 내담자를 분류할 때 의사결정자의 유형에 해당하지 않는 것은?

① 확정적 결정형　　② 종속적 결정형
③ 수행적 결정형　　④ 회피적 결정형

콕집어 해설

의사결정자의 유형

- 확정적 결정형 : 스스로 명확한 의사결정을 할 수 있지만 다른 선택대안과 비교하여 자신의 결정이 적절한 것인지 검토한다.
- 수행적 결정형 : 의사결정을 하는데 주변 사람들의 도움이 필요한 경우를 말한다.
- 회피적 결정형 : 주변 사람들과의 대립을 회피하기 위해 의사결정을 하지만 실제로는 결정을 하지 않는다.

답 ②

해 종속적 결정형은 관련이 없다.

꿰뚫어 보기

하렌(Harren)의 진로의사결정 유형 [합직의]

- 합리적 유형 : 의사결정에 논리적이고 합리적으로 접근하며, 결정에 대한 책임을 수용한다.
- 직관적 유형 : 감정을 사용하여 직관적으로 의사결정을 하며, 결정에 대한 책임은 수용하지만 미래를 위한 활동은 거의 하지 않는다.
- 의존적 유형 : 의사결정에 대해 의존적이며, 개인적 책임을 부정하고 외부로 책임을 돌리는 경향이 높다.

04 실업 충격을 완화시키기 위한 프로그램이 아닌 것은?

① 실업 스트레스 대처 프로그램
② 취업동기 증진 프로그램
③ 진로개발 프로그램
④ 구직활동 증진 프로그램

콕집어 해설

실업 충격 완화 프로그램

- 실업 스트레스 대처 프로그램
- 취업동기 증진 프로그램
- 구직활동 증진 프로그램
- 직업전환 프로그램
- 직업복귀 프로그램

답 ③

05 진로상담에서 내담자의 목표가 현실적으로 가능한지를 묻는 '목표실현가능성'에 관한 상담자의 질문으로 적절하지 않은 것은?

① 목표를 성취하기 위해 현재 처한 상황을 당신은 얼마나 통제할 수 있나요?
② 당신이 이 목표를 성취하지 못하도록 방해하는 것은 무엇인가요?
③ 언제까지 목표를 성취해야 한다고 느끼며, 마음속에 어떤 시간계획을 가지고 있나요?
④ 당신이 목표하는 직업에서 의사결정은 어디서 누가 내리나요?

콕집어 해설

'목표실현가능성'에 관한 상담자의 질문

- 목표를 성취하기 위해 현재 처한 상황을 당신은 얼마나 통제할 수 있나요?(①)
- 당신이 이 목표를 성취하지 못하도록 방해하는 것은 무엇인가요?(②)
- 언제까지 목표를 성취해야 한다고 느끼며, 마음속에 어떤 시간계획을 가지고 있나요?(③)

답 ④

해 '목표실현가능성'에 관한 상담자의 질문과는 관련이 없다.

꿰뚫어 보기

상담목표 설정 시 고려 사항
1) 내담자와 함께 목표를 설정한다.
2) 내담자의 기대나 가치를 반영해야 한다.
3) 내담자가 바라는 구체적이고 긍정적인 변화를 목표로 삼는다.
4) 상담자의 기술과 양립할 것을 목표로 설정한다.
5) 실현가능한 목표를 설정한다.

06 내담자의 세계를 상담자 자신의 세계인 것처럼 경험하지만 객관적인 위치에서 벗어나지 않는 상담대화의 기법은?

① 수용 ② 전이
③ 공감 ④ 동정

콕집어 해설

상담대화의 기법
- 수용 : 상담자가 내담자의 얘기에 집중하고 있으며, 내담자를 인격적으로 존중하고 있음을 보여주는 기법이다.
- 전이 : 내담자가 과거의 중요 인물에게서 느꼈던 감정, 생각 등을 상담자에게 투사하는 것이다.
- 공감 : 내담자의 세계를 상담자 자신의 세계인 것처럼 경험하지만 객관적인 위치에서 벗어나지 않는 것이다. 내담자가 전달하려는 내용에서 더 나아가 내면적 감정까지도 반영하는 것이다.
- 동정 : 타인의 어려운 처지를 자기 일처럼 가엾게 여기는 것이다.

답 ③

꿰뚫어 보기

상담 기법
1) 명료화 : 어떤 문제의 혼란스러운 감정과 갈등을 가려내어 분명히 해주는 것이다.
2) 경청 : 내담자의 언어적, 비언어적 표현에 주목하면서 내담자의 생각과 감정을 이해하려고 노력하는 것이다.
3) 해석 : 내담자가 진술하지 않은 내용이나 개념을 그의 과거 경험이나 진술을 토대로 추론해서 말하는 것이다.
4) 탐색적 질문 : 누가, 무엇을, 어디서 등의 개방형 질문을 사용한다.
5) 요약과 재진술 : 내담자가 전달하는 표면적 의미를 상담자가 다른 말로 바꿔서 말하는 것이다.
6) 반영 : 내담자의 생각과 말을 상담자가 다른 참신한 말로 부연하는 것이다.
7) 직면 : 내담자가 모르고 있거나 인정하기를 거부하는 생각에 대해 스스로 모순점을 파악하도록 하는 기법이다.

07 다음 면담에서 인지적 명확성이 부족한 내담자의 유형과 상담자 개입방법이 바르게 짝지어진 것은?

- 내담자 : 난 사업을 할까 생각중이에요. 그런데 그 분야에서 일하는 여성들은 대부분 이혼을 한대요.
- 상담자 : 선생님은 사업을 하면 이혼을 할까봐 두려워하시는군요. 직장여성들의 이혼율과 다른 분야에 종사하는 여성들에 대한 통계를 알아보도록 하죠.

① 구체성의 결여 - 구체화시키기
② 파행적 의사소통 - 저항에 다시 초점 맞추기
③ 강박적 사고 - RET 기법
④ 원인과 결과 착오 - 논리적 분석

콕집어 해설

인지적 명확성이 부족한 내담자의 유형 및 개입 방법

[단복가구원 무비양파강 걸고잘자~~]

1) 단순 오정보-정보 제공하기
2) 복잡한 오정보-논리적 분석
3) 가정된 불가능-격려
4) 구체성의 결여-구체화시키기
5) 원인과 결과의 착오-논리적 분석
6) 무력감-지시적 상상
7) 비난하기-직면, 논리적 분석
8) 양면적 사고-역설적 사고
9) 파행적 의사소통-저항에 초점 맞추기
10) 강박적 사고-합리적·정서적 치료
11) 걸러내기- 재구조화하기
12) 고정성-정보 제공하기
13) 잘못된 의사결정 방식-심호흡 시키기
14) 자기인식의 부족-은유나 비유 쓰기

답 ④

08 다음은 내담자의 무엇을 사정하기 위한 것인가?

> 내담자에게 과거에 했던 선택의 회상, 절정경험, 자유시간, 그리고 금전사용 계획 등을 조사하고, 존경하는 사람을 쓰게 하는 등의 상담행위

① 내담자의 동기 ② 내담자의 생애역할
③ 내담자의 가치 ④ 내담자의 흥미

콕집어해설

내담자의 가치사정법 [체과절 자백존]
- 체크목록 가치에 순위 매기기
- 과거의 선택 회상하기
- 절정경험 조사하기
- 자유시간과 금전의 사용
- 백일몽 말하기
- 존경하는 사람 기술하기

답 ③

꿰뚫어 보기

상호역할관계 사정의 기법
1) 질문을 통해 사정하기
   ㄱ. 내담자가 개입하고 있는 생애역할들을 나열하기
   ㄴ. 개개 역할에 소요되는 시간의 양 추정하기
   ㄷ. 내담자의 가치들을 이용해서 순위 정하기
   ㄹ. 상충적·보상적·보완적 역할들 찾아내기
2) 동그라미로 역할관계 그리기 : 내담자의 삶에서 여러 가지 역할을 내담자의 가치순위에 따라 크기를 달리하여 동그라미를 그려 보게 한다.
3) 생애-계획연습으로 전환하기 : 각 생애단계마다 생애역할 목록을 작성해서 역할들 간의 관계를 파악하고, 미래에 충족시킬 것으로 기대되는 역할 등을 탐색한다.

09 특성-요인 직업상담에서 상담사가 지켜야 할 상담원칙으로 틀린 것은?

① 내담자에게 강의하려 하거나 거만한 자세로 말하지 않는다.
② 전문적인 어휘를 사용하고, 상담 초기에는 내담자에게 제공하는 정보를 비교적 큰 범위로 확대한다.
③ 어떤 정보나 해답을 제공하기 전에 내담자가 정말로 그것을 알고 싶어 하는지 확인한다.
④ 상담사는 자신이 내담자가 지니고 있는 여러 가지 태도를 제대로 파악하고 있는지 확인한다.

콕집어해설

특성-요인 직업상담에서 상담사의 상담원칙
- 내담자에게 강의하려 하거나 거만한 자세로 말하지 않는다.(①)
- 이해하기 쉬운 용어를 사용하고, 상담 초기에는 내담자에게 제공하는 정보를 비교적 작은 범위로 축소한다.(②)
- 어떤 정보나 해답을 제공하기 전에 내담자가 정말로 그것을 알고 싶어 하는지 확인한다.(③)
- 상담사는 자신이 내담자가 지니고 있는 여러 가지 태도를 제대로 파악하고 있는지 확인한다.(④)

답 ②

10 상담과정의 본질과 제한조건 및 목적에 대하여 상담자가 정의를 내려주는 것은?

① 촉진화 ② 관계형성
③ 문제해결 ④ 구조화

콕집어해설

상담의 구조화
상담자는 내담자가 상담의 목표를 달성하기 위해 상담목표, 상담성격, 상담시간과 장소, 상담자와 내담자의 역할한계, 지켜야할 규칙 등 상담과정의 본질과 제한조건 및 목적에 대하여 정의를 내려준다.

답 ④

11 직업선택을 위한 마지막 과정인 선택할 직업에 대한 평가과정 중 요스트(Yost)가 제시한 방법이 아닌 것은?

① 원하는 성과연습 ② 확률추정연습
③ 대차대조표연습 ④ 동기추정연습

콕집어 해설

요스트(Yost)의 직업선택 평가과정 [원찬 대확미]
- 원하는 성과연습 : 직업들이 원하는 성과를 얼마나 제공할 수 있는지를 평가한다.
- 찬반연습 : 내담자에게 각 직업들의 장·단점을 생각하도록 하여 찬·반 의견을 작성하게 한다.
- 대차대조표연습 : 특정직업의 선택으로 인해 가장 크게 영향을 받는 게 무엇인지 파악하도록 한다.
- 확률추정연습 : 내담자가 예상한 결과들이 실제 어느 정도 나타날지 추정해 보도록 한다.
- 미래를 내다보는 연습 : 내담자에게 상상을 통해 미래의 직업결과에 대해 생각하도록 한다.

답 ④

12 수퍼(Super)의 전 생애 발달과업의 순환 및 재순환에서 '새로운 과업 찾기'가 중요한 시기는 언제인가?

① 청소년기(14~24세)
② 성인초기(25~45세)
③ 성인중기(46~65세)
④ 성인후기(65세 이상)

콕집어 해설

수퍼(Super)의 '새로운 과업 찾기'

수퍼(Super)의 전 생애 발달과업의 순환 및 재순환에서 '새로운 과업 찾기'가 중요한 시기는 성인중기(46~65세)이다. 즉, 성인중기는 현재까지 자신이 성취한 것을 유지하고, 새로운 지식과 기술 및 방법 등을 고안해내는 시기이다.

답 ③

13 인간중심 진로상담의 개념에 관한 설명으로 옳지 않은 것은?

① 일의 세계 및 자아와 관련된 정보의 부족에 관심을 둔다.
② 자아 및 직업과 관련된 정보를 거부하거나 왜곡하는 문제를 찾고자 한다.
③ 진로선택과 관련된 내담자의 불안을 줄이고 자기의 책임을 수용하도록 한다.
④ 상담자의 객관적 이해를 내담자에 대한 자아 명료화의 근거로 삼는다.

콕집어 해설

인간중심 진로상담
- 인간중심적 상담에서는 인간을 선천적인 잠재력과 자기실현의 경향성을 지닌 '완전히 기능하는 사람'으로 보기 때문에, 내담자는 상담자의 적극적인 개입이 없어도 자신의 방식을 찾아갈 수 있는 역량을 갖췄다고 생각한다.
- 일의 세계 및 자아와 관련된 정보의 부족에 관심을 둔다.(①)
- 자아 및 직업과 관련된 정보를 거부하거나 왜곡하는 문제를 찾고자 한다.(②)
- 진로선택과 관련된 내담자의 불안을 줄이고 자기의 책임을 수용하도록 한다.(③)
- 내담자의 주관적 이해를 내담자에 대한 자아 명료화의 근거로 삼는다.(④)

답 ④

14 보딘(Bordin)의 정신역동적 직업상담에서 사용하는 기법이 아닌 것은?

① 명료화 ② 비교
③ 소망-방어 체계 ④ 준지시적 반응 범주화

콕집어 해설

보딘의 정신역동적상담에서 사용하는 상담기법 [명비소]
- 명료화 : 내담자의 문제를 요약해줌으로써 명료하게 재인식시켜 주는 것이다.
- 비교 : 두가지 이상의 주제들 사이에 나타난 유사성이나 차이점들을 비교한다.
- 소망-방어체계에 대한 해석 : 내담자로 하여금 진로에 대한 자신의 내적 동기와 진로결정과정 사이의 관계를 인식하도록 돕는다.

답 ④

해 스나이더의 '상담반응 범주화' 중 하나이다.

보딘(Bordin)의 직업문제 심리적 원인 [의정 자직확]

1) 의존성 : 진로문제를 스스로 해결하지 못하고 타인에게 의존하는 경우
2) 정보부족 : 진로관련에 대한 정보의 부족으로 어려움을 겪는 경우
3) 자아갈등(내적갈등) : 자아개념들 사이에서 내적갈등으로 인한 혼란
4) 직업선택에 대한 불안 : 자신의 선택과 중요한 타인의 요구 간의 충돌에서 비롯되는 불안
5) 확신부족 : 진로선택 이후에 자신의 선택에 대한 확신이 부족한 경우

보딘의 직업상담 과정 [탐핵변]

1) 탐색과 계약설정(제1단계) : 내담자의 정신역동적 상태에 대한 탐색 및 상담전략에 대한 계약설정이 이루어진다.
2) 핵심결정(제2단계) : 내담자는 핵심결정을 통해 자신의 목표를 성격 변화 등으로 확대할 것인지 고민한다.
3) 변화를 위한 노력(제3단계) : 내담자는 자아인식 및 자아이해를 확대해 나가며 지속적으로 변화를 모색한다.

15 포괄적 직업상담에서 초기, 중간, 마지막 단계 중 중간 단계에서 주로 사용하는 접근법은?

① 발달적 접근법 ② 정신역동적 접근법
③ 내담자 중심 접근법 ④ 행동주의적 접근법

콕집어 해설

포괄적 직업상담(Crites)

- 포괄적 직업상담은 논리적이고 경험적인 다양한 상담이론을 절충시킨 모형이며, 크라이티스가 제시하였다.
- 상담초기에는 내담자중심 접근법과 발달적 접근법을, 중간단계는 정신역동적 접근법, 상담의 마지막 단계에는 행동주의적 접근법과 특성-요인 접근법을 통해 내담자의 문제해결에 개입하게 된다.

답 ②

꿰뚫어 보기

포괄적 직업상담 과정

1) 진단(제1단계) : 내담자의 진로문제를 진단하기 위해 관련 자료를 수집한다.
2) 명료화 또는 해석(제2단계) : 상담자와 내담자가 협력해서 의사결정 과정을 방해하는 내담자의 문제를 명료화하거나 해석한다.
3) 문제해결(제3단계) : 내담자가 자신의 문제를 확인하고 적극적으로 참여하여 문제해결을 위해 어떤 행동을 취할 것인지를 결정한다.

16 직업상담에서 직업카드분류법은 무엇을 알아보기 위한 것인가?

① 직업선택 시 사용 가능한 기술
② 가족 내 서열 및 직업가계도
③ 직업세계와 고용시장의 변화
④ 직업흥미의 탐색

콕집어 해설

직업카드분류(OCS)

- 직업선택의 동기와 가치를 알아보기 위한 방법으로써, 직업카드를 선호군, 혐오군, 미결정 중성군으로 분류하여 '흥미를 사정'하는 기법이다.
- 내담자의 가치관, 흥미, 직무기술, 라이프스타일 등의 선호형태를 측정하는 데 유용하다.
- 내담자가 능동적으로 참여하고 유연하게 반응하도록 구성되어 있으며, 즉각적인 피드백을 제공하여 내담자에 대한 의미 있는 여러 정보를 얻을 수 있다.

답 ④

17 상담이론과 그와 관련된 상담기법을 바르게 짝지은 것은?

① 정신분석적 상담 - 인지적 재구성
② 행동치료 - 저항의 해석
③ 인지적 상담 - 이완기법
④ 형태치료 - 역할연기, 감정에 머무르기

콕집어 해설

형태주의(게슈탈트) 상담기법
- 꿈 작업 : 꿈을 현실로 재현하도록 하여 꿈의 각 부분을 연기하게 한다.
- 빈 의자 기법 : 내담자가 빈 의자를 앞에 놓고 어떤 사람이 실제 앉아 있는 것처럼 상상하면서 이야기를 한다.
- 과장하기 : 내담자로 하여금 행동이나 언어를 과장하여 표현하게 함으로써 자신의 감정을 명확히 자각하도록 한다.
- 자기부분들과의 대화 : 내담자에게 자신의 내재되어 있는 상반된 자아와 대화를 시도하게 함으로써 자기 부분들을 통합시킨다.
- 숙제(과제) : 내담자에게 상담 상황에서 학습한 사실들을 실생활에 적용시킬 수 있는 기회를 제공한다.
- 역할연기 : 과거나 미래의 한 장면을 현재의 장면으로 상상하게 하여 실제 행동으로 연기해 보도록 한다.

답 ④

해 ① 행동주의 상담
② 정신분석 상담
③ 행동주의 상담

18 아들러(Adler) 이론의 주요 개념인 초기 기억에 관한 설명을 모두 고른 것은?

ㄱ. 중요한 기억은 내담자가 마치 지금 일어나고 있는 것처럼 기술할 수 있다.
ㄴ. 초기기억에 대한 내담자의 지각보다는 경험을 객관적으로 파악하는 것이 중요하다.
ㄷ. 초기기억은 삶, 자기, 타인에 대한 내담자의 현재 세계관과 일치하는 경향이 있다.
ㄹ. 초기기억을 통해 상담자는 내담자의 삶의 목표를 파악하는데 도움을 받을 수 있다.

① ㄱ, ㄴ　② ㄴ, ㄷ
③ ㄱ, ㄷ, ㄹ　④ ㄴ, ㄷ, ㄹ

콕집어 해설

아들러(Adler)의 '초기 기억'
- 중요한 기억은 내담자가 마치 지금 일어나고 있는 것처럼 기술할 수 있다.(ㄱ)
- 초기기억은 삶, 자기, 타인에 대한 내담자의 현재 세계관과 일치하는 경향이 있다.(ㄷ)
- 초기기억을 통해 상담자는 내담자의 삶의 목표를 파악하는데 도움을 받을 수 있다.(ㄹ)

답 ③

해 초기기억에 대한 내담자의 지각을 중요시 한다.

꿰뚫어 보기

아들러(Adler)의 개인주의 상담의 목표
1) 개인적 열등감의 극복과 우월성의 추구를 궁극적 목표로 삼는다.
2) 잘못된 동기를 수정하는 데 목표를 둔다.
3) 내담자의 잘못된 행동보다는 잘못된 가치를 수정하는데 초점을 둔다.
4) 내담자가 사회적 관심을 갖도록 돕는다.
5) 사회구성원으로서 사회에 기여하도록 돕는다.
6) 타인과 동질감을 갖도록 돕는다.

19 행동수정에서 상담자의 역할은?

① 내담자가 사랑하고, 일하고, 노는 자유를 획득하도록 돕는다.
② 내담자의 가족 구성에 대한 정보를 수집한다.
③ 내담자의 주관적 세계를 이해하여 새로운 이해나 선택을 할 수 있도록 돕는다.
④ 내담자의 상황적 단서와 문제행동, 그 결과에 대한 정보를 얻기 위하여 노력한다.

콕집어 해설

행동수정에서 상담자의 역할
내담자의 상황적 단서와 문제행동, 그 결과에 대한 정보를 얻기 위하여 노력한다.

답 ④

20 직업상담사의 윤리강령으로 옳지 않은 것은?

① 직업상담사는 개인이나 사회에 임박한 위험이 있더라도 개인정보의 보호를 위하여 내담자의 정보를 누설하지 말아야 한다.

② 직업상담사는 내담자에 대한 정보를 교육장면이나 연구에 사용할 경우에는 내담자와 합의 후 사용하되 정보가 노출되지 않도록 해야 한다.

③ 직업상담사는 소속 기관과의 갈등이 있을 경우 내담자의 복지를 우선적으로 고려해야 한다.

④ 직업상담사는 상담관계의 형식, 방법, 목적을 설정하고 그 결과에 대하여 내담자와 협의해야 한다.

콕집어 해설

직업상담사의 윤리강령

- 상담자는 상담에 대한 이론적, 경험적 훈련과 지식을 갖춘 것을 전제로 한다.
- 상담자는 내담자의 성장, 촉진과 문제해결 및 방안을 위해 시간과 노력상의 최선을 다한다.
- 상담자는 내담자가 이해, 수용할 수 있는 한도 내에서 기법을 활용한다.
- 내담자에 관한 정보를 교육장면이나 연구용으로 사용할 경우에는 내담자와 합의하고 내담자가 노출되지 않도록 해야 한다.(②)
- 상호 합의한 경우를 제외하고는 다른 전문가의 도움을 받고 있는 내담자에게 상담하지 않는다.
- 상담자는 자신의 능력 및 기법의 한계로 인해 내담자를 도울 수 없을 때는 내담자의 문제를 다른 전문직 동료나 기관에 의뢰해야 한다.
- 직업상담사는 소속 기관과의 갈등이 있을 경우 내담자의 복지를 우선적으로 고려해야 한다.(③)
- 직업상담사는 상담관계의 형식, 방법, 목적을 설정하고 그 결과에 대하여 내담자와 협의해야 한다.(④)

답 ①

해 비밀 보호의 예외 규정에 해당한다.

꿰뚫어 보기

상담 윤리강령의 역할과 기능

1) 내담자의 복리 증진
2) 지역사회의 도덕적 기대 존중
3) 전문직으로써의 상담기능 보장
4) 상담자 자신의 사생활과 인격보호
5) 직무수행 중 갈등해결 지침 제공

제2과목 | 직업심리학

21 다음의 내용을 주장한 학자는?

> 특정한 직업을 갖게 되는 것은 단순한 선호나 선택의 기능이 아니고 개인이 통제할 수 없는 복잡한 환경적 요인의 결과이다.

① Krumboltz ② Dawis
③ Gelatt ④ Peterson

콕집어 해설

크롬볼츠(Krumboltz)의 사회학습이론

- 반두라(Bandura)의 학습이론을 적용하여 진로의사결정 방법에 관한 이론을 발전시켰다.
- 진로선택 과정에서 개인이 환경과의 상호작용을 통해 무엇을 학습했는지를 강조한다.
- 진로결정에 영향을 미치는 환경적 요인으로 '유전적 요인과 특별한 능력', '환경조건과 사건', 심리적 요인으로 '학습경험' 및 '과제접근기술'을 제시하였다.
- 강화이론, 고전적 행동주의이론, 인지적 정보처리이론에 기원을 두고 있다.
- 진로결정 요인들이 상호작용하여 자기관찰 일반화와 세계관 일반화를 형성한다.
- 학과 전환 등 진로의사결정과 관련된 개인의 행동에 대해서 관심을 둔다.
- 개인이 특정한 직업을 갖게 되는 것은 개인이 통제할 수 없는 복잡한 환경적 요인의 결과이다.

답 ①

해 ② 데이비스(Dawis) : 롭퀴스트(Lofquist)와 함께 직업-환경 조화 상담이라고 불리우는 직업적응이론을 정립하였다.
③ 겔라트(Gelatt) : 직업을 결정할 때 실수를 감소시키고 보다 나은 직업을 선택할 수 있도록 도우려는 '처방적 직업결정모형'을 카츠, 칼도, 쥐토우스키와 함께 제시하였다.
④ 피터슨(Peterson) : 샘슨(Sampson), 리어든(Reardon)과 함께 정보를 처리하는 인간의 사고과정을 중시하는 인지적정보처리이론을 주장하였다.

꿰뚫어 보기

크롬볼츠의 진로선택에 영향을 미치는 요인 [유환학과]

1) 유전적 요인과 특별한 능력 : 개인의 진로 기회를 제한하는 생득적인 특질을 말한다.

2) 환경적 조건과 사건 : 개인의 통제를 벗어나는 정치·경제·사회·문화적 사항들이 개인의 진로에 영향을 미친다.
3) 학습경험 : 개인이 과거에 학습한 경험은 현재 또는 미래의 교육적·직업적 의사결정에 영향을 미친다.
4) 과제접근기술 : 목표설정, 가치 명료화, 대안 형성, 직업적 정보획득 등을 포함하는 기술이다.

22 다음 중 전직을 예방하기 위해 퇴직의사 보유자에게 실시하는 직업상담 프로그램으로 가장 적합한 것은?

① 직업복귀 프로그램
② 실업충격완화 프로그램
③ 조기퇴직계획 프로그램
④ 직업적응 프로그램

콕집어 해설

직업적응 프로그램
전직을 예방하기 위해 퇴직의사 보유자에게 실시하는 직업상담 프로 그램으로, 직무에서 발생되는 긴장과 불안에 대한 문제인식과 이의 해결을 위한 적절한 기술을 발견하고 여가활동, 건강한 삶을 위한 태도를 함양한다.

답 ④

꿰뚫어 보기

직업전환을 원하는 내담자 상담 시 고려사항 [변기나 동]
1) 내담자가 변화에 대한 인지능력을 갖추고 있는지를 고려해야 한다.
2) 직업을 전환하는데 필요한 기술을 가지고 있는지 평가해야 한다.
3) 나이와 건강을 고려해야 한다.
4) 직업을 전환하는데 동기화가 되어 있는지 알아본다.

23 Super의 직업발달이론에 대한 중심 개념으로 볼 수 없는 것은?

① 개인은 각기 적합한 직업군의 적격성이 있다.
② 직업발달과정은 본질적으로 자아개념의 발달 보완 과정이다.
③ 개인의 직업기호와 생애는 자아실현의 과정으로 현실과 타협하지 않는 활동과정이다.
④ 직업과 인생의 만족은 자기의 능력, 흥미, 성격특성 및 가치가 충분히 실현되는 정도이다.

콕집어 해설

Super의 직업발달이론
- 개인은 각기 적합한 직업군의 적격성이 있다.(①)
- 직업발달과정은 본질적으로 자아개념의 발달 보완과정이다.(②)
- 직업과 인생의 만족은 자기의 능력, 흥미, 성격특성 및 가치가 충분히 실현되는 정도이다.(④)
- 사람은 동시에 여러 가지 역할을 함께 수행하며 발달단계마다 다른 역할에 비해 중요한 역할이 있다.
- 인생에서 진로발달 과정은 전 생애에 걸쳐 계속되며 성장, 탐색, 정착, 유지, 쇠퇴 등의 대주기(Maxi Cycle)를 거친다.
- 진로발달에는 대주기 외에 각 단계마다 같은 성장, 탐색, 정착, 유지, 쇠퇴로 구성된 소주기(Mini Cycle)가 있다.
- Super의 이론은 생애진로발달 과정에서 장기적이고 연속적인 선택 과정에 대해 구체적으로 잘 설명한다.
- 개인의 직업기호와 생애는 자아실현의 과정으로 현실과 타협하는 활동과정이다.(③)

답 ③

꿰뚫어 보기

수퍼(Super)의 진로발달단계 [성탐 확유쇠]
1) 성장기 : 자아개념을 발달시키는 시기이며, 욕구와 환상이 지배적이나 점차 흥미와 능력을 중시하게 된다.
   ☞ 하위단계 : 환상기, 흥미기, 능력기 [환흥능]
2) 탐색기 : 미래에 대한 계획을 세우고 적합한 직업을 탐색하는 시기이다.
   ☞ 하위단계 : 잠정기, 전환기, 시행기 [잠전시]
3) 확립기 : 자신에게 적합한 분야를 발견해서 생활의 기반을 확립하는 시기이다.
   ☞ 하위단계 : 시행기, 안정기
4) 유지기 : 자신의 자리를 유지하려고 노력하며 안정된 삶을 살아가는 시기이다.
5) 쇠퇴기 : 직업에서 은퇴한 후 새로운 역할과 활동을 찾게 되는 시기이다.

24 다음은 어떤 타당도에 관한 설명인가?

> 측정도구가 실제로 무엇을 측정했는가 또는 조사자가 측정하고자 하는 추상적인 개념이 실제로 측정도구에 의해서 적절하게 측정되었는가에 관한 문제로서, 이론적 연구를 하는데 가장 중요한 타당도

① 내용타당도(content validity)
② 개념타당도(construct validity)
③ 공인타당도(concurrent validity)
④ 예언타당도(predictive validity)

콕집어 해설

타당도
- 타당도는 검사가 측정하고자 하는 바를 얼마나 정확히 측정하느냐를 말한다.
- 신뢰도는 일관성을, 타당도는 정확성을 의미한다.
- 타당도는 신뢰도와 밀접한 관계가 있다.
- 종류 [안내구준]
  1) 안면타당도 : 일반인이 문항을 읽고 얼마나 타당해 보이는지를 평가한다.
  2) 내용타당도 : 전문가의 논리적 분석과정으로 판단하는 주관적인 타당도이다.
  3) 구성(개념)타당도 : 측정하고자 하는 개념들이 실제 측정도구에 의해 얼마나 제대로 측정되었는지의 정도를 말한다.
  4) 준거타당도 : 검사와 준거 간의 상관관계를 분석해서 검사의 타당도를 평가하는 방법이다.

답 ②

꿰뚫어 보기

1) 구성타당도(개념타당도) [수변요]
  ㄱ. 수렴타당도 : 검사결과가 해당 속성과 관련 있는 변수들과 높은 상관관계를 가지고 있을수록 수렴타당도가 높다.
    예 지능검사 결과가 지능과 관련 있는 학교성적과 높은 상관관계를 가지고 있다면 그 지능검사의 수렴타당도는 높다.
  ㄴ. 변별타당도 : 검사결과가 해당 속성과 관련 없는 변수들과 낮은 상관관계를 가지고 있을수록 변별타당도가 높다.
    예 지능검사 결과가 지능과 관련 없는 외모와 낮은 상관관계를 가지고 있다면 그 지능검사의 변별타당도는 높다.
  ㄷ. 요인분석 : 검사문항들 간의 상관관계를 분석하여 상관성이 높은 문항들을 묶어주는 통계적 방법이다.
    예 수학과 과학 문항이 혼재된 시험을 치렀을 때, 수학과 학생은 수학을, 과학과 학생은 과학을 보통 잘 볼 것이므로 해당 문항들은 두개의 군집, 즉 요인으로 추출될 것이다.

2) 준거타당도
  ㄱ. 동시타당도(공인타당도) : 새로운 검사와 준거를 동시에 측정해서 두 결과 간의 상관계수를 추정한다.
    예 근무성적이 좋은 재직자가 검사점수도 높았다면, 해당검사는 준거타당도를 갖췄다고 볼 수 있다.
  ㄴ. 예언타당도(예측타당도) : 검사점수와 미래행위 측정치 간의 상관계수를 추정한다.
    예 입사시험 성적이 높은 사람이 이후 근무성적에서도 높은 점수를 받았다면, 해당 입사시험은 예언타당도가 높다고 할 수 있다.

25 신뢰도 추정에 관한 설명으로 옳지 않은 것은?

① 속도검사의 경우 기우양분법으로 반분신뢰도를 추정하면 신뢰도 계수가 과대 추정되는 경향이 있다.
② 신뢰도 추정에 영향을 미치는 요인은 상관계수에 영향을 미치는 요인과 유사하다.
③ 신뢰도 추정에 영향을 미치는 요인 중 가장 중요한 요인은 표본의 동질성이다.
④ 정서반응과 같은 불안정한 심리적 특성의 신뢰도를 정확히 추정하기 위해서는 검사-재검사의 기간을 충분히 두어야 한다.

콕집어 해설

신뢰도 추정
- 속도검사의 경우 기우양분법으로 반분신뢰도를 추정하면 신뢰도 계수가 과대 추정되는 경향이 있다.(①)
- 신뢰도 추정에 영향을 미치는 요인은 상관계수에 영향을 미치는 요인과 유사하다.(②)
- 신뢰도 추정에 영향을 미치는 요인 중 가장 중요한 요인은 표본의 동질성이다.(③)
- 정서반응과 같은 불안정한 심리적 특성의 신뢰도를 정확히 추정하기 위해서는 검사-재검사의 기간을 짧게 두어야 한다.(④)

답 ④

꿰뚫어 보기

신뢰도 추정방법

1) 검사-재검사 신뢰도 : 동일한 수검자에게 동일한 검사를 일정 시간간격을 두고 두 번 실시하여 얻은 두 검사점수의 상관계수에 의해 신뢰도를 측정하는 방법이다.
2) 동형검사 신뢰도 : 동일한 수검자에게 첫번째 실시한 검사와 동일한 유형의 검사를 실시하여 두 검사점수의 상관계수에 의해 신뢰도를 측정하는 방법이다.
3) 반분 신뢰도 : 어떤 집단에게 한 검사를 실시하고 그 검사의 문항을 동형이 되도록 두개의 검사로 나눈 다음, 두 점수의 상관계수를 비교한다.
4) 문항내적합치도(문항내적일관성 신뢰도) : 한 검사 내 개개의 문항들을 독립된 검사로 보고 문항들 간의 일관성이나 합치성을 신뢰도로 규정한다.
5) 채점자 간 신뢰도 : 채점자들의 평가가 어느 정도 일관성이 있는지를 상관계수로 나타낸 것이다.

26 신입사원이 조직에 쉽게 적응하도록 상사가 후견인이 되어 도와주는 경력개발프로그램은?

① 종업원지원 시스템 ② 멘토십 시스템
③ 경력지원 시스템 ④ 조기발탁 시스템

콕집어 해설

종업원 (능력)개발 프로그램

- 훈련 프로그램 : 컴퓨터 교육에서 대인관계까지 조직 내에서 실시하는 다양한 내용의 훈련프로그램을 말한다.
- 후견인 프로그램(멘토십 시스템) : 종업원이 조직에 쉽게 적응하도록 상사가 후견인이 되어 도와주는 프로그램이다.
- 직무순환 프로그램 : 종업원에게 다양한 직무를 경험하게 함으로써 여러 분야의 능력을 개발하게 하는 프로그램이다.

답 ②

꿰뚫어 보기

경력개발 프로그램 유형 [자개 정종종]

1) 자기평가 도구 : 경력워크숍, 경력연습책자 등
2) 개인상담
3) 정보제공 : 사내공모제, 기술목록, 경력자원기관 등
4) 종업원 평가 : 평가기관, 심리검사, 조기발탁제 등
5) 종업원 개발 : 훈련 프로그램, 후견인 프로그램, 직무순환 프로그램 등

27 성인용 웩슬러 지능검사(K-WAIS-IV)의 처리속도지수에 포함되지 않는 소검사는?

① 동형찾기 ② 퍼즐
③ 기호쓰기 ④ 지우기

콕집어 해설

성인용 웩슬러 지능검사(K-WAIS-IV)의 구성

구분	핵심 소검사	보충 소검사
언어이해지수(VCI)	공통성, 어휘, 이해	상식(지식), 단어추리
지각추론지수(PRI)	토막짜기, 행렬추론, 퍼즐(공통그림 찾기)	무게비교, 빠진 곳 찾기
작업기억지수(WMI)	숫자, 순서화(순차연결)	산수
처리속도지수(PSI)	동형찾기, 기호쓰기	지우기(선택)

답 ②

해 지각추론지수(PRI)에 포함된다.

28 직무분석 자료의 특성과 가장 거리가 먼 것은?

① 최신의 정보를 반영해야 한다.
② 논리적으로 체계화되어야 한다.
③ 진로상담 목적으로만 사용되어야 한다.
④ 가공하지 않은 원상태의 정보이어야 한다.

콕집어 해설

직무분석 자료의 특성 [최가 논사다]

- 최신의 정보를 반영해야 한다.(①)
- 가공하지 않은 원상태의 자료이어야 한다.(④)
- 논리적으로 체계화해야 한다.(②)
- 사실 그대로를 반영하여야 한다.
- 다목적으로 활용될 수 있어야 한다.(③)

답 ③

꿰뚫어 보기

직무분석의 활용(Ash)

1) 모집 및 선발
2) 교육 및 훈련
3) 배치 및 경력개발
4) 직무평가 및 직무수행평가
5) 작업환경 개선
6) 정원관리
7) 안전관리

29 특정 집단의 점수분포에서 한 개인의 상대적 위치를 나타내는 점수는?

① 표준 점수　　② 표준 등급
③ 백분위 점수　　④ 규준 점수

콕집어 해설

집단 내 규준 [백표표]

- 백분위 점수 : 특정 집단(표준화된 집단)의 점수분포에서 한 개인의 상대적 위치를 나타내는 점수이다.
- 표준점수 : 분포의 표준편차를 사용하여 개인의 점수가 평균으로부터 떨어져 있는 거리를 표시한 것이다.
- 표준등급 : 원점수를 1~9까지의 구간으로 구분하여 각각의 구간마다 일정한 점수나 등급을 부여한 것이다.

답 ③

 **꿰뚫어 보기**

표준점수

1) Z 점수 : 원점수를 평균이 0, 표준편차가 1인 Z분포상의 점수로 변환한 점수이다.

$$Z = \frac{\text{원점수} - \text{평균}}{\text{표준편차}}$$

2) T 점수 : 소수점과 음수값을 가지는 Z점수의 단점을 보완하기 위해, 원점수를 변환해서 평균이 50, 표준편차가 10인 분포로 만든 것이다.
T = 10 x Z점수 + 50

30 Holland의 성격유형 중 구조화된 환경을 선호하고, 질서정연하고 체계적인 자료정리를 좋아하는 것은?

① 실제형　　② 탐구형
③ 사회형　　④ 관습형

콕집어 해설

Holland의 성격유형 [현탐예 사진관]

- 현실형 : 실제적이며 현장에서 하는 일을 선호하나, 사회성이 부족하다.
  예 기술직, 엔지니어, 농부, 목수 등
- 탐구형 : 과학적이며 탐구활동을 선호하나, 지도력이 부족하다.
  예 물리학자, 화학자, 생물학자 등
- 예술형 : 심미적이며 창조적인 활동을 선호하나, 규범적 성향이 부족하다.
  예 음악가, 문학가, 화가 등
- 사회형 : 이타적이며 봉사활동을 선호하나, 기계적 활동 능력이 부족하다.
  예 사회복지사, 종교인, 상담사 등
- 진취형 : 진취적이며 적극적인 활동을 선호하나, 체계적 활동 능력이 부족하다.
  예 기업가, 정치인, 영업사원, 보험설계사 등
- 관습형 : 체계적이고 질서정연한 일을 선호하나, 융통성이 부족하다.
  예 경리사원, 회계사, 은행원 등

답 ④

 **꿰뚫어 보기**

홀랜드의 육각형 모델과 해석 차원 [일변 일정계]

1) 일관성 : 어떤 쌍들은 다른 유형의 쌍들보다 더 많은 공통점을 가지고 있다.
2) 변별성(차별성) : 개인의 흥미유형은 특정 흥미유형과 매우 유사한 반면, 다른 흥미유형과는 차별적이다.
3) 일치성
   ㄱ. 개인의 흥미유형과 개인이 소속되고자 하는 환경의 유형이 서로 부합하는 정도를 말한다.
   ㄴ. 개인이 자기 자신의 인성유형과 동일하거나 유사한 환경에서 일하고 생활할 때를 의미한다.
4) 정체성 : 성격적 측면에서는 개인의 목표, 흥미, 재능에 대한 명확성을 말하고, 환경적 측면에서는 조직의 투명성 및 안정성 등을 말한다.
5) 계측성(타산성)
   ㄱ. 육각형 모델에서 유형들 간의 거리는 가까울수록 서로 유사한 성향을 보이며, 멀어질수록 대조적 성향을 보인다.
   ㄴ. 육각형 모델에서 유형들 간의 거리는 그 이론적인 관계에 반비례한다.

31 개인의 진로발달 과정에서 초기의 가정환경이 그 후의 직업선택에 중요한 영향을 미친다고 보는 이론은?

① 파슨스(Parsons)의 특성이론
② 갤라트(Gelatt)의 의사결정이론
③ 로(Roe)의 욕구이론
④ 수퍼(Super)의 발달이론

콕집어 해설

로(Roe)의 욕구이론(Need theory)
- 개인의 진로발달과정에 사회나 환경의 영향을 많이 고려하는 이론이다.
- 심리적 에너지가 흥미를 결정하는 중요한 요소라고 생각한다.
- 직업흥미가 아동기 초기 경험으로부터 결정된다는 관점에서 출발하며, 부모의 양육방식에 따라 자녀는 사람 지향적이거나 사람 회피적인 직업을 갖게 된다.
- 아동기에 형성된 욕구에 대한 반응으로 직업선택이 이루어진다고 본다.
- 가정 분위기의 유형을 수용형, 정서집중형, 회피형으로 구분하였다.
- 직업군을 8가지로, 직업수준을 6가지로 분류하였다.
- 매슬로우가 제시한 욕구의 단계를 기초로 해서 초기의 인생경험과 직업선택의 관계에 관한 5가지 가설을 발전시켰다.

답 ③

꿰뚫어 보기

로(Roe)의 욕구이론에 따른 5가지 가설 [잠유 흥심욕]

1) 개인이 기지고 있는 잠재적 특성의 발달에는 한계가 있다.
2) 개인의 유전적 특성의 발달 정도는 자신의 경험과 사회·경제적 배경 및 문화 배경에 의해 영향을 받는다.
3) 개인의 흥미와 태도는 자신의 경험에 따라 발달유형이 결정된다.
4) 심리적 에너지는 흥미를 결정하는 중요한 요소이다.
5) 개인의 욕구와 만족의 강도는 성취동기의 유발 정도에 따라 결정된다.

32 셀리에(Selye)의 스트레스에서의 일반적응 증후군에 관한 설명으로 옳지 않은 것은?

① 스트레스의 결과가 신체 부위에 영향을 준다는 뜻에서 일반적이라 명명했다.
② 스트레스의 원인으로부터 신체가 대처하도록 한다는 의미에서 적응이라 명명했다.
③ 경계단계는 정신적 혹은 육체적 위험에 노출되었을 때 즉각적인 반응을 보이는 단계이다.
④ 탈진단계에서 심장병을 잘 유발하는 성격의 B유형은 흥분을 가라앉히지 않는다.

콕집어 해설

셀리에(Selye)의 스트레스에서의 일반적응 증후군
- 스트레스의 결과가 신체 부위에 영향을 준다는 뜻에서 일반적이라 명명했다.(①)
- 스트레스의 원인으로부터 신체가 대처하도록 한다는 의미에서 적응이라 명명했다.(②)
- 경계단계는 정신적 혹은 육체적 위험에 노출되었을 때 즉각적인 반응을 보이는 단계이다.(③)
- 탈진단계에서 심장병을 잘 유발하는 성격의 A유형은 흥분을 가라앉히지 않는다.(④)

답 ④

꿰뚫어 보기

셀리에(Selye)의 일반적응증후군(GAS)

1) 경고(경계)단계 : 정신적·육체적 위험에 갑자기 노출됨으로써 나타나는 최초의 반응단계이다.
   맥박이 빨라지고 체온과 혈압이 감소한다.
2) 저항단계 : 스트레스에 대한 저항은 증가되지만 신체의 저항력은 저하된다.
3) 소진(탈진)단계 : 스트레스가 장기간 지속될 경우 스트레스에 대한 적응에너지가 고갈되어 탈진 및 질병과 죽음을 유발할 수 있다.

33 심리검사를 선택하고 해석하는 과정에 관한 설명으로 틀린 것은?

① 검사는 진행 중인 상담과정의 한 구성요소로만 보아야 한다.
② 검사는 내담자의 의사결정을 돕기 위한 정보를 얻는 하나의 도구이다.
③ 검사는 내담자와 함께 협조해서 선택하는 것이 좋다.
④ 검사의 결과는 가능한 한 내담자에게 제공해서는 안 된다.

콕집어해설

심리검사의 선택과 해석
- 검사는 진행 중인 상담과정의 한 구성요소로만 보아야 한다.(①)
- 검사는 내담자의 의사결정을 돕기 위한 정보를 얻는 하나의 도구이다.(②)
- 검사는 내담자와 함께 협조해서 선택하는 것이 좋다.(③)
- 검사의 결과는 가능한 한 내담자에게 가능한 한 이해하기 쉽게 제공해야 한다(④)

답 ④

34 윌리암슨(Williamson)이 제시한 상담의 과정을 바르게 나열한 것은?

ㄱ. 분석	ㄴ. 종합	ㄷ. 상담
ㄹ. 진단	ㅁ. 추수지도	ㅂ. 처방

① ㄱ → ㄴ → ㄹ → ㅂ → ㄷ → ㅁ
② ㄱ → ㄴ → ㄹ → ㄷ → ㅁ → ㅂ
③ ㄱ → ㄹ → ㅂ → ㄷ → ㅁ → ㄴ
④ ㄹ → ㅂ → ㄴ → ㄱ → ㄷ → ㅁ

콕집어해설

윌리암슨의 특성-요인 직업상담 과정 [분종진 예상추]
- 분석 : 내담자 분석을 위해 심리검사 및 자료수집, 표준화 검사 등이 사용된다.
- 종합 : 내담자에 대한 이해를 얻기 위해 수집한 자료들을 종합한다.
- 진단 : 내담자 문제의 원인을 탐색하며, 문제해결을 위해 진단하는 단계이다.
- 예측(예후, 처방) : 진단의 결과를 통해 직업문제에 대해 예측하는 단계이다.
- 상담 : 내담자와 직업문제에 대해 상담하고 문제를 치료한다.
- 추수지도(사후지도) : 내담자가 바람직한 행동을 하도록 계속적인 지도를 한다.

답 ①

35 다음의 특성을 가진 직무분석기법은?

- 미국 퍼듀대학교의 메코믹(McCormick)이 개발했다.
- 행동중심적 직무분석기법(behavior-oriented job analysis method)이다.
- 6가지의 범주 및 187개 항목으로 구성되었다.
- 개별직무에 대해 풍부한 정보를 획득할 수 있는 장점이 있으나, 성과표준을 직접 산출하는 데는 무리가 따른다는 단점을 지니고 있다.

① CD 직무과제분석(JTA)
② 기능적 직무분석(FJA)
③ 직위 분석 질문지(PAQ)
④ 관리직 기술 질문지(MPDQ)

콕집어해설

직위분석질문지(PAQ)
- 작업자 중심 직무분석의 대표적인 예이다.
- 직무를 수행하는 데 요구되는 지식, 기술, 능력, 경험 등 작업자의 재능에 초점을 둔다.
- 직무수행에 관한 6가지 주요 범주 : 정보입력, 정신과정, 작업결과, 타인들과의 관계, 직무맥락, 직무요건 등이다. [정정작 타직직]
- 직무를 수행하기 위한 구체적인 인적 요건들을 밝히는 직무명세서를 작성하는 데 중요한 정보를 제공한다.
- 어떠한 직무에서나 사용할 수 있는 표준화된 직무분석 질문지를 제작해서 사용할 수 있다.

답 ③

꿰뚫어 보기

직무분석의 유형

1) 과제 중심 직무분석
   ㄱ. 직무에서 수행하는 과제나 활동이 어떤 것들인지 파악하는 데 초점을 둔다.
   ㄴ. 직무 자체의 내용을 중점적으로 다루는 직무기술서 작성에 중요 정보를 제공한다.
   ㄷ. 직무 각각에 대해 표준화된 분석도구를 만들 수 없다.
   예 기능적 직무분석(FJA : Functional Job Analysis) : 직무정보를 자료(Data), 사람(People), 사물(Thing) 기능으로 분석한다.
2) 작업자 중심 직무분석

36 직업적성검사(GATB)에서 사무지각적성(clerical perception)을 측정하기 위한 검사는?

① 표식검사　② 계수검사
③ 명칭비교검사　④ 평면도 판단검사

콕집어 해설

일반직업적성검사(GATB)의 측정영역

[지언수사 공형운손손]

- 직업적성검사는 개인이 특정직무를 성공적으로 수행할 수 있는지를 측정하는 검사이다.
- 15개의 하위검사를 통해 9가지 적성요인을 검출한다.
- 15개 하위검사 중 11개는 지필검사이고, 4개는 기구검사(수행검사, 동작검사)이다.

측정방식	하위검사명	측정영역
지필	기구대조검사	형태지각(P)
지필	형태대조검사	형태지각(P)
지필	명칭비교검사	사무지각(Q)
지필	타점속도검사	운동반응(K)
지필	표식검사	운동반응(K)
지필	종선기입검사	운동반응(K)
지필	평면도판단검사	공간판단력(S)
지필	입체공간검사	공간적성(S), 지능(G)
지필	어휘검사	언어능력(V), 지능(G)
지필	산수추리검사	수리능력(N), 지능(G)
지필	계수검사	수리능력(N)
기구검사	환치검사	손의 재치(M)
기구검사	회전검사	손의 재치(M)
기구검사	조립검사	손가락 재치(F)
기구검사	분해검사	손가락 재치(F)

 ③

꿰뚫어 보기

일반적성검사(GATB)에서 측정하는 검출적성의 측정내용

측정영역	측정내용
지능 또는 일반학습능력	일반학습능력 및 원리이해능력, 추리·판단능력
언어능력 또는 언어적성	언어의 뜻과 개념을 이해하고 사용하는 능력
수리능력 또는 수리적성	빠르고 정확하게 계산하는 능력
사무지각	문자, 인쇄물, 전표 등을 세밀하게 구별하는 능력
공간판단력	공간상의 형태를 이해하고 평면과 물체와의 관계를 이해하는 능력
형태지각	실물·도해·표에 나타난 것을 세밀하게 지각하는 능력
운동반응	눈과 손 또는 손가락을 함께 사용하여 빠르고 정확하게 반응하는 능력
손의 재치(정교성)	손을 빠르고 정교하게 움직이는 능력
손가락 재치(정교성)	손가락을 정교하게 조절하는 능력

37 스트레스와 직무수행 간의 관계에 관한 설명으로 옳은 것은?

①스트레스가 많을수록 직무수행이 떨어지는 일차함수 관계이다.
② 어느 수준까지만 스트레스가 많을수록 직무수행이 떨어진다.
③ 일정시점 이후에 스트레스 수준이 증가하면 수행실적은 오히려 감소하는 역U형 관계이다.
④ 스트레스와 직무수행은 관계가 없다.

콕집어 해설

역U자형 가설(Yerkes-Dodson)

- 역U자형 곡선은 어느 정도 욕구와 긴장이 증가하면 수행실적이 증가하다가 그 이후에는 수행실적이 감소하는 사실을 반영한다.
- 직무에 대한 스트레스가 너무 높거나 낮으면 직무수행능력이 떨어지는 역 U자형 형태를 보이므로, 적절한 스트레스 수준을 유지하는 것이 중요하다.

답 ③

꿰뚫어 보기

스트레스 이론

1) 17-OHCS(당류부신피질 호르몬) : 스트레스의 생리적 지표이며, 코티졸이 이 호르몬에 포함된다.
2) 코티졸 : 부신피질에서 방출하는 스트레스 통제 호르몬이다.
   ㄱ. 급성 스트레스→교감 신경계의 활성화→부신피질에서 에피네프린(아드레날린) 생성→코티졸 분비→혈중 포도당 증가→스트레스에 대처
   ㄴ. 장기 스트레스→코티졸 과다 분비→만성 피로→코티졸 기능 파괴→스트레스에 대한 신체기능 저하

결과

- 호흡과 심장 박동이 빨라지고 혈압이 높아짐
- 주의 집중이 어렵고, 불안과 우울 등 부정적 정서를 유발함

38 스트레스에 대한 방어적 대처 중 직장 상사에게 야단맞은 사람이 부하직원이나 식구들에게 트집을 잡아 화풀이를 하는 것은?

① 합리화(rationalization)
② 동일시(identification)
③ 보상(compensation)
④ 전위(displacement)

콕집어 해설

스트레스에 대한 방어기제의 비유

- 합리화 : 여우와 신 포도
- 반동형성 : 미운 놈에게 떡 하나 더 준다.
- 전치 : 종로에서 뺨 맞고 한강에서 눈 흘긴다.
- 대치 : 꿩 대신 닭
- 보상 : 작은 고추가 맵다.

답 ④

꿰뚫어 보기

주요 방어기제 [억부합 반투주]

1) 억압(repression) : 죄의식이나 수치스러운 생각 등을 무의식으로 밀어내는 것이다.
2) 부정(denial) : 감당하기 힘든 고통이나 욕구 등을 무의식적으로 부정하는 것이다.
3) 합리화(rationalization) : 수용되기 어려운 자신의 언행을 정당화하는 것이다.
4) 반동형성(reaction formation) : 무의식적 소망이나 충동을 원래 의도와 달리 반대 방향으로 바꾸는 것이다.
5) 투사(projection) : 자신의 행동과 생각을 마치 다른 사람의 것인 양 생각하고 남을 탓하는 것이다.
6) 주지화(intellectualization) : 고통스러운 문제를 둔화시키기 위해 추론, 분석 등의 지적능력을 사용하는 것이다.

39 다음 ( ) 안에 알맞은 것은?

> Levinson의 발달이론에서 성인은 연령에 따라 ( )의 계속적인 과정을 거쳐 발달하게 되며, 이러한 과정 단계는 남녀나 문화에 상관없이 적용 가능하다.

① 안정과 변화　② 주요 사건
③ 과제와 도전　④ 위기

콕집어 해설

Levinson의 발달이론

레빈슨(Levinson)은 인생구조(생애구조)의 안정과 변화, 즉 평온한 시기(안정)와 그것이 바뀌는 시기(변화)에 따라 발달단계를 구분하였다.

답 ①

40 Lofquist와 Dawis의 직업적응 이론에 나오는 4가지 성격양식 차원에 해당하지 않는 것은?

① 민첩성　② 역량
③ 친화성　④ 지구력

콕집어 해설

직업적응 이론에서의 성격양식 차원 [민역리지]

- 민첩성 : 정확성보다 속도를 중시한다.
- 역량 : 근로자의 평균활동 수준을 의미한다.
- 리듬 : 활동에 대한 다양성을 의미한다.
- 지구력 : 다양한 활동수준의 기간을 의미한다.

답 ③

꿰뚫어 보기

직업적응이론의 적응유형(방식) [융끈적반]

1) 융통성 : 작업환경과 개인환경 간의 부조화를 참아내는 정도이다.
2) 끈기(인내) : 환경이 자신에게 맞지 않아도 얼마나 오랫동안 견뎌낼 수 있는지의 정도이다.
3) 적극성 : 작업환경을 개인적 방식과 좀 더 조화롭게 만들어 가려고 노력하는 정도이다.
4) 반응성 : 작업성격의 변화로 인해 작업환경에 반응하는 정도이다.

제3과목 | 직업정보론

41 다음 중 국가기술자격 종목에 해당하지 않는 것은?

① 임상심리사 2급
② 컨벤션기획사 2급
③ 그린전동자동차기사
④ 자동차관리사 2급

족집어 해설

국가기술자격 종목
- 임상심리사 2급 : 국가기술자격 종목 서비스 분야이며 1, 2급으로 구분되고, '보건·의료'분야에 해당한다.
- 컨벤션기획사 2급 : 국가기술자격 종목 서비스 분야이며 1, 2급으로 구분되고, '경영·회계·사무'분야에 해당한다.
- 그린전동자동차기사 : 국가기술자격 종목 기술·기능 분야이며, '기계'분야에 해당한다.

답 ④

해 '자동차관리사 2급'은 한국자동차관리사협회가 주관하는 민간자격 종목이다.

꿰뚫어 보기

- 국가기술자격은 국가기술자격법에 의해 운영되는 자격으로, 기술·기능 분야(기술사 · 기능사)와 서비스 분야(1 · 3급, 단일등급)로 구성되어 있다.
- 국가전문자격은 정부 부처별 소관 법령에 의해 운영되는 자격으로, 의사, 변호사, 주택관리사보, 공인노무사, 사회복지사 등이 있다.

42 한국표준산업분류(제10차)의 분류목적에 해당하지 않는 것은?

① 기본적으로 산업활동 관련 통계 자료 수집, 제표, 분석 등을 위해서 활동 분류 및 범위를 제공하기 위한 것
② 산업 관련 통계자료 정확성, 비교성을 확보하기 위하여 모든 통계작성기관은 한국표준산업분류를 의무적으로 사용하도록 규정
③ 일반 행정 및 산업정책 관련 다수 법령에서 적용대상 산업영역을 규정하는 기준으로 준용
④ 취업알선을 위한 구인·구직안내 기준

족집어 해설

한국표준산업분류(제10차)의 분류목적
- 산업분류는 생산단위가 주로 수행하는 산업활동을 그 유사성에 따라 체계적으로 유형화한 것을 말한다.
- 기본적으로 산업활동 관련 통계 자료 수집, 제표, 분석 등을 위해서 활동 분류 및 범위를 제공하기 위한 것이다.(①)
- 산업 관련 통계자료의 정확성, 비교성을 확보하기 위하여 모든 통계작성기관은 한국표준산업분류를 의무적으로 사용하도록 규정하고 있다.(②)
- 일반 행정 및 산업정책 관련 법령에서 적용대상 산업영역을 한정하는 기준으로 준용된다.(③)

답 ④

해 취업알선을 위한 구인·구직안내 기준으로 사용되는 것은 한국표준직업분류이다.

43 다음은 한국직업사전(2020) 직무기능 "사물" 항목 중 무엇에 관한 설명인가?

> 다양한 목적을 수행하고자 사물 또는 사람의 움직임을 통제하는데 있어 일정한 경로를 따라 조작되고 안내되어야 하는 기계 또는 설비를 시동, 정지하고 그 움직임을 제어한다.

① 조작운전　② 정밀작업
③ 제어조작　④ 수동조작

족집어 해설

한국직업사전(2020) 직무기능 "사물" 항목
사물(Thing) : 설치, 정밀작업, 제어조작, 조작운전, 수동조작, 유지, 투입-인출, 단순작업 등의 활동이며, 물질, 재료, 기계, 공구, 설비 등을 다루는 것을 포함한다.

답 ①

꿰뚫어 보기

직무기능(DPT)
1) 자료(Data) : 종합, 조정, 분석, 수집, 계산, 기록, 비교 등의 활동이며, 계산에서 수를 세는 것은 포함되지 않는다.
2) 사람(People) : 자문, 협의, 교육, 감독, 오락제공, 설득, 말하기-신호, 서비스 제공 등의 활동이며, 인간과 인간처럼 취급되는 동물을 다루는 것을 포함한다.
3) 사물(Thing)

44 직업정보 분석 시 유의점으로 틀린 것은?

① 전문적인 시각에서 분석한다.
② 직업정보원과 제공원에 대해 제시한다.
③ 동일한 정보에 대해서는 한 가지 측면으로만 분석한다.
④ 원자료의 생산일, 자료표집방법, 대상 등을 검토해야 한다.

콕집어 해설

직업정보 분석 시 유의점
- 전문가나 전문적인 시각에서 분석한다.(①)
- 수집된 정보는 목적에 맞도록 몇 번이고 분석하여 가장 최신의 객관적이며 정확한 자료를 선정한다.
- 동일한 정보라 할지라도 다각적인 분석을 시도하여 해석을 풍부히 한다.(③)
- 직업정보원과 제공원에 대해 제시한다.(②)
- 다양한 정보를 충분히 검토하여 효율적으로 검색·활용할 수 있게 분류한다.
- 다른 통계와의 관련성을 고려하여, 숫자로 표현할 수 없는 정보라도 삭제하거나 배제하지 않는다.
- 원자료의 생산일, 자료표집방법, 대상 등을 검토해야 한다.(④)

답 ③

45 인간이 복잡한 정보에 접근하게 되는 구조에 근거를 둔 이론으로 직업선택결정 단계를 전제단계, 계획단계, 인지부조화단계로 구분한 직업 결정모형은?

① 타이드만과 오하라(Tiedeman & O'Hara)의모형
② 힐튼(Hilton)의 모형
③ 브룸(Vroom)의 모형
④ 수(Hsu)의 모형

콕집어 해설

힐튼(Hilton)의 직업선택 결정모형
인간이 복잡한 정보에 접근하게 되는 구조에 근거를 둔 이론으로 직업선택결정 단계를 전제단계, 계획단계, 인지부조화단계로 구분한다.

답 ②

꿰뚫어 보기

직업선택 결정모형
1) 기술적 직업결정모형 : 사람들의 일반적인 직업결정방식을 나타낸 이론
 예 힐튼(Hilton), 타이드만과 오하라(Tiedman & O'Hara), 브룸(Vroom), 슈(Hsu), 플레처(Fletcher)의 모형
2) 처방적 직업결정모형 : 사람들이 직업을 결정할 때 실수를 줄이고 더 나은 직업을 선택하도록 도우려는 이론
 예 카츠(Katz), 겔라트(Gelatt), 칼도와 쥐토우스키(Kaldor & Zytowski)의 모형

46 한국표준직업분류(제7차)의 개정 특징으로 틀린 것은?

① 전문 기술직의 직무영역 확장 등 지식 정보화 사회 변화상 반영
② 사회 서비스 일자리 직종 세분 및 신설
③ 고용규모 대비 분류항목이 적은 사무 및 판매·서비스직 세분
④ 자동화·기계화 진전에 따른 기능직 및 기계 조작직 직종 세분 및 신설

콕집어 해설

한국표준직업분류(제7차)의 개정
- 전문 기술직의 직무영역 확장 등 지식 정보화 사회 변화상 반영
- 사회 서비스 일자리 직종 세분 및 신설
- 고용규모 대비 분류항목이 적은 사무 및 판매·서비스직 세분

답 ④

해 자동화·기계화 진전에 따른 기능직 및 기계 조작직 직종의 분류는 통합하였다.

47 다음은 국가기술자격 중 어떤 등급의 검정기준에 해당하는가?

> 해당 국가기술자격의 종목에 관한 숙련기능을 가지고 제작·제조·조작·운전·보수·정비·채취검사 또는 작업관리 및 이에 관련되는 업무를 수행할 수 있는 능력 보유

① 기능사　② 산업기사
③ 기사　④ 기능장

콕집어 해설

국가기술자격 검정기준
1) 기술사 : 고도의 전문지식과 실무경험의 능력 보유
2) 기능장 : 최상급 숙련기능과 현장관리의 능력 보유
3) 기사 : 공학적 기술이론 보유
4) 산업기사 : 기술기초이론 지식과 숙련기능 보유
5) 기능사 : 각 종목에 숙련기능 보유

답 ①

48 한국표준산업분류(제10차) 분류정의가 틀린 것은?

① 산업은 유사한 성질을 갖는 산업활동에 주로 종사하는 생산단위의 집합이다.
② 각 생산단위가 노동, 자본, 원료 등 자원을 투입하여, 재화 또는 서비스를 생산 또는 제공하는 일련의 활동과정은 산업활동이다.
③ 산업활동 범위에는 영리적, 비영리적 활동이 모두 포함되며, 가정 내 가사 활동도 포함된다.
④ 산업분류는 생산단위가 주로 수행하는 산업활동을 분류 기준과 원칙에 맞춰 그 유사성에 따라 체계적으로 유형화한 것이다.

콕집어 해설

한국표준산업분류(제10차) 분류정의

산업
1) 산업의 정의 : 유사한 성질을 갖는 산업활동에 주로 종사하는 생산단위의 집합이다.(①)
2) 산업활동 : 각 생산단위가 노동, 자본, 원료 등 자원을 투입하여 재화나 서비스를 생산 또는 제공하는 일련의 활동과정이다.(②)
3) 산업활동의 범위 : 영리적 · 비영리적 활동이 모두 포함되나, 가정 내의 가사활동은 제외된다.(③)

산업분류
1) 산업분류 정의 : 생산단위가 주로 수행하고 있는 산업활동을 분류 기준과 원칙에 맞춰 그 유사성에 따라 체계적으로 유형화한 것이다.(④)
2) 분류 기준
  ㄱ. 산출물의 특성
  ㄴ. 투입물의 특성
  ㄷ. 생산활동의 일반적인 결합형태

답 ③

꿰뚫어 보기

생산단위의 활동형태
1) 주된 산업활동이란 산업활동이 복합형태로 이루어질 경우 생산된 재화 또는 제공된 서비스 중 부가가치(액)가 가장 큰 활동을 의미한다.
2) 부차적 산업활동은 주된 산업활동 이외의 재화 생산 및 서비스 제공 활동을 의미한다.
3) 보조활동에는 회계, 운송, 구매, 판매 촉진, 수리서비스 등이 포함된다.

49 고용노동통계조사의 각 항목별 조사주기의 연결이 틀린 것은?

① 사업체 노동력 조사 : 연 1회
② 시도별 임금 및 근로시간 조사 : 연 1회
③ 지역별 사업체 노동력 조사 : 연 2회
④ 기업체 노동비용 조사 : 연 1회

콕집어 해설

고용노동통계조사의 조사주기
- 시도별 임금 및 근로시간 조사 : 연 1회
- 지역별 사업체 노동력 조사 : 연 2회
- 기업체 노동비용 조사 : 연 1회

답 ①

해 사업체 노동력 조사는 월 1회이다.

50 다음은 어떤 직업훈련지원제도에 관한 설명인가?

급격한 기술발전에 적응하고 노동시장 변화에 대응하는 사회안전망 차원에서 생애에 걸친 역량개발 향상 등을 위해 국민 스스로 직업능력개발훈련을 실시할 수 있도록 훈련비 등을 지원

① 국가기간 · 전략산업직종 훈련
② 사업주 직업능력개발훈련
③ 국민내일배움카드
④ 일학습병행

콕집어 해설

국민내일배움카드

- 구직자에게 일정한 금액을 지원하여 그 범위 이내에서 직업능력개발훈련에 참여할 수 있도록 하고, 훈련이력 등을 개인별로 통합관리하는 제도이다.
- 2008년에 도입한 직업능력개발계좌제(2011년부터 '내일배움카드제'라는 별칭 사용)에서 분리하여 운영해 온 실업자와 재직자 내일배움카드를 통합·개편하여 2020년 1월 1일부터 도입·시행하고 있다.
- 발급 가능자 : 실업, 재직, 자영업 여부에 관계없이 카드발급이 가능하다.
- 발급 제외자 : 공무원, 사립학교 교직원, 졸업예정자 이외 재학생, 연매출액 1억 5천만원 이상의 자영업자, 월 임금 300만원 이상인 대기업 근로자(45세 미만), 특수형태근로종사자는 제외한다.

답 ③

 꿰뚫어 보기

직업훈련지원제도

1) 국가인적자원개발컨소시엄 : 중소기업이 필요로 하는 기술인력을 양성·공급하고 중소기업 재직자의 직무능력 향상을 지원하는 제도이다.
2) 사업주지원훈련 : 사업주가 직업능력개발훈련을 실시할 경우 비용지원 등을 통해 인적자원개발 및 기업경쟁력 제고를 목적으로 한다.
3) 국가기간전략산업직종훈련 : 국가의 기간산업 및 전략산업 등의 분야에서 부족하거나 수요가 증가할 것으로 예상되는 직종에 직업능력개발훈련을 실시하여 기업에서 필요로 하는 기술·기능인력 양성·공급 및 실업문제 해소를 목적으로 한다.
4) 청년취업아카데미 : 산업현장에서 요구하는 맞춤형 교육과정을 대학생졸업(예정)자에게 제공하여 청년의 노동시장 조기진입 등 청년고용 창출을 목적으로 한다.
5) 일학습병행제 : 근로자가 회사와 학교 등을 오가며 현장훈련과 이론교육을 함께 이수한다.

51 한국표준산업분류(제10차)의 산업분류 결정 방법에 관한 설명으로 틀린 것은?

① 생산단위 산업활동은 그 생산단위가 수행하는 주된 산업 활동 종류에 따라 결정
② 계절에 따라 정기적으로 산업활동을 달리하는 사업체의 경우엔 조사대상 기간 중 산출액이 많았던 활동에 의하여 분류
③ 설립 중인 사업체는 개시하는 산업활동에 따라 결정
④ 단일사업체 보조단위는 별도의 사업체로 처리

콕집어 해설

한국표준산업분류의 산업결정방법 [생종 계휴단]

- 생산단위의 산업활동은 그 생산단위가 수행하는 주된 산업활동의 종류에 따라 결정된다.(①)
- 해당 활동의 종업원 수 및 노동시간, 임금 및 급여액 또는 설비의 정도에 의하여 결정한다.
- 계절에 따라 정기적으로 산업을 달리하는 사업체의 경우에는 조사시점에서 경영하는 사업과는 관계없이 조사대상기간 중 산출액이 많았던 활동에 의하여 분류된다.(②)
- 휴업 중 또는 자산을 청산 중인 사업체의 산업은 영업 중 또는 청산을 시작하기 이전의 산업활동에 의하여 결정하고, 설립 중인 사업체는 개시하는 산업활동에 따라 결정한다.(③)
- 단일사업체의 보조단위는 그 사업체의 일개 부서로 포함한다.(④)

답 ④

 꿰뚫어 보기

한국표준산업분류(2017)의 적용원칙

1) 생산단위는 산출물뿐만 아니라 투입물과 생산공정 등을 함께 고려하여 그들의 활동을 가장 정확하게 설명된 항목에 분류해야 한다.
2) 복합적인 활동단위는 우선적으로 최상급 분류단계(대분류)를 정확히 결정하고, 순차적으로 중, 소, 세, 세세분류 단계 항목을 결정하여야 한다.
3) 산업활동이 결합되어 있는 경우에는 그 활동단위의 주된 활동에 따라서 분류하여야 한다.
4) 수수료 또는 계약에 의하여 활동을 수행하는 단위는 동일한 산업활동을 자기계정과 자기책임하에서 생산하는 단위와 같은 항목에 분류하여야 한다.
5) 동일단위에서 제조한 재화의 소매활동은 별개 활동으로 분류하지 않고 제조활동으로 분류되어야 한다. 그러나 자기가 생산한 재화와 구입한 재화를 함께 판매한다면 그 주된 활동에 따라 분류한다.

6) 생산단위의 소유 형태, 법적 조직 유형 또는 운영 방식은 산업분류에 영향을 미치지 않는다.
7) 공식적 생산물과 비공식적 생산물, 합법적 생산물과 불법적인 생산물을 달리 분류하지 않는다.

52 평생학습계좌제(www.all.go.kr)에 관한 설명으로 틀린 것은?

① 개인의 다양한 학습경험을 온라인 학습이력관리시스템에 누적·관리하여 체계적인 학습설계를 지원한다.
② 개인의 학습결과를 학력이나 자격인정과 연계하거나 고용정보로 활용할 수 있게 한다.
③ 전 국민을 대상으로 실시하는 제도로서, 원하는 누구나 이용이 가능하다.
④ 온라인으로 계좌개설이 가능하며 방문신청은 전국 고용센터에 방문하여 개설한다.

콕집어해설

평생학습계좌제(www.all.go.kr)
- 개인의 다양한 학습경험을 온라인 학습이력관리시스템에 누적·관리하여 체계적인 학습설계를 지원한다.(①)
- 개인의 학습결과를 학력이나 자격인정과 연계하거나 고용정보로 활용할 수 있게 한다.(②)
- 전 국민을 대상으로 실시하는 제도로서, 원하는 누구나 이용이 가능하다.(③)
- 온라인으로 계좌개설이 가능하며 방문신청은 평생교육진흥원에 방문하여 개설한다.(④)

답 ④

53 워크넷에서 제공하는 채용정보 중 기업형태별 검색에 해당하지 않는 것은?

① 벤처기업 ② 외국계기업
③ 환경친화기업 ④ 일학습병행기업

콕집어해설

기업형태별 검색 [대강외벤 가공코일청]
대기업, 강소기업, 외국계기업, 벤처기업, 가족친화인증기업, 공무원·공기업·공공기관, 코스피·코스닥, 일학습병행기업, 청년친화강소기업

답 ③

54 직업정보의 가공에 대한 설명으로 틀린 것은?

① 정보를 공유하는 방법을 강구하는 단계이다.
② 정보의 생명력을 측정하여 활용방법을 선정하고 이용자에게 동기를 부여할 수 있도록 구상한다.
③ 정보를 제공하는 것은 긍정적인 입장에서 출발하여야 한다.
④ 시각적 효과를 부가한다.

콕집어해설

직업정보의 가공
- 이용자가 전문적인 지식이 없어도 이해할 수 있도록 가공한다.
- 직업에 대한 장·단점을 편견없이 제공한다.(③)
- 가장 최신의 자료를 활용하되 표준화된 정보를 활용한다.
- 효율적인 정보제공을 위해 시각적 효과를 추가한다.(④)
- 정보의 생명력을 측정하여 활용법을 선정한다.(②)
- 이용자에게 동기를 부여할 수 있도록 구상한다.(②)
- 정보를 공유하는 방법을 강구하는 단계이다.(①)

답 ③

55 워크넷(직업·진로)에서 '직업정보 찾기'의 하위 메뉴가 아닌 것은?

① 신직업·창직 찾기
② 업무수행능력별 찾기
③ 통합 찾기(지식, 능력, 흥미)
④ 지역별 찾기

콕집어해설

워크넷의 '직업정보 찾기' 하위 메뉴 [신지분통 업대이테]
- 신직업·창직 찾기
- 지식별 찾기
- 분류별 찾기
- 통합 찾기(지식, 능력, 흥미)
- 업무수행능력별 찾기
- 대상별 찾기
- 이색직업별 찾기
- 테마별 찾기

답 ④

해 '지식별 찾기'이다.

56 워크넷에서 제공하는 학과정보 중 자연계열의 "생명과학과"와 관련이 없는 학과는?

① 의생명과학과　② 해양생명과학과
③ 분자생물학과　④ 바이오산업공학과

콕집어 해설

자연계열의 "생명과학과"와 관련학과

워크넷에서 제공하는 학과정보 중 자연계열의 "생명과학과"와 관련이 있는 학과는 생명공학과, 생물학과, 생명시스템학과, 의생명과학과, 의생명공학과, 미생물학과, 분자생물학과, 분자생명과학과, 유전공학과, 바이오산업공학과 등이 있다.

답 ②

해 해양생명과학과는 '수산학과'와 관련이 있다.

꿰뚫어 보기

워크넷 학과정보

1) 인문계열 : 언어학과, 철학과, 윤리학과, 국제지역학과, 심리학과 등
2) 사회계열 : 정치외교학과, 법학과, 경제학과, 행정학과, 비서학과 등
3) 교육계열 : 교육학과, 영어교육학과, 유아교육학과 등
4) 자연계열 : 생명과학과, 수학과, 지구과학과, 수의학과, 아동가족학과 등
5) 공학계열 : 안경광학과, 기계공학과, 건축학과, 조경학과, 섬유공학과 등
6) 의약계열 : 의학과, 한의학과, 간호학과, 응급구조과, 방사선과 등
7) 예·체능계열 : 성악과, 공예학과, 사진학과, 연극영화과, 체육학과 등

57 민간직업정보와 비교한 공공직업정보의 특성에 관한 설명과 가장 거리가 먼 것은?

① 필요한 시기에 최대한 활용되도록 한시적으로 신속하게 생산 및 운영된다.
② 광범위한 이용가능성에 따라 공공직업정보체계에 대한 직접적이며 객관적인 평가가 가능하다.
③ 특정 분야 및 대상에 국한되지 않고 전체 산업 및 업종에 걸친 직종 등을 대상으로 한다.
④ 직업별로 특정한 정보만을 강조하지 않고 보편적인 항목으로 이루어진 기초적인 직업정보체계로 구성되어 있다.

콕집어 해설

민간직업정보와 공공직업정보의 특성

구분	민간 직업정보	공공 직업정보
정보제공 속성	한시적	지속적
직업분류·구분	생산자의 자의성	기준에 따른 객관성
조사 직업 범위	제한적	포괄적
정보의 구성	완결적 정보체계	기초적 정보체계
타 정보와의 관계	관련성 낮음	관련성 높음
비용	유료	무료

답 ①

58 한국표준직업분류(제7차) 개정 시 대분류 3 "사무 종사자"에 신설된 것은?

① 행정사
② 신용카드 모집인
③ 로봇공학 기술자 및 연구원
④ 문화 관광 및 숲·자연환경 해설사

콕집어 해설

대분류 "사무 종사자"에 신설된 것

행정사, 대학 행정 조교, 증권 사무원, 기타 금융 사무원, 중개 사무원 등이다.

답 ①

59 Q-net(www.q-net.or.kr)에서 제공하는 국가기술자격 종목별 정보를 모두 고른 것은?

ㄱ. 자격취득자에 대한 법령상 우대현황
ㄴ. 수험자 동향(응시목적별, 연령별 등)
ㄷ. 연도별 검정현황(응시자수, 합격률 등)
ㄹ. 시험정보(수수료, 취득방법 등)

① ㄱ, ㄴ　② ㄷ, ㄹ
③ ㄱ, ㄴ, ㄹ　④ ㄱ, ㄴ, ㄷ, ㄹ

콕집어 해설

Q-net에서 제공하는 국가기술자격 종목별 정보
- 자격취득자에 대한 법령상 우대현황
- 수험자 동향(응시목적별, 연령별 등)
- 연도별 검정현황(응시자수, 합격률 등)
- 시험정보(수수료, 취득방법 등)
- 종목별 기본정보(개요, 수행직무, 소관부처명 등)

답 ④

60 직업정보의 일반적인 평가 기준과 가장 거리가 먼 것은?

① 어떤 목적으로 만든 것인가
② 얼마나 비싼 정보인가
③ 누가 만든 것인가
④ 언제 만들어진 것인가

콕집어 해설

직업정보의 일반적인 평가 기준
- 어떤 목적으로 만든 것인가?
- 누가 만든 것인가?
- 언제 만들어진 것인가?
- 어느 곳을 대상으로 한 것인가?
- 자료를 어떤 방식으로 수집하고 제시했는가?

답 ②

해 '얼마나 비싼 정보인가'는 직업정보의 일반적인 평가 기준과 거리가 멀다.

제4과목 | 노동시장론

61 노동조합에 관한 설명으로 옳은 것은?

① 노조부문과 비노조부문 간의 임금격차를 해소시킨다.
② 집단적 소리로서의 기능을 하여 비효율을 제거하고 생산성을 증진시킬 수 있다.
③ 시장기능에 의해 결정된 임금수준을 반드시 수용한다.
④ 노동조합의 임금수준은 일반적으로 비노조부문의 임금수준에 비해 낮게 책정되어 있다.

콕집어 해설

노동조합의 두 얼굴(Freeman & Medoff)

부정적 기능(독점)
1) 노동력 공급을 독점하여 시장질서를 파괴한다.
2) 기업의 생산효율성을 방해한다.
3) 단체협상을 통해 적정임금 이상의 임금인상을 요구한다.
4) 신기술 도입을 부정함으로써 기업의 기술개발에 악영향을 미친다.

긍정적 기능(집단적 목소리)
1) 조합원들의 의사를 대변한다.
2) 기업경영을 합리적인 방향으로 이끌도록 한다.
3) 저임금을 높임으로써 임금의 형평성을 유도한다.
4) 조합원들의 전체적인 불만 수준을 낮춘다.
5) 비효율을 제거하고 생산성을 증진시킨다.

답 ②

해 ① 노조부문과 비노조부문 간의 임금격차를 증대시킨다.
③ 시장기능에 의해 결정된 임금수준을 수용하지 않는다.
④ 노동조합의 임금수준은 일반적으로 비노조부문의 임금수준에 비해 높게 책정되어 있다.

62 1960년대 선진국에서 실업률과 물가상승률 간의 상충관계를 개선하고자 실시했던 정책은?

① 재정정책 ② 금융정책
③ 인력정책 ④ 소득정책

콕집어 해설

소득정책

- 1960년대 선진국에서 실업률과 물가상승률 간의 상충 관계를 개선하고자 실시했던 정책이다.
- 임금억제에 이용될 가능성이 크다.
- 성장산업의 위축을 초래할 수 있다.
- 행정적 관리비용을 증가시킬 수 있다.
- 급격한 물가상승기에 일시적으로 사용하면 효과를 거둘 수 있다.

답 ④

63 경기침체로 실업자가 직장을 구하는 것이 더욱 어렵게 되어 구직활동을 단념함으로써 비경제활동인구가 늘어나고 경제활동인구가 감소하는 것은?

① 실망노동자효과 ② 부가노동자효과
③ 대기실업효과 ④ 추가실업효과

콕집어 해설

실망노동자효과와 부가노동자효과

- 실망노동자효과(Discouraged Worker Effect) : 불경기시 경제활동인구(실업자)가 구직을 포기함으로써 비경제활동인구로 되기 때문에 실업자가 감소한다.
- 부가노동자효과(Added Worker Effect) : 가구주가 불황으로 실직하면서 주부 등과 같은 비경제활동인구가 구직활동을 통해 경제활동인구(실업자)로 되기 때문에 실업자가 증가한다.

답 ①

해 ③ 대기실업효과는 노동조합이 비조직된 기업을 사직하고 상대적으로 높은 임금이 지급되는 조직부문에 취업하기 위해 대기함으로써 발생한다.

64 한국 노동시장에서 인력난과 유휴인력이 공존하는 이유로 가장 적합한 것은?

① 근로자의 학력격차의 확대
② 외국인고용허가제 도입
③ 기업규모별 임금격차의 확대
④ 미숙련노동력의 무제한적 공급

콕집어 해설

인력난과 유휴인력이 공존하는 이유

한국 노동시장에서 인력난과 유휴인력이 공존하는 이유는 기업규모별 임금격차가 크기 때문이다.

답 ③

65 노사관계의 주체를 사용자 및 단체, 노동자 및 단체, 정부로 규정하고 이들 간의 관계는 기술, 시장 또는 예산상의 제약, 권력구조에 의해 결정된다는 노사관계이론은?

① 시스템이론 ② 수렴이론
③ 분산이론 ④ 단체교섭이론

콕집어 해설

던롭(Dunlop)의 노사관계 시스템이론

개념

노사관계의 주체를 사용자 및 단체, 노동자 및 단체, 정부로 규정하고 이들의 관계는 기술, 시장 또는 예산제약, 각 주체의 세력관계에 의해 결정된다고 주장했다.

노사관계의 규제여건(환경) [기시주]

1) 기술적 특성 : 근로자의 질이나 양, 생산과정 및 생산방법 등이 노사관계에 영향을 미친다.
2) 시장 또는 예산제약 : 제품시장의 형태와 기업경영에 필요한 비용과 이윤 등이 노사관계에 영향을 미친다.
3) 각 주체들의 세력관계(권력구조) : 노사관계를 포함한 사회 내 주체들 간의 세력관계가 노사관계에 영향을 미친다.

답 ①

66 다음 중 내부노동시장의 특징에 관한 설명으로 옳은 것은?

① 신규채용이나 복직 그리고 능력 있는 자의 초빙 시에만 외부노동시장과 연결된다.
② 승진이나 직무배치 그리고 임금 등은 외부노동시장과 연계하여 결정된다.
③ 임금은 근로자의 단기적 생산성과 관련된다.
④ 내부와 외부노동시장 간에 임금격차가 없다.

콕집어 해설

내부노동시장

- 개념 : 하나의 기업이나 사업장 내에서 이루어지는 노동 시장이다.
- 특징
  1) 내부노동시장에서의 임금, 직무배치 및 승진은 기업 내 정해진 규칙과 절차에 의해 결정된다.
  2) 제1차 노동자와 장기노동자로 구성된다.
  3) 고용계약 형태가 단순하고 승진제도가 중요한 역할을 한다.
  4) 신규채용이나 복직 그리고 능력 있는 자의 초빙 시에만 외부노동시장과 연결된다.

답 ①

꿰뚫어 보기

내부노동시장의 형성요인

1) 숙련의 특수성 : 기업이 숙련의 특수성을 보존하기 위해 내부 노동력을 유지하려고 노력함으로써 내부노동시장이 형성된다.
2) 현장훈련 : 실제 직무수행에 사용되는 선임자의 기술 및 숙련이 현장훈련을 통해 후임자에게로 전수됨으로써 내부노동시장이 형성된다.
3) 기업내 관습 : 고용의 안정성에서 형성된 기업내 관습은 노동관계의 각종 사항을 규율함으로써 내부노동시장을 형성하는 요인이 된다.
4) 기업의 규모와 장기근속 : 기업의 규모와 장기근속은 조직 내 업무분담과 인원을 관리하기 위한 조직을 형성시킴으로써 내부노동시장을 형성하게 된다.

내부노동시장의 장·단점

1) 장점
   ㄱ. 우수한 인적자원의 확보
   ㄴ. 승진 또는 배치전환을 통한 동기유발 효과
   ㄷ. 생산성 향상을 통한 경쟁력 제고
   ㄹ. 고임금 및 장기 고용유지를 위한 지불능력 보유
2) 단점
   ㄱ. 인력의 경직성
   ㄴ. 관리비용의 증가
   ㄷ. 높은 노동비용
   ㄹ. 기술변화로 인한 재훈련비용의 증가

67 개인이 노동시장에서의 노동공급을 포기하는 경우에 관한 설명으로 틀린 것은?

① 개인의 여가-소득 간의 무차별곡선이 수평에 가까운 경우이다.
② 개인의 여가-소득 간의 무차별곡선과 예산제약선 간의 접점이 존재하지 않거나, X축 코너(comer)점에서만 접점이 이루어질 경우이다.
③ 일정 수준의 효용을 유지하기 위해 1시간 추가적으로 더 일하는 것을 보상하는데 요구되는 소득이 시장임금률보다 더 큰 경우이다.
④ 소득에 비해 여가의 효용이 매우 큰 경우이다.

콕집어 해설

개인의 노동공급 포기

- 개인의 여가-소득 간의 무차별곡선과 예산제약선 간의 접점이 존재하지 않거나, X축 코너(comer)점에서만 접점이 이루어질 경우이다.
- 일정 수준의 효용을 유지하기 위해 1시간 추가적으로 더 일하는 것을 보상하는데 요구되는 소득(의중임금)이 시장임금률보다 더 큰 경우이다.
- 소득에 비해 여가의 효용이 매우 큰 경우이다.

답 ①

해 개인의 여가-소득 간의 무차별곡선이 수직에 가까운 경우이다.

꿰뚫어 보기

1) 예산선(예산제약선) : 예산선의 기울기는 개인이 여가를 노동으로 전환시키려는 상대가격으로써, 시간당 임금률(시장임금률)을 나타낸다.

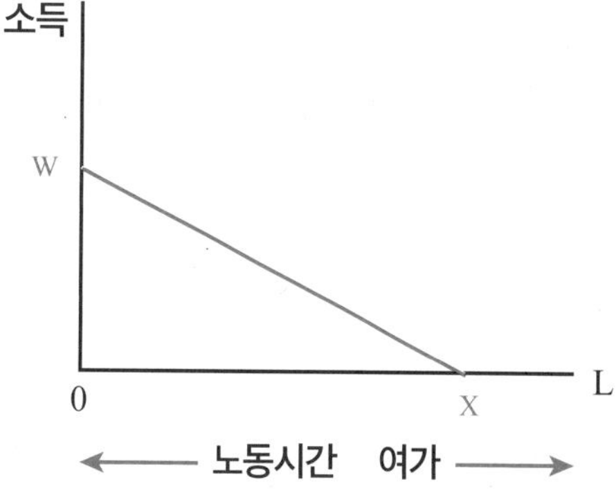

2) 무차별 곡선 : 무차별 곡선의 기울기는 여가를 한 단위 증가시키기 위해 노동자가 기꺼이 포기하고자 하는 소득의 양을 의미하며, 노동자의 의중임금(요구불임금)을 나타낸다.

3) 예산선과 무차별 곡선

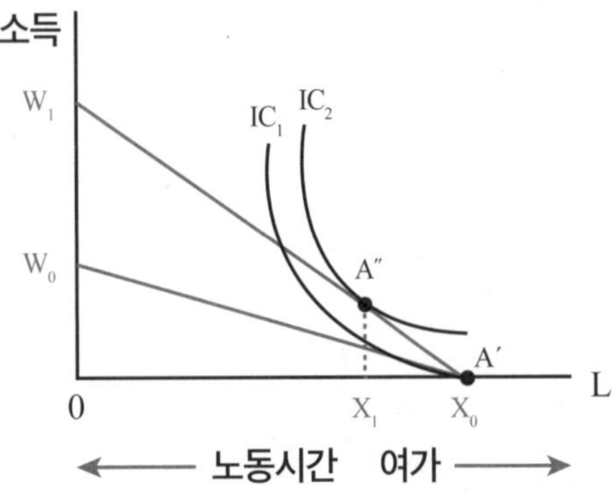

ㄱ. 노동과 여가의 최적결합은 예산선과 무차별 곡선의 접점(A")에서 이루어지고, 이 점에서 시장임금률과 노동자의 의중임금이 일치하게 된다.

ㄴ. 시장임금률이 W_0 일 때 예산선과 무차별 곡선 IC_1 은 A'에서 만나는데, 이 때는 노동공급을 하지 않는 상태이다.

ㄷ. 시장임금률이 W_1으로 상승하게 되면 IC_2 와의 접점(A")에서 최적결합이 이루어지고 노동공급시간은 X_0-X_1 만큼 증가하게 된다.

ㄹ. 예산선의 기울기가 무차별 곡선의 기울기보다 큰 경우에 노동공급은 증가하고, 무차별 곡선의 기울기가 예산선의 기울기보다 큰 경우에는 노동공급은 감소 또는 포기된다.

68 노사 간에 공동결정(co-determination)이라는 광범위한 합의 관행이 존재하고 있는 국가는?

① 영국 ② 프랑스
③ 미국 ④ 독일

콕집어 해설

노사 간의 공동결정(Co-determination)
- 노동자 또는 노동조합의 대표가 기업의 의사결정기관에 직접 참가하여 기업경영의 여러 문제를 노사공동으로 결정하는 제도를 의미한다.
- 노사 간 공동결정의 대표적인 국가는 '독일'이다.

답 ④

69 다음 중 최저임금제도의 기대효과가 아닌 것은?

① 소득분배 개선 ② 기업 간 공정경쟁 유도
③ 고용 확대 ④ 산업구조의 고도화

콕집어 해설

최저임금제도
- 법적 강제력으로 근로자 보호를 위해 임금의 최저 한도를 정한 제도이다.
- 최저임금위원회의 심의·의결을 거쳐 고용노동부장관이 결정한다.
- 2023년도 최저임금은 전년 대비 5.0% 인상된 9,620원이다.
- 긍정적 효과
  1) 소득분배 개선
  2) 노동력의 질적 향상
  3) 공정경쟁의 확보
  4) 경기 활성화에 기여
  5) 기업의 근대화 및 산업구조 고도화 촉진
  6) 산업평화 유지
  7) 복지국가의 실현
- 부정적 효과
  1) 고용 감소 및 실업 증가
  2) 경제활동 배분의 왜곡과 전체적인 생산량 감소
  3) 소득분배의 역진성

답 ③

꿰뚫어 보기

최저임금제의 노동시장 파급 효과
1) 노동 공급량의 증가
2) 노동 수요량의 감소
3) 실업의 발생
4) 숙련직의 임금 상승 유발
5) 부가급여의 축소 유발

70 다음 중 노동공급의 감소로 발생되는 현상은?

① 사용자의 경쟁심화로 임금수준의 하락을 초래한다.
② 고용수준의 증가를 가져온다.
③ 임금수준의 상승을 초래한다.
④ 일시적인 초과 노동공급현상을 유발한다.

콕집어 해설

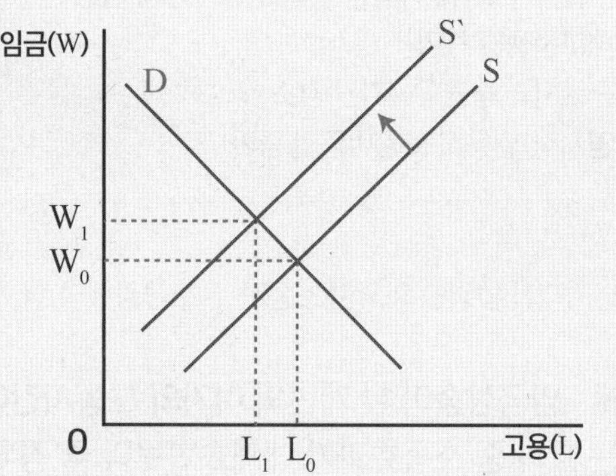

- 노동공급곡선이 S에서 S'으로 이동함을 의미한다.
- 고용수준의 감소를 가져온다($L_0 \rightarrow L_1$)
- 임금수준의 상승을 초래한다($W_0 \rightarrow W_1$)
- 일시적인 초과 노동수요현상을 유발한다.

답 ③

71 노동조합 조직의 유지 및 확대에 유리한 순서대로 숍제도를 나열한 것은?

① 클로즈드숍 > 유니온숍 > 오픈숍
② 유니온숍 > 클로즈드숍 > 오픈숍
③ 오픈숍 > 유니온숍 > 클로즈드숍
④ 오픈숍 > 클로즈드숍 > 유니온숍

콕집어 해설

숍(shop)제도

기본 숍(shop)제도

1) 오픈 숍(open shop) : 고용주가 조합원, 비조합원 모두를 고용할 수 있는 제도이다.
   노동조합 확대에 가장 불리하다.
2) 유니온 숍(union shop) : 고용주가 조합원 가입여부와 관계없이 신규채용이 가능하나, 채용 후 일정기간 내 반드시 노동조합에 가입하도록 해야 하는 제도이다.
   오픈숍과 클로즈드숍의 중간 형태이다.
3) 클로즈드 숍(closed shop) : 노동조합에 가입한 노동자만을 채용할 수 있다.
   노동조합 확대가 용이해서 노동조합 측에 가장 유리한 제도이다.

답 ①

꿰뚫어 보기

변형된 숍(shop) 제도

1) 에이전시 숍(agency shop) : 조합원·비조합원 구분하지 않고 모든 종업원에게 노동조합의 회비를 징수하는 제도이다.
2) 프레퍼렌셜 숍(Preferential Shop) : 채용이나 단체교섭의 결과를 조합원에게 우선적으로 적용하는 등 조합원과 비조합원을 차등적으로 대하는 제도이다.
3) 메인티넌스 숍(Maintenance Shop) : 노동조합의 가입 및 탈퇴가 자유로우나, 단체협약이 체결되면 그 효력이 지속되는 기간에는 탈퇴할 수 없다.

72 통상임금과 평균임금에 관한 설명으로 틀린 것은?

① 통상임금에는 기본급, 직무관련 직책, 직급, 직무수당을 포함한다.
② 초과급여, 특별급여 등은 통상임금 산정에서 제외된다.
③ 평균임금은 고용기간 중에서 근로자가 지급받고 있던 평균적인 임금수준을 말한다.
④ 평균임금은 연장근로, 야간근로, 휴일근로 등의 산출 기준 임금이다.

콕집어 해설

통상임금과 평균임금

통상임금

1) 근로자에게 정기적이고 일률적으로 소정 근로 또는 총 근로에 대해 지급하기로 정한 시간급, 주급, 월급 또는 도급 금액을 말한다.
2) 기본급, 직무관련 직책, 직급, 직무수당을 포함한다.(①)
3) 연장근로, 야간근로, 휴일근로 등의 산출 기준 임금이다.(④)
4) 초과급여, 특별급여 등은 통상임금 산정에서 제외된다.(②)

평균임금

1) 이를 산정하여야 할 사유가 발생한 날 이전 3개월 동안에 그 근로자에게 지급된 임금의 총액을 그 기간의 총일수로 나눈 금액이다.
2) 고용기간 중에서 근로자가 지급받고 있던 평균적인 임금수준을 말한다.(③)
3) 퇴직급여, 휴업수당, 재해보상금 산정의 기준이 된다.

답 ④

73 정보의 유통장애와 가장 관련이 높은 실업은?

① 마찰적 실업 ② 경기적 실업
③ 구조적 실업 ④ 잠재적 실업

콕집어 해설

마찰적 실업
- 특징 : 비수요부족 실업이며, 자발적이고 단기적 실업이다.
- 원인 : 신규 또는 전직자가 직업을 찾는 과정에서 직업정보 부족으로 인해 일시적으로 발생한다.
- 대책 : 1) 구인·구직에 대한 전국적인 전산망 연결
  2) 구인·구직 정보제공시스템의 효율성 제고
  3) 직업 알선기관의 활성화
  4) 고용실태 및 전망에 대한 자료제공

답 ①

꿰뚫어 보기

실업의 종류

1) 구조적 실업 : 구인처에서 요구하는 근로자가 없거나 지역간 노동력 수급의 불균형 현상으로 인해 발생하는 비자발적 실업이다.
2) 마찰적 실업 : 신규 또는 전직자가 직업을 찾는 과정에서 직업정보 부족으로 인해 일시적으로 발생하는 자발적 실업이다.
3) 경기적 실업 : 불경기 때 발생하는 대표적인 수요부족 실업이다.
4) 계절적 실업 : 기후나 계절의 변화에 따라 노동수요의 변화가 심한 부문에서 발생하는 일시적 실업이다.
5) 기술적 실업 : 자본이 노동을 대체하여 실업이 발생한다는 마르크스의 실업이론이다.
   노동절약적 기술 도입으로 해고가 이루어짐으로써 발생한다.

74 1998~1999년의 경제위기 기간에 나타난 우리 노동시장의 특징과 가장 거리가 먼 것은?

① 해고분쟁의 증가
② 외국인 노동자 대량유입
③ 근로자의 평균근속기간 감소
④ 임시직·일용직 고용비중의 증가

콕집어 해설

경제위기 기간에 나타난 우리 노동시장의 특징
- 해고분쟁의 증가
- 근로자의 평균근속기간 감소
- 임시직, 일용직 고용비중의 증가

답 ②

해 일자리가 없어진 외국인 노동자 수가 급감했다.

75 임금상승이 한 개인의 여가와 노동시간에 미치는 효과 중 소득효과가 대체효과보다 클 경우 나타나는 것은?

① 여가시간은 감소하지만 노동시간이 증가한다.
② 여가시간과 노동시간이 함께 증가한다.
③ 여가시간과 노동시간이 함께 감소한다.
④ 여가시간은 증가하지만 노동시간은 감소한다.

콕집어 해설

임금상승으로 인한 소득효과가 대체효과보다 클 경우
소득효과가 대체효과보다 클 경우 임금상승으로 실질소득이 증가하므로 근로자는 노동시간을 줄이고 여가시간과 소비재 구입을 늘린다.

답 ④

대체효과 : 임금이 상승하면 여가에 활용하는 시간이 상대적으로 비싸짐으로 근로자는 여가를 줄이고 노동시간을 늘린다. 따라서, 대체효과가 소득효과보다 클 경우 임금의 상승은 노동공급의 증가를 유발하므로 노동공급곡선은 우상향한다.

76 근로자의 근속연수에 따라 임금을 결정하는 임금체계는?

① 연공급 ② 직무급
③ 직능급 ④ 성과급

콕집어 해설

임금체계

- 연공급 : 연령, 근속, 학력에 따라 임금을 결정하는 체계이다.
- 직능급 : 직능급은 개인의 직무수행능력을 고려하여 학력과 직종에 관계없이 능력에 따라 임금을 결정하는 체계이다.
- 직무급 : 직무분석과 직무평가를 기초로 직무의 상대적 가치에 따라 임금을 결정하는 체계이다.

답 ①

해 ④ 성과급은 노동의 성과에 따라 임금을 산정하여 지급하는 능률급제이며, 변동급제의 임금지불형태이다.

꿰뚫어 보기

임금체계의 장·단점

1) 연공급

(1) 장점

ㄱ. 위계질서의 확립 및 사기 유지에 유리하다.
ㄴ. 생활의 안정감과 장래에 대한 기대를 가질 수 있다.
ㄷ. 기업에 대한 귀속의식이 확대된다.
ㄹ. 노동력의 장기고용에 유리하다.
ㅁ. 배치전환 및 평가가 용이하다.

(2) 단점

ㄱ. 동일 직무에 대해 동일 임금을 지급할 수 없다.
ㄴ. 근로의욕 및 동기부여 효과가 미약하다.
ㄷ. 무사안일주의 또는 적당주의를 초래할 가능성이 있다.
ㄹ. 기업의 인건비 부담을 가중시키고 전문기술인력의 확보를 어렵게 한다.

2) 직능급

(1) 장점

ㄱ. 종업원에게 자기계발의 동기를 부여할 수 있다.
ㄴ. 기존의 획일적 보상에서 벗어나서 능력에 맞는 처우가 될 수 있다.
ㄷ. 근속에 따른 동일한 직능자격을 받으므로 노사공동체 형성에 기여할 수 있다.
ㄹ. 최저생계보장이 이루어지고 보상에 있어 직종에 구분이 없으므로, 생산직의 불만을 감소시킬 수 있다.

(2) 단점

ㄱ. 직무수행능력의 파악과 평가가 쉽지 않다.
ㄴ. 운영시에는 직종 간차이를 고려해야 한다.
ㄷ. 50세 이후에는 능력개발에 한계가 있으므로 부적절 할 수 있다.

3) 직무급

(1) 장점

ㄱ. 동일가치 노동에 대한 동일임금의 원칙을 준수함으로써 임금배분의 공평성을 이룰 수 있다.
ㄴ. 직무가치의 객관성을 통해 임금수준의 설정에 객관적인 근거를 부여한다.
ㄷ. 경영조직 및 작업조직을 개선하고 업무방식을 합리화할 수 있다.
ㄹ. 적재적소의 인력배치와 능력위주의 인사관리를 통해 노동력의 효율적인 이용이 가능하다.
ㅁ. 불합리한 노무비 상승을 방지할 수 있다.

(2) 단점

ㄱ. 직무평가에 있어서 평가자의 주관이 개입됨으로써 객관성이 떨어질 수 있다.
ㄴ. 기술변화나 노동시장의 변동에 따라 직무내용을 변경할 필요성이 발생한다.
ㄷ. 인력의 적정배치가 어려우며, 직무구성 및 인적능력 구성이 일치하지 않으면 효과를 거두기 어렵다.
ㄹ. 직무내용의 정형화로 인해 직무수행에 있어 유연성이 떨어질 수 있다.

77 **노동조합으로 인해 비노조부문의 임금이 하락하고 있다면 이는 어떤 경우인가?**

① 이전효과(spillover effect)만 나타나는 경우
② 위협효과(threat effect)만 나타나는 경우
③ 대기실업효과만 나타나는 경우
④ 비노동조합부문에서 노동수요곡선을 좌측으로 이동하는 효과가 나타나는 경우

콕집어 해설

이전효과(spillover effect)

해고효과 또는 파급효과라고 하며, 노동조합의 임금인상에 의해 축출된 노동자들이 비조직부문으로 몰려 그곳의 임금을 하락시킴으로써 임금격차를 크게 만든다.

답 ①

해 ② 위협효과란 비조직부문의 기업주들이 노동조합이 결성될 것을 두려워해서 미리 임금을 올려줌으로써 임금격차가 줄어드는 현상을 말한다.
③ 대기실업효과란 노동조합이 비조직된 기업을 사직하고 상대적으로 높은 임금이 지급되는 조직부문에 취업하기 위해 여가를 선호함으로써 임금격차가 줄어드는 현상을 말한다.
④ 비노동조합부문에서 노동공급곡선이 우하향(노동공급 증가)으로 이동하는 효과가 나타나는 경우이다.

78 임금이 10000원에서 12000원으로 증가할 때 고용량이 120명에서 108명으로 감소한 경우 노동수요의 탄력성은?

① 0.06　② 0.5
③ 1.0　④ 2.0

콕집어해설

노동수요의 임금탄력성

$$\text{노동수요의 임금탄력성} = \frac{\text{노동수요량의 변화율(\%)}}{\text{임금의 변화율(\%)}}$$

$$= \left| \frac{\frac{108 - 120}{120} \times 100}{\frac{12000 - 10000}{10000} \times 100} \right|$$

$$= \left| \frac{-5}{10} \right|$$

=0.5 (단, 절대값 사용)

답 ②

79 K회사는 4번째 직원을 채용할 때 모든 근로자의 시간당 임금을 8천 원에서 9천 원으로 인상할 것이다. 만약 4번째 직원의 시간당 한계수입생산이 1만 원이라면 K기업이 4번째 직원을 새로 고용함에 따라 얻을 수 있는 시간당 이윤은?

① 1천 원 증가　② 2천 원 증가
③ 1천 원 감소　④ 2천 원 감소

콕집어해설

시간당 이윤

$$\text{노동의 한계생산비용} = \frac{\text{총노동비용의 증가분}}{\text{노동투입량의 증가분}}$$

직원 수	3명	4명
시간당 임금	8,000원	9,000원

- 한계생산비용 = $\frac{(4 \times 9000\text{원}) - (3 \times 8000\text{원})}{4\text{명} - 3\text{명}}$
=12,000원이다.
- 시간당 이윤 = 한계수입생산(10,000원)-한계생산비용(12,000원) = - 2,000원

∴ 2천 원 감소이다.

답 ④

80 다음 중 임금수준의 결정원칙이 아닌 것은?

① 사회적 균형의 원칙
② 생계비 보장의 원칙
③ 소비욕구 반영의 원칙
④ 기업 지불 능력의 원칙

콕집어해설

임금수준의 결정원칙

- 사회적 균형의 원칙
- 생계비 보장의 원칙
- 법령의 원칙(최저임금제)
- 기업 지불 능력의 원칙

답 ③

81 직업안정법령상 근로자의 모집에 관한 설명으로 틀린 것은?

① 누구든지 국외에 취업할 근로자를 모집한 경우에는 고용노동부장관에게 신고하여야 한다.
② 고용노동부장관은 건전한 모집질서를 확립하기 위하여 필요하다고 인정하는 경우에는 근로자 모집방법 등의 개선을 권고할 수 있다.
③ 고용노동부장관은 근로자의 모집을 원활하게 하기 위하여 필요하다고 인정할 때에는 국외취업을 희망하는 근로자를 미리 등록하게 할 수 있다.
④ 근로자를 모집하려는 자가 응모자로부터 그 모집과 관련하여 금품을 받은 경우 7년 이하의 징역 또는 7천만 원 이하의 벌금에 처한다.

콕집어 해설

근로자 모집
- 근로자를 고용하려는 자는 광고, 문서 또는 정보통신망 등 다양한 매체를 활용하여 자유롭게 근로자를 모집할 수 있다.
- 누구든지 국외에 취업할 근로자를 모집한 경우에는 모집한 후 15일 이내에 고용노동부장관에게 신고하여야 한다.(①)
- 누구든지 성별, 연령 등을 이유로 직업소개를 할 때 차별대우를 받지 아니한다.
- 고용노동부장관은 건전한 모집질서를 확립하기 위하여 필요하다고 인정하는 경우에는 근로자 모집방법 등의 개선을 권고할 수 있으며, 이 경우 고용정책심의회의 심의를 거쳐야 한다. (②)
- 고용노동부장관은 근로자의 모집을 원활하게 하기 위하여 필요하다고 인정할 때에는 국외취업을 희망하는 근로자를 미리 등록하게 할 수 있다.(③)
- 근로자를 모집하려는 자와 그 업무에 종사하는 자는 어떤 명목으로든 응모자로부터 모집과 관련한 금품을 받거나 그 밖의 이익을 취해서는 안된다.
- 근로자를 모집하려는 자가 응모자로부터 그 모집과 관련하여 금품을 받은 경우 5년 이하의 징역 또는 5천만 원 이하의 벌금에 처한다.(④)
  다만, 유료직업소개사업을 하는 자가 구인자의 의뢰를 받아 구인자가 제시한 조건에 맞는 자를 모집하여 직업을 소개한 경우에는 그러하지 아니하다.

답 ④

82 고용보험법령상 취업촉진 수당에 해당하지 않는 것은?

① 구직급여 ② 조기재취업 수당
③ 광역 구직활동비 ④ 직업능력개발 수당

콕집어 해설

취업촉진 수당 [조직광이]
- 실업급여 = 구직급여 + 취업촉진 수당
- 취업촉진수당 : 조기재취업 수당, 직업능력개발 수당, 광역 구직활동비, 이주비

답 ①

83 헌법상 근로의 권리로서 명시되어 있지 않은 것은?

① 최저임금제 시행
② 여성근로자의 특별보호
③ 연소근로자의 특별보호
④ 장애인근로자의 특별보호

콕집어 해설

헌법상 근로의 권리

- 모든 국민은 근로의 권리를 가진다. 국가는 사회적·경제적 방법으로 근로자의 고용증진과 적정임금의 보장에 노력하여야 하며, 법률이 정하는 바에 의하여 최저임금제를 시행하여야 한다.(①)
- 모든 국민은 근로의 의무를 진다. 국가는 근로의 의무의 내용과 조건을 민주주의 원칙에 따라 법률로 정한다.
- 근로조건의 기준은 인간의 존엄성을 보장하도록 법률로 정한다.
- 여자의 근로는 특별한 보호를 받으며, 고용·임금 및 근로조건에 있어서 부당한 차별을 받지 아니한다.(②)
- 연소자의 근로는 특별한 보호를 받는다.(③)
- 국가유공자·상이군경 및 전몰군경의 유가족은 법률이 정하는 바에 의하여 우선적으로 근로의 기회를 부여받는다.

답 ④

해 고령자, 장애인 등은 특별한 보호 대상이 아니라, 직업능력개발훈련이 중요시되어야 하는 대상이다.

꿰뚫어 보기

직업능력개발훈련이 중요시되어야 하는 대상

1) 고령자, 장애인
2) 국민기초생활 수급권자
3) 국가유공자와 그 유족 또는 가족이나 보훈보상대상자와 그 유족 또는 가족
4) 5·18 민주유공자와 그 유족 또는 가족
5) 제대군인 및 전역예정자
6) 여성근로자
7) 중소기업의 근로자
8) 일용근로자, 단시간근로자, 기간을 정하여 근로계약을 체결한 근로자, 일시적 사업에 고용된 근로자, 파견근로자

84 남녀고용평등 및 일·가정 양립 지원에 관한 법령상 육아기 근로시간 단축에 관한 설명이다. (　　)에 들어갈 내용으로 옳은 것은?

> 사업주가 근로자에게 육아기 근로시간 단축을 허용하는 경우 단축 후 근로시간은 주당 (ㄱ)시간 이상이어야하고 (ㄴ)시간을 넘어서는 아니된다.

	ㄱ	ㄴ
①	10	15
②	10	20
③	15	30
④	15	35

콕집어 해설

육아기 근로시간 단축

사업주가 해당 근로자에게 육아기 근로시간 단축을 허용하는 경우 단축 후 근로시간은 주당 15시간 이상이어야 하고 35시간을 넘어서는 아니 된다.

답 ④

85 개인정보 보호법령에 관한 설명으로 틀린 것은?

① "정보주체"란 처리되는 정보에 의하여 알아볼 수 있는 사람으로서 그 정보의 주체가 되는 사람을 말한다.
② 개인정보처리자는 개인정보의 처리 목적에 필요한 범위에서 개인정보의 정확성, 완전성 및 최신성이 보장되도록 하여야 한다.
③ 개인정보 보호에 관한 사무를 독립적으로 수행하기 위하여 국무총리 소속으로 개인정보 보호위원회를 둔다.
④ 위원의 임기는 2년으로 하되, 연임할 수 없다.

콕집어해설

개인정보 보호법령

- "정보주체"란 처리되는 정보에 의하여 알아볼 수 있는 사람으로서 그 정보의 주체가 되는 사람을 말한다.
- 개인정보처리자는 개인정보의 처리 목적에 필요한 범위에서 개인정보의 정확성, 완전성 및 최신성이 보장되도록 하여야 한다.
- 개인정보 보호에 관한 사무를 독립적으로 수행하기 위하여 국무총리 소속으로 개인정보 보호위원회를 둔다.
- 위원의 임기는 3년으로 하되, 한 차례만 연임할 수 있다.

답 ④

 꿰뚫어 보기

개인정보 보호위원회

1) 개인정보 보호에 관한 사무를 독립적으로 수행하기 위하여 국무총리 소속으로 개인정보 보호위원회를 둔다.
2) 보호위원회는 정부조직법에 따른 중앙행정기관으로 본다.
3) 보호위원회는 상임위원 2명(위원장 1명, 부위원장 1명)을 포함한 9명의 위원으로 구성한다.
4) 보호위원회의 위원은 개인정보 보호에 관한 경력과 전문지식이 풍부한 다음 사람 중에서 위원장과 부위원장은 국무총리의 제청으로, 그외 위원 중 2명은 위원장의 제청으로, 2명은 대통령이 소속되거나 소속되었던 정당의 교섭단체 추천으로, 3명은 그 외의 교섭단체 추천으로 대통령이 임명 또는 위촉한다.
5) 위원장과 부위원장은 정무직 공무원으로 임명한다.
6) 위원의 임기는 3년으로 하되, 한 차례만 연임할 수 있다.
7) 위원은 직무와 관련된 영리업무에 종사하여서는 아니 된다.
8) 보호위원회의 회의는 위원장이 필요하다고 인정하거나 재적위원 4분의 1이상의 요구가 있는 경우에 위원장이 소집한다.
9) 보호위원회의 회의는 재적위원 과반수의 출석으로 개의하고, 출석위원 과반수의 찬성으로 의결한다.

86 근로기준법령상 이행강제금에 관한 설명으로 틀린 것은?

① 노동위원회는 구제명령을 받은 후 이행기한까지 구제명령을 이행하지 아니한 사용자에게 2천만원 이하의 이행강제금을 부과한다.
② 노동위원회는 이행강제금을 부과하기 30일 전까지 이행강제금을 부과·징수한다는 뜻을 사용자에게 미리 문서로써 알려 주어야 한다.
③ 근로자는 구제명령을 받은 사용자가 이행기한까지 구제명령을 이행하지 아니하면 이행기한이 지난 때부터 30일 이내에 그 사실을 노동위원회에 알려줄 수 있다.
④ 노동위원회는 이행강제금 납부의무자가 납부기한까지 이행강제금을 내지 아니하면 기간을 정하여 독촉을 하고 지정된 기간에 이행강제금을 내지 아니하면 국세 체납처분의 예에 따라 징수할 수 있다.

콕집어해설

이행강제금

- 노동위원회는 구제명령을 받은 후 이행기한까지 구제명령을 이행하지 아니한 사용자에게 3천만원 이하(개정됨)의 이행강제금을 부과한다.(①)
- 노동위원회는 이행강제금을 부과하기 30일 전까지 이행강제금을 부과·징수한다는 뜻을 사용자에게 미리 문서로써 알려 주어야 한다.(②)
- 노동위원회는 최초의 구제명령을 한 날을 기준으로 매년 2회의 범위에서 구제명령이 이행될 때까지 반복하여 이행강제금을 부과·징수 할 수 있다.
- 근로자는 구제명령을 받은 사용자가 이행기한까지 구제명령을 이행하지 아니하면 이행기한이 지난 때부터 15일 이내에 그 사실을 노동위원회에 알려줄 수 있다.(③)
- 노동위원회는 이행강제금 납부의무자가 납부기한까지 이행강제금을 내지 아니하면 기간을 정하여 독촉을 하고 지정된 기간에 이행강제금을 내지 아니하면 국세 체납처분의 예에 따라 징수할 수 있다.(④)

답 ③

해 30일 이내(x)→'15일 이내'

87 **고용정책 기본법령상 고용정책기본계획에 포함되는 내용으로 명시되지 않은 것은?**

①고용동향과 인력의 수급 전망에 관한 사항
② 고용에 관한 중장기 정책목표 및 방향
③ 인력의 수급 동향 및 전망을 반영한 직업능력개발훈련의 수급에 관한 사항
④ 인력의 수요와 공급에 영향을 미치는 산업정책 등의 동향에 관한 사항

콕집어 해설

고용정책기본계획에 포함되는 내용
- 고용동향과 인력의 수급 전망에 관한 사항
- 고용에 관한 중장기 정책목표 및 방향
- 인력의 수요와 공급에 영향을 미치는 산업정책 등의 동향에 관한 사항
- 그 밖의 고용 관련 주요 시책에 관한 사항

답 ③

88 **국민평생직업능력개발법령상 실시방법에 따라 구분한 직업능력개발훈련에 해당하지 않는 것은?**

① 집체훈련 ② 향상훈련
③ 현장훈련 ④ 원격훈련

콕집어 해설

직업능력개발훈련의 구분방법
훈련의 목적에 따른 구분
1) 양성훈련 : 근로자에게 기초적 직무수행능력을 습득시키기 위해 실시하는 훈련
2) 향상훈련 : 기초적 직무수행능력을 가지고 있는 근로자에게 더 높은 직무수행능력을 습득시키기 위해 실시하는 훈련
3) 전직훈련 : 근로자에게 유사하거나 새로운 직업에 필요한 직무수행능력을 습득시키기 위해 실시하는 훈련

훈련의 방법에 따른 구분
1) 집체훈련 : 직업능력개발훈련을 실시하기 위해 설치한 훈련전용시설이나 적합한 시설에서 실시하는 훈련(산업체의 생산시설 및 근무장소는 제외)
2) 현장훈련 : 산업체의 생산시설 및 근무장소에서 실시하는 훈련
3) 원격훈련 : 멀리 떨어져 있는 사람에게 정보통신매체 등을 이용하여 실시하는 훈련
4) 혼합훈련 : 집체훈련·현장훈련·원격훈련을 2개 이상 병행하여 실시하는 훈련

답 ②

꿰뚫어 보기

직업능력개발훈련교사의 양성을 위한 훈련과정은 양성훈련과정, 향상훈련과정, 교직훈련과정으로 구분한다.

89 **고용보험법령상 구직급여의 수급자격이 인정되기 위해서는 이직일 이전 18개월의 기준기간 중에 피보험 단위기간이 통산하여 몇 일 이상 되어야 하는가?**

① 60일 ② 90일
③ 120일 ④ 180일

콕집어해설

구직급여 수급요건

- 이직일 이전 18개월간 피보험 단위기간이 통산하여 180일 이상일 것
- 근로의 의사와 능력이 있음에도 불구하고 취업(영리를 목적으로 사업을 영위하는 경우를 포함)하지 못한 상태에 있을 것
- 이직사유가 수급자격의 제한 사유에 해당하지 아니할 것
- 재취업을 위한 노력을 적극적으로 할 것
- 수급자격 인정신청일 이전 1개월 동안의 근로일수가 10일 미만이거나 건설일용근로자로서 수급자격 인정신청일 이전 14일간 연속하여 근로내역이 없을 것
- 최종 이직 당시의 기준기간 동안의 피보험 단위기간 중 다른 사업에서 수급자격의 제한 사유에 해당하는 사유로 이직한 사실이 있는 경우에는 그 피보험 단위기간 중 90일이상을 일용근로자로 근로하였을 것

답 ④

90 고용정책기본법령상 고용재난지역에 관한 설명으로 틀린 것은?

① 고용재난지역으로 선포할 것을 대통령에게 건의할 수 있는 자는 기획재정부장관이다.

② 고용재난지역의 선포를 건의 받은 대통령은 국무회의 심의를 거쳐 해당 지역을 고용 재난지역으로 선포할 수 있다.

③ 고용재난지역으로 선포하는 경우 정부는 행정상·재정상·금융상의 특별지원이 포함된 종합대책을 수립·시행할 수 있다.

④ 고용재난조사단은 단장 1명을 포함하여 15명 이하의 단원으로 구성한다.

콕집어해설

고용재난지역

- 고용재난지역으로 선포할 것을 대통령에게 건의할 수 있는 자는 고용노동부장관이다.(①)
- 고용재난지역의 선포를 건의 받은 대통령은 국무회의 심의를 거쳐 해당 지역을 고용 재난지역으로 선포할 수 있다.(②)
- 고용재난지역으로 선포하는 경우 정부는 행정상·재정상·금융상의 특별지원이 포함된 종합대책을 수립·시행할 수 있다.(③)
- 고용재난조사단은 단장 1명을 포함하여 15명 이하의 단원으로 구성한다.(④)

답 ①

91 국민평생직업능력개발법령상 직업능력개발훈련에 관한 설명으로 옳은 것은?

① 직업능력개발훈련은 18세 미만인 자에게는 실시할 수 없다.

② 직업능력개발훈련의 대상에는 취업할 의사가 있는 사람뿐만 아니라 사업주에게 고용된 사람도 포함된다.

③ 직업능력개발훈련 시설의 장은 직업능력개발훈련과 관련된 기술 등에 관한 표준을 정할 수 있다.

④ 산업재해보상보험법은 적용 받는 사람도 재해 위로금을 받을 수 있다.

콕집어해설

직업능력개발훈련

- 직업능력개발훈련은 15세 이상인 사람에게 실시한다.(①)
- 직업능력개발훈련의 대상에는 취업할 의사가 있는 사람뿐만 아니라 사업주에게 고용된 사람도 포함된다.(②)
- 고용노동부장관은 직업능력개발 훈련의 상호인정이 가능하도록 직업능력개발훈련과 관련된 기술 등에 관한 표준을 정할 수 있다.(③)
- 산업재해보상보험법을 적용 받는 사람은 재해 위로금 제외 대상이다.(④)

답 ②

해 국민평생직업능력개발법령상의 '근로자' 정의이다.

꿰뚫어 보기

'근로자'의 법률상 정의

1) '근로자'란 직업의 종류와 관계없이 임금을 목적으로 사업이나 사업장에 근로를 제공하는 자를 말한다.
   → 근로기준법, 근로복지기본법, 근로자퇴직급여 보장법, 산업안전보건법, 근로자참여 및 협력증진에 관한 법률, 고용상 연령차별금지 및 고령자고용촉진에 관한 법률
2) '근로자'란 사업주에게 고용된 사람과 취업할 의사를 가진 사람을 말한다.
   → 고용정책 기본법, 국민평생직업능력개발법, 남녀고용평등과 일·가정 양립 지원에 관한 법률
3) '근로자'라 함은 직업의 종류를 불문하고 임금·급료 기타 이에 준하는 수입에 의하여 생활하는 자를 말한다.
   → 노동조합 및 노동관계조정법

92 고용보험법령상 고용안정·직업능력개발 사업의 내용에 해당하지 않는 것은?

① 조기재취업 수당 지원
② 고용창출의 지원
③ 지역고용의 촉진
④ 임금피크제 지원금의 지급

족집어 해설

고용안정·직업능력개발 사업의 내용

- 고용창출의 지원(②)
- 고용조정의 지원
- 지역 고용의 촉진(③)
- 고령자 등 고용촉진의 지원
- 건설근로자 등의 고용안정 지원
- 고용안정 및 취업 촉진
- 고용촉진 시설에 대한 지원
- 사업주에 대한 직업능력개발 훈련의 지원
- 고용유지지원금의 지급
- 임금피크제 지원금의 지급(④)

답 ①

해 실업급여 사업에 해당한다.

93 근로기준법령상 용어의 정의에 관한 설명으로 틀린 것은?

① "근로"란 정신노동과 육체노동을 말한다.
② "사용자"란 사업주 또는 사업 경영 담당자, 그 밖에 근로자에 관한 사항에 대하여 사업주를 위하여 행위하는 자를 말한다.
③ "통상임금"이란 이를 산정하여야 할 사유가 발생한 날 이전 3개월 동안에 그 근로자에게 지급된 임금의 총액을 그 기간의 총일수로 나눈 금액을 말한다.
④ "단시간근로자"란 1주 동안의 소정근로시간이 그 사업장에서 같은 종류의 업무에 종사하는 통상 근로자의 1주 동안의 소정근로시간에 비하여 짧은 근로자를 말한다.

족집어 해설

근로기준법령상 용어

- '근로'란 정신노동과 육체노동을 말한다.(①)
- '근로자'란 직업의 종류와 관계없이 임금을 목적으로 사업이나 사업장에 근로를 제공하는 자를 말한다.
- '사용자'란 사업주 또는 사업 경영 담당자, 그 밖에 근로자에 관한 사항에 대하여 사업주를 위하여 행위하는 자를 말한다.(②)
- '통상임금'이란 근로자에게 정기적·일률적으로 소정근로시간 또는 총근로시간에 대하여 지급하기로 정하여진 시간급금액·일급금액·주급금액·월급금액 또는 도급금액을 말한다.(③)
- '평균임금'이란 평균임금 산정사유 발생일 이전 3개월 동안에 그 근로자에게 지급된 임금의 총액을 그 기간의 총일수로 나눈 금액을 말한다.(③)
- '단시간근로자'란 1주 동안의 소정근로시간이 그 사업장에서 같은 종류의 업무에 종사하는 통상 근로자의 1주 동안의 소정근로시간에 비하여 짧은 근로자를 말한다.(④)
- 기간제근로자란 기간의 정함이 있는 근로계약을 체결한 근로자를 말한다.

답 ③

94 남녀고용평등과 일·가정 양립 지원에 관한 법령상 과태료를 부과하는 위반행위는?

① 근로자의 교육·배치 및 승진에서 남녀를 차별한 경우

② 성희롱 예방 교육을 하지 아니한 경우

③ 동일한 사업 내의 동일 가치의 노동에 대하여 동일한 임금을 지급하지 아니한 경우

④ 육아기 근로시간 단축을 이유로 해당 근로자에 대하여 해고나 그 밖의 불리한 처우를 한 경우

콕집어 해설

과태료를 부과하는 위반행위

성희롱 예방 교육을 하지 아니한 경우에는 500만원 이하의 과태료를 부과한다.

답 ②

해 ① 500만원 이하의 벌금
③ 3년 이하의 징역 또는 3천만원 이하의 벌금
④ 3년 이하의 징역 또는 3천만원 이하의 벌금

95 근로기준법령상 근로계약에 관한 설명으로 틀린 것은?

① 근로기준법에서 정하는 기준에 미치지 못하는 근로조건을 정한 근로계약은 그 부분에 한하여 무효로 한다.

② 사용자는 근로계약 불이행에 대한 위약금 또는 손해배상액을 예정하는 계약을 체결할 수 있다.

③ 사용자는 근로계약을 체결할 때에 근로자에게 임금, 소정근로시간, 휴일, 연차 유급휴가 등의 사항을 명시하여야 한다.

④ 명시된 근로조건이 사실과 다를 경우에 근로자는 근로조건 위반을 이유로 손해의 배상을 청구할 수 있으며 즉시 근로계약을 해제할 수 있다.

콕집어 해설

근로계약

- 근로기준법에서 정하는 기준에 미치지 못하는 근로조건을 정한 근로계약은 그 부분에 한하여 무효로 한다.(①)
- 근로계약은 기간을 정하지 아니한 것과 일정한 사업의 완료에 필요한 기간을 정한 것 외에는 그 기간은 1년을 초과하지 못한다.
- 사용자는 근로계약을 체결할 때에 근로자에게 임금, 소정근로시간, 휴일, 연차 유급휴가 등의 사항을 명시하여야 한다.(③)
- 단시간근로자의 근로조건은 그 사업장의 같은 종류의 업무에 종사하는 통상 근로자의 근로시간을 기준으로 산정한 비율에 따라 결정되어야 한다.
- 명시된 근로조건이 사실과 다를 경우에 근로자는 근로조건 위반을 이유로 손해배상을 청구할 수 있으며 즉시 근로계약을 해제할 수 있다.(④)
- 사용자는 근로계약 불이행에 대한 위약금 또는 손해배상액을 예정하는 계약을 체결하지 못한다.(②)
- 사용자는 근로계약 불이행에 대한 위약금을 예정하는 계약을 체결한 경우 500만원 이하의 벌금에 처한다.

답 ②

꿰뚫어 보기

500만원 이하의 벌금

1) 위약 예정의 금지(제20조) : 사용자는 근로계약 불이행에 대한 위약금 또는 손해배상액을 예정하는 계약을 체결하지 못한다.
2) 전차금 상계의 금지(제21조) : 사용자는 전차금이나 그 밖에 근로할 것을 조건으로 하는 전대채권과 임금을 상계하지 못한다.
3) 강제 저금의 금지(제 22조) : 사용자는 근로계약에 덧붙여 강제 저축 또는 저축금의 권리를 규정하는 계약을 체결하지 못한다.
4) 해고 등의 제한(제23 조) : 사용자는 근로자에게 정당한 이유 없이 해고, 휴직, 정직, 전직, 감봉 그 밖의 징벌(이하 '부당해고 등')을 하지 못한다.

96 남녀고용평등과 일·가정 양립 지원에 관한 법령상 직장 내 성희롱의 금지 및 예방에 관한 설명으로 틀린 것은?

① 사업주, 상급자 또는 근로자는 직장 내 성희롱을 하여서는 아니 된다.

② 사업주는 성희롱 예방 교육을 고용노동부장관이 지정하는 기관에 위탁하여 실시할 수 있다.

③ 누구든지 직장 내 성희롱 발생 사실을 알게 된 경우 그 사실을 해당 사업주에게 신고할 수 있다.

④ 사업주는 직장 내 성희롱 예방 교육을 연 2회 이상 하여야 한다.

콕집어 해설

직장 내 성희롱 및 관련 사항

- 사업주, 상급자 또는 근로자는 직장 내 성희롱을 하여서는 아니 된다.(①)
- 사업주 및 근로자는 성희롱 예방교육을 받아야 한다.
- 사업주는 성희롱 예방 교육을 고용노동부장관이 지정하는 기관에 위탁하여 실시할 수 있다.(②)
- 누구든지 직장 내 성희롱 발생 사실을 알게 된 경우 그 사실을 해당 사업주에게 신고할 수 있다.(③)
- 사업주는 직장 내 성희롱 예방 교육을 연1회 이상 실시하여야 한다.(④)
- 사업주는 성희롱 예방교육의 내용을 근로자가 자유롭게 열람할 수 있는 장소에 항상 게시하거나 갖추어 두어 근로자에게 널리 알려야 한다.
- 사업주는 직장 내 성희롱 발생 사실을 알게 된 경우에는 지체 없이 그 사실 확인을 위한 조사를 하여야 한다.
- 파견근로에 성희롱 예방교육을 실시해야 하는 사업주는 파견사업주가 아닌 사용사업주이다.
- 성희롱 예방교육은 사업규모나 특성 등을 고려하여 직원연수·조회·회의, 인터넷 등 정보통신망을 이용한 사이버 교육 등을 통해 실시할 수 있다.
- 단순히 교육자료 등을 배포·게시하거나 전자우편을 보내거나 게시판에 공지하는 데 그치는 등 근로자에게 교육내용이 제대로 전달되었는지 확인하기 곤란한 경우에는 예방교육을 한 것으로 보지 않는다.
- 고용노동부장관은 성희롱 예방 교육기관이 2년 동안 교육 실적이 없는 경우 그 지정을 취소할 수 있다.

답 ④

97 근로자퇴직급여 보장법에 관한 설명으로 틀린 것은?

① 이 법은 상시 5명 미만의 근로자를 사용하는 사업장에는 적용하지 아니 한다.

② 퇴직금제도를 설정하려는 사용자는 계속근로기간 1년에 대하여 30일분 이상의 평균임금을 퇴직금으로 퇴직 근로자에게 지급할 수 있는 제도를 설정하여야 한다.

③ 퇴직금을 받을 권리는 3년간 행사하지 아니하면 시효로 인하여 소멸한다.

④ 확정급여형퇴직연금제도란 근로자가 받을 급여의 수준이 사전에 결정되어 있는 퇴직연금제도를 말한다.

콕집어 해설

근로자퇴직급여 보장법

- 이 법은 1명 이상의 근로자를 사용하는 모든 사업장에 적용한다.(①)
  다만, 동거하는 친족만을 사용하는 사업 및 가구 내 고용활동에는 적용하지 아니한다.
- 퇴직연금제도란 확정급여형퇴직연금제도, 확정기여형퇴직연금제도 및 개인형퇴직연금제도를 말한다.
- 확정급여형퇴직연금제도란 근로자가 받을 급여의 수준이 사전에 결정되어 있는 퇴직연금제도를 말한다.(④)
- 퇴직금제도를 설정하려는 사용자는 계속근로기간 1년에 대하여 30일분 이상의 평균임금을 퇴직금으로 퇴직 근로자에게 지급할 수 있는 제도를 설정하여야 한다.(②)
- 퇴직금을 받을 권리는 3년간 행사하지 아니하면 시효로 인하여 소멸한다.(③)
- 4주간을 평균하여 1주간의 소정근로시간이 15시간 미만인 근로자는 퇴직급여제도를 설정하지 않아도 된다.
- 퇴직급여제도를 설정하는 경우에 하나의 사업에서 급여 및 부담금 산정방법의 적용 등에 관하여 차등을 두어서는 아니 된다.

답 ①

꿰뚫어 보기

퇴직급여제도

1) 사용자는 퇴직하는 근로자에게 급여를 지급하기 위하여 퇴직급여제도 중 하나 이상의 제도를 설정하여야 한다. 다만, 계속근로기간이 1년 미만인 근로자, 4주간을 평균하여 1주간의 소정근로시간이 15시간 미만인 근로자에 대하여는 그러하지 아니하다.
2) 퇴직금제도를 설정하려는 사용자는 계속근로기간 1년에 대하여 30일분 이상의 평균임금을 퇴직금으로 퇴직 근로자에게 지급할 수 있는 제도를 설정해야 한다.
3) 사용자가 퇴직급여제도를 설정하거나 설정된 퇴직급여제도를 다른 종류의 퇴직급여제도로 변경하려는 경우에는 근로자의 과반수가 가입한 노동조합이 있는 경우에는 그 노동조합, 근로자의 과반수가 가입한 노동조합이 없는 경우에는 근로자 과반수(근로자대표)의 동의를 받아야 한다.
4) 사용자가 퇴직급여제도의 내용을 변경하려는 경우에는 근로자대표의 의견을 들어야 한다. 다만, 근로자에게 불리하게 변경하려는 경우에는 근로자대표의 동의를 받아야 한다.
5) 사용자가 퇴직급여제도나 개인형 퇴직연금제도를 설정하지 아니한 경우에는 법정 퇴직금제도를 설정한 것으로 본다.

98 직업안정법령상 근로자공급사업에 관한 설명으로 틀린 것은?

① 근로자공급사업 연장허가의 유효기간은 연장전 허가의 유효기간이 끝나는 날부터 5년으로 한다.
② 누구든지 고용노동부장관의 허가를 받지 아니하고는 근로자공급사업을 하지 못한다.
③ 연예인을 대상으로 하는 국외 근로자공급 사업의 허가를 받을 수 있는 자는 민법상 비영리법인으로 한다.
④ 국내 근로자공급사업 허가를 받을 수 있는 자는 「노동조합 및 노동관계조정법」에 따른 노동조합이다.

콕집어 해설

근로자공급사업

- 근로자공급사업은 공급계약에 따라 근로자를 타인에게 사용하게 하는 사업을 말한다.
- 근로자공급사업은 고용노동부장관의 허가를 필요로 한다.(②)
- 근로자공급사업 허가의 유효기간은 3년이며, 유효기간이 끝난 후 연장허가의 유효기간 또한 연장 전 허가의 유효기간이 끝나는 날부터 3년이다.(①)
- 근로자공급사업은 근로자가 취업하려는 장소를 기준으로, 국내 근로자공급사업과 국외 근로자공급사업으로 구분한다.
- 국내 근로자공급사업의 경우 그 사업의 허가를 받을 수 있는 자는 < 노동조합 및 노동관계조정법 > 에 따른 노동조합이며, 국외 근로자공급사업은 국내에서 제조업, 건설업, 용역업, 그 밖의 서비스업을 하고 있는 자이다.(④)
- 근로자공급사업에는 < 파견근로자보호 등에 관한 법률 > 에 따른 근로자파견사업은 제외한다.
- 연예인을 대상으로 하는 국외 근로자공급 사업의 허가를 받을 수 있는 자는 민법상 비영리법인으로 한다.(③)

답 ①

99 파견근로자보호 등에 관한 법령에 대한 설명으로 틀린 것은?

① 근로자파견사업의 허가의 유효기간은 3년으로 한다.
② 파견사업주는 그가 고용한 근로자 중 파견근로자로 고용하지 아니한 자를 근로자파견의 대상으로 하려는 경우에는 고용노동부장관의 승인을 받아야 한다.
③ 파견사업주는 쟁의행위 중인 사업장에 그 쟁의행위로 중단된 업무의 수행을 위하여 근로자를 파견하여서는 아니 된다.
④ 파견사업주는 근로자파견을 할 경우에는 파견근로자의 성명·성별·연령·학력·자격·기타 직업능력에 관한 사항을 사용사업주에게 통지하여야 한다.

콕집어 해설

근로자파견사업

- 근로자파견사업 허가의 유효기간은 3년으로 한다.(①)
- 파견사업주는 그가 고용한 근로자 중 파견근로자로 고용하지 아니한 사람을 근로자파견의 대상으로 하려는 경우에는 미리 해당 근로자에게 그 취지를 서면으로 알리고 그의 동의를 받아야 한다.(②)
- 건설공사현장에서 이루어지는 업무에 대하여는 근로자파견사업을 하여서는 아니된다.
- 파견사업주는 쟁의행위 중인 사업장에 그 쟁의행위로 중단된 업무의 수행을 위하여 근로자를 파견하여서는 아니된다.(③)
- 파견사업주, 사용사업주, 파견근로자 간의 합의가 있는 경우에는 파견기간을 연장할 수 있다.
- 「고용상 연령차별금지 및 고령자고용촉진에 관한 법률」의 고령자인 파견근로자에 대하여는 2년을 초과하여 근로자파견기간을 연장할 수 있다.
- 파견사업주는 근로자파견을 할 경우에는 파견근로자의 성명·성별·연령·학력·자격·기타 직업능력에 관한 사항을 사용사업주에게 통지하여야 한다.(④)

답 ②

해 고용노동부장관의 승인(X)→'근로자의 동의'

꿰뚫어 보기

근로자파견사업을 해서는 안되는 사업 : 건설현장업무, 항만하역사업, 철도여객사업, 선원업무, 분진작업, 유해하거나 위험한 업무, 의료업무, 여객·화물차 등 운송업무

100 고용상 연령차별금지 및 고령자고용촉진에 관한 법령상 운수업에서의 고령자 기준 고용률은?

① 그 사업장의 상시 근로자 수의 100분의 2
② 그 사업장의 상시 근로자 수의 100분의 3
③ 그 사업장의 상시 근로자 수의 100분의 6
④ 그 사업장의 상시 근로자 수의 100분의 10

콕집어 해설

고령자 기준고용률

- 제조업 : 상시 근로자 수의 100분의 2
- 운수업, 부동산 및 임대업 : 상시 근로자 수의 100분의 6
- 기타 : 상시 근로자 수의 100분의 3

답 ③

2021년 3회

제1과목 | 직업상담학

01 진로 선택과 관련된 이론으로 인생초기의 발달 과정을 중시하는 이론은?

① 인지적 정보처리이론
② 정신분석이론
③ 사회학습이론
④ 진로발달이론

콕집어 해설

정신분석이론

- 인간의 행동이 현재의 사건에 의해 발생하거나 우연히 발생하는 것이 아니라, 무의식적이고 비합리적인 생물학적 본능과 생애 초기의 심리성적 사건에 의해서 결정된다고 본다.
- 상담의 목적은 무의식을 의식으로 전환케 하는 것이다.
- 상담은 내담자의 무의식적인 방어에 대해 전이를 통해 탐색하는 것이다.
- 궁극적으로 내담자로 하여금 무의식적인 욕구나 갈등을 통제하도록 하는 것이다.
- 상담사의 중요한 사실은 내담자의 전이를 촉진시키는 '텅 빈스크린'으로서의 역할이다.

답 ②

해 인생초기의 발달과정을 중시하는 상담방법으로는 정신분석적 상담, 개인주의 상담, 교류분석 상담 등이 있다.

꿰뚫어 보기

- 인지적 정보처리이론 : 진로선택에 있어서 인지의 역할과 개인의 정보처리능력을 중시한다.
- 사회학습이론 : 유전적 요인과 특별한 능력, 환경조건과 사건, 학습경험, 과제접근기술 등이 진로를 결정한다고 생각한다.
- 진로발달이론 : 진로 선택의 과정은 개인의 발달과정 및 발달단계에 해당하는 과정이며, 진로성숙의 과정에 대해 기술한다.

02 상담이론과 직업상담사의 역할의 연결이 바르지 않은 것은?

① 인지상담-수동적이고 수용적인 태도
② 정신분석적 상담-텅 빈 스크린
③ 내담자 중심의 상담-촉진적인 관계형성 분위기 조성
④ 행동주의상담-능동적이고 지시적인 역할

콕집어 해설

직업상담 과정과 상담사의 역할

- 인지상담 : 상담자는 적극적이고 수용적이며, 교육적인 치료를 수행한다.
- 정신분석적 상담 : 상담자의 '텅 빈 스크린'으로서의 역할을 강조하였으며, 이는 상담자의 익명성 및 중립성과 연관된다.
- 내담자 중심의 상담 : 상담자와 내담자 간의 촉진적인 관계형성 분위기 조성을 강조한다.
- 행동주의상담 : 상담자는 내담자의 문제행동에 대해 능동적이고 지시적인 역할을 수행한다.

답 ①

해 수동적(×)→적극적

03 Williamson의 특성 - 요인 직업상담의 단계를 바르게 나열한 것은?

ㄱ. 분석	ㄴ. 종합	ㄷ. 진단
ㄹ. 예측	ㅁ. 상담	ㅂ. 추수지도

① ㄱ → ㄴ → ㄷ → ㄹ → ㅁ → ㅂ
② ㄷ → ㄱ → ㄴ → ㅁ → ㄹ → ㅂ
③ ㄴ → ㄱ → ㄹ → ㄷ → ㅁ → ㅂ
④ ㄱ → ㄷ → ㅁ → ㄴ → ㄹ → ㅂ

콕집어 해설

윌리암슨(Williamson)의 특성-요인 직업상담 과정 [분종진 예상추]

1) 분석 : 내담자 분석을 위해 심리검사 및 자료수집, 표준화검사 등이 사용된다.
2) 종합 : 내담자에 대한 이해를 얻기 위해 수집한 자료들을 종합한다.
3) 진단 : 내담자 문제의 원인을 탐색하며, 문제해결을 위해 진단하는 단계이다.
4) 예측 : 진단의 결과를 통해 직업문제에 대해 예측하는 단계이다.
5) 상담 : 내담자와 직업문제에 대해 상담하고 문제를 치료한다.
6) 추수지도 : 내담자가 바람직한 행동을 하도록 계속적인 지도를 한다.

답 ①

04 6개의 생각하는 모자(six thinking hats)기법에서 모자의 색상별 역할에 관한 설명으로 옳은 것은?

① 청색-낙관적이며, 모든 일이 잘 될 것이라고 생각한다.
② 적색-직관에 의존하고, 직감에 따라 행동한다.
③ 흑색-본인과 직업들에 대한 사실들만을 고려한다.
④ 황색-새로운 대안들을 찾으려 노력하고, 문제들을 다른 각도에서 바라본다.

콕집어 해설

6개의 생각하는 모자(six thinking hats) [청황 흑백적녹]

에드워드 드 보노(Edward de Bono)가 개발한 것으로, '의사결정을 촉진'하기 위한 기법으로 활용된다.

- 청색 : 방향성을 합리적으로 조절하는 사회자로서의 역할을 한다.
- 황색 : 낙관적이며, 모든 일이 잘 될 것이라고 생각한다.
- 흑색 : 비관적이고 비판적이며, 모든 일이 잘 안 될 것이라고 생각한다.
- 백색 : 본인과 직업들에 대한 사실들만을 고려한다.
- 적색 : 직관에 의존하고, 직감에 따라 행동한다.
- 녹색 : 새로운 대안들을 찾으려 노력하고, 문제들을 다른 각도에서 바라본다.

답 ②

05 Super가 제시한 흥미사정 기법에 해당하지 않는 것은?

① 표현된 흥미 ② 선호된 흥미
③ 조작된 흥미 ④ 조사된 흥미

콕집어 해설

수퍼(Super)의 흥미사정 기법 [표조조]

- 표현된 흥미 : 내담자에게 직업에 대해 좋고 싫음을 묻는 질문을 한다.
- 조작된 흥미 : 활동에 대해 질문을 하거나 활동에 참여한 사람들이 어떻게 시간을 보내는지 관찰한다.
- 조사된 흥미 : 다양한 활동에 대해 좋고 싫음을 묻는 표준화된 검사를 통해 흥미를 파악한다.

답 ②

꿰뚫어보기

일반 흥미사정기법 [흥직직]

1) 흥미평가기법 : 종이에 쓰여진 알파벳에 따라 흥밋거리를 기입하게 해서 내담자의 흥미를 사정하는 기법이다.
2) 직업선호도검사 : 홀랜드의 흥미유형과 연관지어 내담자의 흥미를 사정한다.
3) 직업카드분류법 : 직업선택의 동기를 알아보기 위해 직업카드를 선호군, 혐오군, 미결정 중성군으로 분류하도록 한다.
4) 작업경험 분석 : 내담자가 과거에 경험했던 작업들을 분석하여 직업 관련 선호도를 찾아내는 기법이다.

06 교류분석상담의 상담과정에서 내담자 자신의 부모자아, 성인자아, 어린이자아의 내용이나 기능을 이해하는 방법은?

① 구조분석 ② 의사교류분석
③ 게임분석 ④ 생활각본분석

콕집어해설

교류분석 상담의 분석유형 [구교라각]

1) 구조분석 : 내담자의 성격에 대한 자아상태를 부모, 성인, 아동자아로 구분하여 자아의 내용과 기능을 이해하도록 돕는다.
2) (의사)교류분석 : 두 사람 간의 의사소통 과정에서 나타나는 상보교류, 교차교류, 이면교류를 파악하여 효율적인 교류가 이루어지도록 돕는다.
3) 라켓 및 게임분석 : 내담자로 하여금 부적응적인 라켓감정과 이를 유발하는 게임을 깨닫게 하여 긍정적인 자아상태가 되도록 돕는다.
4) (생활)각본분석 : 내담자의 과거 제한적인 각본신념이 효율적인 신념으로 전환되도록 돕는다.

답 ①

꿰뚫어 보기

구조분석의 3가지 자아상태

1) 부모자아(P) : 어릴 때 부모에게서 받은 영향을 재현하는 자아상태로써, 개인의 가치관이나 신념 등을 나타낸다.
2) 성인자아(A) : 현실을 합리적이고 객관적으로 판단하며, 문제에 대한 적절한 해결책을 찾는 자아상태이다.
3) 아동자아(C) : 어린 애처럼 행동하거나 어린 애의 감정을 그대로 표현하는 자아상태이다.

07 인지·정서·행동치료(REBT)의 상담기법 중 정서기법에 해당하지 않는 것은?

① 역할연기 ② 수치공격 연습
③ 자기관리 ④ 무조건적 수용

콕집어해설

인지·정서·행동치료(REBT)의 상담기법 중 정서기법

정서기법은 내담자의 비합리적 신념으로 발생한 감정을 인정하고 드러내며 이를 보다 합리적이고 적절한 정서 상태로 이끌어 가기 위한 기법으로, 역할연기, 수치(심)공격 연습, 무조건적 수용 등이 있다.

답 ③

08 상담사가 비밀유지를 파기할 수 있는 경우와 거리가 가장 먼 것은?

① 내담자가 자살을 시도할 계획이 있는 경우
② 비밀을 유지하지 않는 것이 효과적이라고 슈퍼바이저가 말하는 경우
③ 내담자가 타인을 해칠 가능성이 있는 경우
④ 아동학대와 관련된 경우

콕집어해설

비밀보호의 예외 사항

- 내담자가 자신의 생명이나 타인 및 사회의 안전을 위협하는 경우
- 내담자가 감염성이 있는 치명적인 질병이 있는 경우
- 내담자가 아동학대를 하는 경우
- 미성년인 내담자가 학대를 당하고 있는 경우
- 법적으로 정보의 공개가 요구되는 경우
- 상담자가 슈퍼비전을 받아야 하는 경우

답 ②

09 직업상담을 위한 면담에 대한 설명으로 옳은 것은?

① 내담자의 모든 행동은 이유와 목적이 있음을 분명하게 인지한다.
② 상담과정의 원만한 전개를 위해 내담자에게 태도변화를 요구한다.
③ 침묵에 빠지지 않도록 상담자는 항상 먼저 이야기를 해야 한다.
④ 초기면담에서 내담자에 대한 기준을 부여한다.

콕집어해설

직업상담을 위한 면담

- 내담자의 모든 행동은 이유와 목적이 있음을 분명하게 인지한다.(①)
- 상담과정의 원만한 전개를 위해 내담자에게 태도변화를 요구하기 보다는 상담자 스스로의 개방적인 태도가 요구된다.(②)
- 침묵은 내담자가 표현할 말이나 생각을 정리하고 있는 것을 의미하므로 내담자가 침묵할 때에는 섣불리 말하지 말고 침묵의 의미를 이해한 후 말을 꺼내야 한다.(③)
- 초기면담이 아닌, 사정단계에서 내담자에 대한 기준을 부여한다.(④)

답 ①

10 사이버 직업상담 기법으로 적합하지 않은 것은?

① 질문내용 구상하기
② 핵심 진로논점 분석하기
③ 진로논점 유형 정하기
④ 직업정보 가공하기

콕집어 해설

사이버 직업상담 기법
- 주요 진로논점 파악하기 : 상담자는 내담자가 실제로 무엇을 말하고자 하는지 주요 진로논점을 파악한다.
- 핵심 진로논점 분석하기 : 상담자는 내담자의 핵심 진로논점을 명확히 분석한다.(②)
- 진로논점 유형 정하기 : 상담자는 내담자의 진로논점이 무엇인지 유형을 정한다. (③)
- 답변내용 구상하기 : 상담자는 답변을 하기 전에 제시할 논점을 먼저 생각하고 답변내용을 구상한다.
- 직업정보 가공하기 : 상담자는 적절한 답변을 위해 내담자의 특성에 부합하도록 직업정보를 가공한다.(④)
- 답변 작성하기 : 상담자는 추수상담의 가능성과 전문기관에 대한 안내를 하고, 내담자에 대한 존중의 표시로 반드시 존칭을 사용하며, 신속한 답변과 라포 형성을 위해 친숙한 표현으로 답변을 작성하여 내담자로 하여금 친근감을 느끼게 한다.

답 ①

해 질문내용 구상하기가 아니라 답변내용 구상하기가 맞다.

꿰뚫어 보기

사이버 직업상담의 장·단점

1) 장점
ㄱ. 상담자와 직접 얼굴을 마주하지 않으므로 자신의 행동이나 감정에 대한 즉각적인 판단이나 비판을 염려하지 않아도 된다.
ㄴ. 내담자의 자발적 참여로 상담이 진행되는 경우가 많으므로 내담자들의 문제해결에 대한 동기가 높다.
ㄷ. 개인에 대한 지위, 연령, 신분 등이 제공되지 않으므로 전달되는 내용 자체에 많은 주의를 기울이고 의미를 부여할 수 있다.
ㄹ. 대면 상담에 비해 비용면에서 효율적이다.
ㅁ. 상담 내용의 저장, 유통, 가공, 검색, 재검토 등이 용이하다.

2) 단점
ㄱ. 내담자와의 라포(Rapport) 형성이 쉽지 않다.
ㄴ. 내담자의 신상과 상담 내용을 신뢰하기 어렵다.
ㄷ. 문자 등의 시각적 자료에 의존해야 하므로 대면 상담처럼 깊이 있는 의사소통을 기대하기 어렵다.
ㄹ. 내담자의 복잡한 정서적인 내용을 파악하기 곤란하다.
ㅁ. 내담자는 자신의 정보를 선택적으로 공개할 수 있으며, 언제든지 상담을 중단해 버릴 수 있다.
ㅂ. 컴퓨터 시스템이 필요하며, 네트워크상의 불안정성 등의 문제에 영향을 받는다.
ㅅ. 자구적인 노력이나 책임감 없이 습관적으로 상담요청을 할 수 있다.
ㅇ. 내담자가 여러 아이디를 사용하여 과거 경험에 대한 상담에 임함으로써 단순한 역할시험의 장(場)으로 오용될 수 있다.
ㅈ. 익명성에 따른 부적절한 대화예절, 노골적인 성적 표현 등의 문제가 제기될 수 있다.

11 내담자가 자기지시적인 삶을 영위하고 상담사에게 의존하지 않게 하기 위해 상담사가 내담자와 지식을 공유하며 자기강화 기법을 적극적으로 활용하는 행동주의 상담기법은?

① 모델링 ② 과잉교정
③ 내현적 가감법 ④ 자기관리 프로그램

콕집어 해설

행동주의 상담기법
- 모델링 : 타인의 행동에 대한 관찰과 모방을 통해 내담자의 학습을 촉진한다.(①)
- 과잉교정 : 문제행동에 대한 대안행동이 거의 없거나 효과적인 강화인자가 없을 때 유용한 기법으로써 폭력적인 행동을 수정하는 데 효과적이다.(②)
- 내현적 가감법 : 원하지 않는 행동과 그로 인해 나타날 수 있는 불쾌한 결과를 함께 상상하도록 해서 부적응행동을 방지하는 일종의 혐오치료이다.(③)
- 혐오치료 : 부적절한 행동에 대해 혐오자극을 제시하여 행동을 억제시킨다.
- 자기관리 프로그램 : 내담자가 자기지시적인 삶을 영위하고 상담자에게 의존하지 않게 하기 위해 상담사가 내담자와 지식을 공유하며 자기강화 기법을 적극적으로 활용하는 것이다.(④)
- 스트레스 접종 : 예상되는 신체적·정신적인 긴장을 약화시켜 내담자가 충분히 자신의 문제를 다룰 수 있도록 준비시킨다.

답 ④

12 상담사의 기본기술 중 내담자가 전달하려는 내용에서 한 걸음 더 나아가 그 내면적 감정에 대해 반영하는 것은?

① 해석 ② 공감
③ 명료화 ④ 적극적 경청

콕집어 해설

상담 기법

- 해석 : 내담자가 새로운 방식으로 자신의 문제들을 볼 수 있도록 사건들의 의미를 설정해 주는 것이다.
- 공감 : 내담자가 전달하려는 내용에서 더 나아가 내면적 감정까지도 반영하는 것이다.
- 명료화 : 내담자의 말 속에 포함되어 있는 불분명한 측면을 상담자가 분명하게 밝히는 반응이다.
- 적극적 경청 : 내담자의 언어적, 비언어적 표현에 주목하면서 내담자의 생각과 감정을 이해하려고 노력하는 것이다.

답 ②

꿰뚫어 보기

상담 기법

1) 수용 : 상담자가 내담자의 얘기에 집중하고 있으며, 내담자를 인격적으로 존중하고 있음을 보여주는 기법이다.
2) 반영 : 내담자의 생각과 말을 상담자가 다른 참신한 말로 부연하는 것이다.
3) 직면 : 내담자가 모르고 있거나 인정하기를 거부하는 생각에 대해 스스로 모순점을 파악하도록 하는 기법이다.
4) 요약과 재진술 : 내담자가 전달하는 표면적 의미를 상담자가 다른 말로 바꿔서 말하는 것이다.

13 아들러(A. Adler)의 개인주의 상담에 관한 설명으로 맞는 것을 모두 고른 것은?

ㄱ. 범인류적 유대감을 중시한다.
ㄴ. 인간을 전체적 존재로 본다.
ㄷ. 사회 및 교육문제에 관심을 갖는다.

① ㄱ, ㄴ ② ㄱ, ㄷ
③ ㄴ, ㄷ ④ ㄱ, ㄴ, ㄷ

콕집어 해설

아들러(A. Adler)의 개인주의 상담

- 개인은 사회적 환경에 관해서만 이해할 수 있으며 사회 및 교육문제에 관심을 갖는다.(ㄷ)
- 상담자는 내담자로 하여금 강점이나 장점을 자각하도록 돕고 상담을 주도적으로 이끈다.
- 무의식이 아닌 의식이 그들의 삶을 결정하는 데 책임을 지며 인간을 전체적·통합적 존재로 본다.(ㄴ)
- 인간은 성적 동기보다 사회적 동기에 의해 동기화된다.
- 상담과정은 사건의 객관성보다는 주관적 지각과 해석을 중시한다.
- 범인류적 유대감을 중시하고, 인간을 목적론적 존재로 보아 인간의 행동은 목적적이고 목표 지향적이라고 본다.(ㄱ)
- 인간의 성격은 분리할 수 없는 단위이며 각 개인은 독특한 존재라고 본다.
- 개인은 일, 사회, 성(性) 등 3가지 주요 인생과제에 반응해 야 한다.

답 ④

꿰뚫어 보기

아들러(Adler)의 개인주의 상담의 목표

1) 개인적 열등감의 극복과 우월성의 추구를 궁극적 목표로 삼는다.
2) 잘못된 동기를 수정하는 데 목표를 둔다.
3) 내담자의 잘못된 행동보다는 잘못된 가치를 수정하는데 초점을 둔다.
4) 내담자가 사회적 관심을 갖도록 돕는다.
5) 사회구성원으로서 사회에 기여하도록 돕는다.
6) 타인과 동질감을 갖도록 돕는다.

14 다음은 어떤 상담이론에 관한 설명인가?

부모의 가치조건을 강요하여 긍정적 존중의 욕구가 좌절되고, 부정적 자아개념이 형성되면서 심리적 어려움이 발생된다고 본다.

① 행동주의 상담
② 게슈탈트 상담
③ 실존주의 상담
④ 인간중심 상담

콕집어 해설

인간중심 진로상담
- 부모의 가치조건을 강요하여 긍정적 존중의 욕구가 좌절되고, 부정적 자아개념이 형성되면서 심리적 어려움이 발생된다고 본다.
- 인간은 자신의 삶 속에서 스스로를 불행하게 만드는 요인이 무엇인가를 이해할 수 있을 뿐만 아니라 자신의 나아갈 방향을 찾고 건설적인 변화를 이끌 수 있는 능력이 있음을 가정한다.
- 인간중심적 상담에서는 인간을 선천적인 잠재력과 자기실현의 경향성을 지닌 '완전히 기능하는 사람'으로 보기 때문에, 내담자는 상담자의 적극적인 개입이 없어도 자신의 방식을 찾아갈 수 있는 역량을 갖췄다고 생각한다.
- 일의 세계 및 자아와 관련된 정보의 부족에 관심을 둔다.
- 자아 및 직업과 관련된 정보를 거부하거나 왜곡하는 문제를 찾고자 한다.
- 진로선택과 관련된 내담자의 불안을 줄이고 자기의 책임을 수용하도록 한다.
- 내담자의 주관적 이해를 내담자에 대한 자아 명료화의 근거로 삼는다.

답 ④

 꿰뚫어 보기

상담이론과 상담목표
1) 행동주의 상담이론 : 내담자의 문제행동을 증가시켜 왔던 강화요인을 탐색하고 제거한다.
2) 인지행동주의 상담이론 : 내담자가 가지고 있는 비합리적 신념을 확인하고 이를 수정한다.
3) 현실치료이론 : 내담자가 원하는 것이 무엇인지 확인하고 이를 달성할 수 있는 적절한 방법을 탐색한다.
4) 개인주의 상담이론 : 내담자의 생활양식을 확인하고 바람직한 방향으로 생활양식을 바꾸도록 한다.
5) 형태주의 상담 : 내담자로 하여금 여기-지금의 현실에서 무엇을 어떻게 보고 느끼는지 자각하도록 돕는 것이다.
6) 실존주의 상담 : 내담자의 치료가 아니라, 내담자가 자신의 현재상태를 인식하고 피해자적 역할로부터 벗어날 수 있도록 돕는 것이다.

15 직업상담 과정에서 내담자 목표나 문제의 확인·명료·상세단계의 내용으로 적절하지 않은 것은?

① 내담자와 상담자 간의 상호간 관계 수립
② 내담자의 현재 상태와 환경적 정보 수집
③ 진단에 근거한 개입의 선정
④ 내담자 자신의 정보수집

콕집어 해설

직업상담 과정의 단계
- 제1단계 : 내담자 목표나 문제의 확인·명료·상세 단계
  1) 내담자와 상담자 간의 상호간 관계 수립(①)
  2) 내담자의 현재 상태와 환경적 정보 수집(②)
  3) 내담자 자신의 정보수집(④)
  4) 내담자의 행동이해 및 가정하기
- 제2단계 : 내담자 목표 또는 문제해결 단계
  1) 진단에 근거한 개입의 선정(③)
  2) 사용된 개입의 영향 평가하기

답 ③

16 Super의 생애진로발달 이론에서 상담 목표로 옳은 것을 모두 고른 것은?

ㄱ. 자기개념 분석하기
ㄴ. 진로성숙 수준 확인하기
ㄷ. 수행결과에 대한 비현실적 기대 확인하기
ㄹ. 진로발달과제를 수행하는데 필요한 지식, 태도, 기술 익히기

① ㄱ, ㄷ　　② ㄱ, ㄴ, ㄹ
③ ㄴ, ㄷ, ㄹ　　④ ㄱ, ㄴ, ㄷ, ㄹ

콕집어 해설

Super의 생애진로발달 이론에서 상담 목표
- 자기개념 분석하기(ㄱ)
- 진로성숙 수준 확인하기(ㄴ)
- 진로발달과제를 수행하는데 필요한 지식, 태도, 기술 익히기(ㄹ)
- 자신의 흥미능력 가치를 확인하고 생애역할과 연계하여 이해하기

답 ②

해 '비현실적 기대 확인하기'는 적절하지 않다.

꿰뚫어 보기

수퍼(Super)의 진로발달단계 [성탐 확유쇠]

1) 성장기 : 자아개념을 발달시키는 시기이며, 욕구와 환상이 지배적이나 점차 흥미와 능력을 중시하게 된다.
   - 하위단계 : 환상기, 흥미기, 능력기 [환흥능]
2) 탐색기 : 미래에 대한 계획을 세우고 적합한 직업을 탐색하는 시기이다.
   - 하위단계 : 잠정기, 전환기, 시행기 [잠전시]
3) 확립기 : 자신에게 적합한 분야를 발견해서 생활의 기반을 확립하는 시기이다.
   - 하위단계 : 시행기, 안정기
4) 유지기 : 자신의 자리를 유지하려고 노력하며 안정된 삶을 살아가는 시기이다.
5) 쇠퇴기 : 직업에서 은퇴한 후 새로운 역할과 활동을 찾게 되는 시기이다.

17 생애진로사정의 구조에 포함되지 않는 것은?

① 진로사정 ② 강점과 장애
③ 훈련 및 평가 ④ 전형적인 하루

콕집어 해설

생애진로사정의 구조 [진전강요]

- 진로사정 : 내담자의 직업경험, 교육 또는 훈련과정과 관련된 문제들, 여가활동 등에 관해 사정한다.
- 전형적인 하루 : 내담자가 의존적 또는 독립적인지, 자발적 또는 체계적인지 성격을 파악하도록 돕는다.
- 강점과 장애 : 내담자가 스스로 생각하는 자신의 주요 강점 및 장애에 대해 질문한다.
- 요약 : 내담자에게 자신에 대해 알게 된 내용을 요약하게 함으로써 자기인식을 증진시킨다.

답 ③

꿰뚫어 보기

생애진로사정을 통해 알 수 있는 정보

1) 내담자의 직업경험과 교육수준을 나타내는 객관적인 사실
2) 내담자의 기술과 유능성에 대한 자기평가 및 상담자의 평가 정보
3) 내담자의 가치관 및 자기인식 정도

18 다음 사례에서 면담 사정 시 사정단계에서 확인해야 하는 내용으로 가장 적합한 것은?

> 중2 남학생인 내담자는 소극적인 성격으로 대인관계에 어려움을 겪고 있고 진로에 대한 고민을 한 적이 없고 학업도 게을리하고 있다.

① 내담자의 잠재력, 내담자의 자기진단
② 인지적 명확성, 정신건강 문제, 내담자의 동기
③ 내담자의 자기진단, 상담자의 정보제공
④ 동기문제 해결, 상담자의 견해 수용

콕집어 해설

면담 사정 시 사정단계에서 확인해야 하는 내용

중2 남학생인 내담자는 소극적인 성격으로 대인관계에 어려움을 겪고 있으므로 자신의 강점과 약점을 객관적으로 평가하고, 그 평가를 환경적 상황에 연관시킬 수 있는 능력인 '인지적 명확성'과 '정신건강 문제'를 확인해야 하며, 진로에 대한 고민을 한 적이 없고 학업도 게을리 하고 있으므로 '내담자의 동기'를 확인해야 한다.

답 ②

19 비구조화 집단에 관한 설명으로 틀린 것은?

① 감수성 훈련, T집단이 해당된다.
② 폭넓고 깊은 상호작용이 이루어질 수 있다.
③ 구조화집단보다 지도자의 전문성이 더욱 요구된다.
④ 비구조화가 중요하기에 지도자가 어떤 계획을 세울 필요는 없다.

콕집어 해설

비구조화 집단

- 미리 정해진 순서나 활동이 없고 정확히 짜여진 프로그램이 없이 참가자들의 자발적 대화와 참여로 진행되는 집단이다.
- 감수성 훈련, T집단이 해당된다.
- 폭넓고 깊은 상호작용이 이루어질 수 있다.
- 구조화집단보다 지도자의 전문성이 더욱 요구된다.
- 비구조적 측면의 산만함을 보완하기 위해 지도자가 어떤 계획을 세울 필요가 있다.

답 ④

꿰뚫어 보기

집단상담의 형태

1) 상담집단 : 구성원의 자기이해 정도, 대인관계 문제 등을 돕기 위한 집단으로써, 안정감과 신뢰감 있는 분위기를 중시한다.
2) 지도집단 : 구조화된 집단상담으로써, 집단지도자의 강연 등을 통해 구성원들에게 정보를 제공하는 것을 목표로 한다.
3) 치료집단 : 주로 병원 등에서 행해지는 집단상담으로써 치료를 목적으로 하는 집단상담이다.
4) 자조집단 : 공통적 문제나 관심을 가진 사람들이 각자의 경험을 공유하기 위하여 자발적으로 형성한 집단이다.
5) 감수성집단 : 구성원들이 자신과 타인에 대한 인식을 증진하도록 함으로써, 효율적인 상호작용이 이루어지도록 한다.
6) T집단(훈련집단) : 비구조화된 상담으로써, 집단성원 모두가 직접 참여하여 스스로의 목표를 설정하고 상호 간 피드백을 해 준다.

20 직업상담의 문제유형 중 Bordin의 분류에 해당하지 않는 것은?

① 의존성 ② 확신의 결여
③ 선택에 대한 불안 ④ 흥미와 적성의 모순

콕집어 해설

보딘(Bordin)의 직업문제 심리적 원인 [의정 자직확]

1) 의존성 : 진로문제를 스스로 해결하지 못하고 타인에게 의존하는 경우
2) 정보부족 : 진로관련에 대한 정보의 부족으로 어려움을 겪는 경우
3) 자아갈등(내적갈등) : 자아개념들 사이에서 내적갈등으로 인한 혼란
4) 직업선택에 대한 불안 : 자신의 선택과 중요한 타인의 요구 간의 충돌에서 비롯되는 불안
5) 확신부족 : 진로선택 이후에 자신의 선택에 대한 확신이 부족한 경우

답 ④

해 윌리암슨의 진로선택 문제이다.

꿰뚫어 보기

윌리암슨(Williamson)의 진로선택 문제(변별진단)

(= 직업선택 문제유형 분류, 직업문제 분류범주, 진로선택 유형진단 등)

1) 직업 무선택 또는 미선택 : 직접 직업을 결정한 경험이 없거나, 선호하는 몇 가지의 직업이 있음에도 어느 것을 선택할지를 결정하지 못하는 경우
2) 직업선택의 확신부족(불확실한 선택) : 직업을 선택했지만 자신의 선택에 자신이 없어 타인에게서 성공하리라는 위안을 받고자 하는 경우
3) 흥미와 적성의 불일치(흥미와 적성의 모순) : 흥미를 느끼는 직업에 대해서 수행능력이 부족하거나, 적성에 맞는 직업에 대해서 흥미를 느끼지 못하는 경우
4) 어리석은 선택(현명하지 못한 직업선택) : 자신의 능력보다 훨씬 낮은 능력이 요구되는 직업을 선택하거나 안정된 직업만을 추구하는 경우

제2과목 | 직업심리학

21 다음 중 진로의사결정 모델(이론)에 해당하는 것은?

① Holland의 진로선택이론
② Vroom의 기대이론
③ Super의 발달이론
④ Krumboltz의 사회학습이론

콕집어 해설

Vroom(브룸)의 기대이론
직업결정요인을 균형, 기대, 힘의 원리로써 설명하였고, 작업동기를 노력, 성과, 그리고 도구성과의 관계로 설명하는 진로 의사결정 모델(이론)이다.

답 ②

꿰뚫어 보기

진로의사결정 이론
1) 기술적 직업결정 모형 : 사람들의 일반적인 직업결정 방식을 나타내고자 시도한 이론이다.
   예 타이드만과 오하라, 힐튼, 브룸, 슈, 플래처의 모형 등이 있다.
2) 처방적 직업결정 모형 : 사람들이 직업을 결정할 때 실수를 줄이고 더 나은 선택을 할 수 있도록 돕기 위해 시도한 이론이다.
   예 카츠, 겔라트, 칼도와 쥐토우스키의 모형 등이 있다.

22 진로발달이론 중 인지적 정보처리이론의 핵심적인 가정으로 옳지 않은 것은?

① 직업 문제해결 능력은 지식과 마찬가지로 인지적인 기능에 따라 달라진다.
② 직업발달은 지식구조의 지속적인 성장과 변화를 내포한다.
③ 직업 문제해결과 의사결정은 인지적인 과정을 내포하고 있고 정서적인 과정은 포함되지 않는다.
④ 직업 문제해결과 의사결정 기술의 발전은 정보처리 능력을 강화함으로써 이루어진다.

콕집어 해설

인지적 정보처리이론
- 진로선택은 인지적 과정 및 정의적 과정의 상호작용 결과이며, 하나의 문제해결 활동이다.(③)
- 진로성숙은 진로문제를 해결할 수 있는 자신의 능력에 달려 있다.
- 진로문제해결은 고도의 기억력을 요하는 문제이다.
- 직업발달은 지식구조의 지속적인 성장과 변화를 내포한다.(②)
- 진로상담의 최종목표는 진로문제의 해결자이면서 의사결정자인 내담자의 잠재력을 증진시키는 것이다.
- 직업 문제해결과 의사결정 기술의 발전은 정보처리 능력을 강화함으로써 이루어진다.(④)
- 직업 문제해결 능력은 지식과 마찬가지로 인지적인 기능에 따라 달라진다.(①)

답 ③

해 직업 문제해결과 의사결정은 인지적인 과정뿐만 아니라 정서적인 과정도 포함한다.

꿰뚫어 보기

인지적 진로정보처리 상담과정 [CASVE(까스 배)]
1) 의사소통(Communication) : 질문을 받아들여 부호화하며 이를 송출한다.
2) 분석(Analysis) : 하나의 개념적 틀 안에서 문제를 찾고 이를 분류한다.
3) 종합(Synthesis, 통합) : 일련의 행위를 형성한다.
4) 가치부여(Valuing, 평가) : 성공과 실패의 확률에 따라 각각의 행위를 판단하며, 다른 사람에게 미칠 파급효과를 평가한다.
5) 실행(Execution, 집행) : 책략을 통해 계획을 실행한다.

23 다음에 해당하는 직무 및 조직관련 스트레스 요인은?

> 직장 내 요구들 간의 모순 혹은 직장의 요구와 직장 밖 요구 사이의 모순이 있을 때 발생한다.

① 역할 갈등　　② 역할 과다
③ 과제 특성　　④ 역할 모호성

콕집어 해설

역할갈등

역할담당자의 역할과 역할전달자의 역할기대가 상충함으로써 발생한다.

1) 개인 간 역할갈등 : 직업에서의 요구와 직업 이외의 요구 간의 갈등에서 발생한다.
2) 개인 내 역할갈등 : 직업에서의 요구와 개인의 가치관이 다를 때 발생한다.
3) 송신자 간 갈등 : 두 명 이상의 요구가 갈등을 일으킬 때 발생한다.
4) 송신자 내 갈등 : 업무 지시자가 서로 배타적이고 양립할 수 없는 요구를 할 때 발생한다.

답 ①

꿰뚫어 보기

직무 및 조직 관련 스트레스원

1) 복잡한 과제 및 반복 과제(과제 특성) : 복잡한 과제는 정보과부화를 일으켜서 스트레스를 높일 수 있으며, 지루하게 반복되는 과업의 단조로움은 매우 위험한 스트레스 요인이 될 수 있다.
2) 역할갈등
3) 역할모호성 : 역할담당자가 역할기대자의 역할기대에 대해 명확히 알지 못함으로써 발생한다.
4) 역할과다/역할과소 : 직무에서의 요구가 역할담당자의 능력을 벗어날 때 역할과다가, 역할담당자의 능력을 충분히 활용하지 못할 때는 역할과소가 발생한다.
5) 산업의 조직문화와 풍토 : 미국과 같은 개인주의적·공식적 조직에서는 주로 구조적 변수(의사결정의 참여 등)로, 한국과 같은 집합주의적·비공식적 조직에서는 주로 인간관계 변수(동료와의 관계 등)로 역할갈등이 발생한다.

24 진로성숙도 검사(CMI)의 태도척도 영역과 이를 측정하는 문항의 예가 바르게 짝지어진 것은?

① 결정성 - 나는 선호하는 진로를 자주 바꾸고 있다.
② 독립성 - 나는 졸업할 때까지는 진로선택 문제에 별로 신경을 쓰지 않겠다.
③ 타협성 - 일하는 것이 무엇인지에 대해 생각한 바가 거의 없다.
④ 성향 - 나는 하고 싶기는 하나 할 수 없는 일을 생각하느라 시간을 보내곤 한다.

콕집어 해설

직업성숙도검사(CMI)의 태도척도 [결참 독지타]

- 결정성 : 선호하는 진로의 방향에 대한 확신의 정도이다.
  예 "나는 선호하는 진로를 자주 바꾸고 있다."
- 참여도(관여도) : 진로선택 과정에 능동적으로 참여하는 정도이다.
  예 "나는 졸업할 때까지는 진로선택 문제에 별로 신경을 쓰지 않겠다."
- 독립성 : 진로선택을 독립적으로 할 수 있는 정도이다.
  예 "나는 부모님이 정해 주시는 직업을 선택하겠다."
- 지향성(성향) : 진로결정에 필요한 사전 이해와 준비의 정도이다.
  예 "일하는 것이 무엇인지에 대해 생각한 바가 거의 없다."
- 타협성 : 진로선택 시 욕구와 현실에 타협하는 정도이다.
  예 "나는 하고 싶기는 하나 할 수 없는 일을 생각하느라 시간을 보내곤 한다."

답 ①

꿰뚫어 보기

진로성숙도검사의 능력척도 [자직 목계문]

1) 자기평가 : 자신의 성격, 흥미, 태도를 명확히 지각하고 이해하는 능력
2) 직업정보 : 직업세계에 대한 정보 등을 얻고 평가하는 능력
3) 목표선정 : 자기평가와 직업정보를 토대로 직업목표를 선정하는 능력
4) 계획 : 직업목표를 달성하기 위해 계획을 수립하는 능력
5) 문제해결 : 진로결정 과정에서 발생하는 다양한 문제들을 해결하는 능력

25 호손(Hawthorne) 연구에 관한 설명으로 틀린 것은?

① 인간이 조직에서 중요한 요소의 하나라는 사실을 강조하였다.
② 개인과 집단의 사회적·심리적 요소가 조직성과에 영향을 미친다는 사실을 인식하였다.
③ 비공식조직이 조직성과에 영향을 미치는 것을 확인하였다.
④ 작업의 과학화, 객관화, 분업화의 중요성을 강조하였다.

콕집어 해설

호손(Hawthorne) 연구

- 미국의 웨스턴 전기회사의 호손공장에서 여자 종업원들을 대상으로 실시한 현장연구로써, 일련의 실험에 의해 이론적 기초가 마련되었다.
- 인간이 조직에서 중요한 요소의 하나라는 사실을 강조하였다.(①)
- 개인과 집단의 사회적·심리적 요소가 조직성과에 영향을 미친다는 사실을 인식하였다.(②)
- 비공식조직이 조직성과에 영향을 미치는 것을 확인하였다.(③)
- 매슬로우(A. Maslow) 등이 주도한 인간관계운동의 출현을 가져왔다.
- 지나치게 대인관계 지향적이며, 정의적 측면을 강조한다는 비판을 받고 있다.

답 ④

해 테일러(Taylor)의 과학적 관리이론이다.

26 직무 스트레스에 관한 설명으로 옳은 것은?

① 17-OHCS라는 당류부신피질 호르몬은 스트레스의 생리적 지표로서 매우 중요하게 사용된다.

② B형 행동유형이 A형 행동유형보다 높은 스트레스 수준을 유지한다.

③ Yerkes와 Dodson의 U자형 가설은 스트레스 수준이 낮으면 작업능률이 높아진다는 가설이다.

④ 일반적응증후군(GAS)은 저항단계, 경계난계, 소신단계 순으로 진행되면서 사람에게 나쁜 결과를 가져다준다.

콕집어 해설

직무 및 일반 스트레스

- 17-OHCS라는 당류부신피질 호르몬은 스트레스의 생리적 지표로서 매우 중요하게 사용된다.(①)
- A성격 유형이 B성격 유형보다 더 높은 스트레스 수준을 유지한다.(②)
- Yerkes와 Dodson의 역U자형 가설은 스트레스 수준이 적당하면 작업능률도 최대가 된다고 한다.(③)
- 일반적응증후군(GAS)에 따르면 경고(경계) 저항 소진(탈진)단계로 진행된다.(④)

답 ①

꿰뚫어 보기

스트레스 이론

1) 17-OHCS(당류부신피질 호르몬): 스트레스의 생리적 지표이며, 코티졸이 이 호르몬에 포함된다.
2) 코티졸: 부신피질에서 방출하는 스트레스 통제 호르몬이다.
   ㄱ. 급성 스트레스→교감 신경계의 활성화→부신피질에서 에피네프린(아드레날린) 생성→코티졸 분비→혈중 포도당 증가→스트레스에 대처
   ㄴ. 장기 스트레스→코티졸 과다 분비→만성 피로→코티졸 기능 파괴→스트레스에 대한 신체기능 저하

결과

- 호흡과 심장 박동이 빨라지고 혈압이 높아짐
- 주의 집중이 어렵고, 불안과 우울 등 부정적 정서를 유발함

27 다음 중 일반적으로 가장 높은 신뢰도 계수를 기대할 수 있는 검사는?

① 표준화된 성취검사 ② 표준화된 지능검사

③ 자기보고식 검사 ④ 투사식 성격검사

콕집어 해설

신뢰도 계수

신뢰도 계수는 검사의 일관성을 보여주는 값으로, 일반적으로 가장 높은 신뢰도 계수를 기대할 수 있는 검사는 표준화된 지능검사이다.

답 ②

꿰뚫어 보기

심리검사의 신뢰도에 영향을 주는 요인

1) 개인차: 검사대상의 개인차가 클수록 신뢰도 계수도 커진다.
2) 문항 수: 문항 수가 많으면 신뢰도는 어느 정도 높아지나, 문항 수를 무조건 늘린다고 해서 신뢰도가 정비례하여 커지는 것은 아니다.
3) 문항반응 수: 문항반응 수는 적정 크기를 유지하는 것이 바람직하며, 이를 초과할 경우 신뢰도는 향상되지 않는다.
4) 검사유형: 속도검사의 경우, 전후절반법으로 신뢰도를 추정하게 되면 후반부로 갈수록 시간이 부족하기 때문에 신뢰도는 낮아진다.
5) 신뢰도 추정방법: 서로 다른 신뢰도 추정방법에 따른 신뢰도 계수는 각기 다를 수밖에 없다.

28 신입사원을 대상으로 부서 배치 후 6개월 이내에 자신이 도달하고 싶은 미래의 모습을 경력목표로 정하고 목표에 도달하기 위한 계획을 작성, 제출하도록 하여 자율적으로 경력목표를 달성할 수 있도록 지원하는 것은?

① 경력워크숍　　② 직무순환
③ 사내공모제　　④ 조기발탁제

콕집어 해설

경력개발 프로그램

- 경력 워크숍 : 신입사원을 대상으로 6개월 이내 자신이 도달하고 싶은 목표를 설정하고 계획을 제출하게 함으로써 자율적으로 경력목표를 달성하도록 돕는다.
- 직무순환 프로그램 : 종업원에게 다양한 직무를 경험하게 함으로써 여러 분야의 능력을 개발하게 하는 프로그램이다.
- 사내공모제 : 기업이 신규사업에 진출하기 위하여 사내에서 널리 인재를 모집하는 제도이다.
- 조기발탁제 : 근속연수, 학력, 연령 등에 관계없이 성적이 우수한 직원들을 조기에 승진시키는 인사제도이다.

답 ①

꿰뚫어 보기

경력개발 프로그램 유형 [자개 정종종]

1) 자기평가 도구 : 경력워크숍, 경력연습책자 등
2) 개인상담
3) 정보제공 : 사내공모제, 기술목록, 경력자원기관 등
4) 종업원 평가 : 평가기관, 심리검사, 조기발탁제 등
5) 종업원 (능력)개발 : 훈련 프로그램, 후견인 프로그램, 직무순환 프로그램 등

29 개인의 변화를 목표로 하는 이차적 스트레스 관리전략에 해당하지 않는 것은?

① 이완 훈련　　② 바이오피드백
③ 직무 재설계　　④ 스트레스 관리 훈련

콕집어 해설

스트레스 관리전략

- 1차적 관리전략(출처지향적 관리) : 조직수준의 관리전략으로 스트레스의 출처를 예측하여 수정한다.
  예 직무재설계, 직무확대, 참여적 관리 등
- 2차적 관리전략(반응지향적 관리) : 개인수준의 관리전략으로 스트레스로 인한 다양한 증상을 완화한다.
  예 이완훈련, 신체적·정서적 배출, 시간관리 등
- 3차적 관리전략(증후지향적 관리) : 스트레스로 인한 각종 부정적 결과들을 치료한다.
  예 심리치료, 약물치료 등

답 ③

꿰뚫어 보기

스트레스의 예방 및 대처

1) 가치관을 전환시킨다.
2) 목표지향에서 과정중심의 사고방식으로 전환한다.
3) 균형 잡힌 생활을 한다.
4) 스트레스에 정면으로 도전하는 정신을 함양한다.
5) 운동 등을 통해 스트레스 해소책을 마련한다.
6) 마음 깊이 쌓인 분노를 없애야 한다.

30 심리검사를 실시할 때 지켜야 할 사항과 가장 거리가 먼 것은?

① 검사의 구두 지시사항을 미리 충분히 숙지한다.
② 지나친 소음과 방해자극이 없는 곳에서 검사를 실시한다.
③ 수검자에 대한 관심과 협조, 격려를 통해 수검자로 하여금 검사를 성실히 하도록 한다.
④ 수검자에게 검사결과를 통보할 때는 일상적인 용어보다 통계적인 숫자나 용어를 중심으로 전달해야 한다.

콕집어 해설

심리검사 실시 시 지켜야 할 사항
- 검사의 구두 지시사항을 미리 충분히 숙지한다.
- 지나친 소음과 방해자극이 없는 곳에서 검사를 실시한다.
- 수검자에 대한 관심과 협조, 격려를 통해 수검자로 하여금 검사를 성실히 하도록 한다.
- 수검자에게 검사결과를 통보할 때에는 통계적인 숫자나 용어보다 가능한 한 이해하기 쉬운 일상적인 용어를 중심으로 전달하여야 한다.

답 ④

꿰뚫어 보기

심리검사 선정 시 고려사항
1) 심리검사의 목적을 명확히 파악해야 한다.
2) 신뢰도와 타당도가 높은 검사방법을 사용해야 한다.
3) 내담자의 문제점을 정확히 파악해야 한다.
4) 시행상의 간편성, 경제성 등 실용적 측면을 고려해야 한다.
5) 검사선택에 있어서 내담자를 포함해야 한다.

31 홀랜드(Holland)의 육각형 모델에서 창의성을 지향하는 아이디어와 자료를 사용해서 자신을 새로운 방식으로 표현하는 유형은?

① 현실형(R) ② 탐구형(I)
③ 예술형(A) ④ 사회형(S)

콕집어 해설

홀랜드(Holland)의 직업환경 유형 [현탐예 사진관]
- 현실형 : 실제적이며 현장에서 하는 일을 선호하나, 사회성이 부족하다.
  예 기술직, 엔지니어, 농부, 목수, 트럭운전사 등
- 탐구형 : 과학적이며 탐구활동을 선호하나, 지도력이 부족하다.
  예 물리학자, 화학자, 생물학자, 심리학자 등
- 예술형 : 심미적이며 창조적인 활동을 선호하나, 규범적 성향이 부족하다.
  예 음악가, 문학가, 화가 등
- 사회형 : 이타적이며 봉사활동을 선호하나, 기계적 활동 능력이 부족하다.
  예 사회복지사, 종교인, 상담사 등
- 진취형 : 진취적이며 적극적인 활동을 선호하나, 체계적 활동 능력이 부족하다.
  예 정치가, 기업가, 영업사원, 보험설계사 등
- 관습형 : 꼼꼼하며 질서정연한 일을 선호하나, 융통성이 부족하다.
  예 경리사원, 회계사, 은행원, 도서관 사서 등

답 ③

꿰뚫어 보기

홀랜드 이론이 적용된 검사도구
1) 직업선호도검사(VPI ; Vocation Preference Inventory)
2) 자기방향탐색검사(SDS ; Self Directd Search)
3) 직업탐색검사(VEIK ; Vocational Exploration and Insigt Kit)
4) 자기직업상황검사(MVS ; My Vocational Situation)
5) 경력의사결정검사(CDM ; Career Decision Making)
6) 스트롱-캠벨 흥미검사(SCII ; Strong-Campbell Interest Inventory)

32 직업상담사 자격시험 문항 중 대학수학능력을 측정하는 문항이 섞여 있을 경우 가장 문제가 되는 것은?

① 타당도 ② 신뢰도
③ 객관도 ④ 오답지 매력도

콕집어 해설

타당도

- 타당도는 검사가 측정하고자 하는 바를 얼마나 정확히 측정하느냐를 말한다.
- 신뢰도는 일관성을, 타당도는 정확성을 의미한다.
- 타당도는 신뢰도와 밀접한 관계가 있다.
- 직업상담사 자격시험 문항 중 대학수학능력을 측정하는 문항이 섞여 있을 경우 타당도가 가장 문제가 된다.

답 ①

타당도의 종류 [안내구준]

1) 안면타당도: '일반인'이 문항을 읽고 얼마나 타당해 보이는지를 평가한다.
2) 내용타당도: '전문가'의 논리적 분석과정으로 판단하는 주관적 타당도이다.
3) 구성타당도: 측정하고자 하는 개념들이 실제 측정도구에 의해 얼마나 제대로 측정되었는지의 정도를 말한다.
   수렴타당도, 변별타당도, 요인분석 등이 있다.
4) 준거타당도: 검사와 준거 간의 상관관계를 분석해서 검사의 타당도를 평가하는 방법이다.
   동시타당도(공인타당도)와 예언타당도(예측타당도)로 구분한다.

33 직무분석에 필요한 직무정보를 얻는 출처와 가장 거리가 먼 것은?

① 직무 현직자 ② 현직자의 상사
③ 직무 분석가 ④ 과거 직무 수행자

콕집어 해설

직무정보를 얻는 출처

- 직무 현직자: 직무에 현재 종사하고 있는 사람으로서 직무정보를 얻기 위해 가장 많이 이용된다.
- 현직자의 상사: 현직자의 상사가 현직자들보다 직무와 관련하여 비교적 객관성을 확보할 수 있으나, 지나치게 중요시할 경우 실제 직무수행을 담당하는 현직자들의 정당한 의견이 반영되지 않을 수도 있다.
- 직무 분석가: 직무 분석가는 여러 직무를 평정함으로써 직무수행에 요구되는 능력이 무엇인지를 제공한다.

답 ④

해 과거 직무 수행자는 직무분석에 필요한 직무정보를 얻는 출처와 거리가 멀다.

34 특성-요인이론에 관한 설명으로 맞는 것을 모두 고른 것은?

ㄱ. 대표적인 학자로 파슨스, 윌리엄슨 등이 있다.
ㄴ. 직업선택은 인지적인 과정으로 개인의 특성과 직업의 특성을 짝짓는 것이 가능하다고 본다.
ㄷ. 개인차에 관한 연구에서 시작하였고, 심리측정을 중요하게 다루지 않는다.

① ㄱ, ㄴ ② ㄱ, ㄷ
③ ㄴ, ㄷ ④ ㄱ, ㄴ, ㄷ

콕집어 해설

특성-요인 이론

- 개인차에 관한 연구에서 시작하였고, 심리측정을 중요하게 다룬다.(ㄷ)
- 직업선택은 인지적인 과정으로 개인의 특성과 직업의 특성을 짝짓는 것이 가능하다고 본다.(ㄴ)
- 상담자 중심의 상담방법이며, 과학적이고 합리적인 문제해결 방법을 추구한다.
- 내담자에 대한 정서적 이해보다 문제의 객관적 이해에 중점을 둔다.
- 내담자를 객관적으로 이해하기 위해 사례나 사례연구를 중요시한다.
- 개인의 흥미나 능력 등에 대한 표준화 검사의 실시와 결과의 해석을 강조한다.
- 상담자는 교육자의 역할로써, 주도적인 역할을 수행한다.
- 대표적인 학자로 파슨스, 윌리엄슨 등이 있다.(ㄱ)

답 ①

꿰뚫어 보기

특성-요인 이론의 기본 가설(클라인과 바이너)

1) 인간은 신뢰롭고 타당하게 측정할 수 있는 독특한 특성을 가지고 있다.
2) 직업은 그 직업에서의 성공을 위해 구체적 특성을 지닐 것을 요구한다.
3) 진로선택은 인지적 과정이므로 개인의 특성과 직업의 특성을 짝짓는 것이 가능하다.
4) 개인의 특성과 직업적 요구사항이 긴밀한 관계를 맺을수록 직업적 성공의 가능성이 커진다.

35 2차 세계대전 중에 미국 공군이 개발한 것으로 모든 원점수를 1~9까지의 한 자리 숫자체계로 전환한 것은?

① 스테나인 척도 ② 서스톤 척도
③ 서열척도 ④ T점수

콕집어 해설

- 스테나인 척도 : 원점수를 1~9까지의 구간으로 구분하여 각 구간마다 일정한 점수나 등급을 부여한 것이다. '표준등급'이라고도 한다.
- 서스톤 척도 : 가중치가 부여된 일련의 문항을 나열하고, 응답자가 각 문항에 찬성과 반대를 표기하는 척도이다.
- 서열척도 : 숫자의 차이가 측정한 속성차이의 정보 외에 순위정보도 포함하는 척도이다.
- T 점수 : 소수점과 음수값을 가지는 Z점수의 단점을 보완하기 위해, 원점수를 변환해서 평균이 50, 표준편차가 10인 분포로 만든 것이다.

답 ①

36 직업지도 시 '직업적응' 단계에서 이루어지는 것이 아닌 것은?

① 직업생활에 적응하기 위하여 노력한다.
② 여러 가지 직업 중에서 장·단점을 비교한다.
③ 직업전환 및 실업위기에 대응하기 위한 자기만의 계획을 갖는다.
④ 은퇴 후의 생애설계를 한다.

콕집어 해설

직업지도 단계
- 제1단계(직업탐색 및 정보수집) : 선택한 직업에 대한 탐색 및 정보를 수집한다.
- 제2단계(직업선택) : 여러 가지 직업 중에서 장·단점을 비교하여 자신에게 적합한 직업을 선택하도록 한다.
- 제3단계(조직문화 조사) : 자신에게 적합한 조직문화를 조사하도록 한다.
- 제4단계(직업상담) : 직업상담을 통해 직업선택의 의사결정을 돕는다.
- 제5단계(취업준비) : 이력서를 작성하고 면접을 준비하도록 한다.
- 제6단계(직업적응) : 직업생활에 적응할 수 있도록 돕고, 직업전환 및 실업위기에 대한 준비와 은퇴 후의 생애설계를 하도록 한다.

답 ②

해 제2단계인 '직업선택'에 해당한다.

37 스트롱-캠벨 흥미검사(SCII)에 관한 설명으로 옳지 않은 것은?

① 직업전환에 관심이 있는 사람들에게 활용될 수 있다.
② 207개 직업별 흥미척도가 제시된다.
③ 반응관련 자료 및 특수척도 점수 등과 같은 자료가 제공된다.
④ 사회 경제구조와 직업형태에 적합한 18개 영역의 직업흥미를 분류하여 구성하였다.

콕집어 해설

스트롱-캠벨 흥미검사(SCII)
- 직업전환에 관심이 있는 사람들에게 활용될 수 있다.
- 207개 직업별 흥미척도가 제시된다.
- 반응관련 자료 및 특수척도 점수 등과 같은 자료가 제공된다.
- 하위척도에 일반직업분류(GOT), 기본흥미척도(BIS), 개인특성척도(PSS)가 있다.

답 ④

해 스트롱-캠벨 흥미검사(SCII)와는 관계없다.

꿰뚫어 보기

스트롱-캠벨 흥미검사(SCII)의 하위척도
1) 일반직업분류(GOT) : 흥미영역에 대한 정보를 제공하며, 홀랜드의 직업선택이론에 의한 6가지 유형으로 구성되어 있다.
2) 기본흥미척도(BIS) : 일반직업분류를 특정흥미들로 세분하여, 6가지 흥미유형에 대한 구체적인 정보를 얻을 수 있다.
3) 개인특성척도(PSS) : 업무 유형, 학습 유형, 리더십 유형, 모험심 유형들에 대한 개인의 선호도를 측정한다.

38 직업발달이란 직업 자아정체감을 형성해 나가는 계속적 과정이라고 간주하는 진로발달이론은?

① Ginzberg의 발달이론
② Super의 발달이론
③ Tiedman과 O'Hara의 발달이론
④ Tuckman의 발달이론

콕집어 해설

타이드만과 오하라의 발달이론 [탐구선명 순개통]

- 직업발달이란 직업 자아정체감을 형성해 나가는 계속적 과정이다.
- 예상기(전직업기)
  1) 탐색기 : 잠정적인 진로목표를 설정하고, 다양한 직업 대안들을 탐색한다.
  2) 구체화기 : 개인의 진로방향을 정하고 직업대안들을 구체화한다.
  3) 선택기 : 직업목표를 결정하고 확실한 의사결정을 선택한다.
  4) 명료화기 : 선택된 의사결정을 분석하고 검토한다.
- 실천기(직업적응기)
  1) 순응기 : 조직에서 인정받고 적응하기 위해 수용적인 태도를 보인다.
  2) 개혁기 : 자신의 주장을 관철시키기 위해 이전의 수용적 태도에서 벗어나 강경한 태도를 보인다.
  3) 통합기 : 자신의 욕구와 조직의 욕구를 균형 있게 조절하여 통합을 이룬다.

답 ③

꿰뚫어 보기

주요 진로발달이론과 학자

1) 긴즈버그의 진로발달 과정 [환잠현]

ㄱ. 환상기 : 환상 속에서 비현실적 선택을 하며, 자신의 욕구를 중시한다.

ㄴ. 잠정기 : 흥미에 따라 직업을 선택하나, 점차 자신의 능력을 고려한다.

☞ 하위단계 : 흥미단계, 능력단계, 가치단계, 전환단계 [흥능가전]

ㄷ. 현실기 : 개인의 욕구 및 능력을 현실적 요건에 부합시킴으로써 현명한 선택을 한다.

☞ 하위단계 : 탐색단계, 구체화단계, 특수화(정교화)단계 [탐구특]

2) 에릭슨의 심리사회적 발달단계와 위기 [신자 주근자 친생자]

ㄱ. 유아기(0~18개월) : 신뢰감 대 불신감

ㄴ. 초기아동기(18개월~3세) : 자율성 대 수치심

ㄷ. 학령전기 또는 유희기(3~5세) : 주도성 대 죄의식

ㄹ. 학령기(5~12세) : 근면성 대 열등감

ㅁ. 청소년기(12~20세) : 자아정체감 대 정체감 혼란

ㅂ. 성인초기(20~24세) : 친밀감 대 고립감

ㅅ. 성인기(24~65세) : 생산성(생성감) 대 침체감

ㅇ. 노년기(65세 이후) : 자아통합 대 절망

3) 수퍼(Super)의 진로발달단계 [성탐 확유쇠]

ㄱ. 성장기 : 자아개념을 발달시키는 시기이며, 욕구와 환상이 지배적이나 점차 흥미와 능력을 중시하게 된다.

☞ 하위단계 : 환상기, 흥미기, 능력기 [환흥능]

ㄴ. 탐색기 : 미래에 대한 계획을 세우고 적합한 직업을 탐색하는 시기이다.

☞ 하위단계 : 잠정기, 전환기, 시행기 [잠전시]

ㄷ. 확립기 : 자신에게 적합한 분야를 발견해서 생활의 기반을 확립하는 시기이다.

☞ 하위단계 : 시행기, 안정기

ㄹ. 유지기 : 자신의 자리를 유지하려고 노력하며 안정된 삶을 살아가는 시기이다.

ㅁ. 쇠퇴기 : 직업에서 은퇴한 후 새로운 역할과 활동을 찾게 되는 시기이다.

4) 고트프레드슨(Gottfredson) [힘성사내]

ㄱ. 힘과 크기 지향성(3~5세) : 사고과정이 구체화되며, 어른이 된다는 것의 의미를 알게 된다.

ㄴ. 성역할 지향성(6~8세) : 자아개념이 성의 발달에 의해서 영향을 받게 된다.

ㄷ. 사회적 가치 지향성(9~13세) : 사회적 가치를 인지하면서 상황 속 자아를 인식하게 된다.

ㄹ. 내적, 고유한 자아 지향성(14세 이후) : 자아성찰과 사회적 가치의 인식에 따라 직업적 포부가 발달한다.

39 종업원 평가 방법 중 다양한 직무과업을 모방하여 설계한 여러 가지 모의과제로 구성된 것은?

① 평가 센터(assessment center)
② 경력 자원 센터(career resource center)
③ 경력 워크숍(career workshop)
④ 경력 연습책자(career workbook)

콕집어 해설

경력개발 프로그램

- 평가 센터(Assessment Center) : 조직 구성원의 경력개발을 위하여 전문가로부터 개인의 능력, 성격, 기술 등에 관해 종합적인 평가를 받는 프로그램으로, 다양한 직무과업을 모방하여 설계한 여러 가지 모의과제로 구성되어 있다.
- 경력자원 센터(Career Resource Center) : 직원들의 경력개발을 위해 다양한 자료를 비치하고 있는 소규모의 도서관 형태를 말한다.
- 경력 워크숍(Career Workshop) : 신입사원을 대상으로 6개월 이내 자신이 도달하고 싶은 목표를 설정하고 계획을 제출하게 함으로써 자율적으로 경력목표를 달성하도록 돕는다.
- 경력연습 책자(Career Workbook) : 자신의 장·단점을 파악하고 목표달성을 위해 구체적인 행동계획을 세우는 과제들로 구성되어 있다.

답 ①

40 직무분석 정보를 수집하는 기법 중 다음과 같은 장점을 지닌 것은?

- 효율적이고 비용이 적게 든다.
- 동일한 직무의 재직자 간의 차이를 보여준다.
- 공통적인 직무 차원 상에서 상이한 직무들을 비교하기가 쉽다.

① 관찰법　　② 면접법
③ 설문지법　　④ 작업일지법

콕집어 해설

직무분석 방법 중 최초분석법 [면관체 설녹중]

- 면접법 : 직무분석자가 정확한 표현이 가능한 직무담당자와 면접을 통해 직무를 분석하는 방법이다.
  면접의 목적을 알려주고 편안한 분위기를 조성해야 한다.
  개방형 질문을 사용하고 유도질문을 삼가며, 쉬운 용어를 사용하고 안정된 속도로 진행해야 한다.
  - 장점 : 정확한 직무지식을 얻을 수 있다.
    다양한 직무들에 적용 가능하다.
  - 단점 : 자료 수집에 많은 노력이 소요된다.
    수치화된 정보를 얻기 어렵다.
- 관찰법 : 직무분석자가 직접 현장을 방문하여 작업자의 작업활동을 관찰하고 결과를 기술한다.
  - 장점 : 단순하고 반복적 직무분석에 적합하고, 정확한 결과를 얻을 수 있다.
  - 단점 : 정신적 활동의 직무분석에 적합치 않고, 분석자의 주관이 개입될 수 있다.
- 체험법 : 직무분석자가 직무활동을 직접 체험함으로써 생생한 자료를 얻는다.
  - 장점 : 직무의 심층적 내용까지 파악이 가능하다.
  - 단점 : 분석자의 일시적 체험을 확대 해석할 수 있으며, 정확성과 객관성을 보장하기 어렵다.
- 설문지법 : 작업자들에게 설문지를 배부하고 이들에게 직무에 대해 기술하도록 하는 것이다.
  - 장점 : 모든 직무에 사용 가능하며, 비용이 저렴하고 짧은 시간 내 많은 정보를 얻을 수 있다.
  - 단점 : 질문내용 외의 정보를 얻기가 힘들고, 응답자의 응답 태도와 낮은 회수율이 문제이다.
- 녹화법 : 단순하고 반복적이며, 장시간 관찰이 불가능할 때 사용된다.
  - 장점 : 열악한 작업환경에 대한 직무분석이 가능하다.
  - 단점 : 녹화 및 촬영 등의 전문 기술이 요구된다.
- 중요사건기법(결정적 사건법) : 직무수행에 결정적 역할을 한 사건을 중심으로 직무요건을 추론한다.
  - 장점 : 직무수행과 관련된 중요한 지식, 기술, 능력 등을 사례별로 분석할 수 있다.
  - 단점
    1) 일상적인 수행과 관련된 지식, 기술, 능력이 배제될 수 있다.
    2) 과거의 결정적 사건들이 왜곡되어 기술될 수 있다.
    3) 추론과정에서 분석가의 주관이 개입될 수 있다.
- 작업일지법 : 직무수행자가 매일 작성하는 작업일지를 통해 해당 직무에 관한 정보를 수집하는 방법이다.

답 ③

꿰뚫어 보기

직무분석방법 [최비데]

1) 최초분석법 : 분석할 직업에 관한 자료가 드물고, 그 분야의 전문가가 거의 없을 때 사용한다.
2) 비교확인법 : 지금까지 분석된 자료를 참고로 현재의 직무 상태를 비교·확인하는 방법이다.
3) 데이컴법 : 교과과정을 개발하고, 교육목표와 내용을 비교적 단시간 내에 추출하기 위해 사용한다.

제3과목 | 직업정보론

41 2023년 적용 최저임금은 얼마인가?

① 8350원 ② 8530원
③ 9,160원 ④ 9,620원

콕집어 해설

최저임금
- 2023년 최저임금은 전년대비 5.0%인상한 시급 9,620원이다.
- 최저임금은 최저임금위원회의 심의를 거쳐 고용노동부 장관이 결정·고시한다.
- 임금의 최저수준을 정하고, 사용자에게 이 수준 이상의 임금을 지급하도록 법으로 강제함으로써 저임금 근로자를 보호한다.
- 최저임금 적용을 받는 사용자는 최저임금액을 근로자가 쉽게 볼 수 있는 장소에 게시하거나 그 외 적당한 방법으로 근로자에게 널리 알려야 한다.

답 ④

42 한국표준산업분류(제10차)의 대분류별 개정 내용으로 틀린 것은?

① 채소작물 재배업에 마늘, 딸기 작물 재배업을 포함하였다.
② 전기자동차 판매 증가 등 관련 산업 전망을 감안하여 전기 판매업 세분류를 신설하였다.
③ 항공운송업을 항공 여객과 화물 운송업으로 변경하였다.
④ 행정 부문은 정부 직제 및 기능 등을 고려하여 전면 재분류하였다.

콕집어 해설

- A 농업, 임업 및 어업 : 채소작물 재배업에 마늘, 딸기작물 재배업을 포함시켰으며, 어업에서 해면은 해수면으로, 수산 종묘는 수산 종자로 명칭을 변경하였다.(①)
- D 전기, 가스, 증기 및 공기조절 공급업 : 수도업은 대분류 E로 이동했으며, 태양력 발전업을 세분하였고, 전기판매업 세분류를 신설했다.(②)
- H 운수 및 창고업 : 화물자동차 운송업과 기타 도로화물 운송업을 통합하였으며, 철도운송업을 철도 여객과 화물 운송업으로 세분하였고, 항공운송업을 항공 여객과 화물 운송업으로 변경하였다.(③)
- O 공공 행정, 국방 및 사회보장 행정 : 포괄범위를 고려하여 통신행정을 우편 및 통신행정으로 변경하였으며, 나머지 행정 부문은 정부 직제 및 기능 등을 고려하여 기존 분류를 유지하였다.(④)

답 ④

해 행정 부문은 정부 직제 및 기능 등을 고려하여 기존 분류를 유지하였다.

43 공공직업정보의 일반적인 특성을 모두 고른 것은?

ㄱ. 필요한 시기에 최대한 활용되도록 한시적으로 신속하게 생산되어 운영한다.
ㄴ. 특정분야 및 대상에 국한하지 않고 전체 산업 및 업종에 걸친 직종을 대상으로 한다.
ㄷ. 특정시기에 국한하지 않고 지속적으로 조사·분석하여 제공된다.
ㄹ. 관련 직업정보간의 비교·활용이 용이하다.

① ㄱ, ㄴ, ㄷ ② ㄱ, ㄴ, ㄹ
③ ㄱ, ㄷ, ㄹ ④ ㄴ, ㄷ, ㄹ

콕집어 해설

공공직업정보의 특성

구분	민간 직업정보	공공 직업정보
정보제공 속성	한시적	지속적
직업분류·구분	생산자의 자의성	기준에 따른 객관성
조사 직업 범위	제한적	포괄적
정보의 구성	완결적 정보체계	기초적 정보체계
타 정보와의 관계	관련성 낮음	관련성 높음
비용	유료	무료

답 ④

44 **한국표준산업분류(제10차)의 "A 농업, 임업 및 어업"분야 분류 시 유의사항으로 틀린 것은?**

① 구입한 농·임·수산물을 가공하여 특정 제품을 제조하는 경우에는 제조업으로 분류
② 농·임·수산업 관련 조합은 각각의 사업부문별로 그 주된 활동에 따라 분류
③ 농업생산성을 높이기 위한 지도·조언 등을 수행하는 정부기관은 "경영컨설팅업"에 분류
④ 수상오락 목적의 낚시장 및 관련시설 운영활동은 "낚시장 운영업"에 분류

콕집어해설

"A 농업, 임업 및 어업"분야 분류 시 유의사항
- 구입한 농·임·수산물을 가공하여 특정 제품을 제조하는 경우에는 제조업으로 분류
- 농·임·수산업 관련 조합은 각각의 사업부문별로 그 주된 활동에 따라 분류
- 수상오락 목적의 낚시장 및 관련 시설 운영활동은 "낚시장 운영업"에 분류

답 ③

해 농업생산성을 높이기 위한 지도·조언 등을 수행하는 정부기관은 "공공행정, 국방 및 사회보장행정"의 적합한 항목에 분류하며, "경영컨설팅업"은 수수료 및 계약에 의하여 기타 기관에서 농업 경영상담 및 관련 서비스를 제공하는 경우이다.

45 **취업성공패키지 I 에 해당하지 않는 것은?**

① 니트족 ② 북한이탈주민
③ 생계급여수급자 ④ 실업급여 수급자

콕집어해설

취업성공패키지 I (국민취업지원제도) 대상
- 만 18~69세, 단 위기청소년의 경우 만 15세~만 24세
- 생계급여수급자
- 중위소득 60% 이하 가구원
- 여성가장
- 위기청소년
- 니트족(Not in Education, Employment or Training)
- 북한이탈주민
- 결혼 이민자 및 결혼 이민자의 외국인자녀

답 ④

해 실업급여 수급자는 해당하지 않는다.

꿰뚫어 보기

취업성공패키지 II (국민취업지원제도) 대상
1) 만 18세~69세 이하
2) 고등학교 이하 졸업(예정)자 중 비진학 미취업 청년
3) 대학교(전문대 포함) 졸업 후 미취업 청년
4) 고교 및 대학 등 마지막 학년 재학 중인 자
5) 영세자영업자(연간매출액 8천만원 이상 1억5천만원 미만 사업자)
6) 중장년층 참여대상자는 만 35 ~ 69세 이하로서, 중위소득 100% 이하의 가구원으로서 실업급여 수급 종료 이후 미취업자, 고용보험 가입 이력은 있으나 수급 요건을 충족하지 못한 미취업자, 고용보험 가입 이력이 없는 자 및 영세자영업자(연간매출액 8천만원 이상 1억5천만원 미만인 사업자)

46 **한국직업사전(2020)의 부가직업정보 중 작업환경에 대한 설명으로 틀린 것은?**

① 작업환경은 해당 직업의 직무를 수행하는 작업원에게 직접적으로 물리적, 신체적 영향을 미치는 작업장의 환경요인을 나타낸 것이다.
② 작업환경의 측정은 작업자의 반응을 배제하고 조사자가 느끼는 신체적 반응으로 판단한다.
③ 작업환경은 저온·고온, 다습, 소음·진동, 위험내재, 대기환경 미흡으로 구분한다.
④ 작업환경은 사업체 및 작업장에 따라 달라질 수 있으므로 절대적인 기준이 될 수 없다.

콕집어해설

작업환경
- 해당 직업의 직무를 수행하는 작업원에게 직접적으로 물리적, 신체적 영향을 미치는 작업장의 환경요인을 나타낸 것이다.
- 작업환경의 측정은 조사 당시에 조사자가 느끼는 신체적 반응 및 작업자의 반응을 듣고 판단한다.
- 저온·고온, 다습, 소음·진동, 위험내재, 대기환경 미흡으로 구분한다.
- 산업체 및 작업장에 따라 달라질 수 있으므로 절대적인 기준이 될 수 없다.

답 ②

해 작업환경의 측정은 작업자의 반응을 배제해서는 안된다.

꿰뚫어 보기

한국직업사전의 구성

1) 직업코드 : 한국고용직업분류(KECO)의 세분류 4자리 숫자로 표기했다.
2) 본직업명 : 산업현장에서 일반적으로 해당 직업으로 알려진 명칭 또는 그 직무가 통상적으로 호칭되는 것으로 한국직업사전에 그 직무내용이 기술된 명칭이다.
3) 직무개요 : 주로 직무담당자의 활동, 활동의 대상 및 목적, 직무 담당자가 사용하는 기계, 전문적인 지식 등을 간략히 포함한다.
4) 수행직무 : 직무담당자가 직무의 목적을 완수하기 위하여 수행하는 작업내용을 작업 순서에 따라 서술한 것이다.
5) 부가직업정보 : 정규교육, 육체활동, 숙련기간, 직무기능, 작업강도, 작업장소, 작업환경, 자격·면허, 유사명칭, 관련직업, 조사연도, 표준산업분류 코드, 표준직업분류 코드로 구성되어 있다.

47 한국표준산업분류(제10차)의 통계단위는 생산활동과 장소의 동질성의 차이에 따라 다음과 같이 구분된다. (　　)에 알맞은 것은

구분	하나 이상 장소	단일 장소
하나 이상 산업활동	×××	×××
	×××	
단일 산업활동	(　　)	×××

① 기업집단 단위　　② 지역 단위
③ 기업체 단위　　④ 활동유형 단위

콕집어 해설

통계단위 [하기활 단지사]

생산단위의 활동에 관한 통계작성을 위하여 필요한 정보를 수집 또는 분석할 대상이 되는 관찰 또는 분석단위이다.

구분	하나 이상 장소	단일 장소
하나 이상 산업활동	기업집단단위,	지역단위
	기업체 단위	
단일 산업활동	활동유형 단위	사업체 단위

답 ④

48 워크넷(직업·진로)에서 학과정보를 계열별로 검색하고자 할 때 선택할 수 있는 계열이 아닌 것은?

① 문화관광계열　　② 교육계열
③ 자연계열　　④ 예체능계열

콕집어 해설

워크넷 학과정보

- 인문계열 : 언어학과, 철학과, 윤리학과, 국제지역학과, 심리학과 등
- 사회계열 : 정치외교학과, 법학과, 경제학과, 행정학과, 비서학과 등
- 교육계열 : 교육학과, 영어교육학과, 유아교육학과 등
- 자연계열 : 생명과학과, 수학과, 지구과학과, 수의학과, 아동가족학과 등
- 공학계열 : 안경광학과, 기계공학과, 건축학과, 조경학과, 섬유공학과 등
- 의약계열 : 의학과, 한의학과, 간호학과, 응급구조과, 방사선과 등
- 예·체능계열 : 성악과, 공예학과, 사진학과, 연극영화과, 체육학과 등

답 ①

해 문화관광계열은 워크넷(직업·진로)에서 학과정보를 계열별로 검색하고자 할 때 선택할 수 있는 계열이 아니다.

49 다음 설명에 해당하는 직업훈련지원제도는?

> 훈련인프라 부족 등으로 인해 자체적으로 직업훈련을 실시하기 어려운 중소기업들을 위해, 대기업 등이 자체 보유한 우수 훈련 인프라를 활용하여 중소기업이 필요로 하는 기술인력을 양성·공급하고 중소기업 재직자의 직무능력 향상을 지원하는 제도이다.

① 국가인적자원개발컨소시엄
② 사업주지원훈련
③ 국가기간전략산업직종훈련
④ 청년취업아카데미

콕집어 해설

직업훈련지원제도

- 국가인적자원개발컨소시엄: 중소기업이 필요로 하는 기술인력을 양성·공급하고 중소기업 재직자의 직무능력 향상을 지원하는 제도이다.
- 사업주지원훈련: 사업주가 직업능력개발훈련을 실시할 경우 비용지원 등을 통해 인적자원개발 및 기업경쟁력 제고를 목적으로 한다.
- 국가기간전략산업직종훈련: 국가의 기간산업 및 전략산업 등의 분야에서 부족하거나 수요가 증가할 것으로 예상되는 직종에 직업능력개발훈련을 실시하여 기업에서 필요로 하는 기술·기능인력 양성·공급 및 실업문제 해소를 목적으로 한다.
- 청년취업아카데미: 산업현장에서 요구하는 맞춤형 교육과정을 대학생졸업(예정)자에게 제공하여 청년의 노동시장 조기진입 등 청년고용 창출을 목적으로 한다.
- 일학습병행제: 근로자가 회사와 학교 등을 오가며 현장훈련과 이론교육을 함께 이수한다.

답 ①

50 한국표준직업분류(제7차)에서 직업분류의 목적이 아닌 것은?

① 각종 사회·경제통계조사의 직업단위 기준으로 활용
② 취업알선을 위한 구인·구직안내 기준으로 활용
③ 직종별 급여 및 수당지급 결정기준으로 활용
④ 산업활동 유형을 분류하는 기준으로 활용

콕집어 해설

직업분류의 목적

- 각종 사회·경제통계조사의 직업단위 기준으로 활용(①)
- 취업알선을 위한 구인·구직안내 기준으로 활용(②)
- 직종별 급여 및 수당지급 결정기준으로 활용(③)
- 직종별 특정질병의 이환율, 사망률과 생명표 작성 기준
- 산재보험요율, 생명보험요율 또는 산재보상액, 교통사고 보상액 등의 결정 기준

답 ④

해 직업분류의 목적이 아니다.

51 국가기술자격종목과 그 직무분야의 연결이 틀린 것은?

① 가스산업기사 - 환경·에너지
② 건설안전산업기사 - 안전관리
③ 광학기기산업기사-전기·전자
④ 방수산업기사-건설

콕집어 해설

국가기술자격종목과 그 직무분야

- 건설안전산업기사, 가스산업기사 - 안전관리
- 광학기기산업기사-전기·전자
- 방수산업기사-건설

답 ①

52 다음 중 비경제활동인구에 해당하는 것은?

① 수입목적으로 1시간 일한 자
② 일시휴직자
③ 신규실업자
④ 전업학생

콕집어 해설

비경제활동인구

- 조사대상 주간 중 취업자도 실업자도 아닌 만 15세 이상인 자로서,
- 가정주부
- 아르바이트나 직업을 가지지 않은 전업학생
- 일을 할 수 없는 연로자와 심신장애인
- 의무군인
- 불로소득자
- 자발적으로 자선사업이나 종교단체에 관여하는 자 등을 말한다.

답 ④

해 ①, ②는 취업자이고, ③은 실업자이다.

53 실기능력이 중요하여 고용노동부령이 정하는 필기시험이 면제되는 기능사 종목이 아닌 것은?

① 측량기능사 ② 도화기능사
③ 도배기능사 ④ 방수기능사

필기와 실기시험을 시행하는 종목 [정로한 미사]

정보처리기능사, 로더운전기능사, 한복기능사, 미용사, 사진기능사, 측량기능사

답 ①

꿰뚫어 보기

실기시험만 시행할 수 있는 국가기술자격

1) 경영·회계·사무 : 한글속기 1급·2급·3급
2) 건설 : 거푸집기능사, 건축도장기능사, 건축목공기능사, 도배기능사, 미장기능사, 방수기능사, 비계기능사, 온수온돌기능사, 조적기능사, 항공사진기능사, 도화기능사 등
3) 재료 : 금속재창호기능사

54 워크넷에 대한 설명으로 틀린 것은?

① 직업심리검사, 취업가이드, 취업지원프로그램 등 각종 취업지원서비스를 제공한다.
② 기업회원은 허위구인 방지를 위해 고용센터에 방문하여 구인신청서를 작성해야 한다.
③ 청년친화 강소기업, 공공기관, 시간선택제 일자리, 기업공채 등의 채용정보를 제공한다.
④ 직종별, 근무지역별, 기업형태별 채용정보를 제공한다.

콕집어 해설

워크넷

- 직업심리검사, 취업가이드, 취업지원프로그램 등 각종 취업지원서비스를 제공한다.(①)
- 기업회원은 워크넷에서 인재정보를 검색할 수 있고, 워크넷을 통해 구인신청서를 작성하고 구인신청 후 고용센터 담당자의 인증을 받게 된다.(②)
- 청년친화 강소기업, 공공기관, 시간선택제일자리, 기업공채 등의 채용정보를 제공한다.(③)
- 직종별, 근무지역별, 기업형태별 채용정보를 제공한다.(④)

답 ②

해 고용센터에 방문하여 구인신청서를 작성하는 것이 아니라, 워크넷을 통해 구인신청서를 작성한다.

55 직업정보 수집 시 2차 자료의 원천에 해당하지 않는 것은?

① 대중매체
② 공문서와 공식기록
③ 직접 수행한 심층면접자료
④ 민간부문 문서

콕집어 해설

- 1차 자료 : 정보를 조사하는 사람이 직접 수집 및 분석, 가공한 자료들이다.
- 2차 자료 : 이전에 누군가 이미 수집 및 분석, 가공한 자료로써 대부분의 자료들이 이에 속한다.
  1) 한국고용정보원에서 발행하는 직종별 직업사전
  2) 통계청에서 실시한 지역별 고용조사 결과
  3) 한국산업인력공단에서 제공하는 국가기술자격 통계연보
  4) 워크넷에서 제공하는 직업별 탐방기(테마별 직업여행)
  5) 각종 공문서와 공식기록
  6) 대중매체 및 각종 민간부문 문서

답 ③

해 1차 자료의 원천에 해당한다.

56 한국표준직업분류(제7차)에서 직업분류의 개념과 기준에 관한 설명이다. (　　) 안에 알맞은 직업분류 단위는?

> 직무 범주화 기준에는 직무별 고용의 크기 또한 현실적인 기준이 된다. 한국표준직업분류에서는 (　　) 단위에서 최소 1,000명의 고용을 기준으로 설정하였다.

① 대분류　② 중분류
③ 소분류　④ 세분류

콕집어 해설

직업분류의 단위

한국표준직업분류에서는 세분류 단위에서 최소 1,000명의 고용을 기준으로 설정하였다.

답 ④

57 직업성립의 일반요건과 가장 거리가 먼 것은?

① 윤리성 ② 경제성
③ 계속성 ④ 사회보장성

직업성립의 요건 [계경 윤사비]
- 계속성 : 직업은 계속해서 하는 일이어야 한다.
- 경제성 : 노동의 대가에 따른 수입이 있어야 한다.
- 윤리성 : 비윤리적인 직업이 아니어야 한다.
- 사회성 : 사회적으로 가치 있는 일이어야 한다.
- 비속박성(자유성) : 속박 상태에서 하는 일이 아니어야 한다.

답 ④

꿰뚫어 보기

일의 계속성 [주 계계계]
1) 매일, 매주, 매월 등 주기적으로 행하는 것
2) 계절적으로 행해지는 것
3) 명확한 주기는 없으나 계속적으로 행해지는 것
4) 현재의 일을 계속적으로 행할 의지와 가능성이 있는 것

58 국가기술자격 서비스분야 종목 중 응시자격에 제한이 없는 것으로만 짝지어진 것은?

① 직업상담사 2급-임상심리사 2급-스포츠경영관리사
② 사회조사분석사 2급-소비자전문상담사 2급-텔레마케팅관리사
③ 직업상담사 2급-컨벤션기획사 2급-국제의료관광코디네이터
④ 컨벤션기획사 2급-스포츠경영관리사-국제의료관광코디네이터

족집어 해설

국가기술자격 중 응시자격에 제한이 없는 서비스분야
직업상담사 2급, 사회조사분석사 2급, 컨벤션기획사 2급, 소비자전문상담사 2급, 전자상거래관리사 2급, 컴퓨터활용능력 1·2 급, 비서 1·2·3급, 한글속기 1·2·3급, 전산회계운용사 1·2·3급, 스포츠경영관리사, 전자상거래운용사, 워드프로세서, 텔레마케팅관리사 등은 응시자격 제한이 없다.

답 ②

해 임상심리사2급, 국제의료관광코디네이터는 응시자격에 제한이 있다.

꿰뚫어 보기

응시자격의 제한이 있는 서비스분야
1) 국제의료관광코디네이터(International medical tour coordinator)
(1) 업무수행 : 보건의료, 관광, 마케팅, 의학용어 등 관련 지식을 가지고 의료관광, 상담, 진료서비스 지원, 의료행위로 인한 리스크 관리, 관광서비스 지원, 통역, 의료관광 마케팅, 행정절차 관리 등의 업무를 수행한다.
(2) 응시자격
ㄱ. 보건의료 또는 관광분야의 관련학과로서 대학졸업자 또는 졸업예정자, 2년제 전문대학 관련학과 졸업자 등으로서 졸업 후 보건의료 또는 관광분야에서 2년 이상 실무에 종사한 사람
ㄴ. 관련 자격증(의사, 간호사, 보건교육사, 관광통역안내사, 컨벤션기획사1·2급)을 취득한 사람
ㄷ. 보건의료 또는 관광분야에서 4년 이상 실무에 종사한 사람
2) 임상심리사 2급 응시자격
(1) 임상심리와 관련하여 1년 이상 실습수련을 받은 사람 또는 2년 이상 실무에 종사한 사람으로서 대학졸업자 및 그 졸업예정자
(2) 외국에서 동일한 종목에 해당하는 자격을 취득한 사람
3) 컨벤션기획사 1급 : 2급 자격 취득 후 실무 3년 또는 4년 이상 실무에 종사한 사람

59 직업정보 수집을 위한 서베이 조사에 관한 설명으로 틀린 것은?

① 면접조사는 우편조사에 비해 비언어적 행위의 관찰이 가능하다.
② 일반적으로 전화조사는 면접조사에 비해 면접시간이 길다.
③ 질문의 순서는 응답률에 영향을 줄 수 있다.
④ 폐쇄형 질문의 응답범주는 상호배타적이어야 한다.

콕집어 해설

서베이 조사

- 모집단의 특성을 파악하기 위하여 일정 수의 표본을 추출하여 설문조사를 하는 것이다.
- 면접조사는 우편조사에 비해 비언어적 행위의 관찰이 가능하다.(①)
- 일반적으로 전화조사는 면접조사에 비해 면접시간이 짧다.(②)
- 질문의 순서는 응답률에 영향을 줄 수 있다.(③)
- 폐쇄형 질문의 응답범주는 상호배타적이어야 한다.(④)

답 ②

해 길다(×)→'짧다'

60 워크넷의 채용정보 검색조건에 해당하지 않는 것은?

① 희망임금 ② 학력

③ 경력 ④ 연령

콕집어 해설

워크넷의 채용정보 검색조건

근무지역, 희망직종, 고용형태, 희망임금, 경력 및 학력, 우대조건, 장애인 희망채용, 근무형태, 식비제공, 복리후생 등이다.

답 ④

해 '고용상 연령차별금지 및 고령자고용촉진에 관한 법률'상 채용정보 검색조건에서 '연령'이 삭제되었다.

제4과목 | 노동시장론

61 생산성 임금제를 따를 때 실질 생산성 증가율이 5%이고 물가상승률이 2%라고 하면 명목임금의 인상분은?

① 3% ② 5%

③ 7% ④ 10%

콕집어 해설

생산성 임금제에서의 임금결정 방식

명목임금(명목생산성) 증가율 = 실질임금(실질생산성) 증가율 + 물가상승률

명목임금(명목생산성) 증가율 = 5 (%) + 2 (%) = 7 (%)

∴ 7 %

답 ③

62 다음 중 통상임금에 포함되지 않는 것은?

① 기본급 ② 직급수당

③ 직무수당 ④ 특별급여

콕집어 해설

통상임금

- 근로자에게 정기적이고 일률적으로 소정 근로 또는 총 근로에 대해 지급하기로 정한 시간급, 주급, 월급 또는 도급 금액을 말한다.
- 기본급, 직무관련 직책, 직급, 직무수당을 포함한다.
- 연장근로, 야간근로, 휴일근로 등의 산출 기준 임금이다.
- 초과급여, 특별급여 등은 통상임금 산정에서 제외된다..

답 ④

꿰뚫어 보기

평균임금

1) 이를 산정하여야 할 사유가 발생한 날 이전 3개월 동안에 그 근로자에게 지급된 임금의 총액을 그 기간의 총일수로 나눈 금액이다.
2) 고용기간 중에서 근로자가 지급받고 있던 평균적인 임금 수준을 말한다.
3) 퇴직급여, 휴업수당, 재해보상금 산정의 기준이 된다.

63 **효율임금정책이 높은 생산성을 가져오는 원인에 관한 설명으로 틀린 것은?**

① 고임금은 노동자의 직장상실비용을 증대시켜서 작업 중에 태만하지 않게 한다.
② 고임금 지불기업은 그렇지 않은 기업에 비해 신규노동자의 훈련에 많은 비용을 지출한다.
③ 고임금은 노동자의 기업에 대한 충성심과 귀속감을 증대시킨다.
④ 고임금 지불기업은 신규채용 시 지원노동자의 평균자질이 높아져 보다 양질의 노동자를 고용할 수 있다.

콕집어 해설

효율성임금(efficiency wage)
- 개념 : 근로자의 생산성을 높이기 위해 시장임금보다 더 높은 임금을 지급하는 것이다.
- 장점
  1) 우수한 근로자 채용 및 노동의 질 향상(④)
  2) 근로자의 사직 감소에 따른 신규채용 및 훈련에 드는 비용감소(②)
  3) 대규모 사업장에서의 통제 상실 방지(①)
  4) 기업에 대한 충성심과 귀속감의 증대(③)
- 단점
  1) 기업 간 임금격차
  2) 이중노동시장의 형성
  3) 지역 또는 산업 간 노동력 수급의 불균형으로 구조적 실업 초래

답 ②

64 **임금격차의 원인으로서 통계적 차별(statistical discrimination)이 일어나는 경우는?**

① 비숙련 외국인노동자에게 낮은 임금을 설정할 때
② 임금이 개별 노동자의 한계생산성에 근거하여 설정될 때
③ 사용자가 자신의 경험을 기준으로 근로자의 임금을 결정할 때
④ 사용자가 근로자의 생산성에 대해 불완전한 정보를 갖고 있어 평균적인 인식을 근거로 임금을 결정할 때

콕집어 해설

통계적 차별(statistical discrimination)
- 한 개인이 자신의 특성이 아닌 소속집단의 평균적 특성에 의해 평가받는 것이다.
- 사용자가 근로자의 개인적 특성이 아니라 학력, 연령, 성별과 같은 특징으로 치우쳐 근로자의 생산성에 대해 불완전한 정보를 갖고 있어 평균적인 인식을 근거로 임금을 결정할 때 발생한다.

답 ④

65 **실업조사 등에 관한 설명으로 옳은 것은?**

① 경제가 완전고용 상태일 때 실업률은 0이다.
② 실업률은 실업자 수를 생산가능인구로 나눈 것이다.
③ 일기불순 등의 이유로 일하지 않고 있는 일시적 휴직자는 실업자로 본다.
④ 실업률 조사 대상 주간에 수입을 목적으로 1시간 이상 일한 경우 취업자로 분류된다.

콕집어 해설

실업조사
- 완전고용이란 일자리를 찾는 사람의 숫자와 현재 열려 있는 일자리 숫자가 비슷해진 상태를 말한다.
- 실업률이 0%라는 것은 현실적으로 불가능하므로, 경제가 완전고용 상태일 때 실업률은 0이 아니다.(①)
- 실업률은 실업자 수를 경제활동인구로 나눈 것이다.(②)
- 일기불순 등의 이유로 일하지 않고 있는 일시적 휴직자는 취업자로 본다.(③)
- 실업률 조사 대상 주간에 수입을 목적으로 1시간 이상 일한 경우 취업자로 분류된다.(④)

답 ④

66 **임금관리의 주요 구성요소와 가장 거리가 먼 것은?**

① 기본급과 수당 등의 임금체계
② 임금지급 시기
③ 노동생산성 수준에 따른 임금수준
④ 고정급제와 성과급제 등의 임금형태

족집어해설

임금관리의 주요 구성요소
- 임금수준(적정성) : 일정 기간동안 한 기업 내의 모든 근로자에게 지급되는 평균임금을 의미한다.
- 임금체계(공정성) : 개별 근로자의 임금결정기준을 의미한다.
  예 연공급, 직능급, 직무급 등
- 임금형태(합리성) : 임금의 계산 및 지불방법과 연관된다.
  예 고정급제(시간급제), 성과급제(능률급제), 연봉제 등

답 ②

꿰뚫어 보기

임금의 구성

1) 고정적 임금
   ㄱ. 정액급여 : 기본급, 제수당(가족·직책·정근·주택수당 등)
   ㄴ. 고정적 상여금
2) 변동적 임금
   ㄱ. 초과급여
   ㄴ. 변동적 상여

67 노동자가 자신에게 가장 유리한 직장을 찾기 위해서 정보수집활동에 종사하고 있을 동안의 실업상태로 정보의 불완전성에 기인하는 실업은?

① 계절적 실업　　② 마찰적 실업
③ 경기적 실업　　④ 구조적 실업

족집어해설

마찰적 실업
- 특징 : 비수요부족 실업이며, 자발적이고 단기적 실업이다.
- 원인 : 신규 또는 전직자가 직업을 찾는 과정에서 정보부족으로 인해 일시적으로 발생한다.
- 대책
  1) 구인·구직에 대한 전국적인 전산망 연결
  2) 구인·구직 정보제공시스템의 효율성 제고
  3) 직업 알선기관의 활성화
  4) 고용실태 및 전망에 대한 자료제공

답 ②

 **꿰뚫어 보기**

실업의 종류

1) 구조적 실업 : 구인처에서 요구하는 근로자가 없거나 지역 간 노동력 수급의 불균형 현상으로 인해 발생하는 비자발적 실업이다.
2) 마찰적 실업 : 신규 또는 전직자가 직업을 찾는 과정에서 직업정보 부족으로 인해 일시적으로 발생하는 자발적 실업이다.
3) 경기적 실업 : 불경기 때 발생하는 대표적인 수요부족 실업이다.
4) 계절적 실업 : 기후나 계절의 변화에 따라 노동수요의 변화가 심한 부문에서 발생하는 일시적 실업이다.
5) 기술적 실업 : 자본이 노동을 대체하여 실업이 발생한다는 마르크스의 실업이론이다.

68 직업이나 직종의 여하를 불문하고 동일산업에 종사하는 노동자가 조직하는 노동조합의 형태는?

① 직업별 노동조합　　② 산업별 노동조합
③ 기업별 노동조합　　④ 일반 노동조합

족집어해설

산업별 노동조합(Industrial Union)
- 동종의 산업에 종사하는 근로자들이 직종과 기업을 초월해 횡적으로 조직한 노동조합 형태이다.
- 미숙련 근로자들의 권익을 보호하기 위하여 발달한 노동조합이다.
- 전 세계적으로 채택되고 있는 조직형태이다.
- 임시직 근로자를 조직하기 용이해지며, 각 산업분야의 정보자료 수집·분석도 용이해진다.
- 기업별 특수성을 고려하기 어렵다는 단점이 있다.

답 ②

 **꿰뚫어 보기**

노동조합의 형태

1) 기업별 노동조합(Company Union)
   ㄱ. 하나의 기업에 종사하는 근로자들이 직종의 구별 없이 종단적으로 조직한 노동조합의 형태이다.
   ㄴ. 일반적으로 근로자의 횡단적 연대의식이 뚜렷하지 못하다.
   ㄷ. 독과점 대기업에서 쉽게 찾을 수 있다.
   ㄹ. 우리나라 노동조합의 주된 조직 형태이며, 노동시장의 지배력과 조직으로서의 역량이 극히 약하다.

ㅁ. 사용자와의 관계가 긴밀하고, 노동조합이 회사의 사정에 정통하여 노사분규의 가능성이 낮다.
ㅂ. 노동조합이 어용화될 위험성이 크다.

2) 직업별(직종별) 노동조합(Craft Union)
ㄱ. 동일직업, 동일직종에 종사하는 근로자가 산업·기업의 구별 없이 개인가맹 형태로 결성한 횡적 노동조합이다.
ㄴ. 노동운동사상 가장 일찍 발달한 조직형태이다.
ㄷ. 산업혁명 초기 숙련 근로자가 노동시장을 독점하기 위한 조직으로 결성하였다.
ㄹ. 저임금의 미숙련 근로자나 여성, 연소근로자는 가입이 어려웠다.

3) 일반 노동조합(General Union)
ㄱ. 제2차 세계대전 이후 주로 완전 미숙련 노동자들이나 잡역 노동자들을 중심으로 만들어진 단일 노동조합이다.
ㄴ. 노동자들의 최저생활에 필요한 조건들을 확보하는 측면에서 효과적이다.
ㄷ. 노조민주주의의 실현을 저해하며, 단체교섭의 상대방이 명확하지 못하다.

69 사용자의 부당해고로부터 근로자 보호를 강화하는 정책을 실시할 때 발생되는 효과로 옳은 것은?

① 고용수준 감소, 근로시간 증가
② 고용수준 증가, 근로시간 감소
③ 고용수준 증가, 근로시간 증가
④ 고용수준 감소, 근로시간 감소

콕집어 해설

부당해고로부터 근로자 보호하려할 때 발생되는 효과
- 사용자의 부당해고로부터 근로자 보호를 강화하는 정책을 실시하면 기업의 비용 부담이 증가되어 기업주는 근로자의 고용을 줄이게 된다.
- 고용수준이 감소하면 고용이 감소한 만큼 근로자들이 초과근무를 해야 하므로 근로시간은 증가하게 된다.

답 ①

70 노동수요탄력성의 크기에 영향을 미치는 요인과 거리가 가장 먼 것은?

① 생산물 수요의 가격탄력성
② 총 생산비에 대한 노동비용의 비중
③ 노동의 대체곤란성
④ 대체생산요소의 수요탄력성

콕집어 해설

노동수요탄력성의 크기에 영향을 미치는 요인
- 생산물 수요의 가격탄력성이 클수록 노동수요탄력성도 커진다.(①)
- 총 생산비에 대한 노동비용의 비중이 클수록 노동수요탄력성도 커진다.(②)
- 노동의 대체가능성이 작을수록 노동수요탄력성은 작아진다.(③)
- 대체생산요소의 공급탄력성이 클수록 노동수요탄력성도 커진다.(④)

답 ④

해 대체생산요소의 수요탄력성(×)→대체생산요소의 '공급탄력성'

71 실업에 관한 설명으로 틀린 것은?

① 실업급여의 확대는 탐색적 실업을 증가시킬 수 있다.
② 경기변동 때문에 발생하는 실업은 경기적 실업이다.
③ 구직단념자는 비경제활동인구로 분류된다.
④ 비수요부족 실업은 경기적 실업을 의미한다.

콕집어 해설

실업
- 실업급여의 확대는 탐색적 실업을 증가시킬 수 있다.
- 경기변동 때문에 발생하는 실업은 경기적 실업이다.
- 구직단념자는 비경제활동인구로 분류된다.
- 비수요부족 실업은 마찰적·구조적·계절적 실업을 의미하며, 수요부족실업은 경기적 실업을 의미한다.

답 ④

72 **노사관계의 3주체(tripartite)를 바르게 짝지은 것은?**

① 노동자-사용자-정부
② 노동자-사용자-국회
③ 노동자-사용자-정당
④ 노동자-사용자-사회단체

콕집어 해설

노사관계의 3주체(tripartite) (노·사·정)
- 노동자 및 노동조합
- 사용자 및 사용자단체
- 노동문제와 관련 있는 정부기구

답 ①

꿰뚫어 보기

던롭의 노사관계의 규제여건(환경) [기시주]

1) 기술적 특성 : 근로자의 질이나 양, 생산과정 및 생산방법 등이 노사관계에 영향을 미친다.
2) 시장 또는 예산제약 : 제품시장의 형태와 기업경영에 필요한 비용과 이윤 등이 노사관계에 영향을 미친다.
3) 각 주체들의 세력관계 : 노사관계를 포함한 사회 내 주체들 간의 세력관계가 노사관계에 영향을 미친다.

73 **노동자 7명의 평균생산량이 20단위일 때, 노동자를 추가로 1명 더 고용하여 평균생산량이 18 단위로 감소하였다면, 이 때 추가로 고용된 노동자의 한계생산량은?**

① 4단위 ② 5단위
③ 6단위 ④ 7단위

콕집어 해설

노동자의 한계생산량(MP_L)

- 노동의 평균생산량(AP_L) = $\dfrac{\text{총생산량}(TP)}{\text{노동투입량}(L)}$

- 노동의 한계생산량 (MP_L) = $\dfrac{\text{총생산량의 증가분}(\Delta TP)}{\text{노동투입량의 증가분}(\Delta L)}$

- 노동자 7명의 평균생산량이 20단위이므로,
  총생산량(TP) = 노동투입량(L) × 노동의 평균생산량(AP_L)
  = 7 × 20 = 140
  ∴ 140 단위

노동자 8명의 평균생산량이 18단위이므로,
이 때의 총생산량(TP) = 8 × 18 = 144
∴ 144 단위

따라서, 노동의 한계생산량(MP_L) = $\dfrac{144-140}{8-7}=4$
∴ 노동의 한계생산량(MP_L)은 4단위이다.

답 ①

74 **노동조합의 단체교섭 결과가 비조합원에게도 혜택이 돌아가는 현실에서 노동조합의 조합원이 아닌 비조합원에게도 단체교섭의 당사자인 노동조합이 회비를 징수하는 숍(shop)제도는?**

① 유니온 숍(union shop)
② 에이전시 숍(agency shop)
③ 클로즈드 숍(closed shop)
④ 오픈 숍(open shop)

콕집어 해설

숍(shop)제도

- 오픈 숍(open shop) : 고용주가 조합원, 비조합원 모두를 고용할 수 있는 제도이다.
  노동조합 확대에 가장 불리하다.
- 유니온 숍(union shop) : 고용주가 조합원 가입여부와 관계없이 신규채용이 가능하나, 채용 후 일정기간 내 반드시 노동조합에 가입하도록 해야 하는 제도이다.
  오픈숍과 클로즈드숍의 중간 형태이다.
- 클로즈드 숍(closed shop) : 노동조합에 가입한 노동자만을 채용할 수 있다.
  노동조합 확대가 용이해서 노동조합 측에 가장 유리한 제도이다.
- 에이전시 숍(agency shop) : 조합원·비조합원 구분하지 않고 모든 종업원에게 노동조합의 회비를 징수하는 제도이다.
- 프레퍼렌셜 숍(Preferential Shop) : 채용이나 단체교섭의 결과를 조합원에게 우선적으로 적용하는 등 조합원과 비조합원을 차등적으로 대하는 제도이다.
- 메인티넌스 숍(Maintenance Shop) : 노동조합의 가입 및 탈퇴가 자유로우나, 단체협약이 체결되면 그 효력이 지속되는 기간에는 탈퇴할 수 없다.

답 ②

75 정부가 임금을 인상시킬 때 오히려 고용이 증대되는 경우는?

① 공급독점의 노동시장
② 수요독점의 노동시장
③ 완전경쟁의 노동시장
④ 복점의 노동시장

콕집어 해설

수요독점의 노동시장

수요독점의 노동시장에서는 사용자가 노동자보다 더 우월한 위치에 있으므로, 완전경쟁의 노동시장보다 더 낮은 임금을 지급한다.
따라서, 수요독점의 노동시장에서는 정부가 임금을 인상시킬 때 오히려 고용이 증대된다.

답 ②

해 ④ '복점'은 과점의 한 형태로 사실상 두개의 판매자만이 시장을 장악하고 있는 상태를 말한다.

76 노동공급 탄력성이 무한대인 경우 노동공급곡선 형태는?

① 수평이다. ② 수직이다.
③ 우상향이다. ④ 우하향이다.

콕집어 해설

노동공급곡선

- 노동공급의 탄력성 값이 무한대(∞)인 경우에 노동공급곡선의 형태는 수평이며, 노동공급은 완전탄력적이다.
  이 때는 임금이 조금만 변해도 노동공급량이 큰 폭으로 변화된다.
- 노동공급의 탄력성 값이 0 인 경우에 노동공급곡선의 형태는 수직이며, 노동공급은 완전비탄력적이다.

답 ①

77 소득정책의 효과에 대한 설명으로 틀린 것은?

① 성장산업의 위축을 초래할 수 있다.
② 행정적 관리비용을 절감할 수 있다.
③ 임금억제에 이용될 가능성이 크다.
④ 급격한 물가상승기에 일시적으로 사용하면 효과를 거둘 수 있다.

콕집어 해설

소득정책

- 소득정책은 높은 고용수준과 물가를 안정시키고, 인플레이션 억제를 위해 임금이나 이자 등의 여러 분야에 정부가 관여하고 규제하는 정책이다.
- 임금억제에 이용될 가능성이 크다.(③)
- 성장산업의 위축을 초래할 수 있다.(①)
- 행정적 관리비용을 증가시킬 수 있다.(②)
- 급격한 물가상승기에 일시적으로 사용하면 효과를 거둘 수 있다.(④)

답 ②

해 관리비용 절감(×)→관리비용 증가

78 노동공급곡선이 그림과 같을 때 임금이 W0 이상으로 상승한 경우의 설명으로 옳은 것은?

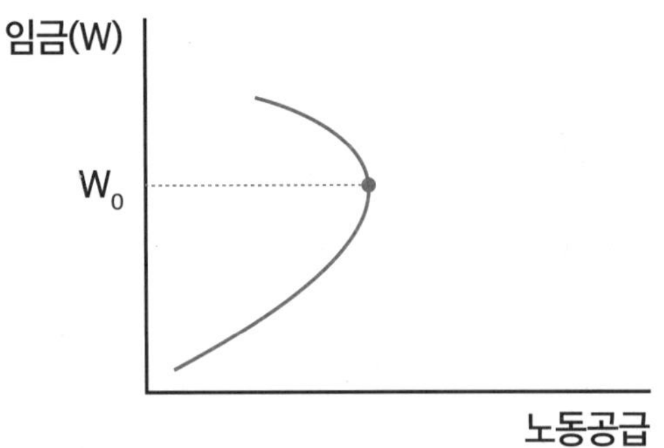

① 대체효과가 소득효과를 압도한다.
② 소득효과가 대체효과를 압도한다.
③ 대체효과가 규모효과를 압도한다.
④ 규모효과가 대체효과를 압도한다.

콕집어해설

임금상승으로 인한 소득효과가 대체효과보다 클 경우
소득효과가 대체효과보다 클 경우 임금상승으로 실질소득이 증가하므로 근로자는 노동시간을 줄이고 여가시간과 소비재 구입을 늘린다. 따라서, 노동공급곡선은 후방굴절한다.

답 ②

79 기업별 노동조합의 장점이 아닌 것은?
① 조합 구성이 용이하다.
② 단체교섭 타결이 용이하다.
③ 노동시장 분단을 완화시킬 수 있다.
④ 조합원 간의 친밀감이 높고 강한 연대감을 가질 수 있다.

콕집어해설

기업별 노동조합(Company Union)
- 하나의 기업에 종사하는 근로자들이 직종의 구별 없이 종단적으로 조직한 노동조합의 형태이다.
- 일반적으로 근로자의 횡단적 연대의식이 뚜렷하지 못하다.
- 독과점 대기업에서 쉽게 찾을 수 있다.
- 우리나라 노동조합의 주된 조직 형태이며, 노동시장의 지배력과 조직으로서의 역량이 극히 약하다.
- 사용자와의 관계가 긴밀하고, 노동조합이 회사의 사정에 정통하여 노사분규의 가능성이 낮다. 즉, 단체교섭 타결이 용이하다.(②)
- 노동조합이 어용화될 위험성이 크다.
- 조합 구성이 용이하며, 조합원 간의 친밀감이 높고 강한 연대감을 가질 수 있다.(①, ④)
- 노동시장 분단을 강화시킬 수 있다.(③)

답 ③

80 파업이론에 대한 설명이 옳은 것을 모두 고른 것은?

ㄱ. 힉스의 파업이론에 의하면, 사용자의 양보곡선과 노조의 저항곡선이 만나는 곳에서 파업기간이 결정된다.
ㄴ. 카터-챔벌린 모형에 따르면, 노조의 요구를 거부할 때 발생하는 사용자의 비용이 노조의 요구를 수락했을 때 발생하는 사용자의 비용보다 클 때 노조의 교섭력이 커진다.
ㄷ. 매브리 이론에 따르면, 노조의 최종수락조건이 사용자의 최종수락조건보다 작을 때 파업이 발생한다.

① ㄱ, ㄴ ② ㄴ, ㄷ
③ ㄱ, ㄷ ④ ㄱ, ㄴ, ㄷ

콕집어해설

파업이론
- 힉스의 파업이론에 의하면, 사용자의 양보곡선과 노조의 저항곡선이 만나는 곳에서 파업기간이 결정된다(ㄱ)
- 카터-챔벌린 모형에 따르면, 노조의 요구를 거부할 때 발생하는 사용자의 비용이 노조의 요구를 수락했을 때 발생하는 사용자의 비용보다 클 때 노조의 교섭력이 커진다(ㄴ)
- 매브리 이론에 따르면, 노조의 최종수락조건이 사용자의 최종수락조건보다 클 때 파업이 발생한다.

답 ①

제5과목 | 노동관계법규

81 직업안정법령상 직업정보제공사업자의 준수 사항으로 틀린 것은?

① 구인자의 업체명이 표시되어 있지 아니한 구인광고를 게재하지 아니할 것
② 직업정보제공매체의 구인·구직의 광고에는 구인·구직자의 주소 또는 전화번호를 기재하지 아니할 것
③ 구직자의 이력서 발송을 대행하거나 구직자에게 취업추천서를 발부하지 아니할 것
④ 직업정보제공사업의 광고문에 "취업추천"·"취업지원" 등의 표현을 사용하지 아니할 것

콕집어 해설

직업정보제공사업자의 준수사항
- 구인자의 업체명(또는 성명)이 표시되어 있지 아니하거나 구인자의 연락처가 사서함 등으로 표시되어 구인자의 신원이 확실하지 아니한 구인광고를 게재하지 아니할 것
- 직업정보제공매체의 구인·구직의 광고에는 구인·구직자의 주소 또는 전화번호를 기재하고, 직업정보제공사업자의 주소 또는 전화번호는 기재하지 아니할 것
- 직업정보제공매체 또는 직업정보제공사업의 광고문에 "(무료)취업상담"·"취업추천"·"취업 지원" 등의 표현을 사용하지 아니할 것
- 구직자의 이력서 발송을 대행하거나 구직자에게 취업추천서를 발부하지 아니할 것
- 직업정보제공매체에 정보이용자들이 알아보기 쉽게 신고로 부여받은 신고번호를 표시할 것
- 최저임금에 미달되는 구인정보, 「성매매알선 등 행위의 처벌에 관한법률」에 따른 금지행위가 행하여지는 업소에 대한 구인광고를 게재하지 아니할 것

답 ②

해 기재하지 아니할 것(×)→기재할 것

82 남녀고용평등과 일·가정 양립 지원에 관한 법령상 1천만원 이하의 과태료 부과행위에 해당하는 것은?

① 난임치료휴가를 주지 아니한 경우
② 성희롱 예방 교육을 하지 아니한 경우
③ 직장 내 성희롱 발생 사실 조사 과정에서 알게 된 비밀을 다른 사람에게 누설한 경우
④ 사업주가 직장 내 성희롱을 한 경우

콕집어 해설

500만원 이하의 과태료
- 난임치료휴가를 주지 아니한 경우
- 성희롱 예방 교육을 하지 아니한 경우
- 직장 내 성희롱 발생 사실 조사 과정에서 알게 된 비밀을 다른 사람에게 누설한 경우

답 ④

해 사업주가 직장 내 성희롱을 한 경우에는 1천만원 이하의 과태료를 부과한다.

83 기간제 및 단시간근로자 보호 등에 관한 법률상 사용자가 기간제근로자와 근로계약을 체결하는 때에 서면으로 명시하여야 하는 사항을 모두 고른 것은?

ㄱ. 근로계약기간에 관한 사항
ㄴ. 근로시간·휴게에 관한
ㄷ. 휴일·휴가에 관한 사항 사항
ㄹ. 취업의 장소와 종사하여야 할 업무에 관한 사항

① ㄱ, ㄴ　② ㄴ, ㄷ, ㄹ
③ ㄱ, ㄷ, ㄹ　④ ㄱ, ㄴ, ㄷ, ㄹ

콕집어 해설

기간제근로자와 근로계약 체결 시 서면 명시사항
- 근로계약기간에 관한 사항
- 근로시간·휴게에 관한 사항
- 임금의 구성항목·계산방법 및 지불방법에 관한 사항
- 휴일·휴가에 관한 사항
- 취업의 장소와 종사하여야 할 업무에 관한 사항

답 ④

꿰뚫어 보기

단시간근로자와 근로계약 체결 시 명시사항 : 근로일 및 근로일별 근로시간

84 고용정책 기본법상 명시된 목적이 아닌 것은?

① 근로자의 고용안정 지원
② 실업의 예방 및 고용의 촉진
③ 노동시장의 효율성과 인력수급의 균형 도모
④ 기업의 일자리 창출과 원활한 인력확보 지원

콕집어 해설

고용정책 기본법상 명시된 목적
- 근로자의 고용안정 지원
- 기업의 일자리 창출과 원활한 인력 확보 지원
- 노동시장의 효율성과 인력수급의 균형 도모

답 ②

해 고용보험법의 목적이다.

85 고용보험법령상 피보험자격의 신고에 관한 설명으로 틀린 것은?

① 사업주가 피보험자격에 관한 사항을 신고하지 아니하면 근로자가 신고할 수 있다.
② 사업주는 그 사업에 고용된 근로자의 피보험자격의 취득 및 상실 등에 관한 사항을 고용노동부장관에게 신고하여야 한다.
③ 자영업자인 피보험자는 피보험자격의 취득 및 상실에 관한 신고를 하지 아니한다.
④ 피보험자격의 취득 및 상실 등에 관한 신고는 그 사유가 발생한 날로부터 14일 이내에 하여야 한다.

콕집어 해설

피보험자격의 신고
- 사업주가 피보험자격에 관한 사항을 신고하지 아니하면 근로자가 신고할 수 있다.
- 사업주는 그 사업에 고용된 근로자의 피보험자격의 취득 및 상실 등에 관한 사항을 고용노동부장관에게 신고하여야 한다.
- 자영업자인 피보험자는 피보험자격의 취득 및 상실에 관한 신고를 하지 아니한다.

답 ④

해 그 사유가 발생한 날이 속하는 달의 다음 달 15일까지 신고해야 한다.

86 고용보험법상 구직급여의 수급 요건에 해당하지 않는 것은?

① 이직일 이전 18개월간 피보험 단위기간이 합산하여 180일 이상일 것
② 근로의 의사와 능력이 있음에도 불구하고 취업하지 못한 상태에 있을 것
③ 전직 또는 자영업을 하기 위하여 이직한 경우
④ 재취업을 위한 노력을 적극적으로 할 것

콕집어 해설

구직급여 수급요건
- 이직일 이전 18개월 동안에 피보험 단위기간이 통산하여 180일 이상일 것(①)
- 근로의 의사와 능력이 있음에도 불구하고 취업(영리를 목적으로 사업을 영위하는 경우를 포함)하지 못한 상태에 있을 것(②)
- 이직사유가 수급자격의 제한 사유에 해당하지 아니할 것
- 재취업을 위한 노력을 적극적으로 할 것(④)
- 수급자격 인정신청일 이전 1개월 동안의 근로일수가 10일 미만이거나 건설일용근로자로서 수급자격 인정신청일 이전 14일간 연속하여 근로내역이 없을 것
- 최종 이직 당시의 기준기간 동안의 피보험 단위기간 중 다른 사업에서 수급자격의 제한 사유에 해당하는 사유로 이직한 사실이 있는 경우에는 그 피보험 단위기간 중 90일이상을 일용근로자로 근로하였을 것

답 ③

해 정당한 사유없이 자기 사정으로 이직한 경우엔 수급자격이 없다.

87 남녀고용평등과 일·가정 양립 지원에 관한 법률에 대한 설명으로 틀린 것은?

① 근로자란 사업주에게 고용된 자와 취업할 의사를 가진 자를 말한다.
② 사업주가 임금차별을 목적으로 설립한 별개의 사업은 동일한 사업으로 본다.
③ 사업주는 육아기 근로시간 단축을 하고 있는 근로자의 명시적 청구가 있으면 단축된 근로 시간 외에 주 12시간 이내에서 연장근로를 시킬 수 있다.
④ 사업주는 사업을 계속할 수 없는 경우에도 육아휴직 중인 근로자를 육아휴직 기간에 해고하지 못한다.

콕집어 해설

남녀고용평등과 일 · 가정 양립 지원에 관한 법률
- 근로자란 사업주에게 고용된 자와 취업할 의사를 가진 자를 말한다.(①)
- 사업주가 임금차별을 목적으로 설립한 별개의 사업은 동일한 사업으로 본다.(②)
- 사업주는 육아기 근로시간 단축을 하고 있는 근로자의 명시적 청구가 있으면 단축된 근로 시간 외에 주 12시간 이내에서 연장근로를 시킬 수 있다.(③)
- 사업주는 육아휴직을 이유로 해고나 그 밖의 불리한 처우를 하여서는 아니 되며, 육아휴직 기간에는 그 근로자를 해고하지 못한다. 다만, 사업을 계속할 수 없는 경우에는 그러하지 아니하다.(④)

답 ④

88 고용상 연령차별금지 및 고령자고용촉진에 관한 법령상 준고령자의 정의로 옳은 것은?

① 40세 이상 45세 미만인 사람
② 45세 이상 50세 미만인 사람
③ 50세 이상 55세 미만인 사람
④ 55세 이상 60세 미만인 사람

콕집어 해설

준고령자와 고령자의 정의
- '준고령자'는 50세 이상 55세 미만인 사람으로서 고령자가 아닌 사람을 말한다.
- '고령자'란 인구와 취업자의 구성 등을 고려하여 55세 이상인 자를 말한다.

답 ③

89 고용정책 기본법령상 실업대책사업에 관한 설명으로 틀린 것은?

① 실업자에 대한 공공근로사업은 실업대책사업에 해당한다.
② 6개월 이상 기간을 정하여 무급으로 휴직하는 사람은 실업자로 본다.
③ 실업대책사업의 일부를 한국산업인력공단에 위탁할 수 있다.
④ 실업대책사업에는 많은 인력을 사용하는 사업이 포함되어야 한다.

콕집어 해설

실업대책사업
- 실업자의 취업촉진을 위한 훈련의 실시와 훈련에 대한 지원
- 고용촉진과 관련된 사업을 하는 자에 대한 대부
- 실업자에 대한 생계비, 생업자금, 실업자 가족의 의료비 지원, 학자금(자녀 학자금 포함), 주택전세자금 및 창업점포임대 등의 지원
- 실업예방, 실업자의 재취업 촉진, 그 밖에 고용안정을 위한 사업을 하는 자에 대한 지원
- 실업자에 대한 공공근로사업, 그 밖에 실업의 해소에 필요한 사업(①)
- 6개월 이상 기간을 정하여 무급으로 휴직하는 사람은 실업자로 본다.(②)
- 실업대책사업의 일부를 근로복지공단에 위탁할 수 있다.(③)
- 실업대책사업에는 많은 인력을 사용하는 사업이 포함되어야 한다.(④)

답 ③

해 한국산업인력공단(×)→근로복지공단

90 남녀고용평등과 일·가정 양립 지원에 관한 법령상 (　　) 안에 들어갈 숫자의 연결이 옳은 것은?

> 제19조의4(육아휴직과 육아기 근로시간 단축의 사용형태)
> ① 근로자는 육아휴직을 (ㄱ)회에 한정하여 나누어 사용할 수 있다.
> ② 근로자는 육아기 근로시간 단축을 나누어 사용할 수 있다. 이 경우 나누어 사용하는 (ㄴ)회의 기간은 (ㄷ)개월 이상이 되어야 한다.

	ㄱ	ㄴ	ㄷ
①	1	2	2
②	2	1	2
③	1	2	3
④	2	1	3

콕집어 해설

육아휴직과 육아기 근로시간 단축의 사용형태

- 근로자는 육아휴직을 2회에 한정하여 나누어 사용할 수 있다.
- 근로자는 육아기 근로시간 단축을 나누어 사용할 수 있다. 이 경우 나누어 사용하는 1회의 기간은 3개월 이상이 되어야 한다.

답 ④

91 근로기준법령상 근로시간 및 휴게시간의 특례 사업에 해당하지 않는 것은?

① 수상운송업
② 항공운송업
③ 육상운송 및 파이프라인 운송업
④ 노선 여객자동차운송사업

콕집어 해설

근로시간 및 휴게시간의 특례 사업

아래 해당사업에 대하여 사용자가 근로자 대표와 서면으로 합의한 경우에는 주(週) 12시간을 초과하여 연장근로를 하게 하거나 휴게시간을 변경할 수 있다.

1) 육상운송 및 파이프라인 운송업. 다만, 「여객자동차 운수사업법」에 따른 노선(路線) 여객자동차운송사업은 제외한다.
2) 수상운송업
3) 항공운송업
4) 기타 운송관련 서비스업
5) 보건업

답 ④

92 국민평생직업능력 개발법상 직업능력개발훈련이 중요시되어야 할 대상으로 명시되지 않은 것은?

①「국민기초생활 보장법」에 따른 수급권자
②「국가유공자 등 예우 및 지원에 관한 법률」에 따른 국가유공자
③「제대군인지원에 관한 법률」에 따른 제대군인
④「한부모가족지원법」에 따른 지원대상자

콕집어 해설

직업능력개발훈련이 중요시되어야 할 대상

- 고령자, 장애인
- 국민기초생활 수급권자(①)
- 국가유공자와 그 유족 또는 가족이나 보훈보상대상자와 그 유족 또는 가족(②)
- 5·18 민주유공자와 그 유족 또는 가족
- 제대군인 및 전역예정자(③)
- 여성근로자
- 중소기업의 근로자
- 일용근로자, 단시간근로자, 기간을 정하여 근로계약을 체결한 근로자,
- 일시적 사업에 고용된 근로자, 파견근로자

답 ④

93 직업안정법상 직업소개사업을 겸업할 수 있는 것은?

① 「결혼중개업의 관리에 관한 법률」상 결혼중개업
② 「공중위생관리법」상 숙박업
③ 「식품위생법」상 식품접객업 중 유흥주점영업
④ 「식품위생법」상 식품접객업 중 일반음식점영업

콕집어 해설

직업소개업과 겸업이 금지되는 사업
- 「결혼중개업의 관리에 관한 법률」상 결혼중개업(①)
- 「공중위생관리법」상 숙박업(②)
- 「식품위생법」상 식품접객업 중 단란주점영업, 유흥주점영업(③)
- 식품위생법의 식품접객업 중 대통령령으로 정하는 영업 휴게음식점영업 중 주로 다류를 조리·판매하는 영업(영업자 또는 종업원이 영업장을 벗어나 다류를 배달 판매하면서 소요시간에 따라 대가를 받는 형태로 운영하는 경우로 한정)

답 ④

94 고용보험법상 (　　　)에 알맞은 것은?

> 육아휴직 급여를 지급받으려는 사람은 육아휴직을 시작한 날 이후 1개월부터 육아휴직이 끝난 날 이후 (　　)개월 이내에 신청하여야 한다.

① 1　　② 3
③ 6　　④ 12

콕집어 해설

육아휴직 급여 신청
육아휴직 급여를 지급받으려는 사람은 육아휴직을 시작한 날 이후 1개월부터 육아휴직이 끝난 날 이후 12개월 이내에 신청하여야 한다.

답 ④

95 근로자퇴직급여 보장법령상 용어의 정의에 관한 설명으로 틀린 것은?

① 퇴직급여제도란 확정급여형퇴직연금제도, 확정기여형퇴직연금제도 및 개인형퇴직연금제도를 말한다.
② 사용자란 사업주 또는 사업의 경영 담당자 또는 그 밖에 근로자에 관한 사항에 대하여 사업주를 위하여 행위하는 자를 말한다.
③ 임금이란 사용자가 근로의 대가로 근로자에게 임금, 봉급, 그 밖에 어떠한 명칭으로든지 지급하는 일체의 금품을 말한다.
④ 확정급여형퇴직연금제도란 근로자가 받을 급여의 수준이 사전에 결정되어 있는 퇴직연금제도를 말한다.

콕집어 해설

근로자퇴직급여보장법 용어
- 이 법은 1명 이상의 근로자를 사용하는 모든 사업장에 적용한다. 다만, 동거하는 친족만을 사용하는 사업 및 가구 내 고용활동에는 적용하지 아니한다.
- 퇴직연금제도란 확정급여형퇴직연금제도, 확정기여형퇴직연금제도 및 개인형퇴직연금제도를 말한다.
- 확정급여형퇴직연금제도란 근로자가 받을 급여의 수준이 사전에 결정되어 있는 퇴직연금제도를 말한다.(④)
- 퇴직급여제도란 확정급여형퇴직연금제도, 확정기여형퇴직연금제도 및 퇴직금제도를 말한다.(①)
- 사용자란 사업주 또는 사업의 경영 담당자 또는 그 밖에 근로자에 관한 사항에 대하여 사업주를 위하여 행위하는 자를 말한다.(②)
- 임금이란 사용자가 근로의 대가로 근로자에게 임금, 봉급, 그 밖에 어떠한 명칭으로든지 지급하는 일체의 금품을 말한다.(③)

답 ①

해 개인형퇴직연금제도(×)→퇴직금제도

 **꿰뚫어 보기**

퇴직급여제도
1) 사용자는 퇴직하는 근로자에게 급여를 지급하기 위하여 퇴직급여제도 중 하나 이상의 제도를 설정하여야 한다. 다만, 계속근로기간이 1년 미만인 근로자, 4주간을 평균하여 1주간의 소정근로시간이 15시간 미만인 근로자에 대하여는 그러하지 아니하다.

2) 퇴직금제도를 설정하려는 사용자는 계속근로기간 1년에 대하여 30일분 이상의 평균임금을 퇴직금으로 퇴직 근로자에게 지급할 수 있는 제도를 설정해야 한다.
3) 사용자가 퇴직급여제도를 설정하거나 설정된 퇴직급여제도를 다른 종류의 퇴직급여제도로 변경하려는 경우에는 근로자의 과반수가 가입한 노동조합이 있는 경우에는 그 노동조합, 근로자의 과반수가 가입한 노동조합이 없는 경우에는 근로자 과반수(근로자대표)의 동의를 받아야 한다.
4) 사용자가 퇴직급여제도의 내용을 변경하려는 경우에는 근로자대표의 의견을 들어야 한다. 다만, 근로자에게 불리하게 변경하려는 경우에는 근로자대표의 동의를 받아야 한다.
5) 사용자가 퇴직급여제도나 개인형 퇴직연금제도를 설정하지 아니한 경우에는 법정 퇴직금제도를 설정한 것으로 본다.

96 근로자직업능력 개발법령상 고용노동부장관이 직업능력개발사업을 하는 사업주에게 지원할 수 있는 비용이 아닌 것은?

① 근로자를 대상으로 하는 자격검정사업 비용
② 직업능력개발훈련을 위해 필요한 시설의 설치 사업 비용
③ 근로자의 경력개발관리를 위하여 실시하는 사업 비용
④ 고용노동부장관의 인정을 받은 직업능력개발훈련 과정의 수강 비용

콕집어 해설

직업능력개발사업을 하는 사업주 지원비용
- 근로자 직업능력개발훈련
- 근로자를 대상으로 하는 자격검정사업 비용(①)
- 직업능력개발훈련을 위해 필요한 시설의 설치 사업 비용(②)
- 근로자의 경력개발관리를 위하여 실시하는 사업 비용(③)
- 근로자 직업능력개발을 위한 정보망 구축사업

답 ④

해 사업주가 아닌, 근로자에 대한 지원이다.

97 근로기준법령상 경영상의 이유에 의한 해고에 관한 설명으로 옳은 것은?

① 사용자는 근로자대표에게 해고를 하려는 날의 60일 전까지 해고의 기준을 통보하여야 한다.
② 경영 악화를 방지하기 위한 사업의 합병은 긴박한 경영상의 필요가 있는 것으로 볼 수 없다.
③ 사용자는 근로자를 해고하려면 해고사유와 해고시기를 서면으로 통지하여야 한다.
④ 사용자는 경영상 이유에 의하여 해고된 근로자에 대하여 재취업 등 필요한 조치를 우선적으로 취하여야 한다.

콕집어 해설

경영상의 이유에 의한 해고
- 사용자는 해고를 피하기 위한 방법과 해고의 기준 등에 관하여 그 사업 또는 사업장에 근로자의 과반수로 조직된 노동조합이 있는 경우에는 그 노동조합, 근로자의 과반수로 조직된 노동조합이 없는 경우에는 근로자의 과반수를 대표하는 자에게 해고를 하려는 날의 50일 전까지 통보하고 성실하게 협의하여야 한다.(①)
- 경영 악화를 방지하기 위한 사업의 합병은 긴박한 경영상의 필요가 있는 것으로 본다.(②)
- 사용자는 근로자를 해고하려면 해고사유와 해고시기를 서면으로 통지하여야 한다.(③)
- 정부는 경영상 이유에 의하여 해고된 근로자에 대하여 재취업 등 필요한 조치를 우선적으로 취하여야 한다.(④)

답 ③

98 근로기준법령상 임금에 관한 설명으로 틀린 것은?

① 고용노동부장관은 체불사업주의 명단을 공개할 경우 체불사업주에게 3개월 이상의 기간을 정하여 소명 기회를 주어야 한다.
② 단체협약에 특별한 규정이 있는 경우에는 임금의 일부를 공제하거나 통화 이외의 것으로 지급할 수 있다.
③ 사용자는 도급으로 사용하는 근로자에게 근로시간에 따라 일정액의 임금을 보장하여야 한다.
④ 사용자는 고용노동부장관의 승인을 받은 경우 통상임금의 100분의 70에 못 미치는 휴업수당을 지급할 수 있다.

콕집어 해설

임금
- 고용노동부장관은 체불사업주의 명단을 공개할 경우 체불사업주에게 3개월 이상의 기간을 정하여 소명 기회를 주어야 한다.(①)
- 단체협약에 특별한 규정이 있는 경우에는 임금의 일부를 공제하거나 통화 이외의 것으로 지급할 수 있다.(②)
- 사용자는 도급으로 사용하는 근로자에게 근로시간에 따라 일정액의 임금을 보장하여야 한다.(③)
- 사용자는 부득이한 사유로 사업을 계속하는 것이 불가능하여 노동위원회의 승인을 받은 경우에는 100분의 70에 못 미치는 휴업수당을 지급할 수 있다.(④)

답 ④

해 고용노동부장관(×)→노동위원회

99 채용절차의 공정화에 관한 법률에 관한 설명으로 틀린 것은?

① 고용노동부장관은 입증자료의 표준양식을 정하여 구인자에게 그 사용을 권장할 수 있다.
② 원칙적으로 상시 30명 이상의 근로자를 사용하는 사업장의 채용절차에 적용한다.
③ 채용서류란 기초심사자료, 입증자료, 심층심사자료를 말한다.
④ 심층심사자료란 작품집, 연구실적물 등 구직자의 실력을 알아볼 수 있는 모든 물건 및 자료를 말한다.

콕집어 해설

채용절차의 공정화
- 고용노동부장관은 기초심사자료의 표준양식을 정하여 구인자에게 그 사용을 권장할 수 있다.(①)
- 원칙적으로 상시 30명 이상의 근로자를 사용하는 사업장의 채용절차에 적용한다.(②)
- 채용서류란 기초심사자료, 입증자료, 심층심사자료를 말한다.(③)
- 심층심사자료란 작품집, 연구실적물 등 구직자의 실력을 알아볼 수 있는 모든 물건 및 자료를 말한다.(④)

답 ①

해 입증자료(×)→기초심사자료

100 헌법상 노동3권과 관련이 있는 것은?

① 법률에 의해 최저임금제 보장
② 자주적인 단체교섭권의 보장
③ 연소근로자 특별한 보호
④ 국가유공자의 우선근로 기회 부여

콕집어 해설

노동3권
- 근로자는 자주적인 단결권, 단체교섭권, 단체행동권을 가진다.
- 단결권 : 근로자들이 자주적으로 노동조합을 설립·운영하고 이에 가입하며, 노동조합을 운영할 수 있는 권리
- 단체교섭권 : 근로자가 근로조건을 유지·개선하기 위하여 단결에 의해서 사용자와 교섭할 수 있는 권리
- 단체행동권 : 단체교섭이 근로자에게 유리하게 전개되도록 하기 위하여 근로자에게 보장된 집단적 행동에 관한 권리

답 ②

MEMO

VOCATIONAL
COUNSELOR

2020

직업상담사 2급
1차 필기 기출문제&해설

문제달인 신의술 유튜브 바로가기

2020년 1, 2회 통합

제1과목 | 직업상담학

01 직업상담 과정에서의 사정단계를 바르게 나열한 것은?

ㄱ. 내담자의 동기 파악
ㄴ. 내담자의 자기진단 탐색
ㄷ. 내담자의 자기진단
ㄹ. 인지적 명확성 파악

① ㄷ → ㄱ → ㄴ → ㄹ
② ㄷ → ㄴ → ㄹ → ㄱ
③ ㄹ → ㄷ → ㄱ → ㄴ
④ ㄹ → ㄱ → ㄷ → ㄴ

콕집어 해설

직업상담 과정의 사정단계
- 1단계 : 인지적 명확성의 존재
- 2단계 : 내담자의 동기 파악
- 3단계 : 내담자의 자기진단
- 4단계 : 내담자의 자기진단 탐색

답 ④

02 Super의 진로발달이론에 대한 설명으로 틀린 것은?

① 진로발달은 성장기, 탐색기, 확립기, 유지기, 쇠퇴기를 거쳐 이루어진다.
② 진로선택은 자아개념의 실현과정이다.
③ 진로발달에 있어서 환경의 영향보다는 개인의 흥미, 적성, 가치가 더 중요하다.
④ 자아개념은 직업적 선호와 환경과의 상호작용을 통해 계속 변화한다.

콕집어 해설

수퍼의 진로발달이론
- 개인은 능력, 흥미, 성격에 있어서 차이점이 있다.
- 개인은 각각에 적합한 직업적 능력을 가지고 있다.
- 각 직업군에는 그 직업에 요구되는 능력, 흥미, 성격이 있다.
- 진로선택 및 진로적응은 일생을 통해 변화하는 일련의 계속적인 과정이며, 성장기, 탐색기, 확립기, 유지기, 쇠퇴기로 나눌 수 있다.(①)
- 진로발달은 자아개념을 발달시키고 실천해가는 과정이다.(②)
- 자아개념은 직업적 선호와 환경과의 상호작용을 통해 계속 변화한다.(③, ④)

답 ③

해 진로발달은 개인과 환경 간의 '상호작용'을 통해 발달한다.

수퍼(Super)의 진로발달단계 [성탐 확유쇠]

1) 성장기 : 자아개념을 발달시키는 시기이며, 욕구와 환상이 지배적이나 점차 흥미와 능력을 중시하게 된다.
   ☞ 하위단계 : 환상기, 흥미기, 능력기
2) 탐색기 : 미래에 대한 계획을 세우고 적합한 직업을 탐색하는 시기이다.
   ☞ 하위단계 : 잠정기, 전환기, 시행기
3) 확립기 : 자신에게 적합한 분야를 발견해서 생활의 기반을 확립하는 시기이다.
   ☞ 하위단계 : 시행기, 안정기
4) 유지기 : 자신의 자리를 유지하려고 노력하며 안정된 삶을 살아가는 시기이다.
5) 쇠퇴기 : 직업에서 은퇴한 후 새로운 역할과 활동을 찾게 되는 시기이다.

03 내담자와 관련된 정보를 수집하여 내담자의 행동을 이해하고 해석하는데 기본이 되는 상담기법으로 가장 거리가 먼 것은?

① 한정된 오류 정정하기
② 왜곡된 사고 확인하기
③ 반성의 장 마련하기
④ 변명에 초점 맞추기

콕집어 해설

내담자의 정보수집 및 행동에 대한 이해기법 [가의전분 저근왜반변]

- 가정 사용하기
- 의미 있는 질문 및 지시 사용하기
- 전이된 오류 정정하기
- 분류 및 재구성하기
- 저항감 재인식하기 및 다루기
- 근거 없는 믿음 확인하기
- 왜곡된 사고 확인하기
- 반성의 장 마련하기
- 변명에 초점 맞추기

답 ①

해 한정된 오류(×)→'전이된 오류'

꿰뚫어 보기

전이된 오류 [정한논]

1) 정보의 오류 : 내담자가 직업세계에 대해 충분한 정보를 알고 있다고 잘못 생각하는 경우 발생한다.
   예 삭제, 불확실한 인물의 인용, 불분명한 동사의 사용,참고자료 불충분, 제한된 어투의 사용
2) 한계의 오류 : 내담자가 제한된 기회 및 선택에 대한 견해를 가짐으로써 발생한다.
3) 논리적 오류 : 내담자가 논리적으로 맞지 않는 진술을 함으로써 발생한다.

04 Yalom이 제시한 실존주의 상담에서의 4가지 궁극적 관심사에 해당하지 않는 것은?

① 죽음　　② 자유
③ 고립　　④ 공허

콕집어 해설

얄롬(Yalom)의 실존주의 궁극적 관심사 [죽자고무]

- 죽음 : 죽음의 불가피성은 삶을 더욱 가치 있게 만든다.
- 자유 : 인간은 자기결정적인 존재로서, 자신의 삶을 선택할 자유와 책임이 있다.
- 고립(소외) : 인간은 자신의 실존적 고립에 대해 인정하고 직면함으로써 타인과 보다 성숙한 관계를 맺을 수 있다.
- 무의미성 : 인간은 자신의 삶에서 끊임없이 어떤 의미를 추구한다.

답 ④

해 공허(×)→'무의미성'

꿰뚫어 보기

실존주의 학자들의 궁극적 관심사 [자삶죽진]

1) 자유와 책임 : 인간은 자기결정적 존재로서, 자신의 삶을 선택할 자유와 책임이 있다.
2) 삶의 의미성 : 인간은 자신의 삶의 의미를 찾기 위해 노력한다.
3) 죽음과 비존재 : 인간은 자신이 죽는다는 것을 스스로 자각한다.
4) 진실성 : 인간은 자신의 실존을 회복하기 위한 진실성 있는 노력을 해야 한다.

05 상담관계의 틀을 구조화하기 위해서 다루어야 할 요소와 가장 거리가 먼 것은?

① 상담자의 역할과 책임　　② 내담자의 성격
③ 상담의 목표　　④ 상담시간과 장소

콕집어 해설

상담의 구조화

상담자는 내담자가 상담의 목표를 달성하기 위해 상담목표(③), 상담성격, 상담시간과 장소(④), 상담자와 내담자의 역할한계(①), 지켜야할 규칙 등을 설명한다.

답 ②

해 '내담자의 성격'은 제 각각이므로 구조화의 요소가 아니다.

06 생애진로사정에 관한 설명으로 옳은 것은?

① 직업상담에서 생애진로사정은 초기단계보다 중·말기단계 면접법으로 사용된다.
② 생애진로사정은 Adler의 개인심리학에 부분적으로 기초를 둔다.
③ 생애진로사정은 객관적인 사실 확인에만 중점을 둔다.
④ 생애진로사정에서는 여가생활, 친구관계 등과 같이 일과 직접적으로 관련이 없는 주제는 제외된다.

콕집어 해설

생애진로사정
- 상담자와 내담자가 처음 만났을 때 이용할 수 있는 구조화된 면접 기법이다.(①)
- 내담자에 대한 가장 기초적 직업상담 정보를 얻는 질적인 평가 절차이다.
- 검사실시나 해석의 예비적 단계에서 유용하다.
- 아들러의 개인심리학에 기초하여 내담자와 환경과의 관계를 이해하는데 도움을 제공한다.(②)
- 아들러는 개인과 세계의 관계를 일, 사회, 성의 3가지로 구분하였다.
- 내담자의 객관적 사실과 태도, 신념, 가치관은 물론 여가, 친구관계 등 일과 직접 관련 없는 주제도 포함한다.(③, ④)

답 ②

꿰뚫어 보기

생애진로사정의 구조 [진전강요]
1) 진로사정 : 내담자의 직업경험, 교육 또는 훈련과정과 관련된 문제들, 여가활동 등에 관해 사정한다.
2) 전형적인 하루 : 내담자가 의존적 또는 독립적인지, 자발적 또는 체계적인지 성격을 파악하도록 돕는다.
3) 강점과 장애 : 내담자가 스스로 생각하는 자신의 주요 강점 및 장애에 대해 질문한다.
4) 요약 : 내담자에게 자신에 대해 알게 된 내용을 요약하게 함으로써 자기인식을 증진시킨다.

생애진로사정을 통해 알 수 있는 정보
1) 내담자의 직업경험과 교육수준을 나타내는 객관적 정보를 얻을 수 있다.
2) 내담자의 기술과 유능성에 대한 자기평가 및 상담자의 평가정보를 얻을 수 있다.
3) 내담자의 가치관 및 자기인식의 정도를 얻을 수 있다.

07 상담기법 중 내담자가 전달하는 이야기의 표면적 의미를 상담자가 다른 말로 바꾸어서 말하는 것은?

① 탐색적 질문 ② 요약과 재진술
③ 명료화 ④ 적극적 경청

콕집어 해설

상담기법
- 탐색적 질문 : 누가, 무엇을, 어디서 등의 개방형 질문을 사용한다.
- 요약과 재진술 : 내담자가 전달하는 표면적 의미를 상담자가 다른 말로 바꿔서 말하는 것이다.
- 명료화 : 어떤 문제의 혼란스러운 감정과 갈등을 가려내어 분명히 해주는 것이다.
- 적극적 경청 : 내담자의 언어적, 비언어적 표현에 주목하면서 내담자의 생각과 감정을 이해하려고 노력하는 것이다.

답 ②

08 내담자의 낮은 자기효능감을 증진시키기 위한 방법으로 적합하지 않은 것은?

① 내담자의 장점을 강조하며 격려하기
② 긍정적인 단계를 강화하기
③ 내담자와 비슷한 인물이나 관련자료 보여주기
④ 직업대안 규명하기

콕집어 해설

내담자의 낮은 자기효능감을 증진시키는 방법
- 내담자의 장점을 강조하며 격려하기(①)
- 긍정적인 단계를 강화하기(②)
- 내담자와 비슷한 인물이나 관련자료 보여주기(③)

답 ④

해 '직업대안 규명하기'는 흥미사정의 목적이다.

꿰뚫어 보기

흥미사정의 목적
1) 여가선호와 직업선호 구별하기
2) 자기인식 발전시키기
3) 직업탐색 조장하기
4) 직업대안 규명하기
5) 직업상, 교육상 불만족 원인 규명하기

09 상담 중기 과정의 활동으로 가장 거리가 먼 것은?

① 내담자에게 문제를 직면시키고 도전하게 한다.
② 내담자가 가진 문제의 심각도를 평가한다.
③ 내담자가 실천할 수 있도록 동기를 조성한다.
④ 문제에 대한 대안을 현실 생활에 적용하고 실천하도록 돕는다.

콕집어 해설

직업상담의 단계
- 초기 : 상담관계형성(라포형성), 문제의 심각도 평가(문제진단), 상담의 구조화, 상담 목표 설정 및 전략 수립 등
- 중기 : 내담자의 실천적 동기 조성, 내담자의 변화를 위한 개입, 내담자 문제해결 위한 구체적 시도, 내담자의 저항 해결 등
- 종결 : 합의한 목표달성 및 평가, 상담 종결문제 다루기, 이별 감정 다루기 등

답 ②

해 초기단계에 해당한다.

10 Williamson의 특성-요인 진로상담 과정을 바르게 나열한 것은?

ㄱ. 진단단계	ㄴ. 분석단계	ㄷ. 예측단계
ㄹ. 종합단계	ㅁ. 상담단계	ㅂ. 추수지도단계

① ㄱ → ㄴ → ㄷ → ㄹ → ㅂ → ㅁ
② ㄱ → ㄷ → ㄴ → ㄹ → ㅁ → ㅂ
③ ㄴ → ㄱ → ㄹ → ㄷ → ㅂ → ㅁ
④ ㄴ → ㄹ → ㄱ → ㄷ → ㅁ → ㅂ

콕집어 해설

윌리암슨(Williamson)의 특성-요인 직업상담 과정

[분종진 예상추]

- 분석 : 내담자 분석을 위해 심리검사 및 자료수집, 표준화 검사 등이 사용된다.
- 종합 : 내담자에 대한 이해를 얻기 위해 수집한 자료들을 종합한다.
- 진단 : 내담자 문제의 원인을 탐색하며, 문제해결을 위해 진단하는 단계이다.
- 예측 : 진단의 결과를 통해 직업문제에 대해 예측하는 단계이다.
- 상담 : 내담자와 직업문제에 대해 상담하고 문제를 치료한다.
- 추수지도 : 내담자가 바람직한 행동을 하도록 계속적인 지도를 한다.

답 ④

꿰뚫어 보기

윌리암슨의 검사 해석단계에서 이용할 수 있는 상담기법
1) 직접 충고 : 검사결과를 토대로 상담자가 내담자에게 자신의 견해를 직접적으로 솔직하게 표현하는 것이다.
2) 설득 : 상담자가 내담자에게 검사 자료를 제시하며 합리적인 의사결정을 하도록 설득하는 것이다.
3) 설명 : 상담자가 검사자료 및 정보를 내담자가 이해할 수 있도록 설명하여 내담자의 진로선택을 돕는 것이다.

11 Butcher가 제시한 집단직업상담을 위한 3단계 모델에 해당하지 않는 것은?

① 탐색단계 ② 전환단계
③ 평가단계 ④ 행동단계

콕집어 해설

부처(Butcher)의 집단직업상담 3단계 [부탐전행]
- 탐색단계 : 자기개방, 흥미와 적성에 대한 측정, 측정결과에 대한 피드백, 불일치에 대한 해결 등이 이루어진다.
- 전환단계 : 자기 지식을 직업세계와 연결하며, 일과 삶의 가치에 대한 조사, 자신의 가치에 대한 피드백 등이 이루어진다.
- 행동단계 : 목표설정 및 목표달성을 위한 자원의 탐색과 정보수집, 즉각적이고 장기적인 의사결정 등이 이루어진다.

답 ③

꿰뚫어 보기

집단상담의 장점

1) 내담자들이 개인상담에 비해 받아들이기가 더 쉽다.
2) 시간과 경제적인 측면에서 효율적이다.
3) 집단 구성원들 간의 피드백을 통해 자기탐색을 돕는다.
4) 타인과 상호교류를 할 수 있는 능력이 개발된다.
5) 타인을 통한 대리학습의 기회가 부여된다.
6) 구체적인 실천경험과 현실검증의 기회를 가진다.

집단상담의 단점

1) 개인의 문제가 심층적으로 다루어지지 않을 수 있다.
2) 적합한 집단을 구성하기가 어렵다.
3) 비밀을 유지하기가 힘들다.
4) 개인의 특성이 발휘되기 어렵다.
5) 집단상담에 대한 경험이 부족한 지도자는 집단의 운영을 어렵게 한다.

12 행동주의 상담에서 부적응행동을 감소시키는 데 주로 사용되는 기법은?

① 행동조성법　　② 모델링
③ 노출법　　④ 토큰법

콕집어 해설

행동주의 상담의 부적응행동 감소기법(불안감소기법)

- 노출법(노출방식) : 실제적 노출법, 심상적 노출법, 점진적 노출법, 홍수법 등이 있다.
- 개별적 불안감소기법 : 체계적둔감법, 금지조건형성, 반조건형성, 혐오치료, 주장훈련, 자기표현훈련 등이 있다.

답 ③

해 ①, ②, ④은 '학습촉진기법'이다.

꿰뚫어 보기

불안감소기법 [체금반 혐주자]

1) 체계적둔감법 : 내담자의 불안반응을 체계적으로 증대시켜 둔감화한다.
2) 금지조건형성(내적 금지) : 내담자에게 불안요소를 지속적으로 제시함으로써 불안반응을 감소시킨다.
3) 반조건형성 : 조건 자극과 새로운 자극을 함께 제시해서 불안을 감소시킨다.
4) 혐오치료 : 바람직하지 못한 행동에 혐오자극을 제시함으로써 부적응적 행동을 제거한다.
5) 주장훈련 : 내담자에게 불안이외의 감정을 표현하게 해서 대인관계에 있어서의 불안을 해소시킨다.
6) 자기표현훈련 : 자기표현을 통해 타인과 상호작용함으로써 대인관계에서 비롯되는 불안요인을 제거한다.

학습촉진기법 [강변 사행상]

1) 강화 : 내담자의 행동에 대해 적절하게 긍정적·부정적 반응을 보임으로써 내담자의 바람직한 행동을 강화시킨다.
2) 변별학습 : 자신의 직업결정 능력 등을 검사도구를 사용하여 변별하고 비교해보도록 하는 것이다.
3) 사회적 모델링과 대리학습 : 타인의 행동에 대한 관찰과 모방을 통해 내담자의 학습을 촉진한다.
4) 행동조성 : 행동을 단계별로 세분화하여 단계마다 강화를 제공함으로써 학습을 촉진한다.
5) 상표제도(토큰경제) : 내담자의 바람직한 행동이 이루어질 때마다 그에 상응하는 보상을 하는 것이다.

13 Bordin이 제시한 직업문제의 심리적 원인에 해당하지 않는 것은?

① 인지적 갈등　　② 확신의 결여
③ 정보의 부족　　④ 내적 갈등

콕집어 해설

보딘(Bordin)의 직업문제 심리적 원인 [의정 자직확]

1) 의존성 : 진로문제를 스스로 해결하지 못하고 타인에게 의존하는 경우
2) 정보부족 : 진로관련에 대한 정보의 부족으로 어려움을 겪는 경우
3) 자아갈등(내적갈등) : 자아개념들 사이에서 내적갈등으로 인한 혼란
4) 직업선택에 대한 불안 : 자신의 선택과 중요한 타인의 요구 간의 충돌에서 비롯되는 불안
5) 확신부족 : 진로선택 이후에 자신의 선택에 대한 확신이 부족한 경우

답 ①

14 직업상담 시 활용할 수 있는 측정도구에 관한 설명으로 틀린 것은?

① 자기 효능감 척도는 어떤 과제를 어느 정도 수준으로 수행할 수 있는 능력을 갖추었다고 스스로 판단하는지의 정도를 측정한다.
② 소시오그램은 원래 가족치료에 활용하기 위해 개발되었는데, 기본적으로 경력상담 시 먼저 내담자의 가족이나 선조들의 직업 특징에 대한 시각적 표상을 얻기 위해 도표를 만드는 것이다.
③ 역할놀이에서는 내담자의 수행행동을 나타낼 수 있는 업무상황을 제시해준다.
④ 카드분류는 내담자의 가치관, 흥미, 직무기술, 라이프스타일 등의 선호형태를 측정하는데 유용하다.

콕집어해설

직업상담시 질적 측정도구 [자카제역]

- 자기효능감척도: 어떤 과제를 어느 정도 수준으로 수행할 수 있는 능력을 갖추었다고 스스로 판단하는지의 정도를 측정한다.(①)
- (직업)카드분류: 내담자의 가치관, 흥미, 직무기술, 라이프스타일 등의 선호형태를 측정하는데 유용하다.(④)
- 제노그램(직업가계도): 내담자의 가족이나 선조들의 직업 특징에 대한 시각적 표상을 얻기 위해 도표를 만드는 것이다.(②)
- 역할놀이: 내담자의 수행행동을 나타낼 수 있는 업무상황을 제시해 준다.(③)

답 ②

해 소시오그램(×)→'제노그램'

꿰뚫어 보기

② '소시오그램'은 개인의 대인관계를 그림으로 나타낸 것으로써, 모레노와 제닝스가 개발한 사정도구이다.

15 다음은 무엇에 관한 설명인가?

> 원형검사에 기초한 시간전망 개입의 세 가지 국면 중 미래를 현실처럼 느끼게 하고 미래 계획에 대한 긍정적 태도를 강화시키며 목표설정을 신속하게 하는데 목표를 두는 것

① 방향성　　② 변별성
③ 주관성　　④ 통합성

콕집어해설

코틀의 원형검사에 기초한 시간전망개입 3가지 측면
[방(미미) 변(미계목) 통(현계진)]

- 방향성: 미래에 대한 방향을 제시하고 희망을 심어준다.
- 변별성: 미래를 현실처럼 느끼게 하고, 계획에 대한 긍정적 태도를 강화시켜 목표설정을 신속히 하게 한다.
- 통합성: 현재의 행동을 미래의 결과와 연계시키고, 계획기술을 연습시켜서 진로인식을 증진시킨다.

답 ②

꿰뚫어 보기

진로시간전망 검사지의 사용목적 [미미 미계목 현계진]

미래의 방향을 이끌어내기 위해
미래에 대한 희망을 심어주기 위해
미래가 실제인 것처럼 느끼도록 하기 위해
계획에 대한 긍정적 태도를 심어주기 위해
목표설정을 촉구하기 위해
현재의 행동을 미래의 결과와 연계시키기 위해
계획기술을 연습시키기 위해
진로인식을 고취시키기 위해

16 내담자의 부적절한 행동을 변화하는데 자주 사용하는 체계적 둔감화의 주요 원리는?

① 상호억제　　② 변별과 일반화
③ 소거　　④ 조성

콕집어해설

체계적 둔감화의 원리

내담자에게 불안자극을 점차 증대시켜 내담자의 불안반응을 경감시키는 체계적 둔감화의 기본원리는 이완상태와 긴장상태가 공존할 수 없다는 '상호억제'의 원리이다.

답 ①

꿰뚫어 보기

체계적 둔감화의 3단계

1) 근육이완훈련(제1단계): 근육을 이완시켜 몸의 긴장을 풀게 한다.
2) 불안위계목록작성(제2단계): 낮은 자극에서 높은 자극의 순서로 불안위계목록을 작성한다.
3) 둔감화(제3단계): 불안상황을 단계적으로 상상하도록 하여 불안반응을 점차 경감시킨다.

17 **다음은 직업상담모형 중 어떤 직업상담에 관한 설명인가?**

> • 직업선택에 미치는 내적요인의 영향을 강조한다.
> • 특성-요인 접근법과 마찬가지로 '사람과 직업을 연결시키는 것'에 기초를 두고 있다.
> • 상담과 검사해석의 기법들은 내담자중심 접근을 많이 따르고 있지만 비지시적 및 반영적 태도 외에도 다양한 접근방법들을 포함하고 있다.

① 정신역동적 직업상담
② 포괄적 직업상담
③ 발달적 직업상담
④ 행동주의 직업상담

콕집어 해설

보딘(Bordin)의 정신역동적 직업상담

- 정신역동적상담은 정신분석학에 바탕을 두고 정신분석학과 특성-요인상담, 내담자중심 직업상담의 개념을 통합한 이론이다.
- 직업선택에 미치는 내적요인을 지나치게 강조하여 외적요인의 영향을 간과한다는 비판을 받고 있다.
- 특성-요인 접근법과 마찬가지로 '사람과 직업을 연결시키는 것'에 기초를 두고 있다.
- 상담과 검사해석의 기법들은 내담자중심 접근법 외에도 다양한 접근방법들을 포함하고 있다.

답 ①

해 ② '포괄적 직업상담'은 논리적이고 경험적인 다양한 상담이론을 절충시킨 모형이며, 크라이티스가 제시하였다.
③ '발달적 직업상담'은 생애단계를 통한 진로발달의 측면을 중시하며, 긴즈버그, 수퍼, 고트프레드슨 등이 대표학자이다.
④ '행동주의 직업상담'은 내담자의 부적응 행동을 바람직한 행동으로 대치시키는 데 초점을 둔다.

꿰뚫어 보기

보딘의 직업상담 과정 [보탐핵변]

1) 탐색과 계약설정(제1단계) : 내담자의 정신역동적 상태에 대한 탐색 및 상담전략에 대한 계약설정이 이루어진다.
2) 핵심결정(제2단계) : 내담자는 핵심결정을 통해 자신의 목표를 성격 변화 등으로 확대할 것인지 고민한다.
3) 변화를 위한 노력(제3단계) : 내담자는 자아인식 및 자아이해를 확대해 나가며 지속적으로 변화를 모색한다.

보딘의 직업상담 기법 [명비소]

1) 명료화 : 내담자의 문제를 요약해줌으로써 명료하게 재인식시켜 주는 것이다.
2) 비교 : 두가지 이상의 주제들 사이에 나타난 유사성이나 차이점들을 비교한다.
3) 소망-방어체계에 대한 해석 : 내담자로 하여금 진로에 대한 자신의 내적 동기와 진로결정과정 사이의 관계를 인식하도록 돕는다.

18 **직업상담사의 윤리강령에 관한 설명으로 가장 거리가 먼 것은?**

① 상담자는 상담에 대한 이론적, 경험적 훈련과 지식을 갖춘 것을 전제로 한다.
② 상담자는 내담자의 성장, 촉진과 문제 해결 및 방안을 위해 시간과 노력상의 최선을 다한다.
③ 상담자는 자신의 능력 및 기법의 한계 때문에 내담자의 문제를 다른 전문직 동료나 기관에 의뢰해서는 안된다.
④ 상담자는 내담자가 이해, 수용할 수 있는 한도 내에서 기법을 활용한다.

콕집어 해설

직업상담사의 윤리강령

- 상담자는 상담에 대한 이론적, 경험적 훈련과 지식을 갖춘 것을 전제로 한다.(①)
- 상담자는 내담자의 성장, 촉진과 문제해결 및 방안을 위해 시간과 노력상의 최선을 다한다.(②)
- 상담자는 내담자가 이해, 수용할 수 있는 한도 내에서 기법을 활용한다.(④)
- 내담자에 관한 정보를 교육장면이나 연구용으로 사용할 경우에는 내담자와 합의하고 내담자가 노출되지 않도록 해야 한다.
- 상호 합의한 경우를 제외하고는 다른 전문가의 도움을 받고 있는 내담자에게 상담하지 않는다.
- 상담자는 자신의 능력 및 기법의 한계로 인해 내담자를 도울 수 없을 때는 내담자의 문제를 다른 전문직 동료나 기관에 의뢰해야 한다.(③)

답 ③

꿰뚫어 보기

상담 윤리강령의 역할과 기능
1) 내담자의 복리 증진
2) 지역사회의 도덕적 기대 존중
3) 전문직으로서의 상담기능 보장
4) 상담자 자신의 사생활과 인격보호
5) 직무수행 중 갈등해결 지침 제공

19 직업상담의 목적에 대한 설명으로 틀린 것은?

① 직업상담은 내담자가 이미 결정한 직업계획과 직업선택을 확신·확인하는 과정이다.
② 직업상담은 개인의 직업적 목표를 명확히 해 주는 과정이다.
③ 직업상담은 내담자에게 진로관련 의사결정 능력을 길러주는 과정은 아니다.
④ 직업상담은 직업선택과 직업생활에서의 능동적인 태도를 함양하는 과정이다.

콕집어 해설

직업상담의 목적
- 내담자가 이미 잠정적으로 결정한 직업선택을 확고히 해주는 과정이다.(①)
- 개인의 직업목표를 명확히 해주는 과정이다.(②)
- 내담자에게 진로관련 의사결정 능력을 길러주는 과정이다.(③)
- 직업선택과 직업생활에서 능동적 태도를 함양하는 과정이다.(④)
- 내담자의 능력을 향상시키고 성장시킨다.

답 ③

꿰뚫어 보기

기즈버스(Gysbers)의 직업상담 목표
1) 예언과 발달 : 생애진로발달상에서 내담자의 적성과 흥미를 탐색하고 확대하도록 돕는다.
2) 처치와 자극 : 내담자가 자신의 진로발달이나 직업문제에 대한 처치와 해결을 할 수 있도록 돕는다.
3) 결함과 유능 : 내담자가 자신의 결함보다는 유능에 초점을 두도록 돕는다.

20 어떤 문제의 밑바닥에 깔려 있는 혼란스러운 감정과 갈등을 가려내어 분명히 해주는 것은?

① 명료화 ② 경청
③ 반영 ④ 직면

콕집어 해설

상담 기법
- 명료화 : 어떤 문제의 혼란스러운 감정과 갈등을 가려내어 분명히 해주는 것이다.
- 경청 : 내담자의 언어적, 비언어적 표현에 주목하면서 내담자의 생각과 감정을 이해하려고 노력하는 것이다.
- 반영 : 내담자의 생각과 말을 상담자가 다른 참신한 말로 부연하는 것이다.
- 직면 : 내담자가 모르고 있거나 인정하기를 거부하는 생각에 대해 스스로 모순점을 파악하도록 하는 기법이다.

답 ①

꿰뚫어 보기

상담 기법
1) 공감 : 내담자가 전달하려는 내용에서 더 나아가 내면적 감정까지도 반영하는 것이다.
2) 수용 : 상담자가 내담자의 얘기에 집중하고 있으며, 내담자를 인격적으로 존중하고 있음을 보여주는 기법이다.
3) 해석 : 내담자가 진술하지 않은 내용이나 개념을 그의 과거 경험이나 진술을 토대로 추론해서 말하는 것이다.

제2과목 | 직업심리학

21 다음은 Holland의 어떤 직업환경에 관한 설명인가?

- 노동자, 농부, 트럭운전수, 목수, 중장비운전공 등 근육을 이용하는 직업
- 체력을 필요로 하는 활동을 즐기며 공격적이고 운동신경이 잘 발달되어 있음

① 지적 환경 ② 사회적 환경
③ 현실적 환경 ④ 심미적 환경

콕집어해설

홀랜드(Holland)의 육각형 모델 [현탐예 사진관]

- 현실형 : 실제적이며 현장에서 하는 일을 선호하나, 사회성이 부족하다.
  예 기술직, 엔지니어, 농부, 목수 등
- 탐구형 : 과학적이며 탐구활동을 선호하나, 지도력이 부족하다.
- 예 물리학자, 화학자, 생물학자 등
- 예술형 : 심미적이며 창조적인 활동을 선호하나, 규범적 성향이 부족하다.
- 예 음악가, 문학가, 화가 등
- 사회형 : 이타적이며 봉사활동을 선호하나, 기계적 활동 능력이 부족하다.
- 예 사회복지사, 종교인, 상담사 등
- 진취형 : 진취적이며 적극적인 활동을 선호하나, 체계적 활동 능력이 부족하다.
- 예 기업가, 정치인, 영업사원, 보험설계사 등
- 관습형 : 체계적이고 질서정연한 일을 선호하나, 융통성이 부족하다.
- 예 경리사원, 회계사, 은행원 등

답 ③

꿰뚫어 보기

홀랜드 이론이 적용된 검사도구

1) 직업선호도검사(VPI : Vocation Preference Inventory)
2) 자기방향탐색검사(SDS : Self Directd Search)
3) 직업탐색검사(VEIK : Vocational Exploration and Insigt Kit)
4) 자기직업상황검사(MVS : My Vocational Situation)
5) 경력의사결정검사(CDM : Career Decision Making)
6) 스트롱 - 캠벨 흥미검사(SCII : Strong - Campbell Interest Inventory)

22 크럼볼츠(Krumboltz)의 사회학습 이론에서 진로선택에 영향을 미치는 요인을 모두 고른 것은?

ㄱ. 유전적 요인 ㄴ. 학습경험
ㄷ. 과제접근기술 ㄹ. 환경조건과 사건

① ㄱ, ㄴ ② ㄱ, ㄷ, ㄹ
③ ㄴ, ㄷ, ㄹ ④ ㄱ, ㄴ, ㄷ, ㄹ

콕집어해설

크롬볼츠의 진로선택에 영향을 미치는 요인 [유환학과]

- 유전적 요인과 특별한 능력 : 개인의 진로 기회를 제한하는 생득적인 특질을 말한다.
- 환경적 조건과 사건 : 개인의 통제를 벗어나는 정치·경제·사회·문화적 사항들이 개인의 진로에 영향을 미친다.
- 학습경험 : 개인이 과거에 학습한 경험은 현재 또는 미래의 교육적·직업적 의사결정에 영향을 미친다.
- 과제접근기술 : 목표설정, 가치 명료화, 대안 형성, 직업적 정보획득 등을 포함하는 기술이다.

답 ④

23 다음에 해당하는 스트레스 관리전략은?

예전에는 은행원들이 창구에 줄을 서서 기다리는 고객들에게 가능한 빨리 서비스를 제공하고자 스트레스를 많이 받았었는데, 고객 대기표(번호표) 시스템을 도입한 이후 이러한 스트레스를 많이 줄일 수 있게 되었다.

① 반응지향적 관리전략 ② 증후지향적 관리전략
③ 평가지향적 관리전략 ④ 출처지향적 관리전략

콕집어해설

스트레스 관리전략

- 1차적 관리전략(출처지향적 관리) : 조직수준의 관리전략으로 스트레스의 출처를 예측하여 수정한다.
  예 직무재설계, 직무확대, 참여적 관리 등
- 2차적 관리전략(반응지향적 관리) : 개인수준의 관리전략으로 스트레스로 인한 다양한 증상을 완화한다.
  예 이완훈련, 신체적·정서적 배출, 시간관리 등
- 3차적 관리전략(증후지향적 관리) : 스트레스로 인한 각종 부정적 결과들을 치료한다.
  예 심리치료, 약물치료 등

답 ④

꿰뚫어 보기

스트레스의 예방 및 대처

1) 가치관을 전환시킨다.
2) 목표지향에서 과정중심의 사고방식으로 전환한다.
3) 균형 잡힌 생활을 한다.
4) 스트레스에 정면으로 도전하는 정신을 함양한다.
5) 운동 등을 통해 스트레스 해소책을 마련한다.
6) 마음 깊이 쌓인 분노를 없애야 한다.

24 인간의 진로발달단계를 성장기, 탐색기, 확립기, 유지기, 쇠퇴기로 나누고 각 단계의 특징을 설명한 학자는?

① 긴즈버그(Ginzberg)
② 에릭슨(Ericson)
③ 수퍼(Super)
④ 고드프레드슨(Gottfredson)

족집어 해설

진로발달이론 학자

긴즈버그의 진로발달 과정 [환잠현]

1) 환상기 : 환상 속에서 비현실적 선택을 하며, 자신의 욕구를 중시한다.
2) 잠정기 : 흥미에 따라 직업을 선택하나, 점차 자신의 능력을 고려한다.
   ☞ 하위단계 : 흥미단계, 능력단계, 가치단계, 전환단계 [흥능가전]
3) 현실기 : 개인의 욕구 및 능력을 현실적 요건에 부합시킴으로써 현명한 선택을 한다.
   ☞ 하위단계 : 탐색단계, 구체화단계, 특수화(정교화)단계 [탐구특]

에릭슨의 심리사회적 발달단계와 위기 [신자 주근자 친생자]

1) 유아기(0~18개월) : 신뢰감 대 불신감
2) 초기아동기(18개월~3세) : 자율성 대 수치심
3) 학령전기 또는 유희기(3~5세) : 주도성 대 죄의식
4) 학령기(5~12세) : 근면성 대 열등감
5) 청소년기(12~20세) : 자아정체감 대 정체감 혼란
6) 성인초기(20~24세) : 친밀감 대 고립감
7) 성인기(24~65세) : 생산성(생성감) 대 침체감
8) 노년기(65세 이후) : 자아통합 대 절망

수퍼(Super)의 진로발달단계 [성탐 확유쇠]

1) 성장기 : 자아개념을 발달시키는 시기이며, 욕구와 환상이 지배적이나 점차 흥미와 능력을 중시하게 된다.
   ☞ 하위단계 : 환상기, 흥미기, 능력기 [환흥능]
2) 탐색기 : 미래에 대한 계획을 세우고 적합한 직업을 탐색하는 시기이다.
   ☞ 하위단계 : 잠정기, 전환기, 시행기 [잠전시]
3) 확립기 : 자신에게 적합한 분야를 발견해서 생활의 기반을 확립하는 시기이다.
   ☞ 하위단계 : 시행기, 안정기
4) 유지기 : 자신의 자리를 유지하려고 노력하며 안정된 삶을 살아가는 시기이다.
5) 쇠퇴기 : 직업에서 은퇴한 후 새로운 역할과 활동을 찾게 되는 시기이다.

고트프레드슨(Gottfredson) [힘성사내]

1) 힘과 크기 지향성(3~5세) : 사고과정이 구체화되며, 어른이 된다는 것의 의미를 알게 된다.
2) 성역할 지향성(6~8세) : 자아개념이 성의 발달에 의해서 영향을 받게 된다.
3) 사회적 가치 지향성(9~13세) : 사회적 가치를 인지하면서 상황 속 자아를 인식하게 된다.
4) 내적, 고유한 자아 지향성(14세 이후) : 자아성찰과 사회적 가치의 인식에 따라 직업적 포부가 발달한다.

답 ③

꿰뚫어 보기

수퍼의 진로발달단계 중 하위단계

1) 성장기의 하위단계 [환흥능]
   ㄱ. 환상기 : 욕구가 지배적이며, 환상적인 역할수행이 중시된다.
   ㄴ. 흥미기 : 진로의 목표를 결정하는 데 흥미가 중요 요인이 된다.
   ㄷ. 능력기 : 직업에서 요구하는 조건을 고려하며 능력을 중시하게 된다.
2) 탐색기의 하위단계 [잠전시]
   ㄱ. 잠정기 : 자신의 욕구, 흥미, 능력, 가치 등이 잠정적인 진로의 기초가 된다.
   ㄴ. 전환기 : 현실적 요인들이 점차 직업의식과 직업활동의 기초가 된다.
   ㄷ. 시행기 : 자신이 적합하다고 본 직업을 최초로 가지게 된다.

3) 확립기의 하위단계

ㄱ. 시행기 : 선택한 진로가 맞지 않으면, 한두 차례 변화를 시도한다.

ㄴ. 안정기 : 진로유형이 안정된 시기로, 개인은 만족감과 소속감 등을 갖는다.

25 직무분석 방법에 관한 설명으로 옳은 것은?

① 관찰법은 실제 업무를 직접적으로 관찰함으로써 정신적인 활동까지 알아볼 수 있다.

② 면접법을 사용하려면 면접의 목적을 미리 알려주고 편안한 분위기를 조성해야 한다.

③ 설문조사법은 많은 사람에 대한 정보를 얻을 수 있지만 시간이 오래 걸린다.

④ 작업일지법은 정해진 양식에 따라 업무 담당자가 직접 작성하므로 정확한 정보를 준다.

콕집어 해설

직무분석 방법 중 최초분석법 [면관체 설녹중]

면접법

- 직무분석자가 정확한 표현이 가능한 직무담당자와 면접을 통해 직무를 분석하는 방법이다.
- 면접의 목적을 알려주고 편안한 분위기를 조성해야 한다.
- 개방형 질문을 사용하고 유도질문을 삼가며, 쉬운 용어를 사용하고 안정된 속도로 진행해야 한다.
  - 장점 : 정확한 직무지식을 얻을 수 있다. 다양한 직무들에 적용 가능하다.
  - 단점 : 자료 수집에 많은 노력이 소요된다. 수치화된 정보를 얻기 어렵다.

관찰법

- 직무분석자가 직접 현장을 방문하여 작업자의 작업활동을 관찰하고 결과를 기술한다.
  - 장점 : 단순하고 반복적 직무분석에 적합하고, 정확한 결과를 얻을 수 있다.
  - 단점 : 정신적 활동의 직무분석에 적합치 않고, 분석자의 주관이 개입될 수 있다.

체험법

- 직무분석자가 직무활동을 직접 체험함으로써 생생한 자료를 얻는다.
  - 장점 : 직무의 심층적 내용까지 파악이 가능하다.
  - 단점 : 분석자의 일시적 체험을 확대 해석할 수 있으며, 정확성과 객관성을 보장하기 어렵다.

설문지법

- 작업자들에게 설문지를 배부하고 이들에게 직무에 대해 기술하도록 하는 것이다.
  - 장점 : 모든 직무에 사용 가능하며, 비용이 저렴하고 짧은 시간 내 많은 정보를 얻을 수 있다.
  - 단점 : 질문내용 외의 정보를 얻기가 힘들고, 응답자의 응답 태도와 낮은 회수율이 문제이다.

녹화법

- 단순하고 반복적이며, 장시간 관찰이 불가능할 때 사용된다.
  - 장점 : 열악한 작업환경에 대한 직무분석이 가능하다.
  - 단점 : 녹화 및 촬영 등의 전문 기술이 요구된다.

중요사건기법(결정적 사건법)

- 직무수행에 결정적 역할을 한 사건을 중심으로 직무요건을 추론한다.
  - 장점 : 직무수행과 관련된 중요한 지식, 기술, 능력 등을 사례별로 분석할 수 있다.
  - 단점
    1) 일상적인 수행과 관련된 지식, 기술, 능력이 배제될 수 있다.
    2) 과거의 결정적 사건들이 왜곡되어 기술될 수 있다.
    3) 추론과정에서 분석가의 주관이 개입될 수 있다.

작업일지법

- 직무수행자가 매일 작성하는 작업일지를 통해 해당 직무에 관한 정보를 수집하는 방법이다.

답 ②

해 ① 관찰법은 정신적인 활동까지 알아볼 수는 없다.
③ 설문조사법은 시간이 오래 걸리지 않는다.
④ 작업일지법은 작성자의 주관성이 개입되므로 정확하지 않을 수 있다.

꿰뚫어 보기

직무분석방법 [최비데]

1) 최초분석법 : 분석할 직업에 관한 자료가 드물고, 그 분야의 전문가가 거의 없을 때 사용한다.
2) 비교확인법 : 지금까지 분석된 자료를 참고로 현재의 직무 상태를 비교·확인하는 방법이다.
3) 데이컴법 : 교과과정을 개발하고, 교육목표와 내용을 비교적 단시간 내에 추출하기 위해 사용한다.

26 조직 구성원에게 다양한 직무를 경험하게 함으로써 여러 분야의 능력을 개발시키는 경력개발 프로그램은?

① 직무 확충(Job Enrichment)
② 직무 순환(Job Rotation)
③ 직무 확대(Job Enlargement)
④ 직무 재분류(Job Reclassification)

콕집어해설

종업원 (능력)개발 프로그램
- 훈련 프로그램 : 컴퓨터 교육에서 대인관계까지 조직 내에서 실시하는 다양한 내용의 훈련프로그램을 말한다.
- 후견인 프로그램(멘토십 시스템) : 종업원이 조직에 쉽게 적응하도록 상사가 후견인이 되어 도와주는 프로그램이다.
- 직무순환 프로그램 : 종업원에게 다양한 직무를 경험하게 함으로써 여러 분야의 능력을 개발하게 하는 프로그램이다.

답 ②

해 ① '직무확충'은 상위 직무내용 일부를 하위 직무로 이관시키는 것이다.
③ '직무확대'는 직무의 양적 확대를 의미한다.
④ '직무재분류'는 직무의 종류 및 중요도에 따라 재분류하는 것이다.

꿰뚫어 보기

경력개발 프로그램 유형 [자개 정종종]
1) 자기평가 도구 : 경력워크숍, 경력연습책자 등
2) 개인상담
3) 정보제공 : 사내공모제, 기술목록, 경력사원기관 등
4) 종업원 평가 : 평가기관, 심리검사, 조기발탁제 등
5) 종업원 개발 : 훈련 프로그램, 후견인 프로그램, 직무순환 프로그램 등

27 진로발달에서 맥락주의(contextualism)에 관한 설명으로 틀린 것은?

① 행위는 맥락주의의 주요 관심대상이다.
② 개인보다는 환경의 영향을 강조한다.
③ 행위는 인지적·사회적으로 결정되며 일상의 경험을 반영하는 것이다.
④ 진로연구와 진로상담에 대한 맥락상의 행위설명을 확립하기 위하여 고안된 방법이다.

콕집어해설

맥락주의(Contextualism)
- 진로연구와 진로상담에 대한 맥락상의 행위 설명을 확립하기 위해 고안된 방법이다.(④)
- 개인과 환경 간의 상호작용에 초점을 둔다.(②)
- 행위는 맥락주의의 주요 관심 대상이다.(①)
- 행위는 인지적·사회적으로 결정되고 일상의 경험을 반영한다.(③)
- 행위체계는 투사와 진로로 구성된다.
- 구성주의 철학을 바탕으로 한다.

답 ②

28 직업적응 이론과 관련하여 개발된 검사도구가 아닌 것은?

① MIQ(Minnesota Importance Questionnaire)
② JDQ(Job Description Questionnaire)
③ MSQ(Minnesota Satisfaction Questionnaire)
④ CMI(Career Maturity Inventory)

콕집어해설

직업적응이론 관련 검사도구
- 미네소타 중요도 질문지(MIQ) : 개인이 일의 환경에 대해 갖는 20가지 욕구와 6가지 가치관을 측정하며, 190개 문항으로 구성되어 있다.
- 미네소타 직무기술 질문지(MJDQ) : 일의 환경이 MIQ에서 정의한 20가지 욕구를 만족시키는 정도를 측정한다.
- 미네소타 직무만족 질문지(MSQ) : 직무만족의 원인이 되는 일의 강화 요인을 측정하는 도구이다.

답 ④

해 CMI는 크라이티스가 개발한 '진로성숙도검사'이다.

꿰뚫어 보기

미네소타 중요도 질문지(MIQ)의 6가지 가치관 [성이자 안안지]
1 성취
2 이타심
3 자율성(자발성)
4 안락함(편안함)
5 안정성(안전성)
6 지위

29 스트레스로 인해 나타날 수 있는 신체의 변화로 옳지 않은 것은?

① 호흡과 심장박동이 빨라지고 혈압도 높아진다.
② 부신선과 부신 피질을 자극해 에피네프린(아드레날린)을 생성한다.
③ 부교감 신경계가 활성화되어 각성이 일어난다.
④ 부신피질 호르몬인 코티졸이 분비된다.

콕집어 해설

스트레스 이론

- 17-OHCS(당류부신피질 호르몬) : 스트레스의 생리적 지표이며, 코티졸이 이 호르몬에 포함된다.
- 코티졸 : 부신피질에서 방출하는 스트레스 통제 호르몬이다.
  1) 급성 스트레스→교감 신경계의 활성화→부신피질에서 에피네프린(아드레날린) 생성→코티졸 분비→혈중 포도당 증가→스트레스에 대처
  2) 장기 스트레스→코티졸 과다 분비→만성 피로→코티졸 기능 파괴→스트레스에 대한 신체기능 저하
- 결과 : 호흡과 심장 박동이 빨라지고 혈압이 높아짐, 주의집중이 어렵고, 불안과 우울 등 부정적 정서를 유발함

답 ③

해 부교감신경계(×)→'교감 신경계'

꿰뚫어 보기

셀리에(Selye)의 일반적응증후군(GAS)

1) 경고(경계)단계 : 정신적·육체적 위험에 갑자기 노출됨으로써 나타나는 최초의 반응단계이다.
   맥박이 빨라지고 체온과 혈압이 감소한다.
2) 저항단계 : 스트레스에 대한 저항은 증가되지만 신체의 저항력은 저하된다.
3) 소진(탈진)단계 : 스트레스가 장기간 지속될 경우 스트레스에 대한 적응에너지가 고갈되어 탈진 및 질병과 죽음을 유발할 수 있다.

30 Roe의 직업분류체계에 관한 설명으로 틀린 것은?

① 일의 세계를 8가지 장(field)과 6가지 수준(level)으로 구성된 2차원의 체계로 조직화했다.
② 원주상의 순서대로 8가지 장(field)은 서비스, 사업상 접촉, 조직, 기술, 옥외, 과학, 예술과 연예, 일반문화이다.
③ 서비스 장(field)들은 사람지향적이며 교육, 사회봉사, 임상심리 및 의술이 포함된다.
④ 6가지 수준(level)은 근로자의 직업과 관련된 정교화, 책임, 보수, 훈련의 정도를 묘사하며, 수준 1이 가장 낮고, 수준 6이 가장 높다.

콕집어 해설

로(Roe)의 직업 분류

- 일의 세계를 8가지 장(Field)과 6가지 수준(Level)의 2차원 체계로 조직(①)
- 8가지 직업군은 서비스, 비즈니스(사업상 접촉), 단체직(조직), 기술직, 옥외활동직, 과학직, 예능직, 일반문화직이다.(②)
- 서비스 장(field)들은 사람 지향적이며 교육, 사회봉사, 임상심리 및 의술이 포함된다.(③)
- 6가지 수준은 고급 전문관리, 중급 전문관리, 준 전문관리, 숙련, 반숙련, 비숙련이며, '수준 1'이 가장 높고 '수준 6'이 가장 낮다.(④)

답 ④

꿰뚫어 보기

로(Roe)의 직업 분류 8가지 장(Field) [서비단기 옥과예일]

1) 서비스직 : 사람 지향적이며 교육, 사회봉사, 임상심리직 등이 있다.
2) 비즈니스직 : 일대일 만남으로 상대방을 설득하여 제품을 판매하며, 보험, 부동산직 등이 있다.
3) 단체직 : 기업의 조직 및 기능과 관련된 사업, 행정직 등이 있다.
4) 기술직 : 상품의 생산·유지·운송과 관련된 기계직, 정보통신직 등이 있다.
5) 옥외활동직 : 천연자원을 개발, 보존, 수확하는 농업, 어업, 축산직 등이 있다.
6) 과학직 : 과학이론 및 이론을 적용시키는 연구직, 교수직업 등이 있다.
7) 예능직 : 창조적 예술과 연예 활동하는 음악과 배우직 등이 있다.

8) 일반문화직 : 개인보다는 인류의 활동에 흥미를 가지는 고고학자 등이 있다.

31 타당도에 관한 설명으로 틀린 것은?

① 안면타당도는 전문가가 문항을 읽고 얼마나 타당해 보이는지를 평가하는 방법이다.
② 검사의 신뢰도는 타당도 계수의 크기에 영향을 준다.
③ 구성타당도를 평가하는 방법으로 요인분석 방법이 있다.
④ 예언타당도는 타당도를 구하는데 시간이 많이 걸린다는 단점이 있다.

콕집어해설

타당도 [안내구준]

- 타당도는 검사가 측정하고자 하는 바를 얼마나 정확히 측정하느냐를 말한다.
- 신뢰도는 일관성을, 타당도는 정확성을 의미한다.
- 타당도는 신뢰도와 밀접한 관계가 있다.
- 검사의 신뢰도는 타당도 계수의 크기에 영향을 준다.(②)
- 종류
  1) 안면타당도 : 일반인이 문항을 읽고 얼마나 타당해 보이는지를 평가한다.(①)
  2) 내용타당도 : 전문가의 논리적 분석과정으로 판단하는 주관적인 타당도이다.
  3) 구성타당도 : 측정하고자 하는 개념들이 실제 측정도구에 의해 얼마나 제대로 측정되었는지의 정도를 말한다.
     수렴타당도, 변별타당도, 요인분석법이 있다.(③)
  4) 준거타당도 : 검사와 준거 간의 상관관계를 분석해서 검사의 타당도를 평가하는 방법이다.
     ㄱ. 동시타당도(공인타당도)와 예언타당도(예측타당도)로 구분한다.
     ㄴ. 예언타당도는 미래 시점을 전제로 하기 때문에 시간이 오래 걸린다.(④)

답 ①

해 전문가(×)→'일반인'

꿰뚫어 보기

1) 구성타당도 [수변요]

ㄱ. 수렴타당도 : 검사결과가 해당 속성과 관련 있는 변수들과 높은 상관관계를 가지고 있을수록 수렴타당도가 높다.
예 지능검사 결과가 지능과 관련 있는 학교성적과 높은 상관관계를 가지고 있다면 그 지능검사의 수렴타당도는 높다.

ㄴ. 변별타당도 : 검사결과가 해당 속성과 관련 없는 변수들과 낮은 상관관계를 가지고 있을수록 변별타당도가 높다.
예 지능검사 결과가 지능과 관련 없는 외모와 낮은 상관관계를 가지고 있다면 그 지능검사의 변별타당도는 높다.

ㄷ. 요인분석 : 검사문항들 간의 상관관계를 분석하여 상관성이 높은 문항들을 묶어주는 통계적 방법이다.
예 수학과 과학 문항이 혼재된 시험을 치렀을 때, 수학과 학생은 수학을, 과학과 학생은 과학을 보통 잘 볼 것이므로 해당 문항들은 두개의 군집, 즉 요인으로 추출될 것이다.

2) 준거타당도

ㄱ. 동시타당도(공인타당도) : 새로운 검사와 준거를 동시에 측정해서 두 결과 간의 상관계수를 추정한다.
예 근무성적이 좋은 재직자가 검사점수도 높았다면, 해당 검사는 준거타당도를 갖췄다고 볼 수 있다.

ㄴ. 예언타당도(예측타당도) : 검사점수와 미래행위 측정치 간의 상관계수를 추정한다.
예 입사시험 성적이 높은 사람이 이후 근무성적에서도 높은 점수를 받았다면, 해당 입사시험은 예언타당도가 높다고 할 수 있다.

32 직무에 대한 하위개념 중 특정 목적을 수행하는 작업 활동으로 직무분석의 가장 작은 단위가 되는 것은?

① 임무 ② 과제
③ 직위 ④ 직군

콕집어 해설

직무관련 용어

- 직무분석 순서 : 직업 > 직무(임무) > 과업(과제, 작업, 일)의 순이며, 직무분석의 가장 작은 단위는 과제이다.
- 직무관련 용어
  1) 과업(task) : 어떤 특정목적을 달성하기 위해 수행되는 하나의 명확한 작업활동(일·과제·작업)
  2) 임무(duty) : 특정 개인이 수행하는 것으로 여러가지 과업으로 구성됨
  3) 직위(position) : 단일 종업원이 수행하는 과업의 집합
  4) 직군(job group) : 조직 내에서 직무의 성질이 유사한 직렬을 함께 묶은 것이다.

답 ②

 **꿰뚫어 보기**

직무관련 용어

1) 동작(motion) : 작업요소를 구성하는 작업자의 기본행위를 말하며, 신체의 일부를 움직이거나 이동하는 등 작업과 관련한 행위가 포함된다.
2) 작업요소(task element) : 연관된 여러 개의 동작이 하나의 작업요소를 형성하며 작업을 구성하는 하위요소이다.
   어떤 직무와 연관된 동작, 정신적 활동 등 더 이상 나뉠 수 없는 최소 단위의 작업이다.
3) 작업(task) : 직무를 단계별로 나눈 것으로 측정가능한 행동을 말하며, 작업자가 수행하는 신체적적·정신적 활동으로써 '일' 또는 '과업으로 표현된다.
4) 직위(position) : 작업자 개개인에게 임무·일·책임이 분명히 존재하여 작업이 수행될 경우 개개인의 작업을 의미한다.
   직무상의 지위를 의미하며, 어떤 조직이건 작업자의 수만큼 직위가 있게 된다.
5) 직무(job) : 여러 직위 중 중요하거나 특징적인 면에서 같은 한 무리의 직위라고 할 수 있다. 각각의 직무는 직무분석의 대상이 되며 다른 직업과 독립된 직업결정의 중요한 기준이 된다.
6) 직업(occupation) : 주어진 업무와 과업이 매우 유사한 직무들의 집합이라고 할 수 있으며, 특정한 직업은 작업목적, 작업방법, 중간재료, 최종생산물, 작업자의 행동, 작업자의 특성 등의 관점에서 유사한 관계에 있다.

33 직업선택과정에 관한 설명으로 옳은 것은?

① 직업에 대해 정확한 정보만 가지고 있으면 직업을 효과적으로 선택할 수 있다.

② 주로 성년기에 이루어지기 때문에 어릴 때 경험은 영향력이 없다.

③ 개인적인 문제이기 때문에 가족이나 환경의 영향은 관련이 없다.

④ 일생동안 계속 이루어지는 과정이기 때문에 다양한 시기에서 도움이 필요하다.

콕집어 해설

직업선택 과정

- 직업에 대한 정확한 정보 외에도 자신에 대한 올바른 이해가 있어야 효과적인 직업선택을 할 수 있다.(①)
- 직업선택은 일생의 과정이므로 어릴 때 경험도 영향을 미친다.(②)
- 직업선택은 개인의 가치관, 정서적 요인, 교육수준 등과 사회문화적 환경 등의 상호작용으로 결정된다.(③)
- 직업선택은 일생 동안 이루어지는 과정이므로 다양한 시기에서 도움이 필요하다.(④)

답 ④

34 고용노동부에서 실시하는 일반직업적성검사가 측정하는 영역이 아닌 것은?

① 형태지각력 ② 공간판단력

③ 상황판단력 ④ 언어능력

콕집어 해설

일반직업적성검사(GATB)의 측정영역

[지언수사 공형운손손]

- 직업적성검사는 개인이 특정직무를 성공적으로 수행할 수 있는지를 측정하는 검사이다.
- 15개의 하위검사를 통해 9가지 적성요인을 검출한다.
- 15개 하위검사 중 11개는 지필검사이고, 4개는 기구검사(수행검사, 동작검사)이다.

측정방식	하위검사명	측정영역
지필	기구대조검사	형태지각(P)
지필	형태대조검사	형태지각(P)
지필	명칭비교검사	사무지각(Q)
지필	타점속도검사	운동반응(K)
지필	표식검사	운동반응(K)
지필	종선기입검사	운동반응(K)
지필	평면도판단검사	공간판단력(S)
지필	입체공간검사	공간적성(S), 지능(G)
지필	어휘검사	언어능력(V), 지능(G)
지필	산수추리검사	수리능력(N), 지능(G)
지필	계수검사	수리능력(N)
기구검사	환치검사	손의 재치(M)
기구검사	회전검사	손의 재치(M)
기구검사	조립검사	손가락 재치(F)
기구검사	분해검사	손가락 재치(F)

답 ③

일반적성검사(GATB)에서 측정하는 검출적성의 측정 내용

측정영역	측정내용
지능 또는 일반학습능력	일반학습능력 및 원리이해능력, 추리·판단능력
언어능력 또는 언어적성	언어의 뜻과 개념을 이해하고 사용하는 능력
수리능력 또는 수리적성	빠르고 정확하게 계산하는 능력
사무지각	문자, 인쇄물, 전표 등을 세밀하게 구별하는 능력
공간판단력	공간상의 형태를 이해하고 평면과 물체와의 관계를 이해하는 능력
형태지각	실물·도해·표에 나타난 것을 세밀하게 지각하는 능력
운동반응	눈과 손 또는 손가락을 함께 사용하여 빠르고 정확하게 반응하는 능력
손의 재치(정교성)	손을 빠르고 정교하게 움직이는 능력
손가락 재치(정교성)	손가락을 정교하게 조절하는 능력

35 특성-요인이론에 관한 설명으로 가장 적합한 것은?

① 자신이 선택한 투자에 최대한의 보상을 받을 수 있는 직업을 선택한다.
② 개인적 흥미나 능력 등을 심리검사나 객관적 수단을 통해 밝혀낸다.
③ 사회·문화적 환경 또는 사회구조와 같은 요인이 직업선택에 영향을 준다.
④ 동기, 인성, 욕구와 같은 개인의 심리적 수단에 의해 직업을 선택한다.

콕집어해설

특성-요인 이론
- 심리검사 이론과 개인차 심리학에 기초하며, 진단 과정을 중시한다.
- '직업과 사람 연결시키기'라는 심리학적 관점을 토대로 한다.
- 상담자 중심의 상담방법이며, 과학적이고 합리적인 문제해결 방법을 추구한다.
- 내담자에 대한 정서적 이해보다 문제의 객관적 이해에 중점을 둔다.
- 내담자를 객관적으로 이해하기 위해 사례나 사례연구를 중요시한다.
- 개인의 흥미나 능력 등에 대한 표준화 검사의 실시와 결과의 해석을 강조한다.
- 상담자는 교육자의 역할로써, 주도적인 역할을 수행한다.

답 ②

해 특성-요인이론은 '심리검사'나 '객관적 수단'을 중시한다.

꿰뚫어 보기

특성-요인 이론의 기본 가설(클라인과 바이너)

1) 인간은 신뢰롭고 타당하게 측정할 수 있는 독특한 특성을 가지고 있다.
2) 직업은 그 직업에서의 성공을 위해 구체적 특성을 지닐 것을 요구한다.
3) 진로선택은 인지적 과정이므로 개인의 특성과 직업의 특성을 짝짓는 것이 가능하다.
4) 개인의 특성과 직업적 요구사항이 긴밀한 관계를 맺을수록 직업적 성공의 가능성이 커진다.

36 **셀리(Selye)가 제시한 스트레스 반응단계(일반적응증후군)를 순서대로 바르게 나열한 것은?**

① 소진-저항-경고　　② 저항-경고-소진
③ 소진-경고-저항　　④ 경고-저항-소진

콕집어해설

셀리에(Selye)의 일반적응증후군(GAS)

- 경고(경계)단계 : 정신적·육체적 위험에 갑자기 노출됨으로써 나타나는 최초의 반응단계이다.
  맥박이 빨라지고 체온과 혈압이 감소한다.
- 저항단계 : 스트레스에 대한 저항은 증가되지만 신체의 저항력은 저하된다.
- 소진(탈진)단계 : 스트레스가 장기간 지속될 경우 스트레스에 대한 적응에너지가 고갈되어 탈진 및 질병과 죽음을 유발할 수 있다.

답 ④

해 경고→저항→소진(탈진)단계로 진행된다.

37 **기초통계치 중 명명척도로 측정된 자료에서는 파악할 수 없고, 서열척도 이상의 척도로 측정된 자료에서만 파악할 수 있는 것은?**

① 중앙치　　② 최빈치
③ 표준편차　　④ 평균

콕집어해설

통계의 기본개념

- 중심경향치로써의 대푯값

1) 평균값 : 어떤 분포에서 모든 점수의 합을 전체 사례수로 나누어 얻은 값이다.
   예 4과목 점수가 90, 100, 80, 90 인 경우, 모든 점수를 합하여 이것을 사례수(4과목)으로 나누면 평균값이 '90'이 된다.
2) 중앙값 : 모든 점수를 크기 순서대로 배열했을 때 가장 중앙에 위치한 값이다.
   예 사례가 홀수인 경우 '5, 6, 8, 9, 10'일 때 중앙값은 '8'이다.
   사례가 짝수인 경우 '5, 6, 7, 8, 9, 10'일 때 중앙값은 $\frac{7+8}{2}$ =7.5이다.
3) 최빈값 : 빈도분포에서 빈도가 가장 높은 점수 또는 급간의 중간 점수이다.
   예 사례값이 '1, 2, 2, 2, 3, 3, 4'인 경우 최빈값은 '2'이나, 사례값이 '1, 1, 1, 1, 1, 1, 1'처럼 값이 모두 같으면 최빈값은 없다.

- 분산의 판단 기준

1) 범위 : 점수분포에 있어서 최고점수에서 최저점수까지의 거리이다.
   범위 = 최고점수 - 최저점수 + 1
   예 '2, 4, 5, 7'의 범위는 7 - 2 + 1 = 6 이다.
2) 분산 : 변수분포의 모든 변숫값들을 통해 흩어진 정도를 추정한다.
3) 표준편차 : 평균에서 각 점수들이 평균적으로 이탈된 정도를 말한다.
4) 사분위편차 : 자료를 일렬로 늘어놓고 가장 작은 지점에서 1/4 지점, 3/4 지점에 있는 자료 두개를 택하여 그 차이를 2로 나눈 값이다.

답 ①

해 중앙값은 서열척도 이상(크기순이 있어야 함)에서 측정이 가능하며, 최빈값은 명명척도 이상, 평균과 표준편차는 등간척도 이상으로 측정된 자료에서만 파악할 수 있다.

척도 **[명서등비]**

1) 명명척도(명목척도) : 숫자의 차이는 대상에 따라 측정한 속성이 다르다는 것만을 나타낸다.
   예 남자를 '1', 여자를 '2'라했을 때, '1'과 '2'라는 정보는 차이만 나타낸다.
2) 서열척도 : 숫자의 차이가 측정한 속성차이의 정보 외에 순위정보도 포함하는 척도이다.
   예 갑이 1등, 을이 2등, 병이 3등이라할 때, '1' '2' '3' 은 차이정보 외에 서열정보도 제공한다.
3) 등간척도 : 차이정보, 서열정보는 물론 수의 차이가 반영하는 속성의 차이가 동일하다는 등간정보도 포함한다.
   예 온도계로 온도를 측정할 때 5도와 10도의 차이는 15도와 20도의 차이와 같다.
4) 비율척도 : 차이, 서열, 등간정보 외에 수의 비율에 관한 정보까지 담고 있는 척도이다.
   예 갑의 연봉이 1억원, 을이 2억원, 병이 3억원이라면, 각 숫자는 세 사람 연봉의 차이정보, 서열정보, 등간정보 외에 비율정보도 포함한다.

38 경력진단검사에 관한 설명으로 틀린 것은?

① 경력결정검사(CDS)는 경력관련 의사결정 실패에 관한 정보를 제공하기 위해 개발되었다.
② 개인직업상황검사(MVS)는 직업적 정체성 형성여부를 파악하기 위한 것이다.
③ 경력개발검사(CDI)는 경력관련 의사결정에 대한 참여 준비도를 측정하기 위한 것이다.
④ 경력태도검사(CBI)는 직업선택에 필요한 정보 및 환경, 개인적인 장애가 무엇인지를 알려준다.

콕집어 해설

주요 경력진단검사

- 진로성숙도검사(CMI) : 크라이티스가 개발한 검사로써, 태도척도와 능력척도로 구성되어 있으며 진로선택 내용과 과정이 통합적으로 반영되었다.
- 진로발달검사(CDI) : 수퍼가 개발한 검사로써, 경력관련 의사결정에 대한 참여준비도를 측정하기 위한 것이다.(③)
  학생들의 진로발달과 진로성숙도를 측정한다.
- 자기직업상황(MVS) : 홀랜드가 개발했으며, 직업적 정체성 형성 여부를 파악하고 직업선택에 필요한 정보 및 환경, 개인적 장애가 무엇인지 알려준다.(②, ④)
- 진로신념검사(CBI) : 크롬볼츠가 개발했으며, 내담자로 하여금 자아인식 및 세계관에 대한 문제를 확인하도록 돕는다.(④)
- 경력결정검사(CDS) : 오시포가 개발했으며, 경력관련 의사결정 실패에 관한 정보를 제공하기 위한 검사이다.(①)

답 ④

39 다음 중 동일한 검사를 동일한 피검자 집단에 일정 시간 간격을 두고 두 번 실시하여 얻은 두 검사 점수의 상관계수에 의하여 신뢰도를 측정하는 방법은?

① 동형검사 신뢰도
② 검사-재검사 신뢰도
③ 반분검사 신뢰도
④ 문항 내적 일관성 신뢰도

콕집어 해설

신뢰도 추정방법

- 검사-재검사 신뢰도 : 동일한 수검자에게 동일한 검사를 일정 시간간격을 두고 두 번 실시하여 얻은 두 검사점수의 상관계수에 의해 신뢰도를 측정하는 방법이다.
- 동형검사 신뢰도 : 동일한 수검자에게 첫번째 실시한 검사와 동일한 유형의 검사를 실시하여 두 검사점수의 상관계수에 의해 신뢰도를 측정하는 방법이다.
- 반분신뢰도 : 어떤 집단에게 한 검사를 실시하고 그 검사의 문항을 동형이 되도록 두개의 검사로 나눈 다음, 두 점수의 상관계수를 비교한다.
- 문항내적합치도(문항내적일관성 신뢰도) : 한 검사 내 개개의 문항들을 독립된 검사로 보고 문항들 간의 일관성이나 합치성을 신뢰도로 규정한다.
- 채점자 간 신뢰도 : 채점자들의 평가가 어느 정도 일관성이 있는지를 상관계수로 나타낸 것이다.

답 ②

꿰뚫어 보기

신뢰도(Reliability)

1) 개념 : 신뢰도는 측정하는 바를 일관성 있게 측정하는 능력이며, 측정 오차가 작을수록 일반적으로 신뢰도는 높다.
2) 신뢰도 계수
   ㄱ. 검시 결괴의 일관성을 보여주는 값이다.
   ㄴ. 범위는 0~1 사이의 값을 가지며, '0'에 가까울수록 신뢰도가 낮고 '1'에 가까울수록 신뢰도는 높다.
   ㄷ. 신뢰도 계수는 개인차가 클수록 커진다.
   ㄹ. 신뢰도 계수는 신뢰도 추정 방법에 따라 달라질 수 있다.

40 다음은 질적측정도구 중 무엇에 관한 설명인가?

> 원래 가족치료에 활용하기 위해 개발되었는데, 기본적으로 경력상담 시 먼저 내담자의 가족이나 선조들의 직업 특징에 대한 시각적 표상을 얻기 위해 도표를 만드는 것

① 자기 효능감 척도　② 역할놀이
③ 제노그램　④ 카드분류

콕집어 해설

질적 측정도구 [자카제역]

- 자기효능감 척도 : 어떤 과제를 어느 정도 수준으로 수행할 수 있는 능력을 갖추었다고 스스로 판단하는지의 정도를 측정한다.
- (직업)카드분류 : 내담자의 가치관, 흥미, 직무기술, 라이프 스타일 등의 선호형태를 측정하는 데 유용하다.
- 제노그램(직업가계도) : 내담자의 가족이나 선조들의 직업 특징에 대한 시각적 표상을 얻기 위해 도표를 만드는 방식이다.
- 역할놀이(역할극) : 내담자의 수행 행동을 나타낼 수 있는 업무상황을 제시해 준다.

답 ③

 꿰뚫어 보기

아이작슨과 브라운(Isaacson & Brown)의 직업검사 도구 분류

1) 양적 평가도구 : 욕구 및 근로가치 설문, 흥미검사, 성격검사 등
2) 질적 평가도구 : 자기효능감 척도, 카드분류, 직업가계도, 역할놀이

제3과목 | 직업정보론

41 직업정보 분석에 관한 설명으로 틀린 것은?

① 직업정보는 직업전문가에 의해 분석되어야 한다.
② 수집된 정보에 대하여는 목적에 맞도록 몇 번이고 분석하여 가장 최신의 객관적이며 정확한 자료를 선정한다.
③ 동일한 정보라 할지라도 다각적인 분석을 시도하여 해석을 풍부히 한다.
④ 직업정보원과 제공원에 관한 정보는 알 필요가 없다.

콕집어 해설

직업정보 분석 시 유의점

- 전문가나 전문적인 시각에서 분석한다.(①)
- 수집된 정보는 목적에 맞도록 몇 번이고 분석하여 가장 최신의 객관적이며 정확한 자료를 선정한다.(②)
- 동일한 정보라 할지라도 다각적인 분석을 시도하여 해석을 풍부히 한다.(③)
- 직업정보원과 제공원에 대해 제시한다.(④)
- 다양한 정보를 충분히 검토하여 효율적으로 검색·활용할 수 있게 분류한다.
- 다른 통계와의 관련성을 고려하여, 숫자로 표현할 수 없는 정보라도 삭제하거나 배제하지 않는다.

답 ④

 꿰뚫어 보기

직업정보 가공시 유의사항

1) 이용자가 전문적인 지식이 없어도 이해할 수 있도록 가공한다.
2) 직업에 대한 장·단점을 편견없이 제공한다.
3) 가장 최신의 자료를 활용하되 표준화된 정보를 활용한다.
4) 효율적인 정보제공을 위해 시각적 효과를 추가한다.
5) 정보의 생명력을 측정하여 활용법을 선정한다.
6) 이용자에게 동기를 부여할 수 있도록 구상한다.

42 **한국직업전망에서 제공하는 정보에 대한 설명으로 틀린 것은?**

① '하는 일'은 해당 직업 종사자가 일반적으로 수행하는 업무내용과 과정에 대해 서술하였다.

② '관련 학과'는 일반적 입직조건을 고려하여 대학에 개설된 대표 학과명만을 수록하였다.

③ '적성과 흥미'는 해당 직업에 취업하거나 업무를 수행하는데 유리한 적성, 성격, 흥미, 지식 및 기술 등을 수록하였다.

④ '학력'은 '고졸이하', '전문대졸', '대졸', '대학원졸 이상'으로 구분하여 제시하였다.

족집어 해설

한국직업전망에서 제공하는 일반 직업정보

[대하근성 되적경]

- 대표 직업명 : 다른 직업정보나 통계자료와의 연계성을 높이기 위해 가능한 한국고용직업분류(KECO)의 세분류 수준의 명칭을 사용하였다.
- 하는 일 : 해당 직업 종사자가 일반적으로 수행하는 업무 내용과 과정에 대해 서술하였다.(①)
- 근무환경 : 해당 직업 종사자의 일반적인 근무시간, 근무형태, 근무장소, 육체적·정신적 스트레스 정도, 산업안전 등에 대해 서술하였다.
- 성별·연령·학력·임금 : 직업 종사자의 인적 특성과 임금자료는 통계청의 지역별고용조사(2017) 자료를 활용하였다.
  1) 성별 : 직업 종사자의 남녀 비율
  2) 연령 : 20대 이하(29세 이하)/30대(30~39)/40대(40~49)/50대(50~59)/60대 이상(60세 이상)
  3) 학력 : 고졸 이하/전문대졸(2~3년제)/대졸(4~5년제)/대학원졸 이상(④)
  4) 임금 : 하위 25%(25% 미만)/중위 50%(25% 이상 75% 미만)/상위 25%(75% 이상)
- 되는 길
  1) 교육 및 훈련 : 해당 직업에 종사하는 데 필요한 학력과 전공, 직업훈련기관 및 훈련과정 등을 소개하였다.
  2) 관련 학과 : 일반적 입직 조건을 고려하여 대학에 개설된 대표 학과명을 수록하거나, 특성화고등학교, 직업훈련기관, 직업전문학교의 학과명을 수록하였다.(②)
  3) 관련 자격 및 면허 : 해당 직업에 종사하기 위해 반드시 필요하거나 취업에 유리한 국가(기술, 전문)자격을 수록하였다. 그 외에 민간공인자격이나 외국자격 중 업무수행이나 취업에 필요하거나 유용한 것도 수록하였다.
- 적성 및 흥미 : 해당 직업에 취업하거나 업무를 수행하는데 필요하는 데 유리한 적성, 성격, 흥미, 지식 및 기술 등을 수록하였다.(③)
- 경력개발 : 해당 직업관련 활동분야(취업처)나 이·전직 가능분야를 수록하였다. 직업에 따라 승진이나 창업 등 경력개발 내용이 포함되는 경우도 있다.

답 ②

43 **내용분석법을 통해 직업정보를 수집할 때의 장점이 아닌 것은?**

① 정보제공자의 반응성이 높다.

② 장기간의 종단연구가 가능하다.

③ 필요한 경우 재조사가 가능하다.

④ 역사연구 등 소급조사가 가능하다.

콕집어 해설

직업정보 수집 방법

내용분석법

1) 특징

ㄱ. 여러 문서화된 매체들을 중심으로 연구에 필요한 자료들을 수집하는 방법이다.

ㄴ. 문헌연구의 일종이며, 기록된 정보의 내용을 분석하기 위해 양적·질적 분석 방법을 사용한다.

ㄷ. 현재의 내용뿐만 아니라 잠재적인 내용도 분석 대상이다.

2) 장점

ㄱ. 정보 제공자의 반응성이 낮다.(①)

ㄴ. 다양한 심리적 변수를 효과적으로 측정할 수 있다.

ㄷ. 역사적 기록물을 통해 소급 조사와 장기간의 종단 연구가 가능하다.(②, ④)

ㄹ. 연구대상에 영향을 미치지 않고 다른 연구방법과 병용이 가능하다.

ㅁ. 다른 측정방법의 타당성 여부를 조사하기 위해 사용 가능하다.

ㅂ. 다른 방법에 비해 실패 시 위험부담이 적고, 재조사가 가능하다.(③)

ㅅ. 시간과 비용 등이 절약된다.

3) 단점

ㄱ. 기록된 자료에만 의존해야 하고, 자료 입수가 제한적임

ㄴ. 명백히 드러난 내용과 숨겨진 내용을 구분하기가 어려움

ㄷ. 자료의 신뢰도와 타당도 확보의 어려움

답 ①

꿰뚫어 보기

직업정보 수집방법

1) 면접법

(1) 장점

ㄱ. 언어소통이 가능한 모든 사람들을 대상으로 적용할 수 있다.

ㄴ. 조사환경을 통제하고 표준화할 수 있다.

ㄷ. 복잡한 질문의 사용가능과 정확한 응답을 얻어낼 수 있다.

ㄹ. 개별적 상황에 따라 적절한 대응이 가능하다.

ㅁ. 제3자의 영향을 배제할 수 있다.

ㅂ. 질문지법보다 더욱 공정한 표본을 얻을 수 있다.

(2) 단점

ㄱ. 시간과 비용, 노력이 많이 소요되고 절차가 복잡하다.

ㄴ. 면접자에 따라서 면접내용에 대한 편향성이 나타날 수 있다.

ㄷ. 응답자가 불편한 상황에서 응답함으로써 부정적 영향이 미칠 수 있다.

ㄹ. 응답범주에 대한 표준화가 어렵다.

2) 질문지법(설문지법)

(1) 질문 내용 구성할 때 주의사항

ㄱ. 질문 내용은 가급적 구체적인 용어로 표현하는 것이 좋다.

ㄴ. 조사용어는 가치중립적인 것을 사용해야 한다.

ㄷ. 질문은 가능한 한 간단하게 해야 한다.

ㄹ. 유도질문이나 애매하고 막연한 질문, 이중질문은 피해야 한다.

ㅁ. 폐쇄형 질문의 응답범주는 포괄적이고 상호배타적이어야 한다.

(2) 질문 문항 순서

ㄱ. 질문 문항들을 논리적 순서에 따라 자연스럽게 배치한다.

ㄴ. 질문 문항들을 길이와 유형에 따라 변화 있게 배치한다.

ㄷ. 답변이 용이한 질문들은 전반부에 배치한다.

ㄹ. 계속적인 기억이 필요한 질문들을 전반부에 배치한다.

ㅁ. 민감한 질문이나 개방형 질문들은 가급적 질문지의 후반부에 배치한다.

ㅂ. 동일한 척도의 항목들은 모아서 배치한다.

ㅅ. 신뢰도 측정을 위해 짝(pair)으로 된 문항들은 멀리 떨어져 있어야 한다.

ㅇ. 여과 질문들을 적절하게 배치하여 사용한다.

ㅈ. 특별한 질문은 일반질문 뒤에 놓는다.

(3) 장점

ㄱ. 면접법에 비해 시간과 비용, 노력이 적게 소요된다.

ㄴ. 응답자가 익명으로 자유롭게 응답할 수 있다.

ㄷ. 표준화된 질문순서, 지시 등으로 질문의 일관성을 기할 수 있다.

ㄹ. 즉각적인 응답 대신 심사숙고하여 정확하게 응답할 수 있다.

(4) 단점

ㄱ. 읽고 쓸 수 없는 사람을 대상으로 조사가 불가능하다.

ㄴ. 무응답에 대한 통제가 어렵다.

ㄷ. 질문의 요지를 필요에 따라 설명할 수 없으므로 융통성이 결여된다.

ㄹ. 응답자의 비언어적 행위나 개인적인 특성에 관한 자료를 수집하기 어렵다.

44 제10차 한국표준산업분류의 산업분류에 관한 설명으로 틀린 것은?

① 산업은 유사한 성질을 갖는 산업활동에 주로 종사하는 생산단위의 집합이다.
② 각 생산단위가 노동, 자본, 원료 등 자원을 투입하여 재화 또는 서비스를 생산·제공하는 일련의 활동과정이 산업활동이다.
③ 산업활동 범위에는 가정 내 가사활동도 포함된다.
④ 산업분류는 생산단위가 주로 수행하는 산업활동을 분류 기준과 원칙에 맞춰 그 유사성에 따라 체계적으로 유형화한 것이다.

콕집어 해설

한국표준산업분류(KSIC)의 산업분류

산업
1) 산업의 정의 : 유사한 성질을 갖는 산업활동에 주로 종사하는 생산단위의 집합이다.(①)
2) 산업활동 : 각 생산단위가 노동, 자본, 원료 등 자원을 투입하여 재화나 서비스를 생산 또는 제공하는 일련의 활동과정이다.(②)
3) 산업활동의 범위 : 영리적·비영리적 활동이 모두 포함되나, 가정 내의 가사활동은 제외된다.(③)

산업분류
1) 산업분류 정의 : 생산단위가 주로 수행하고 있는 산업활동을 분류 기준과 원칙에 맞춰 그 유사성에 따라 체계적으로 유형화한 것이다.(④)
2) 분류 기준
  ㄱ. 산출물의 특성
  ㄴ. 투입물의 특성
  ㄷ. 생산활동의 일반적인 결합형태

답 ③

45 다음은 워크넷에서 제공하는 성인 대상 심리검사 중 무엇에 관한 설명인가?

• 검사대상 : 만18세 이상
• 주요내용 : 개인의 흥미유형 및 적합직업 탐색
• 측정요인 : 현실형, 탐구형, 예술형, 사회형, 진취형, 관습형

① 구직준비도 검사 ② 직업가치관 검사
③ 직업선호도 검사 S형 ④ 성인용 직업적성검사

콕집어 해설

워크넷의 성인대상 심리검사
- 직업선호도검사(S형)
  1) 검사대상 : 만 18세 이상
  2) 검사시간 : 약 25분 소요
  3) 주요내용 : 개인의 흥미유형 및 적합직업 탐색
  4) 측정요인 : 현실형, 탐구형, 예술형, 사회형, 진취형, 관습형
- 구직준비도검사와 직업가치관검사는 검사시간은 20분이며, 인터넷과 지필로 실시 가능하다.
- 성인용 직업적성검사는 언어력, 수리력, 문제해결능력 등의 11개 적성요인을 측정하여 자신의 적성에 맞는 직업분야를 제시하며, 약 80분이 소요되는 시간제한 검사이다.

답 ③

꿰뚫어 보기

직업선호도검사(L형)
1) 검사대상 : 만 18세 이상
2) 검사시간 : 약 60분 소요
3) 주요내용 : 개인의 흥미유형 및 성격, 생활사 특성을 측정하여 적합직업 탐색
4) 검사내용
  ㄱ. 흥미검사 : 현실형, 탐구형, 예술형, 사회형, 진취형, 관습형
  ㄴ. 성격검사 : 외향성, 호감성, 성실성, 정서적 불안정성, 경험에 대한 개방성
  ㄷ. 생활사 검사 : 대인관계지향, 독립심, 가족친화, 야망, 학업성취, 예술성, 운동선호, 종교성, 직무만족

46 실업급여 중 취업촉진 수당이 아닌 것은?

① 직업능력개발 수당 ② 광역 구직활동비
③ 훈련연장급여 ④ 이주비

콕집어 해설

취업촉진 수당 [조직광이]
- 실업급여 = 구직급여 + 취업촉진 수당
- 취업촉진수당 : 조기재취업 수당, 직업능력개발 수당, 광역 구직활동비, 이주비

답 ③

47 국가기술자격 산업기사의 응시요건으로 틀린 것은?

① 응시하려는 종목이 속하는 동일 및 유사 직무 분야에서 1년 이상 실무에 종사한 사람
② 관련학과의 2년제 또는 3년제 전문대학 졸업자 등 또는 그 졸업예정자
③ 고용노동부령이 정하는 기능경기대회 입상자
④ 응시하려는 종목이 속하는 동일 및 유사 직무분야의 다른 종목의 산업기사 등급 이상의 자격을 취득한 사람

족집어 해설

산업기사

1) 검정기준 : 해당 국가기술자격의 종목에 관한 기술기초이론 지식 또는 숙련기능을 바탕으로 복합적인 기초기술 및 기능업무를 수행할 수 있는 능력 보유
2) 응시자격 : 다음 각 호의 어느 하나에 해당하는 사람
   ㄱ. 기능사 등급 이상의 자격을 취득한 후 응시하려는 종목이 속하는 동일 및 유사 직무분야에 1년 이상 실무에 종사한 사람
   ㄴ. 응시하려는 종목이 속하는 동일 및 유사 직무분야의 다른 종목의 산업기사 등급 이상의 자격을 취득한 사람(④)
   ㄷ. 관련학과의 2년제 또는 3년제 전문대학졸업자 등 또는 그 졸업예정자(②)
   ㄹ. 관련학과의 대학졸업자 등 또는 그 졸업예정자
   ㅁ. 동일 및 유사 직무분야의 산업기사 수준 기술훈련과정 이수자 또는 그 이수예정자
   ㅂ. 응시하려는 종목이 속하는 동일 및 유사 직무분야에서 2년 이상 실무에 종사한사람(①)
   ㅅ. 고용노동부령으로 정하는 기능경기대회 입상자(③)
   ㅇ. 외국에서 동일한 종목에 해당하는 자격을 취득한 사람

답 ①

꿰뚫어 보기

기술사

1) 기사 자격을 취득한 후 응시하려는 종목이 속하는 직무분야에서 4년 이상 실무에 종사한 사람
2) 산업기사 자격을 취득한 후 응시하려는 종목이 속하는 동일 및 유사 직무분야에서 5년 이상 실무에 종사한 사람
3) 기능사 자격을 취득한 후 응시하려는 종목이 속하는 동일 및 유사 직무분야에서 7년 이상 실무에 종사한 사람
4) 응시하려는 종목과 관련된 학과로서 고용노동부장관이 정하는 학과의 대학졸업자 등으로서 졸업 후 응시하려는 종목이 속하는 동일 및 유사 직무분야에서 6년 이상 실무에 종사한 사람
5) 응시하려는 종목이 속하는 동일 및 유사 직무분야의 다른 종목의 기술사 등급의 자격을 취득한 사람
6) 3년제 전문대학 관련학과 졸업자 등으로서 졸업 후 응시하려는 종목이 속하는 동일 및 유사 직무분야에서 7년 이상 실무에 종사한 사람
7) 2년제 전문대학 관련학과 졸업자 등으로서 졸업 후 응시하려는 종목이 속하는 동일 및 유사 직무분야에서 8년 이상 실무에 종사한 사람
8) 국가기술자격의 종목별로 기사의 수준에 해당하는 교육훈련을 실시하는 기관 중 고용노동부령으로 정하는 교육훈련기관의 기술훈련과정 이수자로서 이수 후 응시하려는 종목이 속하는 동일 및 유사 직무분야에서 6년 이상 실무에 종사한 사람
9) 국가기술자격의 종목별로 산업기사의 수준에 해당하는 교육훈련을 실시하는 기관 중 고용노동부령으로 정하는 교육훈련기관의 기술훈련과정 이수자로서 이수 후 동일 및 유사 직무분야에서 8년 이상 실무에 종사한 사람
10) 응시하려는 종목이 속하는 동일 및 유사 직무분야에서 9년 이상 실무에 종사한 사람
11) 외국에서 동일한 종목에 해당하는 자격을 취득한 사람

기능장

1) 응시하려는 종목이 속하는 동일 및 유사 직무분야의 산업기사 또는 기능사 자격을 취득한 후 「근로자직업능력개발법」에 따라 설립된 기능대학의 기능장 과정을 마친 이수자 또는 그 이수예정자
2) 산업기사 등급 이상의 자격을 취득한 후 응시하려는 종목이 속하는 동일 및 유사 직무분야에서 5년 이상 실무에 종사한 사람
3) 기능사 자격을 취득한 후 응시하려는 종목이 속하는 동일 및 유사 직무 분야에서 7년 이상 실무에 종사한 사람
4) 응시하려는 종목이 속하는 동일 및 유사 직무분야에서 9년 이상 실무에 종사한 사람
5) 응시하려는 종목이 속하는 동일 및 유사 직무분야의 다른 종목의 기능장 등급의 자격을 취득한 사람
6) 외국에서 동일한 종목에 해당하는 자격을 취득한 사람

기사

1) 산업기사 등급 이상의 자격을 취득한 후 응시하려는 종목이 속하는 동일 및 유사 직무분야에서 1년 이상 실무에 종사한 사람
2) 기능사 자격을 취득한 후 응시하려는 종목이 속하는 동일 및 유사 직무 분야에서 3년 이상 실무에 종사한 사람

3) 응시하려는 종목이 속하는 동일 및 유사 직무분야의 다른 종목의 기사 등급 이상의 자격을 취득한 사람
4) 관련학과의 대학졸업자 등 또는 그 졸업예정자
5) 3년제 전문대학 관련학과 졸업자 등으로서 졸업 후 응시하려는 종목이 속하는 동일 및 유사 직무분야에서 1년 이상 실무에 종사한 사람
6) 2년제 전문대학 관련학과 졸업자 등으로서 졸업 후 응시하려는 종목이 속하는 동일 및 유사 직무분야에서 2년 이상 실무에 종사한 사람
7) 동일 및 유사 직무분야의 기사 수준 기술훈련과정 이수자 또는 그 이수예정자
8) 동일 및 유사 직무분야의 산업기사 수준 기술훈련과정 이수자로서 이수 후 응시하려는 종목이 속하는 동일 및 유사 직무분야에서 2년 이상 실무에 종사한 사람
9) 응시하려는 종목이 속하는 동일 및 유사 직무분야에서 4년 이상 실무에 종사한 사람
10) 외국에서 동일한 종목에 해당하는 자격을 취득한 사람

기능사

제한 없음

48 제10차 한국표준산업분류의 산업분류 적용 원칙에 관한 설명으로 틀린 것은?

① 생산단위는 산출물뿐만 아니라 투입물과 생산공정 등을 고려하여 그들의 활동을 가장 정확하게 설명한 항목에 분류

② 생산단위 소유 형태, 법적 조직 유형 또는 운영방식도 산업분류에 영향을 미침

③ 산업활동이 결합되어 있는 경우에는 그 활동단위의 주된 활동에 따라 분류

④ 공식적·비공식적 생산물, 합법적·불법적인 생산은 달리 분류하지 않음

콕집어 해설

한국표준산업분류(KSIC)의 적용원칙

- 생산단위는 산출물뿐만 아니라 투입물과 생산공정 등을 함께 고려하여 그들의 활동을 가장 정확하게 설명된 항목에 분류해야 한다.(①)
- 복합적인 활동단위는 우선적으로 최상급 분류단계(대분류)를 정확히 결정하고, 순차적으로 중, 소, 세, 세세분류 단계 항목을 결정하여야 한다.
- 산업활동이 결합되어 있는 경우에는 그 활동단위의 주된 활동에 따라서 분류하여야 한다.(③)
- 수수료 또는 계약에 의하여 활동을 수행하는 단위는 동일한 산업활동을 자기계정과 자기책임하에서 생산하는 단위와 같은 항목에 분류하여야 한다.
- 동일단위에서 제조한 재화의 소매활동은 별개 활동으로 분류하지 않고 제조활동으로 분류되어야 한다. 그러나 자기가 생산한 재화와 구입한 재화를 함께 판매한다면 그 주된 활동에 따라 분류한다.
- 생산단위의 소유 형태, 법적 조직 유형 또는 운영 방식은 산업분류에 영향을 미치지 않는다.(②)
- 공식적 생산물과 비공식적 생산물, 합법적 생산물과 불법적인 생산물을 달리 분류하지 않는다.(④)

답 ②

해 영향을 미침(×)→영향을 미치지 않음

49 국민내일배움카드에 관한 설명으로 틀린 것은?

① 특수형태근로종사자도 신청이 가능하다.

② 실업, 재직, 자영업 여부에 관계없이 카드 발급이 가능하다.

③ 국가기간·전략산업직종 등 특화과정은 훈련비 전액을 지원한다.

④ 직업능력개발 훈련이력을 종합적으로 관리하는 제도이다.

콕집어 해설

국민내일배움카드

- 발급 가능자 : 실업, 재직, 자영업 여부에 관계없이 카드발급이 가능하다.
- 발급 제외자 : 공무원, 사립학교 교직원, 졸업예정자 이외 재학생, 연매출액 1억 5천만원 이상의 자영업자, 월 임금 300만원 이상인 대기업 근로자(45세 미만), 특수형태근로종사자는 제외한다.

답 ①

50 **직업정보의 가공에 대한 설명으로 가장 적합하지 않은 것은?**

① 효율적인 정보제공을 위해 시각적 효과를 부가한다.
② 정보를 공유하는 방법과도 연관되어 있다.
③ 긍정적인 정보를 제공하는 입장에서 출발해야 한다.
④ 정보의 생명력을 측정하여 활용방법을 선정하고 이용자에게 동기를 부여할 수 있도록 구상한다.

콕집어해설

직업정보 가공 시 유의점
- 이용자가 전문적인 지식이 없어도 이해할 수 있도록 가공한다.
- 직업에 대한 장·단점을 편견없이 제공한다.(③)
- 가장 최신의 자료를 활용하되 표준화된 정보를 활용한다.
- 효율적인 정보제공을 위해 시각적 효과를 부가한다.(①)
- 정보의 생명력을 측정하여 활용법을 선정하고 이용자에게 동기를 부여할 수 있도록 구상한다.(④)
- 정보를 공유하는 방법과도 연관되어 있다.(②)

답 ③

51 **제7차 한국표준직업분류의 포괄적인 업무에 대한 직업분류 원칙에 해당되지 않는 것은?**

① 주된 직무 우선 원칙
② 최상급 직능수준 우선 원칙
③ 생산업무 우선 원칙
④ 수입 우선의 원칙

콕집어해설

포괄적인 업무에 대한 직업분류 원칙 [포주최생]

포괄적인 업무는 한 사람이 2개 이상의 직무를 수행하는 경우를 의미한다. 이러한 경우 다음과 같은 순서에 따라 분류원칙을 적용한다.

1) 주된 직무 우선 원칙 : 수행되는 직무내용과 분류 항목에 명시된 직무내용을 비교·평가하여 관련 직무 내용상의 상관성이 가장 많은 항목에 분류한다.
   예 교육과 진료를 겸하는 의과대학 교수는 강의·평가·연구 등(교육)과 진료·처치·환자상담 등(의료)의 직무내용을 파악하여 관련 항목이 많은 분야로 분류한다.
2) 최상급 직능수준 우선 원칙 : 수행된 직무가 상이한 수준의 훈련과 경험을 통해서 얻어지는 직무능력을 필요로 한다면, 가장 높은 수준의 직무능력을 필요로 하는 일에 분류하여야 한다.
   예 조리와 배달의 직무비중이 같을 경우에는, 조리의 직능수준이 높으므로 조리사로 분류한다.
3) 생산업무 우선 원칙 : 재화의 생산과 공급이 같이 이루어지는 경우는 생산단계에 관련된 업무를 우선적으로 분류한다.

답 ④

해 '수입우선의 원칙'은 다수 직업 종사자의 분류원칙이다.

직업분류의 일반원칙
1) 포괄성의 원칙 : 우리나라에 존재하는 모든 직무는 어떤 수준에서든지 분류에 포괄되어야 한다.
2) 배타성의 원칙 : 동일하거나 유사한 직무는 어느 경우에든 같은 단위직업으로 분류되어야 한다.

다수 직업 종사자의 분류원칙 [다취수조]

한 사람이 전혀 상관성이 없는 두 가지 이상의 직업에 종사할 경우에 그 직업을 결정하기 위한 원칙이다.
1) 취업시간 우선의 원칙 : 더 긴 시간을 투자하는 직업으로 결정한다.
2) 수입 우선의 원칙 : 취업시간으로 구별할 수 없을 때는 수입이 많은 직업으로 결정한다.
3) 조사시 최근의 직업원칙 : 위의 두가지로 판별할 수 없을 때는 조사시점을 기준으로 최근에 종사한 직업으로 결정한다.

52 워크넷에서 제공하는 학과정보 중 자연계열에 해당하지 않는 것은?

① 안경광학과 ② 생명과학과
③ 수학과 ④ 지구과학과

콕집어 해설

워크넷 학과정보
- 인문계열 : 언어학과, 철학과, 윤리학과, 국제지역학과, 심리학과 등
- 사회계열 : 정치외교학과, 법학과, 경제학과, 행정학과, 비서학과 등
- 교육계열 : 교육학과, 영어교육학과, 유아교육학과 등
- 자연계열 : 생명과학과, 수학과, 지구과학과, 수의학과, 아동가족학과 등
- 공학계열 : 안경광학과, 기계공학과, 건축학과, 조경학과, 섬유공학과 등
- 의약계열 : 의학과, 한의학과, 간호학과, 응급구조과, 방사선과 등
- 예·체능계열 : 성악과, 공예학과, 사진학과, 연극영화과, 체육학과 등

답 ①

해 '공학계열'이다.

53 국가기술자격 중 실기시험만 시행할 수 있는 종목이 아닌 것은?

① 금속재창호기능사 ② 항공사진기능사
③ 로더운전기능사 ④ 미장기능사

콕집어 해설

실기시험만 시행할 수 있는 국가기술자격
- 경영·회계·사무 : 한글속기 1급·2급·3급
- 건설 : 거푸집기능사, 건축도장기능사, 건축목공기능사, 도배기능사, 미장기능사
- 방수기능사, 비계기능사, 온수온돌기능사, 조적기능사, 항공사진기능사 등
- 재료 : 금속재창호기능사

답 ③

해 '로더운전기능사'는 필기+실기시험을 시행한다.

꿰뚫어 보기

필기와 실기시험을 시행하는 종목 [정로한 미사]
- 정보처리기능사
- 로더운전기능사
- 한복기능사
- 미용사
- 사진기능사

54 제7차 한국표준직업분류의 직무능력수준 중 제2직능 수준이 요구되는 대분류는?

① 관리자 ② 전문가 및 관련 종사자
③ 단순노무 종사자 ④ 농림어업 숙련 종사자

콕집어 해설

한국표준직업분류(KSCO)상의 직능수준

[관전/사서판농기장/단/군]

- 제4직능 수준 혹은 제3직능 수준 필요 : 관리자, 전문가 및 관련 종사자
- 제2직능 수준 필요 : 사무 종사자, 서비스 종사자, 판매 종사자, 농림·어업 숙련 종사자, 기능원 및 관련기능 종사자, 장치·기계 조작 및 조립 종사자
- 제1직능 수준 필요 : 단순노무 종사자
- 제2직능 수준 이상 필요 : 군인

답 ④

55 한국직업정보시스템(워크넷 직업·진로)의 직업정보 찾기 중 조건별 검색의 검색 항목으로 옳은 것은?

① 평균학력, 근로시간 ② 근로시간, 평균연봉
③ 평균연봉, 직업전망 ④ 직업전망, 평균학력

콕집어 해설

직업정보 찾기 중 조건별 검색
- 직업의 조건별 검색에서는 '평균연봉'과 '직업전망'으로 구분하여 검색할 수 있다.
- 평균연봉 : 3,000만 원 미만, 3,000만~4,000만 원 미만, 4,000만~5,000만 원 미만, 5,000만 원 이상 등의 4가지로 검색할 수 있다.
- 직업전망 : 매우 밝음(상위 10% 이상), 밝음(상위 20% 이상), 보통(중간 이상), 전망 안 좋음(감소예상 직업) 등의 4가지로 검색할 수 있다.

답 ③

56 직업안정법령상 직업안정기관의 장이 수집·제공하여야 할 고용정보에 해당하지 않는 것은?

① 직무분석의 방법과 절차
② 경제 및 산업동향
③ 구인·구직에 관한 정보
④ 직업에 관한 정보

콕집어 해설

직업안정기관의 장이 수집·제공해야 할 고용정보
경제 및 산업동향(②), 구인·구직에 관한 정보(③), 직업에 관한 정보(④), 근로조건, 고용·실업동향, 고용관리에 관한 정보(채용·승진 등), 직업능력개발훈련에 관한 정보, 고용 관련 각종 지원 및 보조제도

답 ①

해 직무분석의 방법과 절차는 직무분석가의 영역이다.

57 다음은 제10차 한국표준산업분류 중 어떤 산업분류에 관한 설명인가?

> 작물재배활동과 축산활동을 복합적으로 수행하면서 그 중 한편의 전문화율이 66% 미만인 경우

① 작물재배업
② 축산업
③ 작물재배 및 축산 복합농업
④ 작물재배 및 축산 관련 서비스업

콕집어 해설

제10차 한국표준산업분류(KSIC)
제10차 한국산업표준분류에서 작물재배활동과 축산활동을 복합적으로 수행하면서 그 중 한편의 전문화율이 66% 미만인 경우는 대분류 A 농업, 임업 및 어업에 속하는 '작물재배 및 축산 복합농업'이다.

답 ③

제10차 개정의 주요 내용
1) A 농업, 임업 및 어업 : 채소작물 재배업에 마늘, 딸기작물 재배업을 포함시켰으며, 어업에서 해면은 해수면으로, 수산 종묘는 수산 종자로 명칭을 변경하였다.
2) D 전기, 가스, 증기 및 공기조절 공급업 : 수도업은 대분류 E로 이동했으며, 태양력 발전업을 세분하였고, 전기판매업 세분류를 신설했다.
3) E 수도, 하수 및 폐기물 처리, 원료재생업 : 수도업을 전기, 가스, 증기 및 공기조절 공급업 대분류에서 이동하여 포함하고 대분류 명칭을 변경하였다.
4) H 운수 및 창고업 : 화물자동차 운송업과 기타 도로화물 운송업을 통합하였으며, 철도운송업을 철도 여객과 화물 운송업으로 세분하였고, 항공운송업을 항공여객과 화물 운송업으로 변경하였다.

58 한국직업사전의 직무기능 자료(data)항목 중 무엇에 관한 설명인가?

> • 데이터의 분석에 기초하여 시간, 장소, 작업순서, 활동 등을 결정한다.
> • 결정을 실행하거나 상황을 보고한다.

① 종합 ② 조정
③ 계산 ④ 수집

콕집어 해설

한국직업사전의 직무기능 중 자료(Data)
0 종합(synthesizing) : 사실을 발견하고 지식개념 또는 해석을 개발하기 위해 자료를 종합적으로 분석한다.
1 조정(coordinating) : 데이터의 분석에 기초하여 시간, 장소, 작업순서, 활동 등을 결정한다. 결정을 실행하거나 상황을 보고한다.
2 분석(analyzing) : 조사하고 평가한다. 평가와 관련된 대안적 행위의 제시가 빈번하게 포함된다.
3 수집(compiling) : 자료, 사람, 사물에 관한 정보를 수집, 대조, 분류한다.
정보와 관련한 규정된 활동의 수행 및 보고가 자주 포함된다.
4 계산(computing) : 사칙연산을 실시하고 사칙연산과 관련하여 규정된 활동을 수행하거나 보고한다. 수를 세는 것은 포함되지 않는다.
5 기록(copying) : 데이터를 옮겨 적거나 입력하거나 표시한다.
6 비교(comparing) : 자료, 사람, 사물의 쉽게 관찰되는 기능적·구조적·조합적 특성을 판단한다.

답 ②

꿰뚫어 보기

직무기능(DPT)

1) 자료(Data)
2) 사람(People) : 자문, 협의, 교육, 감독, 오락제공, 설득, 말하기-신호, 서비스 제공 등의 활동이며, 인간과 인간처럼 취급되는 동물을 다루는 것을 포함한다.
3) 사물(Thing) : 설치, 정밀작업, 제어조작, 조작운전, 수동조작, 유지, 투입-인출, 단순작업 등의 활동이며, 물질, 재료, 기계, 공구, 설비 등을 다루는 것을 포함한다.

59 제7차 한국표준직업분류상 다음 개념에 해당하는 대분류는?

> • 일반적으로 단순하고 반복적이며 때로는 육체적인 힘을 요하는 과업을 수행한다.
> • 간단한 수작업 공구나 진공청소기, 전기장비들을 이용한다.
> • 제1직능 수준의 일부 직업에서는 초등교육이나 기초적인 교육(ISCED 수준1)을 필요로 한다.

① 단순노무 종사자
② 장치·기계 조작 및 조립종사자
③ 기능원 및 관련 기능 종사자
④ 판매 종사자

콕집어 해설

직능수준(Skill Level)

- 직능수준은 직무수행능력의 높낮이를 말하는 것으로 정규교육, 직업훈련, 직업경험, 선천적 능력과 사회 문화적 환경 등에 의해 결정된다.

제1직능수준

- 일반적으로 단순·반복적이며 육체적인 힘을 요하는 업무를 수행하며, 간단한 수작업 공구나 진공청소기, 전기장비들을 이용하고, 과일을 따거나 채소를 뽑고 단순 조립 등의 작업을 수행한다.
- 최소한의 문자이해와 수리적 사고능력이 요구되는 간단한 직무교육으로 누구나 수행할 수 있다.
- 초등교육이나 기초적인 교육을 필요로 한다.
- 단순노무종사자가 이에 해당한다.

답 ①

해 ②, ③, ④는 제2직능수준이 요구된다.

꿰뚫어 보기

제2직능수준

일반적으로 완벽하게 읽고 쓸 수 있는 능력과 정확한 계산능력, 그리고 상당한 정도의 의사소통 능력을 필요로 한다. 보통 중등 이상 교육과정의 정규교육 이수 또는 이에 상응하는 직업훈련이나 직업경험을 필요로 한다.

제3직능수준

- 복잡한 과업과 실제적인 업무를 수행할 정도의 전문적인 지식을 보유하고 수리계산이나 의사소통 능력이 상당히 높아야 한다.
- 보통 중등교육을 마치고 1~3년 정도의 추가적인 교육과정 정도의 정규교육 또는 직업훈련을 필요로 한다.

제4직능수준

- 매우 높은 수준의 이해력과 창의력 및 의사소통 능력이 필요하다.
- 일반적으로 4년 이상의 학사, 석사나 그와 동등한 학위가 수여되는 교육수준의 정규교육 또는 훈련을 필요로 한다.

60 근로자직업능력 개발법령상 직업능력개발훈련시설을 설치할 수 있는 공공단체가 아닌 것은?

① 한국산업인력공단(한국산업인력공단이 출연하여 설립한 학교법인을 포함)
② 안전보건공단
③ 한국장애인고용공단
④ 근로복지공단

콕집어 해설

직업능력개발훈련시설을 설치할 수 있는 공공단체

한국산업인력공단, 한국장애인고용공단, 근로복지공단 등이 직업능력개발훈련시설을 설치할 수 있는 공공단체로 규정되어 있다.

답 ②

제4과목 | 노동시장론

61 다음 중 분단노동시장가설이 암시하는 정책적 시사점과 가장 거리가 먼 것은?

① 노동시장의 공급측면에 대한 정부개입 또는 지원을 지나치게 강조하는 것에 대해 부정적이다.
② 공공적인 고용기회의 확대나 임금보조, 차별대우 철폐를 주장한다.
③ 외부노동시장의 중요성을 강조한다.
④ 노동의 인간화를 도모하기 위한 의식적인 정책노력이 필요하다.

콕집어 해설

분단노동시장가설
- 신고전학파의 경쟁노동시장가설을 비판한 제도학파의 노동시장이론이다.
- 사회제도의 힘에 의해 임금과 고용이 결정된다고 주장한다.
- 인적자본이론가들의 교육훈련은 빈곤퇴치에 실패했으며, 생산성의 향상보다는 채용 시 선별장치로 이용될 뿐이라고 주장한다.
- 노동시장은 상호 간 이동이 단절되어 있고, 임금과 근로조건이 현저한 차이를 보이는 분단된 상태의 시장이다.
- 소득불평등은 시장구조, 계급구조 등 제도적 요인에서 비롯된다.
- 노동시장의 공급 측면에 대한 정부 개입이나 지원을 지나치게 강조하는 것에 대해 부정적이다.(①)
- 공공적인 고용기회의 확대나 임금보조, 차별대우 철폐를 주장한다.(②)
- 내부노동시장의 중요성을 강조한다.(③)
- 노동의 인간화를 도모하기 위한 의식적인 정책노력이 필요하다.(④)
- 소수인종에 대한 현실적 차별을 비판한다.

답 ③

해 내부노동시장의 중요성을 강조한다.

꿰뚫어 보기

분단노동시장가설의 주요 이론

1) 이중노동시장이론 : 노동시장이 1차, 2차 노동시장으로 구분되고 두 시장 간 노동력 이동은 매우 제한적이며 임금 및 고용구조에서도 많은 차이를 보인다는 이론이다.
2) 내부노동시장이론 : 기업 내의 규칙이나 관리가 노동시장의 기능을 대신함으로써 기업 내부에 노동시장이 형성되어 내부시장과 외부시장으로 분리된다는 이론이다.

62 노동력의 10%가 매년 구직활동을 하고 구직에 평균 3개월이 소요되는 경우 연간 몇 %의 실업률이 나타나게 되는가?

① 2.5%	② 2.7%
③ 3.0%	④ 3.3%

콕집어 해설

연간 실업률
연간실업률은 실업률에 구직 기간을 곱하여 구한다.
즉, $10\% \times \frac{1}{4}$ 년(3개월) = 2.5% 이다.

답 ①

꿰뚫어 보기

$$실업률(\%) = \frac{실업자\ 수}{경제활동인구\ 수} \times 100 = \frac{실업자\ 수}{취업자\ 수 + 실업자\ 수} \times 100$$

63 미국에서 1935년에 제정된 전국노사관계법(National Labor Relation Act : NLRA, 일명 와그너법) 이후에 확립된 노사관계는?

① 뉴딜적 노사관계
② 온건주의적 노사관계
③ 바이마르적 노사관계
④ 태프트-하트리적 노사관계

콕집어 해설

뉴딜적 노사관계
1930년대 경제대공황을 극복하기 위해 1933년 미국 대통령 루스벨트에 의해 추진된 뉴딜정책에 기초하여 1935년 와그너법이 제정되었고, 이 법에 기초한 노사관계를 '뉴딜적 노사관계' 또는 '민주적 노사관계'라고 한다.

답 ①

64 노동시장에서의 차별로 인해 발생하는 임금격차에 대한 설명으로 틀린 것은?

① 직장 경력의 차이에 따른 인적자본 축적의 차이로는 임금격차를 설명할 수 없다.
② 경쟁적인 시장경제에서는 고용주에 의한 차별이 장기간 지속될수 없다.
③ 소비자의 차별적인 선호가 있다면 차별적인 임금격차가 지속될 수 있다.
④ 정부가 차별적 임금을 지급하도록 강제하는 경우에는 경쟁시장에서도 임금격차가 지속될 수 있다.

콕집어해설

노동시장에서의 차별

- 노동시장에서의 차별은 노동자가 인종, 성, 학력, 나이, 민족 등 업무수행과 관련 없는 특성으로 고용, 임금, 승진 등에 있어서 차별을 받는 것이다.
- 베커는 '개인편견이론'에서 차별의 주요 요인으로 고용주 · 소비자 · 노동자의 선호에 의한 차별을 들고 있다.(③)
- 경쟁적인 시장경제에서는 고용주에 의한 차별이 장기간 지속될 수 없다.(②)
- 정부가 차별적 임금을 지급하도록 강제하는 경우에는 경쟁시장에서도 임금격차가 지속될 수 있다.(④)

답 ①

해 직장경력의 차이에 따른 인적자본 축적의 차이로 인한 임금격차는 '경쟁적 요인'에 해당하며, 차별과는 관계없다.

65 성과급 제도를 채택하기 어려운 경우는?

① 근로자의 노력과 생산량과의 관계가 명확한 경우
② 생산원가 중에서 노동비용에 대한 통제가 필요하지 않는 경우
③ 생산물의 질(quality)이 일정한 경우
④ 생산량이 객관적으로 측정 가능한 경우

콕집어해설

성과급제

- 노동의 성과를 측정하여 성과에 따라 임금을 산정 · 지급하는 능률급제이며, 변동급제의 임금형태이다.
- 실시조건
  1) 생산량이 객관적으로 측정이 가능할 경우(④)
  2) 근로자의 노력과 생산량과의 관계가 명확할 경우(①)
  3) 직무가 표준화되어 있고 작업의 흐름이 정규적인 경우
  4) 생산물의 질이 생산량보다 덜 중요하거나 그 질이 일정한 경우(③)

답 ②

해 노동비용에 대한 통제가 불필요한 경우에는 시간급제가 유용하다.

꿰뚫어보기

임금관리

1) 임금수준(적정성) : 일정 기간동안 한 기업 내의 모든 근로자에게 지급되는 평균임금을 의미한다.
2) 임금체계(공정성) : 개별 근로자의 임금결정기준을 의미한다.
   예 연공급, 직능급, 직무급 등
3) 임금형태(합리성) : 임금의 계산 및 지불방법과 연관된다.
   예 고정급제(시간급제), 성과급제(능률급제), 연봉제 등

66 구조적 실업에 대한 설명으로 틀린 것은?

① 노동시장에 대한 정부 부족에 기인한다.
② 구인처에서 요구하는 자격을 갖춘 근로자가 없는 경우에 발생한다.
③ 산업구조 변화에 노동력 공급이 적절히 대응하지 못해서 발생한다.
④ 적절한 직업훈련 기회를 제공하는 것이 구조적 실업을 완화하는데 중요하다.

콕집어 해설

구조적 실업
- 특징 : 비수요부족 실업이며, 비자발적이고 장기적 실업이다.
- 원인
  1) 구인처에서 요구하는 자격을 갖춘 근로자가 없는 경우에 발생한다.(②)
  2) 지역 간, 산업 간 노동력 수급의 불균형 현상에서 발생한다.(③)
  3) 기업이 효율성 임금을 지불할 경우 발생할 수 있다.
- 대책
  1) 산업(경제)구조 변화 예측에 따른 인력수급정책
  2) 지역간 이동을 촉진시키는 지역이주금 보조
  3) 노동자의 전직과 관련된 적절한 재훈련(④)

답 ①

해 노동시장에 대한 '정보부족'은 마찰적 실업의 원인이다.

꿰뚫어 보기

그 외 실업의 종류
1) 마찰적 실업 : 신규 또는 전직자가 직업을 찾는 과정에서 직업정보 부족으로 인해 일시적으로 발생하는 자발적 실업이다.
2) 경기적 실업 : 불경기 때 생산물시장에서의 총수요 감소가 노동시장에서 노동의 총수요 감소로 이어지면서 발생하는 대표적인 수요부족 실업이다.
3) 계절적 실업 : 기후나 계절의 변화에 따라 노동수요의 변화가 심한 부문에서 발생하는 일시적 실업이다.
4) 기술적 실업 : 자본이 노동을 대체하여 실업이 발생한다는 마르크스의 실업이론이다.
   노동절약적 기술 도입으로 해고가 이루어짐으로써 발생한다.

67 신고전학파가 주장하는 노동조합의 사회적 비용의 증가 요인이 아닌 것은?

① 비노조와의 임금격차와 고용저하에 따른 비효율 배분
② 경직적 인사제도에 의한 기술적 비효율
③ 파업으로 인한 생산중단에 따른 생산적 비효율
④ 작업방해에 의한 구조적 비효율

콕집어 해설

노동조합의 사회적 비용 증가 요인
- 배분적 비효율 : 노동조합은 고임금부문과 저임금부문 간의 임금격차를 발생시키고, 저임금부문에서 고임금부문으로 노동이동을 초래하여 노동자원의 비효율적 배분을 초래한다.(①)
- 기술적 비효율 : 노조의 경직적 인력배치는 노동의 가동률을 저하시키고, 노동과 자본의 대체를 어렵게 하며, 신기술의 도입을 지연시킨다.(②)
- 생산적 비효율 : 노조의 파업행위는 생산중단과 함께 관리직 등의 소모적 투입으로 생산적 비효율을 초래한다.(③)

답 ④

해 구조적 비효율(×) → '생산적 비효율'

68 다음은 무엇에 관한 설명인가?

> 경제학자 스펜스(Spence)는 고학력자의 임금이 높은 것은 교육이 생산성을 높이는 역할을 하는 것이 아니라 처음부터 생산성이 높다는 것을 교육을 통해 보여주는 것이라는 견해를 제시했다.

① 인적자본 이론
② 혼잡가설
③ 고학력자의 맹목적 우대
④ 교육의 신호모형

콕집어 해설

신호모형(신호가설)
- 교육은 노동자들의 선천적 재능을 보여주거나 숨겨져 있는 생산성을 신호로 나타내줄 뿐이고, 직접적으로 생산성을 높이는 것은 아니라고 보는 마이클 스펜스(M. Spence)의 주장이다.
- 선별가설과 함께 인적자본이론에 대한 비판적 견해이다.

답 ④

해 ① '인적자본이론'은 신고전학파의 주장으로, 인적자본의 효율적인 투자에 의한 생산성 향상을 강조한다.
② '혼잡가설'은 특정 직종에 다수의 사람이 몰리면서 그 부문의 임금을 하락시키는 것을 말한다.

69 마찰적 실업을 해소하기 위한 가장 효과적 정책은?

① 성과급제를 도입한다.
② 근로자 파견업을 활성화한다.
③ 협력적 노사관계를 구축한다.
④ 구인구직 정보제공시스템의 효율성을 제고한다.

족집어 해설

마찰적 실업
- 특징 : 비수요부족 실업이며, 자발적이고 단기적 실업이다.
- 원인 : 신규 또는 전직자가 직업을 찾는 과정에서 직업정보 부족으로 인해 일시적으로 발생한다.
- 대책
  1) 구인구직에 대한 전국적인 전산망 연결
  2) 구인구직 정보제공시스템의 효율성 제고
  3) 직업 알선기관의 활성화
  4) 고용실태 및 전망에 대한 자료제공

답 ④

해 ①, ②, ③은 관계없는 내용이다.

마찰적 실업과 구조적 실업의 공통점 및 차이점

1) 공통점
   ㄱ. 비수요부족실업이다.
   ㄴ. 해고에 대한 사전예고와 통보를 통해 실업을 감소시킬 수 있다.
2) 차이점
   ㄱ. 마찰적 실업은 직업정보 부족으로, 구조적 실업은 경제구조 자체의 변화로 발생한다.
   ㄴ. 마찰적 실업은 자발적, 구조적 실업은 비자발적 실업이다.
   ㄷ. 마찰적 실업은 단기적, 구조적 실업은 장기적 실업이다.

70 노동조합이 노동공급을 제한함으로써 발생할 수 있는 효과로 옳은 것은?

① 노동조합이 조직화된 노동시장의 임금이 하락할 것이다.
② 노동조합이 조직화되지 않은 노동시장의 공급곡선이 좌상향으로 이동할 것이다.
③ 노동조합이 조직화된 노동시장의 노동수요곡선이 우상향으로 이동할 것이다.
④ 노동조합이 조직화되지 않은 노동시장의 임금이 하락할 것이다.

족집어 해설

노동조합의 노동공급 제한
노동조합이 노동공급을 제한하면 노조가 조직된 부문에서 발생한 실업자가 비조직부문으로 이동하여 비조직부문의 노동공급이 증가하므로, 비조직부문의 임금이 하락한다.

답 ④

해 ① 노동조합이 노동공급을 제한하면 노조가 조직된 노동시장의 임금이 상승한다.
② 노조가 조직된 부문의 실업자들이 비조직부문으로 몰리므로, 비조직부문의 노동공급이 증가한다. (즉, 비조직부문의 노동공급곡선이 우하향으로 이동한다)
③ 노조 조직부문의 노동시장은 임금상승으로 노동수요가 감소한다.(즉, 노동수요곡선이 좌하향으로 이동한다.)

71 시간당 임금이 5000원에서 6000원으로 인상될 때, 노동수요량이 10000에서 9000으로 감소한다면 노동수요의 임금탄력성은?(단, 노동수요의 임금탄력성은 절댓값이다.)

① 0.2 ② 0.5
③ 1 ④ 2

족집어 해설

노동수요의 임금탄력성

$$\text{노동수요의 임금탄력성} = \frac{\text{노동수요량의 변화율(\%)}}{\text{임금의 변화율(\%)}}$$

$$= \left| \frac{\frac{9000-10000}{10000} \times 100}{\frac{6000-5000}{5000} \times 100} \right|$$

$$= \left| \frac{-10}{20} \right|$$

= 0.5(단, 절대값 사용)

답 ②

72 생산물시장과 노동시장이 완전경쟁일 때 노동의 한계생산량이 10개이고, 생산물 가격이 500원이며 시간당 임금이 4000원이라면 이윤을 극대화하기 위한 기업의 반응으로 옳은 것은?

① 임금을 올린다.
② 노동을 자본으로 대체한다.
③ 노동의 고용량을 증대시킨다.
④ 고용량을 줄이고 생산을 감축한다.

콕집어 해설

기업의 이윤극대화

기업의 이윤극대화는, 노동의 한계생산 가치(VMP_L) = 시장임금(W)에서 이루어지므로, $VMP_L > W$이면 고용량을 늘리고, $VMP_L < W$일 때는 고용량을 줄여야 한다.

$VMP_L = 500 \times 10$에서 5,000원이고 시장임금(W)는 4,000원이므로, $VMP_L > W$인 경우이다.

그러므로 노동 고용량을 증대시켜야 한다.

답 ③

73 노동조합을 다음과 같이 설명한 학자는?

> 노동조합이란 임금노동자들이 그들의 근로 조건을 유지하고 개선할 목적으로 조직한 영속적 단체이며, 그와 같은 목적을 실현하기 위한 수단으로는 노동시장의 조절, 표준근로조건의 설정 및 유지와 공제제도 등이 있다.

① S. Perlman ② L. Brentano
③ F.Tannenbaum ④ Sidney and Beatrice Webb

콕집어 해설

노동조합 성립에 관한 연구

- 펄만(S. Perlman) : 현대의 노사관계는 자본주의의 저항, 노동운동에 대한 지식인계층 의식의 지배정도, 노동조합 의식의 성숙도 등 3가지 요인에 의해 결정된다.
- 브렌타노(L. Brentano) : 근로자들이 노사관계에서의 불리한 사정을 배제하고 스스로를 개선시키기 위해 노동조합을 설립한다.
- 탄넨바움(F. Tannebaum) : 근로자들이 기계도입을 규제할 목적으로 노력함으로써 노조를 설립한다.
- 시드니베아트리스 부부(Sidney and Beatrice Webb) : 노동조합은 임금근로자들이 그들의 근로조건을 유지하고 개선할 목적으로 조직한 영속적 단체이다.

답 ④

74 만일 여가가 열등재라면 개인의 노동 공급곡선의 형태는?

① 후방굴절한다. ② 완전비탄력적이다.
③ 완전탄력적이다. ④ 우상향한다.

콕집어 해설

열등재로서의 여가

- 열등재는 소득이 증가할 때 수요가 감소하는 재화이고, 정상재는 소득이 증가할때 수요가 증가하는 재화를 의미한다.
- 여가가 정상재인 경우에 노동공급곡선은 실질임금이 낮은 수준에서는 우상향하다가, 임금이 일정수준을 넘어서면 후방으로 굴절하는 후방굴절 노동공급곡선이 된다.
- 여가가 열등재인 경우에 노동공급곡선은 후방굴절하지 않고 임금수준과 무관하게 우상향한다.

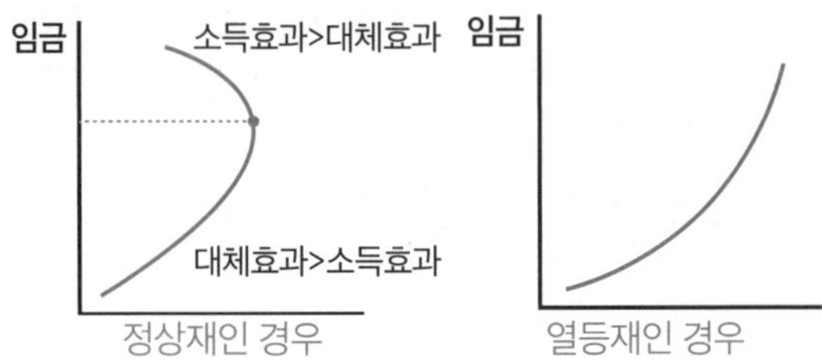

답 ④

꿰뚫어 보기

소득의 증가에 따른 노동시간의 효과

1) 대체효과 : 임금이 상승하면 여가에 활용하는 시간이 상대적으로 비싸짐으로 근로자는 여가를 줄이고 노동시간을 늘린다.
2) 소득효과 : 임금상승으로 실질소득이 증가하므로 근로자는 노동시간을 줄이고 여가시간과 소비재 구입을 늘린다.

75 노동조합의 형태 중 노동시장의 지배력과 조직으로서의 역량이 극히 약하다고 볼 수 있는 것은?

① 기업별 노동조합 ② 산업별 노동조합
③ 일반 노동조합 ④ 직업별 노동조합

족집어 해설

기업별 노동조합(Company Union)

1) 하나의 기업에 종사하는 근로자들이 직종의 구별 없이 종단적으로 조직한 노동조합의 형태이다.
2) 일반적으로 근로자의 횡단적 연대의식이 뚜렷하지 못하다.
3) 독과점 대기업에서 쉽게 찾을 수 있다.
4) 우리나라 노동조합의 주된 조직 형태이며, 노동시장의 지배력과 조직으로서의 역량이 극히 약하다.
5) 사용자와의 관계가 긴밀하고, 노동조합이 회사의 사정에 정통하여 노사분규의 가능성이 낮다.
6) 노동조합이 어용화될 위험성이 크다.

답 ①

꿰뚫어 보기

1) 직업별(직종별) 노동조합(Craft Union)

ㄱ. 동일직업, 동일직종에 종사하는 근로자가 산업·기업의 구별 없이 개인가맹 형태로 결성한 횡적 노동조합이다.
ㄴ. 노동운동사상 가장 일찍 발달한 조직형태이다.
ㄷ. 산업혁명 초기 숙련 근로자가 노동시장을 독점하기 위한 조직으로 결성하였다.
ㄹ. 저임금의 미숙련 근로자나 여성, 연소근로자는 가입이 어려웠다.

2) 산업별 노동조합(Industrial Union)

ㄱ. 동종의 산업에 종사하는 근로자들이 직종과 기업을 초월해 횡적으로 조직한 노동조합 형태이다.
ㄴ. 미숙련 근로자들의 권익을 보호하기 위하여 발달한 노동조합이다.
ㄷ. 전 세계적으로 채택되고 있는 조직형태이다.
ㄹ. 임시직 근로자를 조직하기 용이해지며, 각 산업분야의 정보자료 수집·분석도 용이해진다.
ㅁ. 기업별 특수성을 고려하기 어렵다는 단점이 있다.

3) 일반 노동조합(General Union)

ㄱ. 제2차 세계대전 이후 주로 완전 미숙련 노동자들이나 잡역 노동자들을 중심으로 만들어진 단일 노동조합이다.
ㄴ. 노동자들의 최저생활에 필요한 조건들을 확보하는 측면에서 효과적이다.
ㄷ. 노조민주주의의 실현을 저해하며, 단체교섭의 상대방이 명확하지 못하다.

76 실업대책에 관한 설명으로 틀린 것은?

① 일반적으로 실업대책은 고용안정정책, 고용창출정책, 사회안전망 형성정책으로 구분된다.
② 직업훈련의 효율성 제고는 고용안정정책에 해당한다.
③ 고용창출정책은 실업률로부터 탈출을 촉진하는 정책이다.
④ 공공부문 유연성 확립은 사회안전망 형성정책에 해당한다.

족집어 해설

실업대책

- 고용안정정책 : 취업정보망 구축, 고용서비스 제공, 직업훈련의 효율성 제고 바우처 제도, 기업의 고용유지에 대한 지원제도 등
- 고용창출정책 : 노동시장의 유연성 확보, 창업을 위한 인프라 구축, 공공투자사업 확충, 외국인 투자유치 확보 등
- 사회안전망정책 : 직업능력개발, 고등교육기관의 정원자율화, 실업급여, 실업부조금 등

답 ④

해 '사회안전망정책'은 불가피하게 실업자가 된 사람들에게 일자리 제공이나 실업급여 등을 제공하는 정책이며, 이는 공공부문 유연성 확립과는 거리가 멀다.

77 임금의 법적 성격에 관한 학설의 하나인 노동대가설로 설명할 수 있는 임금은?

① 직무수당	② 휴업수당
③ 휴직수당	④ 가족수당

족집어 해설

직무수당

- 노동대가설로 설명할 수 있는 임금은 통상임금이다.
- 통상임금은 정기적이고 일률적으로 근로자에게 지급되는 임금으로서, 기본급과 통상수당으로 구성되며, 통상수당은 직무수당, 특수근무수당, 특수작업수당, 기능수당 등이 포함된다.

답 ①

78 노동력의 동질성을 가정하고 있는 이론은?

① 신고전학파이론　　② 직무경쟁론
③ 내부노동시장론　　④ 이중노동시장론

콕집어 해설

신고전학파이론(경쟁노동시장이론)

기본가정

1) 노동자나 고용주는 시장임금에 어떤 영향도 미칠 수 없다.
2) 노동자와 고용주는 완전한 정보를 갖는다.
3) 모든 노동자는 노동력(숙련 및 노력)에 있어서 동질적이다.
4) 노동시장의 진입과 퇴출이 자유롭다.
5) 노사의 단체가 없으며, 정부의 임금규제도 없다.
6) 내부노동시장은 존재하지 않으며, 모든 직무의 공석은 외부노동시장을 통해 채워진다.
7) 직무의 성격은 동일하며, 임금의 차이만 존재한다.

답 ①

79 다음은 후방굴절형의 노동공급곡선을 나타낸 것이다. 이 때 노동공급곡선상의 a, b 구간에 대한 설명으로 옳은 것은?

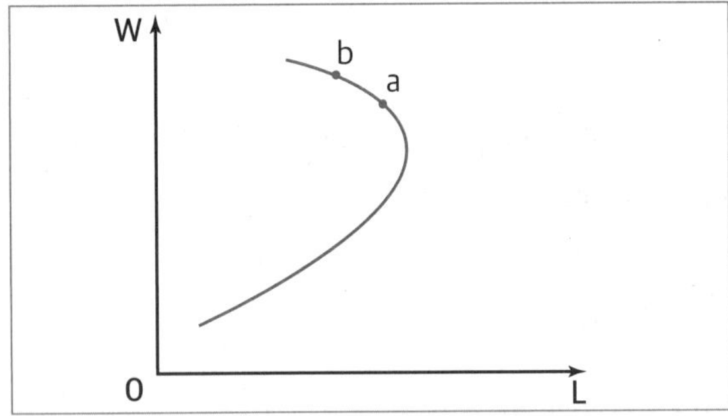

① 소득효과 = 0
② 대체효과 = 0
③ 소득효과 < 대체효과
④ 소득효과 > 대체효과

콕집어 해설

후방굴절형의 노동공급곡선

우상향 부분까지는 임금상승의 대체효과가 소득효과보다 크고, 굴절된 이후에는 소득효과가 대체효과보다 크다.

답 ④

꿰뚫어 보기

소득의 증가에 따른 노동시간의 효과

1) 대체효과 : 임금이 상승하면 여가에 활용하는 시간이 상대적으로 비싸짐으로 근로자는 여가를 줄이고 노동공급시간을 늘린다.
2) 소득효과 : 임금상승으로 실질소득이 증가하므로 근로자는 노동시간을 줄이고 여가시간과 소비재 구입을 늘린다.

80 연봉제 성공을 위한 조건과 가장 거리가 먼 것은?

① 직무분석　　② 인사고과
③ 목표관리제도　　④ 품질관리제도

콕집어 해설

연봉제

- 근로자가 수행한 성과결과에 따라 임금을 1년 단위로 계약하는 제도이다.
- 생산량이나 판매액에 따라 급여가 결정되는 성과급제도나 고정적으로 임금수준이 결정되는 고정급과는 구별되는 동기부여형, 능력중시형 임금체계이다.
- 연봉제를 실시하려면 정확한 직무분석, 목표관리제도, 인사고과 등이 전제되어야 한다.

답 ④

해 '품질관리제도'는 임금관리와는 관련이 없는 생산관리에 해당한다.

제5과목 | 노동관계법규

81 근로기준법령상 근로계약에 관한 설명으로 틀린 것은?

① 이 법에서 정하는 기준에 미치지 못하는 근로조건을 정한 근로계약은 그 부분에 한하여 무효로 한다.
② 근로계약은 기간을 정하지 아니한 것과 일정한 사업의 완료에 필요한 기간을 정한 것 외에는 그 기간은 1년을 초과하지 못한다.
③ 단시간근로자의 근로조건은 그 사업장의 같은 종류의 업무에 종사하는 통상 근로자의 근로시간을 기준으로 산정한 비율에 따라 결정되어야 한다.
④ 사용자는 근로계약 불이행에 대한 위약금을 예정하는 계약을 체결한 경우 300만원 이하의 과태료에 처한다.

콕집어 해설

근로계약
- 이 법에서 정하는 기준에 미치지 못하는 근로조건을 정한 근로계약은 그 부분에 한하여 무효로 한다.(①)
- 근로계약은 기간을 정하지 아니한 것과 일정한 사업의 완료에 필요한 기간을 정한 것 외에는 그 기간은 1년을 초과하지 못한다.(②)
- 단시간근로자의 근로조건은 그 사업장의 같은 종류의 업무에 종사하는 통상 근로자의 근로시간을 기준으로 산정한 비율에 따라 결정되어야 한다.(③)
- 명시된 근로조건이 사실과 다를 경우에 근로자는 근로조건 위반을 이유로 손해배상을 청구할 수 있으며 즉시 근로계약을 해제할 수 있다.
- 사용자는 근로계약 불이행에 대한 위약금을 예정하는 계약을 체결한 경우 500만원 이하의 벌금에 처한다.(④)

답 ④

해 300만원 이하의 과태료(×)→'500만원 이하의 벌금'

꿰뚫어 보기

500만원 이하의 벌금
1) 위약 예정의 금지(제20조) : 사용자는 근로계약 불이행에 대한 위약금 또는 손해배상액을 예정하는 계약을 체결하지 못한다.
2) 전차금 상계의 금지(제21조) : 사용자는 전차금이나 그 밖에 근로할 것을 조건으로 하는 전대채권과 임금을 상계하지 못한다.
3) 강제 저금의 금지(제 22조) : 사용자는 근로계약에 덧붙여 강제 저축 또는 저축금의 권리를 규정하는 계약을 체결하지 못한다.
4) 해고 등의 제한(제23 조) : 사용자는 근로자에게 정당한 이유 없이 해고, 휴직, 정직, 전직, 감봉 그 밖의 징벌(이하 '부당해고 등')을 하지 못한다.

82 고용보험법령상 육아휴직 급여 신청기간의 연장사유가 아닌 것은?

① 범죄혐의로 인한 형의 집행
② 배우자의 질병
③ 천재지변
④ 자매의 부상

콕집어 해설

육아휴직 급여 신청기간 연장 사유
육아휴직 급여를 지급받으려는 사람은 육아휴직을 시작한 날 이후 1개월부터 육아휴직이 끝난 날 이후 12개월 이내에 신청하여야 한다. 다만, 해당기간에 다음 사유로 육아휴직급여를 신청할 수 없었던 사람은 그 사유가 끝난 후 30일 이내에 신청해야 한다.
1) 천재지변(③)
2) 본인이나 배우자의 질병(②)
3) 본인이나 배우자의 직계존속 및 직계비속의 질병부상
4) 병역법에 따른 의무복무
5) 범죄혐의로 인한 구속이나 형의 집행(①)

답 ④

해 '자매의 부상'은 연장사유가 아니다.

83 근로기준법령상 근로자 명부의 기재사항에 해당하지 않는 것은?

① 성명 ② 주소
③ 이력 ④ 재산

콕집어 해설

근로자 명부 기재 사항
성명, 성별, 생년월일, 주소, 이력, 종사하는 업무의 종류, 고용 또는 고용 갱신, 연월일, 계약기간을 정한 경우에는 그 기간, 그 밖의 고용에 관한 사항, 해고, 퇴직 또는 사망한 경우에는 그 연월일과 사유를 적는다.

답 ④

해 '재산'은 기재 사항이 아니다.

84 **파견근로자 보호 등에 관한 법령상 근로자파견사업에 관한 설명으로 틀린 것은?**

① 건설공사현장에서 이루어지는 업무에 대하여는 근로자파견사업을 하여서는 아니된다.
② 파견사업주, 사용사업주, 파견근로자 간의 합의가 있는 경우에는 파견기간을 연장할 수 있다.
③「고용상 연령차별금지 및 고령자고용촉진에 관한 법률」의 고령자인 파견근로자에 대하여는 2년을 초과하여 근로자파견기간을 연장할 수 있다.
④ 근로자파견사업 허가의 유효기간은 2년으로 한다.

족집어 해설

근로자파견사업

- 건설공사현장에서 이루어지는 업무에 대하여는 근로자파견사업을 하여서는 아니된다.(①)
- 파견사업주는 쟁의행위 중인 사업장에 그 쟁의행위로 중단된 업무의 수행을 위하여 근로자를 파견하여서는 아니된다.
- 파견사업주, 사용사업주, 파견근로자 간의 합의가 있는 경우에는 파견기간을 연장할 수 있다.(②)
- 「고용상 연령차별금지 및 고령자고용촉진에 관한 법률」의 고령자인 파견근로자에 대하여는 2년을 초과하여 근로자파견기간을 연장할 수 있다.(③)
- 근로자파견사업 허가의 유효기간은 3년으로 한다.(④)
- 파견사업주는 근로자파견을 할 경우에는 파견근로자의 성명·성별·연령·학력·자격·기타 직업능력에 관한 사항을 사용사업주에게 통지하여야 한다.

답 ④

해 2년(×)→'3년'

꿰뚫어 보기

근로자파견사업을 해서는 안되는 사업

건설현장업무, 항만하역사업, 철도여객사업, 선원업무, 분진작업, 유해하거나 위험한 업무, 의료업무, 여객화물차 등 운송업무

85 **남녀고용평등과 일·가정 양립지원에 관한 법률상 사업주가 동일한 사업 내의 동일 가치의 노동에 대하여 동일한 임금을 지급하지 아니한 경우 벌칙규정은?**

① 5년 이하의 징역 또는 3천만원 이하의 벌금
② 3년 이하의 징역 또는 3천만원 이하의 벌금
③ 1천만원 이하의 벌금
④ 500만원 이하의 벌금

족집어 해설

임금차별

- 사업주는 동일한 사업 내의 동일 가치의 노동에 대하여 동일한 임금을 지급해야 한다.
- 동일가치 노동의 기준은 직무수행에서 요구되는 기술·노력·책임 및 작업조건 등으로 하고, 사업주가 그 기준을 정할 때에는 노사협의회 근로자대표위원의 의견을 들어야 한다.
- 임금차별을 목적으로 사업주에 의해 설립된 별개의 사업은 동일한 사업으로 본다.
- 위반시 3년 이하의 징역 또는 3천만원 이하의 벌금에 처한다.

답 ②

86 **근로자직업능력 개발법령상 직업능력개발훈련이 중요시되어야 하는 대상에 해당하는 것을 모두 고른 것은?**

ㄱ. 국민기초생활 보장법에 따른 수급권자
ㄴ. 고령자
ㄷ. 단시간근로자
ㄹ. 제조업에 종사하는 근로자

① ㄱ, ㄴ, ㄹ　　② ㄱ, ㄴ, ㄷ
③ ㄱ, ㄷ, ㄹ　　④ ㄴ, ㄷ, ㄹ

콕집어 해설

직업능력개발훈련이 중요시되어야 하는 대상
- 고령자, 장애인(ㄴ)
- 국민기초생활 수급권자(ㄱ)
- 국가유공자와 그 유족 또는 가족이나 보훈보상대상자와 그 유족 또는 가족
- 5·18 민주유공자와 그 유족 또는 가족
- 제대군인 및 전역예정자
- 여성근로자
- 중소기업의 근로자
- 일용근로자, 단시간근로자, 기간을 정하여 근로계약을 체결한 근로자, 일시적 사업에 고용된 근로자, 파견근로자(ㄷ)

답 ②

해 '제조업'에 종사하는 근로자는 대상이 아니다.

87 국민평생직업능력 개발법령상 훈련의 목적에 따라 구분한 직업능력개발훈련에 해당하지 않는 것은?

① 양성훈련 ② 집체훈련
③ 향상훈련 ④ 전직훈련

콕집어 해설

직업능력개발훈련의 구분방법

훈련의 목적에 따른 구분
1) 양성훈련 : 근로자에게 기초적 직무수행능력을 습득시키기 위해 실시하는 훈련
2) 향상훈련 : 기초적 직무수행능력을 가지고 있는 근로자에게 더 높은 직무수행능력을 습득시키기 위해 실시하는 훈련
3) 전직훈련 : 근로자에게 유사하거나 새로운 직업에 필요한 직무수행능력을 습득시키기 위해 실시하는 훈련

훈련의 방법에 따른 구분
1) 집체훈련 : 직업능력개발훈련을 실시하기 위해 설치한 훈련전용시설이나 적합한 시설에서 실시하는 훈련(산업체의 생산시설 및 근무장소는 제외)
2) 현장훈련 : 산업체의 생산시설 및 근무장소에서 실시하는 훈련
3) 원격훈련 : 멀리 떨어져 있는 사람에게 정보통신매체 등을 이용하여 실시하는 훈련
4) 혼합훈련 : 집체훈련현장, 훈련원격훈련을 2개 이상 병행하여 실시하는 훈련

답 ②

해 '집체훈련'은 훈련의 방법에 따른 구분이다.

꿰뚫어 보기

직업능력개발훈련교사의 양성을 위한 훈련과정은 양성훈련과정, 향상훈련과정, 교직훈련과정으로 구분한다.

88 고용보험법령상 구직급여의 수급요건으로 틀린 것은?(단, 기타 사항은 고려하지 않음.)

① 근로의 의사와 능력이 있음에도 불구하고 취업하지 못한 상태에 있을 것
② 이직사유가 수급자격의 제한 사유에 해당하지 아니할 것
③ 재취업을 위한 노력을 적극적으로 할 것
④ 건설일용근로자로서 수급자격 인정신청일 이전 7일간 연속하여 근로내역이 없을 것

콕집어 해설

구직급여 수급요건
- 이직일 이전 18개월 동안 피보험 단위기간이 통산하여 180일 이상일 것
- 근로의 의사와 능력이 있음에도 불구하고 취업(영리를 목적으로 사업을 영위하는 경우를 포함)하지 못한 상태에 있을 것(①)
- 이직사유가 수급자격의 제한 사유에 해당하지 아니할 것(②)
- 재취업을 위한 노력을 적극적으로 할 것(③)
- 수급자격 인정신청일 이전 1개월 동안의 근로일수가 10일 미만이거나 건설일용근로자로서 수급자격 인정신청일 이전 14일간 연속하여 근로내역이 없을 것(④)
- 최종 이직 당시의 기준기간 동안의 피보험 단위기간 중 다른 사업에서 수급자격의 제한 사유에 해당하는 사유로 이직한 사실이 있는 경우에는 그 피보험 단위기간 중 90일이상을 일용근로자로 근로하였을 것

답 ④

해 7일간(×)→'14일간'

89 고용정책 기본법령상 고용정책심의회의 전문위원회에 해당하는 것을 모두 고른 것은?

ㄱ. 지역고용전문위원회
ㄴ. 고용서비스전문위원회
ㄷ. 장애인고용촉진전문위원회

① ㄱ, ㄴ ② ㄱ, ㄷ
③ ㄴ, ㄷ ④ ㄱ, ㄴ, ㄷ

콕집어 해설

고용정책심의회의 전문위원회
- 위원장 1명을 포함한 20명 이내의 위원으로 구성
- 지역고용전문위원회, 고용서비스전문위원회, 장애인고용촉진전문위원회, 사회적기업육성전문위원회, 적극적고용개선전문위원회, 건설근로자고용개선전문위원회

답 ④

90 고용보험법령상 용어정의에 관한 설명으로 틀린 것은?

① '이직'이란 피보험자와 사업주 사이의 고용관계가 끝나게 되는 것을 말한다.
② '실업'이란 근로의 의사와 능력이 있음에도 불구하고 취업하지 못한 상태에 있는 것을 말한다.
③ '실업의 인정'이란 직업안정기관의 장이 수급자격자가 실업한 상태에서 적극적으로 직업을 구하기 위하여 노력하고 있다고 인정하는 것을 말한다.
④ '일용근로자'란 1일 단위로 근로계약을 체결하여 고용되는 자를 말한다.

콕집어 해설

고용보험법령상 용어 정의
- '이직'이란 피보험자와 사업주 사이의 고용관계가 끝나게 되는 것을 말한다.(①)
- '실업'이란 근로의 의사와 능력이 있음에도 불구하고 취업하지 못한 상태에 있는 것을 말한다.(②)
- '실업의 인정'이란 직업안정기관의 장이 수급자격자가 실업한 상태에서 적극적으로 직업을 구하기 위하여 노력하고 있다고 인정하는 것을 말한다.(③)
- '일용근로자'란 1개월 미만동안 고용되는 자를 말한다.(④)

답 ④

해 1일 단위(×)→'1개월 미만'

꿰뚫어 보기

고용보험법

1) 적용범위 사업 및 사업장 : 고용보험법은 근로자를 사용하는 모든 사업 또는 사업장에 적용한다. 다만, 대통령령으로 정하는 다음의 사업에 대하여는 적용하지 아니한다.
  ㄱ. 농업·임업 및 어업 중 법인이 아닌 자가 상시 4명 이하의 근로자를 사용하는 사업
  ㄴ. 총 공사금액이 2천만원 미만인 공사 또는 연면적이 100제곱미터 이하인 건축물의 건축이나 연면적이 200제곱미터 이하인 건축물의 대수선에 관한 공사(단, 건설업자, 주택건설사업자, 전기공사업자, 정보통신공사업자, 소방시설업자, 문화재수리업자가 시공하는 공사는 적용사업에 포함)·
  ㄷ. 가구 내 고용활동 및 달리 분류되지 아니한 자가소비 생산활동

2) 적용 제외 근로자
  ㄱ. 1개월간 소정근로시간이 60시간 미만인 자(1주간의 소정근로시간이 15시간 미만인 자를 포함), 단 3개월 이상 계속하여 근로를 제공하는 자와 일용근로자는 적용대상에 포함
  ㄴ. 「국가공무원법」과 「지방공무원법」에 따른 공무원(단, 대통령령으로 정하는 바에 따라 별정직공무원 및 임기제공무원의 경우 본인의 의사에 따라 실업급여에 한하여 가입 가능)
  ㄷ. 「사립학교교직원연금법」의 적용을 받는 자
  ㄹ. 「별정우체국법」에 따른 별정우체국 직원

91 헌법상 노동 3권에 해당되지 않는 것은?

① 단체교섭권 ② 평등권
③ 단결권 ④ 단체행동권

콕집어 해설

노동 3권(근로 3권)
- 단결권 : 근로자들이 자주적으로 노동조합을 설립운영하고 이에 가입하며, 노동조합을 운영할 수 있는 권리
- 단체교섭권 : 근로자가 근로조건을 유지개선하기 위하여 단결에 의해서 사용자와 교섭할 수 있는 권리
- 단체행동권 : 단체교섭이 근로자에게 유리하게 전개되도록 하기 위하여 근로자에게 보장된 집단적 행동에 관한 권리

답 ②

꿰뚫어 보기

근로3권의 제한

1) 근로3권도 국가안전보장질서·유지공공복리를 위하여 필요한 경우에 법률로써 제한을 할 수 있다. 단, 기본권의 본질적 내용은 침해할 수 없다.
2) 공무원인 근로자는 법률이 정하는 자에 한하여 단결권·단체교섭권 및 단체행동권을 가진다.
3) 공무원은 노동운동이나 그 밖에 공무 외의 일을 위한 집단행위를 하여서는 아니 된다. 다만, 사실상 노무에 종사하는 공무원은 예외로 한다.
4) 사립학교교원 및 국공립학교교원은 단결권, 단체교섭권만을 가진다. 교원의 노동조합 설립 및 운영 등에 관한 법률은 교원 노동조합과 그 조합원의 쟁의행위를 금지하고 있다.
5) 법률이 정하는 주요방위산업체에 종사하는 근로자의 단체행동권은 법률이 정하는 바에 의하여 이를 제한하거나 인정하지 아니할 수 있다.

92 고용정책 기본법상 고용정책심의회의 위원으로 명시되지 않은 자는?

① 문화체육관광부 제1차관
② 기획재정부 제1차관
③ 교육부차관
④ 과학기술정보통신부 제1차관

콕집어 해설

고용정책심의회의 위원
- 관계 중앙행정기관의 차관 또는 차관급 공무원이 된다.
- 기획재정부 제 1차관, 교육부 차관, 과학기술정보통신부 제1차관, 행정안전부 차관, 산업통상자원부 차관, 보건복지부 차관, 여성가족부 차관, 국토교통부 제1차관, 중소벤처기업부 차관

답 ①

93 채용절차의 공정화에 관한 법령에 대한 설명으로 틀린 것은?

① 기초심사자료란 구직자의 응시원서, 이력서 및 자기소개서를 말한다.
② 이 법은 국가 및 지방자치단체가 공무원을 채용하는 경우에도 적용한다.
③ 직종의 특수성으로 인하여 불가피한 사정이 있는 경우 고용노동부장관의 승인을 받아 구직자에게 채용심사비용의 일부를 부담하게 할 수 있다.
④ 구인자는 구직자 본인의 재산 정보를 기초심사자료에 기재하도록 요구하여서는 아니 된다.

콕집어 해설

채용절차의 공정화에 관한 법령
- 기초심사자료란 구직자의 응시원서, 이력서 및 자기소개서를 말한다.(①)
- 이 법은 국가 및 지방자치단체가 공무원을 채용하는 경우에는 적용하지 아니한다.(②)
- 직종의 특수성으로 인하여 불가피한 사정이 있는 경우 고용노동부장관의 승인을 받아 구직자에게 채용심사비용의 일부를 부담하게 할 수 있다.(③)
- 구인자는 구직자 본인의 재산 정보를 기초심사자료에 기재하도록 요구하여서는 아니 된다.(④)

답 ②

94 직업안정법령상 (　　)안에 들어갈 공통적인 숫자는?

> 근로자공급사업 허가의 유효기간은 (　　)년으로 하되, 유효기간이 끝난 후 계속하여 근로자공급사업을 하려는 자는 연장허가를 받아야 하며, 이 경우 연장허가의 유효기간은 연장 전 허가의 유효기간이 끝나는 날부터 (　　)년으로 한다.

① 1　② 2
③ 3　④ 5

콕집어 해설

근로자공급사업 허가 유효기간
근로자공급사업 허가와 연장허가의 유효기간은 '3년'이다.

답 ③

95 남녀고용평등과 일·가정 양립지원에 관한 법령상 (   )에 들어갈 숫자가 순서대로 나열된 것은?

- 사업주는 근로자가 배우자 출산휴가를 청구하는 경우에 (ㄱ)일의 휴가를 주어야 한다.
- 배우자 출산휴가는 근로자의 배우자가 출산한 날부터 (ㄴ)일이 지나면 청구할 수 없다.

	ㄱ	ㄴ
①	10	60
②	10	90
③	15	60
④	15	90

콕집어 해설

배우자 출산휴가

- 사업주는 근로자가 배우자의 출산을 이유로 휴가를 청구하는 경우 10일의 휴가를 주어야 한다.
  이 경우 사용한 휴가기간은 유급으로 한다.
- 출산전후휴가급여 등이 지급된 경우에는 그 금액의 한도에서 지급책임을 면함
- 배우자 출산휴가는 근로자의 배우자가 출산한 날부터 90일이 지나면 청구할 수 없다.
- 배우자 출산휴가는 1회에 한정하여 나누어 사용할 수 있다.
- 사업주는 배우자 출산휴가를 이유로 근로자를 해고하거나 그 밖의 불리한 처우를 하여서는 아니 된다.

답 ②

96 근로자퇴직급여 보장법령상 (   )안에 들어갈 숫자로 옳은 것은?

이 법에 따른 퇴직금을 받을 권리는 (   )년간 행사하지 아니하면 시효로 인하여 소멸한다.

① 1 ② 3
③ 5 ④ 10

콕집어 해설

소멸시효 3년

- 근로자퇴직급여 보장법에 따른 퇴직금을 받을 권리는 3년간 행사하지 아니하면 시효로 인하여 소멸한다.
- 임금채권, 취업촉진수당, 구직급여, 육아휴직급여, 출산전후휴가 급여 등

답 ②

꿰뚫어 보기

사용자는 근로자가 퇴직한 경우에는 그 지급사유가 발생한 날부터 14일 이내에 퇴직금을 지급해야 한다.

97 남녀고용평등과 일·가정 양립 지원에 관한 법률에 관한 설명으로 틀린 것은?

① 고용노동부장관은 남녀고용평등 실현과 일·가정의 양립에 관한 기본계획을 5년마다 수립하여야 한다.
② 사업주는 동일한 사업 내의 동일 가치 노동에 대하여는 동일한 임금을 지급하여야 한다.
③ 사업주가 임금차별을 목적으로 설립한 별개의 사업은 동일한 사업으로 본다.
④ 사업주는 직장 내 성희롱 예방을 위한 교육을 분기별 1회 이상 하여야 한다.

콕집어 해설

남녀고용평등과 일·가정 양립 지원에 관한 법률

- 고용노동부장관은 남녀고용평등 실현과 일·가정의 양립에 관한 기본계획을 5년마다 수립하여야 한다.(①)
- 사업주는 동일한 사업 내의 동일 가치 노동에 대하여는 동일한 임금을 지급하여야 한다.(②)
- 사업주가 임금차별을 목적으로 설립한 별개의 사업은 동일한 사업으로 본다.(③)
- 사업주는 직장 내 성희롱 예방을 위한 교육을 연 1회 이상 하여야 한다.(④)

답 ④

해 분기별 1회 이상(×)→'연 1회 이상'

꿰뚫어 보기

성희롱 예방교육 및 관련 사항

1) 사업주, 상급자 또는 근로자는 직장 내 성희롱을 하여서는 아니 된다.
2) 사업주 및 근로자는 성희롱 예방교육을 받아야 한다.
3) 사업주는 직장 내 성희롱 예방 교육을 연1회 이상 실시하여야 한다.
4) 사업주는 성희롱 예방교육의 내용을 근로자가 자유롭게 열람할 수 있는 장소에 항상 게시하거나 갖추어 두어 근로자에게 널리 알려야 한다.
5) 사업주는 직장 내 성희롱 발생 사실을 알게 된 경우에는 지체 없이 그 사실 확인을 위한 조사를 하여야 한다.

6) 파견근로에 성희롱 예방교육을 실시해야 하는 사업주는 파견사업주가 아닌 사용사업주이다.
7) 성희롱 예방교육은 사업규모나 특성 등을 고려하여 직원연수조회회의, 인터넷 등 정보통신망을 이용한 사이버 교육 등을 통해 실시할 수 있다.
8) 단순히 교육자료 등을 배포·게시하거나 전자우편을 보내거나 게시판에 공지하는 데 그치는 등 근로자에게 교육내용이 제대로 전달되었는지 확인하기 곤란한 경우에는 예방교육을 한 것으로 보지 않는다.
9) 고용노동부장관은 성희롱 예방 교육기관이 2년 동안 교육실적이 없는 경우 그 지정을 취소할 수 있다.

98 고용상 연령차별금지 및 고령자고용촉진에 관한 법률상 제조업의 기준고용률은?

① 그 사업장의 상시근로자수의 100분의 2
② 그 사업장의 상시근로자수의 100분의 3
③ 그 사업장의 상시근로자수의 100분의 6
④ 그 사업장의 상시근로자수의 100분의 7

콕집어해설

고령자 기준고용률
- 제조업 : 상시 근로자 수의 100분의 2
- 운수업, 부동산 및 임대업 : 상시 근로자 수의 100분의 6
- 기타 : 상시 근로자 수의 100분의 3

답 ①

99 근로기준법령상 휴게·휴일에 관한 설명으로 틀린 것은?

① 사용자는 근로시간이 8시간인 경우에는 1시간 이상의 휴게시간을 근로시간 도중에 주어야 한다.
② 사용자는 근로자에게 1주에 평균 1회 이상의 유급휴일을 보장하여야 한다.
③ 사용자는 연장근로에 대하여는 통상임금의 100분의 50이상을 가산하여 근로자에게 지급하여야 한다.
④ 사용자는 8시간 이내의 휴일근로에 대하여는 통상임금의 100분의 100 이상을 가산하여 근로자에게 지급하여야 한다.

콕집어해설

휴게 · 휴일
- 사용자는 근로시간이 4시간인 경우에는 30분이상, 근로시간이 8시간인 경우엔 1시간 이상의 휴게시간을 근로시간 도중에 주어야 한다.(①)
- 사용자는 근로자에게 1주에 평균 1회 이상의 유급휴일을 보장하여야 한다.(②)
- 사용자는 연장근로에 대하여는 통상임금의 100분의 50 이상을 가산하여 근로자에게 지급하여야 한다.(③)
- 사용자는 8시간 이내의 휴일근로에 대하여는 통상임금의 100분의 50, 8시간 초과는 통상임금의 100분의 100을 가산하여 근로자에게 지급하여야 한다.(④)

답 ④

100 직업안정법령상 직업소개사업에 관한 설명으로 틀린 것은?

① 국내 무료직업소개사업을 하려는 자는 주된 사업소의 소재지를 관할하는 특별자치도지사·시장·군수 및 구청장에게 신고하여야 한다.
② 국외 무료직업소개사업을 하려는 자는 고용노동부장관에게 신고하여야 한다.
③ 국내 유료직업소개사업을 하려는 자는 주된 사업소의 소재지를 관할하는 특별자치도지사·시장·군수 및 구청장에게 등록하여야 한다.
④ 국외 유료직업소개사업을 하려는 자는 고용노동부장관에게 신고하여야 한다.

콕집어 해설

직업소개사업 [무신 유등]

- 무료직업소개사업 : 근로자가 취업하려는 장소를 기준으로
  1) 국내 무료직업소개사업 : 국내 무료직업소개사업을 하려는 자는 주된 사업소의 소재지를 관할하는 특별자치도지사, 시장·군수 및 구청장에게 신고해야 한다.(①)
  2) 국외 무료직업소개사업 : 국외 무료직업
  직업상담사 2급소개사업을 하려는 자는 고용노동부장관에게 신고해야 한다.(②)
- 유료직업소개사업 : 근로자가 취업하려는 장소를 기준으로,
  1) 국내 유료직업소개사업 : 국내 유료직업소개사업을 하려는 자는 주된 사업소의 소재지를 관할하는 특별자치도지사, 시장·군수 및 구청장에게 등록해야 한다.(③)
  2) 국외 유료직업소개사업 : 국외 유료직업소개사업을 하려는 자는 고용노동부장관에게 등록해야 한다.(④)
- 근로자공급사업 : 고용노동부장관의 허가

답 ④

해 신고(×)→'등록'

2020년 3회

제1과목 | 직업상담학

01 융(Jung)이 제안한 4단계 치료과정을 순서대로 나열한 것은?

① 고백→교육→명료화→변형
② 고백→명료화→교육→변형
③ 고백→변형→명료화→교육
④ 명료화→고백→교육→변형

콕집어해설

융(Jung)의 4단계 치료과정 [고명교변]

- 고백단계(제1단계) : 내담자는 의식적·무의식적 비밀을 고백함으로써 치료자와 치료적 동맹관계를 형성한다.
- 명료화단계(제2단계) : 내담자가 자신의 무의식적 내용을 명료화하여 통찰과 의식의 확장을 얻도록 하는 것을 목표로 한다.
- 교육단계(제3단계) : 내담자의 페르소나와 자아에 초점을 맞춰 현실적인 사회에 적응하도록 한다.
- 변형단계(제4단계) : 내담자와 치료자 간의 상호작용을 통해 의식과 무의식에 관한 문제들을 해결하고 자기실현을 이루는 과정이다.

답 ②

02 직업상담의 과정 중 역할사정에서 상호역할관계를 사정하는 방법이 아닌 것은?

① 질문을 통해 사정하기
② 동그라미로 역할관계 그리기
③ 역할의 위계적 구조 작성하기
④ 생애-계획연습으로 전환시키기

콕집어해설

상호역할관계 사정 방법

- 질문을 통해 사정하기
  1) 내담자가 개입하고 있는 생애역할들을 나열하기
  2) 개개 역할에 소요되는 시간의 양 추정하기
  3) 내담자의 가치들을 이용해서 순위 정하기
  4) 상충적·보상적·보완적 역할들 찾아내기
- 동그라미로 역할관계 그리기 : 내담자의 문제들을 파악해서 가치순위에 따라 크기를 달리하여 동그라미로 역할관계를 그리게 한다.
- 생애-계획연습으로 전환하기 : 각 생애단계마다 생애역할목록을 작성해서 역할들 간의 관계를 파악하고, 미래에 충족시킬 것으로 기대되는 역할 등을 탐색한다.

답 ③

03 직업상담자와 내담자 사이에 직업상담관계를 협의하는 내용에 대한 설명으로 틀린 것은?

① 내담자와의 라포형성을 위해서 내담자가 존중받는 분위기를 만들어 주어야 한다.
② 내담자가 직업상담을 받는 것에 대해서 저항을 보일 때는 다른 상담자에게 의뢰해야 한다.
③ 상담자와 내담자가 직업상담에 대한 기대가 서로 다를 수 있기 때문에 서로의 역할을 명확히 해야 한다.
④ 상담자는 내담자가 직업상담을 통해서 얻고자 하는 것이 무엇인지 분명하게 확인해야 한다.

콕집어해설

직업상담관계의 협의내용

- 내담자와의 라포형성을 위해서 내담자가 존중받는 분위기를 만들어 주어야 한다.(①)
- 상담자와 내담자가 직업상담에 대한 기대가 서로 다를 수 있기 때문에 서로의 역할을 명확히 해야 한다.(③)
- 상담자는 내담자가 직업상담을 통해서 얻고자 하는 것이 무엇인지 분명하게 확인해야 한다.(④)

답 ②

해 내담자가 직업상담을 받는 것에 대해서 저항을 보일 때, 상담사는 시간을 두고 내담자의 저항을 해소하기 위한 노력을 기울여야 한다.

04 수퍼(Super)의 발달적 직업상담에서 의사결정에 이르는 단계를 바르게 나열한 것은?

ㄱ. 문제탐색
ㄴ. 태도와 감정의 탐색과 처리
ㄷ. 심층적 탐색
ㄹ. 현실검증
ㅁ. 자아수용
ㅂ. 의사결정

① ㄱ→ㄴ→ㄷ→ㄹ→ㅂ→ㅁ
② ㄱ→ㄷ→ㄴ→ㄹ→ㅂ→ㅁ
③ ㄱ→ㄷ→ㅁ→ㄹ→ㄴ→ㅂ
④ ㄱ→ㄷ→ㄹ→ㅁ→ㄴ→ㅂ

콕집어 해설

수퍼(Super)의 발달적 직업상담 과정 [문심자 현태의]
- 문제탐색 및 자아개념 묘사(1단계): 비지시적 방법으로 문제를 탐색하고 자아개념을 묘사한다.
- 심층적 탐색(2단계): 지시적 방법으로 심층적 탐색을 위한 문제를 설정한다.
- 자아수용 및 자아통찰(3단계): 비지시적 방법으로 사고와 느낌을 명료화하여 자아수용 및 자아통찰을 얻는다.
- 현실검증(4단계): 지시적 방법으로 심리검사, 직업정보, 과외활동 등을 통해서 얻어진 객관적 자료들을 탐색하여 현실을 검증한다.
- 태도와 감정의 탐색과 처리(5단계): 비지시적 방법으로 현실검증에서 얻어진 태도와 감정을 탐색하고 처리한다.
- 의사결정(6단계): 비지시적 방법으로 대안적 행위에 대한 검토를 통해 의사를 결정한다.

답 ③

05 직업상담사의 역할이 아닌 것은?

① 내담자에게 적합한 직업 결정
② 내담자의 능력, 흥미 및 적성의 평가
③ 직무스트레스, 직무 상실 등으로 인한 내담자 지지
④ 내담자의 삶과 직업목표 명료화

콕집어 해설

직업상담사의 역할
- 내담자가 합리적인 진로 및 직업결정을 할 수 있도록 돕는다.(①)
- 직업정보를 수집하거나 분석 등의 활동을 통해 내담자에게 적절한 정보를 제공한다.
- 내담자에게 성격, 흥미, 적성 등의 검사를 실시하고 검사결과를 분석 또는 해석하여 내담자의 이해를 돕는다.(②)
- 내담자의 직업문제를 진단하고 분류하여 처치한다.
- 직무스트레스, 직무 상실 등으로 인한 내담자를 지지한다(③)
- 내담자가 스스로 문제를 해결하도록 조언을 한다.
- 내담자의 삶과 직업목표를 명료화한다(④)
- 다양한 직업지도 프로그램을 개발한다.
- 직업상담 및 직업지도 프로그램을 실제 적용하고 평가하여 프로그램을 보완한다.

답 ①

해 '진로결정'은 내담자가 스스로 내려야 한다.

06 특성-요인 직업상담에서 일련의 관련 있는 또는 관련 없는 사실들로부터 일관된 의미를 논리적으로 파악하여 문제를 하나씩 해결하는 과정은?

① 다중진단　② 선택진단
③ 변별진단　④ 범주진단

콕집어 해설

특성-요인 직업상담(변별진단)
변별진단이란 일련의 관련 있는 또는 관련 없는 사실들로부터 일관된 의미를 논리적으로 파악하여 문제를 하나씩 해결하는 과정이다.

답 ③

꿰뚫어 보기

윌리암슨(Williamson)의 변별진단 4가지 범주(=직업선택 문제유형 분류, 직업문제 분류범주, 진로선택 유형진단 등)

1) 직업 무선택 또는 미선택 : 직접 직업을 결정한 경험이 없거나, 선호하는 몇 가지의 직업이 있음에도 어느 것을 선택할지를 결정하지 못하는 경우
2) 직업선택의 확신부족 : 직업을 선택했지만 자신의 선택에 자신이 없어 타인에게서 성공하리라는 위안을 받고자 하는 경우
3) 흥미와 적성의 불일치 : 흥미를 느끼는 직업에 대해서 수행능력이 부족하거나, 적성에 맞는 직업에 대해서 흥미를 느끼지 못하는 경우
4) 어리석은 선택 : 자신의 능력보다 훨씬 낮은 능력이 요구되는 직업을 선택하거나 안정된 직업만을 추구하는 경우

07 직업상담을 위해 면담을 하는 중에 즉시성(immediacy)을 사용하기에 적합하지 않은 경우는?

① 방향감이 없는 경우
② 신뢰성에 의문이 제기되는 경우
③ 내담자가 독립성이 있는 경우
④ 상담자와 내담자 간에 사회적 거리감이 있는 경우

콕집어 해설

즉시성

- 즉시성은 상담자가 자신의 바람은 물론, 내담자의 느낌이나 인상 또는 기대 등에 대해 깨닫고 대화를 나누는 것이다.
- 즉시성은 내담자가 의존적이거나 방향감이 없고 신뢰성에 의문점이 있을 때, 그리고 상담자와 내담자 간에 사회적 거리감이 있는 경우 필요하다.
- 즉시성은 상담이 생산적으로 이루어지도록 하는 상담자의 기술이다.

답 ③

해 내담자가 '의존적'일 때 즉시성이 필요하다.

08 게슈탈트 이론에 관한 설명으로 옳은 것을 모두 고른 것은?

ㄱ. 지금 여기서 무엇을 어떻게 경험하느냐와 각성을 중시한다.
ㄴ. 성격은 생물학적 요구 및 충동에 의해 결정된다.
ㄷ. 인간은 신체, 정서, 사고, 감각, 지각 등 모든 부분이 서로 관련을 갖고 있는 전체로서 완성되려는 경향이 있다.
ㄹ. 인간의 행동은 외부의 환경조건에 의해 좌우된다.

① ㄱ, ㄴ　　② ㄱ, ㄷ
③ ㄱ, ㄴ, ㄷ　　④ ㄴ, ㄷ, ㄹ

콕집어 해설

게슈탈트(형태주의) 이론

- 현재 상황에 대한 자각에 초점을 둔다.
- 지금 여기서 무엇을 어떻게 경험하느냐와 각성을 중시한다.(ㄱ)
- 인간은 신체, 정서, 사고, 감각, 지각 등 모든 부분이 서로 관련을 갖고 있는 전체로서 완성되려는 경향이 있다.(ㄷ)
- 개인의 발달 초기에서의 문제를 중요시한다는 점에서 정신분석적 상담과 유사하다.
- 개인이 자신의 내부와 주변에서 일어나는 일들을 충분히 자각할 수 있다면, 자신이 삶에서 마주친 문제를 효과적으로 해결할 수 있다고 가정한다.

답 ②

해 ㄴ : 정신분석학 이론에 대한 설명이다.
ㄹ : 행동주의 이론에 대한 설명이다.

꿰뚫어 보기

형태주의 상담의 인간에 대한 가정 : 펄스(Perls)

1) 인간은 완성을 추구하는 경향이 있다.
2) 인간은 자신의 현재의 욕구에 따라 게슈탈트를 완성한다.
3) 인간은 전경과 배경의 원리에 따라 세상을 경험한다.
4) 인간의 행동은 그것의 구성요소인 부분의 합보다 큰 전체이다.
5) 인간의 행동은 행동이 일어난 상황과 관련해서 의미 있게 이해될 수 있다.

09 직업카드분류로 살펴보기에 가장 적합한 개인의 특성은?

① 가치　　② 성격
③ 흥미　　④ 적성

콕집어 해설

직업카드분류

직업카드분류는 직업카드를 사용하여 내담자의 가치관, 흥미, 직무기술, 라이프스타일 등의 선호형태를 측정하는 데 유용하다.

답 ③

10 6개의 생각하는 모자(six thinking hats)기법에서 사용하는 모자 색깔이 아닌 것은?

① 갈색 ② 녹색
③ 청색 ④ 흑색

콕집어 해설

6개의 생각하는 모자(six thinking hats) [청황 흑백적녹]

에드워드 드 보노(Edward de Bono)가 개발한 것으로, 의사결정을 촉진하기 위한 기법으로 활용된다.

- 청색 : 방향성을 합리적으로 조절하는 사회자로서의 역할을 한다.
- 황색 : 낙관적이며, 모든 일이 잘 될 것이라고 생각한다.
- 흑색 : 비관적이고 비판적이며, 모든 일이 잘 안 될 것이라고 생각한다.
- 백색 : 본인과 직업들에 대한 사실들만을 고려한다.
- 적색 : 직관에 의존하고, 직감에 따라 행동한다.
- 녹색 : 새로운 대안들을 찾으려 노력하고, 문제들을 다른 각도에서 바라본다.

답 ①

해 '갈색'은 해당하지 않는다.

11 상담사의 윤리적 태도와 행동으로 옳은 것은

① 내담자와 상담관계 외에도 사적으로 친밀한 관계를 형성한다.
② 과거 상담사와 성적 관계가 있었던 내담자라도 상담관계를 맺을 수 있다.
③ 내담자의 사생활과 비밀보호를 위해 상담 종결 즉시 상담기록을 폐기한다.
④ 비밀보호의 예외 및 한계에 관한 갈등상황에서는 동료 전문가의 자문을 구한다.

콕집어 해설

상담사의 윤리적 태도

- 내담자와 상담관계 외에도 사적으로 친밀한 관계를 형성하는 것은 바람직하지 않다.(①)
- 과거 상담사와 성적 관계가 있었던 내담자라면 상담관계를 맺어선 안된다.(②)
- 내담자의 사생활과 비밀보호를 위해 상담 종결 즉시 상담기록을 폐기해서는 안되며, 법과 규정 등에 따라 일정 기간 보관하고 기간이 경과된 기록은 파기해야 한다.(③)
- 상담사는 자신의 신념, 가치, 제한점 등이 상담에 미칠 영향력을 자각해야 한다.
- 내담자가 의존적 상담관계를 형성하지 않도록 노력해야 한다.
- 비밀보호의 예외 및 한계에 관한 갈등상황에서는 동료 전문가의 자문을 구한다(④)

답 ④

꿰뚫어 보기

비밀보호의 한계

1) 내담자가 자신의 생명이나 타인 및 사회의 안전을 위협하는 경우
2) 내담자가 감염성이 있는 치명적인 질병이 있는 경우
3) 내담자가 아동학대를 하는 경우
4) 미성년인 내담자가 학대를 당하고 있는 경우
5) 법적으로 정보의 공개가 요구되는 경우

12 실존주의 상담에 관한 설명으로 틀린 것은?

① 실존주의 상담의 궁극적 목적은 치료이다.
② 실존주의 상담은 대면적 관계를 중시한다.
③ 인간에게 자기지각의 능력이 있다고 가정한다.
④ 자유와 책임의 양면성에 대한 지각을 중시한다.

콕집어 해설

실존주의 상담

- 실존주의 상담의 목표는 내담자의 치료가 아니라, 내담자가 자신의 현재상태를 인식하고 피해자적 역할로부터 벗어날 수 있도록 돕는 것이다.(①)
- 실존주의 상담은 대면적 관계를 중시한다.(②)
- 인간에게 자기지각의 능력이 있다고 가정한다.(③)
- 자유와 책임의 양면성에 대한 지각을 중시한다.(④)
- 내담자가 자신의 행동들의 가치를 판단하고 행동변화를 위한 계획을 세우도록 돕는다.

답 ①

해 실존주의 상담의 궁극적 목적은 치료가 아니다.

꿰뚫어 보기

실존주의 상담에서 가정하는 양식의 세계 [고주공영]

1) 고유세계(Eigenwelt): 개인 자신의 세계이자, 개인이 자신에게 가지는 관계를 의미한다.
2) 주변세계(Umwelt): 인간이 접하며 살아가는 환경 혹은 생물학적 세계를 의미한다.
3) 공존세계(Miltwelt): 인간이 사회적 존재로서 함께 살아가는 공동체 세계를 의미한다.
4) 영적세계(Ubenwelt): 개인이 추구하는 믿음과 신념의 영적세계를 의미한다.

13 개방적 질문의 형태에 가장 거리가 먼 것은?

① 시험이 끝나고서 기분이 어떠했습니까?
② 지난주에 무슨 일이 있었습니까?
③ 당신은 학교를 좋아하지요?
④ 당신은 누이동생을 어떻게 생각하는지요?

콕집어 해설

개방적 질문

- 개방적 질문은 내담자에게 충분히 말할 수 있는 시간을 주고, 많은 대답을 선택할 기회를 주는 것이다.
- 내담자의 심층적 정보를 얻는 데 적합하나, 개방적 질문에 익숙하지 않은 내담자에게는 답변에 대한 부담감을 줄 수 있다.

답 ③

해 '예/아니오'와 같이 제한된 응답을 요구하는 폐쇄적 질문이다.

14 일반적으로 상담자가 갖추어야 할 기법 중 내담자가 전달하려는 내용에서 한 걸음 더 나아가 그 내면적 감정에 대해 반영하는 것은?

① 해석 ② 공감
③ 명료화 ④ 직면

콕집어 해설

기본 상담기법

- 해석: 내담자가 직접 진술하지 않은 내용을 그의 과거 경험이나 진술을 토대로 추론해서 말하는 것이다.
- 공감: 내담자가 전달하려는 내용에서 한 걸음 더 나아가 그 내면적 감정에 대해 반영하는 것이다.
- 명료화: 어떤 문제의 혼란스러운 감정과 갈등을 가려내어 분명히 해주는 것이다.
- 직면: 내담자가 모르고 있거나 인정하기를 거부하는 생각에 대해 스스로 모순점을 파악하도록 하는 기법이다.

답 ②

꿰뚫어 보기

1) 탐색적 질문: 누가, 무엇을, 어디서 등의 개방형 질문을 사용한다.
2) 요약과 재진술: 내담자가 전달하는 표면적 의미를 상담자가 다른 말로 바꿔서 말하는 것이다.
3) 경청: 내담자의 언어적, 비언어적 표현에 주목하면서 내담자의 생각과 감정을 이해하려고 노력하는 것이다.
4) 반영: 내담자의 생각과 말을 상담자가 다른 참신한 말로 부연하는 것이다.

15 현실치료적 집단상담의 절차와 가장 거리가 먼 것은?

① 숙련된 질문의 시용
② 유머의 사용
③ 개인적인 성장계획을 위한 자기조력
④ 조작기법의 사용

콕집어 해설

현실치료적 집단상담 기법

현실치료적 집단상담 기법에는 숙련된 질문하기, 유머의 사용, 직면, 역설적 방법의 사용, 개인적인 성장계획을 위한 자기조력 등이 있다.

답 ④

해 '조작기법의 사용'은 행동주의 이론과 관련 있다.

16 체계적 둔감화를 주로 사용하는 상담기법은?

① 정신역동적 직업상담
② 특성-요인 직업상담
③ 발달적 직업상담
④ 행동주의 직업상담

콕집어 해설

체계적 둔감화
체계적 둔감화는 내담자의 불안을 없애기 위하여 불안반응을 체계적으로 증대시켜 둔감화하는 행동주의 상담기법이다.

답 ④

꿰뚫어 보기

행동주의 상담의 부적응행동 감소기법(불안감소기법)
1) 노출법(노출방식) : 실제적 노출법, 심상적 노출법, 점진적 노출법, 홍수법
2) 개별적 불안감소기법 : 체계적둔감법, 금지조건형성, 반조건형성, 혐오치료, 주장훈련, 자기표현훈련

17 사이버 직업상담에서 답변을 작성할 때 고려해야 할 사항으로 가장 거리가 먼 것은?

① 추수상담의 가능성과 전문기관에 대한 안내를 한다.
② 친숙한 표현으로 답변을 작성하여 내담자가 친근감을 느끼게 한다.
③ 답변은 장시간이 소요되더라도 정확하게 하도록 노력한다.
④ 청소년이라 할지라도 반드시 존칭을 사용하여 호칭한다.

콕집어 해설

사이버 직업상담시 고려 사항
- 적절한 호칭과 함께 내담자를 존중한다.
- 내담자에게 존칭의 사용과 친숙한 표현을 통해 친근감을 느끼게 한다.(②, ④)
- 내담자의 문제를 재진술하면서 내담자의 감정에 공감한다.
- 상담자는 답변내용을 구상하여 답변의 방향을 결정한다.
- 답변은 되도록 정확하고 신속하게 한다.(③)
- 추수상담의 가능성과 전문기관에 대한 안내를 한다.(①)

답 ③

해 답변은 가능한 오랜 시간이 걸리지 않도록 유의한다.

꿰뚫어 보기

사이버 직업상담의 장·단점
1) 사이버 직업상담의 장점
ㄱ. 상담자와 직접 얼굴을 마주하지 않으므로 자신의 행동이나 감정에 대한 즉각적인 판단이나 비판을 염려하지 않아도 된다.
ㄴ. 내담자의 자발적 참여로 상담이 진행되는 경우가 많으므로 내담자들의 문제해결에 대한 동기가 높다.
ㄷ. 개인에 대한 지위, 연령, 신분 등이 제공되지 않으므로 전달되는 내용 자체에 많은 주의를 기울이고 의미를 부여할 수 있다.
ㄹ. 대면 상담에 비해 비용면에서 효율적이다.
ㅁ. 상담 내용의 저장, 유통, 가공, 검색, 재검토 등이 용이하다.

2) 사이버 직업상담의 단점
ㄱ. 내담자와의 라포(Rapport) 형성이 쉽지 않다.
ㄴ. 내담자의 신상과 상담 내용을 신뢰하기 어렵다.
ㄷ. 문자 등의 시각적 자료에 의존해야 하므로 대면 상담처럼 깊이 있는 의사소통을 기대하기 어렵다.
ㄹ. 내담자의 복잡한 정서적인 내용을 파악하기 곤란하다.
ㅁ. 내담자는 자신의 정보를 선택적으로 공개할 수 있으며, 언제든지 상담을 중단해 버릴 수 있다.
ㅂ. 컴퓨터 시스템이 필요하며, 네트워크상의 불안정성 등의 문제에 영향을 받는다.
ㅅ. 자구적인 노력이나 책임감 없이 습관적으로 상담요청을 할 수 있다.
ㅇ. 내담자가 여러 아이디를 사용하여 과거 경험에 대한 상담에 임함으로써 단순한 역할시험의 장(場)으로 오용될 수 있다.
ㅈ. 익명성에 따른 부적절한 대화예절, 노골적인 성적 표현 등의 문제가 제기될 수 있다.

18 콜브(Kolb)의 학습형태검사(LSI)에서 사람에 대한 관심은 적은 반면 추상적 개념에 많은 관심을 두는 사고형은?

① 집중적 ② 확산적
③ 동화적 ④ 적응적

콕집어 해설

콜브(Kolb)의 학습형태검사(LSI) 4가지 유형

- 집중적 사고형 : 추상적 개념화와 활동적 실험에 유용하고 생각을 실제적으로 적용시키는 강점이 있다. 사람보다 사물 다루기를 선호하는 비정서적 유형이며 기술자들에게서 많이 나타난다.
- 확산적 사고형 : 확고한 경험과 사려깊은 관찰에 유용하고 상상력이 풍부하다는 점에서 집중적 사고형과 상반된다. 사람에 관심이 많고 문화와 예술에 전문성을 갖고 있으며 상담자들에게서 많이 나타난다.
- 동화적 사고형 : 추상적 개념화와 사려 깊은 관찰에 유용하고 귀납적 이론을 이끌어내는 기초 과학과 수학 등에 적합하다. 사람에 대한 관심은 적은 반면 추상적 개념에 많은 관심을 두며, 연구나 기획 등의 일을 하는 사람에게서 많이 나타난다.
- 적응적 사고형 : 확고한 경험과 활동적 실험에 유용하며, 새로운 경험을 통해 실험과 계획을 이끌어내는 강점이 있으며 동화적 사고형과 상반된다.
  시행착오나 직관에 의해 문제를 해결하려는 경향이 있으며 기업가들에게서 많이 나타난다.

답 ③

19 상담이론과 상담목표가 잘못 짝지어진 것은?

① 행동주의 상담이론 - 내담자의 문제행동을 증가시켜 왔던 강화요인을 탐색하고 제거한다.
② 인지행동주의 상담이론 - 내담자가 가지고 있는 비합리적 신념을 확인하고 이를 수정한다.
③ 현실치료이론 - 내담자가 원하는 것이 무엇인지 확인하고 이를 달성할 수 있는 적절한 방법을 탐색한다.
④ 게슈탈트 상담이론 - 내담자의 생활양식을 확인하고 바람직한 방향으로 생활양식을 바꾸도록 한다.

콕집어 해설

상담이론과 상담목표

- 행동주의 상담이론 : 내담자의 문제행동을 증가시켜 왔던 강화요인을 탐색하고 제거한다.
- 인지행동주의 상담이론 : 내담자가 가지고 있는 비합리적 신념을 확인하고 이를 수정한다.
- 현실치료이론 : 내담자가 원하는 것이 무엇인지 확인하고 이를 달성할 수 있는 적절한 방법을 탐색한다.
- 개인주의 상담이론 : 내담자의 생활양식을 확인하고 바람직한 방향으로 생활양식을 바꾸도록 한다.

답 ④

해 '개인주의 상담이론'의 상담목표이다.

꿰뚫어 보기

게슈탈트(형태주의) 상담의 목표 **[형 자자 잠]**

1) 자각에 의한 성숙과 통합을 성취하게 한다.
2) 자신에 대한 책임감을 갖게 한다.
3) 잠재력의 실현에 따른 변화와 성장을 도모한다.

20 직업상담의 목적에 해당하지 않는 것은?

① 개인의 직업적 목표를 명확히 해주는 과정이다.
② 진로관련 의사결정 능력을 길러주는 과정이다.
③ 직업선택과 직업생활에서 수동적인 태도를 함양하는 과정이다.
④ 이미 결정한 직업계획과 직업선택을 확신, 확인하는 과정이다.

콕집어 해설

직업상담의 목적

- 개인의 직업적 목표를 명확히 해주는 과정이다.(①)
- 진로관련 의사결정 능력을 길러주는 과정이다.(②)
- 자기 자신 및 직업세계에 대해 올바른 이해를 하도록 한다.
- 직업선택과 직업생활에서 능동적인 태도를 함양하는 과정이다.(③)
- 내담자가 성숙한 직업의식을 갖도록 한다.
- 이미 결정한 직업계획과 직업선택을 확신, 확인하는 과정이다.(④)

답 ③

해 수동적인 태도(×)→'능동적인 태도'

제2과목 | 직업심리학

21 직업상담에 사용되는 질적 측정도구가 아닌 것은?

① 역할놀이 ② 제노그램
③ 카드분류 ④ 욕구 및 근로 가치 설문

콕집어 해설

질적 측정도구 [자카제역]

- 자기효능감 척도 : 어떤 과제를 어느 정도 수준으로 수행할 수 있는 능력을 갖추었다고 스스로 판단하는지의 정도를 측정한다.
- (직업)카드분류 : 내담자의 가치관, 흥미, 직무기술, 라이프 스타일 등의 선호형태를 측정하는 데 유용하다.
- 제노그램(직업가계도) : 내담자의 가족이나 선조들의 직업 특징에 대한 시각적 표상을 얻기 위해 도표를 만드는 방식이다.
- 역할놀이(역할극) : 내담자의 수행 행동을 나타낼 수 있는 업무상황을 제시해 준다.

답 ④

해 '욕구 및 근로 가치 설문'은 양적 평가도구이다.

꿰뚫어 보기

아이작슨과 브라운(Isaacson & Brown)의 직업검사도구 분류

1) 양적 평가도구 : 욕구 및 근로가치 설문, 흥미검사, 성격검사 등
2) 질적 평가도구 : 자기효능감 척도, 카드분류, 직업가계도, 역할놀이

22 직무 스트레스를 조절하는 변인과 가장 거리가 먼 것은?

① 성격 유형 ② 역할 모호성
③ 통제 소재 ④ 사회적 지원

콕집어 해설

직무 스트레스의 조절변인(매개변인)

- A/B 성격유형(개인속성)
  1) A성격유형은 경쟁적이고 공격적이며, 신속함과 완벽함을 추구하기 때문에 B성격유형보다 훨씬 많은 스트레스를 받는다.
  2) B성격유형은 느긋함과 차분함, 여유로운 일처리와 상황에 대한 수용적 태도를 특징으로 한다.
  3) 스트레스 상황에 노출되면 A성격유형이 B성격유형보다 더 많은 부정과 투사기제를 사용한다.
- 통제의 위치(개인속성)
  1) 일상생활에서의 결과에 대해 성패의 원인이 내부에 있는가 또는 외부에 있는가에 따라 '내적 통제자'와 '외적 통제자'로 구분된다.
  2) 내적 통제자는 어떤 행위의 결과를 자신의 행동에서 비롯된 것으로 보기 때문에 스트레스 상황에 적절히 대처한다.
  3) 외적 통제자는 어떤 행위의 결과를 외부요인에 결부시켜 부정적 사건에 민감한 반응과 비교적 높은 수준의 스트레스를 경험하게 된다.
  4) 내적 통제자는 스트레스 상황에 대한 통제력이 더 이상 유용하지 못하다고 판단되면 스트레스에 대한 대처노력을 쉽게 포기하는데, 이는 내적 통제자가 무력감을 자신에게 결부시키기 때문이다.
- 사회적 지원(상황속성)
  1) 직무수행자의 직무 스트레스를 완화해 주는 조직 내적 또는 외적 요인이다.
  2) 조직 내적 요인으로는 직장 상사·동료·부하가 있으며, 외적 요인으로는 가족이 있다.
  3) 사회적 지원이 제공되면 우울 또는 불안 같은 직무 스트레스 반응이 감소한다.
  4) 사회적 지원은 스트레스의 출처를 약화시키지만 스트레스의 출처에서 비롯된 직무불만족 자체를 감소시키는 것은 아니다.

답 ②

해 '역할 모호성'은 직무 및 조직 관련 스트레스이다.

23 검사 점수의 오차를 발생시키는 수검자 요인과 가장 거리가 먼 것은?

① 수행 능력 ② 수행 경험
③ 평가 불안 ④ 수검 당일의 생리적 조건

콕집어 해설

검사 점수 오차를 발생시키는 수검자 요인
- 수검당일의 생리적 조건 : 건강, 피로 등(④)
- 수행 경험 : 검사 받았던 경험(②)
- 수행 불안 : 평가에 대한 불안, 정서적 불안, 긴장(③)
- 검사에 대한 동기
- 검사에 대한 훈련정도

답 ①

해 '수행 능력'은 수검자의 능력이므로 오차발생 요인이 아니다.

24 어떤 직업적성검사의 신뢰도 계수가 1.0 이면 그 검사의 타당도 계수는?

① 1.0　　② 0
③ 0.5　　④ 알 수 없다.

콕집어 해설

타당도와 신뢰도의 관계
- 신뢰도가 검사의 일관성을 나타낸다면, 타당성은 검사의 정확성을 나타낸다.
- 신뢰도가 높다고 해서 타당도가 높은 것은 아니지만, 타당도를 높이기 위해서는 신뢰도는 반드시 높아야 한다.

답 ④

해 신뢰도 계수가 높은 경우, 타당도 계수는 높을 수도 있고 낮을 수도 있다. 즉, 타당도 계수는 알 수 없다.

꿰뚫어 보기

신뢰도 계수
1) 신뢰도 계수는 결과의 일관성을 보여주는 값이다.
2) 신뢰도 계수의 범위는 0~1 사이의 값을 갖는다.
3) '0'에 가까울수록 신뢰도는 낮고, '1'에 가까울수록 신뢰도는 높다.

신뢰도에 영향을 주는 요인
1) 개인차 : 검사대상의 개인차가 클수록 신뢰도 계수도 커진다.
2) 문항 수 : 문항 수가 많으면 신뢰도는 어느 정도 높아지나, 문항 수를 무조건 늘린다고 해서 신뢰도가 정비례하여 커지는 것은 아니다.
3) 문항반응 수 : 문항반응 수는 적정 크기를 유지하는 것이 바람직하며, 이를 초과할 경우 신뢰도는 향상되지 않는다.
4) 검사유형 : 속도검사의 경우, 전후절반법으로 신뢰도를 추정하게 되면 후반부로 갈수록 시간이 부족하기 때문에 신뢰도는 낮아진다.
5) 신뢰도 추정방법 : 서로 다른 신뢰도 추정방법에 따른 신뢰도 계수는 각기 다를 수밖에 없다.

25 직업발달에 관한 특성-요인의 종합적인 결과를 토대로 Klein과 Weiner 등이 내린 결론과 가장 거리가 먼 것은?

① 개개인은 신뢰할만하고 타당하게 측정될 수 있는 고유한 특성의 집합이다.
② 직업의 선택은 직선적인 과정이며 연결이 가능하다.
③ 개인의 직업선호는 부모의 양육환경 특성에 의해 좌우된다.
④ 개인의 특성과 직업의 요구사항 간에 상관이 높을수록 직업적 성공의 가능성이 커진다.

콕집어 해설

특성-요인 이론의 기본 가설(클라인과 바이너)
1) 인간은 신뢰롭고 타당하게 측정할 수 있는 독특한 특성을 가지고 있다.(①)
2) 직업은 그 직업에서의 성공을 위해 구체적 특성을 지닐 것을 요구한다.
3) 진로선택은 인지적 과정이므로 개인의 특성과 직업의 특성을 짝짓는 것이 가능하다.(②)
4) 개인의 특성과 직업적 요구사항이 긴밀한 관계를 맺을수록 직업적 성공의 가능성이 커진다.(④)

답 ③

해 로(Roe)의 주장이다.

26 직업흥미검사에 대한 설명으로 틀린 것은?

① 직업흥미검사 결과는 변화하므로 일정기간이 지나면 다시 실시하는 것이 좋다.
② 정서적 문제를 가지고 있는 내담자에게 직업흥미검사를 사용하는 것은 부적절하다.
③ 직업흥미검사는 진로분야에서 내담자가 만족할 수 있는 분야뿐만 아니라 성공가능성에 대한 정보도 제공해준다.
④ 직업흥미검사 결과는 내담자의 능력, 가치, 고용가능성 등 내담자의 상황에 대한 다른 정보들을 고려하여 의사결정에 활용되어야 한다.

콕집어 해설

직업흥미검사
- 특정 직업활동에 대한 좋고 싫음과 선호도를 측정하기 위해서 만들어진 것이다.
- 직업흥미검사 결과는 변화하므로 일정기간이 지나면 다시 실시하는 것이 좋다.(①)
- 정서적 문제를 가지고 있는 내담자에게 직업흥미검사를 사용하는 것은 부적절하다.(②)
- 직업흥미검사 결과는 내담자의 능력, 가치, 고용가능성 등 내담자의 상황에 대한 다른 정보들을 고려하여 의사결정에 활용되어야 한다.(④)
- 홀랜드 이론을 기반으로 한, 자기방향탐색(SDS), 직업선호도검사(VPI), 경력의사결정검사(CDM), 직업탐색검사(VEIK), 개인직업상황검사(MVS) 등이 있다.

답 ③

해 내담자의 성공가능성에 대한 정보를 제공해 주는 검사는 '적성검사'이다.

꿰뚫어 보기

직업선호도 검사(VPI : Vocational Preference Inventory)

1) 홀랜드의 성격검사를 표준화하여 특정 직업활동에 대한 선호도를 측정한다.
2) 워크넷 직업선호도 검사
- S(Short)형 : 내담자가 시간적 여유가 없을 때 실시하며, 흥미검사만 실시한다.
- L(Long)형 : 내담자가 시간적 여유가 있을 때 실시하며, 흥미검사 · 성격검사 · 생활사검사로 구성된다.
  ㄱ. 흥미검사 : 홀랜드 모형을 기반으로 현실형, 탐구형, 예술형, 사회형, 진취형, 관습형으로 분류한다. **[현탐예 사진관]**
  ㄴ. 성격검사 : 개인의 성격을 외향성, 호감성, 성실성, 정서적 불안정성, 경험에 대한 개방성으로 분류한다. **[외호 성정경]**
  ㄷ. 생활사검사 : 개인의 생활특성을 대인관계지향, 독립심, 가족친화, 야망, 학업성취, 예술성, 운동선호, 종교성, 직무만족으로 분류한다. **[대독가야 학예운종직]**

27 심리검사 해석 시 주의사항으로 틀린 것은?

① 검사결과를 내담자에게 이야기해 줄 때 가능한 한 이해하기 쉽게 해주어야 한다.
② 내담자에게 검사의 점수보다는 진점수의 범위를 말해주는 것이 좋다.
③ 검사결과를 내담자와 함께 해석하는 것은 검사전문가로서는 해서는 안되는 일이다.
④ 내담자의 방어를 최소화하기 위해 상담자는 중립적이고 무비판적이어야 한다.

콕집어 해설

심리검사 해석 시 주의사항
- 검사결과를 내담자에게 이야기해 줄 때 가능한 한 이해하기 쉽게 해주어야 한다.(①)
- 해석에 대한 내담자의 반응을 고려해야 한다.
- 내담자의 방어를 최소화하기 위해 상담자는 중립적이고 무비판적이어야 한다.(④)
- 내담자에게 검사의 점수보다는 진점수의 범위를 말해주는 것이 좋다.(②)
- 검사결과를 내담자와 함께 해석하며 내담자 스스로 자신의 진로를 결정하도록 도와주어야 한다.(③)

답 ③

28 작업자 중심의 직무분석에 관한 설명으로 옳지 않은 것은? [오류문제]

① 직무를 수행하기 위한 구체적인 인적 요건들을 밝히는 직무기술서로 나타난다.
② 직무에서 수행하는 과제나 활동이 어떤 것들인지를 파악하는데 초점을 둔다.
③ 어떠한 직무에서나 사용할 수 있는 표준화된 직무분석 질문지를 제작해서 사용할 수 있다.
④ 지식, 기술, 능력, 경험 등 작업자 개인 요건들로 직무를 표현한다.

콕집어 해설

작업자 중심의 직무분석
- 직무를 수행하는 데 요구되는 지식, 기술, 능력, 경험 등 작업자의 재능에 초점을 둔다.(④)
- 직무를 수행하기 위한 구체적인 인적 요건들을 밝히는 직무명세서를 작성하는 데 중요한 정보를 제공한다.(①, ②)
- 어떠한 직무에서나 사용할 수 있는 표준화된 직무분석 질문지를 제작해서 사용할 수 있다.(③)

답 ①, ②

해 ① 직무기술서(×)→직무명세서
② 과제나 활동(×)→인적요건

직무분석의 유형
1) 과제 중심 직무분석
ㄱ. 직무에서 수행하는 과제나 활동이 어떤 것들인지 파악하는 데 초점을 둔다.
ㄴ. 직무 자체의 내용을 중점적으로 다루는 '직무기술서' 작성에 중요 정보를 제공한다.
ㄷ. 직무 각각에 대해 표준화된 분석도구를 만들 수 없다.
예 기능적 직무분석(FJA : Functional Job Analysis) : 직무정보를 자료(Data), 사람(People), 사물(Thing) 기능으로 분석한다.
2) 작업자 중심 직무분석
ㄱ. 직무를 수행하는 데 요구되는 지식, 기술, 능력, 경험 등 작업자의 재능에 초점을 둔다
ㄴ. 인적 요건을 주로 다루는 '직무명세서(작업자 명세서)'를 작성하는 데 중요 정보를 제공한다.
예 직위분석질문지(PAQ : Position Analysis Questionaire)
- 직무수행에 요구되는 지식, 기술, 능력 등의 인간적 요건들을 밝히는 데 목적을 둔 표준화된 분석도구이다.
- 6가지 범주 : 정보입력, 정신과정, 작업결과, 타인들과의 관계, 직무맥락, 직무요건 [정정작 타직직]

29 **직업적응이론의 적응유형 변인 중 적응행동 과정에서 나타나는 적응의 시작과 종료의 지속기간을 나타내는 것은?**

① 유연성 ② 능동성
③ 수동성 ④ 인내

콕집어 해설

직업적응이론의 적응유형(방식) [융끈적반]
- 융통성 : 작업환경과 개인환경 간의 부조화를 참아내는 정도이다.
- 끈기(인내) : 환경이 자신에게 맞지 않아도 얼마나 오랫동안 견뎌낼 수 있는지의 정도이다.
- 적극성 : 작업환경을 개인적 방식과 좀 더 조화롭게 만들어 가려고 노력하는 정도이다.
- 반응성 : 작업성격의 변화로 인해 작업환경에 반응하는 정도이다.

답 ④

꿰뚫어 보기

직업적응 이론의 성격양식 [민역리지]
1) 민첩성 : 정확성보다 속도를 중시한다.
2) 역량 : 근로자의 평균활동 수준을 의미한다.
3) 리듬 : 활동에 대한 다양성을 의미한다.
4) 지구력 : 다양한 활동수준의 기간을 의미한다.

30 **사회학습이론에 기반한 진로발달 과정의 요인으로 다음 사례와 밀접하게 관련 있는 것은?**

> 신입사원 A는 직무 매뉴얼을 참고하여 업무수행을 한다. 그러나 이런 방법을 통해 신입사원 때는 좋은 결과를 얻더라도, 승진하여 새로운 업무를 수행할 때는 기존의 업무수행 방법을 수정해야 할지도 모른다.

① 유전적 요인과 특별한 능력
② 직무 적성
③ 학습 경험
④ 과제접근 기술

콕집어 해설

사회학습이론(과제접근기술) [유환학과]

- 유전적 요인과 특별한 능력 : 개인의 진로 기회를 제한하는 생득적인 특질을 말한다.
- 환경적 조건과 사건 : 개인의 통제를 벗어나는 정치·경제·사회·문화적 사항들이 개인의 진로에 영향을 미친다.
- 학습경험 : 개인이 과거에 학습한 경험은 현재 또는 미래의 교육적·직업적 의사결정에 영향을 미친다.
- 과제접근기술
  1) 유전적 요인, 환경조건, 학습경험의 상호작용으로 형성된 기술이며, 개인이 환경을 이해하고 대처하며 미래를 예견하는 능력이다.
  2) 목표설정, 가치 명료화, 대안 형성, 직업적 정보획득 등을 포함하는 기술이다.

답 ④

해 새로운 환경을 이해하고 대처하는 능력이다.

31 직무 스트레스에 관한 설명으로 틀린 것은?

① 지루하게 반복되는 과업의 단조로움은 매우 위험한 스트레스 요인이 될 수 있다.

② 복잡한 과제는 정보 과부하를 일으켜 스트레스를 높인다.

③ 공식적이고 구조적인 조직에서 주로 인간관계 변수 때문에 역할갈등이 발생한다.

④ 역할모호성은 개인의 역할이 명확하지 않을 때 발생한다.

콕집어 해설

직무 및 조직 관련 스트레스원

- 복잡한 과제 및 반복 과제 : 복잡한 과제는 정보 과부화를 일으켜서 스트레스를 높일 수 있으며, 지루하게 반복되는 과업의 단조로움은 매우 위험한 스트레스 요인이 될 수 있다.(①, ②)
- 역할갈등 : 역할담당자의 역할과 역할전달자의 역할기대가 상충함으로써 발생한다.
  1) 개인 간 역할갈등 : 직업에서의 요구와 직업 이외의 요구 간의 갈등에서 발생한다.
  2) 개인 내 역할갈등 : 직업에서의 요구와 개인의 가치관이 다를 때 발생한다.
  3) 송신자 간 갈등 : 두 명 이상의 요구가 갈등을 일으킬 때 발생한다.
  4) 송신자 내 갈등 : 업무 지시자가 서로 배타적이고 양립할 수 없는 요구를 할 때 발생한다.
- 역할모호성 : 역할담당자가 역할기대자의 역할기대에 대해 명확히 알지 못함으로써 발생한다.(④)
- 역할과다/역할과소 : 직무에서의 요구가 역할담당자의 능력을 벗어날 때 역할과다가, 역할담당자의 능력을 충분히 활용하지 못할 때는 역할과소가 발생한다.
- 산업의 조직문화와 풍토 : 미국과 같은 개인주의적·공식적 조직에서는 주로 구조적 변수(의사결정의 참여 등)로, 한국과 같은 집합주의적·비공식적 조직에서는 주로 인간관계 변수(동료와의 관계 등)로 역할갈등이 발생한다.(③)

답 ③

해 인간관계 변수 때문에 역할갈등이 발생하는 경우는 비공식적·비구조적 조직에서이다.

32 성격의 5요인(Big Five)에 해당하지 않는 것은?

① 정서적 안정성 ② 정확성

③ 성실성 ④ 호감성

콕집어해설

성격의 5요인(Big Five) [외호 성정경]

- 외향성 : 타인과의 상호작용을 원하고 타인의 관심을 끌고자 하는 정도를 측정한다.
- 호감성 : 타인과 편안하고 조화로운 관계를 유지하려는 정도를 측정한다.
- 성실성 : 사회적 규범이나 원칙 등을 기꺼이 지키려는 정도를 측정한다.
- 정서적 불안정성 : 정서적으로 얼마나 안정되어 있는지의 정도를 측정한다.
- 경험에 대한 개방성 : 세계에 대한 관심 및 호기심, 다양한 경험에 대한 포용력 정도를 측정한다.

답 ②

33 다음 사례에서 A에게 해당하는 홀랜드(Holland)의 직업성격 유형은?

A는 분명하고 질서정연한 것을 좋아하며, 체계적으로 기계를 조작하는 활동을 좋아한다. 성격은 솔직하고, 말이 적으며, 고집이 있는 편이고, 단순하다는 얘기를 많이 듣는다.

① 탐구적(I) ② 사회적(S)
③ 실제적(R) ④ 관습적(C)

콕집어해설

홀랜드(Holland)의 직업성격 유형 [현탐예 사진관]

- 현실형 : 실제적이며 현장에서 하는 일을 선호하나, 사회성이 부족하다.
  예 기술직, 엔지니어, 농부, 목수 등
- 탐구형 : 과학적이며 탐구활동을 선호하나, 지도력이 부족하다.
  예 물리학자, 화학자, 생물학자 등
- 예술형 : 심미적이며 창조적인 활동을 선호하나, 규범적 성향이 부족하다.
  예 음악가, 문학가, 화가 등
- 사회형 : 이타적이며 봉사활동을 선호하나, 기계적 활동 능력이 부족하다.
  예 사회복지사, 종교인, 상담사 등
- 진취형 : 진취적이며 적극적인 활동을 선호하나, 체계적 활동 능력이 부족하다.
  예 기업가, 영업사원, 보험설계사 등
- 관습형 : 꼼꼼하며 질서정연한 일을 선호하나, 융통성이 부족하다.
  예 경리사원, 회계사, 은행원 등

답 ③

꿰뚫어 보기

홀랜드의 육각형 모델과 해석 차원 [일변 일정계]

1) 일관성 : 어떤 쌍들은 다른 유형의 쌍들보다 더 많은 공통점을 가지고 있다.
2) 변별성(차별성) : 개인의 흥미유형은 특정 흥미유형과 매우 유사한 반면, 다른 흥미유형과는 차별적이다.
3) 일치성 : 개인의 흥미유형과 개인이 소속되고자 하는 환경의 유형이 서로 부합하는 정도를 말한다.
   개인이 자기 자신의 인성유형과 동일하거나 유사한 환경에서 일하고 생활할 때를 의미한다.
4) 정체성 : 성격적 측면에서는 개인의 목표, 흥미, 재능에 대한 명확성을 말하고, 환경적 측면에서는 조직의 투명성 및 안정성 등을 말한다.
5) 계측성(타산성) : 육각형 모델에서 유형들 간의 거리는 가까울수록 서로 유사한 성향을 보이며, 멀어질수록 대조적 성향을 보인다.
   육각형 모델에서 유형들 간의 거리는 그 이론적인 관계에 반비례한다.

34 데이비스와 롭퀴스트(Davis & Lofquist)의 직업적응이론에서 적응양식의 차원에 해당하지 않는 것은?

① 의존성(dependence)
② 적극성(activeness)
③ 반응성(reactiveness)
④ 인내(perseverance)

콕집어 해설

직업적응이론에서 적응양식 [융끈적반]

- 융통성 : 작업환경과 개인환경 간의 부조화를 참아내는 정도이다.
- 끈기(인내) : 환경이 자신에게 맞지 않아도 얼마나 오랫동안 견뎌낼 수 있는지의 정도이다.
- 적극성 : 작업환경을 개인적 방식과 좀 더 조화롭게 만들어 가려고 노력하는 정도이다.
- 반응성 : 작업성격의 변화로 인해 작업환경에 반응하는 정도이다.

답 ①

35 Super의 진로발달단계 중 결정화, 구체화, 실행 등과 같은 과업이 수행되는 단계는?

① 성장기 ② 탐색기
③ 확립기 ④ 유지기

콕집어 해설

Super의 진로발달단계(탐색기)

탐색기(15세~24세)의 발달 과업

1) 결정화 : 자신과 직업에 대한 정보가 축적되면 선호하는 진로가 생긴다.
2) 구체화 : 구체적인 직업에 대한 선호가 생겨난다.
3) 실행 : 선호하는 직업을 얻기 위해 노력을 기울인다.

답 ②

36 로(Roe)의 욕구이론에 관한 설명으로 옳지 않은 것은?

① 아동기에 형성된 욕구에 대한 반응으로 직업선택이 이루어진다고 본다.
② 가정 분위기의 유형을 회피형, 정서집중형, 통제형으로 구분하였다.
③ 직업군을 8가지로 분류하였다.
④ 매슬로우가 제시한 욕구의 단계를 기초로 해서 초기의 인생경험과 직업선택의 관계에 관한 가정을 발전시켰다.

콕집어 해설

로(Roe)의 욕구이론

- 아동기에 형성된 욕구에 대한 반응으로 직업선택이 이루어진다고 본다.(①)
- 가정 분위기의 유형을 수용형, 정서집중형, 회피형으로 구분하였다.(②)
- 직업군을 8가지로, 직업수준을 6가지로 분류하였다.(③)
- 매슬로우가 제시한 욕구의 단계를 기초로 해서 초기의 인생경험과 직업선택의 관계에 관한 가정을 발전시켰다.(④)

답 ②

해 통제형(×)→'수용형'이다.
수용형(애정형/무관심형), 정서집중형(과보호형/과요구형), 회피형(거부형/무시형)

꿰뚫어 보기

로(Roe)의 욕구이론에 따른 5가지 가설 [잠유 흥심욕]

1) 개인이 가지고 있는 잠재적 특성의 발달에는 한계가 있다.
2) 개인의 유전적 특성의 발달 정도는 자신의 경험과 사회경제적 배경 및 문화 배경에 의해 영향을 받는다.
3) 개인의 흥미와 태도는 자신의 경험에 따라 발달유형이 결정된다.
4) 심리적 에너지는 흥미를 결정하는 중요한 요소이다.
5) 개인의 욕구와 만족의 강도는 성취동기의 유발 정도에 따라 결정된다.

37 자신의 직무나 직무경험에 대한 평가로부터 비롯되는 유쾌하거나 정적인 감정 상태는?

① 직무만족 ② 직업적응
③ 작업동기 ④ 직무몰입

콕집어 해설

직무만족

로크(Locke)의 정의: 직무만족은 자신의 직무나 직무경험에 대한 평가로부터 비롯되는 유쾌하거나 정적인 감정 상태이다.

답 ①

38 다음 설명에 해당하는 행동특성을 바르게 나타낸 것은?

ㄱ	• 점심을 먹으면서도 서류를 본다. • 주말이나 휴일에도 쉴 수가 없다. • 아무 것도 하지 않고 쉬면 견딜 수 없다.
ㄴ	• 열심히 일을 했지만 성취감보다는 허탈감을 느낀다. • 인생에 환멸을 느낀다. • 불면증이 생긴다.

	ㄱ	ㄴ
①	일 중독증	소진
②	A형 성격	B형 성격
③	내적 통제소재	외적 통제소재
④	과다 과업지향성	인간관계지향성

콕집어 해설

일에 대한 행동특성

제시된 행동 특성은 일 중독증(ㄱ)에 따른 소진(ㄴ) 상태이다.

답 ①

39 가치중심적 진로접근모형의 명제에 관한 설명으로 틀린 것은?

① 개인이 우선권을 부여하는 가치들은 얼마되지 않는다.

② 가치는 환경 속에서 가치를 담은 정보를 획득함으로써 학습된다.

③ 생애만족은 중요한 모든 가치들을 만족시키는 생애역할들에 의존한다.

④ 생애역할에서의 성공은 개인적 요인보다는 외적 요인들에 의해 주로 결정된다.

콕집어 해설

가치중심적 진로접근모형의 기본 명제(Brown)

[우우가 생역생]

- 개인이 우선권을 부여하는 가치들은 얼마되지 않는다.(①)
- 우선순위가 높은 가치들은 생애역할 선택에 가장 중요한 결정요인이 되기도 한다.
- 가치는 환경 속에서 가치를 담은 정보를 획득함으로써 학습된다.(②)
- 생애만족은 중요한 모든 가치들을 만족시키는 생애역할들에 의존한다.(③)
- 한 역할의 특이성은 역할 안에 있는 필수적인 가치들의 만족 정도와 직접 관련된다.
- 생애역할에서의 성공은 학습된 기술, 인지적·정의적·신체적 적성 등 다양한 요인들에 의해 주로 결정된다.(④)

답 ④

해 '생애역할에서의 성공'은 개인적 요인과 외적 요인 등 다양한 요인들에 의해 결정된다.

40 다음 중 조직에서 직원의 경력개발을 위해 사용하는 프로그램과 가장 거리가 먼 것은?

① 사내 공모제

② 후견인(mentoring) 프로그램

③ 직무평가

④ 직무순환

콕집어 해설

종업원 (능력)개발 프로그램

- 훈련 프로그램: 컴퓨터 교육에서 대인관계까지 조직 내에서 실시하는 다양한 내용의 훈련프로그램을 말한다.
- 후견인 프로그램(멘토십 시스템): 종업원이 조직에 쉽게 적응하도록 상사가 후견인이 되어 도와주는 프로그램이다.
- 직무순환 프로그램: 종업원에게 다양한 직무를 경험하게 함으로써 여러 분야의 능력을 개발하게 하는 프로그램이다.

답 ③

해 '직무평가'는 공정하고 적절한 임금수준을 결정하기 위하여 직무의 내용과 성질을 고려하여 직무들 간의 상대적 가치를 결정하는 절차이다.

꿰뚫어 보기

경력개발 프로그램 유형 [자개 정종종]

1) 자기평가 도구 : 경력워크숍, 경력연습책자 등
2) 개인상담
3) 정보제공 : 사내공모제, 기술목록, 경력자원기관 등
4) 종업원 평가 : 평가기관, 심리검사, 조기발탁제 등
5) 종업원 개발 : 훈련 프로그램, 후견인 프로그램, 직무순환 프로그램 등

41 다음은 워크넷에서 제공하는 성인을 위한 직업적응검사 중 무엇에 관한 설명인가?

- 개발년도 : 2013년
- 실시시간 : 20분
- 측정내용 : 문제해결능력 등 12개 요인
- 실시방법 : 인터넷/지필

① 구직준비도검사
② 직업전환검사
③ 중장년 직업역량검사
④ 창업적성검사

콕집어 해설

성인을 위한 직업적응검사

- 구직준비도검사 : 3개의 하위검사(구직취약성 적응도 검사, 구직동기 진단검사, 구직기술 진단검사)와 13개의 하위척도로 구성된다.
- 직업전환검사 : 언어검사와 그림검사 2가지 형태로 측정하며, 추천직종과 비교 차원에서 6개의 성격차원을, 상담을 위한 참고 차원에서 2개의 성격차원을 측정한다.
- 중장년 직업역량검사 : 경력활동, 직무태도, 직무능력, 개인특성, 기초자산 등으로 구성된다.
- 창업적성검사 : 사업지향성, 문제해결능력, 주도성, 자신감, 책임감수 등 12개 요인으로 구성된다.
- 이주민 취업준비도검사 : 생산직 및 단순서비스직 취업희망 이주민 대상의 A형과 관리사무직 및 서비스직 취업희망 이주민과 취업희망직종을 정하지 못한 이주민을 대상으로 하는 B형으로 구분하며, 6개의 하위요인으로 구성된다.

답 ④

42 직업상담시 제공하는 직업정보의 기능과 역할에 대한 설명으로 틀린 것은?

① 여러 가지 직업적 대안들의 정보를 제공한다.
② 내담자의 흥미, 적성, 가치 등을 파악하는 것이 직업정보의 주기능이다.
③ 경험이 부족한 내담자에게 다양한 직업들을 간접적으로 접할 기회를 제공한다.
④ 내담자가 자신의 선택이 현실에 비추어 부적당한 선택이었는지를 점검하고 재조정해 볼 수 있는 기초를 제공한다.

콕집어 해설

직업정보의 기능과 역할
- 여러 가지 직업적 대안들의 정보를 제공한다.(①)
- 경험이 부족한 내담자에게 다양한 직업들을 간접적으로 접할 기회를 제공한다.(③)
- 내담자가 자신의 선택이 현실에 비추어 부적당한 선택이었는지를 점검하고 재조정해 볼 수 있는 기초를 제공한다.(④)

답 ②

해 직업정보의 주기능은 내담자의 흥미, 적성, 가치 등을 파악하는 것이 아니다.

꿰뚫어 보기

브레이필드(Brayfield)의 직업정보 기능
1) 정보적 기능 : 직업정보 제공을 통해 내담자의 의사결정을 돕고 직업선택에 대한 지식을 증가시킨다.
2) 재조정 기능 : 내담자가 자신의 선택이 현실에 비추어 부적당했는지를 점검 및 재조정하도록 한다.
3) 동기화 기능 : 내담자가 의사결정과정에 적극적으로 참여하도록 동기화시킨다.

43 워크넷에서 제공하는 채용정보 중 기업형태별 검색에 해당하지 않는 것은?

① 대기업 ② 가족친화인증기업
③ 외국계기업 ④ 금융권기업

콕집어 해설

워크넷의 채용정보 중 기업형태별 검색 [대강외벤 가공코일청]
대기업, 강소기업, 외국계기업, 벤처기업, 가족친화인증기업, 공무원·공기업·공공기관, 코스피·코스닥, 일학습병행기업, 청년친화강소기업

답 ④

44 제10차 한국표준산업분류의 산업결정방법에 관한 설명으로 틀린 것은?

① 생산단위의 산업활동은 그 생산단위가 수행하는 주된 산업활동의 종류에 따라 결정된다.
② 계절에 따라 정기적으로 산업을 달리하는 사업체의 경우에는 조사시점에서 경영하는 산업에 의해 결정된다.
③ 휴업 중 또는 청산중인 사업체의 산업은 영업 중 또는 청산을 시작하기 이전의 산업활동에 의해 결정된다.
④ 단일사업체 보조단위는 그 사업체의 일개 부서로 포함한다.

콕집어 해설

한국표준산업분류의 산업결정방법 [생종 계휴단]
- 생산단위의 산업활동은 그 생산단위가 수행하는 주된 산업활동의 종류에 따라 결정된다.(①)
- 해당 활동의 종업원 수 및 노동시간, 임금 및 급여액 또는 설비의 정도에 의하여 결정한다.
- 계절에 따라 정기적으로 산업을 달리하는 사업체의 경우에는 조사시점에서 경영하는 사업과는 관계없이 조사대상기간 중 산출액이 많았던 활동에 의하여 분류된다.(②)
- 휴업 중 또는 자산을 청산 중인 사업체의 산업은 영업 중 또는 청산을 시작하기 이전의 산업활동에 의하여 결정한다.(③)
- 단일사업체의 보조단위는 그 사업체의 일개 부서로 포함한다.(④)

답 ②

해 조사시점 경영하는 산업(×)→'조사대상기간 중 산출액이 많았던 활동'

45 고용안전장려금(워라밸일자리 장려금)에 관한 설명으로 틀린 것은?

① 근로자의 계속고용을 위해 근로시간 단축, 근로시간 유연화 제도 등을 시행하면 지급한다.
② 사업주의 배우자, 4촌 이내의 혈족·인척은 지원대상자에서 제외한다.
③ 근로시간 단축 개시일이 속하는 다음달부터 1년의 범위 내에서 1개월 단위로 지급한다.
④ 임신 근로자의 임금감소 보전금은 월 최대 24만원이다.

콕집어 해설

고용안전장려금(워라밸일자리 장려금)
- 근로자의 계속고용을 위해 근로시간 단축, 근로시간 유연화 제도 등을 시행하면 지급한다.(①)
- 사업주의 배우자, 4촌 이내의 혈족·인척은 지원대상자에서 제외한다.(②)
- 근로시간 단축 개시일이 속하는 다음달부터 1년의 범위 내에서 1개월 단위로 지급한다.(③)
- 임신 근로자의 임금감소 보전금은 월 최대 40만원이다.(④)

답 ④

해 월 최대 24만원(×)→'40만원'

46 한국표준직업분류(2017)에서 포괄적인 업무에 대해 적용하는 직업분류 원칙을 순서대로 나열한 것은?

① 주된 직무→최상급 직능수준→생산업무
② 최상급 직능수준→주된 직무→생산업무
③ 최상급 직능수준→생산업무→주된 직무
④ 생산업무→최상급 직능수준→주된 직무

콕집어 해설

포괄적인 업무에 대한 직업분류 원칙 [포주최생]

포괄적 업무는 한 사람이 두 개 이상의 직무를 수행하는 경우를 의미한다.
이러한 경우 다음과 같은 순서에 따라 분류원칙을 적용한다.

1) 주된 직무 우선 원칙: 수행되는 직무내용과 분류 항목에 명시된 직무내용을 비교·평가하여 관련 직무 내용상의 상관성이 가장 많은 항목에 분류한다.
   예 교육과 진료를 겸하는 의과대학 교수는 강의·평가·연구 등(교육)과 진료·처치·환자상담 등(의료)의 직무내용을 파악하여 관련 항목이 많은 분야로 분류한다.
2) 최상급 직능수준 우선 원칙: 수행된 직무가 상이한 수준의 훈련과 경험을 통해서 얻어지는 직무능력을 필요로 한다면, 가장 높은 수준의 직무능력을 필요로 하는 일에 분류하여야 한다.
   예 조리와 배달의 직무비중이 같을 경우에는, 조리의 직능수준이 높으므로 조리사로 분류한다.
3) 생산업무 우선 원칙: 재화의 생산과 공급이 같이 이루어지는 경우는 생산단계에 관련된 업무를 우선적으로 분류한다.
   예 한 사람이 빵을 생산하고 판매도 하는 경우에는, 판매원으로 분류하지 않고 제빵사로 분류한다.

답 ①

꿰뚫어 보기

직업분류의 일반원칙
1) 포괄성의 원칙: 우리나라에 존재하는 모든 직무는 어떤 수준에서든지 분류에 포괄되어야 한다.
2) 배타성의 원칙: 동일하거나 유사한 직무는 어느 경우에든 같은 단위직업으로 분류되어야 한다.

다수 직업 종사자의 분류원칙 [다취수조]

한 사람이 전혀 상관성이 없는 두 가지 이상의 직업에 종사할 경우에 그 직업을 결정하기 위한 원칙이다.
1) 취업시간 우선의 원칙: 더 긴 시간을 투자하는 직업으로 결정한다.
2) 수입 우선의 원칙: 취업시간으로 구별할 수 없을 때는 수입이 많은 직업으로 결정한다.
3) 조사시 최근의 직업원칙: 위의 두가지로 판별할 수 없을 때는 조사시점을 기준으로 최근에 종사한 직업으로 결정한다.

47 사업주 직업능력개발훈련 수행기관 중 '전국 고용센터'의 업무에 해당하지 않는 것은?

① HRD-Net 사용인증
② 지정 훈련 시설 인·지정
③ 훈련과정 지도·점검
④ 위탁훈련(상시검사 제외) 과정 심사

족집어해설

전국 고용센터의 업무
HRD-Net 사용인증, 지정 훈련 시설 인·지정, 훈련과정 지도·점검, HRD-Net 회원가입 승인, 행정처분, 부정수급액 반환·징수 등

답 ④

해 위탁훈련(상시검사 제외) 과정 심사는 한국기술교육대학교 직업능력심사평가원의 업무이다.

48 공공직업정보의 일반적인 특성에 대한 설명으로 틀린 것은?

① 전 산업 및 직종을 대상으로 지속적으로 조사·분석한다.
② 보편적 항목으로 이루어진 기초정보가 많다.
③ 관련 직업 간 비교가 용이하다.
④ 단시간에 조사하고 특정 목적에 맞게 직종을 제한적으로 선택한다.

족집어해설

민간직업정보와 공공직업정보의 특성

구분	민간 직업정보	공공 직업정보
정보제공 속성	한시적	지속적
직업분류 구분	생산자의 자의성	기준에 따른 객관성
조사 직업 범위	제한적	포괄적
정보의 구성	완결적 정보체계	기초적 정보체계
타 정보와의 관계	관련성 낮음	관련성 높음
비용	유료	무료

답 ④

해 민간 직업정보의 특성이다.

49 다음은 한국직업사전의 부가직업정보(작업강도) 중 무엇에 관한 설명인가?

> 최고 20kg의 물건을 들어올리고, 10kg 정도의 물건을 빈번히 들어올리거나 운반한다.

① 아주 가벼운 작업 ② 가벼운 작업
③ 보통 작업 ④ 힘든 작업

족집어해설

부가직업정보 중 작업강도
- 아주 가벼운 작업: 최고 4kg의 물건을 들어올리고, 때때로 장부·대장·소도구 등을 들어올리거나 운반한다.
- 가벼운 작업: 최고 8kg의 물건을 들어올리고, 4kg 정도의 물건을 빈번히 들어올리거나 운반한다.
- 보통 작업: 최고 20kg의 물건을 들어올리고, 10kg 정도의 물건을 빈번히 들어올리거나 운반한다.
- 힘든 작업: 최고 40kg의 물건을 들어올리고, 20kg 정도의 물건을 빈번히 들어올리거나 운반한다.
- 아주 힘든 작업: 40kg 이상의 물건을 들어올리고, 20kg 이상의 물건을 빈번히 들어올리거나 운반한다.

답 ③

꿰뚫어보기

한국직업사전의 구성
1) 직업코드: 한국고용직업분류(KECO)의 세분류 4자리 숫자로 표기했다.
2) 본직업명: 산업현장에서 일반적으로 해당 직업으로 알려진 명칭 또는 그 직무가 통상적으로 호칭되는 것으로 한국직업사전에 그 직무내용이 기술된 명칭이다.
3) 직무개요: 주로 직무담당자의 활동, 활동의 대상 및 목적, 직무 담당자가 사용하는 기계, 전문적인 지식 등을 간략히 포함한다.
4) 수행직무: 직무담당자가 직무의 목적을 완수하기 위하여 수행하는 작업내용을 작업 순서에 따라 서술한 것이다.
5) 부가직업정보: 정규교육, 육체활동, 숙련기간, 직무기능, 작업강도, 작업장소, 작업환경, 자격·면허, 유사명칭, 관련직업, 조사연도, 표준산업분류 코드, 표준직업분류 코드로 구성되어 있다.

50 **국민내일배움카드제의 직업능력개발계좌의 발급 대상에 해당하는 자는?**

① 사립학교교직원 연금법을 적용받고 현재 재직 중인 사람
② 만 65세인 사람
③ 중앙행정기관으로부터 훈련비를 지원받는 훈련에 참여하는 사람
④ HRD-Net을 통하여 직업능력개발훈련 동영상 교육을 이수하지 아니하는 사람

콕집어 해설

국민내일배움카드제 지원 제외 대상자
- 공무원연금법이나 사립학교교직원 연금법을 적용받고 현재 재직 중인 사람(①)
- 만 75세 이상인 사람(②)
- 중앙행정기관으로부터 훈련비를 지원받는 훈련에 참여하는 사람(③)
- HRD-Net을 통하여 직업능력개발훈련 동영상 교육을 이수하지 아니하는 사람(④)
- 외국인(단, 고용보험 피보험자는 제외)
- 부정행위에 따른 지원금 등의 반환 명령을 받고 그 납부의 의무를 이행하지 아니하는 사람
- 이 규정 시행일 이전에 직업능력개발훈련을 3회 지원받았음에도 불구하고, 훈련개시일 이후 취업한 기간이 180일 미만이거나 자영업자로서 피보험기간이 180일 미만인 사람

답 ②

해 '만 65세 이상'인 사람은 발급대상이다.

51 **직업정보를 가공할 때 유의해야 할 사항으로 틀린 것은?**

① 시청각적 효과를 첨가한다.
② 직업에 대한 장·단점을 편견 없이 제공한다.
③ 가장 최신의 자료를 활용하되, 표준화된 정보를 활용한다.
④ 직업은 전문적인 것이므로 가능하면 전문적인 용어를 사용하여 가공한다.

콕집어 해설

직업정보 가공 시 유의사항
- 이용자가 전문적인 지식이 없어도 이해할 수 있도록 가공한다.(④)
- 직업에 대한 장·단점을 편견없이 제공한다.(②)
- 가장 최신의 자료를 활용하되 표준화된 정보를 활용한다.(③)
- 효율적인 정보제공을 위해 시각적 효과를 부가한다.(①)
- 정보의 생명력을 측정하여 활용법을 선정한다.
- 이용자에게 동기를 부여할 수 있도록 구상한다.

답 ④

해 전문적인 용어(×)→'누구나 이해하기 쉬운 용어'로 가공해야 한다.

52 **한국직업전망(2019)의 향후 10년간 직업별 일자리 전망 결과 '증가'가 예상되는 직업에 해당하지 않는 것은?**

① 어업 종사자 ② 사회복지사
③ 간병인 ④ 간호사

콕집어 해설

직업별 일자리 전망 결과 '증가'가 예상되는 직업
의사, 수의사, 사회복지사, 간호사, 간병인, 컴퓨터보안전문가, 항공기조종사, 변호사, 한의사, 네트워크시스템개발자, 에너지공학기술자 등

답 ①

해 어업 종사자는 '감소'가 예상되는 직업이다.

꿰뚫어 보기

- 다소 증가 : 연예인, 경영진단전문가, 경호원, 약사, 보육교사, 노무사, 직업상담사, 스포츠매니저, 임상심리사, 택배원 등
- 유지 : 상품판매원, 건축가, 경비원, 초등학교교사, 경리사무원, 조리사, 기계공학기술자, 상품판매원, 금융 및 보험관련 사무원 등
- 다소 감소 : 단순노무자, 사진가, 건축목공업자, 텔레마케터, 조적공, 바텐더, 이용사, 결혼상담원 등
- 감소 : 어업종사자, 인쇄업자 등

53 건설기계설비기사, 공조냉동기계기사, 승강기기사 자격이 공통으로 해당되는 직무분야는?

① 건설분야　② 재료분야
③ 기계분야　④ 안전관리분야

콕집어 해설

국가기술자격종목중 기계분야의 직무 및 자격종목
기계제작(일반기계, 기계가공 등), 철도(철도차량정비 등), 항공, 조선, 기계장비 설비·설치(건설기계설비, 공조냉동기계, 승강기 등), 자동차, 금형·공작기계(금형제작, 사출금형설계 등)사

답 ③

분야별 직무
1) 건설분야: 건축, 토목, 조경, 도시·교통, 건설배관, 건설기계운전
2) 재료분야: 금속·재료, 판금·제관·새시, 단조·주조·용접, 도장·도금
3) 화학분야: 화공, 위험물
4) 전기·전자: 전기, 전자
5) 농림어업: 농업, 축산, 임업, 어업
6) 안전관리: 안전관리(가스, 건설안전, 기계안전, 산업안전, 소방설비 등), 비파괴검사
7) 환경·에너지: 환경, 에너지·기상(기상, 원자력, 방사선관리 등)

54 워크넷에서 제공하는 학과정보 중 공학계열에 해당하는 것은?

① 생명과학과　② 조경학과
③ 통계학과　④ 응용물리학과

콕집어 해설

워크넷 학과정보
- 인문계열: 언어학과, 철학과, 윤리학과, 국제지역학과, 심리학과 등
- 사회계열: 정치외교학과, 법학과, 경제학과, 행정학과, 비서학과 등
- 교육계열: 교육학과, 영어교육학과, 유아교육학과 등
- 자연계열: 생명과학과, 수학과, 지구과학과, 수의학과, 아동가족학과 등
- 공학계열: 안경광학과, 기계공학과, 건축학과, 조경학과, 섬유공학과 등
- 의약계열: 의학과, 한의학과, 간호학과, 응급구조과, 방사선과 등
- 예·체능계열: 성악과, 공예학과, 사진학과, 연극영화과, 체육학과 등

답 ②

해 ①, ③, ④는 '자연계열'이다.

55 직업정보의 일반적인 정보관리순서로 가장 적합한 것은?

① 수집→분석→가공→체계화→제공→평가
② 수집→제공→분석→가공→평가→체계화
③ 수집→분석→평가→가공→제공→체계화
④ 수집→분석→체계화→제공→가공→평가

콕집어 해설

직업정보의 일반적인 정보관리순서 [수분가 (체)제(축)평]
수집→분석→가공→(체계화)→제공→(축적)→평가

답 ①

56 제10차 한국표준산업분류의 대분류 중 제조업 정의에 관한 설명으로 틀린 것은?

① 원재료(물질 또는 구성요소)에 물리적, 화학적 작용을 가하여 투입된 원재료를 성질이 다른 새로운 제품으로 전환시키는 산업활동이다.
② 단순히 상품을 선별·정리·분할·포장·재포장하는 경우 등과 같이 그 상품의 본질적 성질을 변화시키지 않는 처리활동은 제조 활동으로 보지 않는다.
③ 제조활동은 공장이나 가내에서 동력기계 및 수공으로 이루어질 수 있으며, 생산된 제품은 도매나 소매 형태로 판매될 수도 있다.
④ 자본재(고정자본 형성)로 사용되는 산업용 기계와 장비를 전문적으로 수리하는 경우는 수리업으로 분류한다.

콕집어 해설

제조업의 정의
- 원재료(물질 또는 구성요소)에 물리적, 화학적 작용을 가하여 투입된 원재료를 성질이 다른 새로운 제품으로 전환시키는 산업활동이다.(①)
- 단순히 상품을 선별·정리·분할·포장·재포장하는 경우 등과 같이 그 상품의 본질적 성질을 변화시키지 않는 처리활동은 제조 활동으로 보지 않는다.(②)
- 제조활동은 공장이나 가내에서 동력기계 및 수공으로 이루어질 수 있으며, 생산된 제품은 도매나 소매형태로 판매될 수도 있다.(③)
- 자본재(고정자본 형성)로 사용되는 산업용 기계와 장비를 전문적으로 수리하는 경우는 제조업으로 분류한다.(④) 단, 컴퓨터 및 주변 기기, 개인 및 가정용품 등과 자동차를 수리하는 경우는 수리업으로 분류한다.

답 ④

해 수리업(×)→'제조업'

57 직업정보 제공에 관한 설명으로 옳은 것은?

① 모든 내담자에게 직업정보를 우선적으로 제공한다.
② 직업상담사는 다양한 직업정보를 제공하기 위해 지속적으로 노력한다.
③ 진로정보 제공은 직업상담의 초기단계에서 이루어지며, 이 경우 내담자의 피드백은 고려하지 않는다.
④ 내담자가 속한 가족, 문화보다는 표준화된 정보를 우선적으로 고려하여 정보를 제공한다.

콕집어 해설

직업정보 제공시 유의사항
- 직업정보는 이용자의 요구에 맞게 생산·제공되어야 한다.
- 직업정보 제공에 앞서 생산과정을 공개해야 한다.
- 직업정보는 내담자의 필요와 자발적 의사를 고려하여 제공한다.
- 직업상담사는 다양한 직업정보를 제공하기 위해 지속적으로 노력한다.
- 직업정보 제공 후 작업에 대한 내담자의 태도 및 감정을 자유롭게 표현할 수 있도록 해야 한다.
- 직업정보 제공은 상담의 후기단계에서 이루어지며, 이 경우 내담자의 피드백을 고려해야 한다.
- 직업정보 제공은 내담자와 내담자의 환경에 대해서도 충분히 고려하여 내담자의 흥미와 적성에 부합하도록 해야 한다.

답 ②

해 ① 우선적으로 직업정보를 제공하지 않는다.
③ 피드백을 고려한다.
④ 내담자의 환경에 대해서도 충분히 고려하여야 한다.

58 국가기술자격 중 응시자격의 제한이 없는 서비스분야는?

① 스포츠경영관리사
② 임상심리사2급
③ 컨벤션기획사1급
④ 국제의료관광코디네이터

콕집어 해설

국가기술자격 중 응시자격에 제한이 없는 서비스분야
직업상담사 2급, 사회조사분석사 2급, 컨벤션기획사 2급, 소비자전문상담사 2급, 전자상거래관리사 2급, 컴퓨터활용능력 1·2 급, 비서 1·2·3급, 한글속기 1·2·3급, 전산회계운용사 1·2·3급, 스포츠경영관리사, 전자상거래운용사, 워드프로세서,텔레마케팅관리사 등은 응시자격 제한이 없다.

답 ①

꿰뚫어 보기

응시자격의 제한이 있는 서비스분야

1) 국제의료관광코디네이터(International medical tour coordinator)

(1) 업무수행:보건의료, 관광, 마케팅, 의학용어 등 관련 지식을 가지고 의료관광, 상담, 진료서비스 지원, 의료행위로 인한 리스크 관리, 관광서비스 지원, 통역, 의료관광 마케팅, 행정절차 관리 등의 업무를 수행한다.

(2) 응시자격

ㄱ. 보건의료 또는 관광분야의 관련학과로서 대학졸업자 또는 졸업예정자, 2년제 전문대학 관련학과 졸업자 등으로서 졸업 후 보건의료 또는 관광분야에서 2년 이상 실무에 종사한 사람

ㄴ. 관련 자격증(의사, 간호사, 보건교육사, 관광통역안내사, 컨벤션기획사1·2급)을 취득한 사람

ㄷ. 보건의료 또는 관광분야에서 4년 이상 실무에 종사한 사람

2) 임상심리사 2급 응시자격

ㄱ. 임상심리와 관련하여 1년 이상 실습수련을 받은 사람 또는 2년 이상 실무에 종사한 사람으로서 대학졸업자 및 그 졸업예정자

ㄴ. 외국에서 동일한 종목에 해당하는 자격을 취득한 사람

3) 컨벤션기획사 1급:2급 자격 취득 후 실무 3년 또는 4년 이상 실무에 종사한 사람

59 한국표준직업분류(2017)의 대분류 9에 해당하는 것은?

① 사무 종사자
② 단순노무 종사자
③ 서비스 종사자
④ 기능원 및 관련 기능 종사자

콕집어 해설

한국표준직업분류의 대분류와 직능수준

[관전/사서판농기장/단/군]

분류	대분류	직능 수준
1	관리자	제4직능수준 필요 혹은 제3직능수준 필요
2	전문가 및 관련 종사자	
3	사무 종사자	제2직능수준 필요
4	서비스 종사자	
5	판매 종사자	
6	농림·어업 숙련 종사자	
7	기능원 및 관련 기능 종사자	
8	장치·기계조작 및 조립 종사자	
9	단순노무종사자	제1직능수준 필요
A	군인	제2직능수준 이상 필요

답 ②

60 제10차 한국표준산업분류의 적용원칙에 관한 설명으로 틀린 것은?

① 생산단위는 산출물뿐만 아니라 투입물과 생산 공정 등을 함께 고려하여 그들의 활동을 가장 정확하게 설명된 항목에 분류한다.
② 복합적인 활동 단위는 우선적으로 최상급 분류단계(대분류)를 정확히 결정하고, 순차적으로 중, 소, 세, 세세분류 단계항목을 결정한다.
③ 산업 활동이 결합되어 있는 경우에는 그 활동단위의 주된 활동에 따라 분류한다.
④ 계약에 의하여 활동을 수행하는 단위는 자기계정과 자기책임 하에서 생산하는 단위와 별도항목으로 분류되어야 한다.

콕집어 해설

한국표준산업분류의 적용원칙

- 생산단위는 산출물뿐만 아니라 투입물과 생산공정 등을 함께 고려하여 그들의 활동을 가장 정확하게 설명된 항목에 분류해야 한다.(①)
- 복합적인 활동단위는 우선적으로 최상급 분류단계(대분류)를 정확히 결정하고, 순차적으로 중, 소, 세, 세세분류 단계 항목을 결정하여야 한다.(②)
- 산업활동이 결합되어 있는 경우에는 그 활동단위의 주된 활동에 따라서 분류하여야 한다.(③)
- 수수료 또는 계약에 의하여 활동을 수행하는 단위는 동일한 산업활동을 자기계정과 자기책임하에서 생산하는 단위와 같은 항목에 분류하여야 한다.(④)
- 동일단위에서 제조한 재화의 소매활동은 별개 활동으로 분류하지 않고 제조활동으로 분류되어야 한다. 그러나 자기가 생산한 재화와 구입한 재화를 함께 판매한다면 그 주된 활동에 따라 분류한다.
- 생산단위의 소유 형태, 법적 조직 유형 또는 운영 방식은 산업분류에 영향을 미치지 않는다.
- 공식적 생산물과 비공식적 생산물, 합법적 생산물과 불법적인 생산물을 달리 분류하지 않는다.

답 ④

해 별도 항목(×)→'같은 항목'

제4과목 | 노동시장론

61 우리나라 기업의 노사협의회에서 다루고 있지 않은 사항은?

① 생산성 향상과 성과 배분
② 근로자의 채용·배치 및 교육훈련
③ 임금 및 근로조건의 교섭
④ 안전, 보건, 그 밖의 작업환경 개선과 근로자의 건강증진

콕집어 해설

노사협의회에서 다루는 사항

- 생산성 향상과 성과 배분(①)
- 근로자의 채용·배치 및 교육훈련(②)
- 안전·보건 등의 작업환경 개선과 근로자의 건강증진(④)
- 임금 지불방법 체계·구조 등의 제도개선
- 노동쟁의 예방, 근로자의 고충 처리
- 인사·노무관리의 제도 개선
- 인력의 배치전환·재훈련·해고 등 고용조정의 일반원칙

답 ③

해 '임금 및 근로조건의 교섭'은 단체교섭 사항이다.

62 실업률을 낮추기 위한 대책과 가장 거리가 먼 것은?

① 직업훈련 기회의 제공
② 재정지출의 축소
③ 금리 인하
④ 법인세 인하

콕집어 해설

실업에 대한 대책

- 경기적 실업 : 재정지출 확대, 조세감면, 금리 인하, 통화량 증대→총수요(유효수요)의 증대(③, ④)
- 마찰적 실업 : 구인·구직에 대한 전산망 연결, 직업알선기관의 활성화, 고용실태 및 전망에 관한 자료제공, 퇴직예고제 등
- 구조적 실업 : 경제(산업)구조 변화 예측에 따른 인력수급 정책, 근로자의 전직 관련 직업훈련(①), 지역이주금 보조 등
- 계절적 실업 : 비수기때의 근로대책, 구인처 확보 등

답 ②

해 재정지출의 축소(×)→'재정지출의 확대'

 꿰뚫어 보기

실업의 종류

1) 구조적 실업 : 구인처에서 요구하는 근로자가 없거나 지역 간 노동력 수급의 불균형 현상으로 인해 발생하는 비자발적 실업이다.
2) 마찰적 실업 : 신규 또는 전직자가 직업을 찾는 과정에서 직업정보 부족으로 인해 일시적으로 발생하는 자발적 실업이다.
3) 경기적 실업 : 불경기 때 발생하는 대표적인 수요부족 실업이다.
4) 계절적 실업 : 기후나 계절의 변화에 따라 노동수요의 변화가 심한 부문에서 발생하는 일시적 실업이다.
5) 기술적 실업 : 자본이 노동을 대체하여 실업이 발생한다는 마르크스의 실업이론이다.
노동절약적 기술 도입으로 해고가 이루어짐으로써 발생한다.

63 우리나라에 10개의 야구공 생산업체가 있다. 야구공은 개당 1000원에 거래되고 있다. 각 기업의 야구공 생산함수와 노동의 한계생산은 다음과 같다. 우리나라에 야구공을 만드는 기술을 가진 근로자가 500명 있으며, 이들의 노동공급이 완전비탄력적이고 야구공의 가격은 일정하다고 할 때, 균형임금수준은 얼마인가?

> $Q=600L-3L^2$, $MP_L=600-6L$
> (단, Q는 야구공 생산량, L은 근로자의 수, MP_L은 노동의 한계생산이다.)

① 100000원 ② 200000원
③ 300000원 ④ 400000원

콕집어 해설

균형임금

- 노동의 한계생산물가치(VMP_L)=가격×한계생산($P\times MP_L$)=임금(W)에서 균형임금이 결정된다.
- 야구공 가격(P)은 1000(원)이고 노동의 한계생산(MP_L)은 600 - 6L이며, 한 업체당 평균근로자 수(L)는 50 명(500÷10)이다.
즉, $P=1000$, $MP_L=600-6L$, $L=50$ 이므로
$P\times MP_L=W$에 대입하면,
$1000\times(600-6\cdot50)=W$
$\therefore W=300{,}000$(원)
그러므로 균형임금(W)은 300,000(원)이다.

답 ③

64 최종생산물이 수요자에 의하여 수요되기 때문에 그 최종생산물을 생산하는 데 투입되는 노동이 수요된다고 할 때 이러한 수요를 무엇이라고 하는가?

① 유효수요 ② 잠재수요
③ 파생수요 ④ 실질수요

콕집어 해설

파생수요(유발수요, 간접수요)
생산요소(노동, 자본 등)의 수요는 소비자의 최종 재화에 대한 수요에서 유발되기 때문에 생산요소의 수요를 유발수요나 파생수요, 간접수요라고 한다.

답 ③

65 합리적인 임금체계가 갖추어야 할 기능과 가장 거리가 먼 것은?

① 종업원에 대한 동기유발 기능
② 유능한 인재확보 기능
③ 보상의 공정성 기능
④ 생존권보장 기능

콕집어 해설

합리적인 임금체계

- 개념 : 개별 근로자의 임금결정기준을 의미하며, 임금의 구성 내용 중 특히 기본급을 어떻게 결정할 것인가와 관련 있다.

 연공급, 직능급, 직무급 등

- 기능 : 종업원의 동기유발(①)과 유능한 인재를 확보(②)하는 데 기여하고 보상에 대한 공정성(③)의 기능 등이 있다.

답 ④

꿰뚫어 보기

임금체계의 장·단점

1) 연공급 : 연령, 근속, 학력에 따라 임금을 결정하는 체계이다.

(1) 장점

ㄱ. 위계질서의 확립 및 사기 유지에 유리하다.
ㄴ. 생활의 안정감과 장래에 대한 기대를 가질 수 있다.
ㄷ. 기업에 대한 귀속의식이 확대된다.
ㄹ. 노동력의 장기고용에 유리하다.
ㅁ. 배치전환 및 평가가 용이하다.

(2) 단점

ㄱ. 동일 직무에 대해 동일 임금을 지급할 수 없다.
ㄴ. 근로의욕 및 동기부여 효과가 미약하다.
ㄷ. 무사안일주의 또는 적당주의를 초래할 가능성이 있다.
ㄹ. 기업의 인건비 부담을 가중시키고 전문기술인력의 확보를 어렵게 한다.

2) 직능급 : 직능급은 개인의 직무수행능력을 고려하여 학력과 직종에 관계없이 능력에 따라 임금을 관리하는 체계이다.

(1) 장점

ㄱ. 종업원에게 자기계발의 동기를 부여할 수 있다.
ㄴ. 기존의 획일적 보상에서 벗어나서 능력에 맞는 처우가 될 수 있다.
ㄷ. 근속에 따른 동일한 직능자격을 받으므로 노사공동체 형성에 기여할 수 있다.
ㄹ. 최저생계보장이 이루어지고 보상에 있어 직종에 구분이 없으므로, 생산직의 불만을 감소시킬 수 있다.

(2) 단점

ㄱ. 직무수행능력의 파악과 평가가 쉽지 않다.
ㄴ. 운영시에는 직종 간차이를 고려해야 한다.
ㄷ. 50세 이후에는 능력개발에 한계가 있으므로 부적절 할 수 있다.

3) 직무급 : 직무분석과 직무평가를 기초로 직무의 상대적 가치에 따라 임금을 결정하는 체계이다.

(1) 장점

ㄱ. 동일가치 노동에 대한 동일임금의 원칙을 준수함으로써 임금배분의 공평성을 이룰 수 있다.
ㄴ. 직무가치의 객관성을 통해 임금수준의 설정에 객관적인 근거를 부여한다.
ㄷ. 경영조직 및 작업조직을 개선하고 업무방식을 합리화할 수 있다.
ㄹ. 적재적소의 인력배치와 능력위주의 인사관리를 통해 노동력의 효율적인 이용이 가능하다.
ㅁ. 불합리한 노무비 상승을 방지할 수 있다.

(2) 단점

ㄱ. 직무평가에 있어서 평가자의 주관이 개입됨으로써 객관성이 떨어질 수 있다.
ㄴ. 기술변화나 노동시장의 변동에 따라 직무내용을 변경할 필요성이 발생한다.
ㄷ. 인력의 적정배치가 어려우며, 직무구성 및 인적능력 구성이 일치하지 않으면 효과를 거두기 어렵다.
ㄹ. 직무내용의 정형화로 인해 직무수행에 있어 유연성이 떨어질 수 있다.

66 던롭(Dunlop)이 노사관계를 규제하는 여건 혹은 환경으로 지적한 사항이 아닌 것은?

① 시민의식 ② 기술적 특성
③ 시장 또는 예산제약 ④ 각 주체의 세력관계

콕집어 해설

던롭(Dunlop)의 노사관계 시스템이론

- 개념 : 노사관계의 주체를 사용자 및 단체, 노동자 및 단체, 정부로 규정하고 이들의 관계는 기술, 시장 또는 예산제약, 각 주체의 세력관계에 의해 결정된다고 주장했다.
- 노사관계의 규제여건(환경) [기시주]
  1) 기술적 특성 : 근로자의 질이나 양, 생산과정 및 생산방법 등이 노사관계에 영향을 미친다.(②)
  2) 시장 또는 예산제약 : 제품시장의 형태와 기업경영에 필요한 비용과 이윤 등이 노사관계에 영향을 미친다.(③)
  3) 각 주체들의 세력관계 : 노사관계를 포함한 사회 내 주체들 간의 세력관계가 노사관계에 영향을 미친다.(④)

답 ①

67 다음 표에서 실업률은?

총인구	생산가능인구	취업자	실업자
100만명	60만명	36만명	4만명

① 4.0%　② 6.7%
③ 10.0%　④ 12.5%

실업률

- 실업률(%) = $\frac{\text{실업자 수}}{\text{경제활동인구 수}} \times 100$
- 경제활동인구 수 = 취업자 수 + 실업자 수
= 36(만) + 4(만) = 40(만)

그러므로, 실업률(%) = $\frac{\text{4만명}}{\text{40만명}} \times 100$ = 10.0 %이다.

답 ③

꿰뚫어 보기

1) 경제인구의 구성
15세이상 인구 수(= 생산가능인구 수)
ㄱ. 경제활동인구 수 = 취업자 수 + 실업자 수
ㄴ. 비경제활동인구 수

2) 경제활동참가율(%) = $\frac{\text{경제활동인구 수}}{\text{15세이상 인구 수}} \times 100$

3) 실업률(%) = $\frac{\text{실업자 수}}{\text{경제활동인구 수}} \times 100$

4) 취업률(%) = $\frac{\text{취업자 수}}{\text{경제활동인구 수}} \times 100$

5) 고용률(%) = $\frac{\text{취업자 수}}{\text{15세이상인구 수}} \times 100$

68 필립스곡선은 어떤 변수 간의 관계를 설명하는 것인가?

① 임금상승률과 노동참여율
② 경제성장률과 실업률
③ 환율과 실업률
④ 임금상승률과 실업률

콕집어 해설

필립스 곡선

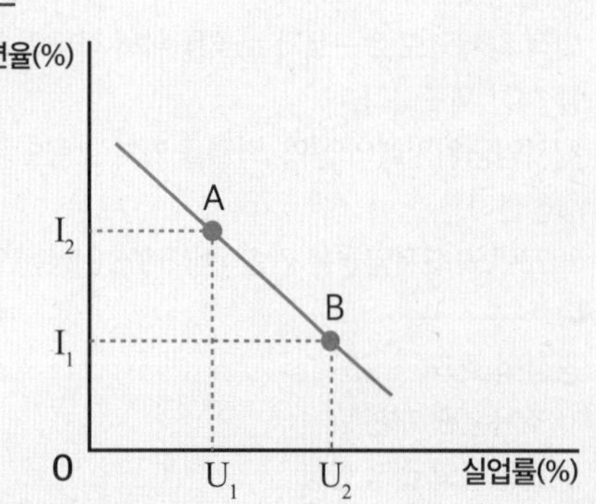

인플레이션율(임금 또는 물가상승률)과 실업률 사이에는 상충관계가 존재하여 인플레이션율을 낮추려고 하면 실업률이 증가하고($U_1 \rightarrow U_2$), 실업률을 낮추려고 하면 인플레이션율이 증가($I_1 \rightarrow I_2$)함에 따라 정부가 낮은 인플레이션과 낮은 실업률을 동시에 달성할 수 없음을 보여준다.

답 ④

69 다음 중 최저임금제 도입의 직접적인 목적과 가장 거리가 먼 것은?

① 고용 확대　② 구매력 증대
③ 생계비 보장　④ 경영합리화 유도

콕집어 해설

최저임금제
- 법적 강제력으로 근로자 보호를 위해 임금의 최저 한도를 정한 제도이다.
- 최저임금위원회의 심의·의결을 거쳐 고용노동부장관이 결정한다.
- 2023년도 최저임금은 전년대비 5.0% 인상된 9,620원이다.
- 긍정적 효과
  1) 소득분배 개선
  2) 노동력의 질적 향상
  3) 공정경쟁의 확보
  4) 경기 활성화에 기여
  5) 기업의 근대화 및 산업구조 고도화 촉진
  6) 산업평화 유지
  7) 복지국가의 실현
- 부정적 효과
  1) 고용 감소 및 실업 증가
  2) 경제활동 배분의 왜곡과 전체적인 생산량 감소
  3) 소득분배의 역진성

답 ①

꿰뚫어 보기

최저임금제의 노동시장 파급 효과
1) 노동 공급량의 증가
2) 노동 수요량의 감소
3) 실업의 발생
4) 숙련직의 임금 상승 유발
5) 부가급여의 축소 유발

70 다음 중 기업들이 기업내의 승진정체에 대응하여 도입하고 있는 제도와 가장 거리가 먼 것은?

① 정년단축　② 자회사에서의 파견
③ 조기퇴직 유도　④ 연봉제의 강화

콕집어 해설

기업내 승진정체 대응책
- 정년단축(①)
- 자회사에서의 파견(②)
- 조기퇴직 유도(③)
- 임금피크제

답 ④

71 다음 중 내부노동시장의 특징과 가장 거리가 먼 것은

① 제1차 노동자로 구성되어 진다.
② 장기근로자로 구성되어 진다.
③ 승진제도가 중요한 역할을 한다.
④ 고용계약 형태가 다양하다.

콕집어 해설

내부노동시장
- 개념: 하나의 기업이나 사업장 내에서 이루어지는 노동시장이다.
- 특징
  1) 내부노동시장에서의 임금, 직무배치 및 승진은 기업 내 정해진 규칙과 절차에 의해 결정된다.
  2) 제1차 노동자와 장기노동자로 구성된다(①, ②)
  3) 고용계약 형태가 단순하고 승진제도가 중요한 역할을 한다(③, ④)

답 ④

꿰뚫어 보기

내부노동시장의 형성요인
1) 숙련의 특수성: 기업이 숙련의 특수성을 보존하기 위해 내부 노동력을 유지하려고 노력함으로써 내부노동시장이 형성된다.
2) 현장훈련: 실제 직무수행에 사용되는 선임자의 기술 및 숙련이 현장훈련을 통해 후임자에게로 전수됨으로써 내부노동시장이 형성된다.
3) 기업내 관습: 고용의 안정성에서 형성된 기업내 관습은 노동관계의 각종 사항을 규율함으로써 내부노동시장을 형성하는 요인이 된다.
4) 기업의 규모와 장기근속: 기업의 규모와 장기근속은 조직 내 업무분담과 인원을 관리하기 위한 조직을 형성시킴으로써 내부노동시장을 형성하게 된다.

내부노동시장의 장·단점
1) 장점
   ㄱ. 우수한 인적자원의 확보
   ㄴ. 승진 또는 배치전환을 통한 동기유발 효과
   ㄷ. 생산성 향상을 통한 경쟁력 제고
   ㄹ. 고임금 및 장기 고용유지를 위한 지불능력 보유
2) 단점
   ㄱ. 인력의 경직성
   ㄴ. 관리비용의 증가
   ㄷ. 높은 노동비용
   ㄹ. 기술변화로 인한 재훈련비용의 증가

72 **A산업의 평균임금이 B산업보다 높을 경우 그 이유와 가장 거리가 먼 것은?**

① A산업의 노동조합이 B산업보다 약하다.
② A산업 근로자의 생산성이 B산업 근로자보다 높다.
③ A산업 근로자의 숙련도 수준이 B산업 근로자의 숙련도 수준보다 높다.
④ A산업은 최근 급속히 성장하고 있어 노동수요에 노동공급이 충분히 대응하지 못하고 있다.

콕집어 해설

산업별 임금격차

- 노동조합의 존재 : 노동조합의 임금 교섭력이 큰 산업은 그렇지 않은 산업에 비해 일반적으로 임금이 높다.(①)
- 노동생산성 차이 : 노동생산성이 높은 산업은 그렇지 않은 산업에 비해 일반적으로 임금이 높다.(②, ③)
- 산업별 집중도 차이 : 독과점 정도를 나타내는 산업별 집중도가 큰 산업은 그렇지 않은 산업에 비해 임금이 높다.

답 ①

해 ④ 급속히 성장하는 산업에서는 필요로 하는 노동수요에 노동공급이 충분히 대응하지 못해 임금이 높아진다.

꿰뚫어 보기

노동수요 특성별 임금격차

1) 경쟁적 요인
ㄱ. 인적자본량
ㄴ. 근로자의 생산성 격차
ㄷ. 보상적 임금격차
ㄹ. 효율임금정책
ㅁ. 시장의 단기적 불균형
2) 비경쟁적 요인
ㄱ. 시장지배력 및 독점지대의 배당
ㄴ. 노동조합의 효과
ㄷ. 비효율적 연공급 제도

73 **노동공급에 관한 설명으로 틀린 것은?**

① 노동공급의 임금탄력성은 노동공급량의 변화율/임금의 변화율이다.
② 노동공급을 결정하는 요인으로서 인구는 양적인 규모뿐만 아니라 연령별, 지역별, 질적 구조도 중요한 의미를 갖는다.
③ 효용극대화에 기초한 노동공급모형에서 대체효과가 소득효과 보다 클 경우 임금의 상승은 노동공급을 감소시키고 노동공급곡선은 후방으로 굴절된다.
④ 사회보장급여의 수준이 지나치게 높을 경우 노동공급에 대한 동기유발이 저해되어 총 노동공급이 감소된다.

콕집어 해설

노동공급

- 노동공급의 임금탄력성은 노동공급량의 변화율/임금의 변화율이다.(①)
- 노동공급을 결정하는 요인으로서 인구는 양적인 규모뿐만 아니라 연령별, 지역별, 질적 구조도 중요한 의미를 갖는다.(②)
- 노동공급모형에서 대체효과가 소득효과 보다 클 경우 임금의 상승은 노동공급을 증가시키고, 대체효과가 소득효과 보다 작을 경우 노동공급곡선은 후방으로 굴절된다.(③)
- 사회보장급여의 수준이 지나치게 높을 경우 노동공급에 대한 동기유발이 저해되어 총 노동공급이 감소된다.(④)

답 ③

꿰뚫어 보기

노동공급의 결정요인 [노인경노 동일임]

1) **노**동공급시간
2) **인**구 수
3) **경**제활동참가율
4) **노**동력의 질
5) **동**기부여와 사기
6) **일**에 대한 노력의 강도
7) **임**금지불 방식

74 다음의 현상을 설명하는 개념은?

> 경제성장과 더불어 시간외 근무수당이 증가함에도 불가하고 근로자들이 휴일근무나 잔업처리 등을 기피하는 현상이 늘고 있다.

① 임금의 하방경직성
② 후방굴절형 노동공급곡선
③ 노동의 이력현상(hysteresis)
④ 임금의 화폐적 현상

콕집어 해설

후방굴절형 노동공급곡선

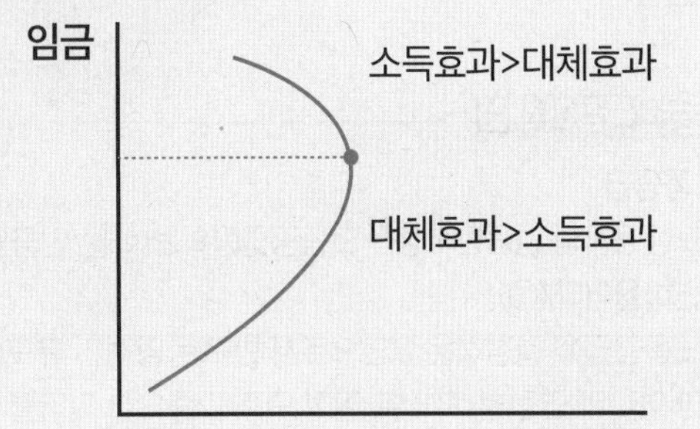

소득효과가 대체효과보다 클 경우, 임금이 상승해도 노동공급량이 줄어들어 후방굴절형 노동공급곡선이 나타나게 된다.

답 ②

해 ③ '노동의 이력현상'이란 심각한 불경기를 겪은 세대는 이후에도 고용과 임금 등에 있어서 부정적인 기억을 갖게 된다는 것이다.
④ '임금의 화폐적 현상'이란 임금에 물가의 증감률을 적용하지 않고 명목임금에만 집중하는 현상을 말하며, 일종의 화폐환상이다.

꿰뚫어 보기

임금의 하방경직성

1) 개념 : 한번 오른 임금이 경제여건의 변화에도 떨어지지 않은 채 그 수준을 유지하려는 경향을 말한다.
2) 이유 [최강 노화장 효]
ㄱ. 최저임금제의 실시
ㄴ. 강력한 노동조합의 존재
ㄷ. 노동자의 역선택 발생 가능성
ㄹ. 화폐환상
ㅁ. 장기 근로계약
ㅂ. 효율성 임금정책

75 임금체계의 공평성(equity)에 관한 설명으로 옳은 것은?

① 승자일체 취득의 원칙을 말한다.
② 최저생활을 보장해 주는 임금원칙을 말한다.
③ 근로자의 공헌도에 비례하여 임금을 지급한다.
④ 연령, 근속년수가 같으면 동일한 임금을 지급한다.

콕집어 해설

공평성(equity)

임금체계의 적용원리이며, 근로자의 공헌도에 비례하여 임금을 지급함으로써 근로자로 하여금 동기유발이 되도록 하는 데 중점을 둔다.

답 ③

76 다음 중 마찰적 실업에 관한 설명으로 옳은 것은?

① 경기침체로부터 오는 실업이다.
② 구인자와 구직자 간의 정보의 불일치로 인해 발생한다.
③ 기업이 요구하는 기술수준과 노동자가 공급하는 기술수준의 불합치에 의해 발생한다.
④ 노동절약적 기술 도입으로 해고가 이루어짐으로써 발생한다.

콕집어 해설

마찰적 실업

- 특징 : 비수요부족 실업이며, 자발적이고 단기적 실업이다.
- 원인 : 신규 또는 전직자가 직업을 찾는 과정에서 직업정보의 부족으로 인해 일시적으로 발생하는 자발적 실업이다.
- 대책
  1) 구인·구직에 대한 전국적인 전산망 연결
  2) 구인·구직 정보제공시스템의 효율성 제고
  3) 직업 알선기관의 활성화
  4) 고용실태 및 전망에 대한 자료제공

답 ②

해 ① 경기적 실업
③ 구조적 실업
④ 기술적 실업

77 다음 중 노동조합의 조직률을 하락시키는 요인과 가장 거리가 먼 것은?

① 외국인 근로자 비율의 증가
② 국내 산업 보호를 위한 수입관세 인상
③ 서비스업으로의 산업구조 변화
④ 노동자의 기호와 가치관의 변화

콕집어 해설

노동조합의 조직률을 하락시키는 요인
- 여성 근로자의 비율 증가
- 비정규직 근로자의 비율 증가
- 외국인 근로자 비율의 증가(①)
- 서비스업으로의 산업구조 변화(③)
- 노동자의 기호와 가치관의 변화(④)
- 기업의 경영여건 악화
- 국제경쟁의 심화

답 ②

해 국내 산업 보호를 위한 수입관세 인상은 기업의 대외 경쟁력을 높이는 요인이 되고, 그로 인해 노동조합의 조직률은 상승한다.

78 파업을 설명하는 힉스(J. R. Hicks)의 단체교섭모형에 관한 설명으로 틀린 것은?

① 노사 양측의 대칭적 정보 때문에 파업이 일어나지 않고 적정수준에서 임금타결이 이루어진다.
② 노동조합의 요구임금과 사용자측의 제의임금은 파업기간의 함수이다.
③ 사용자의 양보곡선(concession curve)은 우상향한다.
④ 노동조합의 저항곡선(resistance curve)은 우하향한다.

콕집어 해설

힉스(J. R. Hicks)의 단체교섭모형

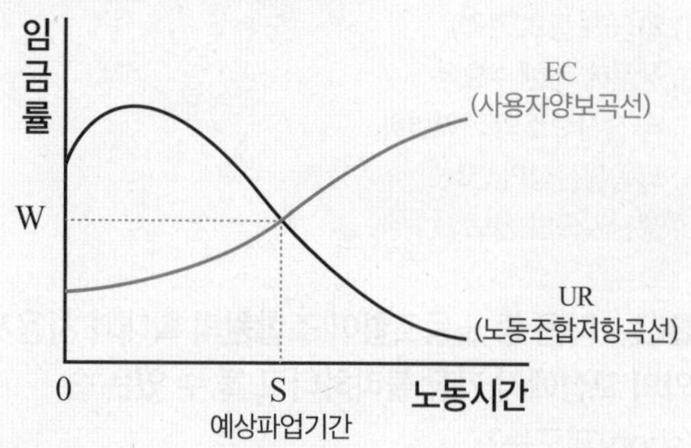

- 힉스는 노사 간의 비대칭 정보로 인해 파업이 발생한다고 주장한다.(①)
- 노동조합의 요구임금이 하락함에 따라 노동조합 저항곡선은 우하향한다.(④)
- 사용자의 제의임금이 상승함에 따라 사용자 양보곡선은 우상향한다.(③)
- 노동조합의 요구임금과 사용자측의 제의임금은 파업기간의 함수이다.(②)

답 ①

79 노동수요의 탄력성 결정요인이 아닌 것은?

① 다른 요소와의 대체가능성
② 총생산비에 대한 노동비용의 비중
③ 다른 생산요소의 수요의 가격탄력성
④ 상품에 대한 수요의 탄력성

콕집어 해설

노동수요의 탄력성 결정요인
- 상품에 대한 수요의 탄력성(④)
- 총생산비에 대한 노동비용의 비중(②)
- 다른 요소와의 대체가능성(①)
- 다른 생산요소의 공급탄력성(③)

답 ③

해 수요의 가격 탄력성(×)→'공급'의 가격탄력성

꿰뚫어 보기

노동수요의 결정요인 [임상 타노생]

1) **임**금(노동의 가격)
2) **상**품에 대한 수요
3) **타** 생산요소의 가격변화
4) **노**동생산성의 변화
5) **생**산기술의 진보

80 다음 중 노동조합이 조합원의 확대와 사용자와의 교섭에서 가장 불리하다고 볼 수 있는 숍(shop)제도는?

① closed shop ② open shop
③ union shop ④ agency shop

콕집어해설

숍(shop)제도

1) 오픈 숍(open shop) : 고용주가 조합원, 비조합원 모두를 고용할 수 있는 제도이다.
노동조합 확대에 가장 불리하다.
2) 유니온 숍(union shop) : 고용주가 조합원 가입여부와 관계없이 신규채용이 가능하나, 채용 후 일정기간 내 반드시 노동조합에 가입하도록 해야 하는 제도이다.
오픈숍과 클로즈드숍의 중간 형태이다.
3) 클로즈드 숍(closed shop) : 노동조합에 가입한 노동자만을 채용할 수 있다.
노동조합 확대가 용이해서 노동조합 측에 가장 유리한 제도이다.

답 ②

꿰뚫어 보기

변형된 숍(shop) 제도

1) 에이전시 숍(agency shop) : 조합원·비조합원 구분하지 않고 모든 종업원에게 노동조합의 회비를 징수하는 제도이다.
2) 프레퍼렌셜 숍(Preferential Shop) : 채용이나 단체교섭의 결과를 조합원에게 우선적으로 적용하는 등 조합원과 비조합원을 차등적으로 대하는 제도이다.
3) 메인티넌스 숍(Maintenance Shop) : 노동조합의 가입 및 탈퇴가 자유로우나, 단체협약이 체결되면 그 효력이 지속되는 기간에는 탈퇴할 수 없다.

제5과목 | 노동관계법규

81 근로기준법령상 상시 10명 이상의 근로자를 사용하는 사용자가 취업규칙을 작성하여 고용노동부장관에게 신고해야 하는 사항이 아닌 것은?

① 업무의 시작시각
② 임금의 산정기간
③ 근로자의 식비 부담
④ 근로계약기간

콕집어해설

취업규칙 기재사항

- 업무의 시작과 종료 시각, 휴게시간, 휴일, 휴가 및 교대 근로에 관한사항(①)
- 임금의 결정·계산·지급방법, 임금의 산정기간·지급시기및 승급에 관한 사항(②)
- 가족수당의 계산과 지급방법에 관한 사항
- 퇴직에 관한 사항
- 퇴직금, 상여 및 최저임금에 관한 사항
- 근로자의 식비, 작업용품 등의 부담에 관한 사항(③)
- 근로자를 위한 교육시설에 관한 사항
- 출산전후휴가·육아휴직 등 여성근로자의 모성보호에 관한 사항
- 안전과 보건에 관한 사항
- 근로자의 성별·연령 또는 신체적 조건 등의 특성에 따른 사업장 환경의 개선에 관한 사항
- 업무상과 업무 외의 재해부조에 관한 사항
- 표창과 제재에 관한 사항
- 그 밖에 해당 사업 또는 사업장의 근로자 전체에 적용될 사항

답 ④

해 '근로계약기간'은 취업규칙이 아닌 개별 근로계약 사항이다.

82 헌법 제32조에 관한 설명으로 옳지 않은 것은?

① 근로조건의 기준은 인간의 존엄성을 보장하도록 법률로 정한다.
② 국가는 법률이 정하는 바에 의하여 최저임금제를 시행하여야 한다.
③ 고령자의 근로는 특별한 보호를 받는다.
④ 여자의 근로는 특별한 보호를 받는다.

콕집어 해설

헌법 제32조(근로권)

- 모든 국민은 근로의 권리를 가진다. 국가는 사회적·경제적 방법으로 근로자의 고용증진과 적정임금의 보장에 노력하여야 하며, 법률이 정하는 바에 의하여 최저임금제를 시행하여야 한다.(②)
- 모든 국민은 근로의 의무를 진다. 국가는 근로의 의무의 내용과 조건을 민주주의 원칙에 따라 법률로 정한다.
- 근로조건의 기준은 인간의 존엄성을 보장하도록 법률로 정한다.(①)
- 여자의 근로는 특별한 보호를 받으며, 고용·임금 및 근로조건에 있어서 부당한 차별을 받지 아니한다.(④)
- 연소자의 근로는 특별한 보호를 받는다.
- 국가유공자·상이군경 및 전몰군경의 유가족은 법률이 정하는 바에 의하여 우선적으로 근로의 기회를 부여받는다.

답 ③

해 고령자, 장애인 등은 특별한 보호 대상이 아니라, 직업능력개발훈련이 중요시되어야 하는 대상이다.

꿰뚫어 보기

직업능력개발훈련이 중요시되어야 하는 대상

1) 고령자, 장애인
2) 국민기초생활 수급권자
3) 국가유공자와 그 유족 또는 가족이나 보훈보상대상자와 그 유족 또는 가족
4) 5·18 민주유공자와 그 유족 또는 가족
5) 제대군인 및 전역예정자
6) 여성근로자
7) 중소기업의 근로자
8) 일용근로자, 단시간근로자, 기간을 정하여 근로계약을 체결한 근로자, 일시적 사업에 고용된 근로자, 파견근로자

83 고용상 연령차별금지 및 고령자고용촉진에 관한 법령상 용어정의에 관한 설명으로 틀린 것은?

① '고령자'란 인구와 취업자의 구성 등을 고려하여 55세 이상인 자를 말한다.
② '준고령자'란 50세 이상 55세 미만인 사람으로 고령자가 아닌 자를 말한다.
③ '근로자'란 「노동조합 및 노동관계 조정법」에 따른 근로자를 말한다.
④ '사업주'란 근로자를 사용하여 사업을 하는 자를 말한다.

콕집어 해설

고용상 연령차별금지 및 고령자고용촉진에 관한 법령상 용어정의

- '고령자'란 인구와 취업자의 구성 등을 고려하여 55세 이상인 자를 말한다.(①)
- '준고령자'란 50세 이상 55세 미만인 사람으로 고령자가 아닌 자를 말한다.(②)
- '근로자'란 「근로기준법」 제2조 제1항 제1호에 따른 근로자를 말한다.(③)
- '사업주'란 근로자를 사용하여 사업을 하는 자를 말한다.(④)

답 ③

꿰뚫어 보기

'근로자'의 법률상 정의

1) '근로자'란 직업의 종류와 관계없이 임금을 목적으로 사업이나 사업장에 근로를 제공하는 자를 말한다.
   → 근로기준법, 근로복지기본법, 근로자퇴직급여 보장법, 산업안전보건법, 근로자참여 및 협력증진에 관한 법률, 고용상 연령차별금지 및 고령자고용촉진에 관한 법률
2) '근로자'란 사업주에게 고용된 사람과 취업할 의사를 가진 사람을 말한다.
   → 고용정책 기본법, 근로자직업능력 개발법, 남녀고용평등과 일·가정 양립 지원에 관한 법률
3) '근로자'라 함은 직업의 종류를 불문하고 임금·급료 기타 이에 준하는 수입에 의하여 생활하는 자를 말한다.
   → 노동조합 및 노동관계조정법

84 남녀고용평등과 일·가정 양립 지원에 관한 법률상 남녀고용평등 실현과 일·가정의 양립에 관한 기본계획에 포함되어야 할 사항을 모두 고른 것은?

ㄱ. 여성취업의 촉진에 관한 사항
ㄴ. 여성의 직업능력 개발에 관한 사항
ㄷ. 여성 근로자의 모성 보호에 관한 사항
ㄹ. 직전 기본계획에 대한 평가

① ㄱ, ㄴ ② ㄷ, ㄹ
③ ㄱ, ㄴ, ㄷ ④ ㄱ, ㄴ, ㄷ, ㄹ

족집어해설

남녀고용평등 실현과 일·가정의 양립에 관한 기본 계획
- 여성취업의 촉진에 관한 사항(ㄱ)
- 남녀의 평등한 기회보장 및 대우에 관한 사항
- 동일 가치 노동에 대한 동일임금 지급의 정착에 관한 사항
- 여성의 직업능력 개발에 관한 사항(ㄴ)
- 여성근로자의 모성보호에 관한 사항(ㄷ)
- 일·가정의 양립 지원에 관한 사항
- 여성근로자를 위한 복지시설의 설치 및 운영에 관한 사항
- 직전 기본계획에 대한 평가(ㄹ)
- 그 밖에 남녀고용평등의 실현과 일·가정의 양립 지원을 위하여 고용노동부장관이 필요하다고 인정하는 사항

답 ④

85 근로기준법령상 용어정의에 관한 설명으로 틀린 것은?

① '근로자'란 직업의 종류와 관계없이 임금을 목적으로 사업이나 사업장에 근로를 제공하는 자를 말한다.
② '근로'란 정신노동과 육체노동을 말한다.
③ '통상임금'이란 이를 산정하여야 할 사유가 발생한 날 이전 3개월 동안 그 근로자에게 지급된 임금의 총액을 그 기간의 총일수로 나눈 금액을 말한다.
④ '사용자'란 사업주 또는 사업 경영 담당자, 그 밖에 근로자에 관한 사항에 대하여 사업주를 위하여 행위하는 자를 말한다.

족집어해설

근로기준법령상 용어정의
- 근로 : 정신노동과 육체노동을 말한다.(②)
- 근로자 : 직업의 종류와 관계없이 임금을 목적으로 사업이나 사업장에 근로를 제공하는 자를 말한다.(①)
- 사용자 : 사업주 또는 사업 경영 담당자, 그 밖에 근로자에 관한 사항에 대하여 사업주를 위하여 행위하는 자를 말한다.(④)
- 통상임금 : 근로자에게 정기적·일률적으로 소정근로시간 또는 총근로시간에 대하여 지급하기로 정하여진 시간급금액·일급금액·주급금액·월급금액 또는 도급금액을 말한다.(③)
- 평균임금 : 평균임금 산정사유 발생일 이전 3개월 동안에 그 근로자에게 지급된 임금의 총액을 그 기간의 총일수로 나눈 금액을 말한다.(③)

답 ③

해 통상임금(×)→'평균임금'

86 국민평생 직업능력개발법령상 직업능력개발훈련이 중요시되어야 할 대상으로 명시되지 않은 것은?

① 고령자·장애인
② 여성근로자
③ 일용근로자
④ 제조업의 생산직에 종사하는 근로자

족집어해설

직업능력개발훈련이 중요시되어야 할 대상
- 고령자, 장애인(①)
- 국민기초생활 수급권자
- 국가유공자와 그 유족 또는 가족이나 보훈보상대상자와 그 유족 또는 가족
- 5·18 민주유공자와 그 유족 또는 가족
- 제대군인 및 전역예정자
- 여성근로자(②)
- 중소기업의 근로자
- 일용근로자, 단시간근로자, 기간을 정하여 근로계약을 체결한 근로자, 일시적 사업에 고용된 근로자, 파견근로자(③)

답 ④

87 국민평생 직업능력개발법령상 다음은 어떤 훈련방법에 관한 설명인가?

> 직업능력개발훈련을 실시하기 위하여 설치한 훈련전용시설이나 그 밖에 훈련을 실시하기에 적합한 시설(산업체의 생산시설 및 근무장소는 제외한다)에서 실시하는 방법

① 현장훈련 ② 집체훈련
③ 원격훈련 ④ 혼합훈련

족집어 해설

직업능력개발훈련의 구분방법

훈련의 목적에 따른 구분

1) 양성훈련 : 근로자에게 기초적 직무수행능력을 습득시키기 위해 실시하는 훈련
2) 향상훈련 : 기초적 직무수행능력을 가지고 있는 근로자에게 더 높은 직무수행능력을 습득시키기 위해 실시하는 훈련
3) 전직훈련 : 근로자에게 유사하거나 새로운 직업에 필요한 직무수행능력을 습득시키기 위해 실시하는 훈련

훈련의 방법에 따른 구분

1) 집체훈련 : 직업능력개발훈련을 실시하기 위해 설치한 훈련전용시설이나 적합한 시설에서 실시하는 훈련(산업체의 생산시설 및 근무장소는 제외)
2) 현장훈련 : 산업체의 생산시설 및 근무장소에서 실시하는 훈련
3) 원격훈련 : 멀리 떨어져 있는 사람에게 정보통신매체 등을 이용하여 실시하는 훈련
4) 혼합훈련 : 집체훈련현장훈련원격훈련을 2개 이상 병행하여 실시하는 훈련

답 ②

꿰뚫어 보기

직업능력개발훈련교사의 양성을 위한 훈련과정은 양성훈련과정, 향상훈련과정, 교직훈련과정으로 구분한다.

88 고용보험법령상 ( )에 들어갈 숫자로 옳은 것은?

> 배우자의 질병으로 육아휴직 급여를 신청할 수 없었던 사람은 그 사유가 끝난 후 ( )일 이내에 신청하여야 한다.

① 10 ② 30
③ 60 ④ 90

족집어 해설

육아휴직급여 신청

육아휴직급여를 지급받으려는 사람은 육아휴직을 시작한 날 이후 1개월부터 육아휴직이 끝난 날 이후 12개월 이내에 신청해야 한다. 다만, 해당 기간에 다음 사유로 육아휴직급여를 신청할 수 없었던 사람은 그 사유가 끝난 후 30일 이내에 신청해야 한다.

1) 천재지변
2) 본인이나 배우자의 질병·부상
3) 본인이나 배우자의 직계존속 및 직계비속의 질병·부상
4) 병역법에 따른 의무복무
5) 범죄혐의로 인한 구속이나 형의 집행

답 ②

꿰뚫어 보기

배우자 출산휴가

1) 사업주는 근로자가 배우자의 출산을 이유로 휴가를 청구하는 경우 10일의 휴가를 주어야 한다.
   이 경우 사용한 휴가기간은 유급으로 한다.
2) 출산전후휴가급여 등이 지급된 경우에는 그 금액의 한도에서 지급책임을 면함
3) 배우자 출산휴가는 근로자의 배우자가 출산한 날부터 90일이 지나면 청구할 수 없다.
4) 배우자 출산휴가는 1회에 한정하여 나누어 사용할 수 있다.
5) 사업주는 배우자 출산휴가를 이유로 근로자를 해고하거나 그 밖의 불리한 처우를 하여서는 아니 된다.

89 근로기준법상 임금에 대한 설명으로 틀린 것은?

① 임금은 원칙적으로 통화로 직접 근로자에게 그 전액을 지급하여야 한다.
② 사용자의 귀책사유로 휴업하는 경우 휴업기간 동안 근로자에게 통상임금의 100분의 60 이상의 수당을 지급하여야 한다.
③ 임금채권은 3년간 행사하지 아니하면 시효로 소멸한다.
④ 임금은 원칙적으로 매월 1회 이상 일정한 날짜를 정하여 지급하는 것이 원칙이다.

콕집어 해설

임금과 휴업수당

- 임금은 원칙적으로 통화로 직접 근로자에게 그 전액을 지급하여야 한다.(①)
- 사용자의 귀책사유로 휴업하는 경우에 사용자는 휴업기간 동안 그 근로자에게 평균임금의 100분의 70 이상의 수당을 지급하여야 한다.(②)
  다만, 평균임금의 100분의 70에 해당하는 금액이 통상임금을 초과하는 경우에는 통상임금을 휴업수당으로 지급할 수 있다.
- 임금채권은 3년간 행사하지 아니하면 시효로 소멸한다.(③)
- 임금은 원칙적으로 매월 1회 이상 일정한 날짜를 정하여 지급하는 것이 원칙이다.(④)
- 부득이한 사유로 사업을 계속하는 것이 불가능하여 노동위원회의 승인을 받은 경우에는 위의 기준에 못 미치는 휴업수당을 지급할 수 있다.

답 ②

해 100분의 60 이상(×)→'100분의 70 이상'

90 고용정책 기본법에 대한 설명으로 틀린 것은?

① 고용서비스를 제공하는 자는 그 업무를 수행할 때에 합리적인 이유 없이 성별 등을 이유로 구직자를 차별하여서는 아니 된다.
② 고용노동부장관은 5년마다 국가의 고용정책에 관한 기본계획을 수립하여야 한다.
③ 상시 100명 이상의 근로자를 사용하는 사업주는 매년 근로자의 고용형태 현황을 공시하여야 한다.
④ '근로자'란 사업주에게 고용된 사람과 취업할 의사를 가진 사람을 말한다.

콕집어 해설

고용정책 기본법

- 고용서비스를 제공하는 자는 그 업무를 수행할 때에 합리적인 이유 없이 성별 등을 이유로 구직자를 차별하여서는 아니 된다.(①)
- 고용노동부장관은 5년마다 국가의 고용정책에 관한 기본계획을 수립하여야 한다.(②)
- 상시 300명 이상의 근로자를 사용하는 사업주는 매년 근로자의 고용형태 현황을 공시하여야 한다.(③)
- '근로자'란 사업주에게 고용된 사람과 취업할 의사를 가진 사람을 말한다.(④)

답 ③

해 100명 이상(×)→'300명 이상'

꿰뚫어 보기

고용정책 기본법의 기본원칙

1) 근로자의 직업선택의 자유와 근로의 권리가 확보되도록 할 것
2) 사업주의 자율적인 고용관리를 존중할 것
3) 구직자의 자발적인 취업노력을 촉진할 것
4) 고용정책은 효율적이고 성과지향적으로 수립·시행할 것
5) 고용정책은 여러 사항을 고려하여 균형있게 수립·시행할 것
6) 고용정책은 국가·지방단체 간, 공공부문·민간부문 간 및 근로자·사업주·정부 간의 협력을 바탕으로 수립·시행할 것

91 **기간제 및 단시간근로자 보호 등에 관한 법령상 적용범위에 관한 설명으로 틀린 것은?**

① 상시 5인 이상의 근로자를 사용하는 모든 사업 또는 사업장에 적용한다.

② 동거의 친족만을 사용하는 사업장에는 적용하지 아니한다.

③ 상시 4인 이하의 근로자를 사용하는 사업 또는 사업장에 대하여는 이 법의 일부 규정을 적용할 수 있다.

④ 국가 및 지방자치단체의 기관에 대하여는 이 법을 적용하지 않는다.

콕집어 해설

기간제 및 단시간근로자 보호 등에 관한 법령상 적용범위

- 상시 5인 이상의 근로자를 사용하는 모든 사업 또는 사업장에 적용한다. 다만, 동거의 친족만을 사용하는 사업 또는 사업장과 가사사용인에 대하여는 적용하지 아니한다.(①, ②)
- 상시 4인 이하의 근로자를 사용하는 사업 또는 사업장에 대하여는 이 법의 일부 규정을 적용할 수 있다.(③)
- 국가 및 지방자치단체의 기관에 대하여는 상시 사용하는 근로자의 수와 관계없이 이 법을 적용한다.(④)

답 ④

92 **남녀고용평등과 일·가정 양립지원에 관한 법령에 규정된 내용으로 틀린 것은?**

① 사업주는 근로자를 모집할 때 남녀를 차별하여서는 아니 된다.

② 사업주는 동일한 사업 내의 동일 가치 노동에 대하여는 동일한 임금을 지급하여야 한다.

③ 사업주는 직장 내 성희롱 예방을 위한 교육을 연 2회 이상 하여야 한다.

④ 고용노동부장관은 남녀고용평등 실현과 일·가정의 양립에 관한 기본계획을 5년마다 수립하여야 한다.

콕집어 해설

남녀고용평등과 일·가정 양립지원에 관한 법령

- 사업주는 근로자를 모집할 때 남녀를 차별하여서는 아니 된다.(①)
- 사업주는 동일한 사업 내의 동일 가치 노동에 대하여는 동일한 임금을 지급하여야 한다.(②)
- 사업주는 직장 내 성희롱 예방을 위한 교육을 연 1회 이상 하여야 한다.(③)
- 고용노동부장관은 남녀고용평등 실현과 일·가정의 양립에 관한 기본계획을 5년마다 수립하여야 한다.(④)

답 ③

해 연 2회 이상(×)→'연 1회 이상'

꿰뚫어 보기

차별

1) 사업주가 근로자에게 성별, 혼인, 가족 안에서의 지위, 임신 또는 출산 등의 사유로 합리적인 이유 없이 채용 또는 근로의 조건을 다르게 하거나 그 밖의 불리한 조치를 하는 경우를 말한다.

2) 사업주가 채용조건이나 근로조건은 동일하게 적용하더라도 그 조건을 충족할 수 있는 남성 또는 여성이 다른 한 성(性)에 비하여 현저히 적고 그에 따라 특정 성에게 불리한 결과를 초래하며 그 조건이 정당한 것임을 증명할 수 없는 경우도 포함한다.

3) '차별'에 해당하지 않는 경우
   ㄱ. 직무의 성격에 비추어 특정 성이 불가피하게 요구되는 경우
   ㄴ. 여성 근로자의 임신·출산·수유 등 모성보호를 위한 조치를 하는 경우
   ㄷ. 그 밖에 이 법 또는 다른 법률에 따라 적극적 고용개선 조치를 하는 경우

93 **개인정보보호법령상 개인정보 보호위원회(이하 "보호위원회"라 한다)에 관한 설명으로 틀린 것은?** [오류]

① 보호위원회는 위원장 1명, 상임위원 1명을 포함한 15명 이내의 위원으로 구성한다.
② 위원장과 위원의 임기는 2년으로 하되, 1차에 한하여 연임할 수 있다.
③ 보호위원회의 회의는 위원장이 필요하다고 인정하거나 재적위원 4분의 1 이상의 요구가 있는 경우에 위원장이 소집한다.
④ 보호위원회는 재적위원 과반수의 출석과 출석위원 과반수의 찬성으로 의결한다.

콕집어 해설

개인정보 보호위원회
- 보호위원회는 상임위원 2명(위원장 1명, 부위원장 1명)을 포함한 9명의 위원으로 구성한다.(①)
- 위원장과 위원의 임기는 3년으로 하되, 1차에 한하여 연임할 수 있다.(②)
- 보호위원회의 회의는 위원장이 필요하다고 인정하거나 재적위원 4분의 1 이상의 요구가 있는 경우에 위원장이 소집한다.(③)
- 보호위원회는 재적위원 과반수의 출석과 출석위원 과반수의 찬성으로 의결한다.(④)

답 ①, ②

해 ① 보호위원회는 상임위원 2명(위원장 1명, 부위원장 1명)을 포함한 9명의 위원
② 2년(×)→'3년'

꿰뚫어 보기

개인정보 보호위원회
1) 개인정보 보호에 관한 사무를 독립적으로 수행하기 위하여 국무총리 소속으로 개인정보 보호위원회를 둔다.
2) 보호위원회는 정부조직법에 따른 중앙행정기관으로 본다.
3) 보호위원회는 상임위원 2명(위원장 1명, 부위원장 1명)을 포함한 9명의 위원으로 구성한다.
4) 보호위원회의 위원은 개인정보 보호에 관한 경력과 전문지식이 풍부한 다음 사람 중에서 위원장과 부위원장은 국무총리의 제청으로, 그외 위원 중 2명은 위원장의 제청으로, 2명은 대통령이 소속되거나 소속되었던 정당의 교섭단체 추천으로, 3명은 그 외의 교섭단체 추천으로 대통령이 임명 또는 위촉한다.
5) 위원장과 부위원장은 정무직 공무원으로 임명한다.
6) 위원의 임기는 3년으로 하되, 한 차례만 연임할 수 있다.
7) 위원은 직무와 관련된 영리업무에 종사하여서는 아니 된다.
8) 보호위원회의 회의는 위원장이 필요하다고 인정하거나 재적위원 4분의 1이상의 요구가 있는 경우에 위원장이 소집한다.
9) 보호위원회의 회의는 재적위원 과반수의 출석으로 개의하고, 출석위원 과반수의 찬성으로 의결한다.

94 **고용상 연령차별금지 및 고령자고용촉진에 관한 법령상 정년에 대한 설명으로 틀린 것은?**

① 사업주는 정년에 도달한 자가 그 사업장에 다시 취업하기를 희망할 때 그 직무수행 능력에 맞는 직종에 재고용하도록 노력하여야 한다.
② 사업주는 근로자의 정년을 60세 이상으로 정하여야 한다.
③ 사업주는 고령자인 정년퇴직자를 재고용함에 있어 임금의 결정을 종전과 달리할 수 없다.
④ 상시 300명 이상의 근로자를 사용하는 사업주는 매년 정년제도의 운영현황을 고용노동부장관에게 제출하여야 한다.

콕집어 해설

정년
- 사업주는 근로자의 정년을 60세 이상으로 정하여야 한다.(②)
- 사업주는 정년에 도달한 사람이 그 사업장에 다시 그 직무수행능력에 맞는 직종에 재고용하도록 노력해야 한다.(①)
- 사업주는 고령자인 정년퇴직자를 재고용할 때 당사자 간의 합의에 의하여 퇴직금과 연차유급휴가일수 계산을 위한 계속근로기간을 산정할 때 종전의 근로기간을 제외할 수 있으며, 임금의 결정을 종전과 달리할 수 있다.(③)
- 고용노동부장관은 정년퇴직자를 재고용하거나 그 밖에 정년퇴직자의 고용안정에 필요한 조치를 하는 사업주에게 장려금 지급 등 필요한 지원을 할 수 있다.
- 상시 300명 이상의 근로자를 사용하는 사업주는 매년 정년제도의 운영현황을 고용노동부장관에게 제출하여야 한다.(④)

답 ③

95 고용보험법령상 피보험자격의 상실일에 해당하지 않는 것은?

① 피보험자가 적용 제외 근로자에 해당하게 된 경우에는 그 적용 제외 대상자가 된 날
② 피보험자가 이직한 경우에는 이직한 날의 다음 날
③ 피보험자가 사망한 경우에는 사망한 날의 다음 날
④ 보험관계가 소멸한 경우에는 그 보험관계가 소멸한 날의 다음 날

콕집어 해설

고용보험법령상 피보험자격의 상실일
- 피보험자가 적용제외 근로자에 해당하게 된 경우에는 그 적용제외 대상자가 된 날(①)
- 보험관계가 소멸한 경우에는 그 보험관계가 소멸한 날(④)
- 피보험자가 이직한 경우에는 이직한 날의 다음 날(②)
- 피보험자가 사망한 경우에는 사망한 날의 다음날(③)
  - 피보험자격 취득일 : '그날'
  - 피보험자격 상실일 : 이직·사망만 '다음날'이고, 나머지는 '그날'임.

답 ④

꿰뚫어 보기

피보험자격의 취득일
1) 피보험자는 이 법이 적용되는 사업에 고용된 날에 피보험자격을 취득
2) 적용제외 근로자였던 자가 이 법의 적용을 받게 된 경우에는 그 적용을 받게 된 날
3) 보험관계 성립일 전에 고용된 근로자의 경우에는 그 보험관계가 성립한 날
4) 자영업자인 피보험자는 그 보험관계가 성립한 날

96 고용정책 기본법령상 고용정책심의회에 관한 설명으로 틀린 것은?

① 정책심의회는 위원장 1명을 포함한 20명 이내의 위원으로 구성한다.
② 근로자와 사업주를 대표하는 자는 심의 위원으로 참여할 수 있다.
③ 특별시·광역시·특별자치시·도 및 특별자치도에 지역고용심의회를 둔다.
④ 고용정책심의회를 효율적으로 운영하기 위하여 분야별 전문위원회를 둘 수 있다.

콕집어 해설

고용정책심의회
- 정책심의회는 위원장 1명을 포함한 30명 이내의 위원으로 구성한다.(①)
- 근로자와 사업주를 대표하는 자는 심의 위원으로 참여할 수 있다.(②)
- 특별시·광역시·특별자치시·도 및 특별자치도에 지역고용심의회를 둔다.(③)
- 고용정책심의회를 효율적으로 운영하기 위하여 분야별 전문위원회를 둘 수 있다.(④)
- 고용정책심의회의 전문위원회는 위원장 1명을 포함한 20명 이내의 위원으로 구성한다.

답 ①

해 20명(×)→'30명'

97 남녀고용평등과 일·가정 양립지원에 관한 법령상 육아휴직 기간에 대한 설명으로 틀린 것은?

① 육아휴직의 기간은 2년 이내로 한다.
② 사업주는 육아휴직 기간에는 근로자를 해고하지 못한다.
③ 육아휴직 기간은 근속기간에 포함한다.
④ 기간제근로자의 육아휴직 기간은 「기간제 및 단시간근로자 보호 등에 관한 법률」에 따른 사용기간에 산입하지 아니한다

콕집어 해설

육아휴직 기간
- 육아휴직의 기간은 1년 이내로 한다.(①)
- 사업주는 육아휴직기간에는 그 근로자를 해고하지 못한다.(②)
- 육아휴직기간은 근속기간에 포함한다(③)
- 기간제 근로자 또는 파견근로자의 육아휴직기간은 기간제 근로자의 사용기간 또는 파견근로자의 근로자 파견기간(2년 초과 여부 산정시)에서 제외한다.(④)

답 ①

해 2년 이내(×)→'1년 이내'

98 직업안전법령상 직업소개업과 겸업이 금지되는 사업이 아닌 것은?

①「결혼중개업의 관리에 관한 법률」상 결혼중개업
②「파견근로자보호 등에 관한 법률」상 근로자 파견사업
③「식품위생법」상 식품접객업 중 단란주점영업
④「공중위생관리법」상 숙박업

콕집어해설

직업소개업과 겸업이 금지되는 사업
-「결혼중개업의 관리에 관한 법률」상 결혼중개업(①)
-「공중위생관리법」상 숙박업(④)
-「식품위생법」상 식품접객업 중 단란주점영업, 유흥주점영업(③)
- 식품위생법의 식품접객업 중 대통령령으로 정하는 영업
☞ 휴게음식점영업 중 주로 다류를 조리·판매하는 영업(영업자 또는 종업원이 영업장을 벗어나 다류를 배달 판매하면서 소요시간에 따라 대가를 받는 형태로 운영하는 경우로 한정)

답 ②

99 고용보험법령상 용어정의에 관한 설명으로 틀린 것은?

① '실업의 인정'이란 직업안정기관의 장이 수급자격자가 실업한 상태에서 적극적으로 직업을 구하기 위하여 노력하고 있다고 인정하는 것을 말한다.
② 3개월 동안 고용된 자는 '일용근로자'에 해당한다.
③ '이직'은 피보험자와 사업주 사이의 고용관계가 끝나게 되는 것을 말한다.
④ '실업'은 근로의 의사와 능력이 있음에도 불구하고 취업하지 못한 상태에 있는 것을 말한다.

콕집어해설

고용보험법령상 용어정의
- '실업의 인정'이란 직업안정기관의 장이 수급자격자가 실업한 상태에서 적극적으로 직업을 구하기 위하여 노력하고 있다고 인정하는 것을 말한다.(①)
- 1개월 미만 동안 고용된 자는 '일용근로자'에 해당한다.(②)
- '이직'은 피보험자와 사업주 사이의 고용관계가 끝나게 되는 것을 말한다.(③)
- '실업'은 근로의 의사와 능력이 있음에도 불구하고 취업하지 못한 상태에 있는 것을 말한다.(④)

답 ②

해 3개월(×)→'1개월 미만'

100 직업안정법에 관한 설명으로 틀린 것은?

① 누구든지 어떠한 명목으로든 구인자로부터 그 모집과 관련하여 금품을 받거나 그 밖의 이익을 취하여서는 아니 된다.
② 누구든지 국외에 취업할 근로자를 모집한 경우에는 고용노동부장관에게 신고하여야 한다.
③ 누구든지 고용노동부장관의 허가를 받지 아니하고는 근로자공급사업을 하지 못한다.
④ 누구든지 성별, 연령 등을 이유로 직업소개를 할 때 차별대우를 받지 아니한다.

콕집어 해설

직업안정법(근로자 모집)

- 근로자를 고용하려는 자는 광고, 문서 또는 정보통신망 등 다양한 매체를 활용하여 자유롭게 근로자를 모집할 수 있다.
- 누구든지 국외에 취업할 근로자를 모집한 경우에는 모집한 후 15일 이내에 고용노동부장관에게 신고하여야 한다.(②)
- 누구든지 고용노동부장관의 허가를 받지 아니하고는 근로자공급사업을 하지 못한다.(③)
- 누구든지 성별, 연령 등을 이유로 직업소개를 할 때 차별대우를 받지아니한다.(④)
- 고용노동부장관은 건전한 모집질서를 확립하기 위하여 필요하다고 인정하는 경우에는 근로자 모집방법 등의 개선을 권고할 수 있으며, 이 경우 고용정책심의회의 심의를 거쳐야 한다.
- 근로자를 모집하려는 자와 그 업무에 종사하는 자는 어떤 명목으로든 응모자로부터 모집과 관련한 금품을 받거나 그 밖의 이익을 취해서는 안된다.
  다만, 유료직업소개사업을 하는 자가 구인자의 의뢰를 받아 구인자가 제시한 조건에 맞는 자를 모집하여 직업을 소개한 경우에는 그러하지 아니하다.(①)

답 ①

해 구인자(×)→'응모자'
응모자로부터 금품을 받을 수는 없지만, 구인자로부터 대행수수료 등을 받을 수는 있다.

2020년 4회

제1과목 | 직업상담학

01 행동적 상담기법 중 불안을 감소시키는 방법으로 이완법과 함께 쓰이는 것은?

① 강화 ② 변별학습
③ 사회적 모델링 ④ 체계적 둔감화

콕집어 해설

불안감소 기법 [체금반 혐주자]

- 불안감소기법
  1) 체계적둔감법 : 내담자의 불안반응을 체계적으로 증대시켜 둔감화한다.
  2) 금지조건형성(내적 금지) : 내담자에게 불안요소를 지속적으로 제시함으로써 불안반응을 감소시킨다.
  3) 반조건형성 : 조건 자극과 새로운 자극을 함께 제시해서 불안을 감소시킨다.
  4) 혐오치료 : 바람직하지 못한 행동에 혐오자극을 제시함으로써 부적응적 행동을 제거한다.
  5) 주장훈련 : 내담자에게 불안이외의 감정을 표현하게 해서 대인관계에 있어서의 불안을 해소시킨다.
  6) 자기표현훈련 : 자기표현을 통해 타인과 상호작용함으로써 대인관계에서 비롯되는 불안요인을 제거한다.
- 체계적 둔감화의 3단계
  1) 근육이완훈련(제1단계) : 근육을 이완시켜 몸의 긴장을 풀게 한다.
  2) 불안위계목록작성(제2단계) : 낮은 자극에서 높은 자극의 순서로 불안위계목록을 작성한다.
  3) 둔감화(제3단계) : 불안상황을 단계적으로 상상하도록 하여 불안반응을 점차 경감시킨다.

답 ④

해 ①, ②, ③은 '학습촉진기법'이다.

꿰뚫어 보기

행동주의 상담의 부적응행동 감소기법(불안감소기법)

1) 노출법(노출방식) : 실제적 노출법, 심상적 노출법, 점진적 노출법, 홍수법 등이 있다.
2) 개별적 불안감소기법 : 체계적둔감법, 금지조건형성, 반조건형성, 혐오치료, 주장훈련, 자기표현훈련 등이 있다.

학습촉진기법(적응행동 증가기법) [강변 사행상]

1) 강화 : 내담자의 행동에 대해 적절하게 긍정적·부정적 반응을 보임으로써 내담자의 바람직한 행동을 강화시킨다.
2) 변별학습 : 자신의 직업결정 능력 등을 검사도구를 사용하여 변별하고 비교해보도록 하는 것이다.
3) 사회적 모델링과 대리학습 : 타인의 행동에 대한 관찰과 모방을 통해 내담자의 학습을 촉진한다.
4) 행동조성 : 행동을 단계별로 세분화하여 단계마다 강화를 제공함으로써 학습을 촉진한다.
5) 상표제도(토큰경제) : 내담자의 바람직한 행동이 이루어질 때마다 그에 상응하는 보상을 하는 것이다.

02 내담자의 인지적 명확성을 사정할 때 고려할 사항이 아닌 것은?

① 직장을 처음 구하는 사람과 직업전환을 하는 사람의 직업상담에 관한 접근은 동일하게 해야 한다.
② 직장인으로서의 역할이 다른 생애 역할과 복잡하게 얽혀 있는 경우 생애 역할을 함께 고려한다.
③ 직업상담에서는 내담자의 동기를 고려하여 상담이 이루어져야 한다.
④ 우울증과 같은 심리적 문제로 인지적 명확성이 부족한 경우 진로문제에 대한 결정은 당분간 보류하는 것이 좋다.

콕집어 해설

인지적 명확성

- 직장을 처음 구하는 사람에게는 내담자의 자기인식수준에 대한 탐색이 가장 시급하고, 직업전환을 원하는 사람에게는 내담자의 변화에 대한 인지능력 탐색이 선행되어야 한다.(①)
- 직장인으로서의 역할이 다른 생애 역할과 복잡하게 얽혀 있는 경우 생애 역할을 함께 고려한다.(②)
- 직업상담에서는 내담자의 동기를 고려하여 상담이 이루어져야 한다.(③)
- 우울증과 같은 심리적 문제로 인지적 명확성이 부족한 경우 진로문제에 대한 결정은 당분간 보류하는 것이 좋다.(④).

답 ①

해 동일하게(×)→'다르게'

꿰뚫어 보기

인지적 명확성이 부족한 내담자의 유형 및 개입 방법

[단복가구원 무비양파강 걸고잘자~~]

1) 단순 오정보 : 정보 제공하기
2) 복잡한 오정보 : 논리적 분석
3) 가정된 불가능 : 격려
4) 구체성의 결여 : 구체화시키기
5) 원인과 결과의 착오 : 논리적 분석
6) 무력감 : 지시적 상상
7) 비난하기 : 직면, 논리적 분석
8) 양면적 사고 : 역설적 사고
9) 파행적 의사소통 : 저항에 초점 맞추기
10) 강박적 사고 : 합리적·정서적 치료
11) 걸러내기 : 재구조화하기
12) 고정성 : 정보 제공하기
13) 잘못된 의사결정 방식 : 심호흡 시키기
14) 자기인식의 부족 : 은유나 비유 쓰기

03 6개의 생각하는 모자(six thinking hats)는 직업상담의 중재와 관련된 단계들 중 무엇을 위한 것인가?

① 직업정보의 수집　② 의사결정의 촉진
③ 보유기술의 파악　④ 시간관의 개선

콕집어 해설

6개의 생각하는 모자(six thinking hats)

'에드워드 드 보노(Edward de Bono)'가 개발한 것으로, '의사결정을 촉진'하기 위한 기법으로 활용된다.

답 ②

꿰뚫어 보기

6개의 생각하는 모자(six thinking hats) [청황 흑백적녹]

- 청색 : 합리적으로 방향성을 조절하는 사회자로서의 역할을 한다.
- 황색 : 낙관적이며, 모든 일이 잘 될 것이라고 생각한다.
- 흑색 : 비관적이고 비판적이며, 모든 일이 잘 안 될 것이라고 생각한다.
- 백색 : 본인과 직업들에 대한 사실들만을 고려한다.
- 적색 : 직관에 의존하고, 직감에 따라 행동한다.
- 녹색 : 새로운 대안들을 찾으려 노력하고, 문제들을 다른 각도에서 바라본다.

04 정신역동적 진로상담에서 보딘(Bordin)이 제시한 진단범주에 포함되지 않는 것은?

① 독립성
② 자아갈등
③ 정보의 부족
④ 진로선택에 따르는 불안

콕집어 해설

보딘의 진단범주(직업문제유형, 심리적 원인)

[의정 자직확]

- 의존성 : 진로문제를 스스로 해결하지 못하고 타인에게 의존하는 경우
- 정보부족 : 진로관련에 대한 정보의 부족으로 어려움을 겪는 경우
- 자아갈등(내적갈등) : 자아개념들 사이에서 내적갈등으로 인한 혼란
- 직업선택에 대한 불안 : 자신의 선택과 중요한 타인의 요구 간의 충돌에서 비롯되는 불안
- 확신부족 : 진로선택 이후에 자신의 선택에 대한 확신이 부족한 경우

답 ①

꿰뚫어 보기

보딘의 직업상담 과정 [탐핵변]

1) 탐색과 계약설정(제1단계) : 내담자의 정신역동적 상태에 대한 탐색 및 상담전략에 대한 계약설정이 이루어진다.
2) 핵심결정(제2단계) : 내담자는 핵심결정을 통해 자신의 목표를 성격 변화 등으로 확대할 것인지 고민한다.
3) 변화를 위한 노력(제3단계) : 내담자는 자아인식 및 자아이해를 확대해 나가며 지속적으로 변화를 모색한다.

보딘의 직업상담 기법 [명비소]

1) 명료화 : 내담자의 문제를 요약해줌으로써 명료하게 재인식시켜 주는 것이다.
2) 비교 : 두가지 이상의 주제들 사이에 나타난 유사성이나 차이점들을 비교한다.
3) 소망-방어체계에 대한 해석 : 내담자로 하여금 진로에 대한 자신의 내적 동기와 진로결정과정 사이의 관계를 인식하도록 돕는다.

05 레벤슨(Levenson)이 제시한 직업상담사의 반윤리적 행동에 해당하는 것은?

① 상담사의 능력 내에서 내담자의 문제를 다룬다.
② 내담자에게 부당한 광고를 하지 않는다.
③ 적절한 상담비용을 청구한다.
④ 직업상담사에 대한 내담자의 의존성을 최대화한다.

콕집어 해설

직업상담사의 반윤리적 행동(Levenson)
- 비밀누설하기
- 자신에 대한 내담자의 의존성을 최대화하기
- 자신의 능력을 초월한 상담
- 과다 비용청구
- 내담자와의 성적 행위
- 자신의 가치 속이기
- 부당한 광고하기

답 ④

06 내담자의 정보를 수집하고 행동을 이해하여 해석할 때, 내담자가 다음과 같은 반응을 보일 경우 사용하는 상담기법은?

- 이야기 삭제하기
- 불확실한 인물 인용하기
- 불분명한 동사 사용하기
- 제한적 어투 사용하기

① 전이된 오류 정정하기 ② 분류 및 재구성하기
③ 왜곡된 사고 확인하기 ④ 저항감 재인식하기

콕집어 해설

전이된 오류 정정하기 [정한논]
- 정보의 오류 : 내담자가 직업세계에 대해 충분한 정보를 알고 있다고 잘못 생각하는 경우 발생한다.
  예 삭제, 불확실한 인물의 인용, 불분명한 동사의 사용, 참고자료 불충분, 제한된 어투의 사용
- 한계의 오류 : 내담자가 제한된 기회 및 선택에 대한 견해를 가짐으로써 발생한다.
- 논리적 오류 : 내담자가 논리적으로 맞지 않는 진술을 함으로써 발생한다.

답 ①

해 전이된 오류 정정하기 중 '정보의 오류'에 해당한다.

꿰뚫어 보기

내담자의 정보수집 및 행동에 대한 이해기법
[가의전분 저근왜반변]

1) 가정 사용하기
2) 의미 있는 질문 및 지시 사용하기
3) 전이된 오류 정정하기
4) 분류 및 재구성하기
5) 저항감 재인식하기 및 다루기
6) 근거 없는 믿음 확인하기
7) 왜곡된 사고 확인하기
8) 반성의 장 마련하기
9) 변명에 초점 맞추기

07 수퍼(Super)의 여성 진로유형 중 학교졸업 후에도 직업을 갖지 않는 진로유형은?

① 안정적인 가사 진로유형
② 전통적인 진로유형
③ 단절 진로유형
④ 불안정 진로유형

콕집어 해설

수퍼(Super)의 여성 진로유형
- 안정적인 가사 진로유형 : 학교졸업 후에도 직업을 갖지 않는 진로유형이다.
- 전통적인 진로유형 : 학교 졸업 후 직장생활을 하다가 결혼하면서 퇴직하고 가정생활에 몰두하는 진로유형이다.
- 단절 진로유형 : 학교 졸업 후 직장생활을 하다가 결혼하면서 퇴직하고 가정생활에 몰두하다가, 자녀가 어느 정도 성장하면 재취업을 통해 자아실현을 추구하는 진로유형이다.
- 불안정 진로유형 : 학교 졸업 후 가정생활과 직장생활을 번갈아 시행하는 진로유형이다.

답 ①

08 패터슨(Patterson) 등의 진로정보처리 이론에서 제시된 진로상담 과정에 포함되지 않는 것은?

① 준비 ② 분석
③ 종합 ④ 실행

콕집어 해설

인지적 진로정보처리 상담과정 [CASVE (까스 배)]

- 의사소통(Communication) : 질문을 받아들여 부호화하며 이를 송출한다.
- 분석(Analysis) : 하나의 개념적 틀 안에서 문제를 찾고 분류한다.
- 종합(Synthesis, 통합) : 일련의 행위를 형성한다.
- 가치부여(Valuing, 평가) : 성공과 실패의 확률에 따라 각각의 행위를 판단하며, 타인에게 미칠 파급효과를 평가한다.
- 실행(Execution, 집행) : 책략을 통해 계획을 실행한다.

답 ①

꿰뚫어 보기

인지적 정보처리이론

1) 진로선택은 하나의 문제해결 활동이다.
2) 진로선택은 인지적 과정 및 정의적 과정들의 상호작용의 결과이다.
3) 진로발달 과정은 지식구조의 끊임없는 성장과 변화를 포함한다.
4) 진로성숙은 진로문제를 해결할 수 있는 자신의 능력에 달려 있다.
5) 진로문제 해결은 고도의 기억력을 요하는 과제이다.
6) 진로상담의 최종목표는 진로문제의 해결자이며, 의사결정자인 내담자의 잠재력을 증진시키는 것이다.

09 다음 중 부처(Butcher)가 제안한 집단직업상담을 위한 3단계 모형에 해당하지 않는 것은?

① 탐색단계 ② 계획단계
③ 전환단계 ④ 행동단계

콕집어 해설

부처(Butcher)의 집단직업상담 3단계 모형 [㊕ 탐전행]

- 탐색단계 : 자기개방, 흥미와 적성에 대한 측정, 측정결과에 대한 피드백, 불일치에 대한 해결 등이 이루어진다.
- 전환단계 : 자기 지식을 직업세계와 연결하며, 일과 삶의 가치에 대한 조사, 자신의 가치에 대한 피드백 등이 이루어진다.
- 행동단계 : 목표설정 및 목표달성을 위한 자원의 탐색과 정보수집, 즉각적이고 장기적인 의사결정 등이 이루어진다.

답 ②

10 포괄적 직업상담에서 내담자가 지닌 직업상의 문제를 가려내기 위해 실시하는 변별적 진단 검사와 가장 거리가 먼 것은?

① 직업성숙도 검사 ② 직업적성 검사
③ 직업흥미 검사 ④ 경력개발 검사

콕집어 해설

포괄적 직업상담에서의 변별적 진단검사

- 포괄적 직업상담에서 진단은 변별적이고 역동적 성향을 지니며, 검사의 역할을 중시하고 검사를 효율적으로 사용한다.
- 변별진단에서는 직업흥미 검사, 직업적성 검사 등을 통해 내담자의 문제를 분류하며, 직업성숙도 검사를 통해 내담자의 직업선택에 대한 능력과 태도를 검토한다.

답 ④

해 경력개발 검사는 관련이 없다.

꿰뚫어 보기

1) 포괄적 직업상담 : 크라이티스가 다양한 상담이론을 절충 및 통합해서 제시한 이론이다.
2) 포괄적 직업상담 과정
   ㄱ. 진단(제1단계) : 내담자의 진로문제를 진단하기 위해 관련 자료를 수집한다.
   ㄴ. 명료화 또는 해석(제2단계) : 상담자와 내담자가 협력해서 의사결정 과정을 방해하는 내담자의 문제를 명료화하거나 해석한다.
   ㄷ. 문제해결(제3단계) : 내담자가 자신의 문제를 확인하고 적극적으로 참여하여 문제해결을 위해 어떤 행동을 취할 것인지를 결정한다.

11 다음 중 윌리암슨(Williamson)이 분류한 진로선택의 문제에 해당하지 않는 것은?

① 직업선택의 확신부족
② 현명하지 못한 직업선택
③ 가치와 흥미의 불일치
④ 직업 무선택

콕집어 해설

윌리암슨(Williamson)의 진로선택 문제(변별진단)
(=직업선택 문제유형 분류, 직업문제 분류범주, 진로선택 유형진단 등)

- 직업 무선택 또는 미선택 : 직접 직업을 결정한 경험이 없거나, 선호하는 몇 가지의 직업이 있음에도 어느 것을 선택할지를 결정하지 못하는 경우
- 직업선택의 확신부족 : 직업을 선택했지만 자신의 선택에 자신이 없어 타인에게서 성공하리라는 위안을 받고자 하는 경우
- 흥미와 적성의 불일치 : 흥미를 느끼는 직업에 대해서 수행능력이 부족하거나, 적성에 맞는 직업에 대해서 흥미를 느끼지 못하는 경우
- 어리석은 선택 : 자신의 능력보다 훨씬 낮은 능력이 요구되는 직업을 선택하거나 안정된 직업만을 추구하는 경우

답 ③

해 가치(×)→'적성'

12 직업카드분류(OCS)는 내담자의 어떤 특성을 사정하기 위한 도구인가?

① 흥미사정 ② 가치사정
③ 동기사정 ④ 성격사정

콕집어 해설

직업카드분류(OCS)
직업선택의 동기와 가치를 알아보기 위한 방법으로써, 직업카드를 선호군, 혐오군, 미결정 중성군으로 분류하여 '흥미를 사정'하는 기법이다.

답 ①

13 게슈탈트 상담이론에서 주장하는 접촉-경계의 혼란을 일으키는 현상에 대한 설명으로 옳지 않은 것은?

① 투사(projection)는 자신의 생각이나 요구, 감정 등을 타인의 것으로 지각하는 것을 말한다.
② 반전(retroflection)은 다른 사람이나 환경에 대하여 하고 싶은 행동을 자기 자신에게 하는 것을 말한다.
③ 융합(confluence)은 밀접한 관계에 있는 사람들이 어떤 갈등이나 불일치도 용납하지 않는 의존적 관계를 말한다.
④ 편향(deflection)은 외고집으로 다른 사람의 의견을 전혀 받아들이지 않고 자기 틀에서만 사고하고 행동하는 것을 말한다.

콕집어 해설

게슈탈트 상담이론에서의 접촉-경계의 혼란 유형

[내투 반융편]

- 내사 : 부모나 사회의 영향을 받거나 스스로의 경험에 의해 형성된 것을 말한다.
- 투사 : 자신의 생각이나 요구, 감정 등을 타인의 것으로 지각하는 것을 말한다.(①)
- 반전 : 다른 사람이나 환경에 대하여 하고 싶은 행동을 자기 자신에게 하는 것을 말한다.(②)
- 융합 : 밀접한 관계에 있는 사람들이 어떤 갈등이나 불일치도 용납하지 않는 의존적 관계를 말한다.(③)
- 편향 : 감당하기 힘든 내적갈등이나 환경 등에 압도당하지 않기 위해 자신의 감각을 둔화시켜 이들과의 접촉을 피하는 것이다.(④)

답 ④

14 내담자중심 상담이론에 관한 설명으로 틀린 것은?

① Rogers의 상담경험에서 비롯된 이론이다.
② 상담의 기본목표는 개인이 일관된 자아개념을 가지고 자신의 기능을 최대로 발휘하는 사람이 되도록 도울 수 있는 환경을 제공하는 것이다.
③ 특정 기법을 사용하기보다는 내담자와 상담자 간의 안전하고 허용적인 나와 너의 관계를 중시한다.
④ 상담기법으로 적극적 경청, 감정의 반영, 명료화, 공감적 이해, 내담자 정보탐색, 조언, 설득, 가르치기 등이 이용된다.

콕집어 해설

내담자중심 상담이론

- Rogers의 상담경험에서 비롯된 이론이다.(①)
- 상담의 기본목표는 개인이 일관된 자아개념을 가지고 자신의 기능을 최대로 발휘하는 사람이 되도록 도울 수 있는 환경을 제공하는 것이다.(②)
- 특정 기법을 사용하기보다는 내담자와 상담자 간의 안전하고 허용적인 나와 너의 관계를 중시한다.(③)
- 상담기법으로 적극적 경청, 감정의 반영, 명료화, 공감적 이해 등과 같은 비지시적 기법을 이용한다.(④)

답 ④

해 내담자의 정보탐색, 조언, 설득, 가르치기 등과 같은 '지시적 기법'은 사용하지 않는다.

꿰뚫어 보기

내담자중심 접근법에서 상담사가 갖추어야 할 태도 [일공무]

1) 일치성과 진실성 : 진실하고 개방적이어야 한다.
2) 공감적 이해 : 내담자의 내면세계를 마치 자신의 것처럼 느껴야 한다.
3) 무조건적 수용 : 내담자를 무조건적이고 긍정적으로 존중해야 한다.

15 내담자의 정보와 행동을 이해하고 해석할 때 기본이 되는 상담기법 중 '가정 사용하기'에 해당하는 질문이 아닌 것은?

① 당신은 자신의 일이 마음에 듭니까?
② 당신의 직업에서 마음에 드는 것은 어떤 것들입니까?
③ 당신의 직업에서 좋아하지 않는 것은 무엇입니까?
④ 어떤 사람이 상사가 되었으면 좋겠습니까?

콕집어 해설

가정 사용하기

내담자에게 어떤 특정 행동이 존재했다는 것을 가정하고 질문함으로써, 내담자의 방어를 최소화하고 그의 행동을 예측하려는 기법이다.

예

- 당신의 직업에서 마음에 드는 것은 어떤 것들입니까?
  → 마음에 드는 것이 있다는 가정(②)
- 당신의 직업에서 좋아하지 않는 것은 무엇입니까?
  → 좋아하지 않는 것이 있다는 가정(③)
- 어떤 사람이 상사가 되었으면 좋겠습니까?
  → 상사가 될만한 사람이 있다는 가정(④)

답 ①

해 "당신은 자신의 일에서 마음에 드는 게 무엇입니까"로 바꾸어 질문해야 한다.

16 상담 및 심리치료적 관계 형성에 방해되는 상담자의 행동은?

① 수용　　② 감정의 반영
③ 도덕적 판단　　④ 일관성

콕집어 해설

상담 및 심리치료적 관계 형성(라포형성)

라포(Rapport)는 상담자와 내담자 간의 친근감 및 신뢰감을 바탕으로 형성된 인간관계이다. 상담사는 내담자의 불안을 감소시키기 위해 편안한 분위기를 조성하고 내담자의 감정을 수용하며 일관적으로 감정에 반영함으로써 라포를 형성할 수 있다.

답 ③

해 상담 초기에 내담자에 대한 '도덕적 판단'은 라포 형성에 방해가 된다.

17 진로시간전망 검사 중 코틀(Cottle)이 제시한 원형검사에서 원의 크기가 나타내는 것은?

① 과거, 현재, 미래
② 방향성, 변별성, 통합성
③ 시간차원에 대한 상대적 친밀감
④ 시간차원의 연결 구조

콕집어 해설

코틀(Cottle)의 원형검사
- 원의 의미 : 과거, 현재, 미래를 나타낸다.(①)
- 원의 크기 : 시간차원에 대한 상대적 친밀감을 의미한다.(③)
- 원의 배치 : 시간차원의 연결 구조(④)
- 코틀의 원형검사에 기초한 시간전망 개입의 3가지 측면 : 방향성, 변별성, 통합성(②)

답 ③

꿰뚫어 보기

1) 진로시간전망 검사지의 사용목적 [미미 미계목 현계진]

미래의 방향을 이끌어내기 위해
미래에 대한 희망을 심어주기 위해
미래가 실제인 것처럼 느끼도록 하기 위해
계획에 대한 긍정적 태도를 심어주기 위해
목표설정을 촉구하기 위해
현재의 행동을 미래의 결과와 연계시키기 위해
계획기술을 연습시키기 위해
진로인식을 고취시키기 위해

2) 코틀의 원형검사에 기초한 시간전망개입 3가지 측면 [방(미미) 변(미계목) 통(현계진)]

ㄱ. **방**향성 : 미래에 대한 방향을 제시하고 희망을 심어준다.
ㄴ. **변**별성 : 미래를 현실처럼 느끼게 하고, 계획에 대한 긍정적 태도를 강화시켜 목표설정을 신속히 하게한다.
ㄷ. **통**합성 : 현재의 행동을 미래의 결과와 연계시키고, 계획기술을 연습시켜서 진로인식을 고취시킨다.

3) 원의 배치에 따른 시간차원의 연결 구조

ㄱ. 어떤 것도 접해 있지 않은 원 : 시간차원의 고립을 의미하며, 자신의 미래를 향상시키기 위해 어떤 노력도 하지 않는다.
ㄴ. 경계선에 접해 있는 원 : 시간차원의 연결을 의미하며, 사건들이 개별적으로 구분되어 있음을 나타낸다.
ㄷ. 부분적으로 중첩된 원 : 시간차원의 연합을 의미하며, 과거가 현재에, 현재가 미래에 영향을 미친다는 것을 나타낸다.
ㄹ. 완전히 중첩된 원 : 시간차원의 통합을 의미하며, 오로지 현재에서 과거를 기억하고 미래를 예측한다는 것을 나타낸다.

18 아들러(Adler)의 개인주의 상담에 관한 설명으로 옳은 것은?

① 내담자의 잘못된 가치보다는 잘못된 행동을 수정하는데 초점을 둔다.
② 상담자는 조력자의 역할을 하며 내담자가 상담을 주도적으로 이끈다.
③ 상담과정은 사건의 객관성보다는 주관적 지각과 해석을 중시한다.
④ 내담자의 사회적 관심보다는 개인적 열등감의 극복을 궁극적 목표로 삼는다.

콕집어 해설

아들러(Adler)의 개인주의 상담
- 개인적 열등감의 극복과 우월성의 추구를 궁극적 목표로 삼는다.(④)
- 내담자가 사회적 관심을 갖도록 돕는다.(④)
- 잘못된 동기를 수정하는 데 목표를 둔다.
- 내담자의 잘못된 행동보다는 잘못된 가치을 수정하는데 초점을 둔다.(①)
- 상담과정은 사건의 객관성보다는 주관적 지각과 해석을 중시한다.(③)
- 사회구성원으로서 사회에 기여하도록 돕는다.
- 타인과 동질감을 갖도록 돕는다.

답 ③

해 ② 로저스의 '내담자중심 상담'에 대한 설명이다.

19 정신분석에서 제시하는 불안의 유형을 모두 고른 것은?

ㄱ. 사회적 불안	ㄴ. 현실적 불안
ㄷ. 신경증적 불안	ㄹ. 도덕적 불안
ㅁ. 행동적 불안	

① ㄱ, ㄴ, ㄷ　② ㄱ, ㄴ, ㅁ
③ ㄱ, ㄹ, ㅁ　④ ㄴ, ㄷ, ㄹ

콕집어 해설

정신분석에서의 불안의 유형 **[현신도]**

- 현실적 불안 : 현실에서 실제적 위험을 느끼는 불안이다.
- 신경증적 불안 : 자아와 원초아 간의 갈등이며, 자아가 원초아를 통제하지 못할 경우 발생하는 불안이다.
- 도덕적 불안 : 원초아와 초자아 간의 갈등이며, 본질적인 자기 양심에 대한 불안이다.

답 ④

20 다음 설명에 해당하는 집단상담 기법은?

- 말하고 있는 집단원이 자신이 무엇을 말하는가를 잘 알 수 있게 돕는 것
- 말하고 있는 집단원의 말의 내용과 감정을 이해하고 있음을 알리며 의사소통 하는 것

① 해석하기　　② 연결짓기
③ 반영하기　　④ 명료화하기

콕집어 해설

상담 기법

- 해석 : 내담자가 진술하지 않은 내용이나 개념을 그의 과거 경험이나 진술을 토대로 추론해서 말하는 것이다.
- 반영 : 내담자의 생각과 말을 상담자가 다른 참신한 말로 부연하는 것이다.
  말하고 있는 집단원의 말의 내용과 감정을 이해하고 있음을 알리며 의사소통 하는 것이다.
- 명료화 : 어떤 문제의 혼란스러운 감정과 갈등을 가려내어 분명히 해주는 것이다.
- 경청 : 내담자의 언어적, 비언어적 표현에 주목하면서 내담자의 생각과 감정을 이해하려고 노력하는 것이다.
- 직면 : 내담자가 모르고 있거나 인정하기를 거부하는 생각에 대해 스스로 모순점을 파악하도록 하는 기법이다.
- 공감 : 내담자가 전달하려는 내용에서 더 나아가 내면적 감정까지도 반영하는 것이다.
- 수용 : 상담자가 내담자의 얘기에 집중하고 있으며, 내담자를 인격적으로 존중하고 있음을 보여주는 기법이다.)

답 ③

제2과목 | 직업심리학

21 다음의 내용이 포함된 직무분석의 방법은?

- 직무를 잘 수행하기 위하여 과업이 필수적인 정도
- 과업 학습의 난이도
- 과업의 중요도

① 직무요소 질문지　　② 기능적 직무분석
③ 직책분석 질문지　　④ 과업 질문지

콕집어 해설

과업 질문지

직무를 잘 수행하기 위한 과업의 필수적인 정도와 과업 학습의 난이도, 과업의 중요도를 포함하는 내용이 담긴 질문지로 사용이 가장 용이하다.

답 ④

꿰뚫어 보기

직무분석의 유형

1) 과제 중심 직무분석

ㄱ. 직무에서 수행하는 과제나 활동이 어떤 것들인지 파악하는 데 초점을 둔다.
ㄴ. 직무 자체의 내용을 중점적으로 다루는 '직무기술서' 작성에 중요 정보를 제공한다.
ㄷ. 직무 각각에 대해 표준화된 분석도구를 만들 수 없다.
　예 기능적 직무분석(FJA : Functional Job Analysis) : 직무 정보를 자료(Data), 사람(People), 사물(Thing) 기능으로 분석한다.

2) 작업자 중심 직무분석

ㄱ. 직무를 수행하는 데 요구되는 지식, 기술, 능력, 경험 등 작업자의 재능에 초점을 둔다.
ㄴ. 인적 요건을 주로 다루는 '직무명세서(작업자 명세서)'를 작성하는 데 중요 정보를 제공한다.
　예 직위분석질문지(PAQ : Position Analysis Questionaire)
　- 직무수행에 요구되는 지식, 기술, 능력 등의 인간적 요건들을 밝히는 데 목적을 둔 표준화된 분석도구이다.
　- 6가지 범주 : 정보입력, 정신과정, 작업결과, 타인들과의 관계, 직무맥락, 직무요건 **[정정작 타직직]**

22 긴즈버그(Ginzberg)가 제시한 진로발달 단계가 아닌 것은?

① 환상기 ② 잠정기
③ 현실기 ④ 적응기

콕집어 해설

긴즈버그(Ginzberg)의 진로발달 단계 [환잠현]

- 환상기 : 환상 속에서 비현실적 선택을 하며, 자신의 욕구를 중시한다.
- 잠정기 : 흥미에 따라 직업을 선택하나, 점차 자신의 능력을 고려한다.
  ☞ 하위단계 : 흥미단계, 능력단계, 가치단계, 전환단계 [흥능가전]
- 현실기 : 개인의 욕구 및 능력을 현실적 요건에 부합시킴으로써 현명한 선택을 한다.
  ☞ 하위단계 : 탐색단계, 구체화단계, 특수화(정교화)단계 [탐구특]

답 ④

꿰뚫어 보기

에릭슨의 심리사회적 발달단계와 위기 [신자 주근자 친생자]

1) 유아기(0~18개월) : 신뢰감 대 불신감
2) 초기아동기(18개월~3세) : 자율성 대 수치심
3) 학령전기 또는 유희기(3~5세) : 주도성 대 죄의식
4) 학령기(5~12세) : 근면성 대 열등감
5) 청소년기(12~20세) : 자아정체감 대 정체감 혼란
6) 성인초기(20~24세) : 친밀감 대 고립감
7) 성인기(24~65세) : 생산성(생성감) 대 침체감
8) 노년기(65세 이후) : 자아통합 대 절망

수퍼(Super)의 진로발달단계 [성탐 확유쇠]

1) 성장기 : 자아개념을 발달시키는 시기이며, 욕구와 환상이 지배적이나 점차 흥미와 능력을 중시하게 된다.
   ☞ 하위단계 : 환상기, 흥미기, 능력기 [환흥능]
2) 탐색기 : 미래에 대한 계획을 세우고 적합한 직업을 탐색하는 시기이다.
   ☞ 하위단계 : 잠정기, 전환기, 시행기 [잠전시]
3) 확립기 : 자신에게 적합한 분야를 발견해서 생활의 기반을 확립하는 시기이다.
   ☞ 하위단계 : 시행기, 안정기
4) 유지기 : 자신의 자리를 유지하려고 노력하며 안정된 삶을 살아가는 시기이다.
5) 쇠퇴기 : 직업에서 은퇴한 후 새로운 역할과 활동을 찾게 되는 시기이다.

고트프레드슨(Gottfredson) [힘성사내]

1) 힘과 크기 지향성(3~5세) : 사고과정이 구체화되며, 어른이 된다는 것의 의미를 알게 된다.
2) 성역할 지향성(6~8세) : 자아개념이 성의 발달에 의해서 영향을 받게 된다.
3) 사회적 가치 지향성(9~13세) : 사회적 가치를 인지하면서 상황속 자아를 인식하게 된다.
4) 내적, 고유한 자아 지향성(14세 이후) : 자아성찰과 사회적 가치의 인식에 따라 직업적 포부가 발달한다.

23 적성검사의 결과에서 중앙값이 의미하는 것은?

① 100점 만점에서 50점을 획득하였다.
② 자신이 얻을 수 있는 최고 점수를 얻었다.
③ 적성검사에서 도달해야 할 준거점수를 얻었다.
④ 같은 또래 집단의 점수분포에서 평균 점수를 얻었다.

콕집어 해설

중앙값(중앙치)

- 모든 점수를 크기 순서대로 배열했을 때 가장 중앙에 위치한 값이다.

예 사례가 홀수인 경우 '5, 6, 8, 9, 10'일 때 중앙값은 '8'이다.
사례가 짝수인 경우 '5, 6, 7, 8, 9, 10'일 때 중앙값은 $\frac{7+8}{2}=7.5$이다.

- 점수분포가 정규분포를 따를 때 중앙값은 평균과 일치한다.
- 중앙값은 서열척도 이상(크기 순이 있어야 함)에서 측정이 가능하며, 최빈값은 명명척도 이상, 평균과 표준편차는 등간척도 이상으로 측정된 자료에서만 파악할 수 있다.

답 ④

꿰뚫어 보기

통계의 기본개념

1) 중심경향치로써의 대푯값
   ㄱ. 평균값 : 어떤 분포에서 모든 점수의 합을 전체 사례수로 나누어 얻은 값이다.
   예 4과목 점수가 90, 100, 80, 90 인 경우, 모든 점수를 합하여 이것을 사례수(4과목)으로 나누면 평균값이 '90'이 된다.
   ㄴ. 중앙값 : 모든 점수를 크기 순서대로 배열했을 때 가장 중앙에 위치한 값이다.

예 사례가 홀수인 경우 '5, 6, 8, 9, 10'일 때 중앙값은 '8'이다.
사례가 짝수인 경우 '5, 6, 7, 8, 9, 10'일 때 중앙값은 $\frac{7+8}{2}$ =7.5이다.

ㄷ. 최빈값 : 빈도분포에서 빈도가 가장 높은 점수 또는 급간의 중간 점수이다.
예 사례값이 '1, 2, 2, 2, 3, 3, 4'인 경우 최빈값은 '2'이나, 사례값이 '1, 1, 1, 1, 1, 1, 1'처럼 값이 모두 같으면 최빈값은 없다.

2) 분산의 판단 기준

ㄱ. 범위 : 점수분포에 있어서 최고점수에서 최저점수까지의 거리이다.
범위 = 최고점수-최저점수 + 1
예 '2, 4, 5, 7'의 범위는 7-2+1=6 이다.

ㄴ. 분산 : 변수분포의 모든 변숫값들을 통해 흩어진 정도를 추정한다.

ㄷ. 표준편차 : 평균에서 각 점수들이 평균적으로 이탈된 정도를 말한다.

ㄹ. 사분위편차 : 자료를 일렬로 늘어놓고 가장 작은 지점에서 1/4 지점, 3/4 지점에 있는 자료 두개를 택하여 그 차이를 2로 나눈 값이다.

24 홀랜드(Holland)의 진로발달이론이 기초하고 있는 가정에 관한 설명 중 <u>틀린</u> 것은?

① 사람들의 성격은 6가지 유형 중의 하나로 분류될 수 있다.
② 직업 환경은 6가지 유형의 하나로 분류될 수 있다.
③ 개인의 행동은 성격에 의해 결정된다.
④ 사람들은 자신의 능력을 발휘하고 태도와 가치를 표현할 수 있는 환경을 찾는다.

족집어해설

홀랜드(Holland)의 진로발달이론의 가정
- 사람들의 성격은 현실형, 탐구형, 예술형, 사회형, 진취형, 관습형의 6가지 유형 중 하나로 분류될 수 있다.(①)
- 직업환경에도 현실적 환경, 탐구적 환경, 예술적 환경, 사회적 환경, 진취적 환경, 관습적 환경의 6가지 유형이 있으며, 각각의 환경에는 그 성격유형에 일치하는 사람들이 있다.(②)
- 사람들은 자신의 능력을 발휘하고 태도와 가치를 표현할 수 있는 환경을 찾는다.(④)
- 개인의 행동은 성격과 환경의 '상호작용'에 의해 결정된다.(③)

답 ③

꿰뚫어보기

홀랜드의 육각형 모델과 해석 차원 **[일변 일정계]**

1) 일관성 : 어떤 쌍들은 다른 유형의 쌍들보다 더 많은 공통점을 가지고 있다.
2) 변별성(차별성) : 개인의 흥미유형은 특정 흥미유형과 매우 유사한 반면, 다른 흥미유형과는 차별적이다.
3) 일치성 : 개인의 흥미유형과 개인이 소속되고자 하는 환경의 유형이 서로 부합하는 정도를 말한다.
개인이 자기 자신의 인성유형과 동일하거나 유사한 환경에서 일하고 생활할 때를 의미한다.
4) 정체성 : 성격적 측면에서는 개인의 목표, 흥미, 재능에 대한 명확성을 말하고, 환경적 측면에서는 조직의 투명성 및 안정성 등을 말한다.
5) 계측성(타산성) : 육각형 모델에서 유형들 간의 거리는 가까울수록 서로 유사한 성향을 보이며, 멀어질수록 대조적 성향을 보인다.
육각형 모델에서 유형들 간의 거리는 그 이론적인 관계에 반비례한다.

25 셀리에(Selye)가 제시한 스트레스 반응 단계를 순서대로 바르게 나열한 것은?

① 소진→저항→경고 ② 저항→경고→소진
③ 소진→경고→저항 ④ 경고→저항→소진

족집어해설

셀리에(Selye) 스트레스 반응 3단계(일반적응증후군)
- 경고(경계)단계 : 정신적·육체적 위험에 갑자기 노출됨으로써 나타나는 최초의 반응단계이다.
맥박이 빨라지고 체온과 혈압이 감소한다.
- 저항단계 : 스트레스에 대한 저항은 증가되지만 신체의 저항력은 저하된다.
- 소진(탈진)단계 : 스트레스가 장기간 지속될 경우 스트레스에 대한 적응에너지가 고갈되어 탈진 및 질병과 죽음을 유발할 수 있다.

답 ④

꿰뚫어 보기

스트레스 이론

1) 17-OHCS(당류부신피질 호르몬) : 스트레스의 생리적 지표이며, 코티졸이 이 호르몬에 포함된다.
2) 코티졸 : 부신피질에서 방출하는 스트레스 통제 호르몬이다.
   ㄱ. 급성 스트레스→교감 신경계의 활성화→부신피질에서 에피네프린(아드레날린) 생성→코티졸 분비→혈중 포도당 증가→스트레스에 대처
   ㄴ. 장기 스트레스→코티졸 과다 분비→만성 피로→코티졸 기능파괴→스트레스에 대한 신체기능 저하
3) 결과 : 호흡과 심장 박동이 빨라지고 혈압이 높아짐
   주의 집중이 어렵고, 불안과 우울 등 부정적 정서를 유발함

26 사회인지적 관점의 진로이론(SCCT)의 세 가지 중심적인 변인이 아닌 것은?

① 자기효능감 ② 자기 보호
③ 결과 기대 ④ 개인적 목표

콕집어 해설

사회인지적 진로이론(SCCT)

- 반두라(Bandura)의 사회학습이론을 토대로 렌트, 브라운, 헥케트와 베츠 등이 발전시킴
- 진로이론의 3가지 중심변인 [자결개]
  1) 자기효능감 : 목표과업을 계획하고 수행할 수 있다는 자신의 능력에 대한 신념이다.
  2) 결과기대(성과기대) : 특정과업을 수행했을 때 일어날 결과에 대한 평가를 말한다.
  3) 개인적 목표 : 특정목표를 실행하고 성취하기 위한 개인의 의도를 말한다.

답 ②

꿰뚫어 보기

1) 자기효능감에 영향을 미치는 요인 [성대사생]
   ㄱ. 성취경험(수행성취)
   ㄴ. 대리경험(간접경험)
   ㄷ. 사회적 설득
   ㄹ. 생리적 상태와 반응

2) 3축호혜성 인과적 모형의 변인
   ㄱ. 개인과 신체적 속성
   ㄴ. 외부환경 요인
   ㄷ. 외형적 행동

3) 3가지 영역모형
   ㄱ. 흥미모형 : 자기효능감과 결과기대는 개인의 흥미발달에 직접적인 영향을 미친다.
   ㄴ. 선택모형 : 개인차와 환경에 영향을 받은 학습경험이 자기효능감과 결과기대에 영향을 준다.
   ㄷ. 수행모형 : 개인의 능력, 자기효능감, 결과기대 및 수행목표 등을 통해 수행수준과 수행의 지속성을 설명한다.

27 직업적응이론에서 개인의 만족, 조직의 만족, 적응을 매개하는 적응유형 변인은?

① 우연(happenstance)
② 타협(compromise)
③ 적응도(adaptability)
④ 인내력(perseverance)

콕집어 해설

직업적응이론

직업적응이론의 적응유형(방식) [융끈적반]

1) 융통성 : 작업환경과 개인환경 간의 부조화를 참아내는 정도이다.
2) 끈기(인내) : 환경이 자신에게 맞지 않아도 얼마나 오랫동안 견뎌낼 수 있는지의 정도이다.
3) 적극성 : 작업환경을 개인적 방식과 좀 더 조화롭게 만들어 가려고 노력하는 정도이다.
4) 반응성 : 작업성격의 변화로 인해 작업환경에 반응하는 정도이다.

답 ④

꿰뚫어 보기

직업적응이론의 성격유형(방식) [민역리지]

1) 민첩성 : 정확성보다 속도를 중시한다.
2) 역량 : 근로자의 평균활동 수준을 의미한다.
3) 리듬 : 활동에 대한 다양성을 의미한다.
4) 지구력 : 다양한 활동수준의 기간을 의미한다.

28 직업에 관련된 흥미를 측정하는 직업흥미 검사가 아닌 것은?

① Strong Interest Inventory
② Vocational Preference Inventory
③ Kuder Interest Inventory
④ California Psychological Inventory

콕집어 해설

직업흥미 검사

- 특정 직업활동에 대한 좋고 싫음과 선호도를 측정하기 위해서 만들어진 것이다.
- 직업흥미검사 결과는 변화하므로 일정기간이 지나면 다시 실시하는 것이 좋다.
- 정서적 문제를 가지고 있는 내담자에게 직업흥미검사를 사용하는 것은 부적절하다.
- 직업흥미검사 결과는 내담자의 능력, 가치, 고용가능성 등 내담자의 상황에 대한 다른 정보들을 고려하여 의사결정에 활용되어야 한다.
- 홀랜드 이론을 기반으로 한 자기방향탐색(SDS), 직업선호도검사(VPI), 경력의사결정검사(CDM), 직업탐색검사(VEIK), 자기직업상황검사(MVS) 등이 있으며, 그 외에 스트롱 흥미검사, 쿠더흥미검사가 있다.

답 ④

해 'CPI(California Psychological Inventory)'는 일반인들을 대상으로 하는 심리검사이다.

29 스트레스의 예방 및 대처 방안으로 틀린 것은?

① 가치관을 전환해야 한다.
② 과정중심적 사고방식에서 목표지향적 초고속 심리로 전환해야 한다.
③ 균형있는 생활을 해야 한다.
④ 취미·오락을 통해 생활 장면을 전환하는 활동을 규칙적으로 해야 한다.

콕집어 해설

스트레스 예방 및 대처 방안

- 가치관을 전환시킨다.(①)
- 목표지향에서 과정중심의 사고방식으로 전환한다.(②)
- 균형 잡힌 생활을 한다.(③)
- 스트레스에 정면으로 도전하는 정신을 함양한다.
- 운동 등을 통해 스트레스 해소책을 마련한다.
- 마음 깊이 쌓인 분노를 없애야 한다.
- 취미·오락을 통해 생활 장면을 전환하는 활동을 규칙적으로 해야 한다.(④).

답 ②

30 개인의 욕구와 능력을 환경의 요구사항과 관련시켜 진로행동을 설명하고, 개인과 환경 간의 상호작용을 통한 욕구충족을 강조하는 이론은?

① 가치중심 이론 ② 특성요인 이론
③ 사회학습 이론 ④ 직업적응 이론

콕집어 해설

직업적응 이론

개인의 욕구와 능력을 환경의 요구사항과 관련시켜 진로행동을 설명하고, 개인과 환경 간의 상호작용을 통한 욕구충족을 강조하는 데이비스와 롭퀴스트(Dawis & Lofquist)가 주장한 이론이다.

답 ④

31 미네소타 직업가치 질문지에서 측정하는 6개의 가치요인이 아닌 것은?

① 성취 ② 지위
③ 권력 ④ 이타주의

콕집어 해설

미네소타 직업가치 질문지(MIQ)

- 미네소타 중요도 질문지(MIQ): 개인이 일의 환경에 대해 갖는 20가지 욕구와 6가지 가치관을 측정하며, 190개 문항으로 구성되어 있다.
- 미네소타 중요도 질문지(MIQ)의 6가지 가치관

[성이자 안안지]

1) 성취: 자신의 능력을 발휘해서 성취감을 얻으려는 욕구이다.
2) 이타심: 타인을 돕고 그들과 함께 일하고자 하는 욕구이다.
3) 자율성: 자신의 의사대로 자유롭게 생각하고 결정하고자 하는 욕구이다.
4) 안락함: 직무에 대해 편안한 작업환경을 바라는 욕구이다.
5) 안정성: 혼란스러운 환경을 피하고 정돈되고 예측가능한 환경에서 일하고자 하는 욕구이다.
6) 지위: 타인이 자신을 어떻게 인식하는지와 사회적 명성에 대한 욕구이다.

답 ③

32 다음과 같은 정의를 가진 직업선택 문제는?

- 자신의 적성 수준보다 높은 적성을 요구하는 직업을 선택한다.
- 자신이 선택한 직업이 흥미와 일치할 수도 있고, 일치하지 않을 수도 있다.

① 부적응된(maladjusted)
② 우유부단한(undecided)
③ 비현실적인(unrealistic)
④ 강요된(forced)

콕집어 해설

크라이티스(Crites)의 직업선택 문제 [적결현]

적응성
1) 적응형 : 흥미와 적성이 일치하는 유형
2) 부적응형 : 흥미 또는 적성과 일치하는 분야가 없는 유형

결정성
1) 다재다능형 : 재능이 많아 흥미와 적성이 맞는 직업 사이에서 갈등하는 유형
2) 우유부단형 : 흥미와 적성에 관계없이 직업선택의 결정을 내리지 못하는 유형

현실성(비현실성 문제)
1) 비현실형 : 흥미를 느끼는 분야가 있지만 그 분야에 적성이 없는 유형
2) 불충족형 : 흥미를 느끼는 분야가 있지만 자신의 적성수준보다 낮은 적성을 요구하는 직업을 선택하는 유형
3) 강압형 : 적성 때문에 선택했지만 그 직업에 흥미가 없는 유형

답 ③

33 다음 중 질문지법의 장점이 아닌 것은?

① 부가적인 정보를 얻을 수 있다.
② 시간과 비용이 적게 든다.
③ 다수의 응답자가 참여할 수 있다.
④ 자료 수집이 용이하다.

콕집어 해설

질문지법(설문지법)
작업자들에게 설문지를 배부하고 이들에게 직무에 대해 기술하도록 하는 것이다.
- 장점 : 자료 수집이 용이하여 모든 직무에 사용 가능하며, 시간과 비용이 적게 들고 다수의 응답자가 참여할 수 있다.
- 단점 : 작성내용 외의 부가정보를 얻기가 힘들고 질문지 작성이 어려우며, 응답자의 응답 태도와 낮은 회수율이 문제이다.

답 ①

34 조직 감축에서 살아남은 구성원들이 조직에 대해 보이는 전형적인 반응은?

① 살아남은 구성원들은 조직에 대해 높은 신뢰감을 가지고 있다.
② 더 많은 일을 해야 하고, 종종 불이익도 감수한다.
③ 살아남은 구성원들은 다른 직무나 낮은 수준의 직무로 이동하는 것을 거부한다.
④ 조직 감축에서 살아남은 데 만족하며 조직 몰입을 더 많이 한다.

콕집어 해설

조직감축에서 살아남은 구성원들의 조직에 대한 반응
- 살아남은 구성원들은 조직에 대한 신뢰감을 상실한다.(①)
- 더 많은 일을 해야 하고, 종종 불이익도 감수한다.(②)
- 살아남은 구성원들은 다른 직무나 낮은 수준의 직무로 이동하는 것을 감수한다.(③)
- 자신도 감축 대상이 될 수 있다는 불안감으로 조직 몰입에 어려움을 겪는다.(④)

답 ②

35 다음 설명에 해당하는 타당도의 종류는?

검사의 문항들이 그 검사가 측정하고자 하는 내용영역을 얼마나 잘 반영하고 있는가를 의미하며, 흔히 성취도 검사의 타당도를 평가하는 방법으로 많이 사용된다.

① 준거 타당도　② 내용 타당도
③ 예언 타당도　④ 공인 타당도

내용타당도
내용타당도는 검사의 문항들이 그 검사가 측정하고자 하는 내용영역을 얼마나 잘 반영하고 있는가를 의미하며, 논리적 분석이 요구되는 전문가의 판단에 의존한다

답 ②

꿰뚫어 보기

타당도
1) 타당도는 검사가 측정하고자 하는 바를 얼마나 정확히 측정하느냐를 말한다.
2) 신뢰도는 일관성을, 타당도는 정확성을 의미한다.
3) 타당도는 신뢰도와 밀접한 관계가 있다.
4) 검사의 신뢰도는 타당도 계수의 크기에 영향을 준다.
5) 종류
  ㄱ. 안면타당도 : '일반인'이 문항을 읽고 얼마나 타당해 보이는지를 평가한다.
  ㄴ. 내용타당도 : '전문가'의 논리적 분석과정으로 판단하는 주관적 타당도이다.
  ㄷ. 구성타당도 : 측정하고자 하는 개념들이 실제 측정도구에 의해 얼마나 제대로 측정되었는지의 정도를 말한다. 수렴타당도, 변별타당도, 요인분석 등이 있다.
  ㄹ. 준거타당도 : 검사와 준거 간의 상관관계를 분석해서 검사의 타당도를 평가하는 방법이다. 동시타당도(공인타당도)와 예언타당도(예측타당도)로 구분한다.

36 톨버트(Tolbert)가 제시한 개인의 진로발달에 영향을 주는 요인이 아닌 것은?

① 교육 정도(educational degree)
② 직업 흥미(occupational interest)
③ 직업 전망(occupational prospective)
④ 가정·성별·인종(family·sex·race)

콕집어 해설

톨버트(Tolbert)의 개인의 진로발달에 영향을 주는 요인
직업적성, 직업적 흥미, 인성, 직업성숙도와 발달, 성취도, 가정·성별·인종, 장애물, 교육정도, 경제적 조건

답 ③

37 일반적성검사(GATB)에서 측정하는 직업적성이 아닌 것은?

① 손가락 정교성　　② 언어 적성
③ 사무 지각　　④ 과학 적성

콕집어 해설

일반적성검사(GATB)에서 측정하는 직업적성
[지언수사 공형운손손]
지능, 언어능력, 수리능력, 사무지각, 공간적성, 형태지각, 운동반응, 손의 재치, 손가락 재치

답 ④

꿰뚫어 보기

1) 직업적성검사는 개인이 특정직무를 성공적으로 수행할 수 있는지를 측정하는 검사이다.
2) 15개의 하위검사를 통해 9가지 적성요인을 검출한다.
3) 15개 하위검사 중 11개는 지필검사이고, 4개는 기구검사(수행검사, 동작검사)이다.

측정방식	하위검사명	측정영역
지필	기구대조검사	형태지각(P)
	형태대조검사	
	명칭비교검사	사무지각(Q)
	타점속도검사	운동반응(K)
	표식검사	
	종선기입검사	
	평면도판단검사	공간판단력(S)
	입체공간검사	공간적성(S), 지능(G)
	어휘검사	언어능력(V), 지능(G)
	산수추리검사	수리능력(N), 지능(G)
	계수검사	수리능력(N)
기구검사	환치검사	손의 재치(M)
	회전검사	
	조립검사	손가락 재치(F)
	분해검사	

38 경력개발 프로그램 중 종업원 개발 프로그램에 해당하지 않는 것은?

① 훈련 프로그램　　② 평가 프로그램
③ 후견인 프로그램　　④ 직무순환

콕집어 해설

종업원 개발 프로그램

1) 훈련 프로그램 : 컴퓨터 교육에서 대인관계까지 조직 내에서 실시하는 다양한 내용의 훈련프로그램을 말한다.
2) 후견인 프로그램(멘토십 시스템) : 종업원이 조직에 쉽게 적응하도록 상사가 후견인이 되어 도와주는 프로그램이다.
3) 직무순환 프로그램 : 종업원에게 다양한 직무를 경험하게 함으로써 여러 분야의 능력을 개발하게 하는 프로그램이다.

답 ②

경력개발 프로그램 유형 [자개 정종종]

1) 자기평가 도구 : 경력워크숍, 경력연습책자 등
2) 개인상담
3) 정보제공 : 사내공모제, 기술목록, 경력자원기관 등
4) 종업원 평가 : 평가기관, 심리검사, 조기발탁제 등
5) 종업원 개발 : 훈련 프로그램, 후견인 프로그램, 직무순환 프로그램 등

39 신뢰도 계수에 관한 설명으로 틀린 것은?

① 신뢰도 계수는 개인차가 클수록 커진다.
② 신뢰도 계수는 문항 수가 증가함에 따라 정비례하여 커진다.
③ 신뢰도 계수는 신뢰도 추정방법에 따라서 달라질 수 있다.
④ 신뢰도 계수는 검사의 일관성을 보여주는 값이다.

콕집어 해설

신뢰도 계수

- 신뢰도(Reliability)
  1) 개념 : 신뢰도는 측정하는 바를 일관성 있게 측정하는 능력이며, 측정 오차가 작을수록 일반적으로 신뢰도는 높다.
  2) 신뢰도 계수
     ㄱ. 검사 결과의 일관성을 보여주는 값이다.(④)
     ㄴ. 범위는 0~1 사이의 값을 가지며, '0'에 가까울수록 신뢰도가 낮고 '1'에 가까울수록 신뢰도는 높다.
  3) 신뢰도에 영향을 주는 요인
     ㄱ. 개인차 : 검사대상의 개인차가 클수록 신뢰도 계수도 커진다. (①)
     ㄴ. 문항 수 : 문항 수가 많으면 신뢰도는 어느 정도 높아지나, 문항 수를 무조건 늘린다고 해서 신뢰도가 정비례하여 커지는 것은 아니다.(②)
     ㄷ. 문항반응 수 : 문항반응 수는 적정 크기를 유지하는 것이 바람직하며, 이를 초과할 경우 신뢰도는 향상되지 않는다.
     ㄹ. 검사유형 : 속도검사의 경우, 전후절반법으로 신뢰도를 추정하게 되면 후반부로 갈수록 시간이 부족하기 때문에 신뢰도는 낮아진다.
     ㅁ. 신뢰도 추정방법 : 서로 다른 신뢰도 추정방법에 따른 신뢰도 계수는 각기 다를 수밖에 없다.(③)

답 ②

40 직업발달이론 중 매슬로우(Maslow)의 욕구위계 이론에 기초하여 유아기의 경험과 직업선택에 관한 5가지 가설을 수립한 학자는?

① 로(Roe)
② 갓프레드슨(Gottfredson)
③ 홀랜드(Holland)
④ 터크만(Tuckman)

콕집어 해설

로(Roe)의 욕구이론

- 매슬로우가 제시한 욕구의 단계를 기초로 해서 초기의 인생경험과 직업선택의 관계에 관한 가정을 발전시켰다.
- 아동기에 형성된 욕구에 대한 반응으로 직업선택이 이루어진다고 본다.
- 가정 분위기의 유형을 수용형, 정서집중형, 회피형으로 구분하였다.
- 직업군을 8가지로, 직업수준을 6가지로 분류하였다.

답 ①

꿰뚫어 보기

로(Roe)의 욕구이론에 따른 5가지 가설 [잠유 홍심욕]

1) 개인이 가지고 있는 잠재적 특성의 발달에는 한계가 있다.
2) 개인의 유전적 특성의 발달 정도는 자신의 경험과 사회경제적 배경 및 문화 배경에 의해 영향을 받는다.
3) 개인의 흥미와 태도는 자신의 경험에 따라 발달유형이 결정된다.
4) 심리적 에너지는 흥미를 결정하는 중요한 요소이다.
5) 개인의 욕구와 만족의 강도는 성취동기의 유발 정도에 따라 결정된다.

제3과목 | 직업정보론

41 한국표준산업분류(제10차)에서 통계단위의 산업 결정방법에 관한 설명으로 틀린 것은?

① 생산단위의 산업활동은 그 생산단위가 수행하는 주된 산업활동의 종류에 따라 결정된다.
② 단일사업체의 보조단위는 그 사업체의 일개 부서로 포함한다.
③ 계절에 따라 정기적으로 산업을 달리하는 사업체의 경우에는 조사시점에 경영하는 사업으로 분류된다.
④ 설립중인 사업체는 개시하는 산업활동에 따라 결정한다.

콕집어 해설

통계단위의 산업 결정방법 [생종 계휴단]

- 생산단위의 산업활동은 그 생산단위가 수행하는 주된 산업활동의 종류에 따라 결정된다.(①)
- 해당 활동의 종업원 수 및 노동시간, 임금 및 급여액 또는 설비의 정도에 의하여 결정한다.
- 계절에 따라 정기적으로 산업을 달리하는 사업체의 경우에는 조사시점에서 경영하는 사업과는 관계없이 조사대상기간 중 산출액이 많았던 활동에 의하여 분류된다.(③)
- 휴업 중 또는 자산을 청산 중인 사업체의 산업은 영업 중 또는 청산을 시작하기 이전의 산업활동에 의하여 결정하고, 설립중인 사업체는 개시하는 산업활동에 따라 결정한다.(④)
- 단일사업체의 보조단위는 그 사업체의 일개 부서로 포함한다.(②)

답 ③

해 조사시점(×)→'조사대상기간 중 산출액이 많았던 활동'

42 다음의 주요 업무를 수행하는 사업주 직업능력개발훈련기관은?

- 훈련과정 인정
- 실시신고 접수 및 수료자 확정
- 비용신청서 접수 및 지원
- 훈련과정 모니터링

① 전국고용센터 ② 한국고용정보원
③ 근로복지공단 ④ 한국산업인력공단

콕집어 해설

직업능력개발훈련기관

- 전국고용센터 : HRD-Net 사용인증, 지정 훈련시설 인·지정, 행정처분, 훈련과정 지도·점검, HRD-Net 회원가입 승인, 부정수급액 반환 등의 업무
- 한국고용정보원 : HRD-Net 시스템 운영 및 관리 등의 업무
- 근로복지공단 : 기업규모 결정(대규모기업, 우선지원대상기업 등), 보험료 부과(징수는 국민건강보험공단) 등의 업무
- 한국산업인력공단 : 비용신청서 접수 및 지원, 실시신고 접수 및 수료자 확정, 훈련과정 모니터링, 훈련과정 인정 등

답 ④

43 **직업선택 결정모형을 기술적 직업결정모형과 처방적 직업결정모형으로 분류할 때 기술적 직업결정모형에 해당하지 않는 것은?**

① 브룸(Vroom)의 모형
② 플레처(Fletcher)의 모형
③ 겔라트(Gelatt)의 모형
④ 타이드만과 오하라(Tideman & O'Hara)의 모형

콕집어 해설

직업선택 결정모형

- 기술적 직업결정모형 : 사람들의 일반적인 직업결정방식을 나타낸 이론
  예 힐튼(Hilton), 타이드만과 오하라(Tiedman & O'Hara), 브룸(Vroom), 슈(Hsu), 플레처(Fletcher)의 모형
- 처방적 직업결정모형 : 사람들이 직업을 결정할 때 실수를 줄이고 더 나은 직업을 선택하도록 도우려는 이론
  예 카츠(Katz), 겔라트(Gelatt), 칼도와 쥐토우스키(Kaldor & Zytowski)의 모형

답 ③

44 **한국표준산업분류(제10차)에서 산업분류의 적용원칙에 관한 설명으로 틀린 것은?**

① 생산단위는 산출물뿐만 아니라 투입물과 생산공정 등을 함께 고려하여 그들의 활동을 가장 정확하게 설명된 항목으로 분류해야 한다.
② 복합적인 활동단위는 우선적으로 최상급 분류단계(대분류)를 정확히 결정하고, 순차적으로 중, 소, 세, 세세분류 단계 항목을 결정해야 한다.
③ 공식적 생산물과 비공식적 생산물, 합법적 생산물과 불법적인 생산물을 달리 분류해야 한다.
④ 산업활동이 결합되어 있는 경우에는 그 활동단위의 주된 활동에 따라서 분류해야 한다.

콕집어 해설

산업분류의 적용원칙

- 생산단위는 산출물뿐만 아니라 투입물과 생산공정 등을 함께 고려하여 그들 활동을 가장 정확하게 설명된 항목에 분류해야 한다.(①)
- 복합적인 활동단위는 우선적으로 최상급 분류단계(대분류)를 정확히 결정하고, 순차적으로 중, 소, 세, 세세분류 단계 항목을 결정하여야 한다.(②)
- 산업활동이 결합되어 있는 경우에는 그 활동단위의 주된 활동에 따라서 분류하여야 한다.(④)
- 수수료 또는 계약에 의하여 활동을 수행하는 단위는 동일한 산업활동을 자기계정과 자기책임하에서 생산하는 단위와 같은 항목에 분류하여야 한다.
- 동일단위에서 제조한 재화의 소매활동은 별개 활동으로 분류하지 않고 제조활동으로 분류되어야 한다. 그러나 자기가 생산한 재화와 구입한 재화를 함께 판매한다면 그 주된 활동에 따라 분류한다.
- 생산단위의 소유 형태, 법적 조직 유형 또는 운영 방식은 산업분류에 영향을 미치지 않는다.
- 공식적 생산물과 비공식적 생산물, 합법적 생산물과 불법적인 생산물을 달리 분류하지 않는다.(③)

답 ③

45 다음은 직업정보 수집을 위한 자료수집방법을 비교한 표이다. (   )에 알맞은 것은?

기준	(ㄱ)	(ㄴ)	(ㄷ)
비용	높음	보통	보통
응답자료의 정확성	높음	보통	낮음
응답률	높음	보통	낮음
대규모 표본관리	곤란	보통	용이

	ㄱ	ㄴ	ㄷ
①	전화조사	우편조사	면접조사
②	면접조사	우편조사	전화조사
③	면접조사	전화조사	우편조사
④	전화조사	면접조사	우편조사

콕집어해설

직업정보 수집을 위한 자료수집방법

- 면접조사 : 응답자료가 정확하고 응답률이 높지만, 비용 부담이 커서 대규모 표본관리는 곤란하다.
- 우편조사 : 전화조사에 비해 비용 부담이 적어서 대규모 표본관리가 용이하나, 응답자료의 정확성과 응답률이 낮다.

답 ③

46 한국표준산업분류(제10차)의 분류기준이 아닌 것은?

① 산출물의 특성
② 투입물의 특성
③ 생산단위의 활동형태
④ 생산활동의 일반적인 결합형태

콕집어해설

산업분류

1) 산업분류 정의 : 생산단위가 주로 수행하고 있는 산업활동을 분류 기준과 원칙에 맞춰 그 유사성에 따라 체계적으로 유형화한 것이다.
2) 분류 기준
   ㄱ. 산출물의 특성
   ㄴ. 투입물의 특성
   ㄷ. 생산활동의 일반적인 결합형태

답 ③

47 한국표준직업분류(7차) 직업분류 원칙 중 다수직업 종사자의 분류 원칙에 해당하지 않는 것은?

① 수입 우선의 원칙
② 취업시간 우선의 원칙
③ 조사시 최근의 직업 원칙
④ 생산업무 우선 원칙

콕집어해설

다수직업 종사자의 분류 원칙 [다취수조]

한 사람이 전혀 상관성이 없는 두 가지 이상의 직업에 종사할 경우에 그 직업을 결정하기 위한 원칙이다.

1) 취업시간 우선의 원칙 : 더 긴 시간을 투자하는 직업으로 결정한다.
2) 수입 우선의 원칙 : 취업시간으로 구별할 수 없을 때는 수입이 많은 직업으로 결정한다.
3) 조사 시 최근의 직업원칙 : 위의 두가지로 판별할 수 없을 때는 조사시점을 기준으로 최근에 종사한 직업으로 결정한다.

답 ④

해 '생산업무 우선 원칙'은 포괄적인 업무에 대한 직업분류 원칙이다.

꿰뚫어 보기

직업분류의 일반원칙

1) 포괄성의 원칙 : 우리나라에 존재하는 모든 직무는 어떤 수준에서든지 분류에 포괄되어야 한다.
2) 배타성의 원칙 : 동일하거나 유사한 직무는 어느 경우에든 같은 단위직업으로 분류되어야 한다.

포괄적인 업무에 대한 직업분류 원칙 [포주최생]

포괄적 업무는 한 사람이 두 개 이상의 직무를 수행하는 경우를 의미한다. 이러한 경우 다음과 같은 순서에 따라 분류원칙을 적용한다.

1) 주된 직무 우선 원칙 : 수행되는 직무내용과 분류 항목에 명시된 직무내용을 비교·평가하여 관련 직무 내용상의 상관성이 가장 많은 항목에 분류한다.
   예 교육과 진료를 겸하는 의과대학 교수는 강의, 평가, 연구 등(교육)과 진료, 처치, 환자상담 등(의료)의 직무내용을 파악하여 관련 항목이 많은 분야로 분류한다.

2) 최상급 직능수준 우선 원칙 : 수행된 직무가 상이한 수준의 훈련과 경험을 통해서 얻어지는 직무능력을 필요로 한다면, 가장 높은 수준의 직무능력을 필요로 하는 일에 분류하여야 한다.

예 조리와 배달의 직무비중이 같을 경우에는, 조리의 직능수준이 높으므로 조리사로 분류한다.

3) 생산업무 우선 원칙 : 재화의 생산과 공급이 같이 이루어지는 경우는 생산단계에 관련된 업무를 우선적으로 분류한다.

예 한 사람이 빵을 생산하고 판매도 하는 경우에는, 판매원으로 분류하지 않고 제빵사로 분류한다.

48 통계청 경제활동인구조사의 주요 용어에 관한 설명으로 틀린 것은?

① 경제활동인구 : 만 15세 이상 인구 중 취업자와 실업자를 말한다.

② 육아 : 조사대상주간에 주로 미취학자녀(초등학교 입학전)를 돌보기 위하여 집에 있는 경우가 해당한다.

③ 취업준비 : 학교나 학원에 가지 않고 혼자 집이나 도서실에서 취업을 준비하는 경우가 해당된다.

④ 자영업자 : 고용원이 없는 자영업자를 제외한 고용원이 있는 자영업자를 말한다.

콕집어 해설

경제활동인구조사의 주요 용어

- 경제활동인구: 만 15세 이상 인구 중 취업자와 실업자를 말한다.(①)
- 육아: 조사대상주간에 주로 미취학자녀(초등학교 입학전)를 돌보기 위하여 집에 있는 경우가 해당한다.(②)
- 취업준비: 학교나 학원에 가지 않고 혼자 집이나 도서실에서 취업을 준비하는 경우가 해당된다.(③)
- 자영업자: 고용원이 없는 자영업자와 고용원이 있는 자영업자를 말한다.(④)

답 ④

49 국가기술자격 국제의료관광코디네이터의 응시자격으로 틀린 것은?(단, 공인 어학성적 기준요건을 충족한 것으로 가정한다.)

① 보건의료 또는 관광분야의 관련학과로서 대학졸업자 또는 졸업예정자

② 2년제 전문대학 관련학과 졸업자 등으로서 졸업 후 보건의료 또는 관광분야에서 2년 이상 실무에 종사한 사람

③ 관련 자격증(의사, 간호사, 보건교육사, 관광통역안내사, 컨벤션기획사 1·2급)을 취득한 사람

④ 보건의료 또는 관광분야에서 3년 이상 실무에 종사한 사람

콕집어 해설

국제의료관광코디네이터(international medical tour coordinator)

- 업무수행 : 보건의료, 관광, 마케팅, 의학용어 등 관련 지식을 가지고 의료관광 상담, 진료서비스 지원, 의료행위로 인한 리스크 관리, 관광서비스 지원, 통역, 의료관광 마케팅, 행정절차 관리 등의 업무를 수행한다.
- 응시자격
  1) 보건의료 또는 관광분야의 관련학과로서 대학졸업자 또는 졸업예정자(①)
  2) 2년제 전문대학 관련학과 졸업자 등으로서 졸업 후 보건의료 또는 관광분야에서 2년 이상 실무에 종사한 사람(②)
  3) 관련 자격증(의사, 간호사, 보건교육사, 관광통역안내사, 컨벤션기획사1·2급)을 취득한 사람(③)
  4) 보건의료 또는 관광분야에서 4년 이상 실무에 종사한 사람(④).

답 ④

해 3년 이상(×)→4년 이상'

50 **한국표준직업분류(7차)에서 직업의 성립조건에 대한 설명으로 옳은 것은?**

① 사회복지시설 수용자의 시설 내 경제활동은 직업으로 보지 않는다.
② 이자나 주식배당으로 자산 수입이 있는 경우는 직업으로 본다.
③ 자기 집의 가사 활동도 직업으로 본다.
④ 속박된 상태에서의 제반활동이 경제성이나 계속성이 있으면 직업으로 본다.

콕집어 해설

직업으로 보지 않는 활동
- 이자, 주식배당, 임대료(전세금, 월세금) 등과 같은 자산 수입이 있는 경우(②)
- 연금법, 국민기초생활 보장법, 국민연금법 및 고용보험법 등의 사회보장이나 민간보험에 의한 수입이 있는 경우
- 경마, 경륜, 경정, 복권 등에 의한 배당금이나 주식투자에 의한 시세차익이 있는 경우
- 예·적금 인출, 보험금 수취, 차용 또는 토지나 금융자산을 매각하여 수입이 있는 경우
- 자기 집의 가사활동에 전념하는 경우(③)
- 교육기관에 재학하며 학습에만 전념하는 경우
- 시민봉사활동 등에 의한 무급 봉사적인 일에 종사하는 경우
- 사회복지시설 수용자의 시설 내 경제활동(①)
- 수형자의 활동과 같이 법률에 의한 강제노동을 하는 경우(④)
- 도박, 강도, 절도, 사기, 매춘, 밀수와 같은 불법적인 활동의 경우

답 ①

해 ④ 속박된 상태의 경제활동은 직업으로 보지 않는다.

꿰뚫어 보기

직업의 성립조건 [계경 윤사비]
일의 계속성, 경제성, 윤리성과 사회성, 비속박성

51 **한국직업사전에서 사람과 관련된 직무기능 중 "정책을 수립하거나 의사결정을 하기 위해 생각이나 정보, 의견 등을 교환한다"와 관련 있는 것은?**

① 자문 ② 협의
③ 설득 ④ 감독

콕집어 해설

사람과 관련된 직무기능
- 자문 : 전문적인 방식에 따라 사람들의 전인격적인 문제를 상담하고 조언하며 해결책을 제시한다.
- 협의 : 정책을 수립하거나 의사결정을 하기 위해 생각이나 정보, 의견 등을 교환한다.
- 설득 : 상품이나 서비스 등을 구매하도록 권유하고 설득한다.
- 감독 : 작업절차를 결정하거나 작업자들에게 개별 업무를 적절하게 부여하여 작업의 효율성을 높인다.
- 서비스 제공 : 사람들의 요구 또는 필요를 파악하여 서비스를 제공한다. 즉각적인 반응이 수반된다.

답 ②

52 **다음에 해당하는 고용 관련 지원제도는?**

> • 기간제·파견·사내하도급근로자 또는 특수형태업무 종사자를 정규직으로 전환
> • 전일제 근로자의 소정근로시간 단축을 허용
> • 시차출퇴근제, 재택근무제 등 유연근무제를 도입하여 활용

① 고용창출장려금 ② 고용안정장려금
③ 고용유지지원금 ④ 고용환경개선지원

콕집어 해설

고용 관련 지원제
- 고용안정장려금 : 재직 근로자의 일자리 질을 높인 사업주를 지원하는 제도이다.
  위의 사항 외에도 출산육아기 고용안정 지원이 있다.
- 고용창출장려금 : 취약계층·장년을 신중년 적합직무에 고용하거나 교대제 개편, 실근로시간 단축, 시간선택제 일자리 도입 등 근무형태를 변경하여 고용기회를 확대한 사업주를 지원한다.
- 고용유지지원금 : 고용조정이 불가피하게 된 사업주가 고용유지 조치를 실시하는 경우에 지원한다.
- 고용환경개선지원 : 근로자가 최적의 여건에서 근무할 수 있도록 환경을 개선한 사업주를 지원한다.

답 ②

53 구직자에게 일정한 금액을 지원하여 그 범위 이내에서 직업능력개발훈련에 참여할 수 있도록 하고, 훈련이력 등을 개인별로 통합관리하는 제도는?

① 사업주훈련 ② 일학습병행제
③ 국민내일배움카드 ④ 청년취업아카데미

콕집어 해설

국민내일배움카드
- 구직자에게 일정한 금액을 지원하여 그 범위 이내에서 직업능력개발훈련에 참여할 수 있도록 하고, 훈련이력 등을 개인별로 통합관리하는 제도이다.
- 2008년에 도입한 직업능력개발계좌제(2011년부터 '내일배움카드제'라는 별칭 사용)에서 분리하여 운영해 온 실업자와 재직자 내일배움카드를 통합·개편하여 2020년 1월 1일부터 도입·시행하고 있다.

답 ③

국민내일배움카드
1) 발급 가능자 : 실업, 재직, 자영업 여부에 관계없이 카드발급이 가능하다.
2) 발급 제외자 : 공무원, 사립학교 교직원, 졸업예정자 이외 재학생, 연매출액 1억 5천만원 이상의 자영업자, 월 임금 300만원 이상인 대기업 근로자(45세 미만), 특수형태근로 종사자는 제외한다.

54 공공직업정보의 일반적인 특성에 해당되는 것은?

① 필요한 시기에 최대한 활용되도록 한시적으로 신속하게 생산·제공된다.
② 특정 분야 및 대상에 국한되지 않고 전체 산업의 직종을 대상으로 한다.
③ 정보 생산자의 임의적 기준에 따라 관심이나 흥미를 유도할 수 있도록 해당 직업을 분류한다.
④ 유료로 제공된다.

콕집어 해설

민간 직업정보와 공공직업정보의 특성

구분	민간 직업정보	공공 직업정보
정보제공 속성	한시적	지속적
직업분류·구분	생산자의 자의성	기준에 따른 객관성
조사 직업 범위	제한적	포괄적
정보의 구성	완결적 정보체계	기초적 정보체계
타 정보와의 관계	관련성 낮음	관련성 높음
비용	유료	무료

답 ②

해 ①, ③, ④는 '민간 직업정보'의 특성이다.

55 직업정보를 사용하는 목적과 가장 거리가 먼 것은?

① 직업정보를 통해 근로생애를 설계할 수 있다.
② 직업정보를 통해 전에 알지 못했던 직업세계와 직업비전에 대해 인식할 수 있다.
③ 직업정보를 통해 과거의 직업탐색, 은퇴 후 취미활동 등에 필요한 정보를 얻을 수 있다.
④ 직업정보를 통해 일을 하려는 동기를 부여받을 수 있다.

콕집어 해설

직업정보 사용목적
- 직업정보를 통해 근로생애를 설계할 수 있다.(①)
- 직업정보를 통해 일을 하려는 동기를 부여받을 수 있다.(④)
- 직업정보를 통해 전에 알지 못했던 직업세계와 직업비전에 대해 인식할 수 있다.(②)
- 직업정보를 통해 일에 대한 흥미유발과 태도변화를 가져올 수 있다.

답 ③

해 직업정보를 통해 과거의 직업을 탐색하는 것은 아니다.

56 국가 직업훈련에 관한 정보를 검색할 수 있는 정보망은?

① JT-Net ② HRD-Net
③ T-Net ④ Training-Net

콕집어 해설

HRD-Net
- 한국고용정보원이 운영하며, 국가 직업훈련에 관한 정보를 검색할 수 있다.
- 한번의 검색으로 '훈련-자격증-일자리' 정보를 한눈에 조회할 수 있다.

답 ②

57 워크넷의 청소년 대상 심리검사의 종류 중 지필방법으로 실시할 수 없는 것은? [개정]

① 청소년 직업흥미검사
② 고교계열 흥미검사
③ 고등학생 적성검사
④ 청소년 진로발달검사

콕집어 해설

워크넷의 청소년 대상 심리검사
- 고교계열 흥미검사는 2020년부터 서비스가 중단되었다.
- 현재 워크넷의 청소년 대상 직업심리검사 중 '대학 학과(전공) 흥미검사'만 인터넷으로 실시할 수 있다.

답 정답 없음

58 2019 한국직업전망의 직업별 일자리 전망 결과에서 '다소 증가'로 전망되지 않은 것은?

① 항공기조종사 ② 경찰관
③ 기자 ④ 손해사정사

콕집어 해설

한국직업전망의 직업별 일자리 전망
다소 증가 : 연예인, 손해사정사, 경호원, 약사, 보육교사, 노무사, 기자, 직업상담사, 스포츠매니저, 임상심리사, 택배원, 경찰관 등

답 ①

해 '항공기조종사'는 '증가'로 전망된다.

꿰뚫어 보기

- 증가 : 의사, 수의사, 사회복지사, 간호사, 간병인, 컴퓨터보안전문가, 항공기조종사, 변호사, 한의사, 네트워크시스템개발자, 에너지공학기술자 등
- 유지 : 상품판매원, 건축가, 경비원, 초등학교교사, 경리사무원, 조리사, 기계공학기술자, 상품판매원, 금융 및 보험관련 사무원 등
- 다소 감소 : 단순노무자, 사진가, 건축목공업자, 텔레마케터, 조적공, 바텐더, 이용사, 결혼상담원 등
- 감소 : 어업종사자, 인쇄업자 등

59 워크넷에서 제공하는 학과정보 중 자연계열에 해당하는 학과는?

① 도시공학과
② 지능로봇과
③ 바이오산업공학과
④ 바이오섬유소재학과

콕집어 해설

워크넷 학과정보
- 인문계열 : 언어학과, 철학과, 윤리학과, 국제지역학과, 심리학과 등
- 사회계열 : 정치외교학과, 법학과, 경제학과, 행정학과, 비서학과 등
- 교육계열 : 교육학과, 영어교육학과, 유아교육학과 등
- 자연계열 : 수학과, 지구과학과, 수의학과, 아동가족학과, 생명공학과, 바이오산업공학과, 식품공학과, 임산공학과, 동물생명공학과 등
- 공학계열 : 안경광학과, 기계공학과, 건축학과, 조경학과, 섬유공학과, 도시공학과, 지능로봇과, 바이오섬유소재학과 등
- 의약계열 : 의학과, 한의학과, 간호학과, 응급구조과, 방사선과 등
- 예·체능계열 : 성악과, 공예학과, 사진학과, 연극영화과, 체육학과 등

답 ③

꿰뚫어 보기

대부분의 '~공학과'는 공학계열이지만, 생명공학과, 바이오산업공학과, 식품공학과, 임산공학과, 동물생명공학과 등은 자연계열로 분류된다.

60 국가기술자격 종목과 해당 직무분야 연결이 옳지 않은 것은?

① 임상심리사1급 - 보건·의료
② 텔레마케팅관리사 - 경영·회계·사무
③ 직업상담사1급 - 사회복지·종교
④ 어로산업기사-농림어업

콕집어 해설

국가기술자격 종목과 직무분야
- 임상심리사1급 : 보건·의료
- 텔레마케팅관리사 : 영업·판매
- 직업상담사1급 : 사회복지·종교
- 어로산업기사 : 농림어업
- 사회조사분석사, 소비자 전문상담사, 컨벤션기획사, 전산회계운용사 : 경영·회계·사무
- 산업안전기사, 건설안전기사 : 안전관리

답 ②

제4과목 | 노동시장론

61 완전경쟁시장의 치킨매장에서 치킨 1마리를 14000원에 팔고 있다. 그리고 종업원을 시간당 7000원에 고용하고 있다. 이 매장이 이윤을 극대화하기 위해서는 노동의 한계생산이 무엇과 같아질 때까지 고용을 늘려야 하는가?

① 시간당 치킨 1/2마리 ② 시간당 치킨 1마리
③ 시간당 치킨 2마리 ④ 시간당 치킨 4마리

콕집어 해설

이윤극대화 조건
- 완전경쟁 노동시장에서의 이윤의 극대화는, 노동의 한계생산물 가치($VMP_L = P \times MP_L$) = 임금(W)에서 고용량을 결정해야 달성된다. (단, P는 가격, MP_L은 노동의 한계생산)
- $VMP_L = 14000 \times MP_L = 7000$(W)에서 노동의 한계생산($MP_L$)은 1/2이므로, 이 매장은 시간당 치킨 1/2마리가 될 때까지 고용을 늘려야 한다.

답 ①

62 다음 중 생산성을 향상시키는 요인과 가장 거리가 먼 것은?

① 노동조합 조합원 수의 증가
② 자본 절약적 기술혁신
③ 자본의 질적 증가
④ 노동의 질적 향상

콕집어 해설

생산성 향상 요인
- 자본 절약적 기술혁신
- 자본의 질적 증가
- 노동의 질적 향상
- 기술진보

답 ①

해 '노동조합 조합원 수의 증가'는 생산성을 향상시키는 요인이라고 보기 어렵다.

63 기업은 조합원이 아닌 노동자를 채용할 수 있고 채용된 근로자가 노동조합 가입 여부에 상관없이 기업의 종업원으로 근무하는데 아무 제약이 없는 숍 제도는?

① 클로즈드 숍　　② 유니온 숍
③ 에이전시 숍　　④ 오픈 숍

콕집어 해설

숍 제도
- 오픈 숍(open shop) : 고용주가 조합원, 비조합원 모두를 고용할 수 있는 제도이다.
  노동조합 확대에 가장 불리하다.
- 유니온 숍(union shop) : 고용주가 조합원 가입여부와 관계없이 신규채용이 가능하나, 채용 후 일정기간 내 반드시 노동조합에 가입하도록 해야 하는 제도이다.
  오픈숍과 클로즈드숍의 중간 형태이다.
- 클로즈드 숍(closed shop) : 노동조합에 가입한 노동자만을 채용할 수 있다.
  노동조합 확대가 용이해서 노동조합 측에 가장 유리한 제도이다.

답 ④

64 준고정적 노동비용에 해당하지 않는 것은?

① 퇴직금　　② 건강보험
③ 유급휴가　　④ 초과근무수당

콕집어 해설

준고정적 노동비용
노동자의 채용·선별비용, 채용 후 훈련비용, 기업부담의 실업보험·퇴직금·유급휴가·건강보험 등과 같은 부가급여를 비임금 비용이라 하고,이는 준고정적 노동비용에 해당한다.

답 ④

해 초과근무수당은 불규칙적으로 지급되는 '변동적 임금'이다.

65 성과급제도의 장점으로 가장 적합한 것은?

① 직원 간 화합이 용이하다.
② 근로의 능률을 자극할 수 있다.
③ 임금의 계산이 간편하다.
④ 확정적 임금이 보장된다.

콕집어 해설

성과급제도의 장·단점
장점
1) 작업성과와 임금이 정비례하므로 노동자에게 합리성과 공평감을 준다.
2) 작업능률을 자극함으로써 생산성 제고·원가절감·노동자의 소득증대에 효과가 있다.
3) 시간급제보다 원가계산이 용이하다.

단점
1) 표준단가의 결정과 정확한 작업량의 측정이 어렵다.
2) 무리한 노동의 결과로 과로와 조직적 태업을 유발할 가능성이 있다.
3) 노동자의 수입이 불안정하고 미숙련자에게는 불리하다.
4) 작업량에만 치중하므로 제품의 품질저하가 나타날 수 있다.
5) 기계설비의 소모가 심하다..

답 ②

해 ①, ③, ④는 '고정급제'의 장점이다

꿰뚫어 보기

성과급제
1) 노동의 성과를 측정하여 성과에 따라 임금을 산정·지급하는 능률급제이며 변동급제의 임금형태이다.
2) 실시조건
  ㄱ. 생산량이 객관적으로 측정이 가능할 경우
  ㄴ. 근로자의 노력과 생산량과의 관계가 명확할 경우
  ㄷ. 직무가 표준화되어 있고 작업의 흐름이 정규적인 경우
  ㄹ. 생산물의 질이 생산량보다 덜 중요하거나 그 질이 일정한 경우

66 파업의 경제적 손실에 대한 설명으로 틀린 것은?

① 노동조합 측 노동소득의 순상실분은 해당기업에서의 임금소득의 상실보다 훨씬 적을 수 있다.
② 사용자 이윤의 순감소분은 직접적인 생산중단에서 오는 것보다 항상 더 크다.
③ 파업에 따르는 사회적 비용은 제조업보다 서비스업에서 더 큰 것이 보통이다.
④ 파업에 따르는 생산량감소는 타산업의 생산량증가로 보충하기도 한다.

콕집어 해설

파업의 경제적 손실

- 노동조합 측 노동소득의 순상실분은 해당기업에서의 임금소득의 상실보다 훨씬 적을 수 있다.(①)
  - 이유 : 노동조합의 파업수당을 수령하거나 임시직으로 취업하여 소득활동을 할 수도 있기 때문이다.
- 사용자 이윤의 순감소분은 직접적인 생산중단에서 오는 것보다 적을 수 있다.(②)
  - 이유 : 파업에 대비하여 재고량을 쌓아 놓거나 파업에 참여하지 않은 근로자들을 생산에 투입하기도 하고 파업참여 근로자들의 임금을 줄이는 동시에 생산중단으로 원재료 비용을 절감할 수 있기 때문이다.
- 파업에 따르는 사회적 비용은 제조업보다 서비스업에서 더 큰 것이 보통이다.(③)
  - 이유 : 파업의 발생으로 경제 전체의 서비스 생산 및 소비수준을 하락시키기 때문이다.
- 파업에 따르는 생산량감소는 타산업의 생산량증가로 보충하기도 한다.(④)
- 파업기간이 길어지면 경제적 손실은 증가한다.

답 ②

해 항상 더 크다(×)→'적을 수 있다'

67 근로기준법에 경영상 이유에 의한 해고, 탄력적 근로시간제 등의 조항이 등장하고 파견근로자 보호 등에 관한 법률이 제정된 이유로 가장 타당한 것은?

① 획일화되는 사회에 적응하기 위함이다.
② 노동조합의 전투성을 진정시키기 위함이다.
③ 외부자보다는 내부자를 보호하기 위함이다.
④ 불확실한 시장상황에 기업이 신속하게 대응할 수 있도록 하기 위함이다.

콕집어 해설

기업의 인력운영 유연성 확보정책

- 불확실한 시장상황에 기업이 신속하게 대응할 수 있도록 하기 위함이다.
- 노동시장의 유연성 높이기 위한 방책 : 브룬헤스(B. Brunhes)
  1) 외부적 수량적 유연성 : 유연한 해고 등 근로자 수 조정, 고용형태의 다양화
  2) 내부적 수량적 유연성 : 탄력적 근로시간제, 재고용 보장의 일시해고 등
  3) 작업의 외부화 : 파견근로자의 사용 등
  4) 기능적 유연성 : 사내직업훈련의 실시 등
  5) 임금 유연성 : 성과급제나 연봉제의 도입 등과 같은 임금체계의 변화

답 ④

68 기업의 종업원주식소유제 또는 종업원지주제 도입의 목적이 아닌 것은?

① 새로운 일자리 창출
② 기업재무구조의 건전화
③ 종업원에 의한 기업인수로 고용안정 도모
④ 공격적 기업 인수 및 합병에 대한 효과적 방어수단으로 활용

콕집어 해설

종업원지주제(우리사주제)

- 기업이 종업원에게 자사의 주식을 배분·소유하게 하는 제도이다.
- 목적
  1) 기업재무구조의 건전화(②)
  2) 종업원에 의한 기업인수로 고용안정 도모(③)
  3) 공격적 기업 인수 및 합병에 대한 효과적 방어수단으로 활용(④)
  4) 종업원의 공로에 대한 보수
  5) 자사에 대한 귀속의식 고취
  6) 회사와의 일체감 조성
  7) 근로의욕 고취와 노사관계의 안정 추구
  8) 자본조달에 활용

답 ①

해 '새로운 일자리 창출'은 관계없다.

69 효율임금가설에 대한 설명으로 틀린 것은?

① 효율임금은 생산의 임금탄력성이 1이 되는 점에서 결정된다.
② 효율임금은 전문직과 같이 노동자들의 생산성을 관측하기 어려운 경우 채택될 가능성이 높다.
③ 효율임금은 경쟁임금수준보다 높으므로 개별기업의 이윤극대화를 가져다주는 임금이라 할 수 없다.
④ 효율임금은 임금인상에 따른 한계생산이 임금의 평균생산과 일치하는 점에서 결정된다.

콕집어 해설

효율임금가설

- 시장의 균형임금보다 높은 임금을 지급함으로써 더 높은 생산성을 얻음으로써 개별기업의 이윤극대화를 도모한다.(③)
- 효율임금은 임금의 증가율보다 생산량의 증가율이 커야만 도입 가능함으로 생산의 임금탄력성(생산량의 증가율/임금의 증가율)이 1이 되는 점에서 결정된다.(①)
- 효율임금은 전문직과 같이 노동자들의 생산성을 관측하기 어려운 경우 채택될 가능성이 높다.(②)
- 효율임금은 임금인상에 따른 한계생산이 임금의 평균생산과 일치하는 점에서 결정된다.(④)

답 ③

해 임금이라 할 수 없다(×)→"할 수 있다"

꿰뚫어 보기

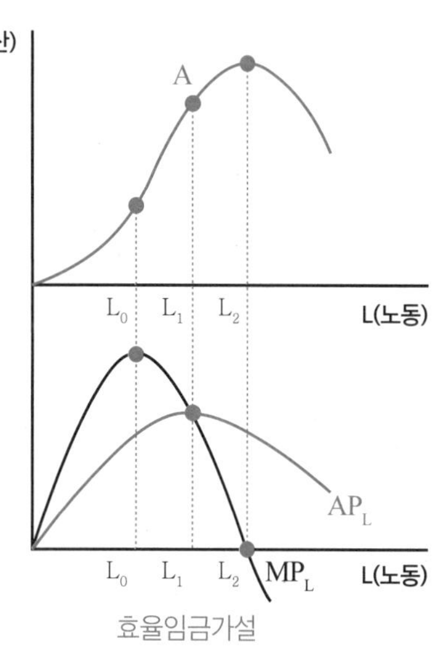

효율임금가설

A점이 생산의 임금탄력성이 1이 되는 점이며, 한계생산이 임금의 평균생산과 일치하는 점이다.

70 마르크스(K. Marx)에 의하면 기술진보로 인하여 상대적 과잉인구가 발생하게 되는데 이를 무슨 실업이라 하는가?

① 마찰적 실업 ② 구조적 실업
③ 기술적 실업 ④ 경기적 실업

콕집어 해설

기술적 실업

자본이 노동을 대체하거나 또는 기술진보로 인하여 상대적 과잉인구가 발생하면서 실업이 발생한다는 마르크스의 실업이론이다.

답 ③

꿰뚫어 보기

실업

1) 마찰적 실업 : 신규 또는 전직자가 직업을 찾는 과정에서 직업정보 부족으로 인해 일시적으로 발생하는 자발적 실업이다.
2) 구조적 실업 : 산업(경제)구조 변화에 노동력 공급이 적절히 대응하지 못해서 발생한다.
3) 경기적 실업 : 불경기 때 발생하는 대표적인 수요부족 실업이다.
4) 계절적 실업 : 기후나 계절의 변화에 따라 노동수요의 변화가 심한 부문에서 발생하는 일시적 실업이다.

71 노동의 공급곡선에 대한 설명 중 틀린 것은?

① 일정 임금수준 이상이 될 때 노동의 공급곡선은 후방굴절부분을 가진다.
② 임금과 노동시간 사이에 음(-)의 관계가 존재할 경우 임금률의 변화 시 소득효과가 대체효과보다 작다.
③ 임금과 노동시간과의 관계이다.
④ 노동공급의 증가율이 임금상승률보다 높다면 노동공급은 탄력적이다.

콕집어해설

노동의 공급곡선
- 임금과 노동시간과의 관계이다.(③)
- 일정 임금수준 이상이 될 때 노동의 공급곡선은 후방굴절부분을 가진다.(①)
- 임금과 노동시간 사이에 음(-)의 관계가 존재할 경우 임금률의 변화 시 소득효과가 대체효과보다 크다.(②)
- 노동공급의 증가율이 임금상승률보다 높다면 노동공급은 탄력적이다.(④)

답 ②

해 작다(×)→'크다'
④ '노동공급의 탄력성'은 노동공급의 증가율(%)/임금상승률(%)이므로, 노동공급의 증가율이 임금상승률보다 높다면 노동공급은 탄력적이 된다.

꿰뚫어 보기

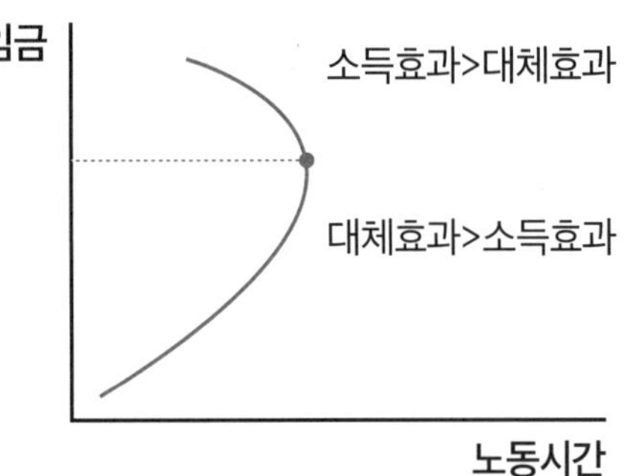

72 노동시장과 실업에 관한 설명으로 틀린 것은?

① 최저임금제는 비숙련 노동자에게 해당된다.
② 해고자, 취업대기자, 구직포기자는 실업자에 포함된다.
③ 효율성임금은 노동자의 이직을 막기 위해 시장균형 임금보다 높다.
④ 최저임금, 노동조합 또는 직업탐색 등이 실업의 원인에 포함된다.

콕집어해설

노동시장과 실업
- 최저임금제는 비숙련 노동자에게 해당된다.(①)
- 효율성임금은 노동자의 이직을 막기 위해 시장균형 임금보다 높다.(③)
- 최저임금, 노동조합 또는 직업탐색 등이 실업의 원인에 포함된다.(④)
- 해고자가 적극적 구직활동을 하면 실업자로 분류하고 취업대기자는 취업자로, 구직포기자는 비경제활동인구로 분류된다.(②)

답 ②

73 내부노동시장의 형성요인이 아닌 것은?

① 기술변화에 따른 산업구조 변화
② 장기근속 가능성
③ 위계적 직무서열
④ 기능의 특수성

콕집어 해설

내부노동시장의 형성요인 : 도린저와 피오르(Doeringer & Piore)

1) 숙련의 특수성 : 기업이 숙련의 특수성을 보존하기 위해 내부 노동력을 유지하려고 노력함으로써 내부노동시장이 형성된다.(④)
2) 현장훈련 : 실제 직무수행에 사용되는 선임자의 기술 및 숙련이 현장훈련을 통해 후임자에게로 전수됨으로써 내부노동시장이 형성된다.
3) 기업내 관습 : 고용의 안정성에서 형성된 기업내 관습은 노동관계의 각종 사항을 규율함으로써 내부노동시장을 형성하는 요인이 된다.(③)
4) 기업의 규모와 장기근속 : 기업의 규모와 장기근속은 조직 내 업무분담과 인원을 관리하기 위한 조직을 형성시킴으로써 내부노동시장을 형성하게 된다.(②)

답 ①

해 ③ '위계적 직무서열'은 관습적 내용이다.

꿰뚫어 보기

내부노동시장

1) 개념 : 하나의 기업이나 사업장 내에서 이루어지는 노동시장이다.
2) 특징
(1) 내부노동시장에서의 임금, 직무배치 및 승진은 기업 내 정해진 규칙과 절차에 의해 결정된다.
(2) 제1차 노동자와 장기노동자로 구성된다.
(3) 고용계약 형태가 단순하고 승진제도가 중요한 역할을 한다.
3) 장·단점
(1) 징점
ㄱ. 우수한 인적자원의 확보
ㄴ. 승진 또는 배치전환을 통한 동기유발 효과
ㄷ. 생산성 향상을 통한 경쟁력 제고
ㄹ. 고임금 및 장기 고용유지를 위한 지불능력 보유
(2) 단점
ㄱ. 인력의 경직성
ㄴ. 관리비용의 증가
ㄷ. 높은 노동비용
ㄹ. 기술변화로 인한 재훈련비용의 증가

74 임금의 경제적 기능에 대한 설명으로 틀린 것은?

① 임금결정에서 기업주는 동일노동 동일임금을 선호하고 노동자는 동일노동 차등임금을 선호한다.
② 기업주에게는 실질임금이 중요성을 가지나 노동자에게는 명목임금이 중요하다.
③ 기업주에서 본 임금과 노동자 입장에서 본 임금의 성격상 상호배반적인 관계를 갖는다.
④ 임금은 인적자본에 대한 투자수요결정의 변수로서 중요한 역할을 한다.

콕집어 해설

임금의 경제적 기능

- 임금결정에서 기업주는 임금차이를 선호하고 노동자는 동일노동 동일임금을 선호한다.(①)
- 기업주에게는 실질임금이 중요성을 가지나 노동자에게는 명목임금이 중요하다.(②)
- 기업주에서 본 임금과 노동자 입장에서 본 임금의 성격상 상호배반적인 관계를 갖는다.(③)
- 임금은 인적자본에 대한 투자수요결정의 변수로서 중요한 역할을 한다.(④)

답 ①

75 분단노동시장(segmented labor market) 가설의 출현배경과 가장 거리가 먼 것은?

① 능력분포와 소득분포의 상이
② 교육개선에 의한 빈곤퇴치 실패
③ 소수인종에 대한 현실적 차별
④ 동질의 노동에 동일한 임금

콕집어해설

분단노동시장(segmented labor market) 가설

- 신고전학파의 경쟁노동시장가설을 비판한 제도학파의 노동시장이론이다.
- 사회제도의 힘에 의해 임금과 고용이 결정된다고 주장한다.
- 인적자본이론가들의 교육훈련은 빈곤퇴치에 실패했으며, 생산성의 향상보다는 채용 시 선별장치로 이용될 뿐이라고 주장한다.(②)
- 노동시장은 상호 간 이동이 단절되어 있고, 임금과 근로조건이 현저한 차이를 보이는 분단된 상태의 시장이다.
- 소득불평등은 능력 때문이 아니라, 시장구조, 계급구조 등 제도적 요인에서 비롯된다.(①)
- 노동시장의 공급 측면에 대한 정부 개입이나 지원을 지나치게 강조하는 것에 대해 부정적이다.
- 공공적인 고용기회의 확대나 임금보조, 차별대우 철폐를 주장한다.
- 내부노동시장의 중요성을 강조한다.
- 노동의 인간화를 도모하기 위한 의식적인 정책노력이 필요하다.
- 소수인종에 대한 현실적 차별을 비판한다.(③)

답 ④

해 '동질의 노동에 동일한 임금'은 경쟁노동시장의 가설이다.

꿰뚫어 보기

분단노동시장가설의 주요 이론

1) 이중노동시장이론 : 노동시장이 1차·2차 노동시장으로 구분되고 두 시장 간 노동력 이동은 매우 제한적이며 임금 및 고용구조에서도 많은 차이를 보인다는 이론이다.
2) 내부노동시장이론 : 기업 내의 규칙이나 관리가 노동시장의 기능을 대신함으로써 기업 내부에 노동시장이 형성되어 내부시장과 외부시장으로 분리된다는 이론이다.

76 경제활동인구조사에서 취업자로 분류되는 사람은?

① 명예퇴직을 하여 연금을 받고 있는 전직 공무원
② 하루 3시간씩 구직활동을 하고 있는 전직 은행원
③ 하루 1시간씩 학교 부근 식당에서 아르바이트를 하고 있는 대학생
④ 하루 2시간씩 남편의 상점에서 무급으로 일하는 기혼여성

콕집어해설

취업자

- 최근 지정된 1주일 동안 수입이 있는 일에 1시간 이상 일한 자
- 가족이 경영하는 기업이나 농장에서 수입을 높이는데 도움을 준 무급 가족 종사자로서 주당 18시간 이상 일한 자
- 일시적인 질병, 일기불순, 휴가 또는 연가, 노동쟁의 등의 이유로 일하지 않고 있는 일시적인 휴직자

답 ③

77 다음 중 구조적 실업에 대한 대책과 가장 거리가 먼 것은?

① 경기활성화
② 직업전환교육
③ 이주에 대한 보조금
④ 산업구조변화 예측에 따른 인력수급정책

콕집어해설

구조적 실업

- 특징 : 비수요부족 실업이며, 비자발적이고 장기적 실업이다.
- 원인
  1) 구인처에서 요구하는 자격을 갖춘 근로자가 없는 경우에 발생한다.
  2) 지역 간·산업 간 노동력 수급의 불균형 현상에서 발생한다.
  3) 기업이 효율성 임금을 지불할 경우 발생할 수 있다.
- 대책
  1) 산업(경제)구조 변화 예측에 따른 인력수급정책
  2) 지역간 이동을 촉진시키는 지역이주금 보조
  3) 노동자의 전직과 관련된 적절한 재훈련

답 ①

해 '경기활성화'는 경기적 실업에 대한 대책이다.

78 임금상승의 소득효과가 대체효과보다 클 경우, 노동공급곡선의 형태는?

① 우상승한다. ② 수평이다.
③ 좌상승한다. ④ 변함없다.

콕집어 해설

노동공급곡선

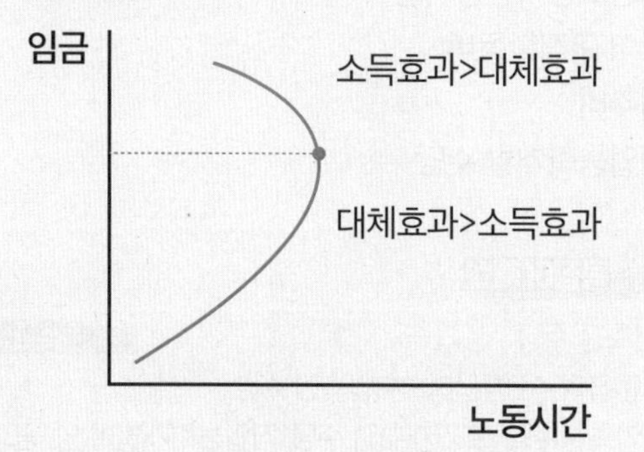

답 ③

해 '후방굴절'과 같은 말이다.

소득의 증가에 따른 노동시간의 효과

1) 대체효과 : 임금이 상승하면 여가에 활용하는 시간이 상대적으로 비싸짐으로 근로자는 여가를 줄이고 노동시간을 늘린다.
2) 소득효과 : 임금상승으로 실질소득이 증가하므로 근로자는 노동시간을 줄이고 여가시간과 소비재 구입을 늘린다.

79 외국인 노동자들의 모든 근로가 합법화되었을 때 외국인 노동수요의 임금탄력성이 0.6이고 임금이 15% 상승하면, 외국인 노동자들에 대한 수요는 몇 % 감소하는가?

① 6% ② 9%
③ 12% ④ 15%

콕집어 해설

노동수요의 임금탄력성

$$\text{노동수요의 임금탄력성} = \frac{\text{노동수요량의 변화율}(\%)}{\text{임금의 변화율}(\%)}$$

$$\frac{\text{노동수요량의 변화율}(\%)}{15(\%)} = 0.6 \text{ 이므로,}$$

노동수요량의 변화율 = 15(%) × 0.6 = 9(%)이다.
그러므로 노동수요량은 9% 감소한다.

답 ②

80 다음 중 시장균형임금보다 임금수준이 높게 유지되는 경우에 해당되지 않는 것은?

① 인력의 부족
② 노동조합의 존재
③ 최저임금제의 시행
④ 효율성임금 정책 도입

콕집어 해설

임금의 하방 경직성 [최강 노화장 효]

1) 개념 : 한번 오른 임금이 경제여건의 변화에도 떨어지지 않은 채 그 수준을 유지하려는 경향을 말한다.
2) 이유
   ㄱ. 최저임금제의 실시
   ㄴ. 강력한 노동조합의 존재
   ㄷ. 노동자의 역선택 발생 가능성
   ㄹ. 화폐환상
   ㅁ. 장기 근로계약
   ㅂ. 효율성 임금정책

답 ①

제5과목 | 노동관계법규

81 **고용상 연령차별금지 및 고령자고용촉진에 관한 법령상 고령자와 준고령자의 정의에 관한 설명으로 옳은 것은?**

① 고령자는 55세 이상인 사람이며, 준고령자는 50세 이상 55세 미만인 사람으로 한다.
② 고령자는 60세 이상인 사람이며, 준고령자는 55세 이상 60세 미만인 사람으로 한다.
③ 고령자는 58세 이상인 사람이며, 준고령자는 55세 이상 58세 미만인 사람으로 한다.
④ 고령자는 65세 이상인 사람이며, 준고령자는 60세 이상 65세 미만인 사람으로 한다.

콕집어 해설

고령자와 준고령자의 정의
- 고령자는 55세 이상인 사람을 말한다.
- 준고령자는 50세 이상 55세 미만인 사람으로 한다.

답 ①

82 **직업안정법령상 일용근로자 이외의 직업소개를 하는 유료직업소개사업자의 장부 및 서류의 비치 기간으로 옳은 것은?**

① 종사자명부 : 3년
② 구인신청서 : 2년
③ 구직신청서 : 1년
④ 금전출납부 및 금전출납 명세서 : 1년

콕집어 해설

유료직업소개사업자의 장부 및 서류의 비치 기간
종사자명부, 구인신청서, 구직신청서, 금전출납부 및 금전출납 명세서의 비치 기간은 모두 '2년'이다.

답 ②

83 **고용보험법령상 취업촉진 수당에 해당하지 않는 것은?**

① 여성고용촉진장려금
② 광역 구직활동비
③ 이주비
④ 직업능력개발 수당

콕집어 해설

취업촉진 수당 [조직광이]
- 실업급여 = 구직급여 + 취업촉진 수당
- 취업촉진수당 : 조기재취업 수당, 직업능력개발 수당, 광역 구직활동비, 이주비

답 ①

84 **남녀고용평등과 일·가정 양립 지원에 관한 법률상 직장 내 성희롱에 관한 설명으로 틀린 것은?**

① 사업주, 상급자 또는 근로자는 직장 내 성희롱을 하여서는 아니 된다.
② 사업주는 직장 내 성희롱 예방 교육을 매년 실시하여야 한다.
③ 고용노동부장관은 성희롱 예방 교육기관이 1년 동안 교육 실적이 없는 경우 그 지정을 취소할 수 있다.
④ 사업주는 직장 내 성희롱 발생 사실을 알게 된 경우에는 지체 없이 그 사실 확인을 위한 조사를 하여야 한다.

콕집어 해설

직장 내 성희롱 및 관련 사항

- 사업주, 상급자 또는 근로자는 직장 내 성희롱을 하여서는 아니 된다.(①)
- 사업주 및 근로자는 성희롱 예방교육을 받아야 한다.
- 사업주는 직장 내 성희롱 예방 교육을 연1회 이상 실시하여야 한다.(②)
- 사업주는 성희롱 예방교육의 내용을 근로자가 자유롭게 열람할 수 있는 장소에 항상 게시하거나 갖추어 두어 근로자에게 널리 알려야 한다.
- 사업주는 직장 내 성희롱 발생 사실을 알게 된 경우에는 지체 없이 그 사실 확인을 위한 조사를 하여야 한다.(④)
- 파견근로에 성희롱 예방교육을 실시해야 하는 사업주는 파견사업주가 아닌 사용사업주이다.
- 성희롱 예방교육은 사업규모나 특성 등을 고려하여 직원연수·조회·회의, 인터넷 등 정보통신망을 이용한 사이버 교육 등을 통해 실시할 수 있다.
- 단순히 교육자료 등을 배포·게시하거나 전자우편을 보내거나 게시판에 공지하는 데 그치는 등 근로자에게 교육내용이 제대로 전달되었는지 확인하기 곤란한 경우에는 예방교육을 한 것으로 보지 않는다.
- 고용노동부장관은 성희롱 예방 교육기관이 2년 동안 교육 실적이 없는 경우 그 지정을 취소할 수 있다.(③)

답 ③

해 1년(×)→'2년'

85 근로기준법령상 정의규정에 관한 설명으로 옳게 명시되지 않은 것은?

① 근로자라 함은 직업의 종류를 불문하고 임금·급료 기타 이에 준하는 수입에 의하여 생활하는 자를 말한다.

② 근로계약이란 근로자가 사용자에게 근로를 제공하고 사용자는 이에 대하여 임금을 지급하는 것을 목적으로 체결된 계약을 말한다.

③ 임금이란 사용자가 근로의 대가로 근로자에게 임금, 봉급, 그 밖에 어떠한 명칭으로든지 지급하는 일체의 금품을 말한다.

④ 사용자란 사업주 또는 사업 경영 담당자, 그밖에 근로자에 관한 사항에 대하여 사업주를 위하여 행위하는 자를 말한다.

콕집어 해설

근로기준법령상 정의규정

- 근로자라 함은 직업의 종류와 관계없이 임금을 목적으로 사업이나 사업장에 근로를 제공하는 자를 말한다.(①)
- 근로계약이란 근로자가 사용자에게 근로를 제공하고 사용자는 이에 대하여 임금을 지급하는 것을 목적으로 체결된 계약을 말한다.(②)
- 임금이란 사용자가 근로의 대가로 근로자에게 임금, 봉급, 그 밖에 어떠한 명칭으로든지 지급하는 일체의 금품을 말한다.(③)
- 사용자란 사업주 또는 사업 경영 담당자, 그밖에 근로자에 관한 사항에 대하여 사업주를 위하여 행위하는 자를 말한다.(④)

답 ①

해 '노동조합 및 노동관계조정법'의 근로자에 대한 정의이다.

 **꿰뚫어 보기**

'근로자'의 법률상 정의

1) '근로자'란 직업의 종류와 관계없이 임금을 목적으로 사업이나 사업장에 근로를 제공하는 자를 말한다.
   ☞ 근로기준법, 근로복지기본법, 근로자퇴직급여 보장법, 산업안전보건법, 근로자참여 및 협력증진에 관한 법률, 고용상 연령차별금지 및 고령자고용촉진에 관한 법률

2) '근로자'란 사업주에게 고용된 사람과 취업할 의사를 가진 사람을 말한다.
   ☞ 고용정책 기본법, 근로자직업능력 개발법, 남녀고용평등과 일·가정 양립 지원에 관한 법률

3) '근로자'라 함은 직업의 종류를 불문하고 임금·급료 기타 이에 준하는 수입에 의하여 생활하는 자를 말한다.
   ☞ 노동조합 및 노동관계조정법

86 고용보험법의 적용제외 대상이 아닌 자는?(단, 기타 사항은 고려하지 않음)?

① 3개월 이상 계속하여 근로를 제공하는 자

② 「지방공무원법」에 따른 공무원

③ 「사립학교교직원 연금법의 적용」을 받는 자

④ 「별정우체국법」에 따른 별정우체국 직원

족집어 해설

적용 제외 근로자

1) 1개월간 소정근로시간이 60시간 미만인 자(1주간의 소정근로시간이 15시간 미만인 자를 포함), 단 3개월 이상 계속하여 근로를 제공하는 자와 일용근로자는 적용대상에 포함(①)
2) 「국가공무원법」과 「지방공무원법」에 따른 공무원(단, 대통령령으로 정하는 바에 따라 별정직공무원 및 임기제공무원의 경우
   본인의 의사에 따라 실업급여에 한하여 가입 가능)(②)
3) 「사립학교교직원연금법」의 적용을 받는 자(③)
4) 「별정우체국법」에 따른 별정우체국 직원(④)

답 ①

해 '3개월 이상 계속하여 근로를 제공하는 자'나 '일용근로자'는 적용대상에 포함한다.

꿰뚫어 보기

고용보험법 적용범위 사업 및 사업장 : 고용보험법은 근로자를 사용하는 모든 사업 또는 사업장에 적용한다.
다만, 대통령령으로 정하는 다음의 사업에 대하여는 적용하지 아니한다.

1) 농업·임업 및 어업 중 법인이 아닌 자가 상시 4명 이하의 근로자를 사용하는 사업
2) 「고용보험 및 산업재해보상보험의 보험료징수 등에 관한 법률 시행령」에 따른 총 공사금액이 2천만원 미만인 공사 또는 연면적이 100제곱미터 이하인 건축물의 건축이나 연면적이 200제곱미터 이하인 건축물의 대수선에 관한 공사(단, 건설업자, 주택건설사업자, 전기공사업자, 정보통신공사업자, 소방시설업자, 문화재수리업자가 시공하는 공사는 적용사업에 포함)
3) 가구 내 고용활동 및 달리 분류되지 아니한 자가소비 생산활동

87 남녀고용평등과 일·가정양립지원에 관한 법령상 남녀의 평등한 기회보장 및 대우에 관한 설명으로 틀린 것은?

① 사업주는 동일한 사업 내의 동일 가치 노동에 대하여는 동일한 임금을 지급하여야 한다.
② 사업주가 임금차별을 목적으로 설립한 별개의 사업은 별개의 사업으로 본다.
③ 사업주는 근로자를 모집하거나 채용할 때 남녀를 차별하여서는 아니 된다.
④ 사업주는 여성 근로자의 출산을 퇴직 사유로 예정하는 근로계약을 체결하여서는 아니 된다.

족집어 해설

남녀의 평등한 기회보장 및 대우

- 사업주는 동일한 사업 내의 동일 가치 노동에 대하여는 동일한 임금을 지급하여야 한다.(①)
- 사업주가 임금차별을 목적으로 설립한 별개의 사업은 동일한 사업으로 본다.(②)
- 사업주는 근로자를 모집하거나 채용할 때 남녀를 차별하여서는 아니 된다.(③)
- 사업주는 여성 근로자의 출산을 퇴직 사유로 예정하는 근로계약을 체결하여서는 아니 된다.(④)

답 ②

해 별개의 사업(×) → '동일한 사업'

88 고용정책기본법령상 대량 고용변동의 신고기준 중 ( )에 들어갈 숫자의 연결이 옳은 것은?

1. 상시 근로자 300명 미만을 사용하는 사업 또는 사업장 : (ㄱ)명 이상
2. 상시 근로자 300명 이상을 사용하는 사업 또는 사업장 : 상시 근로자 총수의 100분의 (ㄴ) 이상

	ㄱ	ㄴ
①	10	20
②	10	30
③	30	10
④	30	20

콕집어 해설

대량 고용변동의 신고기준(고용정책기본법)

- 상시 근로자 300명 미만을 사용하는 사업 또는 사업장 : 30명 이상
- 상시 근로자 300명 이상을 사용하는 사업 또는 사업장 : 상시 근로자 총수의 100분의 10이상

답 ③

꿰뚫어 보기

'근로기준법'상 사용자는 1개월 동안 다음과 같은 일정 규모 이상의 인원을 해고하려면 최초로 해고하려는 날의 30일 전까지 고용노동부장관에게 신고해야 한다.

1) 상시 근로자가 99명 이하인 사업 또는 사업장 : 10명 이상
2) 상시 근로자가 100명 이상 999명 이하인 사업 또는 사업장 : 상시 근로자 수의 10% 이상
3) 상시 근로자가 1,000명 이상인 사업 또는 사업장 : 100명 이상

89 국민평생 직업능력 개발법령상 다음 (   )에 알맞은 숫자를 옳게 연결한 것은?

> 사업주는 훈련계약을 체결할 때에는 해당 직업능력개발훈련을 받는 사람이 직업능력개발훈련을 이수한 후에 사업주가 지정하는 업무에 일정 기간 종사하도록 할 수 있다. 이 경우 그 기간은 (ㄱ)년 이내로 하되, 직업능력개발훈련기간의 (ㄴ)배를 초과할 수 없다.

	ㄱ	ㄴ
①	3	2
②	3	3
③	5	2
④	5	3

콕집어 해설

훈련계약의 체결

사업주는 훈련계약을 체결할 때에는 해당 직업능력개발훈련을 받는 사람이 직업능력개발훈련을 이수한 후에 사업주가 지정하는 업무에 일정 기간 종사하도록 할 수 있다. 이 경우 그 기간은 5년 이내로 하되, 직업능력개발훈련기간의 3배를 초과할 수 없다.

답 ④

90 다음 중 근로기준법상 1순위로 변제되어야 하는 채권은?

① 우선권이 없는 조세·공과금
② 최종 3개월분의 임금
③ 질권·저당권에 의해 담보된 채권
④ 최종 3개월분의 임금을 제외한 임금채권 전액

콕집어 해설

1순위 변제 채권

우선변제 1순위 채권은 최종 3개월분의 임금, 최종 3년간의 퇴직금, 재해보상금이다.

답 ②

91 헌법이 보장하는 근로3권의 설명으로 <u>틀린</u> 것은?

① 단결권은 근로조건의 향상을 도모하기 위하여 근로자와 그 단체에게 부여된 단결체 조직 및 활동, 가입, 존립보호 등을 위한 포괄적 개념이다.
② 단결권이 근로자 집단의 근로조건의 향상을 추구하는 주체라면, 단체교섭권은 그 목적 활동이고, 단체협약은 그 결실이라고 본다.
③ 단체교섭의 범위는 근로자들의 경제적·사회적 지위 향상에 관한 것으로 단체교섭의 주체는 원칙적으로 근로자 개인이 된다.
④ 단체행동권의 보장은 개개 근로자와 노동조합의 민·형사상 책임을 면제시키는 것이므로 시민법에 대한 중대한 수정을 의미한다.

콕집어 해설

근로3권(노동3권)

- 노동3권은 단결권, 단체교섭권, 단체행동권이다.
- 단결권의 주체는 근로자 및 노동조합이며, 단체교섭권 및 단체행동권의 행사주체는 노동조합이다(근로자 개인은 행사주체가 될 수 없음)(③)
- 사용자는 단체행동권의 주체는 아니지만 노동조합의 단체행동권 행사에 대항하여 쟁의행위를 할 수 있는데, 이것을 직장폐쇄라고 한다. 즉, 사용자는 단체행동권의 주체는 될 수 없으나 쟁의행위의 주체는 될 수 있다.
- 단결권은 근로조건의 향상을 도모하기 위하여 근로자와 그 단체에게 부여된 단결체 조직 및 활동, 가입, 존립보호 등을 위한 포괄적 개념이다.(①)
- 단결권이 근로자 집단의 근로조건의 향상을 추구하는 주체라면, 단체교섭권은 그 목적 활동이고, 단체협약은 그 결실이라고 본다.(②)
- 단체행동권의 보장은 개개 근로자와 노동조합의 민·형사상 책임을 면제시키는 것이므로 시민법에 대한 중대한 수정을 의미한다.(④)
- 외국인은 근로3권의 주체는 될 수 있으나, 근로권의 주체는 될 수 없다.

답 ③

해 근로자 개인은 단체교섭권 및 단체행동권의 행사주체가 될 수 없음

92 **남녀고용평등과 일·가정 양립에 관한 법령상 상시 300명 미만의 근로자를 사용하는 사업 또는 사업장에서의 배우자 출산휴가에 관한 설명으로 틀린 것은?**

① 사업주는 근로자가 배우자 출산휴가를 청구하는 경우에 10일의 휴가를 주어야 한다.

② 사용한 배우자 출산휴가기간은 무급으로 한다.

③ 배우자 출산휴가는 근로자의 배우자가 출산한 날부터 90일이 지나면 청구할 수 없다.

④ 배우자 출산휴가는 1회에 한정하여 나누어 사용할 수 있다.

콕집어 해설

배우자 출산휴가

- 사업주는 근로자가 배우자의 출산을 이유로 휴가를 청구하는 경우
  10일의 휴가를 주어야 한다.(①)
  이 경우 사용한 휴가기간은 유급으로 한다.(②)
- 출산전후휴가급여 등이 지급된 경우에는 그 금액의 한도에서 지급책임을 면함
- 배우자 출산휴가는 근로자의 배우자가 출산한 날부터 90일이 지나면 청구할 수 없다.(③)
- 배우자 출산휴가는 1회에 한정하여 나누어 사용할 수 있다.(④)
- 사업주는 배우자 출산휴가를 이유로 근로자를 해고하거나 그 밖의 불리한 처우를 하여서는 아니 된다.

답 ②

해 무급(×)→'유급'

꿰뚫어 보기

육아휴직급여를 지급받으려는 사람은 육아휴직을 시작한 날 이후 1개월부터 육아휴직이 끝난 날 이후 12개월 이내에 신청해야 한다. 다만, 해당 기간에 다음 사유로 육아휴직급여를 신청할 수 없었던 사람은 그 사유가 끝난 후 30일 이내에 신청해야 한다.

1) 천재지변
2) 본인이나 배우자의 질병·부상
3) 본인이나 배우자의 직계존속 및 직계비속의 질병·부상
4) 병역법에 따른 의무복무
5) 범죄혐의로 인한 구속이나 형의 집행

93 **파견근로자 보호 등에 관한 법령상 근로자파견사업을 하여서는 아니 되는 업무에 해당하는 것을 모두 고른 것은?**

ㄱ. 건설공사현장에서 이루어지는 업무
ㄴ. 산업안전보건법상 유해하거나 위험한 업무
ㄷ. 의료기사 등에 관한 법률상 의료기사의 업무
ㄹ. 여객자동차 운수사업법상 여객자동차 운송사업에서의 운전업무

① ㄱ, ㄹ　② ㄱ, ㄴ, ㄷ
③ ㄴ, ㄷ, ㄹ　④ ㄱ, ㄴ, ㄷ, ㄹ

콕집어 해설

근로자파견사업을 해서는 안되는 업무
건설현장업무, 항만하역사업, 철도여객사업, 선원업무, 분진작업, 유해하거나 위험한 업무, 의료업무, 여객·화물차 등 운송업무

답 ④

꿰뚫어 보기

근로자파견사업
1) 근로자파견사업 허가의 유효기간은 '3년'으로 한다.
2) 파견사업주, 사용사업주, 파견근로자 간의 합의가 있는 경우에는 파견기간을 연장할 수 있다.
3) 고령자인 파견근로자에 대하여는 2년을 초과하여 근로자 파견기간을 연장할 수 있다.

94 고용정책 기본법상 고용노동부장관이 실시하는 실업대책사업에 해당하지 않는 것은?

① 실업자 가족의 의료비 지원
② 고용촉진과 관련된 사업을 하는 자에 대한 대부(貸付)
③ 고용재난지역의 선포
④ 실업자에 대한 공공근로사업

콕집어 해설

실업대책사업
- 실업자의 취업촉진을 위한 훈련의 실시와 훈련에 대한 지원
- 고용촉진과 관련된 사업을 하는 자에 대한 대부(②)
- 실업자에 대한 생계비, 생업자금, 실업자 가족의 의료비 지원, 학자금(자녀 학자금 포함), 주택전세자금 및 창업점포임대 등의 지원(①)
- 실업예방, 실업자의 재취업 촉진, 그 밖에 고용안정을 위한 사업을 하는 자에 대한 지원
- 실업자에 대한 공공근로사업, 그 밖에 실업의 해소에 필요한 사업(④)

답 ③

해 '고용재난지역의 선포'는 실업대책사업에 해당하지 않는다.

95 직업안정법령상 용어 정의로 틀린 것은?

① "고용서비스"란 구인자 또는 구직자에 대한 고용정보의 제공, 직업소개, 직업지도 또는 직업능력개발 등 고용을 지원하는 서비스를 말한다.
② "직업안정기관"이란 직업소개, 직업지도 등 직업안정업무를 수행하는 지방고용노동행정기관을 말한다.
③ "모집"이란 근로자를 고용하려는 자가 취업하려는 사람에게 피고용인이 되도록 권유하거나 다른 사람으로 하여금 권유하게 하는 것을 말한다.
④ "근로자공급사업"이란 공급계약에 따라 근로자를 타인에게 사용하게 하는 사업을 말하는 것으로서, 파견근로자보호등에 관한 법률에 의한 근로자파견사업도 포함한다.

콕집어 해설

직업안정법령상 용어 정의
- 고용서비스 : 구인자 또는 구직자에 대한 고용정보의 제공, 직업소개, 직업지도 또는 직업능력개발 등 고용을 지원하는 서비스를 말한다.(①)
- 직업안정기관 : 직업소개, 직업지도 등 직업안정업무를 수행하는 지방고용노동행정기관을 말한다.(②)
- 모집 : 근로자를 고용하려는 자가 취업하려는 사람에게 피고용인이 되도록 권유하거나 다른 사람으로 하여금 권유하게 하는 것을 말한다.(③)
- 근로자공급사업 : 공급계약에 따라 근로자를 타인에게 사용하게 하는 사업을 말한다. 단, 파견근로자 보호 등에 관한 법률에 의한 근로자파견사업은 제외한다.(④)

답 ④

해 근로자파견사업도 포함(×)→'제외'

꿰뚫어 보기

직업안정법령상 용어 정의
1) 직업소개 : 구인 또는 구직의 신청을 받아 구직자 또는 구인자를 탐색하거나 구직자를 모집하여 구인자와 구직자 간에 고용계약이 성립되도록 알선하는 것을 말한다(결정하는 것이 아님)
2) 직업소개사업 : '무료직업소개사업'이란 수수료·회비 또는 그 밖의 어떤 금품도 받지 아니하고 하는 직업소개사업을 말한다.
'유료직업소개사업'이란 무료직업소개사업이 아닌 직업소개사업을 말한다.

3) 직업지도: 취업하려는 사람이 그 능력과 소질에 알맞은 직업을 쉽게 선택할 수 있도록 하기 위한 직업적성검사·직업정보제공·직업상담·실습·권유 또는 조언, 그 밖에 직업에 관한 지도를 말한다.
4) 직업정보제공사업: 신문, 잡지, 그 밖의 간행물 또는 유선·무선방송이나 컴퓨터 통신 등으로 구인·구직정보 등 직업정보를 제공하는 사업을 말한다.

96 국민평생 직업능력 개발법령상 훈련방법에 따른 구분에 해당하지 않는 것은?

① 집체훈련 ② 현장훈련
③ 양성훈련 ④ 원격훈련

콕집어 해설

훈련방법에 따른 구분
- 집체훈련: 직업능력개발훈련을 실시하기 위해 설치한 훈련전용시설이나 적합한 시설에서 실시하는 훈련(산업체의 생산시설 및 근무장소는 제외)
- 현장훈련: 산업체의 생산시설 및 근무장소에서 실시하는 훈련
- 원격훈련: 멀리 떨어져 있는 사람에게 정보통신매체 등을 이용하여 실시하는 훈련
- 혼합훈련: 집체훈련·현장훈련·원격훈련을 2개 이상 병행하여 실시하는 훈련

답 ③

해 '양성훈련'은 훈련목적에 따른 구분이다.

꿰뚫어 보기

훈련의 목적에 따른 구분
1) 양성훈련: 근로자에게 기초적 직무수행능력을 습득시키기 위해 실시하는 훈련
2) 향상훈련: 기초적 직무수행능력을 가지고 있는 근로자에게 더 높은 직무수행능력을 습득시키기 위해 실시하는 훈련
3) 전직훈련: 근로자에게 유사하거나 새로운 직업에 필요한 직무수행능력을 습득시키기 위해 실시하는 훈련

97 근로자퇴직급여 보장법령의 내용으로 옳지 않은 것은?

① 상시 4명 이하의 근로자를 사용하는 사업 또는 사업장에는 퇴직급여제도를 설정하지 않아도 된다.
② 퇴직연금제도란 확정급여형퇴직연금제도, 확정기여형퇴직연금제도 및 개인형퇴직연금제도를 말한다.
③ 4주간을 평균하여 1주간의 소정근로시간이 15시간 미만인 근로자는 퇴직급여제도를 설정하지 않아도 된다.
④ 퇴직급여제도를 설정하는 경우에 하나의 사업에서 급여 및 부담금 산정방법의 적용 등에 관하여 차등을 두어서는 아니 된다.

콕집어 해설

퇴직급여제도
- 이 법은 1명 이상의 근로자를 사용하는 모든 사업장에 적용한다.(①) 다만, 동거하는 친족만을 사용하는 사업 및 가구 내 고용활동에는 적용하지 아니한다.
- 퇴직연금제도란 확정급여형퇴직연금제도, 확정기여형퇴직연금제도 및 개인형퇴직연금제도를 말한다.(②)
- 4주간을 평균하여 1주간의 소정근로시간이 15시간 미만인 근로자는 퇴직급여제도를 설정하지 않아도 된다.(③)
- 퇴직급여제도를 설정하는 경우에 하나의 사업에서 급여 및 부담금 산정방법의 적용 등에 관하여 차등을 두어서는 아니 된다.(④)

답 ①

꿰뚫어 보기

퇴직급여제도
1) 사용자는 퇴직하는 근로자에게 급여를 지급하기 위하여 퇴직급여제도 중 하나 이상의 제도를 설정하여야 한다.
다만, 계속근로기간이 1년 미만인 근로자, 4주간을 평균하여 1주간의 소정근로시간이 15시간 미만인 근로자에 대하여는 그러하지 아니하다.
2) 퇴직금제도를 설정하려는 사용자는 계속근로기간 1년에 대하여 30일분 이상의 평균임금을 퇴직금으로 퇴직 근로자에게 지급할 수 있는 제도를 설정해야 한다.
3) 사용자가 퇴직급여제도를 설정하거나 설정된 퇴직급여제도를 다른 종류의 퇴직급여제도로 변경하려는 경우에는 근로자의 과반수가 가입한 노동조합이 있는 경우에는 그 노동조합, 근로자의 과반수가 가입한 노동조합이 없는 경우에는 근로자 과반수(근로자대표)의 동의를 받아야 한다.

4) 사용자가 퇴직급여제도의 내용을 변경하려는 경우에는 근로자대표의 의견을 들어야 한다.
다만, 근로자에게 불리하게 변경하려는 경우에는 근로자대표의 동의를 받아야 한다.
5) 사용자가 퇴직급여제도나 개인형 퇴직연금제도를 설정하지 아니한 경우에는 법정 퇴직금제도를 설정한 것으로 본다.

98 고용보험법상 고용보험심사위원회의 재심사 청구에서 재심사 청구인의 대리인이 될 수 없는 자는?

① 청구인인 법인의 직원
② 청구인의 배우자
③ 청구인이 가입한 노동조합의 위원장
④ 변호사

콕집어 해설

재심사 청구인의 대리인
- 청구인의 배우자, 직계존속·비속 또는 형제자매(②)
- 청구인인 법인의 임원 또는 직원(①)
- 변호사나 공인노무사(④)
- 고용보험심사위원회의 허가를 받은 자

답 ③

99 근로기준법령상 임금에 관한 설명으로 틀린 것은?

① 사용자의 귀책사유로 휴업하는 경우에 사용자는 휴업기간 동안 그 근로자에게 평균임금의 100분의 80 이상의 수당을 지급하여야 한다.
② 단체협약에 특별한 규정이 있는 경우에는 임금의 일부를 공제할 수 있다.
③ 임금은 매월 1회 이상 일정한 날짜를 정하여 지급하는 것이 원칙이다.
④ 임금채권은 3년간 행사하지 아니하면 시효로 소멸한다.

콕집어 해설

임금
- 사용자의 귀책사유로 휴업하는 경우에 사용자는 휴업기간 동안 그 근로자에게 평균임금의 100분의 70 이상의 수당을 지급하여야 한다.(①)
- 단체협약에 특별한 규정이 있는 경우에는 임금의 일부를 공제할 수 있다.(②)
- 임금은 매월 1회 이상 일정한 날짜를 정하여 지급하는 것이 원칙이다.(③)
- 임금채권은 3년간 행사하지 아니하면 시효로 소멸한다.(④)

답 ①

해 100분의 80 이상(×)→'100분의 70 이상'

꿰뚫어 보기

임금

1) 지급방식
ㄱ. 통화불 : 임금은 통화로 지불되어야 한다.
ㄴ. 전액불 : 임금은 그 전액을 근로자에게 지급해야 한다.
ㄷ. 직접불 : 임금은 반드시 근로자 본인에게 지급해야 한다.
ㄹ. 정기불 : 임금은 일정한 기일을 정하여, 최소 월 1회 이상 지급되어야 한다.

2) 비상시 지급
사용자는 근로자나 그 수입으로 생계를 유지하는 자가 출산하거나 질병에 걸리거나 재해를 당한 경우, 혼인 또는 사망한 경우, 부득이한 사유로 1주일 이상 귀향하게 되는 경우 그 비용에 충당하기 위하여 임금지급을 청구하면 지급기일 전이라도 이미 제공한 근로에 대한 임금을 지급해야 한다.

3) 평균임금과 통상임금
ㄱ. 평균임금 : 평균임금 산정사유 발생일 이전 3개월간에 그 근로자에게 지급된 임금총액을 그 기간의 총일수로 나눈 금액을 말하며, 취업 후 3개월 미만인 경우도 이에 준한다.
ㄴ. 통상임금 : 근로자에게 정기적·일률적으로 소정근로시간 또는 총근로시간에 대해 지급하기로 정하여진 시간급금액·일급금액 또는 도급금액을 말한다.

4) 휴업수당
사용자의 귀책사유로 휴업하는 경우에 사용자는 휴업기간 동안 그 근로자에게 평균임금의 100분의 70 이상의 수당을 지급하여야 한다.
다만, 평균임금의 100분의 70에 해당하는 금액이 통상임금을 초과하는 경우에는 통상임금을 휴업수당으로 지급할 수 있다.

100 채용절차의 공정화에 관한 법령상 500만원 이하의 과태료 부과사항에 해당하지 않는 것은?

① 채용광고의 내용 또는 근로조건을 변경한 구인자
② 지식재산권을 자신에게 귀속하도록 강요한 구인자
③ 채용서류 보관의무를 이행하지 아니한 구인자
④ 그 직무의 수행에 필요하지 아니한 개인정보를 기초심사자료에 기재하도록 요구하거나 입증자료로 수집한 구인자

족집어 해설

채용절차상의 500만원 이하의 과태료 부과대상

- 채용광고의 내용 또는 근로조건을 변경한 구인자(①)
- 지식재산권을 자신에게 귀속하도록 강요한 구인자(②)
- 그 직무의 수행에 필요하지 아니한 개인정보를 기초심사자료에 기재하도록 요구하거나 입증자료로 수집한 구인자(④)

답 ③

해 '채용서류 보관의무를 이행하지 아니한 구인자'는 300만원 이하의 과태료 부과 대상이다.

꿰뚫어 보기

- 3천만원 이하의 과태료 : 채용강요 등의 행위를 한 자
- 300만원 이하의 과태료
  1) 채용서류 보관의무를 이행하지 아니한 구인자
  2) 구직자에 대한 고지의무를 이행하지 아니한 구인자
  3) 시정명령을 이행하지 아니한 구인자